金融学译丛
F I N A N C E

国际金融

International Finance: A Practical Perspective

阿德里安·巴克利（Adrian Buckley） ／著

郭 宁 汪 涛 ／译

中国人民大学出版社
·北 京·

出版说明

作为世界经济的重要组成部分，金融在经济发展中扮演着越来越重要的角色。为了加速中国金融市场与国际金融市场的顺利接轨，帮助中国金融界相关人士更好、更快地了解西方金融学的最新动态，寻求建立并完善中国金融体系的新思路，促进具有中国特色的现代金融体系的建立，中国人民大学出版社精心策划了这套“金融学译丛”，该套译丛旨在把西方，尤其是美国等金融体系相对完善的国家最权威、最具代表性的金融学著作，被实践证明最有效的金融理论和实用操作方法介绍给中国的广大读者。

该套丛书主要包括以下三个方面：

（1）理论方法。重在介绍金融学的基础知识和基本理论，帮助读者更好地认识和了解金融业，奠定从事深层次学习、研究等的基础。

（2）实务案例。突出金融理论在实践中的应用，重在通过实务案例以及案例讲解等，帮助广大读者将金融学理论的学习与金融学方法的应用结合起来，更加全面地掌握现代金融知识，学会在实际决策中应用具体理论，培养宏观分析和进行实务操作的能力。

（3）学术前沿。重在反映金融学科的最新发展方向，便于广大金融领域的研究人员在系统掌握金融学基础理论的同时，了解金融学科的学术前沿问题和发展现状，帮助中国金融学界更好地认清世界金融的发展趋势和发展前景。

我们衷心地希望这套译丛的推出能够如我们所愿，为中国的金融体系建设和改革贡献一份力量。

中国人民大学出版社

前　言

本书介绍了跨国企业财务管理的理论与实务。不断发展的跨国经营趋势使得跨国企业财务管理方面的研究也变得越来越重要。

40 年前，绝大多数财务管理人员无须了解导致汇率发生波动的因素、海外市场的融资机会以及海外资本投资项目的估值影响因素等。有些企业之所以选择借入瑞士法郎，就是因为其利息成本低。英镑汇率的大幅下跌使得要偿还德国马克债务的企业损失惨重。一些企业没有意识到汇率管制的放松给其带来的巨大机遇。还有一些企业没能享受到货币期权带来的好处。

在欧洲被广泛使用的跨国企业财务管理教材数量不多，本书试图在这个重要的研究领域做出一点贡献。

目标读者

本书主要适用于修读国际金融、跨国企业财务管理等课程的本科生、MBA 或者金融、财务专业的硕士研究生。同时，本书也能满足会计师、银行家以及企业财务管理人员的需求。对学生市场的重视并不意味着本书不适合那些需要了解国际金融知识的商务人士。对于那些想学习某些特殊的财务管理方法的财务经理或者想大致了解国际金融市场的非财务管理人员，本书完全能够满足他们的要求。实务角度是本书最突出的特征。希望本书能够提高人们对跨国企业财务管理知识的了解、掌握以及实践水平。

本书每章后面都附带了习题（除了第 1 章以外），每个部分结束时都提供了包含选择题和计算题的题库，便于读者阅读本书并掌握相关的知识点。书末提供了章末习题、一部分计算题以及所有选择题的参考答案，读者可用其进行自我评估。每章章末的小结都列出了本章的重点，方便学生复习本章内容。此外，书中还提供了一些新闻剪报，这使得本书的内容更加贴近现实世界。这些新闻剪报均出自大名鼎鼎的记者或评论员之手，非常值得一读。

单独出版发行的教师手册包含教学说明、案例分析建议、视觉教具以及书中未提供答案的一部分练习题的参考答案。

阿德里安・巴克利

目　录

第一部分　基础知识

第二部分 外汇

第三部分 套期保值

第四部分　衍生品

第五部分　2007—2008 年期间爆发的金融危机

第六部分　跨国资本预算

第七部分 跨国融资

第八部分 其他问题

第一部分
基础知识

不管是什么学科，都要求学习者先掌握一些最基本的概念或理论。和其他学科一样，国际金融也是如此。在本书的第一部分，我们要向大家介绍国际货币体系及相关制度的基础知识。

第 1 章　绪　论

一般来说，财务管理主要把握三项关键性决策：融资决策、投资决策以及股利支付政策。融资决策追求的目标是以尽可能低的成本获得内源性融资或外源性融资。而投资决策要考虑的是资金在多个投资机会之间的分配，各种投资机会要按照给企业创造价值的大小由低到高排序。股利支付政策考虑的是股利分配方案是否会影响公司的价值。如果影响，会以什么样的方式产生影响。财务管理理论是建立在这样一个假设条件基础上的——明智的融资决策、投资决策以及股利支付政策可以对股东财富的现值产生正面影响。

大多数财务管理书籍的作者在阐述其理论时采用的都是演绎推导的方式。他们会收集各种实证检验的数据，并根据检验结果得出一系列规则与建议。这些规则与建议可以帮助我们更好地分析摆在眼前的多种可选择方案，并采取能够实现股东价值最大化的行动与措施。

一个国家境内的财务管理主要关注融资成本、投资收益以及股利政策。如果财务管理着眼的空间为一国境内，那么汇率水平的波动往往会被彻底忽略。但是，当我们把视野由国内转移到整个国际市场时，我们必须了解汇率对财务管理基本模型会带来哪些影响。只有这样，我们才能对国际融资决策以及投资决策加以分析。同样，我们追求的目标仍是以尽可能低的成本获得融资。但是显然在国际背景下，这种融资决策分析会变得更为复杂。例如，一家总部位于英国的公司打算获得瑞士法郎融资。同理，在分析投资决策给股东创造的新价值时，我们发现情况也变得复杂了。例如，一家总部位于英国的公司是选择在美国境内用美元投资还是选择在墨西哥境内用比索投资。如果外汇管制会对一部分投资收益的转移造成阻碍，这家英国公司会做出怎样的决定？

显而易见，跨国财务管理观察的视角更为广阔，因此要比境内的财务管理更为复杂。我们可以直截了当地说，跨国财务管理是一个相对较为复杂的研究领域。国际贸易的不断发展催生了这一研究领域的形成。如果货币是贸易交易的语言，那么汇率便是国际贸易的语言。本书将向读者介绍全球外汇市场以及促使汇率水平向上或向下波动的各种影响因素。除了研究各种汇率波动理论以外，国际金融学还要研究持有外币资产或负债可能面临的风险。当然，随着汇率水平的变化，资产或负债的本币价值也会相应发生波动。这种价值变化对应的风险就叫做外汇风险。我们不仅要向大家介绍外汇风险的定义以及分类，还要进一步讨论如何监控、管理以及控制外汇风险。不过，跨国融资不仅要面临外汇风险，还要面临政治风险——指的是企业在海外开拓业务时面临的风险。同样，本书的着眼点是国际金融学的实用视角，因此我们会重点关注如何管理和控制政治风险。对国际金融学的系统化研究要求我们分析国际贸易的融资问题、跨国投资决策的评估问题以及企业的海外分支机构的融资问题。除此以外，我们还需要了解国际金融市场，不同国家的税收制度可能带来的影响，以及外汇管制对跨国交易的影响，等等。这便是本书重点讨论的核心主题。

国际财务管理是一个很复杂的问题，因此格外需要我们用非常简单的语言来阐述其原理。本书作者撰写本教材的推动力之一便是发现绝大多数国际金融领域的教材并没有给读者描绘出一幅完整清晰的理论框架。虽然有一部分书籍克服了这一难题，但是副作用便是语言啰嗦、篇幅冗长。此外，还有很多讨论国际金融问题的书籍语言高度简练，但是过于倚重数学工具，因此让很多读者望而生畏。

鉴于这种情况，本书作者的立足点是满足学生的基本需求，即了解国际金融的理论与操作。当然，本书也要用到一些数学公式或推导过程，但是我们秉承的宗旨是尽可能地少使用数学工具。

本书的读者不仅仅是学生，也包括商界人士。在阅读本书的学生群体中，我们估计未来有些人会成为会计师、银行家以及财务管理人员，有些人会成为商科的本科毕业生，有些人可能会主修国际贸易与国际金融这两个专业，还有一些人会成为理科硕士或工商管理硕士。本教材也会吸引各种类型的商界人士，例如财务管理人员、会计师、银行家以及企业的决策规划师。这些商界人士对书籍的要求是能够条理分明地阐述国际金融理论与实际操作。不过，还有一个方面不容忽视，那就是非财务从业者对此类书籍的需求在不断增加，例如生产线管理者以及公司最高决策委员会的成员等，他们也想要了解国际金融的基本原理。因此，本书也希望能够尽可能地满足他们的需求。

本书作者假设读者已经掌握了财务管理的基本知识。其中可能包括有关公司理财、投资决策、融资决策、股利支付政策以及有效市场假说等领域的基本知识。不用担心，这只是要求大家对基本知识有所了解而已。即使是对财务知识只有粗浅了解的生产线管理者，在阅读本书时也不会感觉到艰涩难懂。总而言之，我们假设读者对下列公司金融学的基本原理是了解熟悉的：

● 公司金融理论的核心假设前提是：企业的价值（V）是投资决策（I）、融资决策（F）、股利支付政策（B）以及公司资源的管理水平（M）的函数。换言之：

$$V = f(I, F, D, M)$$

● 融资决策分析的是企业如何获得资金，投资决策考虑的是如何使用获得的资源，而资源的管理水平（management of resources）则分析的是整个企业运营管理的效率。股利支付政策分析的是企业支付给股东的回报。如前所述，因为股权投资者可以通过股利的方式获得投资收益，因此股利现金流有可能会影响到股东价值。对于理论我们就介绍到这里，那么实证检验结果如何呢？实证检验的结果证明股东价值确实要受到投资决策、融资决策以及资源的管理水平的影响。但是，股利支付政策对股东价值的影响并不显著。

- 投资决策可以对股东价值造成影响。净现值相对较高的投资项目可以创造出相对较高的股东价值。
- 净现值相对较高的投资项目之所以能获得更多的收益，往往是因为它们钻了市场缺陷的空子（例如市场进入壁垒、专利权保护措施、产品差异性，等等）。在完全竞争市场环境下，投资项目只能获得平均收益率。在贴现之后，项目的净现值应当等于零。
- 随着时间的推移，市场缺陷逐渐消失，则投资项目获得的收益也将逐渐减少。
- 成功的企业能够创造出新产品，并利用市场缺陷获得较高的收益，抑或是通过寻找新的市场缺陷来使用老产品谋利。
- 对于一家成功的企业来说，管理者会努力把国内市场存在的市场缺陷转移到海外市场。
- 融资决策可以影响股东价值。因此，我们建议尽可能使用最优**资本结构**（capital structure）。努力朝这个最优资本结构发展能够给股东创造价值，反之，则会损害股东价值。

考虑到本书的目标读者群，我们会尽可能将数学计算部分保持在一个较为简单的水平。本书作者的目标是用非常易于理解的方式把一个复杂的问题讲清楚，这意味着数学知识只是我们的工具，而不是我们的主旨。

讲述国际金融、企业管理以及国际贸易等相关领域课程的教师，可以使用本书作为授课教材。在学习本书内容以后，读者应当能够做到：

- 评价国际金融市场的历史发展进程以及现有的机构框架。
- 了解多个欧洲国家使用单一货币**欧元**（euro）的历史及现状。
- 了解外汇市场的运作情况以及报价方式。
- 了解即期汇率与远期汇率、利率差、预期通货膨胀的差以及未来即期利率的估计值这几个变量之间的关系式，并知道现实世界中上述几个变量的相互关系。
- 了解未来汇率水平预测理论的本质内容。
- 掌握如何使用购买力**平价**（parity）数据去预测未来的汇率水平。
- 使用国际**费雪效应**（Fisher effect）关系式计算隐含的未来汇率水平。
- 了解并能够区分各种不同类型的外汇风险，并根据各种不同的外汇风险敞口提供适当的管理建议。
- 根据跨国企业管理外汇风险敞口的需要设计信息管理系统，要达到可以实现成本节约的效果。
- 评估跨国企业可以在内部采用何种方式控制外汇风险敞口，即不需要与第三方签订合约便可以控制外汇风险敞口的方式。
- 了解如何使用远期产品、金融期货产品以及货币期权产品来消除外汇风险。
- 评价国际资本投资决策是否与某公司追求的股东价值最大化目标相一致。
- 对于跨国企业业务开展地的所在国实施的外汇管制政策，了解其运作原理，考察其可以提供哪些机遇，以及哪些陷阱要规避。
- 了解跨国企业国别风险以及政治风险的来源与本质，而且能够提供适当的管理建议以减轻在不同环境下上述风险的负面影响。
- 能够正确评估跨国企业的海外分支机构在融资过程中面临的问题，并对基于各种不同的环境应采取的最适当的财务结构提供合理建议。

● 计算并比较跨国融资方案的真实融资成本。

● 了解**货币互换**（currency swap）产品的运作原理，以及企业的财务管理人员如何使用货币互换产品抓住市场缺陷来为企业创造潜在收益。

● 了解跨国企业在海外开展业务或融资时，各国实施的不同的公司税收法案哪些方面对跨国企业有利，哪些方面需要注意规避。

● 了解可以使用哪些方法获得国际贸易融资以及实现**信用风险**（credit risk）最小化的目标。

● 了解如何利用市场缺陷来为企业创造新的利润增长点，更为重要的是，知道在哪里可以寻找到这样的市场缺陷。

本书读者要记住的一点是，跨国企业在评估国际融资决策与投资决策时，着眼点始终是追求股东价值的最大化，它们要努力寻找市场缺陷以及短暂的市场不平衡。与国内市场相比，在国际市场上，市场缺陷与短暂的不平衡出现的概率与次数要大得多。显然，我们应当规避那些具有负面效应的缺陷，同时要充分利用那些可以带来潜在收益的市场缺陷，这才是我们应当采取的行为。

在本章的余下部分，我们要向大家介绍贯穿整个国际金融学的几个重要的基础知识。我们之所以要把这些基本知识点列在这里，是因为学生们老是会反复地提出有关这些知识点的问题。所以，在阅读本书的余下部分之前，请读者最好先牢牢记住这些基本知识点。接下来我们要向大家介绍的是银行销售的产品、银行的分类以及银行如何获得利润。随后，我们要了解一下外汇市场的规模以及参与者的情况。最后，结尾处便是本章的小结。

读者要记住，我们会使用各种货币的简化符号或其 SWIFT 代码（例如 USD 或 EUR）来代表各种货币。我们这样做的目的是让学生尽快熟悉这两种符号表达方式。附录 6 向读者提供了世界上主要货币的 SWIFT 代码。（牢牢记住这些代码是顺利做出测验题的重要基础！）当我们用“dollars”或者“$”时，其指代的是美元。对于其他也叫做“dollar”的货币，例如澳大利亚元或新西兰元，我们会用它们的 SWIFT 代码，例如分别是 AUD 和 NZD。

1.1 银行出售什么产品?

不管是在国内市场上还是在国际市场上，银行都在财务管理过程中都扮演着重要的角色。财务管理专业的学生都知道银行扮演着重要的角色，但是很多人并不清楚银行到底在提供哪些类型的服务。

大多数企业向市场提供的都是有形商品，例如福特公司生产的是汽车，而葛兰素史克公司生产的是药品。从本质上看，活期存款与定期存款就是银行提供的产品。所谓活期存款，指的是投资者将钱存入银行，可以在没有事先通知的情况下便将存款提取出来。也就是说，储户可以在需要时随时提取存款。定期存款与之不同，储户将钱存入银行以后，只有在一段时间过后，才能将这笔钱提取出来（若想提前提取，银行要向客户收取罚息）。对于绝大多数银行定期产品来说，银行要向储户支付利息；一部分活期存款也可以给储户带来利息收益，但是也有一部分不用付息的活期存款产品。银行吸收这些存款以后也可以将所得资金用于发放贷款、购买证券或其他资产，从而给银行带来利息收益。银行开展的多种业务活动还可以给其带来费用性收入。银行可以向企业公司提供咨询服务，受托管理信托计划，等等。但是银行的主营业务始终是活期存款、定期存款以及贷款业务。

银行主要与两种人打交道——储户与借款客户。绝大多数借款人本身同时也是存款人；一部分存款人同时也扮演着借款人的角色。工商企业主要是资金需求者（即借款人）。家庭则是主要的资金提供者（即存款人）。存款人希望选择一个安全有保障且方便的场所存放自己拥有的一部分财富，而借款人希望扩大现在的生产规模，或者是相对于现在持有的财富规模及收入情况更早地消费。而银行刚好就是存款人与借款人之间的中介。银行从借款人那里收取的利息收益与支付给储户的利息支出之间的利差可以抵消银行的经营成本，是银行的收入来源之一。

1.2 银行的起源

所谓银行，指的是从政府那里获得了经营许可，可以将货币借贷业务作为主营业务的金融机构。世界上各国政府对银行业的监管力度存在着较大差异。在美国和英国，政府部门对银行业的监管较为宽松。而在其他一些国家，例如中国，对银行业的监管较为严格（比如对存款准备金率的水平制定了较为严格的标准——存款准备金反映的是银行的存款、资本金与贷款规模之间的关系）。

银行（bank）这个词起源于意大利语中的一个单词（banco），其含义是“桌子”或者“长凳”。这个词可以追溯到古罗马帝国时期。银钱借贷者可以在名为marcella的院子里在一把名叫 bancu 的长凳上搭起自己的摊位。这就是 banco 这个词的来源。

不过，早在公元前 4 世纪，在黑海岸边的特拉佩祖斯（Trapezus）——也就是今天的特拉布宗（Trabzon）——银钱借贷活动就已经以图画的方式被雕刻在钱币上。银行家们办理业务的桌子被叫 trapeze，很明显这个词起源于特拉佩祖斯（Trapezus）这个城市的名称。此外，在现代希腊语中，trapeza 这个词既可以指代桌子，也可以指代银行。

按照英国的法律，银行家被定义为从事银行业务的人。而银行业务被具体定义为：

- 向客户提供并负责管理活期账户。
- 对客户凭借自身存款签发的支票予以兑付。
- 代客户托收支票资金。

我们重申一遍，在大多数国家和地区，银行要受到政府的监管，必须获得特殊的银行经营执照才能开展业务。

银行通过吸收活期存款或者其他种类的存款来获得资金的来源。例如，活期存款（储户可以在需要时随时提现）或者定期存款（储户可以在未来某个固定时间点提现）。银行可以用吸收来的资金向客户发放贷款。贷款可以是**长期**（term）的，也可以是**短期**（short term）的。

假设银行家们根据自己积累的经验判断只有 10%左右的存款可能会被随时提走。那么，银行可以将 90%的存款贷放出去。随着银行吸收的存款规模越来越大，其发放的贷款规模也会随之扩大。一开始，银行吸收的绝大多数存款都是短期存款。如果银行家把这一部分资金用于发放短期贷款，那么便可以实现风险的最小化，而且贷款利率与存款利率的利差便成为银行的利润来源。一般来说，活期账户的存款是不用付息的。

假设个人客户存放在活期账户内的存款可以随时支取。然后，我们再假设银行向企业发放期限较长的贷款，以满足企业的长期资金需求，例如为营运资本融资。在这种情况下，银行便要面临存款期限与贷款期限不匹配的风险。事实上，类似这种情况的期限错配是银行业的经营常态。长期贷款利率水平一般要高于短期存款的利率水平，其中的利差就是银行的利润。这种商业模式显然要依赖于储户并不介意这种期限错配所引发的风险。换言之，储户对银行的信任、期限缺口的大小以及银行贷款的质量才是至关重要的。若没有信任，储户会对银行的期限错配风险以及贷款组合的质量水平产生疑问，这会导致储户将存款提走。别忘了，储户存放在银行的资金大部分都是活期存款。信任是银行业得以存在和发展的基石。

一般来说，银行向存款客户支付的利息成本与银行发放贷款收取的利息收入之间的差额是银行利润的重要来源之一。这一差值被称为资金利息成本与贷款利息收益之间的利差。贷款的盈利能力取决于商业周期对贷款客户的影响程度。意识到了这一点，银行已经找到了更为稳定的收入来源，它们越来越重视贷款手续费、可收取服务费的中间业务（国际银行业务、外汇、保险、投资、理财咨询服务等）以及安排贷款所收取的费用等。不过，贷款业务仍然是商业银行收入的主要来源之一。

银行业一直面临各种各样的风险，其中包括流动性风险（即储户的提现需求超过了银行可动用现金的规模）、信用风险（即银行的借款客户没有及时偿还贷款的风险）以及利率风险（即当利率水平发生变化时，银行可能会遭受损失的风险，例如，不断上升的利率水平会迫使银行向储户支付更多的利息成本以至于超过了贷款的利息收益）。这些风险的实际爆发可能会引发系统性的金融危机，因为很多银行都受到同一种风险因素的影响，因此导致整个银行体系都处在危险之中。

银行的业务活动可以被分为下面几种类型：

- 零售银行业务，指的是银行直接接触个人客户或小企业办理的业务。
- 企业银行业务，指的是银行向中等规模企业提供的服务。
- 公司银行业务，指的是银行向大型商业企业提供的服务。
- 私人银行业务，指的是银行向富人或富裕的家庭提供的理财咨询服务。
- **投资银行业务**（investment banking），指的是银行在金融市场上可以进行的交易活动。

绝大多数银行都是以追求盈利为目标的私人企业。在一些国家，银行的所有者是政府，可能是非营利性组织。一般情况下，**中央银行**（central bank）属于国家所有，被政府赋予了监管职责，例如负责监管商业银行以及调控利率水平。中央银行通常会受托管理本国的黄金以及外汇储备。在中央政府的授意下，中央银行会在外汇市场上通过买入或卖出外币或本币的方式来干预本币的汇率水平，目的是抬高或降低本币的汇率。

我们把银行这类机构分为商业银行、投资银行和中央银行这三种类型。接下来，我们将更为详细地向大家介绍这三种类型的银行。

1.3 商业银行

对照前面给出的银行经营业务的列表，**商业银行**（commercial bank）从事的业务包括零售银行业务、企业银行业务以及公司银行业务。后面两种类型业务可以被合并起来，统称为批发银行业务。

在大萧条过后，美国政府通过立法要求银行业要么从事商业银行业务，要么从事投资银行业务——这里的投资银行业务指的是资本市场上的业务活动，后面我们就用投资银行业务来指代这种类型的业务。《格拉斯-斯蒂格尔法案》宣告这一监管制度的正式实施。目前，随着1999年《格拉斯-斯蒂格尔法案》的废止，这一限令已经不再是美国银行监管机构的法定要求。其他一些发达国家没有实施类似于《格拉斯-斯蒂格尔法案》的法案，因此并没有要求商业银行与投资银行分业经营。不过，现在商业银行业务与投资银行业务这两个专有名词——也就是批发银行业务与零售银行业务——仍然在被广泛使用。

1.4 投资银行

投资银行家可谓是精英中的精英。诗人拜伦（Byron）在诗歌《唐璜》中曾经提到罗斯柴尔德和佩林才是"欧洲大陆的真正主人"。菲利普·奥格（Philip Auger）在评价投资银行业时[1]，回忆起自己曾参加过退休的投资银行家所举办的聚会。在聚会上，一位已经退休的投资银行家把投资银行业描述成"世界上最棒的行业"。约翰·凯（John Kay）[2]则认为"如果你想知道伦敦这个城市在整个大英帝国的经济与政治生活中扮演着多么重要的角色……你就必须知道……投资银行对现代政治与经济政策的影响力"。那么，投资银行是做什么业务的呢？

所谓投资银行（investment bank）指的是帮助客户处理融资事宜、代客户买卖证券或者使用自由账户交易证券以及为公司的并购交易提供咨询服务的金融机构。投资银行的利润来源于以下几个方面：帮助公司和政府在股票市场与债券市场上通过发行证券的方式来融资；买卖金融工具；为公司的金融交易提供咨询服务，例如并购交易、股票回购交易以及公司在资本市场的挂牌上市交易等。大多数投资银行还可以就投资转让、公司重组等交易提供咨询服务。此外，它们提供的其他公司金融服务与外汇交易、商品交易以及**衍生品**（derivative，又称衍生产品）交易相关。在大多数国家，投资银行必须获得经营许可才能开展上述业务。

1999年，《格拉斯-斯蒂格尔法案》的最终废止促进了投资银行业务的迅速发展。因为成形于大萧条时期的《格拉斯-斯蒂格尔法案》禁止商业银行使用**杠杆**（leverage）开展投资银行业务。

在20世纪90年代，除了《格拉斯-斯蒂格尔法案》的废止以外，还有其他因素推动了投资银行业的迅速发展。其中，信息技术就是一个主要推动力。银行已经开发出具有专利权的电脑系统管理软件，这使得每家银行都可以建立起全球性的信息网络。在这个庞大的网络上，资金与信息的流动速度在逐渐加快。其效果便是加大了短期内市场上信息不对称的程度，而这个结果正是投资银行乐于见到的。随着信息技术的不断进步，银行的管理与交易已经全部实现了电子化，原本银行与客户之间的面对面关系也随之发生了一些改变。当然，这并不是说原来面对面的交流方式已经完全不存在了。银行在制定决策时开始更多地依赖于各种模型。同样地，银行也并不是完全依赖于模型。

近些年来，投资银行业迅猛发展的另一推动力则是席卷全球市场的私有化浪潮。每一个私有化项目都是在投资银行团队的管理下进行的。1980 年，全球范围内私有化项目的数量为零。然而发展到今天，全球私有化项目的总数量达到了 675 项，总金额高达 7 000 亿美元。其中，规模最大的 18 起首次公开发行（IPO）案都是原来的国有企业通过 IPO 进行私有化的项目。这种变化使得许多原本交易十分清淡的股票市场规模迅速放大，流动性也有所改善。投资银行本身及其股东也都是市值巨大的大企业。

还有一个推动力便是外汇市场规模的不断扩展。我们会在第 1.14 节讨论这一问题。

最后，衍生品市场的出现与发展是促进投资银行业飞速扩张的另一推动力。一个世纪以前，衍生品市场开始成形。期初，主要是农夫使用期货市场提前锁定未来农产品的买卖价格。当然，目前衍生品市场与最初相比已经变得复杂得多，而且市场的交易规模几乎相当于全世界 GDP 的十倍左右。这些数字令人震惊。虚拟经济的规模竟然比支撑虚拟经济的实体经济的规模大这么多，这就是近二十年来市场发生的变化。

交易者可以在衍生品市场上建立与被套期保值的头寸方向相反的衍生品头寸，以此来对冲现货头寸的风险。当然，他们也可以在不拥有风险敞口的情况下交易衍生品来投机牟利。因此，衍生品既可以用来对冲风险，也可以被用来创造新的风险敞口。所以说，衍生品使得整个金融体系变得更安全吗？还是说，它们使得金融体系变得更具风险？对于后一种说法，沃伦·巴菲特（Warren Buffet）把衍生品形容为“携带着致命危险的大规模杀伤性金融武器”。在本书探讨国际金融问题的过程中，我们将进一步讨论巴菲特的这一观点。

投资银行的主营业务之一是买卖投资产品，可以使用投资银行自己的账户进行买卖，也可以使用客户的账户代客买卖。因为投资银行经常使用自己的账户买卖金融工具，所以这一部分业务被挖苦地称作银行的“赌博业务”。

在业务管理过程中，投资银行经常会用到前台、中台以及后台这样的术语。接下来我们就分析一下这三个流程部门的各自特征。

前台部门负责的是：

● 为公司客户或政府客户在资本市场上的融资项目提供服务，为企业并购提供咨询服务。

● 为客户的证券投资（例如股票、债券以及房地产）提供管理服务。此类客户可以是机构客户（例如保险公司与养老金或私人投资者）。

● 公司金融业务。

● 外汇、股权证券、固定收益证券、现货与衍生品的交易以及经纪业务。

● **商人银行业务**（merchant banking）。商人银行业务过去常被用来指代投资银行业务。但是除了常见的投资银行业务以外，这个词还包含为客户执行或管理国际银行业务。

● 研究工作，包括评估股权的价值或其他公司投资项目的价值。

上述列出的最后一点在银行内部明显存在着利益冲突。这是因为为客户提供的公司金融服务肯定要涉及客户公司的内幕信息。所以，研究部门与投资银行的其他部门的关系要受到严格监管。一般而言，监管部门要求这些职能部门之间必须建立防火墙。

再来看一看中台部门，中台部门负责的是：

● 风险管理。这包括分析和控制银行的交易员在每日交易过程中承担的市场风险与信用风险水平。这涉及为每一位交易员设定交易限额，并对交易员的交易行为进行监督。

● 银行的资本管理与资本监控。这包括监督与管理银行整体的风险敞口与盈利状况。这一职能十分重要，强调再多也不过分。这一职能的具体履行较为复杂，且要求严格。

● 合规性检查。这指的是中台部门负责检查银行每日的业务活动以及银行员工的个人投资交易操作，以确保所有的交易行为均符合政府的法规、市场规则以及银行内部的规则。

再来看一看后台部门，后台部门负责的是：

● 检查已被执行了的交易的情况，并确保这些交易是正确的，而且必要的书面材料是齐备的。确保已完成的交易符合银行内部的规章制度以及交易限额的要求，而且交易是与适当的交易对手进行的。在交易活跃时期，这一部分工作量会变得非常大。

● 内部审计工作，包括上面一点提到的所有内容。

● 技术支持。所有的银行都在使用大量内部软件以及技术支持，这部分职能不容忽视。

看了上面的介绍，大家不难想象，随着投资银行业的迅速发展，后台部门开始变得越来越弱势。而且，在投资银行的内部等级结构中，前台部门被看作是产生明星交易员的风水宝地。这些明星交易员就是银行的精英。在我们访谈的过程中，后台部门工作人员曾向我们描述过有一次他们对前台部门的交易提出疑问，然而前台交易员面对质疑只用几句轻飘飘的话就打发了他们："是的，一切正常。没有问题。这笔交易就和报告的一样。别担心。书面文件都是齐全的，与实际交易是相符的。"这样就算是完事了。有关投资银行，我们就先简单介绍这么多。

1.5 银行控股公司

银行**控股公司**（holding company）适用于混合经营商业银行业务与投资银行业务的银行。对于那些只从事投资业务的银行来说，它们被称为影子银行系统的一部分。我们将在本章的后面讨论这一问题。

1.6 《格拉斯-斯蒂格尔法案》

《格拉斯-斯蒂格尔法案》实际上是两个独立的美国法案。第一个法案于 1932 年通过，第二个法案于 1933 年通过。在大萧条时期，国会仔细研究了 20 世纪以来商业银行与投资银行的混业经营状况。听证会显示确实存在利益冲突，甚至某些银行机构的证券交易活动存在欺诈行为。于是，《格拉斯-斯蒂格尔法案》为商业银行与投资银行的混业经营设置了障碍。这一法案的影响力波及了全球。例如，中国便对商业银行业务与证券投资业务实行分业经营。1927 年通过的《麦克法登法案》不允许商业银行跨州开展业务，目的是限制银行机构在美国国内跨州开设分支机构的能力。

1994 年，银行业成功地游说了国会，《里格尔-尼尔州际银行与分行效率法》的推出正式宣告了《麦克法登法案》被废止。随后，银行业开始致力于取消《格拉斯-斯蒂格尔法案》。1987 年，一份报告被提交给国会。这份报告分析了《格拉斯-斯蒂格尔法案》的利弊，事实上，在 1987 年美联储已经更改了《格拉斯-斯蒂格尔法案》中的某些条款，允许商业银行从事投资银行业务，不过规定投资银行业务的规模不能超过银行交易总规模的 5%。随后，这一上限不断被放松。到了 1996 年，商业银行可从事的投资银行业务的上限已达到了 25%。

1998 年，就在《格拉斯-斯蒂格尔法案》被最终废止前，旅行者——一家保险公司，旗下拥有另一家投资银行所罗门兄弟——与花旗银行的合并案被批准。花旗集团就此诞生，它是世界上规模最大的金融公司。时任美国财政部部长的罗伯特·鲁宾（Robert Rubin）批准了这一并购案，事实上在《格拉斯-斯蒂格尔法案》被正式废止前已经免去了该法案的限制条款。1999 年 10 月，鲁宾本人成为了花旗集团的联合总裁。最终，经过银行业持续不断的努力游说，1999 年《格雷姆-里奇-比利雷法案》（即《金融服务现代化法案》）的推出宣告了《格拉斯-斯蒂格尔法案》被正式废止。从此以后，商业银行可以从事证券承销业务，可以交易各种金融工具以及各种各样的衍生品。

1.7 中央银行

中央银行（central bank，有时被为储备银行或货币当局）是负责制定和执行一国或多国或多个地区的货币政策的机构。各国中央银行承担的具体职能略有不同，但是一般都包括：

- 执行货币政策。
- 控制一国的货币供给。
- 扮演政府的银行以及银行的银行（即扮演最后贷款人的角色）这两个角色；我们会在本章的后面具体说明这一点。
- 管理一国的外汇、黄金储备以及国债的登记工作。
- 监督管理银行业。
- 调控官方利率水平（指的是同时管理通货膨胀率以及本币的汇率水平）。

目前，很多国家都设立了独立的中央银行，目的是防止政治力量的影响，例如**欧洲中央银行**（European Central Bank，ECB）以及英格兰银行。大部分国家的中央银行是国有的，不过，也有一些国家的中央银行是私人所有。事实上，尽管英格兰银行早在 1694 年便宣告成立，但是从成立之日起一直采用的是股份所有制结构。直到 1946 年，英格兰银行才被收归国有。其实，英格兰银行的**国有化**（nationalisation）只是在形式上走个过场。早在国有化之前若干年，英格兰银行事实上就一直在履行中央银行的职能。因此，国有化改制并未对英格兰银行造成实际影响。

所有的银行都必须持有相当于总资产一定比例的资本金。资本金占总资产的比例由中央银行或其他银行监管机构来确定。对于跨国银行来说，最低资本要求银行的资本金不低于风险加权资产的 8%（某些资产，例如国债，其风险水平要比其他一些资产的风险水平更低一些。因此在计算资本充足率时，我们要算出风险加权资产额）。

在履行银行监管职能时，中央银行通常要制定存款准备金要求。例如，中央银行会要求商业银行将一定比例的负债以现金或存款的方式存在中央银行。这种存款保证金制度从 19 世纪开始逐渐实施，目的是降低银行过度扩张以及发生银行挤兑的风险。这是因为，一家银行发生挤兑现象很快会波及其他银行。

在英国，银行业的监管职能由英国财政部、英格兰银行、金融政策委员会以及审慎监管局共同负责。监管机构会定期检查银行的资产负债表、市场交易行为以及交易政策，以此来监控银行业的交易操作情况。

1.8 资产—负债的不匹配

当金融机构持有的资产与负债的期限**不匹配**（mismatch）时，我们就说这是资产—负债的不匹配问题。很多情况都会导致资产—负债不匹配现象的出现。比方说，一家银行持有大量的长期资产，例如向企业客户提供的长期贷款，但是该银行持有的负债大多为短期负债，例如活期存款。于是，这造成了资产与负债期限上的不匹配。再比如说，一家银行持有的所有负债都是浮动利率负债，而其持有的资产则是固定利率金融产品。我们再举一个例子。一家银行使用的借款全是美元借款；但是贷放出去的是欧元贷款，于是这便造成了币种上的不匹配。如果欧元大幅度贬值，那么银行将会遭受大幅度损失。这种资产—负债的不匹配风险可以通过**套期保值**（hedging）交易加以控制。

控制资产与负债的期限不匹配程度，使得短期存款的平均规模小于长期贷款的平均规模，以此累积较高的利息收益，这就是商业银行的基本经营模式。

保险业与养老金管理行业也有可能出现资产与负债的不匹配——长期负债（指的是向被保险人或养老金计划参与者承诺未来支付的金额）的期限或价值与资产的期限或价值并不匹配。对于这些行业来说，适当的金融资产与负债的**匹配**（matching）是非常重要的。

企业对厂房、固定资产以及设备的投资通常会在未来许多年内产生现金流收入。但是，这些现金流收入一般不足以在短短一年的时间里偿清所有贷款。因此，当企业为此类投资项目融资时，更倾向于选择期限较长的贷款。与之相比，个人储蓄者——主要是家庭与小企业——由于一些事先无法准确预测的支出，经常对现金有不时之需。因此，它们喜欢选择可以立即提取存款的活期账户，即期限较短的存款账户。在这种情况下，银行的作用便是将个人储户拥有的闲置资金转移给企业借款人。在这一过程中，银行同时向这两个群体提供服务，即向企业提供长期贷款，同时向储户提供短期存款账户。这些服务可以给银行带来利润收入。

在正常的市场环境下，大量储蓄者不太可能在同一时间产生对现金的需求。银行可以从多个不同的渠道吸收活期存款。即使这些储户有权随时提取存款，银行预测短期内也只会有较小比例的存款被会实际提取。因此银行只需要持有比例相对较小的库存现金以便满足储户的提现需求就可以了，其余的资金均可用来发放长期贷款。鉴于个人的消费需求彼此之间是不相关的，因此银行可以预期在任意一个营业日内同时出现多笔大额提现的可能性比较小。接下来我们要向大家介绍的是国际金融机构。

1.9 离岸货币（即欧洲货币）

欧洲美元（Eurodollar）的传统定义指的是存放在美国境外银行的美元存款。欧洲日元指的是存放在日本境外银行的日元存款。而欧洲英镑指的就是存放在英国境外银行账户里的英镑存款。**欧洲货币**（Eurocurrency）这个术语涵盖了所有类型的欧洲货币存款。在谈论欧洲货币市场的有关问题时，我们要格外小心，因为有时候“Eurodollars”这个词可用于泛指所有的欧洲货币存款。在本书中，我们会使用离岸货币（offshore dollars）这个词来泛指所有的欧洲货币，以避免与欧元这个多个欧洲国家的统一货币单位发生混淆。

在国内市场上，银行吸收存款的规模与能力要受限于货币当局。货币当局有权决定整个银行体系的基础货币规模（即高能货币的供给量）以及存款准备金率。但是在离岸货币市场上，不存在存款保证金制度。

离岸货币市场上不存在存款保证金制度并不意味着在这个市场上，存款与贷款的规模可以无限扩张。离岸存款的增长速度要受限于投资者的意愿——投资者会把离岸存款产品与国内存款产品相比较。对投资者来说，主要比较的是离岸存款产品的风险—收益与国内存款产品的风险—收益。

伦敦各家银行的美元存款与纽约各家银行的美元存款的差别之处在于政治风险水平。这两类存款都要受到政府当局实施的法令法规的影响。也许，愿意继续将美元存放在纽约当地银行的投资者相信把美元存放在伦敦当地银行的风险太大，一旦资金的流动受到限制，就无法转回纽约当地银行——也许是受到一国外汇管制政策的限制或者当地政府推出了抑制离岸银行业务的新政策——从而即使伦敦当地银行提供的美元存款利率相对较高，也无法弥补这种潜在损失。离岸存款规模不断增长反映出越来越多的投资者相信离岸存款产品的附加风险很小。持有离岸美元存款的风险看上去比较小，尤其是考虑到离岸美元存款的利率水平与美国国内美元存款利率水平之间的利差，这种风险就显得更小。

打算将资金转移到离岸货币市场上的存款人必须决定到底把钱存放在哪一个国际金融中心，是伦敦、苏黎世、巴黎还是其他哪个城市。在选择国际金融中心时，存款人主要考虑的是政治风险的大小。这就把一些监管较为严格或存在潜在监管风险的国际金融中心淘汰掉了。比方说即使索菲亚当地银行提供的欧洲美元存款的利率水平非常有吸引力，当地银行在吸收了欧洲美元存款以后，也并不能保证一定能够找到合适的项目足以支撑未来有能力向存款人支付如此之高的利率水平。接下来我们要向大家介绍一些国际金融机构。

1.10 国际货币基金组织

1944 年 7 月，在联合国货币金融大会上，国际货币基金组织宣告正式成立。45 个国家政府的代表齐聚美国新罕布什尔州的**布雷顿森林**（Bretton Woods），共同商定了国际经济合作的新框架。随着国际货币基金组织成员数量的不断增加，该机构对全球经济发展的影响力也越来越显著。

自成立伊始，国际基金货币组织的目标就是稳定汇率水平，帮助重建全球支付体系。

各成员国要缴纳基金份额，这汇聚成了一个资金池，国际收支不平衡的国家可以从这个资金池中获得临时性贷款。自 2007 年开始，作为拥有 185 个成员国的国际组织，国际货币基金组织宣布未来自己的目标是促进全球货币政策协调，确保金融体系稳定，促进国际贸易，提高就业率，促进经济的可持续增长，以及减少贫穷。国际货币基金组织的执行董事会由 24 个成员国派出的代表构成，这一机构可以代表国际货币基金组织的全体成员。所有的成员国均为国际货币基金组织理事会的成员。国际货币基金组织可以向成员提供资金与技术支持，这事实上使得该机构成为了国际最后贷款人。国际货币基金组织的总部坐落于美国的华盛顿特区。尽管名称中有“基金”的字眼，然而国际货币基金组织实际上是一家银行。与之相比，世界银行虽然名叫“银行”，但是实际上是一家基金组织。

1.11 世界银行

世界银行是向发展中国家提供资金与技术支持（例如，向发展中国家的大型项目——例如公路、桥梁、港口以及学校建设项目等——提供资金技术支持）的国际金融机构，其宗旨是减少贫穷。其主要的运营机构叫做国际复兴开发银行（IBRD），这是一家非营利机构。国际复兴开发银行于 1945 年开始运作，期初主要的目标是帮助战后的欧洲重建。现在，该机构的主要目标是帮助欠发达国家发展经济。国际复兴开发银行可以发放期限最高为 20 年的贷款，利率水平略低于商业贷款的利率水平，但是贷款国的政府要提供贷款偿还担保。绝大多数的贷款都是针对农业、能源以及运输等领域的特定项目而提供的项目贷款。国际复兴开发银行的资金来源包括成员缴纳的份额——国际复兴开发银行的成员国与国际货币基金组织的成员国完全相同——以及通过发行国际债券获得的融资。因为国际复兴开发银行的信用等级很高，因此它在国际金融市场上可以以较低的利率水平获得融资。

除了国际复兴开发银行以外，世界银行旗下还有其他机构。国际金融公司（IFC）成立于 1956 年，是一家向欠发达国家的私营企业提供无须政府担保的风险资本的投资银行。国际金融公司的另一目标是鼓励欠发达国家从其他渠道获得贷款。此外，国际开发协会（IDA）成立于 1960 年，是世界银行旗下专门发放优惠贷款的机构。国际开发协会可以向最贫穷的发展中国家发放期限不超过 50 年的免息贷款，还可以向无法进入资本市场获得融资的低收入国家提供低息贷款或赠款。国际开发协会的资金来自世界银行最富有成员国的捐赠。一般情况下，美国捐赠的比例占资金总量的 25%左右。国际开发协会定期要求较为富裕的成员国提供捐赠资金。

目前世界银行的工作重心主要是向中等收入国家提供贷款，贷款的利率水平等于世界银行自身在资本市场上的融资利率（信用等级为 AAA）再加上小额利差。

世界银行还可以向开发项目提供无偿的资金援助，目的是鼓励创新，加强机构之间的合作，以及鼓励当地的利益相关人也积极参与开放项目。国际开发协会的无偿资金援助主要被用于：

- 为负债压力最为沉重、受贫困折磨的国家减轻债务负担。
- 改善卫生条件以及饮用水的供给。
- 支持疫苗接种计划以及其他的免疫计划，以减少类似于疟疾这样的疾病的发病率。
- 抑制艾滋病的感染与蔓延。

● 鼓励民众自发地减少温室气体的排放。

● 保护热带雨林以及居住于热带雨林区域的原住民。

1.12 国际清算银行

国际清算银行是由各国中央银行组成的国际金融组织，其目标是促进国际货币与金融合作，承担了“中央银行的银行”这一角色。目前，这一机构不对任何主权国家的政府负责，其工作主要通过下属委员会、秘书处以及成员国的会议来开展推进。国际清算银行也可以提供银行服务，但是只面对中央银行或者与其类似的国际金融机构。国际清算银行坐落于瑞士的巴塞尔，于1930年正式成立。国际清算银行对银行业资本充足率监管框架的逐步完善做出了贡献。

1.13 世界贸易组织

世界贸易组织（World Trade Organization，WTO）建立的目标是监管并实现国际贸易的自由化。作为关税和贸易总协定（简称关贸总协定，GATT）的替代机构，世界贸易组织成立于1995年，关贸总协定成立于1947年。

世界贸易组织负责制定和执行全球范围内国（或地区）与国（或地区）之间的贸易规则。该机构还负责协商并执行新的贸易协定，并负责监督每一个成员都严格遵守世界贸易组织协定。世界上主要的贸易国（或地区）均已签订了世界贸易组织协定，并得到了所在国家（地区）权力机构的批准。

世界贸易组织共有153个成员，这代表世界贸易总量的96%之上，部长级会议是世界贸易组织的最高决策权力机构，每两年召开一次会议。世界贸易组织会执行部长级会议做出的政策决定，并负责日常的管理工作，世界贸易组织的总部位于瑞士的日内瓦。

世界贸易组织的核心职能是为全球范围的贸易政策规则制定框架。在分析关贸总协定与世界贸易组织时，五大基本原则至关重要。这五大原则分别为：

● 非歧视原则。这包含两个方面，即最惠国待遇原则与国民待遇原则。在商品、服务以及知识产权国际贸易领域，这两条原则都是最为重要的WTO原则。最惠国待遇要求WTO成员与其他的WTO成员进行贸易时，必须采用同样的贸易条件。这意味着如果一个成员在与另一成员进行某种产品贸易时给予对方最优惠的条件，那么这一条件必须给予其他成员。国民待遇指的是至少在外国产品进入本土市场以后，进口产品与本土生产的产品应当被同等对待。制定这一原则的目的是消除非关税贸易壁垒（例如技术标准、安全标准以及对进口产品的歧视）。

● 互惠原则。这与最惠国待遇原则有关，目的是确保国际贸易的公平性。

● 关税上限承诺。多边贸易的关税问题协商已经过多轮谈判，目前的关税框架允许各国（或地区）设定“关税上限”。一国（或地区）可以改变关税上限，但是必须先与贸易伙伴进行协商，取得对方同意后才能更改关税上限。这意味着该国（或地区）要对贸易伙伴的贸易损失提供赔偿。如果一国（或地区）未经贸易伙伴同意便更改贸易上限，那么该国（或地区）的贸易伙伴可以向 WTO 提出上诉，要求进入争议解决程序。

- 透明度原则。WTO 要求成员公布其贸易监管原则，设立专门的贸易管理机构监控影响国际贸易的各种法令法规，向其他成员提供必要的信息，以及及时告知世界贸易组织贸易政策的变化。更为重要的是通过贸易政策审议机制定期提交的国家贸易报告。上述要求只是国家贸易报告的补充而已。WTO 致力于确保可预测性与稳定性，不鼓励成员使用配额或其他手段来限制进口产品的数量。
- 安全法原则。在特殊情况下，成员方当局可以对国际贸易加以限制。这一领域共有三种类型的条款，分别是：允许成员为了实现非经济目标而使用贸易限制措施；为确保公平竞争而实施贸易限制措施；在何种情况下允许成员基于经济原因干预对外贸易。

上面我们简单地介绍了几个国际金融机构，接下来让我们了解一下外汇市场。

1.14 外汇市场简介

因为使用不同货币的国家在进行国际贸易时都要涉及货币结算问题，至少有一个国家要支付或收到外币，因此外汇市场便自然而然地形成了。前面我们之所以说“至少有一个国家”，是因为可能两个国家都使用的是除本币以外的其他外币。例如，假设一家澳大利亚的出口商与一家法国的进口商进行交易，但是它们使用的结算货币是美元，因此这两家公司都要解决外币结算问题。同样地，前面我们也特别强调了“货币结算”这个字眼，因为两国贸易也可以采用以物易物的方式。

绝大多数外汇市场并不具有一个实体的交易场所。银行与交易商通过计算机、电话以及其他通信工具进行交易，从而形成一个结构较为松散的外汇交易市场。外汇市场上的主要交易者如下所示：

- 商业银行、投资银行与商人银行，这些机构可以代表从事国际贸易的客户进行外汇交易，或者使用自己的账户或为客户进行外汇投资、投机或套期保值交易。
- 中央银行，其目的是管理外汇准备或缩小本币汇率的波动幅度。
- 外汇交易经纪商，充当外汇交易中间人的角色。
- 投资基金，将手上持有的一种货币头寸转变为另一种货币头寸。
- 需要使用外汇进行贸易结算、进行外汇套期保值交易或投机交易的公司。
- 富有的个人，在市场上可能扮演投资者或投机者的角色。

相对于整个外汇市场的庞大规模，大银行的客户基于出国旅游或度假的原因而产生的外汇需求是微不足道的，不值一提。

外汇交易存在的意义是促进国际贸易与跨国投资，企业与个人可以通过这个市场将一种货币转化为另一种货币。例如，一家美国企业从英国进口商品，要向出口商支付英镑，但是这家美国企业的收入是用美元计价的。在这种情况下，这家美国企业便可以将自己手上持有的美元在外汇市场上兑换为英镑。交易者还可以在外汇市场上进行投机交易，包括利差交易（指的是投资者借入收益率较低的货币，然后在外汇市场将其兑换为收益率较高的货币并进行投资）。这种交易策略风险较高，虽然成功之后盈利可观，但是也有可能导致损失。

外汇市场是世界上规模最大的市场。1989—1992 年间，全球外汇市场的交易规模几乎翻了一番，保持着年约 50%的飞快增长速度。到 2001 年，全球外汇市场每天的交易额达到了 1.21 万亿美元。[3] 截止到 2010 年，全球外汇市场的日交易额达到了 3.98 万亿美元。[4] 这几乎是纽约股票交易所日交易额的 20 倍还要多。外汇市场是一个二十四小时不间断的市场。随着太阳绕地球一周，外汇交易由一个金融中心转移到下一个金融中心：东京→中国香港→新加坡→巴黎→伦敦→纽约→旧金山→悉尼。[5] 1973 年，全球外汇市场的日交易额只有 150 亿美元。

伦敦是世界上规模最大的外汇交易中心。2010 年，伦敦外汇市场的日交易额约为 1.36 万亿美元。[6] 与之相比，1989 年时伦敦外汇市场的日交易额为 1 870 亿美元；1982 年，伦敦外汇市场的日交易额为 2 910 亿美元；1995 年与 2001 年的日交易额为分别为 4 640 亿美元与 5 040 亿美元。伦敦外汇市场的交易额占全球外汇市场交易总额的 34.1%左右。纽约是第二大外汇交易中心。2010 年，纽约外汇市场的日交易额为 6 570 亿美元（2001 年为 2 540 亿美元，1998 年为 3 510 亿美元，1995 年为 2 440 亿美元）。东京外汇市场排名第三，目前日交易额约为 2 380 亿美元（2001 年为 1 470 亿美元，1998 年为 1 490 亿美元，1995 年为 1 610 亿美元）。其他重要的外汇中心还包括新加坡、中国香港以及澳大利亚。

商品与服务出口引起的外汇交易仅占全球外汇总额的不足 2%。外汇市场交易的主要份额来源于金融机构将资金由一个外汇交易中心转移到另一个外汇中心所进行的交易，以及银行为了持有不同币种的头寸而进行的交易。只有 2%左右的外汇交易是由国际贸易驱动的，这个结论乍听起来让人感觉不可思议。因为外汇市场的产生就是为了方便从事国际贸易的交易者将收到的外币兑换成本币，反之亦然。当然在早些时候，国际贸易也可以采用以物易物的结算方式。而且直到现在，以物易物仍是一种国际贸易的方式，只不过目前只有小部分国际贸易仍在采用这种结算方式。

在所有的外汇交易中，有 90%～95%的交易可以看到银行的身影。这是因为银行一方面在使用自己的账户不停地建仓或平仓，另一方面银行经常代表公司客户来进行外汇交易，所以银行在外汇市场上占据如此明显的优势。85%左右的外汇交易涉及美元。表 1—1 给出了各种货币交易的详细比例。我们将总的比例值设定为 200%，因为任意一笔外汇交易中总是同时存在两种货币。

表 1—1　　外汇市场可交易的大部分币种

货币	符号	日交易额占市场总交易额的百分比（%，2010 年 4 月）
美元	USD	84.9
欧元	EUR	39.1
日元	JPY	19.0
英镑	GBR	12.9
澳元	AUD	7.6
瑞士法郎	CHF	6.4
加拿大元	CAD	5.3
港币	HKD	2.4
瑞典克朗	SEK	2.2
新西兰元	NZD	1.6
其他货币		18.6
共计		200

在即期外汇市场上，即期交易会立刻结算交割；而在远期外汇市场上，交易双方会先商定买入或卖出外汇的价格，但是外汇的实际交割要发生在未来的某个时间点。绝大多数

货币——但非全部——拥有对应的远期外汇市场。对一部分货币来说，其远期市场已经存在十年甚至更久；对于大多数货币来说，远期市场的发展历史不超过五年，还有一些货币的远期市场刚刚存在了一两年；个别货币的远期市场存在的时间尚不满半年。**“深度市场”**（deep market）指的是交易非常活跃的币种，例如美元、欧元以及英镑。与之相反，“窄市场”或“浅薄市场”则适用于那些发展中国家的货币交易市场，因为这些货币的交易相对不太活跃，市场交易较为清淡。

外汇市场是世界上交易成本最为低廉的市场。假设起始时我们手上持有100万美元，在外汇市场上将这笔美元兑换成欧元，随后立即将欧元兑换回美元。也就是说，正好走了一圈，则最终卖掉欧元后获得的美元金额要小于100万美元，其差额等于欧元兑美元报价的买卖价差（卖出价与买入价）的两倍。毕竟，虽然最终还是持有美元，但事实上做了两笔交易。听上去相当于两倍的买卖价差的交易成本确实不低，但是交易者实际支付的交易成本只有250美元左右。对于一些主要的国际货币，大银行会充当做市商的角色，这意味着它们手上持有大量的外汇储备，愿意按照自己的报价随时进行大额交易。

银行的外汇交易员可以为银行创造巨额利润，也有可能带来巨额损失。有时候他们一天就可以为银行赚到100万美元的利润，但有时候他们一天就亏掉100万美元。这些交易员的薪酬与奖金都很高。有些交易员的年薪甚至超过了100万美元，但是他们的职业生活非常紧张——上班时，要在10个小时里，密切关注汇率的波动和走势；回到家，还要继续关注汇率的变化，随时准备抓住微小的汇率波动进行交易。银行的外汇交易员通常比较年轻，年龄从20岁到30岁出头。这可能是因为人一旦过了30岁，反应速度就会放慢——也许是肾上腺激素的分泌变慢了。当然也有一种可能，这些交易员已经赚到了很多钱，因此赚钱的动力似乎减弱了。

1.15　2007—2008年的金融危机

在本章，我们感觉应当提一下前两年刚刚发生的金融危机。要想详细地探讨这场次贷危机发生的机制与原理，我们首先要了解某些金融衍生品的工作原理，例如**信用违约互换**（credit default swaps）这种产品的工作原理。而要弄清楚这一点，我们首先要向大家解释一下互换产品的特征。所以，我们不得不把关于次贷危机的讨论推迟到本书后面的章节。在第12章，我们主要向大家介绍互换这种产品。第18章会重点讨论信用违约互换。第19章会对2007—2008年期间发生的次贷危机做简要评述。

小结

- 离岸美元指的是存放在美国境外银行的美元存款。
- 离岸日元指的是存放在日本境外银行的日元存款
- 离岸英镑指的是存放在英国境外银行账户里的英镑存款。
- 政府通常通过中央银行或其他货币当局对国内银行业进行监管，监管的手段与措施包括资本充足率、存款准备金制度、窗口指导以及其他手段。
- 离岸市场不存在监管机构，因此也没有存款保证金制度以及其他的限制措施。
- 从汇率风险的角度来看，存放在伦敦当地银行的美元存款与存放在美国本土的美元存款并没有什么不同；但是若从政治风险的角度考虑，这两者明显存在差别。如果这两种存款分别存在不同的银行，那么它们面临的信用风险水平也不相同。

● 外汇市场的主要参与者包括商业银行、投资银行、商人银行、中央银行、外汇交易经纪商、投资基金、公司与富有的个人。

● 外汇交易市场是世界上规模最大的市场。

● 2010 年，外汇市场的日交易额平均为 3.98 万亿美元，是纽约股票交易所的日交易额的 20 倍还要多。2001 年，外汇市场的日交易额约为 1.21 万亿美元。

● 外汇市场是一个二十四小时不间断的市场。

● 在全球外汇交易市场上，伦敦是交易规模最大的外汇交易中心。2010 年，伦敦外汇市场的日交易额达到 1.36 万亿美元。与之相比，纽约外汇交易市场的日交易额为 6 570 亿美元；东京外汇交易市场的日交易额为 2 380 亿美元。2001 年，上述三大外汇交易市场的日交易额的数据分别为 5 040 亿美元、2 540亿美元以及 1 470 亿美元。

● 国际商品与服务贸易引发的外汇交易仅占全球外汇市场总交易额的不足 2%。

注释

1. Auger，P.，*The Greed Merchants*，Penguin Group，2005.

2. Kay，J.，“What a Carve Up”，*Financial Times*，1/2 August，2009.

3. 除非特殊说明，本书使用的“$”指代的是美元。10 亿（one billion）等于 1 000 百万（one thousand million)，1 万亿（one trillion）等于 1 000 十亿（one thousand billion)。

4. 援引自国际清算银行于 2010 年发布的《三年一度中央银行调查报告》（Triennial Central Bank Survey)。

5. 本书作者绝不是认为地心说优于哥白尼的日心说，只是认为上述这种表达方式要比直接说“地球绕着太阳转”能够更好地传递信息！

6. 这些数据同样摘自国际清算银行于 2010 年发布的《三年一度中央银行调查报告》。

第 2 章 国际货币体系

"国际货币体系"这个词是什么含义？从本质上看，国际货币体系包括国与国之间相互支付时——尤其是在国家间进行债务结算时——要使用的工具、法律、规则、机构以及程序。有时，我们将货币定义为可用于进行债务最终结算的工具。从全球视角来看，中央银行已经成为负责进行最终结算的机构，因此它们使用的资产可以被称为"国际货币"。中央银行负责保管国际货币储备。这也可以被称为"储备资产"。

在第二次世界大战爆发前，并不存在一个全球性的中央银行。一般情况下，各国的中央银行使用黄金、英镑或美元来进行最终的结算。一国（除了英国与美国以外）将黄金、英镑或美元转移支付给另一个国家（同样地，英国与美国除外）。这使得前者持有的储备资产数量减少，同时使得后者的储备资产数量增加。英镑从英国流向其他国家，这相当于英国对其他国家的英镑负债增加了。同理，这也适用于美国。因此说，储备货币发行国（例如英国与美国）所处的地位与发挥的作用与其他国家不同。它们可以通过直接创造货币的方式为商品的购买、贷款以及投资行为提供资金。事实上，这些国家就是全球其他国家的银行。这是因为它们可以直接创造国际货币。如果其他国家的**国际收支平衡表**（balance of payments）出现赤字，那么它们必须将黄金、英镑或美元输出国外，于是这导致其持有的国际货币储备减少。但是，只要其他国家还愿意接受美元或英镑，美国或英国便可以通过直接创造国际货币的方式来解决收支赤字问题。

本章我们将详细分析从第一次世界大战之前直到现在国际货币体系的逐渐发展演变过程。

2.1 金本位制

1914—1918 年第一次世界大战爆发前实施的国际货币体系叫做**"金本位制"**（gold

standard)。在这种制度安排下，各国同意用两种主要资产——黄金与英镑——进行国际债务的结算。因此，如果用“金/英镑本位制”来形容这一国际货币体系会显得更为合适。

绝大多数主要国家均实施了金本位制。一国的货币单位被定义了对应的含金量。人们可以使用该国发行的货币或铸币向该国政府申请，按照货币的含金量兑换黄金。

英镑的法定含金量为113.001 5格令，美元的法定含金量为23.22格令。那么事实上，英镑的黄金价格与美元的黄金价格之比就等于113.001 5/23.22，即英镑的价值相当于美元价值的4.866 5倍。因此，以黄金作为计价单位，1英镑可以兑换4.866 5美元。这一计算结果被称为英镑的**“平价”**（par value）。

如果一国的中央银行允许民众使用本国货币兑换黄金，那么我们就说这个国家实施的是金本位制。在1914年之前，英国国内实施的是金本位制，任何人都可以到英格兰银行要求将银行券兑换为黄金。1914年，英国政府宣布停止实施金本位制。但是到了1925年，英国又重新开始实施另外一种变形的金本位制，名叫“金块本位制”。商业银行发行的银行券不再能被兑换成黄金，但是英格兰银行在频繁买卖重量为400盎司的金条。其他国家要么仿效英国的做法，要么实施的是金汇兑本位制。所谓金汇兑本位制，指的是中央银行允许使用本币兑换其他同样实施金本位制的国家所发行的货币，而不是将本币直接兑换为黄金。1931英国被迫宣布放弃金本位制。

在国际贸易的经典均衡理论中，金本位制发挥着至关重要的作用。在金本位制下，各国发行的货币可以按照**固定汇率**（fixed exchange rate）自由兑换成黄金，这使得所有的国际贸易都可以使用黄金来进行结算。国际收支顺差会导致黄金净流入中央银行。于是，中央银行可以增加国内的货币供给量而无须担心没有足够的黄金储备来支持货币发行。货币发行数量的增加会导致价格上升，使得外国对本国出口产品的需求减少，于是，国际收支的顺差额会有所减小。如果一国的国际收支出现了逆差，那么就会发生反向的传导过程。黄金的流出同时伴随着货币供给量的收缩，这使得该国的出口产品变得更加有竞争力，收支逆差将会自动修复。

早在19世纪，英国便开始采用金本位制。19世纪60年代，多个欧洲国家成立了拉丁货币联盟（Latin Monetary Union），它们的目标是（致力于）建立金银复本位制。这种货币制度安排要求使用黄金和白银来进行国际债务结算。但是，德国于1871年正式建立了金本位制，再加上其他领域对白银的需求量较少，这使得白银作为国际货币的地位不断被削弱。美国南北战争期间，美国政府被迫宣布停止纸币与黄金的兑换。但是到了1879年，美国政府宣布恢复纸币与黄金的兑换。

表2—1给出了主要国家正式建立金本位制的关键时间点。

第一次世界大战对国际货币体系造成了严重影响。英国被迫放弃了金本位制，因为战争期间英国政府的国际收支出现了严重的赤字，而且当时英国政府也不愿意使用黄金来结算国际债务。也许，从这时开始，人们对英镑作为国际货币的信任逐渐瓦解。

其他很多国家也临时放弃了金本位制，但是没有哪一个国家能拥有像英国那样大的影响力，这是因为英镑在全球债务结算中占据了90%的份额。英国政府意识到英镑的重要国际地位以及英国金融机构在国际市场上所扮演的重要角色，希望能够尽可能早地重新建立金本位制。但是，由于1920—1921年期间美国经济陷入衰退，再加上一战后爆发了通货膨胀——这场通货膨胀来得快，去得也快——英国政府的努力迟迟未见成效。终于，美国经济开始复苏，英国经济也开始缓慢复苏。而德国在经历了非常严重的通货膨胀以后——

当时通货膨胀最严重的时候，德国马克与美元的汇兑比价为4万亿：1——德国政府终于将经济环境稳定下来，于1924年重回金本位制。

表2—1　　各主要国家建立金本位制的时间

国家	年份
英国	1816
德国	1871
瑞典、挪威与丹麦	1873
法国、比利时、瑞士、意大利与希腊	1874
荷兰	1875
乌拉圭	1876
美国	1879
奥地利	1892
智利	1895
日本	1897
俄罗斯	1898
多米尼加共和国	1901
巴拿马	1904
墨西哥	1905

20世纪20年代中期，各主要国家重新建立了金本位制，与第一次世界大战前各国实施的金本位制有所不同。主要区别在于原来只有两种国际储备资产——黄金与英镑，然而现在存在着多种储备资产。美国和法国在国际金融市场上的重要地位越来越凸显，美元与法郎存款开始被用于各种用途。不过，总的来说，当时除了英国以外，其他国家持有的黄金储备量都比较少。各个国家包括法国在内积累了一定金额的英镑存款以后，有时会选择将其兑换成黄金，这使得英国持有的黄金储备量不断减少。当英镑是世界上除了黄金外唯一的国际货币时，国际货币体系的运转没有什么问题。然而，当全球市场上同时存在着多种国际货币时，人们对各种国际货币的信赖程度有所不同，这导致整个国际货币体系的运转变得更加困难。

另一个重要的差别在于成本与价格不再像一战前那样富有弹性。这一点对英国来说尤为重要，这是因为英国是按照一战前的英镑黄金平价重新建立金本位制的。但是，只有将成本与价格人为地压低，才能使得英镑在保持原有平价的基础上维持相当长的一段时间。鉴于成本与价格的弹性不足、人们对英镑的信赖程度也不断减弱，这一切终于导致英国政府于1931年宣布放弃金本位制。很多其他国家也追随英国的脚步，纷纷放弃了金本位制。

然而，在20世纪30年代早期，除了前面讲过的那些压力，英国政府还面临着其他的压力，这对其放弃金本位制的决定产生了重要影响。其中两个重要的压力便是20世纪20年代晚期至30年代早期西方世界爆发的大萧条以及1931爆发的国际金融危机。

如前所述，自20世纪30年代早期开始，当时的国际货币体系便日渐瓦解。到了1933年初，世界上主要的经济体所实施的货币制度可被分成以下几类：一部分国家继续实施金本位制（包括法国、瑞士、荷兰以及比利时），这些国家仍在坚持本币与黄金的固定兑换比价；另一些国家在集权政治背景下通过执行严格的外汇管制来控制本币的价值（例如德国）；还有一些国家允许自己的货币自由贬值。在20世纪30年代前半期，很多国家货币的贬值幅度达到了35％～50％。那些不允许本国货币贬值的国家——例如美国、法国、比利时、瑞士以及荷兰——面临着严重的通货紧缩压力。当时，经常有国家抱怨说其他国家故意鼓励本国货币贬值，以实施以邻为壑政策。国际贸易规模大幅度缩水，国际资本流动几乎完全停止。

20 世纪 30 年代，主要国际货币的贬值——尤其是英镑的贬值（参见图 2—1）——意味着国际储备资产的数量相对于黄金的储备数量在不断地下降。由于黄金的产量有限，而且大部分黄金流入美国，许多国家发现自己的黄金储备量大幅度减少。20 世纪 30 年代晚期至 40 年代早期，汇率水平的大幅波动再加上国际贸易规模的缩水以及全球范围内不断蔓延的经济衰退，使得各国纷纷发出了重新建立稳定汇率机制的呼声。

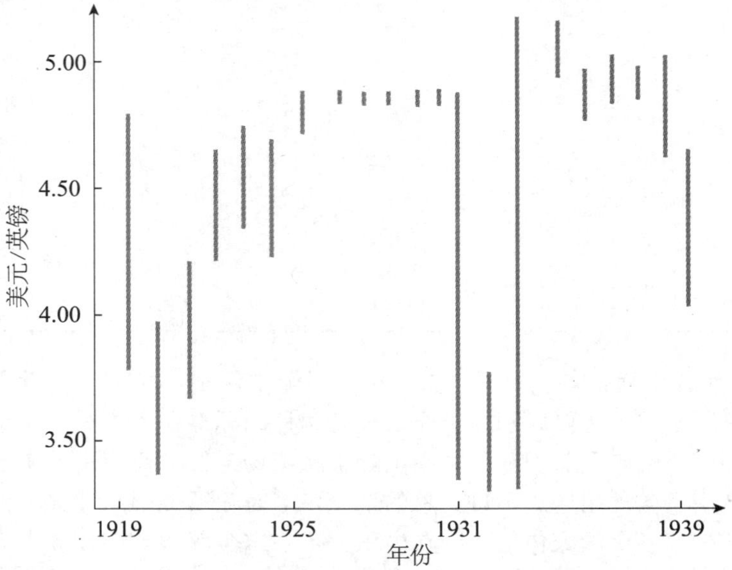

图 2—1　1919—1939 年间英镑/美元的汇率水平（基于每月的汇率波动情况划分区间）

不过，第二次世界大战的爆发对国际贸易与国际投资施加了更为广泛、更为严格的控制。当时，与敌国进行对外贸易被视为是违法的，与友好国家进行的贸易往来则主要是军备物资及战争物资的交易。大多数货币的私人市场（与官方市场相对）已不复存在。此时，大多数贸易都是基于各种各样的政府间协议在继续进行着。但是，即便是政府与政府之间的贸易往来，也是要么采用以物易物的交易形式，要么采用直接捐赠的方式以表达对敌人的蔑视，国际金融市场几乎毫无用武之地。在二战期间，外汇市场、汇率以及其他制度安排基本上处于停摆状态。直到战争结束，国际货币体系才开始重建。贸易管制与外汇管制往往意味着不能采用常见的融资方式。因此，在二战期间，贸易融资并不是一个亟待解决的问题。

第二次世界大战结束后，很多评论家、银行家以及经济学家都同意目前亟须建立一个全新的货币体系。英镑在国际贸易中居于主导地位的时代一去不复返了；金本位时代也已经结束了。政府必须耐心等待一个全新的国际货币体系逐渐形成，以代替原有的金本位制——虽然在 1914 年之前，基于金本位制的国际货币体系一直运转良好，但是在 1914—1944 年间，事实证明金本位制已不再适用。不过，未来还充满着不确定性，需要人们迅速开始行动。于是，布雷顿森林协议让人们看到了一线曙光：在布雷顿森林会议上，一个全新的国际金融机构——国际货币基金组织正式宣告成立。由布雷顿森林会议基本确立的国际货币体系自 1945 年二战结束后一直维持到 1971 年。

2.2 布雷顿森林体系

1944 年 7 月，在美国新罕布什尔州的布雷顿森林召开的国际会议上一个全新的国际货币体系框架得以建立。约翰·梅纳德·凯恩斯（John Maynard Keynes）与哈利·德克斯特·怀特（Harry Dexter White）——他们两人分别是英国与美国的代表——是这一新框架的主要推动者。布雷顿森林体系的主要创新之处如下：

- 建立了一个新的永久性机构——国际货币基金组织（IMF），其目标是促进国际货币问题的磋商与合作，对国际收支出现赤字的成员国提供贷款。
- 基金的每一个成员国都必须确定本国的货币平价，并得到国际货币基金组织的批准，而且有义务将本国货币的汇率水平控制在以官方平价为中心上下波动 1%的幅度内。各成员国在国际贸易结算过程中可以自由地买卖黄金，同时也必须遵守上述要求，即将本币的汇率水平控制在官方平价上下 1%的水平内。所以，作为唯一个能满足条件的国家，美国不需要干预外汇市场。其他国家则必须干预外汇市场，通过安排美元对本币的买卖交易，确保本国的汇率水平保持在对美元官方平价上下浮动不超过 1%的区间内。
- 各成员国只有在得到国际货币基金组织批准以后才能变动该国货币的官方平价。只有当事实证明该国的国际收支出现了根本性的失衡时，国际货币基金组织才会允许成员国修改本国货币的官方平价。会上各国代表已达成共识，如果某成员国为了维持汇率水平保持在规定区间内而导致储备资产长期内持续不断地大量流失，那么这可被视为大量失衡。
- 每一个成员国都必须向国际货币基金组织缴纳一定的份额，其中四分之一的份额用黄金缴纳，余下的份额使用各成员国的本币缴纳。基金份额的大小取决于各成员国在世界经济体系中所占的比例。
- 各成员国缴纳的份额汇聚成资金池，国际货币基金组织应当充分利用这一资金池，向国际收支出现赤字的成员国发放贷款。

于是，一个全新的国际货币体系框架得以建立。这一框架事实上使用的是固定汇率。只有当出现根本性失衡时，IMF 才允许各成员国修改本币的官方汇率平价。由于这一汇率框架对汇率的调整并不是连续的，因此它被称为可调整的盯住汇率制度。

在布雷顿森林体系建立初期，它积极地推动了国际贸易的迅速发展。不过，国际贸易领域的成就掩盖了布雷顿森林体系一个最基本的缺陷——为了支持国际贸易的规模扩张，全球各国需要更多的国际储备资产的供给，然而布雷顿森林体系对如何增加国际储备资产的供给并没有考虑周全。不断放大的国际储备的需求没有得到满足，最终必然导致各国持有的本币数量越来越多，尤其会加强美元作为国际储备货币的地位。

在国际货币体系内，美元在国际贸易与国际融资市场上的地位变得越来越重要，这又引发了新的问题。这就是所谓的“特里芬难题”（因为特里芬（Triffin）[1]是最先发现并关注这一问题的学者，因此这一发现以他的名字命名）。因为美元扮演着储备货币的角色，因此为了不断增加国际储备货币的供给，美国的国际收支必须出现赤字。但是，随着外国中央银行持有的美元债券越来越多，人们开始怀疑这么多美元是否能够按照官方平价兑换成黄金。美国政府持有的黄金储备开始成为外国中央银行持有的美元债券的递减函数。只有在外国中央银行不打算用自己持有的美元向美国政府兑换黄金的条件下，这种持续提供国际流动性的方式才能够维持下去。鉴于这一难题，国际货币基金组织引入了一种新的国际货币储备资产。这种新资产名叫**特别提款权**（special drawing right，SDR），于 1969 年获得国际货币基金组织的特别批准并正式投入使用。

经过深思熟虑，国际货币基金组织决定将特别提款权分发给各成员国，各成员国将其视为一种新型的储备资产。各国获得的特别提款权数额与该国缴纳的基金份额成正比，这有点像现代企业向股东发放的红股。持有特别提款权的成员国可以通过国际货币基金组织的特别提款账户与另一个成员国进行交易，即用特别提款权兑换外汇。只有国际货币基金组织以及其他指定的官方机构的成员可以合法地持有特别提款权。

2.3 国际储备

国际货币基金组织通过特别提款权向各成员国提供国际储备资产。提别提款权定价方法的变化以及持有超额特别提款权可累计获得的利息增加了特别提款权作为一种储备资产的吸引力。目前，特别提款权的价值不再是用美元表示的固定值。现在，国际货币基金组织使用一篮子货币来计算特别提款权的价值。

每一天，国际货币基金组织都会使用伦敦外汇市场上多种货币买卖价格的平均值来计算特别提款权的美元价格。在特别提款权对应的一篮子货币中，各种货币所占的比例在较长时间内保持不变。自 2011 年初开始，特别提款权的价值构成如下所示：

USD 0.660 0（41.9%）

EUR 0.423 0（37.4%）

JPY12.100 0（9.41%）

GBP0.111 0（11.3%）

持有超额特别提款权的成员国可以获得利息收益；同理，特别提款权持有额少于最终分配额的成员国要面临利息支出。这两种利率每个季度计算一次，等于市场利率的加权平均值。随着特别提款权可进行的交易类型的不断增加，其吸引力也变得越来越大。除了可用于直接购买外汇以外，目前，各成员国还可以在远期市场以及互换市场上使用特别提款权，可以使用特别提款权捐款，可以向其他成员国或已被授权的非成员国机构发放特别提款权贷款。

2.4 1971 年前黄金的地位

长久以来，黄金一直是国际交易的贸易媒介。但是，作为一种储备资产，黄金具有明显的缺陷。首先，与生产成本几乎为零的金融工具相比，黄金的生产成本相对较高，因此，使用黄金作为商品交易的媒介显得太过浪费，直接使用金融工具成本更低。其次，黄金的大量使用主要有利于黄金的生产国，并不一定能给世界经济的发展带来好处。曾有人对世界上最大的黄金生产国——南非的政治环境提出过诸多批评。最后，黄金供给量的增加并不一定反映全球对流动性的需求在不断增加。事实上，黄金供给量的增加也许与全球流动性的需求根本没有关系。这也许只是反映某些国家对外汇的需求有所增加，例如南非。

1933年黄金的价格固定为每盎司35美元，这一固定价格一直持续到20世纪70年代早期。因为各国货币与美元之间的汇兑比价保持不变，因此各国中央银行都可以将本国货币兑换为美元，然后将美元兑换为黄金。美国联邦储备银行愿意按照这一黄金官价来买卖黄金。美国愿意以一己之力支撑整个国际货币体系，是可以理解的——在第二次世界大战结束后，美国持有的黄金储备量高达200亿美元，约占全球官方黄金储备总量的60%。只要人们认为美元与美国政府的黄金储备支持是无懈可击的，外国中央银行就会愿意持有货币。因为货币资产可以带来利息收益，而黄金则无法带来任何收益。

1954年，伦敦开放了一个黄金市场，私人买家与卖家可以在这个市场进行交易。1962年，一个总价值高达8 000万美元的中央银行黄金总库得以建立。八个国家共同签订了《黄金总库协议》——其中包括美国——目的是在自由市场上买卖黄金以确保黄金的市场成交价格尽可能地接近于黄金的官方价格，即每盎司35美元。1967年，法国退出了黄金总库协议。

到了20世纪60年代晚期，不仅外国中央银行可以将自己持有的美元兑换成黄金，世界各地的私人投机者也可以将自己持有的美元兑换成黄金。到1968年，在《黄金总库协议》的安排下，各主要国家的中央银行聚在一起，努力将黄金的市场交易价格维持在官方平价的水平。当时人们都认为黄金价格肯定不会下跌，但是很有可能会上涨，于是，投机者们开始行动了。1968年，各国中央银行被迫允许黄金的商业交易价格可以自由浮动。不过，对于各国政府之间的结算，它们同意继续盯住原有的黄金官价，并且不再向自由市场出售黄金。各国中央银行认为在这种黄金价格双规制体系内，自由市场上的黄金价格会比较接近于官方平价。然而，好景不长。

慢慢地，各国政府发现固定汇率越来越难以维持下去。即使真的出现了根本性的失衡，各国政府也非常不愿意将本币贬值。换言之，各国政府正在滥用布雷顿森林体系。

1971年，布雷顿森林体系受到两个方面的压力：继续保持黄金的固定价格与固定汇率已变得不太有意义。当时，美国总统尼克松（Nixon）正在准备1972年的大选，他希望想出办法提高美国民众的内需。在市场上，许多人正在进行美元投机，欧洲许多国家的中央银行以及日本为了确保本国货币对美元的汇率能够保持在布雷顿森林体系要求的狭窄区间内，被迫持续不断地买入美元。其实考虑到当时的经济环境以及投机者施加的压力，欧洲各国的本币以及日元应当升值，而不是保持不变。自由市场上黄金的成交价格飞速上涨。这导致几个国家要求将自己手上持有的多余美元按一盎司35美元的黄金官价兑换成黄金。当时美国政府持有的黄金储备价值为100亿美元，然而，其他国家持有的美元债权却高达500亿美元。于是，在1971年8月，美国政府宣布暂时停止美元与黄金的兑换，并允许美元汇率自由浮动。

国际社会普遍对布雷顿森林体系感到担忧，于是在1971年12月，各国财政部长在美国的史密森学会召开了会议。在这个会议上，诞生了《史密森协议》(Smithsonian Agreement)。这份协议将固定汇率的波动区间上调至4.5%，给各国中央银行留出了更大的空间。同时，协议还批准了多种货币相对于美元升值。也就是说，美元相对于黄金正式贬值。黄金的官价由原来的每盎司35美元上涨至每盎司38美元。这就相当于美元实际上贬值了9%。

之后，布雷顿森林体系这个以美元为基础的国际货币体系勉强又维持了一年。由于美元的第一次贬值导致美国的国际收支赤字更为严重，因而引发了美元的第二次贬值。1973年2月，美元再次贬值，这使得黄金的官方价值上涨了每盎司41.22美元。然而，1973年3月，国际市场上爆发了新一轮的外汇危机，欧洲各国中央银行拒绝再购买美元。面对巨大的压力，美元的第二次调价并未发挥实际的作用。到了1973年3月中旬，布雷顿森林体系终于宣告解体，14个主要工业国家放弃了可调整的盯住汇率制度，允许本国货币自由浮动。不过，我们现在并不是处于一个完全实施**浮动汇率**（floating exchange rate）制度的世界，后面我们很快会讲到这一点。

2.5 第二修正案

1973年3月，盯住汇率制度被放弃后，很多国家开始实施浮动汇率制度。在欧洲，有一种流行的观点认为，浮动汇率制度只是一个暂时性的选择，当时这主要是法国极力鼓吹的说法。而对美国来说，人们更赞同继续实施浮动汇率制度。

1975年11月与1976年1月，国际货币基金组织分别在法国的朗布依埃与牙买加召开峰会，通过了一份有关汇率操作的新章程。这份修正案是国际货币基金组织历史上第二份章程，在得到主要国家批准后于1978年4月1日开始生效。

第二修正案对国际货币体系的三个主要方面进行了改革。首先，它允许各国更为灵活地管理汇率，并赋予了国际货币基金组织监管国际货币体系更大的权限。其次，它改变了特别提款权的基本特征，以增加其作为国际储备资产的吸引力。最后，它简化并提高了国际货币基金组织向国际收支账户出现短期失衡的成员国提供贷款的能力。

对于第一项改革，国际货币基金组织的成员国应当“与国际货币基金组织以及其他成员国合作，以确保建立稳定有序的汇率机制，促进形成稳定的汇率体系”（IMF，1978）。至于具体的合作方式则由各成员国自己决定。

国际货币基金组织章程的第二修正案第四条详细说明了在汇率操作方面各成员国应承担的责任。按照第二修正案（IMF，1978），每个成员国都应当：

- 努力调整本国的经济政策以及金融政策，目标是基于自身所处环境促进经济有序增长，同时保持价格合理稳定。
- 通过保持稳定有序的经济环境、金融环境以及不会出现剧烈波动的汇率机制来促进稳定。
- 不得为了阻止其他成员国对国际收支进行调整或者为了获得相对于其他成员国不公平的竞争优势而操纵汇率或国际货币体系。

1977年4月，国际货币基金组织通过了新规则（IMF，1977），对各国汇率政策的选择提供了补充指导。有关汇率管理制度的新规则要求：

- 各成员国有义务避免操纵汇率或国际货币体系，阻碍其他成员国对国际收支的有效调整，或者获得优于其他成员国的不公平的竞争地位。
- 如果外汇市场的紊乱对成员国本币汇率造成了短期干扰，为了解决这一问题，相关成员国在必要时可以对外汇市场进行干预。
- 各成员国在干预外汇市场时应当充分考虑到其他成员国，包括干预涉及的外汇发行国的利益。

在汇率政策选择方面，上述原则给予了各成员国较大的自主权。各成员国可以选择盯住汇率制度、浮动汇率制度或管理浮动汇率制度，直到它们认为对汇率的调整程度与国内的经济政策相一致为止。第二修正案进一步限制了黄金在国际货币体系中发挥的作用。不再用黄金规定各国货币的平价，同时也取消了黄金的官价。各成员国应当共同合作，逐步降低黄金在国际货币体系中的地位，同时，有意识地促使特别提款权成为国际货币体系的主要储备资产。国际货币基金组织也废除了之前提出的要求各成员国用黄金缴纳部分基金份额的要求，并开始对国际贸币基金组织的黄金储备加以处置。

在监督过程中，国际货币基金组织发现一些成员国执行的国内经济政策导致汇率水平出现了剧烈波动。于是，国际货币基金组织会建议这些国家选择对外汇市场影响力较小的其他经济政策。

一直以来，向成员国提供贷款以帮助其解决国际收支不平衡问题都是国际货币基金组织的主要目标。如果某成员国亟须使用外汇对短期汇率波动进行干预，那么它可以向国际货币基金组织寻求贷款援助。

2.6 汇率安排

从盯住汇率制度到完全自由浮动汇率制度，世界各国实施的汇率制度均存在一定程度的差异。一般情况下，盯住汇率制度要求政府每天都要干预外汇市场，同时还要实施一些内部的法律法规以限制外汇市场的交易。实施盯住汇率制度的国家可以使用一种外币或者一篮子外币来确定本币的汇率平价，官方干预会使得实际的汇率水平被限制在以该汇率平价为中心的狭窄区间内。

具体而言，实施盯住汇率制度的国家的具体做法也有很多种选择。很多国家选择盯住单一货币，但是目前越来越普遍的情况是，盯住一篮子货币。盯住汇率制度之所以富有吸引力，是因为这种制度有助于降低经济体的价格波动程度。不过，盯住汇率制度也存在着不足，这主要体现在政府需要监管国际贸易，并且频繁地干预外汇市场。

一般来说，虽然具体做法略有不同，但是实施浮动汇率制度的国家一般不会那么频繁地干预外汇市场。一些国际货币基金组织成员国秉承的宗旨是尽可能地不去干预市场，可是还有一些成员国经常以强势的姿态干预外汇市场。在绝大多数情况下，具有发达的金融市场的国家更倾向于实施浮动汇率制度。

事实上，实施浮动汇率制度的国家并不是说完全地不干预外汇市场。它们也会采取一些非正式的手段管理汇率，或者是使用一系列的经济指标，或者是依靠互相合作的汇率协定。其中，最常用的方式是非正式的管理浮动策略。很多选择管理浮动汇率制度的国家往往会选择使用逆风向管理调节策略。这种策略指的是，政府部门对外汇市场的干预目的是熨平汇率的短期波动，同时做到不干扰汇率的长期变化趋势。还有一些实施管理浮动汇率制度的国家会制定一个目标汇率，通过市场干预促使实际汇率水平围绕着目标汇率上下窄幅波动。

一些国家没有使用目标汇率或者逆风向调节策略，而是依赖于一些客观的经济指标。这些经济指标可以被用来揭示实体经济的发展是否对本币提出了贬值或升值的需求。随着指标的变化，货币平价会被频繁地小幅调整。政府部门会对货币市场加以干预以确保实际汇率水平围绕着中心汇率（即货币平价）上下波动。

不管一国选择的是盯住汇率制度还是自由浮动汇率制度，在日常的汇率管理工作中，它都没有义务必须与国际货币基金组织或其他成员国保持合作。尽管绝大多数成员国很重视这种独立性，但是也有一些国家希望能与自己的贸易伙伴保持更为密切的经济联系。国际货币基金组织并不禁止成员国在管理双边汇率过程中采取合作的姿态。国际货币基金组织将这种做法定义为合作式的汇率安排，也就是所谓的集体浮动汇率制度。欧元的前身**欧洲货币体系**（European Monetary System）就是最为著名的一个典型案例。

在表 2—2 中，我们对上述提到的汇率制度安排进行了总结。

表 2—2　　世界各国的汇率制度安排

汇率制度安排	描述
没有使用独立的货币作为法定货币	这指的是使用其他国家的货币作为本国唯一的法定货币进行流通；或者属于同一个货币联盟的多个成员国共同使用同一种法定货币。欧元区就属于这种类型。
货币局制度	这种汇率制度明确承诺会使得本币与某一种特定的外币保持固定汇率。
其他常见的固定汇率盯住安排	一国将本国货币盯住（正式或非正式地）另一种主要货币或者一篮子货币，两者之间保持固定汇率，且实际的汇率波动被限制在围绕该中心汇率上下不超过 1%的狭窄区间内。
调整空间较大的盯住汇率制度	一国将本国货币盯住（正式或非正式地）另一种货币或者一篮子货币，实际汇率水平的波动可以超过中心汇率上下各 1%的幅度。
爬行盯住汇率制度	随着定量指标发生变化，一国会定期按照事先宣布的调整比率小幅调整本币汇率。
也可被视为爬行盯住汇率制度的其他汇率安排	本币汇率被限制在围绕中心汇率上下一定百分比的波动范围内；伴随着定量指标的变化，一国政府会按照事先公开宣布的固定比率定期调整中心汇率。
不会事先公布汇率调整具体安排的管理浮动汇率制度	货币当局通过积极地干预外汇市场来影响汇率水平，而且在干预前不会对外说明或承诺汇率的具体调整方案或措施。
自由浮动汇率制度	汇率水平主要由市场决定，政府的任何干预行为都只是为了防止汇率波动的幅度过大，而不是要人为地将汇率水平固定在某一个区间。实施这种汇率制度的国家包括美国和英国。

2.7　欧洲单一货币——欧元

1999 年 1 月 1 日，11 个欧盟成员国开始使用单一货币——欧元。在作者写作本书时(2011 年 4 月)，随着一些新成员国的加入，**欧元区**（Eurozone）成员国的个数已经达到了 17 个。其中包括奥地利、比利时、塞浦路斯、爱沙尼亚、芬兰、法国、德国、希腊、爱尔兰、意大利、卢森堡、马耳他、荷兰、葡萄牙、斯洛伐克、斯洛文尼亚和西班牙。目前，尚未加入欧元区的主要欧盟成员国包括英国、丹麦和瑞典。

这 17 个欧盟成员国组成了经济与货币联盟，开始使用单一货币——欧元。这些国家锁定了本币与欧元的汇率，开始共同使用欧元这种新货币。

这 17 个国家还要遵守欧洲中央银行统一制定的共同的汇率政策以及单一汇率。欧洲中央银行负责制定和执行欧元区国家的货币政策，但是，目前在欧元区内共同代表权、共同治理以及统一的财政政策尚未实现。

自从 1957 年欧洲经济共同体成立以来，一直有人建议应当进一步加强欧共体各成员国的经济合作，包括采用单一货币。1992 年，欧洲统一市场的形成让各个欧盟成员国的经济发展变得更为紧密，这使得通货膨胀率进一步降低，欧盟整体收入水平不断上升。若想建立单一货币区，各成员国的经济水平较为接近是一个首要条件。

欧元区对想加入的新成员国制定了一系列标准。也就是说，若想加入欧元区，一国必须满足下列所谓的《马斯特里赫特条约》。具体内容是：

● 该国的通货膨胀率必须小于等于三个通货膨胀率最低的欧盟成员国上一年的平均通货膨胀率加上 1.5%。

● 长期利率水平不得超过利率水平最低的三个欧盟成员国（当然，现在各个欧元区成员国利率水平已经统一了）的平均长期利率再加上 2 个百分点。

● 政府的年度赤字与 GDP 的比值必须低于 3%（特殊情况除外）。

● 国债与 GDP 的比值不得超过 60%。

事实上，近些年来，对于新加入欧元区的欧盟成员国，上述标准并没有严格执行。例如，希腊就是“无耻地”使用了金融衍生品才使得自己能够满足加入欧盟的条件。

目前，尚未决定加入欧元区的国家可以在做好准备时再行加入，只要它们能够满足前面列出的欧元区准入条件。

事实证明，欧元的诞生对欧元区国家以及整个欧洲的贸易经济发展起到了极大的促进作用。例如，交易成本更低，消除了汇率风险以及透明的价格差等。接下来我们逐一分析。

● 交易成本更低。单一货币使得欧元区各成员国的企业在相互交易时不需要兑换货币。这降低了交易成本。目前，欧元区内各成员国的企业在相互支付时成本更低。

● 稳定的汇率水平。单一货币使得欧元区内各国之间的汇率问题不复存在。这有助于企业更好地决策。

● 透明的价格差。单一货币使得欧元区内各国产品的价格差变得更为透明。有些企业生产的产品在欧元区内不同国家的定价不同，欧元的诞生会对这样的企业产生影响。同样地，打算从欧元区进口产品的企业也可以更容易地比较价格。不管是哪种情况，这都必然导致竞争进一步加剧。

虽然英国尚未加入欧元区，但是欧元区的成立对很多英国行业产生了影响，尤其是那些要在全欧洲范围内买卖商品的企业。一些英国企业在英国境内正在使用欧元买卖商品与服务。在供应链环节上，使用欧元来进行投资或结算也开始变得常见。不过，目前欧元区内的各成员国没能保持统一的通货膨胀率。正如我们在后面将要讲到的那样，如果欧元区各成员国的通货膨胀率比较接近，单一货币才能发挥效用。没有做到这一点，将会给单一货币的毁灭埋下种子。有关这一点请读者参考购买力平价理论以及最优货币区的相关内容，这两个主题分别出现在第 3 章和第 19 章。

小结

● 在1914年前，绝大多数主要国家还在实施金本位制——两种主要资产即黄金与英镑被用于国际债务结算。当民众将一国货币提交给本国中央银行时，中央银行必须按照平价将货币兑换为黄金。

● 1914年，英国与许多国家放弃了金本位制。

● 1925年，英国开始实施金块本位制。商业银行发行的银行券不再能够兑换成黄金。但是，英格兰银行可以买卖金条。还有一些国家实施的是金汇兑本位制，即本国中央银行可以用本币来兑换其他同样实施金本位制的国家的货币，而不是兑换成黄金。

● 1931年，英国再次放弃金本位制。直到第二次世界大战爆发，大多数国家开始转向浮动汇率制度，不过还有一些国家在坚持严格的汇率管制。

● 1944年，在美国新罕布什尔州的布雷顿森林，二战后一个全新的国际货币体系得以建立。

● 布雷顿森林协议创造了国际货币基金组织这个全球性的中央银行。该协议创造了一个全球性的固定汇率体系，各国承诺将本币汇率保持在对美元的官方平价上下不超过1%的幅度内。在国际贸易结算中美国本身可以买卖黄金。其他国家要干预外汇市场，以确保本币兑美元的汇率保持在围绕规定平价上下不超过1%的区间内。只有得到国际货币基金组织的批准，各国政府才能修改本币的平价。所有国际货币基金组织的成员国都必须缴纳基金份额。如果一国为了保持货币平价干预市场时资金不足，国际货币基金组织可以利用资金池向该成员国发放贷款。

● 美元成为新货币体系的储备资产。但是，随着国际贸易规模的不断扩大，国际社会对流动性的需求也相应扩大。为了满足不断增长的国际货币需求，美国的国际收支必须持续保持赤字状态，只有这样才能保证美元能够源源不断地注入国际货币体系。到了20世纪60年代晚期，国际流动性的短缺达到了顶峰。1969年，为了解决这一问题，国际货币基金组织创造了一种新的国际储备资产——特别提款权。

● 起初，特别提款权的美元价值是固定不变的。但是现在，特别提款权的价值由一篮子货币决定。这一篮子货币的构成是：41.9%的美元，37.4%的欧元，9.4%的日元，以及11.3%的英镑。

● 1969年，国际货币基金组织开始向各成员国分发特别提款权，类似于现在企业向股东发放的股票红利。

● 到了20世纪70年代早期，布雷斯森林体系的紧张态势再次达到顶峰。自1933年开始，黄金的官价一直保持在每盎司35美元的水平。美国联邦储备银行愿意按照这一价格买卖黄金。1954年，伦敦的黄金市场开放。截止到20世纪70年代早期，很多国家本应当对本币重新估值，但是却没有这样做，例如德国与日本两国。

● 固定汇率制度以及固定的黄金价格已经没有任何经济意义了。

● 1972年总统大选前，时任美国总统的尼克松为了扩大内需，希望美元能够贬值，并开始着手行动。

● 1971年8月，自由市场上的黄金价格飞速上涨。美国宣布暂停美元与黄金的兑换，并允许美元汇率自由浮动。1971年12月，在美国的史密森学会召开的会议上，固定汇率的波动幅度由原来的1%提高到4.5%；同时美元相对于黄金贬值，由原来的每盎司兑换35美元下跌至每盎司黄金兑换38美元。

● 这还不够，1973年2月，美元再一次贬值，每盎司黄金兑换41.22美元；1973年3月，布雷顿森林体系正式解体，14个主要成员国宣布实施自由浮动汇率制度。

● 目前，世界上大多数主要货币采用的是浮动汇率制，但是也有一些国家仍然在继续坚持使用固定汇率制。还有一些国家选择盯住美元、欧元或者特别提款权。在欧洲，17个欧盟成员国已经将欧元当做各国共同的货币。

● 1991年1月1日，11个欧盟成员国开始使用欧洲单一货币——欧元。欧元区最初的11个成员国包括奥地利、比利时、芬兰、法国、德国、爱尔兰、意大利、卢森堡、荷兰、葡萄牙及西班牙。随后，希腊、塞浦路斯、爱沙尼亚、马耳他、斯洛文尼亚以及斯洛伐克也相继加入了欧元区。

● 这17个国家共同遵守由欧洲中央银行制定的统一汇率政策以及单一汇率。欧洲中央银行负责为欧元区成员国制定并实施统一的汇率政策。

● 经济条件尚未达到加入欧元区的要求或者尚未决定加入欧元区的欧盟成员国可以在做好准备时申请加入，只要它们能够满足《马斯特里赫特条约》中规定的欧元区准入条件。

● 欧元是欧元区的法定货币。

● 2002 年 1 月 1 日，欧元的纸币与铸币开始在欧元区内正式使用，各国原来使用的纸币与铸币退出流通。

● 虽然英国尚未加入欧元区，但是欧元的诞生对英国的许多行业产生了重要影响，尤其是那些要在全欧洲范围内买卖商品的企业。

章末习题

2.1 比较一下固定汇率制度、自由浮动汇率制度以及管理浮动汇率制度的异同点。

2.2 中央银行如何对外汇市场进行直接干预以达到调整本币币值的目的?

2.3 请列出完全自由浮动汇率制度与固定汇率制度的优势与劣势并加以讨论。

注释

1. Triffin, R., *Gold and the Dollar Crisis*, Yale University Press, New Haven, CN, 1960.

金融学译丛·国际金融 金融学译丛·国际金融 金融学译丛·国际金融 金融学译丛·国际金融

第二部分 外 汇

跨国财务管理总是要和各种各样的外汇打交道。因此若想了解外汇问题，我们必须先弄清楚外汇市场是如何运作的，以及哪些因素会导致汇率发生波动。考虑到跨国财务管理的复杂性，有许多比较重要的知识需要掌握，因此本章要向大家介绍外汇市场上最为重要的基础理论。不掌握这一理论，一旦遇到有关汇率以及利率的问题，你就会一直像是在黑暗中胡乱摸索。但是一旦掌握了这个基本原理，曙光就在前面不远处。

第 3 章　汇率：基本报价法

跨国财务管理与国内财务管理具有很多共性，但是两者也存在着很多差异。跨国财务管理要经常与各种各样的外汇打交道。因此我们必须了解外汇市场是如何运作的，为什么汇率水平会发生变化，以及如何防范外汇风险，等等。

但是，在我们开始研究上述问题之前，必须先来分析一下最基本的关系。本章重点介绍的是多种汇率决定理论中最为基本但也最为重要的基本原理。但是，这绝对不是唯一一种汇率决定理论，我们将在第 6 章向大家介绍其他的汇率决定理论。

3.1　外汇市场

一家美国公司从德国进口商品，商品用欧元标价，于是这家美国企业需要使用欧元向德国企业支付货款。反过来，如果是一家美国企业向德国出口商品，仍然是使用欧元来标价，那么这家美国企业在收到欧元货款后，会在外汇市场上将其售出，兑换成美元。在上述两笔交易过程中，不同货币的兑换都要用到外汇市场。

在全球大多数金融中心，外汇市场并没有一个集中在一起交易的实体市场，企业可以采用屏幕交易，或者是通过电话以及其他各种各样的通信设备来进行交易。在这个市场，商业银行与中央银行是主要的交易商。打算买卖外汇的企业通常要通过商业银行来完成交易。

在英国，一般使用的汇率的报价方式是 1 单位本币——即 1 英镑——等于一定数量的外币。这种报价方法叫做间接报价法。与之相比，如果汇率的报价方法为 1 单位外币等于本币的数量，那么这种报价方法叫做直接报价法。在美国国内，如果是与美国居民进行交易，那么习惯做法是使用直接报价法；如果是与外国人进行外汇交易，那么使用的是间接报价法。“与外国人交易时使用间接报价法”这一原则有一个例外情况，那就是当美国银行与英国银行或者英国企业进行交易时，美国银行会使用直接报价法。这种做法意味着当美国银行与外国交易人进行外汇交易时，美国银行所使用的报价数据与外国交易者使用的报价数据是完全相同的。在美国国内，1 英镑兑换 1.605 0 美元的报价意味着要花掉 1.605 0美元才能买到 1 英镑。换言之，如果使用间接报价法，这意味着 1 美元可以兑换 0.623 1 英镑，即 1/1.605 0。从表面上看，在即期市场上买卖外汇意味着立即付款与交割。不过，事实上外汇市场的实际操作是在成交后两个工作日以后再进行交割，但这种做法只适用于现汇交易。

除了即期外汇市场以外，还存在着远期外汇市场。远期外汇交易约定在未来某个时间点进行交割——通常是未来一个月、三个月、六个月或十二个月以后进行交割。但是，远期交割的期限有多种选择，其中还包括一些非月份整数倍的期限，例如期限为 12 天。远期外汇市场能够帮助公司以及其他机构规避汇率风险损失（当然公司以及其他机构也可以针对汇率的未来波动进行投机）。如果六个月以后你需要 100 000 瑞士法郎，那么你可以选择现在就签订一份六个月后到期的瑞士法郎**远期协议**（forward contract）。这份协议约定的远期汇率是双方当前协商的价格。六个月后，你可以按照这个价格支付买入 100 000 瑞士法郎并进行交割。

如果英镑兑美元的六个月远期汇率报价为 1 英镑兑换 1.610 0 美元，而英镑兑美元的即期汇率水平为 1 英镑兑换 1.605 0 美元，那么这意味着买入远期英镑要比买入即期英镑支付更多的美元。在这种情况下，我们说美元相对于英镑远期贴水。换言之，英镑相对于美元远期升水。若表示成年变化百分率的形式，则远期升水的计算式如下所示：

$$\frac{1.610\,0-1.605\,0}{1.605\,0}\times\frac{12\text{ 个月}}{6\text{ 个月}}\times 100=0.62\%\text{p. a.}$$

假设远期外汇市场与利率水平都是均衡的，那么利率水平较高的货币未来将会相对于另一种货币贬值，同时从另一方面来看，利率水平较低的货币未来则会相对于另一种货币升值。

3.2 基本关系式

为什么同一种货币在远期外汇市场与即期外汇市场上的报价却不相同呢？我们的假设是——接下来我们就要仔细分析检验这一假设条件——在国际资本流动不存在障碍的条件下，即期汇率、远期汇率、利率以及通货膨胀率这四个变量之间存在一定的关系。图 3—1 对这种关系进行了总结。表 3—1 说明了本章用到的所有符号的指代含义。接下来，我们来分析一下上述几个变量之间假设关系存在的理论基础。

表 3—1　　本章使用的符号含义

S_0＝目前英镑兑美元的即期汇率（使用的是美国直接标价法）
f_0＝目前英镑兑美元的远期汇率（使用的是美国直接标价法）
$i_\$$＝离岸市场上的美元利率水平
$i_£$＝离岸市场上的英镑利率水平
r＝实际收益率
$\tilde{p}_\$$＝美国的预期通胀率

$\tilde{p}_{£}$＝英国的预期通胀率

$p_{\$}$＝目前美国国内的物价水平

$p_{£}$＝目前英国国内的物价水平

$\tilde{s}_t$＝时点 t 英镑兑美元即期汇率的预期值（使用的是美国直接标价法）

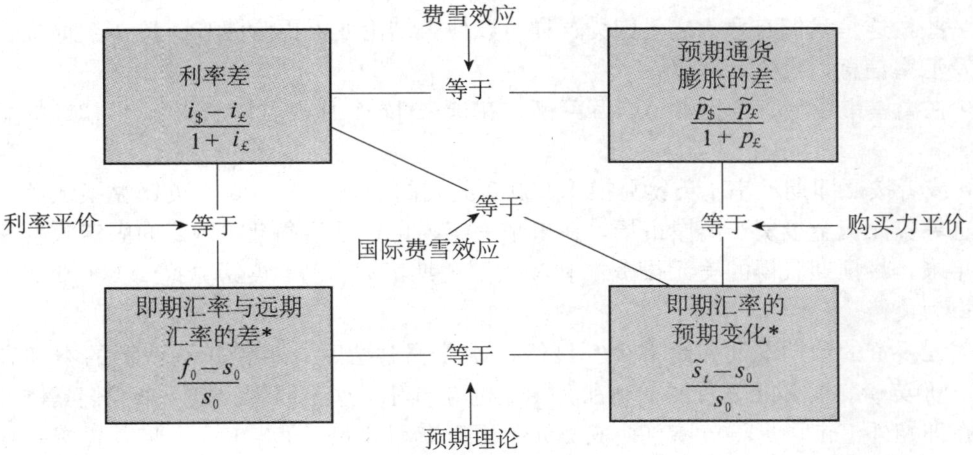

* 重要提示：上面用到的这些符号 f_0、s_0、$\tilde{s}_t$ 必须使用英镑兑美元的汇率报价。也就是说，1 英镑可以兑换多少美元。如果上述汇率指标使用的报价方式是£/＄，即 1 美元可以兑换多少英镑，则预期理论相邻的两个方框应当被改为：

$$\frac{s_0-f_0}{f_0}\text{和}\frac{s_0-\tilde{s}_t}{\tilde{s}_t}$$

这应当是不证自明的。

为了说明这一点，请大家看一看下面的推导过程。£/＄报价应当等于 1/（＄/£）。因此（$f-s$)/s 应当等于［(1/s)－(1/f)］/(1/f)。下面给出证明过程：

$$\frac{(1/s)-(1/f)}{(1/f)}=\left(\frac{1}{s}-\frac{1}{f}\right)f$$
$$=\frac{f}{s}-1$$
$$=\frac{f-s}{s}$$

在使用上述公式分析四边形等价关系图时要格外小心。我们建议读者在使用四边形模型时，最好一直使用美国直接标价法来标示各个汇率变量的值。如果要分析的问题没有涉及美元，那么在做替换时要格外小心，以确保与上面给出的公式相符。如果只想求出近似结果，那么我们可以使用月份的整数来表示期限长度。在实际操作中，计算远期汇率时要用到实际天数，而非月份数。因为银行与其他金融机构在对欧洲货币报价时均使用的是一年 360 天这种报价惯例，因此我们还要做一些必要的调整。英镑与绝大多数联邦国家的货币都是基于一年 365 天报价的。其他国家则是基于一年 360 天报价的，其中包括美元。若想快速求出近似计算结果，那么这个四边形模型所反映的关系式可以被简化为：

$$i_{\$}-i_{£}=\tilde{p}_{\$}-\tilde{p}_{£}=\frac{f_0-s_0}{s_0}=\frac{\tilde{s}_t-s_0}{s_0}$$

但是这只是一个非常粗略的近似关系式。

图 3—1　外汇市场上四边形等价关系图

3.3　利率与汇率

假设一位投资者手上持有 100 万英镑，打算投资 12 个月。他面临着多种投资选择：

他可以直接投资这100万英镑，或者将其兑换成美元进行投资，或者将其兑换成日元进行投资，或者将其兑换成任何一种他想要的货币进行投资。为了简化问题，我们只分析其中两种投资选择。英镑兑美元的即期汇率报价为1英镑兑换1.680 0美元，12个月的远期汇率为1英镑兑换1.606 6美元。在离岸市场上，英镑的12个月固定利率为每年13%，美元的12个月固定利率为每年8⅟₁₆%。这里我们给出的利率数据要比市场上的实际利率水平夸大一些，这是我们有意为之，因为这样可以使得结论变得更为清晰。鉴于上面提供的利率以及汇率信息，投资者可以：

- 在离岸市场上直接投资100万英镑，在未来12个月内可以获得每年13%的固定收益率。
- 或者按照即期汇率1英镑兑换1.680 0美元的价格，将100万英镑兑换成美元；然后将这笔美元资金投资于离岸市场，在未来一年内可以获得每年8⅟₁₆%的固定收益率；到一年年末，将预期获得的美元投资本利和按照远期汇率——1英镑兑换1.606 6美元——再兑换为英镑。

美元投资的预期本利和是多少？显然，12个月过去后，英镑投资获得的本利和等于1 130 000英镑。而美元投资的本利和实际上也应当等于这一数值。接下来我们具体计算一下。在即期外汇市场上将英镑兑换成美元，可以获得1 680 000美元。将其投资一年，收益率为每年8⅟₁₆%，那么12个月过后，投资本利和为1 815 450美元。然后再按照远期汇率——1英镑兑换1.606 6美元——将美元兑换成1 129 995英镑。这一计算结果几乎与第一种英镑投资选择获得的结果相等。这是因为事实上，这两种投资选择面临的风险水平是相等的（在银行做交易时，投资者要面临一定程度的信用风险。但是，如果不管选择哪一种投资策略，投资者都是与同一家银行做交易，那么每一种投资选择的信用风险就是相等的）。对英国企业来说，英镑投资不会带来任何外汇风险。如果选择的是美元投资，但是同时在远期市场上做了抛补交易，那么也是没有外汇风险的。这两种投资选择风险投资水平相同，所以根据金融理论，它们带来的投资收益也应当相等。

如果事实情况不是这样，那么外汇市场与利率市场上的**套汇交易者**（arbitrageurs）就可以在一个金融中心借入一种货币，然后将其兑换成另一种货币进行投资，并提前卖出第二种货币的远期合约。如果市场不是均衡的，那么投资期结束时投资者获得的本利和金额将会大于借款的本息和，从而给投资者带来无风险利润。这种策略叫做**抛补利率套利**（covered interest arbitrage）。交易者的行为使得这种盈利机会几乎稍纵即逝，投资者抓住这种套利机会大做文章的行为会导致即期外汇市场、远期外汇市场以及利率市场的价格发生变化。于是，价格的波动将会使得外汇市场与利率市场重新实现均衡。

所谓抛补利率套利策略，要求投资者在金融中心A借入一定期限的固定利率贷款，然后将这笔钱转移至金融中心B。这笔资金在金融中心B的投资期限与投资者在金融中心A的借款期限相同，投资收益率也是固定利率。因为利率是固定的，所以我们可以比较容易地计算出投资期满时，投资者在金融中心B可以获得的投资本利和。然后再将投资本利和通过远期市场出售，远期协议到期的时间点刚好与借款及投资的到期点相同。最后，投资者在金融中心A通过远期交易获得的总金额将会大于在金融中心A应支付的贷款本息和。两者的差异即利润被称为抛补利率套利利润。

与之相比，**无抛补利率套利**（uncovered interest arbitrage）政策则是在金融中心A借入一笔一定期限的固定利率借款，然后通过即期外汇市场将这笔借入的资金转移到金融中心 B。这笔资金的投资期限与借款期限相同，而且也可以获得固定利率的投资收益。在这种情况下，投资者赌的就是当投资期满时，投资者在金融中心 B 获得的投资本利和通过即期外汇市场转回金融中心 A 时，投资本利和的金额大于在金融中心借入的贷款的本息和。请注意，在使用无抛补利率套利策略时，交易者是在对未来的实际的即期汇率进行投机，这种策略获得的盈利都是风险利润。而在抛补利率套利策略下，交易者并不是在投机，而是抓住了两地利率差、远期汇率以及即期汇率几个变量之间暂时出现的不均衡来获取无风险利润。

请大家注意，在前面这道计算例题中，不管是利率、即期利率还是远期利率，我们都使用的是单一数值（近似于中间值）。在实际市场上，投资者要注意在即期外汇以及远期外汇市场上同时存在着买出价和卖出价；而在利率市场则同时存在着借款利率和贷款利率。

还有一点值得注意，那就是**利率差**（interest rate differential）可以被称为“利差”（interest agio）。[1] 在前面这道例题中，利差只等于：

$$
\begin{aligned}
\frac{i_{\$}-i_{£}}{1+i_{£}} &= \frac{8\frac{1}{16}\%-13\%}{1.13} \\
&= -0.043\,7 \\
&= -4.37\%
\end{aligned}
$$

请注意上面这种计算利差的方式——这是一种准确的计算方式——与直接用两个利率相减计算利差的方法有所不同。为什么要使用这种准确的计算方法，而不是直接相减的近似计算方法，我们会在本节末通过推导加以证明。

远期汇率贴水被称为“汇率差”。在前面这道例题中，汇率差应该等于：

$$
\begin{aligned}
\frac{f_0-s_0}{s_0} &= \frac{1.606\,6-1.680\,0}{1.680\,0} \\
&= -0.043\,7 \\
&= -4.37\%
\end{aligned}
$$

如果套利者的行为使得可进行抛补利率套利交易的机会消失，那么利率差就会等于汇率差。这就是利率平价理论的基本内容（见图 3—2）。

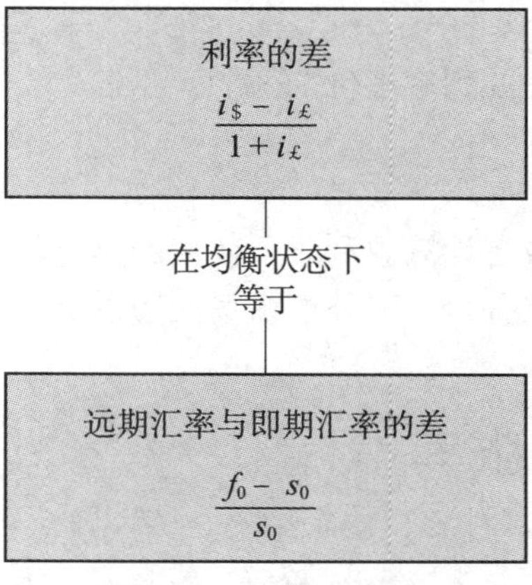

图 3—2　利率平价理论

当然，上面整个理论都是建立在资金可以在国际市场上自由流动的假设条件基础上的。很多政府会限制资金的流动，但是这一事实并不会导致假设不成立。另外，政府还会频繁地对国内资金市场上的借款利率以及贷款利率加以限制。为了避免这种市场缺陷带来的影响，我们主要研究的是自由市场，欧洲货币市场就是这种自由市场。显然，在使用利率平价理论时，我们关注的重点是欧洲货币市场上对应的利率期限结构。

现在我们来证明一下为什么要使用准确的计算方法而非近似计算方法。假设一年以后，美国出口商将会收到对方支付的英镑货款，金额为 A。一年后（或者是在未来时点 t 收到这笔资金，而 $t=1$ 年）。符号含义如表 3—1 所示。

这位美国出口商可以使用远期外汇市场来规避汇率风险。在时点 t，他获得的英镑货款可以兑换为 $f_0\times A$ 美元。另一种做法是他可以在即期外汇市场上做**抛补**（covering）交易来规避风险。在时点 $t=0$，该出口商可以借入英镑：

$$\frac{£A}{1+i_{£}}$$

在时点 $t=1$，出口商应偿还的贷款本息和为 A 英镑，这刚好等于对方向他支付的货款。与此同时，在时点 0，美国出口商可以将借到的英镑贷款兑换成美元，金额等于：

$$\frac{\$A}{1+i_{£}}s_0$$

将这笔美元资金投资于欧洲美元市场，则在时点 t，出口商可以获得的投资本利和为：

$$\frac{\$A}{(1+i_{£})}s_0(1+i_{\$})$$

假设即期外汇市场与远期外汇市场是均衡的，那么这两种策略产生的收益应当是相等的。因此我们可以得出：

$$f_0A=\frac{A}{(1+i_{£})}s_0(1+i_{\$})$$

将上式进一步简化，我们可以得到：

$$f_0=s_0\frac{1+i_{\$}}{1+i_{£}}$$

在等式两边同时除以 s_0，然后再减去 1，可以得到：

$$\frac{f_0}{s_0}-1=\frac{1+i_{\$}}{1+i_{£}}-1$$

于是，我们可以得到准确的利率平价[2] 公式：

$$\frac{f_0-s_0}{s_0}=\frac{i_{\$}+i_{£}}{1+i_{£}}$$

交易者在外汇市场交易或者计算盈利时，使用的是这种准确公式而非前面提到的近似计算式。接下来，我们要重点分析一下外汇市场四边形等价模型中的另外一部分构成。

3.4　汇率与通货膨胀率

就像前面所谈到的利率与汇率之间存在着一定关系一样，通货膨胀率与汇率之间也有着类似的假设。同理，这种假设在一定程度上也与套利者的交易行为有关。我们用一个计算的例子来说明这种关联性。假设一种商品在美国出售的价格为每千克 400 美元，在英国出售的价格为每千克 250 英镑，目前，英镑兑美元的汇率为 1 英镑兑换 1.70 美元。那么，套利交易者可以在美国买入该商品，将其运至英国并出售。由前面的已知条件可知，毛利润率为每千克 25 美元，即 250×1.70－400，这超过了将商品由美国运至英国需要花费的运输以及保险费用。因此，这确实是一个获利的好机会。

只要该获利机会存在，套利交易者就会不断地在美国购入该商品，同时在英国出售该商品。这种行为会导致美国国内该商品的价格上涨、英国国内该商品的价格下跌。这种效应会一直持续下去，直到潜在盈利完全消失为止。在不存在市场缺陷的情况下，套利交易能够确保同一种商品在两个不同市场上的价格完全一致。经济学家们将其称为“一价定律”.[3] 将一价定律应用于这个案例，我们可以得到：

$$\text{商品的英镑价格}=\text{商品的美元价格}$$

变形为：

$$\text{英镑的价格}=\frac{\text{商品的美元价格}}{\text{商品的英镑价格}}$$

对于所有国际贸易商品，这一关系式都应当是成立的。因此有：

$$\text{英镑的价格}=\frac{\text{一种国际贸易商品的美元价格}}{\text{一种国际贸易商品的英镑价格}}$$

国际贸易商品在两个不同的国家售价之比的变化应当与两个国家货币价格的相对变化——汇率——保持一致。

在接下来的分析过程中，我们重点关注的是国际贸易商品的相对价格。不过，我们要使用一些近似的推导方法。**购买力平价理论**（purchasing power parity，PPP）用一般价格的相对变化替代国际贸易商品价格的相对变化。将这一替代条件代入前面的等式中，我们可以得到：

$$\text{英镑的美元价格的变化}=\frac{\text{美元价格水平的变化}}{\text{英镑价格水平的变化}}$$

于是，如果美国的通货膨胀率为每年 8%，英国的通货膨胀率为每年 12%，那么使用购买力平价理论，我们可以算出未来英镑相对于美元的贬值幅度等于：

$$\frac{0.08-0.12}{1.12}$$

即贬值的幅度为每年 3.6%。上面的计算是准确的。如果想要快速地求出近似值，可以直接用两国的通货膨胀率相减，得出英镑相对于美元的贬值幅度约为每年 4%。后面，我们会通过数学推导向大家证明为什么要使用准确的计算公式而非近似计算式。

绝对购买力评价理论本身就是一个近似估算法，因为它用一般价格水平替代了国际贸易商品的价格水平，认为可以用预期的通胀差来估算即期汇率的变化。当我们分析过去年份的汇率波动情况时，可以使用实际物价水平的变化情况检验这一假说是否成立。我们要事先预测未来的即期汇率，那么就要用到通货膨胀率来预期变化。图 3—3 总结了购买力平价假说。

如图 3—3 所示，购买力平价理论的准确计算公式可以很容易地用数学公式推导出来。继续使用表 3—1 提供的符号，且任意时点的即期汇率水平都可以通过相对物价水平求出，于是时点 0 与时点 t 即期汇率的计算式分别为：

$$s_0=\frac{p_\$}{p_£}$$

$$\tilde{s}_t=\frac{p_{\$}(1+\tilde{p}_{\$})}{p_{£}(1+\tilde{p}_{£})}$$

将上述两个等式迭代，我们可以得到：

$$\frac{\tilde{s}_t-s_0}{s_0}=\frac{p_{\$}}{p_{£}}\left[\frac{1+\tilde{p}_{\$}}{1+\tilde{p}_{£}}-1\right]\frac{p_{£}}{p_{\$}}$$

将上式进一步整理可以得到：

$$\frac{\tilde{s}_t-s_0}{s_0}=\frac{\tilde{p}_{\$}+\tilde{p}_{£}}{1+\tilde{p}_{£}}$$

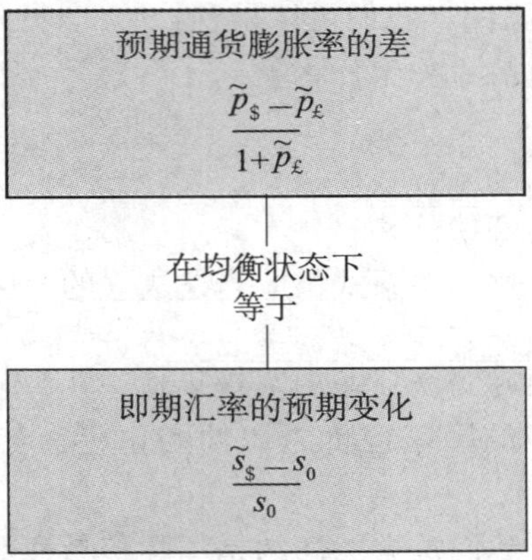

图 3—3　购买力平价理论

用最简单的话来说，购买力平价理论认为汇率的波动可以补偿两个国家通货膨胀率的差。如果 A 国的通货膨胀率高于其贸易伙伴国，则 A 国的汇率会相对于贸易伙伴国下降。如果 A 国的**名义汇率**（nominal exchange rate）下降，而且下降的幅度刚好是对两国通货膨胀差的补偿，那么我们认为 A 国的实际**有效汇率**（effective exchange rate）水平是保持不变的。购买力平价理论认为实际有效汇率水平将会在长期内保持不变。

当我们使用购买力平价理论预测未来的汇率水平时，有一点要格外注意：选择不同的年份作为基期，计算出来的均衡汇率值差别会较大。

如图 3—4 所示，如果我们将 2007 年作为基期，即把 2007 年货币 A、B 与 C 的贸易加权通胀调整汇率水平设为指数 100，那么到了 2012 年，A 货币似乎被高估了，B 货币的定价准确，C 货币似乎被低估了。但是，如果我们将 2010 年设定为基期，那么到了 2012 年，A 货币似乎被低估了，B 货币似乎被高估了，C 货币的定价是准确的。那么，这个问题该如何解决呢？

答案便是在进行分析时，必须将一国汇率水平处于均衡状态的时间点设定为基期。“汇率处于均衡”这句话的含义是什么？我们认为，当汇率水平使得贸易余额加上无形贸易余额等于或近似等于 0 时，将这个时间点设为基期是最恰当的。从某个角度看，我们可以把汇率均衡定义为这一汇率水平导致贸易项目与无形贸易项目的余额之和等于 0。只要达到了这种状态，我们便说实现了汇率均衡。我们在第 3.9 节“购买力平价理论的应用”中使用的就是这种做法。但是，还有其他方法可用。例如，威廉姆森（Williamson）[4] 将均衡汇率定义为在一定资本流动情况下与外部贸易总差额相一致的汇率水平。

购买力平价理论的最大问题在于到底是使用零售物价指数、批发物价指数还是国内生

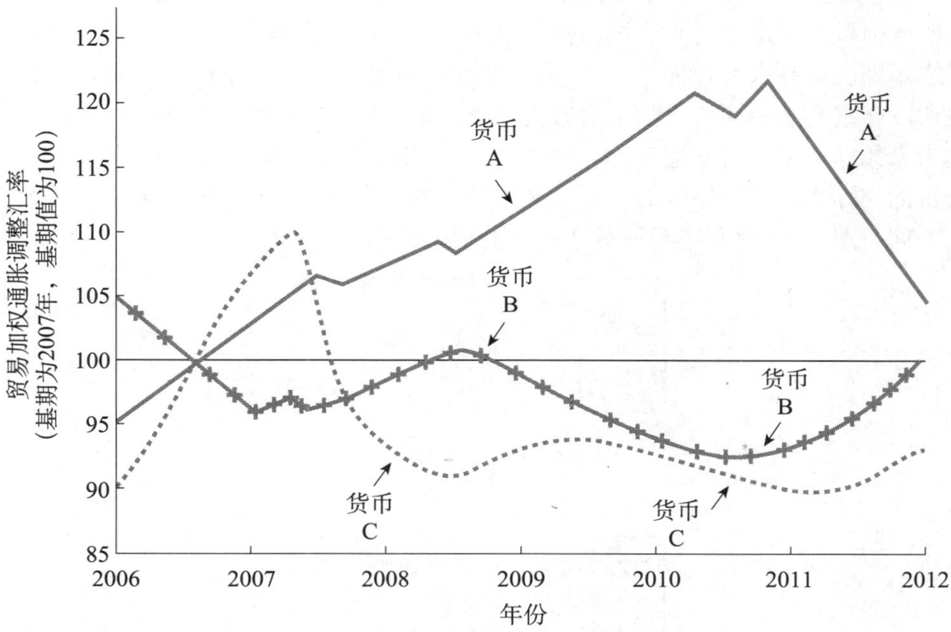

图 3—4　实际有效汇率

产总值平减指数。一些国际经济学家建议使用基于国际贸易产品构建的价格指数，这样能够更好地反映购买力平价理论的核心本质。他们认为，如果使用同时包含国际贸易产品与非贸易产品的指数，那么这将会导致购买力平价理论的计算值发生偏差。尤其是当不同国家之间存在着明显的生产能力差异时，这种偏离将会变得显著。这就是所谓的“巴拉萨-萨缪尔森命题”（参见 Balassa[5] and Samuelson[6]）。例如，假设两个国家生产相似的出口产品。X 国出口部门的生产能力得到了较大提高，而 Y 国国内消费品与服务的生产能力提高的幅度更大。如果这两个国家产能的提高占实体经济规模的比例比较接近，那么这两个国家的物价指数上升的幅度也应当相似。当然，如果汇率水平保持不变，在其他条件不发生变化的情况下，X 国将会在出口市场上相对于 Y 国获得更大的优势。更有可能出现的情况是，X 国货币的汇率水平将会上升，以反映出由于产能的提高单位出口产品的投入成本降低了。显然，基于所有投入的数据进行的购买力平价计算不会彰显出这种变化效应。所以，当我们使用购买力平价理论计算均衡汇率时，对这方面的问题要格外小心。在本章章末，我们使用购买力平价理论估算了世界上多个主要经济体的汇率水平。接下来让我们看一看利率与预期通货膨胀率之间的理论关系。

3.5　利率与通货膨胀率

根据“费雪效应”——美国经济学家欧文·费雪（Irving Fisher）最先观察到了这种效应——一国的名义利率能够反映预期的实际收益率再加上通胀预期的调整。如果投资者在国际市场上可以自由移动，那么世界各地的预期**实际收益率**（real return）应当趋于相等，这反映了这样一个事实：在寻求更高收益率的过程中，投资者的套利行为将会使得世界各地的收益率趋于相等。至少在离岸货币市场上，这个结论是成立的。在国内利率市场上，由于国际资本流动要受到这样那样的限制，这种市场缺陷会使得上述结论不成立。因此，对于不同的币种来说，离岸货币市场的名义利率可能有所不同。但是，根据费雪效应，之所以名义利率不同，只是因为通货膨胀预期不同。而通货膨胀率存在差异会使得人们预期未来的即期汇率将发生变化。换言之，我们可以认为在美国与英国的自由市场上，投资获得的实际收益率是相等的。而名义收益率的差别只反映了投资者对两国通货膨胀率预期的不同。图 3—5 对利率与通货膨胀率的理论关系进行了总结。

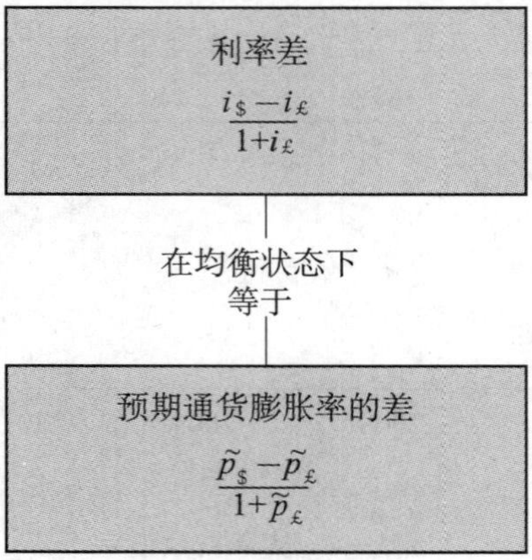

图 3—5　费雪效应

如图 3—5 所示，我们可以根据费雪效应（有时也被称为“费雪封闭假说”）的数学推导公式来研究其理论含义。因为费雪效应认为当地的名义利率能够反映经过通货膨胀预期调整后的实际预期收益率，因此如果资金在国际市场上是自由流动的，市场缺陷已全部被消除，那么名义利率就应当等于经过本国通货膨胀预期调整后的国际实际收益率。如果用数学方式表达，这意味着下面两个等式是成立的：

$$1+i_{\$}=(1+r)(1+\tilde{p}_{\$})$$

$$1+i_{£}=(1+r)(1+\tilde{p}_{£})$$

上述两个等式两边同时相减，可以得到：

$$i_{\$}-i_{£}=(1+r)(\tilde{p}_{\$}-\tilde{p}_{£})$$

变形为：

$$\frac{i_{\$}-i_{£}}{1+r}=\tilde{p}_{\$}-\tilde{p}_{£}$$

将上述等式两边同时乘以 $1/(1+\tilde{p}_{£})$，我们可以得到：

$$\frac{i_{\$}-i_{£}}{1+i_{£}}=\frac{\tilde{p}_{\$}-\tilde{p}_{£}}{1+\tilde{p}_{£}}$$

在转向分析即期汇率的预期变化与远期汇率升贴水之间的关系之前，我们先简要地介绍一下泰勒规则。

3.6　泰勒规则

泰勒规则的提出者是斯坦福大学的经济学家约翰·泰勒（John Taylor）。泰勒规则使用三个变量——目标通货膨胀率、目标 GDP 增长率以及现有的通货膨胀率——计算出中央银行应将利率水平保持在哪一个区间。通常，人们用下列等式表示泰勒规则：

$$i_t=\pi_t+r_t^*+\alpha_\pi(\pi_t-\pi_t^*)+\alpha_y(y_t-\bar{y}_t)$$

在上述等式中，i_t 代表的是短期目标名义利率（在美国指的是联邦基金利率），π_t 代表的是由 GDP 平减指数反映的通货膨胀率，π_t^* 代表的是中央银行希望达到的通货膨胀率，r_t^* 代表的是均衡实际利率，y_t 代表的是真实 GDP，$\bar{y}_t$ 代表的是潜在产出。

在泰勒最早发表的论文[7]中，α_π 与 α_y 的值均被设为 0.5，这意味着在制定货币政策时，对相应的通货膨胀以及产出赋予的权重是相等的。

泰勒规则建议，当通货膨胀率高于目标值或当产出高于潜在值时，应当保持较高的利率水平；反之亦然。根据泰勒规则我们可以发现，如果中央银行希望通货膨胀率能够下降 1 个百分点，那么在其他条件均保持不变且 α_π 与 α_y 的值均等于 0.5 的条件下，利率水平应当上升 1.5 个百分点。

近期次贷危机爆发以后，中央银行加大了 α_y 的赋值，减小了 α_π 的赋值。但是，就在这场危机爆发前，使用泰勒规则我们可以发现，从 2001 年底开始一直到 2006 年，联邦基金利率不断下调，以至于严重低于泰勒规则建议的目标利率。这是自 20 世纪 70 年代以来实际利率与泰勒规则目标利率之间最严重的偏离。泰勒称“这清楚地说明在房地产市场产生泡沫之前的那段时期内，货币出现了超额供给”。

3.7 即期汇率的变化与远期贴水

这是四边形模型的第四条边，因为其他三条边都是平衡的，因此从逻辑上来看，这条边也必然是平衡的。这条边反映的是汇率预期理论，图 3—6 对其含义进行了总结。

我们可以用先验的推理方式来证明这一假说关系是成立的。如果外汇市场的用户对风险不感兴趣，那么远期汇率应当只取决于人们对未来即期汇率的预期。12 个月英镑远期汇率的值为 1 英镑兑换 1.763 5 美元，这只是因为交易者预期 12 个月后英镑的即期汇率为 1 英镑兑换 1.763 5 美元。如果他们预期未来实际的即期汇率会高于这一远期汇率，那么就没人愿意按照远期汇率卖出英镑。同理，如果他们预期未来实际的即期汇率水平会低于这一远期汇率，那么就没人会愿意按照远期汇率买入英镑。

如果交易者们确实考虑了风险因素，那么远期汇率会高于或低于预期的即期汇率。假设一位美国出口商确定在 6 个月后将会收到 100 万英镑的货款。这位出口商可以一直等待，等到 6 个月后再将收到的英镑货款兑换为美元，他也可以选择现在就卖出远期英镑。第一种做法要面临汇率风险，第二种做法没有汇率风险。所以为了规避汇率风险，交易者可能愿意支付与预期的未来即期汇率略有不同的价格。

另一方面，我们假设交易者需要在 6 个月后买入英镑，为了规避汇率变动所带来的风险，他们可能会愿意按照略高于预期的未来即期汇率的远期价格买入远期英镑。

一部分交易者认为卖出远期英镑会比较安全，另一些交易者发现买入远期英镑会使自己更加安全。如果第一个群体占据了市场的主导优势，那么英镑的远期价格有可能会低于预期的未来即期价格。如果第二个群体占据了主导优势，那么英镑的远期价格有可能会高于预期的未来即期价格。不管是哪一个群体占主导优势，他们的交易行为都可能会导致利率水平的变化，直到达到图 3—6 所揭示的假说均衡状态。

远期汇率与即期汇率的差

$$\frac{f_0 - s_0}{s_0}$$

在均衡状态下
等于

即期汇率的预期变化

$$\frac{\tilde{s}_t - s_0}{s_0}$$

图 3—6　汇率预期理论

3.8　利率差与即期汇率的变化

利率差将会导致未来即期汇率的预期变化，这种假说被称为“国际费雪效应”。有时，它也被称为“费雪开放假说”。回头看图 3—1，国际费雪效应反映在四边形模型的一条对角线上。图 3—7 对国际费雪效应进行了总结。

利率差

$$\frac{i_\$ - i_£}{1 + i_£}$$

在均衡状态下
等于

即期汇率的预期变化

$$\frac{\tilde{s}_t - s_0}{s_0}$$

图 3—7　国际费雪效应

当我们讨论利率平价理论时，我们谈到了抛补利率套利与无抛补利率套利。事实上，套利交易者通过进行抛补利率套利，消除了可以获得无风险利润的机会。他们的交易行为使得利率差、即期汇率以及远期汇率三者之间达到了均衡。

接下来，我们将会用相似的推导方法证明国际费雪效应，但是这一次理论推导的核心是无抛补利率套利。理性的投资者会对未来的即期汇率进行估计，如果他们认为无抛补利率套利策略可以获得超额利润（即实际获得的利润超过了应该得到的风险补偿利润），那么他们买入一种即期货币同时卖出另一种远期货币的行为就会使得汇率水平发生波动，从而使得无抛补利率套利交易可以获得的超额利润逐渐消失。在**有效市场**（efficient market）

上，投资者会使用所有可以获得的信息对即期汇率以及未来的即期汇率进行合理的估计。于是，即期汇率与远期汇率之间的关系将会使得无抛补利率套利交易可能获得的利润逐渐消失。当然，这种效应会使得利率差、即期汇率以及未来即期汇率的预期值三者之间实现均衡。

3.9 购买力平价理论的应用

本节我们将向大家介绍如何使用经常账户数据基于购买力平价理论计算均衡汇率。请大家记住，下面的计算过程只是一种近似计算，准确度不高。

表 3—2 给出的矩阵表提供的是自 1995 年以来世界上多个经济体的**经常账户**（current account）余额占 GDP 的百分比数据。之所以用百分比的方式提供数据，是因为相对值远远比绝对值更有意义。如果经常账户余额为 0，这可以被解释为是汇率达到均衡状态的信号。在 2008 年 N 国就是这种情况。对于 M 国，表中没有一年的数据对应的经常项目余额等于 0。但是在 2007—2008 年，经常账户余额由顺差变成了逆差。因此出于做练习的目的，我们可以认为在 2007 年，M 国的汇率水平是接近于均衡状态的。表 3—2 中所提供数据的格式与国际货币基金组织公开发布的统计数据一致。

当然，有各种各样的因素会影响经常账户数据。首先，这些数据包含了一些与国际商品或服务贸易毫不相关的项目。比方说，这些数据包括从海外获得或向海外支付的利息以及股息；它还包括单边转移支付。严格地说，在计算均衡汇率的估计值时，这些无关的项目都应当被剔除。如果计算的准确程度要求较高，那么就必须对数据进行修正，以纠正这些潜在的偏差。

表 3—2　　自 1995 年以来各国经常账户余额占 GDP 的百分比

国家	1995年	1996年	1997年	1998年	1999年	2000年	2001年	2002年	2003年	2004年	2005年	2006年	2007年	2008年	2009年	2010年	2011年
A	-3.0	-3.3	-3.4	-2.4	-1.8	-1.4	-0.1	-0.8	-1.2	-1.7	-1.5	-1.5	-1.7	-2.5	-3.5	-4.5	-4.1
B	-1.6	-3.1	-3.2	-3.0	-4.0	-3.4	-3.7	-3.6	-3.9	-2.3	-0.7	-0.5	-1.3	-1.3	-0.2	2.6	2.8
C	3.7	4.2	3.4	2.7	2.1	1.4	2.0	3.0	3.0	2.7	2.1	1.4	2.2	3.1	2.4	2.5	2.2
D	-0.2	0.2	-0.2	-0.2	0.2	0.7	—	-0.4	-0.6	-1.5	-2.3	-2.1	-2.5	-2.5			
E	0.8	2.5	1.9	2.2	2.2	1.7	2.2	2.8	4.9	5.0	4.8	4.8	5.3	4.5			
F	-1.5	-1.0	-1.9	-2.5	-5.0	-5.1	-5.5	-4.7	-1.3	1.1	4.0	3.9	5.4	5.7			
G	—	0.3	-0.5	-0.5	-0.5	-0.8	-0.5	0.3	0.7	0.5	0.7	1.3	2.7	2.6			
H	2.8	4.6	4.2	4.2	4.8	3.2	-1.0	-0.9	-0.7	-1.0	-0.8	-0.3	-0.1	-0.3			
I	-3.9	-3.2	-0.2	-0.1	-1.6	-0.8	0.6	1.1	3.5	2.9	2.6	2.8	2.3	1.2			
J	-1.0	0.4	-0.3	-0.9	-1.5	-1.5	-2.1	-2.4	0.8	1.3	2.3	3.2	2.8	1.7			
K	3.2	2.3	1.8	3.0	4.2	2.7	2.5	2.0	4.1	4.9	6.2	5.2	6.7	3.4			
L	1.7	1.7	-.1	-1.1	-2.9	-3.7	-3.7	-3.7	-1.2	-1.3	0.1	0.1	0.5	-0.6			
M	-4.6	-5.3	-2.8	-1.2	-1.0	1.0	1.5	2.9	3.5	2.1	1.0	1.7	0.5	-1.2	1.7	1.6	2.6
N	4.8	-6.0	-4.5	-4.0	0.2	3.5	4.3	3.5	3.0	3.1	3.6	7.0	6.5	—	5.5	15.6	15.9
O	-1.0	—	—	-0.3	-1.6	-2.8	-1.9	-3.6	-2.2	0.4	2.1	2.2	3.1	1.9	2.5	2.9	3.2
P	6.3	3.4	3.6	4.7	4.5	3.0	4.5	5.9	7.6	6.7	7.1	7.1	10.4	10.2	10.9	13.6	
Q	0.7	-0.2	-1.8	-4.2	-5.1	-3.9	-1.8	-2.2	-1.9	-1.0	-1.3	-1.1	-0.2	-0.6	-2.2	-2.0	-2.1

其次，某些国家的国际收支要受到单一商品贸易情况的严重影响。在这种情况下，使用经常账户数据作为均衡汇率的指标就会带来很多问题。例如，在 20 世纪 80 年代早期，

英镑经常被称为石油货币，这反映出石油对英国政府的国民收支状况具有较大的影响力。赞比亚的国际收支则与国际市场上铜的价格密切相关。这是因为长期以来，铜这种矿产一直是赞比亚的主要出口产品。所以对于赞比亚来说，国际收支趋向于均衡更多的是与国际市场对铜的需求有关，与汇率的关系不大。

接下来，我们要分析表 3—3 与表 3—4。这两个表提供的是自 1997 年以来，多个虚拟的工业化国家的实际有效汇率指数。表 3—3 是基于消费物价水平计算的汇率指数；表 3—4 是基于单位劳动力成本计算的汇率指数。我们可以从表 3—4 中看出明显的周期化变化效应。对于这两个表，2005 年的值均被设定为 100。我们可以使用下列方式求出实际有效汇率：

表 3—3　　基于相对消费物价求出的实际有效汇率指数

国家	1997 年	1998 年	1999 年	2000 年	2001 年	2002 年	2003 年	2004 年	2005 年	2006 年	2007 年	2008 年	2009 年	2010 年	2011 年	2012 年中期
A	112.4	105.9	109.3	104.7	103.5	101.2	104.7	103.4	100.0	104.3	112.0	120.0	119.3	125.2	134.5	131.1
B	114.7	121.0	129.5	128.0	131.9	121.1	113.6	103.3	100.0	101.7	103.2	98.6	97.6	99.5	98.7	96.6
C	82.5	88.1	80.7	71.6	76.8	79.2	93.6	98.3	100.0	84.5	80.2	78.9	89.3	95.5	85.5	81.9
D	92.6	92.1	90.8	92.4	91.6	93.3	95.7	96.4	100.0	98.0	94.6	94.6	92.8	90.3	91.1	92.5
E	94.8	92.2	90.9	94.8	94.1	95.0	95.0	96.5	100.0	98.2	93.6	93.4	91.8	88.7	89.3	90.6
F	110.3	112.8	119.3	122.4	116.9	101.1	86.2	91.7	100.0	96.0	93.0	93.1	90.7	87.1	89.1	90.8
G	99.1	96.9	94.8	98.1	95.1	96.6	97.7	97.4	100.0	99.9	95.6	96.0	93.2	88.4	88.4	90.2
H	92.5	90.1	88.1	90.8	87.2	91.5	95.4	95.7	100.0	96.8	92.0	92.5	89.5	84.6	85.6	87.1
I	108.4	104.7	102.4	107.1	104.1	106.9	99.1	99.4	100.0	101.9	101.6	97.1	94.2	91.2	94.5	100.7
J	124.0	122.9	125.6	131.5	132.5	130.6	110.5	107.2	100.0	111.6	112.3	113.1	110.9	106.3	107.7	111.0
K	97.9	95.6	91.8	93.7	92.1	93.7	95.3	96.0	100.0	98.2	93.6	94.4	93.7	89.9	92.7	96.6
L	97.5	102.1	108.1	114.8	116.2	115.7	103.1	98.3	100.0	102.2	97.4	97.4	96.7	94.2	95.9	98.4
M	96.2	95.7	93.9	98.1	94.9	96.0	96.4	95.9	100.0	99.3	96.5	98.3	97.5	93.5	94.9	97.4
N	105.7	108.3	107.6	106.5	103.2	103.5	99.3	97.2	100.0	99.8	101.1	98.2	97.9	96.1	99.6	109.7
O	108.2	110.9	113.7	118.2	123.9	123.9	101.7	100.2	100.0	108.4	103.0	100.1	97.0	95.1	87.6	89.3
P	90.0	88.5	83.0	89.2	89.3	87.7	89.7	93.9	100.0	97.3	90.0	91.1	89.4	87.3	89.8	93.3
Q	104.5	112.8	113.3	117.1	119.8	115.6	103.5	103.7	100.0	102.4	120.5	128.0	127.6	131.9	129.5	129.3

● 一直追踪某一国家（比如说 X 国）相对于其贸易伙伴的名义汇率。

● 从已公布数据中挑选出某一国家 X 与其贸易伙伴进行产品或服务贸易的比重。

● 从已公布的统计数据中提取出某一国家 X 相对于其贸易伙伴的通货膨胀率，并根据产品与服务的贸易总额适当赋予权重。

● 根据某一国家 X 与贸易伙伴进行产品或服务交易的情况设定权重，然后使用这些权重将名义汇率调整为贸易加权汇率。

● 然后再按照 X 国与贸易伙伴的相对通货膨胀率对上述数据进行调整。

请注意，如表 3—3 与表 3—4 所示，如果使用不同的计算方法，可能会求出差异性较大的计算结果。在上述两个表中，Q 国在这一点上表现得特别突出。从 2005 年到 2012 年中期，如果是使用消费物价计算，Q 国的数据由 100 变成了 129.3；如果是使用单位劳动力成本计算，Q 国的数据则由 100 变成了 142.6。换言之，在 2011 年，根据表 3—4 提供的数据，相对于前一种标准，Q 国的货币似乎被高估了。

表 3—4　　基于单位劳动力成本求出的实际有效汇率指数

国家	1997年	1998年	1999年	2000年	2001年	2002年	2003年	2004年	2005年	2006年	2007年	2008年	2009年	2010年	2011年	2012年中期
A	130.9	122.9	124.5	115.8	111.6	109.0	111.1	108.5	100.0	103.6	109.5	116.6	114.8	123.5	135.1	130.6
B	94.6	101.4	110.6	113.6	118.8	113.6	107.4	100.8	100.0	100.8	103.5	97.0	95.9	96.0	92.2	91.3
C	74.3	79.1	75.7	68.4	73.3	75.6	89.5	95.1	100.0	85.6	81.7	76.3	86.9	93.3	82.6	77.3
D	121.5	116.4	111.7	108.8	104.7	105.6	106.2	103.8	100.0	95.2	90.5	89.2	87.4	85.7	85.4	86.1
E	98.7	94.9	94.3	96.4	97.0	96.6	98.0	97.1	100.0	95.8	92.4	91.9	88.4	85.6	86.5	85.9
F	126.9	129.7	133.6	134.6	123.7	102.0	86.4	90.6	100.0	92.5	87.2	86.0	82.9	79.0	79.7	79.3
G	108.2	104.5	101.5	102.7	98.4	99.3	100.1	99.0	100.0	96.9	92.9	92.5	91.8	88.2	87.2	88.3
H	75.6	76.7	76.8	81.9	81.3	84.9	90.5	93.2	100.0	98.7	92.9	90.5	87.8	82.7	82.0	82.4
I	163.5	155.6	145.3	142.8	129.4	126.0	115.2	107.1	100.0	95.0	89.0	80.5	75.2	68.0	67.4	68.0
J	126.8	125.4	131.4	135.8	138.1	134.7	114.9	108.7	100.0	114.6	117.1	114.8	114.3	110.4	109.7	111.9
K	108.1	102.6	96.5	95.4	92.3	94.6	96.7	97.7	100.0	97.1	92.7	93.9	93.3	91.3	93.1	96.7
L	89.7	93.3	100.6	106.5	110.3	115.4	107.5	100.9	100.0	102.6	100.1	102.0	102.3	101.1	103.4	106.7
M	96.3	94.8	93.3	97.7	94.2	95.3	97.9	97.1	100.0	98.2	95.8	97.4	97.2	94.2	95.5	97.6
N	96.6	98.4	97.6	97.1	96.5	96.8	94.9	94.7	100.0	102.5	106.9	108.1	113.3	115.5	122.0	139.1
O	115.7	120.0	125.7	124.4	122.4	123.8	100.3	99.4	100.0	112.8	110.0	108.2	104.9	104.2	94.7	96.5
P	88.1	89.6	85.2	89.7	90.8	86.3	86.8	94.1	100.0	100.2	97.2	102.8	102.5	102.2	107.4	114.1
Q	104.6	109.7	107.2	107.9	113.0	110.1	101.4	103.6	100.0	103.6	123.5	131.3	133.6	141.0	140.6	142.6

接下来，我们要向大家介绍的是如何使用这些数据来评估一种货币是被高估了还是被低估了。我们用 Q 国做例子。根据表 3—2，在 2007—2008 年，Q 国的活期账户余额接近于均衡。鉴于存在 12 个月的 J 曲线效应，我们可以认为 2006—2007 年期间，Q 国的货币汇率水平接近于均衡汇率。从本质上看，J 曲线效应认为均衡汇率对出口以及进口产生影响需要花费 12 个月的时间。再看看表 3—3——该表是基于消费物价指数计算的数据——这两年 Q 国的实际有效汇率指数平均值为 111.5。根据 2012 年中期的数据（请大家记住这些表提供的实际有效汇率都是该年度的汇率加权平均值），Q 国的汇率指数为 129.3。显而易见，我们得出的结论是，对比购买力平价这一标准，使用消费物价指数算出的 Q 国货币的价值相对于其贸易伙伴货币的价值被高估了。那么，Q 国的货币被高估了多少呢？我们可以用 129.3 除以 111.5，求出被高估的程度为 16%。但是，如果我们希望知道 Q 国的货币是否也相对于 A 国的货币被高估，那么我们需要重新进行计算。具体的步骤是先判断一下相对于购买力平价这个标准，A 国的货币是否被高估了。2001 年，A 国的经常账户余额接近于 0。考虑到存在 12 个月的时滞，这意味着我们可以把 2000 年 A 国的消费物价的数据当作是分析的起点。根据表 3—3，2000 年 A 国对应的数据为 104.7。这意味着在 2012 年中期，A 国货币被高估了将近 25%。25%这个计算结果是用 2012 年中期的数据 131.1 除以 2000 年的数据 104.7 而得到的。最后，将上述两个计算结果综合起来，我们可知 A 国货币相对于 Q 国货币被高估了大约 9%。

请大家记住，上面的估算只是一种近似计算。大家可能会问这样一个问题，到底哪一种指数更为合适？当然，如果我们使用单位劳动力成本来进行计算，得出的结果肯定与基于消费物价数据得到的计算结果不一致。那么，是不是选择其他的基于进出口价格构建的指数，效果会更好一些呢？答案很可能是“是的”。不过，因为数据存在持续更新和变化的问题，所以这种做法又可能会导致其他的问题。因此，对我们来说，能求出近似值就已经足够了。

请大家注意，最好先从两三个经常账户处于均衡状态的日期开始动手进行计算。基于相同的标准，教师可以鼓励学生使用本国货币进行类似的练习。你会发现什么？显然，实际有效汇率指数表尤其是经常保持更新的汇率表对于企业、投资者、投机者以及其他交易者来说，具有非常高的价值。

顺便说一句，1997 年亚洲金融危机的主要原因之一在于东南亚许多国家一直将其货币盯住美元。但是当时，这些国家国内的通货膨胀率很高。根据购买力平价理论，这些国家本应当将本币贬值。不用多说，对于大多数而非全部货币来说，我们的建议是最好使用完全自由浮动汇率制度。

南美国家没有像购买力平价理论所揭示的那样及时地将其货币贬值，由此产生了许多问题。这些国家看上去更喜欢使本国货币保持较高的汇率水平，而这给它们的经济发展带来了更多的问题。这些国家的财政部长应当好好学一学本书。

3.10 巨无霸汉堡包购买力平价

本节我们要介绍的是《经济学家》（*The Economist*）推出的**巨无霸汉堡包指数**（Big Mac index）。巨无霸汉堡包指数于 1986 年被推出，是基于全球各地麦当劳售卖的巨无霸汉堡包的价格计算得到的指数。这一带有搞笑意味的指数能够从一个侧面帮助我们判断货币的汇率水平是否合适。在全球 118 个国家，麦当劳售卖的巨无霸汉堡包在当地生产，其配料几乎是完全相同的。巨无霸汉堡包购买力平价测算法的核心目的在于求出能够使得巨无霸汉堡包在海外的售价与美国国内售价相等的汇率水平。《经济学家》将求出的巨无霸汉堡包汇率与实际的汇率水平相比较，以此来检验某一种货币是被高估了还是被低估了。我们举例来说明，假设使用的价格数据为 2010 年 7 月的数据。纽约与芝加哥两地巨无霸汉堡包的平价售价为 3.73 美元。而在英国本土，巨无霸汉堡包的售价为 2.99 英镑。我们可以据此求出隐含的巨无霸 PPP 汇率为£1＝USD1.63。当时，实际汇率水平为 1 英镑兑换 1.52 美元。如果巨无霸汉堡包是消费篮子中唯一的商品，那么这就意味着英镑相对于美元被低估了 7%左右。

别看《经济学家》一开始推出巨无霸汉堡包指数带有一点轻松搞笑的意味，但是学术界对此越来越感兴趣，催生出多篇论文，国际货币基金组织的昂格（Ong）[8] 甚至就这个问题写了一整本书。《经济学家》与麦当劳在推出巨无霸汉堡包指数时，没有考虑到这一指数相当于是假设巨无霸汉堡包是消费篮子中唯一的商品。那么，开玩笑地说一句，我们建议你的消费篮子应当更多样化一些。如果长寿是你追求的目标之一，那么我们肯定不建议你的消费篮子只由汉堡包构成。

更有趣的是，一年以后，《经济学家》又推出了星巴克拿铁咖啡指数。现在 iPod 指数以及宜家的比尔书架指数也相继问世。当本书出版时，是不是 Kindle 指数也已经被推出了呢？很有可能。

小结

- 直接报价法使用的表达方式是 1 单位外币等于 X 单位本币。

● 间接报价法使用的表达方式则是 1 单位本币等于 Y 单位外币。

● 英国通常使用间接报价法，其他大多数国家一般使用直接报价法。

● 即期外汇市场是立即进行交割的外汇市场。在实际操作中，款项的支付以及外汇的交割通常在**交易日**（transaction date）过后两个工作日后进行。

● 远期外汇市场则是交易双方根据目前的远期汇率报价达成交易，约定在未来某一特定时点按照特定价格买卖一定数量的外汇。

● 对于主要的国际货币来说，其远期市场形成的时间至少在十年以上。但是，并不是每一种货币的远期市场都有这么长的历史。目前有些货币甚至没有对应的远期市场。

● 远期外汇市场能够帮助公司以及其他交易者规避汇率风险损失。

● 在不存在国际资本流动障碍的条件下，汇率、通货膨胀率以及固定利率之间存在着理论关系。

● 请注意银行的利率报价方式。如果银行希望在未来三个月内获得 2%的收益率，那么它会提出 8%的年利率报价。在现实市场上，如果每个季度计算一次复利，三个月利率水平为 2%，意味着对应的年利率为 8.24%。但是银行不会报 8.24%，它们还是会提出 8%的报价。还有一点需要注意，那就是银行的报价都是年利率，即使贷款的期限只有一周、一个月或者是其他期限。

● 图 3—1 最为重要。请注意图中使用的美元与英镑。这两种货币可以被任意替换为其他货币，只需要对相应的公式进行简单替换即可。但是大家要记住，推导过程有一个前提，那就是要使用美国直接标价法，即英国间接标价法。因此当大家用其他货币替换美元与英镑时，记得要保持一致性。如果你要将等式中的美元替换为其他货币，那么对应的两种货币都要使用直接报价法。

● 利率平价关系的结论是即期汇率、远期汇率以及欧洲货币市场利率差之间存在着密切关系。所谓的利率差指的是特定期间固定利率——不是浮动利率——的差。使用表 3—1 提供的符号，下列公式成立：

$$\frac{f_0-s_0}{s_0}=\frac{i_\$-i_£}{1+i_£}$$

● 在上面的计算式中请注意，等号的左边被定义为远期汇率的升水或贴水。等号的右边被定为利率差。

● 对于上面这个公式，事实上该节使用的所有公式都有一点值得注意，那就是这些公式都是我们基于正确的演绎推导得到的准确关系式。在上面这个公式中，我们没有直接用（$i_\$-i_£$）代表利率差，而是将其作为上述公式中的分子项，分母项等于（$1+i_£$）。

● 还有一点要记住，在我们计算三个月远期汇率时，我们需要用到相应的三个月利率。银行给出的报价是 8%的年利率，那么对应三个月的利率就是 2%。

● 在现实市场上，远期汇率要按照实际天数进行计算。在本书中，我们近似地使用月份数来计算远期汇率。

● 利率平价关系理论建立在抛补利率套利交易的基础上。请注意书中基于抛补利率套利交易进行的推导过程。

● 有些国际金融管理教程要求学生能够证明四边形等价模型；有些课程没有这个要求。本书详细讲解这一模型只是为了介绍，本书作者在授课时并没有要求学生掌握这一技能。

● 购买力平价关系反映的是即期汇率与两国相对通货膨胀率之间的关系。使用书中提供的符号，有下列等式：

$$\frac{\tilde{s}_t-s_0}{s_0}=\frac{\tilde{p}_\$-\tilde{p}_£}{1+\tilde{p}_£}$$

● 显然，上面这个公式是带有预设性的。因为它使用的是未来预期的汇率以及通货膨胀率指标。

● 如果一种货币的价值完全按照购买力平价关系所揭示的汇率波动规律发生变化，那么在考察期内，这种货币的实际有效汇率等于 100。

● 如果一段时间内某种货币的汇率正好能够反映前面我们所说的利率差，那么我们可以得出这样的结论：这种货币的实际有效汇率（有时简称为实际汇率）是保持不变的。

● 另一个具有后视性的公式（即基于历史数据）形式如下：

$$\frac{s_t - s_0}{s_0} = \frac{p_{\$} - p_{£}}{1 + p_{£}}$$

在这个公式中，我们要使用历史数据而非预期数据。

● 如果某种货币的币值相对于购买力平价价值来说过高，我们就说这种货币被高估了。如果货币的价值相对于购买力平价价值偏低，我们就说这种货币被低估了。

● 如果我们要使用购买力平价理论的计算式去计算某一国的货币相对于所有贸易伙伴国货币的汇率水平，那么必须对汇率波动以及各国的相对通货膨胀率进行加权处理。

● 请注意，在计算时如果设定了不同的基期年份，那么求出的购买力平价价值结果也不相同。

● 上面这个问题的解决方法是将汇率处于均衡状态的年份确定为基期。当一国国际收支表中的经常账户余额等于 0 时，我们可以认为该国的汇率水平处于均衡状态，可以选取这一年份作为基期。

● 实际有效汇率等于 100 意味着这种货币的估值是准确的。如果实际有效汇率大于 100，则意味着货币的币值被高估了；反之，如果实际有效汇率低于 100，则意味着货币的价值被低估了。

● 请注意我们可以根据消费物价指数、批发物价指数以及 GDP 平减指数或出口产品价格指数来计算通货膨胀率。在上述四个指数当中，最后一种指数最适合进行购买力平价计算。毕竟，出口产品价格指数最能基于国际贸易立场反映通货膨胀水平。

● 费雪效应揭示的是利率与通货膨胀率之间的关系。使用表 3—1 中提供的符号，费雪效应的表达式为：

$$\frac{i_{\$} - i_{£}}{1 + i_{£}} = \frac{\tilde{p}_{\$} - \tilde{p}_{£}}{1 + \tilde{p}_{£}}$$

● 预期理论揭示的是远期汇率贴水与即期汇率的变化之间的关系。表达式为：

$$\frac{f_0 - s_0}{s_0} = \frac{\tilde{s}_t - s_0}{s_0}$$

● 国际费雪效应则反映的是利率差与即期汇率的预期变化之间的关系。其表达式为：

$$\frac{i_{\$} - i_{£}}{1 + i_{£}} = \frac{\tilde{s}_t - s_0}{s_0}$$

● 本章介绍的四边形等价模型是一个演绎模型。当将其应用于现实世界时，我们要看一看它是否经得住实证检验的考验。我们在第 6 章总结了实证检验的结果。简单地说，对于外汇市场上绝大多数的公司客户来说，只有利率平价关系在短期内是成立的。其他几个关系式均可以在较长期限内保持成立。至于详细内容，我们将在后面的章节里继续讨论。

章末习题

3.1　其他条件均保持不变，假设美国国内利率水平相对于英国下降。同样地，在其他条件均保持不变的情况下，这会对下列变量造成什么影响？

(a) 美国对英镑的需求。

(b) 用于出售的英镑的供给。

(c) 英镑的均衡价值。

3.2　两个国家的相对实际利率及其货币的汇率水平之间存在着怎样的关系？

3.3　一些拉美国家的货币几乎每天都在相对于美元贬值。这些国家的货币承受着如此巨大的贬值压力，主要的影响因素是什么？拉美国家的经济政策必须进行怎样的调整才能防止本国货币经常出现类似的贬值？

注释

1. “agio”意味着将一种货币兑换为另一种货币时支付的总额。这个词起初源于中世纪意大利的货币借贷活动。

2. 一些教科书给出的利率平价关系式如下所示：

$$\frac{f_0}{s_0}=\frac{1+i_{\$}}{1+i_{£}}$$

这个公式也是完全正确的，只不过对本书使用的公式进行了细微调整。

3. 与社会科学里的所有定律一样，我们并不认为这一定律是永远不会发生变化的。

4. Williamson，J.，“Estimates of FEERs”，in J. Williamson（ed.），*Estimating Equilibrium Exchange Rates*，Institute for International Economics，Washington，DC，1994.

5. Balassa，B.，“The purchasing power doctrine：a reappraisal”，*Journal of Political economy*，72，584－596，1964.

6. Samuelson，P. A.，“Analytical notes on international real-income measures”，*Economic Journal*，595－608，1974.

7. Taylor，J. B.，“Discretion versus policy rules in practice”，*Carnegie-Rochester Conference Series on Public Policy*，39，195－214，1993.

8. Ong，L. L.，*The Big Mac Index*：*Applications of Purchasing Power Parity*，Palgrave Macmillan，London，2003.

第 4 章　外汇市场

外汇市场是个人、企业、银行以及经纪商买卖外汇的市场。任意一种货币，比如美元，进行交易的外汇市场遍布全球多个城市，例如巴黎、伦敦、纽约、苏黎世、法兰克福等。在这些金融中心，美元与其他货币进行汇兑。外汇交易市场通常位于毗邻当地金融市场的金融中心城市。全球最为重要的外汇交易市场坐落在伦敦、纽约、东京、法兰克福、阿姆斯特丹、巴黎、苏黎世、多伦多、布鲁塞尔、米兰、新加坡以及中国香港。

在外汇市场上进行的交易主要分为四种类型：即期外汇交易、远期外汇交易、期货交易以及**货币期权**（currency options）交易。

在即期外汇市场上，买卖的货币会立即进行交割。在实际操作中，这意味着结算会在即期交易成交日后两个工作日后进行。之所以要间隔两天，是为完成必要的书面工作而预留出一定时间。在远期外汇市场上，交易双方签订远期协议，约定在未来某一特定时间按照目前协商的价格买卖一定数量的货币。不仅实际交割发生在未来，实际支付也发生在未来某一时点。

4.1　市场参与者

外汇市场的主要参与者包括公司、个人、商业银行、中央银行以及经纪商。公司和个人通常是基于商务需要或出国旅行等原因而需要外汇。商业银行是个人与公司获得外汇的主要渠道。通过遍布全球的外汇交易网络、信息系统以及套利交易（即在一个金融中心买入某种货币，同时在另一个金融中心卖出这种货币），银行能够确保不同金融中心的外汇报价趋于一致。外汇交易经纪商的作用是把买家、卖家以及银行聚集到一起促使交易达成，并根据达成的交易收取佣金。中央银行是另一类主要的市场参与者，它们在外汇市场上的主要交易活动是买卖本币或外币，目的是确保本币汇率的波动与政府确定的目标区间相一致。

外汇交易市场遍布全球，位于不同地点的交易商可以通过电话、传真以及电脑进行联系。时区的重叠意味着除了周末每一秒钟都有一个外汇交易中心是开放营业的。

4.2 报价方式

汇率指的是用一种货币表示的另一种货币的价格。外汇交易商会提供两个报价，一个是卖出价，另一个是买入价。外汇报价之所以显得有点复杂，是因为存在两种报价方式：**直接标价法**（direct quote）与**间接标价法**（indirect quote）。第一种报价法使用的表达方式是一单位外币可以兑换多少单位本币。第二种报价法使用的表达方式是一单位本币可以兑换多少单位外币。

欧洲大陆的外汇交易商一般采用直接标价法。在伦敦，交易商们通常会使用间接标价法。在美国，两种标价法同时被使用。当银行与美国客户进行交易时，会使用直接标价法；当与欧洲客户（除了英国以外）进行交易时，则通常使用间接标价法。

外汇交易商会提供两个报价：一个是卖出价（即他们愿意按照这个价格卖出货币），另一个是买入价（即他们愿意按照这个价格买入货币）。买入价与卖出价的差叫做交易商的**“买卖价差”**（spread），这是交易商潜在利润的来源之一。不管使用的是直接标价法还是间接标价法，相对较低的报价总是被称为买入价，相对较高的报价被称为卖出价。

假设瑞士法郎兑美元的中间报价（即买入价与卖出价的平均值）为 CHF1.375 3＝USD1，那么这一汇率的美国直接标价法就应表示为 1 瑞士法郎兑换 0.727 1 美元，而对应的苏黎世直接标价法则是 1 美元兑换 1.375 3 瑞士法郎。如果两个外汇交易市场使用的是同一种标价法（即同时使用直接标价法或同时使用间接标价法），而且它们提供的报价本质上是相同的（换言之，不存在套利空间），则一个外汇交易市场的报价必然等于另一个外汇交易市场报价的倒数。也就是说，两个市场报价的乘积等于 1.0。如果这一条件并不成立，那么便会出现套利机会（即在某一个金融中心买入一种货币，而在另外一个金融中心卖出该货币）。当然，交易者在评估是否存在套利机会时，要注意的是一个外汇交易市场的买入价与另一个外汇交易市场的卖出价。通过进行套利交易获取利润，交易商的行为会促使多个外汇交易市场的价格趋于一致。

假设美元兑英镑的中间报价为 1 英镑兑换 1.601 5 美元，那么纽约的报价（使用美国直接标价法）就是 1 英镑可以兑换 1.601 5 美元，而伦敦的报价（使用间接标价法）也是 1 英镑可以兑换 1.601 5 美元。如果一个金融中心使用的是直接标价法，而另一个金融中心使用的是间接标价法，假设不存在可获利的套利机会，那么这两个报价应当是一模一样的。

买卖价差的大小要取决于任意时点市场的深度及其稳定性。市场深度指的是某种货币的交易量。深度市场的交易量较大，浅薄市场的交易量较小。较大的买卖价差意味着不确定性也比较大（也许会导致即将发生的货币贬值）以及外汇交易量比较小。较小的买卖价差则意味着市场较为稳定，且交易量较大。深度市场一般拥有比浅薄市场更小的买卖价差。

如果美元兑英镑的报价为＄1.605 0—＄1.606 0，这意味着交易商愿意按照1英镑兑换1.605 0美元的价格卖出美元，或者按照1英镑兑换1.606 0美元的价格买入美元。反过来也就是说，交易商愿意按照1英镑兑换1.605 0美元的价格买入英镑，或者是按照1英镑兑换1.606 0美元的价格卖出英镑。在上面这个例子中，买卖价差等于0.001 0美元，或者叫10点。1点（也可以简称为pip）指的是报价中的最后一位有效数字。

接下来，我们要说明的是**交叉汇率**（cross-rate）的含义。所谓交叉汇率，指的是根据另外两种或多种汇率计算出来的汇率。比方说，瑞士法郎与瑞典克朗之间的汇率很有可能就是基于美元兑瑞士法郎以及美元兑瑞典克朗的两种汇率推算出来的交叉汇率。

在外汇交易市场上，习惯做法是各种货币相对于美元来报价。如果一家银行向另一家银行询问瑞士法郎的报价，那么除非特别指明，否则提供的就是瑞士法郎兑美元的报价。在绝大多数外汇交易中，美元都是其中的一种货币，因此在任意时点，一种货币的市场报价基本上最能够准确反映该货币相对于美元的汇率水平。如果客户向一家银行询问英镑相对于瑞士法郎的报价，那么银行会根据英镑兑美元的汇率以及瑞士法郎兑美元的汇率来计算出英镑相对于瑞士法郎的汇率报价。也就是说，在这种情况下，银行一般要通过计算交叉汇率来提供报价。

假设现在我们需要知道欧元相对于瑞士法郎的报价。这两种货币相对于美元的报价是我们可以直接获得的报价数据。如果这两种货币相对于美元的报价分别为＄1＝€1.132 6/1.133 6，＄1＝CHF1.375 0/1.375 5，那么我们可以推算出欧元相对于瑞士法郎的交叉汇率。我们的目标是计算出欧元相对于瑞士法郎的买入价与卖出价。如果我们要卖出欧元，则意味着要买入瑞士法郎。因此我们先来计算一下卖出欧元、买入美元的报价，随后再计算卖出美元、买入瑞士法郎的价格。将这两个计算结果合并在一起，我们就能求出卖出欧元、买入瑞士法郎的价格。把欧元卖给交易商，同时买入美元的价格为1.133 6欧元；卖出美元、同时买入瑞士法郎的价格为1.375 0瑞士法郎。因此卖出1欧元可以兑换0.882 2美元。卖出0.882 2美元可以兑换1.213 0瑞士法郎。因此卖出欧元、买入瑞士法郎的价格为1＝CHF1.213 0，即CHF1＝0.824 4。

类似地，在这个例子中，如果我们要买入欧元，则意味着卖出瑞士法郎。这一次我们先来计算买入欧元、卖出美元的价格，然后再计算买入美元、卖出瑞士法郎的价格。将上述两个计算结果合并在一起，我们就能求出买入欧元、卖出瑞士法郎的价格。买入欧元、卖出美元的价格为1.132 6欧元；买入美元、卖出瑞士法郎的价格为1.375 5瑞士法郎。所以，卖出1瑞士法郎可以兑换0.727 0美元。卖出0.727 0美元，可以兑换0.823 4欧元。所以买入欧元、卖出瑞士法郎的价格为CHF1＝€0.823 4，或者是€1＝CHF1.214 5。如果使用欧元直接标价法，那么交叉汇率的报价为CHF1＝€0.823 4/0.824 4，苏黎世直接报价则为CHF1.213 0/1.214 5。

报价的方式也很值得注意，金融机构或外汇市场在报价时会在两种货币之间加上斜线。例如：

EUR/JPY　　128.56　　↑0.32

这意味着1欧元可以兑换128.56日元。说得更准确一点，这个价格实际上是买入价与卖出价的中间价。斜线的含义是斜线前的第一种货币单位被设定为1，对应1单位此种货币，你可以兑换的斜线后第二种货币的数量即为报价中数值（本例中为128.56）。假设前面提供的报价是伦敦市场某一个交易日上午开盘后一段时间的报价。带有向上箭头的数值 0.32 意味着自从当日伦敦市场开市后，报价上升了 0.32。因此，当天的开盘价应当等于 128.24。箭头向上意味着当天开盘后一段时间，1 单位欧元可以兑换的日元数量要比开盘时更多一些。因此向上的箭头代表着斜线前的货币（在本例中指的就是欧元）相对于日元升值。

再看另外一个例子。在仔细阅读我们给出的计算过程之前，最好自己先算一下，检验一下自己是否掌握了报价的计算方法。1 美元可以兑换多少瑞士法郎？1 瑞士法郎可以兑换多少美元？在交易日内，哪一种货币走强？报价是：

US$/CHF　　1.378 5　　↓0.002 6

这意味着 1 美元可以兑换 1.378 5 瑞士法郎。当天交易日内自开盘以来，美元相对于瑞士法郎走软。开盘价为 1.381 1，美元的贬值使得美元相对于瑞士法郎的报价变成 1.378 5。因此，美元汇率的下降幅度等于 0.002 6 除以 1.381 1（即开盘价）再乘以 100，结果为 0.19%。再从相反的角度分析一下。1 瑞士法郎可以兑换 0.725 4 美元。如果我们把瑞士法郎放在斜线的前面，计算一下对应的报价。先不要看下面的结果，自己动手做一下。答案应当是：

CHF/US$　　0.725 4　　↑0.001 3

瑞士法郎汇率上涨的幅度等于 1.0 除以 1.381 1。因为开盘价是 0.724 1，因此瑞士法郎升值了 0.001 3。

4.3　远期外汇协议与报价

接下来我们要介绍的是外汇交易商如何提供**远期汇率**（forward rates）的报价。远期外汇协议指的是双方约定在未来某一个时间点按照特定价格兑换一定数量外汇的交易。在协议签订时，外汇交易的汇率、交割日期以及交易的数量都已被确定下来。

对于外汇市场的新进入者来说，一个重要的问题是要知道远期外汇**升水**（premium）与远期外汇贴水的含义，以及外汇交易商如何提供远期汇率报价。假设相对于基础货币而言，报价货币未来的价格要高于目前的价格。因此我们可以说，报价货币相对于基础货币远期升水。反过来，基础货币相对于报价货币远期贴水。

我们举例说明，假设美元是基础货币，瑞士法郎是报价货币。再假设即期汇率为 $1=CHF1.375 3。今天，银行对 3 个月远期交易的报价（也就是目前的 3 个月远期汇率）为：$1=CHF1.374 8。在本例中，3 个月后，1 美元可兑换的瑞士法郎数量减少了。因此瑞士法郎的远期价格趋于上升。所以说，美元相对于瑞士法郎远期贴水；反过来，瑞士法郎相对于美元远期升水。美元的远期贴水或瑞士法郎的远期升水的幅度等于 1.375 3 与 1.374 8 之间的差。即 0.05 生丁。外汇市场的报价惯例是用点来做单位，即百分之一。所以，0.05 生丁通常会被称为 5 点。

为了求出远期汇率，我们必须用即期汇率减去瑞士法郎升水或美元贴水。如果是瑞士法郎贴水或美元升水，则应当用即期汇率加上瑞士法郎贴水或美元升水。不过有一点要注意：在这个例子中，我们使用的是美国间接标价法。如果我们使用的是美国直接标价法，则上面描述的规则要反过来：换言之，在计算远期汇率时，应当用即期汇率加上瑞士法郎升水或美元贴水。对于这个小问题，一个简单的处理方法是永远记住（这是因为在实际市场上绝不可能出现其他的例外情况）远期报价的买卖价差永远会大于即期汇率的买卖价差。只要记住了这一点，如果你发现远期汇率价差竟然小于即期汇率价差，那么说明你算出的结果不正确，需要重新进行计算。

与即期外汇市场一样，在远期外汇市场上，交易商也会同时提供买入价与卖出价。与即期外汇市场的报价惯例一样，不管是使用直接标价法还是间接标价法，第一个报价都是相对较低的价格。在前面这个例子中，瑞士法郎相对于美元的报价为 CHF1.374 8/1.375 8，3 个月瑞士法郎远期升水（或者是美元贴水）为 6/3。因此，如果外汇交易商要买入远期美元，那么这意味着瑞士法郎的远期贴水为 6 个点，或 0.06 生丁。但是如果交易商打算买入远期瑞士法郎，则升水仅为 3 个点，或 0.03 生丁。根据远期汇率价差一定大于即期汇率价差这一原则，完整的 3 个月远期报价应当为 CHF1.374 2/1.375 5（见下表）。

	买入价	卖出价	买卖价差（点数）
即期汇率报价	1.374 8	1.375 8	10
远期汇率报价	6	3	3
对应数值相减使得远期汇率买卖价差等于 13 点	1.374 2	1.375 5	13

有时远期汇率报价会使用－10/＋10 或者是 10P10 的表达方式。在这种情况下，远期外汇市场报价被称为“围绕平价”的报价。所以，为了求出远期汇率报价，买入价或卖出价之一要加上 10 点，余下的另一个价格要减去 10 点，以使得远期汇率买卖价差大于即期汇率买卖价差。例如，远期汇率报价如下所示：

1.374 8/1.375 8　　－10 /＋10

则远期汇率报价应当为 1.373 8/1.376 8。这是完整的远期汇率报价，而不是只提供即期汇率报价以及远期汇率的升贴水点数。这种完整的表达方式叫做直接远期汇率报价。计算过程如下表所示：

	买入价	卖出价	买卖价差（点数）
即期汇率报价	1.374 8	1.375 8	10
远期汇率买卖价差	(10)	10	20
	1.373 8	1.376 8	30

在这种情况下，有时候交易商还会采用相对于即期汇率的价差方式报价，即 10 生丁贴水，10 生丁升水。

请大家牢牢记住，在远期外汇市场上相对于另一种货币远期贴水的货币，其欧洲货币市场利率水平要比远期升水的货币更高一些。我们在上一章已经讨论过这一结论背后的原理。

对于前面介绍的远期汇率报价方式，有时候我们还会看到远期外汇抛补交易的年均百分比成本报价。其含义是什么？如何计算？年化远期汇率升水可以被表示成百分比的形式，计算公式如下：

$$\frac{\text{远期汇率}-\text{即期汇率}}{\text{即期汇率}}\times\frac{12}{n}\times 100$$

式中，n 代表的是远期汇率期限的月份数。[1] 值得注意的是，使用直接标价法或间接标价法，求出的远期外汇抛补交易年均百分比成本的计算结果略有差异。此外，使用买入价、卖出价、中间价得到的计算结果也有细微差别。由于使用的是买入价或卖出价而导致远期外汇抛补交易成本的计算结果存在差异，这个问题很容易解决。虽然算出来的值不一样，但是对于进行远期外汇交易的企业管理者来说，他们关注的值是打算进行的远期外汇交易的百分比成本。

接下来看一个例子。仍然假设美元与瑞士法郎的即期汇率为 USD1＝CHF1.374 8/1.375 8，3 个月远期汇率报价为 6/3。我们可以推算出完整的远期汇率报价为（请参考前面的计算过程）CHF1.374 2/1.375 5。如果我们打算买入远期瑞士法郎，则对比一下瑞士法郎的即期价格与远期价格，我们发现瑞士法郎是远期升水的（目前 1 美元可以兑换 1.374 8 瑞士法郎，而 3 个月后只能兑换 1.374 2 瑞士法郎）。因此，买入瑞士法郎的年化远期升水百分比等于：

$$\frac{1.3742-1.3748}{1.3748}\times\frac{12}{3}\times 100=-0.17\%/\text{年}$$

所以在三个月远期市场上，基于买入价，瑞士法郎相对于美元的年化远期升水为 0.17％。

4.4 即期外汇交易的结算

即期外汇交易的结算被安排在成交日再向后推迟两个交易日。因此，在正常环境下，星期一成交，星期三结算交割。因此，我们说这笔交易的**交割日**（value date）就是星期三。

我们对营业日的定义是在任意一笔外汇交易中，所涉及的两种货币的发行国、银行均开门营业的日子。只有一种例外情况。如果外汇交易是一种货币与美元对做，如果在成交日后的两日内，第一天是美国的假期，但是并不是另一种货币发行国的假期，那么这一天也可以被算作是营业日。

一般情况下，如果美元与瑞士法郎的交易在星期一达成，那么通常会在星期三进行结算交割。不管星期二是不是美国假期，交易结算都不会受到影响。但是，如果星期二是瑞士国内的假期，那么可能会对结算造成影响。在后面这种情况下，即期外汇交易的结算日将会被推迟到星期四，条件是在星期四这一天，美国与瑞士市场均是营业日。如果星期二是一个正常的营业日，但是在美国或瑞士国内，星期三是假日，那么即期外汇交易的交割日就是星期四，同理条件也是在星期四这一天，瑞士与美国市场均是营业日。

如果美元与瑞士法郎的交易是在伦敦市场上达成的，那么在即期外汇交易结算期间，英国国内的假期安排是完全无关的。这是因为所有的银行转账活动都是在交易的结算国内而不是在交易中心进行的。

在某些国家，例如美国或瑞士，银行的假日安排只会影响到国内一部分地区——这取决于是否为当地的节日，还有一种可能是属于宗教节日，这要看银行所在区域主要是天主教的势力范围还是新教的势力范围。在这种情况下，结算日的确定要受到银行账户所在宗教区域的影响。本书忽略了这个复杂的问题，然而在现实生活中，这个问题是确确实实存在的。

在外汇交易中，双边结算必须在同一个营业日内进行。考虑到时区的差异，在任意给定营业日内，远东地区会最先开始结算，其次是欧洲地区，再次是美国。这意味着存在一定的风险。我们仍然以美元兑瑞士法郎的交易为例。一家纽约银行向位于苏黎世的客户出售了瑞士法郎，在尚未收到美元之前就将瑞士法郎打入了对方设在苏黎世的账户。如果这位客户还没来得及将美元交割给银行就破产了，那么就将导致损失的发生。我们将在第 11 章用一节的篇幅来讨论如何限制这种风险的发生。一笔外汇交易的双方必须在同一天内完成交割的原则被称为“同时履行原则”（compensated value）。

同时履行原则唯一一个例外情况是在星期五交割中东地区国家的货币。在绝大多数中东地区国家，星期五都是节假日。如果正好赶上了星期五，那么买入中东国家货币——比方说买入的是沙特里亚尔——的交易者要在星期五这一天向对方进行支付，比方说支付美元。而里亚尔的交割则在星期六进行，因为通常情况下星期六是中东地区的正常营业日。

4.5 远期外汇交易的交割日

若想弄清楚一个月、两个月、三个月等不同期限的远期外汇交易的交割日，那么第一步就是先确定对应的即期外汇交易的交割日。一般情况下，远期外汇交易的交割日就是对应月份的同一天。比方说，如果即期交易的交割日为 10 月 8 日，那么一个月远期外汇交易的交割日就是 11 月 8 日，两个月远期外汇交易的交割日就是 12 月 8 日，依此类推。

如果依照上述方法算出的日子是节假日，那么交割日就要推迟到下一天，直到找到某一天，两个金融中心在这一天均开门营业为止。假设我们做了一笔美元兑瑞士法郎的一个月远期外汇交易，11 月 8 日是纽约或苏黎世的周末或假日。那么我们就把交割日推迟到 11 月 9 日，条件是 11 月 9 日这一天是纽约和苏黎世的营业日。如果这一天不是两者的营业日，那我们就继续向后推迟，直到找到一个符合条件的营业日为止。

这条原则有几种例外情况，首先便是月末日的处理。所谓月末日，指的是一个月里两个结算国均开门营业的最后一天。仍然以美元兑瑞士法郎的交易为例。如果 9 月 30 日是美国假期，那么月末日可能为 9 月 29 日，条件是 9 月 29 日这一天对纽约与苏黎世来说都是营业日。

对于本节第一段中提到的标准规则还有两种例外情况。这两种例外情况均与月末日有关。第一种名叫“月末对月末原则”。其含义是如果即期外汇交易的交割日是月末日，那么与之对应的所有远期外汇交易的交割日也必须是月末日。假设 10 月的月末日为 10 月 28 日，10 月 29 日与 30 日是周末，10 月 31 日是公共假日。如果即期外汇交易的交割日是 10 月 28 日（即 10 月的月末日），那么根据“月末对月末原则”，一个月远期外汇交易的交割日就应当是 11 月 30 日——条件是 11 月 30 日确实是 11 月的月末日——而非 11 月 28 日。

第二种例外情况是远期外汇交易的交割日不得向后推延而超过月末日。假设一个月远期外汇交易的交割日原本应当是 3 月 31 日，但是那一天是假日。我们不能将交割日推迟到 4 月 1 日，只能向前提，将交割日定为 3 月 30 日。

不过，我们要强调一点，外汇交易的定价事实上还要取决于天数计算方法。

4.6 远期外汇市场的主要功能

通过签订一份远期外汇协议，英国进口商或出口商能够在签订协议的当时确定未来某一时点买卖一定数量外币的价格，实际支付与交割均发生在未来特定时点。这种交易可以帮助出口商与进出口商消除由于汇率波动而导致的外汇风险。这使得英国进口商和出口商可以准确计算出国际贸易所引发的现金流的英镑价值，即使未来它们支付或收到的货款采用的是外币形式。

如果某一种外币远期升水，那么这意味着在远期市场上，这一种外币相对于本币汇率走强。与之相比，如果某一种外币远期贴水，那么这意味着在远期市场上，这一种货币相对于本币汇率走软。“走强”与“走软”之所以要加上引号，是因为在远期外汇市场上，强或软只是考虑了利率平价关系中提到的利率差，而利率平价关系只是第 3 章讲过的四边形等价关系模型的一个组成部分。

小结

● 外汇市场交易包括即期外汇交易、远期外汇交易、期货交易、期权交易、存款和贷款交易等等。本章我们暂时不介绍期货或期权产品。

● 在所有市场上，交易商都会同时提供买入价与卖出价，即一个是买入外汇的价格，另一个是卖出外汇的价格。

● 因此，在即期外汇市场上，交易商提供的报价形式是买入价/卖出价。

● 在远期外汇市场上，交易商会先报出即期交易的买入价/卖出价，然后再报出对应买入价/卖出价的远期升贴水点数。远期升贴水点数反映的就是即期汇率与远期汇率之间的差。

● 为了求出完整的远期汇率报价，如果两个远期升贴水点数符号相同——同时为正或同时为负——如果买入价的升贴水点数大于卖出价的升贴水点数，那么就用即期报价对应减去这两个点数。如果两个点数符号相同，但是卖出价的升贴水点数大于买入价的升贴水点数，那么就用即期报价对应加上这两个点数。

● 如果两个远期升贴水点数符号相反，买入价升贴水点数为正，卖出价升贴水点数为负，或者是反过来，那么要用其中一个点数加上即期报价的买入价或卖出价之一，随后用即期报价中刚刚没有加上点数的买入价或卖出价减去另一个点数，这样便可以求出完整的远期汇率报价。在前面描述的这种情况下，我们应当用即期买入价减去买入价远期点数，同时用卖出价远期点数加上即期卖出价。这样便可以得到完整的远期汇率报价，表示为买入价/卖出价的形式。

● 我们可以用即期汇率与远期汇率的差除以即期汇率的方式来计算远期升贴水的年化百分比。具体的计算公式如下所示：

$$\frac{f_0 - s_0}{s_0} \times \frac{12}{n} \times 100$$

● 如果一种货币的即期汇率与远期汇率相比，远期汇率高于即期汇率，那我们就说这种货币在远期市场上升水。或者说，这种货币在远期市场上“汇率走强”。之所以走强要加上引号，是因为事实上并不是这种货币增值了，这种相对走强只是反映了利率差而已。

● 如果利率平价关系是成立的——在绝大多数企业所进行的外汇交易层面上，这一平价关系一直是成立的——货币走强意味着其汇率远期升水，则未来这种货币的利率水平将趋于下降。我们可以用一个简单的缩写来强化记忆：SPIL 意味着走强（strengthening）、升水（premium）、利率（interest rates）、降低（lower）。

● 西班牙与葡萄牙是否可以成立一个伊比利亚大陆？

● 还有另外一种选择：SLIP 意味着走强（strengthening）、较低的利率水平（lower interest rates）以及升水（premium）。

章末习题

4.1 假设下面的信息已知：

	X 银行	Y 银行
瑞士法郎的买入价	$0.401	$0.398
瑞士法郎的卖出价	$0.404	$0.400

根据上述信息，套利交易有可能发生吗？如果有可能，请解释进行套利交易的步骤。如果你手上持有 1 000 000 美元，计算一下这笔套利交易能给你带来多少收益。

4.2 基于上一道问题中的已知信息，哪一种市场力量最终会导致问题 4.1 中潜在地存在的套利机会彻底消失？

4.3 假设下列信息由某一家银行提供（BTD 与 ULC 是虚拟的两种货币的代码）：

	报价	
BTD 相对于美元的价格	USD	0.90
ULC 相对于美元的价格	USD	0.30
BTD 相对于 ULC 的价格	ULC	3.02

根据上述信息，三角套利有可能发生吗？如果有可能，请解释一下三角套利交易的步骤。如果你手上持有 1 000 000 美元，计算一下三角套利策略能给你带来多少收益。

注释

1. 要牢记，在现实市场上，我们要使用实际的准确天数而不是月份数。为了简便起见，全书使用的都是月份数。

第 5 章 国际收支平衡

如果交易者想要预测未来一个国家货币的汇率走势，那么该国的国际收支平衡状况可以提供重要的参考信息。频繁出现的经常项目的顺差往往与该国汇率的走强有关；而持续的经常项目的逆差与该国汇率的疲软有关。导致经常项目出现顺差的主要原因是出口大于进口。假设一国的出口以本币计价。因此，外国客户在支付货款时就要买入该国的本币，同时卖出外币。这会导致本币的汇率上升。因此，经常项目顺差与汇率的上升往往是相伴相生的。反过来，导致经常项目出现逆差的原因是进口大于出口。持续存在的经常项目逆差与本币汇率的疲软通常有密切关系。

只依据经常项目余额来预测未来的汇率走势，这种做法存在很多不足。经常项目只是一国国际收支状况的组成部分之一，同时我们还要考虑**资本项目**（capital account）的影响。在我们讨论如何使用国际收支平衡表的数据来预测未来汇率走势之前，我们先要介绍一下与国际收支平衡表有关的多个概念。本章的主要任务是向大家介绍这些基本概念，要实现的目标是让读者掌握如何使用国际收支平衡表提供的信息来预测未来的汇率走势。

5.1 国际贸易的实质

许多学者认为，比较优势原则是不同国家进行国际贸易的基础。比较优势原则认为在多重因素的共同作用下，一些个人或国家生产某种产品或服务的效率高于其他国家。一个国家生产所有产品都比其他国家效率更高，这并非不可能。即使情况如此，这个国家如果将所有的劳动力以及资源集中投入到能给该国带来最大利润的几种产品和服务上面，同时从其他国家购入无法给自己带来最大利润的其他产品或服务，这种做法对这个国家也是明显有好处的。当然，某一个国家生产所有产品和服务都比其竞争对手更有效率，这种情况发生的概率非常小。不过，只要一国在某些产品或服务的生产方面具有比较优势，那么专门生产这些产品和服务并将其出口，同时从别国那里进口其他产品和服务，对该国来说就是有利的做法。专门生产自己拥有最大比较优势的产品和服务之所以能够给国家带来好处，是因为如果将资源投入到其他产品的生产上，会导致产出下降。一般来说，一个国家必须生产出其具有比较优势的足够多的产品与服务，不仅满足国内需求，还用于出口，以换回国内需求的进口产品或服务。

国际贸易一般涉及外汇货款的支付。这里我们特意用了“一般”，这是因为有一定数量的国际贸易采用的是物物交换的方式。事实上，一些外汇短缺国家进行国际贸易时，大部分情况下采用的是物物交换的方式。但是从整个国际贸易的全局来看，物物交换的贸易手段过于笨拙。除非所有的国际贸易都采用的是物物交换的方式，否则必然要涉及外汇兑换问题。

外汇市场提供的最有价值的服务之一是允许交易者在这个市场上将一种货币兑换成另一种货币。只要世界上存在不同的货币，只要国际贸易不仅仅采用物物交换的方式，那么外汇问题就必然是国际贸易不可忽视的一个方面。

5.2 国际收支平衡表与汇率

汇率代表的是用一种货币表示的是另一种货币的价格。国际收支平衡表总结了一段时间内一国居民与其他国家居民之间进行经济交易所产生的资金流情况。

国际收支平衡表测量的是流量而非存量。这些流量代表的是资金收入与支出。国际收支平衡表只能够反映资产与负债存量的变化情况，不能反映资产与负债的绝对规模。因此，一国的国际收支平衡表更像企业的资源与资金使用表。对于企业来说，资金来源意味着获得了外部购买力，可以去消费商品或服务，或者投资于其他国家。对于一个国家来说，资金的使用则意味着外部购买力的降低。在分析国际收支平衡表时，居民指的是个人、企业、政府机构或者在该国拥有合法地位的其他机构。

国际收支平衡表能够反映国与国之间的贸易情况。那些在本国居民之间发生、只使用本币完成的交易，不会被计入国际收支平衡表。

国际收支平衡表包含三大项目，即：

- 经常项目。
- 资本项目。
- **官方储备**（official reserves）。

表 5—1 给出了某个虚拟国家 2001 年的简化国际收支平衡表。之所以说这是一个简表，是因为它只包含了 23 行数据，而国际货币基金组织在《国际金融统计》（*International Financial Statistics*）上公开发布的完整国际收支平衡表包含 50 多行数据。为了分析汇率的变化，我们可以把相对较复杂的完整国际收支平衡表适当地加以转变，建议大家使用类似于表 5—1 的分析模式。

政府统计部门通过向企业、银行、出口部门以及其他部门发放调查问卷来获得信息，编制国际收支平衡表。按照定义，国际收支的总余额应当等于经常项目、资产项目以及官方储备这三个组成部分的余额之和。如果政府获得的总体数据不平衡，那么加入一个名为“误差与遗漏”的项目。一直以来，这个项目都是国际收支平衡表的特色之一。接下来我们要向大家分别介绍国际收支平衡表内经常项目、资本项目以及官方储备所涵盖的内容。在分析过程中，我们使用的均为表 5—1 提供的数据。

表 5—1　　虚拟国家的 2001 年的简化国际收支平衡表（单位：百万美元）

经常项目			
贸易项目			
商品出口	2 500		
商品进口	—1 500		
贸易余额		1 000	
无形贸易项目			
收到的利息与股息收入、旅游费用以及运输、专利、银行及金融服务收取的费用	1 000		
向别国支付利息与股息以及接受对方提供的运输、旅游、专利、银行以及其他金融服务而支付的费用	—500		
无形贸易余额（服务）		500	
单方面转移			
从海外收到的赠款	200		
捐赠给其他国家的款项	—600		
单方面转移的余额		—400	
经常项目余额			1 100
资本项目			
长期资本流动			
直接投资			
出售金融资产	1 000		
购买金融资产	—2 000	—1 000	
组合投资			
出售金融资产	3 000		
购买金融资产	—1 500	1 500	
长期资本项目余额		500	
私人短期资本流动			
出售金融资产	5 000		
购买金融资产	—2 000		
私人短期资本流动项目余额		3 000	
资本项目余额			3 500
总余额			4 600
官方储备项目			
黄金储备减少（＋）或黄金储备增加（—）			—2 400
外汇储备减少（＋）或增加（—）			—2 200
官方储备项目总余额			—4 600

注：资金来源对应的是“＋”；资金使用对应的是“—”。

经常项目记录的是本国与其他国家之间进行的商品与服务贸易以及援赠带来的资金流动。商品贸易包括出口与进口。当一国向其他国家出售商品时，该国出口增加，这会给该国带来资金收入。一国从其他国家那里购买商品时，该国进口增加，这反映的是资金的使用。出口与进口之间的差叫做“贸易余额”。根据表 5—1，2011 年，该虚拟国家的贸易余额为正，即 10 亿美元。也就是说，商品贸易使得外部购买力的来源超过资金使用的幅度为 10 亿美元。

服务项目的差额叫做“无形贸易余额”。按照国际收支表上各术语的明确定义，服务包括利息、股息、旅游、运输、专利、银行、金融以及其他咨询服务。向其他国家提供这些服务可以获得资金收入；或者付费让其他国家向本国的人们提供这种服务，这是资金的使用。总而言之，由谁来提供服务意味着外部购买力的增加或减少。根据表 5—1，我们可以看到该虚拟国家的无形贸易余额为正，即 5 亿美元。换言之，无形贸易使得外部购买力的来源比资金使用超出了 5 亿美元。

赠款被记录在单方面转移项目下。这一项目也常被叫做“汇款”或者“无偿转移支付”。这个项目包括移民寄回家乡的资金以及一国对另一国的捐赠与援助。捐赠代表的是对外部购买力的使用。在表 5—1 中虚拟国家的单方面转移项目余额为负，即－4 亿美元。这说明资金的使用超过了资金的来源。

表中虚拟国家的经常项目的总余额为正，即 11 亿美元，是由贸易项目与无形贸易项目的正余额以及单方面转移的负余额共同构成的。

接下来了解一下资本项目。这一项目主要记录的是金融资产与负债在国际上的转移。在国际收支平衡表上，我们要按照资产或负债的期限以及资产或负债所有人的介入程度对其分类。资本项目拥有多个子类别，例如直接投资、**组合投资**（portfolio investment）以及私人短期资本流动。直接投资与组合投资指的是投资于初始期限大于一年的金融资产。短期资本流动则指的是投资于初始期限不足一年的金融资产。直接投资与组合投资的区别在于介入管理的程度的高低。对于直接投资来说，投资者要付出较大的管理努力；一般被明确界定为至少拥有企业 10%的所有权。而不介入管理所进行的投资被认为是组合投资。

表中虚拟国家的直接投资项目余额为负，即 10 亿美元。也就是说，外国向该国投资了 10 亿美元，而该国却向国外投资了 20 亿美元（这种投资获得了被投资企业 10%以上的股权），因此直接投资项目的余额为负。

在组合投资项目下，虚拟国家的资金流入为 30 亿美元，资金流出为 15 亿美元。考虑到直接投资项目的余额，我们可以求出长期资本项目的余额为正，即 5 亿美元。

对于私人短期资本项目，外国对虚拟国家的债权增加了——对虚拟国家来说，这就是资金来源——50 亿美元，同时虚拟国家也增加了对外国的债权（对虚拟国家来说，这是资金的使用）即 20 亿美元。将这两个数据加在一起，我们求出短期资本流动项目的净余额为正，即 30 亿美元。

将长期资本流动项目与短期资本流动项目的余额加在一起，便就可以求出整个资本项目的总余额。对虚拟国家来说，资本项目余额为正，即 35 亿美元。

接下来，我们可以把经常项目与资本项目的余额加在一起，算出的结果一般被称为“总余额”。对虚拟国家来说，国际收支平衡表的总余额为 46 亿美元。换言之，虚拟国家相当于拥有如此规模的外部购买力。

官方储备项目可以使得国际收支平衡表处于均衡状态。这部分包括货币当局或一国在一段时间内获得或支付的国际支付手段。“国际支付手段”包括黄金以及可自由兑换外币。大家要牢记一点，只有可自由兑换外币才能被记录在官方储备项目下。那么，这就意味着只有几种货币可以被记录在官方储备项目下。这样的货币包括美元和英镑，目前它们都是可完全自由兑换货币。绝大多数政府不允许本国货币可完全自由兑换，例如巴西的雷亚尔、印度的卢比以及中国的人民币等。

如果一国的国际收支平衡表的总余额为顺差，则带来的效应为官方储备的流入。但是我们必须记住国际收支平衡表编制时使用的符号。正如后面我们马上要讲到的，国际平衡表的编制方法其实就是复式记账法的变形而已。对应每一个借记项都会有一个贷记项；国际收支表上每一笔加项对应地都有一笔减项。因此，对于国际收支平衡表的官方储备这一项目，减项意味着官方储备的增加。在表 5—1 中，虚拟国家持有的黄金储备增加了 24 亿美元，持有的外汇储备增加了 22 亿美元。在解释官方储备数据的符号时要格外小心，这是因为使用的会计记录方法与我们的直觉刚好是相反的。

官方储备持有量的变化可以被当作是反映中央银行对外汇市场直接干预程度的指标。当货币当局想使本币（或者联合浮动的相关货币）走强时，它们会卖出官方储备，同时买入本币。这种行为将会使得官方储备持有量减少。反过来，如果它们想让本币贬值，可以买入其他可自由兑换外汇，同时卖出本币，这种行为会增加官方储备的持有量。

5.3 国际收支平衡表的会计编制准则

国际收支平衡表是永远平衡的。经常项目、资本项目以及官方储备项目的借记项与贷记项是永远相等的。这是因为国际收支平衡表就是使用复式记账法制表的。表 5—2 总结了国际收支平衡表编制过程中常见条目的会计处理方法。我们将这些条目编上了序号，便于在后面的例子中使用。我们按照这些条目一般是贷记项还是借记项对其进行分类。

通过一系列简单的例子，相信读者很快能弄清楚国际收支平衡表的会计编制方法。

例 1 X 国的居民向 Y 国的居民出口商品，进口商签发了一张汇票，以 Y 国货币标明面值，90 天后到期。于是在 X 国的国际收支平衡表上，一笔出口条目产生了，X 国获得了对外国的短期债权。因此对应的借记与贷记分别为：

借记 对外国的短期债券（汇票）

　　贷记 商品出口

例 2 例 1 中的出口商将汇票一直持有至到期。到期后，他获得了进口商支付的以 Y 国货币为计价单位的货款。于是，该出口商相当于拥有了对 Y 国银行的债权（因为这笔货款使用的是 Y 国货币）。事实上，借记项与贷记项是同一条目。

借记 对外国的短期债权（持有的 Y 国货币金额）

　　贷记 对外国的短期债权（汇票）

表 5—2 **国际收支平衡表的会计编制原则**

借记项（－）	贷记项（＋）
1. 商品进口	
	2. 商品出口
3. 从外国购买服务	
	4. 向外国人出售服务
5. 向外国人支付利息、股息、租金以及专利税	
	6. 收到外国人支付的利息、股息、租金以及专利税
7. 对外国的赠款	
	8. 收到外国的赠款

续前表

借记项（—）	贷记项（+）
9. 直接投资	
● 由外国居民进行的投资	● 由居住在本国的外国人进行的投资
10. 组合投资	
● 由外国居民进行的投资	● 由居住在本国的外国人进行的投资
11. 对外国的长期债权	
● 增加	● 减少
12. 对外国的长期债务	
● 减少	● 增加
13. 对外国的短期债权	
● 增加	● 减少
14. 对外国的短期债务	
● 减少	● 增加
15. 黄金储备	
● 增加	● 减少
16. 外汇储备	
● 增加	

例 3　在前两个例子中提到的出口商现在决定要将自己持有的Y国货币兑换成本国货币（即X国货币）。他与自己的结算银行进行这笔外汇交易，因此银行买入这笔外汇，同时将本币出售给出口商。现在，X国的银行持有Y国货币。于是，该银行相当于持有对外国的短期债权。实际效应便是对外国的短期债权由X国的居民——出口商转移给了另一位居民——结算银行。从国际收支平衡表的角度来看，这笔交易不需要被记录到国际收支平衡表上。

例 4　结算银行打算将自己持有的外币出售给X国的中央银行，以换回本币。假设Y国货币在外汇市场上是可自由兑换的。当中央银行买入黄金或可自由兑换外汇时，官方储备增加。因此在这种情况下，国际收支平衡表的相应条目应当是：

借记　外汇储备

　　贷记　对外国的短期债权（持有的Y国货币金额）

例 5　如果我们将案例4中的一个条件稍加改动，即Y国货币不是可自由兑换货币，那么结算银行将Y国货币出售给中央银行不会导致官方储备的增加。在这种情况下，这笔交易不会被记录在国际收支平衡表上，所产生的效应仅为对外国的短期债权由结算银行转移给了中央银行。由于这笔短期债权是不可自由兑换的外币，因此不能被记录在官方储备项目下。事实上，它仍然是一笔对外国的短期债权，只不过现在这笔债权是由中央银行而非结算银行持有。

例 6　一位美国居民在X国度假，他在机场银行将美元旅行支票兑换成X国货币。兑换成的X国的货币在度假过程中全部花掉了。在这种情况下，国际收支平衡表的条目记录应当是：

借记　对外国的短期债权（持有的美元金额）

　　贷记　向外国人提供的旅游服务（表5—2中第四项的一部分金额）

例 7　在上一个例子中，如果机场银行将美元出售给中央银行，那么这将导致X国的官方储备增加。因此，X国的国际收支平衡表相应的条目应当是：

借记　外汇储备

　　贷记　对外国的短期债权（持有的美元金额）

一国持有的可自由兑换外币不一定会导致官方储备的增加，除非这笔外汇是由中央银行持有的。这是国际收支平衡表会计准则的一个重要特征，请大家务必记清楚。

例 8　X 国的一位居民向他住在澳大利亚的亲戚寄去一张支票。在 X 国的国际收支平衡表上，这笔交易应当反映为：

借记　对外国的赠款

　　贷记　对外国的短期债务（支票）

例 9　一家外国银行使用 X 国货币的存款购买 X 国政府发行的国库券。这笔交易对应的双方面影响是：一方面，对外国的短期债务减少（X 国货币存款）；另一方面，对外国的短期债权增加（国库券）。请注意因为国库券的期限少于十二个月，这不属于组合投资。因此这笔交易应当被记为：

借记　对外国的短期债务——减少（X 国货币存款）

　　贷记　对外国的短期债务——增加（国库券）

有一点值得大家注意，在国际收支平衡表的编制过程中，经常项目与资本项目的变动被认为是自发的。这种变化会导致本币的汇率随之发生波动。官方储备的变化则被定位为“补偿项”或“调整项”。有时这种差别被简单地用两个词来表示，即“线上项目”与“线下项目”。线上项目包括自动发生变化的项目，其余额会决定国际收支平衡表是顺差还是逆差。线下项目指的是补偿项目，它能说明国际收支顺差如何被使用或逆差如何被融资。

当国际收支平衡表出现顺差时，则该国在考察期内的国际购买力就会相应提高。也就是说，自发性收入超过了自发性支出。当国际收支平衡表出现逆差时，则该国的国际购买力有所下降，即自发性支出超过了自发性收入。自发性项目的盈余伴随着外汇储备的增加或者补偿项目中官方债务的减少。这给本币的外部价值造成了上涨的压力。自发性项目的赤字往往伴随着外汇储备的减少或者对外国债务的增加。这会给本币的外部价值带来下跌的压力。国际收支持续逆差的国家要面临较大的本币贬值的压力。

在实际操作中，国际收支统计并不是一条一条逐次进行的。统计机构只对一段期间内的交易总额进行测算。关税部门会提供有关进口商品和出口商品总量的一个数据；金融机构、政府机构以及各行业要汇报自己持有的外国金融资产以及对外国负债的变化情况。因为数据来源多种多样，国际收支平衡表往往不能自动达到平衡，因此总是要用到误差与遗漏项。

5.4　汇率预期与国际收支平衡表

我们之所以可以使用国际收支数据来预测未来的汇率走势，是基于这样一个假设前提：当一国货币的汇率达到均衡状态时，该国的商品贸易以及向外国提供服务（与资本报酬相对应，资本报酬指的是利息与股息）的无形贸易项目将会实现均衡。虽然这个假设条件不一定刚好成立，但是至少经常项目会处于均衡状态。使用国际收支平衡表来预测未来汇率波动情况时还要用到另一个假设条件，那就是被低估的货币将会导致经常项目出现顺差；被高估的货币则会导致经常项目出现逆差。

上述两个重要的假设前提均假定不存在市场缺陷，例如缺少某种非常重要的原材料或者训练有素的劳动力。而这种缺陷事实上是众多第三世界国家的现实情况。因此，基于国际收支平衡表提供的数据，我们的结论是没有办法确定在多高的汇率水平下众多第三世界国家能够使得经常项目保持均衡。

这种汇率预测模型还有其他缺陷，也需要大家牢牢记住。这些缺陷与三个主要问题相关。

第一个缺陷与这样一种情况有关：出口商要求货款结算使用第三国货币，而且出口商一直持有用第三国货币计价的货款。我们用一个例子来说明。很多原材料都用美元标价，比方说石油。一家英国石油出口商将石油出售给欧洲其他国家的进口商，使用的结算货币便是美元。于是，进口商会向这家英国石油公司支付美元。这笔出口交易将会使得英国国际收支平衡表的经常项目出现正的增量。但是，如果出口商一直将这笔美元货款存放在银行账户里，那么这并不会导致英镑的汇率升高。只要我们分析的是国际收支平衡表，那么这笔美元存款就可以被视为是对外国的短期债权。如果这家英国石油公司愿意将自己持有的美元通过结算银行兑换为英镑，那么这笔交易将会产生促使英镑汇率上升的效应。不过，即使英国石油公司将自己持有的美元卖给了结算银行，从国际收支平衡的角度来看，这笔交易也仍然代表着对外国的短期债权，只不过现在这笔债权的持有者是银行而非英国石油公司。显然，如果要使用国际收支数据来准确预测未来汇率走势，我们无法通过正式发布的数据来获得足够多的信息。

第二个缺陷与一国的资本项目有关。如果该国的经常项目出现了严重逆差，那么其资本项目必然是较大的顺差，即外国的资金流入规模可能会超过经常项目逆差值，这导致该国虽然经常项目出现逆差，但本币呈现出升值的趋势。我们可以用这一理论来解释 20 世纪 70 年代初墨西哥比索与印度尼西亚盾为什么会升值——当时在两国境内进行石油开采的石油公司带来了大量的资金流入，这弥补了两国经常项目的赤字，使得两国政府推迟了基于购买力平价理论应进行的本币贬值调整。

第三个缺陷也与资本项目有关。资本项目包括一国从银行或国际货币基金组织那里获得的借款。这表现为对外国的长期债务。这种借款由外币兑换为本币将在短期内给本币造成升值的压力。但是这种升值效应发生在非常短的时间内，并不会影响该国的经常项目。

显然，使用经常项目数据来分析未来汇率的走势，这种做法存在着严重缺陷。分析师们必须小心谨慎地使用这一工具。

小结

- 国际收支平衡表阐述了一段特定时间内一国居民与其他国家居民之间进行经济交易的情况。
- 国际收支平衡表反映的是流量，即资金收入与支出。
- 国际收支平衡表的数据不能反映资产与负债的绝对规模，只能反映资产与负债绝对规模的变化情况。因此，它更类似于企业的资源与资金使用表，而非资产负债表。
- 国际收支平衡表由三大项目构成，即经常项目、资本项目以及官方储备项目。
- 经常项目记录的是商品贸易、服务贸易以及国与国之间的捐赠情况。商品贸易项目包括进口与出口。服务贸易项目包括利息、股息以及旅游、运输、保险、银行、专利和金融服务收取的咨询费。
- 商品贸易的差额被称为贸易余额或有形贸易余额。服务贸易的差额被称为无形贸易余额。
- 资本项目反映的是金融资产与负债在国际上的转移。
- 直接投资与组合投资对应的情况是海外投资持有的资产期限在一年以上。短期资本流动对应的情况是资产与负债的期限小于一年。

● 直接投资与组合投资的区别是介入管理的程度的高低。直接投资意味着介入管理的程度较高，判断标准是至少持有风险投资或企业 10%的股权。而对于组合投资来说，通常认为不介入管理。

● 长期资本流动与短期资本流动的总额等于资本项目的余额。

● 资本项目包括由商品贸易或服务贸易产生的应收账款或应付账款。资本项目还包括其他国家的资金流入以及从银行或国际货币基金组织那里获得的借款。

● 国际收支平衡表还设有官方储备项目。官方储备项目反映的是一段特定时期一国货币当局持有的国际支付手段的变化情况。国际支付手段包括黄金与可自由兑换外币。

● 官方储备的变化反映了中央银行对外汇市场进行直接干预的程度。当本币走强时，官方储备将会减少。反过来，本币疲软，对应的便是官方储备持有的增加。

● 构成国际收支平衡表的这三个项目总的余额应该等于零。

● 我们认为，一国的商品贸易与服务贸易余额等于零近乎于意味着该国货币的汇率处于均衡状态。要注意的是商品贸易与服务贸易加在一起并不等于经常项目余额，因为我们要把利息与股息项目剔除。

章末习题

5.1 在其他条件保持不变的情况下，国内相对较高的通货膨胀率会对该国的经常项目造成什么影响？

5.2 在其他条件保持不变的情况下，你认为本币贬值会对该国的经常项目会造成什么影响？

5.3 有时候部分学者认为自由浮动的汇率制度可以降低或消除经常项目逆差。请解释一下为什么能够产生这种调整作用。为什么汇率水平不一定会自发调整以纠正经常项目赤字？

第 6 章　汇率波动理论与实证检验

经济现象的各种解释通常是互相矛盾的。学者们会提出各种假说并对其进行检验。有时候看上去很多解释变量都可被用于解释因变量发生的变化，因此解释变量与因变量之间无法建立起确定的关系式。作为社会学科研究者，我们不应当对面前这个世界所显露出的种种不可思议之处感到惊讶。

国际金融学也不例外。在这个研究领域，我们一直探寻的一个主要问题是：哪些因素会导致汇率水平发生变化？汇率的变化是否可以提前预测？我们试图构建出常见的回归方程：未来的即期汇率作为因变量，一个或多个独立变量作为解释变量；我们可以估算出各个解释变量的参数值，而且希望能够获得较高的显著水平，且方程的 R^2 值较高。

不幸的是，许多学者建立的模型往往只能在较短的时间内成立。因此，直到现在，我们还没有找到一种可以完全信赖的模型：这种模型在预测即期汇率的波动方面具有较高的准确性。

米斯（Meese）[1] 从两方面总结了前人的研究成果：一方面是事后对汇率波动的解释；另一方面是在事件发生前对汇率可能出现的波动进行预测。在总结过程中，米斯高度赞扬了随机游走模型相对于其他模型在汇率预测方面体现出的优越性，他认为：

> 经济学家根本就不知道汇率短期波动以及中期波动的决定因素有哪些。在解释汇率波动方面，不管是基于宏观经济基本变量构建的汇率模型，还是市场参与者基于远期汇率或调查数据做出的汇率预测，都不如随机游走模型这个简单的模型。更糟糕的是，即使是汇率已经发生了变化，我们也已经清楚地知道了哪些基本变量对汇率产生了影响，我们也仍然难以解释汇率为什么会出现这样的变化。为什么现代汇率制度能够产生时间序列数据，而宏观经济变量与汇率看上去彼此之间又是相互独立的，这仍然是一个未解的谜团。

弗伦克尔和弗鲁特（Frenkel and Froot）[2] 两人重申了这一观点。他们注意到：

> 目前普遍得到认可的观点是，可被观察到的标准宏观经济变量对大部分的短期汇率波动现象无法进行解释，而且宏观经济变量对汇率波动的事先预测能力更差。

不过，请大家注意，弗伦克尔和弗鲁特提到的是大部分短期汇率波动现象，他们没有说所有的汇率波动现象。那么，实证检验的结果如何？彼此之间互相矛盾的假说有哪些？我们是否能够预测未来汇率的波动情况？

6.1 通货膨胀与利率差

正如我们在第 3 章讲到的那样，对于未来即期汇率的预期变化所做出的一个重要假说是基于下列变量提出的：

- 预期的通货膨胀率差。
- 利率差（这里我们使用的利率是自由市场利率，例如离岸市场利率）。
- 即期汇率与远期汇率的差。

我们已经在第 3 章向大家详细地介绍了这种假说的基本原理。本书介绍的四边形等价模型非常重要。对于读者来说，要理解通货膨胀率差、利率差、远期汇率升贴水及未来即期汇率的预期变化这几个变量之间的理论关系，这个模型至关重要。

不过，非贸易产品的存在会导致实际汇率偏离基于购买力平价理论得出的汇率理论值。此外，由于还存在着短期资本流动以及经常项目余额不等于零的情况，因此实际汇率与购买力平价汇率之间存在着系统性的偏离。

本章后面部分会讲到，汇率的购买力平价理论在长期内是成立的。但是，实际汇率在短期内相对于理论值的偏离鼓励学者们寻找更适合的模型。其中一个模型便是国际收支平衡模型。

6.2 国际收支平衡模型

基于国际收支平衡状况来解释汇率波动的理论有很多。随着国际金融体系与市场不断地发生变化，各个时期涌现出的假说也在发生变化。

起初，基于国际收支平衡提出的汇率波动假说往往会忽视资本在国际上的流动。20 世纪 60 年代以前，这样做是情有可原的。因为当时世界上绝大多主要货币都是不可自由兑换的，所以，可自由流动的私人资本数量极少。我们可以通过比较两种截然相反的汇率制度安排——固定汇率制度与浮动汇率制度——来向大家解释经常项目的理论内涵。

首先，我们来看一下固定汇率制度下可能出现的情况。根据国民收入模型，当一国的国民收入增加时，该国的经常项目会恶化。所以，该国货币将会走软（要为更多的进口产品支付货币），而固定汇率制度又要求本币相对于其他货币的汇率水平必须被限制在一个非常狭窄的区间内，本国政府会通过干预市场来竭力达到这一目标。于是，本国政府可能会在外汇市场上卖出外汇储备。通常，这还会伴随着政府对国内需求的抑制，例如，货币供给的增速变慢，因此通货膨胀率也相对较低，从而使得出口改善，进口减少。按照这一传导机制——从字面上看，这一传导机制很不错——经常项目赤字存在自动纠正机制。

因此，经常项目盈余也存在着类似的调整机制。在这种情况下，政府不再是卖出外汇储备，而是在外汇市场上买入外币。为了买入外币，政府部门要增加借款，很有可能是通过发行国库券的方式。国库券是储备资产，因此这将导致货币供给量的增加。在其他条件保持不变的情况下，这会使得通货膨胀率上升。在固定汇率制度下，这意味着出口产品竞争力下降，于是，经常项目余额会慢慢变小。同理，这也是一个自动纠正机制。

从学者们的研究文献来看，布雷顿森林体系应当可以避免永久性的失衡——毕竟，该汇率体系存在着自动纠正机制，可以促使经常项目保持均衡。但是从实证检验的角度来说，只要是亲自检验了20世纪50—60年代英国经济数据的人，就会知道真实情况并不是像书本上写的那样发展的。

当然，为了消除不均衡，升值或贬值也是各国政府的选择之一。在这种情况下，许多学者开始热衷于研究如何预测未来汇率水平的变化。20世纪70年代，莫伦贝尔德(Murenbeeld)[3]进行了一项有趣的研究，很值得一提。通过使用判别分析法，莫伦贝尔德研究了自20世纪50—70年代初各国货币的贬值与升值数据，并得出了一个判别方程式。表6—1总结了莫伦贝尔德的初始假说。

表6—1　　莫伦贝尔德提出的货币贬值/升值假说

贬值		升值
高	通货膨胀	低
上升	失业情况	扩大
低	储备资产与进口之比	高
扩大	储备资产规模的变化	缩小

在获得了多种货币的数据以后，研究者可以使用季度或月份数据代入下列计算式，求出外汇平价变化的Z分值：

$$Z=-0.487+0.732\text{RI}+0.058\Delta\text{R}-0.123\Delta\text{WP}-0.145\text{UNEM}-0.25\text{M}+0.167\text{G}$$

$$Z=0.33+0.69\text{RI}+0.17\Delta\text{R}-2.29\Delta\text{WP}-0.45\text{UNEM}-0.66\text{M}+15.35\text{G}$$

其中季度以及月份独立变量为：

RI＝储备资产与进口之比；

ΔR＝储备资产的百分比变化；

ΔWP＝批发价格指数的百分比变化；

UNEM＝失业人口数量的变化占总失业人口数的百分比；

M＝货币供给量的变化占货币供给总额的百分比；

G＝政府预算盈余/赤字的变化占GNP的百分比。

按照莫伦贝尔德的说法，季度的Z分值如果超过了2.0，那么就意味着货币面临着升值压力；如果Z分值低于－1.5，则代表着有可能会贬值。如果使用的是月份数据，则对应的Z分值标准分别为1.0与－1.5。对这一结论感兴趣的读者可以查看原文。[4]学者比尔森（Bilson）[5]一直在努力寻找可被用作汇率贬值领先指标的经济政治模型，他检验了一个包含汇率以及国际流动性变量（该变量等于国际储备持有量/货币供给量）的货币模型。他发现这种方法能够较为准确地预测出汇率贬值的幅度，而且预测是贬值发生时间点的领先指标。当国际流动性指标相对于历史正常水平大幅度下降时，实际汇率随后便会在一两年内也发生贬值。在技术层面上，我们不能担保实际汇率波动肯定如模型预测的那样，但是比尔森认为这些指标可以向汇率预测分析师们提供有用的信息，帮助他们洞察先机。当然，这一模型最适用于固定汇率制度或者盯住汇率制度。

在数以千计的跨国银行内部，研究部门拥有着各种各样的模型。有些模型供银行内部使用，有些模型则被提供给大客户。现如今，模型的开发者更倾向于向银行推销模型，而不是将其公开发表在声誉良好的公开期刊上。

话题有点扯远了，让我们重回本章的主题，检验一下浮动汇率制度下的经常项目理论。

同理，为了说明整个传导机制，我们还是先假设国民收入增加导致经常项目状况恶化。如果我们忽略资本项目造成的影响，那么因为要为更多的进口商品支付货款，这就导致了一国国内对外币的需求增加。使用本币购买外币会导致本币汇率下跌，这会使得出口产品更具竞争力，最终，这将会改善经常项目的逆差状况（假设满足马歇尔-勒纳[6]条件）。我们再来看一看相反的情况：随着本币汇率的不断上涨，经常项目盈余会逐渐减少，这就是前面我们所说的自动纠正机制。

当然，到目前为止，我们介绍的模型都显得过于简化了，忽略了资本项目以及利率对汇率的影响。为了弥补这一缺陷，我们将上述推导过程进一步拓展，接下来我们要介绍的是蒙代尔（Mundell）[7]-弗莱明（Fleming）[8]模型的基本思想。国际收支平衡表的总余额等于经常项目余额加上资本项目余额。我们要用一个简单的例子来说明蒙代尔-弗莱明模型，先假设伴随着国民收入的增加，经常项目余额呈现恶化趋势。如果随着国民收入的增加，国际收支平衡表的总余额仍然继续保持为零，那么国内的利率水平就必须上升——因为只有这样才能吸引资本流入以弥补经常项目恶化所带来的逆差。利率的上升会抑制国内需求，从而减少进口，最终达到改善经常项目的目的。这种国际收支平衡模型认为利率上升是避免本币汇率贬值的一种手段。这与传统观点相一致，但与货币主义学派的观点不一致。

6.3 货币主义学派

在经典经济学研究领域，贸易赤字往往直接与货币供给的变化有关联。现代货币主义学派认为，国内的超额货币供给将会表现为资本的向外流动。

我们仍然先假设国民收入增加，随之而来的是民众基于交易目的而产生的货币需求也增加。更多的货币需求可以通过下列两种方式之一来满足：要么是通过国内的信用扩张，要么是通过国际收支顺差。这一原理能够很好地解释一个明显存在的悖论：凯恩斯主义模型认为国民收入的增长将会导致经常账户状况恶化，然而事实上，一些经济高速发展的国家——例如德国——可以在相当长时间内一直保持经常项目顺差状态。经济的高速发展导致人们基于交易目的而产生的货币需求也随之增加：经济体必然要吸引外汇资金流入，而且这部分货币不是由本国中央银行创造的。

假设两个国家具有相同的实际增长率，但是其中一个国家货币供给的增速大于另一个国家（或者这两个国家的货币供给量保持不变，但是实际的增长率存在差异），理性预期学派认为在这种情况下，两个国家的相对利率以及相对预期通货膨胀率都会发生改变。不管是购买力平价理论还是上一段讲到的机制发挥了作用，货币供给增速相对较快的经济体未来汇率水平将会下降。按照货币主义学派的观点，较高的货币供给增速将会导致较高的名义利率以及汇率的下降。

到目前为止，货币主义学派对汇率波动机制的解释是简化形式。我们可以结合购买力平价理论以及货币数量理论使货币学派的解释变得更为全面周密。当我们结合使用购买力平价理论以及货币数量理论对汇率波动进行解释时，要用到货币数量理论常用的符号。这些符号为：

M=货币存量；

V=货币流通速度；

P=商品价格；

T=每年的交易数量。

首先假定货币供给等于货币需求，则最为关键的货币数量理论方程式为：

$$MV=PT \tag{6—1}$$

如果交易数量 T 是实际收入 Y 的函数，那么有：

$$T=aY$$

设 k 等于 a/Y，因此有：

$$M=kPY \tag{6—2}$$

当然，公式（6—2）是对公式（6—1）货币数量理论方程式的简单变形。我们用 * 代表外汇变量，这是许多研究学者惯用的方式，显然有：

$$M^*=k^*P^*Y^* \tag{6—3}$$

将公式（6—2）与公式（6—3）进行变形，可以得到：

$$P=\frac{M}{kY}\text{和}P^*=\frac{M^*}{k^*Y^*} \tag{6—4}$$

接下来，我们还要把购买力平价理论引入推导过程中。回忆一下第 3 章的内容，下列等式成立：

$$\frac{\widetilde{P}_{\$}-\widetilde{P}_{£}}{1+\widetilde{P}_{£}}=\frac{\tilde{s}_t-s_0}{s_0} \tag{6—5}$$

我们可以把公式（6—5）写成另一种近似的形式，在变量上加一个点，代表百分比变化：

$$\dot{s}=\dot{P}-\dot{P}^* \tag{6—6}$$

请大家记住，在我们讨论汇率问题时，我们一直使用的是美国直接标价法。所以，如果外国的通货膨胀水平高于美国，则该国货币汇率的直接报价将会下降；换言之，就是美元相对于该国货币升值。

将公式（6—4）中 P 与 P^* 的表达式代入公式（6—6），我们可以得到：

$$\dot{s}=(k^*-k)+(\dot{M}-\dot{M}^*)+(\dot{Y}^*-\dot{Y}) \tag{6—7}$$

如公式（6—7）所示，汇率的变化比率是三项的函数，每一项都等于同一种变量在本国国内的变化比率减去该变量在国外的变化比率的差。第一项比较的是货币的流通速度，第二项比较的是货币供给，第三项比较的是国别收入。

为了更好地解释，我们调整一下模型的参数——但是公式（6—4）所表达的关系式仍然是成立的——观察一下参数的调整会对汇率的变化比率造成怎样的影响：

● 如果（k^*-k）上升，这意味着国内的货币流通速度下降，因此通货膨胀率也会下降。如果（k^*-k）保持不变，则本币应当升值，至少不会太快贬值。

● 如果（M^*-M）上升，即国内货币供给的增速上升，那么国内的通货膨胀率也将随之上升，本币将会贬值。

● 如果（Y^*-Y）上升，即实际收入的增速上升，这就意味着在货币供给增速保持不变的情况下，通货膨胀率将会下降，本币将会升值。

没人认为购买力平价理论能够在短期内成立。事实上，实证检验的结果证明购买力平价理论绝不是一个短期现象。基本上，该理论反映的是一个长期趋势。购买力平价理论不是一个能够全面解释汇率决定机制的理论。货币供给与价格水平变化的速度较慢，然而，汇率的变化速度很快，就像股票价格一样。汇率变化还有一点与股票价格十分相像，那就是波动幅度较大，常常出现过调现象，以至于严重偏离理论上的均衡汇率水平。我们应当如何解释汇率在趋向于均衡状态的波动过程中经常会出现的这种过调现象呢？

6.4 过调——多恩布什模型

我们可以使用现代凯恩斯主义模型——多恩布什（Dornbusch）[9]、德瑞斯盖尔（Driskill）[10]、帕培尔（Papell）[11]以及莱文（Levin）[12]对这一模型做出了贡献——来解释实际观察到的汇率过调现象。在受到一定经济因素冲击时，即期汇率水平经常会呈现出较大的波动。而且，汇率的实际波动方向往往与理论预测的相反。例如，A 国的通货膨胀率高于 B 国，但是令人吃惊的是，A 国的货币有可能对于 B 国的货币升值。我们可以用汇率过调模型来解释这些异常现象。经验告诉我们，当金融市场受到外部冲击时，市场可以迅速做出调整，但是商品市场的调整速度就要慢得多。明白了这一点，接下来我们要分析一下如果 A 国增加了货币供给量，情况会发生哪些变化。

如果货币市场要保持均衡，则货币需求就必须等于货币供给。如果货币供给增加，那么货币需求就必须相应地增加。我们假设人们持有货币是为了交易，此外，人们还持有可以获得利息收益的债券，债券的利率为 i。基于这些假设条件，我们可以写出如下形式的货币需求方程：

$$M_d=aY+bi \tag{6—8}$$

式中，M_d 代表的是实际货币需求——名义货币需求除以价格水平，Y 代表的是收入，i 代表的是利率。货币需求与收入水平成正比：换言之，参数 a 的值必然大于零。随着 Y 的增加，人们的总需求也在增加，其中包括对货币的需求。因为利率反映了持有货币的机会成本，因此货币需求与 i 之间是反向关系：换言之，方程（6—8）中参数 b 的值是负数。人们经常发现，在短期内，随着货币供给的增加，收入水平与物价水平却能保持相对稳定。因此，要想使货币需求与货币供给相等，利率水平就必然要下降。接下来，我们再来看一看另一个国家发生的变化。

对 A 国和 B 国来说，利率平价关系式可以写作：

$$\frac{i_A-i_B}{1+i_B}=\frac{f-s}{s} \tag{6—9}$$

这里我们使用的符号与第 3 章相同，远期汇率 f 与即期汇率 s 采用的是 A 国直接标价法。现在，在外国利率水平 i_B 保持不变的情况下，如果 i_A 下降，那么（$f-s$）/ s 即远期汇率升贴水必然也要下降。当 A 国的货币供给量增加时，我们可以预测 A 国的物价水平必然要上升。因为，在 A 国国内，过多的货币追求数量一定的商品，必然导致物价水平的上升。A 国未来价格水平的上升意味着基于购买力平价理论，A 国的货币必然要贬值。如果汇率的长期变化 Δs 与购买力平价理论预测的结果相一致，那么我们可以给出一个下列的近似计算式：

$$\Delta s = p_A - p_B \tag{6—10}$$

式中，在 p_B 一定的情况下，p_A 会随时间不断上升，则 s 会趋于下降。如果人们对未来即期汇率的预期值在不断下降，这会表现为目前市场上的远期汇率也在下降。但是，如果 A 国的远期汇率下降，与此同时，$f-s$ 没能保持利率平价关系，则目前 s 的值下降的幅度要大于 f 的值下降的幅度。随后，一旦价格开始上升，实际货币供给量必然减少，于是，国内的利率水平会上升。随着时间的推移，利率水平不断上升，s 的值也将发生变化，最终会再次实现均衡。因此，A 国货币即期汇率的初始下跌幅度将会超过该国货币的长期即期汇率的平均值。换言之，s 将会发生过调现象，即短期内即期汇率严重偏离长期均值。

图 6—1 给出了价格水平、利率以及 A 国的汇率随时间变化的曲线。时点 t_0 代表的是初始均衡状态，对应的变量都用角标 0 表示。在时点 t_0，货币供给增加，国内利率水平下降，本国货币汇率下降，价格水平保持不变。最终形成的长期均衡价格 p_{LR} 和汇率水平 s_{LR} 将会与货币供给的增量成比例变化。尽管远期汇率会马上移动至新的均衡点，但是为了保持利率平价关系——请记住，在短期内 i_A 已经下降了——即期汇率会跌至低于最终长期均衡利率 s_{LR} 的位置。随着时间的推移，价格水平开始上涨，利率水平上升，汇率会逐渐收敛于一个新的均衡价位 s_{LR}。

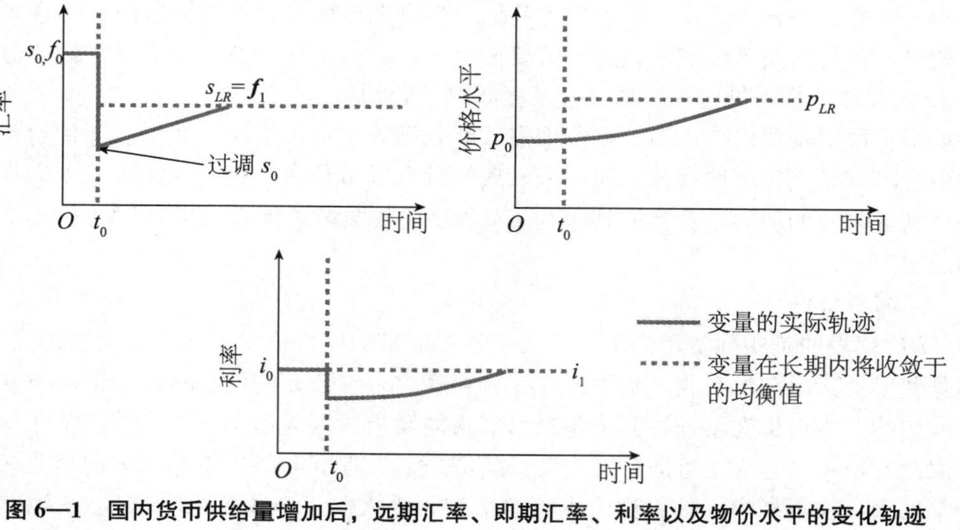

图 6—1　国内货币供给量增加后，远期汇率、即期汇率、利率以及物价水平的变化轨迹

6.5　资产组合平衡理论

资产组合平衡理论是货币主义模型的进一步拓展。货币主义模型的观点是汇率取决于国内货币供给与货币需求的对比关系。资产组合平衡模型认同这一观点，但是引入了外币及外国债券分别作为本国货币及本国债券的潜在替代品。假设存在利率套利机会，如果外国债券与本国债券彼此之间是完美的替代品，那么资产组合平衡模型就会变成货币主义模型，汇率只取决于国内的货币供给与货币需求。资产组合平衡理论认为在短期内，外国债券与本国债券不是完美的替代品。因此，汇率部分取决于国内货币供给与货币需求的对比状况，还取决于其他资产的供给与需求情况。

货币主义学派认为，汇率的各种决定因素最终必将达到一个长期的稳定状态。而资产组合平衡模型认为，投资者可以持有国际资产组合，即资产组合包含外币资产。这使得货币需求函数的表达方式要比货币主义模型更为复杂，而且增加了一个汇率的决定因素，那就是不同资产之间非完美的替代关系。此外，资产组合平衡模型认为存在财富效应，即汇率的波动会对持有外币资产的投资者拥有的财富价值造成影响。

资产组合平衡模型的主要假设如下所示：

- 投资者可以使用他们在国内拥有的财富 W 持有下列各种资产：本币 M，外币 M_F，本国债券 B，以及外国债券 B_F。本国居民可以持有外币资产，外国居民也可以持有本币资产。在这种情况下，汇率公式应当被写作：

  $s=f(M, M_F, B, B_F)$

- 在所有的市场上，包括国际金融市场，国内的经济部门都是价格接受者。
- 假定外国货币当局使外国利率水平保持不变。
- 市场对远期汇率以及通货膨胀率预期的形成过程与理性预期理论相一致。

如图 6—2 所示，资产组合平衡理论可被用来说明利率变化与货币贬值之间的关系。在图 6—2 中，纵轴表示的是名义利率 i，横轴代表的是本币汇率的贬值。

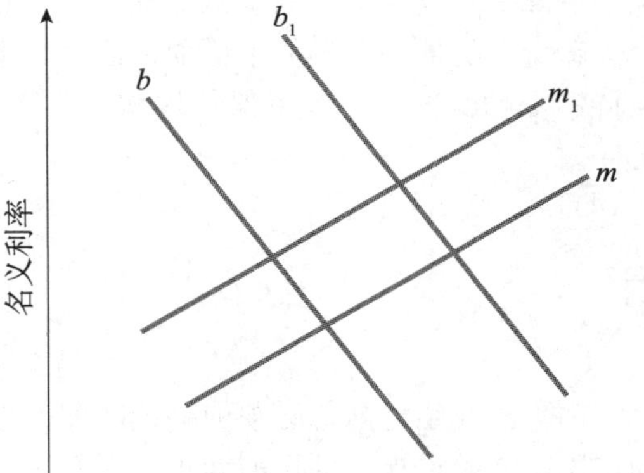

图 6—2 基于汇率决定理论的资产组合平衡模型

在图 6—2 中，曲线 b 反映了可以使债券市场实现均衡的利率与汇率的组合。这条曲线的斜率为负，是基于以下推导过程：如果国内利率水平上升，投资者会希望持有更多的本国债券。如果本国债券的供给量一定，则这就会形成对本国债券的超额需求。消除这种对本国债券的超额需求的唯一方法便是促使外国债券的本币价值下降。也就是说，本币必须升值，这会导致资产组合持有者的实际财富价值缩水，因为他们持有的外国债券的价值下跌了。通过这种收入效应，投资者对国内债券的超额需求便消除了。因此，在本国债券供给量保持不变的情况下，市场必须通过汇率与国内利率的关系也就是通过本币的价值与利率的关系保持均衡。

在图 6—2 中，曲线 m 反映的是能够促使国内货币市场实现均衡的利率与汇率的组合。这条曲线的斜率为负，这意味着当假定货币供给量保持不变时，为了保持货币市场的均衡，如果利率上升，汇率就必然下降。利率的上升会减少货币需求，在货币供给不变的情况下，消除超额货币供给的唯一方法便是通过收入效应让人们感觉自己更加富有，从而增加对货币的需求。本币贬值将会导致外国债券的本币价值上升，从而实现这一目标。

图 6—2 还反映了本国债券供给增加可以产生的影响。如果想要说服本国居民减少货币与外国债券的持有量，持有更多的本国债券，那么利率水平必然要升高——因为本国居民要求获得更高的收益率——于是曲线 b 会移动到 b_1 的位置。m 曲线会向左移动，移至 m_1 的位置。这是因为债券的持有量增加了，我们假定政府部门在公开市场上积极地进行干预，这会导致货币供给量减少。

各种变化的综合效应便是导致国内的利率水平上升。然而，上述变量对汇率的综合影响并不清楚，这要取决于哪一条曲线的移动幅度更大，以及各条曲线的相对斜率。在图 6—2 中，如果曲线 b 的移动幅度更大，就会导致本币贬值。在这种情况下，相对于本国债券与外国债券的配对，本国债券与货币彼此之间是更为相近的替代投资品。因此，外国资产需求的减少幅度小于货币需求的减少幅度。如果 m 曲线移动的幅度更大，则本币也有可能升值。在这种情况下，相对于本国债券与货币的配对，本国债券与外国债券彼此之间是更为相近的投资替代品。因此，外国债券需求的减少幅度大于货币需求的减少幅度。

在图 6—2 中，货币供给总量的增加导致 m 曲线向右移动。投资者发现他们持有的货币数量过多，于是对资产组合的结构进行调整，表现为增加对外国债券与本国债券的需求。于是，国内的利率水平下降——因为债券的价格上涨——导致本币贬值。本国经常项目出现顺差会导致本国投资者持有的外国债券数量增加，这会导致财富价值增长。在国内货币供给及债券供给量保持不变的情况下，为了保持均衡，财富值必须下降至初始水平，本币升值可以达到这一目标。

6.6 新闻的作用

在我们结束对汇率决定理论的介绍之前，必须谈一谈新闻的作用，这是因为在各种研究文献中，学者对新闻的作用越来越重视。到目前为止，我们对汇率理论的介绍可能会让读者得出这样的结论：专家应当擅长预测未来的即期汇率。在现实生活中，即使是专业人士，也很难准确预测未来汇率的波动轨迹。研究证明，我们介绍的几种理论在解释汇率波动现象的系统性特征方面具有相关性，但是这些理论的汇率预测能力有限。这是因为，首先，一些理论事实上是互相矛盾的；其次，总有一些意外事件发生。现实世界总是充满了各种各样的惊喜与打击。意外事件发生就是新闻。利率、价格以及收入经常受到价格的影响，汇率也是如此。受新闻影响而产生的汇率波动往往是不可预测的。人们在预测未来即期汇率时犯下错误往往是因为我们没有能力预测到意料之外的事件。如果某些时期经济政策的变动非常频繁且出乎意料，那么市场会立即根据这些新闻来调整预期，从而出现即期汇率及远期汇率的剧烈波动。

阿尔梅达、古德哈特和佩恩（Almeida，Goodhart and Payne）[13]做了一项有趣的调查，他们检验了德国马克兑美元的汇率对宏观经济新闻所做出的反应，时间间隔为五分钟。博思-尼尔、罗利和瑟隆（Bosner-Neal，Roley and Sellon）[14]所做的另一项研究检验了当美联储的联邦基金利率做出调整时美元汇率做出的反应。这两项研究都发现新闻事件与出乎预料的汇率波动之间的显著关系。

新闻还与购买力平价理论有一定的关系。因为汇率本质上是金融资产价格，当面对新信息时它能够迅速做出反应，价格信息会立即对汇率水平造成影响。但是，汇率水平变化的速度要比构成价格指数的商品价格的变化速度快得多。因此，在频繁曝出新闻的时期，我们会观察到汇率水平大幅波动，严重偏离基于购买力平价理论算出的汇率理论值。类似的时期包括 20 世纪 70 年代、80 年代以及 90 年代早期，当时发生了许多出乎意料的经济事件——石油价格上涨、国际债务危机等——导致汇率水平出人意料地大幅波动，严重偏离基于购买力平价理论算出的理论汇率值。动荡的年代，动荡的汇率。未来只要还会发生意外事件，汇率就将一直保持这种波动特征。

讨论到这里，大家可能会注意到，当某种经济变量发生变化时——例如利率发生变化——使用不同的经济模型对汇率波动进行预测，结果可能截然不同。当学生们面对各种各样的汇率决定理论与假说时，事实上并不清楚什么是原因，什么是结果。就短期汇率波动而言，情况就是这样。我们会在本章的后面详细说明。实证检验证明我们不能依赖于那些经济模型算出的预测结果来进行大额投资。那么图表靠不靠得住？很多汇率分析师会采用图表分析的方式。图表的效果如何？

6.7 图表分析法

图表分析法可被用来反映股票价格、商品价格以及货币价值的变化情况。这种技术手段试图通过研究历史价格的波动轨迹来找出未来的价格变化趋势。隐含的假设前提是过去的价格变化规律同样适用于未来。

有些读者可能对**“图表分析法”**（chartism）这个词不太熟悉，事实上，它有时也可被叫做“技术分析法”。所以，本节希望能向大家做出一个非常简要的介绍。如果读者希望了解非常详细的信息，尤其是目前最广泛应用的点数图法，可以参考一些专业人士对图表分析法的介绍与解释，例如贝克曼（Beckman）[15]等人的论文与著作。图表分析师认为过去的价格变化规律将在未来重复出现，因此他们试图通过研究历史价格变化曲线来预测未来的价格变化趋势。然而，这种观点并没有得到理论的支持。分析师们并不想准确预测每一次价格变化，他们最感兴趣的是趋势以及趋势的反转。比方说，当股票或商品的价格连续上涨了几个月而突然开始下跌时，就叫做发生了趋势的反转。图表分析法有几个重要特征，可被用于预测趋势的反转，其中包括：

- 观察阻力线。
- 头肩形。
- 双底或双头型。

事实上，类似的特征还有很多。本节我们所能做的只是抛砖引玉，向大家做简要介绍。我们可以举例说明前面提到的几种重要特征。

考虑图 6—3，其中虚线代表的是上升趋势通道中位置较低的阻力线。大家可以看到，有很多“波谷”躺在这条线上，但是直到最末端，价格曲线才越过了这条阻力线。图表分析师可以把阻力线被突破这种现象看作是趋势即将反转的前兆。

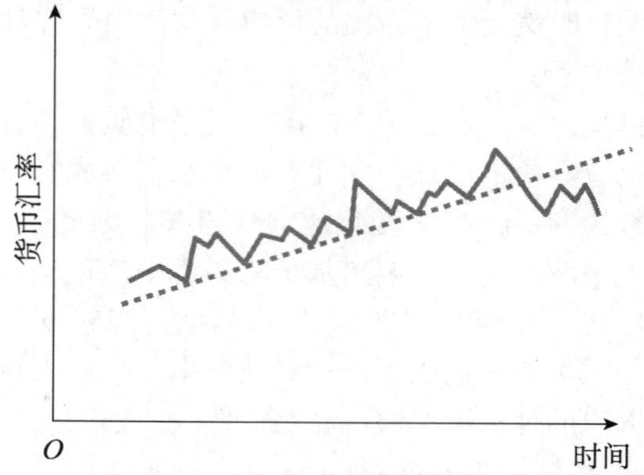

图 6—3　上升趋势的反转

如图 6—4 所示，基本趋势线呈水平状，价格在狭长的通道范围内震荡。这一通道由上下两条阻力线围成。对图表分析师来说，其中任意一条阻力线被突破都会被看作是新趋势的征兆。这种形状的价格变化曲线与图 6—5 中的三角形轨迹一样都反映了市场的犹豫不决。在图 6—4 中阻力线被突破意味着趋势发生变化。

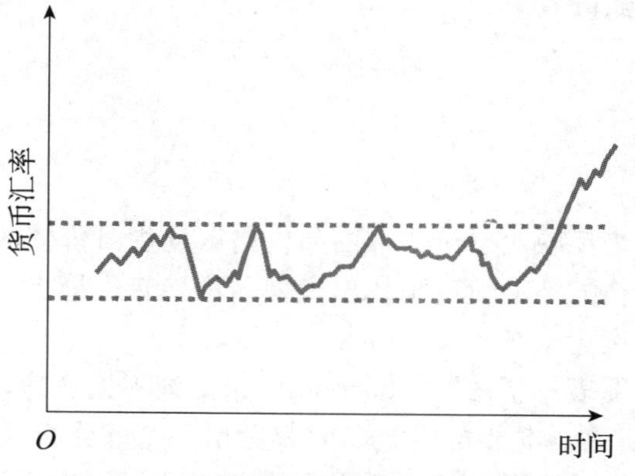

图 6—4　价格波动轨迹超出了通道边界

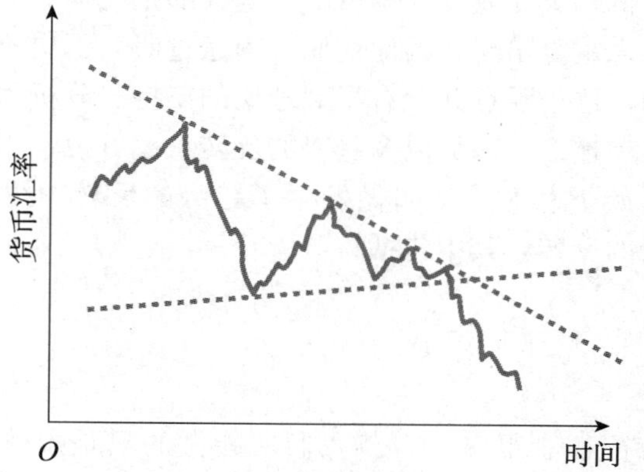

图 6—5　三角形区域的突破

我们再来看一看双头型的阻力线。假设某只股票的价格在一段时间内持续稳定上涨。近来由于一部分投资者将股票卖出套现，因此，股票价格有所下跌；不过很快，股价再次达到前期的最高点，随后又开始下跌。这就是所谓的双头型。按照以往的经验，图表分析师会做出趋势已经反转的决策。常见的双头型曲线如图 6—6 所示。双底型曲线也用类似的方法解释，但是结论相反。

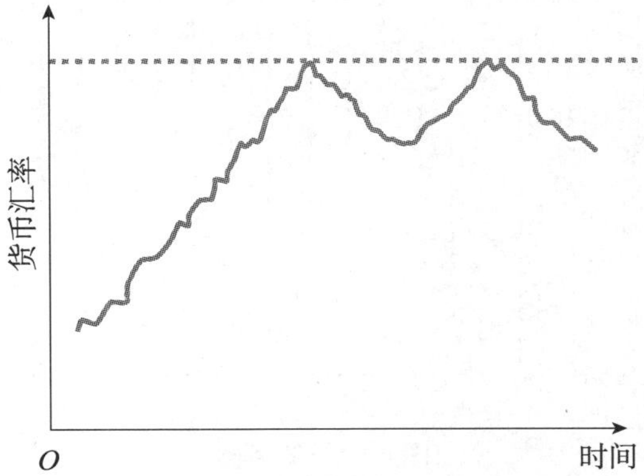

图 6—6　双头型

如图 6—7 所示，头肩型是另一种暗示趋势将会出现反转的图形。技术分析师对这种形状的解释是：价格已经持续上涨了一段时间。在左肩的最高点，获利回吐行为导致价格下跌，随后，价格再一次急剧拉升，达到头部位置。获利回吐行为再次导致价格下跌至与前期相对的水平——也就是颈部位置。尽管后来价格再次上涨，但是获得的盈利不会像头部那么多。当价格轨迹经过右肩并不断下探，以至于跌破了颈部线时，就意味着技术分析师之前观察到的价格上涨趋势已经结束，下跌即将到来。颈部线的跌破就是卖出信号。反向的头肩型也可以用类似的方式解释，但是结论相反。

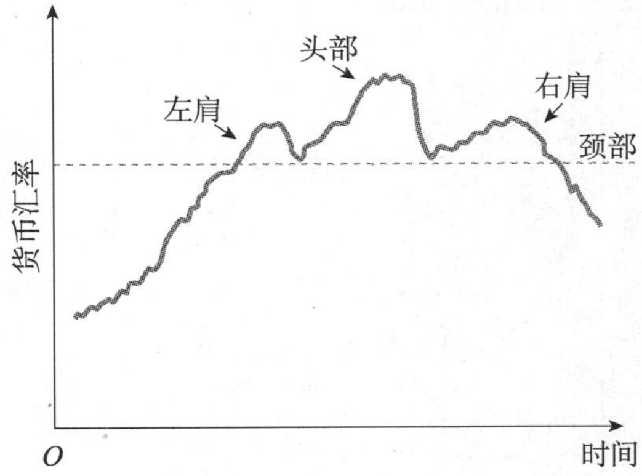

图 6—7　头肩型

在绘制价格走势图时，技术分析师通常要用到两种图形之一。这两种图形叫做线条图与点数图。我们先来看一看线条图。

在这种图形中，每一天的交易情况都用一条竖线再加一条水平线来表示。竖线的长度与位置代表着当天市场的成交价范围，水平线则代表当天市场的收盘价。因此，对应全球不同时区的外汇市场，线条图的形状也不相同。如图 6—8 所示，我们可以沿着时间轴将代表连续多个交易日的线条依次排列。

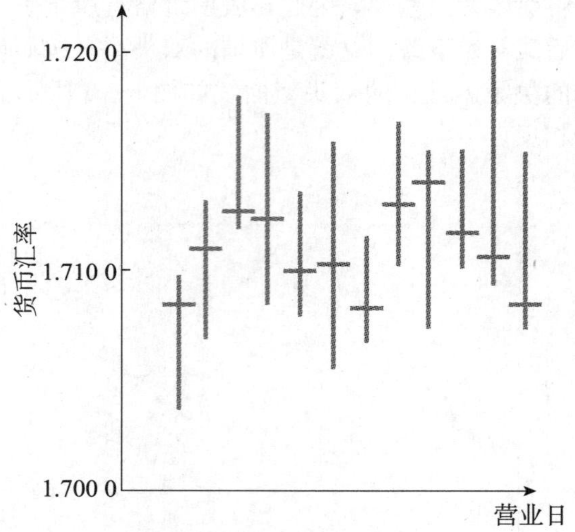

图 6—8　线条图

点数图与线条图不同，它是由许多方格按照行列排布组成的矩阵。纵轴代表的是汇率，这一点与线条图一样。每个方格代表的是一定的汇率变化幅度，比方说 10 个点。与线条图不同的是，只有当汇率变化方向改变时，才会重新开始新的一列。也就是说，并不是每一个交易日都对应一列。

因此，点数图由许多列符号构成，每一列反映的都是汇率的上升或下降的情况。连续的汇率上升通常用一列×表示；汇率连续下降则用一列○表示。当汇率上升时，图表分析师便可以在现有的×列的顶端加上新的×。一旦汇率开始下跌，图表分析师就要放弃现在这一列×，开始一个新的○列，以反映汇率的持续下跌情况。新的○列要从前一个×列的对角线位置开始画起。点数图的情况如图 6—9 所示。

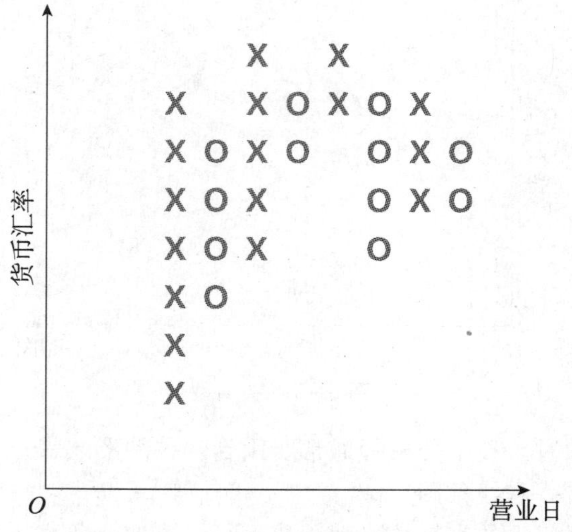

图 6—9　点数图

技术分析师还有其他的手段。除了图表以外，震荡指标、移动平均线以及趋势分析也可被用于汇率预测。这几种技术手段的作用是什么呢?

震荡指标通常指的是最新的汇率收盘价与若干天前的汇率收盘价之差。因此，三天震荡指数就应该等于最新的汇率收盘价与三天前收盘价的差。如果绘制成图形，震荡指标的图形形状与之前讲到的比较类似。这些形状可以帮助技术分析师判断或寻找趋势发生反转的拐点。

移动平均线通常指的是过去若干个交易日内汇率收盘价的平均值。因此，要绘制十天的移动平均线，那么就要在每一个交易日，选取该交易日前十天的汇率收盘价求平均值。移动平均线通常会与即期汇率曲线绘制在一起。移动平均线往往会滞后于即期汇率曲线，因此，当趋势保持不变时，这两条曲线不会相交。反之，一旦趋势发生反转，两条曲线就将有可能相交。对于技术分析师来说，这就是买入或卖出信号，具体要取决于两条曲线相交的方向。

趋势指的是某种特定的价格变化方向的力度，我们可以用许多方法来计算。测量趋势的一种简单方法是，跟踪记录两条不同的移动平均线的差。例如，我们可以计算5日移动平均线与10日移动平均线的差。当趋势保持不变时，这两条移动平均线都会滞后于即期汇率曲线，而且10日移动平均线的滞后水平要大于5日移动平均线，但是，两者之间的差会相对保持不变。当趋势显露出反转的迹象时，5日移动平均线的反应速度要比10日移动平均线更快。因此，这两条移动平均线之间的差就会发生改变。技术分析师会根据趋势力度的减弱来给出买入或卖出的投资建议。

基于有效市场假说的现代金融理论认为，在深度市场上，图表分析技术根本毫无用处。但是有一些实证检验的结果（请参考本章后面的内容）证明，在外汇市场上，至少在短期内，图表分析手段要比其他预测汇率的计量模型更靠得住。也许，我们要好好地提醒一下读者有效市场假说的基本内容。

6.8 有效市场假说

首先，也是最为重要的，有效市场假说的假设前提是市场上存在着许多追求利润最大化的参与者，他们对证券的价值分析以及估值非常感兴趣，而且，每位参与者都是独立决策的。第二个假设前提是，有关证券的新信息以随机的方式到达市场。第三个假设前提尤为重要。投资者接收到新信息后会迅速调整自己对证券的估值。虽然这种价格估值的调整不一定总是完美的，但是，它们是无偏估计——有时是调整过度，有时是调整不足。然而，没有人知道未来的价格水平到底是多少。证券价格的调整速度很快，这是因为市场上充满了追求利润最大化的投资者。按照有效市场理论的基本思想，新信息以随机的方式进入市场，市场参与者独立决策，再加上众多投资者在接收到新信息后能够迅速调整自己对股票的估值，这几种因素综合在一起意味着证券价格的变化有可能是独立并且随机的。当然，对于图表分析师来说，价格变化并不是独立的——它们在一定程度上是过去价格变化的函数。显然，这就是有效市场假说的拥护者彻底不认同技术分析学派的原因所在。

在简要介绍有效市场假说时，有一点必须提到，即因为所有的新信息都会导致股票价格调整，也就是说，在任意时点，价格都能够反映所有公开信息，因此，应当说股票价格反映所有可获得信息的无偏估计。

简言之，有效市场假说认为面对新信息，股票价格可以迅速做出调整，当前，股票的市场价格已经充分反映出所有可获得的信息，包括风险因素。因此，隐含在证券价格中的投资收益只反映风险因素。也就是说，证券投资的预期收益与风险相一致，不存在超额收益。有效市场有三种表现形式：弱式有效、半强式有效以及强式有效。

弱式有效市场假说认为当前的股票价格已经充分反映了所有市场信息，包括历史成交价、价格变化以及所有的交易数量信息。因为当前的股票价格已经反映了所有的历史价格变化及其他股票信息，所以这意味着，历史价格的变化与未来价格的变化毫无关联性，也就是说，未来股票价格的变化是独立的。换言之，在预测未来的价格走势时，过去的价格数据毫无用处。

半强式有效市场假说认为证券价格可以相对于所有的公开信息迅速做出调整。简单地讲，股票价格已经充分反映了所有已公开的可获得信息。显然，半强式有效市场假说包含了弱式有效市场假说，因为所有的公开信息包括所有的市场信息——例如过去的股票成交价格、趋势等——加上所有的非市场信息，例如盈利、股票拆分、经济新闻以及政治新闻。这一假说的含义是，扣除交易成本，在新信息公开发布后，按照新信息制定投资决策的投资者不可能从交易中获得超过平均收益率的超额收益，这是因为证券的价格已经反映了新公布的信息。

强式有效市场假说认为，股票价格已经充分反映了所有公开信息以及非公开信息。因此，该假说认为没有哪一个投资者能够独占与股票价格形成有关的信息。因此，没有哪一个投资者能够一直获得超过平均收益率的超额收益。强式有效市场假说同时包括弱式以及半强式有效市场假说，而且，强式有效市场假说不仅要求市场有效——价格可以迅速对新公布的信息进行调整——还要求市场是完美的，也就是说，市场上的每一位交易者都可以获得所有的信息。强式有效市场假说认为，既然每一位交易者都可以立即获得所有信息，而且可以针对这些信息迅速调整自己的估值判断，没有人能够独占重要的新信息，那么也就没有哪一位交易者可以一直获得超过平均收益率的超额收益。然而，不断曝出的内幕交易丑闻证明信息并不是自动自觉地在所有交易者之间均匀散播的。

股票以及其他金融资产是基于其预期风险及收益情况进行公平定价的，这种观点很受欢迎。在一个充满了成千上万投资者的市场上，其中很多基金公司以及风险套利者一直在寻找超额收益，因此，我们发现证券价格被高估或低估的状态只能持续短短几秒钟。而且，当市场发生波动时——尤其是波动的幅度非常大时——这必然是由新信息所导致的。本章后面提到了一些真实发生过的现象，市场大幅波动但并没有伴随着新信息的发布，此外还有一些其他的异常现象，这些都导致了人们对市场效率的怀疑。1987 年 10 月 19 日被人们称为“黑色星期一”，这是因为在这一天，股票市场的价格下跌了 23%。当时人们自问到底是什么新信息导致了市场如此大幅的下跌，然而，自从上个周五收盘以来，并没有什么实质性的新事件发生。没有新信息，但市场却发生了大幅波动，显然这是有效市场理论无法解释的现象。而且，这不是唯一一次在不存在新信息披露的情况下，市场出现暴跌。特瑞纳（Triana）[16]在一篇文章中表达了他的观点，他认为市场价格曲线带有明显的厚尾分布特征，并非钟形的正态分布曲线，他说，“信贷市场、股票市场以及利率市场都能证明这一点，而且历史上也不乏先例。1992 年，欧洲汇率体系崩溃时（当时欧洲的联系汇率制度彻底瓦解），利率曾经出现过 50 个标准差的波幅，1987 年的‘黑色星期一’可以被称作是‘20 个标准差事件’（或者叫 20-sigma 事件）。1999 年夏天一连串打击最终导致长期资本管理公司宣告破产，市场的下跌幅度超过了 15 个标准差。在金融市场上，还有很多幅度相对小一点的价格异动（但是，仍然是非正态分布）。许多人的一生里已经经历过几次所谓的‘一百万年才会发生一次的事件’。显然人类的寿命远远低于一百万年。真实事件与模型，到底哪个出了错?”这些真实发生的事件对有效市场假说是一个沉重打击。我们也可以用电视剧《蒙提·泰森的飞行马戏团》（*Monty Python's Flying Circus*）中的一句台词来形容：“这看起来像一只死鹦鹉”。

在一开始讨论有效市场假说时，我们曾经提到，有效市场假说的基本假设前提是市场上存在着众多追求利润最大化的参与者。外汇市场确实如此。但是，这个市场上也同时存在着规模非常庞大的并且不以利润最大化为目标的参与者，那就是各国的中央银行。中央银行干预外汇市场不是为了追求利润，而是为了实现各种各样的经济目标或者政治目标。那么我们的问题是：这种干预是否会降低外汇市场的效率？这是一个彻彻底底的实证问题，我们会在本章的后面详细讨论。接下来我们要介绍的是购买力平价理论的实证检验结果。

6.9 购买力平价理论的实证检验

绝对购买力平价理论认为，在不存在运输成本以及贸易障碍（例如关税）的完全竞争市场上，在不同国家出售的同一商品的售价如果用同一种货币表示，应当相等。这就是所谓的一价定律。许多实证检验的结果证明，一价定律在很多情况下并不成立。相对购买力平价理论则认为，一篮子商品在不同国家的相对价格决定了两国货币汇率的相对变化。

新闻剪报 6.1　“红币”* 踩下了刹车

乔什·诺贝尔（Josh Noble）

看上去人民币的升值趋势不可阻挡。一段时间以来，人民币屡创新高，使得这种“红币”已经成为投资者的新宠。

中国的经济实力日趋强大，因此其货币的价值也应当体现出这一点。

中国香港是人民币遭遇国际投资者的桥头堡。香港的永久居民可以开立人民币账户，每天买入最高不超过相当于20 000港币（2 565 美元）的人民币。投资者们的胃口看上去不错——根据香港金融管理局即香港这个城市实际上的中央银行提供的数据，在 2010 年，人民币存款占香港零售存款总额的比重由原来的 0.1%迅速上升至大约 5%。

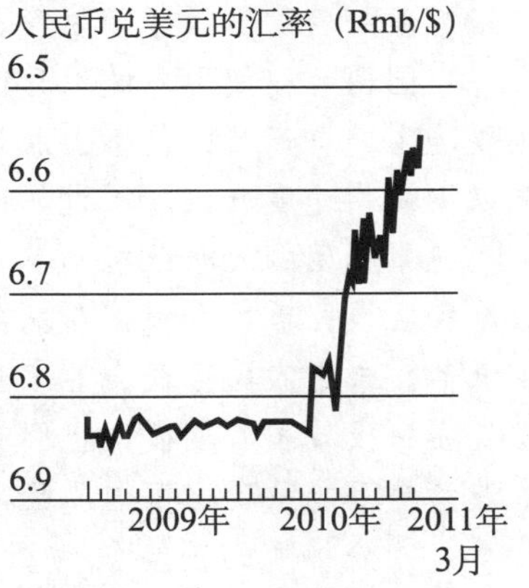

资料来源：Thomson Reuters Datastream.

因为目前人民币是不可自由兑换货币，因此持有人民币的主要动机就是投机。汇丰银行为打算向员工支付人民币薪酬的客户提供了专门的薪酬支付产品，但是，迄今为止，还

* 红币指的就是人民币。——译者注

没有人愿意使用这种产品用人民币向员工支付工资。

汇丰银行香港分行的首席执行官马克·麦肯比（Mark McCombe）说："普通的香港居民把人民币看作是一个还不错的投资产品。可能用不了多久，出租车司机和餐厅就会开始接受人民币的付款。但是对于大多数人来说，他们拿到的工资是港币，他们用港币买东西，他们的生活当中主要用的是港币。"

尽管市场对人民币投资的热情很高，但即便是指望获得适度回报的人士可能也会感到失望。

3月初，中国人民银行副行长易纲说，人民币汇率已经非常接近"均衡水平"。势力强大的制造行业还是对人民币的进一步升值感到担忧，其向中国政府施加压力要求人民币保持非常缓慢的升值速度。

自从2010年6月中国人民银行宣布开始采用更为灵活的汇率制度以来，人民币开始逐渐升值。但是当时，人民币仅仅升值了4.3%，这一升值幅度只比亚洲区域内少数几个国家的货币——包括巴基斯坦的卢比以及越南盾——高出一些。

在亚洲地区，只有四种货币的汇率波动幅度较小。与之相比，日元已经升值了13%，新加坡元升值了10%，韩元升值了9.5%。

远期市场交易也反映出人民币的投资收益正在持续缓慢增长。非交割型的远期协议（NDFs）本质上就是揭示货币未来价值的衍生产品。在未来12个月内，人民币的远期价格告诉我们未来的升值幅度不会超过2%。

虽然更为激进的观点认为人民币的升值幅度至少应该达到6%，但是彭博公司近来对经济学家进行的调查结果显示，大多数人认为，到年底时，人民币应当升值4.1%左右，很多分析师对此表示怀疑。

德国商业银行新加坡分行外汇部门的高级执行官艾什丽·戴维斯（Ashley Davies）说："未来一年，投资者可能会失望。人民币的低估程度并没有某些人想象的那么大。"

通货膨胀也是一个影响因素。2010年底，中国国内的物价水平快速上涨，引发了中央银行新一轮的货币紧缩政策。

中国已经在使用人民币升值这一手段来抵御输入型通货膨胀的影响——这种通货膨胀主要是由进口产品的价格上涨导致的。只要中国还没有解决通货膨胀问题，人民币就有可能以更快的速度升值。不过，这也有可能只是暂时的现象。

花旗集团的战略分析师艾伯特·梁（Albert Leung）说："一旦中国控制住了通货膨胀，那么人民币的升值需要就会变得不那么紧迫了。现在人民币已不再像几年前那样被严重低估。未来人民币还会继续升值，但是升值的幅度不太可能给投资者带来惊喜。我们会发现在一段较长时期内，我们有可能会看到人民币更为温和缓慢的升值，而且人民币汇率的波动有可能呈现出双向风险，即有可能上涨也有可能下跌。"

有些分析师的观点更为激进。美国美林银行的亚洲区首席经济学家TJ.邦德（TJ Bond）认为，虽然目前人民币汇率正处在上升通道，但是"已经不再像过去那样被严重低估"，在未来几个月内甚至可能被高估。

汇丰银行外汇部门的高级策略分析师丹尼尔·许（Daniel Hui）说："在风险—收益这个层面上，人民币已经超过了亚洲区内任何一个国家的货币。"

还有一件事可能会导致人民币以更快的速度升值，那就是中国资产项目的开放。中国政府一直对内地的投资资金进出实行严格控制。目前，温州以及上海地区已经开始进行试点，允许市民进行海外投资。这意味着中国当局正在进行新的尝试，逐渐解除一些限制性政策。

戴维斯说："从历史的角度来看，实体经济要么选择开放资本账户，要么选择关闭它。一旦你选择开放资本账户，资本的流动规模就会迅速扩张，因此在实际操作中，国家很难以渐进方式逐步开放资本账户。"

他相信中国资本项目的迅速开放会推动人民币的更快升值。

但是，普遍观点认为，中国会以缓慢的节奏进行改革。邦德说："渐进主义对中国很适用。我们已经看到，中国的资本项目开放已经迈出了重要的几步，但是这不是一蹴而就的事情。"

资料来源：*Financial Times* Special Report on Foreign Exchange, 29 March 2011.

很多经济学理论都在讨论均衡关系，但是均衡关系很少会一直成立。短期分析与长期分析存在着明显差异。针对购买力平价理论进行的实证检验结果显示，在短期内，实际汇率往往偏离均衡汇率；然而一般来说，在长期内，均衡关系可以成立。

支持实际汇率在长期内呈现均值回归状态的实证检验文献数量众多。同样地，购买力平价理论也是在长期内能够保持成立，两者是相一致的。因此，看上去购买力平价理论对汇率的长期波动具有一定的指导作用。迪姆森、马什和斯汤顿（Dimson, Marsh and Staunton）[17]将过去100年间16种主要货币与美元的汇率绘制成图，发现实际汇率水平保持着惊人的稳定性。当然，他们在图形上也观察到20世纪20年代早期，由于德国国内陷入严重的通货膨胀，导致德国马克的实际汇率严重偏离理论均衡值；第二次世界大战后，德国马克的汇率水平再次出现严重偏离。对于二战结束后的这一次，人们怀疑当时德国政府公布的通货膨胀数据，认为是政府操纵的结果。

在回顾众多文献时，罗格夫（Rogoff）[18]认为对于大多数国家来说，实际汇率与购买力平价之间的偏离的半衰期为三到五年，也就是说，这种偏离会以年均15%左右的速度逐渐衰减。近来，泰勒和皮尔（Taylor and Peel）[19]发现，偏离幅度越大，实际汇率回归购买力平价均衡汇率的速度就会更快。这些有关实际汇率均值回归速度的研究成果非常宝贵，它们能够帮助人们预测实际汇率会以怎样的方式回归理论均衡值。

读者想要更多、更全面地了解这一领域及本章后面提到的其他领域的研究成果，可以参考巴克利（Buckley）[20]、麦克唐纳（MacDonald）[21]、科普兰（Copeland）[22]、皮尔彼姆（Pilbeam）[23]、芬斯特尔和泰勒（Feenstra and Taylor）[24]等人的论文或著作。

在现实世界里，请读者注意观察中国是如何安排人民币缓慢升值以逐渐摆脱原有的人民币汇率盯住制度的（请参考表2—2）。有趣的是，新闻剪报6.1与新闻剪报6.2都在谈论这个问题。购买力平价数据证明，如果用出口产品的成本来测量中国国内的通货膨胀率（不是CPI通货膨胀率），那么中国国内的通货膨胀率实际上是比较低的，因为出口产品的成本主要受到生产效率的影响。此外，读者还应注意由于中国的经常项目持续顺差而积累起的庞大的外汇储备。

新闻剪报6.2　为什么中国不喜欢美元

马丁·沃尔夫（Martin Wolf）

中国国家主席胡锦涛在上周即将对华盛顿进行国事访问前，对美元在国际货币体系中发挥的作用发表了表示怀疑的言论。他说：“目前的国际货币体系是历史的产物。”而且，他还说：“美国的货币政策对全球金融市场的流动性以及资本流动具有非常重要的影响，因此，美元的流动性应当保持一个合理稳定的水平。”在这两方面，胡主席说的都很对。

在批评美国的财政政策与货币政策尤其是美联储推出的量化宽松政策时，胡主席沿用了一种人们普遍采用的模式。20 世纪 60 年代，时任法国财政部长的瓦莱里·吉斯卡尔·德斯坦（Valéry Giscard d’Estating）就曾抱怨过美元享受着“过分的特权”。当时，在理查德·尼克松政府内担任财政部长的约翰·康纳利是这样回答的，他说：“美元是我们的货币，同时，是你们面临的难题。”那时的法国与现在的中国都希望保持汇率稳定，但是，又都厌恶不可避免的结果：美国创造出多少美元，他们就必须得买入多少美元。这两个国家都想插手美国的政务，但是都失败了。这次有什么不一样吗？当然没有。

外汇储备
（千亿美元）

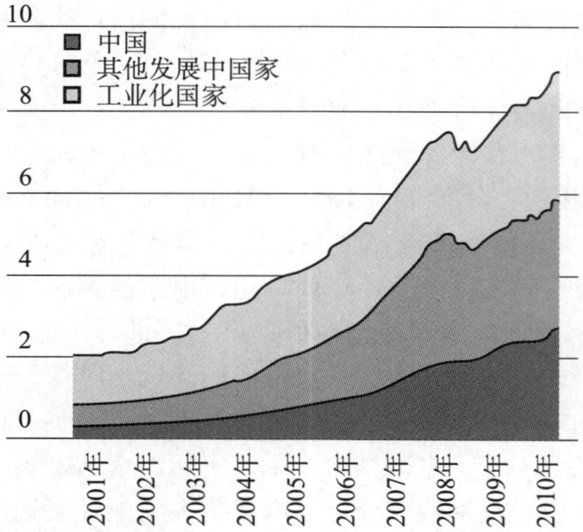

外汇储备的变化
2009年2月—2010年10月（10亿美元）

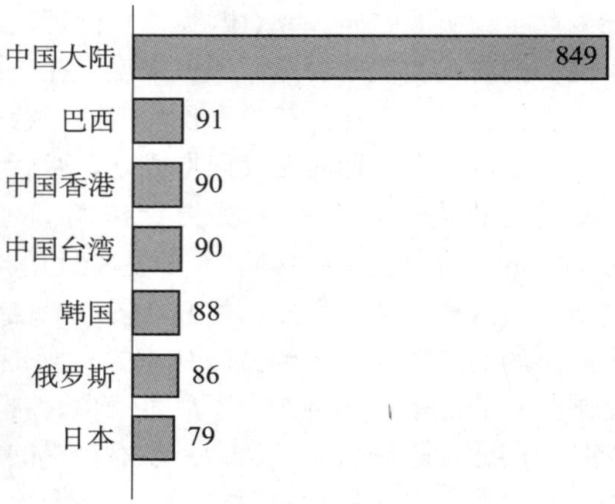

当前汇率水平与2009年3月9日
美元币值达到最高点时的汇率
水平相比的变化百分比

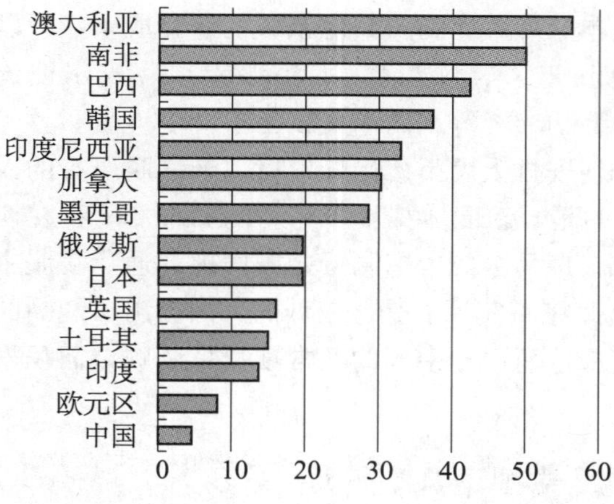

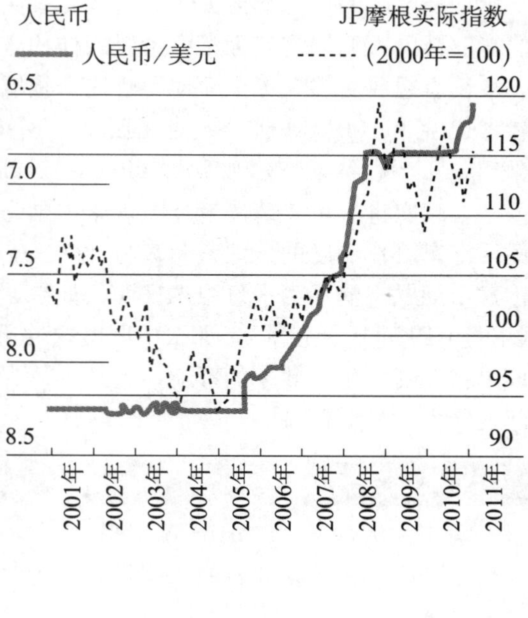

资料来源：IMF；Thomson Reuters Datastream.

中国和其他一些国家会用一种特殊的方式表达它们对美元的憎恶。自1999年1月——当时亚洲金融危机刚刚结束——到2010年10月，全球的外汇储备量增加了74 500亿美元，单单中国一个国家就新增了26 160亿美元外汇储备。次贷危机爆发后，全球外汇储备确实为全球投资者提供了缓冲，自2008年7月到2009年2月期间，全球外汇储备量只减少了4 730亿美元（相当于初始外汇储备量的6%左右）。随后，各国又开始买入外汇储备，自2009年2月到2010年10月期间，全球外汇储备额新增20 040亿美元。

美元并不是唯一一种储备货币，但它始终是最重要的储备货币。在2010年第三季度，只有56%的全球外汇储备的分布是可知的，其中，61%是美元储备，27%是欧元储备。中国并没有对外公布其储备资产的构成。但是，在中国的外汇储备构成中，美元肯定也是占据绝对优势比例的。

为什么经济发展欠发达的国家愿意出巨资投资于美元这个全球最富裕的国家美国创造出来的低收益债务呢？尤其是，为什么中国愿意花大笔的钱从一个它不喜欢的国家那里购买大量的国债呢？目前中国持有的美国国债数额巨大，平均每个中国人就要分摊2 000美元，占国内生产总值的50%左右。

答案便是中国为了压低人民币汇率、保持出口竞争力而不得不这样做。也许，过去这是一种保险的做法；但是，现在它已不再是，因为庞大的外汇储备给中国带来的风险已经远远超过外汇储备可能带来的保障收益。对于其他国家来说，事实也是如此。

是否存在一种国际货币体系的可行性改革方案能够解决中国的两难境地？比方说，就像某些人建议的那样，全世界重新回归经典的金本位制，美国要面临黄金外流的问题，可能被迫要让美元贬值。中国可能更乐意看到这种情形，即使这不利于中国的出口。但是，我们之所以会向大家描绘重回金本位制之后可能发生的结果，是为了证明这几乎是不可能发生的事情。自从第一次世界大战结束后，没有哪一个国家能够忍受这种外部汇率调整方式，美国可不是爱沙尼亚。

还有一些人，其中包括中国的官员，提出可以将特别提款权作为储备资产。但是，特别提款权只不过是代表一篮子主要货币的符号而已。任何持有外汇储备的国家都可以直接持有这一篮子储备货币。特别提款权并不是一种货币，它不能取代其代表的真实货币。在可想象的真实未来，国际货币体系仍将依赖于各国的纸币制度。特别提款权有可能会成为一种补充工具，但它绝不是一种替代品。中国人似乎也不反对这一观点。

那么，是不是可以考虑把人民币变成全球储备货币呢？长期来看，最终结果必然如此。但是，在朝着这个方向努力的过程中，每迈出一步都会给中国带来两个难题。首先，人民币必须放弃盯住美元，而这种做法又会让中国政府的重商策略彻底崩溃。其次，要成为全球储备货币，人民币必须实现可自由兑换，并且可以在高流动性的金融市场上进行交易。中国政府可能会愿意放弃外汇管制，并实现金融体系的自由化。到时候，强迫中国人民大量持有收益率极低的银行存款就会变得不可能。于是，当局将会失去经济控制力的最重要来源：银行体系。在短期内，这一点是根本无法想象的。

不过，最重要的是，中国不应当继续推行重商主义策略，同时还要避免继续累积美元这种长期价值有可能贬值的投资工具。这就是所谓的“特里芬难题”，比利时经济学家罗伯特·特里芬（Robert Triffin）于20世纪60年代指出，在固定汇率制度下，储备货币的供给国最终必然会使得自己的国际收支状况出现逆差（在未进行货币融资之前）。正如胡主席所说，这必然会威胁整个货币体系的稳定性。

对中国来说，解决方案是停止按照目前的规模买入美元，同时允许人民币更加快速地升值。当然这样做肯定会带来一些调整问题。但是这些调整是符合中国自身利益的。否则，中国将会继续累积更为庞大的国际储备，继续扭曲本国的金融体系，甚至要冒失去对金融体系控制力的风险。目前，由于中国国内的通货膨胀率高企，允许人民币以更快的速度升值，肯定已经成为市场最强有力的呼声。

在胡主席进行国事访问前，美国财政部长蒂姆·盖特纳（Tim Geithner）在一次讲话中提到“自2010年6月中国政府宣布他们将采用更为灵活的汇率制度，到目前为止，人民币兑美元的汇率水平只升值了大约3%。从名义汇率的角度测量，全年的升值幅度大概为6%。但是，若从实际汇率的角度测量，鉴于中国的通货膨胀率远远高于美国，人民币的实际汇率的升值速度明显快于名义汇率。我们相信，顺应市场潮流，允许人民币更加快速地升值是符合中国人民的利益的。我们相信，中国也会这样做，因为不管是对中国自身，还是对中国与世界其他国家的关系来说，其他的做法都将带来高额的成本。”

盖特纳说的这番话非常正确，但是事实证明，中国政府仍然希望人民币以非常缓慢的速度升值。这样做是错误的。我给胡主席的建议很简单：如果中国想要摆脱美元这个可怕的暴君的统治，那就请不要再买它了。

资料来源：*Financial Times*, 26 January 2011.

6.10 费雪效应的实证检验

我们前面已经讲过费雪效应将不同国家的名义利率差归因于各国的通货膨胀预期的不同。但是，泰勒规则的影响使得实际结果与费雪效应有所偏离。近来，大多数有关费雪效应的实证检验结果都显示出，确实存在泰勒规则影响。不过，有一点大家要牢牢记住，对费雪效应进行实证检验的绝大多数文献都是把费雪效应与国际费雪效应——这一理论说明的是不同国家之间的利率差与即期利率的预期变化有关——结合在一起检验的。

同样地，读者若想更全面地了解该领域内的研究成果，请参考第6.9节结论中列出的三个参考文献。

6.11 国际费雪效应的实证检验

如果国际费雪效应在中长期内是成立的，那么在中长期内持有生息货币资产的投资策略就不会遭受汇率风险的影响，因为较高的利率水平会与货币贬值相互抵消。所以，投资者持有英镑可能会比持有欧元获得更高的收益率。但是在中长期内，按照国际费雪效应的基本思想，欧元将会相对于英镑升值，这会抵消英镑高出的利率。如果我们把国际费雪效应与有效市场假说结合在一起，结论便是当投资者投资国际市场上质量等级相近的生息证券时，绝对不可能制定这样出一个**筛选规则**（filter rule），使得基于这种规则制定的投资策略所获得的收益率可以一直高于市场的平均收益率。国际费雪效应与有效市场假说告诉我们，所有货币投资的平均收益率——考虑到相对利率以及升值/贬值效应——必然相等；

如果把相应的风险因素考虑进去，筛选规则不可能创造异常收益。

许多学者已经进行了各种实证检验以确认事实是否真的如此。例如，罗宾逊和沃伯顿（Robinson and Warburton）[25]在一篇研究文献中设计了四条投资筛选规则，将资金在3个月国库券和3个月离岸货币存款这两种投资产品之间进行转换。四条筛选规则如下所示：

- 投资于最高的名义利率。
- 投资于最高的实际利率，基于未来6个月的消费物价水平得出通货膨胀预期。
- 投资于最高实际利率，基于未来6个月的批发物价水平计算通货膨胀预期。
- 投资于最高实际利率，为了将实际汇率偏离均衡水平的情况也考虑进去，加入了一个“纠偏”因子。

他们获得的实证检验结果发人深省。因为他们提出的筛选规则看上去可以创造非常高的超额收益。这些研究成果让人们对国际费雪效应以及有效市场假说产生了一些怀疑。这些实证研究结果与国际费雪效应是一致的吗？外汇市场是否有效？当然，也许这一次实证检验的结果证明筛选规则能够创造超额收益只不过是非常特殊的例外情况；有效市场假说的支持者会说找到一个可以创造超额收益的事后筛选规则根本不难。罗宾逊和沃伯顿两人使用的实证方法还可以被进一步改进。他们使用的是一整段分析期，时间跨度从1972年一直到1979年。这方面本可以进一步改进，即设定多个投资期间以涵盖不同的时间段，而且每个投资期的终止期也不同。至于上面提到的“找到可以创造超额收益的事后筛选规则并不难”这一说法，就在罗宾逊-沃伯顿的论文公开发表两年后，贝尔和科特尔（Bell and Kettell）[26]重新做了一遍罗宾逊-沃伯顿的实证检验。他们得出的结果与罗宾逊-沃伯顿的结果非常相似，筛选规则仍然能创造超额收益。也许这些超额收益只是反映了更高的风险水平。

马杜拉和诺萨瑞（Madura and Nosari）[27]也做了一遍罗宾逊等人的实证检验。他们模拟了一个投资策略，假设美国投机者借入了利率水平较低的货币，然后加以兑换而将其投资于名义利率最高的另一种货币。投机期满时，资金被兑换成初始借入的币种，并偿还贷款。检验结果证明，这种投资策略可以创造较高的收益。随后，马杜拉和诺萨瑞将投机地点改成其他七个主要西方国家，仍然使用完全相同的投资筛选规则，所获得的结果基本相同，即创造了较高的投资收益。还有很多其他相同的实证研究也都得到了类似的结果。有效市场假说的支持者认为市场参与者对新信息所做出的反应将会消除获利机会，所以这些超额利润可能只反映了投资策略本身蕴涵的风险水平。这个问题还要继续寻找答案。

正是因为国际费雪效应在短期内不成立，因此投资银行与对冲基金才会这么积极地试图通过套利交易来赚取超额利润。套利交易风险较高，有可能给市场参与者创造巨额利润，但也有可能带来巨额损失。近来据报道，大多数套利交易都是借入日元，然后兑换成澳大利亚元来进行投资。细心的读者可能已经发现，这种套利交易实质上是一种无抛补利率套利交易。我们将在第6.15节继续讨论这一话题。

作为金融经济学家，看到这么多模型不一定在任何情况下都成立，我们应当不感到惊奇。但是，“外汇市场到底是不是一个有效市场”这个问题的提出合情合理。我们将在第6.14节讨论这一问题。

6.12 利率平价关系的实证检验

利率平价关系认为远期汇率升贴水等于两国的利率差。众多实证检验结果已经证明，抛补利率差近似等于零，除非存在市场缺陷，例如政府对资金流动施加管制，存在外汇管制，禁止投资本金或收益回流本国，等等。

很多研究文献都支持抛补利率差等于零这个结论。很多文献使用的都是短期数据，但是近些年来长期远期外汇市场发展得非常快。那么对于长期远期外汇市场，实证检验的结果是怎样的呢？许多研究文献检验了五年、七年以及十年期证券，发现存在着与长期利率平价关系的偏离。在剔除交易成本以后，一部分实证检验结果甚至意味着仍然存在一定的利润空间。这种偏离为企业创造了盈利机会，可以在一定程度上解释长期货币互换产品的飞速发展。同样地，我们在第 6.9 节最后提到的三个文献对该领域的研究成果进行了总结。

6.13 预期理论的实证检验

虽然我们并不相信今天的远期汇率永远会等于未来的即期汇率，但是预期理论认为，平均来看，当前的远期汇率倾向于等于未来的即期汇率。换言之，远期汇率大于未来即期汇率的概率与远期汇率低于未来即期汇率的概率是相等的。这意味着，远期汇率是未来即期汇率的无偏估计。然而，实证检验结果与这一结论并不完全一致。

我们可以用一个例子来总结大部分实证检验的结论。如果投资者想利用美元相对于英镑的汇率波动来做文章，那么他会发现当英镑走强时，远期汇率会低估英镑，反之，当英镑走弱时，远期汇率则倾向高估英镑。

正如霍德里克（Hodrick）[28]所说：“反对无偏估计假说的实证检验结论非常有说服力，而且基于不同币种、期限以及时间段做出的实证检验结果非常一致。”研究结果显示，构建一个可以打败远期汇率的汇率预期模型是可行的，这对“外汇市场是有效市场”的观点提出了挑战，但是我们必须非常小心。这样做的风险很高。一些研究者已经发现有证据证明未来的即期汇率与远期汇率暗示的波动方向甚至是相反的。若用数学方式表达，我们可以给出下面这个方程：

$$s_{t+1}-s_t=a_i+a_2(f_t-s_t)+u_{t+1}$$

同样地，若想更为详细地了解该领域的研究成果，请参考第 6.9 节最后提及的研究文献。

6.14 外汇市场有效性的实证检验

如果市场价格几乎可以反映所有目前可获得的信息，而且市场交易者不可能利用这些信息来获得超额利润，那么我们就说市场是有效的。对于外汇市场来说，这一假说意味着追求利润的市场参与者会充分利用可获得的信息，从而使得即期汇率始终能够反映所有可获得的信息。因为我们尚未构建一个足够全面的实证检验模型，因此尚未获得有关外汇市场效率的具有决定意义的实证检验结论。不过，对于这个复杂问题，学者们也做了各种各样的实证检验工作，而且结论各不相同。一部分学者的实证检验结果支持外汇市场是有效的。但是，也有很多研究文献得到的结论是，外汇市场具有的种种特征并没有与有效市场完全一致。前面我们已经讨论了罗宾逊和沃伯顿两人的研究成果，此外还有很多类似的研究文献。这部分文献认为投资筛选规则可以创造超额利润，从而对套利交易的可能性进行了肯定（请参考第 6.15 节）。

如果现在确实有一些实证检验证明外汇市场并不是完全有效的，那么我们能解释原因吗？答案可能就与中央银行的行为有关。有效市场的主要假设条件之一是市场由数量众多的追求利润最大化的参与者构成，他们彼此之间独立行动。中央银行对外汇市场进行干预——不管是通过在外汇市场上进行交易来直接干预外汇市场，还是通过影响汇率的方式间接干预——其目标不是追求利润最大化，中央银行的干预行为通常是交易者对市场所造成影响的函数。例如，如果以追求利润最大化为目标的市场交易者的共同行为导致利率偏离合理水平，那么中央银行便会持续干预外汇市场。中央银行在外汇市场上的交易不以利润为导向，这一点已经被泰勒（Taylor）[29]所证明，他将 20 世纪 70 年代九个主要国家的中央银行通过外汇市场干预所获得的利润与损失制成表格，发现大部分情况下是损失。

也许我们早应当预见到有关市场效率的实证检验结果往往是相互矛盾的。中央银行不会一直在市场上进行干预。当中央银行没有插手干预时，我们认为外汇市场能够体现出所有有效市场的特征；当中央银行进行干预时，外汇市场是否仍具有有效性就要存疑了。按照这种解释方法，某些货币的外汇市场在一段时期内可以被看作是有效市场，但在其他时期——中央银行进行干预的时候——可能就不是有效市场。

作为中央银行干预市场的案例，新闻剪报 6.3、新闻剪报 6.4 与新闻剪报 6.5 讲述了 2011 年在日本遭受海啸以及核电厂爆炸事故后，多国中央银行携手干预外汇市场以降低日元汇率的真实事件。就在日本发生海啸及核电厂爆炸事故后，因为全球交易者预期灾后重建会导致大量资金流入日本，因此日元汇率持续走高。多国中央银行的干预行动就是为了抵御这股日元升值的势头。这几篇新闻剪报真实再现了当时的情况。

新闻剪报 6.3　七国集团联手抛售价值为 250 亿美元的日元

彼得·加纳姆（Peter Garnham），大卫·奥克利（David Oakley）

世界上最强大的几家中央银行联手在市场上抛售了价值高达几百亿美元的日元，打击了投机者的嚣张气焰——一位日本官员把这些投机者称为“卑鄙无耻的窃贼”——正是这些投机者将日元汇率推至历史新高。

参与干预的中央银行包括美联储、欧洲中央银行、日本央行、英格兰银行。干预行动在星期五上午早些时候开始。这是近十多年来七国集团第一次批准如此大规模的协调市场干预行动。

交易者预测，在这场干预行动中，七国集团至少抛售了相当于 250 亿美元的日元，其中大部分资金来源于日本央行，其目的是压低日元相对于美元的汇率。因为受到投机的影响，日元兑美元的汇率已经升至二战后的最高点，1 美元兑换 76.25 日元。

市场交易者认为日本的保险公司以及其他大公司必须从海外调回资金以支付保险赔偿或进行灾后重建，因此未来日元可能会升值。对日本人民来说，上周刚刚经历过地震、海啸以及核危机，日元的升值无疑对其是雪上加霜。

保险业要支付的赔偿可能会达到卡特里娜飓风所达到的赔偿额记录，即超过 400 亿美元的赔偿金。RMS 公司——唯一一家全球领先的灾难预测公司——最新发布了估计数字，预测这些灾害给日本造成的经济损失为 2 000 亿～3 000 亿美元。

日本财务省副大臣五十岚文彦（Fumihiko Igarashi）警告外汇市场的交易者，他们不要认为星期五的联合干预只是一次性的行动。

“七国集团都同意如果这一次我们屈服于这些利用人们的灾难来发财的投机者，那么日本的经济将会遭受毁灭性的打击，全球的经济发展也会受到伤害。”五十岚文彦在接受路透社访问时这样说。

“我们的立场始终保持不变，如果投机者表现得像火灾发生时偷东西的窃贼一样卑鄙无耻，那么我们必将采取坚决的打击行动。”

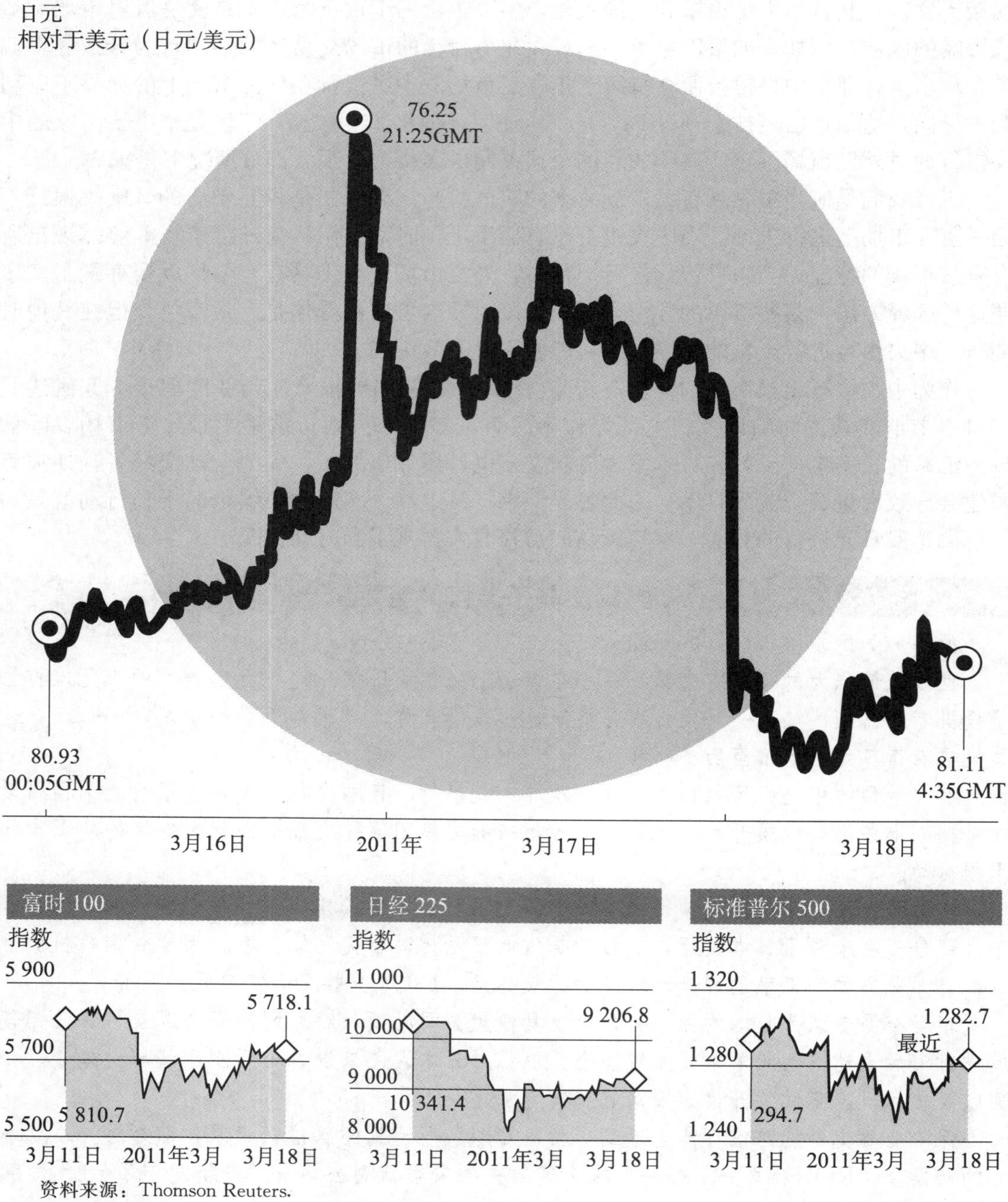

资料来源：Thomson Reuters.

七国集团联手干预外汇市场的新闻使得日元兑美元的汇率降至1美元兑换81日元，同时使得日本的股票市场小幅回升，并波及欧洲和美国的股票市场。昨天下午早些时候，就在日经（Nikkei）指数回升2.7%以后，标准普尔500（S&P 500）指数也上升了0.7%。目前，本周日本股票市场指数的下跌幅度已经超过了10%。

花旗集团的一位高级交易员说："这是我曾见过的最为公开透明的市场干预行动之一。没有什么旁敲侧击，也不是什么虚张声势，这是七国集团为挽救日本所做出的努力。这也间接地挽救了全球的经济发展势头。这一行动将会持续整个星期。"

日元对日本经济具有重要影响力，日元的急剧升值给日本的经济发展带来了严重威胁。

日本财政大臣谢野馨（Kaoru Yosano）说："货币汇率的剧烈波动会对消费者信心产生负面影响。本次干预行动的重要意义在于将股票价格与日元汇率的波动幅度限制在与市场预期相一致的范围内。"

七国中央银行的联合行动终于止住了过去一周全球金融市场的疯狂势头。在这一周内，日本的股票市场经历了自1987年股灾以来在两个交易日内出现的最大跌幅。据数据提供商EPFR公司称，投资者在股票市场上套现82亿美元，其中大部分套现行为发生在7月以后；从这个星期开始到星期三，货币市场基金被赎回了43亿美元。

交易者们估计日本央行共卖出了2万亿日元（相当于250亿美元），这与去年9月日本央行为降低日元汇率而出售21 250亿日元的记录比较接近。

美联储与加拿大央行承认，它们也一直在卖出日元。

七国集团联合干预市场的新闻播出后，日元汇率下跌了2.6%，日元兑美元的汇率报收于1美元兑换81.14日元；日元兑欧元的汇率下跌了3.5%，报收1欧元兑换114.58日元；日元兑英镑的汇率下降了2.8%，报收于1英镑兑换131.15日元。

资料来源： *Financial Times*, 19/20 March 2011.

新闻剪报6.4　投资者与市场暴跌的风险展开搏斗

詹姆斯·麦金托什（James Mackintosh）

随着本周日本国内曝出核危机，全球金融市场的交易者们仿佛一夜之间全成了研究原子能的专家。

伦敦英仕曼集团下属的GLG对冲基金公司真的拥有一位原子能专家——风险部主管西蒙·塞维奇（Simon Savage）。在切尔诺贝利核电站工作了一段时间后，西蒙加入了英国核工业集团公司工作。

西蒙说："当'核泄漏'与'事态经济'类似的字眼满天飞的时候，人们可能会认为，'天啊，这会把地球炸出一个大洞。'然而事实上，这并不会发生。"

全世界的交易者们要么去找业内人士打听，要么急忙联系学术专家。所有这一切都有一个共同点，那就是专家们对核危机可能产生后果的预测对市场未来的走势几乎没有任何指导作用。正如一位日本内阁大臣观察到的那样，每一次出问题的核反应堆冒出烟雾，股票价格都会下跌，即使冒烟根本不意味着什么。

一位杰出的对冲基金经理承认："显然，我们正在交易的是根本不理解的事物。"

在整个一周，正是因为不了解才导致时常出现巨幅波动。最糟糕的情况是，日本股票市场的下跌幅度超过了20%，已经濒临崩盘边缘。随后，市场开始反弹，大概弥补了前两日下降幅度的一半。截止到星期五收盘时，股票指数下跌了10.2%。

日本国内的信用风险开始大幅度上升；麦盖提数据显示日本国内市场上交易的信用违约互换的报价几乎上升了三分之一，目前已经达到了115个基点，其风险水平甚至超过了墨西哥或巴拿马。

周四，日元开始大幅度升值，这进一步加剧了金融市场的紧张局势。在20分钟内，日元兑美元的汇率就创造了历史新高，从而引发了近十年来七国集团首次对外汇市场的联合干预。

这些效应不能被简单地归结为恐惧。

金融市场很难对发生概率很小但是能造成灾难性后果的事件进行定价。即使是一些很有可能会发生的事件，如果它们不符合季度报告周期或者交易者们使用的风险计量模型——比方说2007年次贷危机爆发时交易者们使用的模型——人们就往往会选择忽略它们。例如在次贷危机爆发前，各种风险模型使用的都是近期的美国成交价格数据，因此忽略了房价下跌的可能。

核反应堆危机重创日经指数

日经225指数单日波幅

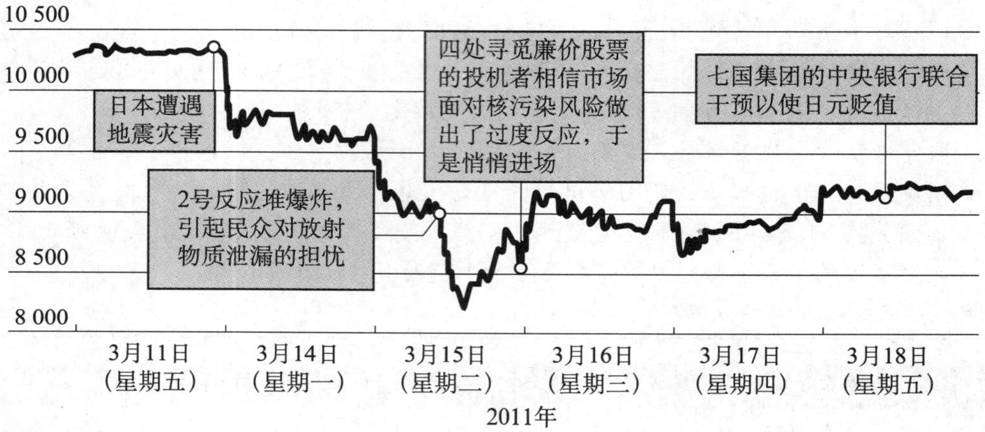

资料来源：Bloomberg.

即使是在日本这个地震频发的国家，面对破坏力史无前例的大地震与海啸，股票市场完全没有做好准备。

先锋基金创始人杰克·博格尔（Jack Bogle）说："市场没有预测到这种情况，因为市场以为这样的事件几乎不可能发生。"

投资者花了好几天的时间才计算出大地震对日本经济带来的影响。然而此时又曝出了核危机。信息缺口使得市场在短时间内无法做好准备。

GMO基金管理公司的首席投资战略分析师杰里米·格兰瑟姆（Jeremy Grantham）说："人类的本性会让你不自觉地夸大这类事情，而且常常是夸大好多倍。如果你对事物按照心理学效应远远超过实际结果的顺序进行排序，你会把核能放在第一位。这并不是因为核能不是所谓的自然灾害，而是因为全世界对类似于三里岛核事故这样的事件特别敏感。即使切尔诺贝利事件造成的可怕后果只是人们所害怕的事物的一个微小部分。"

格兰瑟姆的观点是股票价格出现了过度反应。"这会使得日本的GDP增长下降2%。整个股票市场的下跌幅度大致为20%。"

市场恐慌在本质上与其他恐慌没有什么不同。有报道称，美国民众订购了大量的碘化钾片剂，这种片剂可被用于对抗某些由辐射导致的癌症。这一现象符合常见的模式：在地震刚刚发生后，地震保险的销售会十分旺盛。

从金融市场的角度来看，这种效应对期权交易的影响最为明显，因为投资者经常使用期权来规避股票价格下跌的风险。

当市场急剧下跌时，日本国内股票期权的价格开始大幅度上涨。与期权价格紧密相关的日经225指数的隐含波动率由原来的21上升至70。不过相比于雷曼兄弟公司破产后导致期权价格一度攀升至92，70这个价位距离顶峰还有一段距离。到了星期五，期权价格跌至50。

不过，即使是市场一开始的时候出现了过度反应，这也不意味着地震与核危机不会伤害实体经济的发展。

日本面临着很多问题，例如灾后清理的巨额费用面临短缺，严重核泄漏的风险，等等。

从长期的角度来看，全世界面临着核能的限制使用问题，这意味着人们对石油或其他替代能源的需求上升，相应的价格也会上涨（周三市场已经意识到了这个问题）。这使得投资者开始考虑另一件非常严重但几乎不可能发生的事件，伊朗与沙特阿拉伯两国之间日趋紧张的趋势会导致石油供给的中断。

市场花了很长一段时间才弄明白阿拉伯世界改革的重要意义。市场交易者还在思考一个问题，那就是这股改革的浪潮会扩散多远。在被问到如何评估沙特阿拉伯的股票（从很多角度来看，沙特阿拉伯公司的股价都很便宜）的风险时，伦敦一家大型对冲基金的经理人是这样说的："你根本不需要知道，闭着眼睛就去买。沙特阿拉伯可不是一个热爱民主的国家。"

巨大的风险会时刻与我们相伴，而且几乎不可能事先预测。我的一个判断是，绝大多数投资者仍然会抱这样一种观点，即忽略这些风险是更容易的做法。

资料来源：*Financial Times*，19/20 March 2011.

新闻剪报 6.5 七国集团武士

我们很难说日本不应当受到这样的待遇。七国集团在星期五上午宣布，要对日本外汇市场进行近11年以来全球首次协同干预。七国财政部长及中央银行行长将这次行动描述为"团结一致"。2000年9月，七国集团出于"对世界经济发展的考虑"，在一周内对剧烈波动的欧元汇率施手进行了干预。星期五的干预只针对日本市场，目的是促使日元汇率重回原位。

外汇干预的历史证明多国的联合行动有时力度不足。例如，9月中旬，当时日本央行一个人单打独斗，在市场上共出售了21 250亿日元（相当于260亿美元，这是日本有史以来单日的最大干预规模），但是，这只稍微阻挡了一下日元的升值势头。到了11月1日，美联储宣布进行第二轮量化宽松政策，日元兑美元的汇率由干预时的82.08上涨至80.22。数字最有说服力。1985—2000年期间共有5次干预活动；事实证明，其中有4次是被干预货币的拐点。如果七国集团可以在接下来几个星期乃至几个月内使得日元兑美元的汇率保持在80以上——截止到东京时间下午4点30分，日元兑美元的汇率攀升至81.80，上升了3.5%——这也能够改

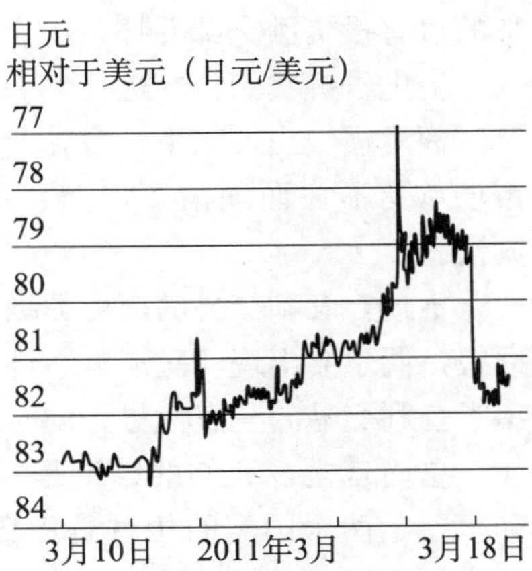

资料来源：Bloomberg.

变日元的升值趋势。

不过，还有几件事值得关注。一个是全球市场上出现的风险厌恶情绪。中东地区的冲突，以及灾后重建工作可能会导致资金流入日本，这都不利于日元汇率的下降。而且，美国与欧洲地区极低的利率水平也无法增强美元与欧元的吸引力。当然，我们不要忘了中国，中国应当不会喜欢一个弱势的日元，如果这意味着美元要走强。国际组织例如七国集团与二十国集团花费了数年时间反复告诫中国政府由市场决定的汇率机制到底有多么重要。然而，七国集团在星期五宣布联手干预外汇市场在本质上是背弃了“汇率由市场决定”这条原则。虽然大家这样做是出于好意，但是这有可能会带来意想不到的后果。

资料来源：*Financial Times* Lex Column，19/20 March 2011.

6.15 无抛补利率套利交易

近些年来，日元一直是世界范围内利率最低的主要国际货币。套利交易通常会先借入低利率货币，然后将其兑换成高利率货币（例如澳大利亚元或新西兰元）并进行投资。这种交易策略经常能给交易者带来高额收益。这就是所谓的无抛补利率套利交易。这是一个风险较高的交易策略。如果日元大幅度升值，收益很容易就会由正变负，从而导致损失。

在进行无抛补利率套利交易时，最重要的一点是要时常检查敞口的规模大小，一旦市场向不利方向波动，就立即采取行动平仓。套利交易策略会导致市场**波动性**（volatility）加大，因为市场交易者都在努力寻找由于市场不均衡而产生的获利机会。

在这个市场上很多交易者都在使用较高的资金杠杆。这会放大他们的风险，但是也能放大利润。套利交易者很清楚这种交易策略的风险有多大，再加上使用高杠杆所产生的财务风险，因此每分每秒都要密切关注。请想象一下你用自己拥有的 10 000 欧元再加上借入的相当于 190 000 欧元的日元进行投资。这笔交易的杠杆率很高，但是在套利交易市场上十分常见。然后再想象一下你把 200 000 欧元兑换为澳大利亚元进行投资。只要这笔交易出现 5%的损失，就会把你自己的出资部分全部吞掉。如果出现 10%的损失，不仅会把你的自有投资额全部吞掉，还会让你背上 10 000 欧元的债务。

历史告诉我们，在进行套利交易的过程中，很多人获得了巨额利润，但是，也曾出现过巨额亏损。当市场下跌时，所有的交易者都在仓皇出逃，他们几乎是在同一时刻斩仓。市场承受不住而崩溃了，满目疮痍。如果你是跑在最后面的，别指望能够得到别人的同情。

不过，套利交易的历史数据显示，这种交易策略可以在相当长的时间内获得很不错的回报，偶尔会出现几次崩盘事件。在新闻剪报 6.6 中，约翰·亚瑟斯（John Authers）列出了套利交易的几点优势，同时也对交易者提出了一些警告。

总而言之，我们的结论是，汇率波动要受到四种主要因素的影响。这四种因素包括利率差、两个国家的相对通货膨胀率、贸易情况以及经济增长前景。在过去的十年里，利率可能是短期汇率的主要影响因素，尤其是通过套利交易的形式对短期汇率施加影响。

新闻剪报6.6　套利交易的补偿说

约翰·亚瑟斯

套利交易可谓是臭名昭著。在过去十年间，它催生了最大的经济泡沫。但是，从另外一个角度来看，套利交易是否能够促使发展严重不均衡的世界经济重新回到均衡状态呢？

我们先对套利交易做一个简单定义。套利交易就是指以较低的利率水平借入资金，然后使用这笔借入的资金投资于收益率较高的项目。用行话来说，这可以使投资者获得“正利差”。

2000年以来最流行的套利交易一般要用到日元，因为当时日本国内的利率水平几乎为零。投资者可以借入日元然后将其兑换为利率水平较高的其他货币，主要是澳大利亚元。这是一种风险较低的交易，除非对应的两种货币情况发生颠倒。比方说，日元突然相对于澳大利亚元升值，那么投资者很快就会损失一大笔钱。

多年以来这样的事情并没有发生，这是因为套利交易具有自我实现机制。人们不断地卖出日元，这使得日元的汇率进一步降低；同时，又大量买入澳大利亚元，从而将澳大利亚元的汇率水平推高。因为套利交易的收益率非常低，因此只有使用借入的货币来做套利交易才能让投资者有利可图。于是，套利交易一直在赚钱，直到雷曼公司破产事件爆发后，情况才发生了转变。在几个星期内，由于受到雷曼兄弟事件的影响，再加上全球贸易额的大幅下滑，汇率水平出现了剧烈波动，这使得套利交易者蒙受了30%左右的损失。

因此，金融评论员称套利交易是一种危险的投资策略，它会使得金融市场与实体经济变得更加不稳定。

不过，还有另外一种声音。伦敦雷科德货币管理公司总裁尼尔·雷科德（Neil Record）认为，套利交易可以被看作是一种资产类别，是普通的个人投资者也可以选择的投资策略。他甚至认为，套利交易有助于解决全球范围内存在的经济发展不均衡问题。

怎么解决不均衡问题呢？国际收支逆差的国家需要融资，但是它们的风险水平要比国际收支顺差的国家高。这种较高的风险体现在汇率水平上——如果一国的国际收支出现逆差，那么该国货币的汇率水平趋于下降。

如果风险水平较高，选择承担这一高风险的投资者就会要求获得额外的风险补偿。套利交易就可以向投资者提供这种风险补偿。因此，额外的风险补偿就成为我们研究如何像对待其他投资资产那样处理外汇投资的关键所在。外汇交易总是有赢家也有输家，两者的盈利与亏损正好相等。而且，很多时候，我们并不清楚两种货币当中哪一种货币的风险更高。

如果上述理论成立，那么在相当长的时期内，外汇套利交易就可以获得更高的收益率，就像股票的收益率高于债券一样，这主要归功于投资者在进行外汇交易时要求获得更高的风险溢价。

为了检验上述理论的正确性，雷科德先生与英国富时公司创造了一个包含多种货币配对（指的是美元、欧元、英镑、日元以及瑞士法郎这五种货币构成的不同配对关系，例如英镑—美元、欧元—日元等）的新指数，然后系统性地买入每一种货币配对中名义利率较高的那种货币。每隔一个月，研究者会考察一下各种货币配对，如果货币配对中利率较高的币种发生了变化——尽管对于绝大多数货币配对来说，这种情况基本上每隔几年才会发生一次——则相应地转变投资买入方向。

研究结果如下页图所示。正如该理论所预测的那样，套利交易在长期内获得了不错的收益，而且波动性要小于股票投资。自 2008 年次贷危机爆发以来，套利交易的收益有所下降，但是，与市场上其他的投资策略相比，套利交易的收益情况还算不错，而且波动率更低。由更多种货币构成的指数测算的结果更好。

按照这种策略买入货币并长期持有绝对可以给投资者带来不错的收益。如果大部分投资者都这样做，那么货币市场将有可能成为缓解全球经济发展不均态势的机制之一。

接下来我们要说一说关于该策略的警告。雷科德先生建议，投资者最好使用自有资金而非借入资金，来执行这种买入并持有投资策略，这与目前使用高杠杆进行套利交易的机会主义策略并不相同。他的研究结果并不支持目前越来越喜欢使用杠杆来进行外汇零售交易的做法。

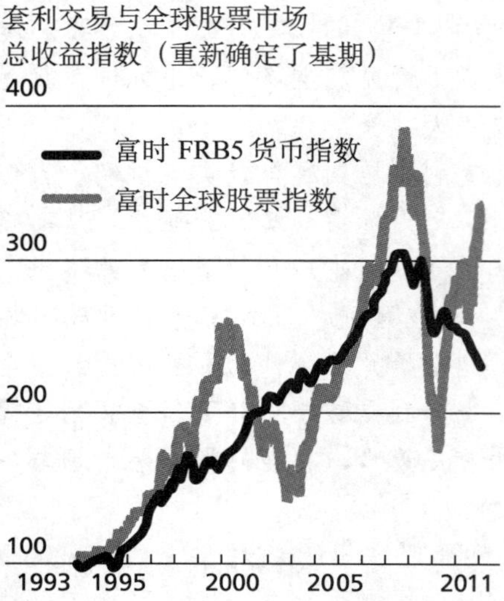

资料来源：*Financial Times*，29/30 January 2011，using data from Thomson Reuters and Bloomberg.

- FRB5 指数代表的是由五种货币——瑞士法郎、欧元、英镑、日元以及美元——构成的十种货币配对在相等权重条件下获得的投资收益率。
- 每个月，每一种货币配对中利率较高的货币会被买入，同时利率较低的另一种货币会被卖出。到期时，如果两种货币的利率差没有发生变化，则远期外汇协议会继续展期；如果两种货币的利率差发生了变化，则改变投资方向。远期协议的定价能够反映两种货币之间的利率差。
- 所有十种货币配对的头寸规模每个月都会调整一次以保证十种货币配对拥有相同权重。
- 在计算指数时，已经考虑了所有的外汇交易成本，因此，指数本身是可投资的。
- 每日计算超额收益和总收益指数的值。
- FRB5 指数的计价货币分别为瑞士法郎、欧元、英镑、日元以及美元，每一种货币都有对应的指数波动曲线。在图中，我们给出的是以美元作为计价单位的 FRB5 指数以及富时全球股票指数。
- 对于所有富时指数公司提供的外汇指数，公众均可以免费获得指数的编制方法以及计算案例。

为了让大家了解外汇市场的巨大威力，请看下列一组数据：根据国际清算银行的统计数据，2007—2010 年期间，外汇市场的日交易额达到了 39 800 亿美元（或者可以简单地说将近四万亿美元）。全球外汇市场的年交易额大约为一千万亿美元（$1 000 000 000 000 000）。伦敦外汇市场的日交易额相当于伦敦股票交易所日交易额的 140 倍。这说明许多交易者都在进行杠杆式的外汇投机交易。不过，与雷科德先生提出的理论不同的是，这种投机行为进一步导致了市场的扭曲，阻碍并制约了实体经济正常功能的发挥。

雷科德先生认为，投资者可以把外汇看作是一种资产类别，可以将其加入到资产组合内。但是，交易者是否可以基于这种说法采用高杠杆的套利交易策略，把外汇市场的水搅得更浑呢？不，事情绝不是这样。

资料来源：*Financial Times*，29/30 January 2011.

从长期的角度来看，通货膨胀率相对较高的国家应当会出现本币贬值的情况，因此其实际汇率水平在长期内应当保持相对稳定。情况确实如此，尤其是当通货膨胀率非常高的时候。

经常项目持续逆差的国家未来将会出现本币贬值的情况，事实上，这就是近些年来美国的实际遭遇。不过，如果市场交易者对一国未来的经济发展前景看好，那么他们就会不在乎贸易赤字问题。20 世纪 90 年代末，美元的强势主要是因为当时人们普遍相信互联网行业带来的生产效率的提高能够加快美国的经济增长速度。当时，投资者们争先恐后地持有网络公司股票，这将美元汇率进一步推向了新高。

小结

● 我们想要找到一种能够解释汇率波动的模型。我们的目标是建立一个回归模型。在这个回归模型中即期汇率是因变量，多个自变量的参数可估计，且可以达到较高的统计显著水平。当然，我们的努力并未获得成功，这就像西班牙探险者想要找到想象中的黄金国但却没有成功一样。

● 不过，学术界已经提出了各种各样的汇率波动假说，其中包括购买力平价理论、国际收支平衡理论、货币主义理论、资产组合平衡理论等。这些假说或理论的内涵是什么?

● 我们在第 3 章总结了购买力平价理论。购买力平价理论并不能准确预测短期汇率的波动，但是，如果我们将某一年选定为汇率达到均衡的基期，然后使用长期预测工具，则购买力平价理论看上去是成立的。

● 汇率决定的国际收支平衡理论可表现为多种形式。最初的假说忽略了国际上的资本流动，只适用于固定汇率机制。该理论的推导过程如下所示：假设国民收入增加，这导致进口需求增加。因为要使用外币来支付进口商品的货款，因此，一国的汇率水平会下降。因为我们研究的背景是固定汇率制度，因此政府会对本币的贬值出手干预。由于人们担心经常项目出现赤字，这使得国内市场局势进一步紧张。于是，货币供给增速放缓，通货膨胀率也会变低。这些变化将会导致进口需求降低，迫使资源流入出口生产部门，从而改善经常项目的收支状况，最终使得本币的汇率上升。

● 这种汇率决定的国际收支假说早已过时了，因为它是建立在固定汇率制度的基础上的。后来逐渐发展形成的国际收支理论均是在浮动汇率背景下进行分析，有可能忽略国际上的资本流动，也有可能把资本流动纳入分析框架内。我们先来看一看第一种情况。在浮动汇率制度下，国民收入的增加将会导致经常项目的收支出现恶化，使得本币汇率出现下跌。在其他条件不变的情况下，本币汇率下跌可以改善出口情况，同时抑制进口，最终使得经常项目收支状况得以改善，本币汇率上升。

● 另外一种汇率决定的国际收支理论研究的背景也是浮动汇率制度，同时还考虑了资本流动带来的影响。其传导机制如下所示：随着国民收入的增加，经常项目情况恶化，官方储备额保持不变，这就意味着资本项目的顺差要增大。这一目标可以通过提高利率水平（在假设通货膨胀率不变的情况下，这意味着实际利率上升）来实现，因为利率上涨可以抑制需求，尤其是进口需求。于是，经常项目会有所改善。请注意，虽然这种版本的国际收支理论认为利率将要上升，但事实上汇率水平倾向于保持不变。

● 汇率决定的货币主义理论有着不同的观点。和前面一样，国民收入的增加会导致基于交易目的的货币需求增长。面对增加的货币需求，相应增加的货币供给并不是由国内的银行体系提供的，而是由国外输入的。于是，货币供给的增加推高了通货膨胀率、利率以及汇率水平，情况变得更加糟糕。这一模型认为，主要的推动力是母国与贸易伙伴之间相对的货币供给量。

● 资产组合平衡理论认为，汇率是本国债券与外国债券相对供给量的函数。简单地说，我们可以用一个例子来反映整个连锁效应。假设一国国内的债券供给量增加。于是，债券价格下跌，但是债券的收益率上升。在其他条件保持不变的情况下，资金会流入该国国内，从而促使该国货币升值。请注意，这个模型假设利率水平的上升对通货膨胀率没有任何影响。换言之，这意味着实际利率水平上升。当然，如果预期通货膨胀率也有所上升，那么汇率水平将不会发生变化。

● 从实证检验结果来看，我们发现汇率波动常常出现过调的现象，其幅度可使用多种经济模型测算。

● 从新闻的角度对汇率波动的解释则是另外一种说法。该理论认为，当出人意料的新闻公布于众时，这些新信息会对汇率水平造成影响。但是请大家注意，只有出人意料的新闻才能导致市场波动。人们已经预料到的新闻早已体现在价格中。

● 请大家注意图表分析的工作原理，我们在正文中对此已进行了简单明了的介绍。

● 有效市场假说是一个重要理论。该理论的基础是证券市场上存在着数量众多的交易者，其目标是追求利润的最大化。他们的交易行为会促使证券价格迅速反映新信息的影响。最终形成的市场成交价格不一定是最优价格，但是绝对是无偏价格。所有新信息都会导致股票价格的变化。有效市场假说具有三种形式。弱式有效市场指的是当前的股票价格能够反映历史价格、价格变化以及收益率的市场信息。因此，由于当前的证券价格已经反映了过去价格波动的相关信息，所以证券的历史价格与未来价格之间毫无关系。显然，这种市场形式认为基于历史价格变化来分析未来价格走势的图表毫无用处。

● 半强式有效市场认为所有公开的新信息都会导致证券价格出现相应的波动。因此，股票价格能够反映所有已公开的可获得信息。半强式有效市场形式包含弱式有效市场形式。

● 强式有效市场则认为没有哪一群投资者能够独占与证券价格有关的信息。也就是说，证券价格反映了所有信息，不管是公开信息还是内幕信息。

● 总的来说，在发达的西方国家，股票市场上交易的绝大多数股票都体现出了半强式有效。然而，有一些实证检验的结果对这一结论提出了挑战。

● 不过，外汇市场的情况不同。外汇市场有时能够体现出有效性，但是并非一直如此。当外汇市场的有效性不足时，图表分析法可以给投资者带来不错的回报。为什么会出现这种情况呢？为什么外汇市场这一全球规模最大的市场会出现市场效率不佳的情况呢？也许答案就在于外汇市场上实力最雄厚的交易者追求的并不是利润最大化。

● 那么，谁是实力最雄厚的交易者呢？并不是那些大型的商业银行。各国的中央银行当仁不让是实力最雄厚的外汇市场交易者，它们追求的目标根本不是利润最大化，它们更关心的是通过对外汇市场的干预实现政治目标或经济目标。

● 毫不令人吃惊的是，在预测短期汇率方面，图表分析法要比计量模型的准确度高。当各国中央银行对外汇市场进行强力干预时，图表分析法是预测性能最好的方法。

● 四边形等价模型是基于演绎分析法推导出来的均衡模型。在一段时期内，该模型的一部分可能无法在现实世界里成立，这一点并不让人感到奇怪。市场在朝着均衡方向发展，外汇市场也是如此。

● 我们检验一种理论是否具有说服力，就是要看该理论是否能在现实世界里成立。实证检验结果证明基于各家银行向企业提供的汇率报价，利率平价关系几乎在任何时候都是成立的，但是四边形均衡模型的其他组成部分则大多只能在长期内保持成立。

● 购买力平价理论在中长期内是成立的。但是在短期内实际汇率与购买力平价汇率之间存在着较为严重的偏离。因此，使用购买力平价理论来预期短期汇率波动根本没有得到实证检验结果的支持。

● 有关国际费雪效应的实证检验结果要比购买力平价理论表现得更为相互矛盾。一部分学者发现，国际费雪效应在中长期内是成立的，然而另一部分学者的研究成果则对这一结论提出了挑战。对国际费雪效应的检验证明，实际汇率与理论汇率之间存在着严重偏离。

● 研究者对于费雪效应的研究结论也存在着同样的情况。

● 利率平价理论的实证检验结果证明，可以用欧洲货币市场的利率差解释即期汇率与远期汇率之间的关系。也就是说，利率平价关系在现实世界里是成立的，该理论尤其适用于短期远期汇率。

● 远期汇率一般被认为是未来即期汇率的无偏估计。但是从实证检验的结果来看，超短期内的汇率波动往往出现偏离。当即期汇率大幅上升时，远期汇率往往会低估未来的实际汇率，反之亦然。

● 研究者对于外汇市场的效率也进行了实证检验，但是结论也是相互矛盾的。

● 如果外汇市场是有效的，我们就不可能找到一种可以一直带来超额利润的固定交易策略。交易所创造的利润应当与风险水平相对应。然而实证检验的结论尚不明朗。一部分研究者发现了支持外汇市场是有效市场的证据；而另一部分研究者却找到了可以在相当长时间内一直创造超额收益的投资筛选原则。

● 乍一看上述提到的实证检验结果彼此之间相互矛盾。但是，出现这种矛盾的原因可能是因为不以利润最大化为目标的中央银行在外汇市场上进行干预，从而导致普通交易者有可能打败市场，获得超额利润。

章末习题

6.1　请解释一下购买力平价理论。根据这一理论，对通货膨胀率较高的国家的货币未来走势的一般预测是什么？

6.2　请解释一下你可以用什么方法来判断购买力平价是否成立。

6.3　对下列给出的每一种虚拟情况，请判断美元相对于日元是会升值、贬值还是保持不变。对每一问的回答加以解释。假设汇率水平是自由浮动的，且其他条件均保持不变。

(a) 美国国民收入的增长速度高于日本。

(b) 美国的通货膨胀率高于日本。

(c) 日本与美国的物价上涨速度相等。

(d) 美国的实际利率水平高于日本。

(e) 美国政府对外国人购买美国公司以及房地产的交易推出了新的限制政策。

(f) 美国国内的工资水平相对于日本国内的工资水平上涨，美国的生产效率低于日本的生产效率。

注释

1. Meese, R., "Currency fluctuations in the post-Bretton Woods era", *Journal of Economic Perspectives*, 4 (1), 117 - 134, 1990.

2. Frenkel, J. A. and Froot, K. A., "Chartists, fundamentalists and trading in the foreign exchange market", *American Economic Review*, 80 (2), 181 - 185, 1990.

3. Murenbeeld, M., "Economics for forecasting exchange rate changes", *Columbia Journal of World Business*, Summer, 1975.

4. 如果你想要使用这一模型，必须好好研究一下莫伦贝尔德的原始模型以了解 UNEM、M 与 G 的准确定义。

5. Bilson, J. F. O., "Leading indicators of currency devaluation", *Columbia Journal of World Business*, 14 (4), 62 - 76, 1979.

6. 马歇尔-勒纳条件说的是如果一国的出口需求弹性与进口需求弹性之和大于 1，那么汇率贬值会对该国的贸易余额产生正面影响。反过来，如果弹性之和小于 1，那么汇率上升可以改善该国的贸易状况。马歇尔-勒纳模型是建立在多个简化假设前提的基础上的。

7. Mundell, R. A., *International Economics*, Macmillan, London, 1967.

8. Fleming, J. M., "Domestic financial policies under fixed and flexible rates", *IMF Staff Papers*, November, 1962.

9. Dornbusch, R., "Expectations and exchange rate dynamics", *Journal of Political Economy*, 84, 1161 - 1176, 1976.

10. Driskill, R. A., "Exchange rate dynamics: an empirical investigation", *Journal of Political Economy*, 89 (2), 357 - 371, 1981.

11. Papell, D. H., "Activist monetary policy, imperfect capital mobility, and the overshooting hypothesis", *Journal of International Economics*, May, 1985.

12. Levin, J. H., "Trade flow lags, monetary fiscal policy and exchange rate overshooting", *Journal of International Money and Finance*, 5 (4), 485 - 495, 1986.

13. Almeida, A., Goodhart, C. and Payne, R., "The effects of macroeconomic news on high frequency exchange rate behaviour", *Journal of Financial and Quantitative Analysis*, 33 (3), 383 - 408, 1998.

14. Bosner-Neal, C. Roley, V. V. and Sellon, G. H. Jr., "Monetary policy actions, intervention and exchange rates: a re-examination of the empirical relationships using federal funds rate target data", *Journal of Business*, April, 147 - 177, 1998.

15. Beckman, R, C., "Share price analysis", *Investors Bulletin*, London, 1969.

16. Triana, P., *Lecturing Birds on Flying*, John Wiley and Sons Inc., 2009.

17. Dimson, E., Marsh, P. and Staunton, M., *Triumph of the Optimists*, Princeton University Press, Princeton, NJ, 2002.

18. Rogoff, K., "The purchasing power parity puzzle", *Journal of Economic Literature*, June, 34, 647 - 668, 1996.

19. Taylor, M. P. and Peel, D. A., "Nonlinear adjustment, long-run equilibrium and exchange rate fundamentals", *Journal of International Money and Finance*, 19 (1), 22 - 53, 2000.

20. Buckley, A., *Multinational Finance*, 5th edition, FT Prentice Hall, 2004.

21. MacDonald, R., *Exchange Rate Economics: Theories and Evidence*, Routledge, 2007.

22. Copeland, L., *Exchange rates and International Finance*, 5th edition, Pearson Education, 2008.

23. Pilbeam, K., *International Finance*, 3rd edition, Palgrave Macmillan, 2005.

24. Feenstra, R. C. and Taylor, A. M., *International Economics*, Worth Publishers, 2008.

25. Robinson, B. and Warburton P., "Managing currency holdings: lessons from the floating period", *London Business School Economic Outlook*, 4 (5), 18 - 27, 1980.

26. Bell, S. and Kettell, B., *Foreign Exchange Handbook*, Graham & Trotman, London, 1983.

27. Madura, J, and Nosari, E. J., "Speculative trading in the Eurocurrency market", *Alron Business and Economic Review*, 15 (4), 48 - 52, 1984.

28. Hodrick, R. J., *The Empirical Evidence of the Efficiency of Forward and Futures Foreign Exchange Markets*, Harwood, Chur, Switzerland, 1987.

29. Taylor, D., "Official intervention in the foreign exchange market, or, bet against the central bank", *Journal of Political Economy*, 90 (2), 356 - 369, 1982.

第 7 章 外汇风险的定义

要管理外汇风险，首先我们要先明确企业的哪些财务项目会受到汇率波动风险的影响。如果汇率波动会导致资产、负债、利润或未来的预期现金流（不管金额是否确定）的本币价值发生变化，那么我们就说这样的财务项目要受到汇率波动风险的影响。本章我们要用到“敞口”这个术语，它的含义是企业持有的资产、负债、利润或者未来的预期现金流的本币现值会随汇率波动而发生变化，形成的风险缺口就叫做敞口。因为汇率的波动会导致上述资产、负债、利润以及未来预期现金流的本币价值发生变化，所以这是一个重要的外汇风险来源。

从这个角度来看，用外币计价的资产、负债、利润以及未来预期现金流显然面临着汇率风险。但是，一部分以本币计价的未来预期现金流也有可能要面临汇率风险。例如，一家英国企业在国内市场上出售产品，其竞争对手是一家总部位于德国的企业。在这种情况下，欧元/英镑汇率水平的变化肯定会影响这家英国公司未来预期现金流的现值，从而加强或减弱其相对于德国竞争对手的竞争优势。

我们通常把外汇风险划分为三种类型：

- **交易风险**（transaction exposure）。
- **折算风险**（translation exposure）。
- **经济风险**（economic exposure）。

当企业持有用外币计价的应付账款或应收账款时，就要面临交易风险。在合并报表时，以外币计价的资产与负债要被并入总公司的财务报表，这时要面临折算风险。折算风险有时也被称为**会计风险**（accounting exposure）。以本币或外币计价的企业未来预期现金流的现值会随着汇率的波动而发生改变，这种风险叫做经济风险。交易风险与经济风险可以统称为**现金流风险**（cash flow exposures）。交易风险这个概念相对简单直接，但是折算风险与经济风险要复杂得多。接下来，我们将逐一向大家详细解释并定义这三类风险。

7.1 交易风险

以外币计价的成本或未来收支款项的结算额会因利率波动而发生变化，这种风险就叫做交易风险。显然，交易风险就是一种现金流风险。这种风险与交易现金流（例如用外币计价的应付款项与应收款项）、股息现金流或资本现金流（例如用外币计价的股息或贷款偿还额）相关。

7.2 折算风险

合并会计报表肯定要涉及将外币计价的资产与负债折算为本币金额，这自然要面临折算风险，有时也可以称为会计风险。将外国分支机构的账目并入集团总公司用本币计价的财务报表，要求企业用一定的汇率水平将外国分支机构用外币表示的账目金额折算为本币金额。资产负债表与损益表都要合并，因此，都要面临折算风险。折算外币利润或损失账目时，企业可以选择使用会计年度内的平均汇率水平，或者是会计年度结束时的汇率水平（在英国目前实施的会计准则制度下，这两种做法都可以）。选择不同的折算方法，最后得到的合并利润金额也会有所不同。因此，用外币计价的利润额要面临折算风险，因为如果利率发生变化，则用本币计价的合并利润额也会发生变化。

资产负债表风险（balance sheet exposure）则更为复杂。在外国分支机构的资产负债表上，一部分项目可以按照**历史汇率**（historical exchange rate）（指的是资产或负债形成或重估价值时的汇率水平）进行折算。因此，即使汇率发生变化，这些项目的本币折算金额也不会发生变化。因此从会计角度来看，这样的资产与负债不面临汇率风险。其他一些项目要按照**收盘汇率**（closing exchange rate）进行折算。所谓收盘汇率指的是一个会计周期结束时资产负债表日当天的汇率水平。这些项目的外币价值是固定不变的，当汇率水平发生变化时，对应的本币价值将会随之发生变化。因此，从会计核算的角度来看，所有按照现行汇率水平进行合并的外币项目都要面临汇率风险。

因此，汇率风险的含义是以外币计价的项目按照现行汇率或平均汇率被并入集团财务报表时有可能会出现外汇折算损益。这种类型的风险敞口并不能反映汇率波动对企业外国分支机构营业状况的真实影响。

后面要谈到的经济风险才是测量真实价格风险敞口的较好指标。折算风险实际上主要取决于集团公司将外币计价的资产与负债合并报表时具体使用哪一种会计处理方法。显然，从经济角度来看，这与真实的风险敞口关系不大。

有四种基本的外汇折算方法。这四种方法分别是**现行汇率/非现行汇率折算法**（current/non-current method）（有时也可以称为传统折算法或营运资本折算法）、**全部现行汇率折算法**（all-current method）（或收盘汇率折算法）、**货币/非货币折算法**（monetary/non-monetary method）以及时态折算法（temporal method）。接下来我们要详细地向大家介绍这几种折算方法的不同之处。值得一提的是，全部现行汇率折算法目前是英国、美国以及其他很多国家最普遍使用的会计处理方法。

现行汇率/非现行汇率折算法

这种方法是根据短期项目与长期项目的传统会计分类，将短期项目按照收盘汇率进行折算，将长期项目按照历史汇率进行折算。在某一特定时点，外国分支机构面临的会计风险敞口等于汇率敏感性资产与汇率敏感性负债的差。显然，按照现行汇率/非现行汇率折算法，风险净敞口就等于短期资产净额。

这种折算方法的一个隐含意思是存货要受到汇率风险的影响，但是长期债务不受汇率风险的影响。这种假设条件显然并不成立。事实上大家应该弄清楚，长期债务会受到汇率波动的严重影响。当汇率发生变化时，外币计价货币对应的本币价值也将发生变化。这一缺陷导致近些年来人们时常发现现行汇率/非现行汇率折算法会导致偏差。

全部现行汇率（收盘汇率）折算法

这种方法就是直接使用收盘汇率将所有的外币计价项目折算为本币金额。在使用这种方法时，会计敞口就等于企业的净资产额或股东权益。近些年来，这种方法越来越流行，已经成为全球范围内最常用的外币折算方法。

货币/非货币折算法

所谓货币项目指的是资产、负债或资本的货币金额已经被合同固定下来，不管货币的价值发生怎样的变化，其金额都是保持固定不变的。货币/非货币折算法要求企业将货币资产以及货币负债按照收盘汇率折算，而非货币项目则按照历史汇率进行折算。在使用这种方法时，会计风险敞口就等于货币资本的净值。

随着会计报告制度的不断发展，这种外汇折算方法看上去像是居于现行汇率/非现行汇率折算法与全部现行汇率折算法之间的“中间路线”。

时态折算法

时态折算法的具体做法是对于所有按照重置成本、变现价值、市场价值或预期未来价值入账的项目，均使用收盘汇率进行折算；对于所有按照**历史成本**（historic cost）入账的项目，则使用历史汇率进行折算。

时态折算法的基本原理是折算汇率应当与原始财务报表中资产或负债使用的估值会计准则相一致。按照时态折算法，每一个资产或负债的项目都取决于提供的原始财务报表中每一项资产或负债使用的估值原则。

对传统的历史成本账目进行处理时，时态折算法与货币/非货币折算法得出的结果是相同的。在处理一些存货项目时，两种折算方法得出的结果可能会存在较大差异。在原始财务报表中，如果股票是按照市场价值（市场价值低于历史成本）列账的，那么时态折算法会按照现行汇率水平对其进行折算，而货币/非货币折算法会使用历史汇率对其进行折算。但是我们要强调的是，时态折算法与货币/非货币折算法绝不是完全相同的两种折算法。

例 1 一道计算例题

显然，在使用不同的折算方法将外币项目折算为本币项目时，同一家企业实现的外汇折算损益可能会有所不同，最终得到的折算资产负债表也会有所不同。我们可以用一个简单的计算例题对此进行说明。

假设一家英国公司于 3 月 1 日在澳大利亚设立了分支机构，澳大利亚公司的期初账目都是按照 3 月 1 日的汇率水平£1＝AUD3 编制的。期初的资产负债表如表 7—1 所示。

我们再假设整个 3 月份澳大利亚分公司都没有进行任何一笔业务或交易，因此 3 月底时，澳大利亚分公司的资产负债表与期初完全一样。我们再假设 3 月份，英镑相对于澳大利亚元贬值，月底时汇率水平为£1＝AUD2.5。这意味着澳大利亚分公司的英镑折算资产负债表会发生变化。变化的幅度取决于具体使用哪一种折算方法：现行汇率/非现行汇率折算法、全部现行汇率折算法、货币/非货币折算法。表 7—1 给出了使用不同的折算方法得到的计算结果。

如该表所示，外汇折算损益等于会计风险敞口的 16.67%。当然，这是因为英镑与澳大利亚元的相对价值由 3 变成了 2.5。还有一点值得注意，表中最终求出的折算余额最高为491 000英镑的外汇折算收益，最低为 349 000 英镑的外汇折算损失。之所以差别这么大，只是因为使用了不同的会计处理方法。

表 7—1 **各种外汇折算方法的解释案例**

	3 月 1 日分公司的资产负债表（千澳大利亚元）	3 月 1 日分公司的资产负债表（千英镑）	按照下列折算法得到的 3 月 31 日分公司的资产负债表		
			全部现行汇率折算法	现行汇率/非现行汇率折算法	货币/非货币折算法
固定资产	8 400	2 800	3 360*	2 800	2 800
存货	4 200	1 400	1 680*	1 680*	1 400
现金	1 065	355	426*	426*	426*
总资产	13 665	4 555	5 466	4 906	4 626
短期应付账款	2 100	700	840*	840*	840*
长期债务	4 200	1 400	1 680*	1 400	1 680*
股东权益	7 365	2 455	2 946	2 666	2 106
外汇折算损益			491	211	(349)
按照 3 月 31 日的汇率水平算出的会计风险敞口			2 946	1 266	(2 094)
用外币（千澳大利亚元）表示的会计风险敞口			7 365	3 166	(5 234)

* 截止到 3 月 31 日，在使用不同的外汇折算方法时，可以对外汇折算风险敞口产生影响的资产与负债项目。

例 2 达成共识

在全球范围内，会计专家们一直在思考外币会计报表的折算问题。事实上，全球主要的会计协会已经制定了统一的外币会计报表的折算规则。一般来说，外币报表的折算常常使用现行汇率折算法。外汇折算收益——不管是否已经实现——一般会被计入损益表。不过存在一种例外情况。如果一笔外币借款产生了外汇折算损益，但是这一笔外币借款的目的是对同一种外币投资进行套期保值，那么若这笔外币借款产生的外汇折算损益小于被套期保值的投资净额，则损益应当被计入资本储备而非损益表。如果这笔外币借款产生的外汇折算损益金额大于被套期保值的净投资的损益额，那么超出的损益部分应当被计入损益表。非外汇折算损益直接被计入资产负债表的储备项目，而非损益表。

虽然折算方法会影响集团公司资产负债表上各个项目的金额，但是最关键的问题是这对经济价值毫无影响。在例 1 中，不管我们采用哪一种外汇折算方法，澳大利亚分公司的经济价值都不会受到影响。不管我们使用的是全部现行汇率折算法、现行汇率/非现行汇率折算法还是货币/非货币折算法，这家分公司的价值都是一样的。当美元走强时，澳大利亚分公司的净现值将会发生变化。但是这种净现值的变化并不是因为我们使用了不同的资产负债表折算方法。显然，汇率波动会导致分公司的净现值随之发生变化。如果我们想知道汇率波动会对分公司的真实价值造成怎样的影响，我们应当研究的是分公司的经济价值以及汇率波动会导致经济价值出现怎样的变化。这才是受到汇率波动影响的真实风险敞口。

7.3 经济风险

经济风险关注的是当汇率发生变化时，企业通过经营活动获得的未来现金流的现值——用本币计价——将会发生怎样的变化。经济风险敞口这个概念主要适用于企业设在国外的分支机构通过经营活动获得的以外币计价的未来现金流（未套期保值）。不过，这一概念也适用于企业国内经营获得的现金流，关注的是汇率波动对企业经营获得的现金流的现值会造成什么影响。为了简便起见，尽管用外币计价的应收账款或应付账款的金额也会随着汇率的波动而发生变化，但是下面的分析我们采用的视角是企业设在国外的分支机构。

海外分支机构的价值等于预期未来海外分支机构可以获得的现金流用适当贴现率贴现后的现值。我们可以使用公式（7—1）用本币来表示这一现值。但是，请大家记住，对于整个企业集团来说，增量现金流包括管理费、特许权使用费以及交易活动产生的直接现金流等。因此，外国分支机构的现值可以表示为：

$$PV = \sum_{t=0}^{n} \frac{(CI_t - CO_t)e_t}{(1+r)^t} \tag{7—1}$$

式中，PV 代表的是外国分支机构的本币现值，CI 代表的是用外币计价的外国分支机构未来获得的净现金流入额，CO 代表的是用外币计价的外国分支机构未来预期获得的净现金流出额，e 代表的是未来的预期汇率（采用的是本币直接标价法），r 代表的是适当的贴现率，即母公司鉴于海外分支机构的经营风险而要求获得的必要收益率，t 代表的是预期获得现金流的期间，n 代表的是所有预期现金流已实现的最后周期。公式（7—1）假设海外分支机构获得的所有增量净现金流都会被转给位于本国国内的母公司。

乍一看来，读者们可能会发现经济风险敞口以及汇率波动影响的定量计算公式很直观明了。例如，我们假设一家英国公司在丹麦设立了全资子公司，子公司的净现值为 1.2 亿丹麦克朗。如果当前汇率水平为 1 英镑兑换 8 丹麦克朗，随后变化为 1 英镑兑换 10 丹麦克朗，那么丹麦子公司的价值就由 1 500 万英镑变换为 1 200 万英镑。这样的结论绝对是不正确的。在汇率发生变化的情况下，如果我们想准确地评估海外分支机构的净价值，必须完成大量的分析工作。

本币贬值会影响企业的现金流入与现金流出。假设一家公司主要经营出口业务。虽然本币贬值不会对总体的出口市场规模造成影响，但是它确实可以给企业带来有利的市场份额效应。货币贬值国家的企业将会增加出口或者提高毛利润率；简言之，它能获得好处。同理，主营进口业务的企业也能得到好处，因为本币贬值会导致进口商品的本币价格上升。不过，在一定程度上，由于本币贬值往往伴随着国内的通货紧缩，因此这种好处会在一定程度上被抵消。也就是说，本币贬值对国内进口部门既有好处又有坏处。在国内市场上，由于本币贬值往往伴随着通货紧缩，因此本币贬值会导致短期内企业的绩效下降。

上面所有因素都会影响现金流入。本币贬值也会影响现金的流出。进口原材料的价格将会变得更加昂贵。如果本币贬值伴随着国内的通货紧缩，那么由于供货商的融资成本上升，其供货价格也会随之上涨。我们可以沿着相反的思路来分析本币升值可能带来的影响。

在研究经济风险这个概念时，我们要分析汇率变化对下列各个方面带来的影响：

● 出口产品销售，因为本币贬值会使得出口产品更具有竞争力，因此出口企业的利润率以及现金流都应发生变化。

● 国内产品销售，进口部门的利润率与现金流会发生较大幅度的变化。

● 单纯在国内市场上的产品销售，由于本币贬值往往伴随着通货紧缩，因此企业的利润率与现金流也应发生变化。

● 进口原材料的成本，本币贬值会导致成本上升。

● 国内原材料的成本，汇率波动有可能会影响国内原材料的价格。

整个分析过程非常复杂，但是为了全面评估汇率波动对海外分支机构的本币现值会造成怎样的影响，上述分析程序是十分必要的。后面我们会在第 29 章用一个实用案例进一步向大家详细介绍经济风险敞口的测算方法。

到目前为止，我们一直假定外国分支机构的本币价值主要取决于该分支机构的未来预期净现金流。换言之，我们假设分支机构获得的所有现金流都会被转移给母公司。事实上，东道国政府通常采用外汇管制措施限制分支机构将资金转移给母公司。如果现金流向母公司的转移受到限制，则现值公式要做小小的调整：

$$PV=\sum_{t=0}^{n}\frac{(Div_t+OPF_t)e_t}{(1+r)^t}+\frac{TVe_n}{(1+r)^n} \qquad (7—2)$$

上式中的符号含义与前面相同，不过 Div 代表的是特定年份预期获得的股息净收入，OPF 代表的是特定年份向母公司转移的其他现金流，例如特许权使用费以及管理费等，TV 代表的是投资项目结束时可汇回母公司的终值。

读者一定要牢记，经济风险敞口这个概念也可以适用于企业的国内经营，因为汇率变化也有可能会影响到企业国内事业部的净现值。这是因为国内事业部有可能对外进行贸易，因此汇率波动对其也有影响。

经济风险敞口还有另外一个测量维度。假设一家英国企业向美国出口产品，其竞争对手是德国的制造企业，出口产品的货款用美元结清。那么，这家英国公司将要面临美元折算风险敞口以及与欧元相关的经济风险敞口。显然，当英镑对欧元的汇率水平发生变化时，英国企业的竞争地位会被加强或者削弱，这会对企业的销售水平、利润以及现金流情况造成影响。同样地，英国公司出口业务的现值也会随汇率波动而发生变化。与第一种类型的经济风险敞口一样，基于类似的原因，这种经济风险敞口也很难量化。

评估经济风险敞口要求我们必须花费大量的时间精力研究汇率波动对需求弹性以及成本的影响。但是最重要的问题是，我们要先弄清楚经济风险敞口（或者是交易风险敞口、折算风险敞口）是否与跨国企业的财务管理工作相关。我们将在第 8 章继续讨论这一问题。

7.4 金融衍生品适用的会计准则

金融衍生品交易适用于特殊的会计准则。因为目前我们还没有讲到衍生产品，因此这部分内容将会推迟到第30章再讨论，到时我们将向读者做简要介绍。

小结

● 汇率风险指的是由汇率波动导致的风险。

● 如果汇率波动会导致资产、负债、利润或现金流的本币价值发生变化，那么我们就可以说这些资产、负债、利润或现金流要面临汇率风险。

● 因为汇率波动会改变资产或负债的本币价值，由此产生了风险敞口。

● 很多教科书对外汇风险的分类提供了不同的说法。本书将汇率风险划分为三种类型。分别是交易风险、折算风险以及经济风险。在第9章，我们会对汇率风险进一步分类，重点强调的是宏观经济风险。不过目前暂时略过这一点不讲。不管从哪个层面上看，宏观经济风险涵盖的范畴都肯定大于外汇风险。

● 以外币计价的应收账款或应付账款要面临交易风险。

● 将外币计价的资产、负债以及利润并入本币报表的过程中要面临折算风险（有时也可称为会计风险）。

● 当利率发生变化时，用本币或外币计价的未来预期现金流的现值将会发生变化，这就是经济风险。

● 请注意，交易风险与经济风险都属于现金流风险。单纯的折算风险敞口并不是以现金流为基础的。

● 同一种资产或负债项目可以被同时划归为多种风险类别。例如，长期外币借款既可以被归类为交易风险敞口（因为当汇率发生变化时，贷款偿还额的本币价值会相应发生变化），也可以被归类为折算风险敞口。

● 外币项目折算时使用的会计处理方法不同，由此导致的折算风险敞口大小也不同。常用的折算方法可分为四种，即现行汇率/非现行汇率折算法、全部现行汇率折算法（有时被称为收盘汇率折算法）、货币/非货币折算法、时态折算法。我们花了大量的篇幅总结介绍了每一种折算方法的计算原理。

● 值得注意的是，现如今，绝大多数发达国家在合并外币财务报表时都使用的是全部现行汇率折算法。这些国家在折算外币损益项目时，要么使用收盘汇率，要么使用会计周期内的平均汇率。

● 我们之所以要将外汇风险划分为交易风险、折算风险以及经济风险，是因为我们提倡集团总部的财务管理部门应当积极管理某些类型的风险敞口。其他一些类型的风险敞口相对而言重要性不高，因此集团总公司不需要花费太多的时间或功夫去规避此类风险。

章末习题

7.1 比较交易风险与经济风险的异同点。

7.2 为什么只在国内经营的企业的现金流也会受到汇率波动的影响？

7.3 绝大多数企业怎样处理经济风险敞口？

题库 1

练习题

外汇

下列所有题目均假设所提供的利率数据是年利率。年利率的四分之一便是 90 天利率。我们还假设只提供一个利率报价，而非同时提供买入价/卖出价。不管是买入还是卖出，贷款还是借款，都按照这个利率水平成交。当然，这是一个简化了的假设条件。同时，不考虑任何交易成本。对于大宗交易而言，交易成本主要表现为买卖价差。将一个月视为一年的十二分之一，两个月视为一年的六分之一，依此类推。

1. 纽约市场上瑞士法郎的即期汇率为 1 瑞士法郎兑换 0.55 美元。

(a) 苏黎世市场上美元对瑞士法郎的即期汇率应当是多少?

(b) 如果在苏黎世市场上美元的即期汇率报价为 1 美元兑换 1.85 瑞士法郎，则市场会做出什么反应?

2. 假设纽约市场上瑞士法郎的即期汇率报价为 1 瑞士法郎兑换 0.55 美元，同时美国外汇市场上英镑的报价为 1 英镑兑换 1.60 美元。

(a) 苏黎世市场上英镑对瑞士法郎的即期汇率报价应当是多少?

(b) 如果苏黎世市场上英镑对瑞士法郎的即期汇率报价为 1 英镑兑换 2.80 瑞士法郎，那么这意味着存在着怎样的套利机会?

3. 你所在的公司计划在三个月后支付 100 万美元。现在公司手上正持有这笔美元。你决定将这些美元投资三个月。已知信息如下所示：

美元存款利率为每年 8%；

英镑存款利率为每年10%；

即期汇率水平为1英镑=1.80美元；

三个月远期汇率水平为1英镑=1.78美元。

(a) 为了获得更高的收益，你所在的公司应当怎样投资这笔美元?

(b) 假设利率水平以及即期汇率如前所述，那么远期汇率保持在什么水平能够实现均衡?

(c) 假设美元的利率水平、即期汇率以及远期汇率如前所述，如果英镑存款利率为每年14%，那么你会怎样投资这笔美元?

(d) 假设即期汇率、远期汇率以及美元存款利率如前所述，能够实现市场均衡的英镑存款利率应该是多少?

4. 丹麦克朗的即期汇率为1丹麦克朗兑换0.150 0美元，三个月远期汇率为1丹麦克朗兑换0.150 5美元。你所在的公司预期三个月后丹麦克朗兑美元的汇率水平将会变化为1丹麦克朗兑换0.165 0美元，打算抓住这个机会进行投机。

(a) 在哥本哈根外汇市场上，前面提供的报价数据采用的是直接标价法还是间接标价法?

(b) 如何只使用即期外汇市场来进行投机交易?

(c) 如何使用远期外汇市场来进行投机交易?

(d) 如果你所在的公司准备用100万美元来进行投机，那么一旦预期变成现实，你公司能获得多少盈利? 不考虑所有利率影响因素。

(e) 如果考虑到利率的影响，你对 (d) 的回答会发生怎样的变化?

5. 外汇交易商向一家美国企业的财务总监提供了下述A国货币相对于美元的即期汇率报价以及一个月、三个月和六个月远期汇率报价。

USD0.0247 8/80　4/6　9/8　14/11

(a) 计算一下一个月、三个月、六个月远期汇率的直接报价。

(b) 如果该财务总监打算购买三个月远期的A国货币，那么他应支付多少美元?

(c) 如果该财务总监打算购买一个月远期美元，那么他应当支付多少A国货币?

(d) 假设该财务总监打算买入A国货币，那么一个月、三个月和六个月远期汇率的升贴水分别是多少?(表示为年百分比的形式)

(e) 上述报价意味着美元以及A国货币具有怎样的利率期限结构曲线?

6. 下列数据为伦敦外汇市场上的即期汇率报价：

USD1=CHF1.548 5/95

USD1=AUD1.793 5/45

GBP1=USD1.632 5/35

计算下列伦敦外汇市场上的买入价/卖出价：

(a) 瑞士法郎对澳大利亚元。

(b) 英镑对澳大利亚元。

汇率

假设下面的报价表是由银行提供给客户的。对第1题至第16题，这些报价均代表的是各种货币对本币(即英镑)的汇率报价。"升水"或"贴水"代表的是每一列标题行所标注的外币汇率报价升水或贴水。对第1题至第16题，请计算有关本币(英镑)的相关问题。

即期汇率	USD1.632 5—35 升水	AUD2.30—2.30 ¾ 升水	JPY263.15—25
一个月远期	0.75—0.73 美分	⅝—½ 分	0.15 日元升水 0.10 日元贴水
两个月远期	1.35—1.32 美分	1 ⅛—1 分	0.17 日元升水 0.08 日元贴水
三个月远期	2.03—2.00 美分	1 ⅝—1 ½ 分	0.19 日元升水 0.06 日元贴水

1. 银行买入即期美元的价格是多少？
2. 客户买入三个月远期日元的价格是多少？
3. 客户卖出一个月远期美元的价格是多少？
4. 银行卖出即期日元的价格是多少？
5. 客户买入即期澳大利亚元的价格是多少？
6. 银行买入两个月远期日元的价格是多少？
7. 客户买入两个月远期美元的价格是多少？
8. 银行卖出两个月远期美元的价格是多少？
9. 银行买入三个月远期澳大利亚元的价格是多少？
10. 客户卖出一个月远期日元的价格是多少？
11. 银行买入三个月远期美元的价格是多少？
12. 客户卖出三个月远期日元的价格是多少？
13. 客户卖出三个月远期美元的价格是多少？
14. 银行卖出一个月远期日元的价格是多少？
15. 银行买入一个月远期澳大利亚元的价格是多少？
16. 银行卖出三个月远期澳大利亚元的价格是多少？

对第 17 题至第 22 题，计算远期汇率的升水/贴水百分比，指出哪一种货币升水，并说明如果利率平价关系成立，则哪一种货币的利率水平应当更高一些。

17. 本币对美元，一个月远期。假设你打算买入美元。
18. 本币对美元，三个月远期。假设你打算买入本币。
19. 本币对美元，三个月远期。假设你打算卖出美元。
20. 本币对日元，三个月远期。计算汇率中间价。
21. 本币对日元，三个月远期。假设你打算卖出本币。
22. 本币对澳大利亚元，两个月远期。假设你打算买入本币。

选择题

每道题目只有一个正确答案。

1. 如果一家总部位于荷兰的企业预计在 90 天后将会收到一笔 100 000 美元的款项，希望能够规避汇率波动的风险，那么该企业应当：

(a) 签订一份买入 90 天远期美元并相应卖出远期欧元的协议；

(b) 签订一份卖出 90 天远期美元并相应买入远期欧元的协议；

(c) 90 天后按照当时的即期汇率买入美元；

(d) 90 天后按照当时的即期汇率卖出美元。

2. 在固定汇率制度下：

(a) 远期外汇市场不存在，因为汇率几乎不发生波动，所以远期外汇市场将会变得毫无意义；

(b) 中央银行对外汇市场的干预将会变得毫无必要，因为汇率几乎不发生波动；

(c) 中央银行对外汇市场的干预通常很有必要；

(d) 不允许中央银行对外汇市场进行干预。

3. 对于本币和外币，购买力平价理论认为：

(a) 如果当前本国国内的通货膨胀率高于外国的利率水平，则本币将会贬值；

(b) 如果当前本国国内的利率水平高于外国的利率水平，则本币将会贬值；

(c) 如果当前本国国内的通货膨胀率高于外国的通货膨胀率，则本币将会升值；

(d) 如果当前本国国内的通货膨胀率高于外国的通货膨胀率，则本币将会贬值。

4. 如果短期内购买力平价关系是成立的，那么：

(a) 实际汇率应当趋于上升；

(b) 实际汇率应当趋于下降；

(c) 实际汇率应当趋于保持稳定；

(d) 名义汇率应当趋于保持稳定。

5. 如果欧洲英镑的利率水平始终低于欧洲美元的利率水平，则当国际费雪效应成立时：

(a) 英镑将会相对于美元升值；

(b) 英镑将会相对于美元贬值；

(c) 英镑的实际价值将会在绝大部分时间内保持不变；

(d) 在一段时期内英镑将会相对于美元升值，而在其他时期内英镑可能会相对于美元贬值，但总体来看，英镑的升值率等于零。

6. 请看下列信息：

美元一年期存款利率＝11%

美元一年期借款利率＝12%

A 国货币一年期存款利率＝8%

A 国货币一年期借款利率＝10%

A 国货币一年期远期汇率＝0.40 美元

A 国货币即期汇率＝0.39 美元

一位美国出口商向 A 国出口商品时使用 A 国货币（RUD）作为计价货币，预计一年后能够收到 600 000RUD 的货款。如果该企业安排了远期套期保值交易，那么一年后这笔出口货款对应的美元价值应当是多少？

(a) 234 000 美元；

(b) 238 584 美元；

(c) 240 000 美元；

(d) 236 127 美元。

7. 如果纽约市场与伦敦市场的即期直接标价分别为1英镑兑换1.599 5美元—1.600 0美元，以及1美元兑换0.625 0英镑—0.625 4英镑，那么100万美元的套利利润应当等于：

(a) 0；

(b) 313美元；

(c) 327美元；

(d) 640美元。

8. 根据下列报价信息计算远期升贴水。即期汇率为1英镑＝1.400 0美元；三个月远期汇率为1英镑＝1.420 0美元。

(a) 美元远期升水1.43%；

(b) 美元远期贴水1.43%；

(c) 美元远期升水5.71%；

(d) 美元远期贴水5.71%。

9. 国际费雪效应认为，如果英镑的利率水平高于美元的利率水平，则：

(a) 英镑的币值将会保持不变；

(b) 英镑将会相对于美元远期贴水；

(c) 英镑将会相对于美元贬值；

(d) 英国的通货膨胀率将会下降。

10. 美国与瑞典明年的通货膨胀率预计分别为4%与9%，两国后年的通货膨胀率预计分别为6%与7%。当前瑞典克朗的即期汇率为1瑞典克朗兑换0.105 0美元。根据购买力平价理论，两年后瑞典克朗对美元的预期即期汇率应当等于：

(a) 0.111 1美元；

(b) 0.102 4美元；

(c) 0.099 2美元；

(d) 0.107 4美元。

金融学译丛·国际金融 金融学译丛·国际金融 金融学译丛·国际金融

第三部分
套期保值

有很多方法可以实现汇率风险最小化的目标。这一部分我们先来研究是否应当管理汇率风险的问题，随后再重点讨论汇率风险的内部管理方法以及使用第三方合约的管理方法（即外部管理方法）。

第 8 章　外汇风险敞口的重要性

在前面的章节中，我们向大家介绍了四边形等价模型、外汇风险的定义以及有关四边形等价模型的实证检验结果，事实上我们已经给出了众多学者对于“外汇风险敞口是否重要”这个问题的答案。外汇风险敞口可划分为三种类型：交易风险、经济风险以及折算风险。在第 7 章我们从不同的角度对外汇风险敞口进行了讨论。本章我们的主要任务是研究对于企业财务管理人员来说，在追求企业价值最大化的过程中，应当如何应对或处理上述三类风险。

8.1　交易风险

汇率波动会对以外币计价的预期未来现金流的本币价值造成影响——外币现金流来源于已经达成的交易——这种风险就叫做交易风险。

根据众多学者针对预期理论所做的实证检验工作得出的结果，至少在较长的期限内，当前的远期汇率是未来即期汇率的无偏估计。在长期内，远期汇率大于未来实际即期汇率的概率与远期汇率低于未来实际即期汇率的概率相等——这就是“无偏估计”这个词的真实含义——从而我们的结论是对于拥有大量外币交易的企业来说，使用远期外汇协议进行套期保值没有什么太大意义。这样的企业完全可以不使用远期外汇协议进行套期保值，而是等到应收账款或应付账款到期时，直接按照当时市场上的即期汇率水平进行汇兑。这是因为从长期的角度来看，远期外汇协议套期保值策略的结果与持有债务到期并按照到期时的即期汇率进行汇兑所获得的结果没有什么不同。事实上，与即期外汇交易相比，外汇交易商向客户收取的远期外汇的买卖价差要更大一些。因此，从长期的角度来看，不进行套期保值交易可以给企业带来更大的收益。

但是，不进行套期保值交易也是一种极端危险的政策。如果企业没有对交易风险敞口进行套期保值，那么只要一笔金额非常大的外币应收账款或应付账款出了问题，企业就会蒙受巨额损失。这会使得企业在特定会计年度内的损失额急剧上升，从而导致企业陷入财务困境。有时候，企业的财务总监本应当对交易风险敞口安排套期保值交易——从长期的角度来看，套期保值的决策是合理的——这是因为他希望一份未套期保值合约所造成的损失将来可以被另一份合约带来的潜在收益所抵消。如果未进行套期保值的交易风险敞口受到汇率波动的影响而产生巨额损失，财务总监的日子恐怕就不好过了。“长期内应该没有问题”这种侥幸的心理只是自我安慰罢了，因为还没有等到“长期”，企业早就在“短期内”死掉了。请大家记住，审慎的财务管理者都知道远期协议套期保值策略可以降低外币现金流的本币价值的波动性，当然也会减少未来可能获得的潜在收益。因此，远期协议套期保值策略的主要用途是降低短期内出现财务问题的可能性。从中长期的角度来看，这种汇率风险管理机制的成本很小，因为它事实上等于外汇交易商收取的远期外汇交易买卖价差减去即期外汇买卖价差的差。从长期的角度来看，这种套期保值政策无法实现利润最大化的目标，但是从风险规避的角度来看，它对企业的财务管理人员具有明显的吸引力。

大家应该还记得，前面有关预期理论的所有讨论都是建立在“长期内远期汇率是未来实际即期汇率的无偏估计”这个假设条件的基础上的。我们需要反复强调的是，对预期理论的实证检验结果证明，尤其是当短期内一种货币相对于其他货币升值时，该货币的远期汇率倾向于低估未来的实际即期汇率。如果某种货币在短期内汇率下降，则我们可以得出相反的结论。

某些企业拥有的外币数量极少，因此企业对每一笔外币交易都安排了套期保值，这种做法是可以理解的。还有一些企业进行的外币交易数量非常大，业务风险的财务管理人员习惯于对所有的外币交易均安排套期保值，这种做法也是可以理解的。不过，对于进行大量外币交易的企业来说，财务管理人员往往是有选择性地进行套期保值交易。我们将在第9章与第11章里继续讨论这种策略的基本思想以及常用的操作模式。

同样的推理过程也适用于外币借款或贷款，不过要进行一些适度的调整。绝大多数借款或贷款都是定期收到或支付利息，本金则在特定的时间点一次性被偿还。按照**国际费雪效应**（international Fisher effect），借入硬货币所遭受的汇率损失刚好可以被硬货币较低的利率水平所带来的收益抵消。也许我们可以用一个例子来说明这一点。假设英国的预期通货膨胀率高于瑞士。现在我们选定了一个基期，英镑与瑞士法郎之间的汇率水平在基期时处于均衡状态。然后根据购买力平价理论，我们可以判断出未来瑞士法郎将会相对于英镑升值。根据费雪效应，瑞士国内的利率水平将会低于英国国内的利率水平。因此，国际费雪效应告诉我们英镑将会相对于瑞士法郎贬值，从而对瑞士法郎较低的利率水平提供补偿。假设一家公司考虑借入500万英镑的贷款。该公司可以直接借入英镑贷款，不过支付的利率水平要高于借入瑞士法郎贷款所需支付的利率水平。但是，借入瑞士法郎也有不足之处，那就是当偿还贷款时，企业很有可能发现由于贷款期间瑞士法郎相对于英镑升值，因此贷款本息的总偿还额超过了500万英镑。假设不考虑因为各国对外币贷款损失采用不同的税收政策所导致的市场缺陷（但是要注意，在现实世界里，因为各国的税收政策不同而导致的市场缺陷十分重要，不能被忽视），根据国际费雪效应，我们可以得出的结论是，由瑞士法郎借款较低的利率水平产生的收益刚好等于贷款到期时因为瑞士法郎升值而导致的损失。

上面这个例子说明了国际费雪效应支持“由借款形成的外汇风险敞口不重要”这个观点。当然，我们在回顾众多学者关于四边形等价模型的实证检验文献时已经发现，理论模型往往不能在现实世界里成立。一些研究文献认为，国际费雪效应可以在中长期内成立；但是也有一些学者认为，国际费雪效应只能在相当长的时间内成立。对于跨国企业来说，这些研究成果至关重要。在所谓的"长期内"，借入硬货币贷款的企业可能早就把贷款还完了，因此对于借入哪一种货币贷款根本无所谓。但是在短期内，瑞士法郎借款可能给企业带来灾难性的后果。

这种问题对很多英国企业影响巨大。莱克航空公司对其拥有的大部分飞机开展了以美元计价的公司租赁业务。当美元升值时，莱克航空公司用来还债的现金流十分紧张。另一家英国企业里昂公司在资产负债表上持有大量的瑞士法郎借款。当英镑相对于瑞士法郎贬值时，里昂公司面临的处境与莱克航空公司相似。最终，莱克航空公司宣布破产，一部分原因——但并非只有这一个因素——就是莱克航空公司没能对美元借款安排套期保值交易；里昂公司后来被联合酿酒公司接管，但是它的问题也主要是源于没有对**硬货币**（hard currency）借款安排套期保值交易。

对于跨国企业的财务管理人员来说，问题不仅仅是实证检验结果证明国际费雪效应通常只在长期内保持成立，还因为当跨国企业借入贷款时，本币与外币之间的汇率水平并没有处在均衡状态。随后，汇率波动自然会由非均衡状态向均衡状态移动，这会给借入外币贷款的跨国银行带来巨额损失（或者巨额利润）。

也许比较公正合理的结论是，如果四边形等价模型在现实世界里永远成立且没有时滞，同时忽略税收因素，那么交易风险敞口应当是不重要的。但是，真实世界与理论模型存在着较大差异，四边形等价模型确实具有时滞效应，而且时滞还很大，另外各国对利息以及外汇交易损益的税收政策不同，这些加在一起都意味着对于跨国企业的财务人员来说，交易风险敞口非常重要。简言之，财务管理人员必须对交易风险敞口进行管理。

8.2 经济风险

经济风险指的是汇率变化可能会导致企业未来的经营现金流——用**母公司所在国货币**（parent currency）计价——的现值发生变化的风险。按照购买力平价理论，当两个国家的相对通货膨胀率不同时，两国货币的汇率水平会发生变化。认为经济风险敞口不重要的观点主要是以购买力平价理论作为理论支撑。

对于主营出口业务的企业来说，本币贬值可以给它们带来好处。对于主营进口业务的企业来说，本币贬值也能带来好处。对于在国内市场上获取原材料（进口产品的价格相对来说更高）以及融资的企业来说，本币贬值可以提高它们的竞争优势，本币升值则可以产生相反的效应。

对于主营出口业务的企业以及那些在国内市场上与进口产品展开竞争的企业来说，如果国内的通货膨胀率相对较高，同时本币并没有贬值，那么这会对上述企业造成不利影响。同理，这也会对在国内市场上获得原材料以及融资（因为国内的利率水平趋于上升）的企业带来不利影响。

本币贬值所带来的有利影响刚好与较高的通货膨胀率所带来的不利影响相互抵消。对一部分企业来说，贬值所带来的好处应当能够抵消先前通货膨胀所带来的不利影响。正如购买力平价理论所示，如果相对较高的通货膨胀率伴随着适度的汇率调整，那么我们得出的结论是总体效应是中性的。这是因为本币贬值带来的好处刚好抵消了先前通货膨胀造成的不利影响。但是这一结论是一个普适原理吗？也许上面的推导过程只适用于那些所有生产成本价格的上涨幅度都等于该国通货膨胀率的企业。在这种情况下，本币贬值或升值所产生的效应刚好能够抵消企业生产成本的变化。在这种情况下，对于企业来说，经济风险敞口根本不重要。当然，对于企业来说，所有生产成本的价格上涨幅度刚好与通货膨胀率相等，这种情况是极其罕见的。如果两者不相等，那么经济风险敞口就会变得很重要。事实上，跨国企业之所以考虑将生产基地由一个国家迁往另一个国家，或者改变生产原料的采购来源，其目的就是纠正生产成本的上涨幅度超过通货膨胀率的现象；或者更准确地说，改变生产成本的上涨幅度超过竞争对手生产成本上涨幅度的局面。

如果对于跨国企业来说，经济风险敞口确实重要，那么企业是否应当通过买入或卖出远期外汇协议的方式来对冲这一风险敞口？作者认为，这个问题的答案可能是不应当。这并不是因为经济风险敞口是基于不确定性的现金流而形成的，也不是因为经济风险敞口难以量化——在计算经济风险敞口的大小时，要花费大量的时间计算需求弹性——而是因为我们可以找到更简便的方法，来解决汇率波动可能导致未来的预期经营现金流的现值发生变化这一问题。最简便的解决方法是部分或全部借入外币贷款，选择的外币必须是对未来经营现金流的现值具有显著影响的货币。值得一提的是，这种策略不能向经济风险敞口提供完全的套期保值保护。这是因为融资套期保值策略只受到两国相对通货膨胀率的影响。两国之间特定产品的价格或成本的相对上涨幅度会对未来经营现金流的现值造成影响，两国之间通货膨胀率的不同所引发的汇率调整只能部分解决这一问题。

有一点请大家注意，本书作者对跨国企业使用远期外汇市场以及外汇期权等产品积极管理经济风险敞口的做法有所了解。这要求企业根据预期的未来营业现金流计算净现值缺口的大小，然后减去外币融资所产生的套期保值效益，最后再使用外汇远期协议或外汇期权对净缺口进行套期保值。企业采取上述一系列行动的假设前提是这一套期保值策略对企业是有利的。

还有一点值得注意。如果企业在海外市场的投资经营具有一定期限，例如在海外其他国家建立的合资企业生存周期为三年，那么企业在使用远期外汇协议或外汇期权产品对未来的预期经营现金流的现值进行套期保值时，必须时时密切关注并管理已被套期保值的经济风险敞口。因为企业的投资期限有限，可能没有足够的时间等到汇率水平趋于均衡，此时经济风险敞口的影响力巨大。不过，这种情况更多地会引发交易敞口（尽管未来预期现金流的金额尚不确定，也没有通过合约的方式被确定下来），因为在海外投资期结束时，投资项目的残值可以被汇回公司总部。

8.3 折算风险

外币财务报表被并入母公司的本币财务报表时会引发折算风险。我们在第 7 章已经讨论了这个问题。一些常被视为单纯的折算风险敞口的财务项目本质上是交易风险敞口项目。比方说外币借款或贷款就属于这种情况。贷款的偿还要求借款人将资金交付给贷款人，于是这便创造了现金流敞口。至于“这种财务项目所产生的外汇风险敞口是否重要”这一问题——既可以被划分为交易风险敞口，也可以被划分为折算风险敞口——答案可能会因到底将其视为交易风险敞口还是折算风险敞口而有所不同。

正如第 7 章所述，不同的折算方法对企业的每股收益数据会带来不同的影响。但是，不同的会计折算方法是否真的会影响企业的价值呢？显然，从理论角度来看，外国子公司采用哪一种会计处理方法并不会对子公司的估值产生影响。对总公司来说，海外子公司的估值应当取决于未来上交给母公司的预期现金流。当然，如果汇率发生变化，未来现金流也将发生变化。从理论的角度来看，如果汇率波动会导致子公司的价值发生变化，那么从逻辑上，投资者就会认为子公司的本币现值也已发生变化。请注意，这种理论推导与外国子公司采用哪一种会计制度毫无关系。

不过，最关键的问题是：使用不同的折算方法得出的结果也不同，投资者对这个问题如何看待？换言之，折算风险敞口是否重要本质上是一个实证问题。因此，我们的答案要从实证检验文献中去寻找。鉴于到目前为止本书尚未介绍相关方面的研究文献，因此我们有必要花些时间来讨论一下这些文献。

按照美国目前已被废除的会计准则 FASB 8，外汇折算损益应被计入集团总公司的合并损益账户，从而导致公司净利润以及每股收益数据出现大幅波动。这条会计准则所带来的“恶劣”影响被人们用这样的话评价：“没有什么东西能像这条会计准则一样让企业的首席执行官感到沮丧，原本是证券分析师最喜欢的一年年平滑的盈利曲线，却被这条会计准则彻底搅乱了”。对于一部分大型跨国银行来说，这无疑会导致它们使用错误的策略对折算风险敞口进行套期保值，结果反而引发了交易风险敞口。斯瑞威苏拉（Srinivasula）[1]曾经介绍过美国跨国公司 ITT 的案例。这家公司卖出了价值相当于 6 亿美元的远期外币，目的是对资产负债表的缺口进行套期保值。后来，美元相对于其他绝大多数货币贬值，这给 ITT 公司带来了外汇折算收益，同时用作套期保值目的的远期外汇协议却产生了损失。外汇折算收益尚未实现，但是远期外汇协议的损失却是实实在在的现金损失——4 800 万美元。尽管 ITT 公司实现了对资产负债表缺口部分进行套期保值的目的，但是很多学者认为这种套期保值交易几乎没有任何经济意义。当然，现代会计制度的设计必然使企业采取这种不合理的行为。值得一提的是，在 FASB 8 条款的影响下，ITT 公司绝不是唯一一个采用这种方法处理会计风险敞口的公司。大量研究证明，很多美国跨国公司都在使用类似的措施对外汇折算风险敞口进行套期保值，结果无一例外地引发了交易风险敞口。格里芬（Griffin）[2] 发表的一篇论文总结了其他学者针对 FASB 8 对企业财务政策的影响这一问题所得出的研究成果。不过我们要说明的是，只有少数一部分美国跨国企业受到 FASB 8 条款的影响，采用在相反方向建立交易头寸的方式来对冲风险敞口。

FASB 8 会计准则是否会对报告外汇折算损益的企业的股票市场价格造成影响？显然，这完全是一个实证检验问题。目前这一领域至少已经涌现出三篇最重要的研究成果。这三篇重要文献的作者分别是马金（Makin）[3]、杜克思（Dukes）[4] 以及加里克奇、法博齐和方费德（Garlicki，Fabozzi and Fonfeder）[5]。他们得出的结论完全不同。马金评估了三个样本公司的股票价格波动情况，这三个样本分别由普通的跨国企业、具有可比性的国内企业以及被认为会受到 FASB 8 报告制度影响的跨国企业集团构成。他发现，会计准则并没有对普通跨国企业的股票价格造成影响，但是他确实发现容易受到该会计准则影响的样本公司的股票价格出现了下跌。他把这一现象解释为 FASB 8 报告制度可能会影响股票价格。吉蒂（Giddy）[6] 对他的解释提出了质疑。吉蒂认为易受 FASB 8 报告制度影响的跨国企业集团不仅会在损益表的编制方面受到影响，而且其海外子公司向母公司发放的股息收益以美元形式汇回美国也要受到限制，这也是一个重要的影响因素，马金的研究在这方面无法自圆其说。

在研究 FASB 8 报告制度对股票市场的影响力时，杜克思的做法是将 479 个跨国公司的股票收益与由国内企业构成的控制样本的股票收益进行对比。实证检验结果证明，尽管跨国企业要受到 FASB 8 准则的影响，但是其股票收益率与国内企业的股票收益率之间并没有显著的差别。尽管别人可以挑战杜克思使用的检验方法，但是他的结论是美国的股票市场不会被单纯的外汇折算损益所愚弄。

杜克思的研究成果被加里克奇、法博齐和方费德进一步证实。他们研究的重点是分析 FASB 8 被宣布废除后股票价格的波动情况。研究者们主要关注两个公告日期：第一个是初始的起草日期，1980 年 8 月 28 日；第二个日期是美国财务会计准则委员会正式宣布 FASB 8 被取代的日子。在这两个日期，研究者们均没有发现受影响企业的股票出现异常收益或损失。他们得出的结论是股东们很聪明，区区会计准则的修改不会让他们改变看法。而且，一些跨国企业用交易敞口对外汇折算风险敞口进行套期保值的操作不仅仅是不合逻辑的，实证检验结果也证明这种做法是不合理的，因为股票市场分析师对单纯的折算损益根本不感兴趣。

一般来说，其他的实证检验结果均与杜克思以及加里克奇、法博齐和方费德等人的研究成果相一致，这意味着学术界的观点是单纯的折算风险敞口根本不重要。但是，请大家注意，在这句话一开始有一个状语——“一般来说”。为什么要给出这样的提醒呢？

我们用举例的方式来解释。假设某家公司的财务状况如表 8—1 所示。这是一家总部位于英国的跨国公司，在美国设立了子公司。一开始，美国子公司的营业规模以及资产规模与英国总公司差不多——均为 1 亿英镑——美国分公司的美元资产金额与美元债务金额相匹配。在基期——当时的汇率水平为 1 英镑兑换 1.8 美元——集团总公司的合并债务与股东权益之比为 1∶1。我们再进一步假设美国分公司按照最大允许的财务杠杆率借入了贷款。根据表 8—1 我们发现，一旦美元相对于英镑升值，该公司借入的美元贷款就要出问题。当然，如表 8—1 所示，集团总公司的美元资产与美元负债是匹配的，但是只要美元相对于英镑升值，即汇率水平突破 1.8，则负债与股东权益的比率就会突破预警线。在这种情况下，公司肯定有些担心自己的偿债能力。也就是说，它要好好考虑一下外汇折算风险敞口可能带来的风险。在第 29 章讨论企业进行套期保值交易所面临的实际问题时，我们还会谈到这个话题。

表 8—1　　财务杠杆可能会导致单纯的外汇折算风险敞口

	即期	随后的变化
美元兑英镑的汇率	1.80	1.40
资产（单位：百万英镑）		
英国	100	100
美国（单位：1.8 百万美元）	100	128.6
	200	228.6
资金来源（单位：百万英镑）		
股东权益	100	100
美元债务（单位：1.8 百万美元）	100	128.6
	200	228.6
债务与股东权益之比	1∶1	1.3∶1

我们再来看一看汇率波动对企业海外子公司损益账户的本币值会带来哪些影响。如表8—2所示，一家跨国企业的财务报表显示，虽然交易额有所增长，但是合并报表上用本币表示的利润值却有所下降。这种类型的缺口是不是单纯的外汇折算风险敞口？可能并不是，因为在扣除了折旧、固定资本投入以及营运资本投入等项目以后，税后净利润能够代表企业现金流创造能力的一个重要方面。基于这个原因，损益账目缺口肯定不仅仅是单纯的外汇折算风险敞口。如果情况不是这样，那么我们认为这样的缺口不值得花费时间与精力加以管理。如果损益账目缺口确实不仅仅是单纯的外汇折算风险敞口，那么跨国企业确实应当好好管理外国子公司的损益账目缺口（当然，母公司同时也要对外国子公司向母公司支付的股息收益现金流进行管理）。一种**金融工具**（instrument）可以帮助企业实现这一目标，那就是平均价格期权。但是由于我们目前还没有讲到货币期权产品，因此有关如何对此类缺口进行套期保值的讨论，我们将在本书后面加以解释（请参考第15章）。

表8—2 **损益表外汇折算风险敞口**

	上一年			预算			实际		
	本币（百万）	汇率	£（百万）	本币（百万）	汇率	£（百万）	本币（百万）	汇率	£（百万）
母国数据									
英国	43		43	48		48	44		44
海外数据									
美国	32	1.6	20	36	1.5	24	32.4	1.8	18
瑞士	105	2.1	50	112	2.15	52	114	2.5	45.6
澳大利亚	116	2.9	40	127.6	2.9	44	119	3	39.7
			153			168			147.3
发行股份		2.5亿			2.5亿			2.5亿	
每股收益		61.2便士			67.2便士			58.9便士	

前面的案例明显存在沟通问题，因为用本币表示的每股收益看上去下降了，但是实际上用外币表示的每股收益并没有下降。因此更为公平合理的做法是假设保持汇率水平不变，这样才能对财务数据进行更为准确的分析。如果是公开发布的财务报表，细节通常以脚注的形式出现，而不会以复式记账法直接进入损益表。

读者还要记住一点，对于总公司位于美国境内的跨国企业来说，实证检验结果告诉我们单纯的外汇折算风险敞口根本不重要。如果将这一结论同样适用于英国或荷兰，那么就意味着位于伦敦和阿姆斯特丹的资本市场的复杂精密程度与纽约资本市场相仿。事实是否如此还存在争议。显然，读者对这一观点应持谨慎态度。

8.4 汇率预测

本章得出的一般性结论是在不考虑财务杠杆影响的前提下，从实用角度出发，单纯的外汇折算风险敞口均可以被忽略。从长期的角度来看，持有交易风险敞口所带来的收益与产生的损失相等；但是从短期来看，收益和损失可能并不相等。从实用角度出发，本书作者建议大型跨国公司应当对交易风险敞口有选择性地安排套期保值交易。对于偶尔持有外汇风险敞口或者偶尔从事进出口业务的企业来说，作者建议对每一交易都进行套期保值。

经济风险敞口的最佳管理方式是借入创造该风险敞口的货币资金。

对交易风险敞口有选择性地进行套期保值，这一结论提出了一个新的问题，那就是专家们对未来汇率水平的预测是否有用。有选择性地套期保值与听从专家的汇率预测两者之间是有关联的。现在我们就来分析一下关联性产生的原因。如果专家的预测总是优于远期汇率，那么我们肯定愿意购买专家的预测结果，以帮助我们有选择性地对交易风险敞口进行套期保值。同时，我们可能还打算用专家的预测结果去获取投机利润，抑或赶在货币升值或贬值之前提前或推迟付款（我们将在第 10 章讨论这一问题）。阿利博（Aliber）[7] 曾用讽刺的语言表达了他不赞同企业购买所谓的专家汇率预测结果。他观察到“自从 1973 年以来，大概有 20 家企业专门出售汇率的预测结果。我们得出的一个推论是，这些公司之所以愿意卖出汇率预测结果，是因为卖出预测结果比使用这些预测结果赚的钱更多。”这种观点主要适用于外汇市场全面体现出有效市场特征的时期。与之相反的观点即相信专家的汇率预测能够持续带来较高收益的看法则主要适用于外汇市场没有体现出有效市场特征的时期。第 6 章对目前实证检验文献的结论进行了总结。

小结

● 汇率波动会对海外子公司未来预期获得的外币现金流的本币价值造成影响——引发现金流的交易已经进行——这就会带来交易风险。

● 实证检验结果证明，从长期的角度来看，远期汇率是未来即期汇率的无偏估计。因此，没有使用远期协议进行套期保值而是直接按照即期汇率进行外汇交易与安排套期保值获得的结果相似。不过请记住，前提是“在长期内”。但是，没有进行套期保值可能会在短期内导致灾难性的后果。为了避免出现这种情况，对企业的财务管理人员来说，有选择性地进行套期保值是最为合理的策略。

● 汇率波动可能会对企业未来预期现金流的现值造成影响，这就是经济风险。不过根据购买力平价理论，汇率变化与两国之间的相对通货膨胀率之差有关。如果企业的经营成本上涨幅度刚好与通货膨胀率相等，而且汇率的变化幅度也与购买力平价理论一致，那么汇率变化就不会对企业造成任何影响。在这种情况下，经济风险敞口是无足轻重的。

● 当然，绝大多数企业经营成本的上涨幅度与通货膨胀率并不相等。在这种情况下——而且这才是企业最常面临的情况——经济风险敞口确实很重要。

● 实现经济风险敞口最小化的方法之一是借入创造这一经济风险敞口的货币资金。

● 当母公司将海外子公司的外币财务报表并入母公司的本币财务报表时，就有可能形成外汇折算风险敞口。这种风险敞口是否重要完全是一个实证检验问题。

● 学者们对美国跨国公司的实证研究结果证明，单纯的外汇折算风险敞口不会对企业的股票价格造成影响。因为单纯的外汇折算风险敞口在绝大多数情况下都是无足轻重的。但是，一家企业已经接近资产负债比率的预警线，那么就应当对外汇折算风险敞口保持高度警惕，以免汇率波动使得企业的借款合同蒙受巨额损失。

● 我们可以使用一些金融工具来帮助企业防止外汇折算风险敞口对合并损益账目造成不利影响，以确保外汇折算风险敞口不会对每股收益带来负面影响。其中一种金融工具名叫平均汇率期权，我们将在后面的章节向大家介绍这种产品。

章末习题

8.1 (a) 请举例说明为什么外汇折算风险敞口会对跨国企业造成影响。

(b) 请举例说明为什么外汇折算风险敞口不会对跨国企业造成影响。

8.2 迪士尼公司在法国修建了欧洲迪士尼主题乐园，于 1992 年开门营业。你认为这一投资项目会对迪士尼公司的整体汇率经济风险敞口造成什么影响？为什么？

注释

1. Srinivasula,, S. L. , "Classifying foreign exchange exposure", *Financial Executive*, February, 36 - 44, 1983.

2. Griffin, P. , *FASB Statement No. 8: A review of empirical research on its economic consequences*, Graduate School of Business, Stanford University Research Report, No. 482, January, 1979.

3. Makin, J. H. , "Flexible exchange rates, multinational corporations and accounting standards", *Federal Reserve Bank of San Francisco Economic Review*, Fall, 44 - 45, 1977.

4. Dukes, R. E. , *An Empirical Investigation of the Effect of Statement of Financial Accounting Standard No. 8 on Security Return Behaviour*, FASB, 1978.

5. Garlicki, D. T. , Fabozzi, F. J. and Fonfeder, R. , "The impact of earnings with FASB 52 on equity returns", *Financial Management*, Autumn, 36 - 44, 1987.

6. Giddy, I. H. , "What is FAS No. 8's effect on the market valuation of corporate stock prices?", *Business International Money Report*, 26 May, 1978.

7. Aliber, R. Z. , *The International Money Game*, 4th edition, Macmillan, London, 1983.

第 9 章　外汇风险管理原则

本章我们重点分析一般性敞口管理，尤其是外汇风险敞口管理过程中要注意的几个主要问题。本章的结构顺序是，首先探讨一下为什么企业愿意做套期保值交易。随后，我们分析一下外汇风险管理过程中需要掌握哪些信息。在本章的最后，我们会再次回顾一下经济风险敞口。

9.1　套期保值交易的本质

从本质上看，外币风险敞口的套期保值要求企业建立反向头寸以对冲经营过程中的风险敞口。比方说，一家美国企业因为向法国出口商品，从而形成了一笔欧元应收账款。假设这笔应收账款的金额为 500 万欧元，预计在三个月后支付，通过这笔出口交易，美国企业获得了一笔外币资产。这家美国企业可以按照三个月远期汇率卖掉 500 万远期欧元，同时买入远期美元。也就是说，对于在日常经营中形成的欧元资产敞口，美国企业可以通过在金融市场上使用远期外汇协议建立欧元负债（三个月后，美国企业向银行支付 500 万欧元，而银行则向这家美国公司支付相应的美元金额，双方的支付金额等于远期汇率）的方式对冲其风险。从本质上看，所有的套期保值交易的原理就是这么简单。外币资产与外币负债相匹配。不过，值得一提的是，除了这笔欧元风险敞口以外，企业在日常经营过程中可能通过其他交易已经建立了另外一个与这笔欧元风险敞口形成对冲态势的其他敞口。如果企业使用**期权**（option）或者期货合约来进行套期保值交易，那么事情会变得更加复杂，但是套期保值交易的基本原理仍然非常简单。

9.2 为什么要进行套期保值交易?

首先，我们的第一个任务是总结一下支持以及反对企业对风险敞口进行套期保值的各种观点。读者可能会产生这样的疑问，直到现在才讨论这个问题是不是有些太迟了，这么基础的一个问题为什么不在第一章就提出呢?

为了向大家说明为什么把“为什么要进行套期保值交易?”这么关键的一个问题放在第 9 章才讲，作者已经做好了准备能够自圆其说。不过老实说，作者之所以没有把这个貌似简单的问题放在本书的一开始，理由是十分充分的。因为本书在根本上是以实用为导向的，侧重于介绍分析跨国财务管理领域的理论与操作，因此把操作方面的内容放在较为靠前的部分是比较合适的做法。简言之，作者不希望一开始就把大段大段的理论抛给读者——在很大程度上，这些理论主要来源于数量众多的财务管理研究文献——这会打击读者的阅读积极性。因此，作者从实用主义角度考虑才做了这样的安排。当然，作者也赞同其他人的意见，可以把这个最基础的问题——为什么要进行套期保值交易?——放在跨国公司财务管理教材的第一页。有关这个问题我们就说这么多，接下来要做的是回答这个问题。

9.3 风险敞口管理要实现什么目标?

敞口套期保值，有时也被称为风险管理或风险敞口管理，是金融机构、企业财务管理人员以及资产组合经理们经常使用的工具与手段。套期保值交易的目的是降低企业的利润和/或现金流的波动性，从而降低企业净价值的波动性。图 9—1 用图形的方式说明了企业通过套期保值交易想要达到的目标。

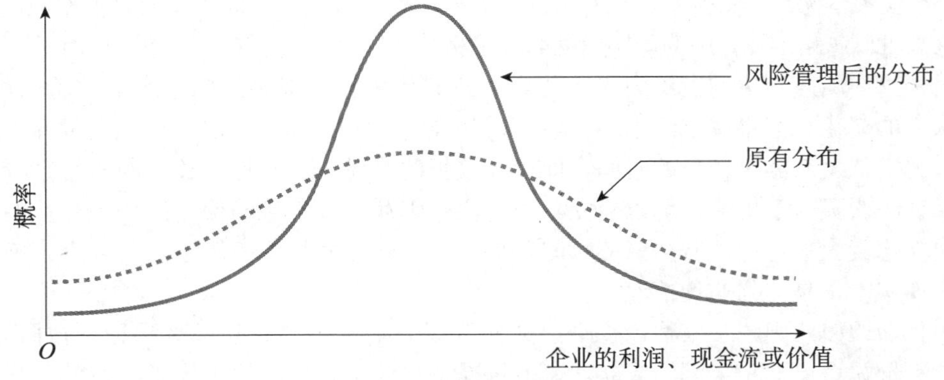

图 9—1 套期保值交易的目标

当然，在财务管理人员中间，主流观点是风险敞口管理这一工具可以降低由利率或汇率变化导致的企业的利润、现金流或价值的波动率。但是，很多财务管理文献提出了相反的观点。其推导过程是：套期保值交易只能降低企业未来收益的波动率，但未来收益的预期水平并未发生变化，因此套期保值交易对企业的自身价值几乎没有影响。这种观点主要以**资本资产定价模型** (capital asset pricing model)为理论支撑。企业的经营活动是有风险的，因为它们要随着整个市场的变化而及时进行调整。这一观点认为，分散化投资的国际投资者应当不愿意向那些进行套期保值交易的公司支付溢价，因为投资者自己可以非常简单地复制套期保值交易策略，对自己的投资组合进行调整。于是，最终得出的结论是，如果考察的是企业的短期绩效，那么有助于降低企业利润、现金流或企业净价值波动率的套期保值交易对企业管理者来说可能很重要；然而，这并不会对多样化投资的股东造成影响。因为这些投资者持有的是充分分散化的投资组合，因此单个企业价值的上涨或下跌已经被完全抵消了。对于投资者来说，他们并不关心某些企业到底是怎样安排套期保值交易的，对他们来说，最重要的是组合管理公司如何使得投资者的投资更加分散化。

9.4 反对企业安排套期保值交易的观点

其实，上面我们讲到的这些只不过是援引公司理财研究领域极具分量的核心原理所发起的第一波攻势而已。除了资本资产定价模型以外，购买力平价理论以及莫迪利亚尼和米勒（Modigliani and Miller）提出的MM定理都成为攻击者质疑企业进行套期保值必要性的理论武器。面对如此猛烈的炮火，我们能够证明企业进行套期保值交易是合理的决定吗？正如我们接下来要看到的那样，有些观点要比其他观点更站得住脚，现在让我们更近一点观察双方的交锋阵地。

按照购买力平价理论，两国相对物价水平的变化将会导致汇率的波动，如果购买力平价理论可以一直成立，且不存在任何实质因素，那么自然也就不存在所谓的汇率风险敞口这种东西，当然也就不需要进行套期保值。如果英国国内的通货膨胀率比美国国内的通货膨胀率高出十个百分点，那么英镑将会相对于美元贬值一定幅度。因此，这种假说的结论是英镑贬值后便不再存在相对价格风险。如果在年初，两单位美国小麦可以与一单位英国牛肉相互交换，那么等到年底时，小麦与牛肉的兑换比例仍将保持不变。简单地说，这意味着英镑贬值这个事实根本无足轻重。不管是对美国小麦出口商还是英国牛肉出口商，汇率波动所产生的效果都可以忽略不计，因为两国商品名义价格的变化已经与汇率变化相互抵消了。

对于这一高度简化的购买力平价假说，我们认为存在很多问题。实证检验已经证明，物价水平的变化与汇率调整绝不是在短期内就能完成的，也就是说，在现实世界里，要建立购买力平价关系需要较长的时间，即存在较长的时滞。即使是从长期的角度来看实证检验结果证明购买力平价关系可以成立，短期内也仍存在着明显的偏离。如果企业的规划期短于建立购买力平价关系所需要的时间，那么企业就将面临汇率风险。实际上，绝大多数企业在现实中正是面临这种情况。

而且，即使两国的一般物价水平能够使购买力平价关系成立，对于每一种商品来说，购买力平价关系也不一定都能成立，一般情况下往往不成立。简单地说，这就意味着一价定律不成立。如果美国小麦的价格上涨幅度与英国牛肉的价格上涨幅度分别与各自所在国的一般物价上涨幅度不相等，那么就将产生相对价格风险。即使购买力平价关系以及一价定律是成立的，企业与企业之间生产原料和产出品的价格变化幅度也可能存在差异，这必然会使得企业面临风险。这种风险是由意料之外的汇率波动导致的，应当被视为汇率风险。因此，对购买力平价关系的偏离，以及至少一部分商品存在着相对价格风险，这两个事实都意味着汇率风险的存在。所以基于购买力平价理论反对企业进行套期保值交易的观点是站不住脚的。

也许资本资产定价模型拥有的“攻击弹药”要比购买力平价理论更多一些。按照资本资产定价模型，在风险的构成当中，最重要的是**系统性风险**（systematic risk）。如果我们将汇率风险与利率风险视为**非系统性风险**（unsystematic risk），那么投资者在构建投资组合时就可以采用分散化的投资方式消除非系统性风险。我们再换个角度分析。如果汇率风险与利率风险被视为系统性风险，且远期外汇市场以及汇率套期保值合约是按照资本资产定价模型定价的，那么企业使用这些金融产品进行套期保值交易不会给企业带来增值效应。正如阿德勒（Adler）[1] 所说，“在不存在类似于交易成本与违约风险这样的市场缺陷时，远期协议在刚刚签订时其价值应当等于零。”然而在现实市场上，交易成本是存在的，这就是**买卖价差**（bid/offer spread）。因此，按照这种观点，在现实世界中，使用远期外汇协议进行套期保值交易，只会导致企业的价值下跌。

但是，事情总有另外一面。企业进行套期保值的重要目的之一是避免出现财务危机。净现金流的波动性越大，意味着企业破产的概率就越高。反过来，这会影响企业的融资成本以及融资能力。用马基（Makin）[2] 的话来说，“在短期内，跨国企业预期经营风险会影响其融资成本，过高的外汇风险敞口可以在短期内导致投资者改变对跨国企业预期经营风险的判断。”他的观点被罗格和奥德菲尔德（Logue and Oldfield）[3] 进一步强化。罗格和奥德菲尔德发现：

> 债权人对企业现金流总体波动率非常关心，因为这有可能会引发违约风险……随机汇率波动给企业带来的损益会影响企业的借债能力，从而影响投资者对企业的估值。因为现金流的总体波动率是一个重要指标，因此对外汇风险敞口进行套期保值可能会有助于提高企业的借债能力。

阿德勒[4] 认为，降低违约风险是企业进行套期保值交易的最合理、最正当的目标。他观察到：

> 从违约风险的角度来看，股东与经理人的利益是高度一致的。股东担心破产风险，因为企业的破产成本几乎会吞食掉他们拥有的全部权益资本。如果市场认为某家企业的违约风险上升，这会导致该企业的股票价格下跌。经理人也希望降低企业违约或现金流不足的概率，以避免将企业控制权转让给债权人的悲惨后果。如果企业被债权人接管，经理人的职位有可能不保。巨额外汇损失会影响到该企业货币现金流的充足性。因此，降低企业破产风险可以部分通过执行套期保值策略来实现。

简言之，虽然资本资产定价模型认为套期保值策略是无用的，但是我们可以证明企业为了降低违约风险，通过套期保值交易来实现现金流波动率的最小化是完全合理、正当的做法。

接下来我们再分析一下基于 MM 定理反对企业进行套期保值交易的观点。对于 MM 定理的支持者来说，他们认为企业能做什么，投资者也能做什么。我们把这种观点进一步推广至外汇市场或利率市场，也可以得到类似的说法。莫迪利亚尼和米勒[5] 认为，股东可以凭借个人账户借款以获得“自制杠杆”。那么同理，为什么股东就不能以类似的方式获得“自制的套期保值”？按照 MM 定理的基本内容，“自制的财务杠杆”使得企业的债务与企业价值不相关，那么“自制的套期保值”也应当使得企业的套期保值交易与企业的价值不相关。

当然，投资者个人所进行的套期保值交易肯定不如企业进行的套期保值交易有效。因此，让企业来管理外汇风险与利率风险是符合股东权益的。正如本书前面讲到的，主要的套期保值工具都是在远期市场、期权市场、欧洲货币市场以及外汇市场上进行交易。这些市场本质上都是批发市场，对个人投资者来说，即使是最低交易额，也因金额巨大而无力承受。而且，商业银行还限制部分个人投资者进入远期市场和期权市场。当然，外汇期货市场允许个人投资者进场交易，因此对于个人投资者来说，最低交易额的进入障碍已经不存在了。但是请大家注意，在金融期货市场上，每份期货合约规模都是规定好了的，个人投资者可能仍然无力承受。

而且，一些财务管理方法与手段只能由企业使用，股东是无法使用的。例如，公司之间的发票结账、推迟付款或提前付款、第三方支付以及金融资源或实物资源的转移定价等，这一些财务管理手段可以使得资金跨越国境进出，因此能够改变外汇风险敞口的大小。还有一些套期保值策略一般只适用于企业，不适用于个人投资者。例如，在某些国家，进行套期保值交易的企业有时可以获得一些补助，例如企业可以使用特殊信贷工具、补助性质的汇率风险保险，或者中央银行提供的特定远期汇率产品等。

支持企业进行套期保值交易的观点不止这些。还有一种支持观点是从信息角度进行分析的。如果个人投资者进行套期保值交易，他或她需要了解资产组合内所有企业拥有的外汇风险敞口和利率风险敞口的规模及期限。个人投资者不仅需要掌握当前的信息，还需要了解未来的信息。对企业来说，出于规划目的，早已将这些信息收集完毕。对企业来说，收集套期保值交易所需要的信息不会带来额外的机会成本。与之相反，个人投资者要想获得这些信息却要付出高昂的成本——因为个人投资者不是要掌握一家企业的信息，而是要掌握资产组合内所有企业的信息。

即使在理想世界里，股东可以进行“自制的”套期保值交易，我们也非常怀疑在现实世界里，这样的做法是否可行、是否经济。所以说，事实上这个观点进一步证明了由企业安排套期保值交易的好处。

还有一些假说或观点一开始看上去反对企业进行套期保值交易，但是说着说着却得到了相反的结论。例如自我保证假说以及市场效率假说（请参考 Aliber[6] 以及 Feizer and Jacquillat[7]）。其推导过程如下：外汇市场与利率市场不是一个讨价还价的市场，而是建立在公平价格基础上的公平交易。换言之，对于外汇风险敞口不进行套期保值，企业有可能获得盈利也有可能遭受损失。在长期内，这些盈利与损失趋向于互相抵消。因此，**未套期保值的头寸**（open position）在本质上与套期保值头寸是一样的。我们可以引用杜非和斯瑞瓦苏勒（Dufey and Srinivasulu）[8] 的话，“这意味着企业应当将目标确定为追求未来预期价值的最大化，根本不需要过分担心收益的波动性。”

同理，该观点认为，外汇市场与利率市场是有效的，这意味着合约是基于所有货币的可获得信息来定价的。在这样的有效市场上，没有人能获得超额收益，因此套期保值策略毫无用处。正如夏皮罗和路滕伯格（Shapiro and Rutenberg）[9] 所说，“除非资本市场存在缺陷，并且这种缺陷将一直持续存在下去，否则有选择性地进行套期保值交易的财务人员不可能一直获得超过所承担风险水平的外汇交易利润。”

那么对财务管理人员来说，他们想通过套期保值交易达到什么目标呢？当然，即使是采用有选择性的套期保值策略，财务管理人员的目标也不是追求超额收益，只不过是想建立一个企业管理层认为比较合适的风险/收益框架。而且，企业对外汇风险敞口与利率风险敞口进行积极的管理，有利于降低企业收益的波动性，一部分利益相关人肯定会对这一结果感到满意。这些利益相关人包括经理人、普通雇员、金融监管机构以及债权人。

经理人与普通雇员并没有持有分散化的“工作组合”。他们的收入现金流只来源于这一份工作。按照定义，把他们的职业生涯只投资在一家企业身上，意味着这是一个没有充分分散化的投资组合。显然，经理人与普通雇员非常希望降低企业的盈利以及现金流的波动性，因为这样做可以降低企业爆发财务危机的风险。金融监管机构也很希望看到企业盈利的波动性有所下降。在全球范围内，各国政府都在加强对银行以及其他金融机构推行的外汇风险敞口管理政策的监管。显然，对于债权人来说，看到他们的客户——借款人——降低了未来爆发财务危机的风险，他们也会感到非常高兴。

还有另外一种观点常被用来攻击企业的套期保值策略。这种假说的立足点是股东愿意承担企业风险。我们用英国石油公司来举例说明。尽管英国石油公司拥有大量的英国股东（当然也拥有美国股东），但其收入现金流主要是美元，因为石油是用美元定价的。如果股东会按照美元的币值变化来调整自己的消费模式，或者股东愿意承担美元风险，那么英国石油公司根本不需要对自己拥有的美元风险敞口进行套期保值。当然，公司并不是很清楚股东的消费模式或风险偏好，因此这种观点得出的结论是公司应当对风险敞口进行套期保值。但是，这种假说的支持者认为，公司应当不对风险敞口进行套期保值，而是把与风险敞口有关的信息告诉股东，然后由股东自己来决定他们是否愿意承担企业的风险。简言之，这种观点实际上就是在说股东可能更喜欢让他们的收入现金流面临汇率风险。尤其是当外汇管制阻碍投资者在全球范围内进行分散化投资时，情况可能真是如此。不管在什么情况下，如果个人股东打算这么做，那么他或她就可以自由地对风险敞口进行套期保值。

9.5 支持企业进行套期保值交易的观点

如果从财务管理的角度来看，风险管理是合理正当的，那么“风险敞口管理是否能增加企业的价值?”这个问题的回答应当是肯定的。现在我们要详细分析一下风险敞口管理通过哪种方式为企业创造了价值。

企业面临着利率风险、汇率风险以及商品价格风险这个事实是企业要进行风险管理的必要条件。而充分条件是风险敞口管理能够增加企业的价值。

一个最基本的企业估值公式显示，企业的价值（V）是未来预期净现金流——$E(NCF)$——以企业的资本成本率 k 为贴现率算出的现值，公式如下所示：

$$V=\sum_{t=0}^{n}\frac{E(NCF_t)}{(1+k)^t}$$

根据这一公式，我们可以很容易地看出，如果企业的价值上涨，要么是未来的预期金现金流有所增加，要么是贴现率有所下降。

套期保值交易会对企业的贴现率造成什么影响？企业在执行风险敞口管理政策时，要套期保值的风险包括外汇风险、利率风险以及商品价格风险。从现代组合理论的角度来看，这些风险都被视为可分散风险。股东可以通过持有分散化投资的资产组合来管理这些风险。积极地管理这些风险不会对企业的资本成本造成任何影响。除非企业的股东数量很少，否则风险管理不会通过降低贴现率的方式来增加企业的预期价值。

如果公司的股东人数众多，那么风险敞口管理只有通过增加预期净现金流的方式来增加企业的预期价值。那么有人会提出这样的问题：除了降低企业未来预期净现金流的波动性以外，套期保值交易会对预期净现金流的价值造成怎样的影响？我们认为，避免企业爆发财务危机以及降低企业所支付税金的现值这两个方面是套期保值交易创造潜在价值的两大来源。

如图 9—1 所示，风险管理可以降低企业的利润、现金流以及企业价值的波动性。图 9—2 在图 9—1 的基础上更进一步。如图 9—2 所示，通过降低现金流的波动性，套期保值交易降低了企业陷入财务困境并承担由此带来的严重后果的概率。

在图 9—2 中，V_{FD}代表的是企业陷入财务危机时的价值。如图 9—2 所示，套期保值交易可以将财务危机爆发的可能性由点 p 降低至点 q。套期保值可以通过下面两个渠道降低财务危机的成本：

- 降低企业爆发财务危机的概率。
- 降低财务危机所引发的成本。

显然，如图 9—3 所示，套期保值策略可以降低企业爆发财务危机的概率。

我们还可以使用图 9—3 来证明套期保值策略可以帮助企业实现其既定的经营战略，而这一点对企业的价值具有至关重要的影响。在图 9—3 中，横坐标轴 CF（cash flow）代表的是企业为了执行既定的投资计划所需要的现金水平。显然，套期保值策略降低了企业因现金流不足而无法执行既定战略的概率。如图 9—3 所示，在进行了风险敞口管理以后，企业只依靠内源性资金便可以执行既定战略的概率由原来的水平 a 上升到了水平 b。

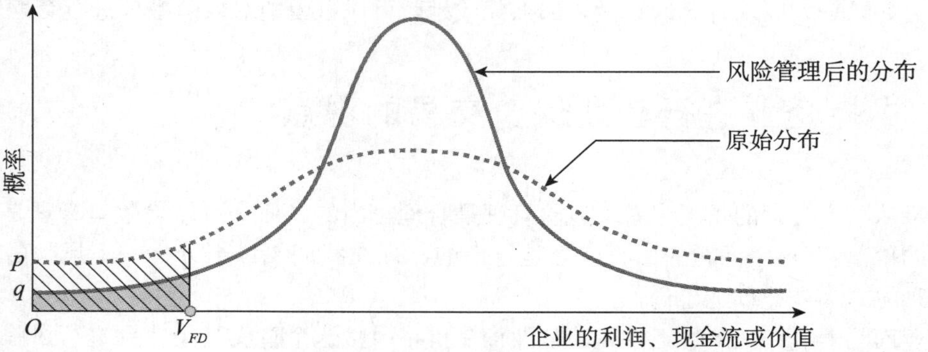

图 9—2　套期保值策略可以降低企业爆发财务危机的概率

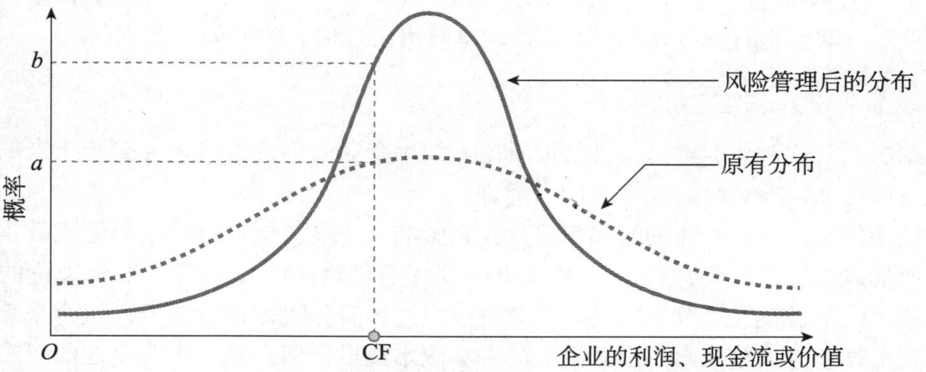

图 9—3　套期保值策略能够帮助企业更好地执行既定战略

回想一下，前面我们已经说过套期保值策略可以降低企业陷入财务困境乃至破产的风险。财务危机会给企业带来巨额成本。这主要表现为与客户、雇员以及供应商签订合同的成本上升。提供服务协议或保修服务的企业向客户做出了长期承诺。客户对这种服务协议以及保修服务的估值主要取决于他们对企业财务稳定性的判断。如果企业的未来发展前景不看好，那么客户对这一类保修服务的估值就会下降，有可能转向购买其他竞争对手的产品或者要求厂家降低产品价格以做出补偿。不管是哪一种方式，都会对企业的利润以及现金流的生成造成明显影响。

我们对上述观点的核心思想作如下总结：稳定的经营业绩记录有助于企业的产品营销，因为购买者希望获得一些保证，以确保企业能够一直经营下去，可以长期向客户提供产品服务以及零部件。按照相同的推理过程，如果一家企业的利润经常发生剧烈波动，那么这意味着员工随时有可能丢掉饭碗，这会吓走一部分潜在雇员。为了获得补偿，员工可能要求加薪或者增加额外津贴。

在没有执行套期保值策略的情况下，企业爆发财务危机的概率上升，为了弥补较高的预期破产概率所带来的成本，债权人可能会要求获得更高的回报，或者要求企业签订条件更为苛刻的贷款协议。不管是哪一种方式，都会导致债务成本上升。在其他条件不变的情况下，这就意味着财务危机或违约风险的降低可以起到降低融资成本、提高企业融资能力的作用。

读者可能相信，一个更符合实际情况的企业估值模型应当采用下列形式：

$$V_F = \sum V_i - P(\sigma)$$

式中，V_F 代表的是企业的价值，V_i 代表的是企业每一个组成部分的净现值，$P(\sigma)$是一个惩罚因子，它能够反映企业的整体风险水平对税后现金流的影响。请大家注意，虽然有一些专家赞同这一公式，但是它与资本资产定价模型并不一致。这主要体现为在上述公式中，惩罚因子是风险总体水平的函数，而不仅仅是系统性风险的函数。对于这个问题，我们可以设想一下企业往往会因为总体水平过高而非系统性水平过高而导致破产。不管如何，上述有关公司价值的分析告诉我们，对股东来说，套期保值是件好事。因为它能够降低惩罚因子，从而增加企业的价值。

前面我们曾经说过，套期保值策略与税收制度相互影响，共同对企业的未来净现金流造成影响。其中的传导机制是怎样的呢？如果企业面临的实际税率曲线是凸性的，那么套期保值交易通过降低企业利润的波动性可以实现减少企业税负的目标。凸性的税率曲线有什么含义？图 9—4 给出了一个实例。显然，随着税前利润的增加，企业的平均实际税率也在上升。

那么，风险管理与平均税率降低之间有什么关系呢？首先我们假设企业没有进行套期保值，那么税前利润的分布曲线如图 9—5 所示。P_1 代表的是较低的税前利润，P_2 代表的是较高的税前利润，两者发生的概率相等，均为 50%。当税前利润为 P_1 时，公司支付的税款为 T_1；当税前利润为 P_2 时，公司支付的税款为 T_2。显然，纳税额的期望值 $E(T)$ 应当等于：

$$\frac{T_1 + T_2}{2}$$

具体情况见图 9—6。

如果企业进行了套期保值，其税前利润的波动性将会下降——P_1 与 P_2 都会向均值方向移动。假设套期保值策略非常成功，使得企业的税前利润分布就是 P_{mean}（如图 9—7 所

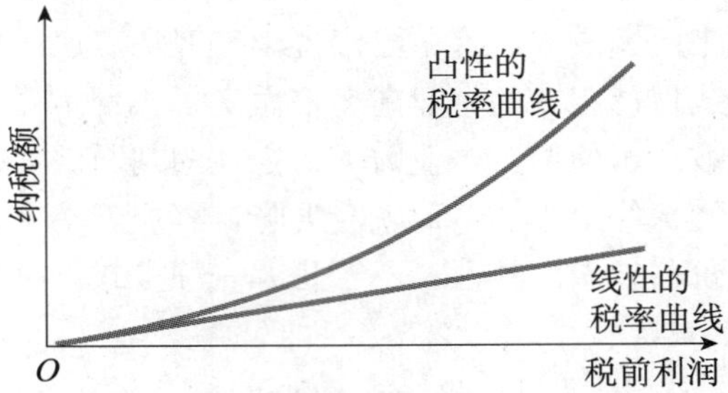

图 9—4　凸性的税率曲线

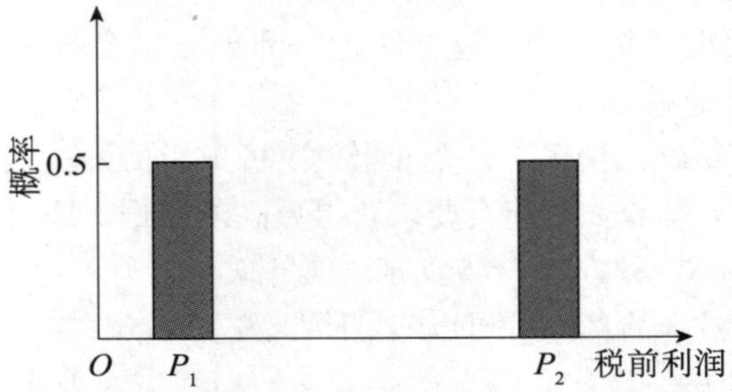

图 9—5　在没有进行套期保值的情况下企业的预期利润

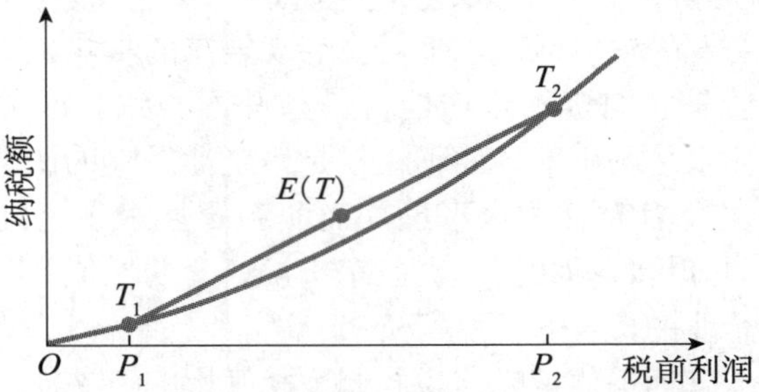

图 9—6　在没有进行套期保值的情况下企业应支付的税金

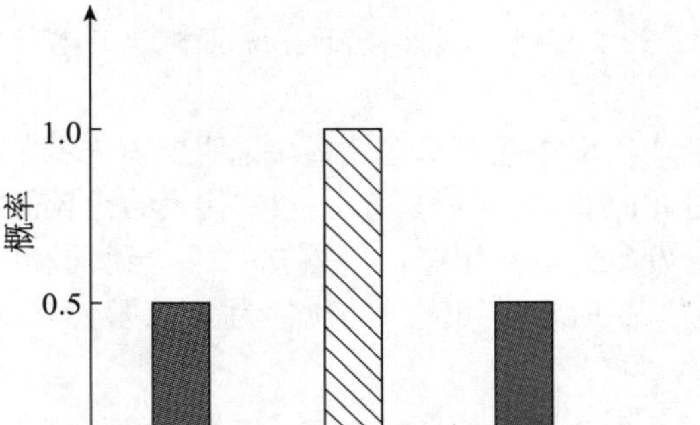

图 9—7　套期保值收益与企业的期望利润

示）。如图 9—8 所示，当税前利润为 P_{mean} 时，企业应缴纳的税金就等于 $T(P_{mean})$。显然，由于实际税率曲线具有凸性性质，因此 P_{mean} 对应的税金要小于企业不执行套期保值策略时的预期税金。

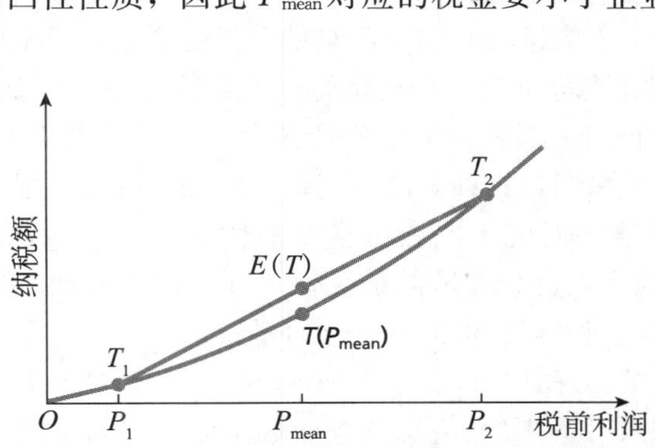

图 9—8　套期保值情况下的应纳税额与未进行套期保值情况下的应纳税额

我们对上述分析进行简单总结：如果税率曲线是凸性的，套期保值策略可以减少企业的预期纳税额。税率曲线的凸率越大，企业税前利润的波动性就越大，从而套期保值策略给企业带来的税收优惠效应就越明显。在英国与美国，目前公司税率曲线几乎没有让企业享受到这方面的税收优惠。但是，其中的道理应当讲清楚。

本节我们的分析思路与杜非和斯瑞瓦苏勒（Dufey and Srinivasulu）[10]、埃布（Abuaf）[11]以及罗尔斯和史密森（Rawls and Smithson）[12]等人的分析思路类似。接下来我们要讨论的是关于套期保值交易需要掌握哪些信息。

9.6　风险敞口管理需要掌握的信息

进行外汇风险敞口管理只是跨国企业财务管理部门应履行的职能之一。在制定相关决策前，必须掌握相关的信息。相对于企业经营管理的其他方面，对于财务管理部门来说，这一点尤为重要。为了制定合理可靠的外汇风险敞口管理措施，财务管理部门需要掌握必要的信息。本节主要讨论的就是如何构建风险敞口管理所需要的信息系统。

我们用一个例子来说明可能存在哪些问题。假设一家总部位于美国的集团总公司拥有一家全资子公司，子公司将在三个月后收到一笔 500 万欧元的货款；与此同时，该集团旗下的另一家全资子公司将在三个月后对外支付 500 万欧元。那么，这两家子公司为了对冲外汇风险敞口而分别卖出与买入价值为 500 万欧元的三个月远期协议的做法是毫无意义的。这是因为如果从整个集团的高度来看，这两个敞口已经在集团内部互相抵消了。也许是这两家全资子公司的董事会分别做出了对冲外汇风险敞口的决定。当然，可能是为了达到一定的会计核算目的或者是为了公司业绩考虑，它们才安排了如此不切实际的套期保值交易。绝大多数跨国企业要求，若子公司打算对外汇敞口进行套期保值，必须从集团财务管理部门那里买入或卖出外汇远期协议。反过头来看我们这个例子，从集团的角度来看，这两笔应收账款与应付账款根本没有必要进行套期保值，因为一家全资子公司持有的**多头头寸**（long position）与另一家全资子公司持有的空头头寸刚好相互抵消。对跨国企业来说，这方面的困难在于集团总公司需要源源不断地获得所有子公司持有的外汇风险敞口的相关信息。这种做法成本很高。对于任何一种中央集权体系来说，在体系建立之初，应当先问这样一个问题：中央集权带来的好处是否超过了它的成本？在中央集权体系开始运转后，我们还应当反复提出这个问题。

在这种情况下，由于没有进行套期保值交易，买卖价差的成本就被节省下来。在前面这个例子中，如果两笔价值均为500万欧元的应收账款与应付账款都没有进行套期保值，实际节省下来的资金就相当于两家全资子公司在市场上买入或卖出远期外汇的买卖价差。对总公司的财务管理部门来说，这种做法也能带来好处：可以加强对下属子公司的财务管理控制，实现资产与负债的匹配，抓住机会**提前付款**（leading）或**推迟付款**（lagging）（请参考第10章），实现集团资金管理的最优化，进行税务筹划，更好地调动资金以规避外汇管制，可以在全球范围内以较低的利率获得融资；等等。对于中央集权体系来说，还要证明的一点是上述列举的好处可以超过潜在成本——包括高昂的人工费用（例如财务管理人员以及交易员等的人工费用）、信息系统的成本等。我们不能想当然地认为中央集权的财务系统永远比分权制的管理系统优越。事实上，对大多数小型企业来说，情况并非如此。如果总公司旗下拥有数量众多的参股子公司，那么中央集权体系可能并不适合，这是因为其他的股东可能观点不同，例如风险厌恶偏好等。即使中央集权体系是合理的选择，那么也有可能是五年前看起来适合，企业需要定期进行事后审计，以确保中央集权体系带来的好处大于其成本，确保这一选择始终是合理、低成本的决策。

不过，在全面分析风险敞口管理需要掌握哪些信息之前，我们先要问自己一个问题，那就是企业最关心的是哪一种风险敞口。这就是下一节我们要讨论的主题。

9.7 哪种类型的外汇风险敞口最重要?

我们已经把外汇风险划分为三种类型：交易风险、折算风险以及经济风险。在本章的前面部分，我们已经指出企业应当高度关注交易风险与经济风险，因为这两种风险敞口会对现金流造成较大影响。与之相比，在集团总公司合并财务报表的过程中由于各分支机构采用了不同的会计处理方法而导致的单纯的折算风险敞口就不是那么重要。当然，目前绝大多数国家包括美国与英国均要求在合并财务报表时，单纯的外汇折算损益应当被记入准备账户。这意味着美国会计准则**财务会计标准委员会第8号规定**（FASB 8）对企业每股收益以及净利润造成的扭曲效应已经被彻底消除了。而且，大多数实证检验文献证明证券分析师们都很聪明，他们不会被损益表上的外汇折算损益所愚弄。既然单纯的外汇折算损益不会影响股票的价格，那么结论自然是对于跨国企业来说，外汇折算风险不太重要。如果企业不需要担心外汇折算风险——除了外币债务业务（请参考第8章的内容）——那么搜集这方面的信息就不是一件值得做的事情。而且，企业不应当单纯为了对冲外汇折算风险敞口而建立新的交易头寸。正如罗斯、克拉克和泰也（Ross，Clark and Taiyeb）[13]所说："最基本的第一条原则是，用非现金头寸对现金头寸进行套期保值是很不经济的做法"。在这里我们要重申，外币借款与贷款在汇兑过程中产生的损益被作者划分为交易损益，因此不属于单纯的外汇折算风险敞口。如果有人需要了解单纯的外汇折算风险敞口的信息，那么绝大多数大型企业正常编制的滚动预算表已足以满足其任何需求了。

前面我们已经讲过，风险敞口信息系统里不需要包含单纯的外汇折算风险敞口的信息，那么接下来重点研究的便是经济风险敞口以及交易风险敞口。经济风险敞口的计算十分复杂，要求分析师详细地计算需求弹性、竞争者评估以及我们在第 8 章里谈到的其他数据。我们会在第 29 章举例说明经济风险敞口的计算过程。要确定经济风险敞口的规模，首先要求企业的管理者弄清楚汇率波动会对企业价值造成怎么样的影响。前面我们已经谈到经济风险敞口非常重要，因此跨国企业的财务管理部门必须管理这一敞口。在管理经济风险敞口时，企业需要掌握的信息主要是关于汇率变化对企业价值的影响的信息。在全球外汇市场，汇率波动频繁，竞争激烈，因此经济风险敞口的大小也会时常发生变化。但是，企业很难对这种外汇风险敞口进行持续跟踪。这需要企业的高管人员投入大量的时间，因此不太容易建立起相应的管理系统。在这种情况下，我们认为如果企业打算积极地管理经济风险敞口，那么就必须及时地更新相关信息。不过，鉴于经济风险敞口这个概念反映的是汇率变化对企业净现值的影响，所以我们认为这是个非常复杂的问题，建议不要使用常规的简单信息系统来管理这种风险敞口。但是，在企业管理经济风险敞口与交易风险敞口的过程中，需要掌握这两类风险敞口的规模数据。对于经济风险敞口来说，这意味着管理人员需要经常获得某公司下属所有分支机构的营业现金流净现值的数据，以及各分支机构使用当地或其他金融工具对风险敞口进行套期保值的详细情况。在本章的后面部分，我们将对企业在分析与控制经济风险敞口中可能遇到的困难进一步进行详细讨论。

当然，交易风险敞口也是建立在现金流的基础上的。在第 8 章，我们已经论证过交易风险敞口对企业来说也很重要。与经济风险敞口不同的是，交易风险敞口的确认并不难。如果企业没有对交易风险敞口进行管理，那么当外币大幅度升值时，没有套期保值的外币贷款可能会给企业造成巨大损失。正如我们在第 8 章谈到的那样，这可能会对企业造成非常深远的影响。而消极的管理策略可能会导致某公司旗下的各分支机构从自身角度考虑追求最优化策略，但是从集团总公司的角度来看，这些策略很有可能只是次优选择。比方说在前面的一个例子中（请参考第 9.6 节），如果两家全资子公司都对 500 万欧元的风险敞口进行了套期保值，那么对集团总公司来说，这就相当于浪费了双倍买卖价差的成本。管理交易风险敞口的前提条件是集团总公司的财务管理部门掌握各分支机构风险敞口的规模以及期限等信息。接下来我们将概要分析一下可用来管理交易风险敞口的信息系统。这种系统操作简便，成本较低。即使集团总公司并不拥有非常成熟且高度集权的财务管理部门，也可以使用这样的信息系统。

9.8 交易风险信息系统

尽管在这个世界上没有一种交易风险信息系统可以普遍适用于每一家企业，但是此类信息系统具有一些明显的共性与特征。首先，信息系统应当具有一定的前瞻性。因为我们要基于未来可能发生的事件来做出决策，因此，我们需要掌握未来可能发生事件的相关信息。其次，报告的频率要足够。到底把报告的频率定为多少才是足够的，这完全是一个实际操作问题。但是我们发现对绝大多数从事跨国交易的企业来说，各分支机构每个月就新增风险敞口的情况向总公司汇报一次就足够了。但是显而易见的是，一些规模非常庞大的集团公司或者那些持有大量外币项目的企业可能希望缩短报告周期。再次，信息应当被直接递交给财务管理部门，而不是先提交给其他部门，比方说会计部门，这往往会导致信息传递的拖延。最后，总公司必须告诉子公司的管理层需要了解哪些信息。经理人必须充分了解外币项目数据能够反映哪些问题，而且确保不会干扰或阻碍子公司的正常经营。如果总公司在这些方面没有做好，那么通常会导致子公司的管理层不太愿意提供信息，从而降低信息系统的运作效率。

信息系统应当具有及时、简洁的特色，并立足于决策与控制。无关的信息不能进入信息系统。因此，常规的风险敞口信息系统应当只包含交易风险敞口的信息。麦克雷和沃克（McRae and Walker）[14]建议可以把外汇折算风险敞口也纳入外汇风险信息系统。基于前面已讲过的各种原因，作者相信这种做法没有必要而且也不合理，除非企业不存在债务约束。

我们的观点是对于交易风险敞口，每月报告一次的频率基本上足够了。报告要对未来的外币收支项目进行预测。报告应重点反映未来收支项目使用的币种、期限以及已经进行了哪些套期保值交易。我们建议，这种报告应当详细区分四类关键数据，这包括集团内部现金流与第三方现金流、资本项目与交易项目、合约现金流与可能发生的现金流、已对冲现金流与未对冲现金流的详细信息。

表 9—1 给出了这种敞口预测报告的例子。尽管这份报告没有按照我们前面所讲的把资本项目与交易项目、合约现金流与可能产生的现金流区分开来，但是事实上这点很容易做到——只需要用相应的首字母 C 或 T、F 或 P 来代表即可。于是，英国控股母公司的财务管理部门会要求美国子公司提交一个类似的表，说明该子公司目前持有的所有非美元风险敞口的相关信息。其他所有的子公司也被要求提交类似的表，以提供自己持有的非当地货币交易风险敞口的相关信息。除了提交报表以外，如果外汇风险敞口出现了较大变化，子公司应当立即以电传方式与母公司财务管理部门取得联系。这有助于集团总公司的财务管理部门根据总体交易风险敞口规模的变化来调整套期保值交易。

表 9—1　　交易现金流风险敞口报表（单位：千英镑）

公司：美国 Sub 公司 国家：美国	货币：英镑 预测期：六个月直到 2012 年 6 月 30 日	制表：AB 准备交易的日期：2011 年 12 月 24 日	汇率：2011 年 12 月 24 日的美元兑英镑汇率 即期汇率：1.720 0 一个月远期汇率：1.730 0 三个月远期汇率：1.750 0

	1月	2月	3月	4月	5月	6月	6月以后	
收入								
第三方	2 000	3 000	1 000	1 000				2011 年 9 月到期
瑞典分公司		2 000						
________								
________								
________								
总收入	2 000	5 000	1 000	1 000			1 000	
支出								
第三方	3 000	3 000					2 000	2011年 10月到期
德国子公司			2 000					
________								
________								
________								

续前表

	1月	2月	3月	4月	5月	6月	6月以后	
总支出	3 000	3 000	2 000				2 000	
净收入/（支出）	（1 000）	2 000	（1 000）	1 000			1 000	2011年9月
对收入项目的套期保值		1 000					（2 000）	2011年10月
对支出项目的套期保值	1 000		1 000				2 000	
净敞口	—	1 000	—	1 000			1 000	
使用远期协议进行套期保值交易的详细信息*								
（具体说明合约日期、	1月	2月	3月				9月	
结算日、	2011年8月1日	2011年8月30日	2011年9月1日				2011年10月16日	
汇率水平	1.735 0	1.745 0	1.755 0				1.758 0	
以及交易金额）	1 000	1 000	1 000				2 000	

* 有关使用远期协议进行套期保值的详细数据一般会列在一个单独的表上。

集团总公司的财务管理部门在获得所有分支机构提交的交易风险敞口报表以后，便可以着手编制集团总公司的交易风险敞口报告。与前面的表一样，这种报告通常每月编制一次。表9—2给出了一个总结报告的例子。在这个表中，我们注意到制表人按照货币是否存在对应的远期市场对多种货币进行了分类。这种做法很有效，因为如果存在着对应的远期外汇市场，那么企业可以很容易地安排套期保值交易。反之，如果不存在对应的远期外汇市场，那么企业只能通过借入或贷出当地货币的方式来进行套期保值，前提条件是当地的金融市场具有足够的深度，允许企业执行这种套期保值策略。此外，制表人还可以按照各种货币彼此之间的联合浮动关系对其分类，这种做法也比较有效。其有效性主要体现为有大型跨国企业在对现金流净敞口进行套期保值时发现涉及的所有外汇币种本质上彼此之间是联合浮动的关系。

表9—2　　集团总公司的现金流风险敞口报表（单位：千英镑）

制表人：	制表日期：			预测期：			
	1月	2月	3月	4月	5月	6月	6月以后
具有对应的远期外汇市场的货币							
欧元							
加拿大元							
日元							
瑞典克朗							
瑞士法郎							
美元							
其他货币（详细说明）							
总额							
没有对应的远期外汇市场							
货币（详细说明）							
货币（详细说明）							
货币（详细说明）							
总额							

9.9 矩阵表

在对集团总公司的交易风险敞口规模进行估算以后，对总公司的财务管理部门来说下一个问题就是如何管理这些敞口。显然，财务管理人员要先判断未来汇率可能的波动方向，然后再做出决策。在制定管理政策时，矩阵表是常用的工具之一。财务管理人员要从公司内部以及外部消息灵通的预测主体那里获得其对未来利率走势的预测值，并对每一个预测值赋予权重。在总公司内部，可以提供类似汇率预测值的机构包括财务管理部门、经济研究部门、各分支机构当地的管理层以及其他部门。公司以外可提供汇率预测的机构包括银行以及专门的汇率预测机构。每一个预测主体都要给出对应不同时间段的未来汇率预期值，并提供每种汇率预期值发生的概率。值得注意的是，企业一般要求预测主体提供多个时间段的未来汇率预测值，而非单一时段的预测值。表 9—3 给出了预测主体提供未来汇率预测值的一般模板。如表 9—3 所示，除了实际汇率预测值以外，还包括权重因子。权重因子的大小主要取决于每一个预测主体过往预测结果的准确性。所有预测值的权重之和必须等于 1.00。如表 9—3 所示，每一个预测值发生的概率要乘以预测主体的权重，从而得到最终的加权概率值。这些加权概率值会被列入总结矩阵表中（请参考表 9—4）。在企业做决策时，会把这些数据与市场上的远期汇率进行比较。

表 9—3　　**汇率预测**

预测主体：集团总公司的财务管理部门　　当前即期汇率：＄1.775 0＝￡1
货币：￡/＄　　远期汇率：＄1.780 0＝￡1
预测周期：三个月　　制表日期：……

预测区间	中间值	概率	预测主体权重	加权概率
1.740 0～1.769 9	1.755 0	0.05	0.20	0.010 0
1.770 0～1.799 9	1.785 0	0.3	0.20	0.060 0
1.800 0～1.829 9	1.815 0	0.35	0.20	0.070 0
1.830 0～1.859 9	1.845 0	0.25	0.20	0.050 0
1.860 0～1.889 9	1.875 0	0.05	0.20	0.010 0
		1.00	1.00	0.200 0

回过头来看表 9—3，该表给出的是单个预测主体提供的未来汇率预测值。就该表来说，预测主体是集团总公司的财务管理部门。每一个预测主体都要按照此类表的模式给出未来一个月、两个月、三个月等不同时段的未来汇率预测值。这些汇率预测值对应的权重是根据每一个预测主体过往的预测准确程度来设定的——在表 9—4 中，未来汇率预测的时间长度为三个月——然后，财务管理部门便可以较为容易地绘制出一个月、两个月、三个月乃至更长时间段的汇率预测矩阵表。在本例中，汇率预测主体包括集团总公司的财务管理部门、经济研究部门、各分支机构的财务管理部门、集团总公司的财务规划部门、银行和提供外汇预测服务的咨询公司。每个预测主体对应的权重分别为 20%、15%、15%、20%、15%和 15%。

根据表 9—4 中提供的加权汇率预测数据，我们可以看出三个月后汇率很有可能位于 1.77～1.83 这个区间内。如果目前美元的三个月远期汇率水平为 1 英镑兑换 1.78 美元

(请参考表 9—3 与表 9—4)，则若公司要在三个月后买入美元同时卖出英镑，那么公司一直等待三个月，按照三个月后的即期汇率水平购买美元可能给企业带来收益。这是因为按照矩阵表所示，三个月后美元很有可能会相对于英镑贬值。所以，等待三个月并按照三个月后的即期汇率买入美元要比使用远期汇率买入美元对企业更有好处。读者应该还记得，有选择性的套期保值策略的理论依据是，至少在短期内，远期汇率是未来即期汇率的无偏估计。我们已经在第 6 章总结了有关这一观点的实证检验结果。

表 9—4　　　　总结矩阵表（£/$）

货币：£/$　　　　制表日期：……

预测周期：三个月　　　　远期汇率：$1.780 0=£1

	预测区间				
	1.740 0～1.769 9	1.770 0～1.799 9	1.800 0～1.829 9	1.830 0～1.859 9	1.860 0～1.889 9
集团总公司的财务管理部门	0.01	0.06	0.07	0.05	0.01
集团总公司的经济研究部门	0.01	0.08	0.05	0.01	0
各分支机构的财务管理部门	0	0.08	0.07	0	0
财务规划部门	0.01	0.09	0.07	0.02	0.01
银行	0.01	0.07	0.07	0	0
专业的汇率预测咨询机构	0.01	0.06	0.07	0.01	0
共计	0.05	0.44	0.40	0.09	0.02

总结矩阵表置信区间

50%　25%　0%

5%　44%　40%　9%　2%

1.740 0～1.769 9　1.770 0～1.799 9　1.800 0～1.829 9　1.830 0～1.859 9　1.860 0～1.889 9

在上面这个例子中，如果公司在三个月后会收到一笔美元货款，那么按照矩阵表计算的结果，公司应采取的合理措施是卖出远期美元。所以说，矩阵表能够便于企业做出合理明智的选择性套期保值策略。当企业执行有选择性的套期保值策略时，时刻密切关注该策略的实施效果是最为重要的一点。我们建议跨国企业执行事后审计制度，将有选择性套期保值策略的结果与全面套期保值策略的可能结果相比较；与此同时，还应当将有选择性套期保值策略的执行结果与不进行任何套期保值交易的结果相比较。显然，企业需要每隔一段时间就进行类似的事后审计，所选取的时间段应当包含本币升值与贬值的时期。如果企业追求的是有选择性的套期保值策略，那么事后审计的结论必须证明这种选择是合理正当的。这样的事后审计应当定期进行。单个预测主体的权重也应当随审计事实做出变化。对于有选择性的套期保值策略来说，事后审计制度是一个非常关键的环节，再怎么强调也不过分。

9.10 再开票中介

很多跨国公司都已经把自己的财务管理部门划分出去另外成立一家独立的公司。从此以后，所有集团内的交易都要通过这个独立的财务管理中心开票。这种独立的财务管理公司被称为**“再开票中介”**（reinvoicing vehicles）、“冲抵中介”（netting vehicles）或者“多种货币管理中心”（multi-currency management centres）。每家公司的具体操作有所不同，但是一般都具有下面列出的基本特征。

假设集团总公司向其他集团总公司出口商品，则可以通过再开票中介按照出口商的本币开票。与此同时，再开票中介会依照进口商的本币向其开票。这意味着不管是进口商还是出口商，都将不会面临任何汇率风险。汇率风险全部由再开票中介承担。再开票中介最终承担的风险敞口取决于其自身的风险厌恶程度以及它对未来汇率波动情况的预测。

如果是两个不同的跨国企业相互交易，出口商可能要求按照出口商的本币开票，而进口商要求使用另一种货币进行结算，那么出口商可以要求再开票中介按照自己的本币开票，然后再开票中介会按照买卖双方协商的币种向进口商开票。同样地，所有的汇率风险均由再开票中介承担。商品进口也用相同的方式处理，所有的汇率风险也由再开票中介承担。当然，在这些交易中，再开票中介当然是所交易商品的法定所有者，因此即使是在存在外汇管制的国家，它也可以较为容易地获得许可，从而对自己的外汇风险敞口进行套期保值。

这种做法将所有的外汇风险敞口都集中到再开票中介那里。因此，这已成为管理与控制集团总公司外汇风险敞口的最理想方法。此外，再开票中介往往还扮演着银行家的角色。在这种情况下，现金管理工作也全部交给再开票中介负责，这就相当于提供给集团总公司借款。这种高度复杂、成本高昂的外汇风险管理方法只适用于拥有大量国际贸易、国际借贷以及现金流的大型跨国集团。前面我们已经说过，对于这种再开票中介要注意成本节约，并定期进行事后审计。

为了降低税负以及进行成本加权定价，一些企业在使用再开票中介制度时存在滥用嫌疑。事实上，近些年来，出于可疑目的使用再开票中介的现象逐渐减少了，这是因为东道国政府开始对这类行为产生怀疑。

9.11 风险敞口管理策略

前面我们已经说过，企业应当在外汇市场上采取一定的管理措施来对冲现金流风险敞口。但是还有另外一个最关键的问题需要高层管理人员回答：企业的态度是不是希望风险敞口管理政策能够通过未来汇率的波动给企业创造收益？或者企业是否把注意力主要放在产品和服务的生产与销售方面，外汇风险管理措施的目标是实现汇率波动风险损失的最小化？财务管理部门是否为损益中心？对于这些问题，并不存在一个统一清晰的答案。不同的企业会采取不同的态度，这是因为它们的风险厌恶程度不同。也许企业对外汇风险的态度会时不时发生变化。对于在外汇市场上追求利润最大化的企业，我们称其执行的策略为

"激进策略";而对于将目标只确定为汇率波动潜在损失最小化的企业，其策略被称为"保守策略"。在现实世界里，如果根据企业的全局策略来判断，我们不能简单地将其划分为激进派或保守派，因为绝大多数企业的外汇风险管理态度都是介于绝对的激进与保守之间：有时，企业可能会采取激进策略；有时，同一家企业可能会采取保守策略。

所谓的激进策略指的是企业故意持有外汇风险敞口，并期望可以通过这一敞口获得利润。而保守策略指的是企业通过采用接下来几章介绍的工具与手段尽可能地消除外汇风险敞口。在不存在外汇管制的国家，激进企业可以很容易地通过外汇远期市场、互换市场、期权市场或期货市场来建立与交易根本无关的外汇风险敞口，根据自己对未来汇率走势的判断来谋取利润。在存在外汇管制的国家，对外贸易所形成的外汇风险敞口是企业可以合法获取的唯一谋利机会。比方说某国存在外汇管制，使用激进策略的出口商在向其他国家出口商品时会力争使用未来相对于本国货币可能会升值的其他货币作为结算货币。激进策略还有另外一种表现形式，如果远期汇率要比**结算日**（settlement date）的预期即期汇率更有利，则企业只会对外币应收账款进行套期保值。与之相反，采用保守策略的企业会要求使用本币进行结算；对于自己持有的外币应收账款或应付账款，企业会自动在远期外汇市场上进行套期保值。我们再重申一遍，在不存在外汇管制的条件下，企业不是经由对外贸易而是直接在远期外汇市场、互换市场、期权市场或期货市场建立外汇风险敞口，这种做法是很不明智的。

对于长期决策而言，激进企业会选择借入相对于本币汇率有所下降的**软货币**（soft currency）债务，同时还要考虑利息成本以及两国货币的预期贬值/升值情况。而保守企业则会努力使得资金流入与资金流出的币种相匹配，从而实现现金流风险敞口的最小化，或者实现资产与负债的计价货币相匹配。

企业对外汇风险的态度通常取决于两个主要因素。第一个主要因素是企业决策层委员会主要领导人的总体风险厌恶程度。第二个主要因素是企业预测汇率以及打败远期外汇市场的能力。第二个影响因素又让我们回想起前面已经讨论过的两个问题：外汇市场的有效性以及专家提供的汇率预测是否一直能获得超额收益。

当外汇市场有效且不存在任何缺陷时，市场汇率不存在系统性的偏离，管理层对未来汇率的预期与远期汇率是一致的。在这种情况下，持续获得超额收益是不可能的。但是在真实世界里，政府经常会干预外汇市场与利率市场，这导致了市场缺陷的产生——在现行的浮动汇率体系下，这种管理手段叫做"肮脏浮动"——这些行为可能会导致实际汇率与远期汇率之间产生系统性的偏离。当然，正如我们在第 6 章讲到的那样，在短期内以及相当长的时期内，这种系统性的偏离确实持续存在，这意味着投资者确实可以在外汇市场上持续获得超额利润。因此，当下列两个条件具备时，企业采用激进策略是合理的。首先，市场缺陷——例如政府对外汇市场的干预等——可能会导致在相当长的一段时间内，外汇市场无法体现出有效性。其次，汇率预测主体具有特殊渠道，可以获取市场上其他绝大多数交易者并不掌握的信息，或者企业或预测主体具有特殊的能力，可以对可获得信息进行另类解读。如前所述，采取激进的风险管理策略的企业应当认真仔细地监督检查推行激进策略所带来的后果。

由于企业的经营环境不同，因此保守策略的基本内容也会有所不同。对于主要在国内开展业务的企业来说，偶尔会有一些进出口贸易，那么所谓的保守策略指的是公司主要使用远期外汇市场来进行套期保值。对于主营出口业务的企业来说，最常使用的保守策略指的是通过远期外汇市场或者借入外币贷款的方式来进行套期保值。我们可以用一个例子来更好地解释第二种保守策略。如果企业的生产经营创造出资产或现金流入敞口，那么企业可以借入相同币种的债务或现金流，以实现风险敞口的对冲。按照这种模式，大量对外出口商品并使用外币进行结算的企业可以持有一部分外币负债来实现风险敞口的对冲。

对于在许多国家都设有分支机构的大型跨国企业来说，保守型的财务管理策略涉及使用外汇、互换以及期权市场，但是除此之外，还有更进一步的政策工具可供其选择。这指的是通过调整经营模式及财务管理手段来防范外汇市场和金融市场的波动对企业的预期收益与现金流带来的不利影响。经营模式方面的转变包括采购、产品、厂址选择、市场选择、信贷、定价以及结算币种选择等方面的变化。我们将在第 10 章进一步详细讨论上述经营模式的转变。顺便提一句，詹金斯（Jenkins）[15]在案例研究的基础上指出，在前面列出的经营模式变化中，前三种措施可以比金融市场更有效地防范汇率不均衡给企业带来的不利影响。不过，在使用这些策略时要格外小心，以免为了纠正短期内的不均衡而导致长期经营模式的改变。对财务项目进行调整以保护企业的预期收益与现金流，通常指的是对负债项目进行调整。企业可以选择借入与自身的经营现金流正相关的货币。例如，假设一家美国控股公司在英国设有分支机构，该公司向德国出口商品，用欧元进行结算，则英国分支机构的营业收入与欧元汇率的波动正相关，因此该分支机构决定借入欧元贷款。于是，欧元相对于英镑的汇率波动不仅会影响英国分支机构的经营收入，还会影响其融资成本。所以，两者相互抵消，外汇风险得以降低。

9.12 经济风险敞口的再探究

到目前为止，我们给出的经济风险敞口的定义是，汇率波动对企业未来获得的经营现金流的现值以及企业的本币现值所造成的影响。在考虑对经济风险敞口安排套期保值交易时，我们也是根据这个定义展开分析的。但是近些年来，学者们提出了另一种有关经济风险敞口的定义，当风险厌恶企业制定套期保值策略时，这种新的定义能更有效地提供信息。这个新名词就叫“宏观经济风险敞口”。正如其名字所示，它涵盖的不仅仅是外汇风险敞口。目前，这个新概念还处在研究的初期。但是，作者认为未来宏观经济风险敞口这个概念的普及程度绝不应被低估。也许再过十年或二十年，这种风险敞口会成为企业财务总监主要关注的指标。

9.13 宏观经济风险敞口

宏观经济风险敞口考察的是整个经济环境的发展对企业的现金流、收益以及价值会造成怎样的影响。也就是说，在由汇率、利率、通货膨胀率、工资水平、商品价格水平以及其他外部冲击构成的整个宏观经济运行背景下，企业的现金流、利润以及价值会发生怎样的变化。显然，所有的企业都面临这种风险敞口。外部的经济冲击往往由国内辐射到国外，因此若想管理宏观经济风险敞口，首要任务是确定这种风险敞口的性质，然后通过套期保值策略对其加以管理。本节介绍的方法主要来源于奥克黑姆和威尔伯格（Oxelheim and Wihlborg)[16]的研究成果。

我们可以根据主要经济变量——例如利率、汇率、物价水平、商品价格等——的变化对企业的现金流、利润以及价值所造成的影响来定义企业对宏观经济变量的敏感性。首先，我们要列出主要的宏观经济变量；然后建立统计模型，使用回归分析方法计算出模型中各个变量的参数。我们必须获得相当长一段时间内的数据，而且在使用模型进行分析前，要先对这些数据按照产品、战略业务部门、分支机构所在国等特征进行分类。

我们假设对一家英国跨国公司进行分析。通过使用回归技术，我们可以求出由国内与国外物价水平、汇率、国内与国外的利率水平以及重要原材料的相对价格等重要变量的意料之外的变化导致的企业实际现金流发生变化的百分比。我们假定回归分析得出了结果即各个自变量的参数，结果列在表 9—5 中。

在表 9—5 中，第二列数的第一个数值的含义是英国国内物价水平出人意料地上涨 1%将导致企业的实际现金流减少 0.6%。该表显示，英国企业的实际现金流对国外物价水平的变化并不敏感。但是该表还显示，在其他变量保持不变时，当汇率水平出人意料地上涨 1%时，企业的实际现金流会相应减少 0.5%。这里我们分析的是英镑兑美元的汇率。考虑到企业真实面临的宏观经济环境，也许我们在分析中重点考察的汇率水平还应包括英镑兑日元或者英镑兑欧元的汇率变化。第二个值得高度重视的参数是国内利率水平的参数。如该表所示，当国内利率水平出人意料地上涨 1%时，企业的实际现金流会减少 0.8%。国内利率水平的变化对企业现金流的影响还会波及其他领先指标。例如，建筑材料行业的一个重要领先指标便是新屋开工率，但是这一指标要受到利率水平的影响。如该表所示，下一个变量的参数说明当外国利率水平出乎意料地上涨 1%时，企业的实际现金流会相应增加 0.2%。同样地，也许只有欧元或美国国内的利率水平存在这样的相关性，因为相对利率会影响到各国的商业竞争对手或消费者的选择。再看下一行，商品价格出乎意料地上涨 1%，会导致企业实际现金流相应减少 0.2%。显然，不同行业的商品价格的构成也会有所不同。比方说，水泥的价格可能对某一个行业十分重要，但对另一个行业无足轻重。钢材的价格可能对某一个行业十分重要，但对另一个行业来说没有影响。对于某一特定的战略业务部门，我们可以设置多个关键商品。最后一个解释变量是相对价格水平。这个指标测量的是企业的产出或投入的价格与一般物价水平之间的相对关系。这一指标上升 1%，可以导致企业的实际现金流相应增加 0.6%。

表 9—5　　各宏观经济变量出乎意料地上涨 1%对企业实际现金流的影响

变量	参数	对实际现金流的影响	变化 1%的例子
国内价格水平	−0.6	−0.45	零售物价指数从 100 变为 101
外国价格水平	0	0	
汇率	−0.5	−0.375	美元/英镑汇率从 1.80 变为 1.782 0
国内利率水平	−0.8	−0.6	利率从 10% 变为 10.1%
外国利率水平	0.2	+0.15	美国的利率从 10% 变为 10.1%
商品价格	−0.2	−0.15	铜的价格从每吨 1 500 英镑变为每吨 1 515 英镑
相对价格	0.6	+0.45	产出价格指数与零售物价指数（RPI）之比从 1 变为 1.01

如果基期时，企业的未来预期实际现金流为 7 500 万英镑，那么乘以对应的敞口参

数，我们可以计算出宏观经济变量发生变化对企业实际现金流造成的真实影响，这就是表9—5中的第三列数据。我们认为这些参数能够反映经济变量的一部分影响，这意味着这些参数反映的是当其他变量保持不变时，单一变量发生波动对企业实际现金流的影响。因此，国内利率这一变量的参数反映的是当其他变量均保持不变时，国内利率水平发生变化对企业实际现金流的影响。

一旦我们求出了敏感性指标，那么接下来要做的就是用金融产品对风险敞口进行套期保值。假设表9—5所列数据的所在企业目前只考虑对美元/英镑敞口进行套期保值。那么，该企业在远期外汇市场上进行的套期保值交易应当确保当美元相对于英镑升值1%时，企业可以获得375 000英镑的收益。这可以弥补表中算出的375 000英镑的损失。根据表9—5提供的汇率数据，企业应当买入大约为6 700万的12个月远期美元。买入这么多在12个月后进行交割的远期美元意味着一旦英镑相对于美元贬值1%，企业就可以获得375 000英镑的收益，从而可以弥补由于英镑贬值而给企业带来的现金流损失。通过这种方式，企业可以对冲掉英镑/美元汇率风险。

其他一些金融产品例如利率期货也可以用于对冲利率风险敞口。商品期货也可以用于这一目的。因此，如果企业打算对冲汇率、利率以及商品价格风险敞口，那么它可以选择远期外汇协议、利率期货以及商品期货。不过，在使用这些衍生产品时要格外留意，这是因为远期协议的价值对利率变化十分敏感，而利率期货与商品期货的价值也会受到汇率波动的较大影响。因此，每一种套期保值合约的头寸规模都要取决于其他套期保值合约的头寸规模。

在研究利率与汇率波动可以对企业的现金流造成多大影响的过程中，奥克黑姆和威尔伯格[17]指出，经过对各种宏观经济风险敞口的实际测算，他们发现全球范围内利率水平变化所带来的影响在统计学上要比汇率变化所带来的影响明显得多。这一研究成果意味着经济风险敞口的传统管理模式——即主要关注汇率变化——可能达到的效果不如关注宏观经济风险敞口的效果好。

有关宏观经济风险的研究是套期保值方面最前沿最热点的问题。对这方面的文献感兴趣的读者可以先去读一读奥克黑姆和威尔伯格发表的论文。本章只是对两人的研究成果做一简要介绍。需要指出的一点是，他们两人建议在分析宏观经济风险敞口时，分析者应当按照产品、分支机构以及现金流的类型将现金流数据拆解开来。作者也同意，这样的分析方法有助于分析者更好地了解整个企业集团的业务操作流程，但是为什么进行这样的分类就能给套期保值策略的制定更好地提供信息，原因并不明确。毕竟，我们关注的是制定套期保值策略以消除整个企业集团的宏观经济风险敞口，因此看上去集团的风险敞口要比单个分支机构的风险敞口重要得多。我们要承认的是，如果企业集团是由多个全资或非全资的子公司构成的，那么在各个子公司的层面上进行套期保值交易可能也是有意义的。不过，如果情况并不是这样，那么在分析时将现金流数据按照各种类别拆解开来就显得用处不大了。

宏观经济风险敞口的实际运用

我们都清楚，企业套期保值策略的未来发展必然围绕着经济风险敞口这个核心概念。显然，如果企业可以准确地进行统计分析，那么宏观经济风险敞口分析必然能够帮助企业真真切切了解未来现金流以及盈利的不确定性。目前，越来越多的企业开始使用宏观经济风险敞口分析这一工具。

9.14 在险价值

在险价值（value at risk，VAR）是用一个数值表示的估计值，它可以反映企业持有的某种金融产品的价格变化——例如固定利率债券或者没有套期保值的外汇应收账款或应付账款——给企业造成的损失。说得更准确一点，这一风险指标反映的是在一定的前提条件下未来的潜在损失不会超过某一特定水平的概率。前提条件包括时间段长度、持有期、置信区间、概率分布、相关性以及潜在的外部冲击。值得一提的是，最近爆发的金融危机证明这一指标并不好用，因为该指标是建立在正态分布曲线的基础上的，然而事实上价格分布并非**正态分布**（normal distribution），而是**厚尾分布**（fat tail distribution），这是当金融市场发生剧烈变化时经常出现的特征。但是，目前仍有很多金融机构在使用这一风险指标，我们需要了解这一指标存在哪些缺陷。

在险价值这一指标的诞生要归功于JP摩根公司，当时JP摩根公司的主席要求每天营业结束时用一页纸的报告来总结一下明天可能发生的市场波动给银行带来的潜在损失。JP摩根公司大名鼎鼎的“Riskmetrics”（用来计算在险价值指标的系统）应运而生。

在险价值指标可以计算出企业多种经营活动的总体风险水平，因此很适合银行业的要求，便于银行业建立集团内部的风险管理系统。关注整个集团风险总水平的企业也把在险价值当做有效的风险管理工具。在险价值这个指标确实颇为好用，我们需要好好了解这一指标的构成——但是在第9.15节，我们也向读者提出了警告。不过，在险价值指标并不是集团风险管理包治百病的灵丹妙药，尤其对企业来说更是如此。但是，它确实能够估算出在正常的市场环境以及金融产品均保持较高流动性的情况下，较短时期内企业可能面临的潜在损失。

为了解释这一概念，我们假设某家金融机构持有由固定利率债券构成的资产组合，这一资产组合没有安排套期保值，因此其价值要受到利率的**期限结构**（term structure）曲线影响，也就是收益率曲线。如果我们使用历史收益率数据，就能计算出在多种利率虚拟环境下资产组合的价值，从而可以获得资产组合的价值分布以及资产组合价值的潜在变化。绝大多数在险价值模型均假设资产组合价值的变化一般是随机发生的，资产组合的价值分布曲线满足正态分布（请参考图9—9）。对于正态分布曲线来说，标准差是波动率的测量指标，数据的分布具有以下特征：

$\pm\sigma$ 的范围内涵盖63%的数据

$\pm2\sigma$ 的范围内涵盖95.5%的数据

$\pm3\sigma$ 的范围内涵盖99.7%的数据

如果在图9—9中，标准差（SD）为10 000英镑，那么资产组合的价值变化有95.5%的概率会位于±20 000英镑这个区间（这意味着有47.75%的概率出现损失，有75.75%获得盈利）。因此，置信水平为95.5%时的在险价值就等于20 000英镑。如果这些数据是日数据，那么求出的就是24小时的在险价值。这就是当时JP摩根的主席想要知道的东西。

接下来，我们来看一看这一风险指标如何应用于银行持有的外汇风险敞口或利率风险敞口。事实上，银行资本充足率监管条例要求银行基于5年的日数据按照95%的置信水平计算未平仓外汇头寸市场风险的在险价值，或者基于3年的日数据计算置信水平为99%时的在险价值。然后，对应算出的在险价值指标值，银行必须持有特定规模的资本金。（不过，银行还要根据可能发生的不利情况进行压力测试。）

与绝大多数管理手段一样，在险价值手段也存在一些不足之处，下面我们列出了有关在险价值指标的提醒与警告：

● 价值的变化很有可能不满足正态分布。对于某些金融产品而言，其价值分布肯定不是正态分布，尤其是当危机爆发时。

● 外部冲击发生的频率要比正态分布曲线假定的频率高得多。因此在险价值指标通常只适用于正常的市场环境，企业或金融机构还要辅以压力测试与虚拟情境分析，充分考虑到外部强烈冲击可能带来的影响。

● 在计算资产组合的风险水平时，某些资产存在着相关性，例如多种货币的风险敞口。因此，除非组成非常简单的资产组合，否则常用的计算方式是下面列出的三种。具体包括：

（1）方差/协方差法，首先根据历史统计数据计算出历史相关系数，然后使用演绎推导法求出当前的相关系数。

（2）使用资产组合的历史收益率以及预期收益率进行模拟。

（3）蒙特卡罗分析法，该方法要求分析者建立大量的虚拟情况，比方说 10 000 个，然后根据分析者对波动性和相关性的假设条件构建出分布曲线。有时还会用到期权价格隐含的未来波动率（请参考第 14 章和第 15 章）。

● 在本例中，持有期为 24 个小时。分析者需要估计每一种风险敞口类别的持有期的长度，并相应地搜集数据。一个重要的影响因素是**流动性**（liquidity）的强弱——也就是头寸被平仓套现的速度。如果持有期大于一个月，在险价值指标的可靠性将会变得可疑。近来发生的金融危机证明，在危机爆发时，头寸的持有期会迅速缩短。

● 事实上，次贷危机的爆发让人们开始怀疑在险价值是不是一个较为有用的风险管理工具。该指标并没有达到最初创建者所声称的效用。

值得一提的是，2007—2008 年间次贷危机的爆发证明在险价值指标根本不足以担当早期预警指标的角色。接下来，我们使用正态分布模型再对在险价值指标进行讨论。

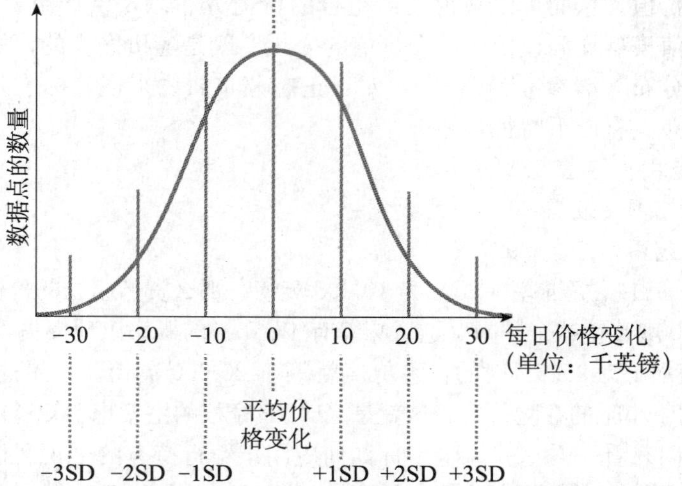

图 9—9 适用于资产组合价值变化的正态分布曲线

9.15 风险管理模型与正态分布模型

对金融学理论以及实践而言，一个重要问题是正态分布曲线的普遍使用是否符合现实。人们在分析证券价格变化以及期权定价问题时，已经普遍认同可以使用正态分布曲线作为分析工具。

正态分布曲线通常被称为钟形曲线。均值左侧一个标准差到均值右侧一个标准差所形成的区间内涵盖了95.4%的数据分布。正态分布曲线的两端叫做“尾部”，读者可参考图9—10。两侧尾部涵盖了余下的4.6%的数据分布，其中包含了一些发生概率非常小但是可以带来灾难性后果的事件。比方说，恐怖袭击的发生概率可能只有2%，但是造成的破坏效果十分惊人。

事实上，绝大多数交易者低估了金融市场上尾部事件的发生概率。博诺伊特·曼德博罗（Benoit Mandelbrot）[18]指出，如果道琼斯工业平均指数的变化规律与正态分布曲线相一致，那么1996—2003年间道琼斯工业平均指数应当只发生4.5%左右的变化，或者在这几年间，道琼斯工业平均指数发生变化的天数只有6天。然而事实上，在同一时间段内，道琼斯工业平均指数的变化幅度至少相当于正态分布曲线估计值的366倍。

显然，很多金融产品或市场环境并不适用正态分布曲线。厚尾分布曲线能够更好地反映未来可能发生的金融市场事件的发生概率。图9—10同时给出了正态分布曲线和厚尾分布曲线。对于正态分布曲线来说，两端尾部涵盖了4.6%的数据分布。而对于厚尾分布曲线来说，两端尾部涵盖了10%的数据。还有一些尾部更为厚重的分布曲线，两端尾部涵盖的比例会更高一些。

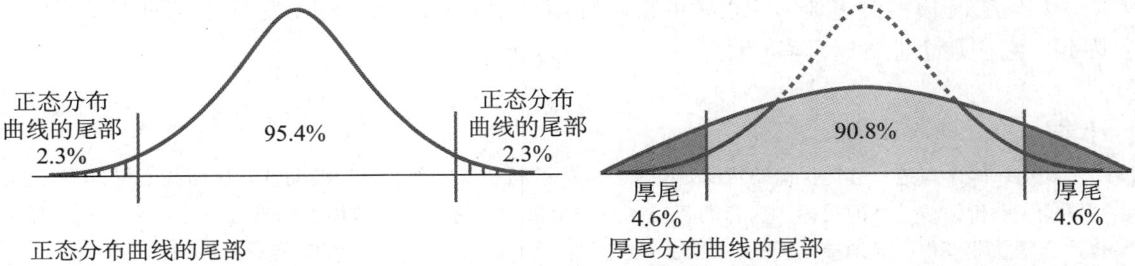

图9—10　正态分布曲线与厚尾分布曲线

特瑞纳（Triana）[19]赞同使用厚尾分布曲线，他观察到：“1992年欧洲汇率体系崩溃期间（当时由欧洲多个国家构建的联系汇率制度受到外部力量的冲击而宣告瓦解），利率波动曾经达到过50个标准差的幅度。1987年的‘黑色星期一’本质上是20个标准差事件（或者称为20-sigma事件）。1998年夏天，长期资本管理公司的破产也至少是15-sigma事件。”正如我们在第6章所说的那样，特瑞纳认为人生短短几十年，却已经几次经历了“所谓的一百万年才会发生一次的事件”，而大家都知道人类的寿命远远短于一百万年。那么，到底是哪一个错了，现实世界还是模型？

兰彻斯特（Lanchester）[20]认为在金融市场上，“在过去的几十年里，已经爆发了多次5-sigma、6-sigma以及7-sigma事件。按照模型，此类事件的发生概率原本应当分别是每

12 932 年发生一次、每 4 039 906 年发生一次以及每 3 105 395 365 年发生一次。但是，竟没有人从这个简单的事实中发现我们使用的简单模型是错误的。在金融危机爆发时，数学模型也随之失效了。当市场处于正常状态时，这些模型可以正常运转，绝大部分时间都是这样的；但是这些模型的主要任务是评估风险水平，而按照定义，某些风险本身发生的概率很小且不可知。”

一般来说，就地震和飓风这样的自然灾害来说，它们是符合厚尾分布曲线的小概率事件，彼此之间是相互独立的。与之相反，在金融市场上，表面上看上去相互独立的事件实际上是有内在联系的，多个事件彼此之间的发生概率会相互影响。例如，假设在债券市场正常运转的情况下，下一年住房市场价格下跌 20%的可能性只有 2%。但是，如果债券市场因为其他原因（与住房市场不相关的因素）而爆发危机，那么住房市场的价格也会下降。如果危机由债券市场蔓延至抵押贷款市场，这将导致房屋贷款数量减少，那么住房市场价格下跌幅度超过 20%的可能性肯定会远远超过 2%。因此当我们分析未来几年间小概率事件可能会引发金融危机的概率时，需要格外注意那些彼此之间具有关联性的小概率事件。随后，再根据分析结果给出相应的套期保值建议。

很多风险管理模型都建立在下列可疑的假设前提的基础上：

● 金融产品的收益与风险符合正态分布（高斯分布），根本没有考虑存在厚尾的可能，忽视了小概率事件发生可能导致的灾难性后果。

● 只使用单一的统计指标标准差（这一指标主要适用于正态分布曲线）来分析金融市场可能出现的情况。

● 相关系数保持不变，然而实际上在危机爆发时，相关系数肯定会发生变化，这会导致分散化投资与套期保值变得更为复杂。

● 永远可以获得流动性资金，虽然在极端的市场环境下，这往往是不可能做到的。

风险管理模型过多地关注正常的市场环境，没有考虑到危机爆发时特殊的市场环境。因此，它们让企业的管理者产生了一种错误的安全幻觉。

小结

● 对风险敞口进行套期保值的目的是降低企业的盈利和未来现金流的波动性，从而我们可以间接实现降低企业价值波动性的目标。这有助于提高股东价值。但是，上述这种逻辑推导过程需要通过检验。也许金融从业者很容易地接受了上述观点，但是学者们不会。那么，他们的观点是什么呢？

● 按照资本资产定价模型，充分分散化投资的国际投资者不会愿意为企业的套期保值交易支付溢价，因为他们只需调整一下自己持有的资产组合就可以轻轻松松地复制套期保值策略。对于经理人来说，执行套期保值策略以降低现金流和企业利润的总体波动性可能非常重要，尤其是对于企业的短期绩效而言，但是这与分散化给投资的股东毫无关系。由于个人投资者持有的是高度分散化的投资组合，因此其中某一项投资资产价值的起伏并不会对个人投资者造成任何影响。

● 资本资产定价模型认为，系统性风险是决定股票定价的主要因素。如果汇率风险与利率风险被视为非系统性风险，那么投资者可以通过分散化投资的方式将这两类风险彻底消除。反之，如果利率风险与汇率风险是系统性风险，而且远期协议与利率衍生产品的定价符合资本资产定价模型，那么企业所进行的套期保值交易不会给企业带来任何新增价值。事实上，该观点甚至认为，远期协议的交易成本反而会减少企业的价值。

● MM 定理也是套期保值反对者经常提出的理论依据之一。MM 定理认为，就企业的负债而言，投资者自己也可以使用“自制的财务杠杆”，从而达到与企业负债相同的结果。这类观点常常把个人套期保值与企业套期保值相提并论。换言之，投资者个人进行的套期保值交易将会使得企业进行的套期保值交易与企业价值之间毫无关系。但是，对于这种说法也存在着一些反对的声音。套期保值市场本质上是批发市场，因此由企业出面进行套期保值交易成本相对更低。而且，某些套期保值工具只能被市场所用，例如提前付款或推迟付款以及转移定价等。除此之外，套期保值策略要求执行者掌握当前敞口、未来敞口以及或有风险敞口的所有数据，因此我们怀疑投资者是否能够做到这一点，是否能够达到最优的套期保值目标。请记住，资产组合内每一项资产的信息都需要掌握，而非仅仅一项资产的信息。还有一点值得注意，那就是经济风险敞口的数据也要搜集。

● 从雇员和经理人的角度来看，因为他们并没有持有高度分散化的工作组合，因此套期保值策略对他们而言是件好事。

● 如果公司价值的模型如下所示：

$$V_F = \sum \frac{E(NCF_t)}{(1+k)^t}$$

上式反映出企业的价值 V_F 是未来预期净现金流 $E(NCF)$ 以企业的资本成本率 k 为贴现率计算出来的现值。因此企业价值增加，要么是因为预期净现金流增加，要么是因为贴现率降低。如果汇率风险、利率风险与商品价格风险被视为可分散风险，那么对这些风险进行套期保值不能降低贴现率 k——至少乍看上去，这不会导致 k 变小。但是，套期保值策略可以降低企业陷入财务困境的风险（请参考图 9—2）。降低破产风险可以使得企业以更优惠的条件与供应商、客户、雇员以及银行签订协议。从这个角度来看，财务困境风险的降低有助于提高 $E(NCF)$。而且，伴随着爆发财务危机的风险的下降，企业的负债能力也会有所提高，上式中 k 的值会相应变小（假设我们使用净现值模型评估企业的价值），同时债务带来的免税效应给企业创造的新增价值也会增加（更适用于调整现值法）。

● 读者可能认为，我们应当使用更加符合现实的企业估值模型，即：

$$V_F = \sum V_i - P(\sigma)$$

式中，V_F 代表的是企业的价值，V_i 代表的是企业下属每家分支机构的净现值，$P(\sigma)$ 代表的是惩罚因子，反映的是企业的总体风险水平对税后现金流的影响。请大家注意，结合阿德勒和杜马斯、莱萨德和夏皮罗等人的观点，这一公式与资本资产定价模型并不一致——因为惩罚因子主要取决于企业的总体风险水平而非系统性风险。上述企业估值公式证明，对于股东来说套期保值策略是件好事，因为它能使惩罚因子变小，于是能够增加企业的价值。

● 此外，本章还说明当企业面临的实际税率曲线是凸性曲线时，风险敞口管理策略可以增加企业的税后净现金流。同样地，对于经理人、员工、客户、债权人尤其是股东来说，这绝对是个好消息。即使是按照纯粹的资本资产定价模型的分析思路，仅凭这一点也能增加股东的价值。

● 为什么风险敞口管理要使用中央集权体系，我们可以用一个例子对此加以说明。一家英国跨国企业的一个下属子公司在六个月后要收到一笔价值为 500 万加拿大元的应收账款，同时另一家子公司将在六个月后支付一笔价值为 500 万加拿大元的应付账款。从整个集团的角度来看，这两笔风险敞口实际上可以相互抵消。如果不存在中央集权制的信息系统，管理者就无法发现集团内部存在着这种相互对冲的风险敞口，那么这两家子公司可能要另想办法对自己持有的风险敞口进行套期保值。

● 为了突出强调内在套期保值的重要性，本章建议跨国企业建立起完善的信息系统，以便各分支机构及时向总公司汇报交易风险敞口状况。

● 如同其他所有的信息系统一样，管理者要定期检查风险敞口管理系统，以确保其能够实现成本效率。

● 本章对成本有效的信息系统如何运转提出了一些建议。这包括所有的外国分支机构以及本土分支机构都要向集团总公司的财务管理部门报告所有的外币交易风险敞口以及预期将会形成的交易风险敞口。接下来，总公司财务管理部门的职责是根据所获得信息制定决策，以实现集团总公司层面上的最优化。

● 到目前为止，我们给予经济风险敞口的定义是企业未来现金流的本币价值受汇率波动的影响程度。但是宏观经济风险敞口的含义要更为广阔。

● 宏观经济风险敞口关注随着宏观经济环境的变化，企业的现金流、盈利和价值会发生怎样的变化。宏观经济环境指的是由汇率、利率、通货膨胀率、工资水平、主要产品的价格以及出乎意料的外部冲击等构成的框架。

● 我们可以使用回归分析方法估算宏观经济变量的变化对企业的现金流、盈利和价值会造成怎样的影响。分析者要算出回归方程的各个参数，然后建议企业采用合理的套期保值策略。

● 宏观经济风险敞口管理未来肯定会成为企业财务总监最有效力的管理工具之一。目前，这是财务管理领域最前沿、最热点的研究问题。

● 正态分布曲线能够帮助我们了解在正常的市场环境下金融产品的收益分布情况，但是当危机爆发时，正态分布曲线是否仍然适用，值得怀疑。

章末习题

9.1 在评估交易风险敞口时，为什么跨国企业只检查每一种货币的净现金流？

9.2 总部位于美国的跨国企业正在评估其交易风险敞口。下一年，该跨国企业的预期现金流如下表所示：

币种	现金流入总额	现金流出总额	当前汇率水平
虚拟货币 1（RUD）	400 万 RUD	200 万 RUD	$0.15
英镑（GBP）	200 万 GBP	100 万 GBP	$1.50
虚拟货币 2（BTD）	300 万 BDT	400 万 BTD	$0.30

你认为该跨国企业的经济风险敞口有多大？假设两种虚拟货币兑美元的汇率波动保持一致。

9.3 长期内各种货币之间的相关性是否始终保持稳定？我们是否可以用历史相关性数据替代未来相关性数据？

注释

1. Adler，M.，"Translation methods and operational foreign exchange risk management"，in G. Bergendahl（ed.），*International Financial Management*，Norstedts，Stockholm，1982.

2. Makin，J.，"Discussion"，*Journal of Finance*，May，440－442，1981.

3. Logue，D. E. and Oldfield，G. S.，"Managing foreign assets when foreign exchange markets are efficient"，*Financial Management*，Summer，16－22，1977.

4. Adler，M.，"Translation methods and operational foreign exchange risk management"，in G. Bergendahl（ed.），*International Financial Management*，Norstedts，Stockholm，1982.

5. Modigliani，F. and Miller，M. H.，"The cost of capital，corporation finance and the theory of investment"，*American Economic Review*，48，261－297，1958.

6. Aliber，R. Z.，*Exchange Risk and Corporate International Finance*，Wiley，New York，1979.

7. Feizer，G. and Jacquillat，B.，*International Finance：Text and Cases*，Allyn and Bacon，Boston，MA，1981.

8. Dufey，G. and Srinivasulu，S. L.，"The case for corporate management of foreign exchange risk"，*Financial Management*，Winter，54－62，1983.

9. Shapiro，A. C. and Rutenberg，D. P.，"Managing exchange risks in a floating world"，*Financial Management*，Summer，48－58，1976.

10. Dufey，G. and Srinivasulu，S. L.，"The case for corporate management of foreign exchange risk"，*Financial Management*，Winter，54－62，1983.

11. Abuaf，N.，"The nature and management of foreign exchange risk"，*Midland Corporate Finance Journal*，4（3），1988，in J. M. Stern and D. H. Chew Jr.（eds）（1988），*New Developments in International Finance*，Basil Blackwell，Oxford，1988.

12. Rawls Ⅲ, S. W. and Smithson, C. W. , "Strategic risk management", *Journal of Applied Corporate Finance*, 2 (4), 6-18, 1990.

13. Ross, D. , Clark, I. and Taiyeb, S. , *International Treasury Management*, Woodhead-Faulkner, Cambridge, 1987.

14. McRae, T. and Walker, F. , *Foreign Exchange Management*, Prentice Hall, London, 1980.

15. Jenkins, R. L. , *Corporate Management of Exchange Rate Misalignment—The Experience of UK Firms 1972—1982, 1987—1992*, unpublished PhD Thesis, London University, London, 1995.

16. Oxelheim, L. and Wihlborg, C. , *Macroeconomic Uncertainty: International Risks and Opportunities for the Corporation*, Wiley, Chichester, 1987. Oxelheim, L. and Wihlborg, C. , "Competitive exposure: taking the global view", *Euromoney Corporate Finance*, February, 1989. Oxelheim, L. and Wihlborg, C. , "Taking the sting out of economic exposure", *Euromoney Corporate Finance*, March, 1989.

17. Oxelheim, L. and Wihlborg, C. , *Macroeconomic Uncertainty: International Risks and Opportunities for the Corporation*, Wiley, Chichester, 1987. Oxelheim, L. and Wihlborg, C. , "Competitive exposure: taking the global view", *Euromoney Corporate Finance*, February, 1989. Oxelheim, L. and Wihlborg, C. , "Taking the sting out of economic exposure", *Euromoney Corporate Finance*, March, 1989.

18. Mandelbrot, Benoit B. , *The (Mis)Behaviour of Markets*, Profile Books, 2005.

19. Triana, P. , *Lecturing Birds on Flying*, John Wiley and Sons Inc. , 2009.

20. Lanchester, J. , *Whoops*, Penguin Group, 2010.

第 10 章　内部风险管理措施

企业可以使用多种方式实现外汇风险的最小化。本章以及第 11 章分别探讨的是内部风险管理措施与外部风险管理措施。内部风险管理措施本质上属于企业常规财务管理的一部分，不需要与集团外其他企业通过签订特殊合约的方式形成契约关系。而外部风险管理措施则是通过签订合约的方式来规避潜在的外汇风险损失。

内部风险管理措施旨在减小风险敞口，或者防止风险敞口生成。对于那些内部风险管理措施无法消除的风险敞口，企业可以使用外部风险管理措施来降低汇率风险损失产生的可能。

内部风险管理措施包括净额结算法、匹配法、提前或推迟付款法、定价策略以及资产/负债管理。外部风险管理措施包括使用远期协议、短期借款、**贴现**（discounting）、**保付代理**（factoring）、政府提供的外汇风险担保以及货币期权。对于跨国企业来说，上面列出一部分风险管理措施——净额结算法、匹配法以及提前或推迟付款法在某些国家被定义为违法操作，还有一些国家对此类财务管理措施加以限制——是无法使用的。读者要牢记，很多欠发达国家根本没有形成本币的远期市场。接下来我们逐一向大家介绍净额结算法、匹配法、提前或推迟付款法、定价策略以及资产/负债管理策略。

10.1　净额结算法

净额结算法是贸易企业彼此之间进行结算的一种方法。其原理十分简单。集团总公司旗下的每一家分公司都要计算出自己与其他集团内分公司之间的结算净额。集团内部完成的交易所引发的应收账款以及应付账款要相互抵消。双边净额结算法是最简单的结算框架之一。每一对结算主体都要计算出彼此之间由交易引发的敞口净额以及净现金流。在进行双边结算时，除了两个结算主体以外，不会涉及其他集团分公司的净敞口。

我们可以用一个例子向大家说明双边净额结算法的具体操作。假设某一企业集团内一家英国子公司拖欠同一集团内另一家法国子公司相当于 6 000 000 美元的欧元；与此同时，法国子公司拖欠英国子公司相当于 4 000 000 美元的英镑。因此对于这两个子公司来说，彼此之间的结算净额事实上相当于 2 000 000 美元（双方可以协定结算币种，可以是美元、英镑、欧元或者其他任意一种货币），即英国子公司应当向法国子公司净支付 2 000 000 美元。通过使用这种结算方法，两家子公司节省了相当于 8 000 000 美元现金流的转账费用以及外汇交易成本。净额结算法从根本上大幅度减少了集团内部各子公司之间的收支额，因此在一定程度上规避了外汇风险。双边净额结算法便于使用，在实际操作中常遇到的问题是结算时使用哪一种货币。

多边净额结算法（multilateral netting）更为复杂，但是其原理与双边净额结算法毫无差异。多边净额结算涉及集团内部两家以上的子公司，即对多家子公司彼此之间的债务进行结算，因此往往需要集团总公司的财务管理部门提供服务。双边净额结算体系只涉及两个结算主体，因此不需要集团总公司的财务管理部门介入。当然，很多子公司都愿意使用双边净额结算体系。如图 10—1 所示，集团内部的三家子公司同样可以使用双边净额结算法，即每两家子公司之间使用双边净额结算法结算债务。如图所示，这一结算框架中实际上包含着三个双边结算关系。

我们还是用举例的方式说明多边净额结算体系的运行。假设集团内部一家英国子公司从瑞士子公司那里买入（购买行为发生在每月净额结算周期内）价值相当于 6 000 000 美元的商品与服务；与此同时，英国子公司向法国子公司出售了价值相当于 2 000 000 美元的商品。在同一个月内，假设瑞士子公司从法国子公司那里买入价值相当于 2 000 000 美元的商品与服务。表 10—1 给出了上述三家子公司进行多边净额结算的矩阵表。由该表可知，这三家子公司在使用了多边净额结算体系后，最终的结算结果是英国子公司向瑞士子公司净支付 4 000 000 美元。

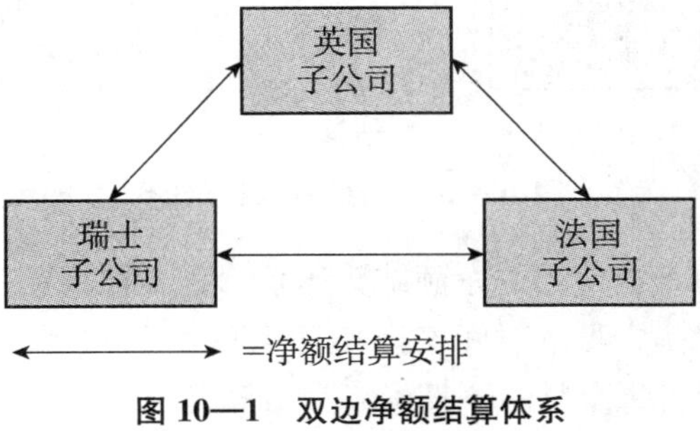

图 10—1　双边净额结算体系

当多个子公司使用双边净额结算体系结清债务时，彼此之间可以两两计算结算净额，因此不需要集团财务管理部门介入；如表 10—1 所示，多边净额结算体系往往需要集团总公司的财务管理部门担任净额结算中心的角色（请参考图 10—2）。参与多边净额结算体系的子公司要在规定时间内向集团财务管理部门报告所有与集团内部其他子公司之间通过交易产生的应收账款与应付账款；随后，财务管理部门会在特定日期告知所有参与多边净额结算体系的子公司应向其他子公司支付或收到的净结算额。多边净额结算体系能够极大地节省外汇交易成本及转账费用，但是它要求集团总公司建立一个高度中央集权的信息沟通系统，而且各个子公司必须遵守相应的结算规则。值得一提的是，很多国家的外汇管制制度限制企业使用双边或多边净额结算法。在正式推行双边或多边净额结算体系之前，企业要先详细了解一下东道国的外汇管制政策。

表 10—1　　多边净额结算矩阵（单位：百万美元）

	付款子公司			总收入额	净收入额	抵消额
	瑞士子公司	英国子公司	法国子公司			
收款子公司						
瑞士子公司	—	6	0	6	4	2
英国子公司	0	—	2	2		2
法国子公司	2	0	—	2		2
总付款额	2	6	2	10		
净付款额		4			4	
抵消额	2	2	2			6

结算净额：	总结算额	10
	净结算额	4
	抵消额	6

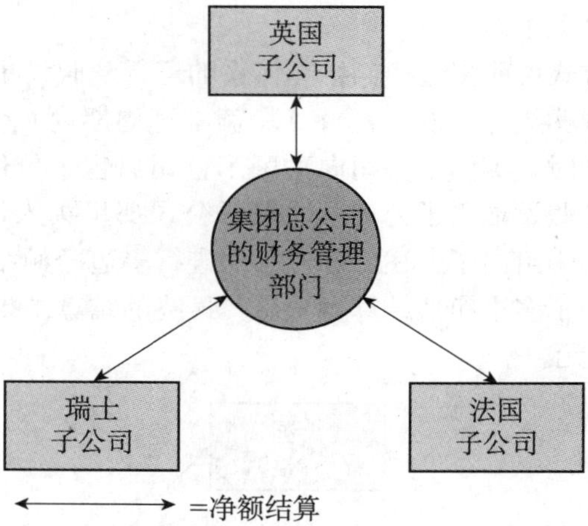

图 10—2　多边净额结算体系

在结算完成前，跨国企业使用的净额结算体系制定了较为紧张的时间表。虽然在细节安排上可能存在差异，但是常见的时间安排表通常采用以下几种形式：

- 确定结算日（例如将每个月的 6 日确定为结算日）。
- 在结算日前五天，所有参与净额结算体系的子公司都要向财务管理中心报告与集团内其他子公司之间的应收账款以及应付账款，还要说明应付账款的币种，并将其按照一定的汇率水平折算为同一种货币。
- 在结算日前四天，财务管理部门负责将所有集团内部的应收账款或应付账款的数据汇总起来。
- 在结算日前三天，财务管理部门要算出净额结算的金额。随后，财务管理中心会向各子公司下达支付命令。
- 在结算日前两天，各家子公司向各开户行下达两天后转账支付的命令。

● 在结算日那一天，各子公司完成付款以及收款事项。

净额结算体系有助于降低银行转账成本，同时有助于增强集团对下属子公司之间财务结算的控制力。结算笔数减少，金额也大幅度降低，这有助于减少企业在即期外汇市场和远期外汇市场支付的买卖价差成本，同时也减少了向银行支付的费用。虽然我们难以估计到底节省了多少成本，但是麦克雷和沃克[1]两人的估计结果是，成本的节省额相当于1%现金流抵消额的六分之一。这能帮助我们更为感性地了解净额结算体系带来的成本节约效应。

10.2 匹配法

虽然净额结算法与匹配法这两个术语经常被人们交换使用，但是事实上它们存在着明显的区别。严格来说，净额结算法只适用于集团内部各子公司之间的潜在现金流，而匹配法则既适用于集团内各子公司之间的结算，也适用于集团与第三方之间的结算。

匹配法指的是企业尽量使得外汇现金流入与外汇现金流出的金额以及时间点相匹配。某种货币的收入现金流可以被用于支付这种货币的货款，从而减少集团总公司不得不使用外汇市场来满足兑换外币现金流的需求。

匹配法的使用前提是集团总公司必须拥有同一种外币的双向现金流。只有这样，集团总公司才拥有实现自然匹配的可能性。自然匹配与平行匹配之间有着明显的差别。平行匹配法指的是企业的收入币种与支付币种不同，但是这两种货币的价值存在着紧密联系，近似于平行变动，在这种情况下通过两种货币实现的匹配叫做平行匹配。比方说，收入与支付的两种货币同属于一个联合汇率浮动体系。当然，对于平行匹配法来说，涉及的多种货币实际汇率的波动很有可能会偏离原先设定的平行变动的轨迹，这种情况时有发生。在这种情况下，企业的预期匹配目标将无法实现。

匹配法的实际操作方式十分类似于多边净额结算法，因为它同样需要集团总公司财务管理部门的介入，并在结算前负责收集所有相关的信息。由于第三方付款与收款的时间存在着不确定性，因此在实际操作中可能会遇到一些问题。意料之外的付款或收款时间推迟可能会给跨国企业的财务管理部门带来困扰，使其无法实现外汇收支的匹配。比方说，原本定于在某个结算日收到的款项出现了延迟，但是在同一天已设计好的付款计划却必须执行，显然收款与付款之间将无法实现匹配。

正因为如此，匹配法要想获得成功，必须要求集团总公司的财务管理部门收集到的信息质量非常高，包括对结算日期的理想化估计以及准确预测。与净额结算法一样，某些国家的外汇管制政策对匹配法的使用具有一定限制。

10.3 提前或推迟付款

提前或推迟付款法指的是企业之间对付款安排进行的调整。这种方法通常被用于调整集团内部各子公司之间的应付账款。提前付款指的是在付款日到来之前提前付款。推迟付款指的是在原定付款日过去后再行付款。提前与推迟付款属于激进的外汇管理措施，其目的是充分利用外汇的预期**升值**（revaluation）或贬值可能。

我们用一个例子来说明企业如何使用这种财务管理手段。假设位于B国的子公司b应当在三个月后向位于A国的子公司a付款，计价货币为美元。我们再假设市场预期B国的货币将在三个月后相对于美元以及A国本币贬值。显然，如果b公司提前付款，那么买入相同金额的美元所需支付的B国货币的数量就会减少。因此，在这种情况下，提前付款是很有诱惑力的。

不过，决策者应当全盘考虑问题。如果国际费雪效应在短期内成立，那么B国货币存款的利率水平应当高于美元的存款利率，高出的幅度正好等于B国货币相对于美元的预期贬值幅度。除了未来的汇率波动以外，决策者在考虑使用提前或推迟付款手段时，还需要考虑不同货币之间的相对利率水平。除了利率与汇率以外，还有第三个相关因素，即不同国家利息税的实际税率。对于前面给出的例子，我们需要站在集团总公司的角度比较一下税后净现金流的变化情况。因此，如果b公司提前付款，那么B国货币的预期贬值可以帮助其节省成本。但是，接下来集团总公司的收益率为美元收益率而非B国货币的收益率——美元收益率应当低于B国货币的收益率。所以，在准备提前付款之前，决策者要将上述相关因素通盘考虑进来。

对于推迟付款，我们也可以举一个相似的例子。假设市场预期B国货币将会相对于美元升值，那么子公司可能会选择推迟付款策略。但是同样地，不管是提前付款还是推迟付款，我们都必须站在集团总公司的角度，仔细分析下列几个因素带来的综合效应：

- 预期汇率变化以及发生的时间。
- 相对利率。
- 税后效应。

与匹配法一样，集团总公司的财务管理部门通常要介入，以确保集团内部的结算时间点满足整个企业集团的利益，而非只满足子公司的利益。值得一提的是，如果一部分子公司被要求前提付款，而另一部分子公司被要求推迟付款，那么绩效考核指标会受到影响。显然，提前付款的子公司会损失应收账款的利息，同时提前付款还会给其带来利息成本。为了解决这个问题，业绩评估往往要在税前、息前的基础上进行。

当地少数股东的存在会使得提前或推迟付款的决定变得更为复杂。对于一些“吃亏的”子公司，当地的大股东往往会提出强烈抗议，因为利息成本增加，而且这会导致未来本币融资的可能性进一步降低。在这种情况下，少数股东的利益要服从大股东以及母公司的利益。如果当地中小股东表现得非常强势，那么这往往会限制企业使用提前或推迟付款策略。

外汇管制政策也会对提前或推迟付款策略有所限制。提前或推迟付款策略会影响一国的国际收支平衡表以及汇率水平。正因为如此，东道国政府往往会对付款安排制定一定的约束条件，要求跨国企业进行国际贸易时必须遵守这些约束条件。

提前或推迟付款策略已经超出了单纯的风险敞口最小化的管理领域。企业在融资时可以采用这种较为激进的策略。值得注意的是，这种激进策略是建立在一个前提条件上的，即国际费雪效应在短期内是不成立的——这一点已经得到实证检验结论的支持。因此，东道国货币的预期贬值可能会导致跨国企业考虑使用当地融资偿还外币借款。

10.4 定价策略

从风险敞口管理的角度来看，定价策略具体包含两种策略：价格变动与结算货币的选择。对于这两种策略，我们要分别讨论两种情况，即与第三方进行交易以及企业集团内部进行交易。

价格变动

价格变动指的是为了抵御汇率变化所带来的不利影响而提高售价的措施。读者可能会提出这样的问题，既然公司可以提价，那么为什么不早提价呢？在某些国家，只有被当作风险敞口管理措施使用时，提价行为才是合法的。例如，在绝大多数南美国家，当地根本没有远期市场，而且金融市场十分弱小，这使得跨国企业无法通过融资达到风险敞口管理的目标。在这种情况下，提价作为风险管理措施之一才是合法的。

首先我们来看一看应用于企业集团内部交易的提价措施。转移定价这个术语被用于指代企业集团内部各子公司之间买卖商品与服务时的提价行为。作为一种风险敞口管理手段，转移定价变动指的是集团内部商品与服务的交易定价可以随意高于或低于**公平价格**（arm's-length price）（这里公平价格指的是市场价格——如果存在市场的话；如果不存在市场，则公平价格指的是向第三方客户收取的价格）。绝大多数国家的税务机关、海关以及外汇管理部门要求企业使用公平价格。如果发现存在可疑的转移定价操纵，几乎每一个国家的税务机关都有权要求企业强制执行公平价格；如果转移定价被认为不是公平价格，则海关管理部门有权强制要求企业执行公平价格。

尽管这样说，但是很多跨国企业还是试图通过转移定价策略实现集团税后现金流的最大化或应付税款的最小化。

结算货币的选择

凡是从事商品或服务进出口贸易的企业都要考虑使用哪一种货币进行结算。外汇交易会给企业带来交易风险敞口，这既是风险，又是机遇。尽管只使用本币进行交易便于管理，但是这忽略了一个基本事实：商品或服务贸易合同中规定的结算货币本质上已经成为企业向客户提供的一整套销售合同不可或缺的基本组成部分。

出口商一般希望使用本币或自己承担成本的其他货币进行结算，这样做可以规避汇率风险。但是，买家可能倾向于使用其他货币进行结算。在许多市场，例如石油或铝市场，要求交易的结算货币与市场上主要竞争对手的报价货币相一致，这往往并不是卖家所在国的本币。在买方市场上，卖家尽量使用令买家满意的货币进行结算。卖家越能接近买家的要求，成交的可能性就越大。

如果卖家选择使用外币结算，也许是因为其潜在客户喜欢这种方式，或者是因为卖家倾向于追随市场领先企业，那么卖家应当选择一种重要的国际货币——这种货币拥有交易活跃的远期市场，远期外汇交易的期限至少与付款期限一样长。那些无法实现自由兑换的货币或者远期外汇市场发育不良的货币不应当在考虑范围内。

如果一国的实体经济规模较小，那么一笔金额较大的出口贸易有可能会对该国的国际收支平衡表造成严重影响。在这种情况下，我们建议卖家不要使用买家的本币作为结算货币。如果该国政府或某一政府机构正好是买家，那么卖家一定要牢牢记住，客户本身就有能力在付款前操纵本币贬值，从而达到减少对出口商的付款金额的目的。

对卖家而言，最理想的结算货币是其本币或者相对于本币汇率较为稳定的另一种货币。卖家往往被迫使用市场领先者所在国的货币。不管怎么样，最终选择的货币必须具有较为活跃的远期外汇市场。

但是对于卖家来说，最理想的结算货币通常是其本币，或者是相对于本币汇率较为稳定的另一种货币，或者是其外汇储备资产中持有的某种货币，再或者是可以给其带来收益的货币。

强势的买家可能坚持要求使用其本币来报价；他们彻底忽略使用其他货币进行的交易或报价。对于卖家来说，使用买家的本币进行结算可以带来的好处是买家付款会比较简便，只需直接用本币付款。在这种情况下，付款的速度通常非常快，因此有些卖家基于这个原因同意使用买家的本币作为结算货币。

当然，很多跨国企业都希望自己购买商品或服务时支付的货币与自身所获得收入的币种是同一种货币，这有助于从源头消除外汇风险敞口。这里我们所说的同一种货币并不一定是跨国公司的本币。而且，很多市场的潜规则是企业要追随市场领先者的决定。在这种情况下，市场领先企业在报价时使用了哪一种货币，其他追随者在报价时也要使用同一种货币。因此，这有可能既不是买家的本币，也不是卖家的本币。

有时会出现这样的情况，买家或卖家对使用哪一种货币进行结算争论不休。为了解决这一问题，通常买家与卖家会同意使用另一种替代货币——这种货币与买家的本币之间存在着紧密的联动关系。还有另外一种处理方法——过去非常流行，但如今已经很少用——就是设立一个货币条款规定卖家使用一种货币付款，但付款的实际金额却是根据另一种货币的价值进行计算的。

在出口贸易中，至少有一方要进行外汇交易。比方说出口商可能要卖出外汇，进口商可能要买入外汇。如果贸易合同的结算货币既不是进口商的本币，也不是出口商的本币，那么双方都要进行外汇交易。在这种情况下，买卖双方有必要进行合理安排，以实现外汇交易成本的最小化。在整个欧洲大陆，从竞争力、买卖价差或佣金的角度来看，各国的外汇市场差异很大。例如，法国政府推行的外汇管制政策要求法国企业必须与法国国内的银行进行外汇交易，其成本要远远高于伦敦外汇市场。北欧各国均是如此。对于那些可以使用伦敦外汇市场达到目标的企业来说，伦敦外汇市场可以说是成本最为低廉的外汇交易市场。如果买家或卖家所在的国家执行外汇管制措施，使得当地外汇市场的交易成本较为高昂，那么聪明的做法是将成交地点设定在可以进入伦敦外汇市场的某处。集团内部的交易也是如此。假设某国执行外汇管制政策，那么英国企业与该国企业进行贸易时，可以使用该国货币作为结算货币。如此一来，在该国境内不需要进行任何外汇交易，同时买家可以在伦敦市场上进行外汇交易。

到目前为止，我们讨论的都是外币结算过程中涉及市场的一些问题，我们尚未谈及使用硬货币结算这一问题。而对许多跨国企业来说，这个问题十分重要。我们的观点是在不存在外汇管制的国家，花费大量时间以达到使用硬货币进行结算的目的，本质上就是白费力气。这是因为在不存在外汇管制的国家，不管是否具有交易背景，企业都可以随时购买自己想买入的外汇。面对远期、期货、货币互换以及货币期权等数量众多的衍生产品，采取激进策略的企业随时可以使用这些衍生产品建立外汇风险敞口，只要其高管层想这样做。在这样的国家，企业的高管可以凭借自己对未来汇率走势的判断来直接建立外汇风险敞口，根本不需要考虑企业的业务经营状况。

说到这里，为什么企业——不管其是否位于存在外汇管制的国家——更愿意使用硬货币作为国家贸易的结算货币，这里面涉及一些商业因素。其中一个最常被提及的原因是使用硬货币可以使得企业保持一个相对稳定的价格目录——在某些情况下，价格目录的修改成本较为高昂。在存在外汇管制的国家，对外贸易往往是企业合法持有外汇头寸的唯一渠道。

在市场上，很多坚持使用硬货币进行结算的企业会面临这样一种短期压力：其竞争对手可能选择使用未来预期汇率水平将下降的货币作为结算货币，于是随着结算货币的贬值，客户实际支付的货款就相当于是打了折，而货物的出售方并没有正式宣布降价。当市场环境较为恶劣时，这一策略可以帮助企业保住自己的市场份额。反过来，在卖方市场上，处于强势地位的企业在短期内会坚持使用硬货币进行结算，从而可以在没有正式宣布提价的条件下获得本币价格持续上涨所带来的好处。

执行外汇管制的国家对企业持有的外汇头寸有所限制，因此跨国企业如果想凭借自身对未来汇率走势的判断获取收益，那么就只能通过国际贸易的方式持有外汇头寸，这几乎是合法持有外汇头寸的唯一渠道。在这种情况下，如果是与第三方进行交易，那么保守策略便是努力使得所有的出口合约以及所有的进口合约都使用本币结算，根本不考虑其他任何货币。与之相比，激进的做法是出口合同努力实现使用硬货币进行结算，进口合同则使用软货币进行结算。如果存在外汇管制，而且远期外汇市场的交易成本高昂，那么使用哪一种货币作为结算货币就会变得更加重要。客户在买入商品时一般希望使用软货币进行结算，而卖方则更倾向于使用硬货币作为结算货币。因此，两者之间明显存在着利益冲突。为了达成交易，企业的营销部门可能会答应客户提出的所有条件，因此可能会被迫同意使用软货币作为结算货币。但是从集团总公司的角度，这种做法并不适宜。显然，企业应当建立营销控制体系以防止此类现象的发生。

接下来我们再来分析一下集团内部各子公司进行交易时结算货币的选择。从税前的角度来看，因为进行交易的子公司隶属于同一个企业集团，因此保守策略与激进策略几乎没什么分别。但是，如果存在少数股东，情况就会有所不同。结算货币的选择是个**零和博弈**（zero-sum game），也就是说，结算货币给一家子公司带来的潜在收益正好等于它给另一家子公司带来的潜在损失。不过，在决策过程中，我们必须重视税后效应。从税后的角度来看，结算货币的选择可能会给企业带来盈利。假设有两家子公司 A 与 B（分处在不同的国家），彼此之间进行交易。假设 A 的边际税率高于 B。在这种情况下，当其他条件均相同时，A 给 B 开发票时会倾向于使用软货币，B 给 A 开发票时倾向于使用硬货币。这种做法会使得外汇收益聚集在 B 处，而损失聚集在 A 处，从而可以增加集团总公司的税后收入和现金流。

10.5 资产/负债管理

本节我们要分析的是最后一种内部风险管理手段：资产/负债管理。这种方法可被用于管理资产负债表、损益表或现金流的风险敞口。如前所述，我们认为将现金流风险敞口集中在一起的做法是有意义的，但是单纯的外汇折算风险敞口对企业的影响并不大。因此，本节我们强调的是资产/负债管理本质上是一种现金流的风险敞口管理手段。不过，很多教科书的观点与本书不同，它们认为资产/负债管理手段应当被用于非现金流的风险管理。然而，在我们看来这种观点是错误的。

本质上，资产/负债管理策略也可以分为激进策略与保守策略两种。在使用激进策略时，企业会故意增加以未来有升值趋势的货币为计价货币的现金流入敞口，同时增加以未来有贬值趋势的货币为计价货币的现金流出敞口。与之相比，保守策略的做法是尽可能使得现金流入与现金流出的计价货币相匹配，不考虑这些货币未来可能升值还是贬值。

财经评论员经常会把企业的营业指标与财务指标区分开来。从资产/资本的管理角度来看，这种做法很有帮助。我们可以用一个例子说明企业如何操纵营业指标来实现现金流的风险敞口管理目的。假设一家英国出口商未来可以获得一笔美元现金流入（这是其出口商品所获得的收入），但是这家英国公司不愿意持有美元风险敞口。该公司很可能会使用远期外汇市场来解决这个问题。不过，该进口商也有可能选择从美国或至少用美元采购大量的原材料。这种做法可以实现现金流入的计价货币与现金流出的计价货币部分匹配的目标。

就财务指标来说，从资产/负债管理的角度来看，跨国企业的自由裁量权更大。激进的做法是增加用硬货币计价的现金流的风险敞口、债权和应收账款（要充分考虑到利息的影响、未来汇率的走势以及税收的影响），以及增加用软货币计价的借款和应付款项（同样要充分考虑到利息的影响、未来的汇率走势以及税收的影响）。与此同时，企业还要努力减少用硬货币计价的借款和应付账款，减少用软货币计价的现金流的风险敞口、债权和应收账款。如果跨国企业分支机构所在国的本币是软货币，那么企业应当在当地借款，然后尽快将其兑换为硬货币，随后通过向母公司支付股息或偿还贷款的方式将资金汇回母国。如果子公司所在国的本币是软货币，那么子公司的资本结构应当经过特别设计以便于资金的转移。例如，留存收益不应当被资本化，而应当以收入储备的形式存在，这种做法可以提高子公司股息政策的灵活度。如果子公司所在国家限制当地企业对外支付高额股息或者基于税收目的不允许企业对外支付高额股息，那么在这种情况下，子公司较高的债务权益比有助于将资金尽快汇回母国。

不过，很多国家当地的金融资源十分匮乏，这使得一些财务管理策略无法充分施展。而且，东道国政府通常会对债务权益比设定上限，还规定子公司向母公司支付的股息与东道国境外融资资本之比不得超过一定的百分比。如果跨国企业的子公司向母公司支付的股息超过了规定水平，那么东道国政府通常会用重税的方式加以惩罚。

小结

- 内部风险管理措施指的是无须与集团外的第三方签订特殊合约的管理方法。具体包括净额结算法、匹配法、提前或推迟付款法、定价策略以及资产/负债管理法。净额结算法指的是多家企业对彼此之间进行的多笔贸易进行结算的方法。参与净额结算的企业要计算出自己的净结算差额。最简单的净额结算体系叫做双边净额结算体系；多边净额结算体系则更为复杂。不管是哪一种方法，集团总公司的财务管理部门都要积极介入，在参与结算的各家子公司之间做好最终结算的协调工作。净额结算法有助于减少企业向银行支付的费用成本。净额结算法每抵消掉1%的现金流，所节省的成本就相当于1%的现金流抵消额的六分之一。
- 匹配法与净额结算法比较类似，但是匹配法不仅适用于隶属于同一集团总公司的子公司之间的结算，还适用于集团与第三方的结算。

● 提前或推迟付款法指的是企业在预期货币未来可能升值或贬值的情况下采用的管理手段。具体的做法非常简单，指的是企业提前支付或推迟支付外币货款。核心思想是尽可能地减少偿还债务所需要的本币金额。值得注意的是，在企业决定是否使用提前或推迟付款法时，需要充分考虑利息收入与利息支出因素的影响。

● 定价策略也可被用于风险敞口管理，指的是基于汇率的预期波动而提高产品的售价，或者是选择某一种特定的货币作为结算货币，以免东道国本币的预期贬值给跨国企业的子公司带来风险。

● 资产/负债管理也可被用于风险敞口管理，指的是企业可以调整营业指标或财务指标，以实现现金流入的币种与现金流出的币种相匹配。因此，如果一家英国子公司收到的是加拿大元的货款，那么该公司可以选择获得加拿大元融资以实现部分匹配的目的。也就是说，用加拿大元负债来平衡加拿大元资产。

章末习题

10.1　什么是净额结算法？这种管理方法将如何提高跨国企业的绩效？

10.2　跨国企业如何使用提前或推迟付款法来帮助需要资金的子公司？

注释

1. McRae, T. and Walker, F., *Foreign Exchange Management*, Prentice Hall, London, 1980.

第 11 章 外部风险管理措施

外部风险管理措施要通过与集团外第三方企业签订合约的方式来降低外汇损失风险。外部风险管理措施包括使用远期外汇协议、短期借款、金融**期货合约**（futures contracts）、货币期权、应收票据贴现、保付代理、欧洲货币贷款、货币互换以及政府汇率风险担保。除了货币互换、金融期货以及货币期权以外，本章我们将向大家介绍余下的每一种外部风险管理工具。

11.1 远期外汇市场

世界上绝大多数——而非全部——主要货币都拥有对应的远期市场。虽然在某些远期外汇市场上，大额交易有时难以完成，但是对于最主要的几种国际货币来说，例如美元与英镑、瑞士法郎、日元、荷兰盾、加拿大元、欧元等其他货币之间的交易，远期外汇市场可以提供期限长达十年的远期外汇协议。一般来说，交易的规模越大、期限越长，交易的币种越不常见，相应的远期协议的可获得性就越低。

远期外汇协议是交易双方约定在未来某一个时间用一种货币兑换另一种货币的协议。在协议签订时，交易双方已约定好未来交割时两种货币兑换的汇率、交割日以及交割金额。这种金融衍生品与外汇期货合约具有明显的区别，我们在这里简单地向大家做一解释。外汇期货合约是在交易所内交易的标准化合约。在绝大多数金融期货交易所，英镑/美元的期货合约交割规模为 62 500 英镑，交割日为交割月内的某一天，交割月通常为 3 月、6 月、9 月或 12 月。远期外汇协议的交易双方通常最终要真正完成外汇的实际交割。而外汇期货合约的交易者往往会在**到期日**（maturity date）之前通过建立反向头寸的方式平仓，而不是在交割日进行实际交割。

我们曾经在第 4 章向大家讲过银行如何向客户提供远期汇率报价。这里我们有必要再复习一下第 4 章的相关内容。

11.2 远期外汇市场的交易目的

通过签订远期外汇协议，一家英国进口商或出口商可以在签订协议时确定未来买入或卖出一定数量外币的价格，实际交割发生在未来某一特定的时间点。远期外汇协议可以帮助进口商或出口商消除未来汇率波动所引发的外汇风险。尽管外币付款发生在未来某一时间点，但是跨国企业可以通过远期外汇协议提前锁定合约的准确英镑价值。表 11—1 说明了远期套期保值交易的机理。

如果某一种外币在远期市场上升水，这意味着这种货币在远期市场上要“强于”本币。与之相反，如果某一种外币在远期市场上贴水，这意味着这种货币在远期市场上要“弱于”本币。“强于”与“弱于”之所以要加上引号，是因为从远期外汇市场的角度来看，货币的强弱只取决于彼此之间的相对利率差，这正是**利率平价**（interest rate parity）理论的核心思想。

当然，商业贸易存在着各种不确定性，没人能够事先准确得知客户什么时候会付款，客户有可能在最后付款日来临前提前付款，也有可能推迟付款。在表 11—1 提供的案例中，我们假设 A 国（非欧元区国家）的客户将在 2012 年 7 月 21 日付款，这距离发票的签发日期刚好 3 个月。

表 11—1　　远期外汇套期保值交易案例

合约条款	
卖方	英国出口商
买方	A 国进口商
合约签订日	2012 年 5 月 1 日
赊账期限	3 个月
预期付款日	2012 年 7 月 31 日
发票金额	500 万 A 国货币
2012 年 5 月 1 日的汇率水平	
即期汇率	7.92 ¾—7.93 ½（1 英镑可以兑换 7.92 ¾—7.93 ½ A 国货币）
1 个月远期汇率	3 ⅞—3 ½分（1 元 A 国货币＝100 分）
2 个月远期汇率	6 ¾—6 ⅛分
3 个月远期汇率	9 ⅝—8 ⅞分
4 个月远期汇率	12 ½—11 ⅝分
2012 年 5 月 1 日的直接汇率报价	
即期汇率	7.92 ¾—7.93 ½
1 个月远期汇率	7.88 ⅞—7.90
2 个月远期汇率	7.86—7.87 ⅜
3 个月远期汇率	7.83 ⅛—7.84 ⅝
4 个月远期汇率	7.80 ¼—7.81 ⅞

远期外汇协议的机理	
2012年5月1日	英国出口商按照$7.84\frac{5}{8}$的价格卖出500万3个月后到期的远期A国货币
2012年7月31日	英国出口商从进口商那里收到货款500万A国货币
	英国出口商按照$7.84\frac{5}{8}$ A国货币兑换1英镑的价格将手上持有的500万A国货币兑换为英镑
	500万A国货币可以兑换637 755英镑

现在我们假设A国的进口商实际付款日期不确定，大致在2012年6月30日至8月31日之间。

可选择交割日的远期外汇协议

英国出口商也许会使用可选择交割日的远期外汇协议来对不确定的付款日期进行套期保值。可选择交割日的远期外汇协议是一种怎样的产品？与所有的远期协议一样，可选择交割日的远期外汇协议会在交易双方签约时将未来成交的汇率水平确定下来，但是**可选择交割日的远期外汇协议**（forward option contract）的到期日并没有被固定下来，交易方可以在随后一段期限内自行选择将某一天定为远期协议的到期日。继续来分析我们前面给出的例子，假设英国出口商预期客户会在2012年6月30日至8月31日之间付款，这段时间刚好是发票签发日后两个月至四个月之内。因为银行允许客户自行选择远期协议的到期日，也就是说，银行事先并不清楚客户什么时候会执行这一选择权，所以银行会按照最高费率向客户收费。换言之，在交割日可选择的期限内，银行会按照最高费率水平收费。在本例中，可选择交割日的远期外汇协议涵盖的时间段刚好是第3个月与第4个月。如表11—1所示，远期外汇协议的成交价应当是$7.87\frac{3}{8}$。在这种情况下（并不一定总是如此），对于A国货币的出售方来说，这一成交价足足扣除了两个月的远期贴水。因此这个成交价是第2个月至第4个月期间卖出A国货币的最低价格。

读者必须弄清楚，可选择交割日的远期外汇协议虽然在其名称中带有“option”的字样，但其本质上并不是货币期权。可选择交割日的远期外汇协议的本质特征正如其名字所示，客户可在一段时间内自行确定最终的交割日。也就是说，最终这种远期协议必然会导致外汇的实际交割。然而，对于货币期权来说，最终未必会发生外汇的实际交割。

互换交易

结算日不确定的另一种解决方案是使用互换产品。这种产品的使用成本要比可选择交割日的远期外汇协议更低。这里**互换**（swap）指的是同时买入和卖出到期期限不同的同一种货币。可用于远期套期保值交易的互换产品可分为两种基本类型：**远期/远期互换**（forward/forward swap）以及**即期/远期互换**（spot/forward swap）。不管是哪一种类型，出口商一开始时都要先签订一份远期外汇协议，将交割日随意定为某一天，这与普通的固定交割日的远期外汇协议一样。然后，如果在第一份远期外汇协议到期之前，进口商与出口商最终商定了准确的结算日期，那么双方可以使用远期/远期互换将最初签订的远期外汇协议的到期日展期至准确的到期日。反过来，如果在最初签订的远期外汇协议到期之前，最终准确的结算日尚未确定，那么交易双方可以使用即期/远期互换将远期外汇协议进一步展期。这听上去有点复杂，不过下面的具体分析会让大家明白实际上并没那么复杂。

远期/远期互换有时也被叫做远期互换，事实上就是由两份远期外汇协议构成的，一份是买入远期外汇的协议，另一份是卖出远期外汇的协议。这两份远期协议同时签订，但是期限长度不同。我们可以用一个例子向大家解释远期/远期互换交易的交易机制。

假设英国出口商与A国进口商的交易细节如表11—1所示，只不过准确的结算日目前尚不确定（也许是因为交割日也不确定的缘故）。2012年5月1日，英国出口商签订了一份远期外汇协议（就在同一天，英国出口商与A国进口商签订了商品出口合同）。这份远期外汇协议的期限是随意设定的，比方说两个月。那么，到了2012年6月30日，英国出口商要卖出500万远期A国货币。现在我们再假设在2012年6月20日，英国出口商与A国进口商商定，最终结算日被确定为2012年7月31日。于是，英国出口商需要做的是将最初签订的那份于2012年6月30日结算的远期外汇协议对冲掉，取而代之的是另一份于2012年7月31日进行交割的远期外汇协议。于是，英国出口商可以买入于2012年6月30日到期的价值为500万A国货币的远期协议（这就相当于建立了一个与初始远期外汇协议相反的头寸），同时卖出41天后到期的价值为500万A国货币的远期协议，这就将交割日推迟到了7月31日。我们再进一步假设在2012年6月20日这一天，银行提供给英国出口商的报价如下所示：

即期汇率	7.94—7.95
10天远期汇率	¼—½分贴水
1个月远期汇率	½—¾分贴水
41天远期汇率	¾—1分贴水

将上述报价转变为完整的远期外汇报价形式，大家应该还记得远期外汇交易的买卖价差要比即期外汇交易的买卖价差更大一些。于是：

即期汇率	7.94—7.95
10天远期汇率	7.942 5—7.955 0
1个月远期汇率	7.945 0—7.957 5
41天远期汇率	7.947 5—7.960 0

因此，整个套期保值交易最终获得的结果如下所示：

2012年5月1日	按照7.87 ⅜的价格卖出500万两个月后到期的远期A国货币，同时买入英镑（交割日为2012年6月30日）	£635 021
2012年6月20日	按照7.942 5的价格买入500万10天后到期的远期A国货币（交割日为2012年6月30日）	（£629 525）
2012年6月20日	按照7.96的价格卖出500万41天后到期的远期A国货币（交割日为2012年7月31日）	£628 141
	英镑净额	£633 637

如前所述，第2笔交易刚好与第1笔交易方向相反。在远期互换交易中，第2笔交易与第3笔交易的方向也是相反的。

上述这笔远期互换交易的实际效果是英国出口商在2012年5月1日通过签订远期外汇协议锁定了未来两个月后的成交汇率；随后通过使用远期/远期互换将最初签订的远期外汇协议的交割日又推迟了1个月。互换交易的买卖价差会对最终实际的远期汇率升贴水造成影响。当然，在2012年5月，出口商并不清楚远期外汇协议展期后的升贴水到底是多少，也不知道互换交易的买卖价差是多少。远期汇率的升贴水主要取决于远期互换协议达成时英镑与A国货币之间的利率差。

如前所述，在前两笔交易中，英国出口商实际上获得了利润，银行会在2012年6月30日将这笔利润支付给英国出口商。因此，在整个外汇套期保值交易中，英国出口商实际获得的现金流入等于：

2012 年 6 月 30 日	获得银行支付的利润	£5 496
2012 年 7 月 31 日	按照 7.96 的汇率水平将收到的 A 国货币货款卖出	£628 141
		£633 637

如果没有选择远期/远期互换交易，银行也可以帮助客户直接将远期外汇协议展期。远期外汇协议直接展期的做法如下所示。远期外汇协议展期 1 个月的市场价为 1.75 分（即 7.96 减去 7.942 5）。于是，银行可以将初始远期外汇协议的成交价调整 1.75 分。在 2012 年 7 月 31 日结算日这一天，银行与出口商的实际成交价为 7.89 ⅛，实际支付的英镑金额等于：

$$\frac{5\ 000\ 000}{7.891\ 25}=£633\ 613$$

算出的结果几乎与使用远期/远期互换交易最终实现的净现金流金额相同。在现实市场上，两种交易形式存在的差异要比本例的计算结果大得多。不过，远期外汇协议的实际展期操作倒是与前面所讲的基本类似，有时还会使银行客户付出高昂的代价。与之相比，对银行客户来说，互换交易的成本总是那么低廉。

即期/远期互换的交易形式与远期互换比较类似。同样地，即期/远期互换也包含两笔外汇交易，一笔是即期外汇协议，另一笔是远期外汇协议。我们仍然用前面的例子来进行说明。最初签订的远期外汇协议随意将期限设定为两个月。但是，出口商一直等到 2012 年 6 月 30 日才决定将最终的到期期限展期至确定的结算日，即 2012 年 7 月 31 日。整个交易过程如下所示：

2012 年 5 月 1 日	按照 7.87 ⅜的价格卖出 500 万两个月后到期的远期 A 国货币（交割日为 2012 年 6 月 30 日）	£635 021
2012 年 6 月 30 日	按照 8.05 的价格买入 500 万即期 A 国货币，同时卖出英镑	（£621 118）
2012 年 6 月 30 日	按照 8.072 5 的价格卖出 500 万 31 天后到期的远期 A 国货币（交割日为 2012 年 7 月 31 日）	£619 387
	英镑净额	£633 290

上面给出的数据说明在 2012 年 6 月 30 日这一天，买入 A 国货币的即期汇率为 8.050 0，卖出 A 国货币的 1 个月远期汇率为 8.072 5。如果在 2012 年 6 月 30 日这一天，客户决定将初始的这份远期外汇协议展期，则到了 2012 年 7 月 31 日，可获得的英镑金额应当等于：

$$\frac{5\ 000\ 000}{7.896\ 25}=£633\ 212$$

同样地，与即期/远期互换交易相比，直接展期获得的结果差异不大。

在实际操作中，如果结算日期不确定，那么远期/远期互换或者即期/远期互换是更好的选择。不过，如果企业持续不断地要对外支付外汇或者收到对方支付的外汇，那么可选择交割日的远期外汇协议也是一个不错的选择。如果企业的商品销售包含数量众多的小额交易，而且均是使用外币进行结算，那么若对每一笔小额交易都进行套期保值，交易成本与管理成本都会很高。在这种情况下，企业可以签订一份大额的可选择交割日的远期外汇协议，对多笔不同的应收账款或应付账款的总金额进行套期保值，于是问题迎刃而解。虽然很多小额出口贸易往往具有不同的交割日，但是在这种环境下，可选择交割日的远期外汇协议是非常理想的工具。远期外汇协议的使用份数通常是四舍五入的。因此，企业一般需要通过从银行那里买入即期外汇或卖出即期外汇的方式将多份远期外汇协议平仓。

我们举个例子，假设一家英国出口商将货物运往 B 国（非欧元区国家）。该出口商预测未来将在 1 月 10 日至 7 月 10 日之间这 6 个月内获得对方支付的货款。货款的总金额预计为 1 000 万 B 国货币。为了对这笔外汇收入进行套期保值，英国出口商签订了一份期限为 6 个月的可选择交割日的远期外汇协议卖出了 1 000 万 B 国货币，交割日的选择期包含整个 6 个月。假设 B 国货币与英镑之间的汇率水平为 1 英镑可以兑换 15.61 B 国货币，那么英国出口商获得的货款支付额可兑换的英镑金额如下所示：

2 月 16 日	240 万 B 国货币@15.61＝£153 748
3 月 21 日	260 万 B 国货币@15.61＝£166 560
6 月 16 日	310 万 B 国货币@15.61＝£198 591
6 月 21 日	150 万 B 国货币@15.61＝£96 092
B 国货币可兑换的英镑金额	£614 991

于是，英国出口商一共可以获得总价值为 960 万 B 国货币的货款。如果直到 7 月 10 日，英国出口商都没有接到更多的 B 国货币付款，那么在 7 月 10 日这一天，出口商必须在即期外汇市场上买入 400 000 B 国货币，使用这笔资金完成可选择交割日的远期外汇协议余额的交割义务，从而达到平仓目的。如果在 7 月 10 这一天，即期汇率为 1 英镑兑换 15.25 B 国货币，则可选择交割日的远期外汇协议使得英国出口商最后获得的英镑净额等于：

卖出 960 万 B 国货币而相应买入的英镑金额（如前所述）	£614 991
7 月 10 日按照 1 英镑兑换 15.25 B 国货币的汇率水平买入 400 000 B 国货币的成本	(£26 230)
按照 1 英镑兑换 15.61 B 国货币的汇率水平卖出 400 000 B 国货币而相应买入的英镑金额	£25 625
英镑净额	£614 386

如果在可选择交割日的远期外汇协议有效期内，英国出口商实际收到的货款大于 1 000万 B 国货币，那么多余的部分将会在即期外汇市场上被出售以兑换英镑。

11.3 短期借款

跨国企业还可以使用短期借款对外币应收账款或应付账款进行套期保值。企业是否可以将短期借款当作风险敞口管理工具使用，主要取决于企业是否能在东道国当地市场上获得借款；而且如果东道国执行**外汇管制**（exchange controls）政策，可能会对短期借款的使用加以限制。

最好是使用一个计算的例子来说明短期借款的套期保值原理，因此我们还是要用到表 11—1 中提供的数据。英国出口商于 2012 年 5 月 1 日与 A 国进口商签订商品贸易合同，约定 3 个月后付款，即结算日为 2012 年 7 月 31 日。假设该出口商决定使用短期借款对这一交易风险敞口进行套期保值。在签订商品贸易合同的同时，英国出口商应当借入A国货币贷款，所借入贷款的本金额以及3个月累计利息之和应当等于该出口商预期3个月后将会收到的500万A国货币。出口商借到A国货币贷款后，应当立即将其在即期外汇市场上兑换为英镑。假设A国货币3个月利率水平为每年$5\frac{3}{32}\%$，则英国出口商应借入的本金额为4 937 129 A国货币，因为这意味着3个月后这笔贷款的本息偿还额正好等于500万A国货币。按照即期汇率1英镑兑换7.935 A国货币，将借入的A国货币贷款兑换为英镑，即622 196英镑。如果英国出口商立即将这笔英镑资金存入英国境内银行，那么按照英国国内每年10%的投资收益率，3个月后这笔资金将会增值为637 751英镑（=622 196×1.025）。这与远期外汇交易的收益近似相等（请参考表11—1）。

在实际操作中，英国出口商可能会决定在签订商品贸易合的同时借入500万A国货币，与此同时再买入63 672远期A国货币（=500万×$5\frac{3}{32}\%\times\frac{3}{12}$）。英国出口商拿到贷款后，会在即期外汇市场上立即将500万A国货币兑换为英镑。如此一来，英国出口商完全对冲掉了汇率风险。在2012年7月31日，A国进口商会向英国出口商支付500万A国货币货款，英国出口商会用这笔资金偿还借入的A国货币贷款的本金。同时，已到期的远期外汇协议可以让英国出口商获得63 672 A国货币，英国出口商可以用这笔资金偿还贷款的累计利息。上述所有交易锁定的都是2012年5月1日这一天的汇率水平以及利率水平。在套期保值期间，不管汇率或利率发生怎样的变化，上述各笔交易都不会受到影响。如果英国出口商按照2012年5月1日的即期汇率水平将500万A国货币转换为英镑，则整笔交易的现金流情况如下所示：

2012年5月1日	按照每年$5\frac{3}{32}\%$的利率水平借入500万A国货币	
	按照$7.83\frac{1}{8}$的汇率水平买入3个月后到期的63 672远期A国货币	
	按照$7.93\frac{1}{2}$的汇率水平在即期市场上卖出500万A国货币，相应买入630 120英镑	
	将630 120英镑投资3个月，收益率为每年10%	
2012年7月31日	收到客户支付的500万A国货币货款；使用这笔资金偿还贷款的本金	
	支付贷款的累计利息63 672 A国货币	
	这笔资金来源于远期外汇协议的交割	(£8 131)
	630 120英镑按照每年10%的利率投资3个月后获得的本息和	£645 873
	英镑净额	£637 742

如前所述，这笔交易与之前略有一点差异，这是因为英国出口商借入的是500万A国货币，而非493.7万A国货币。

按照这种模式，跨国企业既可以选择使用远期外汇协议对任意一笔应收账款或应付账款进行套期保值，也可以选择使用短期借款对其进行套期保值，前提条件是跨国企业在东道国当地市场上可以获得借款，而且东道国的外汇管制政策不会对此类交易加以限制。

前面我们已经讲过，如果最终结算日不确定，跨国企业可以使用可选择交割日的远期外汇协议来进行套期保值。其实，我们也可以使用透支贷款来实现同一目标。除了签订涵盖3个月至6个月之间时间段的可选择交割日的远期外汇协议以外，我们还可以按照应收账款的金额安排一笔透支借款，期限不超过6个月，并立即将借入的贷款在即期外汇市场上兑换为本币并立即汇回母国。不过这种做法有一点需要注意，透支贷款的利率水平是浮动的。因此，借款的应付利息实现无法确定。跨国企业一般会通过即期外汇交易来履行利息支付义务，即当短期借款到期时，跨国企业会在即期外汇市场上买入一定数量的外汇以支付贷款利息。不过，将借入资金兑换为本币并汇回母国，这笔资金也将产生利息收益，但是收益率的高低要取决于母国的资金市场环境。因此，若应付利息与应收利息都要按照浮动利率计算，则具体金额要取决于具体的市场环境。

在本章的前面部分，我们简要介绍了如何使用远期外汇协议对连续多笔外汇风险敞口进行套期保值。事实上，我们同样可以使用短期借款对这种情况进行套期保值。母公司可以向子公司提供结算货币的贷款服务。如果企业存在连续多笔外汇风险敞口，而且结算日均不确定，那么也可以使用这种方法来规避风险。假设英国出口商将连续收到B国进口商支付的多笔外币货款。英国出口商可以借入固定利率B国货币贷款。每签订一份出口贸易合同，英国出口商都要立即增加B国货币贷款的金额，增加的金额刚好等于这笔出口贸易合同的金额，并将增加持有的B国货币立即兑换为英镑。当英国出口商收到对方支付的应收账款时，B国货币被转入出口商的B国货币账户，于是贷款额会相应减少。只要在整个套期保值期间B国货币贷款的利率是固定不变的，应收账款就可以完全规避汇率风险。

11.4 外币应收票据的贴现

我们还可以使用贴现对外币应收账款进行套期保值。如果出口应收账款采用汇票的方式结算，那么出口商可以将这张汇票贴现，从而在结算日之前提前获取资金。跨国企业可以在客户所在国的银行办理票据贴现业务，拿到钱后立即在即期外汇市场上将外币兑换为本币；跨国企业还可以在出口商所在国的银行办理票据贴现业务，这样便可以直接拿到用本币表示的结算款。不管是哪一种方式，出口商都可以规避汇率风险，代价便是银行收取的贴现费用。

11.5 外币应收账款的保付代理

与贴现一样，我们还可以使用保付代理业务对出口应收账款进行套期保值。如果出口应收账款使用往来账户进行结算而非汇票进行结算，那么跨国企业可以使用这笔应收账款作为获取银行贷款的抵押品。一般来说，这种银行服务可以帮助企业规避汇率波动风险，因为在未结算期间内，外汇市场发生波动是很常见的。商业银行以及专门的保付代理机构能够提供保付代理服务。对于出口商来说，这种方式非常简单：出口商将应收账款出售给保付代理机构，同时获得本币。成本包括信用风险、融资成本以及对冲汇率风险的成本。正因为如此，作为一种风险敞口对冲工具，保付代理的成本是相对高昂的。不过，这种方法也有一些潜在的好处，例如可以获得出口信贷，减少销售货款的占用以及赊账催收费用。

11.6 欧洲货币贷款

在伦敦货币市场上，几乎所有的主要国际货币均有对应的欧洲货币贷款业务，只不过不同的银行可能只专门做几种主要货币的贷款业务。其中美元与欧元的贷款金额最高。

为了规避外汇风险敞口，跨国企业只需使得某一种货币的应收账款金额刚好等于该货币的借款金额。不过，如果企业直接使用应收账款来抵消借款，那么每当签订一份用外币结算的贸易合同，企业就必须相应地增加外币借款的金额。一部分企业发现直接在即期外汇市场上将获得的外币应收账款卖掉要比不停地调整借款金额更为方便。不过，如果外币借款金额保持不变，那么就意味着用外币结算的新贸易金额刚好等于企业收到的外币付款。这可能并不符合现实情况。如果真的是这样，企业需要密切关注外币应收账款的金额，并相应地增加或减少外币借款的金额，以确保外汇风险敞口被完全套期保值。

如果跨国企业拥有多笔金额较小的外币应收账款或应付账款，而且结算日期均不确定，那么欧洲货币贷款是非常有效的风险缺口管理工具。

某些执行外汇管制的国家不允许居民使用外币银行账户。在这种情况下，欧洲货币贷款工具的使用可能要受到限制。

另一种类似的风险管理工具叫做欧洲货币银行账户。如果从事国际贸易的企业持有的外币应收账款的金额大于同一种外币应付账款的金额，那么特别适合使用欧洲货币银行账户来对冲风险。企业可以开立一个外币存款账户，随后可以将外汇应收账款存入该账户，并使用该账户对外支付。例如，假设一家英国企业将于 10 月 31 日收到一笔 200 万美元的应收账款，同时该英国企业将在 11 月 30 日对外支付 150 万美元。于是，这家公司可以开立一个美元存款账户，10 月 31 日收到的 200 万美元应收账款被存入这个账户。其中，事先已安排好的于 10 月 31 日进行交割的远期外汇协议可以帮助企业将账户内的 50 万美元立即转走，余下的 150 万美元被用于 11 月 30 日的对外支付。此外，在 11 月底，该美元银行账户还能给企业带来一定的利息收益。

这种做法可以避免企业进行大量的远期外汇交易，而且由于结算期限不确定，银行还会向客户收取高额费用。在前面这个例子中，保留在美元账户里的资金还能给企业带来美元利息收益。如果企业将收到的美元应收账款立即兑换为英镑存入英国境内银行，那么它获得的收益率就等于英国国内的利率水平。总体来看，对企业来说，节省的成本等于留在账户内以满足未来支付需求的这部分资金对应的买卖价差。不过，我们建议企业要对欧洲货币银行账户、进行多笔远期外汇交易以及可选择交割日的远期外汇协议进行全面综合比较，这是因为欧洲货币银行账户并不一定总是最佳选择。大家应该还记得，远期外汇交易的价格是建立在银行同业欧洲货币利率差的基础上的，因此直接使用远期外汇协议可能要比银行存款账户效果更好。

11.7 汇率风险担保

作为扶持出口企业的政策之一，许多国家的政府机构可以向出口企业提供出口信用担保以及出口信贷等服务。很多政府机构可以向出口商提供汇率风险保险以及常见的出口信用担保。出口商要支付一小笔保费，而政府机构要承担汇率风险，这有可能带来收益或损失。

不同的出口信贷机构所提供的服务条款细节存在差异，因此企业在使用这项服务之前应当详细咨询当地的外汇风险担保机构，例如美国的进出口银行、英国的出口信用担保局等。现如今，绝大多数国家已经建立起出口信贷机构以及其他类似的外汇风险担保机构，可以以收费形式向进出口贸易提供服务。

11.8 交易对手风险

在向客户出售远期外汇协议时，银行要承担风险。与贷款审查类似，银行要对这种风险进行评估，并设置贷款限制条件。本节我们要讨论的就是银行如何评估风险。银行承担的风险主要来源于两个方面：未到期的远期外汇协议所带来的风险以及结算风险。我们先来看一看未到期的远期外汇协议会带来哪些风险。

当银行与客户签订一份远期外汇协议时，银行希望同时可以另外签订一份方向相反的远期外汇协议。对银行来说，只有这样，风险敞口才是平衡的。

如果在远期外汇协议到期前，银行的客户宣告破产，那么银行就知道自己无法再从那个客户那里获得资金来履行另一笔对冲远期交易的付款义务。于是，银行必须再次进入市场上按照当前的即期汇率水平买入所需金额的外汇来履行支付业务。这一即期汇率很可能会与之前签订的远期外汇协议的汇率水平不一致。其中的汇率差可能会使银行遭受风险，但也有可能给银行带来收益。

因此，银行要对自己承担的每一个客户的交易对手风险设定上限。首先，银行要按照一般程序对企业客户进行信用审查，包括审查企业客户的资产负债表以及其他能够反映企业财务健康状况的财务指标。银行对外汇交易设置的限制条件与无担保贷款的金额以及期限限制非常类似。但是尚未到期的远期外汇协议到底蕴涵着多少风险，想要准确测量比较困难。银行可以对每一个客户的外汇交易总额设定上限。但是显然，这种做法意味着银行将所有尚未到期的远期外汇交易都视为具有相同的风险水平。改进做法是认为期限较短的远期外汇交易风险水平相对于期限较长的远期外汇交易更低一些，然后在此基础上计算风险敞口的大小。事实上，银行会采用计算机程序来估算自身对每一个客户的交易风险敞口，此类计算机程序会充分考虑多种因素，例如多种货币之间的历史汇率波动情况，外汇交易距离到期的时间长度，如果客户违约则已签订的外汇交易合同是否会给银行带来损失或风险，以及是否需要按照现行的市场汇率水平更新外汇交易合同。

接下来我们再来看一看结算风险。这种风险指的是客户没能在结算日向银行交割一定金额的外汇且宣告破产所带来的风险。银行面临的问题是外汇交易合同的结算是同时进行的——银行将一定金额的外汇支付给客户或其供应商，并预期客户会在同一时间将等值金额支付给自己。银行并不能确保自己在完成付款义务之前能先收到客户对自己的付款。如果就在银行将钱付给了客户，但尚未收到客户支付的等值金额之前，客户宣布破产，那么银行就要遭受损失。这种风险只发生在结算日进行结算的时刻。绝大多数银行都设置了结算限额，规定了一个交易日内，在银行收到客户支付的等值金额之前每一位客户的最高结算额。

在设定了客户结算限额以后，银行还要评估一下这些限额规定是否被打破，也就是说，银行要对各种外汇交易合同赋予权重，对临近到期日的合同赋予较小的权重，对距离到期日较远的合同则赋予相对较大的权重。比方说，到期期限只剩下不足一个月的外汇交易合同，权重可以被设定为 0.10，距离到期日不超过 3 个月的合同被赋予 0.15 的权重，距离到期日不超过 6 个月的合同被赋予 0.20 的权重，距离到期日的期限大于 6 个月的合同则被赋予 0.25 的权重。

小结

● 外部风险管理措施指的是跨国企业与集团外第三方企业通过签订合同来规避外汇风险损失的手段。

● 外部风险管理措施包括使用远期外汇协议、短期借款与存款、金融期货合约、货币期权、应收票据贴现、应收账款保付代理、欧洲货币贷款、欧洲货币银行账户、货币互换以及政府汇率风险担保等。除了互换、金融期货以及货币期权将分别在第 12 章、第 13 章、第 14 章以及第 15 章讲述以外，其余的风险管理措施本章均已涵盖。

● 远期外汇协议是最广为人知的外部风险管理措施。跨国企业可以使用远期外汇协议对应收账款以及应付账款进行套期保值。与此同时，企业或富有的个人也可以使用远期外汇协议进行外汇投机交易。

● 全世界绝大多数主要货币——而非全部——都拥有对应的远期外汇市场。

● 对于美元、英镑、欧元、瑞士法郎、日元、加拿大元、丹麦克朗以及瑞典克朗等主要国际货币来说，对应的远期外汇市场甚至可以提供期限超过 5 年的远期外汇协议。对于上述大部分主要货币，一些银行能提供 10 年远期汇率报价。当收款日期已知时，跨国企业可以使用远期外汇协议对外币应收账款或应付账款进行套期保值。不过即使是事先并不知道准确的付款日期，也可以使用远期外汇协议进行套期保值。

● 如果付款日期不确定，可用于套期保值的工具包括可选择交割日的远期协议、远期/远期互换以及即期/远期互换。

● 请大家注意上述三种风险管理工具如何使用，本章我们花了大量篇幅来讨论这三种工具。

● 请大家记住，使用远期/远期互换或者即期/远期互换来实现远期外汇协议的展期永远要比使用可选择交割日的远期外汇协议成本更为低廉。

● 请大家记住，可选择交割日的远期外汇协议虽然名称中有“option”这个词，但其本质上并不是货币期权。可选择交割日的远期外汇协议附带着一项外汇交易选择权，即交割日的选择权。而对于货币期权来说，持有者只有按照特定价格进行交易的权利而非义务。

● 短期固定利率借款或存款是对外币应收账款或应付账款进行套期保值的另一种工具。

● 欧洲货币贷款与欧洲货币银行账户本质上就是浮动利率借款与存款，它们起到的作用与固定利率的短期借款与存款几乎相同。唯一的差别是前者存在着利率风险敞口。浮动利率借款或存款明显会带来利率风险敞口，而固定利率借款或存款则没有利率风险的困扰。

● 当企业使用远期/远期互换或者即期/远期互换对已签订的远期外汇协议进行展期时，总体效应相当于锁定了一个新的远期汇率水平，这一新的远期汇率水平等于初始远期汇率加上或减去远期外汇协议被展期期间存在的利率差。如果读者不太明白，请重新阅读一遍本章提供的计算例题。

章末习题

11.1　假设美国一家出口商预计在 90 天后会收到一笔价值为 100 000 瑞士法郎的应收账款。当前瑞士法郎的即期汇率为 1 瑞士法郎兑换 0.50 美元，未来 90 天内瑞士国内的利率水平为 2%（请注意并不是年利率为 2%）。请说明美国企业如何使用货币市场来进行套期保值。

11.2　假设一家美国公司将在 180 天后向 A 国企业净支付 200 000 A 国货币（我们用 BLW 代表 A 国货币）。未来 180 天内，BLW 存款的利率水平为 7%（不是年利率），即期汇率为 1BLW 兑换 0.10 美元。请说明美国企业如何使用货币市场来进行套期保值。

11.3　如果利率平价关系成立，上一道题中对于这笔 BLW 应付账款，使用远期外汇协议进行套期保值与使用货币市场进行套期保值相比，是前者更好、后者更好还是两者效果相同？

题库 2

练习题

1. Manana SA 公司是一家美国制造企业位于 C 国的子公司。下面我们提供了 Manana SA 公司使用 C 国货币表示的资产负债表。当前的汇率水平为 1 美元兑换 20 比索（C 国的本币为比索）。

单位：百万比索

所有者权益	42	固定资产	36
长期负债	9	应收账款	12
短期负债	3	现金	6
	54		54

(a) 按照当前的汇率水平（1 美元兑换 20 比索），将 Manana SA 公司用比索表示的资产负债表转变为用美元表示的资产负债表。上面提供的资产负债表的所有项目均使用比索作为计价货币。

(b) 如果 Manana SA 公司的资产负债表如上所示，但是比索的汇率水平变为 1 美元兑换 25 比索，那么若我们分别按照货币/非货币折算法来折算资产负债表，分别将会产生多少外汇折算收益/损失？如果采用“所有项目均使用当前即期汇率折算”的方法，则会产生多少外汇折算收益或损失？

(c) 如果比索兑美元的汇率变化为 1 比索兑换 0.06 美元，则 (b) 中提到的三种折算方法分别将产生多少外汇折算收益或损失？

(d) 在上述三种资产负债表折算方法下，Manana SA 公司的外汇折算风险敞口有多大？

2. 假设你已经被任命为一家消费品生产企业的财务总监。该企业仅在英国境内生产产品，但是总产量的一多半要出口到其他国家。由于该企业面对的是整个国际市场，因此你面临着每一个国家的竞争对手，包括英国国内的竞争对手。目前，日本企业与德国企业是你公司面临的主要竞争对手。

(a) 你面临多大的外汇风险敞口？

(b) 你应当怎样测量外汇风险敞口的大小？

(c) 是否可以通过投资海外生产设备的方式来减小外汇风险敞口？

3. 假设你所在的公司打算在外汇市场上交易挪威克朗、美元以及英镑。《金融时报》提供了美元与挪威克朗相对于英镑的报价：

	美元	挪威克朗
即期汇率	1.277 5—1.278 5	11.25—11.26
远期汇率		
一个月远期汇率	0.56—0.53 升水	¼分升水—⅜贴水
两个月远期汇率	1.03—0.99 升水	½—1 ¼贴水
三个月远期汇率	1.50—1.45 升水	⅞—1 ¾贴水

你注意到《金融时报》还提供了欧洲货币的利率水平数据：

	英镑	美元
短期	12 ⅞—12 ⅝	7 ⅞—7 ¼
一个月利率	12 ¾—12 ⅝	7 7/16—7 5/16
三个月利率	12 ½—12 ⅜	7 9/16—7 7/16

假设你公司的开户行提供的报价数据与前面列出的数据完全相同，回答下列问题：

(a) 在第二个月与第三个月内，你公司应当按照多高的汇率水平卖出三个月远期挪威克朗并买入远期英镑？

(b) 在第 30 天至第 90 天内，银行应当按照多高的汇率水平卖出三个月远期挪威克朗并相应买入远期英镑？

(c) 在第三个月内，银行应当按照多高的汇率水平卖出三个月远期美元并相应买入远期英镑？

(d) 在第三个月内，你公司应当按照多高的汇率水平卖出三个月远期美元并相应买入远期英镑？

(e) 银行应当按照多高的汇率水平买入一个月远期挪威克朗？

(f) 银行应当按照多高的汇率水平卖出一个月远期挪威克朗？

注意：100 分 (ore) 等于 1 克朗。

4. 假设你所在的公司打算在外汇市场上交易丹麦克朗、美元以及英镑。《金融时报》提供了美元与丹麦克朗相对于英镑的报价信息，如下所示：

	美元	丹麦克朗
即期汇率	1.382 0—1.283 0	13.85¾—13.86¾
远期汇率		
一个月远期	0.26—0.29 贴水	0.40 分升水—0.40 分贴水
两个月远期	0.50—0.54 贴水	0.45 分升水—0.60 分贴水
三个月远期	0.80—0.85 贴水	0.55 分升水—0.55 分贴水

你注意到《金融时报》还提供了欧洲货币的利率水平数据：

	英镑	美元
短期	9—8 3/4	10 7/8—10 3/4
一个月利率	9 1/4—9 1/8	11 1/4—11 1/8
三个月利率	9 1/2—9 3/8	11 11/16—11 9/16

假设你公司的开户行提供的报价数据与前面列出的数据完全相同，回答下列问题：

(a) 在第二个月和第三个月，你公司应当按照多高的汇率水平卖出三个月远期丹麦克朗？

(b) 银行应当按照多高的汇率水平卖出三个月远期美元？

(c) 在第三个月，银行应当按照多高的汇率水平卖出三个月远期美元？

(d) 在第三个月，你公司应当按照多高的汇率水平卖出三个月远期美元？

(e) 银行应当按照多高的汇率水平买入两个月远期丹麦克朗？

(f) 银行应当按照多高的汇率水平卖出即期丹麦克朗？

注意：100 分（ore）等于 1 克朗。

5. 一家服务企业在海外四个国家建立了全资子公司，这些子公司之间的现金流动金额十分巨大。这四家子公司分别位于 A 国、B 国、G 国和 D 国。这四个国家的本币分别是 ax、bon、cop 以及 drac。每月的现金流数据如下所示：

A 国子公司　向 B 国支付 500 000 bon
　　　　　　向 D 国支付 40 000 000 drac
B 国子公司　向 A 国支付 250 000 ax
　　　　　　向 D 国支付 60 000 000 drac
　　　　　　向 G 国支付 400 000 cop
G 国子公司　向 B 国支付 600 000 bon
　　　　　　向 D 国支付 50 000 000 drac
D 国子公司　向 A 国支付 200 000 ax
　　　　　　向 B 国支付 400 000 bon
　　　　　　向 G 国支付 500 000 cop

注意：ax 1＝cop 4＝bon 4＝drac 200。

我们可以怎样调整改进上述现金流系统？能带来什么好处？

与新闻剪报 TB 有关的问题

第 1 题至第 10 题均与新闻剪报 TB 有关。在回答问题前，请先阅读相关的剪报内容。该新闻剪报摘自 2004 年 3 月 11 日的《金融时报》——当时英镑与欧元正在经历相对于美元及其他多种货币的持续升值。

1. 对于喜力公司的报道，第五段提到“这种套期保值策略只是将汇率波动所造成的影响延后而已”。为什么会这样说？

2. 对于喜力公司的报道，在第八段，你认为喜力公司会为自己已经为 2004 年 88%的美元净收入安排了套期保值这一决定感到欣喜吗？为什么？

3. 对于新安怡公司的报道，鉴于该公司40%的销售额来自美国（用美元结算），2/5的销售额来自欧元区（用欧元结算），为什么新安怡公司的执行董事及大股东爱德华·阿特金（Edward Atkin）对外汇风险表示担忧？

4. 对于新安怡公司的报道，第三段是否说明与2002年相比，2003年美元相对于英镑有一定程度的升值？为什么？

5. 对于新安怡公司的报道，最后一段提到新安怡公司有可能会在美国设立生产基地，促成这一决定的部分原因便是公司希望能够规避汇率波动风险。你认为这是阿特金先生最好的选择吗？为什么？

6. 对于阿特拉斯·科普柯公司的报道，看第五段和第六段，你认为公司的首席执行官迈耶先生提出的三到四个月的套期保值交易才是真正的套期保值，而超过四个月的套期保值交易实际上就是投机的观点是否正确？为什么？

7. 对于阿特拉斯·科普柯公司的报道，最后一段提到该公司“一直在努力促使成本构成的币种组合与收入构成的币种组合尽可能地相匹配”。你认为阿特拉斯·科普柯公司在这方面是否已经取得了成功？为什么？

8. 对于德国苏斯微公司的报道，在第三段，为什么产品质量应当成为影响外汇管理决策的重要因素之一？

9. 对于德国苏斯微公司的报道，苏斯微公司是怎样做到弹性管理外汇风险敞口的？为什么这一点对于德国苏斯微公司的盈利状况至关重要？

10. 对于陆逊梯卡集团的报道，第四段提到该集团将绝大多数产品的生产保留在意大利国内。那么集团该如何管理外汇风险敞口？为什么？

新闻剪报 TB　业绩不佳的喜力公司拉响了警报

伊恩·比克顿（Ian Bickerton）于阿姆斯特丹

全球第三大啤酒制造商喜力公司上个月的糟糕业绩清楚地说明了美元风险敞口会给荷兰企业的利润值造成多大的影响。

据《荷兰财经日报》计算，在15家已经发布了2003年利润数据的荷兰上市蓝筹股公司当中，汇率波动所造成的影响相当于总营业额减少了7%。

为了防范美元风险敞口，这些企业纷纷开始采用套期保值策略或重新调整生产计划。

荷兰银行——荷兰国内规模最大的银行——汇率波动使其2003年62亿欧元的经营利润减少了5.61亿欧元（折合6.85亿美元或3.81亿英镑），49亿欧元的税前利润减少了3.77亿欧元。目前，荷兰银行已经对2004年和2005年的美元利润进行了完全的套期保值。

去年虽然套期保值策略给喜力公司的盈利带来了一定程度的保护，但是喜力公司注意到这种套期保值策略只是将汇率波动所造成的影响延后而已。

喜力公司宣称，美元相对于欧元的贬值将会大幅削减本年度的利润额。喜力公司三分之一的经营利润来自北美与南美地区。

汇率波动使得喜力公司12亿欧元的经营利润减少了8 800万欧元，其中4 200万欧元的损失是拜美元贬值所赐。本年度美元贬值对经营利润的影响较去年放大了四倍，预计2005年美元贬值造成的影响大致相当于去年的两倍。

2004年喜力公司的美元净收入额预计为8亿美元左右，其中7.09亿美元已经被套期保值，平均汇率水平为1欧元兑换1.12美元。在这一基础上，假设喜力公司未套期保值的美元现金流敞口适用的即期汇率为1欧元兑换1.28美元，那么与2003年相比，美元汇率走低将会导致2004年的经营收入减少1.29亿欧元，净利润减少8 400万欧元。

既然消费者用美元购买啤酒，那么降低啤酒的欧元生产成本似乎是一个有效的解决方案，但是喜力公司声称把啤酒由荷兰运往美国销售的成本要比直接在美国本土生产啤酒的成本更低一些。

资料来源： *Financial Times*, 11 March 2004.

英镑升值导致新安怡公司的婴儿奶瓶销售利润下降

彼得·马什（Peter Marsh）于伦敦

婴儿奶瓶看上去不太像是能大获成功的高科技产品，然而新安怡公司竟然真的做到了。

这家总部位于英国的企业生产多种婴儿喂养产品，去年成功地将销售额的五分之一转变成税前利润。对于欧洲制造类企业来说，这一比例非常高。

但是，目前英镑相对于美元持续升值给新安怡公司的执行董事及大股东爱德华·阿特金带来了不少麻烦。去年，新安怡公司销售额高达1.06亿欧元（可折合为1.57亿英镑或1.93亿美元），其中40%来自美国以及其他用美元结算的国家。不过，新安怡公司的所有生产活动全部在英国国内进行。阿特金先生说，如果汇率水平保持不变，那么2003年的利润本应当还能多增加150万英镑。

虽然新安怡公司已经在某种程度上进行了套期保值交易，但是没想到美元的颓势比其预想的还要多持续几个月，这有可能会对企业的净利润造成更大的负面影响。但是从总体上看，阿特金先生——新安怡公司很舍得在产品开发方面投入资金，将现代化的生产工厂设置在英国东部乡村萨福克——对未来美元汇率的走势仍持较为乐观的看法。

“我相信要不了多久美元就将大幅度升值——也许是美国的实体经济传来令人振奋的消息，或者是美国政府宣布抓住了奥萨马·本·拉登（Osama bin Laden）。在选举年，我认为美国总统乔治·W·布什（George W. Bush）肯定希望美元保持强势，这将有助于他再次当选。”

欧元相对于英镑升值将会逐渐消除美元贬值所造成的影响。这有助于新安怡公司向欧洲大陆出口产品，这要占到新安怡公司总销售额的五分之二左右。至于战略调整，阿特金先生正在考虑在美国建厂。鉴于美元持续贬值的大背景，这一战略举措无疑是有意义的。

资料来源： *Financial Times*, 11 March 2004.

工程制造企业阿特拉斯·科普柯公司已经学会如何规避汇率风险

克里斯托弗·布朗-休姆斯（Christopher Brown-Humes）于斯德哥尔摩

作为一家总部位于小国家的跨国企业，瑞典企业阿特拉斯·科普柯公司多年来早已习惯如何处理多种货币风险敞口。

美元的贬值以及欧元的走强给该公司造成了非常沉重的打击：去年，如果不是因为受到了汇率不利波动的影响，该公司的税前利润本应能够达到10亿瑞典克朗（可折合为1.33亿美元、1.09亿欧元或7 400万英镑）。

阿特拉斯·科普柯公司超过40%的销售额用美元计价，如果再加上其他几种盯住美元的货币，例如港币与人民币，那么这个数字将会进一步上升为超过50%。但是，制造成本的构成当中，只有不足20%的部分是用美元计价的，余下50%左右的成本用欧元计价，20%用瑞典克朗计价。

从积极的方面来看，美元贬值有助于阿特拉斯·科普柯公司在美国进行一系列并购交易后降低美元债务的价值。首席财务官汉斯·奥拉·迈耶（Hans Ola Meyer）说："去年，仅是由于美元相对于瑞典克朗贬值，我们的付息债务就缩水了25亿瑞典克朗。"

阿特拉斯·科普柯公司的运营部门对外汇现金流进行了套期保值，不过其采用的是滚动展期的方式，而且套期保值的期限仅限于订购到付款这段期间。这意味着整个集团平均来说只能在未来三到四个月内对外汇现金流进行套期保值。

"如果锁定期限更长的远期汇率，那么这种做法就有些偏向投机了。"迈耶先生说。

他强调说，集团不能单纯基于外汇风险管理因素就将核心生产部门迁址。其他一些应考量的因素，例如地理位置靠近消费者与供应商或者更容易招募到优秀人才等，在选址决策中所占的权重应更高一些。不过，这确实会对原材料采购造成一定的影响。

他说："我们一直在努力促使成本构成的币种组合与收入构成的币种组合尽可能地相匹配。"

资料来源：*Financial Times*，11 March 2004.

专业技术帮助德国企业避开外汇风险的影响

彼得·马什于伦敦

德国是全球专业机械设备制造企业最为集中的国家——众多中小制造企业散布于全国各地，生产并向全球出售各种各样的机械设备，被广泛应用于各种生产行业。

按照慕尼黑经济研究所的工程专家汉斯-冈瑟·威维格（Hans-Günther Vieweg）的观点，正是这个鲜明特点降低了美元贬值对这些德国企业出口收入的影响。

"虽然这些企业的成本主要是用欧元来计价，但是美元的贬值（欧元相对升值）对它们所造成的影响并不算太大，因为它们并不是靠价格取胜，高品质才是其最大的卖点。"

比方说德国苏斯微公司——一家专门生产并出口用于制造半导体产品的专业机械设备的公司。这家公司主要致力于开发可用于生产半导体芯片的高科技设备，使用这种设备生产出来的半导体芯片能够与其他电子硬件组装到一起并互相兼容——要想把芯片与其他计算机系统组装到一起，这一点至关重要。

首席执行官弗朗茨·里克特（Franz Richter）说，产品的专业性质能够减轻最近几个月以来汇率波动所造成的负面影响：苏斯微公司的总销售额中仅有35%来自欧元区，余下部分全部来自美国以及亚洲地区。"在某种程度上，这让我们避开了汇率波动所带来的影响。"他这样说道。

在过去三年间，企业面临的主要问题是半导体行业的市场需求不足——这个行业刚刚才走出漫长的经济衰退期——这使得苏斯微公司去年的销售额仅为9 300万欧元（折合1.14亿美元或6 300万英镑），几乎下降了一半。

里克特先生认为，他"目前发现客户的生产经营状况有所好转"，而这将有助于提高本企业今年的销售额，他还谈到要更好地利用设在美国本土的加工厂，以抵御美元贬值所造成的不利影响。

资料来源：*Financial Times*，11 March 2004.

陆逊梯卡集团面对销售额下降态度冷静

弗雷德·卡普勒（Fred Kapner）于米兰

美国人民对时尚眼镜的需求已经使得陆逊梯卡眼镜王国的缔造者莱昂纳多·德·维奇奥（Leonardo Del Vecchio）成为世界上最富有的人之一。目前，莱昂纳多·德·维奇奥是意大利国内的第二大富豪，仅次于意大利首富西尔维奥·贝卢斯科尼（Silvio Berlusconi）。

不过，去年美元的持续贬值使得雷朋（Ran-Ban）、Persol 眼镜、Hut 太阳镜以及亮视点（LensCrafters）系列产品的销量大幅度减少，这让莱昂纳多·德·维奇奥颇感头疼。陆逊梯卡集团 28.5 亿欧元的销售额中，美元销售额要占到三分之二，因此去年美元的持续疲软再加上美国实体经济的衰退使得陆逊梯卡集团的年利润自 1990 年在纽约股票交易所上市以来首次出现下滑。

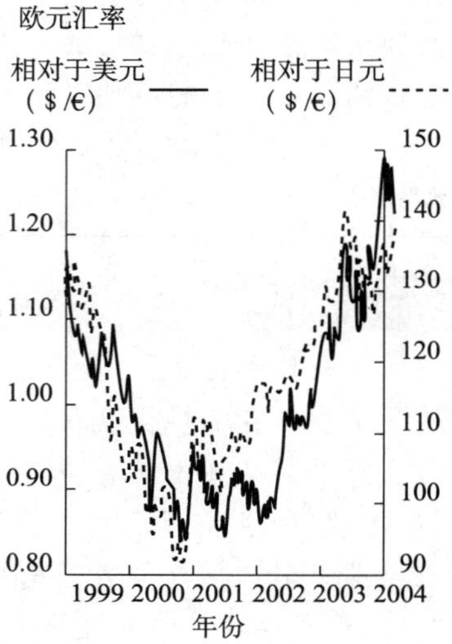

不过，就像其他意大利的时尚企业一样，分析家们认为，相对于汇率波动，经济衰退更让人担忧。随着美国经济开始出现复苏的苗头，陆逊梯卡集团估计，即使本年度美元的汇率水平较 2003 年的平均值下降 10%——2003 年，欧元兑美元的平均汇率水平为 1 欧元兑换 1.13 美元——集团的每股盈利也将增加 5%。

与其他中等规模的时尚企业集团一样，陆逊梯卡集团将绝大多数产品的生产保留在意大利国内，因此无法较为容易地降低生产成本。目前，该企业正在中国国内建立生产基地，寄希望于未来几年间中国生产基地的产量能比意大利国内的产量增长速度更快。

其他奢侈品集团例如 Prada 和 Gucci 也开始大量更新或改进美国及亚洲销售门店的产品展示，以便吸引那些近几年来没有在机场免税店或意大利国内商店大肆采购的消费者。公司执行官承认，也许利润率有所降低，但是在过去的六个月，美元销售额的增长势头十分迅猛。

最近一位时尚企业的高管提道："未来美国将是我们最大的市场，但是美元汇率的波动风险不仅会使得中国作为生产基地吸引力指数剧增，将来中国这个新兴市场的销售额也颇令人看好。"

资料来源：*Financial Times*，11 March 2004.

选择题

每道题目只有一个正确答案。

1. 假设下列信息适用于某一时点的美元与瑞士法郎：

当前瑞士法郎兑美元的即期汇率为 USD/CHF=1.70。

预期一年后瑞士法郎的即期汇率等于 USD/CHF＝1.80。

一年期远期利率为 USD/CHF＝1.76。

瑞士法郎存款的年利率＝10％。

美元存款的年利率＝6％。

根据上述信息，美国投资者使用 500 000 美元进行抛补利率套利交易能获得（ ）的收益率。

(a) 大约为 3.89％；

(b) 大约为 5.31％；

(c) 大约为 10.62％；

(d) 大约为 6.00％；

(e) 大约为 6.25％。

2. 假设欧洲英镑的利率水平高于欧洲美元的利率水平。再假设英镑与美元的即期汇率等于远期汇率。抛补利率套利交易会给英镑的即期汇率带来（ ）的压力，对英镑的远期汇率带来（ ）的压力。

(a) 向下；向下；

(b) 向下；向上；

(c) 向上；向下；

(d) 向上；向上。

3. 假设美国和英国的投资者都要求获得 3％的实际收益率。如果欧洲美元的名义利率水平为 11％，而欧洲英镑的名义利率水平为 9％，那么按照费雪效应，英国的通货膨胀率要比美国的通货膨胀率（ ），而英镑预期将会（ ）。

(a) 高 2 个百分点；贬值 2％；

(b) 高 3 个百分点；贬值 3％；

(c) 低 3 个百分点；升值 3％；

(d) 低 3 个百分点；贬值 3％；

(e) 低 2 个百分点；升值 2％。

4. 外汇折算风险敞口反映的是企业（ ）的风险敞口。

(a) 持续进行的国际贸易相对于外汇波动；

(b) 与外汇交易商所进行交易的本币价值；

(c) 财务报表相对于汇率波动；

(d) 现金流相对于汇率波动。

5. 美元的 5 年期利率为 5％，丹麦克朗（DKK）的 5 年期利率为 8％。现在美元与丹麦克朗的即期汇率为 USD/DKK＝5.00。如果国际费雪效应成立，那么未来 5 年后美元与丹麦克朗即期汇率的最佳估计值等于多少？

(a) USD 0.131；

(b) USD 0.226；

(c) USD 0.262；

(d) USD 0.140；

(e) USD 0.174。

6. 假设在纽约市场上，B 国货币（drac）与瑞典克朗的美元即期间接报价分别为

124 9.25—75 与 5.992 5—75。那么瑞典克朗与 drac 的直接报价应当是多少？

(a) 0.004 796 9—0.004 800 8；

(b) 208.30—47；

(c) 208.30—55；

(d) 208.47—55；

(e) 上述答案都不正确。

7. 如果预期未来英国的通货膨胀率要比瑞士的通货膨胀率高出 5 个百分点，那么：

(a) 根据购买力平价理论，预计未来英国的名义利率水平将会下降近 5 个百分点；

(b) 根据购买力平价理论，预计英国的即期利率水平应当下降近 5 个百分点；

(c) 根据预期理论，两国货币的即期汇率将在长期内保持不变；

(d) 有效市场假说认为，对于完全自由浮动汇率体系，根本无法对未来的汇率水平进行预测。

8. 如果市场预期美国的通货膨胀率为每年 5%，同时丹麦克朗相对于美元每年贬值 3%，那么一家丹麦企业从美国进口的原材料的价格若是用美元计价，则折算成丹麦克朗会：

(a) 每年上涨约 8%；

(b) 每年上涨约 2%；

(c) 每年上涨 5%；

(d) 每年上涨 3%。

9. 英镑汇率上升给英国国内的通货膨胀率带来了（　）的压力，这反过来又对英镑汇率造成了（　）的压力：

(a) 向上；向上；

(b) 向下；向上；

(c) 向上；向下；

(d) 向下；向下。

10. 下列情况下外汇折算收益或损失额是多少？假设汇率水平由 1 比索＝1.00 美元变为 1 比索＝0.75 美元。使用临时法来折算。存货按照其成本核算价值，存货成本低于其市场价值。

	单位：1 000 比索		单位：1 000 比索
所有者权益	1 000	固定资产	1 000
非短期负债	600	存货	200
短期应付账款	400	现金	800
	2 000		2 000

(a) 50 000 美元收益；

(b) 150 000 美元收益；

(c) 150 000 美元损失；

(d) 50 000 美元损失；

(e) 上述答案都不正确。

金融学译丛·国际金融 金融学译丛·国际金融 金融学译丛·国际金融 金融学译丛·国际金融

第四部分
衍生品

所谓衍生产品指的是建立在证券、货币以及商品交易基础上且价格取决于标的证券、货币汇率或其他商品的金融产品。衍生产品通常包括互换、金融期货、期权以及其他各种各样的通过金融工程新创造出来的混合型金融产品。当然，我们在第二部分与第三部分讨论过的远期协议也属于衍生产品。

第 12 章　互　换

银行可以从事多种货币的存款业务，可以是**固定利率**（fixed interest rate）存款，也可以是**浮动利率**（floating interest rate）存款。与此同时，还可以经营多种货币的贷款业务，同样可以采取固定利率或浮动利率的形式。银行可以吸收浮动利率存款，同时有可能发放固定利率贷款——或者情况相反——这就成为了**利率互换**（interest rate swap）市场形成的最根本原因。此外，银行可以按照固定利率或浮动利率吸收某一种货币的存款，同时再按照固定利率或浮动利率向客户发放另一种货币的贷款，这一事实促成了货币互换市场的诞生与形成。

我们先来看一个简单的例子。一家房地产公司借入了浮动利率借款。这有可能提高公司的整体风险水平。当利率水平上升时，新建房屋的市场需求通常会下跌。此时，房地产公司面临着双重打击。销售额下滑，同时利息成本上升，这会使得房地产公司的损益表变得很难看。在经济繁荣时期，情况恰好相反。这种影响会加大企业损益表的波动幅度。为了降低波动性，房地产公司更应当选择固定利率借款。在这种情况下，企业可以通过利率互换交易来实现这一目标。

现在我们假设房地产公司借入了本金额为 1 亿欧元的浮动利率借款，期限为五年。公司可以将 1 亿欧元按照浮动利率存放在银行；与此同时，再从同一家银行按照固定利率借入 1 亿欧元，这两笔交易的期限均为五年。但是更好的做法是直接签订一份利率互换协议，承诺该房地产公司在五年期间每年按照固定利率基于 1 亿欧元的名义本金额向对方支付固定利率利息，同时收到交易对手向其支付的基于 1 亿欧元的名义本金的浮动利率利息。显然，通过互换交易，房地产公司事实上已经将浮动利率借款转变成了固定利率借款。通过互换交易，公司获得了浮动利率资产，从而与最初借入的浮动利率负债相匹配。与此同时，房地产公司还借入了一笔固定利率负债。事实上就是这么简单。

12.1 互换的基本原理

在进行互换交易时，某家企业可以在银行存入1亿欧元，期限为五年，浮动利率（利率水平为六个月的LIBOR）；与此同时，再从同一家银行借入1亿欧元贷款，期限为五年，固定利率。企业为什么愿意这样做？也许是因为该企业已经借入了一笔期限为五年的浮动利率借款，而它希望将其转变成固定利率借款。读者可能会提出这样的问题：为什么企业一开始时不直接借入固定利率借款呢？在某些情况下，银行只愿意发放浮动利率贷款——例如在绝大多数管理层收购案中，银行只愿意提供浮动利率贷款。读者可能还会问另外一个问题：为什么企业不先将浮动利率贷款偿还完，然后再重新借入一笔固定利率贷款呢？我们的回答是可能提前还款会面临罚息，而利率互换的交易成本要比罚息便宜得多，一般情况下事实确实如此。

在我们前面所提供的例子中，对于互换交易的双方而言，名义本金额（1亿欧元）以及互换交易的期限（五年）都是相同的。这一点十分重要，是利率互换交易的主要特征之一。请大家注意，对于互换交易的双方来说，名义本金额是相等的（1亿欧元），但是在互换交易刚刚签订时，交易双方无须交换支付名义本金额。同理，当利率互换交易结束时，双方也不需要相互交换支付名义本金额。这是因为在五年互换交易期结束时，双方的名义本金额是相等的（1亿欧元），因此对于利率互换交易来说，到期时双方不需要相互支付名义本金额。但是，互换交易双方每一年都要结算利息差额（即固定利率利息与浮动利率利息的差额）。互换协议是标准化的，内容非常简短。但是，互换协议会包含一些基本条款，例如，如果非银行交易方的信用等级大幅度下滑，则银行可以选择提前终止互换交易。当然，如果在利息支付日非银行交易方**违约**（default），银行也可以要求提前终止互换交易。

货币互换的基本原理与利率互换本质上是相同的。利率互换交易涉及的是同一种货币，在本例中是欧元。那么如果涉及的是两种货币呢？道理还是一样的。假设银行可以吸收A货币的存款，同时发放B货币的贷款。通常，银行会分别设定A货币与B货币的借款利率以及存款利率。这些利率水平的设定要参考市场利率水平，同时还要考虑不同国家的通货膨胀因素，加上实际收益率（通常为2%～4%），再加上基于借款人的信用风险水平而要求获得的风险溢价（有时候银行还会基于一种货币或两种货币的政治风险水平要求获得额外风险溢价）。因此，银行可以从一个客户那里吸收期限为十二个月的160万美元存款，同时向另外一个客户发放期限为十二个月的100万英镑贷款。我们假设当前汇率水平为GBP1＝USD1.6。银行会分别确定美元存款利率和英镑贷款利率。于是，这为货币互换打好了基础。

现在我们假设总部位于伦敦的跨国企业借入了1.6亿美元贷款，这笔贷款是固定利率贷款，还剩下五年到期。起初，这家英国企业申请美元贷款的原因是打算用这笔钱对该公司的美国分公司——英国总公司一共花费了1.6亿美元才买下这个美国分公司——进行套期保值。为了便于说明，我们假设英国总公司刚刚将这一美国分公司卖掉，售价刚好等于1亿英镑。此时，英镑与美元的汇率水平为1英镑兑换1.6美元。获得的1亿英镑被用于进一步拓展英国本土的经营规模。当然，由于已经将美国分公司出售，英国总公司不需要再继续持有美元贷款来进行套期保值。但是这笔贷款还剩下五年才会到期——本质上这是一笔一次性还本付息（bullet repayment）的贷款。英国总公司可以提前偿还这笔贷款——不过这样做可能会导致罚息——或者它可以考虑签订一份利率互换协议，从而将美元借款转变为英镑借款（或者是其他该公司愿意持有的币种）。具体怎样操作呢？

这家英国公司借入的美元贷款金额为1.6亿美元，固定利率，还剩五年到期，但是现如今企业已不再需要继续持有这笔美元贷款了。它希望将其置换为英镑贷款，因为英国总公司已将出售美国分公司所获的资金全部用于扩大英国本土的经营规模。因此，这家公司签订了货币互换协议。

通过互换，英国公司实际上相当于从银行借入了1亿英镑，同时向银行存入了1.6亿美元，存款与贷款均为固定利率，且其期限均为五年。按照当前的汇率水平GBP/USD=1.60，当互换协议最初签订时，两笔金额本质上是等值的。一年年过去，银行与企业之间每年都要结清利息的差额。事实上，为了便于资产负债表的编制，英国总公司已经将资产负债表上的美元借款替换为英镑借款。在第五年年末，互换交易到期，公司必须向银行支付1亿英镑，而银行要向公司支付1.6亿美元。当然，公司可以用获得的1.6亿美元偿还初始的美元借款。但是请大家注意，五年过后利率水平必然发生了变化，此时英国公司支付给银行的1亿英镑与银行支付给公司的1.6亿美元不一定是等值的。事实上，只要汇率水平不再等于1.60，这两笔金额就不是相等的，要么是银行向企业净支付，要么是企业向银行净支付。请注意，仅涉及一种货币的利率互换交易并不是这样。当五年期限到期时，1亿欧元还是等于1亿欧元，但是1亿英镑并不一定等于1.6亿美元。因此，当货币互换到期时，互换交易双方之间还要进行一笔差额支付；但是当利率互换交易到期时，没有所谓的差额支付。

同样地，货币互换协议也十分简短，主要强调的规则包括非银行交易方的信用等级大幅度下降可能会导致互换交易提前终止等。在我们前面给出的货币互换交易案例中，我们提供的条件是互换双方均为固定利率——即美元与英镑的利率水平均为固定利率。事实上这一点可以发生变化，比方说交易一方是固定利率，而另一方是浮动利率。或者双方均为浮动利率，但是双方使用的浮动利率市场参数不同，比方说一方使用的是LIBOR（伦敦银行同业拆出利率），而另一方使用的是其他市场浮动利率参数。

在继续讨论其他问题之前，我们要提醒读者的是，在第11章，我们向大家介绍了远期/远期互换以及即期/远期互换。听上去容易产生混淆，但是这两种产品与货币互换以及利率互换存在着一定的差别。从本质上看，互换交易是两个或多个借款人彼此之间互相交换支付利息或外汇敞口或两者同时进行交换的交易。这种互换交易并不涉及实际债务法律关系的相互交换，双方相互交换的只是基于贷款协议或租赁协议而产生的现金流。这听上去有些复杂，实际是什么含义呢？接下来我们先详细分析一下利率互换，其次再讨论货币互换。

12.2 利率互换

如前所述，互换交易——不管是利率互换还是货币互换——可以被简单地描述为将一系列未来现金流转变为具有不同特征的另一系列未来现金流。利率互换指的是交易双方约定在一段时间内基于共同的名义本金额双方相互交换支付同一种货币的利息支出（支付利息）或利息收入（投资所得）。双方事先约定好的金额叫做名义本金额，这是因为互换交易本质上并不是贷款或投资，因此在互换交易刚开始时或结束时，双方不需要交换名义本金额。利息债务的交换被称为债务互换；利息收入的互换被称为资产互换。双方会依照事先约定的规则以及名义本金额相互交换支付利息现金流。

利率互换可以分为两种主要类型：**息票**（coupon）利率互换和**基差利率互换**（basis swap）。息票利率互换可以将固定利率现金流转变为同一种货币的浮动利率现金流，或者反过来。图 12—1 提供了一个简单的例子。在图 12—1 中，箭头代表的是利息支付方向。

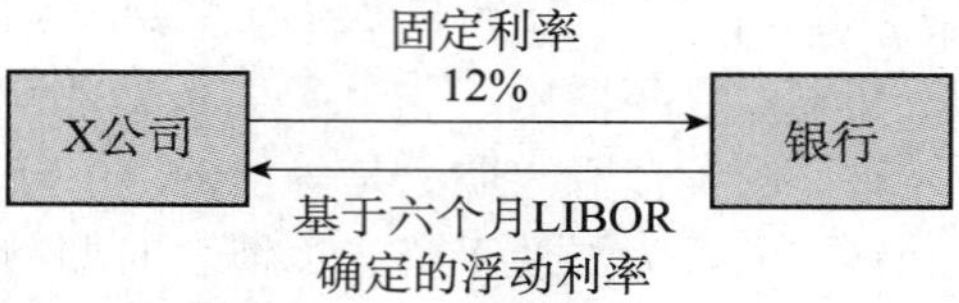

图 12—1　息票利率互换

基差利率互换也可以实现两个系列利息现金流的相互交换，这两个系列利息现金流都是根据浮动利率计算得到的，只不过使用的浮动利率指标不同。例如，一个系列利息现金流是根据六个月美元 LIBOR 计算的，而另一个系列利息现金流则是根据另一种浮动利率指标例如美国**商业票据**（commercial paper）利率、**国库券**（treasury bill）利率、国库券收益率或者一个月或三个月 LIBOR 计算得到的。图 12—2 提供了基差利率互换的例子。

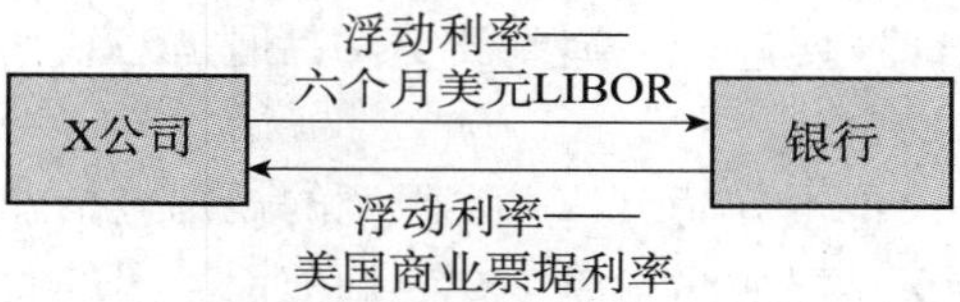

图 12—2　基差利率互换

再强调一下，利率互换指的是交易双方在特定的时间段内基于名义本金额相互交换支付同一种货币的利息。对于利率互换来说，名义本金额只用于计算双方相互交换的利息额。交易双方绝不会相互交换支付名义本金。至于互换双方支付的固定利率以及浮动利率则要参考市场上现行的固定利率水平以及浮动利率水平来制定，同时还要充分考虑交易者的信用等级。经过互换，交易双方可以将固定利率资产或负债转化为浮动利率资产或负债，反之亦然。交易双方均可获得成本节约的好处。

从 20 世纪 80 年代初开始，互换市场逐渐形成并发展，互换这种产品充分利用了交易双方信用等级的差异以及其他市场缺陷来达到节约成本的目的。说得更准确一点，固定收益证券的投资者要比浮动利率投资者更为关注信用等级的变化。因此在固定利率借款市场上，如果借款人的信用等级比较低，那么其支付的溢价通常要高于在浮动利率借款市场所支付的。利率互换交易双方可以选择自己拥有最大成本优势的市场借款，随后签订利率互换协议将固定利率借款转变成为浮动利率借款或者相反，从而达到节省成本的套利收益。

我们可以用一个例子来说明这种套利交易的机制及其带来的成本节约好处。假设有两家公司 X 和 Y。如表 12—1 中的数据所示，X 公司的信用等级更高一些。因此，X 公司在固定利率借款市场上的借款成本要比 Y 公司低 110 个基点；在浮动利率借款市场上，X 公司的借款成本要比 Y 公司低 50 个基点。虽然不管是在浮动利率市场还是在固定利率市场，

X 公司的融资成本均低于 Y 公司，但是仍然存在利率套利的可能。X 公司可以在固定利率借款市场上融资，Y 公司则在浮动利率借款市场上融资。随后，双方签订一份利率互换协议，约定相互交换支付利息（具体可参考表 12—1 中“互换支付额”下所提供的数据）。随后，我们可以比较一下表 12—1 中“融资总成本”与双方“直接融资成本”这两个数据，可以发现互换交易能够使双方均节省 30 个基点的成本。利息现金流如图 12—3 所示，其中箭头的方向代表的是利息现金流的流动方向。现如今，这种利率套利机会已经不常见了。

表 12—1　　利率互换案例

	X 公司	Y 公司
信用等级	AAA	BBB
直接固定利率借款成本	10.40%	11.50%
直接浮动利率借款成本	六个月 LIBOR+0.25%	六个月 LIBOR+0.75%
直接融资成本		
X 公司固定利率借款成本	(10.40%)	
Y 公司浮动利率借款成本		(六个月 LIBOR+0.75%)
互换支付额		
X 公司向 Y 公司支付	(六个月 LIBOR) 10.45%	
Y 公司向 X 公司支付		六个月 LIBOR (10.45%)
融资总成本	六个月 LIBOR−0.05%	11.20%
直接融资成本	六个月 LIBOR+0.25%	11.50%
成本节约	30 个基点	30 个基点

如表 12—1 和图 12—3 所示，正因为可以获得成本节约的好处，因此许多信用等级较高的企业愿意在市场上直接发行固定利率债券，其目的是通过互换将其转变成浮动利率债务，从而实现低于 LIBOR 的浮动利率借款成本。在利率互换市场发展的早期，AAA 级债券的发行人在互换后实现的实际融资成本大概等于 LIBOR 减去 75～100 个基点。现在，同样是 AAA 级的借款人，互换交易可以使其实际融资成本大致为 LIBOR 减去 25 或 30 个基点。

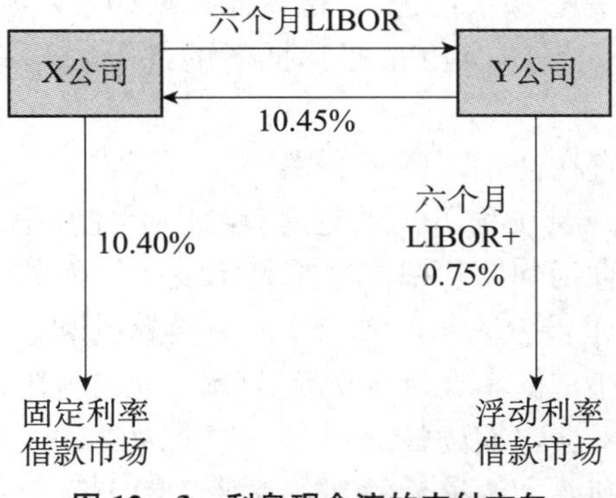

图 12—3　利息现金流的支付方向

请注意，随着越来越多的企业开始进入互换市场，现如今如表 12—1 所示的可观的套利交易已经消失了。这是因为不同信用等级的借款人在固定利率借款市场以及浮动利率借款市场的利差已经大幅度缩小。

除了可以提供成本节约的好处，利率互换还可以帮助借款人进入那些原本无法进入的市场——比如因为借款人的信用等级较低、没有显赫的声名或者过度使用了资本市场的某一组成部分等，导致借款人无法进入某些市场。即使是私营企业，也可以在不需要遵守任何信息披露规则、信用等级以及其他要求的情况下进入某些市场。以商业票据作为标的浮动利率工具的互换交易目前在利率互换市场上占据了主导地位。

利率互换既可被用作缩小利率风险敞口的管理工具，也可被当作单纯的融资工具来使用。企业的财务管理人员可以基于自身对未来利率走势的判断来使用利率互换产品进行谋利。例如，假设一家企业借入了固定利率为13%的贷款。该公司的财务总监预期未来的利率水平将会下降。该公司可以签订一份互换协议，将固定利率借款转变成为浮动利率借款（浮动利率与LIBOR挂钩），在利率下降期间保持该互换协议一直有效。当利率水平停止下降时，该公司可以签订第二份互换协议，从而锁定一个更低的固定利率水平，比方说每年11%。图12—4总结了这家公司持有的利率头寸。

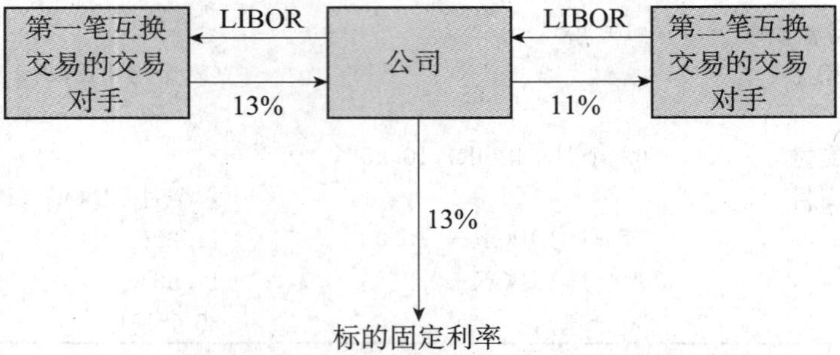

图12—4 签订两份互换协议的公司持有的利率头寸

利率互换交易简便易行，这是其优势之一。交易双方通常通过电话进行协商，通过传真的方式签订最后的协议文本。互换协议文本只包括一些少量的限制性条款，目前早已实现标准化格式。利率市场可分为初级市场与二级市场。很多企业之所以愿意发行新债券，互换是重要的驱动力之一。这是因为企业发行债券后，可以通过互换交易将固定利率债务转变为浮动利率债务，而且转变后的实际浮动利率借款成本更有优势。

1982年，利率互换交易总额大约为30亿美元。现如今，截止到2009年中利率互换交易总额大致为342万亿美元。即使扣除相互抵消的部分，这一数值仍然有14万亿美元之多。

到目前为止，我们一直在使用“固定利率”、“浮动利率”以及“LIBOR”这几个词，但是并没有给出准确定义。现在我们就要向读者给出上述几个术语的准确定义。“固定利率”指的是贷款或投资一直到到期利率水平都是不变的。例如，本金额为1 000英镑、利率为10%的五年期贷款要求借款人每年支付100万英镑的利息，持续支付五年，等贷款到期时，借款人要一次性偿还贷款本金1 000万英镑。与之相比，“浮动利率”指的是在贷款或投资存蓄期内利率水平会定期调整。例如，本金为1 000万英镑的三年期浮动利率贷款每隔六个月要调整一次利率，调整后的利率水平适用于接下来的六个月。这种浮动利率贷款经常使用LIBOR作为六个月浮动利率参考指数。

“LIBOR”是伦敦银行同业拆出利率（London interbank offered rate）的缩写。这是根据伦敦银行同业拆借市场上几家大银行向其他银行放贷的利率报价计算出来的利率指标。伦敦当地各主要银行提供的同业借款利率报价则被称为**“LIBID”**，即伦敦银行同业拆入利率。还有一个利率指标叫做“**LIMEAN**”（伦敦银行同业平均利率），实际上就是 LIBOR 与 LIBID 的中间值。LIBOR 与 LIBID 是经常被用于计算各种浮动利率的市场参考指标。银行可以提供自己的 LIBOR 与 LIBID 的报价；有时互换交易在计算利息支付额时使用的 LIBOR 是根据几家银行的报价算出的平均值。因此，互换协议会明确注明 LIBOR 的计算方式。

另外一个值得一提的指标叫做 **EURIBOR**（欧洲银行间同业拆出利率）。这是适用于欧元区的重要市场参考利率。这一指标使用的报价数据为布鲁塞尔时间上午 11 点时各银行提供的报价数据，天数计算惯例为实际天数/360 天（请参考本章后面的内容）。该指数也是金融市场上广泛使用的市场利率参考指数之一。

那么，为什么企业应当使用利率互换工具呢？原因有很多，下面我们列出了主要原因：

- 以低于债券市场或银行贷款的利率水平获得融资。
- 当企业无法直接进入债券市场时，通过互换交易实际获得固定利率融资。
- 在没有增加新融资的前提下改变负债结构。
- 调整利息收入或投资的结构。
- 对未来利率的潜在波动进行套期保值或进行投机。

上面列出的第一点很容易理解，这就是表 12—1 所示互换交易形成的基础。第二点要复杂一些。一般情况下，只有那些信用等级最高的企业才能进入国际债券市场，它们都是一些著名的大企业，而且发债的金额巨大。一些规模较小、质量很高的企业可以在当地市场上借入固定利率借款——因为它们在本地颇有名望——但是这样的机会并不多见。一些企业无法进入债券市场融资，但是它们的信用状况使得银行愿意向其提供贷款，这些企业可以先借入浮动利率借款，然后通过互换交易将其转变为固定利率，从而实际变成固定利率债务。第三点、第四点以及第五点是不证自明的。

利率互换市场上交易者形形色色，以下列出了主要的市场参与者：

- 国际机构，例如世界银行。
- 主权国家与公共部门机构，例如瑞典。
- 跨国企业。
- 规模较小的企业。
- 银行，要么是充当两个交易对手之间的中介，要么是出于管理自身融资与投资的目的直接充当互换交易的一方。

接下来我们需要向大家介绍一些互换交易的行话，这样能够帮助大家更好地了解互换交易。“支付方”与“收款方”是常用的两个术语，其含义直接明了（请参考图 12—5）。

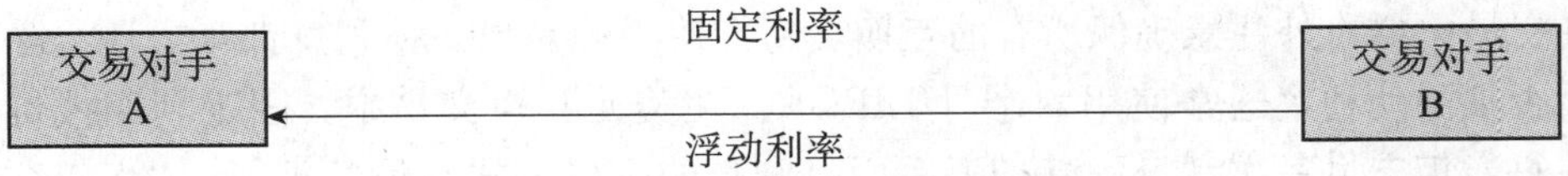

图 12—5　互换交易的支付方与收款方

注意：“收款方”与“支付方”是相对于利息现金流确定的，A 是固定利率支付方；B 是固定利率收款方。A 是浮动利率收款方，B 是浮动利率支付方。

互换市场“说的是固定利率”（talks the fixed rate）。我们最好用一个例子说明这句行话的意思。如果一位互换**交易商**（dealer）说他需要为一笔五年期互换交易找到“支付方”，其含义是他需要找到一位交易对手，这位交易对手愿意在五年期互换交易中支付固定利率。互换交易商手里都拿着一个所谓的“互换交易账本”（swap book），上面记载着交易商持有的各种风险敞口，即利率风险敞口、外汇风险敞口以及其他风险敞口。这些风险敞口可能会被套期保值，或者不进行套期保值。常用的一种风险敞口套期保值手段是再签订一份方向相反的互换协议。这就是所谓的“squaring the book”或者是“running a matched book”*。

作为互换市场的做市商，银行会持续向客户提供报价。与利率市场一样，银行对互换交易通常会提供两个固定利率报价——其中一个利率是银行在互换交易中愿意支付的固定利率，另一个利率是银行在互换交易中愿意收到的固定利率。在英镑互换市场上，做市商提供的互换交易固定利率报价都是建立在假设浮动利率等于六个月 LIBOR 的基础上，特别说明的除外。如果一家银行对五年期互换交易的利率即**掉期率**（swap rate）报价为 10.70%－10.85%，那么这意味着在五年期互换交易中，10.70%是银行愿意支付的固定利率，同时获得对方支付给银行的六个月 LIBOR，10.85%是银行在互换交易中愿意收到的固定利率，同时银行向对方支付六个月 LIBOR。显然，根据前面提供的数据可以看出，银行在互换交易中可以获得 0.15%的价差收益。不过，谈判与竞争压力能够帮助客户从银行那里获得更为优惠的报价。

尽管英镑互换市场将六个月 LIBOR 视为互换固定利率的报价基础，但是在美元利率互换市场上，做市商提供的固定利率报价是在相同期限的美国国库券的收益率的基础上再加上一个价差。例如，银行提供的五年期互换交易报价为 82－88。这意味着在五年期互换交易中，银行愿意支付的固定利率等于五年期美国国库券收益率再加上 0.82%或 82 个基点。如果当前五年期美国国库券收益率为 8.08%，则银行愿意支付的固定利率就等于 8.9%（＝8.08%＋0.82%），利息支付规则为每半年支付一次。也就是说，美国国库券与互换交易都是每半年计算并支付一次利息。同理，这家银行在五年期互换交易中愿意收到的固定利率为 8.96%（＝8.08%＋0.88%），同样也是每半年计算支付一次。请大家注意，在前面几句话中，我们都提到了像债券一样每半年计算一次利息，因此利息的计算方式值得注意。下一节我们就要讨论这一问题。

12.3 利息的计算

互换利息现金流的计算方式多种多样，尤其是固定利率利息的计算方法有许多种。因此，在交易中要格外注意确保所有的互换交易方使用的是同一种利息计算方法。除非特别说明，否则浮动利率通常使用六个月 LIBOR。在美元互换交易中，固定利率报价通常是建立在每半年支付一次利息的基础上，而且利息的支付方式与债券类似。“半年”意味着每年互换双方要相互交换支付利息两次。因此，如果固定利率报价 10%，则每六个月固定利率支付方要支付 5%的利息。“债券计息法”（bond basis）指的是互换交易使用的一年天

* 即使得方向不同的互换交易相互匹配。——译者注

数计算惯例与债券相同。在现实生活中，每年都有 365 天，闰年除外。但是，在金融市场上，交易者们通常并不使用 365 天代表一年。“债券计息法”意味着在计算利息支付额时，一年被假定为 12 个月，每个月 30 天。因此，利息的计算要在一年共有 360 天的基础上进行。有时这会写作：360/360。这一交易惯例主要在**欧洲债券**（Eurobond）市场使用。

每一种货币或利率市场都有不同的利息计算方式，因此要确保所有的交易方同意使用相同的利息计算方法，这一点至关重要。欧洲市场通常使用一年 360 天的交易惯例，绝大多数国内市场也是如此，但是英镑市场与比利时法郎市场除外。一些银行客户希望获得每年只付息一次的固定利率报价——也就是说，一年只支付一次利息，且支付行为发生在年末。一般情况下，这要求互换交易与每年只付息一次的债券相挂钩。

我们可以使用简单公式将每半年付息一次的固定利率与每年付息一次的固定利率相互转换。下面给出两个主要公式：

将每半年付息一次的固定利率转变为每年付息一次的固定利率：

$$\left[\left(1+\frac{\text{每半年付息一次的固定利率}}{200}\right)^{2}-1\right]\times 100=\text{每年付息一次的固定利率}$$

将每年付息一次的固定利率转变为每半年付息一次的固定利率：

$$\left[\left(1+\frac{\text{每年付息一次的固定利率}}{100}\right)^{\frac{1}{2}}-1\right]\times 200=\text{每半年付息一次的固定利率}$$

在使用上述公式时，交易者可以将已知的利率数据输入，从而获得自己想得到的利率数据。例如，每半年支付一次的固定利率为 10.4%，即每六个月固定利率水平为 5.2%，将 10.4%输入第一个计算公式，可以求出每年付息一次的固定利率为 10.67%。很多市场交易者将利率数据中的“半年”（semi-annual）缩写为英文 s. a.，将“年”（annual）缩写为 p. a.。大家一定要牢记，采用不同的报价方式，利率报价数值也会随之变化。因此互换交易者一定要弄清楚交易对手使用的是怎样的报价方式。

还有一点要注意，在互换交易中，浮动利率通常每六个月支付一次，而固定利率可以每六个月支付一次，也可以每年支付一次。由于固定利率支付额与浮动利率支付额发生在同一天，因此，我们可以轧差求出差额，所以互换交易对手之间实际上只有一笔差额支付。

债券计息法与货币市场计息法

债券计息法假设一年有 360 天（360/360）。另一种计息方法即货币市场计息法则按一年的实际天数计算利息，但是每一年参考天数定为 360（365/360）。在互换交易中，一部分交易者希望互换的固定利率报价采用的是**货币市场计息法**（money-market basis）。值得一提的是，LIBOR 报价通常采用的是货币市场计息法。不过，有时需要我们将采用债券计息法的标准互换报价转变为采用货币市场计息法的互换报价。

我们可以使用下列公式将采用债券计息法的互换报价转换成为采用货币市场计息法的互换报价。之所以要进行这样的转换，其目的是要确保不管采用哪一种互换报价形式，互换交易双方实际支付的利息现金流都是等价的。

债券计息法报价转变为货币市场计息法报价：

$$\text{采用债券计息法的互换报价}\times\frac{360}{365}=\text{采用货币市场计息法的互换报价}$$

将采用货币市场计息法的报价转变为采用债券计息法的报价：

$$\text{采用货币市场计息法的互换报价}\times\frac{365}{360}=\text{采用债券计息法的互换报价}$$

我们可以用一个例子向大家更好地说明如何使用上述两个公式：

采用债券计息法的互换报价为10%，名义本金额为100万美元，互换期限为一年：

$$0.1\times 1\ 000\ 000\times \frac{360}{360}=\$100\ 000$$

采用货币市场计息法的互换报价为10%，名义本金额为100万美元，互换期限为一年：

$$0.1\times 1\ 000\ 000\times \frac{365}{360}=\$101\ 389$$

显然，使用不同的利息计算方法，求出的利息支付额也存在差异，因此读者要格外小心以确保使用正确的计算公式。

互换交易的终止

一旦利率互换协议开始生效，一般情况下就会持续至到期。不过，现实市场上也存在一些特殊的环境，互换交易方必须改变现有现金流的性质，或者需要提前终止互换交易。已生效互换交易的终止方式分为三种：反转、终止以及全部买下。所谓"反转"指的是互换交易的一方另外签订一份互换协议，确保新签订的互换交易现金流方向刚好与最初签订的互换交易的相反。反转法的净效应是将初始的互换头寸对冲掉。当然，当互换交易方签订第二份方向相反的互换协议时，利率水平相比之前可能已经发生了变化，因此这也许会给互换交易方带来损失或收益。至于第二笔互换交易，互换交易方不一定非要与同一家银行签订互换协议。所谓"终止"指的是互换交易的一方与另一方协商，看看是否可以将已生效的互换协议提前终止。一般来说，双方会按照当前的利率水平对互换交易余下的现金流进行估值，然后双方会结清损益。于是，这笔互换交易就被提前终止了。所谓"全部买下"有时也可能被称为互换出售或互换转让，指的是互换交易的一方与另一家银行谈判，请求银行将已生效的互换协议全部买下，接管该交易方所持有的互换头寸。如果在互换交易余下的期限里，对于想要转让互换头寸的交易方来说，这笔互换交易具有正价值，那么新进入的银行应当向互换交易转让方付钱；反之，如果互换头寸的价值为负，则互换交易转让方应当向新进入的银行付钱。于是，新进入的银行将接管互换交易转让方持有的头寸，直接与初始的银行中介打交道。显然，最初促使成这笔互换交易的银行中介必须同意新银行作为自己的交易对手，并愿意承担**交易对手风险**（counterparty risk）。

互换协议

一般情况下交易双方可以通过电话的方式商讨互换交易的细节。在当天营业日结束之前，双方会互相交换一份书面的协商细节，其中包括互换交易的各个方面，以确保不存在任何误解或混淆。此后，交易双方要签订一份利率互换协议。国际互换与衍生品协会（ISDA）与其他多个团体相互协作，拟定了标准化的互换协议文本。这份标准化合同大概长度为12页，主要包含以下几个部分：

- 付款——利息计算方法、金额以及付款时间。
- 授权——互换交易双方确认自己已被授权签订互换协议。
- 违约事件——在何种环境下，互换交易的一方可以被认为发生了违约。
- 终止——在何种条件下互换交易可以被终止。这一部分内容条目有限，一般包括税收影响，或者是互换交易的一方所处的市场环境发生了实质性的变化，例如该交易方的信用等级大幅度下滑。

● 损失——提前终止互换交易的条件下如何计算损失。

● 可转让性——在未得到互换交易另一方同意之前，互换交易通常不允许被转让给新的交易者。

● 信用支持文件——通常要求信用等级较低的一方提供信用支持文件；交易方需要提供保证或担保协议。

● 简单样本条款——当互换交易的一方财务状况急剧恶化时，银行可以通过设立重大不利条款来进行结算。

此外，如果互换交易本身（不包括已对冲的部分）给一方带来的损失超过了一定限度，那么促成该互换交易的银行中介应当提供赔偿。这一特征非常重要。

互换与其他金融工具的比较

我们将在第 13 章和第 14 章详细讨论利率风险敞口的套期保值问题。这里我们先要比较一下利率互换与**利率上限**（caps）、**利率下限**（floors）、**利率上下限**（collars）、互换期权以及金融期货所发挥的利率风险套期保值的作用。因为我们尚未讲到上述衍生产品，因此这里只做简单讨论。

首先我们先来看一看利率上限。利率上限本质上就是企业为自己购买的一份保险。购买利率上限产品的企业希望规避短期利率水平（例如，六个月 LIBOR）的上升超过一定幅度给自己带来的风险，但是与此同时，还希望能够抓住未来利率下跌的机会来获取盈利。与利率互换产品一样，利率上限独立于企业的浮动利率借款。但是，与互换交易不同的是，鉴于购买利率上限产品的企业已经一次性支付了保险费用，因此一旦在预先设定的贷款展期日，市场利率水平超过了上限利率，则卖出利率上限的金融机构同意向公司进行赔偿。于是，银行继续按照 LIBOR 加上一定的利差支付浮动利率贷款的利息，但是只要 LIBOR 超过了上限利率，多出来的利息成本将会由银行承担（如图 12—6 所示）。

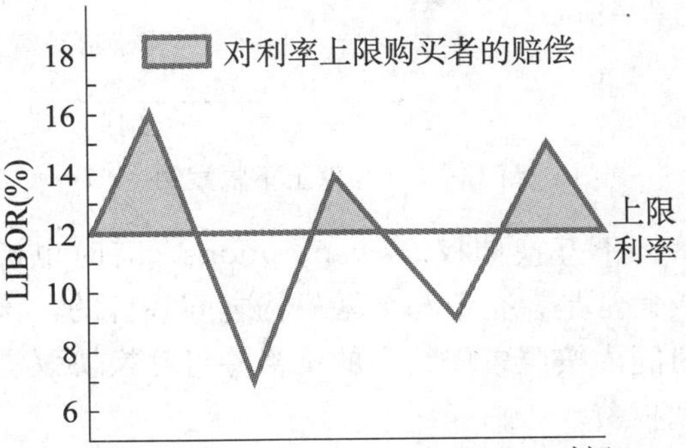

图 12—6 利率上限案例

接下来我们要分析一下利率下限。利率下限与利率上限比较相似，只不过作用相反。利率下限对投资者或贷款人的帮助——这些投资者或贷款人获得的收益率表现为浮动利率——就如同利率上限对借款人的帮助一样。利率下限可以保护投资者规避市场利率低于下限利率的风险，同时还允许投资者抓住利率上涨的机会谋利（如图 12—7 所示）。

利率上下限就是把利率上限与利率下限两种产品结合在一起。它可以帮助企业防止利率上升超过一定水平——上限利率——所带来的风险，同时允许企业在一定范围内利用利率的下降谋利，但是利率的下降浮动不能超过下限利率。因此，购买了利率上下限的企业

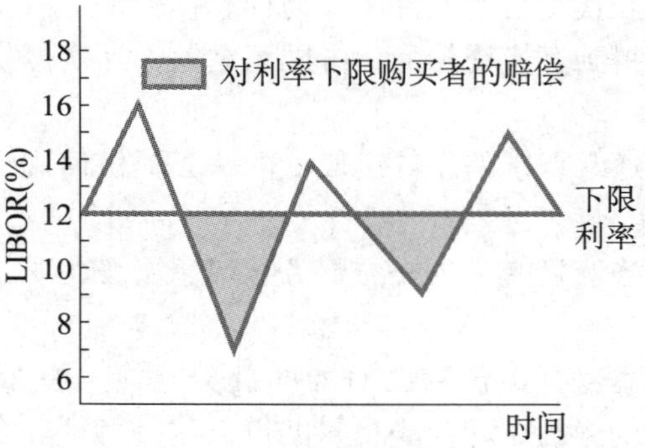

图 12—7　利率下限案例

可以将自己的利率成本锁定在一定区间内，即由最高借款成本与最低借款成本构成的区间（如图 12—8 所示）。如果利率上升超过了上限利率，购买了利率上下限产品的企业便可以获得交易对手的赔偿。如果利率下跌至低于下限利率，则购买了利率上下限产品的企业要对交易对手进行赔偿。在进行交易时，双方可以对费率结构进行特殊安排，购买利率上限的一方支付的费用刚好等于购买利率下限的这一方支付的费用；在这种情况下，交易双方均不需要预先支付费用。上限利率或下限利率的变化将会导致一方向另一方的净支付。

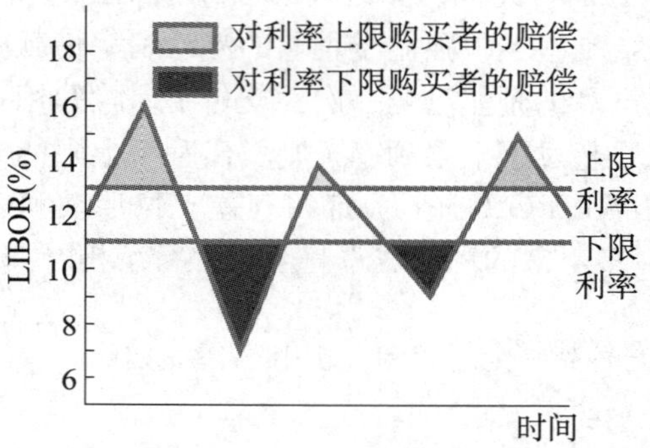

图 12—8　利率上下限案例

接下来我们简单了解一下互换期权（swap options，有时也被简称为 swaptions）。以互换协议为标的物的期权通常是在企业与金融机构之间签订的，该期权赋予购买方在特定日期或预先商定的一段时间内按照事先约定的价格签订互换协议。购买互换期权的一方要为获得这一权利而支付期权费。

我们将第 13 章介绍金融期货合约，这里先给出简单的定义。金融期货合约是交易双方约定在未来某个特定的时间点，按照事先商定的价格交割一定数量、一定品级的某种资产。金融期货合约在有组织的金融期货交易所内进行交易。

上面列举的各种套期保值工具可广泛应用于资产负债管理；到底使用哪一种衍生产品来进行套期保值交易，取决于企业的特殊要求。

不过，互换产品确实具有几大优势。例如，如果某种金融工具需要用户预先交费，那么这笔费用肯定要进入企业的损益账户。但是，互换一般不要求交易双方预先支付费用。对于流动性较为紧张的企业来说，不用预先交费明显是个优势。我们常用进行杠杆收购的企业为例来说明：这类企业可以使用利率互换将浮动利率债务转变成固定利率债务，同时这种做法不需要支付任何罚息，而且对企业已经较高的负债率不会起到雪上加霜的负面影响。

互换产品也有一些不足，比方说企业的财务总监刚刚通过互换交易将浮动利率转变成固定利率，利率水平却开始下降。不过，再仔细研究一下，互换交易可以被提前终止，因此其带来的负面效应十分有限。相对于其他金融衍生产品来说，互换市场具有极高的深度，这也是互换的优势之一。交易双方之所以可以较为容易地提前终止互换交易，是因为相对于利率上限、利率下限、利率上下限以及期权来说，互换的认同度更高，交易规模也更大。而且，在全球金融市场上，互换协议文本目前已经实现了标准化，而利率上限、利率下限以及利率上下限产品的协议文本尚未实现标准化。

从交易数量和期限上看，互换也具有优势。利率互换产品的期限可以超过十年，交易金额常常会超过 1 亿美元。与之相比，利率上限、利率下限以及利率上下限的期限一般不超过五年，名义本金额大于 1 亿美元的利率上限产品相对少见。

12.4 货币互换

本节我们要讨论的是货币互换。最常见的货币互换是交易双方互相交换支付浮动利率，比方说一方支付的是美元 LIBOR，另一方支付的是英镑 LIBOR。不过，我们首先要介绍一下固定利率货币互换，因为这种产品更易于理解。所谓固定利率货币互换，指的是交易方 A 向交易方 B 支付一种货币的固定利率利息，同时交易方 B 向交易方 A 支付另一种货币的固定利率利息。货币互换通常包括三个基本步骤：

- 互换交易刚开始时交易双方互换本金。
- 在货币互换有效期内交易双方定期相互交换利息。
- 货币互换到期时交易双方再一次互换本金。

在货币互换协议刚开始生效时交易双方要先互换本金。这意味着在互换协议刚开始生效时，交易双方要按照事先约定好的汇率水平相互交换不同币种的名义本金额。适用的汇率水平一般是即期汇率，但是有时交易双方也可能会使用互换协议生效前预先设立的远期汇率。最初进行的本金互换可以是名义上的互换——也就是说，交易双方并没有实质交换名义本金额——也可以是进行实质性的交换。不管互换协议刚开始生效时本金互换是实质性的还是名义性的，这种安排的重要性都在于为互换交易的名义本金额确立一个参考点，目的是首先用于计算利息支付额，其次用来计算互换协议到期时本金额的第二次互换。在货币互换的交易过程中，第二个关键步骤是交易双方多次互换利息。在明确了互换交易的名义本金额后，交易双方可以根据名义本金额以及互换交易中约定好的固定利率来计算利息支付额并安排互换。货币互换交易的第三个步骤是当互换协议到期时交易双方最终要再次互换本金额。

这三个步骤是货币互换市场上的标准操作，其作用是可以将一种货币的固定利率债务转变为另一种货币的固定利率债务，因此企业可以使用货币互换来达到套期保值的目的。事实上，货币互换与普通的期限较长的远期外汇协议比较类似。与利率互换一样，货币互换也具有一定的优势，因为这种产品可以帮助借款人进入原本无法进入的资金市场，从而降低企业的融资成本。例如，一位借款人可以先在瑞士法郎借贷市场上直接借入瑞士法郎固定利率借款，然后通过互换将其转变为美元借款，这可以使得该借款人获得一个利率更低的固定利率美元借款。除了具有成本优势以外，货币互换还可以帮助借款人进入外国资本市场并获得外汇融资，而这些外汇融资原本是无法获得的，或者融资成本极高。货币互换市场上最重要的货币包括美元、瑞士法郎、欧元、英镑、日元以及加拿大元。整个货币互换市场紧紧围绕着美元，但是日元/瑞士法郎、日元/欧元以及英镑/欧元之间的互换交易也十分常见。因此，货币互换既可以帮助企业财务管理人员管理外汇风险敞口，同时又能带来成本节约的好处。

接下来我们非常简单地介绍一下货币息票利率互换。从本质上看，这种产品就相当于利率互换与固定利率货币互换的组合。其交易过程与前面讲过的固定利率货币互换的三步骤基本相同，只不过交易双方要用一种货币的固定利率利息与另一种货币的浮动利率利息相互交换。

假设一位借款人在借贷市场上拥有的比较优势是借入长期固定利率美元借款，但是事实上该借款人希望获得浮动利率日元借款。于是，这位借款人可以在货币互换市场上找到另外一位借款人——这位借款人在借贷市场上具有的比较优势是借入日元贷款，但是他实际希望获得的是长期固定利率美元贷款。于是，两位借款人先是直接在具有比较优势的资金市场上获得融资，然后再进行货币互换交易。这样做的好处是拓宽了借款人进入国际借贷市场的渠道。显然，货币互换可以帮助企业财务管理人员改变其持有的资产和负债币种。

互换交易的协商谈判速度很快，其协议文本是标准化的，要比其他很多大型金融工具交易简单得多。比方说，与定期贷款协议相比，互换协议文本要简短得多，内容也要简单得多。而且，互换交易的交易成本相对较低。另外，互换交易可以较为容易地被取消或终止。

20 世纪 80 年代初，货币交易市场的规模非常小；到了 1990 年，当年货币互换市场的交易额超过了 1 000 亿美元。互换已经被定义为具有不同特征的两个未来系列现金流的相互交换。对货币互换而言，交易过程中要涉及两种货币。货币互换市场的标准做法是针对浮动利率——通常采用美元浮动利率指数，该浮动利率每六个月调整一次——提供固定利率报价，即该固定利率在整个货币互换有效期内保持不变。在互换交易刚开始时，双方必须先约定两种货币兑换的汇率。这有助于明确两种货币的名义本金额，随后在计算利息支付额时要用到这两个名义本金额。在货币互换交易到期时，除了最后一笔定期互换的利息支付额以外，交易双方还要互换交易刚开始时确定的两笔名义本金额。在货币互换交易刚开始时，交易双方可以实质性交换两笔不同币种的名义本金额，但这并不是必需的。例如，五年期货币互换协议刚开始生效时，英镑与美元的汇率水平为 1 英镑兑换 1.80 美元。于是，银行支付给企业客户 1 800 万美元，同时客户向银行支付 1 000 万英镑——这意味着双方在交易刚开始时实质性交换了名义本金额。不过，交易双方也可以只进行名义上的本金互换。如果企业客户需要获得 1 800 万美元，那么它可以直接在即期外汇市场上卖掉 1 000 万英镑，以换回 1 800 万美元。如果该货币互换交易是用英镑的固定利率利息与美元的六个月浮动利率利息相互交换，则利息现金流如图 12—9（a）所示。如图 12—9（b）所示，在货币互换协议到期时——五年后——双方将要互换本金。因此，当货币互换协议到期时，除了要支付最后一笔利息额以外，互换交易的每一方还要向对方支付在互换协议有效期内自己用来计算利息支付额的本金额，就如同借款人在贷款到期时要偿还本金一样。

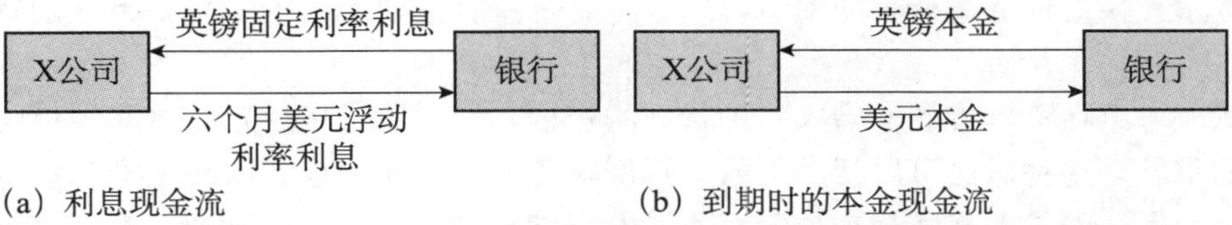

图 12—9　货币互换的例子：英镑固定利率与六个月美元浮动利率

货币互换交易的期限通常为两年至十年，五年期限是最为常见的。从长期合约的角度来看，货币互换市场的深度远远超过了远期外汇市场，而且货币互换市场的报价也要优于远期外汇市场，因此企业常常使用货币互换来对冲长期风险敞口。绝大多数主要货币（固定利率）都可以与美元（浮动利率）结对安排货币互换交易。也可以安排不涉及美元的货币互换交易，但是为了达到这一目的，可能需要进行两笔独立的互换交易。货币互换交易的最小规模大致为 300 万美元或等值的其他货币。债券发行附带的货币互换通常规模高达 3.5 亿美元。货币互换交易还可以采取另一种安排方式，即交易双方均支付浮动利率。但是这种类型的货币互换不如固定利率与浮动利率的互换更为常见。一般来说，银行不愿意只安排货币互换的一方交易者，因为这样做往往会因为不匹配而产生风险敞口。银行更愿意充当中介的角色，在市场上寻找具有相反方向交易的需求者来安排互换交易。这样做可以帮助银行实现风险敞口匹配，从而降低银行面临的风险。图 12—10 给出了一个风险敞口匹配的案例。

在图 12—10 中，A 公司支付的是英镑固定利率利息，同时收到的是美元六个月 LIBOR 的利息。用行话来说："A 公司是英镑固定利率的支付者，收到的是美元 LIBOR"。B 公司收到的是英镑固定利率利息，支付的是六个月美元 LIBOR 利息。互换交易商可以将其简称为"B 公司是英镑固定利率的收款人，支付的是美元 LIBOR"。在进行互换交易时，交易者必须弄清楚利息是按照年还是半年计算，以及使用的是债券计息法还是货币市场计息法，本章前面的部分已经提到了这一点。

货币互换通常可以被用来实现下列目标之一：

- 对货币风险敞口或进行投机。
- 以更低的成本获得融资。
- 进入原本受限的资金市场。
- 改变支付现金流或投资收入现金流的币种。

接下来我们将逐一分析上述几个目标。

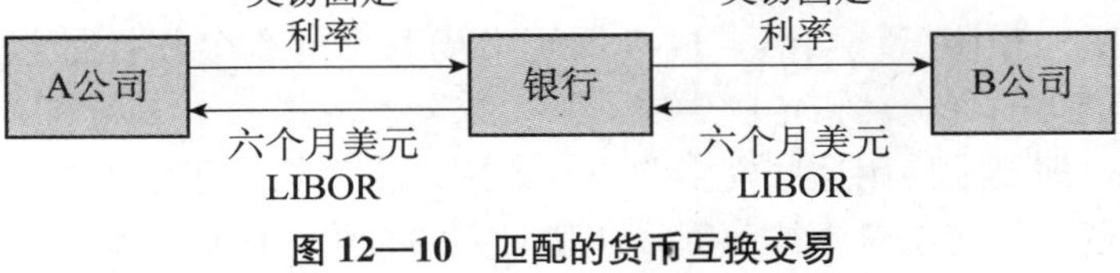

图 12—10　匹配的货币互换交易

在世界范围内，很多企业在业务经营过程中会产生外汇现金流，也许是现金流入，也许是现金流出。企业若想要实现长期外汇波动风险的最小化，那么可以通过互换交易使得一系列未来现金流与方向相反的另一系列现金流相互抵消。互换交易还可以帮助企业财务管理人员较为迅速地改变企业负债的外汇风险敞口。从这个角度来说，企业可以较为容易地使用货币互换对债务进行套期保值，或者是有意持有预期未来汇率将要下跌的货币多头头寸。

借款人可以在资本市场上借入一种货币的贷款，然后通过货币互换将其转换成自己所需货币的贷款，这种做法可以帮助借款人降低融资成本。现如今在欧洲债券市场上，基于互换目的而发行的债券规模越来越大。通过发行满足投资者需求的欧洲债券，借款人还可以获得成本相对低廉的资金。这些新资金被互换为借款人想要的币种时，会进一步降低借款人的融资成本，甚至使其低于直接借入所需货币资金的融资成本。

在某些情况下，企业无法直接进入国际融资市场。一些国家对可在债券市场上发行债券获取融资的企业类型制定了约束条件。在这种情况下，借款人可以使用货币互换将一种货币的借款转变成自己所需货币的借款。例如，如果想要发行日元债券，借款人的信用等级至少要达到A级。如果企业不满足这一条件，那么它可以选择到其他市场上去融资，例如到美元市场上去融资。为了获得日元融资，企业可以通过互换交易将美元融资转变为日元融资（只要银行愿意接受企业的信用等级）。

投资者可以使用货币互换来改变投资收入的币种。对投资者来说，他们使用货币互换的目的显然就是要将一种货币的投资收入转变成自己所需货币的投资收入。这种类型的货币互换通常被称为“资产互换”。

与利率互换市场一样，货币市场上的主要交易者包括国际机构、主权国家、公共事业机构、跨国企业、中小型企业以及银行。对货币互换来说，其协议文本以及交易的提前终止——反转、终止、全部买下——与前面介绍的利率互换完全相同。

货币互换总结

前面我们已经谈到企业可以通过货币互换来获得成本更为低廉的融资。如果利率平价关系始终成立，企业如何实现这一目标？首先，套利机会将会变得稍纵即逝，这说明国内市场与国际市场之间存在套利机会的可能性越来越小。只有那些反应非常灵敏的企业才得以抓住这样的套利机会，在外国借贷市场上以低于市场利率的借款利率获得资金，然后再通过互换交易将其转变为自己所需的币种，实际融资成本要低于直接借入所需币种贷款的融资成本。为什么企业获得一种货币融资的成本会低于另一种货币，其中的原因有很多，既包括心理层面的原因，也包括技术层面的原因。例如，国内投资者对企业的情况非常了解，所以企业若想获得融资，必须提供足够好的融资条件；然而在外国资本市场上，企业的新鲜面孔——或者是不太常见的投资机遇——可能会吸引投资者。同理，某些资本市场缺乏低风险投资机会，那么在这样的市场上，高信用等级的企业便会成为宠儿。在以相对较低的成本获得融资后企业可以使用货币互换将借入的资金转变成自己所需要的币种，而且融资成本还会进一步降低。当然，成本低于市场利率的资金往往是与购买条件相挂钩的，例如要使用借来的资金从指定的供应商那里采购。成本低于市场利率的日元融资可能会附带额外要求，即要求使用这些资金购买日本国内生产的这些设备。

互换交易市场上的交易对手彼此都很清楚对方的报价。因此，如果企业财务管理人员四处打听想要找到最便宜的价格，那么结果很有可能是他发现自己获得的报价差别不会超过一年5个基点。价差的变化通常能够反映整个互换市场与每一家金融机构持有的互换交易之间相互偏离的程度。不过，有时两位金融对手提供的互换报价看上去差异很大，但实际上并非如此，极有可能是因为报价的表现形式不同。因此，在比较两个或多个报价时，财务管理人员必须牢记以下几个重要因素：

- 天数计算惯例。
- 利息支付安排。
- 互换协议的推迟生效。
- 基准参照物。
- 利息支付日。
- 交易规模。

就天数计算惯例来说，互换交易计算利息时，经常使用两种天数计算惯例，即每月30天/360天（欧洲债券计息法），以及实际天数/360天（货币市场计息法），英镑互换报价使用的天数计算惯例是实际天数/365天。常用的另一种天数计算惯例是实际天数/365天或者实际天数/366天（即实际天数/一年的实际天数）。当企业财务管理人员比较各家金融机构提供的互换报价时，必须详细检查各个报价是否使用了相同的天数计算惯例。例如，客户要求金融机构在互换交易中充当固定利率收款方，则该金融机构使用货币市场计息法提供的报价看上去要比使用债券计息法提供的报价便宜一些。为了正确比较多个互换报价，还要确保这些报价适用的利息支付频率相同。因为货币是有**时间价值**（time value）的，所以每个季度支付一次固定利率利息的互换报价要比每半年支付一次的互换报价看上去便宜一些。如果互换协议在正式生效前要拖延一些时间，那么其中一方在互换交易临近到期时，可以获得正价值，正价值的大小取决于银行在对应期间的融资成本。如果一个报价包含了这部分正价值，而另一个报价没有包含这部分正价值，那么两个报价会存在明显差异。

对于期限超过两年或三年的互换交易，金融机构在报价时，通常是在标的国债或类似证券的半年收益基础上再加上一个价差。若想对这种价差式报价进行正确比较，企业的财务人员必须确保报价银行是使用同一种标的国债作为基准参照物，而且对标的国债的估值也是相等的。在比较不同报价时，利率的绝对水平是至关重要的。在某些情况下，尤其是当互换协议的期限不是整数年份时——比方说4.5年——一家金融机构可能是在五年期债券收益率的基础上提供价差报价，而另一家金融机构则是使用四年期债券与五年期债券的差值计算结果来提供价差报价，因此这可能会导致差异。

除非客户要求采用特殊的利息支付日，否则金融机构在报价时默认从互换协议生效开始，每半年交易双方安排一次利息互换。任何一方面的微小变动都会对报价产生影响。互换市场的企业用户还要牢记，对于规模特别大或特别小的互换交易，金融机构报价时还要加上溢价，溢价的幅度反映了在当前市场环境下安排此类互换交易的难度。

12.5 评估互换的风险

首先，我们先来讨论一下如何评估利率互换交易的风险。利率互换交易的风险可以被分为两大组成部分：信用风险与市场风险。信用风险指的是交易对手在互换协议到期前违约的风险。如果交易对手违约，则另一方会在事先毫不知情的情况下重新陷入互换交易开始前的利息支付结构里——原本企业安排互换交易的目的就是要避免这种利息支付结构。在现实生活中，这种情况很少发生，这是因为对于绝大部分互换交易来说，拥有雄厚实力的金融机构充当交易的中间人；其次，第12.3节中谈到的互换协议文本中的条款也会防止这一情况发生。

市场风险可以被定义为互换交易到期前对冲或反转该互换交易的成本。我们可以采用两种方式实现互换反转的目的。第一种方式就是再签订一份方向相反的互换协议。这能帮助企业实现互换反转的目的，但是金融风险敞口将要扩大一倍。另外一种方式是与交易对手商量是否可以取消互换协议。第二种方式十分便于执行，尤其是当交易对手是金融机构时。取消互换协议后，企业客户向金融机构支付的费用反映了金融机构对互换交易取消后余下的利率风险敞口安排套期保值的成本——金融机构往往还要再签订一份替换性互换协议来进行套期保值。替换性互换协议的规模将取决于自第一份互换协议生效以来利率水平的波动幅度。企业客户的支付额到底是正还是负，主要取决于利率水平是上升还是下降。

如图 12—11 与图 12—12 所示，一家船运公司信用等级较低，它按照六个月美元 LIBOR——比方说每年 9%——再加上 2%的溢价借入了美元贷款。该公司相信未来利率水平将上升，于是与银行签订了一份期限为五年的互换协议（如图 12—11 所示），将其利息成本固定下来。然而，在互换协议生效三年以后，六个月美元 LIBOR 下降为每年 8%，而且，公司预测利率水平还将进一步下降。这样一来，这家船运公司在安排了互换交易以后，支付的利息成本反而比不安排互换交易时更高了。因此，该公司希望取消互换交易协议。银行同意取消互换交易，但是要求船运公司支付取消费用。如图 12—12 所示，银行要计算替换性互换协议可以给它带来多少现金流。比方说，在新签订的互换协议的框架下，银行可以收到每年 8.5%的固定利率。因此第二份互换协议与第一份互换协议相比，在未来两年内，银行在第二笔互换交易中收到的固定利率要比在第一笔互换交易中收到的低 1.5 个百分点。要求取消互换交易的船运公司要将这一利率差对应的现值赔偿给银行。如果交易双方在两个相邻的利息日之间取消互换交易，那么银行会计算出第一笔互换交易给它带来的现金流入和流出与替换性互换交易给它带来的现金流入和流出之间的差额，该差额的现值便是船运公司支付给银行的赔偿。

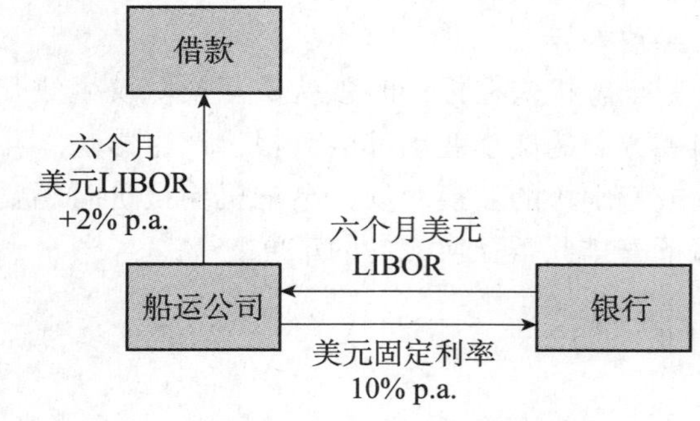

图 12—11　第一笔互换交易

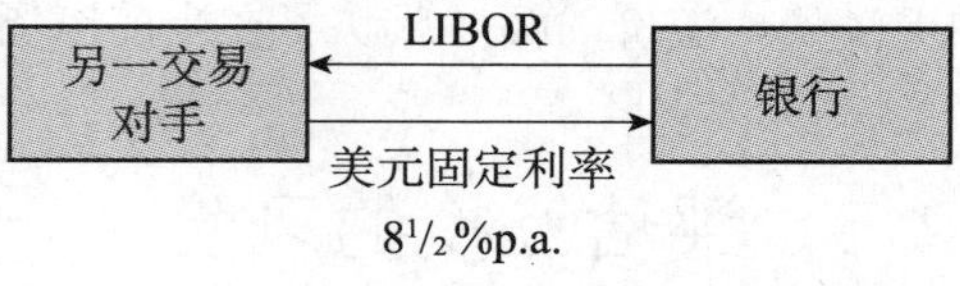

图 12—12　替换性互换交易

互换交易的利率计算方法越奇特，其流动性就越差，因此替换的难度也就越大。一种方式是使用 90 天美元商业票据利率作为基准利率来安排互换交易，另一种选择是使用六个月美元 LIBOR 作为基准利率来安排互换交易，前者的难度要大于后者。以国库券作为基准参照物的互换交易甚至更为少见，因此这种互换交易反转的成本要更高一些。

我们向大家介绍一条经验法则。假设十年期利率互换交易初始时设定的固定利率为每年 10%，现在市场利率已经变成每年 9%，则这笔互换交易取消的成本可以表示为名义本金额的百分比，参见表 12—2。

表 12—2　　取消利率互换交易的成本

互换交易余下的期限（年）	名义本金额的百分比（%）
9	6.00
7	5.03
5	3.89
3	2.53

接下来我们要评估一下货币互换的风险水平。与利率互换相比，货币互换要更为复杂一些，这意味着在没有金融机构充当互换交易中介的情况下，两家企业无法直接达成互换交易。银行充当了互换交易的中间人，意味着交易对手的违约风险大幅度降低。交易对手风险大部分被消除了，余下的风险是公司可能会在互换交易到期前取消货币互换交易。这样做会给企业带来成本，成本可能为正也可能为负，取决于互换协议开始生效后利率以及汇率的波动方向。货币互换交易取消成本的计算方法与利息互换交易相同，即计算另一交易方按照当前的市场利率水平再签订一份货币互换协议要付出的成本。但是，对于货币互换来说，由于还要涉及另一个变量——外汇汇率——因此成本的计算会变得更为复杂。

下面我们用一道例题来说明如何计算互换重置成本。如图 12—13 所示，交易双方签订了一份期限为五年的互换协议，约定在协议刚开始生效时双方互换本金额。这意味着美国公司要向互换银行支付 1 500 万美元，同时收到互换银行对其支付的 1 000 万英镑，即期利率水平为＄1.5＝£1。图 12—14 反映了互换协议有效期限内双方定期互相交换利息现金流的情况。美国公司同意向互换银行按照固定利率 10.50%进行支付，即美国公司每年要向互换银行支付 1 050 000 英镑，反过来，互换银行要按照 9.75%的固定利率向美国公司进行支付，即每年付给美国公司 1 462 500 美元，现在我们假设时间过去了四年。也就是说，互换协议还剩下一年到期，此时美国公司希望取消这笔互换交易。互换银行对此表示同意。但是，银行要另外再做一笔货币互换交易，目的是对取消初始货币互换交易所形成的风险敞口进行套期保值。然而四年过去了，此时市场上的利率水平以及汇率水平可能不同于四年前第一笔互换协议刚开始签订时，因此互换银行不太可能再签订一份与之前一模一样的互换协议。假设一年期美元固定利率为每年 9.75%，一年期英镑固定利率为每年 10.0%。汇率水平已变为＄2.0＝£1。因为互换协议距离到期日只剩下一年，按照约定，银行应当向美国公司再支付一笔 1 462 500 美元，并最终将 15 000 000 美元的名义本金额支付给美国公司。一年期美国利率水平为每年 9.75%，这与四年前的利率水平相同，因此，对银行来说，固定利率现金流出额保持不变。不过，即期汇率水平已经发生了变化。这意味着互换交易结束时，双方相互交换支付的名义本金额变成了 15 000 000 美元对 7 500 000英镑。如图 12—15 所示，在这一份新签订的固定利率为每年 10%的一年期英镑互换交易中，银行获得的固定利率利息现金流入只有 750 000 英镑。因此，最后一笔利息互换给银行造成了 300 000 英镑的损失，互换交易到期时，名义本金的互换（参见图 12—16）给银行造成了 2 500 000 英镑的损失，因此总损失额为 2 800 000 英镑。设贴现率为每年 10%，对总损失额求出一年前的现值，计算结果为 2 545 454 英镑。按照当前市场上的即期汇率水平＄2.0＝£1，这笔损失额等价于 5 600 000 美元（按照每年 10%贴现率贴现，1 年前对应的现值为 5 090 909 美元），即相当于初始 1 500 万美元本金额的 37.3%。这就是美国企业在货币互换交易还有一年到期时提出取消互换交易的成本。

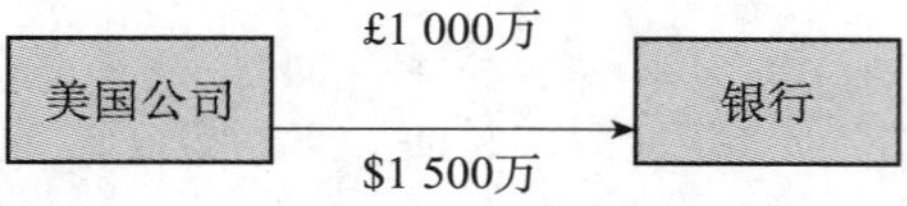

图 12—13　互换交易生效时本金额的互换

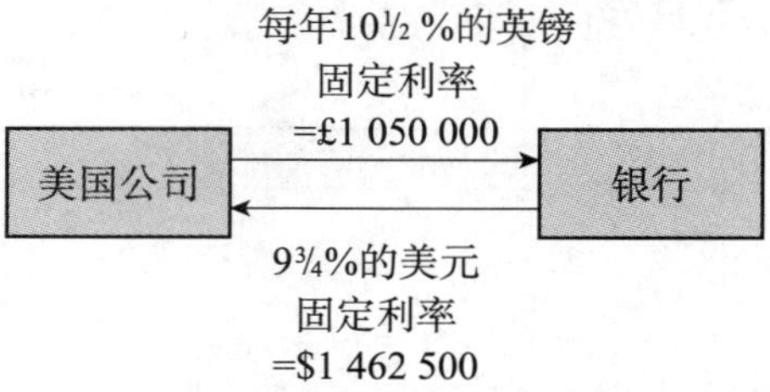

图 12—14　定期利息互换

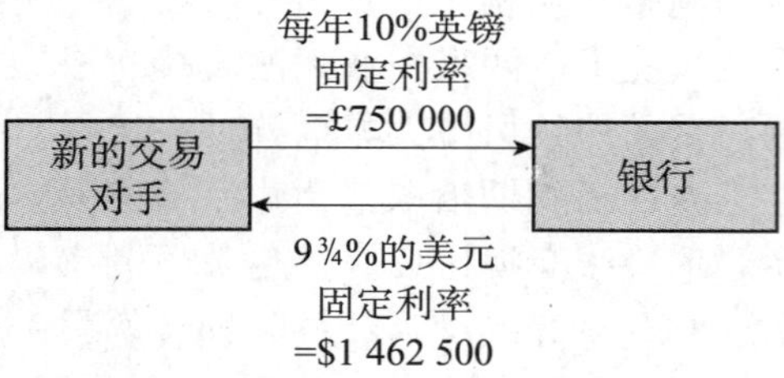

图 12—15　替换性互换交易的定期利息支付

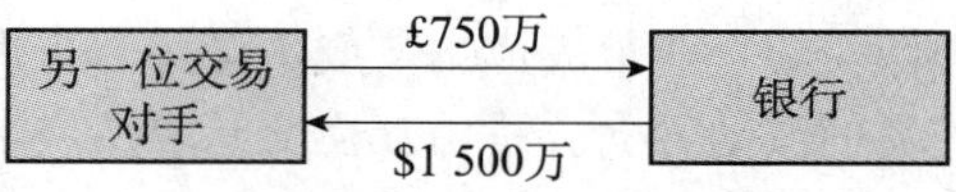

图 12—16　替换性互换交易在临近到期时，名义本金的再次交换

我们在第 12.3 节小标题“互换协议”下面总结了有关互换风险的主要问题，请读者格外注意其中列出的“简单样本条款”。

小结

● 银行在业务经营过程中可以按照固定利率或浮动利率吸收各种各样的货币存款。同理，银行也可以按照固定利率或浮动利率发放各种货币贷款。

● 银行愿意按照浮动利率吸收某一种货币的存款，同时按照固定利率发放该货币的贷款（或者相反），这为利率互换交易的产生创造了条件。

● 银行发放的贷款是固定利率贷款，吸收的存款则是浮动利率存款，在这种情况下便可以使用利率互换，反之亦然。当然，在互换交易中，银行的借款与贷款金额是相等的。正因为货款金额与借款金额是相等的，它们彼此之间相互抵消了。利率互换的作用是改变交易双方的债务或资产的利率特征。在利率互换交易中，双方不需要互换名义本金额。固定利率与浮动利率反映了特定时点的市场利率水平。

● 银行可以按照浮动利率或固定利率吸收某种货币的存款，同时也可以按照固定利率或浮动利率向客户发放另一种货币的贷款，这为货币互换交易创造了条件。

● 货币互换产品的基本特征与利率互换比较相似。这两种互换产品的主要区别在于货币互换交易刚开始时，交易双方要互换本金额。不过，交易双方也可以选择在开始交易时不互换本金。例如一笔货币互换交易的英镑本金额为 200 万英镑，如果当时的汇率水平为 1 英镑兑换 1.45 欧元，则希望获得英镑资金的交易方要向对方支付 290 万欧元本金额，同时收到对方支付给自己的 200 万英镑本金额。在这种情况下，交易双方所做的只不过是相互交换支付两种货币的名义本金额；当然，这两笔不同货币的名义本金额是等值的。交易双方还可以通过即期外汇交易直接获得自己想要的外汇资金。简言之，货币互换交易并不一定要求交易双方在刚开始时互换本金额。交易双方可以直接在即期外汇市场上借入他们所需的币种。因此，如果一笔货币互换交易不要求交易双方在互换协议刚开始生效时互换本金额，则交易双方应履行的义务是基于各自的名义本金额、按照浮动利率或固定利率计算利息支付额，并定期履行利息互换义务，当互换协议到期时，双方要互换名义本金额。同样地，利率水平（不管是固定利率还是浮动利率）将反映当前的市场环境。

● 读者要掌握如何将半年利率转化为年利率，以及如何将年利率转化成为半年利率。

● 从风险敞口套期保值的角度来看，除了使用远期协议以外，企业还可以使用互换产品。对于绝大多数货币而言，期限在五年以上的远期外汇市场交易量相对比较小。但是，互换市场并不是这样，与长期远期外汇交易相比，期限较长的互换交易报价更为低廉，而且互换产品的期限可以达到 20 年甚至更长。不过要注意一点，对于期限较长的互换交易，银行会定期重新评估其价值，从而可能会要求客户提交额外的保证金。具体内容可参考本章有关“简单样本条款”部分的讨论。期限越长的互换，这一问题就越突出。

章末习题

12.1 请解释一下利率互换与货币互换。下列哪一种金融衍生产品具有更高的信用风险：利率互换还是货币互换？

12.2 跨国企业如何使用货币互换来降低融资成本？

12.3 如果你预期短期利率水平上升的幅度会超过收益率曲线，那么在一笔互换交易中，你愿意支付长期固定利率，同时收到对方支付的短期浮动利率，还是愿意支付短期浮动利率，同时收到对方支付的长期固定利率？

第 13 章　金融期货与外汇风险

金融期货合约是交易双方在未来某一时点买入或卖出标准化数量的特定金融工具的协议，成交价取决于交易双方在有组织的金融机构交易所内通过公开喊价形成的价格。一份金融期货合约的交割数量是标准化的，比方说 100 000 美元。至于“特定的金融工具”，指的就是金融合约的标的物（例如期限为 20 年、固定息票利率的金边债券或者外汇），期货交易双方可在未来某一个确定的时间点实物交割这些标的金融工具。至于交割时间，金融期货的交割通常必须在四个特定交易日之一内进行。在交割日来临前，绝大多数金融期货可以通过建立反向头寸的方式来平仓。也就是说，买入期货合约从而建立期货多头头寸的交易方可以通过卖出期货合约、建立反向空头头寸的方式来平仓，从而避免进行实物交割。金融期货交割数量以及标的物种类的标准化极大地提高了金融期货合约的流动性。交易者可以在金融期货交易所内买卖金融期货合约。

13.1　金融期货概述

买入利率期货的买家相当于将利率期货合约的名义本金额按照特定的利率水平存放在利率期货合约卖家那里，存放时间为一段特定的时期。同理，卖出利率期货的卖家相当于按照特定的利率水平从买家那里吸收存款，存款金额等于利率期货合约的名义本金额，存放时间为特定的一段时期。某些金融期货市场仍然在使用公开喊价方式进行交易，但是目前公开喊价方式越来越多地被电脑、屏幕交易、电话以及其他通信工具所取代。当使用公开喊价成交方式时，委托方会通过电话给经纪人下达交易指令，经纪人收到指令后在金融期货交易所内帮助委托人进行交易。在使用这种成交方式时，用户只能通过得到授权的经纪人来进行期货交易，经纪人要为此收取佣金费用。显然这种成交方式不够理想，因此目前它已被更具有技术含量的成交系统所取代。

清算所（clearing house）存在的作用是管理金融期货合约交易所产生的现金流。在金融机构交易的过程中，清算所作为金融期货买家与卖家之间的中间人，承担着金融期货交易的信用风险。

虽然所有的金融期货交易都必然拥有一位买家和一位卖家，但是他们彼此之间的交易对手并不是对方而是清算所。在一笔金融期货合约的信息被记录后，清算所便开始承担买卖双方中间人的角色，即对于每一位金融期货合约买家来说，清算所就是卖家；对于每一位金融期货合约卖家来说，清算所就是买家。通过这种方式，清算所履行了其主要职能，即对金融期货交易所内进行的每一笔交易提供担保。保证金交易是金融期货交易的特征之一。交易者最初买入或卖出金融期货合约时，要缴纳初始保证金。初始保证金的金额仅相当于金融期货标的资产价值的一小部分。初始保证金的具体金额取决于金融期货合约的标的资产，但是通常介于金融期货标的价值的1%～5%之间。显然，这是典型的杠杆交易，对市场交易者来说颇有吸引力。当市场价格变动方向有利于交易者时，杠杆交易有助于放大期货交易者获得的盈利。但是反过来，如果市场价格变动方向不利于交易者，则杠杆交易也将放大期货交易者的损失规模。保证金账户要每日结算，清算所会根据当天期货合约价格的变动情况借记或贷记保证金账户。如果当天期货合约价格的变动使交易者遭受了损失，那么清算所会向交易者发出**追加保证金的通知**（margin call），要求交易者将保证金账户余额补充至符合要求的水平。表13—1总结了金融期货交易与远期外汇交易的基本差异。

表13—1　远期外汇市场与金融期货市场的比较

	金融期货市场	远期外汇市场
交易地点	某些国家的金融期货交易所。但是越来越多的期货交易在银行与客户之间进行，并不存在一个实体的交易场所	远期交易在银行与其他交易者之间进行——没有固定的交易场所
交易中介	屏幕交易/计算机/电话/其他通信工具 如果金融期货交易所具有特定的实体交易场所，那么可以通过公开喊价方式进行交易	屏幕交易/电脑/电话/其他通信工具
合约规模	标准化	按照客户要求
期限/交割日	标准化	按照客户要求
交易对手	清算所	银行或其他交易者
信用风险	清算所	取决于交易对手
佣金	一般要支付佣金——对于规模较小的交易，佣金费率是统一的；对于金额较大的交易，买卖双方可协商佣金费率	双方协商；如果没有明确确定佣金费率，则取决于交易商的买卖价差
交易担保	要求交易双方缴纳保证金	交易对手的信用风险；银行会按照内部风险管理规则设定授信上限
流动性	交易双方支付的保证金可提供一定的流动性	取决于授信上限
杠杆率	非常高	不存在明显的杠杆，但是因为远期交易直到交割日才会进行实际的付款，因此事实上也存在着一定的杠杆率
结算	由清算所负责	通过与银行商定的协议完成结算

对于那些想要锁定外汇交易汇率的交易者来说，金融期货也是一种不错的套期保值工

具。因此如果存在本币以及外币的金融期货市场，那么企业可以使用金融期货对外汇应收账款以及应付账款进行套期保值。然而事实上，只有一小部分货币存在着对应的外汇金融期货市场，名单在本章后面将会提到。

一部分交易者预期利率或汇率水平未来将会上升或下跌，他们愿意凭借自己的预期进行金融期货交易来获取盈利。金融期货产品可以帮助这部分用户在不需要实际买入或卖出金融期货标的工具或标的外汇的情况下，借助自己对未来汇率水平波动方向的预测进行投机交易。如果交易者认为未来利率水平有可能上升或者某种货币将会贬值，则他们可以进行做空交易，即卖出自己并不拥有的金融期货合约。一旦在金融期货合约交割日来临前，标的资产的价格真的下跌，则交易者会通过买入金融期货合约的方式来平仓，从而获得利润。

在金融期货市场上，套期保值交易者与投机者也对金融期货市场的有效性做出了巨大贡献。交易者（或投机者）提高了金融期货市场的流动性，他们的存在使得套期保值交易者可以毫不困难地批量买入或卖出金融期货合约。只有一小部分金融期货合约会被持有至到期。原因是绝大多数套期保值交易者一旦完成现货头寸的交易过程，便不再需要继续持有套期保值头寸。而对于投机者来说，一旦实现了其盈利目标或者决定要止损，他们会将期货合约头寸立即平仓。期货合约的买家可以通过卖出相同期货合约、建立反向头寸的方式来平仓；期货合约的卖方可以通过买入相同期货合约、建立反向头寸的方式来平仓。

金融期货交易的成本主要取决于两大因素，分别是直接成本与保证金成本。金融期货交易所会员在帮助客户执行交易指令时要向客户收取佣金。每一笔来回交易——指的是期货合约头寸的开立以及平仓——都要收取佣金。交易者要么是在期货合约头寸平仓时向期货交易所会员支付佣金，要么是在进行实物交割时支付佣金。这就是直接成本。

保证金成本与直接成本有所不同。在期货合约完成后，买家与卖家都要向清算所缴纳保证金（可以用现金或**抵押品**（collateral）的方式来缴纳），从而为将来期货合约价格的不利变动提供担保。清算所会规定保证金的最小额度，即初始保证金，这可以反映期货合约标的资产价格的波动性。一般来说，初始保证金的额度大致为期货合约面值的1%～5%。由于期货价格每天都会发生波动，因此未平仓期货合约的价值也会随之发生变化。清算所会按照每天的盈利或损失（即追加保证金）贷记或借记交易者的保证金账户。投资者可以将当天期货合约实现的盈利以提现方式从保证金账户里提取出来。但是，为了确保保证金账户余额至少保持在初始保证金水平，一旦发生了损失，交易者要及时向经纪人补缴保证金。因为初始保证金的额度大于期货合约标的资产每日可能出现的最大价格波幅，因此在一个交易日内，潜在的巨大可能损失一般不会超过交易者保证金账户的余额。如果交易者将期货合约持有至到期，那么买家要按照期货合约的合约价值向卖家进行支付。

13.2　外汇期货合约

本节我们要讨论的是在金融期货交易所内交易的外汇期货合约。为了便于分析，我们要以美元兑英镑、美元兑欧元、美元兑瑞士法郎以及美元兑日元的外汇期货合约为例来进行说明。表13—2提供了上述几种外汇期货合约的交易规模以及主要数据。

外汇期货合约的报价就是标的汇率。英镑期货合约（即英镑与美元的交易）某一天的报价可能是 1.680 0，下一个交易日的报价可能是 1.695 0。定价方式与外汇市场基本相似。其他外汇期货合约——即以欧元、日元以及瑞士法郎为标的的外汇期货合约——的报价形式为 1 单位外币可兑换的美元数量，即等价于使用美国直接标价法。如表 13—2 所示，一份外汇期货合约的最小价格波动幅度（也可被称为基点价值，tick value）等于 1 单位外币的 0.01%。“基点”（tick，简称点）这个词指的是一份期货合约的最小价格波动，即交易商所提供报价的小数点后最后一位。我们先提供一个简单的例子，一位交易者按照 1.680 0 美元的价格买入了三份英镑期货合约；他发现在一周内，这一头寸可以按照 1.730 0 美元的价格被平仓。这可以给交易者带来 9 375 美元的利润，计算过程如下：

3 份合约×500 基点

或者是用另外一种方式计算利润：

$$\$\frac{1.7300-1.6800}{0.0001}\times 6.25\text{（\$/基点）}\times 3\text{ 份合约}=\$9\,375\text{（总利润）}$$

表 13—2　外汇期货合约的案例

	其他外汇与美元对做的期货合约			
	英镑	欧元	瑞士法郎	日元
交易规模	£62 500	€125 000	Sfr 125 000	¥12 500 000
交割月份	所有的外汇期货合约的交割月均为 3 月、6 月、9 月以及 12 月。			
交割日	对于所有的外汇期货合约，交割日均为上述交割月份的指定日。			
报价	1 英镑可兑换的美元金额	1 欧元可兑换的美元金额	1 瑞士法郎可兑换的美元金额	100 日元可兑换的美元金额
最小价格波动幅度	1 英镑的 0.01%	1 欧元的 0.01%	1 瑞士法郎的 0.01%	100 日元的 0.01%
合约价值最小波动	$6.25	$12.50	$12.50	$12.50
初始保证金	$1 000	$1 000	$1 000	$1 000

* 表中提供的外汇期货合约交易规模只用于说明目的，可能与现实市场上外汇期货合约的实际情况并不相符，但是差别并不大。这是因为这些外汇期货合约的交易条款在时不时地发生变化，而且并不是所有的交易所对同一种外汇期货合约的条款规定都是相同的。

交易者在计算总利润或总损失时可以用合约的交易份数乘以价格变动的点数值，再乘以基点价值（即最小价格波动幅度）。这 3 份期货合约要求交易者缴纳 3 000 美元的初始保证金，这笔资金要在保证金账户里存放一个星期的时间。

值得注意的是，表 13—2 中提供的初始保证金率数据只适用于金融期货交易所的会员与清算所之间结算之用。其他交易者适用的保证金安排可能有所不同。有些会员坚持要求客户按照高于初始保证金的额度缴纳保证金。这样做的目的是为有可能发生的追加保证金通知提供一个缓冲，以免期货合约市场价格一发生小幅波动，就要向客户收缴追加保证金。对于保证金来说，关键因素是要准确了解建立所需的期货合约头寸需要多少现金，以及使用借入资金进行期货交易要支付多少利息。

从对冲外汇风险的角度来看，金融期货市场并不比远期外汇市场更为优越。不过，企业可以通过买入或卖出相应外汇期货合约的方式对外汇应收账款或应付账款进行套期保值。显然，与远期外汇市场相比，外汇期货市场存在一些不足之处。金融期货市场一年只有 4 个交割日；外汇的交易规模是标准化的；而且只有一小部分外币具有相对应的外汇期货合约。要解决交割日有限这个问题，交易者可以买卖交割日迟于风险敞口到期日的外汇期货合约，然后当外汇应收账款或应付账款到期时，再卖出相应的外汇期货合约以实现平仓目的。

外汇金融期货市场与远期外汇市场之间存在的套利交易使得两个市场的报价趋于相等。因此，企业使用外汇期货合约对风险敞口进行套期保值所获得的盈利或损失应当近似等于使用远期外汇市场进行套期保值所获得的盈利或损失。一般来说，使用远期外汇协议或外汇期货合约进行套期保值交易所需动用的资金规模大致相等，但是远期外汇协议需要用到与银行协商的授信额度，而外汇期货合约交易则不需要。

对于企业的财务管理人员来说，若想使用外汇期货合约来对冲外汇风险敞口，外汇期货合约交易规模的标准化也给他们带来了一点小麻烦。这个问题很好解决，即使得外汇期货合约头寸的价值近似等于被套期保值的风险敞口的价值即可。当然，这种做法不可能实现完美的套期保值。

金融期货交易所可以提供多种货币与美元对做的期货合约：例如墨西哥比索、瑞士法郎、英镑、欧元、加拿大元、日元，等等。英国本土经纪商很愿意帮助客户交易在芝加哥交易所内交易的外汇期货合约。随着全球各地不断涌现新兴的金融期货交易中心，可交易的外汇期货合约种类也在不断增加。

新闻剪报 13.1　空中小姐带来的好运

一部分投资者认为在过去的一周里原油价格的大幅波动意味着现在是买入航空股票的好时机。毕竟，航空业的盈利状况对航空燃油价格的波动十分敏感，蓬勃全球航空业指数在过去七天内已经下跌了6%。

但是这种交易策略的负面影响要比正面影响大得多。我们假设石油价格继续保持在每桶120美元甚至更高的价位。据摩根士丹利公司预测，欧洲航空业到目前为止只对本年度所需燃料的60%进行了套期保值，而全球其他国家的航空公司的套期保值比率甚至更低。上个月，原油价格只有每桶100美元左右，可是即使是这么低的价格，欧洲低成本航空公司——易捷公司——已经发现其半年损失额将要翻倍。

即使是航空公司对本年度所需的燃料全部进行了套期保值，也只不过为其争取了更长的时间，便于航空公司将额外的燃料成本在较长时间内逐渐转嫁给乘客。航空公司可以在不抑制需求的前提下缓慢提高票价。虽然目前的形势要好于2008年——当时整个航空业都面临高油价的威胁——但是很多美国以及欧洲客户仍然像在经济衰退环境下那样精打细算。商务旅客虽然不再像以前那样对价格十分敏感，但是即使公司的盈利保持较高的水平，这部分客户也无法承受航空公司的涨价需求。

航空业的航空燃油套期保值情况

2001年各地区航空公司对燃油总需求进行套期保值的程度（%）

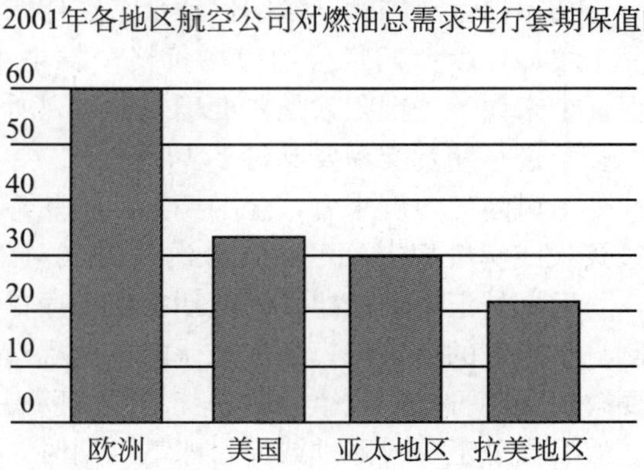

资料来源：摩根士丹利公司。

现在我们再假设中东的局势稳定下来，那么石油价格也将趋于稳定。即使这样，航空业还要面临一些难题。随着需求的不断恢复，航空业的票价将会逐渐攀升，航空业将有可能重返自我毁灭的扩张道路：按照瑞银集团的估计，在相当长一段时间内，航空业运载能力的扩张要比需求的增长速度更快。

即使是在经济形势较好的环境

下，航空业仍然在为如何弥补资本成本而苦苦挣扎。显然，投资于这样的行业是不明智的。国际航空运输协会预测，2001 年度，整个航空业可以获得的净利润只相当于总收入的 1.5%，而且这一预测结果的假设前提是石油价格保持在每桶 84 美元左右。

资料来源： *Financial Times* Lex Column，26/27 February 2011.

交易者通常可以使用金融期货市场来进行外汇交易与投机。交易者可以使用外汇期货合约来建立外汇风险敞口。如果交易者认为未来汇率水平将朝着某个特定的方向发生变化，而且他相信当前外汇期货价格所反映的市场普遍预期并没有充分考虑到未来可能导致汇率发生变化的所有事件，或者根本没有正确反映这些可能发生的事件对汇率产生的影响，那么该交易者就会基于自己的判断建立外汇期货合约头寸。一旦汇率水平真的按照投资者的预测发生了变化，则该交易者便可获得收益。

农产品例如小麦、猪肉以及其他农产品也可以成为期货合约的标的物。目前除了外汇以外，绝大多数金属已经成为期货合约的标的物。好消息是如果你了解了一种商品的期货合约如何进行交易，那么对于其余所有的期货合约品种可谓是一通百通，因为它们的交易机制在本质上是完全相同的，只不过是期货合约的规模以及最小价格波动幅度有所不同。新闻剪报 13.1 介绍了航空业使用期货合约对石油价格进行套期保值的情况（套期保值的程度不同）。当然，交易者也可以使用外汇市场来对冲外汇风险。

13.3 对借款进行套期保值

使用金融期货进行套期保值的最重要特征之一是可以对浮动利率借款的展期进行套期保值。金融期货合约可以使得投资者获得的收益率或借款人的借款利率锁定为固定利率。我们可以用一个例子来说明如何使用金融期货合约来锁定借款利率。假设今天是 2 月 1 日，一位借款人借入一笔期限为 3 个月的欧洲美元贷款，贷款本金额为 100 万美元，利率水平为每年 8%，这笔贷款将在 5 月 31 日到期。借款人担心到了 5 月 31 日那一天，市场利率水平将要上升。于是，借款人可以使用期限为 3 个月的欧洲美元利率期货合约来对冲利率上升风险。期限为 3 个月的欧洲美元利率期货合约标的资产规模为 100 万美元，该期货合约分别于 3 月、6 月、9 月或 12 月开始生效。因为 3 月份到期的欧洲美元利率期货合约将在 5 月 31 日贷款展期日之前到期，因此借款人选择使用 6 月份到期的欧洲美元利率期货合约来进行套期保值。欧洲美元利率期货合约的报价方式是用 100 减去存款利率。在 2 月 1 日这一天，市场利率水平为 8%，因此欧洲美元利率期货合约的价格为 92.00。假设该期货合约的最小价格波动幅度为 0.01%，因此 1 点对应的合约价值即为 25 美元。因为担心利率水平将要上升，借款人按照 92.00 的价格卖出了一份 6 月份到期的欧洲美元利率期货合约。假设当贷款展期日到来时，欧洲美元存款利率上升至每年 10%。那么，这笔套期保值交易结果如下所示：

2 月 1 日	按照 92.00 的价格卖出一份 6 月份到期的欧洲美元利率期货合约
5 月 31 日	按照 90.00 的价格买入一份 6 月份到期的欧洲美元利率期货合约

整笔交易获得的盈利＝200 点×＄25

＝＄5 000

欧洲美元利率期货合约给借款人带来的利润刚好能够弥补利率上升给借款人增加的利息成本：

$$\text{借款人额外支付的利息}=2\%\times\frac{3\text{ 个月}}{12\text{ 个月}}\times\$1\,000\,000$$
$$=\$5\,000$$

这是一笔完美的套期保值交易，因为现货市场上利率的波动幅度刚好与期货价格的波动幅度完全一致。然而在实际操作中，这种完美的匹配是很少见的，一般情况下期货价格的波动幅度与现货价格的波动幅度并不一致。

13.4 基差风险

使用金融期货合约进行套期保值往往不能达到完美的效果。金融期货合约交易规模的标准化意味着很难实现精确的套期保值。大家都知道，交易者只能交易整数份金融期货合约。但是完美的套期保值交易不太可能实现的主要原因是存在基差风险。那么什么是**基差风险**（basis risk）呢？因为现货市场的价格（例如远期外汇市场）与期货市场的价格之间存在差异，而且两者的价格差还会随时间发生变化，这就引发了基差风险。例如，在使用期货合约对冲利率风险敞口时，企业要在一个时点买入金融期货合约，随后在该合约到期前将其售出。在企业买入期货合约时，期货市场价格与现货市场价格之间的差为 40 个**基点**（basis points），即每年 0.40%；当企业卖出期货合约时，两种之间的价格差为 20 个基点。显然，在上面这个例子中，由于受到基差风险的影响，这笔套期保值交易可能会给投资者带来收益或损失。现货收益率与期货收益率之所以存在差别，部分源于这两种交易产生的现金流不同——大家应该还记得，期货合约交易要求交易者缴纳保证金，而外汇远期交易则不需要预先付费（除了信用等级较低的客户需要预先缴纳保证金以外，信用等级非常低的客户根本无法进入远期外汇市场）。这种基差风险被称为“持有成本”因素。

交易者对现货市场以及期货市场的不同预期是产生基差风险的另一个来源，这主要是因为在这两个不同的市场上，市场交易者的风险厌恶程度不同。当然，基差风险的程度具有一定的限制，这是因为当基差风险过高时，在两个市场之间套利的交易者所进行的套利交易将会促使基差风险变小。图 13—1 用图形的方式总结了基差风险的两大来源。

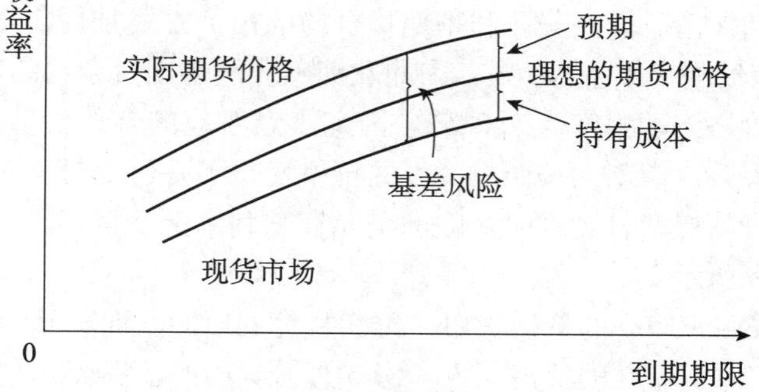

图 13—1　基差风险的来源

13.5 外汇期货市场的使用

在外汇期货市场上，企业是规模较小的用户。因此，企业可以通过远期外汇市场更为容易、成本更低以及更有效率地完成套期保值交易。如前所述，远期外汇市场不要求实力雄厚的企业预先支付费用；银行将会按照协商好的授信额度来安排远期外汇交易。信用等级较低的企业在进行远期外汇交易时，被要求按照远期外汇协议交易规模的一定百分比来预先缴纳保证金。而且一般情况下，信用等级非常低的企业根本不可能进入远期外汇市场，因为商业银行根本不愿意与这样的企业进行交易，不愿承担其带来的潜在违约风险。对于这样的企业来说，期货市场可能是另一个理想选择。在期货市场上，经纪人要求期货合约交易者缴纳初始保证金以及追加保证金，交易者可以按照当前的市场价格将期货合约头寸平仓。这种交易机制降低了信用等级较低的企业在期货市场上的潜在信用风险。此外，一些企业的财务管理人员以及许多投机交易者也会经常使用外汇期货合约。

13.6 企业使用外汇期货合约进行套期保值

绝大多数企业更愿意使用远期外汇协议来对冲风险敞口，这是因为远期协议可以量身定做——也就是说，远期协议可以满足交易双方买入或卖出一定资产的特定时间以及现金流的要求。但是期货合约也可以达到这样的效果。

银行与其他金融机构在广泛地使用期货合约。例如，一位互换交易商在没有安排好另一笔方向相反的互换交易之前，可能会使用期货合约作为临时性的套期保值工具。对于投机者来说，期货合约也是他们打败市场的“好帮手”之一。

如果你已买入了一份美元期货合约，而且美元的期货价格相对于其他货币上涨，则你持有的保证金账户将会被贷记相应的金额。如果你卖出了期货合约，随后美元的期货价格相对于其他货币上涨，那么你持有的保证金账户将会被借记相应的金额——你必须确保保证金账户具有足够的余额来弥补这一损失。外汇期货合约可以在多个交易所内进行交易，例如泛欧交易所（USD/EUR)、芝加哥商业交易所（CME）或者费城交易所（PBOT 或 PHLX)，这几家交易所均可以提供所有主要货币的期货合约，均以美元作为结算货币。芝加哥商业交易所提供的英镑期货合约的主要特征如下表所述：

芝加哥商业交易所提供的英镑期货合约

交易规模	62 500 英镑
结算方式	实物交割，交割日为合约到期月份的第 3 个星期三
点数	1 点等于 1 英镑的 0.000 1，或者为每份合约 6.25 美元（点数既可以用 tick 表示，也可以用 point 表示）
可交易合约的最长期限	按照从 3 月开始的季度循环——即 3 月、6 月、9 月以及 12 月——市场上可以观察到的期限最长的合约距离现在还有 6 个月到期。
交易时间（中西部时间）	上午 7 点至下午 2 点

外汇期货合约的价格与远期外汇协议的价格非常接近，虽然两者的价格存在一定的差

别，但是两者的价差很小，主要原因是期货合约与远期协议产生现金流的时间点不同。期货合约要求交易者预先支付保证金，而远期交易则不需要这样做。

无法进入远期外汇市场的企业——可能是由于信用等级较低——可以使用金融期货来实现自己的财务管理目的。但是有一些财务管理人员更喜欢使用期货合约，这是因为期货合约具有时间灵活的优势。如果使用远期协议对外汇应收账款进行套期保值，企业通常要根据这笔应收账款的预期收款日来签订相应的远期外汇协议。如果使用期货合约，则财务管理人员不需要事先准确预测外汇应收账款的实际到账日期，可以等到外汇应收账款实际支付并在即期外汇市场上被兑换为本币以后，再将相应的期货合约头寸平仓。此时，企业可以直接在二级市场上将外汇期货合约卖掉。

小结

● 企业可以使用远期外汇市场或互换市场对外汇风险敞口进行套期保值。与此同时，外汇期货合约是对冲外汇风险敞口的另一种工具。远期汇率、互换产品的掉期率以及外汇期货合约的报价都是建立在利率差的基础上的。

● 外汇期货合约的报价与远期外汇协议的报价有所不同，这主要是因为两种产品现金流的产生时间点不同。金融期货合约要求交易者预先支付初始保证金；对于信用等级符合要求、可进入远期外汇市场的企业来说，在签订远期外汇协议时不需要预先付费，只有当协议到期时才会发生资金的支付。正是因为现金流发生的时间点不同，外汇期货价格与远期外汇价格之间存在差异。

● 值得一提的是，与外汇期货合约相比，远期外汇协议是实现外汇风险套期保值的更好方式。

● 如果企业的信用等级较低，无法进入远期外汇市场，那么可以使用外汇期货合约来实现套期保值的目的。与远期外汇市场相比，外汇期货市场交易的成本更高，更难以监控交易者持有的头寸规模。个人投机者也可以利用期货市场进行投机交易。

章末习题

13.1　请解释一下一家美国公司如何使用期货合约对一笔英镑应收账款进行套期保值。

13.2　什么是基差风险？交叉套期保值（即被套期保值的现金流风险敞口的特征与套期保值工具的现金流特征不一致，因此叫做“交叉套期保值”）如何引发基差风险？被套期保值资产的期限与套期保值工具——期货合约——的期限不匹配，这是否会导致基差风险的形成？

13.3　假设在 11 月 1 日英镑兑美元的即期汇率水平为 1 英镑兑换 1.58 美元，12 月到期的英镑期货合约价格为 1 英镑兑换 1.59 美元。假设 11 月份英镑相对于美元贬值，因此到了 11 月 30 日，英镑兑美元的即期汇率水平为 1 英镑兑换 1.51 美元。

(a) 你认为期货价格在 11 月内会发生怎样的变化？为什么？

(b) 根据你的预测，你是否应当在 11 月 1 日买入或卖出一份 12 月到期的英镑期货合约？请解释。

第 14 章　期　权

许多财务管理专业或金融专业的学生已经学过期权的相关知识，那么可以略过这一章，直接阅读下一章——货币期权。对于不了解期权产品的其他读者，我们建议还是先阅读一下本章。本章我们重点介绍的是期权产品的基本特征，下一章将会专门分析货币期权。

期权赋予持有者在未来既定的某一天或这一天之前按照固定价格买入或卖出某项资产的权利。股票期权代表的就是买卖股票的权利。股票期权的英文既可以称为 share option，也可以称为 stock option。这两个术语含义相同。股票期权在股票交易所内进行交易。本章我们会向大家介绍多种不同类型的期权产品。我们还将讨论期权价格的决定因素。

期权这种产品可以赋予持有者在未来特定日期或该日期之前按照固定价格买入或卖出资产的权利。比方说，标的物为建筑物的期权可以赋予持有者在 2014 年 1 月第三个星期三之前按照 100 万英镑的价格买下该建筑物的权利。期权是一种比较特殊的金融交易契约，它们赋予购买者权利而非义务。购买者只会在对自己有利的情况下才会使用期权。否则，购买者将会放弃执行期权。

期权交易要用到多个术语，下面我们给出其中一些最为重要的术语与定义：

- **执行**（exercising）期权。按照执行价格买入或卖出期权标的资产的行为就叫执行期权。
- **执行价格**（strike or exercise price）。期权协议中约定的、期权持有者可以按照这一价格买入或卖出资产的固定价格叫做执行价格。
- **到期日**（expiration date）。指的是期权的到期期限，一旦过了到期日，期权便宣告作废。
- 美式期权与欧式期权。**美式期权**（American option）可以在到期日前的任意时点被执行。**欧式期权**（European option）与美式期权的不同在于，欧式期权只能在到期日那一天被执行。

14.1 看涨期权

我们最常用到的期权叫作**看涨期权**（call option）。看涨期权赋予持有者在一段特定时期内按固定价格买入期权标的资产的权利。股票期权和证券期权是在交易所内进行交易的最常见的期权产品。这种期权的标的物大多是普通股。

例如，交易者可以在伦敦股票交易所买到以 XYZ 公司股票为标的物的看涨期权。XYZ 公司自己并不会发行（即卖出）以本公司普通股为标的物的看涨期权。事实上，个人投资者或银行才是以 XYZ 公司普通股为标的物的看涨期权的初始卖出方与购买者。以 XYZ 公司普通股为标的物的看涨期权允许投资者在 2012 年 7 月 15 日或这个日期之前按照执行价格——每股 12 英镑买入 1 000 股 XYZ 公司股票的权利。如果在 2012 年 7 月 15 日这一天或这一天之前，XYZ 公司普通股的市场价格超过了每股 12 英镑，那么这一看涨期权的内在价值为正。

事实上，所有股票期权都会特别注明如何按照股票拆分和股息的发放情况来调整期权的执行价格与交易数量。假设在期权的购买日那一天，XYZ 公司股票的市场价格为每股 18 英镑。再假设到了第二天，XYZ 公司将原先的 1 股普通股被拆分为 6 股，于是，每一股新股的价格下跌至 3 英镑。那么这意味着，在不远的将来，XYZ 公司的股价超过每股 12 英镑的可能性微乎其微。为了保护期权持有者的权益，交易所会根据股票拆分和股息的发放情况来调整看涨期权。在上面这个 1 股拆成 6 股的例子中，看涨期权的执行价格应该被调整为 2 英镑（即 12 英镑除以 6）。而且，一份期权协议的交易规模应当被调整为 6 000 股，而非最初的 1 000股。请大家注意，至于 XYZ 公司向其股东发放的现金股息，看涨期权并没有做相应的调整。显然，这会给看涨期权的持有者带来一定的损失。当然，在购买期权产品之前，投资者们应当了解期权协议的具体条款以及现金股息的预期发放时间。

看涨期权的到期价值

以普通股为标的物的看涨期权在到期日那一天的价值取决于其标的股票的价值。我们用 S_T 代表期权到期日（T）这一天标的股票的市场价格。在期权到期之前，这一价格是未知的。假设某种看涨期权的期限为一年，执行价格为 50 英镑，如果在到期日那一天，期权标的股票的市场价格大于执行价格 50 英镑，则该期权的内在价值就等于 $S_T-£50$。当 $S_T>£50$ 时，我们就说该看涨期权处于实值状态。

假设在期权到期日那一天，股票的市场价值为 60 英镑。那么期权的持有者有权按照每股 50 英镑的价格从期权的初始卖出方那里买入股票。[1] 因为股票的市场成交价为每股 60 英镑，因此执行期权可以让期权持有者按照每股 50 英镑的价格买入股票。期权持有者买入股票后，可以按照市场价格每股 60 英镑将股票在市场上卖掉，从而获得每股 10 英镑（$=£60-£50$）的价差收益。期权标的股票的数量通常并不是 1 股。一般情况下，期权标的股票的交易为 1 000 股或 10 000 股。

当然，在期权到期日那一天，也有可能期权标的股票的市场价格低于期权的执行价格。如果 $S_T<£50$，我们就说该看涨期权处于虚值状态。在这种情况下，期权持有者将不会执行期权。如果在期权到期的那一天，股票的市场成交价为 40 英镑，那么理性的投资者绝对不会执行期权。为什么要花 50 英镑（即执行价格）购买市场价值仅为 40 英镑的

股票呢？因为期权持有者只有执行看涨期权的权利而非义务，因而他只需要放弃期权即可。因此，如果在期权到期日那一天，$S_T<£50$，则看涨期权的价值就等于零。在这种情况下，看涨期权的价值并不等于 $S_T-£50$。综上所述，看涨期权的到期收益等于：

$$\text{看涨期权价值：}\begin{cases}0\text{，如果 } S_T\leqslant £50\\ S_T-£50\text{，如果 } S_T>£50\end{cases}$$

图 14—1 给出了看涨期权的到期价值相对于股票市场价格的变化曲线。一般这被称为"曲棍球棒"形状的看涨期权价值曲线。如果 $S_T<£50$，则看涨期权处于虚值状态，价值为零。如果 $S_T>£50$，则看涨期权处于实值状态，而且随着股票价格的上涨，可以给期权持有者带来与股价上涨幅度相等的收益。请注意，看涨期权的价值绝不可能为负。看涨期权本质上是一种有限责任的金融工具，看涨期权给期权持有者带来的最大损失只不过是一开始时期权持有者购买期权支付的期权费。

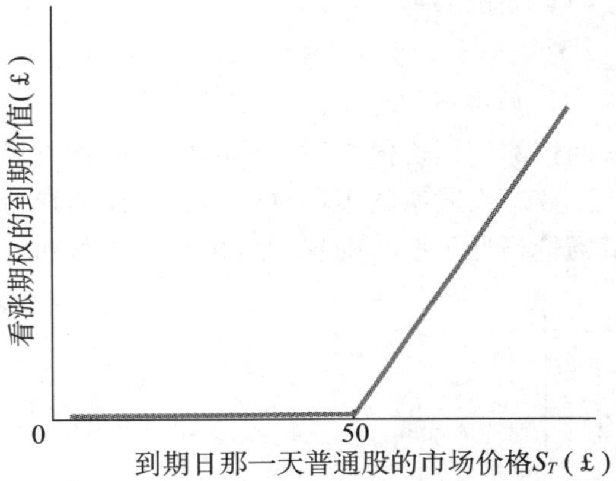

如果$S_T>£50$，则看涨期权的价值$=S_T-£50$。
如果$S_T\leqslant £50$，则看涨期权的价值=0。
看涨期权赋予持有者在一段特定时间内按照固定价格买入期权标的资产的权利。

图 14—1　看涨期权的到期价值曲线

我们来看一个例子。假设亨利手上持有一个期限为 1 年的看涨期权，期权标的物为 1 000股 ABC 公司的股票。该看涨期权为欧式期权，执行价格为每股 15 英镑。现在我们假设到了期权到期日那一天。以 ABC 公司股票为标的物的看涨期权在到期日那一天的价值是多少呢？如果当天 ABC 公司的股价为每股 20 英镑，则亨利可以执行该看涨期权，按照每股 15 英镑的执行价格买入 1 000 股 ABC 公司的股票，然后立即在市场上按照每股 20 英镑的价格将股票卖出。于是，亨利可以获得 5 000 英镑的利润（=1 000 股×£5）。反过来，我们假设在到期日那一天，ABC 公司的股价为每股 10 英镑。如果亨利手上仍然持有以 ABC 公司股票为标的物的看涨期权，他绝不会选择执行该期权。因此，在这种情况下，以 ABC 公司股票为标的物的看涨期权的到期价值就等于零。

14.2　看跌期权

看跌期权（put option）刚好与看涨期权相反。看涨期权赋予持有者按照固定价格买入股票的权利，因此，看跌期权赋予持有者按照固定的执行价格卖出股票的权利。

看跌期权的到期价值

因为看跌期权赋予持有者卖出股票的权利，因此，看跌期权的到期价值刚好与看涨期权的到期价值相反。假设看跌期权的执行价格为 50 英镑。如果在期权到期日那一天，期权标的股票的市场价格 S_T 大于期权的执行价格，那么执行期权，按照每股 50 英镑的价格卖出股票就是愚蠢的决定。因此，当 $S_T>£50$ 时，看跌期权的价值为零。在这种情况下，我们说看跌期权处于虚值状态。反过来，如果 $S_T<£50$，则我们说看跌期权处于实值状态。期权持有者可以按照市场价格 S_T 买入股票，然后再执行期权，按照每股 50 英镑的价格将股票卖出。比方说，在到期日那一天，期权标的股票的市场价格为每股 40 英镑，则期权持有者可以在市场上按照每股 40 英镑的价格买入股票，然后迅速执行期权，再将刚刚买入的股票按照每股 50 英镑的执行价格卖出。此时，期权持有者获得的收益为每股 10 英镑（$=£50-£40$）。

综上所述，看跌期权的到期价值等于：

$$\text{看跌期权的价值}\begin{cases}£50-S_T\text{，如果 } S_T<£50\\0\text{，如果 } S_T\geqslant £50\end{cases}$$

图 14—2 给出了看跌期权的到期价值相对于标的股票市场价格的变化曲线。我们可以把图 14—2 与图 14—1 相比较。当股票的市场价格高于期权的执行价格时，看涨期权的内在价值为正。当股票的市场价格低于期权的执行价格时，看跌期权的内在价值为正。

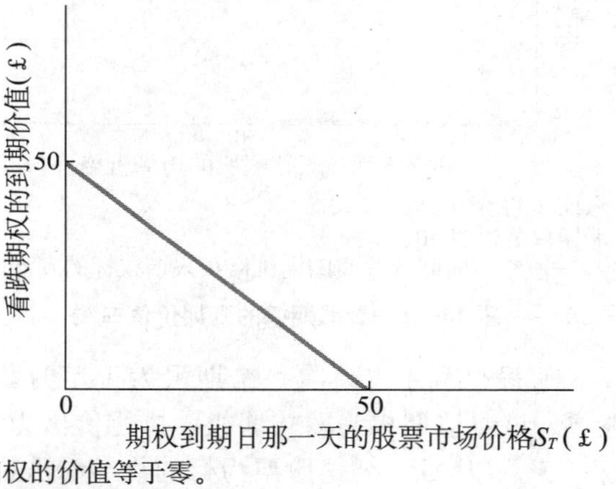

当$S_T\geqslant$ £50时，看跌期权的价值等于零。
当$S_T<$ £50 时，看跌期权的价值= £50 $-S_T$。
看跌期权赋予持有者在一段特定时间内按照固定价格卖出资产的权利。

图 14—2　看跌期权的到期价值曲线

我们来看一个例子。费莉西蒂非常肯定 ABC 公司的股价要从当前每股 16 英镑的价位跌下去。因此，她买入了标的物股票为 1 000 股 ABC 公司股票的看跌期权。这份看跌期权赋予费莉西蒂按照每股 15 英镑的执行价格卖出 1 000 股 ABC 公司股票的权利，期权的有效期限为 1 年。如果在期权到期日那一天，ABC 公司的股价为每股 20 英镑，那么费莉西蒂将会放弃执行该看跌期权，因为此时期权的价值为零。她不会愿意按照每股 15 英镑的价格将市场价格为 20 英镑的股票卖掉。我们再假设到期期权到期日那一天，ABC 公司的股价为每股 10 英镑，则费莉西蒂将会执行该看跌期权，即按照 15 英镑的执行价格卖出 1 000股 ABC 公司的股票。在这种情况下，费莉西蒂可以按照 10 英镑的市场价格在股票市场上买入 1 000 股 ABC 公司的股票，然后立即按照每股 15 英镑的执行价格将刚刚买入的股票转手卖掉。费莉西蒂获得的收益等于 5 000 英镑（=1 000 股×£5）。于是，该看跌期权的到期价值就等于 5 000 英镑。

14.3 签发期权

如果看涨期权持有者要求执行期权，则签发看涨期权的投资者就要按照期权的执行价格卖出期权标的股票。请注意，期权的卖出方必须履行这一义务。所谓期权的签发人指的就是期权的初始卖出方。看涨期权的卖出方在卖出期权时，可以收到期权购买方支付的期权费。如果在期权到期日那一天，标的股票的市场价格低于期权的执行价格，则看涨期权不会被执行，期权的卖出方也就不用履行义务。

如果在期权到期日那一天，期权标的股票的市场价格高于期权的执行价格，则看涨期权的持有者将会执行期权，期权的签发人或卖出方必须按照期权执行价格将股票卖给期权的持有者。在这种情况下，期权卖出方遭受的损失相当于股票的市场价格与期权执行价格之间的差。假设在到期日那一天，股票的市场价格为 60 英镑，期权的执行价格为 50 英镑。期权卖出方知道期权持有者就要执行期权，于是他在市场上按照每股 60 英镑的价格买入股票。因为按照期权协议的条款，期权卖出方必须按照每股 50 英镑的价格将股票卖给期权持有者，因此，其损失额为每股 10 英镑（=£60−£50）。

反过来，如果看跌期权持有者要求执行期权，则卖出股票看跌期权的投资者必须按照期权执行价格买入股票。如果股票的市场价格低于期权的执行价格，则期权持有者会按照执行价格将股票卖给期权卖出方，这会给期权卖出方带来损失。例如，假设股票的市场价格为每股 40 英镑，期权执行价格为每股 50 英镑，在这种情况下，看跌期权的持有者必然会执行期权，按照每股 50 英镑的执行价格将股票出售给期权的卖出方，这意味着看跌期权的卖出方必须按照每股 50 英镑的执行价格买入市场价格仅为每股 40 英镑的股票，因此每股损失额为 10 英镑（=£50−£40）。

图 14—3 分别给出了“卖出看涨期权”与“卖出看跌期权”的收益曲线。图 14—3 (a)说明若期权到期时股票的市场价格低于 50 英镑，则看涨期权的卖出方不会有什么损失。不过，一旦股票的市场价格超过 50 英镑，则价格每上涨 1 英镑，看涨期权的卖出方就会相应地损失 1 英镑。图 14—3（b）说明若期权到期时股票的市场价格高于 50 英

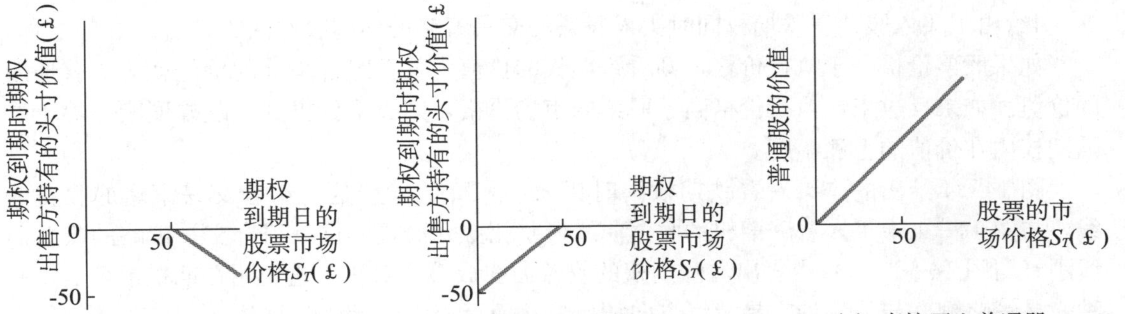

图 14—3 出售看涨期权、看跌期权以及直接买入普通股的到期收益

镑，则看跌期权的卖出方不会有什么损失。不过，一旦股票的市场价格低于 50 英镑，则价格每下跌 1 英镑，看跌期权的卖出方就会相应地损失 1 英镑。图 14—3（c）说明的是直接买入普通股的到期价值。

14.4 读懂《金融时报》

前面我们已经向大家介绍了看涨期权和看跌期权的基本特征与术语，本节要向大家介绍一下期权的报价方式。表 14—1 是从一份财经报纸上摘录下来的 ABC 股票期权的报价信息。这些股票期权在期权交易所内进行交易，表中“期权交易所的名称”说明的就是该期权在哪一个交易所内进行交易。伦敦国际金融期权交易所（LIFFE）是全球众多的期权交易所之一。表中第一列告诉我们在上一个交易日，比方说在 2 月 13 日，ABC 公司股票的收盘价为每股 48 ½便士。再来看第二列与第三列。4 月末到期、执行价格为 45 便士的期权星期四的收盘价为 6.75 便士。因为一份期权协议的交割规模为 1 000 股股票，因此在不考虑佣金的情况下，一份期权协议的成本为 67.5 英镑（=1 000×6.75 便士）。4 月份到期、执行价格为 50 便士的看涨期权星期四的收盘价为 4.00 便士。

最后三列提供的是看跌期权的报价信息。例如，4 月份到期、执行价格为 45 便士的看跌期权收盘价为 3.00 便士。

表 14—1　　ABC 股票期权的报价信息

股票收盘价	执行价格	期权交易所的名称					
		看涨期权			看跌期权		
		4 月	7 月	10 月	4 月	7 月	10 月
48.50	45	6.75	9.00	11.00	3.00	5.00	6.50
48.50	50	4.00	6.75	8.75	5.25	7.50	9.00

资料来源：*Financial Times*，14 February 2003.

14.5 期权组合策略

交易者可以同时使用看涨期权或看跌期权以构建更为复杂的交易策略。例如，图 14—4给出了买入股票看跌期权同时买入股票的交易策略的到期收益曲线。

如果股票价格高于执行价格，则看跌期权的价值为零，组合头寸的价值就等于普通股的价值。如果反过来，执行价格高于股票的市场价格，则股票价格的下跌幅度刚好等于看跌期权内在价值的上涨幅度。

图 14—4 给出的是买入看跌期权同时买入期权标的股票这一组合交易策略的收益曲线，与图 14—1 中买入看涨期权的收益曲线形状相似。而且，这一组合交易策略的收益曲线刚好与图 14—3（a）中卖出看涨期权的收益曲线成镜像对称。这说明在期权市场上，一种交易策略刚好与另一种交易策略方向相反，从而可以产生无风险收益。

下面我们会用一个例子来证明事实确实如此。假设以 BG 公司股票为标的物的看涨期权与看跌期权的执行价格都是 55 欧元，两种期权都是欧式期权。也就是说，只能在到期日那天被执行。期权距离到期日期限为一年。当前，BG 公司的股票的市场价格为 44 欧元。在期权到期日那一天，我们假设 BG 公司股票的市场价格要么为每股 58 欧元，要么为每股 34 欧元。

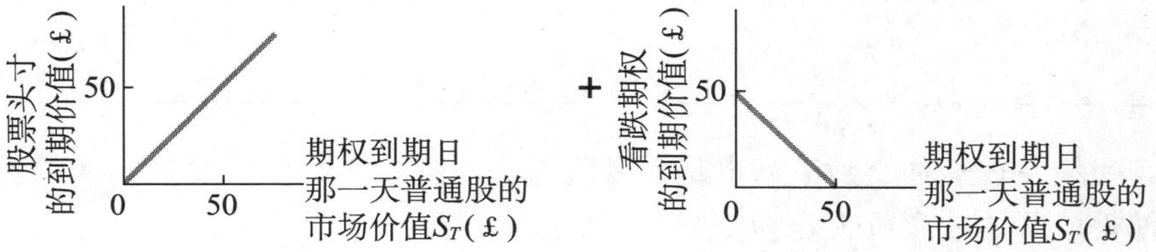

(a) 买入股票　　(b) 买入看跌期权

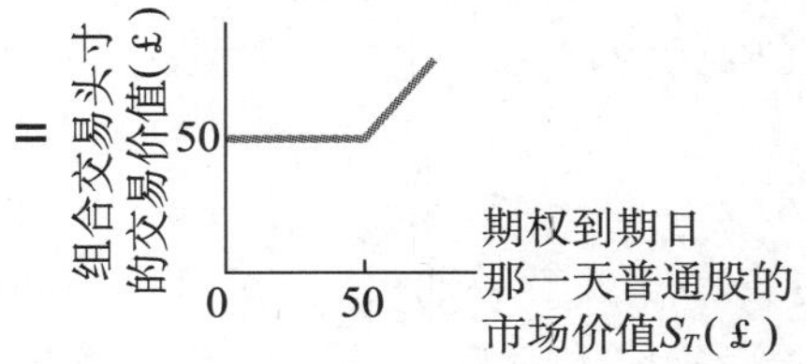

(c) 组合交易策略

图 14—4　买入看跌期权同时买入股票的组合交易策略的到期收益

假设你采用的是下列交易策略：

- 买入股票。
- 买入看跌期权。
- 卖出看涨期权。

在期权到期日那一天，你获得的到期收益等于（见下表）：

初始交易	股票价格上涨至每股 58 欧元	股票价格下跌至每股 34 欧元
买入普通股	€58	€34
买入看跌期权	0（放弃执行看跌期权）	€21＝€55－€34
卖出看涨期权	－€3＝－(€58－€55)	0（期权持有者放弃执行看涨期权）
共计	€55	€55

请注意，当股票价格下跌时，看跌期权处于实值状态，而看涨期权则不会被执行；当股票价格上涨时，看涨期权处于实值状态，而看跌期权则会被放弃不予执行。我们得出的重要结论是不管最终股票价格是涨是跌，你都将获得 55 欧元的到期收益。

这一策略没有任何风险。虽然计算结果可能会让某些读者感到困惑甚至震惊，但是事实上凭直觉我们就能得出这样的结论。正如前面提到的那样，同时买入看跌期权与期权标的股票的组合交易策略对应的收益曲线刚好与卖出看涨期权的收益曲线成镜像对称。因此也就是说，将两种策略组合在一起就能消除所有风险。

前面给出的到期收益曲线均是在到期日那一天单独评估每一项资产的价值。事实上，期权的实际形成过程可以让事情变得更简单，因为股票总是与期权相挂钩的。请看下页表给出的这种交易策略：

股票价格上涨至每股 58 欧元		股票价格下跌至每股 34 欧元	
放弃执行看跌期权	0	看涨期权的到期价值	0
对方要求执行看涨期权，你必须将自己持有的股票卖给对方，对方支付的价格等于期权的执行价格：	€55	你选择执行看跌期权，也就是说你按照期权的执行价格将自己持有的股票卖出：	€55
共计	€55	共计	€55

同理，我们发现这种交易策略也是无风险的。不管股票价格会发生怎样的变化，执行期权都将使得股票的成交价锁定为每股 55 欧元。

前面我们详细分析了各种策略的到期收益，但是忽略了投资者的初始投资额。为了修正这一问题，假设交易者在一开始时购买股票花费了 44 欧元，购买看跌期权花费了 7 欧元，卖出看涨期权获得了 1 欧元的收入。[2] 此外，无风险利率水平为每年 10%。

交易者一共支付了：

−€50＝	−€44	−€7	＋€1
	买入股票	买入看跌期权	卖出看涨期权

因为目前投资者的初始投资成本为 50 欧元，一年后肯定可以获得 55 欧元的回报，因此投资收益率就等于 10%。所以说，在这个案例中不存在套利可能。反过来，如果看跌期权的售价仅为 6 欧元，投资者的初始投资额就会相应变成 49 欧元，则投资者最终获得的投资收益率为 12.2%（＝€55/€49－1）。

我们可以证明，为了防止套利交易的存在，交易者最初建仓时的价格必须满足下列基本公式：

股票的价值＋看跌期权的价值－看涨期权的价值＝执行价格的现值

€44　　　€7　　　€1　　　＝€50＝€55/1.10

上述公式被称为看跌期权—看涨期权平价公式。该关系式说明执行价格相同且到期日相同的看跌期权与看涨期权的价值之间确实存在着紧密的关系。这一关系式在一般情况下都是成立的，而非只在我们前面提供的例子中才是成立的。[3]

14.6 期权估值

在上一节我们研究了期权的到期价值。本节我们研究的重点是评估期权在未到期之前的价值。我们首先来分析一下看涨期权的上下边界。

看涨期权的价值边界

假设在到期日来临前，美式看涨期权处于实值状态。我们再假设当前股票的市场价格为 60 欧元，期权执行价格为 50 欧元。在这种情况下，该看涨期权的出售价格不可能低于 10 欧元。为了说明这一点，我们来看一下，如果期权的价格低于 10 欧元——比方说 9 欧元——会出现什么情况（见下表）。

日期	交易	
今天	（1）买入看涨期权	−€9
今天	（2）执行看涨期权，即按照期权执行价格买入标的股票	−€50
今天	（3）按照当前的市场价格卖出股票	＋€60
套利利润		＋€1

在上面这个例子中，交易者获得的利润就是套利利润。套利利润来源于无风险或无成本套利交易，在正常有效的金融市场上，交易者很难获得套利利润。这是因为随着市场对此类期权的需求不断增加，将会迅速迫使期权的成交价上涨至[4]10 欧元（=€60－€50）乃至更高的价位。

当然，期权的出售价格有可能高于 10 欧元。如果在期权到期之前，股票的市场价格超过每股 60 欧元的可能性较高，那么理性的投资者肯定愿意支付高于 10 欧元的价格来购买期权。那么，期权价格是否存在上边界呢？事实证明，期权价格的上边界就是期权标的股票的价格。这是因为可以用来买入普通股的期权的价值不可能高于普通股本身。交易者可以执行看涨期权，按照期权执行价格来买入普通股。如果可以在市场上按照更低的价格水平直接购入股票，那么，就不需要通过执行期权的方式来买入股票了。图 14—5 给出了看涨期权的上边界与下边界。

看涨期权价值的决定因素

前面的讨论说明看涨期权的价格必然位于图 14—5 给出的阴影区间内。接下来我们要更准确地分析看涨期权的价格到底落在阴影区的哪一个位置。我们可以将看涨期权价值的决定因素分为两大类。第一类影响因素包括期权协议自身的一些特征。第二类影响因素则是期权的执行价格与到期日。影响看涨期权价格的第二类因素与期权标的股票以及股票市场的特征有关。

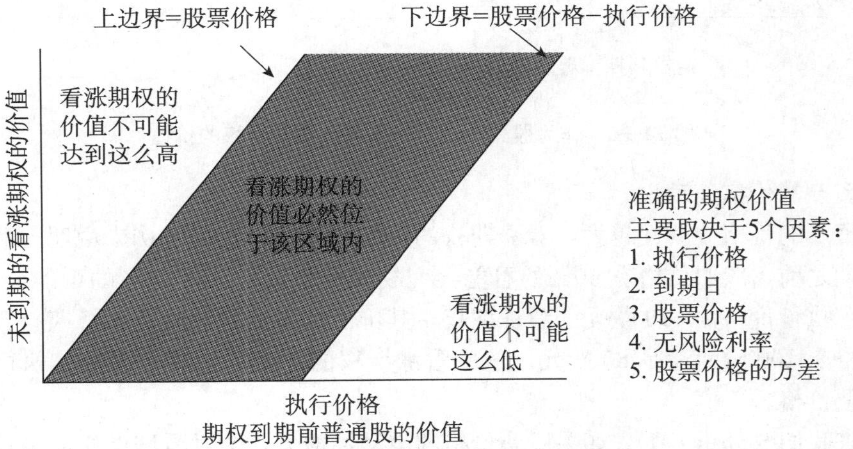

图 14—5　看涨期权价值的上边界与下边界

执行价格

在其他条件保持不变的情况下，期权的执行价格越高，看涨期权的价值就越低。不过，不管期权的执行价格被设定为多高，看涨期权的价格都不可能为负。而且，只要在期权到期之前存在着标的资产的市场价格高于期权执行价格的可能，看涨期权就会拥有正价值。

到期日

假设有两种美式看涨期权，其中一种期权的期限为 9 个月，另一种期权的期限为 6 个月，显然，期限为 9 个月的看涨期权与期限为 6 个月的看涨期权代表着同一种权利，但是前者的期限要比后者长 3 个月。也就是说，前者的行权期限要比后者长 3 个月，所以前者的价格不可能低于后者。事实上，一般期限越长的期权，其价值也越高。[5]

股票价格

在其他条件均相同的情况下，股票价格越高，看涨期权的价值就越高。其中的道理显而易见，我们可以绘制出看涨期权价格相对于到期日股票市场价格的关系曲线。

如图 14—6 所示，图中曲线反映的是看涨期权价格与期权到期前股票市场价格之间的关系。该曲线能够说明随着股票市场价格的上涨，看涨期权的价格也在上涨。而且，这条关系曲线并不是一条直线，而是一条曲线。也就是说，在股票价格较高时与股票价格较低时两种情况，当股票的市场价格变化一定幅度时，第一种情况下看涨期权价格的上涨幅度要高于第二种情况。

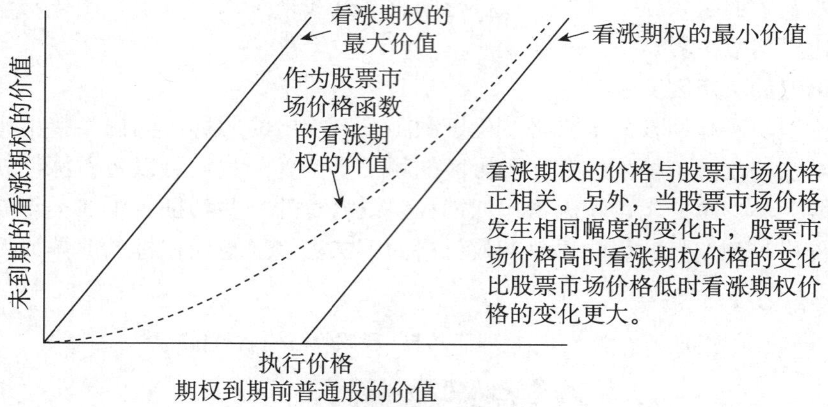

图 14—6　作为股票市场价格函数的看涨期权的价值

标的资产的价格波动性

标的资产的价格波动性越大，看涨期权的价值就越高。我们举例来说明。假设看涨期权即将到期之前，股票价格有 50%的可能会变成 100 欧元，还有 50%的可能会变成 80 欧元。那么，执行价格为 110 欧元的看涨期权，其价值是多少？显然，不管期权到期时股票的实际价格是 100 欧元还是 80 欧元，这一看涨期权的价值均为零，因为其执行价格肯定会高于股票价格。

接下来我们要分析一下，如果股票价格的波动性增大，会对看涨期权的价值带来怎样的影响。假设看涨期权到期时，股票的市场价格有 50%的可能会变成 120 欧元，有 50%的可能会变成 60 欧元。这意味着我们加大了股票投资收益率的离散程度。当然，在期权到期时，股票价格的期望值仍然保持不变：

$$(1/2\times €80)+(1/2\times €100)=€90=(1/2\times €60)+(1/2\times €120)$$

请注意，此时看涨期权拥有了正价值，这是因为股票价格有 50%的可能会变成 120 欧元。也就是说，相对于 110 欧元的期权执行价格，股票的市场价格超出了 10 欧元。这是一个非常重要的变化。持有标的资产期权与直接持有标的资产存在根本的差异。如果市场上大多数交易者是厌恶风险的，那么股票价格的波动性上升将会降低该股票的市场价值。然而，厚尾分布曲线却能给看涨期权的持有者带来收益。因此，标的资产价格波动性上升将会增加看涨期权的市场价值。

我们可以从图 14—7 中得到这一结论。假设有两只股票 A 与 B，两者的价格分布曲线不同。对于每一只股票，图 14—7 分别给出了在期权到期日股票价格的分布曲线。[6] 从图中可以看出，B 股票的价格波动性要高于 A 股票。这意味着 B 股票具有更大的可能可以获得极高的超额收益，同时也更有可能获得极低的投资回报。现在我们假设以这两种股票为标的物的期权具有相同的执行价格。对于期权持有者来说，B 股票期权严重低于平均水平的收益率与 A 股票期权稍低于平均水平的收益率本质上没什么区别。在这两种情况下，期权将会在虚值状态中到期。不过，对于期权持有者来说，B 股票期权严重高于平均水平的收益率要比 A 股票期权稍高于平均水平的收益率高得多。因为在到期日那一天，看涨期权的价格就等于股票的市场价格与期权执行价格之间的差。因此在本例中，在到期日那一天，B 股票看涨期权的价值要比 A 股票看涨期权的价值更高一些。

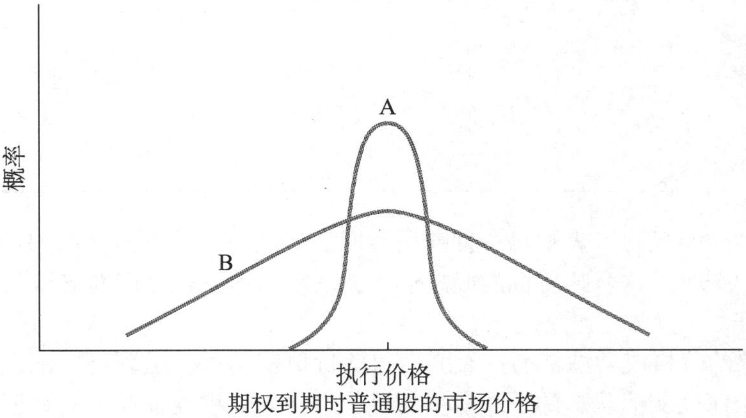

因为B股票的价格波动性更大，因此B股票看涨期权的价值高于A股票看涨期权的价值。当期权到期时，处于实值状态的看涨期权，其价值要高于处于虚值状态的看涨期权。不过，在期权到期日，处于深度虚值状态的看涨期权价值为零，而虚值程度较浅的看涨期权其价值也等于零。

图 14—7　在期权到期日那一天 A 股票与 B 股票市场价格的分布曲线，以这两种股票为标的股票的期权具有相同的执行价格

利率

看涨期权的价格还要受到利率水平的影响。看涨期权的购买方只有在执行期权时才会支付执行价格。当利率水平较高时，这种推迟支付行为可以带来更多的好处；反之，当市场利率水平较低时，这种做法带来的好处有限。因此，看涨期权的价值与利率水平正相关。

看跌期权价值的决定因素

前面我们已经全面分析了看涨期权价值的影响因素，接下来便可以轻松地列出看跌期权价格的影响因素。表 14—2 总结了影响美式看涨期权与美式看跌期权价格的五种因素。其中三种因素对看跌期权价格的影响刚好与这三种因素对看涨期权价格的影响相反：

- 当股票的市场价格上涨时，看跌期权的市场价格下跌。这是因为当股票的市场价格低于执行价格时，看跌期权才会处于实值状态。
- 执行价格较高的看跌期权的市场价值要比执行价格较低的同一种看跌期权的市场价值更高一些。
- 较高的利率水平会对看跌期权的价值造成负面影响。这是因为当利率水平较高时，期权执行价格的现值就会相对较小，因此按照固定价格卖出股票所能获得的好处便会随之减少。

下列两种因素对看跌期权价格的影响与其对看涨期权价格的影响相同：

● 期限较长的美式看跌期权的市场价值要比期限较短的美式看跌期权的市场价值更高一些。因为距离到期日的期限越长，看跌期权持有者获得的弹性空间就越大，这与看涨期权相同。

表 14—2　　影响美式期权价值的因素

	看涨期权	看跌期权
标的资产的价值（股票的市场价格）	＋	－
执行价格	－	＋
股票价格的波动性	＋	＋
利率水平	＋	－
距离到期日的时间长度	＋	＋

符号（＋，－）反映了表中每一种变量对期权价值的影响方向。例如，股票价格的波动性对应的是两个＋，这意味着标的股票价格波动率的上升，会同时导致看涨期权与看跌期权价值的上涨。

● 标的股票的价格波动性越高，看跌期权的价值就越大。道理与看涨期权一样。当期权到期时，处于深度实值状态的看跌期权的价值要比实值程度较浅的看跌期权的价值更高一些。但是，当期权到期时，处于深度虚值状态的看跌期权价值为零，而虚值程度较浅的看跌期权其价值也等于零。

当然，大家要牢记，到目前为止我们在讨论期权的定价问题时，针对的股票期权都是那些标的股票在特定时间段内没有发放股息的股票。事实上，我们可以将上述推导过程进一步拓展，用于分析标的物为支付股息的股票的期权定价问题。

14.7　期权定价模型

前面我们已经通过定性分析总结出看涨期权的价值主要取决于下列五个变量：

● 期权标的资产当前的市场价格，对于股票期权来说，这指的就是普通股的市场价格。

● 期权执行价格。

● 距离到期日的时间长度。

● 标的资产价格变动的方差。

● 无风险利率。

前面我们只进行了定性分析，接下来我们要向大家介绍更为准确的定量估值模型。我们要向大家介绍的是非常著名的**布莱克-斯科尔斯**[7,8]**期权定价模型**（Black and Scholes option pricing model）。我们可以将已知数据导入布莱克-斯科尔斯模型，从而求出期权的估值结果。

布莱克-斯科尔斯期权定价模型的公式看上去比较复杂，因为公式的推导过程较难，因此本书将这部分内容略去不谈。

布莱克与斯科尔斯认为借钱买入股票的交易策略可以复制看涨期权的风险。因此，由于股票的市场价格已知，我们便可以求出看涨期权的价格，因为看涨期权给持有者带来的收益等于借钱买入股票这一交易策略的收益。

我们可以用一个简单的例子向大家解释布莱克-斯科尔斯期权定价模型的基本思想——看涨期权与股票构成的交易头寸可以消除所有风险。我们假设未来股票的预期价格只有两种可能，由此推导出来的估值定价模型叫做两态期权定价模型。除了前面提到的两种估价预期结果以外，我们不考虑其他任何可能性，因此借钱买入股票的交易策略可以完全复制看涨期权，或者说两种交易策略是完全等价的。

两态期权定价模型

为了算出期权的价值，我们假设市场不存在任何套利机会。为了说明期权定价模型的原理，我们假设当前股票的市场价格为 50 欧元；一年后，股价要么变成 60 欧元，要么变成 40 欧元，只有这两种可能。我们进一步假设看涨期权的标的物为 100 股股票，执行价格为 50 欧元，该看涨期权距离到期日还有一年的时间。投资者的借款利率为每年 10%。

我们要检验两种交易策略的交易结果。第一种交易策略是直接买入股票看涨期权，第二种交易策略是买入 50 股股票，然后再借入一定金额的资金，借入资金的金额要使得借钱买入股票未来预期获得的收益正好与直接买入股票看涨期权未来的预期收益相等。在我们这个例子中，借入的资金为 1 818 欧元。在利率水平为每年 10%的前提下，一年后，借款本利和应该等于 2 000 欧元（≈€1 818×1.10）。在一年末，未来预期的到期收益情况如下表所示：

初始交易	如果未来股票价格为 60 欧元	如果未来股票价格为 40 欧元
1. 买入看涨期权 （标的物为 100 股股票）	100×(€60−€50)＝€1 000	0
2. 买入 50 股股票	50×€60＝€3 000	50×€40＝€2 000
借入 1 818 欧元	−(€1 818×1.10)＝−€2 000	−€2 000
策略 2 的到期收益总额	€1 000	0

请注意，两种交易策略“直接买入看涨期权”与“买入股票并借入资金”相比，两者未来的预期到期收益结构完全相同。因此在市场交易者看来，这两种交易策略本质上是等价的。因此，这两种交易策略必然具有相等的交易成本。买入 50 股股票并借入 1 818 欧元这一交易策略的成本等于 682 欧元。计算过程如下：

买入 50 股股票	50×€50＝	€2 500
按照每年 10%的利率借入 1 818 欧元		−€1 818
		€682

因为看涨期权的到期收益与借钱买入股票的到期收益相等，因此看涨期权的价值必然等于 682 欧元。在不存在套利机会的市场上，这就是看涨期权的价值。

在结束这个简单的例题之前，我们必须提醒大家注意一个非常重要的特征。虽然我们根本不知道未来股票的价格是上涨还是下跌，但是我们依然求出了期权的准确价值！乐观主义者认为未来股票价格上涨的概率非常高，而悲观主义者认为未来股票价格上涨的概率非常低，虽然这两类交易者的观点大相径庭，但是他们都认同依照这种模式算出的期权价值。为什么会这样呢？答案在于当前50欧元的股票价格已经充分反映了乐观主义者与悲观主义者的观点。同理，期权价值也充分反映了这两类交易者的观点，因为期权的价值取决于标的股票的价格。

布莱克-斯科尔斯期权定价模型

上面这个简单的例子说明我们可以用组合交易策略来复制看涨期权。遗憾的是，这样的策略并不适用于真实事件，这是因为在现实市场上，一年后的股票价格不可能只有两种可能。不过，如果我们将考察时间段的长度不断缩小，未来股票价格的可能结果数量也会减少。事实上，布莱克-斯科尔斯模型的一个假设条件就是在下一个瞬间，股票价格只有两种可能。显然，这一假设条件是可行的。

在我们看来，布莱克与斯科尔斯的基本理念就是缩短考察期的长度。他们认为，在非常短的时间间隔内，买入股票并借入资金的组合交易策略确实能够复制看涨期权。因为在第一个瞬间，股票价格将会发生变化，然后在第二个瞬间买入股票并借入资金的组合交易策略可以复制看涨期权的收益。通过频繁调整买入股票并借入资金的组合交易策略，我们有可能实现两种交易策略在较长时间内保持等价关系。这听上去有点难以理解，但是我们可以使用合适的公式来决定任意时刻组合交易策略的构成；然后，根据这一组合交易策略来评估看涨期权的价值。可以这么说，布莱克与斯科尔斯提出的动态组合交易策略可以让我们评估现实世界里看涨期权的价值，就如同我们使用两态估值模型评估看涨期权价值一样。

这就是布莱克-斯科尔斯期权定价模型的基本理念。因为公式的具体推导过程已经超出了本书的范围，因此我们只需要把公式直接列出来。布莱克-斯科尔斯期权定价公式如下所示：

$$C = SN(d_1) - Ee^{-rt}N(d_2)$$

式中，

$$d_1 = \frac{\ln(S/E) + (r + 1/2\ \sigma^2)}{\sqrt{\sigma^2 t}}$$

$$d_2 = d_1 - \sqrt{\sigma^2 t}$$

看涨期权的估值公式（C）是金融学发展历史上最为复杂的公式之一。不过，该公式只涉及五个参数：

- S＝当前股票的市场价格。
- E＝看涨期权的执行价格（一些教师和教科书使用符号 X 而非 E 来代表执行价格）。
- r＝连续无风险收益率（年化利率）。
- σ^2＝股票连续收益率的方差（每年）。
- T＝距离到期日的时间长度（单位为年）。

此外，还有一个统计学概念：

- $N(d)$＝标准正态分布随机变量取值小于或等于 d 的概率。

我们不打算从数学角度讨论上述公式，而是直接用一道例题来进行说明。假设有一家德国公司DOC。在2012年10月4日，以DOC公司股票为标的物、执行价格为49欧元、

4 月份到期的看涨期权当天的收盘价为 4 欧元。当天 DOC 公司股票的市场价格为 50 欧元。在 10 月 4 日这一天，该看涨期权距离到期日还剩下 199 天（到期日为 2013 年 4 月 21 日）。无风险利率水平为每年 7%。

上述信息直接告诉我们三个变量的值：

- 股票价格 S 为 50 欧元。
- 执行价格 E 为 49 欧元。
- 无风险利率水平 r 为 0.07。

此外，我们可以迅速算出距离到期日的时间长度 t，注意 t 的单位必须是年。

- 我们将 199 天的期限换算为年：$t=199/365$。

在现实世界里，期权交易商肯定可以准确地知道 S 与 E 的值。交易者们一般将政府债券视为无风险产品，因此他们可以查看金融报刊，把当前政府债券的收益率当作无风险利率来使用。交易者还可以轻松地算出期权距离到期日的天数。然后再将天数转化为年，也就是求出 t 的值。股票未来收益率的方差到底是多少，这是给交易者提出的一个小难题。布莱克-斯科尔斯期权定价公式要求我们必须基于 10 月 4 日购买日这一天至期权到期日之间这一段时间计算方差。遗憾的是，这要求我们掌握未来股票价格的准确变动情况，显然无法通过这种方式来计算方差。市场交易者们应当使用历史数据来计算方差估计值。此外，一些交易者还凭借自己的直觉来调整方差估计值。例如，如果市场交易者预期未来即将发生的事件有可能增大股票价格的波动率，那么他们就会将方差估计值调高，以反映未来事件的影响。在 1987 年 10 月 19 日股灾爆发后，问题开始变得棘手起来。股票市场的风险水平瞬间大幅度上升。因此，人们认为基于危机爆发前的数据得出的方差估计结果过低。

前面我们进行的讨论只凸显了估算方差值的困难程度，但是并没有提供解决方案。为了简便起见，我们假设交易者已经算出了方差的估计值：

- 假设 DOC 公司的股价的方差为每年 0.09%。

使用上述五个参数，我们可以通过三个步骤算出 DOC 公司股票期权的布莱克-斯科尔斯价值。

例题 步骤 1：计算 d_1 与 d_2

我们可以直接将已知条件代入公式求出 d_1 与 d_2 的值。

$$d_1=\frac{\ln(S/E)+(r+1/2\,\sigma^2)t}{\sqrt{\sigma^2 t}}$$

$$=\frac{\ln(50/49)+(0.07+1/2\times0.09)\times199/365}{\sqrt{0.09\times199/365}}$$

$$=\frac{0.020\,2+0.062\,7}{\sqrt{0.221\,5}}=0.374\,3$$

$$d_2=d_1-\sqrt{\sigma^2 t}$$

$$=0.152\,8$$

步骤 2：计算 $N(d_1)$ 与 $N(d_2)$

我们可以借助图 14—8 来说明 $N(d_1)$ 与 $N(d_2)$ 的含义。如图所示，图中曲线即为期望值等于 0、标准差等于 1 的正态分布曲线。通常这被称为标准正态分布曲线。满足标准正态分布的变量取值位于均值左右一个标准差范围内的概率为 68.26%。

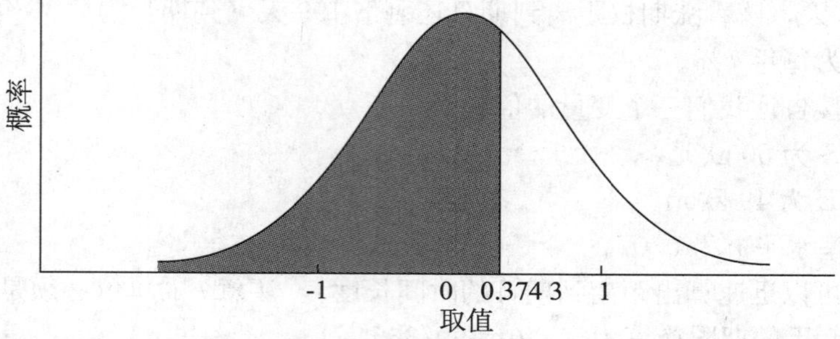

阴影区域代表的就是累积概率。因为标准正态分布变量的取值小于0.374 3的概率为64.59%，因此这意味着$N(0.374\ 3)=0.645\ 9$。也就是说，0.374 3的累积概率为0.645 9。

图 14—8　累积概率图示

现在我们要提出另一个问题。满足标准正态分布的变量取值低于某一特定值的概率是多少？例如，取值小于零的概率显然等于50%。因为正态分布曲线是对称的。用统计学术语来说，这叫做累积概率等于50%，写作$N(0)=50\%$。我们可以求出：

$$N(d_1) = N(0.374\ 3) = 0.645\ 9$$

$$N(d_2) = N(0.152\ 8) = 0.560\ 7$$

第一个数值说明标准正态分布变量取值小于0.374 3的概率为64.59%。第二个数值说明标准正态分布变量的取值小于0.152 8的概率为56.07%。因此一般来说，$N(d)$代表的就是标准正态分布变量的取值小于d的概率。换言之，$N(d)$代表的就是累积概率。

请注意，在我们这道例题中d_1与d_2都是正数，因此，$N(d_1)$与$N(d_2)$略大于0.50。

我们可以使用表14—3求出累积概率。例如，假设$d=0.37$。那么首先我们要在表的纵向方向上找到0.3，然后再在横向方向上找到0.07。查表可知$d=0.37$对应的值为0.144 3。这个值并不是0.37的累积概率。我们必须稍作调整，才能求出累积概率值。即：

$$N(0.37) = 0.5 + 0.144\ 3 = 0.644\ 3$$

$$N(-0.37) = 0.5 - 0.144\ 3 = 0.355\ 7$$

不过，这个表只保留了两位小数，而0.374 3有四位小数，因此我们必须使用插值法来求出$N(0.374\ 3)$。因为$N(0.37)=0.644\ 3$，$N(0.38)=0.648\ 0$，这两个值之间的差为0.003 7（$=0.648\ 0-0.644\ 3$）。我们可以将0.37与0.38之间的差假想为一段距离，那么0.374 3刚好位于这段距离的43%处。于是，我们可以使用线性插值法求出：

$$N(0.374\ 3)=0.644\ 3+0.43\times0.003\ 7=0.645\ 9$$

步骤3：计算C

将上述已知条件代入计算公式：

$$\begin{aligned}C &= S\times[N(d_1)] - Ee^{-rt}\times[N(d_2)]\\ &= €50\times[N(d_1)] - €49\times\lfloor e^{-0.07}\times(199/365)\rfloor\times N(d_2)\\ &= (€50\times0.645\ 9) - (€49\times0.962\ 6\times0.560\ 7)\end{aligned}$$

$=€32.295-€26.447$

$=€5.85$

表 14—3　　标准正态分布函数的累积概率

d	0.00	0.01	0.02	0.03	0.04	0.05	0.06	0.07	0.08	0.09
0.0	0.000 0	0.004 0	0.008 0	0.012 0	0.016 0	0.019 9	0.023 9	0.027 9	0.031 9	0.035 9
0.1	0.039 8	0.043 8	0.047 8	0.051 7	0.055 7	0.059 6	0.063 6	0.067 5	0.071 4	0.075 3
0.2	0.079 3	0.083 2	0.087 1	0.091 0	0.094 8	0.098 7	0.102 6	0.106 4	0.110 3	0.114 1
0.3	0.117 9	0.121 7	0.125 5	0.129 3	0.133 1	0.136 8	0.140 6	0.144 3	0.148 0	0.151 7
0.4	0.155 4	0.159 1	0.162 8	0.166 4	0.170 0	0.173 6	0.177 2	0.180 8	0.184 4	0.187 9
0.5	0.191 5	0.195 0	0.198 5	0.201 9	0.205 4	0.208 8	0.212 3	0.215 7	0.219 0	0.222 4
0.6	0.225 7	0.229 1	0.232 4	0.235 7	0.238 9	0.242 2	0.245 4	0.248 6	0.251 7	0.254 9
0.7	0.258 0	0.261 1	0.264 2	0.267 3	0.270 4	0.273 4	0.276 4	0.279 4	0.282 3	0.285 2
0.8	0.288 1	0.291 0	0.293 9	0.296 7	0.299 5	0.302 3	0.305 1	0.307 8	0.310 6	0.313 3
0.9	0.315 9	0.318 6	0.321 2	0.323 8	0.326 4	0.328 9	0.331 5	0.324 0	0.336 5	0.338 9
1.0	0.341 3	0.343 8	0.346 1	0.348 5	0.350 8	0.353 1	0.355 4	0.357 7	0.359 9	0.362 1
1.1	0.364 3	0.366 5	0.368 6	0.370 8	0.372 9	0.374 9	0.377 0	0.379 0	0.381 0	0.383 0
1.2	0.384 9	0.386 9	0.388 8	0.390 7	0.392 5	0.394 4	0.396 2	0.398 0	0.399 7	0.401 5
1.3	0.403 2	0.404 9	0.406 6	0.408 2	0.409 9	0.411 5	0.413 1	0.414 7	0.416 2	0.417 7
1.4	0.419 2	0.420 7	0.422 2	0.423 6	0.425 1	0.426 5	0.427 9	0.429 2	0.430 6	0.431 9
1.5	0.433 2	0.434 5	0.435 7	0.437 0	0.438 2	0.439 4	0.440 6	0.441 8	0.442 9	0.444 1
1.6	0.445 2	0.446 3	0.447 4	0.448 4	0.449 5	0.450 5	0.451 5	0.452 5	0.453 5	0.454 5
1.7	0.455 4	0.456 4	0.457 3	0.458 2	0.459 1	0.459 9	0.460 8	0.461 6	0.462 5	0.463 3
1.8	0.464 1	0.464 9	0.465 6	0.466 4	0.467 1	0.467 8	0.468 6	0.469 3	0.469 9	0.470 6
1.9	0.471 3	0.471 9	0.472 6	0.473 2	0.473 8	0.474 4	0.475 0	0.475 6	0.476 1	0.476 7
2.0	0.477 3	0.477 8	0.478 3	0.478 8	0.479 3	0.479 8	0.480 3	0.480 8	0.481 2	0.481 7
2.1	0.482 1	0.482 6	0.483 0	0.483 4	0.483 8	0.484 2	0.484 6	0.485 0	0.485 4	0.485 7
2.2	0.486 1	0.486 6	0.483 0	0.487 1	0.487 5	0.487 8	0.488 1	0.488 4	0.488 7	0.489 0
2.3	0.489 3	0.489 6	0.489 8	0.490 1	0.490 4	0.490 6	0.490 9	0.491 1	0.491 3	0.491 6
2.4	0.491 8	0.492 0	0.492 2	0.492 5	0.492 7	0.492 9	0.493 1	0.493 2	0.493 4	0.493 6
2.5	0.493 8	0.494 0	0.494 1	0.494 3	0.494 5	0.494 6	0.494 8	0.494 9	0.495 1	0.495 2
2.6	0.495 3	0.495 5	0.495 6	0.495 7	0.495 9	0.496 0	0.496 1	0.496 2	0.496 3	0.496 4
2.7	0.496 5	0.496 6	0.496 7	0.496 8	0.496 9	0.497 0	0.497 1	0.497 2	0.497 3	0.497 4
2.8	0.497 4	0.497 5	0.497 6	0.497 7	0.497 7	0.497 8	0.497 9	0.497 9	0.498 0	0.498 1
2.9	0.498 1	0.498 2	0.498 2	0.498 2	0.498 4	0.498 4	0.498 5	0.498 5	0.498 6	0.498 6
3.0	0.498 7	0.498 7	0.498 7	0.498 8	0.498 8	0.498 9	0.498 9	0.498 9	0.499 0	0.499 0

$N(d)$ 代表的是标准正态分布函数的对应区间。假设 $d_1=0.24$。查表可知，累积概率值等于 0.500 0＋0.094 8＝0.594 8。如果 d_1 等于 0.245 2，那么我们必须根据 $N(0.25)$ 与 $N(0.24)$ 使用插值法来求出对应的概率值。

求出的估值结果为 5.85 欧元，这高于 4 欧元的实际价格，说明看涨期权被低估。信任布莱克-斯科尔斯模型的交易者此时可以买入看涨期权。

布莱克-斯科尔斯期权定价模型是金融学发展历史上最为重要的贡献之一。只要知道几个参数，任何人都可以使用这一公式来计算期权的价值。该模型的优势在于其中有四个参数的值是可以直接观察到的——当前股票的市场价格 S、期权执行价格 E、利率水平 r

以及期权距离到期日的时间长度 t。只有一个参数要进行估计，即股票收益率的方差 σ^2。

我们再从另外一个角度研究布莱克-斯科尔斯期权定价公式，看一看该公式不需要用到哪些参数。首先，投资者的风险偏好不会影响期权的估值结果。不管交易者是否愿意承担风险，都可以使用布莱克-斯科尔斯模型来计算期权价值。其次，该公式也不需要使用股票的预期收益率数据。即使投资者对股票的未来预期收益看法不同，他们也不会对布莱克-斯科尔斯模型求出的看涨期权估值结果提出异议。与两态期权定价模型一样，这是因为看涨期权的价格取决于股票的价格，而股票的价格已经充分反映了众多投资者的各种不同看法与观点。

我们要强调一下布莱克-斯科尔斯模型的假设条件：

- 卖空操作不受任何限制，也不会招致任何惩罚。
- 交易成本与税金为零。
- 期权为欧式期权。
- 股票不支付任何股息。
- 股票价格不会出现跳跃性变化，即股价的波动是连续的。
- 市场交易是连续的。
- 短期利率水平已知并保持不变。
- 股票价格满足对数正态分布。

现在我们要向大家介绍几句期权市场的行话。对于股票看涨期权来说，如果执行价格低于标的股票的市场价格，则持有看涨期权的交易者显然处于可获得收益的有利地位。因此，如果看涨期权的执行价格低于标的股票的市场价格，我们就说该期权处于实值状态(in-the-money)。同理，如果看跌期权的执行价格高于标的股票的市场价格，则该看跌期权也处于实值状态。当期权处于实值状态时，其内在价值大于零。在这种情况下，对于看涨期权来说，内在价值等于股票的市价减去执行价格；对于看跌期权价格来说，内在价格等于执行价格减去股票的市场价格。内在价值大于零的期权被称为实值期权。这很容易记住，因为起首第一个单词都是“in”。

与之相比，如果看涨期权的执行价格高于标的股票的市场价格，我们就说该期权处于虚值状态。同理，如果看跌期权的执行价格低于标的股票的市场价格，则该期权处于虚值状态。处于虚值状态的期权没有内在价值。当然，期权的内在价值也不可能为负。因为到期时处于虚值状态的欧式期权不会被执行。在这种情况下，期权持有者任由期权过期作废，也绝不会执行期权给自己造成损失。当然，考虑到期权持有者最初支付的期权费，也可以说已经导致了损失。但是，一般情况下我们将期权费视为沉没成本。

在期权尚未到期时，期权的价值（假设这是看涨期权，而且执行价格低于标的股票的市场价格）会大于（$S-E$）。期权价值超过（$S-E$）的差额部分就是布莱克-斯科尔斯期权定价模型关注的重点。期权费超过期权内在价值的差额部分被定义为时间价值（time value)。从字面意义上理解，时间价值反映的是期权距离到期日的时间长度、标的资产价格的波动率以及无风险利率——分别用 t、σ 以及 r 表示——对期权价值的影响。内在价值为零但尚未到期的期权只拥有时间价值。

当期权的执行价格等于标的股票的市场价格时，不管是看涨期权还是看跌期权，我们都称该期权处于平值状态（at-the-money)。这样的期权内在价值为零，但是拥有时间价值。时间价值加上内在价值就等于期权的真实价值。

在某些情况下，本节前面介绍的布莱克-斯科尔斯期权定价模型的八个假设条件当中，有几条可能无法成立，那么就必须对模型加以调整。例如，如果期权标的股票支付股息，那么就要对公式进行微调（读者可参考本节倒数第二段）。实证检验结果证明布莱克-斯科尔斯模型尤其是经过调整以后的模型可以准确计算看涨期权的价值。

请大家注意，布莱克-斯科尔斯期权定价模型只适用于欧式期权的估值。值得一提的是，如果标的股票不支付股息，那么特征相同的美式看涨期权与欧式看涨期权的期权费应该相等。其中的道理如下所示：随着期限的延长，看涨期权的价值也会增加。因此，如果被提前执行，美式看涨期权就会失去其时间价值——因为提前执行期权只能实现内在价值。所以说，美式看涨期权的提前执行毫无价值。既然美式看涨期权不应当被提前执行，那么其价值应当与相应的欧式看涨期权相等，于是我们可以使用布莱克-斯科尔斯模型计算欧式看涨期权与美式看涨期权的价值。

对于美式看跌期权来说，其价值与对应的欧式看跌期权并不相等。在某些情况下，提前执行美式看跌期权是有意义的。例如，假设就在投资者刚刚买入美式看跌期权之后，股票的市场价格下跌至零。在这种情况下，继续持有美式看跌期权显然毫无用处，因为期权已经达到了其最大价值。在这种情况下，期权持有者最好立即执行期权，并将所得资金另行投资。当标的股票的价格迅速下跌以至趋近零时——所谓的"价格崩溃"——期权持有者也应当立即行权。这一特征意味着美式看跌期权的价值永远要比其他特征相同的欧式看跌期权的价值更高。在其他情况下，两者之间的价值差没有这么明显。不过，当利率水平迅速上升时，期权持有者也应当迅速执行期权，从而使用所得资金进行再投资。当利率的影响大于波动率的影响时，投资者应当尽早执行美式看跌期权。因为布莱克-斯科尔斯模型没有考虑到提前执行期权所带来的影响，因此我们不能使用该模型来评估美式看跌期权的价值。当然在这种情况下，看跌期权—看涨期权平价关系式同样不适用于美式看跌期权。

值得一提的是，有时期限较短的欧式看跌期权的价值会高于期限较长的美式看跌期权的价值。当欧式看跌期权处于深度实值状态时会发生这样的情况：在深度实值状态（即执行价格远远高于当前股票的市场价格）。也就是说，股票的市场价格在飞速下跌。较长的到期期限与较短的到期期限相比，前者对看跌期权价值的负面影响更大，这是因为较长的期限为股票价格的回升提供了更多机会。

如果欧式期权的标的物为支付股息的股票，那么当前的股票价格包含了期权有效期内股息支付额的现值，而期权持有者是无法获得这部分价值的。因此在对标的物为支付股息的股票的欧式期权进行估值时，我们必须用股票价格（S）减去期权到期前累积支付的股息额的现值。

虽然布莱克-斯科尔斯期权定价模型被广泛认为是金融学发展历史上最为重要的贡献之一，但是也有人提出了尖锐的批评意见，而且其中一部分学者的攻击"炮火"十分猛烈。为什么？请注意，该模型假设股票价格满足对数正态分布。前面我们已经解释过，在真实的金融市场上，资产的价格波动往往并不满足正态分布。从理论的角度来说，期权定价模型毫无瑕疵。在现实世界里，绝大多数情况下该模型估算的准确程度较好；然而当市场环境恶化时，该模型的准确程度也随之大幅度下降。说句实话，在金融危机爆发时，该模型根本不适用。塔勒布（Taleb）[9] 与特里亚纳（Triana）[10] 两人的批评最为尖锐。两人发表的相关论文值得一读。他们都认为当爆发金融危机或市场陷入恐慌时，金融工具价格的波动根本无法用正态分布来描述（读者也可以参考本书的第 9.15 节）。

14.8 期权估值表

我们可以使用某些网站提供的计算公式来评估期权价值。同时，我们也可以使用期权估值表来求出近似值——虽然查表的结果不够精确，但是与准确值相差并不多。正如本章前面几节所说，如果期权的标的股票不支付股息，那么影响期权价值的五个因素为执行价格、标的股票的市场价格、期权距离到期日的期限、股票收益率的方差（σ^2）——或者是标准差（σ），有时也被称为波动率——以及无风险收益率。我们可以将上述五个影响变量汇总在一起，编制欧式看涨期权的估值表（再使用看跌期权—看涨期权平价关系式推导出看跌期权的价值）。单位时间内股票收益率的波动性用收益率的方差 σ^2 来衡量。将单位时间内的方差乘以期权的有效期长度，就可以得到累积方差 $\sigma^2 t$。累积方差可以反映期权到期前标的资产价格的变化情况。$\sigma\sqrt{t}$ 是累积方差的平方根。当然 σ 或 t 等于零的期权，累积方差也等于零。我们可以根据股票价格除以执行价格的现值——即执行价格相对于无风险利率水平的贴现值——与累积方差的平方根（即 $\sigma\sqrt{t}$）之间的相互关系来绘制关系曲线，于是我们掌握了全部五个重要变量。

在本书末，我们向大家提供了题为“看涨期权的布莱克-斯科尔斯估值，表示为股价的百分比”的表（请参考附录 4），表中水平方向标注的是 $S/PV(E)$，垂直方向标注的是 $\sigma\sqrt{t}$。在该矩阵表中，查表得到的数据代表的是看涨期权的价值相对于标的股票价格的百分比。然后我们用这一百分比乘以股票价格，就可以求出看涨期权的价值。下面我们来举例说明。目前在伦敦股票市场上，Digital Couplets 公司的股票价格为 9.00 英镑。我们要评估以该公司股票为标的物、执行价格为 9.20 英镑、期限为 12 个月的欧式看涨期权的价值。波动率（σ）的估计值为每年 12%，连续复利无风险利率水平为每年 5%。

首先，我们要算出 $S/PV(E)$ 的值：

$$\frac{9.00}{9.20\times0.951\,2}=1.028\,45$$

请大家注意，该表使用的一年连续贴现率就等于无风险利率水平 5%。因此，$\sigma\sqrt{t}$ 的值就等于：

$$0.12\sqrt{1}=0.12$$

因为在附录 4 中，我们没有找到 $S/PV(E)$ 的准确值 1.028 45，因此我们要使用插值法来评估期权的价值。$\sigma\sqrt{t}$ 仍然等于 0.12。我们从附录 4 的矩阵表中摘取一部分用于插值计算：

		$S/PV(E)$ 1.02	1.04
$\sigma\sqrt{t}$	0.10	5.0	6.1
	0.15	7.0	8.0

当 $\sigma\sqrt{t}$ 等于 0.12 时，对应 $S/PV(E)$ 1.02 与 1.04 的取值，使用插值法求出的结果分别是 5.80 与 6.86。因为 $S/PV(E)$ 的真实值为 1.028 45，因此要在 1.02 与 1.04 之间继

续使用插值法，最终求出的结果是6.25。这一计算结果代表的是看涨期权价值相对于标的股票价格的百分比。因此，看涨期权的价值就等于：

$$£9.00 \times 6.25\% = £0.56$$

如果我们想计算执行价格为9.20英镑、期限为12个月的欧式看跌期权的价值，那么在其他条件均相同的情况下，我们可以直接使用看跌期权—看涨期权平价关系式来实现这一目标。

计算过程如下所示：

$$\begin{aligned}\text{看跌期权} &= \text{看涨期权} + PV(E) - S \\ &= 0.56 + 9.20 \times 0.9512 - 9.00 \\ &= 0.56 + 8.75 - 9.00 \\ &= £0.31\end{aligned}$$

请注意，我们也可以使用附录4的表计算市场隐含波动率（以及隐含方差）。所谓隐含波动率，指的是布莱克-斯科尔斯期权估值结果所对应的波动率。如果S、E、r、t以及期权费的金额是已知的——通常在交易所内交易的期权可以满足这一条件——那么期权交易者就可以求出期权费对应的隐含波动率，在这种情况下，我们可以直接算出$S/PV(E)$的值。即我们用S除以期权费，从而求出百分比。接下来，我们可以根据S除以期权费的结果查找附录4提供的矩阵表，在表中找到对应的$\sigma\sqrt{t}$值。因为t代表的是期权距离到期日的期限，因此t是已知的，那么我们就可以求出隐含波动率σ的值。

当然，如果我们掌握的数据是欧式看跌期权的数据，而且我们要使用附录4的矩阵表来计算隐含波动率，那么就必须使用看跌期权—看涨期权平价关系式根据看跌期权的价格（即看跌期权的期权费）求出看涨期权的价格。附录5提供的表是在时间长度为T、连续贴现率为r的条件下1英镑对应的现值。

对于期权这种充满魅力的产品，我们尚有许多方面没有涉及，感兴趣的读者可以参考威尔默特（Wilmott）[11]的相关著作。

小结

● 看跌期权与看涨期权是最为常见的期权产品。期权赋予持有者按照既定的执行价格买入或卖出普通股的权利。美式期权可以在期权到期日（包括到期日这一天）之前的任意时点被执行，欧式期权只能在到期日那一天被执行。

● 期权可以单独使用，也可以与其他金融产品联合使用。我们要考察下列这种交易策略：

(i) 买入看跌期权。

(ii) 买入股票。

(iii) 卖出看涨期权。

其中，看涨期权与看跌期权具有相同的执行价格和到期日。这一交易策略可以产生无风险利润，这是因为看涨期权的盈利或损失刚好与股票和看跌期权构成的组合交易头寸所带来的损失或盈利相抵消。当市场处于均衡状态时，这一交易策略的收益率必然刚好等于无风险利率水平。于是，我们可以推导出看跌期权—看涨期权平价关系式：

股票的价值＋看跌期权的价值－看涨期权的价值＝执行价格的现值

● 期权的价值主要取决于五个因素：

(i) 标的资产的价格。

(ii) 执行价格。

(iii) 到期日。

(iv) 标的资产的价格波动率。

(v) 无风险债券的收益率。

布莱克-斯科尔斯期权定价模型可以基于上述五个因素求出期权的内在价值。读者可以使用附录 4 提供的期权估值表来简化计算。

章末习题

14.1 期权费有哪几个组成部分?

14.2 为什么期权的价格永远高于其内在价值?

14.3 什么是实值期权?看涨期权或看跌期权在什么情况下会处于实值状态?

注释

1. 购买者(buyer)、所有人(owner)以及持有者(holder)这几个词可以交换使用。

2. 请注意,这里提到的期权都是欧式期权。美式看跌期权的价格肯定大于 11 欧元(=€55-€44)。也就是说,如果美式看跌期权的价格只有 7 欧元,那么交易者应当买入看跌期权并买入股票,然后立即执行看跌期权,从而获得 4 欧元(=-€7-€44+€55)的套利利润。

3. 不过,该公式只适用于看跌期权与看涨期权具有相同的到期日和执行价格的情况。

4. 值得注意的是,美式期权的价格严格遵守这一价格下边界,而欧式期权并不是这样。

5. 这一关系并不适用于欧式看涨期权。假设某企业同时持有两种欧式看涨期权,其中一种看涨期权在 5 月末到期,而另一种要在几个月后才到期。除此之外,这两种期权的其他特征均相同。我们再假设到了 6 月初,期权的标的股票支付了大额股息。如果第一种看涨期权在 5 月末被执行,则期权持有者可以买入标的股票。如果期权持有者不打算卖掉股票,那么不久之后他就可以获得这笔大额股息。不过,期权持有者很有可能会在股息已支付后才会执行第二种看涨期权。因为市场知道第二种期权的持有者会错过这次股息发放,因此第二种看涨期权的价值将会低于第一种看涨期权的价值。

6. 本图假设对每一种证券而言,执行价格等于预期的股票价格。提出这一假设条件只是为了便于讨论。我们没有必要给出看涨期权价值与标的股票价格波动率之间的关系曲线。

7. Black, F. and Scholes, M., "The valuation of option contracts and a test of marker efficiency", *Journal of Finance*, 27, 399 - 418, 1972.

8. Black, F. and Scholes, M., "The pricing of options and corporate liabilities", *Journal of Political Economy*, 81 (3), 637-659, 1973.

9. Taleb, N. N., *The Black Swan*, Penguin Group, 2008.

10. Triana, P., *Lecturing Birds on Flying*, John Wiley and Sons Inc., 2009.

11. Wilmott, P., *Derivatives*, John Wiley, Chichester, 1998.

第 15 章　货币期权

货币期权赋予持有者在特定日期前的任意时点按照固定价格买入或卖出一定数量货币的权利而非义务。我们之所以强调期权持有者获得的是“权利”而非“义务”，是因为买入期权的交易者可以规避汇率水平的不利变化所带来的风险，同时还能保留从有利的汇率波动当中获取盈利的机会。与此同时，对于期权的买方来说，他承担的最大风险就等于预先支付的期权费。货币期权并不是远期外汇市场的替代品，而是一种与远期协议完全不同的全新金融工具，想规避汇率风险的投资者可以使用货币期权，同时想从汇率波动变化中获取盈利的交易者也可以使用货币期权。期权这种产品最令人感兴趣的特征之一是当金融资产的市场价格出现跳跃性变化而非较为平滑的连续波动时，期权给持有者带来的预期收益呈现明显的双峰特征（要么特别好，要么特别坏）。因此，有人利用期权赚取了大笔财富，具体可以参考刘易斯（Lewis）提供的案例。[1] 当然布莱克-斯科尔斯期权定价模型的假设条件之一是资产的价格变化是连续平滑的。

目前，货币期权在全球多个交易所内进行交易。为了简便起见，我们主要研究在费城股票交易所内交易的货币期权。自 1982 年 12 月开始，费城股票交易所开始交易标准化的外汇期权合约。费城交易所提供了多种外汇与美元对做的货币期权。费城交易所是全球范围内第一家集中交易货币期权的金融中心，虽然目前很多交易所都早已开始交易货币期权，但是费城交易所在这一方面仍然处于世界领先地位。全球范围内的多家交易所可以提供以多种货币为标的物的货币期权。

本章我们主要研究在费城交易所内交易的货币期权产品。首先我们要向大家介绍一下货币期权市场的基本情况。在这个过程中，我们会向大家介绍货币期权的相关术语，以及货币期权如何定价等问题。我们会用一节的篇幅分析企业如何使用货币期权来降低风险。

15.1 货币期权市场的交易情况

费城交易所内交易的货币期权与股票期权非常类似。期权的购买方最大的损失额即为购买期权的成本，而且不需要缴纳任何保证金。费城股票交易所向投资者们提供了一个有组织的集中交易场所，投资者们可以在交易所内买卖以英镑、欧元、加拿大元、瑞士法郎、日元、澳大利亚元以及其他很多货币为标的资产的货币期权（这些货币期权均为某一种外币与美元对做）。货币期权的到期期限分为三个月、六个月以及九个月循环。

货币期权市场也有自己的行话，当然，很多行话与股票期权是相同的。因为本章我们要频繁使用这些行话，因此下面我们列出了常用的货币期权术语以及基本定义。已经读过上一章的读者应当对这些术语的含义十分了解，不过本章这些术语主要适用于货币期权。

- 美式期权。指的是在到期日之前任意时点均可被执行的货币期权。
- 欧式期权。指的是只能在到期日这一天被执行的货币期权。
- 看涨期权。指的是允许持有者在一段特定时间内、按照一定的汇率水平买入一定数量标的外汇的期权合约。“标的外汇”指的是非美元的其他货币。因此对于美元/英镑货币期权来说，“标的外汇”指的就是英镑。
- 看跌期权。指的是允许持有者在一段特定时间内、按照一定的汇率水平卖出一定数量标的外汇的期权合约。
- 期权的购买者。指的是支付期权费从而拥有货币期权的交易方。期权赋予期权购买者买入或卖出一定数量外汇的权利，到底是买入还是卖出取决于期权是看涨期权还是看跌期权。期权购买者也可以称为期权持有者。
- 期权卖出方。指的是卖出货币期权，因而当期权持有者要求行权必须履行义务的交易方。如果期权持有者要求执行看涨期权，即期权执行价格买入外汇，那么期权卖出方必须按照这一价格卖出外汇；如果期权持有者要求执行看跌期权，则期权卖出方必须按照期权执行价格买入外汇。期权的初始卖出方也被称为期权的签发人。
- 执行价格（exercise price，exercise rate，strike price）。指的是货币期权持有者有权买入或卖出标的外汇的价格。除了日元以外，期权的执行价格均用美分来表示。因此执行价格为 75 的瑞士法郎看涨期权意味着期权持有者可以按照 1 瑞士法郎兑换 0.75 美元的价格买入瑞士法郎，即 CHF1.33＝USD1。日元期权的执行价格用美分的百分之一来表示，因此执行价格为 67 的日元看涨期权赋予期权持有者按照 1 日元兑换 0.006 7 美元的价格买入日元。
- 到期月份。货币期权的到期月份通常为 3 月、6 月、9 月以及 12 月。在任意给定时点，市场可以向交易者提供上述到期月份中最临近的三个到期月份。
- 期权费。期权费就是货币期权的价格，即期权的购买者在买入期权时支付的金额，同时也是期权的签发人在卖出期权时收到的金额。
- **内在价值**（intrinsic value）。指的是货币期权立即被执行可以给期权持有者带来的收益的大小。对看涨期权而言，如果标的外汇的即期汇率高于期权的执行价格，则两者的差就等于期权的内在价值。对看跌期权而言，如果标的外汇的即期汇率低于期权的执行价格，则两者的差就等于期权的内在价值。内在价值大于零的期权处于**实值**（in-the-money）

状态。如果当前瑞士法郎的即期汇率水平为 1 瑞士法郎兑换 0.75 美元，则执行价格为 72 的瑞士法郎看涨期权的内在价值就等于每一瑞士法郎 0.03 美元。但是，在这种情况下，执行价格为 72 的瑞士法郎看跌期权的内在价值等于零。

● 时间价值。指的是期权费中主要取决于货币期权距离到期日的时间长度的那一部分。换言之，时间价值等于期权费减去期权的内在价值。

● 执行期权通知。货币期权持有者通知期权签发人准备执行期权。只有货币期权持有者可以执行期权。期权持有者有权自行决定是否执行期权；在期权到期之前，期权签发人有可能在任意时点接到执行期权的通知，但是只有美式期权将会立即进行交割。

● 未平仓交易。指的是建立货币期权头寸的买卖交易。

● 平仓交易。指的是通过建立相反方向头寸的方式将已有货币期权头寸平仓的交易。期权持有者可以通过反向卖出来平仓。而期权签发人可以通过反向买入把头寸平仓。

● 平值状态。当期权的执行价格与现货价格或远期价格相同时，我们就说该期权处于平值状态。为了区分两者，常用的行话分别为**“平值”**（at-the-money）与“平值远期”（at-the-money forward）。

● **虚值**（out-of-the-money）。如果看涨期权的执行价格高于当前标的外汇的即期汇率水平，或者看跌期权的执行价格低于当前标的外汇的即期汇率水平，我们就说期权处于虚值状态。虚值期权的内在价值等于零。

● 实值。如果看涨期权的执行价格低于当前标的外汇的即期汇率水平，或者看跌期权的执行价格高于当前标的外汇的即期汇率水平，我们就说期权处于实值状态。实值期权的内在价值大于零。

交易所内交易的货币期权合约都是标准化合约。每当交易所推出一种具有全新交割月份的期权产品，常见的做法是将一部分期权的执行价格定为略高于当前的即期汇率水平，同时将另一部分期权的执行定为略低于当前的即期汇率水平。随着即期外汇市场上汇率水平的不断变化，交易所会不断推出具有同一个到期月份的期权产品，不过这些新推出的期权产品的执行价格会更高或更低一些。对于欧元、英镑以及瑞士法郎货币期权来说，执行价格的调整幅度为 0.01 美元；对于日元来说，执行价格的调整幅度为 0.000 1 美元。

如果当前的即期汇率水平为 1 瑞士法郎兑换 0.75 美元，那么 9 月份到期的瑞士法郎期权的执行价格通常被确定为 74、75 以及 76。如果即期汇率水平为 1 瑞士法郎兑换 0.76 美元，则交易所会相应地推出一系列全新的期权产品，同样也是 9 月份到期，但是执行价格可能被确定为 77。

外汇期权的价格即期权费是买卖双方在股票交易所或者期货期权交易所内通过竞价机制形成的。因此，期权费的报价反映了买卖双方对期权当前价值的一致看法，由内在价值与时间价值构成。期权费的报价与其他外汇产品一样，包括买入价与卖出价。我们假定费城交易所的期权价格与其他市场的期权价格相一致，否则将会产生无风险套利利润。表 15—1 提供了多种在费城交易所内交易的货币期权合约的交易规模数据。其他交易所的货币期权交易规模可能与之不同。

内在价值可以反映期权处于实值状态的程度。而时间价值反映的是期权的购买者愿意支付的期权费超过期权内在价值的部分。期权购买者之所以愿意支付时间价值，是因为他们希望在到期之前，期权的价值能够上涨，然后卖掉期权可以给他们带来利润收益。如果期权的内在价值等于零，则期权费完全反映的是期权的时间价值。

因此，期权的价格或期权费反映的是标的外汇即期汇率的变化情况，以及期权距离到期日的时间长度。所以，如果当前瑞士法郎的即期汇率水平为1瑞士法郎兑换0.75美元，那么还剩下三个月到期、执行价格为73的瑞士法郎看涨期权的期权费应当为1 600美元。其中，内在价值为1 250美元，即US$0.02×CHF62 500，余下的350美元是期权的时间价值。一份瑞士法郎期权合约的交易规模为622 500瑞士法郎。大家一定要牢记，期权本质上是一种消耗型资产。到期时，期权的价值仅为其内在价值。如果内在价值等于零，则到期的期权就会变得毫无价值。因此，在前面这道例题中，如果当瑞士法郎看涨期权到期时，瑞士法郎的即期汇率水平仍然保持为1瑞士法郎兑换0.75美元，则该期权的价值就等于其内在价值1 250美元；因为期权已经到期，因此它不再拥有时间价值。当然，如果期权到期时，即期汇率水平下跌至1瑞士法郎兑换0.73美元或者更低，则执行价格为73的瑞士法郎看涨期权将会被放弃执行。我们将在本章的后面简要介绍期权费的影响因素以及期权费的波动规律。

表15—1　费城股票交易所——几种货币期权合约的详细条款（美元兑其他外汇）

	英镑	欧元	瑞士法郎	日元
合约交易规模	£31 250	€62 500	CHF62 500	JPY6 250 000
执行价格的调整幅度	2美分*	1美分	1美分*	0.01美分*
到期月份	3月、6月、9月与12月			
到期日	到期月第三个星期三之前的星期五（星期五同时也是最后交易日）			
结算日	到期月的第三个星期三			

*对于到期月份在距今三个月内的合约，执行价格的调整幅度分别为英镑（1美分）、瑞士法郎（0.5美分）以及日元（0.005美分）。

值得注意的是，除了日元以外，期权费的报价均采用的是一单位标的外汇对应的美分金额。因此，如果瑞士法郎期权的期权费报价为1.00，那么这意味着1瑞士法郎对应的期权费为1美分。一份标准瑞士法郎期权协议的交易规模为62 500瑞士法郎，因此一份期权合约的期权费应当等于625美元，即62 500×US$0.01。如果瑞士法郎期权合约的期权费报价为0.76，那么这意味着1瑞士法郎对应的期权费为0.007 6美元。因此，一份期权合约的期权费应当等于475美元，即62 500×US$0.007 6。

类似地，如果英镑期权合约的期权费报价为8.4，则一份英镑期权合约的期权费应当等于2 625美元，即31 250×US$0.084（在费城交易所，一份英镑期权合约的交易规模为31 250英镑）。对于日元期权合约来说，如果期权费报价为2.0，那么实际代表的是1美分的百分之二，即0.000 2美元。因此，一份日元期权合约的期权费为1 250美元，即6 250 000×US$0.000 2。乍看起来有点复杂，但是对于期权交易者来说，他们早已习惯了将报价迅速转换成实际期权费成本。

货币期权市场的目标是为交易双方提供外汇看涨期权与看跌期权交易连续且活跃的市场。交易者可以向位于交易所大厅的经纪人下达买入或卖出外汇期权的交易指令，这与股票的交易方式一样；但是与其他期权产品一样，货币期权交易没有任何类型的凭证。

15.2　货币期权使用策略

本节我们将向大家简要介绍买入或卖出外汇期权的交易策略。首先我们要分析一下当某种外币相对于美元走强时，交易者如何利用买入看涨期权策略来获得潜在收益。看涨期权赋予持有者按照执行价格买入一定数量外币的权利。如果当期权到期时，期权的价值高于最初购买期权时支付的期权费，那么期权持有者将会获得收益。换言之，如果货币的即期汇率水平高于期权的执行价格再加上期权的执行费，则期权持有者可以获得收益。我们先来举个例子。假设在 3 月份，一位投资者支付了 750 美元买入了一份 9 月份到期、执行价格为 75 的瑞士法郎看涨期权。到了 9 月份到期日这一天，瑞士法郎的即期汇率水平上涨至 78，即 1 瑞士法郎兑换 0.78 美元。而看涨期权的执行价格为 75，即 1 瑞士法郎兑换 0.75 美元，于是投资者有权按照比当前市场价格低 3 美分的执行价格买入瑞士法郎。也就是说，该看涨期权的实值幅度为 3 美分，因此，通过卖出或执行该期权，投资者可以获得 1 875 美元的收益，即 USD 0.03×62 500。然后，我们再用这一数值减去初始支付的期权费 750 美元，就能算出在六个月时间里，期权给投资者带来了 1 125 美元的收益。如果期权到期时，瑞士法郎的即期汇率水平为 1 瑞士法郎兑换 0.75 美元或者更低，则期权会变得毫无价值。在这种情况下，投资者将会损失 750 美元的期权费。但是无论如何，期权的购买者最大的损失额不会超过 750 美元，即最初购买期权时支付的期权费。

如果执行价格为 75 的瑞士法郎看涨期权的初始期权费成本为 750 美元，那么下表给出了当期权到期时，瑞士法郎的即期汇率水平处于不同的价位时，投资者可以获得的盈利或损失。

期权到期时瑞士法郎的即期汇率水平	投资者的盈利或亏损（美元）
USD 0.75 或更低	(750)
USD 0.76	(125)
USD 0.77	500
USD 0.78	1 125
USD 0.79	1 750
USD 0.80	2 375
USD 0.81	3 000
USD 0.82	3 625
USD 0.83	4 250

从上面的数字可以看出，较高的杠杆率确保期权持有者承担的风险水平较低。看涨期权的购买者可能获得的潜在收益是无穷大的，然而，其潜在最大损失不会超过期权费本身。当然，如果投资者打算通过买入看涨期权的方式抓住汇率波动的机会来谋利，那么他必须选择买入哪一种看涨期权。期权的有效期限以及执行价格各有不同。假设在 4 月份的一天，市场上正在交易的瑞士法郎期权的到期月份分别为 6 月、9 月以及 12 月。再假设当前瑞士法郎的即期汇率水平为 1 瑞士法郎兑换 0.75 美元，则期权的执行价格大致分布在 0.73～0.77 美元之间。

期限较长的期权收取的期权费要更高一些，这是因为它们给投资者提供了更长的时间——也就是说，时间价值更高——便于实现投资者的预期。因此，距离到期日期限为三个月、执行价格为 75 的平值瑞士法郎看涨期权可能要收取 750 美元的期权费。期限为六个月、执行价格为 75 的瑞士法郎看涨期权要收取 1 150 美元的期权费，而期限为九个月、执行价格相同的瑞士法郎看涨期权可能要收取 1 500 美元的期权费。

实值期权的期权费一般要比平值期权的期权费更高一些，同时平值期权的期权费要比虚值期权的期权费更高一些。尽管从投资的角度来看，实值期权的投资成本最高，但是只要外币相对于美元升值，实值期权给期权持有者带来的潜在收益也是最多的。

至于到底应当选择哪一种期权，并没有一个现成的公式可以直接给出答案。各位读者要牢记的是，如果看涨期权购买者希望能够在期权到期时获得净利润，那么期权到期时标的外汇的即期汇率水平必须大于期权的执行价格再加上期权费的和。

不仅仅是看涨期权可以向持有者提供潜在的盈利机会，看跌期权也可以做到。如果投资者预期某种外汇未来将要相对于美元贬值，那么可以通过买入看跌期权的方式获取收益。看跌期权赋予持有者按照既定价格卖出一定数量外汇的权利。假设当前瑞士法郎的即期汇率水平为1瑞士法郎兑换0.75美元，一位投资者预期未来瑞士法郎将相对于美元贬值，于是他支付了450美元的期权费买入一份期限为六个月、执行价格为75的平值瑞士法郎看跌期权。如果到期时，瑞士法郎的即期汇率水平真的下跌了，比方说下跌至1瑞士法郎兑换0.72美元，那么该投资者可以选择出售或执行该看跌期权，从而实现期权的内在价值1 875美元。扣除期权费，投资者获得的净利润为1 425美元。

假设投资者支付了450美元的期权费，买入一份执行价格为75的瑞士法郎看跌期权，下表给出了当期权到期时，瑞士法郎的即期汇率处于不同价位时投资者获得的盈利或损失数据：

期权到期时瑞士法郎的即期汇率	投资者的盈利或损失（美元）
USD 0.75 或更高	(450)
USD 0.74	175
USD 0.73	800
USD 0.72	1 425
USD 0.71	2 050
USD 0.70	2 675
USD 0.69	3 300
USD 0.68	3 925
USD 0.67	4 550

在考虑是否需要买入看跌期权时，投资者思考的角度和方向刚好与选择看涨期权时思考的角度和方向相反。同样地，如果两种期权除了期限不同以外其他条款均相同，那么期限较长的期权收取的期权费要高于期限较短的期权。值得注意的是，虚值期权的期权费通常较低，这是因为这种期权给持有者带来盈利的可能性不大。

与股票期权交易一样，卖出货币期权也可以给交易者带来投资收益。如果期权被执行，期权的签发人必须按照期权合约的具体条款履行义务。因此，如果卖出的是看涨期权，那么期权的签发人必须按照执行价格卖出并交割一定数量的标的外汇；如果卖出的是看跌期权，则期权的签发人必须按照执行价格买入一定数量的标的外汇。打算卖出期权的投资者必须记住，期权的持有者有可能在任意时点执行期权（适用于美式期权）。当然，卖出期权（除非安排了相应的套期保值策略）要承担潜在无穷大的风险。期权的购买者承担的风险是有限的，但是期权的签发人承担的风险是无限的。不过，若能巧妙设计期权合约的具体条款，卖出期权也有可能给投资者带来可观的收益。

事实证明，虽然货币期权允许期权持有者自行选择是按照期权的执行价格还是即期汇率水平进行交易，但是从事后的角度来看，货币期权只是次优选择。为了说明其中的道理，我们先列举一个简单的例子。假设一家英国公司有一笔 500 万美元的应收账款，预计三个月后收款。现在，英国公司打算使用下列两种方式之一对这笔应收账款进行套期保值：

- 按照 1.65 的价格签订远期外汇协议。
- 买入执行价格为 1.65 美元的货币期权，期权费为每英镑 5 美分。

使用远期外汇协议可以确保英国公司正好获得 3 030 303 英镑的资金。而如果使用货币期权，英国企业最少可以获得 3 030 303 英镑，但是要支付 151 515 美元的期权费，近似等于 91 827 英镑。但是，如果美元大幅度升值，那么这笔应收账款折算成的英镑金额还要更高，因为英国公司可以在即期外汇市场上将这笔应收账款兑换为英镑。图 15—1 总结了两种策略的到期收益情况。显然，图中带着"×"型符号的那条曲线代表的就是使用货币期权的到期收益曲线。由该图可知，如果应收账款到账时，美元相对于英镑走强，则企业使用货币期权获得的资金额少于直接在即期外汇市场上将美元兑换为英镑所得的资金额（因为第二种方式不需要预先支付期权费）；如果三个月后，美元相对于英镑汇率下跌，则企业使用货币期权获得的英镑资金额少于使用远期外汇协议获得的英镑资金额，但是要高于直接进行即期外汇交易所得的英镑资金额。显然，不管是哪一种情况，货币期权永远是次优选择。

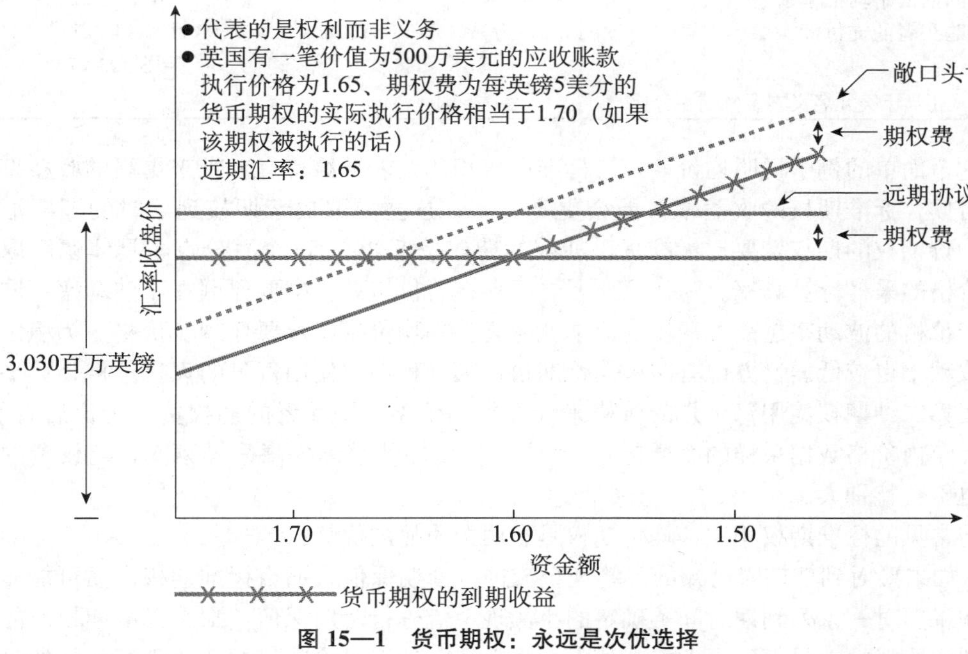

图 15—1 货币期权：永远是次优选择

15.3 均价期权

我们在第 11 章向大家介绍了可选择交割日的远期外汇协议。我们得出的结论是：可选择交割日的远期外汇协议是最适合对一系列小额外币敞口进行套期保值的理想工具。不过大家应该还记得可选择交割日的远期外汇协议本质上仍然是远期协议。签订了远期协议的交易双方必须按照协议条款履行义务或享受权利。至于该远期协议附带的选择权，指的是交易双方可以协商选择标的货币的交割时间。

从期权的角度来看，有一种期权产品也是适于对一系列小额外汇风险敞口进行套期保值的理想工具。这就是均价期权（average rate option 或 Asro），也可以称为亚式期权（Asian option）。

均价期权的特点是，其执行价格不是与到期时的即期汇率水平相比，而是与期权有效期内的平均汇率水平相比。这听上去有点复杂，我们可以举例说明。假设一家公司持有美元/日元风险敞口。该公司可以签订一份期权合约，从而获得在未来三个月内按照 JPY135＝USD1 的汇率水平买入 2 000 万美元、同时卖出日元的权利。在计算对期权购买者的支付额时，假设期权到期时的即期汇率水平为 1 美元兑换 137.50 日元。同时我们还假设，在期权整个有效期内，平均汇率水平为 1 美元兑换 141.21 日元。如表 15—2 所示，我们可以分别算出标准货币期权与均价期权支付给期权购买者的金额。

表 15—2　　标准期权与均价期权的对比

	标准期权	均价期权
执行价格	￥135.00	￥135.00
到期时的汇率水平（*e*）	￥137.50	￥137.50
一段时间内的平均汇率水平	—	￥141.21
对期权购买者的支付额	$2 000 万×(137.50−135)*e* ＝$363 636	$2 000 万×(141.21−135.00)*e* ＝$903 273
期权费（相当于美元名义本金额的百分比）	0.61	0.52

这个简单的例子说明均价期权与标准期权相比，能够给持有者带来更高的收益率。不过有时候，标准期权的收益率可能会更高一些，这主要取决于期权到期时的即期汇率水平。均价期权的期权费要比标准货币期权的期权费低 35～50 个百分点，具体幅度取决于平均价格的采样计算频率。为什么两者之间存在着价格差？主要原因在于波动率不同。标的资产价格的波动率越高，期权的成本就越高。平均价格肯定要比现货价格更为稳定，因此其波动率也较低。比方说有两种均价期权，第一种期权使用每日的现货价格计算平均价格，而第二种期权使用每个月的价格来计算平均价格，则前者的期权费肯定比后者便宜。如果一年内价格数据采样的个数超过 20 个，那么即使继续提高采样频率，期权费的下跌幅度也不会特别大。

与常见的标准期权相比，均价期权具有两个明显的优势：

● 如果要对到期期限已知的单笔现金流进行套期保值，那么标准期权产品可能非常有效。如果要对一系列到期时间不确定的小额现金流进行套期保值，那么标准期权产品以及远期利率协议的效果都不是太好。然而，很多持有外汇风险敞口的企业刚好面临的就是这种类型的现金流。对于这种风险敞口，均价期权是最为理想的套期保值工具。

● 尽管是在场外市场上进行交易，但是均价期权的成本或费用相对比较低廉。套期保值主体需要考虑的是一段时间内的平均汇率水平，而非每一笔现金流到期时的即期汇率水平。均价期权的成本要比整个套期保值期限内多个独立标准期权的期权费总和低一些，大概低 40%。

潜在用户如何使用均价期权来进行套期保值呢？交易者不仅要决定期权合约的名义本金额、执行价格以及有效期限，还有协商使用哪一种数据资源来计算均价以及两次数据采集之间的时间间隔。例如，交易者可能会用到路透社提供的日数据、周数据或月数据。

均价期权采用现金净值结算法。当期权到期时，交易双方要算出期权有效期内的平均汇率水平，然后将其与期权的执行价格相比较。如果期权到期时处于实值状态，那么期权的出售方要向期权的购买方支付现金，支付额等于期权合约的名义本金额乘以实际平均汇率与执行价格之间的差。否则，期权到期时处于平值或虚值状态，持有者会放弃执行期权。我们在前面的例题中已经介绍过期权持有者执行实值期权可以获得哪些收益。

在本节的最后，我们简要介绍一下如何使用均价期权对外币损益账户进行套期保值。当然，这是企业管理外汇风险的重要目标之一。对跨国企业来说，其外国分支机构的预算利润就是其面临的一个重要风险敞口。企业可以使用均价期权来对冲这一外汇风险。为了对预算税后外汇利润进行套期保值，跨国企业在协商均价期权条款时，要将期权的执行价格设定为预期的平均汇率水平，从而将未来的汇率水平锁定为该执行价格。我们举例说明，假设一家英国跨国集团预期美国子公司可以获得 6 000 万美元的税后利润，同时估计平均汇率水平为 1 英镑兑换 1.70 美元，因此预期税后净利润可以兑换为 3 530 万英镑。于是，该企业买入一份均价英镑看涨期权（相当于美元看跌期权），交易规模为 6 000 万美元，执行价格为 1 英镑兑换 1.70 美元。如此一来，该期权合约可以确保英国总公司至少可以获得 3 530 万英镑的税后利润，当然，假设前提是美国子公司至少可以实现预算税后利润。在避税港进行期权交易可以避免出现税负不均衡的问题。如果美国子公司确实实现了预算税后利润目标，即净利润为 6 000 万美元，而且期权有效期内的平均汇率水平为 1 英镑兑换 2 美元，那么英国总公司可以收到 3 000 万英镑的税后净利润。但是，期权还可以给公司带来 530 万英镑的收益。当然，要想这一套期保值策略发挥作用，美国子公司必须实现或者超过其预算净利润目标。我们这里介绍的套期保值策略可以避免出现如表 8—2 所示的财务数据异常波动现象。当然，如果平均汇率水平为 1 英镑兑换 1.50 美元，则均价期权不会被执行，英国总公司可以拿到汇兑后的 4 000 万英镑净利润。

我们只需要将均价期权的价格采样频率设定为与基于汇兑目的计算平均汇率的采样频率相等，就可以轻而易举地实现套期保值目的。请注意，由于 SSAP 20 对如何计算平均汇率水平没有明确说明，因此这种做法是可行的。此外还有一点要注意，这种套期保值策略实际上还可以对冲来源于外币利润的股息支付额的汇率风险。因此这里读者要格外留意，以避免重复套期保值。

15.4 对冲货币期权敞口

对于货币期权的签发人来说，他们可以采用多种方法来对冲期权风险敞口。具体的套期保值策略超出了本书的范围，但是我们要花点时间简单介绍一下对已卖出期权进行套期保值的一般性策略。

假设当投资者卖出看涨期权时，英镑的即期汇率水平为 1 英镑兑换 1.70 美元，看涨期权的执行价格为 1 英镑兑换 1.70 美元，看涨期权的价格为 4 美分/1 美元。一家英国出口企业估计六个月后要收到一笔金额为 1 000 000 美元的资金。出口商可以买入期限为六个月的英镑看涨期权来确保可以实现的最低汇率水平。期权到期时，如果即期汇率水平高于 1.70 美元，则出口商会选择执行期权，将 1 000 000 美元按照执行价格 1 英镑兑换 1.70

美元而非当时的即期汇率水平兑换成英镑。这可以确保出口商获得的净资金额至少等于588 235 英镑减去其先前支付的 23 529 英镑的期权费。

在这个例子中，当投资者卖出看涨期权时，英镑的即期汇率水平为 1 英镑兑换 1.70 美元，看涨期权的价值为 4 美分。如果英镑的汇率水平上升至 1 英镑兑换 1.72 美元，则看涨期权的期权费会上涨至 5 美分；如果英镑的汇率水平下跌至 1 英镑兑换 1.68 美元，则看涨期权的期权费会下跌至 3 美分。因此，即期汇率水平每变化 2 美分，期权的价值会相应地变化 1 美分。也就是说，看涨期权价值的变化幅度相当于标的外汇头寸价值变化幅度的一半。期权价值变化幅度与现货价格变化幅度的比被称为“套期保值比率”，或者称为**“delta 值”**。在我们提供的例子中，delta 值等于 0.5。

delta 这个指标的重要性在于它能告诉期权的签发人应当持有多少即期外汇头寸才能完全消除已卖出期权所带来的风险。在前面这个例子中，如果期权的签发人持有294 117.50英镑——相当于看涨期权面值的一半——那么不管货币期权的价值会发生怎样的变化，签发人都不会因此遭受风险。在一段特定时期内，如果即期汇率水平上升至1 英镑兑换 1.72 美元，则看涨期权的价值将会上涨 10 000 美元，同时期权签发人持有的英镑现汇头寸的价值上涨幅度与之相同，从而抵消了已卖出的看涨期权造成的损失。

必须指出的是，随着现货价格的变化，delta 值也会相应发生变化，因此投资者也应当适时调整对冲期权头寸的现货头寸规模。为了建立一个在期权整个有效期内始终能够与期权头寸保持等价关系的现货头寸，当现货价格（即期汇率）发生变化时，投资者持有的现汇金额必须进行调整。因此，如果投资者卖出了看涨期权，并采用 delta 套期保值策略持有现汇头寸，而且 delta 指标的修正频率足够高，那么在期权的整个有效期内，由期权与现汇构成的**净头寸**（net position）将会是毫无风险的。这就是卖出期权产品的银行在安排套期保值交易时惯用的基本思路。

再强调一遍，套期保值比率——也就是 delta 值——指的是为了对冲期权头寸而必须持有的现汇头寸规模。实际上该指标反映的就是当标的货币的即期汇率水平发生一定变化时期权费的变化比率（请参考图 15—2）。

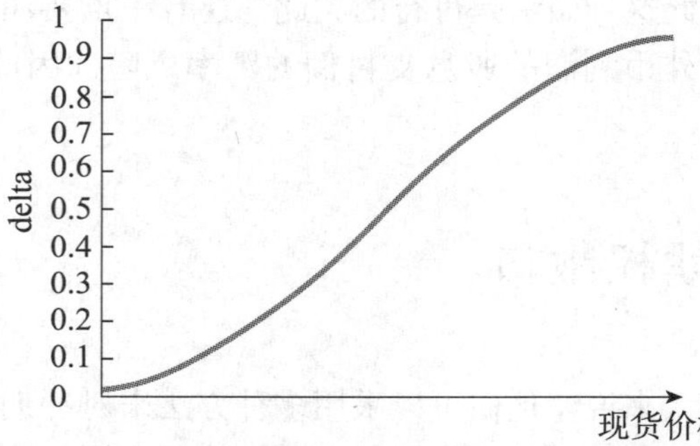

图 15—2 看涨期权的 delta 值（期权期限为 30 天）

因此，如果执行价格为 1 英镑兑换 1.60 美元的英镑看涨期权成本为 3 美分，delta 值为 0.4，那么即期汇率每变化 1 美分，都会导致期权费立即上涨或下跌 0.4 美分。当即期汇率水平变为 1 英镑兑换 1.61 美元时，期权费将会上涨至 3.4 美分；当即期汇率水平下跌至 1 英镑兑换 1.59 美元时，期权费将会下跌至 2.6 美分。当 delta 值等于 1 时——只有实值程度非常深的期权才会出现这种情况——即期汇率每变化 1 美分，将会导致期权费同样变化1美分。如果delta值等于0.1，则说明期权处于虚值状态，而且虚值程度很深，因为即期汇率变化1美分只会导致期权费变化0.1美分。

delta值永远不可能小于零；在正常情况下，delta值也不可能大于1。换言之，期权的价值与标的货币的市场价格充其量按照1∶1的比率发生变化；在其他条件均相同的情况下，期权价值的变化幅度不可能大于即期汇率的变化幅度。平值期权的delta值永远等于0.5，然而实值期权与虚值期权的delta值经常发生变化，具体取决于期权的内在价值、距离到期日的期限长度、标的货币价格的波动率甚至是利率差的大小。delta指标还有另外一个用途，即可以被用作概率测量指标：delta值越高，期权被执行的概率就越大。对期权交易者来说，delta值是一个非常重要的指标，因为它能够反映期权头寸的杠杆率。只是因为价格便宜而买入虚值程度很深的期权的交易者往往会感到失望，因为当即期汇率按照人们的预期发生变化时，期权本身的价值却几乎没有任何变化。当delta值由0.25逐渐上升到0.35，最终超过0.5时，期权出售方必须密切关注自己持有的期权**空头头寸**(short position)的价格敏感性。

delta指标是第一个脱胎于期权定价模型的重要指标，它本质上是一个动态的概念。当市场价格发生变化时，delta值也会随之发生变化。第二个脱胎于期权定价模型的重要指标叫做“gamma”，该指标反映的是当期权标的资产的价格发生一定变化时，delta值的变化幅度。gamma指标实际上测量的是delta指标的敏感性；也就是说，gamma指标相当于delta的delta指标。gamma值越高，delta指标的敏感性就越高。期限较短的平值期权gamma值最高。我们可以用下面这个例子向大家解释为什么会这样。

假设当前英镑的即期汇率为1英镑兑换1.51美元，还剩下几分钟即将到期的英镑看涨期权执行价格为1英镑兑换1.50美元，delta值等于1。从统计的角度来看，该期权肯定会被执行，这意味着为了对冲看涨期权空头头寸，期权签发人必须持有百分之百的现汇头寸。如果即期汇率突然下跌至1英镑兑换1.49美元，则该看涨期权的delta值会变为零，因为此时期权基本上不可能会被执行了。因此，期权签发人也不再需要为对冲期权空头头寸而持有现汇头寸了。与之相比，假设1年期平值英镑看涨期权的delta值为0.47；即期汇率每上升或下跌1美分，将会分别导致delta值上升至0.49或下跌至0.45。请大家看下表：

平值看涨期权的delta值	期权还剩下几分钟即将到期	期权距离到期日还剩下1年时间
delta	0.5	0.47
即期汇率上升1美分后的delta值	1	0.49
即期汇率下跌1美分后的delta值	0	0.45

期权购买者可能会对gamma值较高的期权感兴趣，因为这种期权可以提供较高的杠杆率。反过来gamma值较高的卖出方却要承担比较大的风险，这是因为哪怕是即期汇率水平只发生相对较小的波动，也会导致期权费发生较大幅度的变化。

gamma值较高带来的另一影响是期权价值具有较高的时间衰减率。短期平值期权的杠杆率较高，在相对较为稳定的市场环境下，有可能会突然出现期权费的大幅度下跌。而gamma值较低的期权，例如一些期限较长的期权，期权费对市场价格的波动不那么敏感，每日的期权费的下跌幅度非常小。用来表示时间衰减率的指标叫做“theta”。theta值等于0.01意味着在其他条件保持不变的情况下，在1个营业日内，期权费将下跌0.01。较高的 gamma 值与较高的 theta 值是相伴相生的。我们仍然以前面提到的几分钟后即将到期的英镑期权为例来说明。如果该期权的执行价格等于市场上的即期汇率水平，则 delta 值等于 0.5，期权的价值仅为时间价值；在几分钟之后，期权就会到期，期权费将会变为 0，同时我们假设即期汇率水平保持不变。这是一个用来说明较高的时间衰减率——即 theta 值较高——的极端案例。我们也知道这样的期权具有非常高的 gamma 值。反过来，期限非常长的期权拥有非常小的 gamma 值与 theta 值。换言之，即使现货价格发生了相对较大幅度的变化，delta 值的变化幅度也依然非常小，而且期权费的时间衰减速度几乎等于零。

虽然长期期权对现货价格或时间衰减效应不敏感，但是波动率的变化对它们的影响很大。我们可以用“vega”指标来反映波动率变化对期权费的影响。vega 值等于 0.1 意味着当波动率发生 1%的变化时，期权费将会发生 0.1%的变化。虽然对长期期权来说，时间衰减效应（即 theta 值）以及 delta 值的敏感性（即 gamma 指标）都比较低，但是波动率敏感性（即 vega 指标）是最高的。这再次反映了期权市场的权衡效应。外汇交易者可能会决定买入期权而非买入现汇，因为他们判断市场价格有可能出现较大幅度的波动，但是这种价格波动将在较长时间而非短期内得以实现。交易者认为由于隐含波动率相对较高，因此短期期权的价格太过昂贵。换言之，交易者们十分清楚短期期权的时间衰减率较高——这就是较高的 theta 值所带来的效应。因此，交易者选择买入一年期的平值英镑看涨期权。但是，在波动率较高的市场环境下，买入长期期权可能会给交易者带来高于预期的损失。这种损失并不是由时间衰减造成的——期权价值的时间衰减是一天天累积起来的——而是由于期权的价值对隐含波动率（即 vega 指标）的下降非常敏感。

例如，假设执行价格为 1.60 的平值英镑看涨期权的相关数据如表 15—3 所示。期限较长的期权与短期期权相比，前者由于波动率下降而导致的绝对损失额更高一些，即期限为 12 个月的期权与期限为 1 个月的期权价值下跌幅度分别为 1.5 美分与 0.5 美分；但是如果从百分比的角度来看，期限为 1 个月的期权的期权费实际下跌幅度略高于 20%，而期限为 12 个月的期权的期权费下跌比例仅为 19.7%。期权的期限越短，虚值程度越深，这种效应就越明显。

表 15—3　　波动率下降对期权费的影响：平值看涨期权

期限	波动率	期权费
1 个月	15%	2.5 美分
1 个月	12.5%	2.0 美分
12 个月	15%	7.6 美分
12 个月	12.5%	6.1 美分

其他条件保持不变，只是把看涨期权的执行价格改为 1 英镑兑换 1.65 美元。也就是说，目前看涨期权的虚值程度为 5 美分，则情况如表 15—4 所示。同样地，期限为 12 个月的看涨期权与期限为 1 个月的看涨期权相比，前者期权费下跌的绝对幅度大于后者——1.4 美分对 0.4 美分。然而如果从百分比的角度来看，期限为 12 个月的期权的期权费下跌幅度为 24%，而期限为 1 个月的期权的期权费下跌幅度为 44%。由于波动率下降而导致的期权费百分比损失被称为“vega 弹性”。预期隐含波动率将会下跌的期权卖出方可以通过卖出 vega 较高的长期平值期权来获得较高收益，但是从百分比的角度来看，卖出短期虚值期权可以给期权卖出方带来更大的收益。

表 15—4　　波动率下降对期权费的影响：虚值看涨期权

期限	波动率	期权费
1 个月	15%	0.9 美分
1 个月	12.5%	0.5 美分
12 个月	15%	5.8 美分
12 个月	12.5%	4.4 美分

15.5　期权定价模型

我们在第 14 章向大家详细介绍了股票期权的定价模型。加曼和克尔哈根（Garman and Kohlhagen）[2] 在布莱克-斯科尔斯期权定价模型的基础上加以修正，提出了货币期权的定价模型。加曼-克尔哈根模型主要被用于评估货币期权的价值，该模型只不过是将基本的布莱克-斯科尔斯模型应用于不同环境。加曼-克尔哈根货币看涨期权的估值模型如下所示（执行价格用 E 表示）：

$$C=\frac{FN(\text{dist1})-EN(\text{dist2})}{\mathrm{e}^{pt}}$$

符号含义如下所示（与布莱克-斯科尔斯模型略有不同）：

C=货币期权的价格

F=远期汇率

E=执行价格

p=无风险利率（连续复利率）的差，即国内存款利率减去国外存款利率的差

$$\text{dist1}=\frac{\ln(F/E)+(r+1/2\,\sigma^2)t}{\sigma\sqrt{t}}$$

$$\text{dist2}=\text{dist1}-\sqrt{t}$$

σ^2 = 汇率年变化率(连续复利率）的方差

期权定价模型还有其他很多种形式。其中，利兰（Leland）[3] 模型很有趣，该模型也是在布莱克-斯科尔斯期权定价模型的基础上稍加改动，引入了交易成本这一新变量。我们可以使用利兰模型直接比较交易成本变化对期权价值的影响，或者"修正间隔"——指的是头寸被再次套期保值的频率——的变化对期权价值的影响。期权管理的特征之一是，每当汇率水平（或股票价格）发生变化时，投资者必须对由期权与外汇（或股票）构成的套期保值资产组合重新进行套期保值。布莱克-斯科尔斯期权定价模型并没有考虑到持续进行的再套期保值的影响。显然，在现实世界里，高昂的交易成本不允许投资者这样做。当初始的套期保值头寸不再符合市场环境时，交易者通常会间隔一段较长的时间才会对头寸的套期保值交易进行调整。利兰模型考虑到了这一点，引入了一个新变量，即修正间隔（Δt）。

现如今，绝大多数银行都在使用融合了上述多种货币期权定价模型的电脑估值模型。很多机构在使用自己开发的估值模型来评估货币期权的价值，不过它们使用的模型在本质上与布莱克-斯科尔斯模型、加曼-克尔哈根模型或者利兰模型是十分相似的。

上面我们介绍的所有期权定价模型具有一个共同点，即它们在分析货币期权定价问题

时使用的思路是相同的。图 15—3 简要概括了众多期权定价模型推导的思路。正如我们在第 14 章讲到的那样，最值得注意的并不是那些出现在公式里的变量，而是那些被剔除的变量。我们知道，期权定价公式并没有用到反映市场价格变化方向或偏离程度的输入变量。这说明这些估值模型有一个隐含的假设前提，即市场价格是随机波动的。换言之，未来的市场价格变化有 50%的可能会带来正收益，有 50%的可能会带来负收益。事实上，数据证明货币汇率波动曲线往往呈现出偏态特征，或者呈对数正态分布。一部分原因是货币的价格可以无限制地上涨，但是绝对不可能低于零。大家还要记住一点，政府经常对外汇市场进行干预，正如我们在第 6 章讲到的那样，这会导致汇率波动发生偏斜。更为重要的一点是，当金融危机爆发时，市场价格的波动率急剧放大，使用上述估值模型得到的计算结果准确程度要大打折扣。

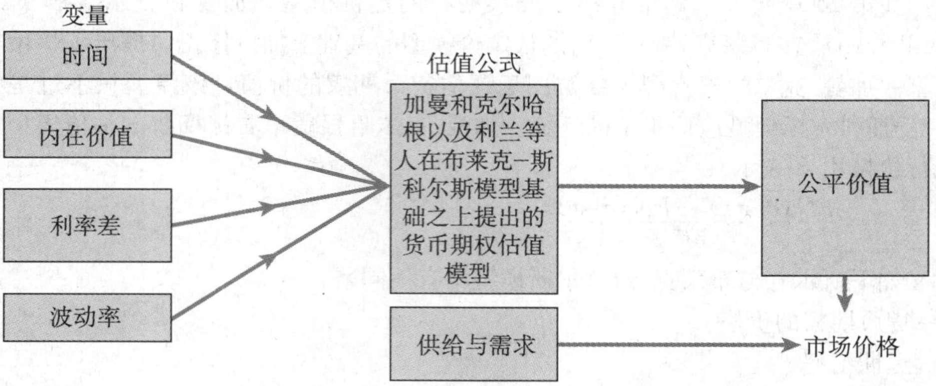

图 15—3　如何评估货币期权的价值

布莱克-斯科尔斯模型可以很好地解释欧式股票看涨期权的期权费。加曼-克尔哈根模型可以用于评估货币期权的价值，同时该模型扩展到货币的价格要受到两种利率而非一种利率的影响，而且国内外的利率差将会决定货币是远期升水还是远期贴水。

考克斯、罗斯和鲁宾斯坦（Cox，Ross and Rubinstein）[4] 以及考克斯和鲁宾斯坦[5] 提出了另一种货币期权估值模型，该模型充分考虑了美式期权的提前执行对期权价值的影响。其基本方法与布莱克-斯科尔斯模型完全一样，只不过他们结合使用了二叉树模型来评估看涨期权的价值。目前，加曼-克尔哈根模型也结合使用二叉树模型来评估货币期权的价值。假设只有当持有货币所带来的好处大于期权的时间价值时，投资者才会选择提前执行美式期权，那么二叉树模型要求分析者在期权的整个有效期内进行一系列实验并得出相应的估计值，每一个估计值代表的是在每个营业日内提前执行期权的概率。因此，对于期限为 1 年的期权产品来说，分析者要估计期权有效期内每一个营业日里期权标的货币价格上涨或下跌的概率。在算出连续多个交易日的价格上涨或下跌概率之后，分析师要将期权的理论价值与持有现汇头寸的成本加以比较。一旦期权的时间价值小于现汇头寸的远期贴水，则意味着期权头寸的持有成本过高，投资者应当立即选择执行期权。然而在实际操作中，要计算 360 种实验情况（一年当中的每一天都要计算）花费的时间太长，绝大多数计算机也无法快速算出最终的计算结果。因此，绝大多数二叉树估值模型减少了迭代次数，从而大大提高了计算速度，计算结果的准确程度尚可以接受。

BAW 估值模型（由 Barone-Adesi 和 Whaley[6] 提出）相对较为简单，使用简单的二次逼近法来评估美式货币期权的价值。塔克、马都拉和蒋（Tucker，Madura and Chiang）[7]总结了BAW模型的基本公式。

美式期权具有的可提前执行的特征会对一部分期权的期权费造成明显的影响，比方说标的资产为高利率货币的看涨期权或者标的物为低利率货币的看跌期权。不过，若是不可能提前执行期权，那么布莱克-斯科尔斯模型与二叉树模型的估值结果是相同的。

过于信任期权估值模型算出的理论期权价值是很危险的行为。市场价格与公平价值往往相差甚远。当然，信任估值模型的套利交易者可以卖出其认为被高估的期权或者买入其认为被低估的期权，但是并不一定能够获得利润。主要原因是模型的主要输入变量不可能始终保持不变。例如：

- 波动率已知且保持不变。
- 利率水平保持不变。
- 不存在交易成本和/或税收效应。
- 连续交易。
- 不存在股息。
- 不存在提前执行期权的情况。
- 市场价格波动满足对数正态分布。

在期权的整个有效期内利率差可能会发生变化，有时变化的幅度还很大。外汇市场确实存在交易成本与买卖价差，而且当市场环境恶化或变得更加动荡时，买卖价差还会扩大。因此不同的交易事前的波动率估计值往往并不相同，而且可能与历史波动率有所差别。当然，我们并不清楚估计值与真实值之间到底相差多少。此外，就外汇交易市场而言，假设市场价格波动满足正态分布甚至对数正态分布的假设条件也值得怀疑。学者们对外汇市场价格波动的研究成果证明确实存在异常的价格波动情况，也就是说汇率曲线往往并不是一条平滑的分布曲线。请大家注意阅读本章的第一段。

在讨论布莱克-斯科尔斯期权定价模型在现实市场上的使用效果之前，我们要更加深入地讨论一下波动率这一概念。假设投资者只是出于保险的目的而持有期权。期权的价值取决于到期时现货价格是高于还是低于期权的执行价格。反过来，这又取决于期权到期时的现货价格，而未来的现货价格是不确定的。我们可以用期权到期日的现货价格分布曲线的标准差来说明这种不确定性，这就是波动率这一概念的本质含义。短期内的波动率与长期内的波动率之间存在着一种简单的关系。t 天内的标准差等于 t 的平方根乘以一天的标准差。因此，三个月内价格波动的标准差近似等于1天内价格波动标准差的8倍，因为一个季度内大致有63个交易日，而63的平方根近似等于8。表15—5列出了不同时间段的标准差。事实上，这几个标准差数据均等价于每年10%的标准差。外汇市场习惯以年为单位来提供波动率数据，就像利率与远期升贴水一般也是以年为单位来报价一样。

波动率与时间之间并不是线性关系。三个月的波动率等于一年波动率的一半。表15—6可以说明为什么会这样。假设在一个交易日内，某种货币的汇率水平可能上升或下跌一个百分点或者保持不变。标准差为0.82%。在两个交易日内，标准差为1.15%，等于$\sqrt{2}\times0.82\%$。从数据的离散程度来看，两个交易日内的价格变化并不等于一个交易日内价格变化的两倍，这是因为有时候在第一个交易日内货币升值，但是到了第二个交易日货币价值又有所下跌，反之亦然。于是，第二个交易日内的价值回归部分抵消了第一个交易日贡献的波动率，因此两个交易日的标准差往往小于一个交易日标准差的两倍。话虽如此，如果这两种数据都以年为单位，则数值应当是相等的。

表 15—5 不同时间段的波动率

时间长度	标准差（%）
1年	10.0
9个月	8.7
6个月	7.1
3个月	5.0
1天	0.6

绝大多数货币期权都会被套期保值。有可能是初始卖出期权的银行安排的套期保值，也有可能是期权市场上的做市商执行了 delta 套期保值策略。在理论上，除了直接买入期权以外，企业还可以自己复制合成期权。由于企业可以自己合成创造期权，因此这股潜在的竞争实力迫使期权的市场价格朝着理论价格的方向移动。这意味着由于企业和其他市场交易者可以自己合成创造期权，因此期权的市场价格与模型理论价格之间的差是有限的。因此，公司在货币期权市场上买入期权实际支付的价格有可能等于模型的理论价格加上期权签发人执行套期保值策略的成本，加上波动率变化的风险溢价，再加上单纯的利润价差。

表 15—6 一天波动率与两天波动率

一个营业日内		两个营业日内	
变化（%）	概率	变化（%）	概率
+1	1/3	+2	1/9
0	1/3	+1	2/9
−1	1/3	0	3/9
		−1	2/9
		−2	1/9
标准差：0.82%		标准差：1.15%	

自己合成创造货币期权的企业不需要支付单纯的利润价差，可以把这部分成本节省下来。所以，它们支付的成本等于模型的理论价格加上企业复制合成期权的交易成本，再加上波动率变化的风险溢价。

15.6 股票期权与货币期权的定价模型：实证检验结果

在对布莱克-斯科尔斯模型以及其他期权定价模型进行实证检验时，我们要面临几个问题。首先，针对期权定价问题的假设条件必然是一个联合的假设条件，即（1）期权定价模型是正确的；以及（2）市场对金融工具的定价是有效的。如果该假设条件被拒绝，则有可能意味着：（1）是不正确的；（2）是不正确的；或者（1）、（2）都是不正确的。第二个问题是未来股票价格的波动率是无法直接观察的变量。分析师可以使用股票价格的历史数据来估算波动率。或者企业可以直接使用隐含波动率，不过这可能会导致循环论证。另一个问题是要确保同时获得股票的价格数据和期权的价格数据。如果期权市场的交易规模很小，那么我们无法直接对期权的收盘价与股票的收盘价进行比较。例如，如果上一笔期权交易发生在上午 11 点，而股票价格的收盘价产生于下午 4：30，那么数据的比较与处理就会有点麻烦。

还有一个问题是，模型的假设条件之一是价格变化满足正态分布曲线，然而事实上我们观察到的分布曲线是厚尾曲线。本书第 9.15 节已经讨论过这个问题。我建议读者再仔细地阅读一下这一节。

许多研究文献——请参考巴克利发表的论文[8]——都试图检验期权交易策略是否可以创造超额利润。绝大多数公开发表的论文都认为期权交易策略确实可以创造超额利润，而且超额利润主要归因于真实价格分布曲线相对于对数正态分布曲线的偏离。布莱克-斯科尔斯模型假设未来资产价格的分布满足对数正态分布曲线。然而，实证检验结论证明布莱克-斯科尔斯模型对平值期权的估值较为准确，而对实值期权以及虚值期权的估值存在较大偏差。换言之，布莱克-斯科尔斯模型在评估平值期权的价值时使用了正确的波动率数据，然而该模型使用相同的波动率数据去评估实值期权和虚值期权，这导致其估值结果与市场真实价格相比出现了较大偏差。我们可以将这种偏差解释为布莱克-斯科尔斯模型假设的对数正态分布曲线与真实的价格分布曲线之间存在的差异。事实上，市场价格的真实分布曲线往往表现为厚尾曲线。

图 15—4 总结了四种情况：资产价格的真实分布曲线与对数正态分布曲线形状不同，但是两者具有相同的均值和标准差。表 15—7 总结了这几种分布曲线的特征。对于图 15—4（a）来说，真实分布曲线的两侧尾部要比对数分布曲线的两侧尾部更薄一些。对于图 15—4（b）来说，真实分布曲线的右侧尾部更薄一些，左侧尾部更厚一些。对图 15—4（c）来说，真实分布曲线的右侧尾部更厚一些，左侧尾部更薄一些。对图 15—4（d）来说，真实分布曲线的两侧尾部均表现得更厚一些。在图 15—4 中，真实的价格分布曲线

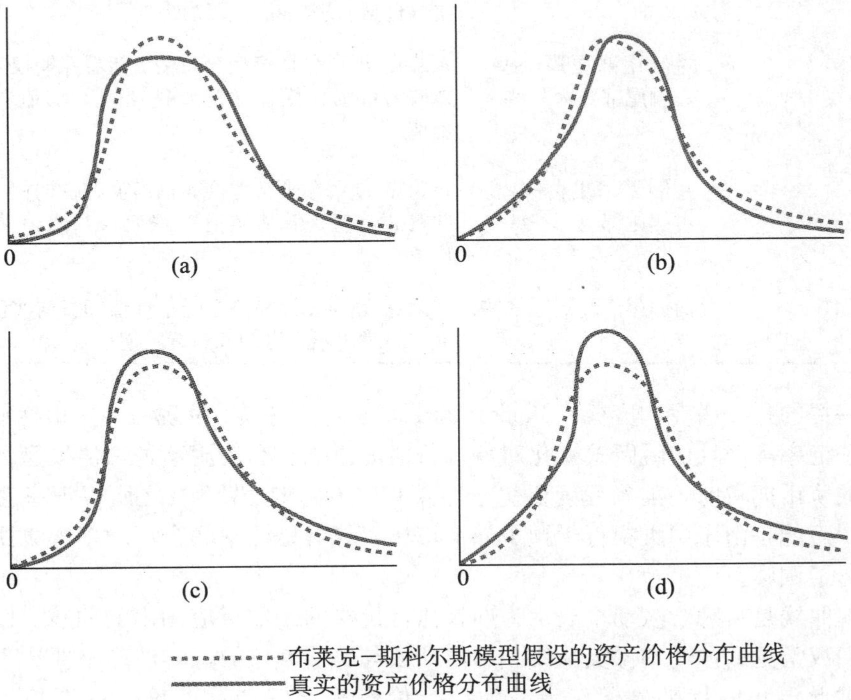

图 15—4 资产价格分布曲线

是在对数正态分布曲线的基础上发生了偏离：我们将某些区域内的分布数据提取出来，将其添加到其他区域，通过这种方式确保资产收益率的均值以及标准差保持不变。比方说，在图 15—4（d）中，分布曲线的两侧尾部以及中央部分都有更多的数据填入。此时为了达到平衡的目的，我们可以将距离均值线一至两个标准差的数据取出一部分，移到其他地方。

那么，在这四种情况下，正确的期权价格与布莱克-斯科尔斯模型价格之间的差到底有多大？这种价格差有时被称为偏差（bias）。假设某种看涨期权正处在深度虚值状态，那么只有当资产价格大幅度上涨时，该看涨期权才有可能拥有正的内在价值。因此，该期权的价值只取决于期权到期时资产价格分布曲线的右侧尾部。右侧尾部越厚重，期权的价值就越高。因此，当资产价格分布曲线的形状类似于图 15—4（c）和图 15—4（d）时，布莱克-斯科尔斯模型倾向于低估虚值看涨期权的价值；当资产价格分布曲线的形状类似于图 15—4（a）和图 15—4（b）时，布莱克-斯科尔斯模型则倾向于高估虚值看涨期权的价值。我们再来看一看虚值程度较深的看跌期权。只有当资产的市场价格大幅度下跌时，这种看跌期权才有可能拥有正的内在价值。因此，其价值只依赖于期权到期时资产价格分布曲线的左侧尾部。左侧尾部越厚重，期权的价值就越高。因此当资产价格分布曲线的形状类似于图 15—4（b）和图 15—4（d）时，布莱克-斯科尔斯模型倾向于低估虚值看跌期权的价格；当资产价格分布曲线的形状类似于图 15—4（a）和图 15—4（c）时，布莱克-斯科尔斯模型则倾向于高估虚值看跌期权的价值。鲁宾斯坦[9]认为，资产价格的真实分布曲线的形状类似于图 15—4（b）。

表 15—7　　图 15—4 中股票价格的真实分布曲线可能导致的偏差

图 15—4 中的分布曲线	特征	导致的偏差
(a)	两侧尾部均更薄一些	布莱克-斯科尔斯模型会高估虚值期权与实值期权的价格（包括看涨期权与看跌期权）。
(b)	左侧尾部更厚一些，右侧尾部更薄一些	布莱克-斯科尔斯模型会高估虚值看涨期权与实值看跌期权的价值，低估虚值看跌期权与实值看涨期权的价值。
(c)	左侧尾部更薄一些，右侧尾部更厚一些	布莱克-斯科尔斯模型会高估虚值看跌期权与实值看涨期权的价值，低估实值看跌期权与虚值看涨期权的价值。
(d)	两侧尾部均更厚一些	布莱克-斯科尔斯模型会低估虚值期权与实值期权的价值（同时包括看涨期权与看跌期权）。

值得一提的是，塔克和庞德（Tucker and Pond）[10]、塔克[11]发现一些货币期权定价模型充分考虑了汇率离散性的跳跃式变化对期权价值的影响。在使用这种估值模型评估费城交易所交易的货币期权时，准确程度要优于布莱克-斯科尔斯模型。之所以汇率会出现跳跃式的变化，可能是由于中央银行干预了外汇市场，或者是汇率联合浮动多国集团对汇率水平重新进行了调整。

波动率曲线是将隐含波动率表示为期权执行价格的函数对应画出的曲线。图 15—5 给出了外汇期权常见的波动率微笑曲线。虚值期权与实值期权的隐含波动率要比平值期权更高一些。因此，我们将平值期权定义为执行价格等于资产远期价格的期权。所以，图 15—5 与图 15—4（d）本质上是一样的。

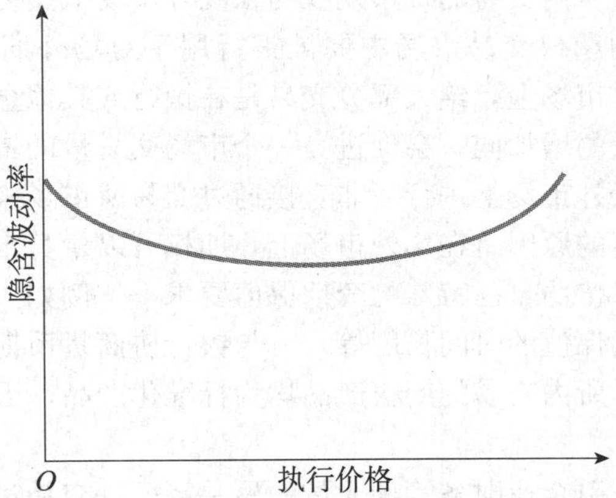

图 15—5　外汇期权的波动率微笑曲线

15.7　企业对货币期权的使用

如果公司一方面希望规避不利的汇率波动给自己带来的风险，另一方面又不想放弃汇率波动可能会给外汇应收账款或应付账款带来的谋利机会，那么货币期权是最能满足其要求的衍生产品。如果公司未来的外汇现金流存在较大的不确定性，比方说公司参加合同招标或者要发布外汇价目表，那么货币期权也是能够提供帮助的工具之一。在参加合同招标的情况下，如果最终未能中标，那么公司只需要放弃执行期权即可，或者将期权转售给他人以获取收益。如果公司中标了，那么它可以将货币期权转换为可选择交割日的远期外汇协议，并将外汇协议的到期日设定为中标合同的未来支付日。

除此以外，企业财务管理人员也可以使用货币期权对合同约定款项进行套期保值，一方面规避不利的汇率波动对外汇应收账款或应付账款所造成的潜在损失，另一方面又能保留有利的汇率波动带来潜在收益的可能。当外汇市场的波动性急剧放大时，货币期权将会成为非常吸引企业财务管理人员目光的衍生产品之一。1984 年，美元相对于其他绝大多数货币快速升值，当时很多企业财务管理人员认为按照购买力平价标准，美元的价值显然是被高估了。鉴于当时的市场环境以及按照购买力平价理论得出的汇率将朝相反方向波动的预期，显然这正是企业使用货币期权的大好时机。当然，如果企业根本没有对所有的美元应收账款安排任何套期保值交易，那么结果会更好，只不过这是我们事后诸葛亮罢了。

当然，期权不是白白获得的，购买者要支付一定的费用。不管购买期权的公司最终是否执行了期权，期权的初始卖出方都不会将这笔事先支付的费用返还给期权购买者。因此企业在评估应当使用哪一种货币期权时要格外小心，应充分考虑未来企业产生外汇现金流的可能性、应收账款实际收到前汇率的波动性以及期权的成本等。有些财务管理人员总是在抱怨货币期权的价格太高了，我们可以用简单的一句话对这种论调给予回击：既然这东西这么贵，你自己何不主动卖出期权呢?

当然，对于在费城股票交易所、伦敦股票交易所或阿姆斯特丹股票交易所内交易的货币期权来说，一个主要问题是这些期权的到期日通常与套期保值交易终止的时间不一致。正因为如此，期权的场外交易市场开始发展起来，银行与客户可以在场外市场上买卖量身定做的期权产品。在交易所内交易的货币期权与在场外市场上交易的货币期权之间是互相补充的关系。交易所内的期权交易市场主要被银行用于对场外期权交易头寸进行套期保值。而在期权的场外交易市场上，绝大部分交易是在银行或其他金融机构与企业客户之间进行的。一个市场交易量的增加同时会促进另一个市场交易量的增加。为什么大量的企业货币期权交易主要是在场外市场上进行而非直接通过交易所市场来完成，原因是显而易见的。首先同时也是最重要的原因是在场外市场上，期权可以量身定做，足以满足企业的特殊要求。因此，企业可以按照自己特殊的套期保值要求——例如买入或卖出的币种、交易金额、交易价格以及套期保值的时间长度等——与银行协商货币期权合约条款，并要求银行提供期权报价。在交易所内交易的期权产品均为标准化产品，因此企业的特殊需求不太容易得到满足。

期权场外交易市场吸引企业财务管理人员的另一特征是交易过程简便，与远期外汇交易非常相似。值得注意的是，场外交易的货币期权产品并没有正式的二级市场，因此与交易所内交易的期权相比，场外期权的流动性稍差一些。但是公司可以将场外交易期权卖回给最初出售期权的银行，或者另外签订一份特征与最初签订的期权合约刚好相反的场外交易期权，从而达到对冲的目的。对场外交易期权来说，到期日、交割规模以及交易币种与交易所内交易的期权产品相比都具有极大的灵活性。银行可以向客户提供以多种货币为标的物的量身定做的货币期权产品，标的货币的种类要比交易所内交易的期权产品多得多。表 15—8 对比分析了交易所内交易的货币期权与场外市场上交易的货币期权。

表 15—8　　交易所内交易的期权与场外市场上交易的期权对比

	交易所内交易的期权	场外市场交易的期权
合约条款（包括交易规模）	标准化	可以视情况而定，合约条款并不标准化
到期日	标准化	取决于客户的要求
交易方式	交易所充当交易的中介	银行与客户或银行与银行之间进行交易
二级市场	具有连续的二级市场	没有正式的二级市场
佣金	双方协商	双方协商，但是通常被统一计入期权的期权费
市场参与者	交易所会员与客户	银行、公司以及金融机构

货币期权市场是一个充满了创新能量的市场。比方说，一种基于最基本的期权产品加以创新而形成的新型期权工具叫做区间期权（cylinder option），也可以称为零成本期权。这种新型期权产品越来越吸引公司财务管理人员的目光，这是因为当市场波动率非常高时，这种期权可以帮助财务管理人员锁定一个较为狭窄的汇率波动区间。我们可以用一道计算的例题帮助大家了解区间期权的工作原理。

假设一家英国公司有一笔美元应收账款。对于这笔应收账款，财务管理人员有多种选择，如下所示：

- 不对这笔美元应收账款进行任何套期保值。
- 卖出远期美元。
- 买入英镑看涨期权。
- 买入英镑区间期权。

假设在财务管理人员考虑制定决策的那一天，市场的即期汇率水平为 1 英镑兑换 1.86 美元，应收账款到期日的远期汇率为 1 英镑兑换 1.85 美元。假设执行价格为 1 英镑兑换 1.90 美元的看跌期权的期权费为 4.50 美分（期权的到期期限与应收账款的到期日相一致）。在了解了银行提供的期权费报价信息之后，企业的财务管理人员向银行表达了期权价格过高的观点，银行的回答是——企业可以考虑卖出零成本期权。具体的操作过程如下所示：企业首先要买入一份执行价格为 1 英镑兑换 1.90 美元的看跌期权，为了支付期权费，企业同时向银行出售一份按照 1 英镑兑换 1.80 美元的执行价格卖出美元的期权，这笔期权交易的期权费也是 4.50 美分，应由银行支付给企业。于是，两笔期权费刚好互相抵消，于是整个交易的成本等于零。如果企业卖出了这种零成本期权，那么达到的效果是：

● 当汇率水平的波动位于 1 英镑兑换 1.80 美元至 1 英镑兑换 1.90 美元之间时，企业可能获得收益，也可能遭受损失。如果期权到期时，汇率水平变为 1 英镑兑换 1.82 美元，那么美元汇率由 1 英镑兑换 1.86 美元上升至 1 英镑兑换 1.82 美元的这部分升值区间就是企业获得的收益。如果到期时，美元的汇率变成 1 英镑兑换 1.88 美元，那么企业将会遭受损失。

● 如果期权到期时，汇率水平没有位于 1 英镑兑换 1.80 美元至 1 英镑兑换 1.90 美元这一区间，那么期权可以起到限制收益或损失的作用。如果期权到期时，汇率水平变为 1 英镑兑换 1.92 美元，那么企业承担的损失部分相当于 1.90 美元减去 1.86 美元这一汇率变化区间对应的损失，而银行则承担余下的损失部分，即美元汇率由 1.92 美元变为 1.90 美元这一区间对应的损失。反过来，如果期权到期时，汇率水平变为 1 英镑兑换 1.76 美元，那么客户获得的收益相当于 1.86 美元减去 1.80 美元这一汇率变化区间对应的收益，余下的收益为银行所得，即美元汇率由 1.80 美元升值为 1.76 美元这一区间对应的收益。

事实上在这道例题中，如果美元汇率跌破 1 英镑兑换 1.90 美元，那么区间期权可以达到完全套期保值的效果，即弥补企业遭受的所有损失；反之，如果美元汇率持续上升，以至超过 1 英镑兑换 1.80 美元这一价位，那么企业可以获得收益：但是只有当美元汇率超过 1 英镑兑换 1.80 美元时，企业才有可能获得收益。

不考虑利率的影响，表 15—9 总结了没有对美元应收账款进行套期保值、使用远期外汇协议进行套期保值以及买入英镑区间期权进行套期保值三种策略的结果比较。基础汇率水平被确定为 1 英镑兑换 1.86 美元，表中盈利与亏损的单位为美分。使用区间期权进行套期保值确实可以帮助企业在预先支付的期权费成本极低的条件下将汇率水平锁定在一个相对狭窄的区间内。要达到这一目的，除了买入用于套期保值目的的期权以外，财务管理人员还要卖出一份与套期保值方向相反的期权。在考虑卖出哪一种期权时，企业必须使得卖出期权所得的期权费收入刚好等于对外汇应收账款或应付账款进行套期保值的已买入期权的期权费。

表 15—9　　区间期权的结果比较（数据如上所述）

期权到期时的汇率水平	不对美元应收账款进行套期保值的收益（＋）或损失（－）*	卖出远期美元：损失的利润（－）或规避的损失（＋）*	买入英镑区间期权的收益（＋）或损失（－）*
1.92	－6	＋7	－4
1.91	－5	＋6	－4
1.90	－4	＋5	－4
1.89	－3	＋4	－3
1.88	－2	＋3	－2
1.87	－1	＋2	－1

续前表

期权到期时的汇率水平	不对美元应收账款进行套期保值的收益（＋）或损失（－）*	卖出远期美元：损失的利润（－）或规避的损失（＋）*	买入英镑区间期权的收益（＋）或损失（－）*
1.86	0	＋1	0
1.85	＋1	0	＋1
1.84	＋2	－1	＋2
1.83	＋3	－2	＋3
1.82	＋4	－3	＋4
1.81	＋5	－4	＋5
1.80	＋6	－5	＋6
1.79	＋7	－6	＋6
1.78	＋8	－7	＋6

* 假设即期汇率水平为 1 英镑兑换 1.86 美元，表中收益与损失数据的单位为美分。

还有一点值得大家注意，一部分财务管理人员认为货币期权具有一种基本用途，即保护企业的盈利能力。我们用一个例子来加以说明。假设某公司从事的业务是将葡萄酒从美国进口到英国，使用美元进行结算。在美国葡萄酒进口市场上，该公司只有一个直接的竞争对手，不过还有很多其他进口商主要经营的是从法国、德国、意大利以及其他国家进口葡萄酒的生意。如果该公司使用远期外汇协议进行了套期保值，而其竞争对手没有这样做，那么当美元汇率下跌时，该公司将会处于不利的竞争地位。显然，当美元汇率贬值时，竞争对手可以通过采用降价策略赢得更多市场份额。因此为了避免出现这种情况，该进口商可以考虑使用货币期权。如果进口商买入了货币期权，那么当汇率水平发生变化时，不管美元是升值还是贬值，进口商都不会因为进行了套期保值交易而处于不利的竞争地位；此时不管竞争对手使用怎样的招数，例如降价策略，进口商都可以在毫无损失的情况下照着做。当然对于进口商来说，唯一的成本就是买入期权的期权费。在这种情况下，如果美元汇率升值，则使用货币期权进行套期保值的进口商将会处于一个相对有利的竞争地位。通过仔细谋划营销策略，进口商可以凭借自身有利的竞争地位获得更多的销售利润，足以弥补购买货币期权所支付的期权费成本。

货币期权还可以被用于对冲经济风险，至少在理论上这是行得通的。我们还是用例子来说明。假设一家英国出口公司与一家日本公司在争夺美国市场份额。于是，该英国公司持有美元的交易风险敞口以及日元的经济风险敞口。该公司可以采用卖出远期美元同时买入远期英镑的方式来对冲美元敞口。不过，英国公司也可以采用买入日元看跌期权的方式来对冲日元经济风险敞口。如果日元汇率下跌，那么看跌期权可以给英国公司带来收益，于是若日本公司降价，英国公司也可以跟着降价。如果日元汇率升值，那么英国公司将会放弃执行期权，但是此时英国公司明显具有价格优势。

在上面这个例子中，如果使用远期外汇协议对交易风险敞口进行套期保值，要求使用期限较长的远期外汇协议。目前市场上绝大多数货币对美元的远期外汇协议期限最长为 10 年。但是同样在上面这个例子中，如果要对经济风险敞口进行套期保值，要求企业使用期限较长的货币期权。在作者写作本书时，在期权场外交易市场上，只有几种货币对美元的期权产品最长期限达到了 10 年或更长。不是每一家银行都愿意提供这种期限较长的期权产品的报价，并且由于这种期权产品的交易量不多，很多企业财务管理人员认为其价格太过昂贵。因此简单地说，目前只有一定期限的经济风险敞口可以使用货币期权来套期保值。显然在上面这个例子中，英国公司持有长期的日元风险敞口，因此无法使用货币期权来套期保值。

当然，我们还可以使用其他方式对经济风险敞口进行套期保值，比方说在海外市场上采购原材料，或者与竞争对手一样在同一个国家建立加工厂。但是大家一定要小心，不要轻易地将短期内的汇率波动视作长期的汇率发展趋势，美国著名的建筑设备生产商卡特彼勒就曾犯下这样的错误。20 世纪 80 年代早期，不断攀升的美元汇率导致卡特彼勒公司的成本相对于其日本竞争对手——小松公司——不断上涨，于是公司将一部分产品生产移至海外其他国家。海外生产比例由 1982 年的占总销售额的 19%上升至 1986 年的 25%；海外原材料采购的比例则增加了 4 倍。就在此时，美元汇率开始下跌，卡特彼勒输得一塌糊涂。如果卡特彼勒公司老老实实地待在美国本土不动，并使用货币期权对其风险敞口进行套期保值，那么最终的结果本应当好得多。

到目前为止，我们讨论了各种各样的套期保值策略以及多种衍生产品，我建议读者好好阅读一下新闻剪报 15.1。下一个题库有几道题是根据这篇新闻剪报提问的。

新闻剪报 15.1　美元贬值的应对策略——零售商们使用各种方法对风险敞口进行套期保值

史蒂夫·约翰逊（Steve Johnson）说，货币套期保值只是企业应对美元汇率下跌的方法之一。

家居用品生产商杰耶斯已经将生产基地由欧洲移至墨西哥。英国维苏威公司——专门生产陶瓷的企业——正在努力从中国进口更多的原材料。从服装、自行车到美国主题公园的售票，各行各业的零售商被迫下调价格。

随着美元汇率的不断走低，上面这些只不过从一个侧面反映了英国企业采取了哪些应对措施。汇率市场的波动对某些人来说是好消息，对其他人来说是坏消息。但是不管汇率向哪个方向变化，都要求企业必须反应迅速灵敏。

2002 年，主营头发护理产品的杰耶斯集团在 Legal & General 风险投资公司的担保下，通过管理层收购完成了私营化，该公司主要在欧洲大陆进行产品生产。结果，美元的持续下跌使得该公司在美国的销售额下降了 10%～15%。

杰耶斯集团的财务管理人员尼克·弗拉纳根（Nick Flanagan）说："我们发现自 2003 年秋季开始，美元汇率便一直下跌，于是我们扩大了原有的外汇风险套期保值程度，并且不再使用英镑和欧元来计算成本，而是改用美元计算成本。"

"对于在北美市场上销售的产品，我们十分注意使用美国本土以及周边国家提供的原材料，我们已经在墨西哥建立了一家加工厂。现在，这家加工厂的生产规模已经增加了 3 倍。我们原本就打算这样做，只不过美元汇率的走低加速了这一进程。"

重要的是，虽然杰耶斯公司建在蒙特雷的工厂主要为美国市场服务，但是现在该工厂也开始为欧洲市场生产产品，这是因为在 2004 年，墨西哥比索是少数几个汇率下跌幅度甚至超过美元的货币之一。

墨西哥加工厂的建立让杰耶斯公司尝到了外汇风险自然对冲的甜头，但是企业还是选择将原先通过外汇市场建立的套期保值头寸期限延长，以便为适应市场环境争取更多的时间。

这些保护措施意味着杰耶斯公司可以按照优于当前即期汇率水平（1 英镑兑换 1.891

美元）的价位将美国市场的营业利润汇回英国。

专门生产陶瓷和耐火材料的英国维苏威公司隶属于库克森集团，它也面临着同样的两难困境。从好的一方面来看，该公司开始越来越多地从中国采购原材料，而人民币的汇率是严格盯住美元的。

然而遗憾的是，在全球商品市场上，维苏威公司主要原材料的价格普遍上涨，这一负面效应彻底抵消了汇率变化带来的正面影响。

维苏威公司的财务总监理查德·塞克斯（Richard Sykes）说："我们的商品成本上涨了很多。虽然我们在汇率方面有优势，但是英镑等价成本还是在上涨。"

一些原材料例如铝、氧化锆以及磁铁矿的英镑价格的上涨幅度大致为7%～15%。与此同时，维苏威公司在美国市场上的销售额（折算为英镑）已经下跌了20%～25%。

塞克斯先生说："我们不得不接受利润率不断下降这一事实。我们必须抗住汇率波动给企业造成的不利影响。如果我们按照汇率的波动幅度来调高产品价格，那么我们将失去所有客户。"

维苏威公司对其持有的外汇净头寸采用的是滚动套期保值策略。一般来说，对于未来三个月内到期的风险敞口，套期保值比率为100%；对于未来四个季度内到期的风险敞口，套期保值比率下降至70%。但是正如塞克斯先生承认的那样，这只不过是在拖延时间，最终的结果将不可避免。如果美元汇率持续下跌，套期保值交易锁定的汇率水平将会越来越对公司不利。

维苏威公司在欧洲大陆的销售额占其销售总额的一半左右，目前英镑相对于欧元贬值——自2004年8月以来，欧元兑英镑的汇率由原来的1欧元兑换0.658英镑上升至1欧元兑换0.686英镑——已经开始让维苏威公司获得好处了。

但是塞克斯先生警告说，如果原材料价格持续上涨，而美元汇率持续下跌，则维苏威公司将不得不考虑撤出某个子市场，或者至少将一部分原本在英国本土生产的产品外包给其他国家——维苏威公司在英国本土拥有5个生产加工厂。

从亚洲进口商品、然后在英国市场上出售的公司是美元贬值的最大赢家。不过对于股东来说，大部分收益已经被原材料价格的上涨以及主要商业街物价水平的大幅度下跌蚕食掉了。

Universal Cycles 公司每年从中国、印度、越南以及菲律宾等国进口600 000台自行车，绝大多数进口自行车通过零售商——例如Argos、Toys R Us以及Halfords——销售给客户。目前，该公司已经开始进军庭院家具、电动汽车以及台球桌加工等行业。

虽然95%的客户使用美元购买其商品，但是Universal Cycles 公司还是面临很多压力。

集团总公司的财务总监托尼·布朗（Tony Brown）说："在过去18个月里，原材料价格的上涨幅度很大。单是过去一年，原材料成本就已上涨了90%。"在过去一年里运输成本也上涨了20%。

Universal Cycles 公司发现很难将成本增长的压力转嫁给消费者，但是布朗先生说今年有可能要上调产品价格。事实上，他认为如果英镑汇率跌破1英镑兑换1.80美元，那么市场将会普遍承受通货膨胀压力。

如果情况真是这样，Universal Cycles 公司在短期内已经做好了保护措施——公司已对年底之前的美元风险敞口进行了套期保值。

East 公司——这是一个女性时装连锁集团——的集团财务总监史蒂文·肯塞拉（Steven Kinsella）也预测，如果美元止跌回升，而英镑汇率开始相对贬值，则英国国内的通货膨胀压力将会一触即发。

East 公司给人的印象是具有较强的种族偏见，然而事实上其原材料主要从中国、菲律宾以及印度等国进口。在过去 18 个月里，这使公司的利润率大幅度上升。

汇率变化的赢家与输家（按照部门划分）

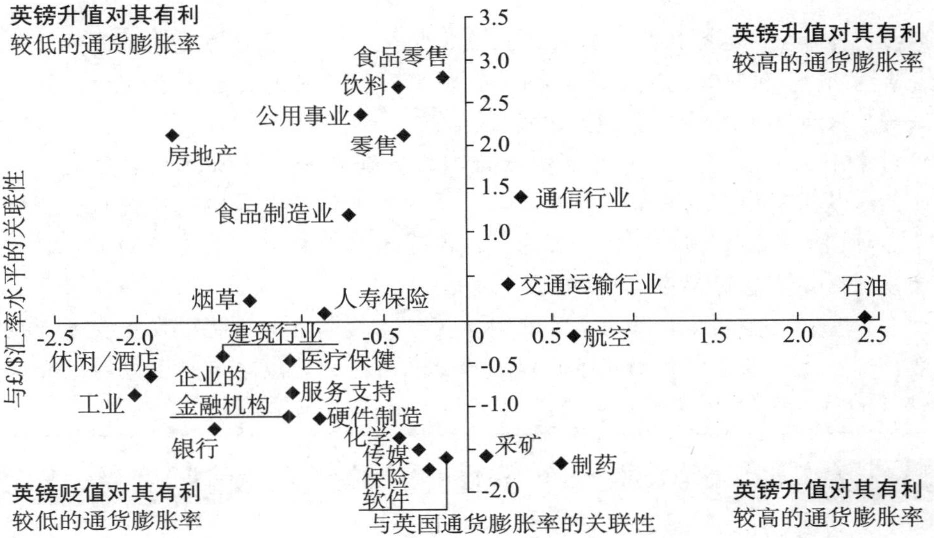

美元汇率的下跌

美元兑英镑的汇率（$/£）

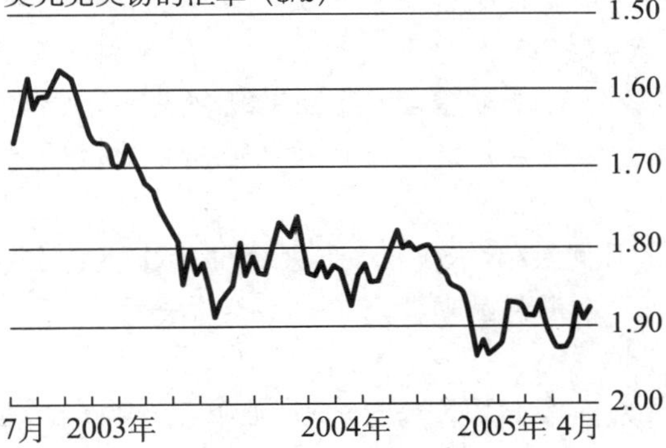

美元汇率的下跌

美元兑英镑的汇率（$/£）

资料来源：*Financial Times*; Thomson Datastream; Morgan Stanley.

肯塞拉先生说："大部分服装零售商面临的汇率水平都是1英镑兑换1.50美元，不过目前汇率水平又上涨了，我们已经注意到主要商业街的物价水平在下跌。"

他相信主营大众商品的企业例如Next、Marks和Spencer已经被迫将成本下降所带来的收益全部以下调产品价格的方式回馈给消费者，但是像East公司这样的小众品牌经销商拥有更强大的定价权。

肯塞拉先生说："在类似我们这样的细分市场上，企业不会将美元贬值的好处全部回馈给消费者。"除了利润率上涨以外，East公司投入了更多的资金进行店面改装，并对其设计、采购以及营销团队的建设加大了投资力度。

通过对未来12个月内到期的外汇风险敞口进行套期保值，East公司锁定了自己的优势地位。不过从历史的角度来看，对未来6个月内到期的外汇风险敞口进行套期保值就已经足够了。英国与美国之间的利率差很小，这有助于降低套期保值交易的成本。肯塞拉先生说绝大多数时装零售商都应当这样做。

不过，肯塞拉先生相信，如果美元相对于英镑持续升值，这将引发主要商业街的物价水平上涨，那么大众商品零售商将被迫以调价方式将一部分成本上涨压力转嫁给消费者。

资料来源：*Financial Times*, 12 April 2005.

跨国集团从美梦中惊醒

史蒂夫·约翰逊

随着越来越多的企业开始进行国际贸易，很多企业都要受到汇率波动的影响。不过，近来较为剧烈的汇率波动仿佛是对英国企业当头一棒，让很多企业从美梦中惊醒。

在过去17个月间，英镑持续相对于美元升值，从而将汇率水平推高至1英镑兑换1.945美元。由于绝大多数亚洲国家将其本币汇率盯住美元，或者是政府通过干预市场限制本币对美元的升值幅度，因此英镑相对于美元的升值使得英国本土生产的产品相对于亚洲国家毫无竞争力。

1999年至2003年11月间英镑的汇率水平大致位于1英镑兑换1.40美元至1英镑兑换1.70美元之间。在1992年黑色星期二之前，英镑兑美元的汇率从未接近过1英镑兑换2美元。

公司风险管理咨询服务机构HIFX公司的咨询师克里斯·唐纳（Chris Towner）经常就如何管理外汇风险向企业提供咨询意见。唐纳说很多企业都认为英镑兑美元的汇率水平将会永远保持在1英镑兑换1.40美元至1英镑兑换1.70美元这一区间。

唐纳说："这些企业好像一直在冬眠，只不过现在叫醒变化的铃声已经把它们唤醒了。准备卖出美元的公司（即向美国出口商品的企业）一直在等待美元汇率能够回升至原来的1英镑兑换1.40美元至1英镑兑换1.70美元区间，但是目前的汇率支撑水平为1英镑兑换1.85美元。"

唐纳先生还说，这些出口商们目前还面临着"双重打击"。不仅汇率的变化方向对它们不利，而且英国与美国之间不断收紧的利率差意味着现在准备卖出美元的公司只能按照比即期汇率低3美分的价格签订两年期远期汇率协议；然而1年之前，远期汇率相对于即期汇率的优势有9美分。

不过，从亚洲国家那里进口商品的众多英国企业早已发现进口商品的价格在下降，这进一步鼓励它们将产品生产外包给亚洲地区的国家，从而加剧了英国主要商业街物价的下跌幅度。

资料来源：*Financial Times*，12 April 2005.

英镑升值会对通过门票出售获得的美元收入带来什么影响

史蒂夫·约翰逊认为，因为不存在任何生产成本和运输成本，因此向英国游客出售美元主题公园门票的英国公司绝对是美元汇率下跌的大赢家。

但是美国吸引力公司——该公司每年转售的英国主题公园比如迪士尼乐园和环球影城的门票总收入超过3 000万英镑——的常务董事奥利弗·布兰登（Oliver Brendon）非常希望美元汇率可以止跌回升。

2002年3月美国吸引力公司刚刚成立时，当时英镑对美元的汇率水平为1英镑兑换1.40美元，但是这一行残酷的竞争压力迫使公司不得不将节省下来的所有成本以调低商品价格的方式回馈给消费者。

美国吸引力公司通过买入期限为1个月的远期外汇协议以及分红期权来实现汇率风险的最小化。

分红期权可以帮助美国吸引力公司对未来一年一半的外汇风险敞口进行套期保值。至于余下的风险敞口，要么使用期权，要么通过直接在现汇市场上进行交易的方式来进行套期保值，这要看哪一种方式更有利。

由于美国吸引力公司的绝大部分竞争对手只依赖于现汇市场进行交易，并按照即期汇率水平设定价格，因此布兰登先生说："如果美元汇率上升，我们将会从中获益。"

他又说："只有获得一个不错的远期汇率成交价，我们才能利用汇率波动的机会来获取收益。"

资料来源：*Financial Times*，12 April 2005.

小结

- 货币期权赋予持有者在特定日期之前或在某一个特定日期按照一定价格买入或卖出一定数量货币的权利而非义务。
- 货币期权的使用者可以规避不利的汇率波动所带来的风险，同时还能保留利用有利的汇率波动谋利的机会。对于期权的购买者来说，其承担的最大风险不超过所购买期权的期权费成本。
- 货币期权分为两种类型，即在交易所内交易的货币期权以及在场外市场上交易的货币期权。要清楚地知道这两类货币期权产品的主要差别。
- 货币期权也可以按照美式期权和欧式期权来分类。要弄清楚这两种类型的差别。
- 如果公司希望规避不利的汇率波动带来的负面影响，同时又想保留抓住有利的汇率波动机会利用外汇应收账款或应付账款获取收益的可能，那么货币期权是最适合的产品。
- 如果企业未来的外汇现金流存在较大的不确定性，比方说公司参与合同招标或者海外并购投标，那么这是最适合使用货币期权的场合。
- 货币期权可以让企业在只承担少量风险的前提下持有外汇头寸并进行外汇投机交易。
- 在竞争较为激烈的市场上，货币期权的作用不容忽视。我们举例来说明。假设A公司从海外进口商品，用外币进行结算；然后在本国市场将进口商品卖掉，获得本币收入。A公司的最大竞争者——事实上也是市场领导者——拥有与A公司相同的现金流结构。如果市场领导者决定不对自己持有的外汇应付账款进行套期保值，而A公司决定要进行套期保值，那么问题就来了。如果外币相对于本币升值，则

A公司可以获得收益；如果外币相对于本币贬值，则A公司要遭受损失。货币期权能够让A公司两头都不落空，但是货币期权的成本也比较高。在作者写作本书时，期限为12个月的英镑/美元平值美式期权的成本大致为5%，类似的欧式期权的成本大致为4%。

● 务必弄清楚实值、虚值以及平值的含义。如果你很难记住，那么试试下面这种记忆法。实值期权拥有正的内在价值。你明白了吗？"in" the money= "in"-trinsic value。

● 务必弄清楚布莱克-斯科尔斯期权定价模型的基本思想，记住图15—3的基本内容。如果你打算成为痴迷的期权定价爱好者，那么首先你一定要使用布莱克-斯科尔斯模型。如果做不到这一点，那么至少要弄清楚整个模型的基本思路与框架。不过也不需要太担心，大家应该还记得，第14章提供了一个十分好用的期权估值表。

● 请大家多花一点时间弄清楚如何使用均价期权外汇损益敞口进行套期保值。

章末习题

15.1 企业什么时候应当考虑买入看涨期权来实现外汇风险套期保值的目的？

15.2 企业什么时候应当考虑买入看跌期权来实现外汇风险套期保值的目的？

15.3 企业为什么应当使用货币期权而非远期外汇协议对应收账款或应付账款进行套期保值？货币期权与远期外汇协议相比，在进行套期保值交易时，前者具有哪些劣势？

注释

1. Lewis, M., *Liar's Poker*, Hodder and Staughton, 1989.

2. Garman, M. B. and Kohlhagen, S. W., "Foreign currency option values", *Journal of International Money and Finance*, 2, 231-237, 1983.

3. Leland, H. E., *Option Pricing and Replication with Transactions Costs*, Working papers, No. 144, Institute of Business and Economic Research, University of California, Berkeley, 1984.

4. Cox, J., Ross, S. and Rubinstein, M., "Option pricing: a simplified approach", *Journal of Financial Economics*, 7, 229-264, 1979.

5. Cox, J. C. and Rubinstein, M., *Options Markets*, Prentice Hall, Englewood Cliffs, NJ, 1985.

6. Barone-Adesi, G. and Whaley, R., "Efficient analytic approximation of American option value", *Journal of Finance*, June, 301-320, 1987.

7. Tucker, A., Madura, J. and Chiang, T. C., *International Financial Markets*, West Publishing Co., St. Paul, MN, 1991.

8. Buckley, A., *Multinational Finance*, 5th edition, FT Prentice Hall, 2004.

9. Rubinstein, M., "Implied binomial trees", *Journal of Finance*, 49 (3), 771-818, 1994.

10. Tucker, A. and Pond, L., "The probability distribution of foreign exchange price changes: tests of candidate processes", *Review of Economics and Statistics*, November, 638-664, 1988.

11. Tucker, A., "Exchange rate jumps and currency options pricing", in S. Khoury and R. Haugen (eds), *Recent Developments in International Banking and Finance*, Lexington Books, Lexington, MA, 1990.

第 16 章　利率风险

利率风险反映的是企业的利润、现金流或估值相对于利率变化的敏感程度。因此从这个定义的角度来看，企业应当分析利率变化会对企业利润、现金流以及净价值造成怎样的影响。如果企业发现当利率上升时，利润与现金流相应减少，那么想要获得稳定利润的企业就会选择借入固定利率资金。比如住宅建造商就属于这种类型的企业。不过，还有一些企业的利润以及现金流与利率水平之间存在着直接的联动关系。比如很多金融机构就是这样，如果想要规避风险，这种类型的企业会使用浮动利率借款。简单地说，企业会根据自身对市场环境的判断来选择特定的融资方式。因此，预期利率水平将会下跌的住宅建造商可能会选择浮动利率融资。**利率风险敞口**（interest rate exposure）的形成主要有两个来源。一种是经济风险敞口，这也就是前面例子中住宅建造商面临的风险敞口。另一种则是贷款人面临的应收利息风险敞口和借款人面临的贷款应付利息风险敞口。

我们将在本章的后面部分更为详细地讨论利率风险问题。但是首先我们要介绍的是利率的期限结构这一重要概念，因为这一概念是我们分析利率风险的核心。

16.1　利率期限结构

我们可以用图形的方式向大家说明什么叫做利率的期限结构：在坐标系上，横坐标为某一特定时点证券的利率水平，纵坐标为到期期限。而利率的期限结构理论研究的就是为什么在某一特定时点，利率的期限结构曲线会呈现出特定的形状。分析师们将利率期限结构曲线的形状大体分为水平（即所有期限的利率均相等）、向右上方倾斜（长期利率高于短期利率）和向右下方倾斜（短期利率高于长期利率）三种。图 16—1 总结了这三种常见的曲线形状。

预期理论是解释利率期限结构最著名的假说之一。按照预期理论的说法，人们对未来利率水平的预期是决定利率期限结构曲线的关键要素。每一位投资者要么是买入长期证券并长期持有，要么是买入短期证券，然后等到到期时将所得资金再投资于短期证券，直到整个投资期满。当市场处于均衡状态时，这两种投资策略的预期收益率应当是相等的。因此，长期债券的收益率应当等于当前的短期利率与长期债券有效期内未来多个预期短期利率的无偏平均值。按照这种观点，分析师们可以根据任一时点市场上的实际即期利率水平算出未来任意时段的隐含短期利率或预期短期利率。预期理论的主要观点是认为利率期限结构完全取决于投资者对未来利率水平的预期。

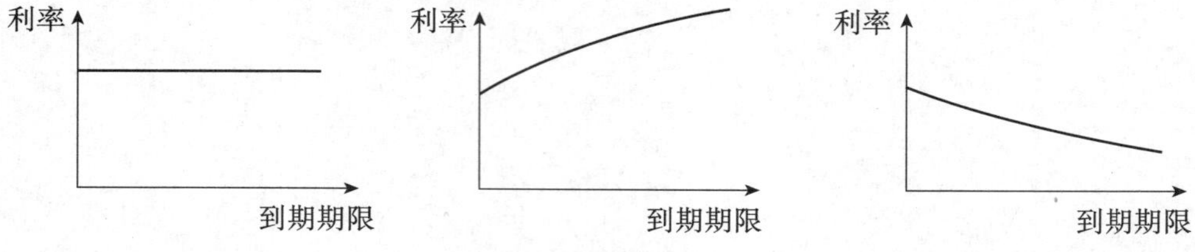

(a) 水平　(b) 向右上方倾斜　(c) 向右下方倾斜

图 16—1　利率期限结构的类型

很多实证检验结果都能证明市场对未来利率水平的预期对利率期限结构的重要影响。不过，希克斯（Hicks）与其他学者认为，事实上长期利率与预期短期利率的平均值之间存在着一定差异，这是因为市场参与者更愿意发放短期贷款，除非借款人愿意支付足够高的风险溢价以弥补贷款人发放长期贷款所遭受的风险。希克斯[1]认为债券的期限越长，流动性风险溢价就倾向于越高。他的研究成果支持用于解释利率期限结构的流动性偏好理论。这一理论的支持者相信绝大多数投资者愿意进行短期投资，而企业等机构则更偏好于借入长期资金，于是流动性风险溢价肯定是正的。也就是说，远期利率会高于未来的预期即期利率。如果流动性偏好理论是正确的，那么在大部分时间里，利率期限结构曲线应当是向右上方倾斜的。流动性风险溢价使得投资者愿意进行长期投资。这表现为长期利率水平较高。当然，如果市场预测未来的即期利率水平将会下跌，那么利率期限结构曲线仍然会表现出向右下方倾斜的形状——但是流动性偏好理论认为在这种情况下，向右下方倾斜的角度会略小于预期理论所认为的情况。

第三种理论是由莫迪利亚尼和萨奇（Modigliani and Sutch）[2]提出的期限偏好假说。这种假说认为根据债券市场的期限特征，债券市场被分割为多个子市场，市场参与者的期限偏好十分强烈，因此他们只愿意在特定的期限市场上借款或投资。因此，在每一个期限不同的资金子市场上，利率主要由该子市场的供求决定，而不是由利率预期来决定的。这种假说有时也被称为市场分割假说或者套期保值压力假说。

最后还有一种解释理论叫通货膨胀溢价理论（inflation premium theory）。与流动性偏好理论一样，通货膨胀溢价理论认为长期利率反映的是投资者对未来短期利率的预期值再加上一定的风险溢价。不过，这种理论的支持者认为通货膨胀是主要的风险来源。他们相信投资者更关注的是实际收益率，因此利率期限结构的主要决定因素便是投资者对不同投资期限内通货膨胀率的预测，因为通货膨胀率是将名义利率转变实际预期收益率的重要因素。

不管是哪一种利率期限结构理论在国内市场上占据主导地位，该理论都同样在离岸市场上占据主导地位。在不存在资本管制的情况下，套利交易将会确保国内市场的利率水平与国外市场的利率水平保持相等关系，因此国内市场上利率水平的均衡机制同样适用于离岸市场。换言之，事实上并不存在独立的离岸美元利率期限结构。

如果存在资本管制，那么这种管制措施会对所有期限的利率水平产生相同的影响，此时国内的利率期限结构可能与离岸市场的利率期限结构略有差异，但是两者的差别非常细微，近似于相同。与国内市场一样，如果离岸货币投资者认为利率水平将会下跌，他们会尽可能投资于长期存款；这将导致长期收益率的下跌。

当且仅当长期投资收益率等于未来多个连续短期投资期限内短期投资预期收益率的平均值时，离岸市场的利率期限结构才会与市场对未来利率走势的估计相一致。

我们可以用一道计算例题来解释上述观点。假设一家企业打算投资六个月。该企业可以一次性投资六个月，也可以先投资三个月，然后到期时将所得资金再投资三个月。显然，如果企业选择一次性投资六个月，那么它将获得一个对应六个月投资期的固定利率报价，利息收益将在六个月投资期结束时一次性支付。此外，如果企业决定先投资三个月，然后到期时将所得资金再投资三个月，那么它将会获得三个月投资期限的固定利率报价。同样也是在三个月投资期满时一次支付利息收益。但是除此以外，企业还会获得一个远期固定利率报价，对应的期限起始于第四个月月初，一直到第六个月月末。这两种投资方案虽然看上去有所不同，但给企业带来的投资收益率应当是相等的——也就是说，从现值的角度来看，企业的投资金额应当是相等的。毕竟，这两种投资方案的风险水平是相等的，因此它们应当产生相等的收益。

如果企业采用第一种投资方案，即一次性投资六个月，则到期时初始1英镑的投资本金将会变为：

$$\pounds 1\left[1+r_6\left(\frac{6}{12}\right)\right] \tag{16—1}$$

式中，r_6 代表的是六个月的年化利率（即银行提供的年利率报价）。如果选择第二种投资方案，则期初1英镑的投资本金到期时的本利和应当等于：

$$\pounds 1\left[1+r_3\left(\frac{3}{12}\right)\right]\left[1+r_{3/6}\left(\frac{3}{12}\right)\right] \tag{16—2}$$

式中，r_3 代表的是头三个月的年化利率，$r_{3/6}$ 代表的是起始于第三个月月初一直到第六个月月末这段期间对应的年化利率。

将等式（16—1）写成一般形式，则第一种投资策略的到期价值可以表示为：

$$1+\left(r_{t_2}\times\frac{t_2}{12}\right) \tag{16—3}$$

式中，r 代表的是利率水平，t_2 代表的是投资期限（单位为月）。同样地，第二种投资方案的到期价值可以表示为：

$$\left[1+\left(r_{t_1}\times\frac{t_1}{12}\right)\right]\left[\left(r_{t_{1\to2}}\times\frac{t_{1\to2}}{12}+1\right)\right] \tag{16—4}$$

式中，t_1 代表的是第一段投资期限的长度（单位为月），$t_{1\to2}$ 代表的是第二段投资期限的长度。

因为这两种投资方案最终获得的到期价值应当相等，因此我们可以得到：

$$\frac{1+\left(r_{t_2}\times\frac{t_2}{12}\right)}{1+\left(r_{t_1}\times\frac{t_1}{12}\right)}=1+r_{t_{1\to2}}\times\frac{t_{1\to2}}{12} \tag{16—5}$$

对上述等式进行求解，可以求出 $r_{t_{1\to2}}$ 的值，通常我们将其转变为年化利率的形式，银行可使用这种利率为不同期限的产品提供报价。

当然，远期利率本质上就是市场根据利率的期限结构对未来利率水平的最佳估计。请各位读者一定要真正掌握这个非常基本的概念，因为这直接关系到与利率有关的各种报价，例如本章后面我们将要讲到的远期利率协议以及其他利率工具。

16.2 利率风险敞口

除了企业经营现金流会随利率变化而变化以外，企业至少还面临另外两种类型的风险敞口：基差风险与缺口（gap exposure）。当资产的利率变化规律与负债的利率变化规律不一致时，就会导致基差风险的产生。假设一家银行向企业客户发放一笔 500 万英镑的贷款，期限为三个月，利率水平为 LIBOR；与此同时，银行的资金来源为三个月的**大额存单**（certificates of deposit，CD）。三个月后，银行预测资产与负债都要进行展期。由于银行资产的利率决定机制与负债的利率决定机制不同，因此该银行将面临利率风险。LIBOR 变化一个百分点，并不一定会导致大额存单利率也相应地变化一个百分点。

与之相比，缺口则主要来源于利率敏感性资产与利率敏感性负债重新估值的时间点不同。假设一家银行大笔投资于其他银行发行的六个月的大额存单。该银行的资金来源是发行三个月的大额存单，于是这导致了缺口的形成。对银行来说，资产与负债的利率参数比较接近，均为大额存单利率。但是资产与负债重新估值的时间点不同，再过三个月，银行将其全部借款进行展期。如果在展期时，市场利率上升，那么银行的融资成本将会增加，但是在接下来的三个月里，银行的输入现金流不会发生变化。于是银行的利润水平将会受到影响。如果银行负债重新估值的时间点在资产重新估值之前，那么这可能意味着银行预期未来的利率水平将要下跌。

若想管理利率风险敞口，首先要测量出利率风险敞口的大小。缺口管理技术就是专门解决这个问题的。缺口管理技术要分析一段时间内容易受到利率波动影响的净收入敞口。如果固定利率负债的金额超过了固定利率资产的金额，则存在正缺口。如果企业持有正缺口，那么短期利率的上升会导致企业净利润的增加；反之，短期利率的下降将会导致企业净利润的减少。与之相比，如果固定利率负债的金额小于固定利率资产的金额，则存在负缺口。当企业持有负缺口时，如果短期利率上升，则企业的利息净收入将会减少；反之，当短期利率水平下降时，企业的利息净收益将会增加。目前，市场上有三种普遍使用的缺口管理技术：期限缺口模型、久期分析模型和模拟法。我们按顺序简单介绍一下这三种缺口管理方法。

我们可以用一个例子来说明期限缺口模型的基本思想。假设在一段特定的时间内，利率敏感性资产的总额为 600 万英镑，而利率敏感性负债的总额为 1 000 万英镑。因此一开始，分析师就可以计算出缺口大小为 400 万英镑。虽然这个计算结果是正确的，但是可能会被某些人错误解读。例如，假设企业使用的融资工具是 90 天的 CD，同时投资的资产是 90 天的商业票据。如果这两种金融工具的历史波动率并不相等，比如，CD 的历史波动率等于 90 天金融期货波动率的 110%，而商业票据的历史波动率则相当于同一种金融期货波动率的 85%。因此，经过波动率调整，利率风险敞口的估计值为 590 万英镑（请参考表 16—1）。

在分析时，之所以将金融期货作为标准参照物，主要基于两个原因。首先，金融期货的利率报价由市场决定；其次，企业与金融机构可以使用金融期货产品来进行套期保值交易，从而将缺口调整为自己想要的方向，同时并不需要计算相关系数。当然，金融期货产品的波动率也会发生变化。

久期（duration）分析法与期限缺口模型不同。我们还是用一个例子加以说明。假设有一种证券，其最终的到期期限是决定其价格的一个重要因素。然而，最终到期期限仅对应债券有效期内的最后一笔现金流，不能反映证券整个有效期内所有的现金流情况。两种债券的期限均为十年，但是第一种债券的利率水平为 10%，而第二种债券的利率水平为 5%，显然这两种债券不可能等价。而久期这个概念可以充分反映债券有效期内发生的所有现金流，而且充分考虑了每笔现金流发生的时间点。

假设有两种债券，期限均为十五年，而且到期收益率均为 10%。第一种债券按照其价值平价出售，而第二种债券的售价有很大折扣，因为其息票利率只有 5%。对第一种债券而言，其大部分现值是在有效期内的早期时段实现的。因此从现值的角度来看，第一种债券的期限更短一些。贴现债券的市场价格对利率波动的敏感度要比普通债券更高一些。因此，考虑到违约风险，第二种债券的预期损失值要更大一些，因为对投资者来说，第二种债券的大部分现值要在其有效期内的中后段得以实现。

表 16—1　期限缺口模型

	现金流（100 万英镑）	波动率（%，金融期货）	对应的金融期货（100 万英镑）
资产	6	85	5.1
负债	10	110	11.0
缺口	4		5.9

久期这个概念充分考虑了债券持有者获得收益的时间点。从本质上来看，久期就是以现金流现值为权重的加权平均期限。债券持有人获得现金流的未来年份数被当做权重使用，然后再乘以现金流与债券总现值的比，便可以求出债券的久期。

如果债券每年支付一次息票利息，那么久期 D 的计算公式如下所示：

$$D=\frac{\sum_{t=1}^{n}\frac{tC}{(1+r)^t}}{P}$$

式中，

n=债券的有效期限。

C=t 年年末收到的现金流——除了最后一年以外，C 应当等于一年的息票利息额；在最后一年，C 应当等于一年的息票利息加上最终偿还的本金额。

r=百分比形式的到期收益率。

t=从现在开始一直到债券持有人收到每一笔现金流 C 的年份数。

p=债券的价格。

在上面这个公式中，上半部分代表的是每一年现金流收入的现值乘以对应的年份数再求和。分母为债券的市场价格，或者为构成债券现值的现金流的总金额。表 16—2 向我们说明如何计算面值为 100 万英镑、息票利率为 10%的债券的久期。该债券的有效期限为五年，是平价债券。

债券的久期小于其有效期限。久期永远不可能超过到期期限。**零息债券**（zero-coupon bond）的久期就等于其到期期限。随着债券有效期限的不断延长，久期与到期期限之间的差别也越来越明显。

我们还可以将久期这个概念应用于资产组合。用资产组合内每一种资产的久期乘以该项资产相对于资产组合的价值比例，我们就可以求出整个资产组合的平均久期。这种计算方法很有价值，因为它会向我们说明贴现因子的变化所导致的债券价格的变化近似等于具有相反符号的债券久期。因此，如果债券久期是已知的，那么我们就可以算出当债券收益率发生变化时，债券的价格会发生怎样的变化。比如债券收益率上升了一个百分点，则久期为 4.73 年的债券的价格会下跌大约 4.73%。对于久期为 6.38 年的债券组合来说，利率水平每变化一个百分点，会导致债券组合的市场价值大约变化 6.38%。

表 16—2　　息票利率为 10%、五年期平价债券的久期计算（债券面值为 100 万英镑）

年份	现金流（千英镑）	贴现率为 10%	现值（千英镑）	占现值的比例	久期（年）*
1	100	0.909	90.9	0.090 9	0.090 9
2	100	0.826	82.6	0.082 6	0.165 2
3	100	0.751	75.1	0.075 1	0.225 3
4	100	0.683	68.3	0.068 3	0.273 2
5	1 100	0.621	683.1	0.683 1	3.415 5
			1 000.0	1.000 0	4.170 1
			债券的久期＝4.71 年		

* 占现值的比例要乘以年份数，即将第五列乘以第一列。

最后一种缺口管理技术叫做模拟分析法。这种分析方法要求分析师构建一个数学模型来反映企业的现金流状况，同时还要考虑到利率变化对当前资产负债表以及预期资产负债表上的资产和负债项目会造成哪些影响。显然，若想有效地使用模拟分析模型，假设条件与数据分析必须准确且符合现实情况。

在分析了如何量化计算利率风险敞口的大小以后，下一步就是对冲利率风险。这意味着利率风险将会由一方转移给另一方。交易对手可能拥有一个方向相反的利率风险敞口，或者愿意承担利率风险。很多利率工具可以帮助投资者实现对冲利率风险的目的。这些工具包括远期利率协议、金融期货、利率互换、利率期权以及利率互换期权。尽管当中一部分衍生产品我们在前面已经简单讨论过了，但是本章我们会更加详细地解释如何使用这些工具。

16.3　远期利率协议

远期利率协议（forward rate agreement，FRA）可以帮助投资者或借款人在当前锁定未来的某个时间段对应的利率水平。例如，未来时间段的起始点为三个月后，终点为未来第六个月月末。远期利率协议目前属于表外工具。它被普遍用于对冲期限不超过2年或3年的短期利率风险敞口。交易双方在签订远期利率协议时会商定协定利率、名义本金额、远期利率协议的到期日以及交易双方使用什么公式来计算利率变化所导致的支付额。远期利率协议不要求交易双方相互交换支付名义本金额。名义本金额只是用来计算利息支付额的工具而已。为了对冲利率风险敞口，远期利率协议的名义本金额通常被设定为等于标的资产或负债的本金额。

一位借款人想要对冲利率风险敞口——该利率的起始点为三个月后，持续的时间长度为三个月——则他可以购买三个月后开始生效的、有效期限为三个月的远期利率协议。这就叫做买入“3∶6”远期利率协议。持有浮动利率资产，希望锁定同一时间段内投资收益率的投资者可以卖出远期利率协议。为了说明远期利率协议的工作原理，我们假设借款人持有一年期浮动利率贷款，这笔贷款的利率每隔三个月要根据市场上三个月的LIBOR真实水平重置一次。对头三个月来说，LIBOR是已知的。借款人担心未来短期利率会上升，因此想为接下来的第二个“三个月”进行套期保值。于是，借款人可以买入一份远期利率协议——远期利率协议的生效期间刚好对应这第二个“三个月”——并将远期利率协议的名义本金额设定为与贷款本金额相等。

三个月过去后，借款人仍然在继续使用之前那笔贷款。于是，借款人签订的远期利率协议的起始生效日与下一次利率重置日就是同一天。在那一天，交易双方要比较当天的三个月LIBOR与远期利率协议的协定利率。如果远期利率协议的协定利率高于LIBOR，则借款人要向远期利率协议的出售方支付两个利率之间的差额。那么，此时借款人的融资成本就等于市场LIBOR加上支付给远期利率协议交易对手的利差。总成本应当等于远期利率协议的协定利率。如果在那一天远期利率协议的协定利率低于LIBOR，则卖出远期利率协议的交易方应当向借款人支付两种利率的利差。在这种情况下，借款人的借款成本应当等于三个月LIBOR减去从远期利率协议出售方那里获得的利差收益。同样地，借款人的净成本仍然等于远期利率协议的协定利率。

在远期利率协议的交易市场上，常见的做法是在计息时间段刚开始时就计算利息的净支付额，随即马上进行结算。具体使用的贴现率就等于当时市场上的LIBOR。通过签订远期利率协议，借款人可以锁定未来六个月内的融资成本。如果借款人购买了一连串远期利率协议——即同时买入“3∶6”、“6∶9”以及“9∶12”三份远期利率协议——则借款人可以提前锁定一年余下时间的融资成本。

我们来举个例子。假设公司借款人在2004年9月10日签订了一份名义本金额为1 000万美元的“3∶6”远期利率协议，该协议的到期日为2005年3月，结算日为2004年12月10日。远期利率协议的协定利率为9.65%，协议的有效期限为90天。如果在2004年12月10日这一天，当天市场上三个月LIBOR为$10\frac{1}{8}\%$，则当天的结算金额等于：

$$\frac{(0.101\,25-0.096\,5)\times 10\,000\,000\times 90/360}{1+(0.101\,25\times 90/360)}=\$11\,581.83$$

远期利率协议的出售方应将这笔金额支付给远期利率协议的购买方。事实上，这个公式就是目前市场上普通使用的标准结算公式。

每一份远期利率协议的价格都主要取决于收益率曲线。正如本章前面所述，远期利率协议的定价主要参考远期利率的估计值。

16.4 利率期货

我们在第 13 章曾经向大家解释过企业如何使用金融期货合约来对冲风险敞口。金融期货合约在交易所内进行交易，都是标准化合约。其标准化特征包括合约交易规模、结算日期以及计息周期均是事先规定好的。这些标准化特征使得金融期货作为套期保值工具的吸引力有所下降，因为它们不适用于某些特殊的风险敞口。不过，银行与金融机构普遍使用金融期货对其持有的资产进行套期保值。一般情况下，这些金融机构并不要求金融期货合约与标的风险敞口之间是百分之百的匹配关系。

正如我们在前面章节中提到的那样，金融期货的交易规模与交割日期都是标准化的。金融期货产品的种类有限，而且均属于表外项目。所有的期货合约都必须在清算所登记，因为对于任何一笔期货交易而言，清算所都是交易者的交易对手。而且对于所有的期货合约来说，交易者都必须缴纳初始保证金，并根据清算所的要求在适当的时候追加保证金。

16.5 利率互换

利率互换是消除利率风险敞口的另一种工具。我们在第 12 章曾经介绍过互换产品，因此为了避免重复，本章将不讨论这个问题。

16.6 利率期权

利率期权包括利率上限、利率下限以及利率上下限。其结构、原理、优势和劣势与第 14 章以及第 15 章讨论的货币期权十分相似。我们曾经在 12 章介绍互换产品时介绍过利率上限、利率下限以及利率上下限。

互换、期货以及远期利率协议均能实现锁定利率的目的。企业可以使用这些衍生工具规避不利的利率波动所带来的风险，但是同时也放弃了有利的利率波动可能带来的潜在收益。

利率期权产品克服了这一问题。对持有者而言，利率期权代表的是权利而非义务，它可以帮助期权持有人锁定一段时期内相对于一定名义本金额的利率水平。期权的购买者有权按照协定利率进行交易。期权购买者可以通过使用期权规避不利的利率波动所带来的风险，同时还能保留有利的利率波动可能带来的潜在收益。如果利率期权被执行，则期权的出售方要担保期权的购买方按照协定利率进行交易。因此，期权的出售方为此要收取费用，即期权费。利率期权价格的决定因素与货币期权价格的决定因素十分相似。大家应该还记得布莱克-斯科尔斯期权定价模型、波动性以及其他的定价理论吧？如果忘记了，请重新查看第 14 章与第 15 章。

利率上限是借款人用来防范利率上升风险的最常见的利率期权产品。而利率下限能够帮助投资者规避利率下降的风险。

利率上限产品的结构是卖方承诺如果市场参考利率（例如三个月或六个月 LIBOR）超过了预先设定的最高利率（即上限利率），则卖方会向买方支付赔偿。除了能够在市场参考利率超过上限利率时获得保护以外，当市场参考利率低于利率上限时，利率上限的购买者还可以抓住机会获得收益。这是因为借款人并没有锁定利率，因此可以充分利用市场利率水平的下跌为自己谋利。

如果投资者买入利率下限产品，那么只要市场参考利率——比方说三个月 LIBOR——低于事先商定的最低利率，投资者就可以获得赔偿。只有当市场参考利率低于协定利率时，利率下限的买方才会执行期权，因此当市场参考利率高于协定利率时，利率下限产品的买方可以获得收益。

利率上限或利率下限的利息结算程序十分简便。当市场参考利率高于上限利率时，借款人可以获得利率上限卖方支付的赔偿额。当市场参考利率低于下限利率时，则购买利率下限产品的投资者可以获得卖方支付的赔偿。

正如我们曾在第 15 章讲到的那样，众多种类的货币期权中有一种零成本期权，因此市场上也存在类似的利率期权产品，即利率上下限。事实上，买入利率上限的同时卖出利率下限就叫做“利率上下限”。为了说明利率上下限产品的工作原理，我们假设一位财务总监打算购买一份协定利率为 10%的利率下限产品来保护公司的利息收入。但是他不愿意支付全额的期权费，因此决定卖出一份协定利率为 13%的利率上限产品。在这种情况下，买入利率下限支付的期权费成本刚好等于卖出利率上限所获得的期权费收入。因此，这就是一份零成本利率上下限产品。通过进行这样的交易，如果市场浮动利率水平低于 10%，则公司可以实现最低 10%的投资收益率；如果市场浮动利率高于 13%，则公司可以实现的最高投资收益率就等于 13%。如果市场浮动利率介于 10%至 13%之间，则公司获得的投资收益就等于市场参考利率。

利率上下限的交易成本一般要比直接购买利率上限或利率上限的交易成本更便宜一些，因为利率上下限的购买者放弃了一部分潜在的利率波动收益。这与零成本货币期权是一模一样的。

还有一种利率风险管理工具值得一提，即以利率互换作为标的物的期权产品，通常称为互换期权（swaption）。互换期权可以帮助企业防范不利的汇率波动所带来的风险损失，与此同时，当利率朝有利方向变化时，互换期权持有者可以选择执行期权，即按照事先商定好的利率水平签订一份互换协议，从而把握住利率波动的大好时机来谋求盈利。利率互换与利率上限、利率下限比较相似，但是灵活程度稍差一些。这是因为一旦互换期权被执行，则未来的借款利率或投资利率就会被锁定。然而，如果企业使用的是利率上限或利率下限产品，则在套期保值期间，购买者仍然可以继续享受有利的汇率波动给自己带来的收益。互换期权的成本要低于利率上限或利率下限。互换期权的期权费主要取决于市场波动率、期权的期限、标的互换协议的期限以及标的互换的利率水平。与货币期权一样，如果互换期权是欧式期权，则意味着购买者只能在特定时间执行该期权；如果互换期权是美式期权，则购买者可以在到期之前的任何时点执行该期权。

小结

- 利率风险反映的是企业的利润、现金流或估值对利率变化的敏感程度。
- 根据这一定义，企业应当分析利率变化对企业的利润、现金流和估值会造成怎样的影响。

● 如果当利率上升时，企业的利润和现金流相应减少，则厌恶风险的企业会选择使用固定利率融资。比如住宅建造商就属于这种类型的企业。

● 对于某些企业来说，利润与现金流会直接随利率的变化而发生变化。很多金融机构就是这样。因此，在这种情况下，厌恶风险的企业会更多地使用浮动利率融资方法。

● 利率的期限结构反映的是在某一特定的时点证券的利率水平与期限之间的关系。在坐标系上，横坐标为到期期限，纵坐标为利率水平。

● 利率期限结构曲线的形状大体分为三种，即水平、向右上方倾斜和向右下方倾斜。有多种理论可以解释利率期限结构曲线的形状。

● 预期理论认为市场参与者对未来利率水平的预期是决定利率期限结构曲线形状的关键因素。

● 按照流动性偏好理论的说法，市场参与者更愿意进行短期投资而非长期投资。这只是反映了投资者对风险的态度。这意味着债券的期限越长，流动性风险溢价就越高。这种理论得出的结论是在其他条件保持不变的情况下，利率期限结构曲线在大部分时间里都应当是向右上方倾斜的。

● 债券市场按照期限被分割为多个子市场。在不同的子市场内，借款人与贷款人进行讨价还价。最终，由多个不同期限、相互分割的子市场构成的整个市场决定了利率期限结构曲线的整体形态。

● 按照通货膨胀溢价理论的说法，投资者十分关心实际收益率。比方说对于十二个月利率，投资者更关心的是实际收益率，因此会按照未来十二个月的预期通货膨胀率对名义利率进行调整。同理，投资者会使用相同的方法计算两年期实际收益率，即使用未来二十四个月的预期通货膨胀率来调整对应的两年期名义利率。因此，一段特定时期内的名义利率反映的是实际收益率经过预期通货膨胀率调整后的值。

● 请大家掌握本章提供的公式（16—5）。该公式的推导过程是投资者可以选择直接买入长期证券并长期持有，或者买入短期证券，到期后将所得资金再投资于短期证券，直至整个投资期满。在市场处于均衡状态时，在相等的投资期内，两种投资策略给投资者带来的收益率应当是相等的。因此，长期债券的收益率应当等于当前的短期利率与长期债券有效期内多个未来预期短期利率的平均值。公式（16—5）十分重要，因为它是远期利率协议以及其他远期利率工具的定价依据。

● 请大家注意久期的概念。久期就是债券所有现金流的加权平均期限——现金流包括息票利息和本金，权重等于每笔现金流的贴现现值。这意味着除了零息债券以外——零息债券的久期等于其到期期限——其他债券的久期均小于其名义到期期限。

● 企业会在认真分析利率风险敞口以及判断预期未来利率的波动方向的基础上选择到底是使用固定利率融资还是浮动利率融资。

● 远期利率协议、利率期货以及利率互换均可被企业用于锁定未来的利率水平。

● 利率期权也能达到同样的目的。对于期权持有者来说，利率期权代表的是一种权利而非义务，它能帮助持有者锁定未来一段时间内相对于名义本金额的固定利率。利率上限、利率下限以及利率上下限就是常见的利率期权产品。因此，我们可以使用布莱克-斯科尔斯期权定价模型来评估这些利率期权产品的价值。

章末习题

16.1 (a) 企业将会面临怎样的利率风险？

(b) 银行将会面临怎样的利率风险？

16.2 企业应当如何降低利率风险？

16.3 银行应当如何降低利率风险？

注释

1. Hicks，J. R.，*Value and Capital: An Enquiry into some Fundamental Principles of Economic Theory*，2nd edition，Oxford University Press，Oxford，1946.

2. Modigliani，F. and Sutch，R.，"Innovations in interest rate policy"，*American Economic Review*，May，178 - 197，1996.

第 17 章　金融工程

“金融工程”这个词听上去很复杂。工程师们一般都能了解金融的复杂性。财务管理要求管理者具有一定的计算能力和逻辑推理能力。但是，绝大多数金融从业人员对工程学几乎是一无所知。也许这就是“金融工程”这个词听上去如此复杂难懂的原因。但是，正如史密森（Smithson）[1]指出的那样，金融工程“并没有想象的那么复杂，只不过要把各种组成要素像搭积木一样组合在一起”。这句话的含义是，史密森认为金融工程的本质就是先建立一些简单的模块，然后再将其组合在一起形成复杂的金融产品结构。史密森还指出，使用最简洁明了的金融思想去解释那些复杂的金融工具，这种做法永远有效。即使金融工程创造出来的很多产品已经过时了，金融工程技术也不会过时。银行向市场推广创新型金融工具时，需要做的就是把这种新产品的结构搞清楚——将复杂的金融产品结构拆分为多个简单的组成模块。通过使用这种方法，分析师们永远不会过时，他们也不需要再去学习新的分析方法。分析师们发现，复杂的新型金融工具经过拆分，原来只不过是由多个简单模块重新组合而成的产品而已。那么对于最为复杂的金融产品来说，简单的构成模块包括哪些产品呢？答案很简单，远期协议与期权，以及这两种产品的风险特征。接下来我们会向大家证明为什么我们说金融工程实际上很简单，首先来研究一下远期协议。

17.1　远期协议

如果企业想要消除应收账款的汇率风险，那么可以使用资产负债表的表内工具，即借入相应的外币贷款。我们已经在第 11 章向大家介绍过多种套期保值方式。其中，除了借入外币贷款以外，企业还可以使用远期外汇协议，不过这属于表外项目。

为了分析远期外汇协议的影响，我们要将企业买入远期外汇协议的到期收益与初始的风险水平叠加在一起。因此，我们首先来看一下在没有使用远期外汇协议进行套期保值时风险敞口的初始风险特征。如果汇率的实际波动方向对企业不利，那么这就意味着汇率风险将会导致企业的利润、现金流以及净价值下跌。如果企业使用远期外汇协议进行套期保值，那么远期外汇协议给企业带来的收益刚好能够弥补汇率波动给企业造成的损失。因此，如图 17—1 所示，我们能看出远期外汇协议可以达到完美套期保值的目标。在图 17—1中，ΔV 代表的是当汇率发生变化时企业价值的相应变化，ΔP 代表的是实际价格与预期价格之间的差。

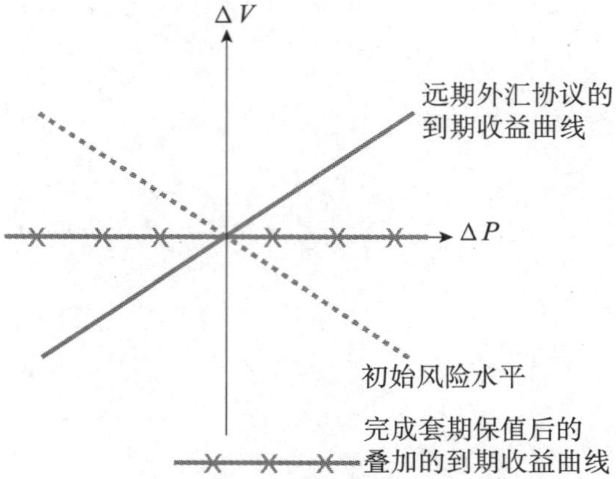

图 17—1　远期外汇协议的到期收益曲线

正如我们在前面几章讲到的那样，交易双方先签订远期外汇协议，然后等到远期外汇协议到期时再进行实物交割与结算。期货合约与远期协议非常相似。但是，由于期货交易采取逐日盯市制度，因此在期货头寸未被平仓之前，交易者要按照要求缴纳初始保证金，并在适当的时候追加保证金。正是因为期货合约具有这样的特征，因此布莱克[2]将期货合约比作是“一系列远期协议。在每一个交易日，上个交易日签订的远期协议进行结算，同时当天再重新签订一份新的远期协议。”事实上，期货合约本质上确实就是多份远期协议构成的组合。在第一天签订的远期协议会在第二天完成结算；然后在第二天，交易双方会根据当天的市场预期再签订一份新的远期协议。到了第三天，这份新签订的远期协议完成结算，交易双方再签订一份新的远期协议，依此类推。因此如果我们采用这种方法，交易的期限可以无止境。

如同期货合约与远期协议非常相似，互换与远期协议也非常相似。这两种产品都是基于利率差来定价的，至少在理论上，远期协议可以复制互换。虽然在某些场合下，一种产品可能比另一种更为适合，但是本质上，期货、远期协议和互换这三种产品都是“近亲”——虽然不是一模一样，但是差别不大。当然我们也承认，从违约风险的角度来看，这三种产品确实存在差别——期货合约交易由清算所充当中间人，可以提供交易担保服务；互换交易只能通过贷款承诺的方式提供担保；而远期协议根本就不存在任何担保形式。但是重点在于期货、远期协议和互换的基本机理是相同的，图 17—1 总结了使用远期协议进行套期保值的思想。对于远期协议、互换和期货合约来说，初始风险损益刚好与衍生产品的到期收益互相抵消。简言之，图 17—1 提供的到期收益曲线同样适用于期货和互换产品。

17.2 期权合约

期权与期货、远期和互换存在较大的差别。期权赋予持有者买入或卖出一定资产的权利而非义务。图 17—2 提供了期权产品常见的到期收益曲线。与图 17—1 一样，价格 P 可能代表的是利率、汇率、商品价格或者其他金融资产（例如股票）的价格。简单地说，P 代表的就是期权标的物的价格。期权的持有者有权按照执行价格买入一定数量的资产。因此如果 P 上升，则期权的价格也随之提高。但是，对于期权的持有者来说，"买入一定数量的资产"只是权利而非义务。因此，如果 P 下跌，则期权的价值保持不变，即始终等于 0。

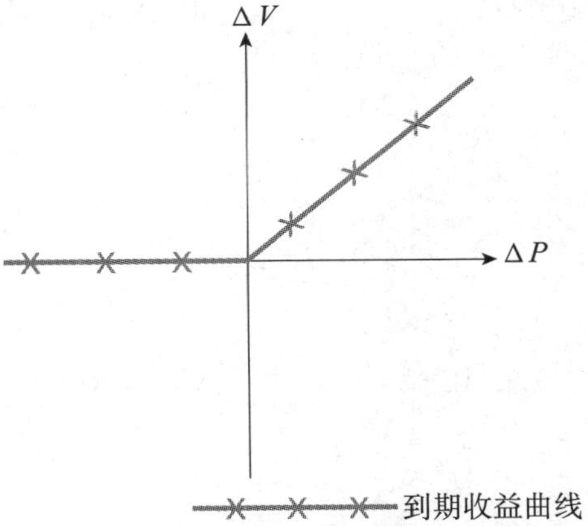

图 17—2　看涨期权的到期收益曲线

图 17—2 中提供的期权到期收益曲线事实上与图 17—3（a）是一样的，这是买入看涨期权的到期收益曲线。看涨期权持有者有权按照特定价格——期权的执行价格——买入资产。图 17—3（b）提供的是看涨期权的初始出售方——即期权签发人——的到期收益曲线。与看涨期权的购买者相比，如果期权持有者要求执行期权，则看涨期权的出售方就必须履行相应的义务。因此，如果看涨期权的所有人决定执行期权，则期权的出售方就必须按照期权的执行价格卖出资产。请大家注意，看涨期权的购买者损失是有限的——最大不超过期权费，期权费可以被视为沉没成本——但是潜在收益是无穷大的。而没有安排套期保值策略的期权出售方的到期收益曲线则刚好与之相反：潜在收益是有限的——最大不超过收取的期权费——但潜在损失是无穷大的。

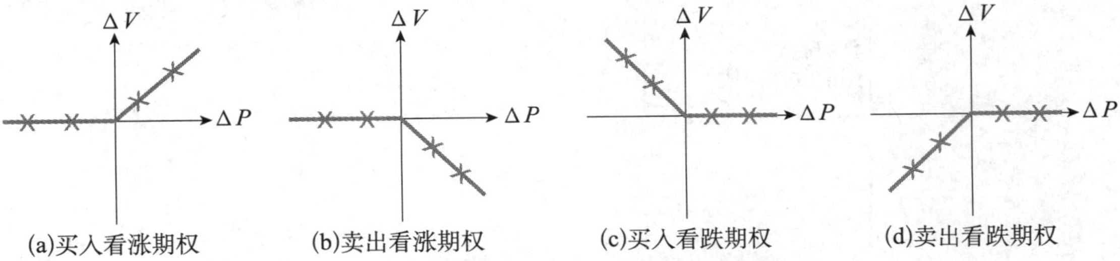

图 17—3　看涨期权与看跌期权的到期收益曲线

还有一种期权允许持有者按照特定价格卖出一定数量的资产，这就是看跌期权。图

17—3（c）图反映的就是看跌期权购买者的到期收益曲线，而图 17—3（d）反映的是看跌期权出售方的到期收益曲线。在上一段中我们提到的潜在收益无穷大和潜在损失有限（或者相反，潜在损失无穷大和潜在收益有限）的结论同样适用于看跌期权。

人们在使用期权产品时，经常会把期权市场以及期权套期保值交易常用的术语弄混淆。大家都知道，给猫剥皮绝不止一种方法（这里我要向爱猫人士道歉）。我们还是回到交易术语这个话题上。读者应当还记得，对于美元/英镑期权来说，美元看涨期权就等价于英镑看跌期权。同样的规律也适用于利率和债券价格。读者还应当记得，当利率水平上升时，债券价格会下跌。我们可以用一个例子帮助大家解决术语混淆的问题。假设一家企业面临着利率风险敞口——利率上升会对企业的利润和净价值造成负面影响。如图 17—4 (a)所示，企业可以买入利率看涨期权来消除这一负面影响。所谓的利率看涨期权，

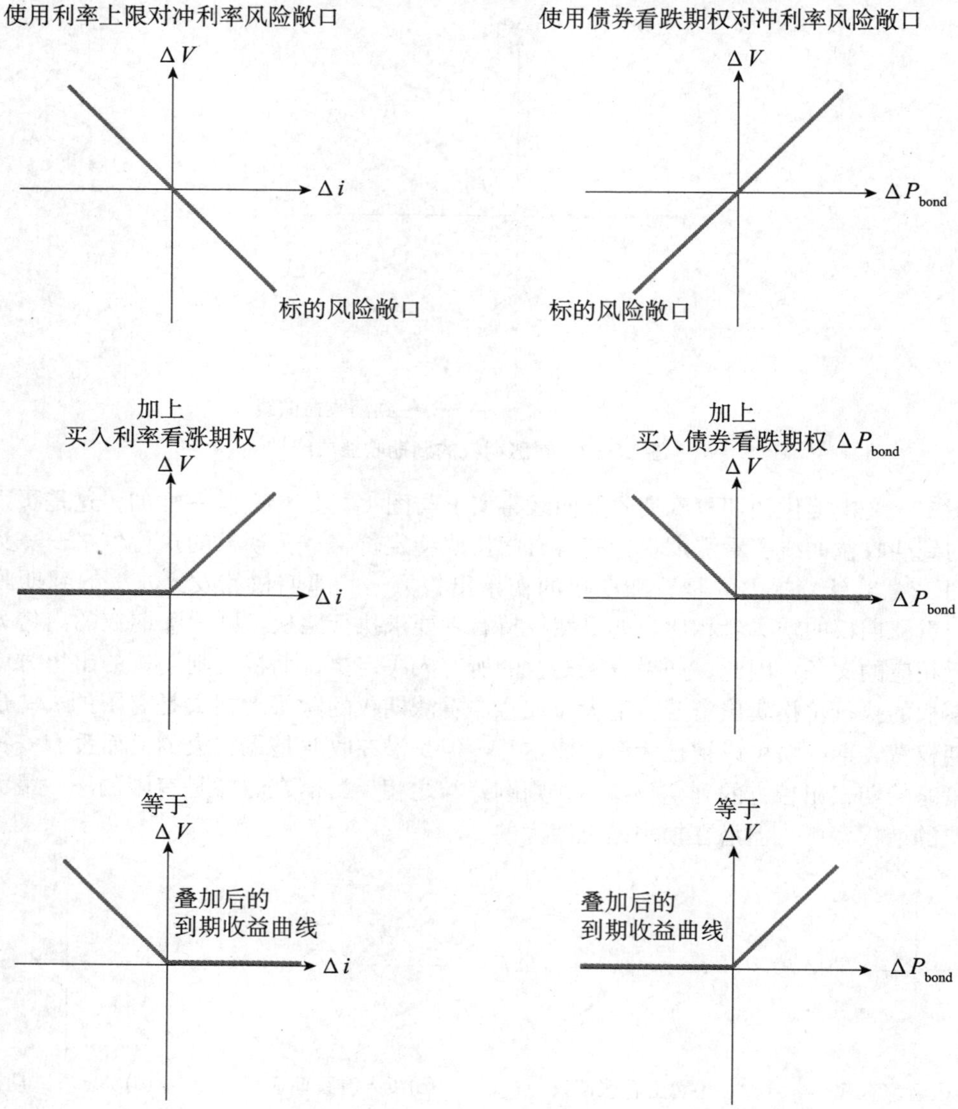

(a)　　(b)

图 17—4　使用期权对冲风险敞口

通常被称为利率上限（cap）。在图 17—4（a）中，Δi 代表利率的变化幅度，ΔV 代表企业价值的变化幅度。同样地，企业也可以选择买入债券看跌期权来实现同样的套期保值效果。这是因为债券价格的变化方向与利率的变化方向是相反的。图 17—4（b）说明了这一点。在图 17—4（b）中，ΔP_{bond}代表债券价格的变化。

到目前为止，每当我们讨论期权的到期收益情况时，都没有考虑购买者在最初购买期权时向出售方支付的期权费。在图 17—5 中，我们纠正了这一问题。在图 17—5 中，情况（i）给出的便是充分考虑了期权费成本的平值看涨期权的到期收益曲线。换言之，这一种期权的执行价格等于当前市场对未来价格水平的预期。如果将该期权的风险与标的风险敞口的风险叠加在一起，我们就可以得到图 17—5 中的情况（ii）。请注意这条叠加到期收益曲线的形状——我们只不过是直接把初始的风险损益曲线与期权的到期收益曲线（包括期权费）直接叠加在一起。对看涨期权来说，随着执行价格相对于标的资产市场价格不断上升，期权费会相应下跌。想要降低期权费成本的期权购买者可以使用虚值期权。如图 17—5 中情况（iv）所示，如果使用虚值期权，则期权购买者的潜在损失额会有所放大。这说明由于期权购买者支付的期权费较低，因此期权提供的保障程度也比较小。在图 17—5 中，情况（iii）提供的是加上期权费成本的虚值期权的到期收益曲线；情况（iv）提供的是标的风险敞口的到期收益曲线，以及在使用期权后形成的叠加风险敞口的到期收益曲线。虚值期权提供的保障程度较小，但是期权费也非常低。换言之，只要调整期权的执行价格，期权购买者就能改变到期收益曲线；当然，这也会改变期权购买者的期权费成本。

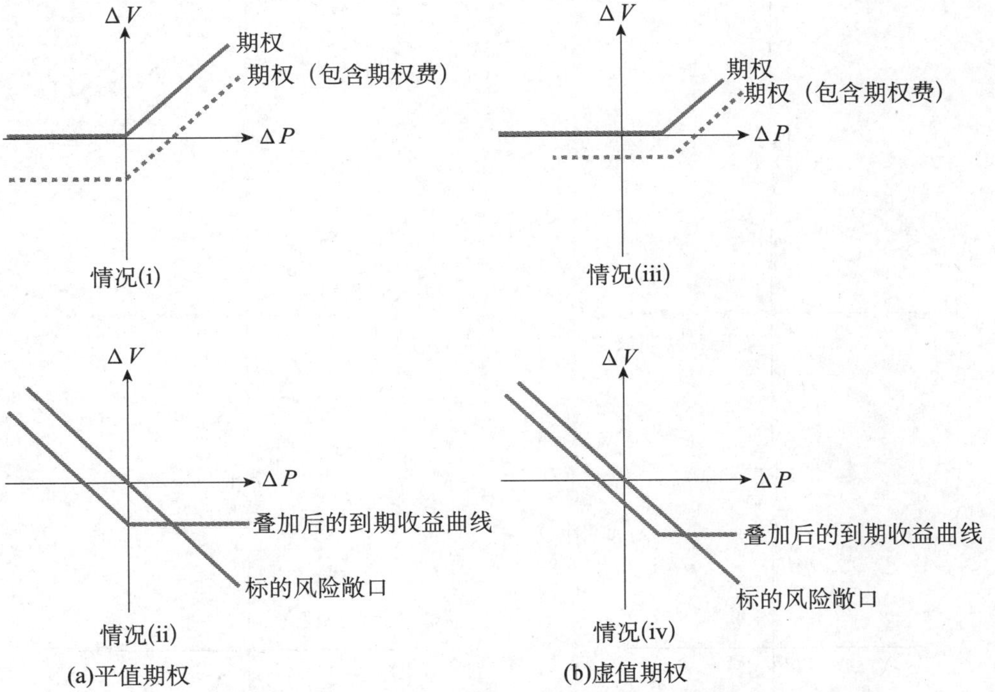

图 17—5　使用平值看涨期权与虚值看涨期权进行套期保值

显然，期权的到期收益曲线与远期协议、期货或互换存在着明显差别。不过，我们可以使用远期协议再加上无风险证券来复制期权的到期收益曲线。布莱克和斯科尔斯[3]在推导期权定价公式时就提出了这一观点。图 17—2——这幅图提供的是看涨期权的到期收益曲线——事实上就反映了这种复制是可行的。随着价格 P 的上升，期权的到期收益曲线就转变成为远期协议的到期收益曲线。当价格 P 下跌时，期权的价值保持不变——这部分到期收益曲线类似于无风险证券（例如国库券）的到期收益曲线。布莱克和斯科尔斯两人证明，通过不断调整由两种资产——远期协议和无风险证券——构成的资产组合的结构，看涨期权是可以被复制出来的。当价格 P 上涨时，与看涨期权等价的资产组合包含的远期协议的价值比例更高一些，当价格 P 下跌时，则资产组内远期协议所占的价值比例也随之下降。套利交易可以确保资产组合的价值近似等于交易所内交易期权的市场价格。因此，看涨期权的价值就取决于由远期协议和无风险证券组成的等价资产组合的价值。

从这一点来看，期权产品与其他金融衍生品具有更多的共同点，只不过表面看上去不是那么明显。如前所述，期货合约本质上就是多份远期协议构成的组合。而期权可以被由远期协议和无风险证券构成的资产组合所复制。

当我们考虑如何构建期权组合时，这一点被进一步证实。假设某资产组合由看涨期权多头头寸与看跌期权空头头寸构成，这两种期权具有相同的执行价格。如图 17—6（a）所示，资产组合的到期收益曲线等价于买入远期协议的到期收益曲线（假设不考虑期权费的

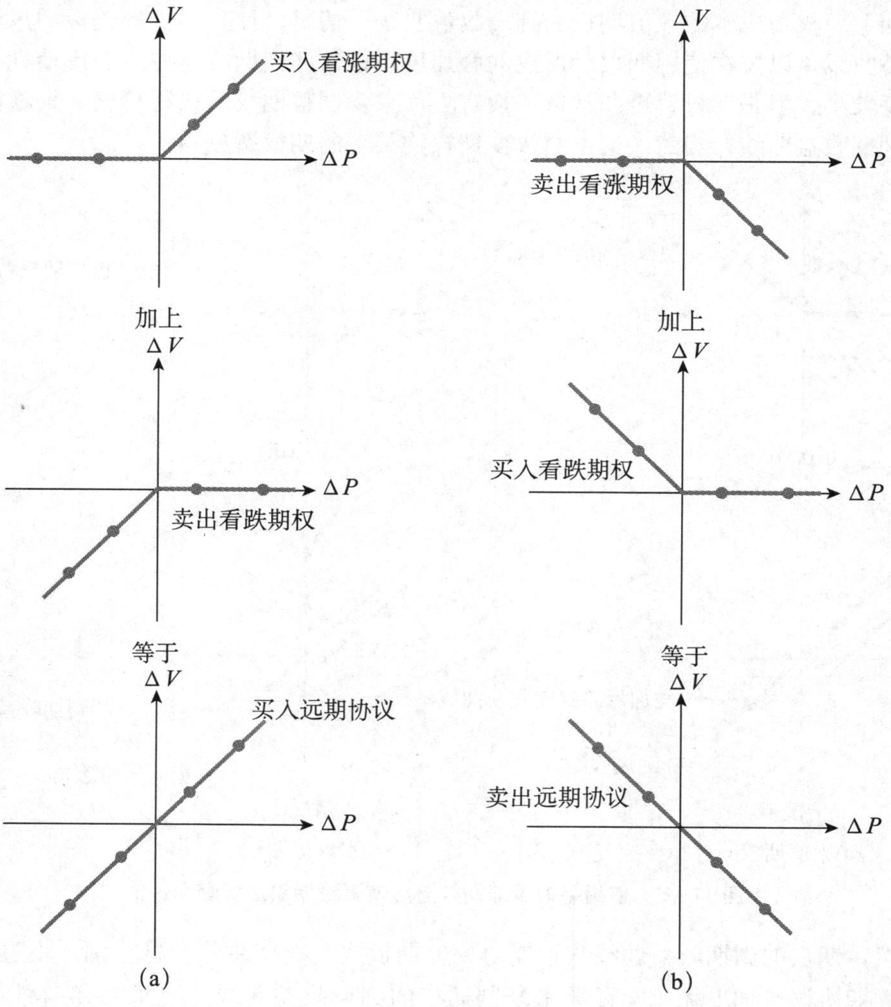

图 17—6　看跌期权与看涨期权的组合交易策略类似于远期协议

影响)。如 17—6（b）所示，由看涨期权空头头寸以及看跌期权多头头寸构成的资产组合的到期收益等价于卖出远期协议的到期收益曲线。

图 17—6 总结的关系事实上就是所谓的“看跌期权—看涨期权平价理论”。根据该理论，买入欧式看涨期权再加上卖出欧式看跌期权就等价于买入远期协议。换言之：

买入看涨期权＋卖出看跌期权＝买入远期协议

如果实际汇率相对于执行价格上升，那么执行看涨期权可以给期权持有者带来收益。反过来，如果实际汇率相对于执行价格下跌，则看跌期权的购买者将会执行期权，要求看跌期权的出售方必须按照期权执行价格购买一定数量的标的外汇。因此事实上，在买入看涨期权的同时卖出执行价格相同的看跌期权就等于按照期权的执行价格买入远期协议。请大家注意，这一等价关系式只适用于欧式期权，并不适用于美式期权，这是因为欧式期权只能在到期日那一天被执行，而美式期权可以在到期日之前被执行，从而有可能在远期协议尚未到期之前便形成外汇头寸。

我们再回过头来看一看看跌期权—看涨期权平价关系式，将该平价关系式稍作调整，我们可以得到：

买入看涨期权＋卖出远期协议＝买入看跌期权

从代数的角度来看，负号卖出看跌期权就等于加号买入看跌期权，负号买入远期协议就等于加号卖出远期协议。

正如史密森[4]所说：“我们发现期权与其他三种产品之间存在着两两复制的关系：(1) 使用远期协议和期货可以复制期权，使用互换协议和无风险证券头寸也可以复制期权；(2) 由看涨期权和看跌期权构成的组合可以复制远期协议。”

当然，利率上限与利率下限也是常见的期权产品。利率上下限也叫做零成本期权或区间期权。我们可以使用执行价格不同的看跌期权与看涨期权来构建利率上下限，要求看跌期权的期权费与看涨期权的期权费相等。银行总是喜欢不停地向企业客户推销各种创新金融产品。如果大家能够很好地使用本章介绍的分析工具，那么肯定会发现弄清楚这些创新工具的基本结构以及它们的复制品根本就不是一件难事。我们要再次引用史密森的话：“金融工程很难。但是用‘积木’来创造创新型金融产品并不难。”

17.3 其他金融产品

过去，商业银行利用简单模块创造出来的所谓“创新型金融产品”帮助它们赚了很多钱。往往是同一种产品，但是各家银行起不同的名称，这导致企业的财务管理人员很难搞清楚一家银行的产品与另一家银行的产品到底有哪些不同。所罗门公司推出的“区间远期外汇协议”(range forward) 与花旗银行推出的“区间期权”(cylinder option) 本质上几乎是同一种产品。

虽然现在创新金融产品的利润率远远不如以前了，但是银行仍然在不断地推出新产品，以满足企业客户的各种需求。反过来，企业客户要认真分析各种创新金融产品的基本结构以及基本组成模块，只有这样才能算出创新金融产品的公平市场估值。下面我们顺次介绍一些创新金融产品。

无本金交割远期外汇协议（NDF）

无本金交割远期外汇协议本质上是一种远期外汇协议，只不过普通的远期外汇协议要求交易双方在结算时进行全额交割，而无本金交割远期外汇协议只要求交易双方进行一笔净额结算，净额结算值反映的是远期汇率与结算日前两个工作交易日的即期汇率水平之间的差。

假设某位交易者想要交易远期外汇协议，但是其中一种货币不是完全可自由兑换货币，或者根本不存在对应的远期市场。因此如果交易者不是本国居民，那么就无法进行这种货币的交割。交易者需要交易这种货币的远期协议的原因可能是要对某一笔商业交易进行套期保值，也可能是这种货币存在着明显的投机机会。

如果该货币不可自由兑换，那么要么是政府不允许直接进行远期交易，要么是远期交易受到政府的高度控制。如果交易者进行远期外汇交易的目的是投机，那么使用无本金交割远期外汇协议就足够了。无本金交割远期外汇协议的到期收益等价于交易者先做一笔普通的远期外汇交易，然后在远期外汇协议还剩下两天到期时，在现汇市场上再做一笔即期外汇交易所实现的效果。如果交易的目的是要为某一笔商业交易进行套期保值，那么交易者可以先签订一份无本金交割远期外汇协议并完成结算，在无本金交割远期外汇协议结算的同时，交易者再按照即期汇率买入或卖出不可自由兑换的货币。这种做法所能实现的效果与直接使用普通的远期外汇协议完全相同。

无本金交割远期外汇协议还有另外一个好处，即可以降低交易对手风险，这是因为无本金交割远期外汇协议的风险仅限于结算金额，即净结算额；而对普通的远期外汇协议来说，整个名义本金额都要受到结算风险的影响。因此，无本金交割远期外汇协议不仅仅适用于不可自由兑换的货币。

任何一种价差合约（CFD）都与无本金交割远期外汇协议十分相似，因为两者均采用的是净额结算的方法，而不是进行全额交割。换言之，一方向另一方支付的净现金额反映的是初始交易时双方商定的价格或利率与后来确定的参考价格或利率之间的差，或者是两种市场价格或市场参考利率之间的差。

银行可以对自己持有的无本金交割远期外汇协议净头寸进行套期保值，要么是与海外的关联银行进行交易，要么是将自己持有的头寸转移给其他银行，要么是使用货币市场套期保值工具。具体内容请参考第 11.3 节。

障碍期权：敲出期权与敲入期权

障碍期权指的是当标的资产的市场价格达到预先设定的障碍水平或触发水平时，可以被取消或被激活的期权（包括敲出期权与敲入期权）。敲出期权指的是如果标的资产的市场价格达到了触发价位可以被取消的期权。敲入期权指的是如果标的资产的市场价格达到了触发价位可以被立即激活的期权。

在标的资产的市场价格达到触发水平之前，障碍期权与普通的欧式期权没什么区别。对于敲出期权来说，只要标的资产的市场价格没有达到事先商定的触发价位，敲出期权就与普通期权一模一样——期权持有者可以在期权到期时执行敲出期权，或者放弃执行，具体取决于期权到期时标的资产的市场价格。如果期权标的资产的市场价格达到了触发水平，则敲出期权立即被取消。

对于敲入期权来说，除非在期权的有效期内，标的资产的市场价格达到了预先设定的触发价位，否则不管期权到期时标的资产的价值有多高，期权都不能被执行。如果标的资产的市场价格达到了触发水平，则从这一时刻开始，敲入期权就变成了标准的欧式期权。

由于具有可取消或激活特征，障碍期权的价格一般要比普通期权低一些。这是因为，在某些情况下，普通期权可以被执行，但是敲入期权或敲出期权却不能被执行。也就是说，这降低了期权卖出方遭受损失的可能性，因此期权的价值也要低一些。于是，障碍期权可以以低于普通期权的成本实现套期保值的目的。虽然费用较低，但是保障程度尚可。例如，期权买家可以自行设定触发价位，一旦标的资产的市场价值达到了触发价位，那么此时期权购买者就不再需要期权的保护，因为直接在现货市场上交易期权标的资产对期权持有者更加有利。

而且，由于期权费较低，与普通的看涨期权和看跌期权相比，障碍期权可被视为一种杠杆率更高的投资工具。如果市场价格真的按照投机交易者的预期发生变化，则障碍期权的购买者可以以更低的初始投资成本获得同样多的收益。

障碍期权（barrier options）在英文中有好多别名，比方说 trigger options，exploding options，extinguishing options。事实上，这四个名称指的是同一种产品。敲出期权的触发价位水平也可称为 outstrike。敲入期权的触发价位水平也可称为 instrike。

上升敲入期权与下跌敲入期权都属于敲入期权，只不过触发价位分别高于与低于期权出售时标的资产的市场价格。上升敲出期权与下跌敲出期权都属于敲出期权，只不过触发价位分别高于与低于初始购买期权时标的资产的市场价值。

反向敲出期权（reverse knock-out option 或 kick-out option）与反向敲入期权（reverse knock-in option 或 kick-in option）分别属于敲出期权与敲入期权的一种，只不过当标的资产的市场价格达到触发价位水平时，期权将会立即变成实值状态，而非虚值状态。

双重敲出期权与双重敲入期权指的是同时拥有两个触发价位水平的敲出期权与敲入期权——其中一个触发价位高于初始购买期权时标的资产的市场价格，另一个触发价位则低于初始购买期权时标的资产的市场价格——只要标的资产的市场价格达到了任意一个触发价位，都将导致期权被取消或被激发。

路径依赖期权是障碍期权、美式期权和均价期权的统称，这是因为期权持有者的行权决策和期权的价值不仅取决于到期时标的资产的市场价格，还取决于期权有效期内标的资产的价格变化路径。最后，奇异期权是所有复杂期权的统称，其中包括障碍期权。

障碍期权的金融工程原理就是将执行价格不同的看跌期权与看涨期权再加上远期协议组合在一起。显然，对于不同种类的障碍期权，其构造原理也略有差别。

区间期权或零成本期权

首先，我们先来看一看零成本期权，有时也可以称为区间期权。如果期权的标的物是利率，则我们通常将其称为“利率上下限”。零成本期权也可被用于套期保值，而且其成本较低，只不过使用者要付出一定的代价，即放弃利率有利波动所带来的一部分潜在收益。

企业可以在买入期权的同时，向银行再卖出一份期权，这两份期权合约的期权费相等，但是执行价格不同。这种做法可以降低企业支付的期权费成本，从而构成了零成本期权。在设定这两份期权的执行价格时——这两个执行价格分别构成区间的最高价与最低价——企业的财务管理人员要考虑自己愿意承担多大风险，或者愿意放弃多少潜在收益。零成本期权的构建可以帮助财务管理人员彻底消除期权费成本。

我们举例说明。假设一家英国企业在三个月后将会收到一笔美元出口货款。当前的即期汇率水平是1英镑兑换1.85美元，但是财务管理人员认为三个月后汇率水平将会变成1英镑兑换1.90美元。执行价格为1英镑兑换1.90美元的普通货币期权的期权费为交易金额的1%。这一期权费成本并不高，因为此时期权是虚值期权，虚值程度为5美分——也就是说，期权的执行价格不如当前的现货价格有利。但是，企业的财务管理人员还是认为套期保值的成本较高，因此决定使用区间期权：

- 企业买入一份执行价格等于1英镑兑换1.90美元的美元虚值看跌期权。
- 与此同时，企业向银行再卖出一份虚值期权，卖出的这一份期权的期权费刚好等于企业买入期权的期权费，因此这使得企业实际支付的期权成本等于零。

区间远期外汇协议

接下来我们要简单介绍区间远期外汇协议。与零成本期权一样，区间远期外汇交易不需要交易双方预先付费。区间远期外汇协议详细规定了一段利率区间的最高价与最低价。在这个区间内，套期保值交易者可以获得汇率有利波动所带来的潜在收益，同时可能产生的损失是有限的。如果当合约到期时，实际汇率水平正好位于该区间内，则合约的实际买卖价格就等于即期汇率水平。

在签订区间远期外汇协议时，套期保值交易者负责选定区间汇率的一端再加上区间的到期日。银行则根据看跌期权与看涨期权期权费的高低来选定区间汇率的另一端。有时银行在设定区间汇率时会将小额买卖价差也计算进去。

例如，我们假设一家美国公司要购买三个月远期英镑。当前即期汇率水平是1英镑兑换1.820 0美元，三个月远期汇率水平为1英镑兑换1.808 5美元。该企业担心汇率水平会向不利方向波动，因此它打算进行套期保值交易。提供区间远期汇率协议的银行允许企业自行设定一个最高汇率水平——一旦实际汇率超过这一最高水平，企业将难以承担成本。于是，企业将区间汇率的一端设定为1英镑兑换1.870 0美元。银行决定将区间汇率的另一端设定为1英镑兑换1.752 0美元。当然，也可以由企业来设定区间汇率的最低价，由银行来确定区间汇率的最高价。不管采用哪一种方式，如果三个月后市场上的实际即期汇率水平位于该区间内，则套期保值交易者会直接在现汇市场上交易。如果三个月后实际汇率超出了这一区间，则套期保值交易者可以按照最高汇率或最低汇率进行交易。

显然，与区间期权一样，远期外汇协议是由执行价格不同的看跌期权和看涨期权构成的。

参与远期协议

接下来我们要分析的是参与远期协议（the participating forward contract）。与区间远期外汇协议一样，参与远期协议也不要求交易双方预先付费。该协议代表的是按照高于最低汇率水平的价位买入或卖出一定数量外币的承诺，但是对于购买者基于有利的汇率波动而获得的潜在收益并没有限制。当汇率水平向有利于购买者的方向发生变化时，购买者不能获得有利的汇率波动所带来的百分之百的潜在收益，其放弃的潜在收益便成为获取风险保护的代价。

某些套期保值交易者认为自己持有的货币风险敞口未来很有可能会产生收益，但是同时他们又希望为可能发生的潜在损失购买保险。对于这样的交易者来说，参与远期协议是最适合的工具。在波动率较高的市场上，如果价格的波动幅度很大，那么即使参与远期协议的购买者无法获得有利的价格波动所带来的百分之百的收益，实际获得的收益也颇为可观。参与远期协议是基于货币期权而产生的创新产品。由于银行可以分享到有利价格变化所产生的一部分收益，因此这已经完全抵消了其没有收取的期权费。

可中断远期协议

可中断远期协议（break forward 或 fox）是一种可以按照预先设定的价格提前终止的远期外汇协议。因此，这种产品结合了普通远期外汇协议与货币期权的诸多特征。与普通远期外汇协议一样，可中断远期协议允许购买者——通常是企业客户——以锁定汇率的方式规避不利汇率波动所带来的潜在风险。与普通远期外汇协议不同的是，如果市场汇率的波动方向对客户有利，那么客户可以在任意时刻提出终止远期交易——这样做的成本很低——然后按照更优惠的即期汇率或远期汇率进行交易。与货币期权一样，客户可以抓住有利的价格变动机会来获取潜在收益。但是与货币期权不同的是，可中断远期协议不要求购买者预先支付期权费——事实上这是一种可展期的远期协议。还有一个优势是，与货币期权相比，可中断远期协议的税收待遇更为优惠。

在使用可中断远期协议时，客户可选定一个固定汇率——一旦市场汇率低于这一固定汇率，客户就可以获得百分之百的保护——代价是要在远期汇率的基础上再多支付一笔费用，通常为 2%。这笔费用事实上就是期权费。然后，银行要计算出远期外汇交易可提前终止的汇率水平，即终止交易汇率。反过来也可以，即客户直接指定可终止交易汇率，然后银行再来计算固定汇率。一旦双方签订了可中断远期协议，客户如果发现当前的即期汇率或远期汇率对自己更有利，就可以随时提出终止远期交易。此外，如果被套期保值的资金被提前支付或提前收款，那么企业可以将这笔款项在现汇市场上兑换为本币，而可中断远期协议可按照终止汇率或当前市场上的汇率水平被提前终止。具体选择哪一个汇率水平作为终止远期外汇协议的汇率，主要取决于哪一个汇率水平对客户更有利。

可中断远期协议是在美式期权的基础上形成的创新产品，其期权费采用复利计算方式，而且银行会在最终结算时再向客户收取期权费。

远期价差协议（FSA）

远期价差协议是在远期利率协议的基础上形成的，但是其功能更接近于远期/远期货币互换。远期价差协议的标的物为两种货币的价差或利率差。与远期/远期货币互换或者背靠背远期利率协议不同的是，远期价差协议没有任何外汇风险。

例如，某家银行持有日元资产与美元负债。该银行希望防范三个月后美元与日元存款利率差进一步扩大的风险。如果美元负债的利率水平上升或者日元资产的收益率下降，那么这意味着价差变大，银行将会遭受损失。如果选择使用远期价差协议，那么只需要一份协议就可以同时对两种货币的风险敞口提供套期保值——如果使用远期利率协议，这种情况需要使用两份远期利率协议，其中一份担保的是日元存款的远期利率，而另一份担保的是美元存款的远期利率。使用远期价差协议的另一好处是，对日元敞口进行套期保值的银行不需要担心非美元货币远期利率协议市场**缺乏流动性**（illiquidity）这个问题。远期价差协议本质上是一种双货币工具。在这种交易中，交易的一方必然是美元，另一方可以是其他任何一种货币。

交易或有远期外汇协议

新闻剪报 20.1 对这种金融工具作了很好的解释。交易或有远期外汇协议看上去类似于期权产品，银行往往会将其出售给这样的客户——客户手上有一笔或有交易可能需要用到外汇，比如要在国外并购企业，由于存在各种各样的不确定因素——例如并购报价是否能够被目标企业接受，并购案是否满足当地的监管法规等——因此这样的交易是否能够成功还是个未知数。某些交易或有远期协议看上去没有任何成本或者价格非常低廉，可能是因为银行已经将交易或有远期协议的成本计入并购案的佣金费用中，这可能与银行对并购案收取的佣金费率有一定的关系。有时，银行提供的并购案佣金费报价已经包含了期权费。

小结

● 金融工程本质上就是将两种或更多种简单的金融工具组合在一起，创造出一种更为复杂的新型工具。

● 金融工程的基本理念是先创造出一些简单的模块，然后再将其组合到一起以创造出复杂的金融产品。

● 虽然银行推销的创新金融产品看上去很复杂，但是我们可以将其分解为多个简单的组成模块，从而分析起来就会容易得多。分析师们经常将复杂的新型工具分解成多个简单的组成模块，然后发现原来都是老面孔。

● 在分析最为复杂的金融产品时，我们常用的简单工具包括远期协议和期权。将这些相对简单的金融产品加以组合，我们就能创造出更加复杂的金融工具。

● 本节我们已经向大家证明如何将较为简单的衍生产品加以组合来构建复杂程度更高的创新金融工具。当然，这些创新金融工具的定价应当反映其各个组成模块的价值。

章末习题

17.1 请解释一下金融工程的本质。

17.2 某些公司因为使用了复杂的创新金融工具而遭遇失败。你认为失败的原因是什么？

17.3 银行向金融工程师们支付高薪。金融工程师若想成功必须具有哪些优良品质？

注释

1. Smithson，C. W.，“A LEGO approach to financial engineering：an introduction to forwards，futures，swaps and options”，*Midland Corporate Finance Journal*，5 (4)，16－28，1987.

2. Black，F.，“The pricing of commodity contracts”，*Journal of Financial Economics*，3，167－179，1976.

3. Black，F. and Scholes，M.，“The pricing of options and corporate liabilities”，*journal of Political Economy*，81 (3)，637－659，1973.

4. Smithson，C. W.，“A LEGO approach to financial engineering：an introduction to forwards，futures，swaps and options”，*Midland Corporate Finance Journal*，5 (4)，16－28，1987.

第五部分

2007—2008 年期间爆发的金融危机

由于银行经营管理不善，再加上监管部门失职，2007—2008年期间爆发的金融危机导致金融资产市值蒸发了2.5万亿～3万亿美元。美国投资银行雷曼兄弟公司宣告破产。美国国际集团、房利美与房地美接受了美国政府提供的紧急援助资金。贝尔斯登公司也濒临破产，最终被JP摩根公司收购。美国多家大型抵押贷款机构要么破产，要么迫于压力被其他公司收购，其中包括印地麦克银行、美国国家金融服务公司和新世纪金融公司。在英国，著名的金融企业破产案包括苏格兰皇家银行（RBS）和苏格兰哈里法克斯银行（HBOS），这两家银行先是接受了劳埃德银行集团的资金援助，随后又接受了英国政府提供的紧急援助资金——目前，英国政府持有的RBS和劳埃德银行的股份已经超过了其全部股本的50%。人们都说，在这场金融危机中，次级抵押贷款是重灾区。然而这个市场的总规模只有1.3万亿美元左右，而且并不是所有的次级抵押贷款都发生了违约——远远没有达到这么严重的程度。信用违约互换（CDS）与信用担保工具（几乎与CDS没有什么差别）进一步放大了危机的破坏效应。我们已经在第12章介绍过互换产品。因此，这里我们要研究的是特定类型的互换产品——信用违约互换，我们要重点分析CDS在这场金融危机中起到了什么作用。

请大家在讨论过程中牢记下面几项数据：2010年美国的GDP大致为14.6万亿美元；同年，整个欧盟的GDP大致为16万亿美元，英国的GDP为2.2万亿美元。

第 18 章 信用违约互换

我们要用两章的篇幅来讨论 2007—2008 年爆发的金融危机，本章便是其中之一。虽然我们也知道可以把这两章放在本书的开篇，但是最终我们还是决定不这样做。原因如下：这场金融危机与某些银行滥用信用违约互换（credit default swap，CDS）进行豪赌的投机行为密不可分。若想分析 CDS，首先要对普通互换产品有所了解。我们已经在第 12 章完成了这一任务。因此，本章我们将主要从 CDS 的视角来分析这场金融危机。这就是作者如此安排本书结构的原因。

首先我们简单介绍一下 CDS。从与金融危机的关联程度这一角度来看，如果由次级抵押贷款导致的问题被评定为 10 分，那么由信用违约互换以及相关的**有毒资产**（toxic assets）导致的问题至少可以得到 100 分的评分。当金融危机四处蔓延时，绝大多数报纸期刊、电台以及电视台的财经评论员都说问题的根源在于**次级抵押贷款**（subprime mortgage）市场，他们很少提及 CDS。看上去，CDS 在这场危机中是个无足轻重的角色，为什么会这样？也许当时财经评论员们认为 CDS 这种产品很难以理解。即使他们确实明白这种产品的结构，他们也无法用清晰简洁的语言来解释这种产品。也许他们认为，公众都觉得 CDS 这种产品太复杂了。当然，也许还存在其他原因（请读者参考巴克利[1] 发表的相关论文）。当然，本书作者认为，对于 2007—2008 年期间爆发的金融危机来说，CDS 绝对发挥了举足轻重的作用。因此，我们要正确评估 CDS 在这场金融危机中的作用。

18.1 什么是 CDS?

那么，首先我们要问的问题是，什么是 CDS？本质上这是一种互换协议——一方（A）向另一方（B）支付一系列费用，与此同时 B 向 A 承诺一旦与 CDS 相关的信用工具

（可以是C公司发行的债券或贷款）发生了违约事件，则B会向A进行赔偿。会引发B向A赔偿的信用违约事件通常包括C公司没有按时支付贷款利息或偿还贷款本金。在我们前面这个例子中，如果C公司违约，则B要向A提供赔偿。值得一提的是，即使违约事件尚未发生，如果CDS的参考实体（在本例中指的是C公司）违约的可能性上升，则信用违约互换的成本也将随之上升。在这种情况下，在CDS二级市场上（指的是已出售信用违约互换产品转售的市场），B持有的头寸价值将会下降而A持有的头寸价值将会上涨。所以，卖出CDS与卖出期权比较类似——尤其要指出的是，卖出这两种产品都可能给交易者带来毁灭性的打击。但是CDS并不是期权。这是因为对于CDS的交易双方来说，他们都要同时承担一定的权利和义务。而就期权来讲，期权持有者只有权利而没有义务。从这个角度来说，CDS与保险合同更为相似。

为了便于大家理解信用违约互换的交易程序，我们提供了图18—1。请大家仔细观察这幅图。当然，信用违约互换是有一定有效期限的，它们不可能永远有效。

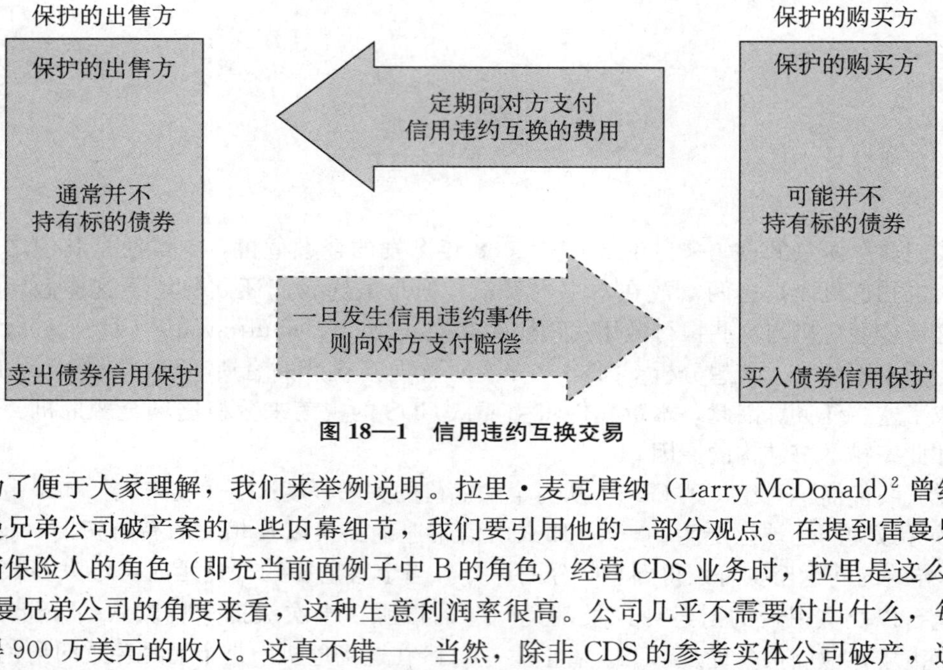

图18—1　信用违约互换交易

为了便于大家理解，我们来举例说明。拉里·麦克唐纳（Larry McDonald）[2]曾经披露过雷曼兄弟公司破产案的一些内幕细节，我们要引用他的一部分观点。在提到雷曼兄弟公司充当保险人的角色（即充当前面例子中B的角色）经营CDS业务时，拉里是这么说的："从雷曼兄弟公司的角度来看，这种生意利润率很高。公司几乎不需要付出什么，每年就能获得900万美元的收入。这真不错——当然，除非CDS的参考实体公司破产，这时银行（雷曼兄弟公司）要承受10亿美元的债务。雷曼兄弟公司通常喜欢将CDS出售给更愿意承担风险的对冲基金公司。仅是出售CDS，雷曼兄弟公司一年就可以获得200 000美元的收入，而且几乎不会遇到什么麻烦。"大家清楚了吗？我们希望如此。

请注意，目前存在一个已出售CDS可进行转售的二级市场。因此，在我们前面提供的例子中，A与B均可以在二级市场上将其持有的CDS头寸转售给他人。假设，B按照100的价格买入CDS，该CDS的标的债务为C公司发行的债券。如果C公司因为销售业绩下滑或其他意料之外的事件而导致**信用等级**（credit rating）被降级，那么B持有的CDS头寸价值就会下跌，比方说下降至85，这是因为随着C公司违约的可能性的上升，B支付赔偿额的可能性也相应上升。

CDS合约与保险合同十分相似，但是两者之间存在着一定的差别。例如：

- CDS的交易双方都不需要持有CDS的**标的证券**（underlying security）（债券、贷款或债务)。信用违约事件不一定会对 CDS 的交易双方造成损失。而保险合同则不是这样——被保险人必须持有**可保险权益**（insurable interest)，他或她必须证明，一旦违约事件发生，自己将会遭受潜在损失。

- CDS 的交易双方均不会受到监管部门的监管。
- 对保险合同而言，被保险人必须遵守最大诚信原则，即按照要求披露所有真实信息。一旦违背了这一原则，将会导致保险合同的无效。然而，CDS 没有这样的规定，CDS 合同只简单地列出了“买方注意事项”。
- 负责赔偿的一方不需要预先拨备一笔特殊的赔偿准备金以便当违约事件发生时向另一方进行赔偿。
- 保险公司会根据大数法则来拨备损失准备金，通过这种方式来管理风险。而 CDS 的交易商则是通过与另一方进行反向 CDS 交易的方式来对冲风险。
- CDS 合同通常适用于**“逐日盯市”**（mark to market）的会计法则，因此会对损益表和资产负债表造成影响。但是保险合同并不采用这种法则。逐日盯市会计准则要求企业定期重新评估金融工具的价值。如果与上一个财务报表编制日相比，金融工具的市场价值发生了变化，那么升值部分会被计入收益，损失则会被用来冲抵利润。显然，由于 CDS 的价格波动率较高，导致企业的会计利润数据变化很大，而且还会对未分配的资本储备造成影响。而且重要的是，银行还往往据此发放巨额奖金。目前，市场正在修改逐日盯市会计法则。
- 保险合同对赔偿事项的说明十分清楚。但是，CDS 并不是这样。从技术的角度来看，CDS 合同规定信用事件会引发赔偿。所谓信用事件特指可以导致赔偿的事件，这是一个法律术语。“违约”与“信用事件”在法律上存在明显差别。债务重组可能与违约一样都属于信用事件。国际互换与衍生品协会（ISDA）——该协会由衍生品市场的行业代表组成，负责设计 CDS 合约——认为债务重组应当被视为信用事件。判断信用事件是否发生的第一步就是投资者或利益人请求 ISDA 的决议委员会来判断这是否属于信用事件。在欧洲，该委员会由十家银行成员构成——其中包括巴克莱银行、高盛公司、瑞银集团——它们的代表将会就“信用事件是否发生”进行投票。如果他们判定没有发生信用事件，那么 CDS 就不会导致赔偿。这意味着即使某个国家——比方说希腊——没有宣布违约，但是在进行债务重组，那么 ISDA 也有可能判定信用事件已经发生，那么以希腊主权债务为标的物的 CDS 将会导致赔偿。

18.2 信用违约互换的工作原理

显然，CDS 是交易双方签订的信用衍生合同。买方会向卖方定期付费，如果信用事件发生，则买方可以收到卖方支付的赔偿。我们来举例说明。假设投资者 X 从 Y 银行买入 CDS 保护，标的参考实体为 Z 公司，CDS 的有效期限为五年。投资者 X 每年向 Y 银行付费一次，如果 Z 公司没有按时支付贷款利息或偿还贷款本金，也就是说 Z 公司违约，则 X 投资者可以从 Y 银行那里获得一次性的赔偿，同时 CDS 终止。

如果投资者 X 持有 Z 公司发行的债券，则 CDS 可以对冲这一风险敞口。如果投资者 X 在不持有 Z 公司发行的任何债务的情况下买入了 CDS 合约，那么其实这就是一笔投机交易，即投资者X打赌Z公司很有可能会违约。不过，即使X不持有Z公司的任何债务，也可以通过买入CDS合约来对冲投资者持有的其他公司债务的潜在风险。这些公司可能与Z公司比较类似。在这种情况下，Z公司的债务事实上就是类似公司债务的近似替代品。

CDS的价差指的是保护的购买方（即投资者X）在CDS合同的有效期内，每年必须支付给保护出售方（Y银行）的金额。通常，CDS的价差会被表示为CDS合约名义本金额的一定百分比。如果以Z公司为标的参考实体的CDS合约的价差为一百个基点（即1%），则投资者X若从银行那里买入名义本金额为2 000万美元的CDS合约，就必须每年向银行支付200 000美元的费用。除非CDS合约到期或Z公司发生违约事件，否则保护的购买方每年都要将这笔费用支付给保护的出售方。

投资者可以抓住以公司债务为标的物的CDS的价差波动机会来进行投机交易。例如，假设对冲基金A并不认为C公司近期的债务违约概率很高。对冲基金A从B银行那里买入名义本金额为2 000万美元的CDS，标的参考实体即为C公司，CDS合约的有效期限为三年，价差为每年400个基点。如果两年后，C公司违约，则此时对冲基金A已经向B银行支付了160万美元的费用。C公司的违约将导致B银行支付给对冲基金A 2 000万美元的赔偿金，于是对冲基金A获得了1 400万美元的利润，而B银行将会产生1 840万美元的损失，除非银行已经安排了反向交易，对冲这一CDS风险敞口。如果C公司没有发生违约事件，那么CDS合约三年期满，对冲基金A总共支付了240万美元的费用，而没有得到任何回报。在这种情况下，承受损失的一方就变成了对冲基金A。但是还有一种可能，即在三年期满之前，对冲基金A可以在二级市场上将自己持有的CDS转售给其他人。如果转售时C公司的违约可能性相比于对冲基金A最初买入CDS时有所上升，那么对冲基金A就可以以更高的价格将CDS转售给其他人而获得净利润——净利润的大小取决于转售的价格，从根本上取决于C公司发生违约的概率上升了多少。

自20世纪90年代开始一直到2001年，CDS市场可以说是从一无所有发展到交易总规模达到6 320亿美元。就在次贷危机爆发之前，CDS的交易规模甚至已经达到了令人吃惊的数值——超过60万亿美元。金融危机爆发后，CDS合约市场的交易规模下降至55万亿美元（请参考图18—2）。为了给大家一个直观的感受，我们进行一下数据比较：2008年，全球GDP总额为60万亿美元。不过我们也要承认，对这两个数据进行对比，有点像是把存量数据与流量数据相比较。然而，比较确实能够说明问题。请大家注意，在这60万亿美元的交易中，有一大部分是对冲交易。这意味着如果银行向客户出售了一份CDS合约，则银行会再寻找另一位客户签订一份方向相反的CDS合约，以此来对冲其风险敞口。吉利安·泰德（Gillian Tett）[3]曾经用富有感情色彩的语言绘声绘色地描绘了JP摩根银行的高管们召开某次周末会议的情景。在这次会议上，主题是弄清楚信用违约互换的本质以及为什么这种产品会发展得如此迅速。这本书很值得一读。

2008年次贷危机的爆发使得监管部门越来越关注CDS市场，尤其是在贝尔斯登公司陷入破产危机之后。当贝尔斯登公司陷入困境时，以该银行为标的参考实体的CDS合约价差急剧上涨。许多投资者涌入市场购买防范贝尔斯登公司破产风险的CDS合约。这导致以贝尔斯登公司为标的参考实体的CDS合约价差大幅度上涨，使贝尔斯登公司陷入了更为困窘的境地。因为这严重限制了贝尔斯登公司在货币市场上的融资能力，最终导致贝尔斯登公司被迫于2008年3月将自己出售给JP摩根公司。至于投资者们大量买入CDS这一行为到底是贝尔斯登公司失败的表象还是原因，众说纷纭。投资者们发现贝尔斯登公司正处在困境中，他们想要对冲风险敞口，甚至是抓住贝尔斯登公司破产的机会进行投机交易。2008 年 9 月，同样的情形发生在雷曼兄弟公司身上。同月，美国国际集团（AIG）请求联邦政府给予紧急援助，因为它卖出了大量的 CDS 合约（没有进行套期保值），这些 CDS 合约的标的参考实体遍布各行各业。已售出的 CDS 给 AIG 造成的潜在损失超过1 000 亿美元。**房利美**（Fannie Mae）与**房地美**（Freddie Mac）均为美国**政府支持企业**（government sponsored enterprises），这两家公司以收费的形式向抵押贷款和**抵押贷款担保证券**（mortgage-backed securities）（将抵押贷款打包整理好出售给投资者）提供信用担保。从本质上看，这些产品就是信用违约互换，只不过名称不同罢了。房利美与房地美两家公司提供的信用担保额度甚至比 AIG 还要高。在 2008 年的时候，市场上并不存在专门为 CDS 交易提供担保服务的清算公司。所有此类交易都是在场外市场上完成的。从那之后，一家专门为 CDS 交易提供中介担保服务的清算机构被引入市场，为一部分——绝不是全部——CDS 交易提供担保。还有一个重大进展是，有关机构正在着手设计标准化的 CDS 合约，以避免交易双方就是否应进行赔偿这一问题产生纠纷。

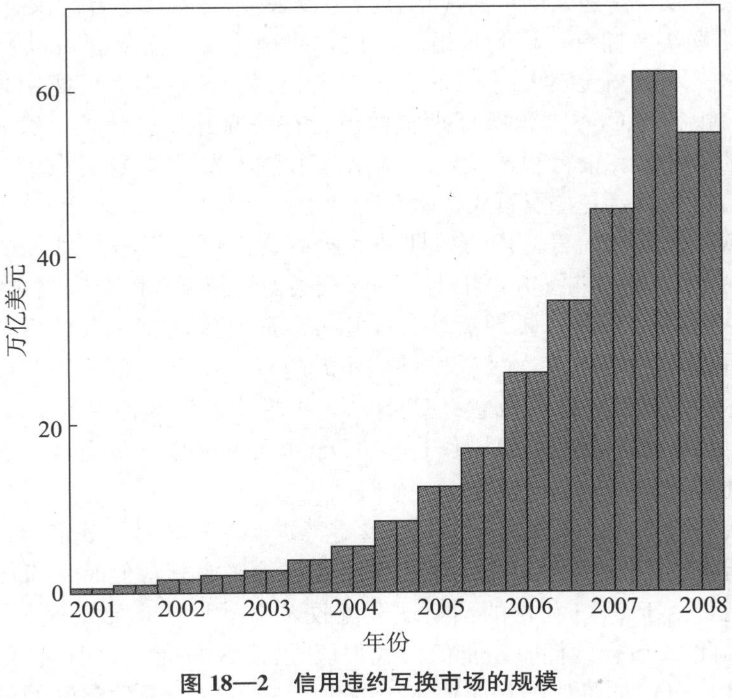

图 18—2　信用违约互换市场的规模

18.3　CDS 市场发展的推动力

自 20 世纪 90 年代开始，CDS 市场从一无所得经历了爆炸式的发展，2007 年整个市场的规模达到了 55 万亿美元。那么 CDS 市场发展的主要推动力是什么？在 21 世纪初，美国的投资银行将次级贷款打包整理，然后在此基础上发行抵押贷款担保证券。这些抵押贷款担保证券为银行赚取了巨额利润，而且也为银行员工谋得了大笔奖金。但是在 2007

年，整个次级抵押贷款的规模仅为2.3亿美元，不过即使这样也已经创下了历史纪录。因此，投资银行一直在寻找一种新产品，希望这种新产品的市场规模能够超过次级抵押贷款市场。简单地说，就是银行希望发放更多的债务担保证券，然而没有足够多的次级抵押贷款可用。银行家们终于找到了救命稻草，那就是CDS。一旦次级抵押贷款被打包并通过证券化流程发行抵押贷款担保证券（MBS）或者**担保债务证券**（collateralised debt obligation，CDO），银行便没有办法对这些次级抵押贷款进行二次利用。次级抵押贷款的规模总是有限的。不管你相不相信，银行正在逐渐用光这种风险资产。

选择CDS吧。以任意一家公司为标的参考实体的CDS合约可以卖出无数份。比如，我们假设X公司的股票市值为200亿美元，此外，X公司还发行了价值为50亿美元的债券，这些债券均在股票交易所内进行交易。因此，X公司的权益总价值为250亿美元。但是，以X公司为标的参考实体的信用违约互换合约的名义本金额可以不局限为50亿美元或250亿美元，合同的名义本金额可以被设定为1 000亿美元或2 000亿美元，或者任意一个数值，这方面是没有任何限制的。与保险合同不同的是，保险合同要求被保险人必须拥有可保险权益——也就是说，特定事件（就我们讨论的内容而言，大多指的是债务违约事件）的发生会导致被保险人的可保险权益受到侵害——而CDS合约没有这方面的限制。CDS合约不要求购买者拥有可保险权益。因此，在理论上，交易者可以卖出以X公司债务为标的物、名义本金额无限大的CDS合约。所以说，银行不太可能用光这种类型的风险资产。于是，银行将CDS与次级抵押贷款组合在一起并打包整理，然后凭借这一资产组合发行担保债务证券。银行很清楚，它们永远不会用光CDS这种资产，绝无可能。对很多银行来说，这简直就是“点石成金术”。

就抵押贷款担保证券而言，作为抵押品的次级贷款可以带来利息现金流入，而CDS也会带来收入，即CDS的购买方每年支付的费用类似于依据保险合同支付的保险费。

一种观点认为将CDS加入抵押贷款资金池可以起到提高整个资产组合发行信用等级的作用。也就是说，由CDS和次级抵押贷款构成的资产组合的信用等级要比单纯的次级抵押贷款更高一些。因此，银行故意将CDS加入抵押贷款**资金池**（pool），以此来获得更高的信用等级。目前银行业的普遍操作是将CDS加入抵押贷款资金池，然后凭借该资产组合发行担保债务证券。

在次贷危机爆发期间，上述资产被冠以“有毒资产”的绰号。我们可以用一个例子来说明什么是“有毒资产”。当没有发生违约事件或违约概率非常低时，CDS合约的价值可能为正。比方说，由于CDS获得的预期现金流收入——类似于保费——大于违约事件导致的赔偿额，因此CDS合约拥有正价值，我们假设CDS的价值为100。但是，随着违约概率的不断上升，CDS的价值会相应地发生变化。一旦CDS导致赔偿的可能性大于获得现金流收入（保费）的可能性，CDS合约的价值就会变成负值。比方说原来CDS的价值为100，现在可能是－100，甚至是－500。这就是为什么人们将其称为“有毒资产”。随着违约概率的不断上升，这些“有毒资产”将会逐渐转变成银行资产负债表上具有传染效应的负债项目，就像是传染力极强的瘟疫一样，对金融企业的集体健康和生存造成严重威胁。对雷曼兄弟公司来说，这场瘟疫带来了致命后果，对其他很多银行和金融机构来说，要不是政府出手援助，它们恐怕也难逃此劫。

我们接着往下说。担保债务证券的形成并不会阻止银行进一步出售CDS。于是，源源不断的次级抵押贷款和信用违约互换合约被创造出来。正如图18—3所示，银行有意将优质抵押贷款加入担保资产池中，其目的显然是为了提高担保资产池的信用等级。但是与此同时，担保池内还包括信用等级较低的资产，例如信用卡贷款、新兴市场贷款、信用等级较低的公司贷款以及私募股份债权等。杠杆收购债务通常会使得被收购的目标企业的权益负债率达到80%或90%的高度。然而，正常企业的权益负债率大多为30%或40%。而且杠杆收购债务还可能使得利息保障倍数——系税前利润与利息总收入的比——达到1.5倍，而正常公司的这一指标一般为4倍左右。质量较低的债务的利率水平肯定要更高一些。对于那些匆匆忙忙赶制CDO的投资银行来说，一切是如此的美好，正如我们看到的那样，投资银行设法使得某一等级的担保证券拿到AAA的信用等级，那么这就意味着，投资银行向担保债务证券持有人支付的利率成本会低于投资银行从债务和信用违约互换资产上获得的利息收益。这是魔术还是变戏法？我们接着往下分析。

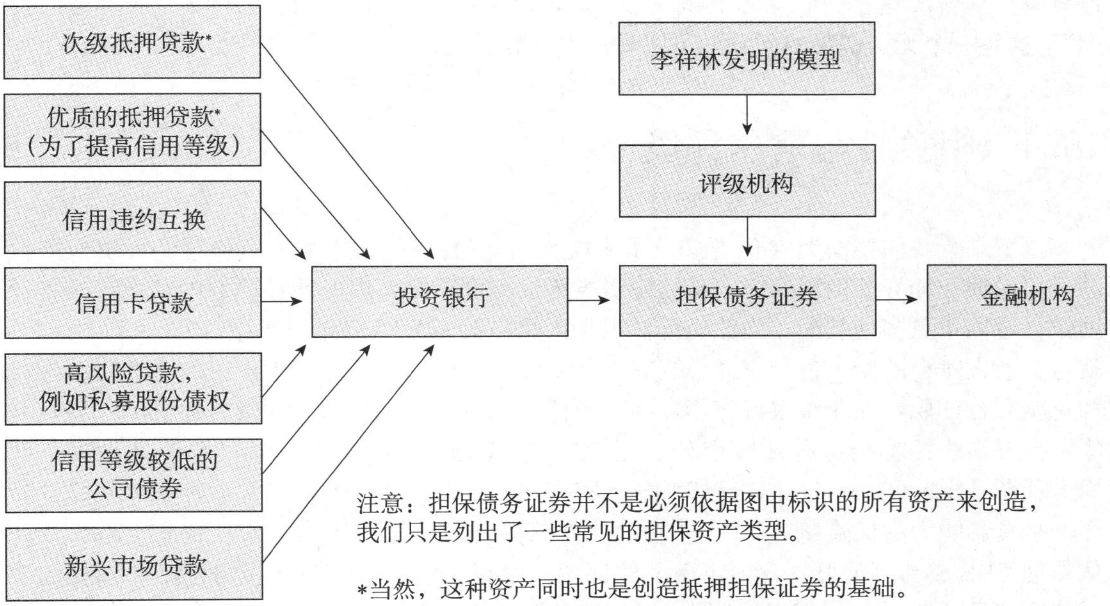

注意：担保债务证券并不是必须依据图中标识的所有资产来创造，我们只是列出了一些常见的担保资产类型。

*当然，这种资产同时也是创造抵押担保证券的基础。

图 18—3　担保债务证券的“食品链”

将发行担保债务证券的抵押资金池构建好以后，接下来的举动便是说服评级机构，让它们相信担保资产池内各项资产之间不存在相关性，因此与担保资产池内每一项单独的资产相比，整个资产池的信用等级应当更高一些。然而，各项资产的相关性并不像表面看上去那样简单。为了说明这个问题，我们要援引赛门（Salmon）[4] 举过的一个例子：假设有一位女学生A，她的父母在今年离婚的概率是5%。A感染头虱的风险概率是5%，她看到老师踩在香蕉皮上滑倒的概率为5%，她在班级举行的拼字比赛中赢得冠军的概率也是5%。如果市场上存在以上述这些事件发生的概率为标的的证券，那么这些证券的市场交易价格应当相等。

现在，我们假设有两位女学生A与B。这俩人是邻桌，而且是很好的朋友。如果B的父母离婚了，那么A的父母离婚的概率是多少？仍然为5%。这两件事件之间的**相关性**（correlation）显然很低。如果B感染上了头虱，那么A也感染头虱的概率很高，可能为50%左右——也就是说相关系数为0.5。如果B亲眼目睹老师踩到香蕉皮摔了一跤，那么A也看到这一事的概率是多少呢？概率很高，因为两人的座位相邻，而且是很好的朋友，因此很有可能两人同时看到了这一事件。也就是说，A 也看到老师滑倒的概率高达 95%，即相关系数接近于 1。如果 B 在拼字比赛中获得了冠军，则 A 获得冠军的概率为 0。因此这两件事情的相关系数等于−1。现在，如果市场上交易的证券以 A 与 B 发生上述事件的概率为标的，那么我们很难预测这些证券的价格，因为相关系数的变化很大。

显然，仅分析 A 与 B 个体事件发生的概率就已经很难了。而条件概率的计算更是难上加难，历史数据可能有所帮助，但是由于要计算条件概率以及存在估计误差，因此这仍然是一道非常棘手的难题。

对于抵押贷款而言，各项抵押贷款之间的相关系数难以估计，条件概率就更是如此。X 州某栋房屋贬值的概率有多大？我们可以查看历史数据来获得答案。那么，Y 州另一栋房屋贬值的概率有多大？同样地，我们也可以使用历史数据。然而，问题在于如何计算条件概率。更何况这不仅仅涉及两栋“房屋”，而是抵押贷款担保证券市场上所有的“房屋”。这是一个无法解决的问题？可能是，也可能不是。

18.4 相关性与信用评级

接下来，我们要向大家介绍 CDS 市场上一个新的角色。这个新角色帮助投资银行提高了担保债务证券的信用等级，从而使得投资银行可以提高担保债务证券的销售价格，帮助银行赚取了更多的利润，当然银行员工个人也拿到了大笔奖金。李祥林（David X Lee）就是登上大舞台的新角色。李祥林拥有 MBA 和统计学博士学位，他曾在加拿大商业银行和花旗银行任职，在花旗银行，李祥林曾担任信用衍生品研究部的主管。他聪明年轻，是华尔街最喜欢招募的那种“股市分析高手”。李祥林于 20 世纪 60 年代出生于中国。萨姆·琼斯（Sam Jones）在《金融时报》（2009 年 4 月 24 日）上发表文章称李祥林是“世界上最具影响力的保险精算师”。李祥林为什么赢得了这么一个绰号？从根本上看，李祥林帮助 CDS 成为一种更具有销售潜力的证券；同时，他发明的公式还帮助某些担保债务证券拿到了 AAA 的信用评级。他提出的观点促进了有毒资产庞大市场的形成。这让许多致力于金融创新的金融机构自食恶果。

在银行工作期间，李祥林[5] 在《固定收益证券》（*Journal Of Fixed Income*）上公开发表了一篇论文，论文标题为“On Default Correlation: a Copula Function Approach”。在统计学上，**联结函数**（copula）是一种将多个变量的分布联结在一起的函数。比方说前面提到的女学生的例子。我们要用到多个变量——离婚、头虱、踩到香蕉皮和拼字比赛——各个变量之间又存在多个相关系数。联结函数有多种类型，比如阿基米德联结函数、克莱顿联结函数、弗兰克联结函数、高斯联结函数、耿贝尔联结函数。简单地说，联结函数就是分析两种或多种变量波动行为的函数。

在李祥林发表的论文中，他没有针对违约相关系数建模，而是使用了 CDS 市场价格的数据。随着违约风险的上升与下降，CDS 的市场价格也会相应地发生变化。李祥林没有搜集实际违约事件的历史数据——当时类似的违约事件很少发生——而是使用了 CDS 市场的历史价格数据。批评者指出，2000 年李祥林论文发表时 CDS 市场的形成时间尚短，因而尚未出现过任何金额较大的违约事件。因此，他搜集的数据均为正常市场环境下的数据，其假设条件是市场能够有效地评估 CDS 产品的价值。李祥林使用价格数据而不是真实的违约数据来构建模型，其假设前提是整个金融市场尤其是 CDS 市场能够对违约风险进行准确定价。李祥林发明的估值模型使用的是高斯联结函数和正态分布曲线（或称为钟形曲线）。因此，批评者的另一攻击焦点就是使用正态分布曲线是否符合现实情况。

按照李祥林的观点，金融机构将众多高风险资产集中起来发行债务担保证券的做法能够消除大量风险，潜台词便是类似于债务担保证券这样的证券化产品可以获得 AAA 级的信用评级。这是一个广为流传的说法。为银行工作的数学家以及其他计量经济学家就是用这一套理论来解释衍生产品的结构模型的。于是，银行家们成功地吸引了评级机构分析师的目光。华尔街的衍生产品机构开始采纳李祥林的观点，将大量高风险资产集中起来进行证券化处理。结果便是银行基于大量信用等级较低的公司债券、新兴市场债券、次级抵押贷款以及信用违约互换等高风险资产发行了大量的债务担保证券。它们将债务担保证券分为不同的**等级**（tranche）。其中最低等级的债务担保证券风险水平最高（一旦出现违约事件，这一等级的证券将会最先遭受损失），因此其收益率水平也是最高的。直到违约事件所造成的损失进一步攀升，才会轮到高等级债务担保证券来遭受损失。这意味着高等级的债务担保证券的风险水平较低，因此其收益率要比低等级债务担保证券略低一些。信用评级机构很乐意给予担保债务证券的多个等级 AAA 的信用等级，即使其标的资产的信用评级要低得多。银行家们非常感谢李祥林。而且，银行向评级机构支付的评级费用远高于正常的费用水平。正如约翰逊和夸克（Johnson and Kwak）[6] 指出的那样，尤其值得注意的是，在 2005 年只有八家美国公司获得 AAA 级的信用等级。它们是美国国际集团、自动数据处理公司、伯克希尔·哈撒韦公司、埃克森-美孚石油公司、通用电气公司、强生公司、辉瑞制药公司以及联合邮包运送服务公司。

弗兰克·帕特诺伊（Frank Partnoy）[7] 的观点是："美国国内次级抵押贷款呈爆炸式增长背后的主要推动力既不是贷款机构也不是借款群体。真正的主导者是那些发行担保债务证券的金融机构。它们就像是出售可卡因的'毒贩'。而贷款机构与借款人只不过是按动按钮的老鼠而已。"我们还要再加一句，信用违约互换市场也是如此。

于是，华尔街的银行家们明白他们可以使用信用违约互换来螺旋式地创造出大量的担保债务证券。因此，他们设计了新的交易模式——用信用违约互换代替了次级抵押贷款，将信用违约互换产品集中起来发行信用等级较高的证券化产品。通过这种方式创造出来的担保债务证券从技术的角度来看应当被称为合成担保债务证券，因为它们完全是被人为创造出来的。

截止到 2006 年，基于信用违约互换而生成的担保债务证券的数量甚至超过了基于抵押贷款而生成的担保债务证券。同时市场上还存在着许多以一篮子次级抵押贷款为标的物的信用违约互换产品（即以 MBS 作为标的物的 CDS）。许多保险公司——例如美国国际集团——也加入银行的行列，成为信用违约互换的主要交易者。

上面提到的所有信用衍生产品都是不受监管的。没有一家金融机构会公开披露有关其出售的信用违约互换的细节，绝大多数金融机构的做法是在公布财务数据时，将信用违约互换产品与其他衍生产品的交易数据合并起来。没有人能够准确地估计出信用违约互换的风险敞口到底有多大。银行购买了大量的合成担保债务证券的 AAA 等级证券，但是在其公布的财务数据中具体的购买金额根本就查不到。

问题就在于此。从本质上看，出售信用违约互换产品或者交易基于 CDS 的担保债务证券的银行每年都可以获得一笔收入，但是一旦出现违约事件，银行就会遭受损失。不过，即使违约事件没有发生，一旦信用违约互换的标的公司债券或抵押贷款的信用等级被下调，银行持有的CDS与CDO的二级市场价格也会大幅缩水。如果违约事件发生，信用违约互换交易的某一方（在我们前面给出的例子中，这指的是B）将会遭受损失——他要按照信用违约互换的名义金额向对方支付。因此，信用违约互换的卖家每年都可以收取一笔费用——这与预先支付的期权费性质不同。所以，银行不愿意承担这么高的潜在风险，于是它们将信用违约互换产品集中起来发行了担保债务凭证。

银行出售了大量以次级抵押贷款为标的物的信用违约互换产品。交易对手定期会向银行支付一定费用，但是一旦违约事件发生银行就会遭受损失。虽然如此，但是信用违约互换产品仍然获得了高达AAA的信用等级。这种产品看上去类似保险产品，但是，正如我们在前面指出的那样，它不受到保险法规的监管，这意味着它可以不遵守我们在第18.1节讨论过的可保险权益要求。当然，对于那些在信用违约互换市场上长袖善舞的银行家们来说，他们把信用违约互换产品看作是非常好用的市场工具。银行将信用违约互换打包整理，然后凭借其发行担保债务证券。在此过程中CDS的是本质是“互换”。这听上去显得风险更小一些。与此同时，获得AAA信用等级也是被广泛使用的市场营销策略。

众多金融机构都参与了担保债务证券的交易，这些担保债务证券的标的资产为次级抵押贷款——这些金融机构的董事们并没有告知股东，这样做隐含着巨大的风险。一旦美国房地产市场的价格下跌，次级抵押贷款的违约率上升，就会导致担保债务证券的价格急剧下跌。借助次级抵押贷款购买的房屋价值的下跌将会使得业主陷入负资产的境地，他们会不愿或者没有能力继续偿还贷款，于是大量违约事件将会同时爆发。这是明摆着的事。银行董事们要么是故意隐瞒，要么是没有意识到存在这种风险。不管哪一种是真实情况，他们都不适合担任上市公司的董事，更别说是担任银行的董事了。

如果房地产市场的价格水平进一步攀升或保持稳定，银行及其雇员可以从次级抵押贷款CDO中获得大笔利润以及巨额奖金。一旦房地产市场价格暴跌，很多银行将会血本无归。对冲基金以及其他的金融机构都意识到了这一点，于是它们开始看空次级抵押贷款市场并开始做空银行。这意味着对冲基金等金融机构开始大量买入银行出售的信用违约互换产品，一旦违约事件发生，对冲基金就能大赚一笔，或者卖空高风险银行的股票，以此来获得收益。

18.5 信用担保

正如其名，信用担保指的是一旦抵押贷款或其他债务出现违约，则金融机构承诺进行赔偿。美国保险公司巨头——美国国际集团是信用违约互换市场上规模最大的交易者，而在信用担保市场上，政府支持企业（GSE）——房利美、房地美、**吉利美**（Ginnie Mae）——是规模最大的交易者。近些年来，美国国会通过了多项法案，鼓励金融机构向信用等级较低的借款人提供贷款，尤其是提供抵押贷款。十几年来，通过这种方式发放的贷款增长速度极快，一直持续到21世纪。联邦政府通过了多项旨在扩大房屋所有权的法案，而我们前面提到的三家政府支持企业正是基于这些法案建立起来的。它们的主要职能是为抵押贷款提供信用担保，其中包含一些向信用等级较差的借款人发放的贷款。这三家机构在操作中存在很多问题，例如贷款利率水平低于现行市场利率水平，已发放的贷款无法转售，借款人在抵押贷款销售人员的教唆与帮助下提供虚假的收入证明以及未能提供合适的产品——例如在市场利率水平即将攀升之际，以较低的利率水平发放固定利率抵押贷款。对于抵押贷款销售人员来说，他们追求的目标就是达成交易，因为只有这样才能获得佣金，而绝大多数销售人员的底薪都很低，销售奖金才是其主要收入来源。显然，如果美国国内的住房市场光景不好，抵押贷款违约率上升，与此同时取消抵押品赎回权的数量也在增加，那么美国国际集团和前面提到的政府支持企业的日子就会难过起来。当然，事实确实如此。

18.6 市场崩溃

次级抵押住房市场首先开始崩溃。从2006年末开始，违约率开始上升。起初，银行并不担心。它们使用的模型估计这些违约事件只是散落于美国全国各地的小概率事件，彼此之间并无关联。然而，违约率还在不断上升。到了2007年初，形势已经很明显了——美国抵押贷款市场出了问题。到了同年夏天，全国各地借助次级抵押贷款购房的业主开始违约，即不按时偿还抵押贷款。发放这些廉价贷款的次级抵押贷款机构就像是坐在一边眼睁睁地等着事故发生，现在真的出事了。这些贷款机构根本就不应当向借款人发放次级抵押贷款，更不用说这些次级抵押贷款的利率水平都偏低。李祥林提出的模型没能预测到美国国内各地爆出的贷款违约事件彼此之间具有如此高的关联度，而其他的专家学者也未能事先预见这种情况。基于我们前面讨论过的原因，之前具有正价值的信用违约互换产品开始变为具有负价值。持有大量担保债务证券的银行开始出现大量亏损，金融机构彼此之间开始担心对方的偿付能力。于是，金融机构之间的借贷市场凝固了，丧失了流动性。问题开始从某一个资产子市场逐渐蔓延到其他类别的子市场。在金融全球化的今天，缺乏流动性所导致的危机就像阵地前沿的传染病一样迅速蔓延。银行与银行之间彼此怀疑。这导致银行间的同业拆借市场——这是资本主义经济的一个重要组成部分——基本上处于停滞状态。这就是所谓的信贷紧缩。银行业的危机波及了实体经济。突然之间，所有的一切都是高度关联的。

为什么李祥林的模型没有事先预见到这种情况？这是因为他提出的模型假设事件围绕着均值上下波动，类似于正态分布。整个模型都是以钟形曲线为基础的。但是，实际可能出现的结果远比这种假设更为复杂。抵押贷款市场更容易出现一些极端状况，当危机爆发时，证券市场价格的波动轨迹将会严重偏离钟形曲线，为什么没有人注意到李祥林这个模型中的明显缺陷呢？长期以来，对于金融市场过度依赖高斯钟形曲线的做法，很多学者一直在提出警告。伯尼特·曼德尔布罗特（Benoit Mandelbrot）[8]、纳西姆·尼古拉斯·塔勒布（Nassim Nicholas Taleb）[9]以及巴勃罗·特里亚纳（Pablo Triana）[10]提醒大家股票价格的波动轨迹并不符合高斯钟形曲线的分布。早在20世纪60年代曼德尔布罗特就已经清楚地阐述了这一观点。塔勒布指出：

> 如果金融世界遵循的是高斯钟形曲线，那么像1987年10月19日股灾这样的事件（超过了20个标准差）本应当是每隔几十亿年才会发生一次……根据1987年的市场环境，人们明白小概率事件有时也会发生，是不确定性的主要来源。他们就是不愿意放弃把高斯钟形曲线作为一种主要的市场测量工具。

塔勒布进一步提醒我们：

> 1987年的股灾并不是高斯钟形曲线第一次预测失败。曼德尔布罗特早在1960年就提出了类似的观点，证明了高斯钟形曲线并不符合当时的价格轨迹。

也许有些人会争辩说，市场之所以喜欢使用高斯正态分布曲线，是因为在绝大多数情况下，该曲线都是有效的。如果这么说的话，他们必须格外强调“在绝大多数情况下”。高斯正态分布曲线绝对不是永远能够准确描述市场价格波动的曲线。我们必须承认，基于该曲线建立的理论只是在绝大多数情况下是正确的。例如，布莱克-斯科尔斯期权定价理论就是在对数正态分布曲线的基础上推导出了著名的期权定价模型。高斯钟形曲线也是如此。新闻剪报18.1清楚地阐述了我们的观点。

新闻剪报18.1　当模型失效时不要责怪自己运气不好

约翰·凯（John Kay）

2007年8月金融危机爆发伊始，高盛公司的首席财务官大卫·维尼亚（David Viniar）曾经发表过一个著名的评论：标准差为25的小概率事件连续几天出现。如果你在几百万年的时间里每天都根据市场价格计算自己持有的头寸的价值，那么遇到一次标准差为25的小概率事件的概率尚不足一百万分之一。事实上，这种情况从来没有发生过。问题在于高盛公司使用的管理模型不能正确地描述真实的事件。

如果杯子里的水变成了酒，那么在宣布这一奇迹之前你应该好好考虑一下其他更为平淡无奇的解释。如果在抛硬币时，硬币连续十次正面朝上——发生这种情况的概率为千分之一——那么这一天可能是你的幸运日，但是更有可能的原因是这个硬币的重量不均匀，或者负责抛硬币并宣布结果的人在作弊。最极端结果的来源并非模型内部“有可能发生但概率极低”的预测成真，而是超出模型预测范围的一些事件。

60年前，法国经济学家阿莱提出了阿莱悖论（Allais paradox）。他发现大多数人对于发生概率非常高的事件与结果确定的事件态度大不相同。正常人不仅是这样想的，而且他们有理由这么想。现实世界里没有99%的概率。极高的概率或极低的概率只不过是模型玩弄的花招。模型能够完美地描述现实世界的概率远远低于1。一旦你把模型计算得到的概率与模型本身失灵的较高概率联系到一起考虑，就会发现绝大多数的模型都是靠不住的。

在险价值模型——这是目前银行使用的主要风险管理模型，同时也是监管部门强迫银行必须使用的风险管理模型——也许有助于监控日常的收益率波动情况。但是它们无法测量极端事件带来的影响或冲击。然而遗憾的是，测量极端事件带来的影响或冲击才是银行等金融机构使用此类模型的主要目的。这也是维尼亚先生与其他人在2007年领悟到的或者应该领悟到的教训。

然而，长期以来，此类风险模型一直在金融领域被广泛使用，这一点几乎没有发生过改变。欧盟正在致力于推出保险业的偿付能力监管标准Ⅱ。令人难以置信的是，这套监管标准分明是在仿效已被事实证明失败了的旨在监督银行偿付能力的《新巴塞尔资本协议》（Basel Ⅱ）。偿付能力监管标准Ⅱ要求金融机构开发的模型必须确保崩盘迫在眉睫的概率低于0.5%。

但是保险公司之所以会破产，原因并不是像此类模型所描述的那样，而是由于一些意料之外的或被忽视的事件，例如长期接触石棉所带来的潜在风险，或者美国上议院对公平人寿公司的裁决。保险公司之所以会破产，也许是因为承保人没有弄清楚自己出售的保单到底具有哪些风险特征——美国国际集团就是如此——也许是因为欺诈，例如公平人寿保险公司。

在现实生活中，多倍标准差的事件不太可能发生。当威尼斯商人所有的商船都在海上失踪时，我们知道自己是在看一出戏，而非真实的历史。莎士比亚不是傻瓜，他当然也知道这一点。在第五幕，安东尼奥能够全额拿回自己的损失准备金，即使此时已来不及履行他与夏洛克签订的银行契约。

但是如今执掌大权的不是诗人，而是模型设计者。就像炼金术士和江湖医生一样，这些模型设计者仰仗的就是民众相信小概率事件不可能发生的美好愿望。但是，寻找可以从外部进行监控的可靠客观的风险控制手段是徒劳无功的，这就像是要把普通金属炼成黄金一样。与炼金术士和江湖医生一样，风险模型设计者创造了一个新的行业，他们彼此之间激烈的技术性辩论让容易轻信的局外人相信，这是一个拥有真正专业技能的行业。

我们只有承认这种建模方式所存在的局限性，才能更好地管理金融风险。风险控制要涵盖多个方面：管理层的管理能力、精心设计的激励措施、健全的结构与制度以及设计的简洁性与透明度。

资料来源：*Financial Times*，2 March 2011.

言归正传，2008 年 4 月，美国第二大次级抵押贷款机构——新世纪公司申请破产。随后不久，美国规模最大的次级抵押贷款机构——美国国家金融服务公司也走到了破产的边缘。对冲基金进一步加大做空力度，次级抵押贷款的市场价值开始像自由落体一样下跌。担保债务证券与银行股票的市场价值也随之下跌。

2008 年 6 月，穆迪公司下调了总价值为 50 亿美元的次级抵押贷款的信用等级。同时还将 184 种担保债务证券列入“降级考察”的范围。标准普尔公司将价值总额为 73 亿美元的次级抵押贷款担保证券列入“负面观察”的范围。由于购买了大量的以信用违约互换或次级抵押贷款为担保的衍生产品，银行开始出现巨额亏损。

贝尔斯登公司是第一个倒下的，随后被 JP 摩根公司收购；雷曼兄弟公司申请破产；美林证券被美国银行收购，与此同时美国银行还收购了美国国家金融服务公司；美国政府向美国国际集团这个世界上领先的保险集团同时也是最大的信用违约互换交易商提供了资金援助，政府还宣布接管房利美与房地美。在英国，北延银行——这是一家专门发放抵押贷款的银行——宣布破产；同样地，另一家类似的抵押贷款银行——布拉德福德-宾利银行也宣布破产；英国政府向苏格兰哈里法克斯银行和苏格兰皇家银行提供了资金援助——这两家银行愚蠢地投资了信用违约互换产品，而且苏格兰皇家银行收购荷兰银行的行为被事实证明是极端错误的决策。2008 年末，多米诺骨牌效应开始显现。由于在信用违约互换产品上支付了大量的赔偿额，银行开始逐步丧失偿付能力。这导致信用违约互换市场与担保债务证券市场发生混乱，由于缺乏流动性，信用违约互换与担保债务证券的价格就像自由落体一样迅速下跌。如果政府不干预并允许这些银行或金融机构申请破产，那么由于它们拖欠了其他银行大量的债务，因此有可能会把经营状态良好的银行也拖下水，这样一来整个金融体系都要陷入毁灭的深渊。而且，更可怕的是，这将会对实体经济带来毁灭性的打击，因为随着银行召回贷款，将会有一家又一家的企业面临破产。如果真的出现了这种局面，事态的严重性将会超过大萧条危机，甚至严重的程度要大得多。当然，通过各国政府协调一致的市场干预行动，我们避免了“世界末日”。不过，次贷危机仍然是自大萧条危机以来破坏力最强的金融危机。

如果没有这些衍生产品——例如信用违约互换、担保债务证券、抵押贷款担保证券以及信贷担保——次级抵押贷款违约所造成的损失总额要小得多，同时也更加可控得多。如果没有这些衍生产品，违约只会伤害一部分金融机构的利益，而不是让危机蔓延到整个金融业。美国国内尚未偿还的次级抵押贷款总额约为 1.3 万亿美元。仅 2008 年一年的时间，这些次级抵押贷款的市场价值就缩水了几千亿美元。这相当于 2010 年 4 月国际货币基金组织估计的危机损失额的不足 10%，那么另外 90%的损失来源于哪里？答案是担保债务证券和信用违约互换。2007 年，信用违约互换市场的发行额为 60 万亿美元。现在让我们来做一个假设——虽然是一个假设，但是与现实情况比较相似——在这 60 万亿美元当中，70%的合约已经被对冲了风险。于是，剩下的 30%的信用违约互换合约未被对冲风险，其价值为 18 万亿美元。如果在这场金融危机当中，有一半左右的信用违约互换合约没有受到影响，那么还剩下 50%受影响的合约，合约总额为 9 万亿美元。如果其中有一半的合约是盈利的，另一半合约是亏损的，那么就意味着遭受损失的合约总金额为 4.5 万亿美元。然后我们再假设这部分合约的平均损失率为 65%，则意味着损失额为 2.925 万亿美元。并不是全部损失额都要由政府来买单，其中一部分损失会直接由银行来承担。银行会采取一些资本重组的措施来弥补这些亏损——例如发行认股权证或者接受主权财富基金（这指的是由石油出口国以及中国政府持有的基金）的注资。但是，因为一些银行持有的头寸过度集中，若政府不伸手援助，这些银行就要破产，因此政府必然要出手提供援助，从而承担一部分损失。假设 0.5 万亿美元的损失由银行自身承担，则政府要提供相当于 2.4 万亿美元的资金援助。2010 年 4 月，国际货币基金组织预测这场次贷危机带来的损失约为 2.3 万亿美元，这与我们的计算值较为接近。然而，现阶段，我们仍无法获得准确的损失额数据。前面给出的这些数值只不过是估计值。此外，市场还遭受了其他与信用违约互换产品无关的损失，这部分损失可能超过了 0.5 万亿美元。问题首先出在次级抵押贷款上，如果政府不加以干预，危机可能会演变为第二次大萧条危机。

我们认为值得引用一下约翰·凯西迪（John Cassidy）[11] 曾经说过的话。他观察到，2010 年 5 月，艾伦·格林斯潘（Alan Greenspan）高度赞扬了信用衍生品，声称信用衍生品允许银行尤其是一些规模最大的、对整个金融系统至关重要的大银行更有效地测量并管理其信用风险，从而有助于提高整个银行体系的稳定性。凯西迪说：

> 对这些衍生产品，例如信用违约互换，格林斯潘只不过重申了一遍**美联储**（Fed）以及其他跨国银行监管机构的官方观点。2006 年格林斯潘退休以后，格林斯潘的继任者本·伯南克（Ben Bernanke）从未试图改变美联储一直以来坚持的顺其自然的监管态度。信用违约互换产品便于金融机构测量与管理风险，这是监管部门长期以来持有的观点。同理，它们对债券价值模型也持同样的看法。除非导致了某些灾难性的后果，否则没有哪一家监管机构会对华尔街公司的行为提出严重质疑。

然而，明显的事实是衍生产品——信用违约互换、担保债务证券和抵押贷款担保证券——放大了次级抵押贷款所导致的损失，并使全世界陷入金融危机的泥淖中。当投资者们了解了这一切以后，他们失去了对金融体系的信心。如果政府不干预，整个金融体系将会彻底崩溃。是政府倾尽全力撑住了摇摇欲坠的多米诺骨牌——刚刚好撑住。

在本章的最后，我们在新闻剪报 18.2 中再次引用约翰·凯的文章。在这篇文章中，约翰·凯将金融机构出售信用违约互换和信用担保的行为比作是太过紧跟前车的驾驶行为。这简直是一个绝妙的类比。大家回顾一下图 18.1 就会弄明白信用违约互换的“跟车行为”是怎么回事了。信用违约互换产品的卖家每年都可以从买家那里收取一笔费用，这笔收益会被记入损益表的利润项目。但是一旦跟车太近导致事故发生，银行就要向保护的购买方提供赔偿，这意味着损益表上的利润就会相应地减少。但是，只要这种跟车策略能带来收益，交易员就会得到赞美，银行家也会得到非执行董事的称赞。看着损益表上漂亮的数字，每个人都喜笑颜开，连声称好：这简直是一棵摇钱树啊。不管什么时候，当你发现摇钱树时，一定要抱着“质疑质疑再质疑”的态度，因为所谓的摇钱树只不过是错觉罢了。那么在这场游戏当中，有哪位银行的非执行董事或监管者曾经表示过质疑？银行内部有哪个人曾经建议应当预拨准备金以防范信用违约事件发生时银行向保护的购买方进行赔偿的风险？这样做是否会对银行家们的奖金造成负面影响？还有一点，套利交易和跟车策略有什么相似之处吗？如果两者之间确有相似之处，那么这就能解释为什么当跟车策略导致前后两车即将发生碰撞时——这意味着形势朝不利的方向变化——套利交易者会迅速改变头寸的方向。

作者还要提到一个有趣的观点，那就是迈克·李维斯（Michael Lewis）[12]和格里·祖克曼（Gregory Zuckerman）[13]都曾详细描述在金融危机即将爆发之前，投机者预测房地产市场价格无法持续上涨，一旦价格下跌，必将给信用违约互换和担保债务证券的价格造成负面影响。于是他们利用这一点投机信用违约互换以及其他的有毒资产大赚了一笔。具体的做法是由于预见到房地产市场必将崩溃，投机者们大量买入信用违约互换产品。也就是说，这些投机者们相当于在做空市场。一部分受到影响的信用违约互换产品在标的资产彻底变成废纸之前便开始赔偿累计损失额，后来监管部门试图采用逐日盯市的结算方式——采用这种结算方式的合约被称为现收现付制合约（PAUG，发音类似于英文 hog）——结果全失败了。美国参议员常设调查委员会调查[14]并公布了这一过程及具体细节。

新闻剪报 18.2　跟车过近也影响高速公路的通行

约翰·凯

有些人把这种做法形容为“站在蒸汽压路机前面捡硬币”。另外一种更加粗俗的说法是：“吃饭的时候像只鸟，拉屎的时候像大象”。而更为学术化的描述是：这种策略相当于在卖出处于严重虚值状态的期权。但是我更喜欢将其比作跟车太近的驾驶行为，即后车司机以较高的速度紧紧尾随前车的驾驶行为。

不管用什么样的词来形容，说的都是一回事：这种做法或策略经常能够带来一些小额收益，但是有时会造成非常严重的损失。在金融市场上，很多交易策略——以及商业策略——都具有这种“跟车太近”的特征。我将其称为塔勒布分布，塔勒布是《随机支付的傻瓜》（与现在广为流传的《黑天鹅》相比，《随机支付的傻瓜》出版时间更早，而且更好）一书的作者，塔勒布在这本书中列举了各种各样的例子。

使用这种分布曲线对近来金融危机的爆发起到了至关重要的作用。购买新兴市场债券看上去是获利颇丰的交易策略，而且似乎这种策略会导致巨额亏损的概率很低。持有那些根本不具有内在价值的网络股并相信能以更高的价格将其转手卖给更傻的人，这种交易策略也是如此。金融机构人为地创造出拥有投资级别的合成证券，其收益率甚至高于信用等级良好的投资产品，这是因为合成证券的内在风险被严重低估，最终导致整个信贷市场的冻结。问题不仅仅在于这些分布曲线具有明显的塔勒布特征：这些市场交易行为在最初被设计时便已牢牢打上了塔勒布特征的烙印。

跟车太近这一比喻之所以非常恰当，还因为它充分捕捉到了这一交易行为的基础特征。总的来说，这指的是跟车者可以通过跟车过紧的行为获得一种自我满足感。而这种交易策略便是自我满足感在金融市场上的投射。这些人具有一定的才能，或者是他们相信自己具有这样的才能。由于驾驶技术高超，并能精准地判断并控制风险，跟车者能比其他人更快到达目的地。这种自欺欺人的行为有可能发生，因为认知失调会将偶尔发生的事故与经常获得的成功区分开来。当发生事故时，把原因全部归结为别人的错。前车的司机出乎意料地变道，道路前方有障碍物，没人能够提前预料。

跟车者之所以有这样的心态，还有一个重要因素。绝大多数跟车过紧的驾驶员可能终生不会发生事故，也有一部分司机可能会在太平间里结束自己的旅程。这意味着通过实践经验得出“跟车行为是愚蠢的”这一结论的只是一小部分人。对于跟车者来说，他们认为有些人只是基于单纯的理论分析得出“跟车行为是愚蠢的”这一结论，而这种理论分析可以被跟车者的实践经验彻底驳倒。于是，跟车者的自信以及沾沾自喜的心态会使其继续坚持过近跟车这种行为。

你也许以为亲眼目睹半个多世纪以来高速公路上最严重的数车连环追尾事故会让司机更安全地驾驶。但是事实可能并非如此。亲眼目睹事故发生可能会让司机在短时间内更为谨慎地驾驶。据观察，这种效应会很快消失。金融市场也是如此。

最近公布收益和员工奖金的银行再次向我们保证，跟车行为是有回报的。事实上，这种交易策略获得的回报变得越来越高，这是因为政府部门花了更大的力气确保道路通畅，而各地的交通警察到处开会宣传安全驾驶。

政府部门自己已经被这种跟车过近行为所传染。一些官员认为，政府为私人部门的负债提供担保并不花什么成本。因为将来政府代替私人部门偿还债务的可能性微乎其微。还有人会说，政府部门向金融机构注入紧急援助资金反而可以帮政府部门获得盈利。这再次证明跟车者的比喻也是多么精准。跟车者总是对自己高超的驾驶技术感到沾沾自喜。信用担保也好，直接注资也好，虽然经常出现的结果是这种做法不会带来任何成本，但是一旦产生成本，便将是巨额成本。至今还在为冰岛银行和房利美的亏损买单的纳税人已经发现了这一点，但是还有很多人仍然执迷不悟。过近跟车的驾驶方式也许能帮你更快地到达目的地，但是也有可能会因为发生事故而得到适得其反的结果。

资料来源：*Financial Times*，20 January 2010.

小结

● 信用违约互换是一种互换合约，交易双方A和B约定A定期向B支付一笔费用作为交换，B承诺一旦信用违约事件发生，B会按照标的信用工具（资本工具可以是债券或者C公司的贷款）的资本额向A进行赔偿。

● 导致B向A进行赔偿的信用违约事件包括未能按时偿还利息、未能按时偿还贷款本金，在我们前面的例子中，如果C公司破产，则B要向A进行赔偿。

● 即使没有发生信用违约事件，随着信用违约事件的相关方（本例中指的是C公司）违约的可能性越来越高，新成交的信用违约互换产品的价格也会上升。于是，B持有的头寸价值下跌，而A持有的头寸价值上涨。

● 信用违约互换合约看上去类似于保险产品，但是两者之间具有一定的差异，具体请看下面的六点。

● 对于信用违约互换产品来说，交易双方均不需要拥有标的证券（债券、贷款或债务）。不管是信用违约互换的卖家还是买家，都无须因信用违约事件（假设其中的某一方并不持有 CDS）的发生而遭受实际损失。而保险产品则有所不同，被保险人必须拥有可保险权益，他或她要能证明信用违约事件的发生会给其造成潜在损失。

● 信用违约互换产品的交易双方不会受到监管。

● 对保险产品而言，被保险人要受到最大诚信原则的约束，必须详细披露所有的相关信息。没有做到这一点将会导致保险合同失效。但是信用违约互换并不是这样。对于信用违约互换来说，"买家要当心"这句名言可能更加适用。

● 一旦信用违约事件发生，有责任向交易对手进行赔偿的交易方无须事先预留出一定数额的准备金。

● 保险公司根据大数法则建立损失准备金，通过这种方式来管理风险。而信用违约互换产品的交易商管理风险的做法与之不同：与另外一个交易对手进行一笔反向的交易，从而对冲上一笔信用违约互换交易所带来的潜在负债。

● 信用违约互换合约一般要采用逐日盯市的结算方法，因此会对损益表和资产负债表造成影响。而保险产品不会造成这种影响。所谓逐日盯市，指的是每个交易日收盘后要重新计算金融工具相对应上一个交易日获得了多少盈利或损失，如果是盈利，会被记为收入，如果是损失，则会被冲销盈利。显然，对于那些价格多变的金融工具来说，这种做法会导致财务报表中利润数据的剧烈波动，从而影响未分配准备金的金额。而且，对于银行管理人员来说，这还能给他们带来不断增加的巨额奖金。目前，有关部门正在审查金融机构使用的会计准则。

● 信用违约互换往往与信用担保结合起来使用，本质上它们属于同一类产品。

章末习题

18.1 比较一下信用违约互换与信用保险的异同点。

18.2 如何将信用质量较低的债务与 CDS 结合在一起，在此基础上创造出可以获得信用评级机构 AAA 信用等级的衍生产品？

18.3 讨论一下为什么当金融危机爆发时，高斯分布曲线无法准确描述金融市场的状况。解释一下前因后果。

注释

1. Buckley，A.，*Financial Crisis*，FT Prentice Hall，2011.

2. McDonald，L.，*A Colossal Failure of Common Sense*，Ebury Press，2009.

3. Tett，G.，*Fool's Gold*，Little Brown，2009.

4. Salmon. F.，"Recipe for disaster：the formula that killed Wall Street"，*Wired Magazine*，23 February 2009.

5. David X. Li，"On default correlation：a copula function approach"，*Journal of Fixed Income*，9，43-54，2000.

6. Johnson，S. and Kwak，J.，*13 Bankers*，Pantheon Books，2010.

7. Partnoy，F.，*F. I. A. S. C. O.*，Profile Books，1997.

8. Mandelbrot，Benoit B.，*The (Mis)Behaviour of Markets*，Profile Books，2005.

9. Taleb，N. N.，*The Black Swan*，Penguin Group，2008.

10. Triana，P.，*Lecturing Birds on Flying*，John Wiley and Sons Inc.，2009.

11. Cassidy，J.，*How Market Fail*，Penguin Group，2009.

12. Lewis，M.，*The Big Short*，Penguin Group，2010.

13. Zuckerman，G.，*The Greatest Trade Ever*，Penguin，2010.

14. US Senate permanent subcommittee on investigations，*Wall Street and the Financial Crisis：Anatomy of a Financial Collapse*，Cosimo Reports，2011.

第 19 章　2007—2008 年金融危机：总览

最近几年，我们经历了金融业发展历史上最重要的事件之一——2007—2008 年的金融危机。尽管该领域的研究与跨国公司财务管理并无直接关联，但是我们还是坚持所有认真学习财务管理课程的学生都要深刻了解促使这场金融危机爆发的原因以及背后的推动力。因此，本章我们会在上一章的基础上重点分析这场金融危机。不过，短短一章的篇幅无法将这场危机的方方面面全部谈到，因此我们向大家推荐其他的书籍，如果大家想更好地了解这一方面的相关内容，可以查阅巴克利[1] 的《金融危机调查报告》[2]。

19.1　经济繁荣时期

在 2007 年之前的十年里，金融危机的种子已经埋下了。在这十年光景里，实际利率水平——等于实际的市场利率减去实际的通货膨胀率——非常之低，而市政开支增长速度飞快。大家可以看一下表 19—1，就会发现在 21 世纪的头七年当中，有三年美国国内的实际利率水平都是负的，还有一年利率水平等于零。低利率并不只是美国经济的特征，这几乎可以称得上是全球的普遍现象。看上去好像各国政府已经商量好了，协调一致地执行低利率政策。事实上，各国财政部长召开了多次会议，没有摆在明面上的日程就是为了进一步加强一致性，确保没有哪一个国家会打破低利率的政策同盟。于是，经济繁荣时期被人为地延长了，美国、英国以及其他国家出现了房地产价格泡沫。而且，银行充分利用了低利率政策所带来的好处，在总体融资额中加大了债务融资所占的比例。因为债务融资的成本低廉，因此银行的这种举动被认为是有效的决策。但是因为银行要先偿还债务利息，然后才能向股东支付股息，而且当银行破产清算时，债务的偿还顺序排在股东权益资本之前，所以从股东的角度来说，债务资金的风险水平更高一些。第二次世界大战结束后，银行的债务权益比率由原来的 10∶1 逐渐变化到接近 25∶1，一些金融机构的债务权益比率甚至超过了 33∶1。如果债务权益比率高达 33∶1，那么就意味着银行资产的价值只要下跌 3%，就能将普通股股东提供的全部权益资本消耗殆尽。这说明银行的风险水平非常之高。通常，制造业与服务业企业的债务权益比率为 1∶2，这是比较合理的。但是，一些银行的债务权益比率可以达到 33∶1。当然，企业与企业不同，每一个行业都有不同的财务比率标准。但是结论很明显：银行的负债规模越来越大。而负债越多，意味着财务风险越大。

表 19—1　　美国和英国的实际利率

年份	美国（%）	英国（%）
2000	1.5	3.1
2001	3	3.2
2002	1.5	2.3
2003	−0.5	0.7
2004	−0.75	1.5
2005	−1	1.7
2006	0	1.5
2007	1	1.2
2008	1	0.5
2009	0.5	0.5

在美国和英国的主要商业区，低利率进一步催生了人们的过度消费心态。美国人的消费狂欢主要购买的是中国制造的产品。这对中国政府的政策产生了一定的影响。中国的出口商们将产品出口到美国换回美元。中国的中央银行再从进口商手中购买美元。接下来，中国的中央银行再将这些美元用于购买美国政府发行的国债。如果中国人把美元卖掉，买入其本国货币，这将使得美元汇率下跌，人民币汇率相应上升。而这种结果将会在一定程度上削弱中国产品的出口竞争力。目前中国只是将自己持有的美元投资于美国的国债，因此对出口商没有造成负面影响。与此同时，作为美国国债的重要大买家之一，中国愿意购买数万亿美元的美国国债，这意味着美国政府可以更轻松、成本更低地弥补其财政赤字。于是，皆大欢喜。对美国来说，可以一直保持低利率政策。对中国来说，可以一直保持其出口竞争力。对美国老百姓来说，可以继续享受低利率以及中国生产的廉价商品所带来的好处。

毫无疑问，在说客集团的努力游说下，美国和欧洲各国的政府都受到了影响，想要将这一波经济繁荣时期一直持续下去。说客们的影响是政府监管部门加快对银行业放松管制的重要推动力。于是，消费者感到很高兴（从而政客们的选票也有了着落），他们毫无节制地负债，购买自己无力承担的房屋，并且尽情享受消费狂欢，而且看上去这场狂欢永远也不会结束。在这种情况下，世界各国政府也仿佛沉浸在经济持续繁荣的美好想象里。总统和财政大臣们有了一个新的口头禅——“我们已经消灭了繁荣与萧条的经济周期”。

大家可以看一下图 19—1，自 21 世纪初开始，房地产贷款规模的迅速扩张令人感到吃惊。图 19—2 和图 19—3 分别给出了英国和美国的房屋平均价格。大家可以再看一下图 19—4，该图说明的是 2006 年房屋价格的实际平均上涨率。显然，很多国家出现了房地产价格泡沫。事实上，一开始只是一些小的泡沫，后来却迅速演变成像气球一样大的泡沫。

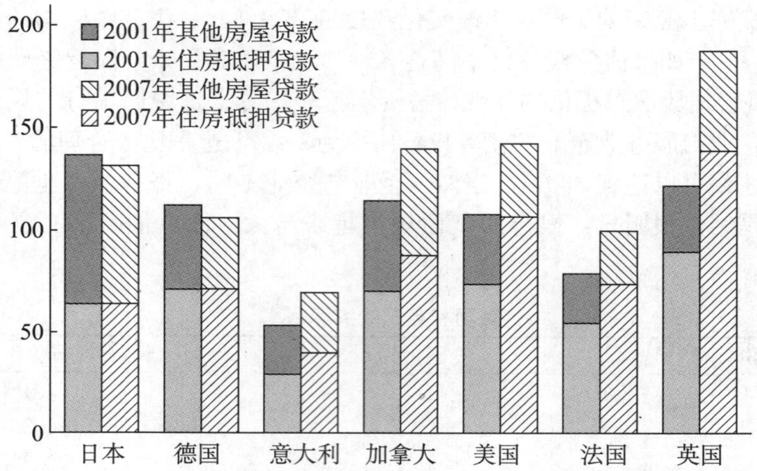

图 19—1　房屋贷款（表示为名义可支配收入的一定百分比）

资料来源：Reuters DataStream；OECD.

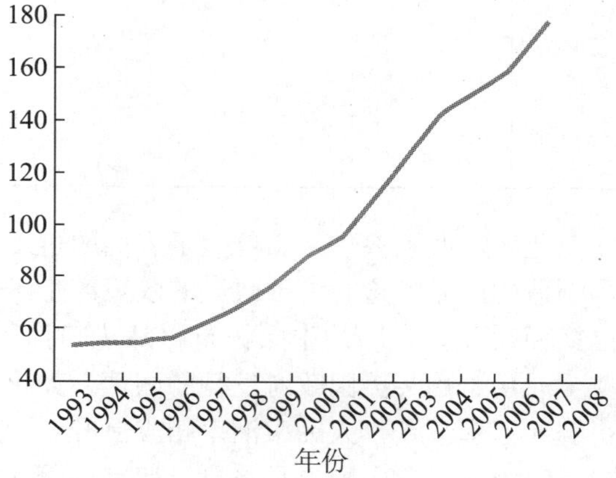

图 19—2　英国房屋价格指数

资料来源：改编自 Graham Turner，*The Credit Crunch*，Pluto Press，2008，Oxford Economic Forecasting and GFC Economics.

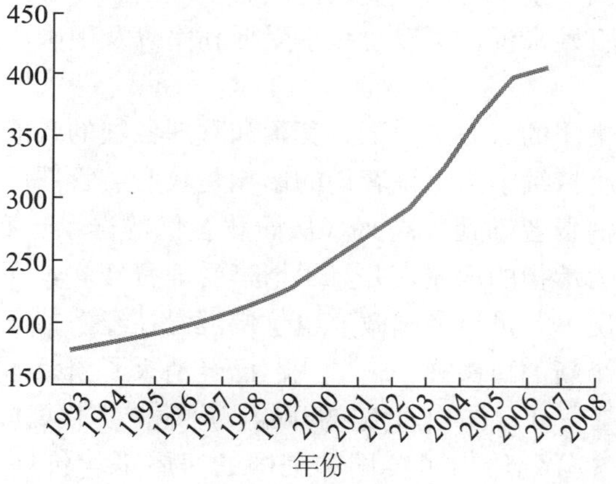

图 19—3　美国房屋价格指数

资料来源：改编自 Graham Turner，*The Credit Crunch*，Pluto Press，2008，Oxford Economic Forecasting and GFC Economics.

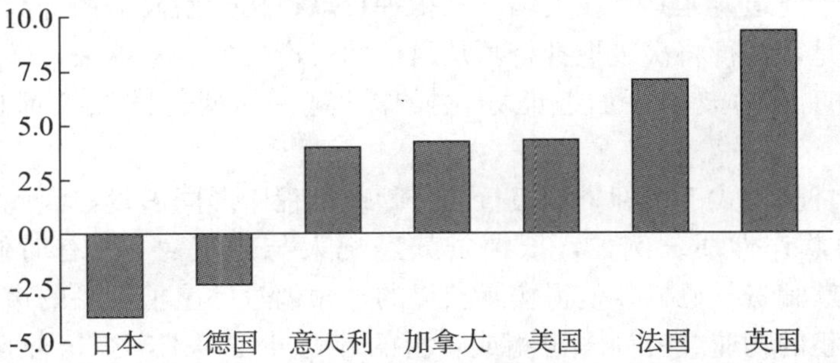

图 19—4　房屋价格实际上涨率——到 2006 年为止 10 年间的年均增长率

资料来源：OECD.

19.2　贷款的新形式

自 20 世纪 90 年代中期开始，美国政府一直在鼓吹扩大房屋所有权的好处，并建立起各种各样的机构旨在实现这一目标。银行借贷模式的转变进一步推动了这一进程。银行的借贷模式由传统的**“发放贷款后一直持有”**（originate-to-hold）转变为一种新的模式，即**“发放贷款后转售”**（originate-to-distribute）。这意味着什么？按照传统的贷款模式，抵押贷款银行要求借款人用房屋作为抵押来申请贷款，在贷款发放以后，银行会一直持有这笔贷款，并按时收取贷款利息和本金的偿还额。按照新的“发放贷款后转售”的模式，情况发生了变化。银行仍然要求借款人以房屋作为抵押来获得贷款，但是在贷款发放以后，银行不再继续持有这笔贷款，而是将其出售给另一家银行或者专门处理这种贷款的金融机构——此类金融机构从众多抵押贷款银行那里购买大量的抵押贷款，然后将其打包整理作为抵押资产，在此基础上发行所谓的抵押贷款担保证券，将其出售给其他金融机构。另一种做法是，金融机构购买了抵押贷款以后，将其与其他类型的贷款——例如汽车贷款、信用卡贷款、公司贷款以及其他类型的贷款——混合在一起，打包整理为抵押资产，在此基础上发行担保债务证券，将其出售给其他机构。这一过程被称为**证券化**（securitisation）。除此以外，市场上还存在很多其他类型的证券化操作方法。那么情况一目了然：在传统的“发放贷款后一直持有”的贷款模式下，银行要一直持有抵押贷款 20 年或者 25 年，因此在发放贷款之前，银行会认真调查客户的偿债能力，谨慎评估贷款的可偿还性。但是，在新的贷款模式下，由于银行在贷款发放后并不继续持有贷款，因此在筛选以及调查借款人的过程中，银行的谨慎与认真程度大大下降。事实就是如此。

除了抵押贷款银行以外，其他类型的银行也在把自己持有的贷款转售给其他机构并进行证券化。正如图 18—3 所示，商业银行（这种类型的银行吸收存款并向客户发放贷款）就是这样处理公司贷款和信用卡贷款的。大家都这样做的结果是银行彻底抛弃了原有的信用审查标准与程序。好几代人建立起来的贷款标准与流程被彻底践踏。既然银行肯定要把自己发放的贷款转售给其他机构，那么为什么还要花费那么多时间和成本去进行严格的信用调查呢？

抵押贷款被出售给第三方进行证券化，而贷款模式也转变为“发放贷款后转售”的形式。图 18—3 描绘了整个过程的基本步骤。在这种背景下，再加上政府部门的花言巧语——政府很精于此道，尤其是在美国——抵押贷款机构开始向信用等级较低的客户提供更多的贷款。于是，银行将次级抵押贷款从自己的资产负债表上抹去，转而将这些贷款出售给其他机构。政府的鼓动再加上证券化操作，这一切使得次级抵押贷款的规模迅速膨胀。

由于在新的贷款模式下抵押贷款银行的贷款审批程序形同虚设，因此导致某些贷款交易具有了一定的欺诈性质。例如，抵押贷款经纪人与建筑商——有时候律师也牵扯在内——串通起来欺骗贷款机构，使得实际获得的金额超过房屋抵押品的市场价值。骗子们常常利用购买出租的物业或者尚未出租或转售的计划外住房来实施这种骗局。一般来说，他们在向贷款机构介绍情况时会说房子已被卖掉，然而事实上房子根本没有卖掉，他们提供的买房人也是虚假的。另外一种常见的伎俩是借款人声称他们打算购买某处房屋作为出租物业，然而事实上，他们的实际目的是“倒房”。图19—2和图19—3能够说明倒房的策略可以给投机者带来不错的收益。此外，抵押贷款经纪人还有可能帮助借款人去伪造工作经历和收入证明，欺骗贷款机构从而获得贷款。他们常常通过隐瞒关键信息来达到这一目的。一些贷款机构甚至允许由借款人本人来验证收入证明的真实性。市场上很多贷款机构都是这样做的。这还是尽职调查吗？

传统的抵押贷款的最高额取决于下面两个数值中的较小值：借款人收入的3倍，或者作为抵押品的不动产价值的90％～95％。然而现如今，这一贷款上限标准被突破了。一些贷款机构提供的贷款额甚至超过了房屋市场价值的100％。北岩银行——一家英国抵押贷款银行——提供的贷款金额甚至高达125％的比例，其中包含95％的抵押物价值，再加上30％的无担保贷款，贷款上限最高可达借款人收入水平的6倍。

19.3 定时炸弹即将爆炸

与此同时，一种新的金融工具——信用违约互换现身于市场。正如我们在上一章谈到的那样，信用违约互换和担保债务证券所造成的损失估计将近3万亿美元，不过目前我们对具体的实际损失额尚不确定。不管实际损失额到底是多少，这都是一笔巨额亏损。我们可以将其与美国的国民收入水平相比较。2009年，美国的GDP大致为14万亿美元。

从2000年到2007年，信用违约互换的交易额几乎是从0迅速增长到超过60万亿美元，这进一步放大了各种金融机构（例如美国国际集团、房利美与房地美以及雷曼兄弟公司这样的投资银行）损益表上的利润数据。信用违约互换和与之相似的信用担保产品成为最受金融机构欢迎的幸运儿。打个比方，这就好比是青蛙变成了王子，但是一旦违约事件发生，王子又变回了青蛙。抵押贷款借款人无力偿还贷款，信用卡贷款的借款人也无力偿还贷款。于是，担保债务证券的收入现金流受到了负面影响。市场上存在大量以担保债务证券为标的物的信用违约互换产品。你可以把这想象成一座债务的金字塔。这所有的一切对信用违约互换头寸的价值造成了负面影响。如前所述，如果没有违约事件发生，或者违约事件发生的概率很低，那么信用违约互换可能拥有正价值，即类似于保费的预期收入现金流与预期的违约赔偿金额之间的差，我们假设为正的100。但是一旦违约概率逐渐上升并最终导致违约事件真正发生，信用违约互换产品的价值就会发生改变，随着向保护的购买方（被保险人）进行赔偿的概率越来越高，信用违约互换产品的价值甚至会变成负值。

在前面这个例子中，原本价值为正 100 的 CDS，有可能会变成价值为负 100 或者负 500 的负资产。事实就是如此。这是一颗定时炸弹，爆炸以后彻底毁掉了雷曼兄弟公司。如果政府不出手干预，美国国际集团、房利美、房地美、英国苏格兰皇家银行、苏格兰哈里法克斯银行以及其他多家全球著名的银行都有可能遭受同样的命运。新闻剪报 19.1、新闻剪报 19.2 以及新闻剪报 19.3 简要介绍了雷曼兄弟公司的破产过程。顺便说一句，这些新闻剪报里提到了回购。我们将在第 30 章用一节的篇幅来介绍回购这种产品。

新闻剪报 19.1 瓦卢卡斯的报告证明没有哪个人是无辜的

贾斯廷·贝尔（Justin Baer）于纽约

安东·瓦卢卡斯（Anton Valukas）向破产法庭提交了关于雷曼兄弟公司破产的长达 2 200页的调查报告。雷曼兄弟公司这家富有传奇色彩的证券公司宣告破产，一直以来备受华尔街瞩目，瓦卢卡斯的调查报告并不是有关该事件的第一份调查报告。

对于那些手上握有上百万美元雷曼兄弟公司债权的债权人来说，瓦卢卡斯可能是唯一可以指望的人。

2009 年 1 月，瓦卢卡斯先生被破产法庭任命为调查员，负责调查这桩美国历史上金额最高的公司破产案背后的原因。

今年早些时候，瓦卢卡斯向破产法庭提交了自己的调查报告，但是法庭一直未将该报告公布于世，直到一些主要当事人同意将自己拥有的“确保对调查报告的某些内容保密”的权利让渡给法庭。

瓦卢卡斯先生用冷静严肃的词语描述了雷曼兄弟公司破产前的最后时光。在他的描述中，我们没有发现几个敢于振臂高呼的英雄，倒是发现了好几位所谓的“罪犯”。

“导致雷曼兄弟公司破产的原因有很多，责任应当由多方共同承担”，瓦卢卡斯先生在调查报告中这样写道，昨天法庭公布了这份调查报告。“雷曼兄弟公司破产是经济环境不断恶化的结果而非原因。”

瓦卢卡斯先生把矛头对准了雷曼兄弟公司的多位高管，其中包括迪克·富尔德（Dick Fuld）——他长期以来担任雷曼兄弟公司的首席执行官——以及雷曼兄弟公司几位前任首席财务总监——克里斯·欧米拉（Chris O'Meara）、艾琳·卡兰（Erin Callan）以及伊恩·洛维特（Ian Lowitt）。瓦卢卡斯先生声称他发现了一些似是而非的指控，或者一些有足够可信赖证据的例证，可以对上述每一位高管提出指控。

在这份调查报告中，瓦卢卡斯先生认为，雷曼兄弟公司的财务困境“归因于公司的高管人员，他们所犯下的错小到严重的商业判断失误，大到可被提起诉讼的资产负债表操纵行为；还要归因于投资银行使用的商业模式，风险水平过高，杠杆率也过高；政府机构也要承担一部分责任，站在管理者的角度，它们本应当更好地预见或减轻这一悲剧性的结局。”

雷曼兄弟公司濒临破产时，资本金总额为 250 亿美元，然而资产与负债总额高达 7 000亿美元，杠杆率非常高。为了确保能从评级机构那里获得较高的信用评级，雷曼兄弟公司大量使用了其内部称为“回购 105”的工具——事实上这只不过是一种粉饰资产负债表的手段——在 2008 年第一季度末和第二季度末，把 500 亿美元的资产从资产负债表上抹去。调查员引用了雷曼兄弟公司一位高管的话：“这根本不是实质性的交易”。

瓦卢卡斯先生认为：“雷曼兄弟公司一直没有向外界透露它在使用这种会计工具（即回购 105）来管理自己的资产负债表——在 2008 年第一季度末和第二季度末，临时将价值约为500亿美元的资产从资产负债表上抹去。”

调查员还声称，雷曼兄弟公司将“一定数量的资产”通过“不恰当的方式”转移给了巴克莱银行。雷曼兄弟公司破产后，巴克莱银行——一家英国银行——收购了雷曼兄弟公司位于美国国内的经纪业务部门。

巴克莱银行拒绝对此事做出评论。

在一份声明中，富尔德先生的律师安理国际律师事务所的帕特丽夏·海恩斯(Patricia Hynes)说：“调查员相信可以凭借某些证据对迪克·富尔德提出指控，这是因为雷曼兄弟公司并没有向外界详细披露有关‘回购105’这种交易的具体细节。

“富尔德先生并不了解这种交易——他本人没有直接进行交易或参与协商，他也不清楚如何利用这种交易进行会计处理。而且，目前调查员所掌握的证据显示，回购105交易完全符合雷曼兄弟公司的内部会计制度，并得到了安永会计师事务所——该事务所是雷曼兄弟公司聘用的独立外部审计机构——的支持和许可。不管是雷曼兄弟公司的高级财务管理人员、法律顾问还是安永会计师事务所，都从未向富尔德先生质疑过使用回购105交易的合法性或合规性。而富尔德先生在整个任职期间兢兢业业，一直以维护公司及股东利益为最高目标。”

“在履职的3个月期间，洛维特先生工作认真负责，完全履行了作为雷曼兄弟公司财务总监所应履行的全部职责”，洛维特先生的律师在声明中这样说道。“任何有关洛维特先生渎职或玩忽职守的猜测或指责都是毫无根据的。”

卡兰女士和欧米拉先生未做出评论。

此外，调查员提交的调查报告重申，就在2009年6月雷曼兄弟公司通过公开发行股票获得60亿美元融资后不久，时任美国财政部长的汉克·保尔森（Hank Paulson）就曾警告过富尔德先生，如果雷曼兄弟公司第三季度的财务报表继续亏损，同时又找不到买家或者制定一个有效的企业复苏计划，那么雷曼兄弟公司的继续生存将会受到威胁。

资料来源： *Financial Times*，12 March 2010.

新闻剪报 19.2　会计制度：再次被愚弄

珍妮弗·休斯（Jennifer Hughes）

2008年3月18日，时任雷曼兄弟公司财务总监的艾琳·卡兰在一次电话会议上说，雷曼兄弟公司正在“努力向大家提供有关资产负债表的更多细节”。当时，与会的众多分析师甚至对她表示感谢。

但是，卡兰女士并没有告诉他们，在这个季度即将结束时，雷曼兄弟公司使用一种名为“回购105”的工具将总额为490亿美元（折合为360亿欧元，320亿英镑）的资产从资产负债表上抹去。这样做的目的是降低雷曼兄弟公司财务报表的杠杆比率——即资产与权益资本的比率——卡兰女士还特意向分析师们提到了杠杆比率下降这一利好消息。

上周，破产法庭指派的调查员安东·瓦卢卡斯提交的长达2 200页的调查报告也披露了一些类似的交易。所谓的回购105交易只不过是一种常用的会计处理小花招，其作用是粉饰门面，让资产负债表暂时看上去更漂亮一些。

在长达两年的调查期内，人们一直关注的焦点是雷曼兄弟公司的高管人员在公司内部对这种交易进行了怎样的讨论，以及其交易对手——这指的是在雷曼兄弟公司于9月份破产之前与之进行回购交易的其他金融机构——为什么会接受这样的交易。

即使在雷曼兄弟公司内部，也不是所有人都对回购105交易持赞成态度。2008年6月上任的首席运营官巴特·麦克达德（Bart McDade）把回购105交易叫做“我们吸食的另一种毒品，”在电子邮件中计划大幅减少此类交易的使用，结果遭到了某些部门的强烈抗议与反对。跨国业务财务总监马丁·凯利（Martin Kelly）警告他的上司，如果将回购105交易的细节公布于众，雷曼兄弟公司的市场声誉将会毁于一旦。

这种交易甚至还会给银行带来很高的成本。另一名管理人员在一封电子邮件中这样说道：“每个人都知道回购105交易是表外业务，因此在协商交易合同时，交易对手开出的价格简直是太离谱了。”

但是在2008年，随着外界对雷曼兄弟公司的财务状况尤其是过高的财务杠杆率不断表示担忧，雷曼兄弟公司不得不进行更多的回购105交易来加以掩饰。公司内部的电子邮件一直在催促各部门的经理赶快努力把资产从资产负债表上抹去。尽管在雷曼兄弟公司破产前一直担任首席执行官的迪克·富尔德通过律师声称他不记得公司内部高管人员曾经对回购105交易进行过讨论，但是麦克达德先生告诉调查员，在他提交给富尔德的6月份工作剪报上，回购105交易就是汇报的主题之一。

瓦卢卡斯的调查报告引起了人们对会计处理方法——以及安永公司的审计方法——适用性的讨论，从而引出了一个更严重的问题：这种金融工程交易怎么会被普遍视为是合法的商业工具？如果可以，我们应当采取哪些措施？

对财务报表进行粉饰早不是什么新鲜事了，方式可谓多种多样，有一些做法没有什么太大的影响，但有些做法就是赤裸裸的欺诈。例如，制造业企业的经理可能会采用“填充渠道”——在季度末或年末来临前，将商品大量转移给经销商，即使经销商并没有提出订购要求——的做法在季度末或年底达到销售目标，并提高财务报表上的销售收入。零售业管理人员也会采取类似的做法。比方说，他或他知道自己已经达到了这个月的销售目标，那么就会故意将销售交易推迟几天记录，以便达到下个月的销售目标。

一般来说，像雷曼兄弟公司这样用回购105交易操纵资产负债表的现象相对较为少见，更常见的是使用各种会计手段操纵财务报表收入数据。但是，并不是只有雷曼兄弟公司一家公司这样做。

事实上，昨天又曝出了一条漏网之鱼——肖恩·菲茨帕特里克（Sean FitzPatrick）被逮捕。也是在2008年，肖恩·菲茨帕特里克被人揭发在长达数年的时间里，隐藏了总价值8 700万欧元（折合为1.19亿美元，7 700万英镑）的个人贷款，随后，他辞去了总部位于都柏林的爱尔兰银行总裁一职。他的手法是在年末即将到来时，将账面上的个人贷款转移给其他银行，等到资产负债表年终结算日一过，再将这部分资产拿回来。

就在菲茨帕特里克先生被逮捕前两年，美国证监会曾经要求一家波多黎各银行集团重新提交财务报表，因为委员会经过调查发现原来提交的报表存在多处违规操作，其中包括通过与其他银行同时进行买入与卖出交易来操纵利润。

这种手法很早以前就有人用过了；1973年，政府开始紧缩银根后，英国的一家证券公司——London and County Securities——宣布破产，从而证实了一段时间以来市场对其财务状况不佳的怀疑。与次贷危机非常相似的是，这家证券公司的破产动摇了人们对英国银行业的信任，迫使英格兰银行不得不出手向竞争对手提供资金援助，以确保其具有充足的流动性。

在检查证券公司的原始账目时，公司资产清算人发现，该公司使用了多种粉饰资产负

表外业务
雷曼兄弟公司对回购105交易的使用情况 (单位：10亿美元)

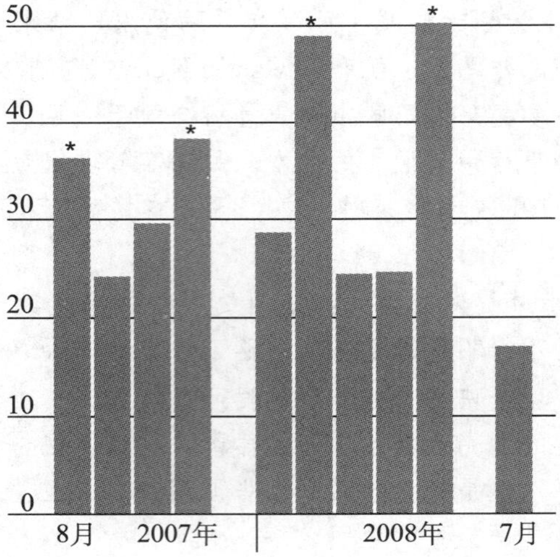

*指每个会计季度末。

债表的行为，其中包括与其他多家银行共谋，在年底即将到来时互相提供存款，以提高财务报表的流动性。

雷曼兄弟公司的回购 105 交易之所以引人注目，是因为雷曼兄弟公司用这种方法将资产从资产负债表上移走，其采用的会计处理方法可谓名噪一时，始作俑者就是大名鼎鼎的安然公司——这家美国能源集团已经宣告破产——早年间安然公司就是用类似的方法来隐瞒公司的债务的。

但是，这一问题始终被掩盖在各种伪装之下，其关键在于会计制度的核心——起初，建立会计制度的目的是希望向公司的所有者提供一份有关企业经营状况的公平报告。因此，哪些项目应当记入财务报表，哪些项目不应当记入，永远是一个存在争议的领域。

虽然政策制定者一而再再而三地花费时间和精力去解决一些模糊不清的问题，但是会计师和企业的管理者知道仍然存在很多灰色地带。因此，公司经理可以在这些灰色地带向审计师提出挑战——虽然"表外业务"这个术语听上去有些暧昧不清，但是本质上它们都是合法交易，而且政府决策部门尚未制定出可以适合所有情况的绝对标准或法则。

"在这方面，打破规则要比建立一个通用标准更容易一些"，英国会计准则委员会前任技术总监艾伦·库克（Allan Cook）这样说道。他回忆说，自己经常收到会计师以及经理们的来信，建议表外业务的会计操作可以采用某些特定的规则，并提供了一些可以适用的案例。"问题在于你不能仅因为这种会计处理方法适用于个别情况就将其确定为通用会计标准；我们制定的会计准则要普遍适用于所有的情况。"他又加了一句。

英国会计准则委员于 1990 年（美国相应的机构——财务会计标准委员会的建立时间比英国的同类机构早了 17 年）建立。当时的会计师们回忆说，在委员会建立之前，客户与他们的律师之间经常就应该怎么做、不应该怎么做以及允许怎样做等问题进行无休止的争吵。

目前担任国际会计准则委员会主席的大卫·泰迪（David Tweedie）爵士把 20 世纪 80 年代——当时他是毕马威会计事务所的合伙人——描绘成一个"慢慢爬着走"的时代，当时客户不断在尝试确定边界到底在哪里。"当时投资银行可以自己挑选审计事务所，按照现有法律打擦边球设计出一个方案，然后说服两家主要的审计事务所接受这一方案，于是这种会计处理方案摇身一变成了被广为接受的做法，此时律师可能会告诉第三家审计事务所他不同意用这种方式来编制企业的财务报表。”他在2008年的致词演讲中这样说道。

这种交易形式以及交易工具对次贷危机造成了严重影响。还有一些小花招看上去很平淡无奇，例如允许零售商“把他们的商店卖给银行，但是双方事先约定好，零售商可以在任意时刻再把商店买回来”。会计师们并不愿意把这种交易当作真实交易来处理，因为事实上，卖家仍然对已卖出的商品拥有控制权。但是一位会计专家这样说：“我记得投资银行家曾经告诉我们，我们永远无法阻止这种行为。”

所有的这一切都意味着哪些行为是对会计准则的合法使用，哪些是值得怀疑的财务报表粉饰行为，哪些是欺骗性甚至欺诈性的操作，这几者之间的界限非常模糊。

“以最低的成本获得融资的方式之一是采用最佳的表述形式”，专门负责处理雷曼兄弟公司回购105交易的一位高级会计师这样说道。“设身处地地想一想，分析师们一直盯住财务杠杆率不放，而你相信自己在技术层面上有资格采用这样的会计处理方法来降低资金的成本。那么，说出这样的话也不是不合情理的，‘好吧，他们已经确定了规则，而我并没有越线’。”

但是，美国证券交易委员会前任总会计师林恩·特纳（Lynn Turner）对雷曼兄弟公司使用回购105的做法表现出更加严厉的态度。“我并不认为这只不过是金融创新工具而已，我认为这就是做假账。我之所以感到吃惊，是因为没想到我们又退回到了这里。”他这样说道。

私下里，美国的审计师们会谈到与客户的会谈情况，客户总是向他们提出同样的问题，“告诉我，到底哪里明明白白地写着我不能这样做”。

“在编制财务报表方面，哪家公司都不想落后，都不想让它的竞争对手获得优势。这有点像军备竞赛或拳击比赛”，《分析师会计观察》的编辑杰克·西谢尔斯基（Jack Ciesielski）说。这本杂志专门研究会计处理方法对投资收益的影响。“在现实生活中，纳税申报可能是最恰当的类比：在报税时，有些人认为如果自己没有充分利用所有的税收抵扣优惠政策，没有刚好达到政策的边界，那么自己就是一个大傻瓜，就吃了大亏。”

瓦卢卡斯的调查报告将企业的会计与审计事务拉到了聚光灯之下。安永公司声称，它对自己的职业操作非常有信心，还说2007年11月最后一次对雷曼兄弟公司的账目进行的审计工作完全符合美国现行的会计准则。

四大会计师事务所当中的另外三家私底下议论纷纷，大家猜测如果还有一些机构宣布破产，比方说美国国际集团、贝尔斯登公司以及英格兰皇家银行，也被采用相同的方法放在显微镜下接受长达数年的调查，以至于连一些细枝末节的信息也被揭露出来，那么最终形成的调查报告可能会有3 500亿张纸那么长。

在会计师行业内部，多年以来大家一直在讨论如何在全世界范围内建立起一个基础深厚的会计准则体系，因为近些年来会计师们越来越多地面临诉讼风险的威胁。在法庭上，更为详细的会计准则能够给会计师提供更好的保护。目前，20国集团已经要求相关的监管部门在2011年之前设计出一整套在全球范围内均适用的会计准则。事实上，这要求美国放弃自己原有的会计准则制度，转而使用国际会计准则委员会设定的会计准则体系。

不过，犬儒主义者警告说，虽然一个全面详细的会计准则体系有助于迫使企业管理者遵守其核心精神，但是无法要求其逐字逐句地做到准则的每一项规定，还是会为其预留更大的解释空间。换言之，雷曼兄弟公司利用的这种灰色地带永远不会真正消失。

回购 105 交易如何操纵

在绝大多数时候，银行可以使用回购协议（repurchase agreements）——缩写为 repos——来获得短期融资。其中一方借入现金，同时将证券——例如国债——交给另一方充当抵押品。双方事先商定在某个确定的日期再进行反向交易。此类交易通常期限只有几天或几周，主要目的是融资，收到现金的银行将其记为资产，而将来以一定的价格赎回抵押品的承诺就是与之相匹配的负债。

雷曼兄弟公司的回购 105 交易与常见的回购交易有所不同，它不是将证券与等价金额的现金相互交换，雷曼兄弟公司转让给交易对手的证券金额高于其拿到的现金金额。这种交易明明是一种过度抵押的交易，然而在进行会计操作时将其确认为真实交易或出售，雷曼兄弟公司就是利用了这一漏洞。然后，雷曼兄弟公司将回购这些证券的成本记为对应的负债，并用自己获得的现金来冲销这笔负债，于是通过这种方式让资产负债表"缩水"。

在每个会计季度末，雷曼兄弟公司都大量使用回购 105 交易来操纵财务报表，尤其是到了 2008 年，由于公司受到的尽快降低财务杠杆比率的外界压力越来越大，因此回购 105 交易的使用频率也越来越高。然后，就在新的会计季度周期刚刚开始后不久，上个季度末的回购协议刚刚了结，雷曼兄弟公司就迅速滑落到了破产边缘。

规则与监管

"对于复杂的交易，会计处理方法也会相对更复杂一些。"

当美国财务会计标准委员会最初开始起草相应的会计标准时——雷曼兄弟公司正是依据该标准进行回购 105 交易——证券交易委员会告诉外界该标准需要进行进一步修订后再公布于众。

监管部门这种直接干预的做法极其少见，这也说明了对于某些创新型的金融衍生工具，制定相应的会计标准难度有多大。

"也许回顾过去，我应当彻底推翻当时的标准初稿，另起炉灶。"时任证券交易委员会总会计师的林恩·特纳这样说道，"但是媒体已经对外公布了这一消息"。

修订后的 SFAS 140 规则于 2001 年开始生效，替换了先前已使用了 6 年的一系列规则。SFAS 140 对原来的旧标准进行了修订，引入了一些新规则，例如明确说明了如何确认一笔销售记录——后来雷曼兄弟公司在进行回购 105 交易时正是钻了这个空子。

对于商品货物交易而言，适用的会计准则比较明确，然而对金融工具来说，会计准则的使用存在着较大的争议，尤其是在过去十年间，"交叉分析"使得这一问题变得更加棘手。随着金融行业的不断演变，相应的会计制度也在发生变化，从而催生出越来越多条文长、内容复杂的会计标准。

"如果交易很复杂，你也需要使用复杂的会计处理方法。"财务会计标准委员会的凯文·斯托克罗莎（Kevin Stoklosa）这样说道。"如果是卖出一双鞋，那么 10 个人可能都会使用相同的会计处理方法。但是，由于金融工具实在是太复杂了，因此若是有 10 个人卖出了同一种金融产品，那么他们可能会使用 10 种不同的会计处理方法。"

会计师们注意到，如果在资产负债表上加入更多的资产，还会导致投资者对此产生抱怨。

"把所有的条目都列入资产负债表可能会让投资者们抱怨财务报表太过冗余复杂"，一位会计专家说。"这需要我们掌握好平衡。"

虽然雷曼兄弟公司的行为引起了一阵慌乱，但是专家们说，像雷曼兄弟公司这样只是为了会计利益而进行交易的行为是比较少见的。

"人们可能会为了避税而进行一些交易，因为这样做可以帮他们省钱"，一位高级经济师评论说。"如果交易唯一的好处只不过显示在账面上，因为这样做给交易者带来了成本——雷曼兄弟公司就是如此——那么在现实生活中，人们很少会做这样的交易。"

资料来源：*Financial Times*, 19 March 2010.

新闻剪报 19.3　CEO 的年薪过高

随你挑。莱克斯专栏列出了本年度年薪过高的 CEO 名单，其中任意一位的年薪都高到难以想象的地步。"失败者的报酬"这个词难以反映出高管薪酬模型到底有多糟糕，而正是这些拿着高薪的高管们将全球金融体系推向了崩溃的边缘。在欧洲，10 月份在苏格兰皇家银行首席执行官的职位上被扫地出门的弗雷德·古德温（Fred Goodwin）就是此类高管中比较有名的一个，2006 年和 2007 年弗雷德总共拿到了 820 万英镑的报酬。冰岛银行的高管们也是如此，他们不仅失败地让自己管理的企业破产了，而且还搞垮了整个冰岛的经济。

但是与那些危机爆发后灰头土脸的美国同行相比，上面几位高管拿到的报酬要显得小气得多。丹尼尔·默德（Daniel Mudd）在近两年于房利美供职期间共获得了 2 300 万美元的报酬；同一时期，就职于房地美的迪克·塞伦（Dick Syron）则拿到了 3 300 万美元的报酬，这两人都是"引人注目的"候选人。很多人批评说，正是在丹尼尔和迪克两人的鼓吹下，房地产市场产生了泡沫，从而使得美国这个世界上规模最大的经济体滑向衰落的深渊。这两个家伙已经为他们的子孙后代攒够了钱。随后他们拍拍屁股，直接把房利美和房地美这两家政府支持企业扔给了纳税人，让纳税人去收拾烂摊子。

不过说到底，只有一位胜出者：迪克·富尔德。雷曼兄弟公司于 9 月份宣布破产，这一事件在全球金融市场上引起了极大震动。就在雷曼兄弟公司破产的前几年，迪克作为公司的 CEO 共计获得了高达几千万美元的报酬。原本有机会可以把公司卖给别人，但是迪克顽固地拒绝将雷曼兄弟公司出售给其他机构。2007 年，迪克获得的报酬为 3 400 万美元，2006 年，他拿到了 4 050 万美元（这么高的报酬得到了公司董事会 4 人薪酬委员会成员之一克里斯托弗·根特（Christopher Gent）的许可），于是迪克为 2009 年的高薪榜设定了一个较高的标准。如果各位读者对下一年的候选人有任何建议，可以向邮箱 lex@ft.com 发送电子邮件，或者直接在线登录网站 www.ft.com/overpaidceos 提交你的看法。

资料来源：*Financial Times* Lex Column, 22 December 2008.

2003 年 3 月 3 日，美联储主席本·伯南克在美国参议院预算委员会作证时，在回答一位参议员提出的美联储对美国国际集团进行紧急资金援助这一问题时是这样说的："我们竭尽全力避免公司破产，尽量使其达到一个可出售的状态……如果要说在这整整 18 个月中哪件事让我最愤怒，那么无疑是 AIG 事件。"阿查里雅、理查德森、纽威伯格和怀特（Acharya, Richardson, Nieuweburgh and White）[3] 认为"伯南克指的是美国国际集团旗下的金融产品集团，该集团共出售了总额为 4 500 亿美元的信用违约互换产品，其标的为信用等级为 AAA 级的金融产品，但是并没有为这一风险敞口拨备资本金。他的愤怒可以理解，但是我们认为同时伯南克也完全有理由对政府支持企业感到生气。与这些政府支持企业相比，美国国际集团持有的信用违约互换敞口规模简直是小巫见大巫，因为这几家政府支持企业共出售了总额为 3.5 万亿美元的信用担保产品，其标的资产风险水平更高，而且并没有为这些交易拨备资本金（虽然这样做符合监管要求），而且所有的风险敞口方向相同”。这几位学者接着又说，“如果政府允许房利美和房地美破产，那么银行、养老金、**共同基金**（mutual fund）、外国政府以及其他实体持有的总额高达3.5万亿美元的债权将会灰飞烟灭。”如果美国政府没有出手援救房利美和房地美，那么多米诺骨牌效应将会导致这两家公司的交易对手一个接一个地破产。如果真的出现这种局面，那么在雷曼兄弟公司的墓志铭上应该加入这样一句话：“在1929年以来最大的一场金融危机中宣告破产”。《抵押贷款内参》报道称，房利美、房地美和吉利美三家公司共计发行了总额为5.2万亿美元的抵押贷款担保证券。

19.4 定时炸弹爆炸了

在担保债务证券和信用违约互换市场上，一些银行和金融机构充当卖家的角色，而另一些银行和金融机构充当买家的角色。由于市场上数量众多的信用违约互换的标的物为抵押担保证券和担保债务证券——这两种证券化产品的抵押资产中均包含抵押贷款——房地产市场价格的下跌将会对这两种证券以及相关金融产品的市场价值造成极具放大作用的负面影响。比方说，我们对总额为100亿美元的抵押贷款进行证券化，然后在此基础上，我们可以创造出总额为5 000亿美元甚至更高的信用违约互换产品。简单地说，在这一过程中存在着明显的杠杆放大效应。单纯从金额的角度来看，大家可能无法直观地感觉到这种负面影响，但是一旦市场环境朝不利方向变化，这将迅速影响到市场的流动性，可以在非常短的时间内轻而易举地抽干市场的全部流动性。

事实上，危机爆发时真实情况就是如此。2005年，美国联邦基金利率为1%。到2007年，联邦基金利率飙升至5%。随着房地产市场的价格水平开始不断下跌，各种房产的取消抵押品赎回权的现象也开始越来越多，借款人无力继续偿还抵押贷款利息和本金，而这部分还款正是抵押贷款担保证券和一部分以住房抵押贷款为担保资产的担保债务证券以及类似产品的收入来源。于是，抵押贷款担保证券和担保债务证券的市场价格开始下跌。刚开始时，这种下跌趋势就像是涓涓细流，随后逐渐演变成小瀑布，然后又变成狂风暴雨——这是一种比喻的说法，但是毫不夸张。市场上再也没有人想买所谓的CDO、CDS和MBS。市场流动性处于凝固状态。

在整个2007年，房屋销售价格呈现出自1989年以来的最大跌幅。在2007年第一季度，美国标准普尔/凯斯-希勒房屋价格指数显示出自1991年以来美国全国范围内年度住房价格的首次下跌。随着利率水平不断上升，次级抵押贷款行业陷入崩溃边缘——具体可参考图19—5——取消抵押品赎回权的现象越来越普遍。

在经济学教科书中，各种模型总是会假设市场是具有流动性的——当市场价格下降时，买家会逐渐增加购买数量，从而使得市场成交价重新回到均衡位置。然而在现实生活中，2007年下半年并不像教科书里所讲的那样。

随着流动性不足的情况越来越严重，市场上的交易者开始彼此之间互相怀疑，怀疑对方有可能要为已卖出的信用违约互换支付大笔赔偿金。银行与银行之间停止了此类金融产品的交易。更糟糕的是它们还停止了彼此之间的互相借贷。银行间同业拆借市场处于冻结状态。同业拆借市场是银行体系的关键组成部分，金融机构可以借助这一市场使得自身每

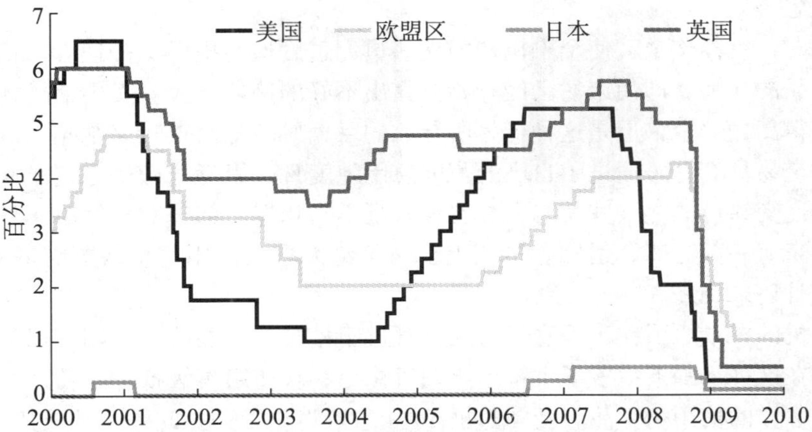

图 19—5　2000—2010 年的官方利率水平

天的现金流入量与现金流出量保持平衡。在 2008 年盛夏，害怕和恐慌的情绪弥漫了整个华尔街、伦敦金融城以及全球各地的金融市场。当然，股票市场也受到了沉重打击。

19.5　为什么？为什么没人事先预料到会出现这种情况？

为什么银行没能事先预料到？毕竟，美国国内的利率水平已经持续上涨了一段时间。我们可能需要从银行所使用的风险管理系统这一角度来挖掘这个问题的答案。银行等金融机构通常使用正态分布曲线（或称为钟形曲线）来预测金融市场的波动情况。然而现实情况是虽然在大多数时间里，正态分布曲线能够反映市场波动的真实情况，但是这种曲线仍然存在着过分简化的缺陷，因为市场的波动轨迹显示出明显的厚尾特征，这意味着极端事件——包括正负两个方向——发生的频率要比钟形曲线模型的估计值多得多。银行使用的风险管理模型首先提出问题“如果……会怎么样?”，然后进行模拟分析和虚拟情境分析。大家可以仔细看一下图 19—5，随着利率水平的不断升高，问题的一些征兆已经逐渐显露出来。

市场的另一显著特征是其实际波动经常显著偏离钟形曲线。如果道琼斯工业平均指数的波动满足正态分布曲线，那么在 1996—2003 年期间，该指数在 6 个交易日内的波动幅度应该大致为 4.5%或略高一点。然而事实上，在该期间，道琼斯工业平均指数在 6 个交易日内的波动幅度至少是正态模型估计值的 366 倍。

在金融危机爆发之前，银行和其他金融机构的监管部门存在失职之处。这还只是一种保守的说法。巴克利[4] 提供了一些案例，比如一些金融分析师对伯纳德·麦道夫（Bernard Madoff）及其使用的庞氏骗局提出了质疑，但是监管部门却未能及时发现问题所在，再比如，银行的风险管理经理对银行的一些衍生品交易表示担忧，但是独断专行的 CEO 斩钉截铁地表示现有的政策和制度毫无疑问是正确的。当监管部门之间讨论此类问题时，也没能及时地发现问题并做出反应。此外，会计部门反应迟缓，甚至它们的某些做法也存在一定的可指摘之处——在担保债务证券和信用违约互换市场上，随着流动性不断变得匮乏，会计部门却仍然坚持使用逐日盯市的结算制度，这使得数以亿美元计的市场价值被迅速蒸发。监管部门要为集体决策承担责任，它们普遍认为市场利率看上去有可能长期保持在较低的水平上，房地产市场的繁荣将会持续下去。而银行家、政府和消费者也陷入了这种幼稚的集体迷思当中。

与此同时，巨额奖金又使金融机构的交易员们过度追逐担保债务证券、信用违约互换以及相关产品的交易，即使市场已经开始显露出不好的迹象。大量卖出信用违约互换可以让交易员获得高额奖金，但是这种行为所导致的巨大风险却由银行来承担。现如今，这些昔日的明星交易员们已经搬进了自己的豪宅悠闲地度日。银行的做法是在年底结账日到来时计算本年度交易员的奖金并及时发放奖金，既不会扣掉一部分奖金暂时不发，也不会要求交易员未来将一部分奖金退回。事实上，对于绝大多数采用奖金薪酬制度的银行来说，真正的结账日还未到来。

次贷危机的根本原因在于政府部门的监管过于松懈，美国国际集团、房利美、房地美和投资银行在这种氛围下犯下了大错。金融机构更喜欢使用次级抵押贷款，并在其基础上创造出各种各样的信用衍生品。新闻剪报 19.4 重点讨论了这一问题和其他几个问题。

新闻剪报 19.4　金融危机爆发的荒诞理由大行于世

帕布洛·特里亚纳（Pablo Triana）

纳西姆·塔勒布（Nassim Taleb）曾经意味深长地说过这样一句话，在金融界，历史通常是“由失败者撰写的”。很多时候，业内人士和所谓的市场观察家对那些可怜的失败者给予了太多的信任，使得这些原本应当退出行业舞台的失败者竟然能够继续在公众面前扮演专家的角色。

因此，当这场次贷危机爆发时，对危机爆发原因的解释往往出自那些所谓的专家之口，而这些专家个人的从业经历简直是一塌糊涂。这样的事情以前就曾发生过多次，这一次扮演专家角色的是那些金融诈骗犯、犯错误的金融理论家、不靠谱的分析师、更不靠谱的经济预测者以及那些误导大众的金融评级机构。即使在事实证明这些“专家”能力不足，甚至会导致难以承受的巨额损失时，他们仍然没有受到严惩，或者被禁止再从事金融业。随着事情慢慢淡去，这些失败者继续留在金融业内。

塔勒布先生所描述的情景确实很糟糕，但是历史是由“糊涂蛋书写的”会更糟糕。接下来我们要举出几个例子来证明社会大众所看到的金融发展史往往充斥着各种各样的胡言乱语。这种做法非常危险，因为编造一个虚假的故事会阻止人们探寻危机爆发的真正原因和核心问题，因此也无法提出相应的有效解决方案。

对于当前以及未来的投资者、政策制定者和记者来说关键的是，不要被这些胡编乱造的故事所蒙骗，因为这样做可能会导致过去错误的操作重现。这一点非常重要。

接下来我们举例分析一下错误信息是如何传递的。几个月以前，一本号称揭露“有效市场理论背后隐藏的阴谋”的书籍面世了。受到这本书籍面世的影响，很多人都表示赞同将有效市场理论视作这场次贷危机爆发的元凶。在传媒界，这一观点俨然成为主流观点，并已广泛传递给社会大众。

过去，我曾经向大家解释过为什么将这场次贷危机的爆发归因于有效市场理论是很可笑的（从本质上看，市场上根本没有人按照有效市场理论来行事；那些导致金融危机爆发的始作俑者根本就没有遵守有效市场理论，甚至根本没有意识到这种理论的存在）。

但是，可笑的事情不仅仅限于将市场根本没有遵循的有效市场理论认定为经济危机爆发的原因，这本书的作者并没有把危机爆发的责任归罪于有效市场理论，而且早在几十年前，该理论就已不受学术界的青睐。现在我们甚至知道，即使是该理论的创造者，也认为将危机归因于有效市场理论纯粹是胡说八道，原因非常简单——金融从业人员从未全心全意地相信并遵守这一理论。

近来，在被问到有效市场理论是否应当为这场次贷危机承担责任时，芝加哥大学教授尤金·法马（Eugene Fama）是这样回答的："这种说法很荒诞。市场上绝大多数的投资交易是由那些不相信市场是有效的，从而信奉积极管理理念的投资经理人所做的……虽然在过去的45年间，我一直坚持自己的观点，但是大概有80%的共同基金都属于积极管理型基金……若想追查危机爆发的源头，商业银行和投资银行应当主要从交易部门以及资产组合的管理等方面入手，而且这两方面的管理总是建立在'市场是无效的'这一假设前提的基础上的。事实上，如果商业银行与投资银行更为认真地对待'市场是有效的'这一命题，那么也许会避免近来诸多问题的产生……我仍然相信，有效市场理论是经得起现实世界的检验的。但是显然，我是少数派。我想，这一理论根本不是投资界的主流理论。"

既然尤金·法马教授这位有效市场理论的创立者都公开承认该理论没有被金融界所承认和认可，那么我们就很难得出这样的结论——那些极度贪婪不断创造并购买担保债务证券的金融机构正是出于虔诚地遵循有效市场理论的心态才做出上述行为的。

当然，问题的关键在于为什么有些人要把关注的焦点故意集中在这些不相关的因素上面，而且证据与结论之间根本互不关联。到处散布这种错误的说法或结论，背后到底隐藏着什么目的?

一直以来，导致次贷危机爆发的真正原因（例如监管框架，银行对风险管理过分采用数量分析方法，对信用评级的过度依赖，以及类似于担保债务证券之类的衍生产品的创造）并没有被揭发出来，这也能够说明为什么上述几个方面仍然保持原样而没有发生改变。未来某一时刻，它们还将引发金融危机，再次对我们造成伤害。

帕布洛·特里亚纳的新书名为《教鸟儿飞行：数学理论能破坏金融市场吗?》（*Lecturing Birds on Flying*：*Can Mathematical Theories Destroy the Financial Markets*?）。

资料来源： *Financial Times* FTfm，30 November 2009.

19.6 逃亡

经济学家给出的银行危机解决方案简直就像一条固定的咒语——当问题出现时，大把大把地撒钱，事后再把钱收回来。[5] 从本质上看，在这场次贷危机中，美国政府就是这样做的，目的是向银行体系注入生命力，当时整个银行业彼此之间互相怀疑，担心对方说不定哪一天就要破产——当然，有一些金融机构确实破产了。几家银行实施了国有化，还有几家银行接受了政府提供的巨额资金援助。在这种情况下，有时政府获得了金融机构的控股权，有时成为少数股东。还有几家金融机构获得了政府提供的担保。有几家金融机构被政府允许破产。政府向经济体注入大量资金，有时采用的方式是向银行提供廉价贷款，目的是鼓励银行积极放贷，或者至少不是袖手旁观，而是应采取一定的行动和措施。除此以外，政府还针对部分税种实施了减税的政策。所有这一切都大大降低了再次爆发大萧条危机的可能性。但是随着政府逐渐将已注入资金慢慢收回，某些金融机构日子会变得难过起来，还有一些金融机构不得不紧缩银根苦撑。

经济学家莱因哈特和罗格夫（Reinhart and Rogoff）[6] 警告说，因为金融危机要求政府向银行业提供紧急援助资金，因此这种影响将不可避免地导致**主权债务危机**（sovereign debt crisis）。多个国家一直在经受主权债务危机所带来的痛苦与折磨，尤其是欧元区的几个国家——在加入欧元区以后，它们必须执行相同的货币政策，可调控的空间较小，但是各国国内的通货膨胀率却存在明显差异。

19.7 欧元区面临的问题

当欧元区引入单一货币时，各国原来使用的本币与欧元之间的兑换比率是按照下面这条原则来确定的：确保欧元区各成员国具有一定的竞争力。这一兑换比率事实上就是均衡汇率的估计值。但是，正如我们在第 3 章曾经讲过的那样，虽然存在一些细小的差别，但是经济学家们普遍认同，所谓均衡汇率指的是可以使得国际收支平衡表上的经常项目余额等于 0 的汇率水平。这意味着商品和服务的出口与进口应当是相等的。

因此，为了保持均衡，在欧元区内，各国国内的通货膨胀率应当比较接近，可以略微偏高一些或偏低一些。然而在现实生活中，即使是在一个国家内部，各个地区的通货膨胀率也往往是不一样的，比方说，英国东南部的通货膨胀率与东北部的通货膨胀率常常是不相同的。纽约的通货膨胀率可能与美国中西部的通货膨胀率有所差别。这是因为国内各地区的实际生活成本和工资水平可能存在较大的差异。但是，国内各地区之间实际通货膨胀率的差别不会特别大。

我们先来看一看欧元区内各国的通货膨胀情况，这样有助于我们厘清问题的整个脉络。2000—2008 年期间，德国的劳动力成本上涨了 7%。同一时期，爱尔兰国内的劳动力成本上涨率为 34%，西班牙、葡萄牙和意大利的上涨率为 30%，希腊和荷兰的上涨率为 28%，法国的上涨率为 20%。在同一时期，德国的累计出口顺差——出口减去进口——为 12 610 亿欧元，而西班牙则是高达 5 980 亿欧元的逆差。希腊也是逆差，金额为 2 730 亿欧元。

然后，我们来观察一下从欧元诞生之初直到 2009 年底欧元区内各成员国的实际有效汇率的波动轨迹，就能更加清楚地找出问题的根源。大家应该还记得，实际有效汇率是由实际汇率、外国价格指数和国内价格指数这三个因子决定的。大家应该也还记得，如果购买力平价理论成立，那么**实际有效汇率**（real effective exchange rate）应当保持不变。图 19—6 给出了欧元区内几个成员国的实际有效汇率的波动轨迹。根据这幅图，我们可以得出结论：目前欧元的汇率水平使得西班牙、爱尔兰、葡萄牙和希腊四国的通货膨胀率高于德国国内的通货膨胀率，因此降低了四国的竞争力，而德国的竞争力则相对于欧元区的其他成员国更高一些。

图 19—7 反映了欧元区内各成员国之间相对竞争力的态势，将 1999—2009 年期间的出口额表示为 GDP 的一定百分比。显然，德国是大赢家，而希腊则是失败者。

表 19—2 能够反映出这一切对国际收支平衡表经常项目的影响。该表将经常项目余额表示为 GDP 的一定百分比，将各成员国的预算赤字（政府的收入减去支出）表示为 GDP 的一定百分比。表 19—2 还给出了过去一年中欧元区各成员国的消费物价上涨数据以及失业率和利率数据。为了作对照，该表还提供了美国和英国的相关数据。从该表中我们可以清楚地发现，欧元区各成员国的通货膨胀率之间存在着较大差异。在该表所列

的国家中，希腊和西班牙的局面最糟糕，两国的预算赤字金额最高。同样地，英国和美国的预算赤字也较高。此外，德国和荷兰的经常项目为顺差。在利率方面，欧元区各成员国国内的十年期利率水平存在着较大的差异。这种现象很有趣。既然欧元区各成员国使用同一种货币，而且利率水平统一由欧洲中央银行来确定，为什么各国国内的长期利率水平还存在这么大的差异？毕竟，各国的短期利率是完全一致的。难道德国国内的长期利率不应当与希腊国内的长期利率水平保持一致吗？但是，奇怪的事情发生了。希腊有可能要退出欧元区。如果真的如此，希腊将会重新使用原有的本国货币——德拉克马——到时候德拉克马很有可能会相对于欧元贬值，从而使得希腊重新获得出口竞争力。为什么与欧元区其他成员国相比，资本市场对希腊的借款要收取更高的利率，是因为市场普遍预测希腊有可能会退出欧元区吗？之所以要向希腊收取如此高的利率溢价，是否与政治风险有关？市场是否预测希腊会对债务违约？或者是进行**债务重组**（reschedule）？也许市场确实有这方面的担心和怀疑。顺便提一句，在欧元区以外的其他欧洲国家确实在胡乱使用本币贬值策略——比如英国——将其作为解决本国经济发展问题的“万能药方”。

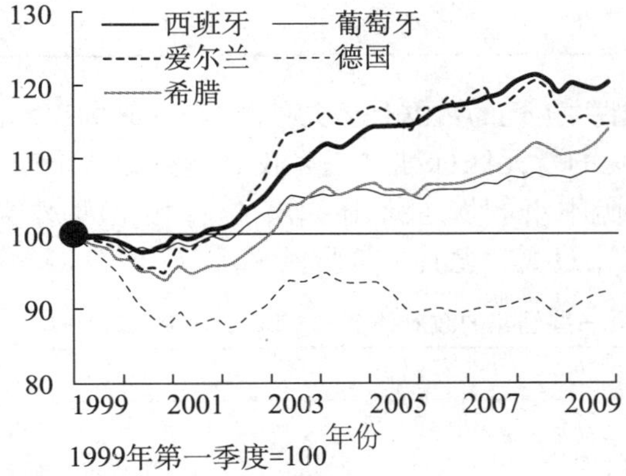

图 19—6　1999—2009 年期间基于 GDP 平减指数的实际有效汇率

资料来源：European Central Bank.

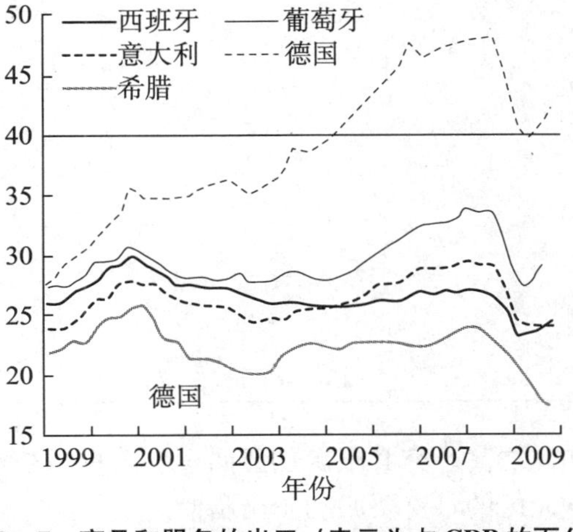

图 19—7　商品和服务的出口（表示为占 GDP 的百分比）

资料来源：Thomson Reuters Datastream.

表 19—2　　各国的经济数据（制表时间为 2011 年 5 月中旬）

国家	每年消费物价上涨百分比（%）	失业率（%）	利率		收支平衡表经常项目余额占 GDP 的百分比（%）	预测赤字占 GDP 的百分比（%）
			3 个月利率（%）	10 年期利率（%）		
奥地利	＋3.1	4.3	1.42	3.66	＋2.9	－3.4
比利时	＋3.4	7.7	1.42	4.26	＋1.4	－3.8
法国	＋2.1	9.5	1.42	3.64	－2.0	－6.4
德国	＋2.4	7.1	1.42	3.28	＋5.2	－1.7
希腊	＋3.9	15.1	1.42	15.25	－4.5	－8.4
意大利	＋2.6	8.3	1.42	4.78	－3.3	－4.0
荷兰	＋2.1	5.1	1.42	3.56	＋5.7	－4.3
西班牙	＋3.8	20.7	1.42	5.23	－3.6	－6.7
欧元区	＋2.8	9.9	1.42	3.09	－0.3	－4.4
美国	＋2.7	9.0	0.21	3.22	－3.6	－9.9
英国	＋4.0	7.8	0.83	3.38	－2.0	－9.1

另一个普遍被人关注并担忧的数据是公共债务与 GDP 的比率。大家应该还记得，《马斯特里赫特条约》中规定的欧元区标准之一为政府债务必须小于 GDP 的 60%。表 19—3 列出了欧洲各国的这一数据。同时，我们还列出了美国的数据作为比较。显然，有些国家的政府债务与 GDP 的比率过高，尤其是希腊。

表 19—3　　一些国家的政府债务与 GDP 的比率（2010 年）

国家	百分比
希腊	142.8
意大利	119.0
比利时	96.8
爱尔兰	96.2
葡萄牙	93.0
德国	83.2
法国	81.7
英国	76.5
奥地利	72.3
荷兰	62.7
西班牙	60.1
美国	58.9

希腊的数据之所以如此之高，究其根源还要回过头来看当初希腊是采用什么方法满足了欧元区标准得以进入欧元区的，这要归功于希腊使用了一些“声名显赫”的金融衍生品来降低其账面负债额——还是回购。

在本书写作时（2011 年 5 月），希腊、爱尔兰和葡萄牙均获得了欧盟以及国际货币基金组织提供的贷款援助。有些国家已经不止收到过一笔资金援助。这三个国家国内的通货膨胀率都比较高，这已经严重影响了三国的实际有效汇率水平，具体请参考图 19—6。

爱尔兰面临的困境一是国内通货膨胀率过高，二是自 2007 年以来，国内原本一派繁荣景象的房地产开始大幅跳水，爱尔兰政府投入了大量的援助资金。而且更糟糕的是，爱尔兰国内的一些大银行没有做到分散化投资，向房地产企业提供了巨额贷款，银行与部分企业关系过于亲密，监管部门也是睁一只眼闭一只眼，甚至一些银行还存在一定比例的欺诈贷款项目。所有这一切都意味着爱尔兰政府对银行业的援助未能有效地营造一个可持续发展的金融环境，因此随后还需要欧盟和国际货币基金组织出手援救。

解决欧元区所面临难题的办法可能包括：

- 高通胀国家继续实施紧缩政策。最好的情况是政府采取紧缩政策会承受社会各方面的压力。最糟糕的情况是紧缩政策导致政变，甚至有可能抛弃现有的政治体制——换言之，爆发革命。
- 对国有垄断企业普遍实施私有化改制，以降低政府的负债水平。在这方面，希腊可大有所为。
- 高通胀国家可以退出欧元区，重新使用原有的本国货币。在资本市场上，这种行为可能会在短期内导致混乱，但是随着时间的推移会慢慢平复。
- 也许还存在一条政治上更易被人接受的中间路线，即欧元区内实力较弱的几个国家可以使用一种全新的“软欧元”货币，这种新货币相对于现有的欧元——“硬欧元”——会贬值一些。我们怀疑，对于欧元区内实力较弱的各成员国来说，这条中间路线最终有可能会促使其重新使用原有的本国货币。
- 严格控制欧元区新成员国的加入——也许是永久性地禁止欧元区新成员国的加入。

作者没有列出其他不太可能发生的情况，例如在未来几年内，德国国内的通货膨胀率变得非常高，甚至赶上了欧元区内其他几个高通胀国家。在理论上，可能出现这种情况，然而在现实中，这是几乎不可能发生的，简直是匪夷所思。

那么，紧张态势是否会带来巨大的压力，以至于整个欧盟项目都会因此而收缩，这也是不可能发生的胡思乱想吗？请注意，这里我所用的词是“收缩”，而不是“放弃”。早就有一些离经叛道者长期以来一直对欧盟项目的不断扩张表示怀疑。现在，他们的声音听起来越来越小，如果欧盟项目收缩，那么这是件坏事吗？为此，我们接下来会向大家提供多篇与欧元区援助问题有关的新闻剪报。

一些研究最优货币区问题的经济学家对欧元区的建立和发展表示怀疑。那么，最优货币区到底是怎样的？

新闻剪报 19.5　欧元区正走在通往违约的大道上

马丁·沃尔夫（Martin Wolf）

曾经有一个故事这样讲道，一个男人被国王判处死刑。国王告诉他如果他能在一年内教会国王的马说话，那么就可以免除他的死罪。这个男人同意了。别人问他怎样才能将教会国王的马讲话，他的回答是任何事都有可能发生：国王可能会死去；他也有可能会死；马有可能真的学会了讲话。

目前，财政危机正在折磨希腊、爱尔兰和葡萄牙三国，同时还威胁到了欧元区的其他成员国。对此，欧元区面临的抉择或解决方案也像这个故事里讲的一样。政策制定者寄希望于这些身处困境的国家能够重新得到市场的信任。到目前为止，他们的努力失败了：借贷成本在不断上升而非下降（请参考下页图）。希腊是第一个接受援助的国家，但是从目前来看，希腊以可接受的条件或成本重新进入私人借贷市场的可能性是微乎其微的。但是，“最后审判日”的推迟并不能改善希腊所处的环境；反过来，这只会导致当“最后审判日”最终到来时，债务重组过程会更加令人痛苦。

希腊政府的债务已经超过了 GDP 的 160%。遗憾的是，按照努里尔·鲁比尼（Nouriel Roubini）及其鲁比尼全球经济研究所的其他同事共同撰写的一篇文章，希腊的这一比率很有可能进一步上升到更高的水平。由于紧缩性的财政政策会对经济造成负面影响，或者是由于来自社会各方面的抵制压力，希腊有可能无法实现预定的财政目标。为了重新获得竞争力，希腊必须通过高通胀来达到实际贬值的效果，而这会进一步抬高政府债务与 GDP 的比率。反过来，如果没能通过高通胀来达到贬值的目的，那么这将严重阻碍希腊重新回到良性的经济发展道路上来。欧元可能会升值，这将进一步削弱希腊的国际竞争力。最终，银行业将无力支撑整个经济体的发展。

背负着如此沉重的债务负担，像希腊这样的国家能够在市场上获得融资，而融资的条件又是降低政府的债务负担吗？可能性极小。

假设希腊国内长期债务的利率水平为 6%，事实上目前希腊国内的长期利率水平为 16%。再假设名义 GDP 的年增长率为 4%。请注意，这是非常乐观的假设。然后，哪怕是为了控制债务余额不进一步增加，希腊政府也必须确保基本盈余（在支付利息之前的盈余）不低于 GDP 的 3.2%。如果到 2040 年，希腊的政府负债想要达到欧元区制定的不高于 GDP 60%的标准，那么希腊政府的基本盈余至少要达到 GDP 的 6%。接下来每一年，希腊政府都要采用半强迫半哄骗的方式要求希腊人民缴纳比之前高得多的税负，而与此同时，政府支出较之前又有较大的削减。

在这种情况下，我们有什么理由或借口能说服投资者把钱借给希腊政府呢？我很难想象能找出什么理由或借口。还有一点请大家注意，我们将希腊国内的长期利率水平假定为 6%，这仅比德国长期国债的收益率高出 3 个百分点而已。这么小的利差，这么大的风险，显然是非常没有吸引力的。

简言之，希腊陷入了“22 条军规”的困境：债权人知道希腊政府希望以可以承受的成本获得贷款，但是由于希腊主权债务的信用等级过低，债权人不愿意按照这样的成本向其提供贷款。于是，希腊政府将不得不继续过度依赖官方机构提供的援助资金。但是，这会让希腊在泥淖中越陷越深。

例如，我们假设希腊政府的一半债务是由优先债权人持有的，例如国际货币基金组织和欧洲稳定机制——从 2013 年开始，欧洲稳定机制取代了原有的欧洲金融稳定机制。我们再假设，希腊政府若想以可以承受的成本从私人市场那里获得贷款，那么其债务余额必须比现在减少一半。于是在这种情况下，私人债权人就出局了。这是因为在这种恶劣的环境下，没有哪一个神志清醒的贷款人愿意按照希腊政府能够承受的条件或成本向其提供贷款。官方机构向希腊政府提供的资金援助只会让其更难以重返私人借贷市场。

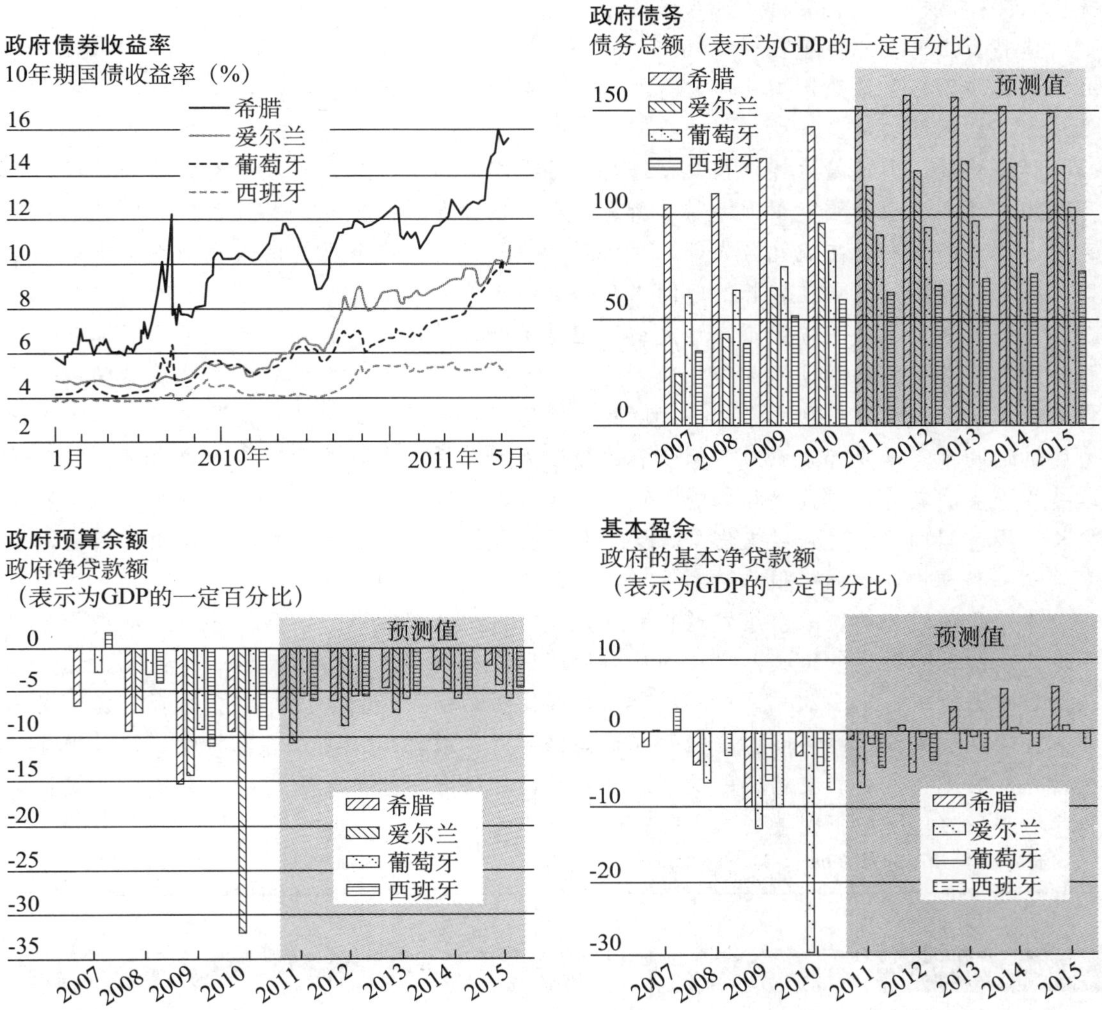

资料来源：Thomson Reuters Datastream；IMF.

按照欧洲中央银行执行委员会委员、颇具影响力的意大利人洛伦佐·比尼·斯马吉(Lorenzo Bini Smaghi)的看法，认真思考一下的话，我们会发现不管采用哪一种债务重组模式都是不合适的，官方机构必须无限制地向希腊政府提供资金援助。而且，为了能让希腊在一段较长的时间内逐渐降低其债务水平，这些官方机构还必须做到慷慨大度地提供相对较为廉价的贷款。这是有可能的。但是从政治角度来看，这将是一场噩梦：这种做法所产生的道德风险巨大。希腊有可能会永久性丧失主权。到了那时，希腊也好，提供援助的官方机构也好，双方对彼此的愤怒或憎恨将会达到顶点。而在国际货币基金组织内部，非欧洲成员国可能会阻止基金组织以如此慷慨的方式向希腊提供资金援助。于是，这个沉重的包袱将要由欧洲各国人民来承担。目前看上去，一直由欧洲各国来承担也是不现实的。

另外一种做法是提前进行债务重组，也许就在明年。既然市场价格的波动已经告诉我们，投资者早就预料到会进行债务重组，那么债务重组的进行并不会对市场造成真正的冲击。债务重组必须达到提高希腊的信用等级以及促进经济稳定与变革计划得以实施的目的。而且，若想有计划地提前进行债务重组，希腊政府和相关机构还要准备好对银行体系提供必要的支持，这些支持既来自希腊国内，也来自外围其他国家或机构。

债务重组的方式多种多样，其中某些重组方式的强制性要高于其他方式。幸运的是，95%的希腊国债是按照本国法律发行的，从而在进行深度债务重组时，这将有助于大大降低法律问题的解决难度。

毋庸置疑，即使是这样，在真正进行债务重组时仍将引起混乱或波动。而且，我们也不确定，债务重组是否能帮助希腊重新走上经济良性发展的轨道，况且目前希腊还面临着竞争力匮乏的问题。在欧元区内部，目前对于缺乏竞争力这个难题尚未找到适合的解决方案。也许，希腊注定要在较长的时间内实行紧缩政策。

虽然债务重组这一方案不太受欢迎，但是不这样做，后果会更加糟糕。到了那时，希腊政府的债务将会无限期地越积越多。于是，希腊政府不得不一直要求其他成员国向其提供财政支持，这简直是形成了一个可以随时使用财政援助机制的“后门”路径，而且援助力度远远高于美国联邦政府对各州政府的援助力度。希腊国民的痛苦经历很有可能将要继续持续下去。其他几个情况相似的国家——例如爱尔兰和葡萄牙——也有可能发现自己在很长一段时间内无法进入私人借贷市场。鉴于目前这两个国家面临的极端困难的局面，不管以哪一种方式，两国都很难达到重新实现财政收支平衡的目标。

本币负债过多的国家会爆发通货膨胀。还有一些国家过多地借入了外币，结果是不得不违约。加入欧元区使得某些成员国从前面所说的第一种情况转变为第二种情况。如果无法进行债务重组，那么欧元区内各成员国之间要互相提供资金援助并互相监督。说得更确切一些，规模更大、经济实力更强的成员国将要对规模较小、实力较弱的成员国提供资金援助并对其进行监督。更糟糕的是，这种恶性循环将会一直持续下去，直到所有的成员国一起垮掉。这就是它们想要的未来吗？

资料来源：*Financial Times*, 11 May 2011.

新闻剪报 19.6　欧元区的“粉饰门面”

欧洲的经济主导者看上去似乎已经放弃了说服投资者债务重组（减少债券的偿还额）与债务展期（延长债券的期限，同时不提高利率水平）之间存在较大差别的努力。

任何了解货币的时间价值概念的人——我们认为欧洲各国的国债交易商们应该都知道什么是货币的时间价值——都知道，不管是债务重组，还是债务展期，都会产生相同的影响（假设收益率曲线是正常形状，即长期利率高于短期利率），即降低债券的净现值。

因此，在本周二“展期”这个词的语意又有了新的变化，欧元集团主席让-克洛德·容克（Jean-Claude Juncker）将展期描述为“软重组”。这种说法相对而言更客观一些。这也意味着投资者应当更加严肃认真地对待这次债务重组。

欧盟现在已经意识到，希腊的一部分主权债务必须进行重组，这是不可避免的。这种观点符合现实情况。几个月以来，市场一直在发出信号，希腊主权债务的净现值大幅度缩水。事实上，市场对希腊主权债务的估值所显示出的净现值的跌幅远远高于债务展期所能带来的影响。

欧盟、欧洲中央银行、希腊政府以及希腊债券持有人都希望市场判断错了。他们希望重组过程尽可能地“温和”。仅仅是债务展期，这可能已经足够温和了，能够避免“硬重组”所带来的一些风险。容克先生声称，他坚决反对采用硬重组的方式。因为如果采用硬重组的方式，将导致银行持有至到期的资产组合以及信用违约互换的价值立即大幅度减少。这有可能导致金融市场出现混乱，尤其是当这股重组浪潮席卷欧盟其他国家的时候，局面将会变得更加糟糕。

当然，不管是采用债务重组还是债务展期，希腊最终偿还的债务价值——用现值来衡量——必然低于发债时希腊政府承诺的金额。因此，我们认为，对于这样的安排，我们应当光明正大地叫出另一个更合适的名字：违约。

资料来源：*Financial Times* Lex Column，18 May 2011.

新闻剪报 19.7 欧洲中央银行猛烈抨击希腊的债务重组计划

拉尔夫·阿特金斯（Ralph Atkins）于法兰克福，昆廷·皮尔（Quentin Peel）于柏林，凯文·霍普（Kerin Hope）于雅典

本月，欧洲央行行长让-克洛德·特里谢（Jean-Claude Trichet）先生中途离开了由卢森堡首相让-克洛德·容克主持的会议。按照那些与会人员的说法，特里谢先生在谈到所谓的“软重组”时表现得很愤怒。所谓的软重组指的是对希腊债务进行展期处理。

本周一，欧元区各成员国财政部长会议结束以后，容克先生说，只要雅典进一步采取措施重新控制好公共财政，那么对希腊现有债务进行软重组也是一个选择。

本周三，欧洲中央银行执行委员会成员洛伦佐·比尼·斯马吉回应说：“鉴于目前市场的不稳定状况，我们应当避免使用一些无意义的词语，因为希腊有可能会为此付出代价。”

欧洲中央银行担心，市场会将“软重组”看作是“硬重组”的先锋，从而使得整个欧元区的金融市场受到打击。欧洲中央银行的官员希望希腊政府能够进一步加快其私有化进程。比尼·斯马吉先生说雅典需要“说服公民履行纳税义务”，并且“像西方世界那样，人人都到65岁才退休”。

与此同时，欧洲中央银行执行委员会的另一名成员尤尔根·斯塔克（Jürgen Stark）批评英国和美国的“既得利益者”对希腊的改革方案抱有敌意。这显然是在攻击那些打赌希腊债务肯定会违约的投资者。本周三，因为担心吓到投资者，欧洲中央银行和几个欧元区成员国对于德国提出的未来债务重组过程中引入私人债权人的观点意见不一致。这说明欧盟决策部门仍然在犹豫。

德国正在积极推动将合法义务写入欧洲稳定机制的条约。欧洲稳定机制于2013年建立，可以提供总额高达5 000亿欧元（折合为4 410亿英镑）的永久性援助资金。

过去一年来，欧洲中央银行已经购买了大约450亿欧元的希腊债券。欧洲央行相信，如果希腊政府需要进一步的帮助，那么欧元区其他成员国政府应当继续提供贷款。

资料来源：*Financial Times*，19 May 2011.

新闻剪报 19.8 希腊债务问题引发了市场对其主权CDS可能违约的怀疑

大卫·奥克利（David Oakley），特蕾西·阿洛维（Tracy Alloway）

在某种意义上，希腊也许准备好了要向投机者展开报仇行动。先前，一些政客声称，正是这些投机者夸大了希腊债务危机的严重程度。

如果欧元区领导者继续推行希腊债券展期的计划，也就是所谓的“软重组”或者称为自愿债务重组，那么CDS市场将会成为损失惨重的重灾区。

主权 CDS 能够保护投资者规避债券的违约风险。目前，它正面临短暂的发展历史上至关重要的时刻。大概十年以前，市场上进行了第一笔主权 CDS 交易。从那时起，人们一直在怀疑购买这种保险是否能够得到赔偿，如今这一疑问即将见分晓。

希腊债务的自愿重组——欧盟决策者将其称为“展期”——将会导致 CDS 的内在价值缩水——对于购买或持有 CDS 的交易方而言——因为所谓的软重组不太可能被归入“信用事件”行列。

这意味着买入 CDS 用于防范债务重组风险的银行和投资者不会得到任何赔偿，他们只能白白承受投资希腊债券所遭受的利息损失和本金损失。

无法得到赔偿引发了市场对于 CDS 有用性的怀疑。过去一整年，CDS 的市场需求量极大，因为当时银行都在抢着用这种产品来保护自己免于遭受违约行为所造成的损失。

防范希腊违约风险的 CDS 的购买成本已经飙升至 1 318 个基点。换言之，若你打算在未来五年内为价值高达 1 000 万美元的债务购买保险，那么每年要缴纳的保费为 130 万美元。然而就在一年前，购买成本还只有 641 个基点。

尽管市场担心，债务重组也许不会让希腊政府迅速偿债，但信用违约互换的价格依然在攀升

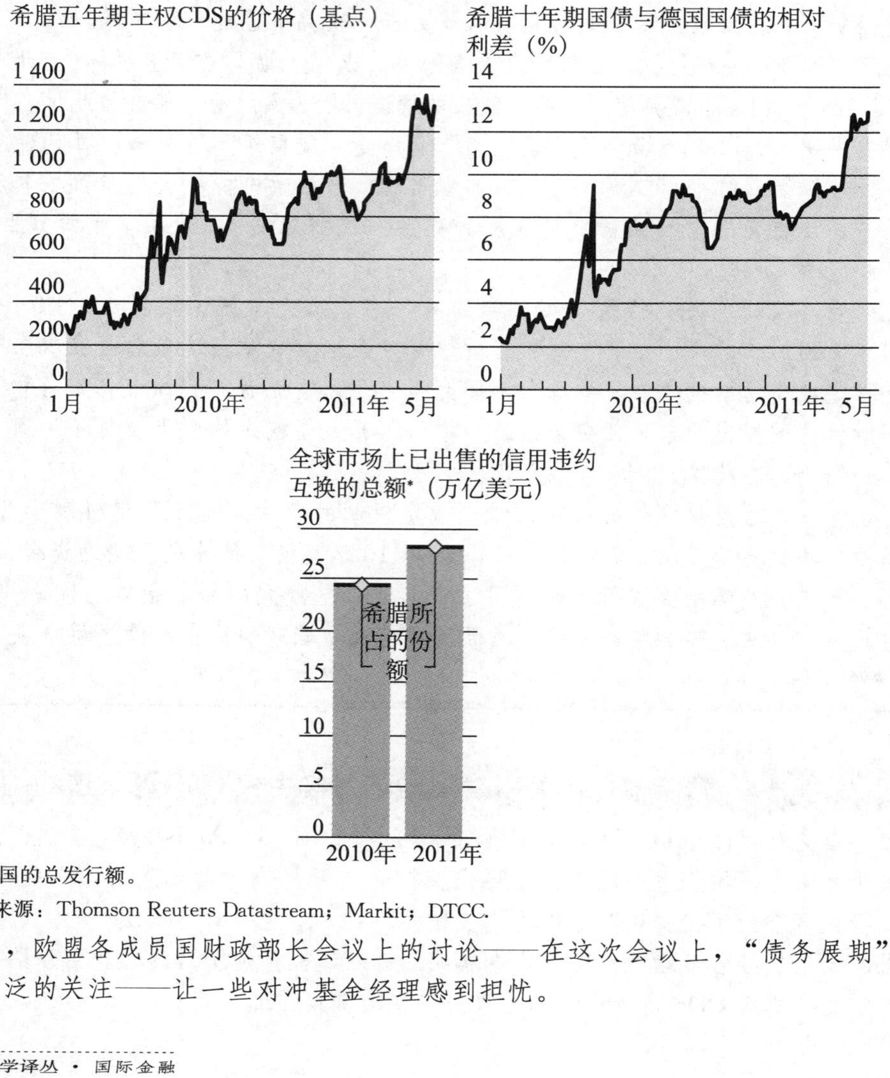

* 各国的总发行额。

资料来源：Thomson Reuters Datastream；Markit；DTCC.

本周，欧盟各成员国财政部长会议上的讨论——在这次会议上，“债务展期”这个词引发了广泛的关注——让一些对冲基金经理感到担忧。

“如果不能得到赔偿，那么购买希腊主权债务CDS还有什么用呢？现在这个市场还处在初创期，这会毁掉整个市场。”欧洲规模最大的对冲基金之一的主权债务部门主管这样说道。

事实上，近来许多对冲基金和银行纷纷向伦敦当地的法律事务所进行咨询，它们想知道一旦进行自愿性债务重组，它们是否能够获得赔偿。

上个月，巴黎银行分析师格里高利·维尼泽洛斯（Gregory Venizelos）与拉杰夫·沙赫（Rajeev Shah）告诉投资者：“如果是自愿性债务重组，那么CDS专家认为，这不会引发CDS的赔偿，也就是说目前CDS这么高的购买成本（利差）没有起到作用。”

希腊总理乔治·帕潘德里欧（George Rapandreou）曾经对CDS市场发起过猛烈抨击，直到现在，基金经理和银行家们还在抓住这件事情不放，对其进行嘲讽。

在一系列演讲当中，帕潘德里欧先生声称“倒卖CDS衍生产品”可能会“毁掉整个国家”。现在，希腊开始进行复仇了，银行家们都这样说。

那么，到底哪些事件可以被视为信用事件或者能够引发CDS的赔偿？

对于主权债务而言，国际互换与衍生品协会将信用事件定义为无法偿还息票利息或本金、债务重组——改变债务契约的条款——或者拒绝或停止偿还债务。

主权CDS的赔偿少有先例，律师们说可以参考的一个样本是2008年厄瓜多尔对主权债券违约后相应的主权CDS的赔偿安排。在那次事件中，国际互换与衍生品协会能够明确地界定违约属于信用事件，于是启动了赔偿程序。

但是，这一次希腊的债务重组不太可能得到相同的结果。

最终，决定权掌握在世界上规模最大的8家银行、4家规模最大的美国对冲基金以及负责掌管全球规模最大的债券基金的太平洋投资管理公司这几家机构手中。它们是所谓的决策委员会拥有投票权的成员，它们将在国际互换与衍生品协会的支持下召开会议，决定重组事项是否可被视为信用事件。

如果这一回希腊债务重组只是将债券的期限延长，既不减少最终债券本金的偿还额，也不削减利息的支付额，属于自愿性的债务重组行为，那么委员会很有可能将其判定为不属于信用事件。

这个决定很重要，因为一旦被判定为属于信用事件，那么欧元区的多家银行将被迫支付高达数十亿欧元的赔偿金。

如果不被判定为信用事件，则可避免欧洲银行业爆发危机，但是那些购买了CDS保护的交易者将会血本无归。如果市场普遍认为CDS合约失去了价值，那么整个市场将会慢慢萎缩。但是，很多银行家相信虽然面临着这样的风险，但主权CDS市场仍然能够存活下来。

他们认为，经过希腊债务危机这次事件，市场重新做了调整。现在，主权CDS市场上主要的参与者是那些因受到希腊债务危机的影响而面临潜在损失从而希望对冲该风险的银行，而不再是遭到政客指责的投机者。他们说，在主权CDS市场上，银行内部负责对冲国别风险的部门所进行的交易至少占到了60%。而且，自愿性债务重组比较少见。一旦发生违约，投资者们通常可以获得赔偿。事实上绝大多数银行和投资者认为，最终他们必定能够获得因希腊债务违约而触发的赔偿，因为他们相信在自愿性债务重组完成后，用不了几年就很有可能要再进行强制性的债务重组。

这也许能够解释为什么希腊主权债务CDS的市场价格还在不断上升。银行也强调说，希腊主权CDS市场规模很小，因此没有获得赔偿所带来的市场反响不太可能扩散到其他市场。目前，已发行的希腊主权债务CDS仅占整个CDS市场0.3%的份额。

一位高级律师说："银行要将自身资产负债表上的风险对冲或转移走。如果没有CDS，它们将很难达到这一目的。"

葡萄牙政府的债务总额未见减少

据彼得·怀斯（Peter Wise）报道，自从欧盟批准向葡萄牙提供总额为780亿欧元的援助项目以来，葡萄牙政府进行的第一笔国债拍卖共筹得了10亿欧元（折合为14亿美元）的资金，但是目前葡萄牙政府发现融资成本并未下降。

葡萄牙国债办公室于本周三发行了期限为2个月的国债，平均利率水平为4.657%。5月4日，国债办公室发行的3个月国债的收益率为4.652%，前者略微高于后者。

资料来源： *Financial Times*, 19 May 2011.

新闻剪报 19.9　国际货币基金组织催促希腊政府加快改革进程

凯文·霍普于雅典

国际货币基金组织警告说，除非希腊政府加快进行结构性改革，否则希腊的经济复苏进程将会面临脱轨的风险。

国际货币基金组织项目主管保尔·汤姆森（Poul Thomsen）在评估了希腊的改革计划进度以后，评价说如果"不加快进行改革"，那么到了明年，希腊有可能仍将无法从衰退中解脱出来。

"看上去希腊政府的改革进程十分缓慢"，本周三汤姆森先生在一次希腊资本会议上这样说道。

"如果在未来几个月内，希腊政府不能下定决心坚决推进结构性改革，那么我认为整个改革将会面临脱离正常轨道的风险。"

之前，欧盟领导人首次提及重新设计希腊债务还款计划还款的可能性，但是前提条件是希腊必须先完成"令人感觉不快"的经济改革，并且重新启动停滞不前的私有化进程。同一天晚些时候，国际货币基金组织的官员说了上面这段话。

除了现在已经拿到的1 100亿欧元援助资金，在未来两年间，希腊可能还需要进一步获得总额为600亿～800亿欧元（折合为856亿～1 140亿美元）的经济援助。

汤姆森先生说："如果不加快进行结构性改革，政府的财政赤字将会在现有基础上——大致相当于GDP的10%——进一步扩大。"

希腊财政财政部长乔治·帕帕康斯坦丁努（George Papaconstantinou）说希腊政府有责任达成既定的改革目标，正在准备取消保留公共部门岗位的政策。

帕帕康斯坦丁努先生说："我们必须考虑到一旦公共部门机构或组织关闭、减少编制或者被监管，也有可能会有工作人员被解雇。"

资料来源： *Financial Times*, 19 May 2011.

新闻剪报 19.10　欧洲发行总额为50亿欧元的援助债券

大卫·奥克利

欧盟将最早于下周发行总额高达数十亿欧元的债券，为救助葡萄牙和爱尔兰筹集资金。这一举动的另一目的是在希腊债务危机爆发之后试探一下投资者的情绪与反应。

银行家声称，预期欧盟将会发行总额为30亿～50亿欧元的十年期债券。对此欧洲各家银行、养老金和保险公司有强烈的需求。这批债券的收益率有可能被确定为3.6%～3.7%，或50～60个基点。

一位投资者说："我认为这种债券的市场需求非常旺盛，因为这是欧盟发行的债券，用整个欧盟地区作为担保，而且它的收益率也高于德国国债的收益率。"

市场分析师们希望，在欧洲中央银行的技术官员与欧盟的政客就希腊债务重组问题展开激烈辩论之后，成功地拍卖这批债券有助于缓解紧张态势。

欧洲中央银行的官员警告说，任何推迟偿还债务的行为都将导致希腊经济与财政改革计划偏离正常轨道的风险。

这是欧盟为了援助爱尔兰和葡萄牙发行的第三批AAA级债券。第一批债券于1月份发行，引发了全球投资者的热烈追捧。第二批债券于3月份发行，也获得了成功。

欧盟于周四表示，它准备在5月23日至7月15日之间发行新一批债券，但是也有可能提前先发行一小批债券，这是因为据目前的市场反响来判断，这批债券的发行受到了热烈欢迎。

一些投资者称，欧盟可能会最早于本周五宣布几家银行将会介入债券的发售过程。

自从欧盟同意向葡萄牙提供780亿欧元的援助资金以来，这是首批发行的债券。第二批发行的欧盟债券可能期限为5年，预期在一周后发行。

这些债券将在欧洲金融稳定机制的监控下发行，该机制由欧盟委员会负责管理，掌握着总额高达600亿欧元的欧洲援助资金。

负责人为克劳斯·格雷林（Klaus Regling）并受到欧盟区各国政府监督的欧洲金融稳定基金预计也会跟随发行两个批次的债券。今年1月份，欧洲金融稳定基金发行了首批债券。

欧洲金融稳定机制以及欧洲金融稳定基金合计将向葡萄牙政府提供总额高达260亿欧元的援助资金，这笔资金将在未来3年内分批次到位。此外，国际货币基金组织还可以向葡萄牙政府进一步提供总额高达260亿欧元的资金援助。

根据市场环境和被救助国家的需求，欧洲金融稳定基金计划在2011年共发行7个批次的债券——包括1月份已发行的一个批次的债券——而在去年12月份，原本公布的计划是发行3个批次的债券。

2011年，欧洲金融稳定机制计划共发行6个批次的债券——包括2011年第一季度已发行的两个批次的债券——按照之前的日程表，原本计划本年度发行4～5个批次的债券。

2012年，由于葡萄牙需要获得援助，总部位于卢森堡的欧洲金融稳定基金准备按照修改后的援助计划筹资130亿欧元。最初的计划拟定的筹资额为100亿欧元。

本年度迄今为止，欧洲债券的发行都获得了巨大的成功。与之形成鲜明对比的是几个危机国家难以在市场上获得融资。

资料来源： *Financial Times*, 20 May 2011.

新闻剪报19.11 小心国债的尾部风险

吉莉安·泰德（Gillian Tett）

三年前，投资者们学到了一个惨痛的教训，后悔当初没有想到银行或其他金融机构用短期负债为长期投资项目提供资金支持会带来这么大的风险。那么，现在是不是又到了投资者们再次吸取教训的时刻——与主权债务相关？

随着政客们有关美国财政政策的争论越来越激烈，总额高达143 000亿美元的美国国债市场让人担忧可能会爆发主权债务危机。

最近几个月以来，美国国债市场的气氛异常平静，以至于本周十年期国债的收益率下跌至本年度的最低点。

这种现象很引人注目。本周，在技术层面上，美国国债的发行总量已经达到了最高限额（即按照宪法规定，达到了国债的最高发行额），如果随后国会无法达成协议进一步提高国债的发行限额，那么这甚至有可能引发技术性的违约。

虽然存在着政治上的不确定性，但是让人感到安心的是投资者仍然在争先恐后地购买美国国债。但是，投资者和政客仍然需要好好了解一下目前美国政府正在出售哪种类型的债券。更为重要的是，过去美国政府已经出售了哪些类型的债券。

这个问题与美国国债市场的平均期限有关，即美国政府发行新债券替换已到期旧债券的频率。

目前，美国已发行国债的平均到期期限为61个月左右，这意味着每年要有1/9的存量国债必须被置换掉。

研究一下最近几十年来美国国债的发展历史。这个数据看上去并不奇怪。

从1980年起，美国国债的平均期限一直在45～70个月之间波动。2008年，国债的平均期限最低下降到48个月，这是因为美国政府为了安抚金融市场发行了大量的短期国债。

不过，如果从更广阔的视野来看，美国国债的这种发行模式看上去很不同寻常，而且令人感到不安。

例如，在英国，政府债券的平均期限长达13年。当然，英国国债的期限确实有点太长了，大多数欧洲大陆国家发行的国债期限为7～9年。

美国财政部敏锐地意识到这种发行模式明显不同于其他国家，于是正在积极努力延长国债的有效期限。

目前在这一方面，美国财政部已经取得了一定进展，至少与2008年相比有一定的进步。

事实上，现如今美国国库券——这是一种短期国债——仅占国债市场总发行量的不足20%，达到了自20世纪60年代以来的最低比例。

但是，别指望美国财政部会以极快的速度将国债的期限延长至很长。

一个问题是美国官员认为为了确保整个金融市场的稳定，必须保持国库券市场的健康发展，因此，政府有义务持续大量地发行短期国债。

他们还希望确保十年期债券市场也能得到良好发展，因为这对于美国房屋市场的正常运转具有至关重要的意义。

一直有人怀疑投资者是否愿意购买期限非常长的美国国债。虽然美国以外的外国投资者购买的长期国债所占比例更高，但是美国国内的机构投资者并没有这种期限偏好。

这至少会带来两方面的潜在风险。

破坏力最强但是发生可能性较小的危险是，国债的平均期限较短意味着美国政府会发现，一旦市场信心完全崩溃，它将很难以合理的价格持续发行新国债以置换旧国债。

另一个更为微妙但有可能发生的问题是，一旦通货膨胀率大幅度上升，由于美国政府必须按照市场利率来发行国债，那么它会发现债务融资成本将大幅度上升。

例如，国会预算办公室近来一直在模拟推演一旦通货膨胀率上升 3 个百分点，美国国债与国内生产总值的比率将会发生怎样的变化。

它得出的结论是：如果债券市场的利率水平保持稳定（同时其他条件均保持不变），那么美国国债与国内生产总值的比率将由 2012 年的 72%下降至 2020 年的 70%。但是，如果债券市场的利率水平上升 2 个百分点，则国债负担率将会上升至 76%。

换言之，通货膨胀无法解决美国国债面临的难题，除非美国政府能够找到一种方法通过强制性管制来迫使市场利率水平下降。

目前来看，这尚未造成什么影响。十年期国债的利率水平仍然非常低，这意味着财政部的融资成本很低。但是一旦市场风向发生根本性变化，那么无疑这将是警钟敲响的时候。

目前，华盛顿仍然承受着国债滚动融资所带来的政治风险，这意味着国会总是在避开使用稳定的长期债券，转而一再使用看上去像是临时性预算措施的短期债券，这种债券需要持续不断地更新置换，这使得美国政府始终处于一种“勉强糊口”的状态。

资料来源： *Financial Times*, 20 May 2011.

19.8 最优货币区

最优货币区（OCA 或 OCR）指的是在一定地理区域内，整个区域均使用同一种单一货币，从而实现经济效益最大化。最优货币区理论解释了使用单一货币可以带来的最优化效果。

罗伯特·蒙代尔（Robert Mundell）[7] 的一篇文章激起了学术界对最优货币区理论研究的热情。在这篇文章中，罗伯特·蒙代尔论证了多个地区或国家可以通过结成货币联盟的方式放弃各国的本币，转而使用同一种统一货币。

为了分析加入货币联盟是否符合本国的经济利益，一国需要评估一下收益是否大于成本。使用统一货币意味着从此以后各地区与货币联盟的其他成员国之间将保持固定汇率。

使用统一货币意味着从此以后，两个地区将执行相同的货币政策。每一个地区都将会失去货币自治权。整个最优货币区的货币当局负责为所有成员国制定统一的利率水平。有观点认为，如果一国与潜在的货币联盟伙伴国在经济上具有相似性或对称性——这意味着它们面临的外部冲击大多是对称性的而非不对称性的——那么一国加入货币联盟的成本就相对较低。但是除了成本以外，一国还需仔细衡量收益。净收益等于收益减去成本。所谓的收益包括：

- 随着市场一体化程度的提高，统一货币所带来的效率提高效应也会明显放大。
- 随着对称性程度的不断提高，统一货币的稳定性成本将会下降。

所以，最优货币区理论认为，如果市场一体化或对称性程度提高，则使用统一货币的净收益也会随之增加。如果净收益为负，则一国应出于保护自身经济利益的目的，应当选择不加入货币联盟。如果净收益为正，那么一国应考虑加入货币联盟。

当然，我们知道若想使用单一货币，货币联盟内各成员国的通货膨胀率必须非常接近。虽然统一的货币政策有助于达到这一标准，但是货币联盟内各成员国的财政政策（政府支出与税收）通常是保持相对独立的。于是，这可能会导致各成员国之间的通货膨胀率出现较大差异。在21世纪的头十年，欧元区就出现了这样的情况。当然，在欧元区，所有成员国执行统一的货币政策，但是在财政政策方面，它们是各自为政的。

而且，最优货币区理论假定所有的成员国彼此之间应当存在紧密的贸易往来，经济结构也较为相似。假设一个单一货币区只包含两个经济体，其中一个经济体唯一生产的产品为小麦，而另一个经济体唯一提供的产品为银行业。那么，这样的单一货币区肯定是行不通的。这是因为国际市场上小麦价格的下跌会严重伤害一个成员国的经济利益，然而另一个成员国几乎是毫发无伤。因此，最优货币区的成员国应当是面临相似的经济冲击，可以采用同一种方式作为回应。

下面我们列出了评价最优货币区是否成功的四条标准。这四条标准为：

- 最优货币区内劳动力可以自由流动。这包括劳动者可以自由穿行各成员国的边界，而且劳动力的自由流动不存在文化上的障碍，比如语言和制度安排（例如养老金可以在整个货币联盟区内自由转移）。在欧盟区内，劳动力的流动性较低，尤其是与美国相比。
- 资本可以在整个区域内自由流动，价格与工资水平保持弹性。这样能够确保由市场力量来配置资金与商品。欧元区的各成员国彼此之间贸易量过大。据统计，欧元诞生后，欧元区内各成员国之间的贸易往来额上升了至少10%。
- 应建立一个自动财政转移机制，便于将资金转移支付给受到前面两个方面不利影响的地区或成员国。通常采用的方式是将税收收入转移给一国内的欠发达地区。在次贷危机爆发之前，欧元区在这方面做得不错。但是在2007—2008年期间，这方面有所退步。
- 各成员国具有相似的经济周期。因此，经济繁荣期与衰退期应当能够保持基本一致。

在上述四条标准中，欧元区在其中几个方面做得还不错，但是其劳动力的流动性不如美国，而且在熨平地区性经济发展不平衡这一方面，欧元区做得也不好。此外，在21世纪的头十年，欧元区各成员国的通货膨胀率差异性也较大。

如果我们将欧元区的做法与美国相比——我们可以把美国看作是一个单一货币区——我们会发现两者截然不同。在美元区，联邦预算机制运行良好。如果在加利福尼亚州出现了经济衰退，则华盛顿州可以通过提供更多援助资金的方式来直接提供帮助。与此同时，自动稳定机制也发挥了作用。在经济衰退期内，加利福尼亚州可以减少向联邦政府的纳税额，这有助于该州渡过困难时期。

欧元区算得上是最优区货币区吗？在欧元诞生以前，很多人相信欧元区内的核心小集体——比利时、法国、德国、卢森堡以及荷兰——更适合组成单一货币区。而其他成员国尤其是爱尔兰、意大利、葡萄牙、西班牙和希腊，很少有人认为这几个国家适合加入最优货币区，更不用说最近刚刚加入欧元区的几个新成员国了。地理区域内劳动力缺乏流动性，工资水平的弹性也不足，这都难以满足最优货币区的四条标准。而且，欧盟的中央财政预算尚不足GDP的2%，远远低于被广泛接受的标准——中央财政预算至少相当于GDP的25%。（但是这并不是增加中央财政预算的借口！）

我们再来看一看市场一体化程度和对称冲击这条标准，近来次贷危机的爆发已经证明爱尔兰、希腊、西班牙和葡萄牙这几个国家所面临的外部冲击明显不同于德国和荷兰。

19.9 主权债务危机

金融危机爆发后，主权债务危机随之爆发。这种现象并不少见。典型的主权债务危机模式是一国政府发现债务到期时自己没有能力按时偿还（利息和本金）。一旦违约行为发生，主权债务危机就达到了顶点。

银行危机的爆发一般遵循这样一个由经济繁荣到经济衰退的路径：

- 放松监管。
- 低利率使得贷款变得相对容易。
- 在经济繁荣时期，凯恩斯提出的“动物本能”开始抬头。
- 在个人、公司以及银行领域，风险偏好水平越来越高。
- 消费行业和银行业过度自信。
- 不恰当的金融操作开始涌现，包括使用各种各样的表外工具、向信用等级较差的借款人发放贷款、赤裸裸的欺诈以及庞氏骗局。
- 信用评估标准下调。
- 不正当的投资。
- 个人、公司和银行的负债额增加。
- 房屋的实际价格飞速上涨。
- 过度使用短期借款为长期投资项目提供资金，面临较高的再融资风险。
- 所谓的金融创新。
- 在经济体的部分领域产生了泡沫——例如房地产市场或股票市场。
- 较低的安全边界意味着市场价格的小幅下跌就会导致财务问题的爆发，尤其是当个人或企业使用较高的财务杠杆时。
- 外部冲击使得泡沫破灭，造成损失，贷款被收回，抵押品被出售，使用高杠杆的金融机构请求政府提供援助资金，其中包括风险水平过高的银行。
- 这将导致政府出手提供担保，或者是提供资金援助。
- 在经济下滑时期，凯恩斯提出的“动物本能”逐渐消失。
- 消费者、商业企业和银行缺乏信心。
- 偿还债务。

学术界已有多篇文献详细论证了为什么金融危机的爆发会激起主权债务危机。具体原因如下所示：

- 紧急援助使得政府负债相应增加。
- 在接受了政府提供的紧急援助以后，银行会紧缩银根，收回一部分贷款——这指的是发放给那些信用等级较差的消费者的贷款。原本这些消费者根本没有资格可以获得贷款。
- 商业活动随之减少。
- 利润水平下降，亏损开始逐渐累积。
- 失业率上升（公共部门与私人部门的就业岗位被削减），税收收入减少，政府的失业救济金支出不断增加。

● 消费者的消费额减少，房地产行业的实际成交额也在减少，这进一步降低了政府的税收收入。

● 于是，这不可避免地导致政府的负债额进一步增加。

● 市场调低了政府主权债务的信用等级，随之而来的必然结果是政府的融资成本上升。

● 随后，汇率领域会爆发危机，尤其是当该国因为使用固定汇率制而导致本币被高估或者因为加入了货币联盟而无法使用本币贬值策略的时候。

随着政府的负债规模越来越大，融资的利息成本越来越高，再加上国民生产总值的减少，该国政府在债务到期时无力偿还主权债务的可能性也会变得越来越高。

评估一国政府流动性的主要比率与评估公司盈利性和稳定性的财务比率指标十分相似。我们将会在后面第25章讨论其他比率指标。美国经济学家莱因哈特和罗格夫[8]研究了1970—2008年的数据，他们发现当违约行为或债务重组发生时，中等收入国家的平均负债率为：

● 外部债务与国民生产总值的平均比率为69.3%，最低为12.5%，最高为214.3%。

● 外部债务与出口额的平均比率为229.9%，最低为73.1%，最高为447.3%。

由于在计算时考虑了债务的期限，因此上述比率的计算结果跨度较大。就一笔巨额债务而言，一种情况是明年全部到期，另一种情况是在未来的15年内匀速还款，显然前者所导致的问题更严重。在本书写作时（2011年8月），欧元区内的多个成员国明显表现出不符合上述最优货币区四条标准的迹象，这进一步提高了欧元寿命有限的可能性。当然，如果有一天欧元真的退出了历史舞台，它的墓志铭应当由后人来书写。安息吧，欧元。

小结

● 我们可以将2007—2008年的次贷危机划分为两个阶段：2007年之前是危机的酝酿阶段；2007年之后，事态进一步恶化，对整个经济体造成了破坏性的损坏。

2007年之前

● 住房信贷急剧扩张，达到了前所未有的水平。

● 危险的债务工具出现在市场上——信用违约互换、担保债务证券、抵押贷款担保证券等。由于在使用这些产品时站错了位，银行面临更大的风险。

● 信用违约互换市场开始出现泡沫。

● 银行资产负债表上的负债比率越来越高，这加大了银行的风险。

● 市场利率极低，有时实际利率甚至为负。

● 商业区的消费额飞速上涨。

● 公共部门的支出迅速增加。

● 实际收入增加。

● 政府为了迎合民意并赢得选票，大力推动次级抵押贷款发放总量迅速增加。

● 持续繁荣的房地产市场开始出现泡沫。

● 经济体遭到外部冲击，房地产价格开始下跌。

2007年以后

● 房地产市场崩溃。

● 信用违约互换、担保债务证券和抵押贷款担保证券市场的崩溃使得银行的资产负债表遭受了巨额亏损，甚至陷入更糟糕的境地。

● 一些银行宣告破产，还有一些银行接受了政府的援助。

● 为了阻止衰退或萧条，政府向经济体注入了大笔资金。

● 为了防止通货紧缩和经济衰退，政府执行了放松银根的政策。

● 失业率开始上升，但是尚未达到非常严重的程度。

● 主权债务的信用评级被调低。债务违约的先兆开始显现。

● 欧盟与国际货币基金组织向希腊、爱尔兰和葡萄牙三国提供贷款援助。

● 尤其值得一提的是，希腊最初为了满足加入欧元区的几条基本标准与高盛公司进行了互换交易。在这笔交易中，高盛公司承诺向希腊提供资金（帮助其偿还债务），而希腊政府承诺晚些时候会使用机场收费和彩票行业收入来偿还高盛公司。具体情况请大家参考《纽约时报》。[9]

● 到了 2011 年，问题依然存在，欧元区内实力较弱的成员国仍然具有违约的可能性。此外，还有一个更严重的问题：欧元区是否到了该解体的那一天？

章末习题

19.1 列出并简要讨论导致 2007—2008 年期间金融危机爆发的主要因素。

19.2 解释一下“发放贷款后一直持有”的贷款模式与“发放贷款后转售”的贷款模式有何区别？为什么银行更愿意采用第二种贷款模式？这导致了哪些后果？

19.3 欧元区内实力较弱的成员国爆发危机的根源是什么？

注释

1. Buckley，A.，*Financial Crisis*，FT Prentice Hall，2011.

2. Financial Crisis Inquiry Report，*Public Affairs*，New York，2011.

3. Acharya，V. V.，Richardson，M.，van Nieuweburgh，S. and White，L. J.，*Guaranteed to Fail*，Princeton University Press，2011.

4. Buckley，A.，*Financial Crisis*，FT Prentice Hall，2011.

5. Kindleburger，C. P.，*Manias*，*Panics and Crashes*，3rd edition，John Wiley and Sons Inc.，1996.

6. Carmen M. Reinhart and Kenneth S. Rogoff，*This Time is Different*，Princeton University Press，2009.

7. Mundell，R. A.，“A Theory of Optimal Currency Areas”，*American Economic Review*，51，657－565，1961.

8. Carmen M. Reinhart and Kenneth S. Rogoff，*This Time is Different*，Princeton University Press，2009.

9. Story，L.，Thomas Jr，L. and Schwartz，N. D.，“Wall St. helped to mask debt fueling Europe's crisis”，*The New York Times*，13 February 2010.

题库 3

练习题

1. 在过去十年间，你所在的公司借入了多笔外币长期贷款。新上任的公司董事会主席对外币借款的管理政策提出质疑。提出相应的建议，指出该政策应当在事前与事后管理两方面做出怎样的调整。

2. 普雷斯蒂奇公司的主要销售额来自北美地区，它在那里设立了一家全资子公司。德国企业是该公司的主要竞争对手。

目前，媒体广泛报道称普雷斯蒂奇公司使用外汇市场对其未来美元销售额所形成的风险敞口进行了套期保值。在 1988 年 3 月，公司发布的 1987 年年报证明公司 1987 年的利润额比上一年有所下降，其中一部分原因要归结于英镑相对于美元贬值。这一消息一经披露，普雷斯蒂奇公司的股价就下跌了大约 5%。

（a）你认为普雷斯蒂奇公司会采用什么方法对未来的美元销售收入进行套期保值？

（b）鉴于未来的美元销售收入已经被套期保值，为什么当期收益还会受到英镑兑美元汇率的影响呢？

（c）你认为普雷斯蒂奇公司对未来美元销售收入进行套期保值的行为会对其股价造成怎样的影响？

3. 总部位于英国的一家跨国企业卖掉了一家海外化工厂，该工厂的成交价按照获利能力协议确定。按照这份协议，最有可能的出售价格是 1 000 万美元，最高不超过 1 200 万美元。预计跨国企业可以在 11 个月后收到款项，8 个月后能获知准确的出售价格。

现在，跨国企业要做出决策以确保未来收到的外币款项能够得到完全的套期保值。

(a) 对未来预期收入进行套期保值可采用哪些方法?

(b) 在挑选套期保值方法时,哪些因素会对企业的决策造成影响?

4. 假设你是4S集团(4S这个名字来源于太阳sun、沙子sand、大海sea和白雪snow这四个单词的首字母)的财务总监,4S集团专门经营假日团队旅游业务,主攻摩洛哥、西班牙、希腊、法国、瑞士和美国等地。这个市场的价格竞争异常激烈,而4S集团是该市场上的领先企业之一。所有竞争对手的利润率都不超过5%。

集团公司打算签约预订未来一年的机票以及酒店住宿,机票要用美元结算,酒店住宿费要使用当地货币来结算,而集团收入只使用英镑这一种货币来计算。

这个行业的竞争焦点就是价格,因为必须提前一年就把价格确定下来,然后标识在宣传手册里。一旦某个竞争对手的定价没有按照牌理出牌,那么这种行为将会改变其占有的市场份额。

(a) 根据上面介绍的信息判断4S集团面临什么风险。你预测4S集团会采用哪种方式对冲这一风险?

(b) 如果最大的竞争对手决定不对任何风险敞口进行套期保值,那么这会给4S集团带来什么风险?

(c) 对于问题(b)中提到的风险,你会采用怎样的管理模式?

5. 你在某家公司担任财务管理人员,该公司已经签订了一份外汇看涨期权协议,目的是对或有风险敞口进行套期保值。目前,这一或有风险敞口并未变成现实。但是,期权还剩下七天就要到期了。

(a) 如果自公司签订外汇看涨期权以来,标的外汇的市场价格有所上涨,则详细说明你可能会采用什么样的行动及其影响。

(b) 如果自公司签订外汇看涨期权以来,标的外汇的市场价格有所下跌,则详细说明你可能会采用什么样的行动及其影响。

如果公司签订的是看跌期权协议,并且其他信息均保持不变——即公司签订看跌期权协议的目的是对或有风险敞口进行套期保值,但是这一或有风险敞口并未成为现实,而期权协议还剩下七天就要到期了。回答下列问题:

(c) 如果执行看跌期权是有利可图的,那么你所在的公司要面临哪些选择?不同的决定会产生怎样的影响?

(d) 如果执行看跌期权会带来损失,那么你所在的公司要面临哪些选择?不同的决定会产生怎样的影响?

(e) 如果隐含波动率发生变化,那么对于上述(a)至(d)四种情况,你建议应采用怎样的措施?为什么?

6. 一家小型金融机构的资产负债表如下所示,该表的数据反映的是历史价值(名义价值),计价货币为金融机构所在国的本币:

资产:	负债:
1亿贷款:	5 000万债务:
3年期,利率为3个月STIBOR+0.5%	5年期,利率为10%
	净资产:5 000万

所有的资产与负债均使用金融机构所在国的本币(Rassendyll)。STIBOR代表的是该国银行同业拆出利率,就是银行间短期贷款利率。净资产等于资产减去负债的差额。当

前，该国的利率期限结构曲线是水平形状，利率水平为 8%。金融机构向客户发放的贷款的利率水平始终比 STIBOR 高出 50 个基点。

(a) 目前在市场上，期限为三年或五年的利率互换协议要求互换双方按照 8%的固定利率与 STIBOR 相互支付。假设该金融机构想要消除所有的利率风险敞口（即不管利率上升还是下降，都不会对金融机构的净资产价值造成任何影响）。那么为了对冲利率风险，金融机构应当签订怎样的互换协议？

(b) 市场预期该国的利率水平将会大幅度下降，银行决定采取一定的措施保护贷款组合所获得的利息收益。很快，市场利率水平下降至 7%。假设负债的利率水平仍然保持在 10%，重新评估资产负债表上各个项目的价值。

7. 假设信用等级为 AAA 级的客户要为 5 年期贷款支付 8%的利息，同时该客户签订了一份 5 年期利率互换协议，向交易对手支付 8%的固定利率，而对方按照 LIBOR 向其支付。再假设另一位信用等级为 BBB 级的客户要为 5 年期贷款支付（$8+m$）%的利息，同时该客户也签订了一份 5 年期利率互换协议，向交易对手支付（$8+\mu$）%的固定利率，而对方按照 LIBOR 向其支付。

m 和 μ 的值是否相同？为什么？

8. 四个因素会对股指期货合约的价值造成影响。其中三个因素分别为股价指数的当前值、期货合约距离到期日的期限以及股价指数的股息。

给出第四种影响因素，并解释这种因素的变化会对股指期货合约的价值造成怎样的影响以及造成影响的原因。

9. 假设你是 Eclat 公司的财务管理人员。你所在的公司发行的债券还剩下五年到期。债券息票利率为 6.5%，本金额为 1 000 万美元，一次性还本付息。这笔美元负债已经被互换为浮动利率的瑞士法郎负债。美元与瑞士法郎的即期汇率为 1.50，当前互换利率为 6.8%的美元利率对 6 个月的瑞士法郎 LIBOR。互换产生的现金流与偿还美元负债所形成的现金流完美匹配，这使得 Eclat 公司要承担的融资成本变成基于等额瑞士法郎本金的浮动利率借款成本（期限也是五年）。

(a) 列出生成的现金流，计算浮动利率支付成本（瑞士法郎），假设所有的瑞士法郎现金流均适用于 4.5%的年贴现率，而所有的美元现金流均适用于 6.8%的年贴现率。不考虑任何债券发行成本。

(b) 为什么 Eclat 公司想要签订这样的互换协议？

(c) 这样的互换交易会不会出错？如果出错，你应当采用怎样的措施去纠正？

(d) 如果企业用瑞士法郎负债对瑞士法郎资产——这些资产有可能会在两年内被转让——进行风险对冲，那么你应当相应地做出哪些调整？

与新闻剪报 15.1 有关的问题

问题 1 至 7 与新闻剪报 15.1 有关。请回答下列问题。

1. 请看第七段。杰耶斯公司提到“将原先通过外汇市场建立的套期保值头寸期限延长”，这是什么意思？为什么杰耶斯公司要这样做？

2. 请看第十三段。塞克斯先生说“如果我们按照汇率的波动幅度来调高产品价格，那么我们将失去所有客户。”你认为为什么维苏威公司按照汇率的波动幅度来调整产品价格会导致其客户流失？

3. 请看第十四段。为什么说滚动套期保值策略只不过是在“拖延时间”？

4. 请看第十六段。你是否同意塞克斯先生的观点？为什么？

5. 请看第二十八段。East 公司对未来 12 个月内到期的外汇风险敞口都进行了套期保值，而传统的做法是对未来 6 个月内到期的外汇风险敞口进行套期保值。East 公司为什么这样做？会带来什么后果？

6. 请看“跨国集团从美梦中惊醒”这篇报道的第六段。唐纳先生提到了“双重打击”。不仅是汇率的波动方向对企业不利，还谈到了“不断收紧的利率差”。其确切含义是什么？与利率差不断扩大相比，利率差持续收紧会给企业带来哪些负面影响？用一个数值的例子来证明你的观点。

7. 请看“英镑升值会对通过门票出售获得的美元收入带来什么影响”这篇报道的最后一段。布兰登先生提到“只有获得一个不错的远期汇率成交价，我们才能利用汇率波动的机会来获取收益”。既然远期汇率取决于即期汇率以及两国的利率差，那么怎样才能获得一个不错的远期汇率成交价呢？因此，布兰登先生说这句话的用意是什么？

选择题

每道题目只有一个正确答案。

1. 一家美国企业将来要收到一笔瑞士法郎款项，而该企业并未持有方向相反的瑞士法郎头寸。如果企业想要规避汇率波动风险，那么下列哪种做法是最合理的？

(a) 买入瑞士法郎看涨期权；

(b) 卖出瑞士法郎期货合约；

(c) 签订一份买入瑞士法郎的远期协议；

(d) 现在买入瑞士法郎并将其存入银行，将来到期时用于支付。

2. 如果投资者预期英镑将要相对于美元升值，那么他或她可以通过（　）英镑看涨期权或（　）英镑看跌期权的方式来投机。

(a) 买入；卖出；

(b) 买入；买入；

(c) 卖出；卖出；

(d) 卖出；买入。

3. 你买入了一份瑞士法郎看跌期权，期权费为 2 美分，执行价格为 0.61 美元。期权只能在到期日被执行。如果在期权到期日那一天，瑞士法郎的即期汇率为 0.58 美元，那么每一瑞士法郎的净盈利或净损失可能等于：

(a) 损失 3 美分；

(b) 损失 1 美分；

(c) 损失 2 美分；

(d) 盈利 2 美分；

(e) 上述答案均不正确。

4. 一家美国企业正在参与瑞士政府某个项目的投标，三个月以后才能得知自己的投标是否被接受。美国企业需要瑞士法郎来支付项目建设费用，但是如果中标，瑞士政府向其支付美元。该企业可以采用哪种方法实现最佳的汇率波动风险对冲?

(a) 卖出瑞士法郎期货合约;

(b) 买入瑞士法郎期货合约;

(c) 买入瑞士法郎看跌期权;

(d) 买入瑞士法郎看涨期权。

5. 一家美国企业在 60 天后会收到一笔 1 000 万瑞士法郎的款项。该企业的管理层相信，在这段时间内瑞士法郎的币值将会大幅度下跌。假设事实证明该企业的预测是正确的，下列哪一种做法能产生最大的收益?

(a) 卖出远期瑞士法郎;

(b) 买入瑞士法郎看跌期权;

(c) 买入瑞士法郎看涨期权;

(d) 买入远期瑞士法郎;

(e) 什么也不做。

6. 净额结算可以起到很多作用，除了:

(a) 子公司之间的汇率波动幅度有所下降;

(b) 交易成本降低;

(c) 货币兑换成本降低;

(d) 交易敞口变小。

7. 谈到设计一个完善的外汇风险敞口报告制度，下列哪种说法是正确的?

(a) 采用中央集中控制的体制，地方层面没有任何投入;

(b) 应当按照币种和子公司来编制报告;

(c) 报告应该集中关注外汇折算风险，因为这会影响到企业的每股盈利，而每股盈利是决定企业估值的关键要素;

(d) 例行报告应当集中关注经济风险敞口而非外汇折算敞口或交易敞口，这是因为经济风险敞口代表的是未来现金流的现值，是决定企业估值的关键要素。

8. 1 月份的一个星期二，一位运营商找到金融期货经纪人，他想要抓住英镑/美元汇率波动的机会来投机。他卖出了 7 份 3 月份到期的英镑期货合约，卖出汇率价为 1 英镑兑换 1.720 0 美元。假设报价的最小变动单位为 0.01 美分，而期货合约的最小价格变动单位为 2.50 美元，那么去掉支付给经纪人的佣金，该运营商能获得多少净利润或损失? 来回交易的佣金费率为每份合约 120 美元。在回答这个问题时，不考虑任何利息收益（包括保证金的利息）和机会成本。

(a) 230 美元盈利;

(b) 1 610 美元盈利;

(c) 1 750 美元盈利;

(d) 不能确定，因为不知道期货合约的交易规模;

(e) 上述答案均不正确。

9. 下列哪一个关于外汇市场的说法是正确的?

(a) 投机者主要在期货市场上进行交易，而套期保值交易者主要在远期市场上进行交易;

(b) 套期保值交易者主要在期货市场上进行交易，而投机者主要在远期市场上进行交易;

(c) 投机者是期货市场与远期市场上的主要交易者;

(d) 套期保值交易者是期货市场与远期市场上的主要交易者。

10. 一家美国企业未来要用欧元支付购买机器设备的货款，我们假设该企业并未持有方向相反的欧元头寸。在这种情况下，若企业希望能够规避汇率波动风险，那么下列哪一种做法是不合理的?

(a) 买入欧元看涨期权;

(b) 签订一份买入欧元的远期协议;

(c) 卖出欧元期货合约;

(d) 现在买入欧元，然后将其存入银行，等到到期时用于支付货款;

(e) (a) 至 (d) 这四种做法均合理。

金融学译丛·国际金融
金融学译丛·国际金融
金融学译丛·国际金融

第六部分

跨国资本预算

在分析资本投资决策时，我们要将投资项目的现金流入与现金流出进行对比。投资评估体系通常被更全面地定义为资本预算，其分析的重点是与投资项目有关的预期增量现金流。在研究海外投资项目时，也会遇到与国内投资项目分析一样的困难，但是跨国投资项目的分析要复杂得多。尽管按照公司理财理论，两者使用的分析框架或模型基本相同，但是跨国企业必须充分考虑跨国经营所独有的特性。这些特性或差异非常重要，同时这也是我们在本书的第六部分重点关注的方面。

第 20 章　国际化进程

跨国公司理财实际上是跨国商业策略的一个财务管理方面的组成部分，但是显然，它是一个至关重要的组成部分。就像国内企业的财务管理策略必须在企业整体经营策略或框架下加以制定一样，跨国企业的财务管理策略也必须着眼于跨国企业整体业务经营的基本特点。在这个背景下，本章的主要目的是对跨国企业扩张的基本原理或观点加以总结。

20.1　对外直接投资

所谓对外直接投资（FDI）指的是直接收购海外实物资产，例如工厂或设备，而且位于母国的母公司最终将获得对这些实物资产的经营控制权。对外直接投资可以采用多种形式，具体包括：

- 在海外其他国家建立一家新公司，可以是分支机构或者附属机构。
- 使已有的海外分支机构或附属机构进一步扩张。
- 收购海外企业或其资产。

对外直接投资与海外组合投资有明显的差别。海外组合投资是指对海外企业进行股权投资，但不拥有经营控制权，其目的是获得股息或资本利得收益之类的投资收益现金流，或者仅仅是为了进一步拓展商业人脉。除了对外直接投资，企业还可以通过以下几种方式进行跨国经营：进出口、许可证贸易、技术转让或出售、外国合同制造、出售交钥匙项目或者进行组合投资。

全球经济正在进行国际化的转变。在其飞速发展的背后，存在多个主要推动因素，对此学术界存在较大的争议。

以对外直接投资形式进行的国际化模式最初发端于 19 世纪晚期。在维多利亚时代以及爱德华七世时代，很多垂直一体化的巨型跨国企业纷纷得以建立，其中一些企业直到今天还焕发着生机与活力，比如在西非投资植物油种植业的利华兄弟公司（就是如今的联合利华）、投资于可可豆种植业的吉百利公司以及投资于橡胶业的邓洛普公司等，它们均属于在殖民地投资种植业的企业。作为那个时代拥有强大实力的日不落帝国，英国统治着全球的国际贸易。1914 年，在全球对外直接投资总额中，英国所占的比例超过了 45%。第二次世界大战以后，对外直接投资的领导权被美国夺去，当时美国的一些大企业——例如通用电气公司、IBM 以及美国电话电报公司等——在全球各地建立了多个生产基地。到了 1960 年，在全球对外直接投资总额中，美国所占的比例超过了 48%。从那时起一直到现在，我们陆续看到了欧洲、日本和中国跨国企业的重新崛起。

但是对于对外直接投资这种模式，直到现在仍有一个巨大的疑问尚未解开。企业为什么要这么做？在外国建立并管理制造工厂要面临很多麻烦，风险大，成本也高，为什么不直接出口呢？如果运输成本过高，为什么不选择采用许可证贸易的形式呢？或者是将技术和/或品牌出售给熟悉当地情况的海外企业，这家海外企业能够根据当地的实际情况更好地加以管理？

任何一种对外直接投资理论都必须将下列几个关键问题阐述清楚：

- 为什么企业要以直接投资者的身份进军海外？
- 企业在不熟悉的海外市场上生产经营必然会面临一定的劣势，那么在与东道国的本地企业进行竞争时，直接投资的海外企业如何获得成功？
- 企业为什么选择采用对外直接投资模式而非出口或许可证贸易的模式来进入海外市场？

我们先来研究一下企业跨国经营的渐进式发展路径，随后再向大家介绍几种有关企业跨国经营的理论。

20.2 渐进式发展路径

用渐进式模型来动态描述企业的国际化进程，这一观点最初是由约翰逊和玛伦（Johanson and Vahlne）[1] 以及洛斯泰瑞恩（Luostarinen）[2] 提出的。一般来说，企业会先选择出口，然后是建立海外销售机构，安排许可证贸易或者签署类似的制造合同，最后才是直接投资建立海外生产基地。由于在海外市场上生产经营要面临一定的不确定性，因此这种演变过程实际上就是一种风险最小化的安排。在国际化过程中，企业会逐渐由风险较低但是容易被逆转的出口导向型策略转向风险更高但是不太容易被逆转的经营策略；与此同时，收益或利润应当成倍增长。图 20—1 给出了常见的海外扩张渐进式模型。

打算在海外市场开疆辟土的企业首先可以考虑向海外市场出口产品。与其他更为成熟复杂的策略相比，出口模式拥有明显的优势。资本的投入量非常小，风险很低，决策容易被调整或修改，而且可以直接获得利润。对于跨国企业了解海外市场的经营模式和商业文化，出口模式能够产生陡峭的学习曲线效应。尤其是在市场供求环境、竞争、分销渠道、支付惯例和海外金融机构的经营模式等方面，这种效应更加明显。在出口策略获得成功以后，跨国企业可以在海外进一步扩张营销机构。刚开始时，企业可能会使用出口代理商或类似的中间人，随后可以过渡到与海外代理商或分销商直接打交道。随着与海外市场客户的沟通与交流越来越多，企业可以建立起自己的销售机构与服务机构。市场营销机构扩展的顶点通常是拥有企业自身的海外分销体系。

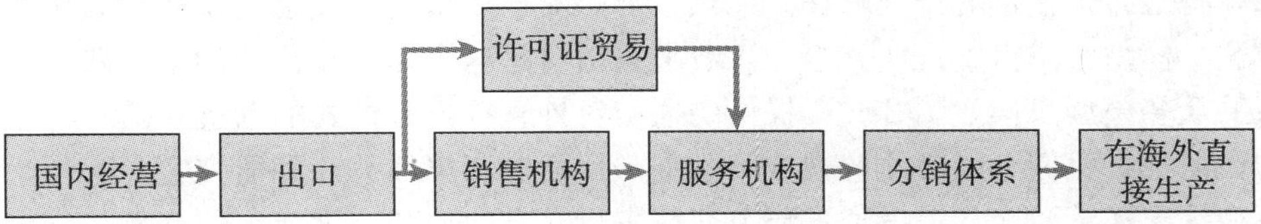

图 20—1　常见的海外扩展路径

如图 20—1 所示，除了建立海外销售机构以外，另一条海外扩展路径是进行许可证贸易。所谓许可证贸易指的是当地企业负责为另一家企业生产或制造产品，并向其支付专利费和/或其他形式的费用。对于总部位于母国的跨国企业来说，许可证贸易的主要优势为投资额相对较少。不过，相应的现金流可能也会比较小。有时候，这种模式要面临难以保证质量标准的问题，而且跨国公司很难控制海外的被许可公司将授权生产的产品出口。事实上，在某些市场领域，许可证贸易反而可能会给自身打造出竞争者，这将会给发放许可的跨国公司的未来收入造成损失。虽然会有这样那样的风险，但是目前看来，许可证贸易非常普遍，跨国企业更喜欢采用这种模式进入海外市场。

一些企业采用的策略是用技术换取海外合资企业的股份，同时还要求合资企业支付一定金额的专利权转让使用费。这种国际化模式本质上介于许可证贸易与建立海外生产基地这两者之间。一般来说，最终这将有助于企业在全球范围内建立起关联企业的巨网。还有一些企业没有经历许可证贸易（或者类似的贸易）这个环节，而是直接过渡到最成熟的阶段，即直接在海外建立生产基地。这也就是图 20—1 标示的另一条演变路径。

出口与许可证贸易模式的缺陷之一在于它们无法挖掘出产品在海外市场上的全部潜力。除非严格控制，否则许可证贸易可能反而会在市场上为自己树立起竞争者。在海外建立企业自己的生产基地能够克服上述这些缺陷；能够使企业跟上当地市场环境的变化，并及时调整产品和生产营销模式以迎合当地市场环境及口味的转变，同时还能更好地提供售后服务。与此同时，在海外市场建立生产基地能够在当地获得更多的认同，而且能更好地确保商品供给的稳定性。对企业来说，将产品生产出来以后立即出售给其他企业而非终端使用者是很重要的。与企业在海外建立生产基地紧密相关的一个问题是选择利用企业的自身资源在海外市场建立附属机构或关联企业还是直接收购当地生产经营状况良好的公司。直接收购模式的好处在于能够更加迅速地将母公司所拥有的一些技能——例如创新性的生产技术——直接转移给被收购的公司。而且直接收购当地企业还能为跨国公司提供一个相对较为完整的营销网络。如果母公司进入海外市场的时间较晚，这一优势十分重要。很多企业采用收购模式，以便更好地了解当地市场或某项特定的技术。当然，这种模式的不足之处就是有时候收购的成本较高。

如图 20—1 所示的渐进式模型未能提供一个有效的国际化学习策略，而且目前学术界仍然在针对该模型进行各种各样的实证检验或调查。这个模型有许多不足之处。目前，我们尚未完全搞清楚由一个阶段到另外一个阶段的动态过程。这个模型是单向的，因此无法解释撤资行为或者战略性的重新定位。此外该模型的主要特征是渐进式发展，但是韦尔奇和罗斯泰瑞恩（Welch and Luostarinen）[3] 发现，在现实世界里跨国公司经常是多个环节或阶段交替进行，显然这与模型不符。还有人批评说，这个模型太过简单，无法反映现实市场上企业跨国经营的复杂性。模型的单向性假定或至少隐含着因果关系，但是这种因果关系尚未得到验证。国际化进程的复杂性再加上可能存在因企业重新定位而形成的反馈回路，都将打乱各个变量的排列顺序。显然，要想对该模型进行实证检验是比较困难的。简言之，这个模型无法得到证实。当然，看上去出口是这个国际化模型的第一步。与社会科学领域的众多模型一样，图 20—1 提供的通向对外直接投资模式的渐进式路径并不是一成不变的。但是，我们不能因此忽视这个模型，反而应当更加关注和研究它，当然也可以对这个模型提出怀疑。充分考虑到各环节交替进行、方向逆转、重新定位（例如结成战略性联盟）以及撤资的可能性，有助于进一步改进该模型。

我们可以把这想象成一个实物期权——跨国企业在沿着渐进式路径前进时，清楚地知道每一步都面临着选择，如果事实证明这一步走得不成功，那么企业就会撤资；如果成功，那么企业将会继续投资进入下一阶段。从这个方面来看，企业向前前进所支付的成本类似于期权的期权费：如果没有成功，期权费就损失了；如果成功，可以给期权持有者带来正收益。当然，这一逻辑同样适用于很多其他投资决策。从渐进式模型的角度来看，与其他众多投资决策一样，“撤资”在模型中显然应占据一个位置。我们将在第 23 章向大家简要介绍实物期权的相关知识。

当然，实证研究支持渐进式模型的假设前提，即国际化进程的第一步就是出口，还支持国际化进程本质上确实遵循的是渐进式路径。这可以被视为一个学习过程——跨国企业努力尝试克服由信息、语言、文化、教育、商业操作和立法等方面所带来的难题。上述多种因素加在一起会让很多跨国企业感觉与陌生的海外市场有“遥远的心理距离”。渐进式模型还向跨国企业提供了一条有助于克服经验、知识或市场信息不足等难题的谨慎路径。否则，这些问题将会对企业的跨国发展制造较大的障碍。

接下来我们要向大家介绍跨国经营战略的主要理论，首先是市场不完美理论。

20.3 市场不完美理论

在对外直接投资相关理论的形成和发展过程中，一个最重要的观点是与当地企业相比，跨国企业的生产经营处于相对劣势。之所以会得出这样的结论，是因为跨国企业不了解当地的市场环境。与设立在母国市场上的附属机构相比，跨国企业设立在海外市场上的分支机构可能需要花费更多的时间、精力以及控制力。因此，这会给企业带来额外的成本，例如沟通交流、管理和运输成本。因此，对外直接投资若想取得成功，跨国企业必须拥有东道国本土企业或潜在的当地竞争企业所不具有的优势。

海默（Hymer）[4] 论证了跨国企业要想在海外市场上胜过当地企业所必须具备的条件。他观察到，跨国企业必须拥有本土企业所不具有的优势才能获得成功，而且一般来说，产品或服务的销售市场都是不完美市场。正是由于市场存在缺陷，这才激励跨国公司对外直接投资，从而在海外市场上建立起垄断优势。

金德尔伯格（Kindleberger）[5] 进一步详细阐述了这一观点。金德尔伯格认为市场缺陷使得跨国企业获得了补偿性的优势，而且其程度超过了不熟悉海外市场环境所导致的劣势。正是由于这一点，企业才会对海外市场直接投资。因此，对外直接投资就是市场不完美的直接结果。

市场缺陷可能会表现在一个或多个方面，例如产品差异、营销能力、专利技术、管理能力、获取资金的更好渠道、规模经济以及政府干预所导致的市场扭曲；等等。这些优势可以帮助跨国企业在海外市场上战胜本土竞争对手，从而有助于弥补远程生产经营所导致的额外成本。

因此，我们的结论是一旦跨国公司能够获得内部转移优势，对外直接投资就有可能发生。这能帮助跨国公司在东道国市场上克服不了解当地市场环境所带来的劣势，在与本土企业的竞争中获得成功。垄断寡头的存在所导致的市场缺陷能够给跨国企业带来优势，这可能是跨国企业对外直接投资的推动力之一。

一般来说，跨国企业都是垄断寡头。事实上，所有的跨国企业都掌握着庞大的市场势力。它们所处的市场通常是带有垄断竞争色彩的跨国寡头市场。这也许是因为在海外建立生产基地的成本很高，只有大企业愿意承受这么高的进入成本。英国学者邓宁（Dunning）[6] 认为，寡头垄断是跨国公司所处市场的鲜明特征，这进一步验证了其他很多学者的研究结论。

建立海外附属机构与完全竞争不可兼容。在完全竞争行业，数量众多的小企业掌握着相同的信息，赚取市场平均收益率。正是垄断寡头所拥有的市场势力促使跨国公司建立海外生产基地。若想始终保持较高的利润，设置进入壁垒至关重要。随着国内市场上利润率的不断降低，企业可能会发现，在海外建立工厂更有利可图。当然，这样一来，企业将无须再承受国内市场利润率不断下降所带来的压力，而是将眼光放眼全球，寻找合适的海外市场来复制其国内的市场缺陷。这是企业经营战略的本能。也许是由于竞争越来越激烈，国内市场的利润率逐渐下降，这可能会刺激企业开始认真考虑进军海外市场的可能性。如果国内的竞争不太激烈，企业这样做的可能性相对较小。

在逻辑上，接下来的问题便是考虑计划在海外哪个地方建厂。企业要充分考虑当地的生产效率、市场需求、同类产品和分销成本。显然，这些因素能够帮助我们理解跨国企业的生产基地选址原因。但是并不只有这几个因素在发挥作用。跨国企业必须拥有一些企业特定的优势——这也就是市场缺陷的来源——能帮助它战胜本土企业。麦克利特和谢瓦利埃（Michalet and Chevalier）[7] 引用了法国跨国公司列出的建立海外生产基地的三十多个原因。其中比较突出的原因包括进入海外特定市场的重要性、分散风险的需要以及国内市场利润率不断下降所带来的危险等。但是看上去，似乎没有哪一个因素是最重要的。不过，绝大多数被列举出来的原因均与某种形式的市场缺陷有关。

吉迪（Giddy）[8] 将这种情况简要总结为“垄断寡头地位的维持取决于是否存在竞争对手的进入壁垒”。因此，如果国内的寡头垄断企业想要成为跨国企业，那么就必须将其国内优势的产生来源转移到国外。此外，这些优势必然是被寡头垄断企业垄断所有的，如果不存在这样的市场缺陷，则对外直接投资不可能会发生。跨国企业逐渐替代了本土企业来满足市场需求。对外直接投资的推动力一部分源于跨越国与国的边界实现市场内部化所带来的优势。那么，内部化的确切含义是什么呢？

不完全竞争或不完全信息会导致市场缺陷。如果企业生产所必需的某种原材料的供应商具有一定的垄断力量，那么购买原材料的企业就有可能要为这种原材料支付高于完全竞争市场条件下的价格。在这种情况下，购买原材料的企业可以选择将原材料供给来源买下来，从而实现这种原材料的内部供给。有时，这被称为“向后一体化”。这种做法就是直接将原材料供给企业转变为原材料购买企业生产过程的一个组成部分。如果供给内部化产品或服务的企业恰好位于其他国家，那么实施内部化策略的企业就会自然而然地走上跨国经营的道路。

显然，跨国企业拥有各种各样的无形资产，例如商标、专利、营销手段或能力以及其他组织技能。这些因素同样能够创造出市场缺陷。但是，与海外投资者相比，当地企业具有天然的成本优势。毕竟，跨国企业必须承受在陌生的海外市场环境里生产经营所带来的成本。在理论上，只有当本土竞争企业无法购买或复制跨国企业所拥有的垄断优势时，跨国企业才有可能取得成功。当然，随着时间的推移，所有的壁垒都必将逐渐消失。因此，跨国企业必须找到新的竞争优势。跨国企业若想生存下来，必须在全球的产品市场和要素市场上建立并保持住阻碍直接竞争的有效壁垒。

让我们再回过头来看一看海默取得的开创性研究成果——海默[9]认为跨国企业是出于利用市场缺陷的动机而进行对外直接投资的。他认为，跨国企业之所以会决定投资于海外市场，只能用一个理由来解释，即跨国企业拥有并能够利用本土竞争企业所不具备的优势。这些优势可能来源于管理能力、市场营销、生产过程、财务管理或技术等方面。也许，跨国企业可以优先购买原材料或其他生产要素。不管优势的来源是什么，这些优势发挥作用的市场都必须是不完美的市场。金德尔伯格[10]在此基础上进一步提出了他的观点，“市场缺陷就是跨国企业对外直接投资的原因”。

跨国企业所拥有的特定优势必须具备的另一特征是能够轻易地在企业内部转移，通常要跨越遥远的地理区域。企业拥有特定的优势，这些优势可以转移，而且不能轻易地被竞争对手所获得，仅仅这些还不足以解释跨国企业为什么要在海外市场建立生产基地。反过来想一想，企业完全可以在本土生产产品，然后将其出口，或者与海外合作伙伴签订许可证贸易合同。其他一些区位优势——例如原材料的价格，交通与通信的便利性及成本，贸易壁垒的存在，基础设施的复杂性；等等——也是必要的。只有这些因素加在一起能够为跨国企业创造一个适合的生产经营环境，企业才会决定在其他国家建立生产基地。绝大多数研究对外直接投资的学者都是从这一假设前提出发展开论证的。

学术界很多学者对“市场缺陷对对外直接投资的推动作用”的研究大多源于海默所做的开创性工作。在进行对外直接投资的过程中，组织必须拥有特定的优势，而且这种优势必须足以克服企业对海外市场的语言、文化、地理距离等其他诸多因素的担忧。只有这样，企业才会下定决心在完全不同于本国市场的海外市场上进行生产经营活动。而且，这种优势还必须足以抵消本土竞争企业所具有的潜力，跨国企业才会进行对外直接投资。这种特定的优势可能会表现为进入壁垒。企业特定优势的最有利来源是通过专利产品、生产技术或者在品牌、风格、分销和/或服务方面的营销性投资所形成的产品差异。但是在形成竞争优势的过程当中，其他来源也不容忽视。例如，规模经济、资本市场和原材料市场的进入能力、向后一体化或向前一体化、管理能力以及研发能力；等等。

企业可以通过很多方式来创造出市场缺陷：

● 内部或外部的规模经济，也许是因为跨国企业拥有进入原材料市场或终端市场的特权，也许是因为跨国企业可以充分利用企业特有的知识资产，也许是源于产量的增加。寡头垄断企业的反应模式与完全竞争市场上的企业截然不同。尼克伯格（Knickerbocker）[11]发现，寡头垄断企业倾向于一个接一个地进入海外市场——我们无法用单纯的“追逐利润”这一理由来解释它们的行为。

● 有效的差异性——不仅指的是产品与生产流程的差异性，而且包括营销和组织技能的差异性——可能会创造出明显的市场缺陷。

● 政府实施的政策对财政领域、金融领域和贸易壁垒等方面具有直接的影响。跨国企业通常可以按照低于本土企业的利率水平获得资金。由于跨国企业的信用等级更高，如果东道国政府所实施的政策使得国内资本市场的融资成本过高，或者本土企业无法在本国资本市场上获得融资，那么跨国企业通常可以在国际资本市场上以优惠利率获得贷款。此外，跨国企业还可以建立起对外直接投资的有效组合，这样做有助于降低任何一个东道国加以干预的风险。对于更多的区域性竞争者来说，不太可能做到这一点。

企业可以抓住市场缺陷所造成的漏洞，充分利用其特定的优势来进入市场，获取超额的生产经营利润。用海默的话来说，跨国企业出于保持垄断地位的动机，有意识地“将市场分割开来，并且阻碍市场竞争的发生”。显然，如果市场是开放的、有效的，组织将不可能维持垄断性优势，那么对外直接投资的金额将有可能减少。

从本质上看，建立在市场存在缺陷这一假设前提上的跨国投资理论认为，对外直接投资的企业均具有某种垄断优势或寡头垄断优势。这是因为在完全竞争市场环境下，由于跨国企业要承受远程生产经营的较高成本——不仅地理距离遥远，而且存在较大的文化差异——外国企业往往并不具有竞争力。所以我们推测，进行海外投资的企业可能拥有某种特定的优势，其表现形式可能为产品差异性、营销或管理能力、专利技术以及进入资金市场或其他主要原材料市场的优先权。寡头垄断理论还能解释防御性投资现象的原因——这种现象通常发生在密集型行业，进行防御性投资的企业的目的是阻止竞争对手获得或扩大竞争优势。具体的细节可以参考麦克莱恩（McClain）[12]的相关著作。

波特（Porter）[13]从战略管理的角度提出了更为现代化的观点，强调建立统一的战略对于垄断企业持续保持竞争优势的作用。这一观点可以部分追溯到海默所做的研究，而海默的观点则是受到了贝恩（Bain）[14]以及科斯（Coase）[15]的深刻影响。

值得一提的是，生产经营无差别产品（例如木材）的寡头垄断组织倾向于采用垂直形态的对外投资模式，而生产经营差别化产品的寡头垄断企业一般则倾向于采用水平形态的对外直接投资模式。

海默还提出了其他一些重要观点。他告诉我们，“一国的利润可能会与另一国的利润呈负相关关系……投资者可以通过分散化投资和投资于多个国家的方式来提高利润的稳定性。”海默认为，分散化投资是跨国投资的推动力之一，投资者可以通过这种方式分散投资风险。尤为重要的一点是，在全球范围内，个人进行交易的成本总是高于组织进行交易的成本。用战略管理的术语来说，企业应当在全球范围内配置战略事业部门的组合，通过在处于经济周期不同阶段的经济体投资，避免过度暴露于某个陷入经济衰退周期的经济体所带来的风险，以此达到降低整体收益风险的目的。由于汉默撰写的著作于1960年出版，此时与之具有相似研究重点的资本资产定价模型尚未问世，因此我们可以这样说，汉默的观点非常具有洞察力和影响力。

在这里，值得一提的另一种跨国公司扩张理论建立在分散化投资的基础上，而分散化投资的目的是降低利润的波动性。跨国企业在世界各地生产产品，因此获得的收入也表现为各种各样不同的货币。由于外汇管制对资本市场具有一定的约束作用，因此企业可以采用国际分散化投资的方式，而且这种方式无法被股东复制。至于跨国企业采用这种分散化投资模式是否获得了较高的收益，这是一个需要实证检验的问题，但是迄今为止众多学者尚未找到强有力的证据——具体细节可以参考鲁格曼（Rugman）[16]的相关著作。因此从这个角度来看，为了确保收益的稳定性，跨国企业采用产品分散化和生产基地分散化的策略是合理的。

海默还对另外一个研究方向具有较强的影响力。他将跨国企业的商业策略比作垄断寡头之间的“合作共谋”，这在一定程度上导致东道国政府加强监管，并将跨国企业视为“利益掠夺者”，这种观点曾经在20世纪60年代和70年代盛行一时。当时人们普遍认为，跨国企业规模巨大，令人感到害怕，冷酷无情，而且没有明确的国家背景。它们专门压榨穷人，操纵政府，对公众的意见不屑一顾。弗农（Vernon）[17]注意到，“跨国企业已经被看作是破坏现代工业社会的化身”。

现如今，在人们的眼中，跨国企业的形象被彻底颠覆了——现代化的代表，财富的象征，使用高科技，资金实力雄厚，能提供技术性工作岗位——这么说并不算太夸张。全球各国政府尤其是发展中国家的政府排着队招揽跨国企业到本国来投资。

虽然海默在企业跨国经营战略方面做出了突出贡献，但是他没有详细分析国际化进程的地理维度与空间维度。海默只是解释了跨国企业为什么会对外直接投资，但是没有说明它们会选择哪里进行投资。

而且，海默的研究没有触及一个问题，即企业在国际化进程中，为什么会选择对外直接投资这条路径？为什么不选择许可证贸易呢？在某种程度上，这个问题的答案与交易成本有关（我们将在下一节更加详细地讨论这一话题）。这么说是什么意思呢？从本质上看，这与不同交易方式所对应的成本有关。我们来举一个常见的例子。大家都知道，跨国企业拥有特定的优势，从而能够战胜当地企业所拥有的本土优势，于是这种优势会在一定程度上对跨国企业进入海外市场的行为造成一定影响。如果这种特定的优势与知识技术相关，比方说与跨国企业的研发工作有关，那么明显存在一个问题，即跨国企业如何保持对无形资产的控制力？如果被许可方寡廉鲜耻，窃取无形资产并自行开发为己所用，那该怎么办？跨国企业如何做到一方面要向被许可方提供有关此类无形资产的详细信息，而另一方面又要阻止对方窃取无形资产的核心机密？如果跨国企业能够继续依靠自身力量开发无形资产的潜力，并始终保持对无形资产的控制力，那么这个难题就迎刃而解了。正如汉南特（Hennart）[18]观察到的那样，在这种情况下，技术密集型企业会更频繁地采用对外直接投资的方式，其目的是保护商业机密。

上述讨论还会对我们的内部化观点造成影响。假设存在一个交易市场，如果交易各方忠诚可靠，公正公平，能够遵守诺言，并按照市场交易规则进行交易，那么事情就会变得简单多了。然而在现实生活中，情况并非一直如此。于是，当企业与第三方进行交易时，为了实现风险最小化，就会招致额外的成本。这么做是为了降低不确定性。原材料的垄断供应商是否会故意抬高价格？供应商是否值得信赖，它们会竭尽全力帮助我们吗？内部化——将上述交易过程放在集团内部完成，而不是与第三方或外部代理商进行交易——可以实现交易成本最小化的目标。当企业准备进军海外市场时，有关内部化的相关理论能够帮助企业在多条路径中——出口、许可证贸易和对外直接投资——做出选择。到底是选择许可证贸易还是对外直接投资，这可能取决于下列因素的影响：知识技术扩散的风险，执行成本，专利技术的情况，替代产品出现的可能性，等等。如果知识产权的泄露风险较低，在其他条件均相同的条件下，许可证贸易可能要优于对外直接投资。

而企业选择出口还是对外直接投资策略，要受到企业对未来关税壁垒和非关税壁垒变化情况预测的影响。如果关税壁垒较低，出口策略可能会优于许可证贸易和对外直接投资策略。如果由于运输成本或关税因素的影响而导致出口策略被否决，再加上考虑到知识技术存在泄露的风险，导致许可证贸易也失去了吸引力，那么跨国企业可以用内部市场（对外直接投资）取代许可证贸易或出口策略。

有些学者对这种方式提出了批评。他们关注的焦点是内部化是否具有可预测性的一般性理论。巴克利[19]认为内部化只不过是“理论研究过程中出现的一个概念”。他的观点是内部化是一个反复进行的过程，企业会自动自觉地实现不完美市场的内部化，直到这样做的成本超过其收益。而卡森（Casson）[20]的看法是“内部化在本质上是说明企业为什么会存在的一般性理论”。凯（Kay）[21]注意到，“内部化不能满足理论必须具备可反驳性这一要求。”鲁格曼[22]认为内部化只是一条路径而非理论，他指出之所以这样说，是因为在分析跨国企业将市场内部化的动机或原因时，内部化路径具有较强的解释能力。他声称，这能极大地帮助我们分析和理解对外直接投资行为。所以，接下来我们要更加详细地分析有关内部化的相关理论。但是在此之前，我们先简要介绍一下与内部化具有密切关联性的理论——交易成本理论。

20.4 交易成本理论

绝大多数有关跨国企业的理论都试图分析或解释有助于跨国企业生存的外界条件。他们都试图回答这样一个问题：为什么跨国企业更愿意在企业内部进行经济活动，而非在公开市场上与第三方通过签订合同来进行交易？

科斯[23]分析的起点是企业进行各种各样经济活动的最终目的是生产产品或服务并获得利润。这些生产经营活动包括营销与研发等，各种业务活动彼此之间通过中间产品——按照巴克利和卡森的看法，中间产品绝大多数表现为知识与技术的形式——发生关联。由于中间产品市场存在缺陷，因此企业便具有了绕开中间产品市场的动机，从而建立内部市场（如果可以称为市场的话）。原本通过市场机制完成的生产经营活动，如今被放到企业的内部市场来进行。而企业对这个内部市场具有所有权和控制力。正如巴克利和卡森[24]观察的那样，企业跨越国家边界实现了市场的内部化，于是跨国企业便诞生了。

按照交易成本理论——该理论由科斯率先提出，随后被麦克马纳斯（McManus）[25]、威廉姆森（Williamson）[26]以及蒂斯（Teece）[27]等人进一步发展——企业（在交易成本理论中被称为“等级制度”）与市场都是组织交易的两种方式。到底是选择在企业的内部市场上进行交易，还是在公开市场上与第三方进行交易，主要取决于两种方式的相对成本。科斯的看法是，企业作为一系列相关交易的等级制度之所以能够存在，主要原因是市场处理交易的成本更高。因此，企业可以绕开市场，使用内部价格来克服外部市场交易成本过高所导致的缺陷。科斯进一步指出，在交易成本一定的条件下，企业倾向于进一步扩张，直到在企业内部市场上多完成一笔交易所产生的边际成本等于在公开市场上完成同样一笔交易所产生的边际成本。

在完全竞争市场上——按照定义，这种市场的交易成本为零——价格携带着有关市场交易各方行为后果的信息，代理人可以利用价格传递的信息来做出最优的决策。大量的买家与卖家使得市场价格完全是外生的，从而让交易双方打消了讨价还价的念头。因此，当市场竞争较为激烈时，市场的运行是有效的。竞争压力促使交易各方以较低的成本安排生产经营活动，并且公正诚实地与对方进行交易。所以说，只要供应商市场是完全竞争市场，企业就不会选择内部化策略。

当然，在现实世界里，很少有市场是完全竞争市场。因此，交易成本并不为零。如果潜在买家和/或卖家的数量减少，价格就不再是外生的因素，讨价还价就变得有可能了。

结果，在不完全竞争市场环境下，内部化有可能拥有吸引人的效率特征。

为了在市场上进行交易，首先要寻找交易对手，其次交易双方要商讨交易条件。除此以外，交易双方还要充分考虑到其他竞争性的交易，协商必然会导致讨价还价，然后起草交易合同，并进行必要的监督以确保合同条款被严格遵守。因此与企业内部市场相比，这种外部市场交易机制的成本相对高昂。所以说在很多情况下，与市场相比，企业是更有效率的选择。跨国企业所拥有的最重要的效率特征来源于其采用的组织模式，这种组织模式可以以一种相对有效的方式将知识技术传递到海外市场。正如蒂斯观察到的那样，在组织内部的等级结构下监督各种生产经营活动并加强对信息的所有权，其成本要比企业在外部市场上与第三方通过签订合同的方式来达到同样目的所导致的成本低得多。简言之，企业选择在公开市场上交易还是在企业内部进行交易，取决于两种方法交易成本的高低。

20.5 内部化与企业特定的优势

内部化理论与交易成本理论密切相关。内部化理论认为，只要使用市场或合同来完成交易的成本高于利用企业内部市场完成交易的成本，企业就会选择将交易内部化。对于跨国企业来说，国际市场难以组织、监督以及控制。因此，只要企业内部交易的成本低于市场交易的成本，跨国企业就倾向于开发并利用组织内部的市场。因此，企业的内部市场将会取代外部市场。

也许现在我们可以尝试着回答一下这个关键性的问题。为什么出口、许可证贸易或者出售技术和/或品牌这几种策略风险更低，而且收益也不错，但是企业仍然会选择对外直接投资？正如本章前面所述，在生产浮法玻璃产品时，皮尔金顿公司采用的就是对外直接投资策略；在打造鸟眼冷冻食品品牌时，通用食品公司也是如此。科斯给出了一个假说，最开始时他曾用这个假说来分析拥有多家工厂的本地企业，但是该假说也可以被用于分析跨国企业的行为。科斯[28]认为，在某些领域，例如明确与接受合同的义务，确定合同的交易价格，市场交易要纳税等，外部市场机制的相关交易成本较高。他认为，只要从成本的角度来说，内部交易比外部市场交易更加有效，这些交易活动就有可能被企业内部化。显然，内部化既是拥有多家工厂的本土企业的显著特征，也是跨国企业的显著特征。

巴克利和卡森[29]在此基础上进一步拓展，用这种假说来解释跨国企业的行为，他们认为市场缺陷的影响是导致企业采用内部化策略的主要原因。他们强调了中间产品市场所存在缺陷的重要性，尤其是专利技术知识和人力资本市场的缺陷。这些缺陷促使企业将某些中间产品市场——例如知识市场——内部化。企业内部化的动机取决于下列四类关键要素：

- 行业特有因素：例如规模经济、外部市场结构等。
- 区位因素：例如地理距离和文化差异等。
- 国别因素：例如政治环境与经济环境。
- 企业特有的因素：例如管理能力和技术水平。

内部化有助于跨国企业节省大量的成本。按照吉迪[30]的研究，绕开下列市场缺陷，能够帮助跨国企业节约交易成本：

- 原材料供给的密集型市场，交易成本较高，而且风险较大。

● 不完美的企业资源市场，例如由品牌名称所导致的市场缺陷。

● 由于垄断企业垄断控制了分销渠道——在很多小国家，这是一个重要因素——而形成的不完美的产出市场。

● 不完美的产品资源市场，可能是因为政府故意设置的进入壁垒所形成的缺陷，例如关税。

当然，通过对外直接投资实现市场的内部化也会导致一些其他成本，例如：

● 额外的沟通成本，成本的大小要取决于地理距离和文化差异。

● 在不熟悉的环境里安排生产经营活动的成本。

● 战胜本土企业所拥有的政治优势和社会关系优势所招致的成本。

● 管理内部市场的管理成本。

巴克利、卡森以及其他研究内部化路径的学者所做的重要贡献是把注意力转移到中间产品市场而非最终产品市场，从而进一步深化了市场缺陷理论。事实上，他们的主要假设是当内部化的成本超过了其收益时，跨国企业便会随之采用对外直接投资策略。同样研究对外投资理论的麦基（Magee）[31]非常赞同巴克利、卡森以及海默等人的观点。例如，他声称，“跨国企业之所以不选择许可证贸易的形式，主要原因是考虑到市场不完美的特性可以为跨国企业创造优势。这些市场缺陷能够让拥有优势的跨国企业获得更高的利润。”

也许内部化理论能够在一定程度上解释对外直接投资这个谜题。鲁格曼[32]指出，跨国企业更偏好于使用等级结构来协调跨国交易，因为跨国交易具有一定的特殊性。不熟悉法律环境，缺乏管理控制力，再加上对商品与服务流动状况的不确定，关税和海关延误所导致的问题等，这一切使得国际市场的效率低于国内市场，而且更加难以预测。蒂斯[33]认为，研发以及品牌资产尤其难以跨国交易，因为这些资产难以定价。所以他建议，知识密集型行业更应当建立自己的海外生产经营基地，事实上他也发现美国跨国企业在海外市场上的业务量与广告和研发支出的比重呈正相关，当然也许这种正相关的关系是规模所导致的假象。

从内部化理论的角度来看，跨国企业实施内部化策略只不过是在追求效率目标，当内部和外部市场的交易成本均衡发生改变时，企业就会用等级制度代替外部市场（当然也有可能是反过来）。内部化理论并没有对外部市场与企业内部等级制度进行详细的风险调整分析。在实际操作中，很难进行这样的分析，即使可行，分析过程也极其复杂。假设前提是市场的竞争效益通常会逐渐导致一些没有把握好平衡的跨国企业慢慢消亡而不是继续发展。这就是汉南特[34]的观点。

20.6 区位优势

胡德和杨（Hood and Young）[35]列举了与对外直接投资区位理论有关的四大要素。这四个要素与跨国企业海外建厂选址的决策相关，跨国企业在选址时追求的目标是实现收益与成本之间的差距最大化。这四个关键要素如下所示：

● 劳动力因素。实际工资成本存在明显差异，不仅是发展中国家与工业化国家之间存在差别，而且在发展中国家或工业化国家内部也存在差别。因此，技术含量较低的跨国行业通常会选择在工资水平较低的国家或地区建立海外生产基地。随着技术逐渐标准化，其他行业也会出现同样的趋势。

● 营销因素。对外直接投资决策可能会受到东道国一些特征的影响，例如市场规模、市场成长状况、发展阶段以及当地市场的竞争状况等。

● 贸易壁垒。很多东道国使用贸易壁垒来鼓励企业向内投资。如果存在贸易壁垒，跨国企业通常会选择在当地建立生产基地，以此来保护已经建立起来的海外出口市场。

● 政府的政策。在某一特定的东道国，政府的政策对投资环境具有重要影响，要么是通过财政政策、货币政策或监管制度来直接产生影响，要么是通过社会环境来间接产生影响。

胡德和杨的分析主要建立在成本优势的基础上。朗斯戴（Ronstadt）[36]与拉奥（Lall）[37]对跨国企业选择在海外建立研发基地的研究显示，跨国企业将研发中心设立在海外能给其带来非价格的好处。

20.7 产品生命周期

产品生命周期理论是另一种用于解释跨国企业对外直接投资动机的理论。产品生命周期理论的基础是绝大多数产品由诞生开始一直到衰落都要经历数个层次分明的发展阶段。这一领域的大部分研究工作由弗农[38]完成，威尔斯（Wells）[39]在其基础上作了进一步修正。我们首先向大家介绍一下弗农的基本观点，然后再更加详细地分析产品生命周期理论。弗农的早期研究工作[40]认为，新产品的研发工作主要发生在最发达的国家，因为发达国家的人们收入水平较高，对新产品有需求。新产品一旦被研发出来，就会被首先引入本国市场。随着市场需求的增加，新产品进入成长期，这意味着企业将进一步改良产品并实现标准化生产，从而获得规模经济效益。随着产量的增加，企业开始开拓全新的出口市场。而出口的成功可能会激励东道国企业也进入这一市场。于是，这会导致发达国家的企业开始考虑在海外市场建立生产基地，以此来保持自己的优势。在这一阶段，跨国企业对外直接投资的动机是防御性的。随后，产品进入成熟期，市场扩张速度和利润率开始下降。新产品带来的竞争压力开始显现，企业开始面临更严峻的市场份额竞争，利润率也越来越低。价格竞争太过激烈，因此跨国企业会选择通过对外直接投资的方式将劳动密集型的生产放在劳动力成本较为低廉的欠发达国家。此时跨国企业海外投资的决策主要取决于以下几个因素：希望保护并维持自己拥有的创新领先优势，劳动力和运输的相对成本，规模经济效益，货币兑换以及法律/税收因素。富有竞争意识的跨国企业不会呆呆坐着等待产品走完整个生命周期；相反，它们早已学会如何提前预测并加快产品的生命周期进程。根据全球跨国企业对产品生命周期的认知，图 20—2 总结了常见的产品生命周期的几个阶段。

产品生命周期理论具有四个关键性的假设条件，这四个假设条件使其不同于传统的贸易理论。这四个假设条件为：

● 在不同的国家，消费者的口味与偏好不同。

● 产品的生产过程具有规模经济的特征。

● 信息跨越国与国的边界进行传播要受到一定的约束与限制。

● 随着时间的推移，产品的生产技术和营销策略都会发生变化。而这些变化总体上是可以提前预测的。

前面我们只是对产品生命周期理论做了简要介绍。当然，这个理论很值得我们仔细讨论。按照产品生命周期理论，当企业研发新产品或新工艺时，创新的推动力通常来源于企业主营市场（一般指的是本国市场）上的潜在机遇或威胁。主营市场既能向企业提供创新的推动力，同时也能帮助企业选定研发产品的合适地点。产品研发地点的选择要考虑多个因素。首先，产品研发的高额费用使得企业无法在多个地点同时进行研发工作。通常，企业会将研发工作集中在一起，地点选择在靠近企业总部的地方，这是因为研发工作具有长期的战略重要性，此外这样做还能够确保重大的技术突破秘不外传。研发工作集中进行还能带来其他的好处，例如有助于加强科学家与工程师之间的紧密联系和沟通，加强研发部门与各职能部门——例如规划部门、生产部门、营销部门和财务部门——之间的协调合作。此外，企业还需要密切关注潜在消费者以及竞争对手的产品研发情况。产品开发的基本特征也会影响到企业决定首先在本国市场上导入新产品的决策。弗农认为，从本质上来看，由研发项目到小规模试验生产，再到第一次商业化地批量生产，一般来说这是循序渐进的过程——各个步骤之间是环环相扣的。在此过程中，很多细节经常发生变化，直到企业确定适当的生产过程和设计方案，然后便会推出用于批量生产的新产品原型。如果这种观点是正确的，那么研发部门与生产部门在地理位置上比较接近是比较有利的做法。

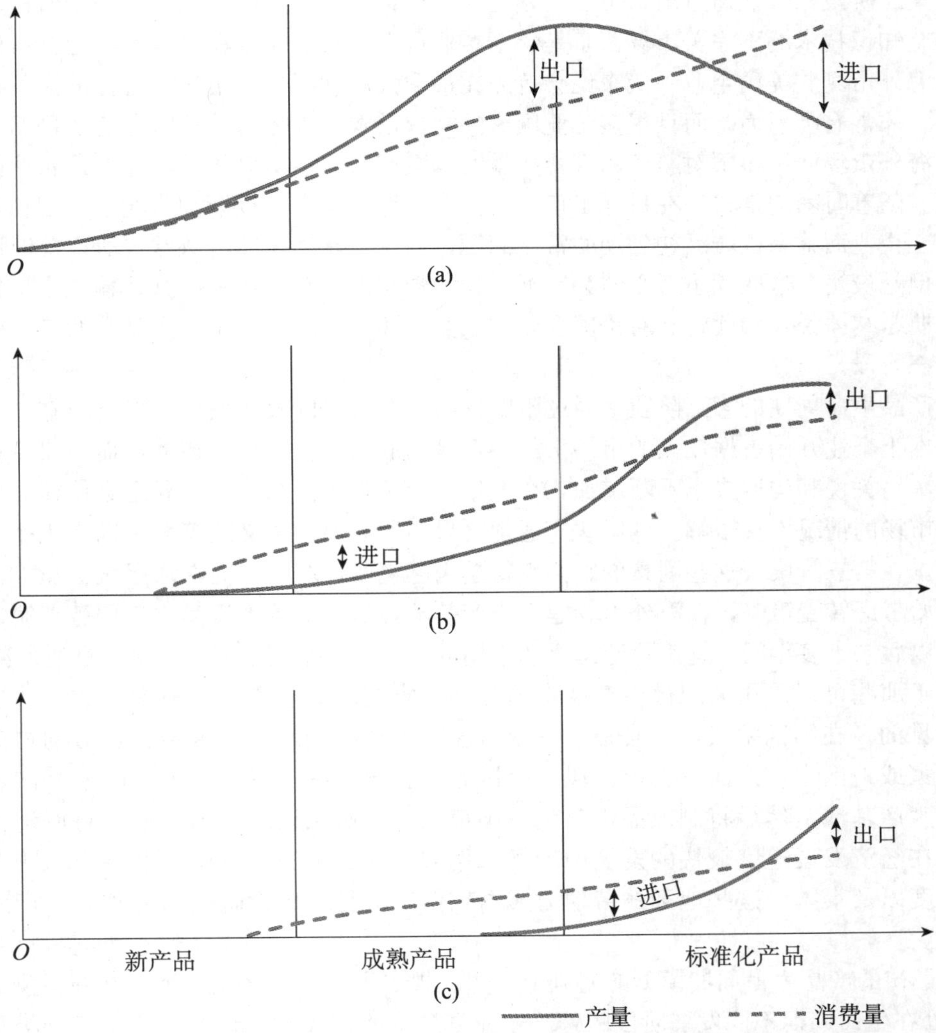

图 20—2　国际贸易与生产的产品生命周期：(a) 本国，(b) 其他发达国家，(c) 欠发达国家

正如弗农所说，在本国境内进行研发工作有一个必然结果，即产品创新倾向于反映本土市场的特点。也许这就是为什么美国企业总是倾向于研发生产节省劳动力的新产品以及那些迎合高收入阶层需求的新产品。那么按照这个逻辑推导，欧洲企业应当研发生产可以节省原材料以及劳动力的新产品。而日本与欧洲企业应当在能源节约型新产品的研发上起到带头作用。

在国际贸易领域，产品的生命周期分为四个阶段。在第一阶段，创新企业只在本国市场上生产并销售新产品。在商业导入期，产品的生产成本与市场价格均比较高。如果新产品与市场上现有产品存在着明显的差异，那么创新企业能够获得垄断优势，这是因为最初的购买者一般来说对价格并不敏感。一旦新产品获得成功，市场份额将会迅速扩张，最终使得规模经济效益放大，单位生产成本下降，潜在市场进一步扩张。这样的成功会吸引竞争对手也加入进来，尤其是当产品的生产过程变得越来越标准化时，更容易出现这样的结果。于是，本国市场趋近于饱和，利润开始减少。接下来，产品进入生命周期的第二阶段。

在第二阶段，企业通过出口可以占领更大的市场并获得更高的收益。一个假设条件是存在一个知识技术的不完美市场，于是创新企业可以将自己原来在本国市场上拥有的优势应用于海外市场。美国企业一般来说会首先在加拿大和欧洲寻找市场。这样的海外市场规模很大，非常有吸引力，而且很多工业国家的需求模式比较相似。这就避免了创新企业为了适应海外市场而不得不对新产品进行大量的调整或修改。出口的成功能够延长产品的生命周期。随着时间的推移，在目标出口市场上，本地企业也会逐渐加入竞争。起初，新进入的本土企业面临一些产品初创期的常见问题，而且缺乏规模经济效益，所以此时问题并不大。但是最终，这些竞争者必然会逐渐成长为强有力的对手，由于其运输成本更低，而且不需要缴纳关税，因此将会对跨国企业造成实质性的威胁。于是，产品开始进入生命周期的第三阶段。

在产品生命周期的第三阶段，通过不断提高生产技术以及实现规模经济效益，海外市场上的本土企业开始占据较大的市场份额，对最初的出口企业提出挑战，而出口企业由于运输成本、关税和沟通成本不断增加，在竞争中处于劣势。文化的差异也会使得出口企业对当地市场的情况不甚了解。外国政府通常会采用贸易保护主义政策来帮助本土企业提高竞争力。在第三阶段，这些因素的影响变得越来越重要，对出口商造成了负面影响。出口企业开始考虑转变策略，在海外市场建立生产基地，从而直接为产品出口服务。第二次世界大战以后二十多年间，这都是跨国企业常用的策略，但是目前看来，关联性有所减弱。

对于那些可以采用大规模生产技术的劳动密集型产品来说，生命周期的第四阶段是显而易见的。在第四阶段，也是最后一个阶段，最初的创新企业会停止在劳动力成本较高的国家或地区生产产品。在此阶段，跨国企业会选择在工资水平较低的海外国家或地区建立生产基地，然后将制成品进口到本国市场。一般来说，跨国企业会将海外生产基地设立在经济发展速度较快的发展中国家，例如韩国、中国、越南、菲律宾、印度尼西亚、印度以及泰国。这些地区的劳动力成本较低，但是基础设施较为完善，生产效率也比较高。

在最初的产品生命周期模型的基础上，弗农提出了另一个修正模型。在新模型中，弗农[41]将处在生命周期不同发展阶段的跨国企业划分为不同类型。他共列出了三种类型的跨国垄断寡头：

● 创新型寡头。这一类企业通过在国内市场和国外市场上不断地研发新产品以及进一步加强现有商品的差异化特性来创造进入壁垒。这样的企业研发支出与销售额的比率相对较高，而直接人工成本与销售额的比率较低。这种类型的跨国企业的行为特征与产品生命周期理论比较相符。不过，在这种类型当中，表现最为激进的企业会采取积极拓展海外市场的策略，而不是静静等待产品走完整个生命周期。

● 成熟的垄断寡头。这一类跨国企业在其产品实现标准化以后，通过经验曲线效应以及企业在市场营销、生产和/或运输等方面所具有的规模效应优势来保持市场进入壁垒，从而通过传统的寡头垄断方式来分享市场。这样的寡头跨国企业可能会仰仗较高的固定成本来作为进入壁垒，并采取稳定化策略，例如：

（1）在进入新的海外国家或产品领域时采用“跟随领导者”策略。

（2）定价策略。

（3）联盟策略，包括建立联合子公司以及签署合资协议。

● 衰老的垄断寡头。随着现有的进入壁垒慢慢消失，跨国企业可能会慢慢变成逐渐老去的垄断寡头。在这种情况下，跨国企业要么是放弃某个特定的市场，转而将精力集中到新产品市场，要么是将生产基地迁往低成本地区。

产品生命周期理论并没有被经济学家们广泛接受。有些人认为这个概念太大，不适合用来解释跨国公司的行为。好笑的是，吉迪[42]认为作为一种解释企业跨国投资模式的理论，产品生命周期理论本身也经历了成长、成熟和衰退这三个阶段。他指出了产品生命周期模型所具有的一些缺陷，如下所示：

● 对于很多工业制成品——比如类似于电子手表和一次性剃须刀这样的新产品，再比如类似于加工食品和化妆品这样的成熟产品——产品生命周期理论无法准确预测其跨国投资行为。

● 模型无法预测原材料贸易的发展轨迹。

● 该理论无法回答这样一个问题：为什么跨国企业不选择许可证贸易或出口策略，而是更倾向于采用对外直接投资战略？

● 该模型没有论及外国企业所拥有的系统性优势，然而恰恰是这种优势能够帮助跨国企业克服自身相对于本土企业所天然具有的劣势。

吉迪承认产品生命周期理论在某些情况下仍然具有一定程度的解释力。但是对他来说，这并不是一个非常全面的对外直接投资理论。

现如今的产品生命周期理论

毋庸置疑，与二三十年前的全盛时期相比，现如今产品生命周期理论看上去似乎不太流行了。当然，这种理论试图去解释那些在研发、设计和开发过程中拥有一定技术含量的工业产品的贸易模式。在某些情况下，这个理论看上去符合事实。比方说，美国最先发明彩色电视机。在产品生命周期的早期阶段，美国生产并出口彩色电视机。然而慢慢地，彩色电视机的生产全部转移到了日本、中国台湾、韩国以及远东地区的其他国家。同理，产品生命周期理论还能够解释为什么美国的半导体行业会慢慢衰落。但是对于其他一些精密产品——例如飞机——这个模型看上去就不太符合现实情况。美国在飞机的研发领域一直处于领先地位，虽然目前飞机已经成为相对成熟的产品，但是美国在该领域仍然保持竞争优势。产品生命周期模型的根本缺陷在于无法对竞争优势发生变化的时间点和行业做出一般性的预测。

为什么近些年来，产品生命周期理论的预测能力在逐渐减弱？对于这个问题，有几种解释。首先，很多进行产品创新的企业都已建立了海外分支机构，因此在地理区域上，这些企业的“触手”无疑可以伸得更长。其次，现如今，发达工业国家的国内市场比以前变得更加同质化了。

在第二次世界大战结束后三十年间，对外投资的增长速度很快。在此期间，正如产品生命周期理论所预测的那样，产品的创新、出口和对外投资都在高速增长。由此导致的一个结果便是人们发现，绝大多数创新型企业早已在海外建立了生产基地或分支机构。于是，这至少带来了两个重要的影响。首先，新产品在国内市场上的导入与其在海外市场上的首次生产之间的时间间隔明显大大缩短。新的产品生产线很容易组装，因此加快了新技术向海外市场的转移过程。其次，目前在海外分支机构的推动下，企业创新行为的技术回流现象十分明显，这指的是海外分支机构研发出来的新技术被迅速导入母公司所在的本国市场。这在一定程度上也是发达工业国家市场差异性越来越小所导致的结果。

虽然产品生命周期理论已不再像以前那样具有解释力，但是该理论尚未超过“保质期”。它仍然能给予我们启示。该模型将市场的需求面与竞争优势理论相连接，并且提出这样的观点——企业的出口或进口模式可以用企业层面而非国家层面的竞争优势来更好地解释。该理论还认为，跨国贸易符合市场发展趋势，而且对外投资是企业面对潜在的或实际的出口市场威胁所采取的反应。简言之，产品生命周期理论试图解释企业的出口、进口和生产基地选址等诸多策略随时间变化的规律，并将这种变化描述为是企业应对不断变化的竞争环境以及国内与国际市场产品生命周期经历成长、成熟和衰退等不同阶段的策略。

因此，产品生命周期理论仍然很重要，因为它能够解释跨国投资行为。与传统贸易理论提出的生产要素不流动的假设条件相反，产品生命周期理论承认资本要素可以跨越国家边界流动，而且将关注点由国家转移到产品。这意味着，为了保持企业的竞争力，跨国企业应当将产品的生命周期阶段与生产基地的选址相匹配。

但是，产品生命周期理论也有一些局限性。显然，该理论最适合于技术密集型产品。随着此类产品的成长与成熟，其生产工艺与流程也会发生相应的变化。然而其他一些产品例如资源类产品（矿产）和其他一些主要需要投入人力资本的产品或服务就不具有产品生命周期不同阶段的鲜明特征。产品生命周期理论最适合于解释那些批量化生产以及劳动成本较低的产品。但是，随着全球竞争市场的一体化，资本、技术、信息和企业本身可以在全球市场范围内自由移动，产品生命周期理论在传统的贸易理论与新贸易理论之间架起了沟通的桥梁。

20.8 国际生产折中理论

邓宁提出的国际生产折中理论将我们前面讨论的企业特定优势、区位优势和内部化这几个观点合并起来了。邓宁[43]认为，对跨国企业来说，竞争优势就是利润的来源，他将企业拥有的优势分为以下几种类型：

● 企业特定的优势。跨国企业拥有暂时或永久性的所有权优势，而且这种所有权优势是排他的。在海外市场上，这种优势能够确保跨国企业获得高于竞争对手的回报。企业特定的优势包括一些无形资产，例如专业技术和专利。

● 区位优势。这指的是某一特定的地理区域所具有的优势。通常包括限制进口的贸易壁垒、劳动力成本优势、自然资源优势、靠近终端市场的优势、运输和通信条件的便利、政府提供的优惠政策以及适合的文化氛围。

● 内部化优势。这指的是企业通过内部化而不在公开市场上与第三方进行买卖所形成的优势。这主要包括在企业内部建立原材料供给来源和下游消费部门，对产品进行交叉补贴的能力，避免交易和协商成本的能力，避免在外部市场进行买卖所面临的不确定性，控制原材料供给的能力，以及控制原材料销售的能力，等等。

邓宁还提出了自己的主要假说。由于跨国企业相对于本土企业拥有所有权优势，因此对跨国企业来说，收益最高的做法是通过向海外拓展来将这种所有权优势内部化。于是，对跨国企业来说，在海外市场上，将这些内部化优势与某些要素投入结合在一起，必然能够给跨国企业带来更高的收益。否则，跨国企业只能用出口来满足海外市场的需求，而用本土生产的产品来满足本国国内的需求。

很多实证检验的结果支持了这一模型，不过也有一些学者对其提出批评，认为该理论并不是一个可以用来解释企业跨国经营行为的普世理论。例如，小岛清（Kojima）[44]认为，折中理论建立在对美国跨国企业扩张路径的研究的基础上，不太适用于非美国企业，例如日本的企业。但是，邓宁和阿契（Dunning and Archer）[45]的研究成果至少在一定程度上反驳了这种说法。两人研究了1914—1983年期间表现活跃的十五家英国跨国公司，他们发现折中理论足以解释这些企业所拥有的竞争优势的来源，并且也能解释这些跨国公司在对外直接投资时选址的决策。

此外，折中理论看上去更适合于解释企业的投资决策而非并购策略。跨国企业的投资行为看上去更多的是受战略发展而非经济因素的推动，例如我们前面提到的“跟随领导者”寡头策略。而且，出于购买技术的目的而进行的对外直接投资所占比例越来越高，然而在这方面，折中理论几乎没有什么解释力。不过，胡德和杨[46]在对国际生产折中领域进行实证检验时指出缺乏数据，而且在设计统计模型时，内部化因素的实证检验面临很多难题。他们得出的结论是学术界尚未设计出令人满意的折中理论实证模型。但是那时候是1979年，现如今，很多学者的工作对折中模型提出了挑战或质疑。也许这是社会科学领域不可避免的现象，因为我们提出的模型很少能够百分之百地永远有效。

虽然折中理论并不能让我们感到完全满意，但是不可否认的是，它能帮助我们更深刻地了解企业进行对外直接投资的动机和过程。对外直接投资的第一个问题是：为什么企业要将自己的生产经营活动扩张到海外其他国家？邓宁的理论认为，这是因为在东道国市场上跨国企业可以获得区位优势。接着第二个问题是：在东道国市场上，外国企业如何与本土企业竞争？折中理论指出，这是基于企业特定的优势。于是第三个问题是：为什么企业要选择对外直接投资策略而非出口或许可证贸易策略？答案是内部化。这三个优势足以解释企业的对外直接投资行为，但是这三个优势都是必需的吗？答案似乎是否定的，因为区位优势与内部化优势已足以解释跨国企业的行为，因此这使得企业特定的优势看上去有点多余。一些经济学家进一步提出，仅内部化优势这一个要素就足以解释跨国企业的行为，而内部化理论就是对外直接投资理论，卡森[47]就持这样的观点。

波特[48]也就此问题提出了自己的看法，他认为在寻求获得竞争优势的过程当中，跨国企业要么是选择低成本策略，要么是致力于实现产品的差异化。在国际市场上，企业要在四种战略环境下来实施这两种常见的策略。波特列出了一些常见的战略，如下所示：

● 国别策略。这指的是企业将所有增值业务活动都安排在一国国内，各个分支机构之间几乎不需要协同行动。例如产品加工业、零售业以及保险、广告、银行、管理咨询等服务业。

● 对外投资比例较高，同时要求各个分支机构之间进行广泛的协同行动。当企业要保护战略上十分重要的无形资产时——例如新产品的研发和技术等——通常会采用这种战略。例如在制药行业，企业的研发活动可能会横跨多个国家。地理上如此分散就要求散落在各地区的研发部门彼此之间进行高度的协调，以实现效率的最大化，避免重复和浪费。

● 分散化营销的出口策略。这显然是最简单的国际策略，被刚刚进入国际市场的新企业广泛采用。

● 最纯粹的全球战略。这种策略要求跨国企业的业务活动高度集中和协同化，目的是生产出供应全球市场的标准化产品。例如，在20世纪80年代，丰田公司将汽车产品的制造主要集中在日本国内，而将其他一些业务活动例如广告、售后服务和零部件销售等业务活动分散在全球多个区域。这些业务活动都是标准化的，但是与生产相比，它们更接近最终购买者。

波特的观点反映出了跨国投资及其战略的发展趋势，例如：

● 越来越多国家的企业开始参与对外直接投资。

● 销往全球各地的产品在性能和外观上变得越来越同质化，但是与此同时，本地市场的分割化程度越来越高。

● 服务行业全球化的趋势非常明显。

● 在越来越多的行业，生产经营活动集中的吸引力越来越小，这是因为由此带来的规模经济效益已经达到了顶点。

● 随着通信技术的发展和成本的迅速下降，企业能够进一步提高协同操作的效率。

20.9 跨国合资企业

近些年来，跨国合资企业的数量越来越多。事实上客观地讲，在20世纪80年代，与当地合伙人共同成立合资企业是最为常见的一种对外直接投资策略。这种方式并不是直接收购并控制海外资产，它具有一些有趣的特征。企业的合作伙伴共同分享产权，同时也共同分担风险，这可以促使贸易伙伴投资于某些特殊类型的资产，或者同意将特殊资产用于特殊用途——如果是在外部公开市场上直接进行交易，他们也许不愿意将资产用于此类用途。但是对于双方合伙人来说，合资企业也带来了巨大的风险。因此在建立合资企业或考察合伙人的实力时，跨国企业必须牢牢记住这一点。合资企业所带来的风险是，一旦投资完成，合资企业的一方合伙人可能会采取机会主义行为，从而以牺牲其他合伙人的利益为代价为自己谋求利益。在跨国合资企业领域内，这种诱惑日益突出，从而使得合资企业成为不稳定的长期投资模式，可能会导致其中一方合伙人产生获得合资企业全部控制权的动机。

20.10 跨国收购

跨国并购很常见。在这样的并购交易中，国内母公司会通过下列三种方法之一收购外国的生产性资产。这三种方式为：

- 跨国资产收购。
- 跨国股票收购。
- 跨国兼并。

资产收购是最简单直接的，跨国企业只需要购买资产就可以了。而资产对应的负债不会被转移给购买者。显然，在此过程中最重要的考量因素就是购买价格。收购者必须认真对比一下购买外国已有生产工程的成本与通过对外直接投资方式在外国直接建立生产工厂的成本。

而股票收购指的是跨国企业购买外国企业的股权。在股票市场比较活跃和成熟的地区，这种收购方式最简单。购买者可以直接向收购目标的管理层提出善意收购要约，或者在金融市场上直接发起对目标公司股东的敌意收购。

而兼并指的是两家企业把各自的资产与负债集中在一起，从而成立一家新企业。股东可以按照事先约定好的换股比率将自己持有的原企业的股份转换为新企业的股份。

跨国兼并有时很难完成。一般来说，除了要求每家公司的大部分股东都赞同兼并以外，还要得到两个国家的政府部门的批准。兼并交易一般要受到反托拉斯法的制约，而且哪一种做法是符合公众利益的，对此不同国家的政府机构看法也不同。对于并购交易来说，符合公众利益是一个常见的标准。新闻剪报 20.1 列出了一些有关跨国收购交易的财务问题，以供读者参考。

另一种做法是建立跨国合资企业，这指的是两家或多家企业签订投资协议，将各自的资源集中在一起达到同样的目标。为了实现目标，交易各方会创办一家新企业。然后按照合同，交易各方要提供资源、分担义务并共享利润。当同行业或相似行业的多家企业希望分担巨大风险时——比如开发新产品或进入新市场——合资企业是一个不错的选择。

对于跨国合资企业来说，一旦外国合伙人提供了生产所必需的技术，本土合伙人采取机会主义行为的动机以及违反协议条款的想法就可能会越来越强烈。于是，合伙人便成了竞争对手，甚至有时候会反过来侵占跨国企业母公司所在地的本国市场。由于存在这种威胁，跨国企业在建立合资企业时必须找到适合的合作伙伴，并且在双方共赢的基础上进行交易，与此同时，还要确保核心的专利技术不被交易对手窃取。技术密集型行业——例如制药行业、电子行业以及生物技术行业——的企业必须牢牢控制住专利、商标和生产技术。由于技术机密泄露的风险很高，因此跨国企业通常更倾向于采用另一种市场进入策略。

还有一种进入海外市场的策略，即建立战略同盟。这样的战略同盟指的是合作方签订一个旨在实践某一战略目标的合作协议。在研发投入比例较高的行业，企业可以使用战略同盟来降低新产品研发的成本和风险，并且深入渗透到那些本土企业不拥有专门技术的海外市场。

新闻剪报 20.1　选择合适的方法

詹姆斯·波里蒂 (James Politi)

2000 年 5 月，空气化工产品公司公布了一个令人震惊的消息，由于美国联邦贸易委员会的反对，空气化工产品公司这家总部位于宾夕法尼亚州的工业集团不得不放弃总额高达 112 亿美元的收购英国竞争对手 BOC 公司的计划。一年以前，空气化工产品公司与法国的液化空气公司签订了收购合同。

除了被迫放弃这一至关重要的战略计划以外，还有一个原因导致空气化工产品公司及其投资者感到分外沮丧。在过去几个月间，美元与英镑的汇率波动十分剧烈，这导致空气化工产品公司损失了将近 3 亿美元。这主要是因为在 2000 年 1 月，公司为了即将完成的 BOC 收购案而安排了外汇对冲交易，随后的利率波动使得这些对冲交易给公司造成了巨额亏损。

空气化工产品公司的案例能够告诉我们在进行并购交易时，公司的高管以及投资银行在管理外汇风险时将要面临多大的挑战。既要合理地管理外汇风险敞口，又要做到不过分安排风险对冲交易，以防止其对并购交易的经济利益造成损害，收购公司要在这两者之间保持微妙的平衡。

空气化工产品公司的财务总监保罗·哈克 (Paul Huck) 要努力克服这些问题。今天在接受《金融时报》采访时，保罗·哈克声称他相信公司没有太多的选择，由于预期 BOC 收购案会得到监管部门的批准，因此公司肯定要事先安排外汇风险对冲交易。为了收购 BOC 公司，空气化工产品公司必须支付英镑，因此从收购消息公布一直到交易完成这段时间内，英镑汇率水平的波动都会对空气化工产品公司造成巨大影响。

哈克先生说："我们仍然认为事先安排风险对冲交易是正确的决定。在并购交易进行时，大家都很担心汇率波动会对并购交易的经济价值造成影响，我们并不想去预测汇率的未来走势并借此赚钱。"

空气化工产品公司进行的对冲交易（由期权和远期合约构成）存在的问题是其结构可能太过乐观了。一方面，虽然远期协议的成本低于期权产品——因为远期没有任何费用——但是一旦并购交易没有达成，而且汇率又朝不利方向波动，远期交易就会使企业面临巨大风险。另一方面，期权产品的成本要高一些，因为要预先支付期权费。但是一旦并购交易没有完成，而同时汇率又向不利方向波动，企业只需要放任期权过期作废就可以了。

哈克先生说："如果我愿意更多地使用期权，同时少用一些远期协议并支付较高的期权费，那么整个对冲交易的成本会非常高昂，如果联邦贸易委员会批准这项并购案，也有可能会损害到交易的经济利益。"

并购交易的外汇风险对冲已经逐渐成为风险管理领域内越来越热门的话题。

随着全球并购交易金额的不断上涨，衍生品市场——主要的风险对冲工具——也开始变得流动性越来越好，银行可以使用多种多样个性化的风险对冲方案来对冲外汇风险。

接下来我们列出了多种对冲方案的利弊分析，供企业及高管人员参考。

自然对冲。瑞士信贷集团投资银行部外汇资本市场集团的主管考特尼·麦克拉夫林 (Courtney McLaughlin) 说："所谓自然对冲本质上指的是用收购目标所在国的货币发行债券，筹得的资金用于收购目标企业，这样做就不再需要另外安排外汇套期保值交易了。

“如果并购交易达成，并购目标所在国的货币升值，那么收购企业要支付的美元收购款金额相应增加，但是由于收购方同时发行了以本地货币作为计价货币的债券，因此发债筹得的美元资金数额也将相应增加，于是这便形成了自然对冲。”

什么也不做。摩根士丹利公司外汇与利率销售及结构化产品北美区主管利奥·奇维蒂洛（Leo Civitillo）和北美区执行董事史蒂夫·赞诺特斯（Steve Zannetos）说：“客户也许会选择这种策略，尤其是在并购交易的早期，因为当时并购交易能够完成的不确定性非常大。随着交易继续向前推进，达成交易的可能性越来越高，则通常客户会要求安排外汇风险对冲交易。不过，其他一些因素可能也会驱使客户做出不进行对冲交易的决定，比如对市场走势的判断、对冲交易的潜在成本以及会计方面的考虑等。不进行对冲交易的风险在于汇率可能会朝不利方向剧烈波动，从而对并购交易的经济利益造成负面影响。”

外汇期权。按照瑞士信贷集团的麦克拉夫林先生的说法，外汇期权赋予期权的购买者按照特定价格（即执行价格）购买某种特定的外汇的权利而非义务。客户可以购买看涨期权来预防货币升值的风险，为此要支付期权费——通常为50～200个基点（这取决于期权的期限和期权的执行价格）。与远期协议不同的是，期权购买人支付的期权费就是其最大损失额，因此在企业进行跨国并购交易时，期权成为特别有优势的策略之一。在使用类似于保险产品的期权时，客户永远能够清楚地知道风险对冲交易的成本到底是多少，因此更便于客户为风险对冲交易做财务预算。期权本身还是一种可销售的资产，一旦客户需要了结风险对冲交易，可以将期权在公开市场上出售。期权的唯一缺陷就在于要预先支付期权费这一成本。

外汇远期交易。摩根士丹利的奇维蒂洛先生和赞诺特斯先生说：“外汇远期交易就是双方约定在未来某一天按照特定价格用一种货币购买另外一种货币。在进行跨国并购交易时，我们一般不建议客户使用普通的外汇远期协议来对冲汇率风险，除非我们肯定地知道并购交易能够达成。原因在于如果并购交易没有像预期那样得以完成，那么外汇远期交易的解除成本会非常高。不过，假设并购交易的不确定性风险已经全部消除，那么外汇远期协议是一个非常有效的工具，能够帮助客户提前锁定外国资产的收购价格。很多客户刚开始时都会选择以期权为主的套期保值策略，最终会转向以外汇远期协议为主的套期保值策略，以确保自己拥有足够多的资金来完成并购交易。”

或有交易远期协议。瑞士信贷集团的马克拉夫林先生解释说，或有交易远期协议与普通远期协议非常相似，但是有两个重要的区别：其中一个是，如果并购交易没有达成，客户可以选择解除远期外汇协议，另一个就是价格。或有交易远期协议允许客户在未来某一时点按照特定价格用一种货币购买另一种货币。客户可以自己定义或有事项具体包含哪些，一旦这些或有事项真的发生，客户可以在不承担任何成本的前提下解除远期交易。从本质上看，这相当于客户将自己不愿意承担的解约风险转嫁给了出售或有交易远期协议的银行。常见的或有事项包括：重大不利变化事件、股东批准和监管部门批准。或有交易远期协议具有隐性成本，即协议的成交价与市场价略有不同（对于买方而言，远期协议的成交价略高于市场价）。或有交易远期协议可以使得客户享受到远期协议的高效率所带来的好处，同时又不需要像期权那样支付较高的期权费成本。因此目前，这是一种最受欢迎的产品。

资料来源：*Financial Times*, 25 January 2007.

20.11 全球化

在研究跨国企业经营战略时，必然要提到全球化，否则分析就不完整。莱维特（Levitt）[49]曾经说过：

> 标准化产品的全球市场已经达到了以前无法想象的庞大规模。企业及时进行转变，在生产、分销、市场营销和管理等方面获得了巨大的规模经济效益。接下来，企业将这些优势转化为全球市场上更低的产品价格，从而能够打败那些仍然没有意识到全球贸易市场已出现重大变化的竞争对手。

斯托普福德和特纳（Stopford and Turner）[50]用一个模型总结了影响企业全球定位的诸多因素。他们的关注焦点主要集中于三个关键问题以及相关的重要影响因素。影响企业全球定位的因素包括：

- 政策协调，其影响因素包括：
  - 全球范围内的信息管理。
  - 全球品牌。
  - 一般化产品。
  - 分阶段的新产品导入。
- 地区，其影响因素包括：
  - 关键性的战略市场。
  - 监管。
  - 实际汇率。
  - 对本地市场的了解。
- 经营的整合，其影响因素包括：
  - 多国范围内的规模经济。
  - 跨国销售队伍。
  - 通用技术。
  - 国际物流。

希瓦（Cvar）[51]的分析认为，已实现全球化的行业应具有多个特征。他提出的模型为：

- 已实现全球化的行业应当：
  - 对标准化产品的需求量很高。
  - 规模经济。
- 全球化进程的触发机制：
  - 找到可以共享的市场空间。
  - 在全球范围内确定好产品定位。
  - 原材料供给来源得到整合。
- 成功的全球化企业：
  - 采用先发制人的战略。
  - 在全球范围内计算绩效。

— 研发投入高于平均值。
— 在全球范围内管理生产与经营的各个环节。
— 克服全球化的各种障碍或壁垒。

20.12 博弈论与跨国经营战略

跨国企业绝大多数都是垄断寡头。博弈论以及冯·诺依曼和摩根斯坦（Von Neumann and Morgenstern）[52]、奥斯特（Oster）[53]等人的研究成果能够帮助我们了解垄断寡头的行为。博弈论关注的焦点是竞争对手之间的相互作用，并不是从分析交易成本的角度出发，而是以竞争对手的相互作用为基础来分析跨国企业的对外投资行为。博弈论认为，垄断寡头执行跨国经营战略更主要的目的是维护其市场地位，而不是实现效率的最大化。

垄断寡头博弈论认为，在寡头垄断行业内，竞争对手数量较少，所有的市场交易者都很清楚自己有哪些竞争对手，因此，其中某一个市场参与者所采取的战略性举动就会变得非常引人注目，从而对其他市场参与者的利润造成严重影响。在寡头垄断行业内，一般来说竞争对手可以在较长时间内保持稳定。这是因为竞争对手之间常常存在相互作用，它们通过协商和共谋维持一个相对稳定的均衡态势。过于激进的行为会招致惩罚性的回应。在寡头垄断市场上，竞争就像是原子能爆发之前原子之间的约束力一样。各方能保持相安无事主要取决于大家都清楚地知道，打破均衡会招致两败俱伤的灾难性后果。

博弈论深入分析了跨国企业做出的对外直接投资决策。对外直接投资可以赋予某一市场参与者一定的竞争优势，于是该市场参与者可以利用这一优势对其他的垄断寡头发起更有威胁力的攻击。换言之，对外直接投资有可能会改变竞争实力的排名顺序（请大家参考尼克伯格[54]的观点）。相对于那些待在国内的竞争对手来说，第一个走出国门来到特定海外市场的垄断寡头可以最先了解海外市场环境，并获得规模经济效益和其他优势。于是，本国市场上的其他垄断寡头也会相继采用跟随策略进军海外，目的是降低落后的风险。通过采用跟随竞争对手的策略，它们可以避免落后的风险。于是，没有哪一个市场参与者能够获得改变相对竞争优势的实力。在研究美国企业于1948—1967年间的对外直接投资行为时，尼克伯格发现了这种跟随式的策略。他注意到，跨国企业的对外直接投资行为倾向于集中在一段较短的时间内。197家美国跨国公司所进行的全部对外直接投资大概有47％集中在三年的时间内。尼克伯格得出的结论是，一家企业进入海外特定市场的行为会被其国内的竞争对手所复制，即竞争对手也会选择进入同一个海外国家或市场。对外直接投资的“扎堆行为”是寡头垄断行业的鲜明特征。博弈论还可以解释来自不同国家的竞争对手所采取的跨国经营战略。格雷厄姆（Graham）[55]认为，对不同国家的直接投资可以被看做是来自同一行业的垄断寡头彼此之间进行的交互式威胁。外国跨国公司进入本国市场的行为可能会受到本国跨国公司随机采取的进入外国市场策略的回击。

跨国经营的程度越高，跨国企业进行交互式威胁的能力就越强。对多国进行分散化投资提高了垄断寡头报复竞争对手的能力。企业可能会首先在次要市场上发出警告，如果攻击者不知难而退，接下来企业就会在主要市场上发起战役。此外，同时投资于多个市场使得企业可以跨越国家边界在多国市场同时发起这样的战役。跨国合资企业和战略同盟所形成的商业网络也有助于垄断寡头了解并获取有关竞争对手动向的信息。

博弈论在分析跨国企业的竞争环境时所使用的假设前提是所有的竞争对手都遵循同一个游戏规则。因此，预期的结果是所有的竞争对手形成一种共谋式的均衡，在此过程中，竞争对手之间的交互式威胁能够确保均衡得以建立，于是跨国企业可以继续享受垄断寡头利润。用波特[56]的话来说，这样跨国企业就变成了“好的竞争者”。足够的交互式威胁能够避免垄断寡头自满情绪的滋生，但是与此同时并不会破坏均衡态势。按照波特的说法，实力雄厚的市场参与者不应当全面控制市场，而是允许较为温和的市场竞争存在。其他市场参与者应当甘心接受市场领先者的领导，而不是竭尽全力地发起攻击。如果市场上所有的参与者都将上述这些认同为游戏规则，那么就可以避免两败俱伤的争斗发生。

在全球竞争市场上，“好的竞争者”的数量要少于国内市场。来自不同国家的竞争对手可能拥有不同的商业理念和不同的目标，尤其是其中一些竞争对手还得到了本国政府的支持。这可以解释为什么远东地区的企业在进入西方市场时往往会采用长期投资于抢占市场份额的扩张主义战略。

博弈论将企业的跨国经营战略——包括对外直接投资——看作是象棋比赛：有人先发制人，而竞争对手也会采取反击行动。有些学者认为企业采取跨国经营策略的目的是将一部分生产经营活动内部化以获得竞争优势。还有一些学者对此表示怀疑，他们更倾向于认为跨国企业的举动是为了实现帝国主义目标。也许我们要特别指出的是，并不是所有的跨国企业都遵循着相同的游戏规则。

20.13 新贸易理论

20 世纪 80 年代全球贸易的发展引发了学者对现有贸易理论的批评。虽然国际贸易领域的发展十分迅猛，但是很多现象不能用当前的贸易理论来解释。于是，两个全新的贸易理论得以诞生。赫尔普曼和克鲁格曼（Helpman and Krugman）[57]提出的理论分析了在特定产品的生产具有规模经济效益以后，国际贸易形式会相应地发生怎样的变化。另外一种新贸易理论由波特[58]提出，他从行业而非国家的角度分析了全球竞争力的影响因素。

规模经济与不完全竞争

克鲁格曼的主要贡献体现在其重点分析了生产成本的变化以及成本与价格的变化如何推动国际贸易的进行。克鲁格曼重点分析了两种类型的规模经济：内部规模经济与外部规模经济。

我们先来谈一谈企业获得的内部规模经济效益。企业规模越大，则规模经济效益所带来的好处就越明显，单位产品的成本就越低。通过降低市场价格，拥有内部规模经济优势的企业可以在国内及国际市场上确立垄断地位。于是，企业可以进一步利用自己的内部规模经济优势去创造不完全竞争市场，从而逐渐演变成垄断市场。

垄断国内市场对国际贸易的影响基于不完全竞争市场这一假设前提，于是这又再次回到了我们前面讨论过的比较优势理论。对于那些想通过对外扩张来获取规模经济效益的企业来说，为了实现扩张目的，它们必须将国内其他业务部门的资源转移到海外市场。从整个国家的角度来看，该国擅长生产的产品子市场一般来说范围比较小，于是其他国家就有机会在其他产品领域大展拳脚。于是，各国纷纷出击以寻求获得比较优势。内部规模经济的作用在于它能够解释行业内部的交易，而传统的贸易理论无法解释为什么行业内部也会产生贸易。所谓行业内贸易指的是一个国家同时出口并进口同一种产品，显然这与传统的贸易理论不符。按照克鲁格曼的观点，内部规模经济效益促使企业只专门生产某几种产品。而其他国家的企业就有可能会去生产那些已被前者放弃的类似产品。如果消费者打算同时购买两种产品，那么就可能会导致从国家的角度来看同时进口并出口同一种产品。

接下来我们再简要分析一下外部规模经济效益。当产出品的单位成本取决于整个行业的规模而非个别企业的规模时，就形成了外部规模经济效益。因此，某国的某一行业生产成本低于其他国家的同一行业。那么，这个国家可能会在这种产品的国际市场上居于主导地位，但这并不是因为该国拥有一家规模非常庞大、生产数量极多的大企业，而是因为该国拥有数量巨多的小企业，这些小企业构成了一个充满竞争压力的产业集群，例如德国的水晶玻璃制品行业。在这个产业集群当中，没有一家大企业，但是所有的小企业加在一起构成了一个竞争压力较大的行业，使得其他国家的企业难以进入该行业。

与内部规模经济效益不同，外部规模经济效益不一定会导致不完全竞争市场的形成，但是外部规模经济效益会使得某国的某一行业在国际市场上居于统治地位。这样可以解释为什么并不是所有的行业都会转移到那些能源成本、资源成本或劳动力成本最低的国家。至于到底是什么因素导致这些小企业聚集在一起以及它们彼此之间的相互关系到底如何，是一个很复杂的问题。波特的研究成果可以部分解释这种产业集群如何得以维持。

国家的竞争优势

早期的贸易理论主要关注的是国家及其有助于提高一国竞争实力的自然禀赋。随着贸易理论的不断发展，学者们开始将注意力转移到行业及产品上，不再深入分析国家的竞争力。近来，学者们的研究重点转移到了国家、政府和行业如何改变国内的竞争环境以提高企业的竞争实力上。

波特[59]是该研究领域内的先行者。他观察到，国家的繁荣并不是天然的，而是被创造出来的。这并不像是古典经济学所说的那样，完全取决于一国的自然禀赋。波特认为，一国的竞争实力取决于该国的行业不断地创新与对产品进行更新升级的能力。因此，由于不断面临压力与挑战，企业可以获得优于国际竞争对手的优势。在国内市场上它们面临着强有力的竞争对手、咄咄逼人的原料供应商和要求苛刻的消费者，这些因素加在一起有助于提高企业的竞争力。最后，波特得出的结论是，一些国家之所以可以在某些特定的行业获得成功，主要是因为其本国国内的市场环境非常具有前瞻性、挑战性和动态性变化特征。

波特认为，创新能够带来并保持竞争力。企业必须具有应对各种竞争的能力。波特认为，国家竞争优势的取得关键在于下列四个基本要素：

● 资源要素条件。波特认为，最重要的要素是一国能够持续不断地创造、更新以及挖掘各种生产要素，例如生产资源和熟练的劳动力，而不是只依赖最初的资源禀赋。

● 需求条件。这指的是企业在国内竞争市场上要具有竞争意识。面对竞争压力较大、需求水平较高的国内市场，企业非常有可能在这样的环境下培养形成自己的竞争优势。在提高并保持企业的竞争力方面，市场的特征而非规模才是最重要的。波特认为，市场的特征会转化为要求较为苛刻的消费者。

● 关联与辅助性行业。这指的是企业的关联行业和供应商的竞争实力。在一个密集的产业集群或行业内进行生产经营活动的企业若想获得并维持竞争优势，必须依赖与其他同行企业的紧密合作、与供应商的良好关系，以及产品与信息流动的及时性。

● 企业的战略、结构以及竞争企业的表现。本国市场的竞争环境会影响到企业在全球市场上的表现。但是，没有哪一种经营策略、所有制结构或管理模式可以称得上是全球通用的。从本质上看，这些方面的选择具有较大的弹性。

若想成为跨国经营领域的佼佼者，国家与企业必须从上述四个要素入手建立并维持自己的竞争优势。

巴克利[60]对近期的一些理论研究成果进行了总结。感兴趣的读者还可以了解一下芬斯特拉和泰勒（Feenstra and Taylor）[61]的观点。

小结

● 虽然很多跨国企业采取的海外扩张行为看上去似乎是偶然而又随意的，然而其行为背后有一个共同的基本原理。

● 一般来说，企业这样做的目的是打算把过去帮助自己获得成功的因素应用于海外市场。当然在此过程中，还涉及各种各样的市场缺陷。

● 这些市场缺陷包括市场进入障碍、产品差异化以及对原材料、专利技术、知识、商标、营销和组织能力的掌控等。

● 本章总结了国际贸易理论和对外直接投资理论。

章末习题

20.1 King 公司与 President 公司是两家汽车制造企业，它们希望能够实现规模经济效益。King 公司决定在海外多个国家建立分销机构，而 President 公司决定在海外多个国家建立生产基地。哪一个企业更有可能获得规模经济所带来的好处？

20.2 你认为外国政府为什么要提供各种优惠政策以鼓励跨国公司来它们国家进行直接投资？

20.3 解释一下为什么比较优势是对外贸易的推动力。

注释

1. Johanson, J. and Vahlne, J., "The internationalization process of the firm: a model of knowledge development on increasing foreign commitments", *Journal of International Business Studies*, 8 (1), 23-32, 1977.

2. Luostarinen, R., *The Internationalization of the Firm*, Acta Academic Oeconomica Helsingiensis, Helsinki, 1977.

3. Welch, L. S. and Luostarinen, R., "Internationalization: evolution of a concept", *Journal of General Management*, 14 (2), 34-35, 1988.

4. Hymer, S. H., *The International Operations of National Firms: A Study of Direct Foreign Investment*, MIT Press, Cambridge, MA, 1960.

5. Kindleberger, C. P., *American Business Abroad: Six Lectures on Direct Investment*, Yale University Press, New Haven, CT, 1969.

6. Dunning, J. H., *Multinational Enterprises, Economic Structure and International Competitiveness*, John Wiley, Chichester, 1985.

7. Michalet, C. A. and Chevalier, T., "France", in J. H. Dunning (ed.), *Multinational Enterprises, Economic Structure and International Competitiveness*, Wiley, Chichester, 1985.

8. Giddy, I. H., "The demise of the product cycle model in international business theory", *Colombia Journal of World Business*, 13 (1), 90-97, 1978.

9. Hymer, S. H., *The International Operations of National Firms: A Study of Direct Foreign Investment*, MIT Press, Cambridge, MA, 1960.

10. Kindleberger, C. P., *American Business Abroad: Six Lectures on Direct Investment*, Yale Univer-

sity Press, New Haven, CT, 1969.

11. Knickerbocker, F. T., *Oligopolistic Reaction and Multinational Enterprise*, Harvard University Press, Boston, MA, 1969.

12. McClain, D., "Foreign direct investment in the theory of direct investment", in C. P. Kindleberger and D. B. Audretsch (eds), *The Multinational Corporation in the 1980s*, MIT Press, Cambridge, MA, pp. 278－333, 1983.

13. Porter, M. E., *Competitive Strategy: Techniques for Analysing Industries and Competitors*, Free Press, New York, 1980. Porter, M. E., *Competitive Advantage: Creating and Sustaining Superior Performance*, Free Press, New York, 1985.

14. Bain, J. S., *Barriers to New Competition*, Harvard University Press, Boston, MA, 1956.

15. Coase, R. H., "The nature of the firm", *Economica*, 4, 386－405, 1937.

16. Rugman, A. M., *Inside the Multinationals: The Economics of Internal Markets*, Columbia University Press, New York, 1981.

17. Vernon, R., *Storm over the Multinationals*, Harvard University Press, Cambridge, MA, 1977.

18. Hennart, J. F., "Upstream vertical integration in the aluminium and tin industries", *Journal of Economic Behaviour and Organization*, 9, 281－299, 1988.

19. Buckley, P. J., "New theories of international business: some unresolved issues", in M. C. Casson (ed.), *The Growth of International Business*, Allen & Unwin, London, 1983.

20. Casson, M. C., "Transaction costs and the theory of the multinational enterprise", in A. M. Rugman(ed.), *New Theories of the Multinational Enterprise*, St. Martin's Press, New York, 1982.

21. Kay, N. M., "Multinational enterprises: a review article", *Scottish Journal of Political Economy*, 30 (3), 304－312, 1983.

22. Rugman, A. M., "New theories of the multinational enterprise: an assessment of internalization theory", *Bulletin of Economic Research*, 39 (2), 101－118, 1986.

23. Coase, R. H., "The nature of the firm", *Economica*, 4, 386－405, 1937.

24. Buckley, P. J. and Casson, M., *The Future of the Multinational Enterprise*, Macmillan, London, 1976.

25. McManus, J. P., "The theory of the international firm", in G. Paquet (ed.), *The Multinational Firm & the Nation State*, Collier-Macmillan, Toronto, 1972.

26. Williamson, O. E., *Markets and Hierarchies: Analysis and Antitrust Implications*, Free Press, New York, 1975. Williamson, O. E., "Transaction cost Economics: the governance of contractual relations", *Journal of Law and Economics*, 22 (2), 233－262, 1979.

27. Teece, D. J., *The Multinational Corporation and the Resource Cost of International Technology Transfer*, Bellinger, Cambridge, MA, 1976.

28. Coase, R. H., "The nature of the firm", *Economica*, 4, 386－405, 1937.

29. Buckley, P. J. and Casson, M., *The Future of the Multinational Enterprise*, Macmillan, London, 1976.

30. Giddy, I. H., "The demise of the product cycle model in international business theory", *Colombia Journal of World Business*, 13 (1), 90－97, 1978.

31. Magee, S. P., *The Appropriability Theory of Multinational Corporation Behaviour*, University of Reading Discussion Papers in International Investment and Business studies, No. 51, Reading, 1981.

32. Rugman, A. M., "Internationalization as a general theory of foreign direct investment", *Weltwirtschatliches Archiv*, 116, 365－379, 1980.

33. Teece, D. J., "Transaction cost economics and the multinational enterprise", *Journal of Economic*

and Business Organization, 7, 21 - 45, 1986.

34. Hennart, J. F., "Upstream vertical integration in the aluminium and tin industries", *Journal of Economic Behaviour and Organization*, 9, 281 - 299, 1988. Hennart, J. F., "The transaction cost theory of the multinational enterprise", in C. N. Pitelis and R. Sugden (eds), *The Nature of the Transnational Firm*, Routledge, London, 1991.

35. Hood, N. and Young, S., *The Economics of Multinational Enterprise*, Longman, London, 1979.

36. Ronstadt, R., *Research and Development Abroad by US Multinationals*, Praeger, New York, 1977.

37. Lall, S., "The international allocation of research activity by US multinationals", *Oxford Bulletin of Economics and Statistics*, 41, 313 - 332, 1979.

38. Vernon, R., "International investment and international trade in the product cycle", *Quarterly Journal of Economics*, 80, 190 - 207, 1966. Vernon, R., *Storm over the Multinationals*, Harvard University Press, Cambridge, MA, 1977.

39. Wells, L. T., Jr. (ed.), *The Product Life Cycle and International Trade*, Harvard University Press, Boston, MA, 1972.

40. Vernon, R., "International investment and international trade in the product cycle", *Quarterly Journal of Economics*, 80, 190 - 207, 1966.

41. Vernon, R., *Storm over the Multinationals*, Harvard University Press, Cambridge, MA, 1977.

42. Giddy, I. H., "The demise of the product cycle model in international business theory", *Colombia Journal of World Business*, 13 (1), 90 - 97, 1978.

43. Dunning, J. H., "Trade location of economic activity and the multinational enterprise: a search for an eclectic approach", in B. Ohlin, P. O. Hesselborn and P. M. Wijkman (eds), *The International Allocation of Economic Activity*, Macmillan, London, 1977. Dunning, J. H., *Explaining International Production*, HarperCollins, London, 1988. Dunning, J. H., "The eclectic paradigm of international production: a restatement and some possible extensions", *Journal of International Business Studies*, 19 (1), 1 - 31, 1988.

44. Kojima, K., *Direct Foreign Investment: A Japanese Model of Multinational Business Operations*, Croom Helm, London, 1978.

45. Dunning, J. H. and Archer, H., *The Eclectic Paradigm and the Growth of UK Multinational Enterprises 1870—1983*, University of Reading Discussion Papers in International Investment and Business Studies, No. 109, 1987.

46. Hood, Nand Young, S., *The Economics of Multinational Enterprise*, Longman, London, 1979.

47. Casson, M. C., "Transaction costs and the theory of the multinational enterprises", in A. M. Rugman (ed.), *New Theories of the Multinational Enterprise*, St. Martin's Press, New York, 1982.

48. Porter, M. C., "Changing patterns of international competition", *California Management Review*, 28 (2), 9 - 39, 1986; in H. Vemon-Wortzel and L. H. Wortzel (eds), *Global Strategic Management: The Essentials*, 2nd edition, Wiley, New York, 1991.

49. Levitt, T., " The globalization of markets", *Harvard Business Review*, 61 (3), 92 - 102, 1983.

50. Stopford, J. Mand Turner, L., *Britain and the Multinationals*, Wiley, Chichester, 1985.

51. Cvar, M. R., "Case studies in global competition: patterns of success and failure", in M. E. Porter (ed.), *Competition in Global Industries*, Harvard Business School, Boston, MA, 1986.

52. von Neumann, J. and Morgenstern, O., *The Theory of Games and Economic Behaviour*, Princeton University Press, Princeton, NJ, 1944.

53. Oster, S. M., *Modern Competitive Analysis*, Oxford University Press, Oxford, 1990.

54. Knickerbocker, F. T., *Oligopolistic Reaction and Multinational Enterprise*, Harvard University Press, Boston, MA, 1973.

55. Graham, E. M., "Exchange of threat between multinational firms as an infinitely repeated non-co-operative game", *International Trade Journal*, 4 (3), 259 - 277, 1990.

56. Porter, M. E., *Competitive Advantage: Creating and Sustaining Superior Performance*, Free Press, New York, 1985.

57. Helpman, E. and Krugman, P., *Market Structure and Foreign Trade*, MIT Press, Cambridge, MA, 1985.

58. Porter, M. E., *The Competitive Advantage of Nations*, Macmillan, London, 1990.

59. Porter, M. E., *The Competitive Advantage of Nations*, Macmillan, London, 1990.

60. Buckley, A., *Multinational Finance*, 5th edition, Prentice Hall, London, 2004.

61. Feenstra, R. C. and Taylor, A. M., *International Economics*, Worth Publishing, 2008.

第 21 章　跨国投资领域的外汇管制与公司所得税

与国内市场相比，跨国投资领域具有两个扭曲性特征，那就是外汇管制与跨国企业的所得税。本章我们将围绕这两大特征讨论它们会引发哪些问题。所以，在向大家介绍国际资本预算的理论模型之前，我们先概要介绍一下外汇管制与跨国企业所得税的相关内容。因为这与跨国投资机会的分析与评估密切相关。

21.1　外汇管制

国内资本预算与跨国资本预算的最重要差别之一在于后者可能会因外汇管制而产生一定程度的扭曲效应。并不是所有的东道国都会采用外汇管制的政策，但是有很多国家确实执行了这种政策，而本章我们要对此进行简要介绍。外汇管制指的是东道国政府禁止或限制本国居民持有外币资产以及进行外汇交易，因为上述行为会影响到用外币计价的利润、外币的持有量以及支出额，或者影响到位于国外或以外币计价的资产的收购、持有或处置。外汇管制还有可能会限制东道国非居民的一些行为。谈到外汇管制，如果货币当局允许本币自由兑换为其他货币，或者在得到许可的情况下将本币兑换为外币，那么我们就说该国货币是可兑换货币。如果一国的所有居民和持有该国货币的投资者可以自由购买外币或外币资产，那么该国货币被称为完全可兑换或可自由兑换货币。西方大多数发达国家和许多发展中国家的货币都是可兑换货币。

在国际收支出现问题时，比方说出现了累积赤字，政府通常会使用各种各样的管制政策。外汇管制就是其中一种常用管制手段。当一国由于储备金不足以弥补财政赤字或者拖欠外国的流动债务金额越来越多，以至于未来有可能无法按时还清这些债务时，政府通常会采用外汇管制政策，目的是避免问题进一步恶化。由于汇率波动会影响到实体经济的方方面面，因此出现财政困难的政府通常会采用外汇管制政策将本币汇率限制在一定区间内。外汇管制的具体形式多种多样，均会影响到跨国交易。从国际收支平衡的角度来看，这些外汇管制措施对经常项目和资本项目具有积极作用，或者至少不会带来负面影响。

外汇管制措施的实施通常会遵循同一种模式。如果对外国的支付额超过了本国来自外国的收入，那么本国货币就会贬值。本国政府为了提高本币的汇率，就有可能会实施外汇管制政策。政府会以立法形式规定凡是通过出口贸易或者其他交易收到外汇的个人或机构必须将这些外汇出售给政府或指定银行，然后，政府再将这些外汇分配给进口商以及其他外国商品与服务的购买者。东道国政府通常会将本币汇率保持在一个高估的水平，即使这样意味着进口需求上升，出口利润下降，而且还有可能减少出口数量。反过来，这意味着本国对外汇的需求大于外汇供给，所以一部分想要购买外汇的机构和个人将无法得到政府的许可。

图 21—1 用图形的形式反映了上述情况，其中我们假设某国政府的本币为比索，该国政府试图将比索与美元的汇率固定在 1 美元兑换 50 比索。在自由市场上，供求决定了比索与美元的均衡汇率应当为 1 美元兑换 80 比索。当汇率水平为 50 比索兑换 1 美元时，外汇的持有者将会不愿意将自己持有的外汇出售给政府或指定银行，因为他们很清楚均衡汇率应当是 1 美元兑换 80 比索。于是，政府必须强制要求外汇持有人将自己持有的外汇 *OA* 出售给指定银行，然后政府再将这些外汇分配给打算购买外汇的个人或机构。当官方汇率为 50 比索兑换 1 美元时，市场对外汇以及用外币计价的商品的需求将会高于均衡汇率水平的需求，因此政府必须再次颁布政策来解决问题。政府必须明确规定哪些人可以购买外汇或者采用更加简单的方式列出政府许可的购汇用途。当汇率水平为 1 美元兑换 50 比索时，如图所示，外汇的需求数量为 *OB*。因为该国持有的外汇总额只有 *OA*，所以根本无法满足外汇的需求。毫不令人惊奇的是，规模庞大的外汇黑市逐渐建立并发展起来。黑市的汇率水平能够反映均衡汇率而非官方汇率。

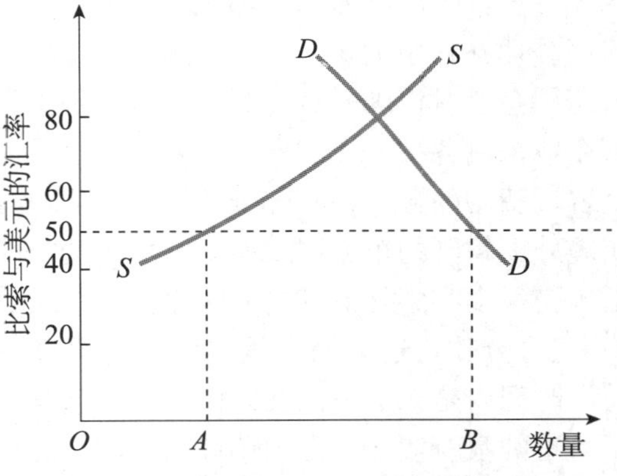

图 21—1　实施外汇管制政策的外汇市场

外汇管制使得实际进口量低于自由市场环境的进口量，当一国实施外汇管制政策并促使本币贬值时，如果政府允许的话，进口量会有所增加。如图 21—1 所示，如果该国准备将本币贬值，由原来 1 美元兑换 50 比索变为 1 美元兑换 80 比索，那么外汇的供给量将会趋于增加，于是进口商的外汇购买量也将趋向于增加。一般来说，外汇管制政策适用于本国居民。对外汇管制来说，外汇交易的性质很重要，同样地，外汇交易的地点和外汇交易对手所在的位置也都很重要。出于外汇管制的目的，在某一给定国家内从事生产经营的所有企业都将被视作本国居民。因此，从外汇管制的角度来看，即使跨国公司的总部位于其他国家，也不会影响到海外分支机构的居民身份。如果是金融机构汇入或汇出大笔外汇，则一般适用于其他一些特殊规则。出于外汇管制目的确定居民身份的规则往往与出于征税目的确定身份的规则有较大差异。

外汇管制规则的适用性往往要取决于交易的类型，但是通常来说，常见的外汇管制措施包括：

- 进口，包括所获得的外汇和许可证。
- 出口以及所获得的外汇资金的处置。
- 无形资产。
- 海外投资，包括直接投资和资产组合投资。
- 汇率多轨制（这指的是针对不同目的而设定的不同汇率水平）。
- 本国居民的海外负债。
- 允许非居民在东道国开立银行账户。
- 允许本国居民持有外币账户。
- 禁止使用某些外汇管理措施或手段。
- 将利润汇出东道国。

最后一点与跨国公司的资本预算关联度最高，因此，值得我们详细分析。

21.2 利润汇回本国

这个问题很重要，也很复杂。对于跨国企业来说，如果在国外获得的利润或产生的现金流最终无法被汇回母国，并将其分配给股东，那么就失去了意义。

很多发达国家允许跨国公司在任意时刻将所有利润和资本自由汇回母国。一般来说，在实施外汇管制的国家，跨国企业对该国投资的资本额可以被汇回母国，但利润收益的汇出要受到严格限制。跨国企业采用各种各样的方法想要绕开这些限制规定，比如通过支付专利使用费、研发费用、咨询费用的方式将一部分资金转移回母国，或者采用转移定价策略等。面对这种情况，实施外汇管制的东道国政府也有相应的应对策略，那就是进一步收紧政策，严格限制资金汇出。很多实施外汇管制的国家都要求资金汇出额不得超过资本投资总额和/或留存收益的一定百分比。这相当于强迫跨国企业将一部分利润再投资于东道国。一般来说，利润在一段时间内是无法被汇回本国的，这就是所谓的被冻结资金，于是跨国企业只得将其投资于特定的政府债券。等到债券到期时，这些利润资金可能会被允许汇回本国。由于这些政府债券利率过低，而且往往那些通货膨胀率较高的国家最喜欢发行国债，因此对于跨国企业来说，被迫投资于东道国的国债并不是什么好选择。

有时，实施外汇管制政策的国家会把投资区分为被许可投资和普通投资两种类型。被许可投资可以享受特殊的利润汇回本国的优惠政策，或者在把利润汇回本国时可以适用更为优惠的汇率水平。从跨国企业的角度来看，在评估海外投资项目时，这样制定的优惠政策至关重要。正是由于利润汇出规则非常复杂，各国情况不同而且还经常发生变化，因此跨国企业在决定海外投资之前先要仔细了解一下当地的法令法规，然后再就利润的汇回问题与东道国政府签订一份无懈可击的协议。但是，即使是这样也还不够，这样的协议可能被现政府拒不承认。新政府可能不会认可前任政府签订的协议。某些国家要求母国政府提供补偿贸易保函，当然对于跨国企业来说，这样做肯定会带来成本。

21.3 绕开利润汇回限制的方法

跨国企业可以通过这种各样的渠道将资金和利润由一国转移到另一国：

- 转移定价。
- 费用与专利使用协议。
- 提前或推迟付款。
- 股息。
- 贷款。
- 股权投资与债权投资。
- 计价货币。
- 转售中心。

在实施外汇管制政策的国家，政府当局非常清楚跨国企业在使用转移定价、专利使用费及提前或推迟付款的方式来转移资金。因此政府部门也设置了一些障碍，阻碍或防止跨国企业使用这些手段。比如，东道国政府对跨国企业的无形资产的出口价格和进口价格的严格检查，对提前或推迟付款行为的种种约束等，都是东道国政府所采取的应对策略。

通常来说，公司间贷款的发放与偿还——这涉及将外国资金注入东道国——是少数几个可以将资金从外汇管制严格的国家汇出的合法手段之一，但是，由于国外债务资本要受到政治风险的影响，资金有可能被冻结在国外，因此跨国企业会使用平行贷款、**背对背贷款**（back-to-back loan）和货币互换。平行贷款本质上就是两国同时发放的两笔贷款。在平行贷款交易中，交易双方同时向对方的海外分支机构发放金额相等的贷款。母公司 A 会在本国使用本币向母公司 B 的海外分支机构发放贷款，同时母公司 B 也会使用本国货币向母公司 A 的海外分支机构发放金额相等的贷款。双方约定好**贷款提取**（drawdown）与贷款本金和利息的偿还会同时进行。值得一提的是，这样的交易涉及两笔独立的贷款，而并不是涉及资金的跨国流动。一般来说，从法律的角度，这两笔贷款可以相互抵消。但是在两家公司各自的合并资产负债表上，这两笔贷款不能被相互抵消。这两笔贷款将会同时出现在资产负债表的资产项目和负债项目下，双方均要向对方支付贷款利息，具体的利率水平取决于每一个国家国内的资金成本。

一些跨国企业的海外分支机构所在的东道国利率水平较高或者实施了严格的资本市场管制政策——尤其是当该国实施外汇管制政策或者规定金融机构的贷款适用于不同的**预扣所得税**（withholding tax）税率时——于是跨国企业为了向分支机构提供资金，通常会使用背对背贷款。我们举例来说明，假设 A 国的母公司将资金存放在 A 国的一家银行，该银行随后向母公司位于 B 国的分支机构发放贷款，在这种情况下背对背贷款事实上就是通过银行实现的公司间贷款。银行只是充当了两者之间的中介，从银行的角度看，这笔贷款是没有风险的，因为母公司存放在银行的存款为这笔贷款做了担保。如果东道国政府规定，向外国母公司支付的利息和向金融机构支付的利息适用于不同的预扣所得税税率，那么这种类型的背对背贷款能给跨国企业带来好处。而且，在实施外汇管制的国家，政府通常允许跨国企业的海外分支机构按照大型跨国银行提出的偿还时间表来偿还贷款。但是，东道国政府的货币当局一般不会对公司间贷款的偿还设置太多障碍。因此，背对背贷款能够更好地规避外汇管制政策，与普通的公司间贷款相比，背对背贷款能提供更好的保护。

货币互换能够实现类似于平行贷款的作用，但是结构更加简单。在进行货币互换交易时，交易双方签订一份协议，按照当前的即期汇率水平交易外汇，同时约定在一段时间以后再进行反向外汇交易。与平行贷款相比，货币互换具有一个或两个优势：货币互换属于资产负债表外业务，因此信息披露较为简单，一旦发生违约事件，货币互换能够提供更好的保护。

接下来我们再来分析一下跨国企业向海外分支机构提供资金时到底应当采用股权投资方式还是债权投资方式。一般来说，与股权投资形式相比，母公司通过债权投资方式向海外分支机构提供资金支持的做法灵活度更高。一般情况下，与支付股息或减少股本资金这两种方式相比，以支付利息或偿还贷款本金的名目将资金汇回本国操作起来更方便简单一些。而且，股权资本的减少可能会招来东道国政府的不满。此外，债权投资与股权投资相比，前者还会有节税的效应。这表现在两个方面。在东道国，贷款的利息支付额通常是可以抵扣税负的，然而股息支付额往往不能抵扣税负。此外，与股息不同的是，贷款偿还额一般不会被计入母公司的应税收入，为了堵住这个漏洞，东道国政府可能会实施更加严格的外汇管制政策，在颁布外汇管制措施细则时，可能会明确规定海外分支机构的债务上限。

明智地使用计价货币也可以帮助跨国企业绕开资本管制。在开立发票时，巧妙地选择计价货币可以帮助企业将被冻结资金由实施外汇管制的国家转移回本国。假设某个分支机构位于严格限制利润汇回的东道国。如果东道国本币预期将会贬值，那么企业可以抓住这个机会将被冻结的资金转移到其他地方。具体做法是该分支机构将产品出口给跨国企业集团的其他子公司时，开立支票所使用的货币是即将贬值的东道国的本币。随着东道国本币的贬值，该分支机构的利润额也将相应减少，少于使用硬货币作为计价货币的利润额，但是在公司内部财务部门会将分支机构的利润额恢复到正常水平。于是，资金便由东道国转移到了企业集团的其他子公司。

跨国企业还可以考虑转售中心。跨国企业主要使用转售中心作为风险敞口管理部门，但是有时也使用转售中心来操纵利润，规避政府监管，或者出于节税目的协调转移定价策略。转售中心还可以被用于规避外汇管制，因此，跨国企业通常将转售中心设立在汇率较低的国家。这些转售中心名义上负责所有的产品出售，不管是一个分支机构出售给另外一个分支机构，还是将产品出售给外部第三方客户，均由转售中心来负责。然而实际上是商品直接由工厂运送给购买者。转售中心负责向出售者支付货款同时从购买者那里收取货款。显然，转售中心将转移定价策略的优势发挥到了极致，它们还能让跨国企业更加灵活地使用计价货币策略。无须多言，税务当局和外汇管制当局对转售中心所做的每一笔交易都非常怀疑，尤其是那些设立在**避税港**（tax haven）的转售中心。

接下来我们要向大家介绍另外四种可用于规避外汇管制的手段和渠道，其中包括：

● 使用**被冻结货币**（blocked currency）购买资本性商品，而所购买的设备可在整个跨国公司范围内使用。

● 用被冻结资金购买当地的服务，而且该服务可被整个企业集团所使用。

● 将研发试验部门设立在东道国，并在东道国用被冻结货币支付研发费用，而研发成果可在整个跨国企业集团内部分享使用。

● 将公司会议、度假以及其他活动均安排在东道国，并使用被冻结货币来支付活动费用。

上述四种方法均使用被冻结货币在东道国购买产品或服务，而这些产品或服务可被位于其他国家的分支机构所使用，从而起到了解冻资金的作用。

接下来我们要向大家介绍可被用于规避外汇管制的其他手段，这些手段被统称为**对销贸易**（countertrade），具体包括易货贸易、互购贸易、行业抵消贸易、回购贸易和转手贸易。跨国企业可以使用上述所有手段将实施外汇管制政策的东道国政府所冻结的资金解冻。

对销贸易

跨国企业经常使用对销贸易将利润汇回本国。对销贸易要求交易双方同时签订两份商品或服务的互补贸易协定。交易双方可以是企业或政府，而互补贸易协议可以采用多种形式——例如，易货贸易、互销贸易、行业抵消贸易、回购贸易和转手贸易。那么这几种不用类型的对销贸易彼此之间有什么差别？

易货贸易是最简单的对销贸易形式。它指的是一方直接用商品或服务交换另一方的商品或服务。在这过程中，资金没有跨境流动，因此不需要使用信用证、贸易融资或者信用保险。在易货贸易中，其中一方对自己收到的商品并没有实际需求，因此可以将这些商品交给第三方处置，第三方负责将商品售出，并收取一定费用。一个广为流传的易货贸易案例要数 1978 年波兰的国际足球明星卡茨米兹·德伊纳（Kazimierz Deyna）与影印机和法国女式贴身内衣裤的易货贸易。

易货贸易要求交易双方的需求一致。在交易过程中，一方所需要的产品刚好是另一方能够提供的产品，而且双方的需求发生在同一时间点。当然，要想达到如此完全一致是不太可能的，于是又出现了另外一种形式的对销贸易，这就是所谓的互购贸易。

互购贸易发展到今天，要比易货贸易常见得多。在进行互购贸易时，卖家向买家承诺：

● 从买家指定的某公司那里购买商品（随后，买家会与其指定的公司结清账款）。

● 或者未来从买家那里购买产品。

互购交易可能是上述两种情况结合在一起。在进行互购交易时，一方可能会用一定数量的产品向另一方支付部分货款，余下的货款用现金来支付。严格来讲，这种类型的互购交易应该被称为补偿贸易。

对销贸易的另一种形式叫做行业抵消贸易。交易双方达成协议，卖家承诺未来会从买家或买家所在的国家购买原材料。举例来说，汽车制造厂家同意从飞机的买家那里购买飞机引擎，或者交易也可以这样安排，飞机制造厂家从一家外国企业那里购买飞机引擎，同时约定飞机引擎生产企业所在的国家要从该飞机制造企业订购大量飞机。

回购交易是最常见的对销贸易形式，通常用于安排资本性设备的买卖。回购贸易的主要特征是资本性设备的卖家同意未来从买家那里购入使用其设备生产的产品。举例来说采矿设备制造商同意在一段时间内——可能是 10 年或 15 年——购买采矿企业生产的矿产品。有时设备的购买者会用自己生产的产品抵消一部分货款，剩余的货款用现金支付。同样地，后面这种类型的回购贸易应当被称为补偿贸易。

转手贸易与上述几种类型的对销贸易具有明显的差别。之前某进口商通过向另一国家出口产品或服务而形成了一笔应收账款，而这笔应收账款无法被转换为货币支付额，但是可以被用于在该国境内购买产品或服务。于是，这笔应收账款的所有者将这笔应收账款的所有权转让给将产品出售给它的企业或国家。比如，一家生产设备的英国企业向S国出口设备由此形成一笔应收账款。如果该英国企业打算购买法国生产的产品，那么英国企业就可以把这笔S国的应收账款所有权转让给法国公司来充抵货款。如果法国公司刚好打算购买S国生产的产品，那么它可能会同意这笔交易。绝大多数的转手交易都是通过经纪人来安排的。

21.4 解冻资金的其他方法

巴克利[1] 简要列举并分析了跨国企业可以采用的绕开外汇管制，将利润汇回本国的30种常见方法。我们之所以在本章向大家介绍这些方法或渠道，包括我们前面介绍的多种形式的对销贸易，根本原因在于跨国企业可以使用这些方法将海外投资项目所产生的被冻结的现金流转移回母国，因此这显然与跨国企业的资本预算具有密切的关系。当然，使用各种方法避开管制将利润汇回母国肯定要花一定的成本，成本的高低取决于东道国的相关政策与市场环境。通常费率为5%～35%乃至更高。

前面我们主要介绍了一下外汇管制，接下来我们要讨论的是跨国企业的税务问题及其对跨国投资评估的影响。

21.5 跨国企业的纳税问题

国内企业在进行资本预算时，一个最重要的步骤是计算企业的纳税额，这样才能算出企业的税后现金流净增量。当然，国内企业的资本预算只需要考虑国内的税收环境。同理，跨国企业的资本预算也需要考虑纳税问题，显然要更复杂一些，这是因为要同时考虑本国的纳税额和在东道国的纳税额。

在具体展开讨论之前，我们首先要提醒一下大家，本节只是对跨国企业的纳税和税务筹划问题进行粗浅的介绍，这些问题非常复杂，要求读者对国内的税法、外国的税收体制以及两个国家签订的双边税收协定都有详细的了解，因此，本节我们只能是针对这个复杂问题介绍一下背景资料和基础知识。请大家记住这一点。

显然，即使我们用非常简略的语言，也无法涉及每一个国家税法的方方面面，但是在跨国企业的税务领域，有些话题常常被人们提起，这些话题就是我们关注的焦点。由于我们要为介绍跨国企业的资本预算打好基础，因此，本节的重点是分析跨国企业公司税务的主要问题——预扣所得税：分支机构与附属机构的选择以及股息汇款的税务处理。不过，这个问题实质上还是很大，其内涵深远复杂。因此，本章接下来三节的内容只是一个最基本、最简化的介绍。在分析跨国企业的资本预算之前读者需要先了解这些基本知识。

预扣所得税

预扣所得税指的是东道国政府要对外国个人和/或企业在东道国境内使用东道国资源

所获得的收益进行征税。假设一个英国居民在加拿大境内获得股息收益，那么加拿大税务当局会收取预扣所得税。一旦这笔收入在海外其他国家被预扣所得税，在母国境内通常可以享受免税待遇，因此所得税的预扣幅度主要会影响到东道国与母国两个税务当局的相对征税额。假设在上面这个例子中，英国居民在A国缴纳的预扣所得税税率为15%，而在英国该居民适用的边际所得税税率为20%（假设股息收入适用的所得税税率为20%，当然这并不是作者写作本书时英国税务部门规定的实际税率），则该英国居民在X国缴纳了15%的所得税之后在英国国内只需要再缴纳5%的所得税。因此，预扣所得税的税率越高，一般意味着外国税务当局征收的税额越多，而母国征收的税额越少。所以说，在现实生活当中，这个问题极其复杂，而且经常发生变化。事实上，近些年来，很多欧洲国家发生了一些变化，不再对海外分支机构汇回母国的利润征收税金。于是，这吸引了很多跨国机构将总部由英国转移到其他欧洲国家，它们的主要目的就是节税。

分支机构与子公司享受不同的税收待遇

在进行公司税务筹划时，一个重要问题是决定在海外设立分支机构还是子公司。因为从纳税的角度里看，在很多国家，这个选择十分重要。所谓分支机构指的是在母国境内而非东道国境内注册的海外经营机构。而子公司则是在东道国境内注册的经营机构。

如果跨国企业预计在多年内海外机构的经营活动无法产生利润，那么最好选择分支机构的组织形式。这是因为海外分支机构的亏损可以抵消母国境内产生的利润。一些国家的税法允许海外分支机构的收入以这种方式与母公司合并。如果跨国企业预计海外机构能够创造利润，而且这些利润不能被汇回母国，那么选择建立子公司可以带来节税的好处。海外分支机构要为自己获得的利润向母国的税务当局纳税。而海外子公司则不需要向母国的税务当局纳税，直到这些利润被汇回母国。

股息

本节我们讨论的问题具有明显的国家差别，这里我们的目的只是指出问题所在。不管什么时候，凡是涉及税务的问题，我们的建议都是要认真了解当地的税法。有时候，各地的税法并不总是那么合乎逻辑。读者应当格外注意前面标题为“预扣所得税”的最后两个句子。

在后面给出的例子中，我们假设母公司位于A国，海外机构位于B国。如果位于A国的母公司在海外进行投资，那么母公司有责任为自己获得的、尚未扣除外国税负的投资收入缴纳企业税。这条规则适用于海外子公司，此外还适用于海外资产处置所产生的任何资本利得收益。

如果跨国企业在海外建立的是子公司，那么子公司会通过利息或股息等方式将一部分收入转移给位于A国的母公司。此时，对于企业来说，由于企业经营性收入和其他利得收益要在海外东道国缴纳税款，因此有可能获得双重免税的优惠。

一般来说，在讨论双重免税这个问题时，只需要考虑海外的直接税，但是如果A国的母公司可以从海外子公司那里获得股息收入，而且母公司对海外子公司的持股比例达到了一定标准，比方说10%或者更高，那么就还要考虑这些股息的源头——对应的利润的隐含税。在这种情况下，A国母公司所获得的利润既包括股息收入，也包括外国的直接税和隐含税。虽然能够实现双重免税，但是值得注意的是，海外收入的免税额不得超过A国母公司对海外收入所缴纳的企业税，表21—1详细列出了整个计算过程。假设一家英国跨国公司在B国拥有100%控股的子公司或分支机构。在表21—1上方列出的假设条件非常重要，因为这些假设条件说明了位于B国的机构相对于A国母公司来说采用了何种组织结构，同时还提供了A国与B国的公司税税率。尤其值得一提的是，如果设立在B国的机构是A国母公司的子公司，那么为了计算母公司在A国应纳税的税基，我们要先算出未扣除海外利息税的分配额（请参考表中第一列与第二列中间的数值），算出来的税基要按照A国的公司税税率来纳税，但是可以享受到**外国税收抵免**（foreign tax credit）的优惠待遇。所谓外国税收抵免，指的是海外子公司在东道国支付的所有股息预扣税和外国利润税都能起到税收抵免的作用。在本例中，外国利润税的抵免额为214 000BLD（假设A国的货币代码为BLD）。这个值的计算过程是，用海外子公司支付的外国利润税（600 000BLD）乘以股息支付额（500 000BLD），然后再除以可分配的利润额（1 400 000BLD）。

请大家注意，如表21—1第二列所示，如果企业支付了过多的税款，则A国可能会允许跨国企业用已支付的多余税款来抵消A国政府对东道国子公司所创造的其他收入征收的税款。换言之，外国税负的抵免采用的是“来源一一相对应”的原则。

表21—1　　A国母公司获得海外收入的税务处理

位于A国的控股母公司拥有位于B国的子公司100%的股权。
第一列与第三列分别假设A国的公司税税率为50%。
第二列与第四列分别假设A国的公司税税率为35%。
第一列与第二列假设位于B国的机构为子公司。
第三列与第四列假设位于B公司的机构为A国母公司的分支机构。
B国机构所获得的利润为税前200万BLD（用A国的货币来表示）。在B国，企业的所得要按照30%的税率来纳税。如果位于B国的机构是母公司的子公司，则子公司要向A国母公司支付总额为500 000BLD的股息，这笔股息要按照10%的税率在B国缴纳预扣税。如果采用的是分支机构的组织形式，则位于B国的分支机构不会将自己获得的利润进行分配。

B国机构为子公司（千BLD）			B国机构为分支机构（千BLD）	
50%	35%	A国公司税税率	50%	35%
2 000	2 000	税前利润	2 000	2 000
600	600	外国利润税	600	600
1 400	1 400	可分配利润	1 400	1 400
500	500	股息支付额	—	—
900	900	留存收益	1 400	1 400
450	450	A国收到的股息净支付额	—	—
50	50	预扣税	—	—
500	500	用于计算股息税的分配总额	—	—
714	714	用于计算A国纳税额的税基（×100/70）	—	—
714	714	税基	2 000	2 000
357	250	乘以外国税收抵免后对应的A国税率	1 000	700
(214)	(214)	利润税	(600)	(600)
(50)	(50)	预扣税	—	—
93	0	在A国应额外缴纳的税额	400	100
—	14	多付的税款	—	—

跨国公司可能会在外国运营机构与公司集团总部之间设立一个海外控股公司（或者称为股息收集公司），其功能是负责收集跨国企业所有海外分支机构或子公司的股息额，而且由于海外分支机构或子公司位于不同的国家，因此有些东道国的税率较高，而有些东道国的税率较低。被海外控股公司收集的所有股息收入被视为是一笔来源统一的收入，因此也要缴纳外国利润税，适用的税率取决于各子公司所在的东道国对股息支付额征收的实际税率的加权平均值。跨国公司可以特意设计好各子公司流入该股息收集公司的股息额的大小及比例，从而使得这笔股息现金流可以按照最佳的税率来纳税（具体请参考图 21—2）。

假设 A 国允许跨国公司建立海外控股公司然后由该控股公司负责收集各海外子公司向母公司支付的股息额，当然这些子公司所在的东道国税率或高或低。于是 A 国母公司便可以将位于高税率东道国的子公司与位于低税率东道国的子公司混合在一起，海外控股公司将这笔股息分配额转交给母公司时便不需要再纳税（请参考图 21—2）。

并不是所有母国都实施外国税收抵免的优惠政策，有些国家使用的是免税制而不是税收抵免制，因此在这种情况下，跨国企业采用的股息规划方法也有所不同。

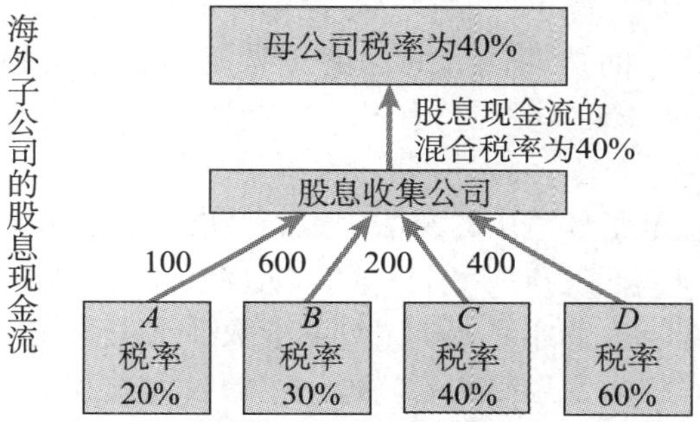

	股息额	海外税率	税负
A	100	20%	20
B	600	30%	180
C	200	40%	80
D	400	60%	240
	1 300		520

图 21—2　股息收集公司的运营原理

在股息规划过程中，海外控股公司的另一重要特征是可以将投资收益累积起来。例如，跨国企业可以建立一个海外控股公司，然后由该控股公司负责收集位于低利率东道国的子公司支付的股息额，并且将这笔股息额保留在海外控股公司，而不是将其以股息的形式转交给母公司。但是，这样的处理方式可能会受到很多国家制定的反避税法案的约束或制约。海外控股公司的另一作用是跨国企业可以利用海外控股公司来充分享受两国签订的税收协定所带来的预扣税减免的好处。事实上，若跨国企业能够正确选择海外控股公司的设立地点，是有可能实现预扣税税率为零的目标的。很多跨国企业倾向于将利润较高的交易安排在税率较低的海外国家或地区。跨国企业可以通过在海外多家子公司之间进行转移定价来实现总体税负的最小化。本质上看，整个过程非常复杂，因此公司的财务管理人员以及税务专家应当共同合作，认真分析各国对股息支付额的税负处理方式及其特征。当然，本节的主要目的是向大家简要介绍跨国企业的税收环境，因为这与跨国企业的资本预算具有一定的关联性。

21.6 英国跨国企业的税收环境

本节我们将简要地向大家介绍很多跨国企业面临的税收环境（包括总部位于英国的跨国企业）以及外汇头寸的税收处理方式。从本质上看，相应的立法已经为外汇交易或头寸如何交易提供了两种可以接受的会计处理方法——权责发生制和逐日盯市制度。按照税法的规定，绝大多数货币资产或负债产生的外汇汇兑收益或损失应当被视为收入或亏损来纳税或抵税。涵盖的资产范围包括现金、外币和外币债务。负债包括债务以及可抵税的交易性头寸；外币交易合约也包括在内。

最基本的原则是在每个会计周期期末，所有的以外币计价的货币资产都必须兑换为英镑，汇兑的差额被计入企业的应税利润或损失。由于可以使用不同的会计处理方法，因此计算结果也不同，问题的复杂性就在于此。在某些情况下，会计处理方法与税务处理方法不相匹配。在其他一些情况下有一些特殊规则——要求企业在非常短的时间之内做出选择——这时另一种税务处理方法也许能够更好地贴近或符合会计处理方法。于是问题变得更加复杂，例如，企业践行的预期性套期保值交易尤其是远期协议不断展期所形成的收益，或者一家公司对另外一家公司所进行的交易或风险敞口安排套期保值交易所形成的利润或亏损。

与外汇市场一样，金融工具适用的税法规定，金融工具——包括绝大多数利率互换和货币互换、利率上限、利率下限、利率上下限、期货以及远期利率协议等——的收益或损失会被视为收入或亏损来征税。如果金融工具的有效期限长于一个会计周期，那么企业可以采用逐日盯市制度或者权责发生制来确认每一年的收入或费用。

21.7 多货币管理中心

跨国企业通常会建立货币管理中心来集中执行外汇管理职能。海外子公司所进行的外汇交易和套期保值交易一般会通过这样的货币管理中心来执行。这样的货币管理中心往往会引起东道国当地税务部门的高度怀疑。也许跨国企业很难说服东道国的税务当局相信或接受这样的货币管理中心是合法的企业而非避税工具。但是，一旦跨国企业建立了多货币管理中心，确实有可能实现税负的最小化。

多货币管理中心主要负责管理外汇交易，而且可能还要承担整个跨国企业的全部外汇敞口风险。显然，出于税务筹划的目的，跨国企业应当认真研究此类货币管理中心的选址问题。避税港能够降低外汇交易收益的纳税额，但是外汇交易损失额或者管理中心本身的运营成本无法在避税港起到抵免税负的作用，跨国企业应当选择在与他国签订了税收协议的地区建立多货币管理中心，而且还要确保对于整个集团来说地点的选择是有好处的。利息或股息预扣税应当可以被用来降低当地的税负，同时跨国企业还可以享受到外国税收抵免的待遇。在选择多货币管理中心的设立地点之前，跨国企业应该评估一下本企业在全球的税负情况。

如果跨国企业希望能够把外汇汇兑损失和货币管理中心的运营成本分摊给各个子公

司，那么它必须向当地的税务机构证明企业建立多货币管理中心的目的并不是将其作为避税工具。多货币管理中心向海外子公司提供服务收取的费率一般为每笔交易金额的0.5%左右，收费标准应当与独立咨询公司的收费标准相一致。不过，税务当局对海外子公司向离岸多货币管理中心支付的费用表示高度怀疑，因为这些多货币管理中心大多位于公司税税率非常低的地区。

多货币管理中心还可以介入企业间的交易定价过程。企业与企业之间进行交易时，可以自行选择结算货币的币种。在不涉及税负因素之前，这种选择也许是自然而然的，但是，一旦考虑到税收因素，则选择会明显带有目的性。我们假设某家跨国企业在低税率地区进行生产，而且该地区的货币汇率持续走高，随后，跨国企业将产品出售给自己的海外子公司，子公司所在地税率较高，而且货币汇率持续走软，那么在这种情况下，将强势货币作为交易的结算货币，同时在高税率地区确认外汇汇兑损失明显对跨国企业更有利。反过来，若是用弱势货币作为交易的结算货币，同时在低税率地区确认外汇汇兑损失，所达到的效果就不如前一种做法。

21.8 协调中心

许多欧洲跨国企业在为海外财务子公司选址时追求的目标之一均为降低税负，于是荷兰、卢森堡、比利时、多柏林和瑞士成为了它们的优选对象。财务子公司的选址要考虑下列标准：

- 政治与经济的稳定性。
- 有利的税法环境。
- 当地货币较为坚挺。
- 不存在外汇管制。
- 印花税税率较低。
- 资本利得税较低。
- 拥有良好的银行及其他金融基础设施。
- 对利息和股息支付额不征收预扣税。
- 利息收入不征税或税率较低。
- 与其他国家签订了税收协定。
- 不征收证券流转税。
- 不对外资投资征税或税率很低。

美国和欧洲跨国企业在为协调中心选址时，比利时成为最受欢迎的选择。比利时政府通过的协调中心法案吸引跨国企业出于节税目的将协调中心设立在比利时境内。比利时政府的立法允许跨国企业与比利时政府签订协议，从而建立起量身定做的协调中心以满足跨国企业的需求。这样的协调中心在几乎免税的基础上执行各种各样的财务管理或其他管理服务。按照比利时政府的规定，协调中心可以进行的业务活动包括：

- 建立集团内部银行。
- 从事集团之间的借贷、结算、再开票、保付代理、租赁以及外汇集中管理等业务。
- 从外部获得贷款，发行**欧洲期票**（Euronotes）和欧洲债券。

- 将市场营销、研发以及其他辅助性事务或活动集中起来管理。

比利时政府的立法还规定，跨国企业的协调中心可以享受到下列优惠待遇：

- 十年的免税期。
- 无须缴纳资本注册税。
- 企业使用的不动产无须纳税。
- 免缴预扣税。
- 不受外汇监管。
- 移居国外的雇员无须纳税，也无须缴纳社保金。

协调中心被许可进行的业务活动分为两种类型：第一类包括广告宣传、信息收集及传播、保险与再保险、研发、政府公关、会计与数据处理以及集中采购；第二类包括企业之间各种各样的财务交易，其目的是实现企业财务管理的集中化。

若想满足比利时政府提出的要求，协调中心必须是跨国集团的一个组成部分，其资本总额和年营业额要达到特定的标准。在比利时，金融机构无法享受到协调中心可适用的税收优惠待遇。有关协调中心的其他标准包括：在开始运营的第二年年末，至少拥有十个全日制员工，而且对员工的国籍没有要求——但是，招募几个比利时国籍的雇员显然是更明智的做法。如果政府推出的新法案对协调中心不利，那么只需要将协调中心转移到其他不受新法案影响的地区就可以了。

协调中心给跨国企业带来的好处在于可以将财务管理工作以及其他跨国管理活动集中在税率较低的地区，同时还可以把位于高税率东道国的海外子公司的交易成本用于税收抵扣。

21.9 外汇交易税务筹划

当地税务当局制定的适用于外汇收益和损失的税法规定使得跨国企业很难制定出最优的外汇税务筹划策略。再加上税法时不时地发生变动，进一步加重了问题的复杂性。

税务筹划的目的在于实现可分配税后净利润的最大化，因此税务筹划是企业整体策略的一个组成部分。但是税务筹划策略还有其他重要的隐含意义。如果跨国企业决定实现海外子公司的完全自治，那么不太可能允许海外子公司将偿还贷款作为节税策略，因为这与其分散管理的目标不一致。而跨国企业出于节税目的人为操纵降低某些海外子公司的利润额，有可能导致海外子公司的高层管理人员士气低落。

但是，外汇收益与损失的税务处理方法还是给企业财务管理人员留下了大有可为的空间。在该领域财务管理人员要格外注意税法的差异之处。

在制定税务筹划策略时，财务管理人员应当将跨国公司海外分支机构或子公司所在地的税法、外汇管制措施和税率制成表格。税务筹划策略应当在这个框架内制定。另一个重要步骤是预计每一种货币的预期现金流、资产和负债。一般来说，企业在进行外汇敞口管理时就已完成了这一步骤。认真检查未来交易对税负产生的影响——尤其是外币贷款、远期抛补交易以及外汇汇兑收益或损失，同时规划好如何将这些交易收益或成本转移到离岸避税港——这些方面都需要财务管理人员认真考虑。单笔交易的处理方法取决于当地的税法和现有的外汇管制措施。霍德和森贝特（Hodder and Senbet）[2] 注意到了税务筹划在跨国企业制定资本预算计划中发挥的关键性作用，他们列出了多种税收套利的交易模式。

接下来我们举例说明一下跨国企业可以采用哪些策略实现税后可分配现金流最大化的目标。在海外子公司之间转移金融资产使得收益在税率非常低的国家被确认。公司与公司之间债务的偿还速度被加快，以实现税负最优的目的。子公司之间互相借贷，如果对于借款方而言贷款贬值所形成的汇兑收益在其所在国不会被征税，但是贷款方所产生的损失可以用于抵免税负，那么就应当选择汇率趋于下降的软通货作为贷款的计价货币。反过来如果贷款价值上涨所导致的汇兑损失可以在异国抵扣税负而对另一方而言无须纳税，那么交易双方可以使用硬通货作为贷款的计价货币。在上述两种情况下，交易双方在决定于何处完成贷款交易以及使用哪种货币作为贷款的计价货币时，税负是一个非常重要的影响因素。如果东道国的税务当局规定，在贷款未偿清之前，外币贷款的未实现损失不得用于抵免税负，那么跨国企业可以选择提前偿还贷款，然后安排再融资。汇兑损失应当被放在那些税率水平最高的国家确认。如果东道国允许子公司使用汇兑损失抵消经营利润，那么位于该东道国的子公司——该东道国的本币趋于疲软——应当使用外币贷款来获得资金。一定要确保债务集中于子公司经营效益比较好、税率水平较高的海外国家。应使用短期滚动贷款向企业提供资金，因为贷款过程中产生的所有汇兑损失都可以起到抵免税负的作用，不要使用长期贷款，因为很多国家规定要等到长期贷款到期时才能将贷款的汇兑损失用于抵免税负。确保所有的外汇交易合同可转让也是一个有效的工具。这一类安排或计划必须遵守当地的外汇管制政策，但是即使在一些执行外汇管制的国家，企业仍拥有足够的空间来实现税后利润的最大化。

现在，我们已经向大家全面介绍了有关跨国企业资本预算的准备知识，在下一章我们就要开始讨论跨国企业的资本预算问题。

小结

● 各国对于外汇收益或损失的税务处理方式有所不同。如果跨国企业想要制定最优的税务筹划策略，那么必须非常仔细认真地研究当地的税法并确保自己对法案有全面充分的了解。

● 由于篇幅所限，我们只介绍了一些基本原则。

● 按照英国的税法规定，绝大多数外币资产与负债的汇兑收益或损失应当被视为企业的收入或亏损来纳税或抵税，通常要与会计处理方法保持一致。金融工具产生的收入或费用也是同理。总体上看，这种规定使得英国的税务处理方法与美国比较类似。

● 外汇管制政策禁止或限制本国居民持有外币资产或进行外汇交易。外汇管制政策同时也对居住在东道国的非居民的行为有所限制。

● 如果货币当局允许本国货币自由兑换为其他国家的货币，或者在许可的情况下将本币兑换为其他国家的货币，则我们就称该国的货币为可兑换货币。

● 外汇管制可采用多种形式，比如要求居民将自己持有的所有外币上缴，限制本国居民购买外币资产或负债，要求外国企业满足一定要求才能建立分支机构或子公司，对利润汇出东道国的行为设定各种约束。

● 面对外汇管制，跨国企业也可以采用各种手段来减轻其不利影响。这些手段包括转移定价、支付专利使用费、提前或推迟付款、资产与负债相匹配、建立转售中心、平行贷款以及其他方式。

● 若想与外汇管制和谐共存，前提条件是要充分了解外汇管制政策。求助当地的咨询公司通常是最明智的做法。因为这样的法令法规都很复杂，而且字里行间还有一些潜在的含义。还有一个原因是，跨国企业与东道国政府单独签订协议的成本可能会比较高——我们并不是危言耸听，在此过程当中有可能会产生贪污受贿行为。

章末习题

21.1　你认为为什么有的国家会执行外汇管制政策？

21.2　你认为长期执行外汇管制政策会鼓励还是阻碍外国投资？

注释

1. Buckley，A.，*Multinational Finance*，2nd edition，Prentice Hall，London，1992.

2. Hodder，J. E. and Senbet，L. W.，"International capital structure equilibrium"，*Journal of Finance*，45 (5)，1495 - 1516，1990.

第 22 章 跨国企业资本预算框架

与国内资本投资决策一样，跨国企业的资本预算主要关注的是投资项目的预期增量现金流。与国内投资项目一样，跨国投资项目的评估也会遇到那些常见的困难与阻碍，但是评估过程会更为复杂。虽然两者采用的基本分析模式都遵循的是公司理财理论的同一经典模型，但是跨国企业必须考虑到跨国投资项目的特殊影响因素。

一个投资项目可能会在海外创造出金额非常高的现金流，但是由于存在外汇管制，在海外其他国家创造的现金流有可能无法汇回母公司。在这种情况下，如果仅看该投资项目在海外市场创造的现金流，也许得到的判断结果是该项目值得投资。但是这就足够了吗？显然，对母公司来说，一个投资项目的现值应当取决于海外投资项目分配给母公司投资者的未来现金流。如果在外汇管制政策的约束下，海外投资项目创造的大部分现金流都无法汇回母国，那么对于母公司来说，只有那些已经被汇回母公司的增量现金流才能为母公司的投资者创造价值。因此，我们至少应当从下面两个角度来评估跨国投资项目：投资项目的增量现金流和可以汇回母公司的增量现金流。对于跨国企业来说，只有可以汇回母公司的增量现金流才能为股东创造价值。

跨国企业进行的海外投资项目之所以更复杂，是因为海外投资项目对跨国企业集团内部其他事业部门造成严重的影响。例如，一家跨国工程公司打算在西班牙新建一家工厂，结果发现这笔海外投资可能会对跨国企业集团内部其他部门的生产经营活动造成影响。这种影响可能表现为新投资项目对集团内部其他部门在欧洲市场的产品销量造成影响，比如可能会影响到英国和丹麦工厂的销量。此外，这种影响还可能表现为垂直方向的影响，比如会影响到跨国企业位于南非的采矿子公司的产量，因为母公司已经计划好让新建的工厂使用采矿子公司生产出来的产出品。由于存在这样的影响，跨国企业在评估海外投资项目时，必须将该投资项目所导致的所有增量现金流加在一起。因此，除了考虑新建工厂在西班牙境内产生的增量现金流以外，跨国企业还要考虑到英国和丹麦工厂创造的现金流将会因此下降，以及南非采矿子公司由此增加的现金流。若想解决跨国企业资本预算所面临的难题，各位读者首先要意识到这种影响的广泛性。

本章我们将简要地向大家介绍跨国企业资本预算的基本框架。许多学者对美国跨国企业所使用的海外投资项目评估手段进行了调查研究，我们将对他们的研究结论加以总结。显然，这些研究成果缺乏规范性理论的支撑。我们会在后面的几章全方位地向大家介绍跨国企业的资本预算。

22.1 跨国企业资本预算的复杂性

跨国企业资本预算的复杂性主要表现在以下几个方面：

- 投资项目产生的现金流不同于汇回母公司的现金流。
- 母公司的一部分投资是通过设备投资的形式完成的。
- 在投资项目的整个周期内，汇率不会一直保持不变。
- 投资项目所在的东道国与母公司所在的母国适用的税率水平不同。
- 可能会涉及专利使用费和管理费。
- 海外投资项目无法将创造的全部现金流通过向母公司转移支付的方式汇回母国。

在跨国企业资本预算中，有一个显著的差异值得注意，即投资项目创造的现金流与汇回母公司的现金流通常是存在差别的。造成这种现象的主要原因是东道国实施的外汇管制政策。海外子公司的管理人员往往只关注投资项目所创造的现金流，没有意识到这项海外投资对跨国企业的其他事业部门会造成怎样的影响，尤其是该投资项目对母公司可分配现金流会造成什么影响。从投资项目本身来看，增量现金流入指的是新的投资项目所创造的额外现金流入减去在东道国当地应缴纳的公司税。从母公司的角度来看，增量现金流指的是海外子公司可汇回母公司的增量资金，不管母公司是位于伦敦、纽约、阿姆斯特丹还是地球上随便哪个地方。从跨国企业财务主管部门的角度来看，就一个新的投资项目而言，最重要的现金流指的是未来可汇回跨国企业总部的增量现金流，这意味着管理费用（扣除监督的成本）、专利使用费、利息、股息的汇回额、贷款的发放与偿还以及股权投资都属于非常重要的现金流。

按照公司理财理论，一个投资项目的价值取决于未来投资者可以获得的现金流的净现值。一般来说，母公司在估值时只会考虑那些可以被汇回母国的现金流。在评估投资项目的价值时，母公司还会剔除资金的转移成本，因为只有剔除成本，余下的资金才能被母公司用于在母国境内支付利息以及向股东支付股息。所以，我们在估计汇回母公司的现金流时，实际上关注的是可汇回母公司的增量现金流。至于它们实际上是否已经被汇回了母公司，这并不重要，我们关注的焦点是那些“可以被汇回母公司的”现金流。

跨国企业投资项目评估应当包含两个重要的分析步骤。首先，从海外子公司的角度出发，将其视为东道国的居民以及一个完全独立的实体，计算投资项目可能创造的现金流。分析的第二步骤则将焦点转回到母公司身上，预测母公司可获得的现金流的金额和时间。在进行这一分析步骤时，要求母公司获得有关税负方面的信息。对母公司来说，在计算投资项目所创造的现金流时，首先应计算一下若不进行该项投资则母公司的可分配现金流是多少，最后再计算投资之后母公司的可分配现金流会变成多少，最后用后者减去前者。从跨国企业的角度来看，计算出母公司获得的可分配现金流才是最重要的。

如果海外投资项目所在的国家对资金的汇出没有任何限制，那么跨国企业在估算增量现金流时可以使用东道国的货币，然后再根据自己对未来现金流产生时预期汇率水平的估计，将其转变为跨国企业母国的货币。如果海外投资项目所在的东道国对资金流的汇出采取了严格的限制政策，那么关注的焦点就应当转变为可以汇回母国的增量现金流。在分析时，应充分考虑的现金流如表 22—1 所示。我们将在本书随后的几章里详细分析该表中提到的若干笔现金流。

表 22—1　　跨国企业投资于外汇管制国家所创造的可汇回母国的现金流

向海外投资项目提供的股权投资
海外投资项目可汇回母国的股息支付额
可汇回母国的股权投资
向海外投资项目提供的贷款
贷款的利息
贷款本金的偿还额
海外投资项目收到的管理费减去监督成本
专利使用费
向海外投资项目提供的设备或存货投资（要注意机会成本）
海外投资项目对母公司或者集团总部内其他子公司的增量销售额的贡献程度，这种影响可能为正，也可能为负
汇回母国的资金应承担的税负成本
实物经营期权的可汇回价值
可汇回母国的股息支付额的终值
可汇回母国的专利使用费、管理费、对集团内其他事业部门销量增加的贡献等的终值
被冻结资金乘以某一因子的终值，因子的数值的设定充分考虑到在终值日被冻结资金解冻的可能性

从理论上看，很多学者都赞同在跨国企业进行资本运算时只需要考虑母公司可分配的现金流。不过，本书关注的焦点是实际操作，这一特点也将体现在第 26 章。

跨国企业资本预算过程之所以复杂，一个主要原因是跨国企业总部往往会通过提供设备或存货的方式向海外子公司进行股权投资或提供贷款。显然，为了计算海外投资项目的收益，必须将上述资本投入作为冲抵项。但是，算出母公司的总收益才是最重要的，那么为了算出母公司的增量现金流，我们应当怎样处理这一问题？

母公司之所以愿意向海外投资项目进行投资——通过提供设备或存货的形式——是因为母公司预计未来投资项目所创造的可汇回母公司的增量现金流的价值会更高一些。于是财务管理人员面临的问题便是如何评估母公司提供的设备或存货的价值。学术界已经提出了一个非常适合的方法，可用于评估母公司提供的财产的价值，这涉及一个新的概念，叫做“剥夺价值”。这一概念首先由邦布赖特（Bonbright）[1] 提出，指的是“财产的所有者失去财产所遭受的全部损失，包括直接损失和间接损失”。从本质上看，在向海外投资项目提供设备或存货时，母公司相当于是自愿地被“剥夺”资产。邦布赖特提出了三种可用于评估此类资产价值的方式：

- 当前购买使用状况相同的同一资产的价格。这就是重置成本（RC）。
- 资产的可变现净值（NRV）。这也就是当前企业处置资产的净价值。
- 资产未来获得的收益现金流的现值（PV）。

我们可以使用上述三种当中的任意一种来评估资产的价值。但是，使用上述三种方法得到的计算结果按照数值大小排列，可以分成下列六种情况：

1 NRV＞PV＞RC

2 NRV＞RC＞PV

3 PV＞RC＞NRV

4 PV＞NRV＞RC

5 RC＞PV＞NRV

6 RC＞NRV＞PV

值得注意的是，在上述六种情况中，重置成本均指的是在同一地点购买与被剥夺资产使用状况相似的资产的成本——这意味着磨损程度差不多，产出性能相似，收入现金流的创造能力相似，而且与被剥夺资产处于同一地理位置。

对于情况一和情况二，企业的最佳选择是将资产处置掉。不过在这两种情况下，企业处置资产所遭受的最大损失并不是 NRV，而是 RC。通过购买同一类型的新资产，企业仍将有可能获得 NRV。因此，在这种情况下，企业应当按照重置成本来评估资产的价值。

对于情况三和情况四，企业的最佳选择是将资产用于生产经营，从而实现其现值，这对企业来说是收益最大化的做法。但是，如果企业失去这项资产，那么可以重新购买新资产从而再次获得现值 PV，这是对企业最有利的结果。对于情况三与情况四，重置成本显然就是对应的剥夺成本。

对于情况五，如果企业失去该项资产，则损失额应该等于 PV。显然，企业失去了资产，就相当于失去了该资产获得的未来现金流。因为未来现金流的现值大于资产的可变现净值，因此企业的损失额应当等于 PV。请注意，在这种情况下，如果企业失去了该资产，那么即使重置资产也是无济于事的——也就是说，重置成本的高低对这一结论没有任何影响。

对于情况六，如果企业失去该资产，那么不会选择重置资产，因为此时资产的重置成本既大于现值，又大于可变现净值。在这种情况下，如果失去了资产，企业可以获得的价值等于 NRV 而非 PV。也就是说，企业应当卖掉资产，以收回 NRV，而不是继续将资产投入生产经营来获取其现值 PV。

事实上，上面介绍的这种方法就是刊登在英国《通货膨胀会计》（*Inflation Accounting*，1975）上的圣地兰兹委员会报告中推荐使用的资产评估方法。虽然《通货膨胀会计》并不是本章讨论的重点，但是邦布赖特提出的估值法与之有一定的关联性，可以被用来评估母公司向海外子公司所投资资产的价值。表 22—2 对这种估值方法进行了总结。

表 22—2　　资产估值法

序号	情况	正确的估值
1	NRV＞PV＞RC	RC
2	NRV＞RC＞PV	RC
3	PV＞RC＞NRV	RC
4	PV＞NRV＞RC	RC
5	RC＞PV＞NRV	PV
6	RC＞NRV＞PV	NRV

对于第一、第二以及第四种情况，NRV＞RC，这主要与母公司通过提供存货的方式向海外项目进行投资有关。这三种情况不太可能适用于母公司对子公司进行固定资产投资。最常见的设备投资估值主要与第三种情况有关，这指的是设备有可能在母国继续被用

于生产经营。但是也有可能会遇到第五种情况与第六种情况。第五种情况的含义是资产的使用周期有限，一旦使用寿命到期，该资产将不会被继续使用。而第六种情况的隐含意义是该资产应当被立即出售。

显然，如果母公司向海外项目投入的资产根本无法用于母国的生产经营，则对该资产的合理估值应当等于资产的可变现净值。一旦我们确定了使用哪一种估值法来评估母公司向海外项目所投资资产的价值，那么接下来在计算可汇回母公司的现金流时，这个金额便成为第一个减项，用来冲减海外项目随后产生的现金流入。值得一提的是，不管是在国内还是在海外，如果一家公司向另一家公司以提供设备或存货的方式来换取股权，那么在进行投资项目评估时，我们都应当使用“剥夺价值”这个概念去合理评估投入资产的价值。

接下来我们要谈一谈第三个复杂之处——汇率。如果在海外投资项目刚开始时，汇率处于均衡位置，而且未来汇率的走势与两国的相对通货膨胀率保持一致，更重要的是，海外投资项目产生的现金流入与现金流出也与海外地区的总体通货膨胀率保持一致，然后我们再假设不存在外汇管制，而且东道国与母国的税率比较接近，那么，对海外投资项目进行现金流分析就等同于在估算可汇回母公司的现金流。当然，上述假设都成立的可能性非常小，正因为如此，众多学者的建议是跨国企业在估计海外投资项目未来产生的现金流时（扣除当时的税负）应当使用东道国的名义货币（也就是说要考虑到东道国的预期通货膨胀情况），然后再使用东道国的名义贴现率来计算净现值。

如果不存在外汇管制，我们可以根据预期的未来汇率水平和海外项目在东道国产生的净现金流来计算可汇回母国的现金流；如果目前存在外汇管制，或者预计未来东道国可能会实施外汇管制政策，则可以根据预期的未来汇率水平和预期可汇回的净现金流来计算未来可汇回母国的净现金流。考虑到东道国与母国税收制度的不同，可以进行适当的调整，然后使用母国风险调整后的贴现率来计算可汇回母国的净现值。所谓的母国风险调整后的贴现率可以是使用净现值法算出的资本的加权平均成本，也可以是基于调整现值法得出的无杠杆股权资本成本（具体请参照本章的下一节）。

跨国企业在预测未来汇率水平的波动时，显然要考虑到两国的相对通货膨胀率。在现实世界里，汇率水平的波动在长期内确实取决于两国的相对通货膨胀率；然而在短期内，汇率水平的波动往往是不连续的，这是因为政府可能会在较长时间内保持本地处于高估的状态，从而使得两国通货膨胀率的差异所带来的经济效应未能全部显现出来。因此，汇率水平的波动往往是不连续的，金融分析师希望能在汇率预测中反映出这一特点，但是两国通货膨胀率的差异所造成的影响何时能够全部显现出来很难预测。也许解决这一问题的最好方式是敏感性分析，我们可以准备多组数据来预测购买力平价重新实现均衡的不同时间点。下一章我们将对此问题展开详细讨论。

第四个复杂之处就是税收因素。显然，在计算海外投资项目的现金流时，我们必须减掉当地的税负；而在计算可汇回母国的现金流时，我们必须同时减掉东道国和母国的税负。有关这个问题，大家可以再去查阅一下第 21 章中有关跨国企业税收环境的介绍。此外，如果母公司对海外子公司收取专利使用费和管理费，那么这些费用应当成为海外投资项目现金流的减项，同时也是母公司现金流的加项。当然，严格来说，在海外投资项目进行的过程中，母公司在管理项目的过程中损失的收入和/或产生的增量成本也应当被用于冲减母公司的现金流入。

再强调一遍，大多数东道国不允许海外子公司将投资项目所产生的净现金流全部汇回母国，这就是跨国企业在进行资本运算时所遇难题的最主要根源。

22.2 净现值还是调整现值?

净现值法是将所有现金流按照必要收益率（有时也可叫做基准利率、最低预期资本收益率或者要求报酬率）贴现为现值。我们可以使用下列公式来计算投资项目的净现值：

$$\mathrm{NPV}=\sum_{t=0}^{n}\frac{A_t}{(1+k)^t} \tag{22—1}$$

式中，k 代表的是必要收益率，A_t 代表的是第 t 年的现金流。

净现值法并不是唯一的选择。另一种方法是调整现值法。调整现值法的血统可谓十分正宗，基本观点最初由莫迪利亚尼和米勒（Modigliani and Miller）[2] 提出，迈尔斯（Myers）[3] 在此基础上进行进步一完善。

莫迪利亚尼和米勒的观点是企业的市场价值及其资本成本与企业的资本结构无关。因此，企业的市场价值等于未来预期的经营收入用反映了企业风险水平的贴现率算出的现值。从而，两人得出的结论是投资的必要收益率与投资使用的融资方式完全不相关。大家应该还记得，最初两人提出该观点时，假设前提之一是没有任何税负。莫迪利亚尼和米勒在 1963 年发表的论文中进一步放松了这一假设前提，这是因为企业支付的利息可以抵免税负，财务杠杆降低了资本成本——但是也只放松到这种程度。他们提出的估值模型假设企业的税后经营收入按照一定的资本化利率折算成现值，企业不持有任何风险债务，而且企业价值的增长源于企业使用了债务融资方法，因此债务利息的支出额起到了抵免税负的作用，从而使得企业的现值有所增加。迈尔斯提出的调整现值法也是将投资项目产生的现金流进行贴现，他将投资项目的价值的来源分为以下两种：

未使用财务杠杆的投资项目的经营现金流的资本化价值，加上投资项目使用了债务融资从而少缴纳的税负的资本化价值。

上述两种类型的现金流理应按照不同的贴现率来贴现，所使用的贴现率应当能够反映它们各自的风险。一般来说，第一种类型的现金流通常被视为风险更高。于是，投资项目的调整现值等于：

$$\mathrm{APV}=\sum_{t=0}^{n}\frac{\mathrm{OCF}_t}{(1+k^*)^t}+\sum_{t=0}^{n}\frac{k_\mathrm{d}DT_\mathrm{c}}{(1+k_\mathrm{d})^t}-\text{初始投资} \tag{22—2}$$

式中，OCF_t 代表的是第 t 期的税后经营现金流。在不使用财务杠杆的前提下——这意味着全股权融资——必要收益率为 k^*。债务融资的成本为 k_d。投资项目的债务融资价值为 D，T_c 代表的是公司的税率。当然，适用于无财务杠杆现金流的贴现率 k^* 不包含任何与债务融资有关的影响因素。这样做的道理很简单，就是要把投资项目的融资效应与经营现金流效应区分开来。节省的税负所适用的贴现率就是债务融资的成本。莫迪利亚尼和米勒所使用的税收调整方式与迈尔斯提出的调整现值法之间的密切联系是不言而喻的。值得一提的是，公式（22—2）可以被更好地解释为经营现金流的现值与节税的现值减去初始投资额，假设在整个投资期间，企业的债务比率始终保持不变。在上述公式中，债务额一直保持不变——始终等于 D——这意味着未来企业的债务额主要取决于初始时项目的预期价值以及项目本身所创造的价值。

还值得一提的是，学术界对节税——债务的利息支付额可以在税前冲抵利润——所适用的贴现率具有不同的观点。对于这个问题，一个重要的假设条件是企业拥有足够多的利润来支付债务利息，因此使得企业的实际债务成本等于税后的净成本。

但是在公式（22—2）中，为了算出节税的现值，所适用的贴现率应当是税前贴现率 k_d 还是税后贴现率 $k_d(1-T)$，其中税率水平为 T？当然我们更倾向于税后贴现率，但是如果是税前贴现率，只要计算方法正确，得到的答案是相同的。

22.3 对外投资与资本成本

人们经常会提出这样的问题，与国内投资相比，对外投资是否有理由获得更高的收益率？直观上看，企业经理们一般认为海外投资应当能够获得更高的实际收益率，这是因为企业进军的海外市场是其主管人员较为了解的区域，推测企业应当能够在这个市场上获得成功。但是，也有人提出，国际化分散投资降低了企业的 β 值。这一点我们将会在第 24 章讨论，迄今为止，实证结果自相矛盾，尚无强有力的证据能够证明国际化策略是否会对企业的 β 值造成影响。我们将在第 24 章向大家介绍适用于新兴市场投资的股权资本成本的常见计算方法（用本国货币来表示，因此更便于计算可汇回母国的现金流的金额），具体请读者参考第 24.8 节。

22.4 基本模型

如果跨国企业投资的海外市场及当地政府对现金流或利润的汇回不采取任何限制，那么在计算该投资项目的母国净现值时，计算的顺序有时会发生混淆。我们至少可以使用四种方法来计算这一现值。表 22—3 对这四种方法及各自的计算步骤进行了总结。只要在分析周期内购买力平价始终成立，且忽视税收因素的影响，那么这四种估值方法能得到相同的结果。

在跨国企业进行资本预算的过程中，公司税是一个重要的影响因素。在分析海外投资项目的潜在收益情况时，投资项目在海外地区所创造的**自由现金流**（free cash flow）显然是最重要的，当然必须扣除当地的税负。假设东道国没有设置任何外汇管制措施，海外投资项目产生的所有增量现金流都应当（**假设**（notionally））被视为可以汇回母国。于是，这意味着海外项目产生的税后自由现金流要在当地缴纳预扣税（仍然是假设），然后再被兑换为母国货币并被汇回母国，在母国可能还要纳税。在向读者详细介绍跨国企业资本预算模型之前，作者认为有必要再次提醒大家注意跨国企业的税收环境所导致的种种问题，这是第 21 章探讨的主题。

当然，跨国企业也可以选择将海外投资项目产生的自由现金流留在东道国本地，或者先保留在避税港，然后将其转移到其他地区的另一投资项目上，而非汇回母国。在这种情况下，我们是不是应当更加关注那些没有被汇回母国从而无须缴纳母国税负的增量现金流？这是值得探讨的问题之一。事实上，我们将在随后的几章涉及这一问题。

表 22—3 跨国企业投资决策的评估方法

步骤	方法 1	方法 2	方法 3	方法 4
1	估算未来现金流的名义金额，计价货币为当地货币	估算未来现金流的名义金额，计价货币为当地货币	估算未来现金流的名义金额，计价货币为当地货币	估算未来现金流的名义金额，计价货币为当地货币
2	根据对未来汇率水平的预测将其兑换为母国货币	使用当地货币的名义贴现率来计算现值	剔除当地通货膨胀所造成的影响，计算出现金流的实际金额，计价货币为当地货币	剔除当地通货膨胀所造成的影响，计算出现金流的实际金额，计价货币为当地货币
3	使用母国货币的名义贴现率计算现值	根据即期汇率将其兑换为用母国货币表示的现值	根据即期汇率将其兑换为母国货币	使用实际贴现率计算出实际现金流的现值，计价货币为当地货币
4			使用实际贴现率来计算现值	使用即期汇率将其转换为用母国货币表示的现值

再回头看一下表 22—3，如果东道国允许跨国企业将海外投资项目产生的所有现金流汇回母国，那么资本预算的最佳方式应当是方法 1，在对税负进行适当调整之后，方法 1 的步骤应当包括：

● 预测海外投资项目的税后自由现金流的名义金额，计价货币为当地货币。由于存在通货膨胀，因此名义金额要比实际金额更加符合现实情况。

● 将其转换成用母国货币计价的税后——扣除东道国的税负和母国的税负——自由现金流的名义金额。在转换过程中，跨国企业需要对未来的汇率水平进行预测，可以根据海外投资项目的生命周期内两国的相对通货膨胀情况来预测，或者对目前未处于均衡状态的汇率水平加以修正，预期未来汇率将会重新回到能够反映两国相对通货膨胀情况的正确轨道上来。

● 将本币计价的税后自由现金流的名义金额贴现为现值，贴现率为用母国货币表示的税后名义风险调整利率。

● 如果投资项目的假设条件合情合理，而且即使是在最严格的税收假设条件下，投资项目仍然能够获得正的净现值，那么该投资项目非常具有吸引力。

即使某些东道国实施了外汇管制政策，禁止海外子公司将投资项目产生的所有现金流汇回母国，仍然应当按照上面列出的步骤来计算，因为这种做法充分考虑了东道国的通货膨胀情况对海外投资项目的巨大影响。当然，这样的分析只适用于可汇回母国的现金流。于是，这给现金流分析带来了一些问题，我们将在下一章具体展开讨论。如果使用的是净现值法，则适用的贴现率应当是资本的风险调整加权平均成本率，如果使用的是调整现值法，则贴现率应当是无财务杠杆的权益资本率。

22.5 跨国企业投资评估的实证研究

数年来，学术界发表了多篇研究美国跨国企业资本预算实务的研究文章，然而看上去跨国企业实际操作与理论相差甚远。巴克利[4] 对相关的研究文献进行了总结。在接下来的几章里，我们将向大家介绍跨国企业资本预算的理论模型。

小结

● 在分析资本投资决策时，要对投资项目的现金流入与现金流出进行对比分析。

● 投资评估主要关注的是投资项目的预期增量现金流。

● 与国内投资项目一样，海外投资项目的评估过程也会遇到那些常见的困难与障碍，但是跨国投资项目分析要比国内投资项目复杂得多。

● 按照公司理财理论，跨国企业资本预算与国内企业资本预算使用相同的基本模型，但是跨国企业必须充分考虑到跨国经营的一些特殊因素。

● 海外投资项目可能会在海外市场创造出大量的现金流，但是由于存在外汇管制政策，在海外生成的大部分现金流可能无法被汇回母公司。

● 在上面这种情况下，仅凭海外投资项目能在东道国境内创造出大量现金流就得出该项目值得投资的结论，这种判断是否正确？

● 对跨国企业的母公司来说，海外投资项目的现值取决于可分配给母公司投资者的未来现金流。

● 请大家记住，就海外投资项目而言，一部分现金流会因受到外汇管制的制约而被迫留在东道国。

● 只有那些可以被汇回母公司的增量现金流才能为母公司的股东创造价值。如果不存在外汇管制，这样的问题可以忽略不计，然而事实上，世界上很多国家都在执行外汇管制政策。而且，即使目前东道国政府未实施外汇管制政策，未来也有可能会改变主意，推出外汇管制政策。

● 我们至少应当从以下两个方面来评估海外投资项目。第一个方面是研究海外投资项目的增量现金流。此时现金流的计价货币使用的是东道国的货币。第二个方面是分析可汇回母公司的增量现金流，这意味着只研究那些可以被汇回母公司的现金流。对于跨国企业来说，只有这些可汇回母公司的增量现金流才是有意义的。

● 我们可以将跨国企业资本预算所遇到的复杂性分成六大种类。当然，在现实生活中，至少其中一种复杂性是国内企业资本预算同样无法规避的难点。这六种类型的复杂性包括：

(1) 投资项目产生的现金流不同于汇回母公司的现金流。

(2) 母公司的一部分投资是通过设备投资的形式完成的。

(3) 在投资项目的整个周期内，汇率不会一直保持不变。

(4) 投资项目所在的东道国与母公司所在的母国适用的税率水平不同。

(5) 可能会涉及专利使用费和管理费。

(6) 海外投资项目无法将创造的全部现金流通过向母公司转移支付的方式汇回母国。

很多海外投资决策之所以失败，主要是因为跨国企业的管理者没有充分意识到只有那些可汇回母公司的现金流才是有意义的，不应当把分析的重点集中于海外投资项目创造的所有现金流。

章末习题

22.1 为什么在对海外子公司的投资项目进行资本预算时，应当从母公司的角度出发进行分析，而不是从子公司现金流的角度出发？

22.2 跨国企业在进行资本预算时要考虑哪些额外的因素，而这些因素基本与单纯的国内投资项目评估毫无关联？

注释

1. Bonbright, J. C., *The Valuation of Property*, McGraw-Hill, New York, 1937.

2. Modigliani, F. and Miller, M. H., "The cost of capital, corporation finance and the theory of investment", *American Economic Review*, 48, 261 - 297, 1958.

3. Myers, S. C., "Interactions of corporate financing and investment decisions-implications for capital budgeting", *Journal of Finance*, 29, 1 - 25, 1974.

4. Buckley, A., *Multinational Finance*, 5th edition 2004, FT Prentice Hall, 2004.

第 23 章　跨国企业资本预算模型

在分析资本投资方案时，跨国企业要对海外投资项目的现金流入与现金流出加以对比。投资评估关注的是投资项目所带来的预期增量现金流。正如我们在第 23 章谈到的那样，海外投资项目要面临与国内投资项目相同的困难与障碍，此外，海外投资的特殊性还会使得项目评估变得更为复杂。按照公司理财理论，跨国企业资本预算与国内资本预算使用相同的基本模型，但是跨国企业必须充分考虑到跨国经营的特殊性。

投资项目可能可以在海外其他国家创造出金额较高的现金流，但是由于存在外汇管制措施，在海外东道国产生的现金流大部分不能被汇回母公司。在这种情况下，如果只分析投资项目在海外东道国创造的现金流，则可据此判断该项目值得投资——但是显然分析到这种程度还不够。

对跨国企业的母公司来说，海外投资的现值主要取决于未来可汇回母公司的增量现金流的现值。但是，对于海外投资项目来说，一部分现金流会因受到东道国外汇管制政策的阻碍而被冻结在东道国。因此，只有那些可以被汇回母公司的增量现金流才能给母公司的股东创造价值。如果东道国没有执行外汇管制政策，那么就不会有这方面的问题，但是正如我们在第 22 章讲过的那样，即使如此，海外投资项目的评估仍然较为复杂。毕竟，即使东道国政府目前并未采取外汇管制政策，将来也有可能会推出相应的政策。

我们至少应该从以下两个角度来评估海外资本投资项目。第一个分析角度是投资项目的增量现金流。在从这个角度分析投资项目时，现金流的计价货币应当使用东道国的货币。事实上，这相当于从东道国当地合伙人的角度来评价海外投资项目。第二个分析角度是研究可汇回母公司的增量现金流。这意味着研究的重点是可以被汇回母公司的现金流。对跨国企业来说，只有这些可以被汇回母公司的增量现金流才有意义。因此，跨国企业应当从这一角度来评估海外投资项目。

在第 22 章，我们列出了跨国企业资本预算过程中遇到的种种复杂性，我们将其分为六种类型。当然，在现实生活中，其中至少有一类复杂性同样适用于国内企业的资本预算。这六大类复杂性主要包括：

- 海外投资项目产生的现金流无法通过向母公司转移支付的方式全部汇回母国。
- 母公司的一部分投资采用的是提供设备的方式。
- 在投资项目的整个周期内，汇率水平不可能一直保持不变。
- 项目所在的东道国与母国的税率水平不同。
- 要涉及专利使用费和管理费。
- 海外投资项目可能会对跨国企业集团内其他部门的生产经营造成连锁影响。

多篇文献均已指出了投资项目现金流与可汇回母公司现金流之间的差别。造成这一差别的主要原因是：

- 汇率水平的波动并未反映购买力平价关系。
- 东道国与本国的公司税税率不同。
- 子公司无法将海外投资项目所创造的全部现金流汇回母国。

请注意，如果被冻结的现金流可以解冻——比如通过对销贸易的形式——那么显然就有助于增加可汇回母公司的现金流。此时，若我们采用相同的评判标准，则投资项目的评估结果有可能由原来的“较差”变为“可接受”。

23.1　海外投资项目评估

国内投资项目评估与海外投资项目评估在某些方面比较相似，但也存在非常明显的差别。这主要表现在国内投资项目评估主要关注的是国内投资项目未来创造的现金流的现值，而跨国企业资本预算则主要关注的是未来可汇回母公司的现金流的现值。

前面我们已经向大家介绍了跨国企业资本预算过程中经常遇到的六种类型的复杂性，这也可以说明所有的海外投资项目都具有“两面性”的特征。所谓“两面性”主要表现为从项目本身来分析得到的评估结果与从母公司角度分析得到的评估结果完全不同。问题的关键在于，从母公司的角度来看，只有那些可以被汇回母公司的增量现金流才是有意义的，因为只有它们才能为母公司创造价值。如果东道国没有执行外汇管制政策，那么现金流的汇出不会受到任何阻碍，也就是说海外投资项目所产生的全部现金流都可以被汇回母国。但即使这样，汇率水平的波动以及母国的税收环境也会给现金流的预测带来不小的麻烦。如果东道国实施外汇管制政策，那么问题将会变得更加复杂。在这种情况下，可汇回母公司的现金流主要表现为以下形式：

- 股息。
- 专利权使用费和管理费。
- 贷款的偿还额。
- 对销贸易。
- 解冻资金的其他方式。

当然，在计算可汇回母国的现金流时必须考虑到汇率的变化和母国征收的税负。同理，即使东道国没有实行任何外汇管制政策，在计算汇回母国的现金流时也要考虑上述两个因素的影响。这里我们要特别指出的是，如果东道国政府执行了外汇管制政策，则跨国企业可以采用偿还贷款的方式来加速现金流的汇出。至于为什么要采用这种方式及其效果，我们将在本章的后面部分展开讨论。我们得出的结论是，如果现金流汇出东道国存在限制，则海外投资项目的融资方式对于母公司的净现值具有至关重要的影响。在这种情况下，融资方式会影响投资项目的现值，而且影响非常显著。

简言之，海外投资项目评估需要充分考虑到——使用母国货币作为计价货币——资金的投入（要根据设备的转让效应适当地调整）、最高可汇回母国的现金流（包括专利权使用费、管理费和贷款的偿还额）、税负以及汇率波动的影响，而且要以风险调整后的资本机会成本作为贴现率，将上述现金流贴现为现值。在上述几个重要因素中，税负的作用十分重要，那么接下来这一节我们就探讨一下税负问题。

23.2 税负

请大家注意，我们接下来要介绍的投资评估方法是从母公司的角度加以分析的，海外投资项目在东道国创造的利润首先要缴纳当地的税收。然后，如果一部分利润要被汇回母国（或者假定其可以被汇回母国），则还要缴纳当地的预扣税。最后，资金被汇回母国以后，可能还要在母国缴纳一定的税负，具体取决于母国的税收制度。

假设某公司打算在海外进行一个投资项目，预期该项目创造的用外国货币计价的税前利润和现金流相当于 100 万美元。假设东道国的税率为 15%，预扣税税率为 10%，母国的税率为 33%，则表 23—1 利用这些假设条件给出了评估结果。

当然，跨国企业也有可能决定将投资项目与东道国创造的所有税后净利润用于再投资——再投资额相当于 850 000 美元。换言之，这种做法将无须支付任何预扣税或母国的税负。同样地，若跨国企业决定将投资项目产生的税后净利润转移给中间控股公司，则效果是一样的。这笔资金会被用于跨国企业位于全球其他地区投资项目的再投资。在这种情况下，可用于再投资的利润净额等于 765 000 美元（不需要缴纳母国的公司税，但是要缴纳外国公司税和预扣税，具体可参考表 23—1)。显然，我们可以根据最严苛的虚拟税收环境来算出最低的净利润额为 670 000 美元。如果在这种情况下，投资项目的可汇回母国现金流仍然具有正的净现值，那么假设投资项目所创造的收益被再投资于东道国或者被转移到全球其他地区用于其他投资项目，将有助于提高整个跨国企业的预期收益。

表 23—1　　投资项目评估：可汇回母国的税后净现金流

	美元	美元
税前投资项目创造的利润和现金流		1000 000
外国税负		150 000
预扣税（等于 850 000 美元×10%）		85 000
母国的税负		
100 万美元×33%	330 000	
一外国税负的抵免	235 000	
		95 000
税后净利润率		670 000

如果在这种最严苛的虚拟税收环境下，投资项目无法得到正的净现值，我们可以将假

设条件进一步放松——假设这笔资金没有回到母国，而是被跨国企业再投资于全球其他海外投资项目，那么在这种情况下，也许该投资项目也是可接受的，但是高管人员需要进一步获得详细的信息来做出决定。这样的投资项目是否能够通过取决于高管人员的判断。至少投资项目的评估过程提供了重要的数据，这些数据能帮助跨国企业实现其目标，同时也能证明企业高管人员获得的高薪是值得的——他们可以在掌握充分信息的基础上做出明智的选择。

不管是哪一种情况，在设计最严苛的税收虚拟环境时，跨国企业必须先充分了解世界各国对受控外国公司（CFCs）执行的公司税收制度。有关受控外国公司的相关税收法案纷纷出台，东道国政府的主要目的是用这些法案来规避下列两种滥用行为，因为东道国政府相信跨国企业采取这些行为的主要目的是逃税：

- 设立在低税率地区的海外子公司将收入累积起来而不分配。
- 跨国企业通过虚假方式制造已将经营利润从母国转移出去的假象，而这些利润原本应当缴纳母国的公司税。

受控外国公司的相关法案试图对设立在低税率国家的海外子公司未汇回母国的利润按照母国的税法征收公司税。这方面的法律法规十分复杂，而且各国彼此之间存在一定的差异。

在计算海外投资项目创造的现金流时，所谓最严苛的税收环境指的是同时考虑东道国的税负和母国的税负。但是这种做法是否最符合跨国企业面临的现实情况？为了回答这个问题，我们举个例子来说明。假设一家跨国企业的总部位于美国，但是总部不承担任何生产经营的职能，该跨国企业的所有事业部门都位于海外。假设该跨国企业向股东支付的股息和总部的运营成本全部来自欧洲子公司汇回的股息收入。我们再进一步假设，该跨国企业在远东地区、澳大利亚和非洲也设立了分支机构。这些机构也有盈利，但是并不向位于美国的总部支付股息。显然，在这种情况下，如果该跨国企业只对欧洲的新投资项目分析母国税负和东道国税负对其造成的影响，而在分析远东地区、澳大利亚和非洲的新投资项目时，只考虑东道国税负对其造成的影响——换言之，在估值时，没有考虑母国税负对这些地区的新投资项目的影响——那么这种做法是不太合适的。

如果大家还是不太明白，我们可以再举一个例子，另一家跨国企业向股东支付的股息和总部的运营成本全部来自设立在远东地区、澳大利亚和非洲三地的子公司汇回的利润。换言之，这一回是欧洲的子公司没有向母公司支付股息。显然，在第一种情况下，跨国企业应当同时考虑美国本土税负对远东地区、澳大利亚和非洲三地新投资项目的影响，而在第二种情况下，跨国企业也应当考虑美国本土税负对欧洲地区新投资项目的影响。

本书作者经过调查发现，很多跨国企业在评估海外投资项目时，为了消除上述不对等的情况，都会按照母国的平均税率扣除一笔税负。也许海外投资项目的最佳评估方式首先要以最严苛的税收环境为基础，然后再进行多种虚拟情境下的敏感性分析，可以假设母国税率为 0，或者假设一个母国的平均税率（请参考上一句）。这能帮助集团公司的董事们获得充足的信息与数据来做出明智的判断。

在结束本节之前，我还要提醒大家的是，一部分国家的税法规定，不再对海外子公司汇回母国的股息进一步征税。显然，在跨国企业进行资本预算时，总部位于这些国家的跨国企业明显能够获得更高的价值——而这种增值效应全部归结为税法的不完善。

接下来我们要分析一下当东道国未执行外汇管制政策时跨国企业的资本预算决策。

23.3 在不存在外汇管制的情况下评估投资项目

不管投资项目所在的东道国是否实施外汇管制政策，在对投资项目进行初始评估时，都要使用东道国的货币作为计价货币。在进行评估时，要用到国内企业进行资本预算时常用的现金流计算方法，来计算净现值或内部收益率。项目评估方法可能会采用净现值法或调整现值法，具体计算步骤就像我们在第 22 章总结的那样，贴现率是由东道国当地货币表示的必要收益率。显然，这种分析方式是从东道国当地合伙人的角度来评估投资项目。但是，这并不是从跨国企业的角度来评估海外投资项目。对于跨国企业来说，它们关注的焦点是可汇回母国的现金流。从创造价值的角度来看，这些现金流是否真的汇回了母国并不重要；它们关注的焦点是现金流的汇回没有受到任何阻碍，这可以为公司创造价值。因此，跨国企业假设海外子公司会将所有获得的增量自由现金流（通常指的是息税前利润加上折旧，减去固定资本投入，减去营运资本投入，再减去应支付的税收）汇回跨国企业总部。为了便于评估投资项目，母公司还要按照预期的汇率水平将计算结果兑换为母国本币，同时要考虑母国税务当局征收的公司税。

接下来，我们要向大家介绍在不存在外汇管制的情况下跨国企业如何对海外投资项目进行评估，假设条件是母公司拥有外国子公司百分之百的股权。后面我们会将该假设条件进一步放松。虽然夏皮罗[1]曾经指出，“对母公司来说，计算增量现金流可以用项目投资以后全球范围内母公司获得的现金流减去投资之前母公司获得的现金流”，但是更常见的计算方法是从一开始就将注意力集中于母公司获得的增量现金流，尤其是来源于海外投资项目的增量现金流，而不是将观察范围扩展到整个公司集团。这种计算方法一般来说计算量要少一些，但是由于海外投资项目对集团内部其他事业部门会造成连锁影响，因此在具体操作时要格外小心。举个例子来说，跨国企业在西班牙新建立的工厂可能会影响到法国和比利时子公司的产量与现金流。这就是下一段中第三点所描述的情形。当然，不管你是从全球范围内获得的母公司增量现金流的角度来分析，还是只关注海外投资项目所带来的可汇回现金流，最终的决定应当是一致的。

从跨国企业母公司的角度来看，如果打算在海外通过百分之百控股的方式投资项目，而且东道国没有执行任何外汇管制政策，那么投资项目的现值计算应当包括：

- 跨国企业每年的增量自由现金流（扣除东道国和母国的税负）。
- 专利使用费、管理费和其他类似的费用（扣除母国当地的税负）。
- 在介绍过程中，必须考虑到**同类相食效应**（cannibalisation effects）。例如，如果跨国企业在新项目上马之前是直接向东道国出口产品的，随后改为在东道国当地设立工厂，直接向当地市场提供产品，那么在计算现值时要考虑到税后出口净收入减少所带来的影响。
- 如果存在利息补贴的情况，那么这笔贴息的现值也应当被计算在内。例如，总部位于欧洲的跨国企业购买了美国生产的设备，用于远东地区的投资项目，那么该公司可以在**进出口银行**（Exim Bank）获得利率低于市场利率的优惠贷款。由此形成的贴息在扣除税负以后，应当每年按照税后美元贷款的市场利率来贴现，从而求出其现值。当然，如果这种贴息贷款是一笔外币贷款，那么还要考虑到如何对外汇风险敞口进行套期保值，并采取相应的措施。

● 跨国企业母公司对海外投资项目的一部分资本投入采用的是提供设备的形式，在现值计算过程中必须把这一点考虑进去。如果设备投入并没有发生实质上的成本转移，母公司投入的设备还可以被母公司内部其他事业部门所使用，那么第 22 章的表 22—2 已经为我们列出了详细的估值方法。如果是这种情况，除非支付了现金，否则要考虑到这种做法的税后影响。

● 跨国企业有可能会抓住成长机遇，从而获得比基准情况更高的增量现金流。这些成长机遇通常被称为实物经营期权。我们会在本章的后面部分详细地介绍如何来评估此类期权的价值。如果我们只是在一段有限的时间内预测增量自由现金流，那么终值的计算并不困难。我们将在本章的后面几节向大家介绍计算终值的多种方法。

表 23—2 总结了在不存在外汇管制的条件下跨国企业在进行资本预算时应当分析的增量现金流。表 23—3 用另外一种形式将表 23—2 提供的信息重新排列。表 23—3 中的多个条目是按照先后顺序排列的。

表 23—2　　对现金流的总结：在没有外汇管制的条件下评估海外投资项目

价值	使用的方法	
	净现值法	调整现值法
资本投入的价值	√	√
海外投资项目产生的增量自由现金流的价值	√	√
管理费与专利使用费的价值	√	√
对整个集团的同类相食效应的价值	√	√
利息补贴的价值	√	√
任何成长机遇所创造的价值与增量自由现金流的价值之差	√	√
对终值的调整	√	√
债务带来的税负抵免的价值；传统的税收制度与归属税收制度在这方面有较大区别		√

表 23—3　　从母公司角度评估海外投资项目的价值：不存在外汇管制

海外投资项目的价值＝－资本投入的价值
＋海外投资项目产生的增量自由现金流的价值
＋管理费与专利使用费的价值
－对整个集团的同类相食效应的价值
＋利息补贴的价值
＋任何成长机遇所创造的价值与增量自由现金流的价值之差
＋对终值的调整
＋债务带来的税负抵免的价值；传统的税收制度与归属税收制度在这方面有较大区别

资本投入的价值包括投资项目所需的固定资本和营运资本。这两部分投入可以加在一起，用东道国本地货币来计价。我们在前面已经说过，母公司对海外投资项目是百分之百控股，不存在少数股东。尽管如此，我们还是要考虑到少数股权的现值，然后按照零点时的汇率水平将其兑换为母国货币，再按照表 23—3 介绍的方法减去母公司的设备投入所带来的机会成本。

在表 23—3 中，下一项是增量自由现金流的价值。这一项较容易理解，我们可以使用每一年现金流产生时的预期汇率水平将其兑换为母国货币，并且扣除税负。当然，如果我们只是在一段有限的时期内预测自由现金流，那么就有必要计算终值（请参考表 23—3）。如果自由现金流的预测周期无限长，那么就没有必要再计算终值。

在表 23—3 中，下一项是管理费与专利使用费的价值。这两笔费用要首先扣除东道国政府征收的预扣税和母国税务当局征收的公司税。我们建议，为了避免重复计算，在计算海外投资项目的增量自由现金流时，最好先扣除管理费与专利使用费。

同样地，如果是在有限的时间内预测未来的增量自由现金流，那么在项目估值过程中，应当将专利使用费与管理费的终值也算在内。如果增量自由现金流的周期无限长，那么就没有必要再这样做了。同样的道理也适用于表 23—3 中下一个项目——同类相食效应。

在跨国企业资本预算过程中，新投资项目对集团公司内部其他事业部门具有连锁影响，这种情况是非常常见的。例如，在东道国新建一家工厂可能就意味着集团内部其他部门向该东道国的出口会有所减少，或者意味着生产和销售计划要重新安排，因为新工厂要使用集团内部其他子公司的产出品来作为生产原料。如果想要准确地模拟现实情况，那么在进行资本预算时，跨国企业必须将这种连锁影响所造成的营业额损失（税后）考虑进去。当然，对于整个跨国企业集团来说，连锁影响也有可能是对上游部门或下游部门带来的积极影响，那么在分析时也要把这种正面的影响考虑进去。

再回到表 23—3，下一项是利息补贴。如前所述，当跨国企业在海外其他国家购买设备并从该国的进出口银行获得贷款时，往往贷款的利息会有一定的优惠。因此，这种贴息使用的计价货币可能既不是东道国的货币，也不是母国的货币，于是这涉及使用外汇远期协议或者货币互换来进行套期保值。例如，位于荷兰的母公司考虑在马来西亚投资一个项目，但是在购买日本生产的设备时，母公司发现它可以按照低于市场利率的优惠利率来获得日元贷款。因此，贴息就应当等于每年用日元计价的利息支付额与按照市场利率计算的每年日元利息额的差，同时我们还需要假设，跨国企业希望规避这笔利息支付有可能带来的外汇风险，因此还要减掉远期抛补交易的成本。通常来说，这种贴息贷款的周期比较短。对应的适当贴现率应当是贴息计价货币所在国的市场利率。我们再回忆一下前面已经讲过的内容：如果使用净现值法计算，则贴现率应当为风险调整后的加权平均资本成本；如果使用调整现值法计算，则贴现率应当是无财务杠杆的股权资本成本。

在这种情况下，我们要使用另外一种计算方法，因为贴现率必须能够反映出现金流的风险水平。此时，将加权平均利率作为贴现率是不正确的做法。鉴于与利息相关的现金流的风险水平，我们要使用市场利率作为贴现率，显然，市场利率与资本的加权平均成本率差异较大。那么，紧接着的下一个问题便是贴现率应当使用税前贴现率还是税后贴现率。在资本预算过程中，我们一直关注的是税后增量现金流，因此，按照这个逻辑，贴现率也应当是税后利率。因为我们要计算的是海外投资项目给母公司创造的价值，因此对于贴息和贴现率来说，应当使用母国税务当局规定的公司税税率。请大家注意，为了保持一致，这一税率应当同时用于分子与分母。

再回过头看表 23—3，接下来是成长机遇。由于这个问题非常复杂，我们要在下一节详细展开讨论。

按照表 23—3 的排列顺序，下一项是终值。如果我们预测的是 n 年内投资项目的增量自由现金流，显然预测周期是有限长度，但是我们并不清楚 n 年过后投资项目是否会终止。如果我们预期届时投资项目将会终止，那么母公司应当会收回营运资本和一部分固定资本。在计算终值时，必须充分考虑这一点。如果我们预期届时投资项目并不会终止，但是为了便于分析，我们人为地假设投资项目将在未来某一时间点终止，那么在计算终值时，就要考虑到在假设的项目终止日过后，投资项目还能创造多少增量现金流。在这种情况下，终值应当包括以下各项的值：

● 投资项目所创造的、扣除东道国征收的预扣税和母国税负并转换为母国货币的自由现金流。

● 专利使用费和管理费，扣除所有税负。

● 项目假设终止日以后的同类相食效应，扣除所有税负。

一般情况下，跨国企业在计算时都会考虑第一项的影响，但是常常会忽略后面两项。

到现在为止，在不存在外汇管制的条件下，我们向读者建议的海外投资评估方法是建立在这样一条假设前提上的——海外投资项目没有少数股东。如果有少数股东，则估值方法要相应地做细微的调整，这是因为少数股东会影响到某些现金流而非全部现金流。一般来说，对于表 23—2 中列出的各种类型的现金流，少数股东能够按照持股比例分享的现金流包括：

● 海外投资项目创造的增量自由现金流。

● 贴息。

● 东道国提供的成长机遇。

少数股东可能不会按照持股比例来提供初始的资本投入。请记住，母公司可能会向海外投资项目出售设备或者直接提供设备；显然，从母国母公司的角度来评估海外投资项目时，这些影响必须得到充分考虑。当然，管理费、专利使用费和同类相食效应也是重要的考虑因素，但这永远是母公司独有的收入或效应，少数股东是无法获得的。同样地，在计算终值时，对于投资项目的未来自由现金流、未来可以获得的专利使用费以及同类相食效应，显然少数股东只能分享到投资项目的未来自由现金流，因此必须做出相应的调整。

23.4 成长机遇（即实物经营期权）

实物期权分析法可被用于评估成长机遇的价值。事实上，实物期权往往能够反映成长机遇的现值（present value of growth opportunities，PVGO）。在评估拥有成长机遇的投资项目时：

● 首先根据一个基准情况来预测未来的现金流，假设投资项目未来的增长率较为适中，例如等于东道国实体经济的增长率。这样做的好处是基准情况分析很有可能接近最有可能得到的投资结果。

● 在基准情况预测的现金流基础上，分析师还可以模拟出更加乐观的投资项目发展环境，比方说企业追求的是以成长为导向的策略等。如果这种模拟或预测与市场环境一致，那么分析师可以得出价值更高的未来现金流的预测值。

● 基准情况现金流预测值的净现值接近最有可能得到的投资结果。

● 乐观估计获得的未来现金流的预测值的净现值能够反映 PVGO 的值。

● 然后对基准情况和 PVGO 情况分别进行敏感性分析，从而可以对海外投资项目的未来发展或收益做出更加符合现实情况的预测。

这种分析方法是评估成长机遇价值的最完美方法。事实上，现金流贴现法简直是估值的黄金法则，因此它是所有估值方法的基础。

我们可以用实物期权分析法来分析成长机遇的价值。但是我们要强调的一点是，现金流贴现法仍然是最重要的估值方法。实物期权分析法是在其基础上的加强版。那么，实物期权分析法具体怎么操作呢？

实物期权分析法的核心就是将标准现金流贴现法与静态分析结合起来。如果事实如此，敏感性分析就会与静态分析发生冲突。标准的现金流贴现法是一种静态分析，这意味着操作决策被视为是固定不变的，所以可以据此模拟出增量现金流的基准情况。这一特征能够说明为什么大多数企业使用的纯粹的现金流贴现法不能完美地模拟真实的商业世界。

在现实生活中，成功的企业管理者之所以经常能获得成功，是因为他们总是尽可能地确保各方面的政策具有一定的灵活性或者弹性，从而可以抓住潜在的盈利机会。对于投资决策来说，这意味着在制定决策时，时刻保留可针对未来信息及时加以调整的空间或余地。例如，基于实际的需求水平、竞争环境或生产成本，新产品的生产速度有可能加快，现有的工厂有可能进一步扩建，或者如果实际效果不如预期，现有工厂可能会被暂时关闭或彻底放弃等，经理人会根据上述各个方面的变化来调整决策。

研发工作就是说明这种弹性的鲜明例子。用引导性操作来测试新市场也是这方面的一个常见例子。比如石油勘探企业，石油的开采量和投资额高度取决于原油的市场价格。采矿业也是如此——减少产量、临时关闭甚至放弃生产基地都取决于矿产的实际市场价格和市场需求。跨国投资也是这方面的一个例子。一开始时，企业总是先小额投资，如果事实证明投资项目有利可图，跨国企业会逐渐加大投资比例；如果投资项目产生的现金流低于预期值，则跨国企业有可能缩减投资。当然，很多纯粹的国内投资项目也会采取类似的操作，即视情况逐渐增加投资额。

上述这些例子拥有一个共同特征：企业的行为方案具有一定的灵活度，可以根据实际的投资结果和未来的不确定因素来加以调整。从定性的角度来看，我们很容易理解跨国企业的这种做法，接下来我们要通过具体的数值计算来加以说明。

23.5 实物经营期权的估值

本节我们用一个非常简单的数值例子来说明如何使用决策树来评估实物经营期权的价值。在这个例子的基础上，我们会向模型尽可能多地加入其他的复杂因素。

假设一家欧洲企业——联合化学胶体公司（UCC 公司）——考虑进行一项海外投资项目，初始投资额为 950 万欧元，并假设该项目未来创造的可汇回实际净现金流最高不超过：

第 1 年与第 2 年　　　　年均 110 万欧元

第 3 年一直到第 12 年　　年均 145 万欧元

企业只预测了未来 12 年间的可汇回现金流，并将贴现率设定为 10%。如表 23—4 所示，最乐观的估计是该投资项目可以创造的净现值为—23 万欧元。

不过，我们还应当关注一下未来可汇回现金流的概率分布。如表 23—5 所示，该项目有 5%的概率（这是主观概率估计值）可以在第 3 年一直到第 12 年间每年创造出 400 万欧元的可汇回现金流。但是，如果这种小概率事件变成了现实，那么企业很有可能会加大投资，在第 4 年进一步投资 3 000 万欧元，然后最乐观的情况是在接下来第 4 年一直到第 12 年间，海外投资项目可以每年创造出金额相当于 1 600 万欧元的外币可汇回现金流。这对企业来说，潜在盈利进一步放大。

表 23—4　　UCC 公司案例：净现值的最乐观估计　　单位：百万欧元

	年份		
	0	1～2	3～12
初始投资额	−9.50		
可汇回母国的净现金流		每年＋1.10	每年＋1.45
贴现率为 10%	−9.50	＋1.91	＋7.36
净现值＝−23 万欧元			

表 23—5　　UCC 公司案例：可汇回现金流的利息值（及其发生的概率）　　单位：百万欧元

	年份				
	0	1～2		3～12	
		概率	金额	概率	金额
初始投资额	−9.50				
可汇回母国的现金流		0.4	＋2	0.05	＋4*
		0.4	＋1	0.50	＋2
		0.1	0	0.30	＋1
		0.1	−1	0.10	0
				0.05	−1

* 在这样的收益水平上，UCC 公司将会在第 4 年进一步追加 3 000 万欧元的投资，最乐观的估计是自第 5 年一直到第 12 年，每年投资项目可以创造 1 600 万欧元的可汇回现金流。

通过上面的分析，大家可以清楚地看到，如果在分析过程中考虑到跨国企业逐渐增加投资的可能，则项目的净现值计算结果也会相应地发生变化。如表 23—6 所示，跨国企业追加投资以后，项目的净现值计算结果等于＋94 万欧元。换言之，该投资项目内含的看涨期权的价值近似等于 117 万欧元。

当然，这里我们举例的投资项目过于简单，我们为了说明问题故意进行了简化处理。显然，从第 5 年开始，在企业追加投资的条件下，每年可创造 1 600 万欧元现金流的预测值只是单一的预测结果，没有考虑到各种情况发生的概率。

为了进一步说明实物期权的估值方法，我们再假设某个投资项目要求初始投资额为 1 000万英镑。作为回报，企业未来可以获得现值为 900 万英镑的净现金流。假设这两个数值以及本例中的其他数值都是实际金额。再假设投资的资产是风险资产，其市场价值有可能经常发生变化。资产收益的标准差约为每年 40%，在决定是否投资之前，企业拥有三年的犹豫期。贴现率为 5%。按照惯例来看，该项目的净现值应当等于 900 万英镑减去 1 000万英镑，结果为−100 万英镑。但是，企业可以等待三年再决定是否投资，这是一个很有价值的期权（或称为选择权）。事实上，这相当于企业拥有一个期限为三年的美式看涨期权，企业可以按照执行价格 1 000 万英镑购买价值为 900 万英镑的标的资产。如果美式看涨期权的标的物为不支付股息的股票，那么过早地执行期权并不是最优选择。在本例中，我们可以将美式看涨期权视为欧式看涨期权来评估其价值。我们可以使用布莱克-斯科尔斯期权定价公式以及第 16 章介绍过的符号 NPV_q 来计算期权的价值：900 万英镑÷[1 000 万英镑/$(1.05)^3$]。计算结果为 1.04。该期权的累积方差为 $0.40\times\sqrt{3}$，等于 0.69。根据我们在第 16 章给出的布莱克-斯科尔斯矩阵表，拥有上述特征的期权的价值相当于标的资产价值的 28.4%，即 0.284×900 万英镑。计算结果等于 255.6 万英镑。我们可以把这个 255.6 万英镑与－100 万英镑相对比。

表 23—6　　UCC 公司案例：在公司逐渐增加投资的条件下计算净现值　　单位：百万欧元

	年份								
	0	1 和 2		3 和 4		4		5～12	
		概率	金额	概率	金额	概率	金额	概率	金额
初始投资额	－9.50					0.05	－30		
可汇回母国的现金流		0.4	＋2	0.05	＋4			0.05	＋16
		0.4	＋1	0.50	＋2			0.50	＋2
		0.1	0	0.30	＋1			0.30	＋1
		0.1	－1	0.10	0			0.10	0
				0.05	－1			0.05	－1
贴现率为 10%时的预期现值	－9.50		＋1.91		＋2.08		－1.02		＋7.47
预期净现值＝94 万欧元									

如果我们用传统方法来计算净现值，得到的结果是－100 万英镑。但是如果加入期权的价值，则投资项目的净现值大约等于 250 万英镑。这是不是互相矛盾？企业应当怎么做？事实上，传统的净现值计算法与实物期权分析法并不矛盾。企业不应当现在投资该项目。如果现在投资，就相当于失去了实物期权，结果只会得到 100 万英镑的损失。但是，企业也不应当放弃该项目。在接下来的三年里，企业应当静静等待，观察并积极培育投资项目。虽然该项目的传统净现值小于 0，但是由于其 NPV_q 大于 1，因此还是很有发展前途的。虽然 $E>S$，但是这两个值非常接近，而且 $S>PV(E)$。在第 3 年年末，净现值很有可能会大于 0，于是企业可以选择执行期权。与此同时，项目内含的实物期权的价值大于 250 万英镑，而非－100 万英镑，因此企业不应当现在执行该期权。

我们再举一个例子，假设企业正在考虑卖掉一项生物技术投资项目，因为该项目不是企业研发工作的重心。如果现在就开发，该项目很有可能无法获得正的净现值。但是，如果企业打算将其卖掉，那么开价应当是多少？一般来说，企业的开价要根据该项目未来的盈利情况来确定。我们可以采用实物期权分析法来评估该项目的价值。顺便说一下，我们可以使用另一种方法来计算各种不同模拟情况下现金流的贴现值，同时还要附上每一种模拟情况可能出现的主观概率。

在 UCC 公司这个案例中，我们也要使用主观概率来评估成长机遇的价值。我们要弄清楚波动率、与期权执行周期有关的时间因素以及期权的执行价格，这样才能正确地评估本例中实物期权的价值。

在评估实物期权的价值时，读者有可能会问的一个问题是：如何估计投资项目收益的波动率？并不存在一种万无一失的估计方法，但是我们至少可以使用下列三种方式来估计投资项目收益率的波动：

● 猜测。标准差是多少？美国主流股票收益率的标准差大约为每年 21%。在英国，主流股票收益率的标准差大致为每年 26%。对于美国的小企业而言，其股票收益的标准差约为每年 36%。投资项目收益的波动率要比分散化投资组合收益的波动率更高一些。对于单个投资项目而言，年均 20%～30%的波动率并不算太高。

● 搜集相关数据。对于某些行业来说，跨国企业可以搜集有关投资收益的历史数据来估算收益的波动率。此外，对于一些交易量非常大的股票，我们还可以根据相应的股票期权的报价来计算隐含波动率。

● 模拟。我们可以使用电子表格和投资项目收益的概率分布来估计或模拟投资项目未来的预期现金流。

在实物期权的估值过程中，t 的大小也很重要。这关乎企业能在多长时间内保持盈利的竞争优势。这取决于企业高管人员的判断，但是在试图量化计算竞争优势持续期（CAP）时，我们会面临一些困难，比方说市场的进入壁垒、专利权的使用状况和市场竞争的猛烈程度等。读者若想了解更多的细节，可以参考巴克利、谢、雷根和艾金胡森（Buckley，Tse，Rijken and Eijgenhuijsen）等人的研究文献。[2]

有时，跨国企业会采用广撒网的先发制人战略，即同时创造多个小型的实物经营期权。例如，跨国企业可以在几个东欧国家同时进行多个小型投资项目，寄希望于其中至少有一个项目会获得巨大成功，随后跨国企业便会在该东道国进一步加大投资，并向周围其他国家出口制成品。这种做法的问题在于同时在多个国家进行投资可能会阻碍竞争，而且这么多小型投资项目中至少有一个应该能够获得巨大成功，这只是跨国企业一厢情愿的想法，事实可能并非如此。在上述情况下，估值必须充分反映企业采取的先发制人的战略，即在第 0 年，跨国企业要同时向多个不同国家输出资本，在随后几年内，跨国企业可以从上述这些国家获得现金流入，同时在进行定量分析时，还要使用前面介绍过的实物经营期权估值法来充分考虑跨国企业逐渐加大投资的可能性。当然，这种类型的广撒网策略可能只是比较少见的现象，并不是常态。此时，估值法必须真实反映企业所采取的先发制人的战略决策。

看到这里，大家应该很清楚了。能为公司创造价值的战略可以通过平行期权的方式同时投资于多个项目，从而保持一定的灵活度。我们不应当使用传统的现金流贴现模型来分析这种类型的投资。这意味着在对投资项目进行估值时必须体现期权的特征。这种投资决策带有明显的期权色彩，因此给股东创造的价值必然大于使用传统估值法算出的基本现值。如果没有考虑到这种投资决策所带有的期权色彩，那么估值结果将会低估该投资项目可以给潜在股东创造的价值；最糟糕的情况是，这意味着企业没有及时地制定成长策略，抓住发展机遇，昔日的赢家将会变成今日的失败者。

23.6 实施外汇管制下的项目评估

与前面讲到的不存在外汇管制条件下投资项目的估值方法一样，如果存在外汇管制，则评估的第一步也是先估算一下投资项目产生的用东道国货币计价的现金流。这是从东道国当地合伙人的角度来评估投资项目，但并不是从跨国企业的角度来分析。同样地，与前面不存在外汇管制条件的分析一样，跨国企业关注的焦点在于可汇回母国的现金流。当然，外汇管制政策的存在会给现金流的汇回制造巨大的障碍。

当东道国执行外汇管制政策时，跨国企业通常会联合东道国当地的合作伙伴一起来开发投资项目——有时这是东道国政府的法律规定，有时这是跨国企业高管人员自己的决定。由于这种现象非常普遍，因此我们接下来的分析假设投资项目均拥有当地合伙人。

如果跨国企业准备在海外开发投资项目，东道国政府执行的外汇管制政策会对资金的汇回造成一定障碍，则从跨国企业母公司的角度来评估投资项目的价值应当考虑以下因素：

● 跨国企业的投资投入。这有一点复杂，因为跨国企业可以采用股权投资或债权投资的方式向海外投资项目提供资金。如果采用的是债权投资的方式，那么投资项目产生的一部分现金流可以通过偿还债务本息的方式被汇回母国；如果采用的是股权投资的方式，则现金流可能会受到外汇管制政策的制约而被冻结在东道国。

● 投资项目所产生的资金主要通过支付股息的方式被汇回母公司。当然，由于存在外汇管制，投资项目所产生的现金流不可能全部被汇回母国。因此，在评估项目价值时，预期损益表和预期资产负债表十分重要——不仅仅要估算出现金流的产生额——这是因为在外汇管制环境下，可汇回母国的现金流总是等于利润的一定比例，或者是使用某种公式根据利润额和初始资本投入额（或者最初来源于东道国以外的资本投入加上留存收益）得到的计算值。

● 资金汇回母公司通常采用的方式包括项目公司偿还债务的本息、支付管理费和专利权使用费等，但是这些资金流出肯定要受到东道国外汇管制当局和相关监管部门的详细检查，并且不能超出上限。

● 还有一个影响因素，即投资项目在刚开始进行时，可能会在东道国当地安排了债务融资并将其作为初始资本投入。如果是这样，我们应当将这笔债务本金及利息的偿还也考虑进去。在分析过程中，我们要把这种第三方债务及其本息的偿还也算在内，从而保证将项目所有的必要资本投入都计算在内。与之不同的是，有些分析师在估值时会漏掉这些条目。如果投资项目能够创造出足够多的现金流以偿还债务的本金及利息，那么这些分析师的做法完全可以（顺便提一句，这种做法与前面我们推荐的做法可以得到相同的计算结果）。如果事实并非如此，那么更为保守的做法便是先充分考虑债务的偿还情况，然后再相应地减少分配给母公司股东的股息。如果在估算现金流时，当地的债务融资和还债情况没有被加入现金流的计算公式，那么这种更为保守的做法所需的数据可能较难获得，具体情况请参考巴克利[3] 的相关文献。

● 与前面讲过的不存在外汇管制的情况一样，同类相食效应也必须反映到估值过程中。

● 如果东道国政府实施外汇管制政策，同时海外投资项目申请到了贴息贷款，那么在分析现金流时，我们不需要把任何贴息都当作是一条独立的条目来加以分析，这与前面讲过的不存在外汇管制条件下的处理手法是一样的。大家应该还记得，如果东道国没有执行外汇管制政策，我们可以将息前现金流贴现来求其现值。因此，贴息的价值必须单独计算。与之不同的是，如果东道国政府执行外汇管制政策，则预期损益表的最终计算结果已经考虑到了利息偿还情况。也就是说，贴息所带来的影响已经被计算在内了。但是，在东道国执行外汇管制政策的情况下，如果跨国企业通过东道国以外的其他公司获得了软通货贷款，而且明确说明该债务是与投资项目绑定的，那么可以将贴息的价值当作可汇回母国的现金流来计算。事实上，跨国企业可以好好设计一下融资安排，以确保自身可以获得贴息所带来的全部好处。

● 与前面讲过的不存在外汇管制的情况一样，我们还要分析一下母公司将设备作为一部分资本投入所带来的影响。当然，出于分析现金流的目的对设备的估值，肯定与当地资产负债表上将设备视为初始投入的估值不一致。

● 在跨国企业进行资本预算时，如果东道国执行外汇管制政策，那么投资项目所产生的现金流在扣除支付给母公司股东的股息（不管是预期股息金额还是名义股息金额）以及偿还债务本息以后，余下的部分要被冻结在东道国。但是，首先，我们要强调的一点是，如果余下的这些现金流会被永远冻结，不管采用何种方法都无法被汇回母公司，则这笔被冻结的资金的价值应当等于零。在现实世界里，这种情况很少发生。首先，跨国企业可以使用对销贸易和类似的贸易手段来帮助资金解冻。其次，通常人们会预计未来东道国政府将会放松外汇管制政策或者干脆取消外汇管制政策。因此在建模估计时，必须考虑到各种情况发生的概率。同时，我们还要小心谨慎，避免重复计算，有关这一点我们将在本节后面详细展开论述。

● 对终值进行调整。

表 23—7 总结了当东道国政府执行外汇管制政策时，跨国企业评估投资项目时通常要考虑的条目。表 23—8 提供的信息与表 23—7 相同，只不过排列顺序略有差异。接下来我们按照前后顺序详细分析上述两个表中所列的各个条目。

母公司在初始投资额中所占的份额应当包括投资项目所需的固定资本和营运资本投入，其中设备投入要按照表 23—2 介绍的资产价值评估方式来估值。母公司的资本投入份额应当用母国货币来表示，至于股权投入与债权投入的比例则取决于跨国企业母公司与海外投资部门之间签订的合同或协议。

在表 23—8 中，下一个条目是债务。对于该条目，我们可以使用两种处理方法。首先，在分析过程中我们可以抛开这一项。与此同时，相应地我们也不会考虑当地债务的偿还情况。这种做法是合理的，只要记住一点：如果在某个特定年份，投资项目所创造的现金流不足以偿还债务以及向母公司股东支付股息，那么必须相应地减少股息支付额。因此，在估值时，某些特定年份的股息支付额有可能会因为现金流不足而有所减少。另一种处理方法是将东道国本地的债务计算在内，与此同时，在分析现金流时也要考虑该债务的偿还情况。第二种方法全面考虑了投资项目所产生的所有现金流，因此更适合于进行较低预期的敏感性分析。

表 23—7　　增量现金流的总结：存在外汇管制条件下的对外投资项目评估

	所用方法	
	净现值法	调整现值法
股权投入的比例，股权投入的情况要针对设备投入的情况等进行调整	√	√
母公司债权投入的份额	√	√
东道国本地债务作为初始资本投入的份额*	√	√
可汇回股息支付额的价值	√	√
管理费与专利权使用费的价值	√	√
对整个集团的同类相食效应的价值	√	√

续前表

	所用方法	
	净现值法	调整现值法
只有当投资项目是在东道国以外其他没有实施外汇管制政策的国家或地区获得贷款并偿还贷款时，才将贴息的价值计算在内	√	√
向母公司偿还债务本金与利息的金额	√	√
偿还东道国当地债务本金与利息的金额*	√	√
任何实物经营期权的价值	√	√
被冻结现金流所占的比例，要根据下列两种因素进行调整：	√	√
● 通过对销贸易可汇回母国的现金流比例		
● 多种因素共同作用可能导致东道国政府未来取消外汇管制政策		
对终值进行调整	√	√
债务带来的节税效应的价值：传统税收制度与归属税收制度有一定差别		√

*一些分析师不考虑这两项，读者可查看书中有关该问题的评述与建议。

表 23—8　　从跨国企业母公司的角度对设立在外汇管制国家的海外投资项目的评估

投资项目的价值＝一股权投入的比例，股权投入的情况要针对设备投入的情况等进行调整
－母公司债权投入的份额
－东道国本地债务作为初始资本投入的份额*
＋可汇回股息支付额的价值
＋管理费与专利权使用费的价值
－对整个集团的同类相食效应的价值
＋只有当投资项目是在东道国以外其他没有实施外汇管制政策的国家或地区获得贷款并偿还贷款时，才将贴息的价值计算在内
＋向母公司偿还债务本金与利息的金额
＋偿还东道国当地债务本金与利息的金额
＋任何实物经营期权的价值
＋被冻结现金流的价值：假设跨国企业可以通过对销贸易和其他类似手段帮助资金解冻，或者是多种因素共同作用使得东道国政府未来有可能取消外汇管制政策
＋对终值进行调整
＋在使用调整现值法计算时，债务融资所带来的节税效应的价值

*一些分析师不考虑这两项，详细内容可参考本书对该问题的论述。

下一个条目是母公司可获得的可汇回股息现金流的价值。当然，为了计算可汇回母公司的股息支付额的值，跨国企业要对海外投资项目编制预期损益表和预期资产负债表。投资项目首先必须用损益表算出的净利润扣除专利权使用费和利息支付额，余下的利润才可以被用来向母国支付股息。

事实上，在表 23—8 中，下一个条目正是管理费与专利权使用费的价值。这个值应当扣除东道国政府征收的预扣税和母国政府征收的公司税。

正如我们在本章前面部分所提到的那样，在跨国企业资本预算过程中，同类相食效应是一个必须考虑的重要影响因素，它应当等于连锁影响所造成的用母国货币表示的税后净损失额的现值。

下一个条目是贴息。大家注意，表 23—7 与表 23—8 均强调，只有当投资项目是在东道国以外其他没有实施外汇管制政策的地区或国家获得贷款并偿还贷款——这就意味着跨国企业可以通过在未实施外汇管制的国家获取并偿还贷款的方式来获得贴息的全部好

处——时，贴息的价值才会被计算在内。因此，如果投资项目是在东道国本地进行债务融资，那么这笔债务对投资项目的影响已经被反映在损益表上。与之不同的是，如果投资项目是在东道国以外的地区进行债务融资，那么贴息尚未被计算在内。从本质上看，本节最开始对应第六个圆点的论述已经清楚地说明了这个问题。如果投资项目是在东道国以外的其他地区获得了贴息贷款，那么贴息的价值计算方法必须与前面介绍过的不存在外汇管制条件下贴息贷款的处理方式相同。

在表 23—8 中，下一个条目是母公司贷款或当地贷款本金与利息的偿还。显然，当地债务的本息偿还是否要计算在内，取决于一开始在计算投资的初始成本时是否将当地债务融资计算在内。（在本节的前面我们已经讨论了这个问题。）母公司提供的贷款就没有这个问题，因此在分析现金流时，要将母公司提供的贷款包含进去。母公司之所以会采用贷款的形式向海外投资项目提供资金，主要目的是希望通过贷款本息的偿还绕开东道国政府的外汇管制政策，便于一部分资金汇回母国。当然，东道国政府也会采取相应的举措，为了进一步加强外汇管制，东道国可能会推出更加严格的投资规定，对跨国企业投资项目的负债规模和杠杆系数制定相应的上限要求。除了上述这些问题以外，对母国来说，现金流的计价货币必须使用母国货币。投资资本和利息通常都是用母国货币来计价。这种做法能够确保偿还债务的本息。债务偿还的本息也是用母国货币来计价，便于母公司从自身角度出发来分析现金流。

接下来我们再来看一看被冻结现金流的价值。显然，如果现金流被永久性冻结，没有被解冻的可能，则对母公司来说，这笔现金流的价值只能等于 0。当然，在现实世界里，被冻结资金还是有可能被解冻的，解冻的手段包括：

- 通过对销贸易等类似手段来解冻资金。
- 东道国政府有可能会放松外汇管制。

上面这两种方式都能够帮助跨国企业将被冻结资金解冻，因此我们应当适当评估被冻结现金流的价值。为了便于资本预算，首先要估算一下每年被冻结现金流的规模，然后再计算对于这笔被冻结资金，跨国企业拥有多大的份额，接着再剔除对销贸易的成本，从而估算出用母国货币表示的税后净价值。

评估被冻结现金流价值的另一种方法是假设这些资金被留在位于东道国的企业内部，在未来某个终止日到来之前，这笔资金可以一直获得利息收益，然后再计算一下当终值日到来时，这笔资金被解冻的概率有多大。

当然，值得一提的是，这种做法也同样适用于实物经营期权的估值。读者应当按照我们刚刚介绍的这种方法来评估跨国企业拥有的、目前可能处于被冻结状态的实物经营期权的价值。

再回到表 23—8，下一个条目是终值。如果我们在一段有限的时间内分析现金流，那么我们的预期可能是这段时间过后，现金流将会终止或并不终止。如果我们预期未来项目终止日到来时，现金流将停止产生，那么此时跨国企业应当能够收回一部分营运资本、固定资产的残值以及被冻结的现金流。显然，在投资项目终止后，跨国企业可以收回的上述价值就是投资项目的终值。不过，我们在计算时要格外小心，避免出现重复计算被冻结资金的情况，同时还要充分考虑投资项目终止时东道国的外汇管制政策对项目终值所造成的影响。

如果我们只是为了便于分析，而人为地设定投资项目将在未来一段时间内终止，那么在计算投资项目的终值时就必须充分考虑在假定的项目终止日过后投资项目继续产生的现金流和收益。在这种情况下，投资项目的终值应当包括下列各项的值：

- 用母国货币计价的股息现金流，扣除所有税负。
- 如前所述，假定的项目终止日过后投资项目生成的被冻结现金流；当然，这也包括被冻结的实物经营期权。
- 专利权使用费与管理费，扣除所有税负。
- 假定的项目终止日过后投资项目带来的同类相食效应，扣除所有税负。

当然，我们假设在假定的项目终止日那一天所有的贷款（尤其是母公司的贷款）都已被还清；如果不是这样，那么余下的未偿还债务额和这部分债务的具体偿还时间也要被纳入分析模型。

最后，对于表23—8所列的各个条目，还有一个问题，即到底是使用净现值法还是调整现值法来评估投资项目的价值？如果使用调整现值法，那么必须计算节税所创造的价值——我们已经在第22章讨论过这个问题，它同样适用于外汇管制条件下跨国企业的海外投资项目评估。

23.7 债务一股权互换

作为一种能够有效降低跨国企业投资于欠发达国家的投资成本的工具，**债务—股权互换**（debt-equity swaps）变得越来越流行。所谓债务—股权互换指的是欠发达国家与自己的债权人——外国商业银行——协商将自己的一部分债务转换为股权，然后将其出售给感兴趣的投资者。股权的购买者可以是同一家贷款机构，即前面所说的外国商业银行，也可以是愿意出钱从银行那里购买股权的其他企业。对于企业来说，债务—股权互换是一个很有效的工具，它能帮助企业以低于官方汇率的价格兑换东道国的本币。

债务—股权互换最初开始于20世纪80年代的国际债务危机，当时许多债务国家、银行和国际金融机构都面临着偿债危机。于是商业银行将这些问题贷款互换为股权投资，因为债务人根本没有足够多的硬通货来支付债务利息，更不用说偿还债务本金了。商业银行可以采用直接的方式来进行互换交易，将问题贷款与其他进行海外投资的银行的贷款进行互换，也可以采用间接的方式，直接在二级市场上出售问题贷款。

对于那些向欠发达国家提供贷款的商业银行来说，这笔贷款也是一项资产。由于此类贷款有可能重组甚至违约，因此贷款资产的实际价值低于其面值。银行会评估一下贷款的真实价值，估计一下贷款在二级市场上能卖多少钱。如果企业打算出售贷款，则有可能愿意折价出售。如果银行的贷款出售价格刚好与企业投资者的开价相吻合，那么贷款就有可能被出售给投资者。在某些情况下，购买贷款的投资者可能是欠发达国家的国内企业，它们希望通过这种方式来购买硬通货，这种做法可能会导致资金外流。随后，欠债的国家再使用本币赎回这笔债务。上述第一笔交易是使用硬通货完成的债务出售交易。贷款银行通过收取硬通货的方式在美国贷款二级市场上将自己持有的贷款资产售出，出售价格低于其名义金额或面值。

第二笔交易则是债务—股权互换交易。贷款的购买者会将买入的硬通货债务转售给本国的中央银行，中央银行使用本币来购买这笔债务。中央银行的购买价格大致相当于这笔债务的原始美元面额，但是要按照官方汇率转换为本币价格，同时还要减去交易费用。接下来，企业投资者用获得的本币购买现有企业的股权或者投资于其他新建企业，于是这笔债务—股权互换交易就宣告完成。

显然，从公司投资者的角度来看，通过债务—股权互换市场进入发展中国家的成本要低于其他进入方式。从资本预算的角度来看，初始的资本成本也会有所降低。从第三世界国家的角度来看，债务被还清，而且鼓励了投资。显然，这个问题与外汇管制条件下的跨国企业资本预算有着极其密切的关系，这是因为在债务—股权互换市场上，绝大多数参与交易的欠发达国家都在执行严格的外汇管制政策。

布雷迪债券

布雷迪债券（Brady bonds）最初源于20世纪80年代的国际债务危机。这种债券是以时任美国财政部长尼古拉斯·布雷迪（Nicholas Brady）的名字来命名的。这种债券用美元标价，主要由拉美国家发行。债务违约国家发行新债券，用于偿还拖欠的商业银行贷款的本金和利息。这些债券可以在市场上进行交易，有时一些债券还拥有某种程度的政府担保。布雷迪债券的问世使得商业银行可以将自己持有的对发展中国家的债权转换为可在市场上交易的金融工具，于是可以把这些债务从资产负债表上抹去。最初参与发行布雷迪债券的国家包括阿根廷、巴西、保加利亚、哥斯达黎加、多米尼加共和国、厄瓜多尔、墨西哥、摩洛哥、尼日利亚、菲律宾、波兰、乌拉圭和委内瑞拉。

布雷迪债券于20世纪90年代停止发行。不过，在随后主权债务的重组过程当中，类似的产品开始逐渐变得常见起来，比如俄罗斯的债务重组。债务重组后，各国均已还清了债务。当然，布雷迪债券也有少数几个违约的案例，比如厄瓜多尔就曾于1999年违约。

23.8 敏感性分析

到目前为止，我们分别讨论了存在/不存在外汇管制条件下跨国企业如何进行资本预算，并且还给出了具体的估值方法。一般来说，跨国企业在进行资本预算时，首先要对未来现金流进行估计，然后再提出多个"如果……会怎么样?"的虚拟情境，根据这些虚拟情境调整估计结果。除了常见的市场份额发生变化、市场需求减少、工厂推迟投产等以外，跨国企业还应当模拟最严苛的税收环境，使用不同的汇率水平，采用不同的方法来估算投资项目的终值，并根据不同水平的政治风险（请参考第25章）以及对实物经营期权的不同假设来对估算结果进行敏感性分析。

小结

- 当我们分析跨国企业如何进行资本预算时，首先要区别两个不同的情况。第一种情况是东道国政府没有执行外汇管制政策。第二种情况是东道国政府正在执行外汇管制政策，因此海外投资项目生成的现金流可能会被冻结。区分海外投资项目到底属于上述哪一种类型是十分有必要的，因为我们针对这两种情况可能推荐的分析方法是不同的。
- 首先，我们要介绍的是当东道国政府没有执行外汇管制政策时跨国企业如何进行资本预算。在这种情况下，我们可以分析投资项目的现金流或者分析母公司可以获得的现金流。然而事实上，从母公司角度来分析可以获得的现金流才是最重要的。一般来说，项目现金流的预测与分析母公司现金流的结果大致相同，均能反映投资项目的吸引力，但并不是总是如此。我们再重复一遍，从跨国企业的角度来看，只有那些可以汇回母公司的现金流才是最重要的。

● 当然，在分析投资项目的现金流时，我们要比较一下用东道国当地货币表示的现金流入与现金流出。这样的分析能帮助我们算出内部收益率或者投资项目的现值。在此过程中，可能还会用到调整现值法或净现值法。请各位读者弄清楚调整现值法与净现值法的区别。

● 当东道国政府没有采取外汇管制政策时，海外投资项目产生的现金流可以自由汇回母国，不会受到任何阻碍和限制，此时投资项目在东道国境内产生的现金流与在英国、美国或者德国境内产生的现金流一样。在这种情况下，我们在分析可汇回母国的现金流时，不应当只研究通过股息方式汇回母国的现金流。

● 在计算可汇回母国的现金流时，首先我们要分析一下用东道国货币表示的海外项目的现金流，要考虑到东道国当地的通货膨胀率，然后根据未来的预期汇率水平将其转换为母国货币现金流，注意要扣除母国的税负。随后，贴现率要使用风险调整利率，同时要考虑到母国的预期通货膨胀率。汇率水平的波动应当与两国的相对通货膨胀率保持一致，或者能够反映之前处于不均衡状态的汇率水平重新回到均衡位置。

● 不管东道国是否实施外汇管制政策，我们都建议跨国企业在评估海外投资项目时，可以使用成长机遇估值法。

● 一般情况下，在分析海外投资项目产生的可汇回母国的现金流时，要扣除东道国政府征收的预扣税以及母国税务当局征收的税负。由于海外投资项目所产生的现金流不可能被全部汇回母公司，因此事实上前面这种做法模拟了最严苛的税收环境。如果在这种最严苛的税负假设条件下，海外项目仍然值得投资，那么面临其他相对宽松一些的税收环境，投资项目肯定也能通过评估。当然，跨国企业可以充分利用避税港和其他避税工具来降低自己的税负。

● 为了将用东道国货币表示的现金流转换为用母国本币表示的现金流，我们必须预测一下未来几年内的汇率水平。请大家注意，我们可以使用远期汇率或者使用购买力平价原理来轻松地得到未来汇率的估计值。我们相信，使用上述两种方法估算出未来的预期汇率并将现金流的计价货币由东道国货币转变为母国货币，对分析是有好处的。

● 我们掌握了所有基本知识，现在可以开始对海外投资项目的潜在利润进行全面分析。我们已经掌握了用母国货币表示的现金流入与现金流出的详细数据。此外，如果贷款具有贴息优惠，我们必须计算出用母国货币表示的贴息的现值。如果我们使用的是调整现值法，则要估计一下债务融资所产生的节税额的价值，当然也要用母国货币来表示。上述这几个值很容易算出，它们的和就等于用母国货币表示的海外投资项目的总现值。

● 接下来我们再来分析一下当东道国政府执行外汇管制政策时如何评估海外投资项目。东道国政府实施的外汇管制政策会对现金流的可汇回性造成一定的阻碍，我们列出了多点相关内容。

● 只有那些可汇回母国的现金流才能为母公司的股东创造价值。那些被永远冻结在海外东道国的现金流的价值等于0。

● 跨国企业可以通过多种方式将资金汇回母公司。可采用的手段包括向母公司支付股息、支付专利权使用费以及向母公司提供的贷款支付利息。这与大家在分析国内企业的资本预算时所学到的知识有所不同，但是偿还债务这种手段非常高明，跨国企业可以通过这种方式将资金从东道国境内快速转移出来，因此这种资金汇回方式应当被体现在跨国企业的资本预算分析过程中。我们再强调一下，当外汇管制政策限制资金的汇回时，融资方式确实会对可汇回母国的现金流造成影响。这一点非常重要。

● 如果跨国企业可以通过向母公司偿还贷款的方式加快资金转移的进程，那么接下来的问题便是：为什么并不是所有的海外投资项目都会采用母公司贷款的融资方式？事实上，这是因为东道国政府通常不允许跨国企业这样做——外汇管制政策一般要求跨国企业母公司必须提供相当比例的股权投资。通常来说，如果海外投资项目的负债水平过高，那么东道国政府出于外汇管制的目的会进一步收紧资本投资规定，将一部分债务重新确认为权益资本。另外，过度使用母公司贷款无益于达到政治风险最小化的目标。所谓政治风险最小化的融资方式指的是使用东道国当地的债务融资。我们将在第 25 章讨论这种做法。

● 为了规避东道国政府的外汇管制政策，海外投资项目还可以通过向母公司支付专利权使用费、贷款利息和贷款本金的方式把资金汇回母国。在跨国企业进行资本预算时，上述支付额都要使用母国货币来计价。海外投资项目可向母公司支付的股息额取决于其创造的利润。为了估算股息支付额，跨国企业要预先估计一下海外投资项目在东道国可以创造多少税后净利润。然后，专利权使用费、贷款利息与本金以及股息支付额加在一起可以用于计算可汇回母国的现金流的现值，当然都要表示为母国货币。如果使用调整现值法计算，那么还必须加上债务融资所带来的节税额的现值。

● 请大家注意，当东道国政府执行外汇管制政策时，我们要采取不同的方式来处理贴息。从本质上看，在计算海外投资项目在东道国创造的税后净利润时，贴息也要被计算在内。由于可汇回母国的股息额取决于这一税后净利润，因此必须考虑到贴息所带来的影响。在东道国政府没有执行外汇管制政策的情况下，贴息影响的计算可能会出现重复计算的问题。

● 不管东道国政府是否执行外汇管制政策，我们在评估海外投资项目时，都要用到资本成本率，不管资金是来源于英国还是来源于东道国当地。但是，如果东道国政府执行外汇管制政策，而与此同时海外投资项目是通过东道国当地的资本市场获得融资的（或者是获得部分融资），那么在评估时会遇到一些困难。在国内企业资本预算过程中，我们估算的投资项目产生的未来现金流可被用于支付利息、股息、偿还债务等。同理，在分析海外投资项目时，我们应当考虑到投资项目产生的现金流要被用于偿还东道国当地的债务利息及本金。因此，在这种情况下，我们将用于偿还外国贷款利息及本金的项目现金流视为一笔母公司的现金流入。

就像国内资本预算要计算投资项目的终值一样，在对海外投资项目进行资本预算分析时，我们也要计算项目的终值。得到的终值估算结果是用东道国货币表示的，我们必须按照终止日的预期汇率水平将其转换为母国货币。终值计算不太精确，我们经常会用到资产价值、市盈率或者在一段非常长的时期内计算预期现金流的现值（这可能涉及使用永久债券的估值公式）。

章末习题

23.1 解释一下债务—股权互换交易，并说明这种交易为何有助于提高贷款二级市场的活跃性。

23.2 列出几项海外投资项目特有的、单纯的国内投资项目并不涉及的影响因素。

注释

1. Shapiro，A. C.，“Capital budgeting for the multinational corporation”，*Financial Management*，Spring，7-16，1978.

2. Buckley，A.，Tse，K.，Rijken，H. and Eijgenhuijsen，H.，“Stock market valuation with real options：lessons form Netscape”，*European Management Journal*，20（5），512-526，2002.

3. Buckley，A.，*International Capital Budgeting*，Prentice Hall，London，1996.

第 24 章　跨国投资：贴现率是多少？

本章我们重点研究跨国投资。如果我们打算使用资本资产定价模型的公式（$k_e = R_F + \beta(R_M - R_F)$）来帮助计算权益资本的成本，那么首先要弄清楚（$R_M - R_F$）。当然，如果我们着眼于未来——评估投资项目时也是如此——那么最理想的情况是使用超额收益（即 $R_M - R_F$）的未来终值。如果我们能够事先准确地知道未来每一年都会发生什么，那么肯定能赚到很多钱。显然，预知未来是不可能的，我们只能依靠过去的数据来预测未来。毕竟，历史重演的概率也是比较大的，历史数据可以成为未来投资收益率的可靠替代品。从长期的角度来看，这是我们可以获得的最近似的估计值。但是大家要牢牢记住，这一切的假设前提是“历史会重演”。

我们必须承认，在全球市场上，各地的风险调整后的实际收益率差别并不大，这是因为潜在的套利交易有助于消除各地区实际投资收益率之间的差。正如科普兰、科勒和莫林（Copeland，Koller and Murrin）[1] 所说的那样：

> 我们的观点是如果按照预期通货膨胀率、风险和税收因素对各发达国家的名义资本成本进行调整，那么算出来的各个发达国家的实际资本成本率应当相等。比如，假设日本的资本成本率偏低一些，那么其他国家的交易者都会一股脑儿地向日本贷款机构申请贷款，直到市场供给与市场需求的不均衡状态被消除为止，即市场供求重新达到均衡。此时，各主要发达国家的资本成本率均相等。

随后，上述这些学者还提出“政府的监管或者税收制度可能会对资本的跨境流动造成一定阻碍，从而导致各国的资本成本率存在差异”。当然，上面这段话是通过演绎法推导得出的。然而，跨国投资的收益率到底是多少，这是一个需要经过实证检验的问题。

当我们查看学者们对多个国家的实证检验结果时，可能会提出一个问题，即各国的已实现超额收益是否存在一个统一的模式。在本章的一开始，我们先来分析一下诸多学者对美国股票市场的实证研究，毕竟在全球范围内，美国股票市场无疑是最受欢迎的研究对象。

24.1 早前美国市场的实证检验结果

学术界对美国股票市场收益率的研究催生出多篇非常经典的研究文献，而且这些研究文献仍在根据每年产生的新数据加以更新。费雪和罗利（Fisher and Lorie）[2] 分析了1926—1965 年期间美国普通股的收益情况。假设每年计算一次复利，则在此期间，普通股的税前收益率——包括股息收益和资本利得收益——为 9.3%。在长度为 40 年的研究周期内，美国普通股的实际税前年收益率约等于 7.7%。对于一个位于较高税率档次的投资者来说，假设每年计算一次复利，名义税后收益率下降为每年 7.1%，再剔除通货膨胀的影响，则税后实际收益率变为 5.6%。请注意，上述这些数据指的是所有股东的收益率，而非特指超额收益的收益率。

当然，在分析已实现收益时，基准年与终止年的选择对研究结果具有至关重要的影响。比方说，瑞特和尤里克（Ritter and Urich）[3] 分析了 1968—1983 年间美国股票市场的收益率，得到的结果与费雪等人大相径庭。他们得到的研究结论是，美国股票市场的实际年收益率只有 1%左右。

因为在评估股票投资收益率时需要采用长期的评估视角，因此伊博森和辛克菲尔德（Ibboston and Sinquefield）在其出版的《股票、债券、国库券和通货膨胀年鉴》（*Stocks, Bonds, Bills and Inflation Yearbook*）中公布每年的数据。他们将 1926 年设为基准年，然后提供美国国内以下各种金融工具的收益率数据：

- 普通股。
- 小公司的股票。
- 长期公司债券。
- 长期国债。
- 中期国债。
- 美国国库券（即期限为 3 个月的政府债券）。
- 通货膨胀率。

他们分别提供了收益率的算术平均值与几何平均值。在计算收益率的算术平均值时首先要根据每年年末时投资组合的价值来计算每年的收益率，然后再加上当年的股息收益，最后将求出来的值与年初时资产总和的价值相对比。在一段较长的时期内，我们可以使用下列公式来计算收益率的算术平均值：

$$\text{算术平均值 } \overline{R}_a = \frac{1}{n}\sum_{t=1}^{n} R_t$$

式中，R_t 代表的是第 t 年的年收益率，n 代表的是年收益率观察值的个数。此外，我们还可以使用下列公式来计算收益率的标准差：

$$\text{标准差} = \sqrt{\frac{1}{n-1}\sum_{t=1}^{n}(R_t - \overline{R}_a)^2}$$

几何平均值采用不同的计算公式。与算术平均值一样，在计算几何平均值时，我们首先也要算出年收益率。但是，与算术平均值计算方法不同的是，这些年收益率都是复利收益率。仍然使用前面列出的符号，则几何平均值的计算公式如下所示：

$$几何平均值\ \overline{R}_g=\left[\prod_{t=1}^{n}(1+R_t)\right]^{\frac{1}{n}}-1$$

将上式改写一下，我们可以得到：

$$\overline{R}_g=\sqrt[n]{(1+R_1)(1+R_2)(1+R_3)\cdots(1+R_n)}-1$$

当然,不管是用几何平均值还是算术平均值，收益率的计算结果都要受到基准期与终止期设定的影响。我们将在后面详细讨论这两种计算方法的各自特点。

那么,伊博森和辛克菲尔德得出了怎样的研究结论？如前所述，选择不同的年份作为终止年，得到的算术平均收益率与几何平均收益率的值也不相同。如果将研究期限的终止日确定为 1987 年股灾刚刚发生以后，则算出来的收益率要远远低于将终止日确定为股灾即将发生时得到的计算结果。大家应该还记得，伊博森和辛克菲尔德设定的基准年始终没有发生变化，即从 1926 年开始计算收益率。有趣的是，不管将终止年设定为 1986 年、1988 年、1990 年还是其他年份，得到的计算结果总是保持在一个相对稳定的区间内，具体可参考近年来伊博森协会出版的年鉴。表 24—1 总结了伊博森和辛克菲尔德两人的研究结果。表中的收益率之所以表现为一个区间，原因很简单，这说明在这段时间内收益率是在一定区间内发生变化的。请注意表中提供的市场数据反映的是资本利得收益与股息收益，但是这些股息并没有扣除股东要缴纳的股息税。

根据伊博森和辛克菲尔德的研究结果，如果使用算术平均值，则在过去 70 年间美国股票市场的长期投资实际收益率大致为每年 9%～9.25%；如果使用几何平均值（没有剔除股东缴纳的股息税），则长期投资实际年收益率约为 7%。如果使用算术平均值的计算公式，则（R_M-R_F）的值大致等于 8.5%；如果使用几何平均值的计算公式——此时，R_F 的值是根据 3 个月国库券的利率水平来确定的——则（R_M-R_F）的值大致等于 6.2%。如果我们用长期国债的收益率来估计 R_F 的值，那么分别使用算术平均值与几何平均值的计算公式来计算（R_M-R_F）的值，计算结果分别为每年 7.4%与每年 5.5%。如表 24—1 所示，股票收益率的标准差较大。所以，这意味着我们得到的计算结果是股权**风险溢价**(risk premium）的事前估计值，因此要小心谨慎地对待这一计算结果。此外，很多教科书在介绍这方面的知识时，均包含着一个隐含假设前提，即股票的收益率满足正态分布。事实证明，这一假设前提往往不符合现实情况，尤其是金融危机爆发时更是如此。因此，我们要将该假设条件视为一种近似情况，并充分意识到其存在的缺陷。

表 24—1　　长期内美国投资产品的年总收益率（从 1926 年开始）

	几何平均值（%）	算术平均值（%）	值标准差（%）
普通股	9.75～10.0	12.0～12.5	21.0
小公司普通股	12.0～12.25	17.5～18.0	35.5
长期公司债券	4.9～5.1	5.2～5.7	8.5
长期国债	4.3～4.5	4.6～5.1	8.5
中期国债	4.6～4.8	4.9～5.4	5.5
美国国库券	3.5～3.9	3.5～3.9	3.4
通货膨胀	2.8～3.0	3.0～3.2	4.75
R_M-R_F（基于长期国债的收益率来估计 R_F）	5.5	7.4	
R_M-R_F（基于美国国库券的收益率来估计 R_F）	6.2	8.5	

资料来源：Ibbotson and Sinquefield.

24.2 新的研究成果

新的研究成果证明，表 24—1 中的数据应当被修正。狄木森、玛什和施汤顿（Dimson，Marsh and Staunton）[4] 的深入研究提供了一些新证据，他们的研究目标是消除先前已公布的数据中存在的扭曲或偏离。三人最初的研究将研究期限设定为 100 年，终止年为 2000 年，随后保持每年更新。他们的做法很合理，这是因为很多学者是使用指数来计算收益率，这会导致计算结果更偏向于成功的企业——而一些业绩较差的公司，也许是受到金融危机或市值下跌的影响，因此被踢出了指数的样本股行列。对这种或者其他偏差现象进行调整，比如对指数的规模过小进行修正，或者对不恰当的权证发行调整进行修正等，最终狄木森、玛什和施汤顿重新分析了 1900—2000 年期间全球各地的股票、债券和国库券的收益情况。他们指出：

> 依据好的指数所制定的投资策略应当能够符合现实情况。扣除交易成本，投资者应当可以复制指数的收益率。如果我们使用可追溯的模式来构建指数，那么指数必须能够规避所有前视性偏差。我们只能根据投资初始时可以获得的信息来构建指数。如果指数选取的样本公司规模越来越大，或者其所在的行业和部门重要性得到提升，那么就会产生较为严重的偏差。

在纠正了各种类型的偏差以后，狄木森、玛什和施汤顿编制了重要的收益率表。表 24—2 提供了他们的计算结果。该表列出了一段相当长时期内多个西方国家的股票、国债或短期国库券（期限为 3 个月的国库券）的年均收益率，收益包括资本利得收益、股息和利息收益。狄木森等人的计算结果略低于伊博森和辛克菲尔德得到的计算结果，这是因为狄木森等人消除了数据存在的各种偏差。我们的观点是新数据要比伊博森等人提供的数据更具有权威性。

至于股权风险溢价（即 R_M-R_F），全球各地的历史收益率数据能够帮助我们计算各国的股权风险溢价。表 24—3 提供了相应的统计数据。

当我们使用资本资产定价模型（请参考本章开篇列出的公式）来计算世界各国的企业权益资本成本率时，表 24—3 所提供的数据很有帮助。不过，预期该收益率数据可以一直保持到未来是不太符合现实情况的。有些学者更倾向于使用几何平均值，他们举了一个简单的例子。假设股票价格由第 0 年的 100 变化为第 1 年的 120，然后在第 2 年年末又变回为 100。该股票没有支付任何股息。显然，这笔投资的收益率等于 0，而几何平均值的计算结果也等于 0，但算术平均值的计算结果为年收益率等于 1.666 7%。计算过程如下所示：

$$几何平均值=\sqrt{1.2\times0.833\ 33}-1=0$$

$$算术平均值=\frac{20\%+(-16.666\ 7\%)}{2}=1.666\ 7\%$$

表 24—2　自 1900 年起世界各国的股票、债券与国库券的实际收益率（剔除通货膨胀因素）

国家	股票（%/年）			债券（%/年）			国库券（%/年）		
	几何平均值	算术平均值	标准差	几何平均值	算术平均值	标准差	几何平均值	算术平均值	标准差
爱尔兰	4.8	7.0	22.2	1.5	2.4	13.3	1.3	1.4	6.0
日本	4.5	9.3	30.3	−1.6	1.3	20.9	−2.0	−0.3	14.5

续前表

国家	股票（%/年）			债券（%/年）			国库券（%/年）		
	几何平均值	算术平均值	标准差	几何平均值	算术平均值	标准差	几何平均值	算术平均值	标准差
荷兰	5.8	7.7	21.0	1.1	1.5	9.4	0.7	0.8	5.2
瑞士*	5.0	6.9	20.4	2.8	3.1	8.0	1.1	1.2	6.2
英国	5.8	7.6	20.0	1.3	2.3	14.5	1.0	1.2	6.6
美国	6.7	8.7	20.2	1.6	2.1	10.0	0.9	1.0	4.7

*瑞士的数据是从1911年开始计算的。

资料来源：Dimson，E.，Marsh，P. and Staunton，M.，*Triumph of the Optimists*，Princeton University Press，Princeton，NJ，2002.

表 24—3　　自 1900 年起股票相对于长期债券和短期国库券的股权风险溢价

国家	股票相对于长期国债的年均股权风险溢价（%）			股票相对于3个月短期国库券的年均股权风险溢价（%）		
	几何平均值	算术平均值	标准差	几何平均值	算术平均值	标准差
爱尔兰	3.2	4.6	17.4	3.5	5.4	20.6
荷兰	4.7	6.7	21.4	5.1	7.1	22.2
瑞士*	2.7	4.2	17.9	4.3	6.1	19.4
英国	4.4	5.6	16.7	4.8	6.5	19.9
美国	5.0	7.0	20.0	5.8	7.7	19.6
全球	4.6	5.6	14.5	4.9	6.2	16.4

*瑞士的数据是从1911年开始计算的。

资料来源：Dimson，E.，Marsh，P. and Staunton，M.，*Triumph of the Optimists*，Princeton University Press，Princeton，NJ，2002.

我们注意到，第1年的投资收益率为+20%，而第2年的投资收益率为−16.666 7%（因为在第2年股票的价格由120跌到了100）。我们确定几何平均收益率看上去更符合现实情况。

还有一些学者也支持使用几何平均值，他们认为每年观察到的收益率是彼此相互独立的，能够构成一个稳定的收益率分布。因此，假设投资期限为2年，每年的收益率有50%的概率为40%，还有50%的概率为−20%，则平均收益率等于：

$$\text{算术平均收益率}=\frac{40\%+(-20\%)}{2}=10\%$$

$$\text{几何平均值收益率}=\sqrt{1.4\times0.8}-1=5.8\%$$

在这种情况下，哪一种平均收益率更符合现实呢？

我们可以根据以上提供的已知条件来计算到第2年年末投资的本利和。假设初始投资额为1 000美元，在两年投资期内，每年的投资结果有两种可能，且发生的概率相等：

$$\$1\,000\times1.4\times1.4\times0.25=\$490$$
$$\$1\,000\times1.4\times0.8\times0.25=\$280$$
$$\$1\,000\times0.8\times1.4\times0.25=\$280$$
$$\$1\,000\times0.8\times0.8\times0.25=\underline{\$160}$$
$$\text{期望值}\qquad=\underline{\underline{\$1\,210}}$$

显然，到第2年年末，投资的期望值等于1 210美元。这一期望值也可以使用算术平均收益率计算得出：

$$\$1\,000\times(1.10)^2=\$1\,210$$

而另外一种不正确的做法是：

$$\$1\,000\times1.4\times0.8=\$1\,120$$

很清楚，第二个值1 120美元只有50%的发生概率。还有两种可能及其发生的概率被忽略了，即$1 960（=$1 000×1.4×1.4）以及$640（=$1 000×0.8×0.8）。上述这两种情况发生的概率均为25%。把这两种可能性算在内，我们就可以得出第2年年末的投资预期值为$1 210。请注意，按照这种观点，错误的计算结果是与几何平均收益率一脉相承的。在这里，之所以会出现这样的错误，原因是没有考虑到潜在投资结果所具有的二项式分布特征。

从事前的角度来看，在选择风险较高的投资产品时，未来的投资效果面临着诸多的不确定性，与较为安全或风险较低的投资相比，高风险的投资要求获得更高的回报，以此来补偿投资者所面临的不确定性。算术平均值充分考虑了未来投资结果的所有可能性。那么接下来的问题便是研究期限确定为多长才较为合适？1年可以吗？如果投资者追求的是在某一个投资期内实现终值最大化，那么将研究期限确定为2年合理吗？或者是3年？将研究期限延长有助于提高收益均值的估算准确程度。但是延长研究期限将会动摇假设条件——收益率符合稳定的分布曲线——的可信程度。

重申一遍，我们可以用一个简单的例子说明为什么几何平均值更符合现实情况。假设在第1年，股票价格下跌了50%。随后在第2年，股票价格翻了一番，即上涨了100%，于是投资者实现了盈亏平衡，总收益率等于0。则几何平均收益率等于：

$$\sqrt{(1-0.5)\times(1+1)}-1=0$$

但是，算术平均收益率的计算结果为25%：

$$\frac{-0.5+1}{2}=0.25$$

不过，在一段较长的时间内，我们预测投资者只能实现几何平均收益率。事实上，我们应当使用几何平均收益率而非算术平均收益率来计算购买持有策略的复利收益率。几何平均收益率总是小于算术平均收益率，除非所有年份的收益率均相等。这两个均值之间存在着一种近似关系，几何平均值近似等于算术平均值减去年收益率方差σ^2的一半。如下式所示：

$$\overline{R}_g\approx\overline{R}_a-1/2\sigma^2$$

另外一种时不时被提及的观点也建议使用几何平均值，其理论依据是几何平均值与内部收益率均采用的是复利计算方法。因此，基于同类之间可以相互比较的原则，我们可以将使用几何平均值算法算出的内部收益率与资本运算过程中同样使用几何平均值计算方法（与前面提到的购买持有策略应当使用几何平均值的算法相类似）算出的均值相比较。

还有一个证据也倾向于支持使用几何平均值。从本质上看，该证据源于股票的收益率往往会出现均值回归现象。如果市场预期股票的收益率会出现均值回归现象，即回归到原先的趋势，那么建议使用几何平均值，这是因为从定义上看，几何平均值反映的就是平滑的长期趋势的均值估计。我们再来看一看前面给出的例子——就是假设每年年末的收益率有两种可能，+40%或−20%，且发生概率均为50%——均值回归将会消除未来投资收益分布中的一些极端值。当然，正是这些发生概率较小的极端值使得未来投资的潜在收益具有二项式分布特征。有些人正是基于这一点提出算术平均值优于几何平均值，因为前者对应的就是这种二项式分布。然而，在存在均值回归的前提下，实际的投资结果的分布要比完整的二项式分布更狭窄一些，因此前面这种说法不攻自破。事实上，目前大量的研究文献已经证明股票市场的收益率确实存在均值回归行为。实证检验结果是一个强有力的证据，支持我们在计算企业的权益资本成本率时使用几何平均值。在这种背景下，接下来我们要展开讨论均值回归这种现象。

24.3 均值回归

目前很多研究文献都在试图证明股票的收益率确实存在均值回归现象。虽然一些研究文献提供了股票收益率存在均值回归现象的部分证据，但是这些证据的说服力较弱。而且，在这些研究成果发布以后，后续很多学者纷纷专门批评其使用的统计模型和方法。具体细节请参考巴克利[5]的相关文章。

很多（并不是全部）金融经济学家相信有许多证据能够证明股票收益率确实存在均值回归现象。比方说，今年股票市场的收益较差，那么下一年股票市场光景变好的概率要高于股市仍然萎靡不振的概率。同样地，如果今年市场光景不错，那么下一年很有可能表现比较差，而不太可能继续保持繁荣。于是，好光景与坏光景相互抵消了。在一段较长的时期内，股票的风险水平有所降低，并且如果与债券相比，股票市场的均值回归现象发生得更多、更频繁，则最终股票的风险水平将会低于债券。当然，也有人提出，之所以股票市场的均值回归行为与债券市场的均值回归行为相比出现得更频繁一些，主要是与第二次世界大战结束后出乎意料的高通货膨胀有关——高通货膨胀导致了“安全投资转移”，即投资者纷纷由股市转向债市。正是这种行为导致债券市场的收益率出现了均值偏离。

但是，还有一些心理学方面的假说对均值回归现象进行了解释。按照行为金融学（请参考塞勒（Thaler）[6]的研究文献），如果投资者对未来的经济前景过度乐观，那么这种乐观情绪会促使股票市场盲目上涨至不合理的高度，随后一些市场消息使得头脑发热的投资者们清醒过来，他们纷纷采取一定的措施来纠正这个错误，从而促使股票市场下跌。这种类型的泡沫纠正机制会导致股票市场的收益率出现均值回归现象。

很多人用怀疑的眼光来看待均值回归现象。因为从表面上看，这种现象似乎与有效市场假说和均衡价格理论相冲突，但是“如果价格能够反映基本价值，那么它们应当是随机波动的”这种说法是一种误解。即使价格是理性的，市场也有可能出现均值回归现象。其根本原因在于市场对股票风险水平的评估会随着时间发生变化。在股灾发生以后，投资者们会发现股票的风险程度变高。当然，对于更高的风险水平，投资者要求相应地获得更高的预期收益。因此，在股灾过后，我们常常会看到平均收益率上升，因此我们将其称为均值回归。反过来，随着市场崩溃以及金融危机爆发得越来越频繁，“市场是有效的”这种说法才应当被人们越来越质疑。作为一种理论，有效市场假说正逐渐被市场所抛弃。

事实上，我们可以从另外一个角度来分析风险/收益之间的关系——当我们研究目前股票市场的收益率时，往往会忽略某个特定的股票市场全盘崩溃的风险。这种观点的支持者指出，1900 年便已问世的所有股票交易所中有一半左右迄今为止已经历了几次重大的危机，甚至还有一些交易所已经被彻底废弃。只研究美国以及几个西方股票市场的数据，会导致我们漏掉这种风险，因为美国等国家的股票市场从未经历过整个市场彻底崩溃的重大危机。但是，从未来的角度来看，这种危机始终存在。也许股票的收益率之所以比债券要高一些，只不过是反映了确实存在整个市场彻底崩溃的可能性。当然这种说法也有一点站不住脚，因为这种风险不可能仅限于股票市场。导致股票市场彻底崩溃的外部冲击肯定也会影响到债券市场。事实上，这往往就是整个金融行业爆发危机的真实情况。

24.4 股权风险溢价

那么我们到底应当怎样估计股权风险溢价（即 R_M-R_F）的值呢？我们使用美国市场的数据。我们要面临一个重要选择，即使用几何平均值还是算术平均值。按照最新的研究文献，如果用短期国库券的收益率来估计 R_F 的值，则得到的几何平均收益率为 5.8%，算术平均收益率为 7.7%。如果我们使用长期国债的收益率来估计 R_F 的值，则得到的几何平均收益率为 5%，算术平均收益率为 7%。不过，未来还能继续保持那么高的收益率吗？客观地讲，我们也不敢确定，也许我们可以想办法绕开这个问题，使用股票的历史实际收益率，并将资本资产定价模型的 **β 值**（beta）设定为 1 来计算估计值。如果使用几何平均值，这意味着美国股票的实际收益率为 6.7%。如果投资者预期债券市场没有被通货膨胀打败，其实际收益率为 2%～4%，则这意味着股权风险溢价大致为 3%～5%。

还有一点值得注意，即股票收益率均值回归现象与公司投资项目收益率的均值回归现象并不相同。不过，福勒、休伯特和莱文森（Fuller，Huberts and Levinson）[7] 发现企业的每股盈利似乎会在 7 年以后呈现出回归均值的趋势。

而且，我们在估值过程中不能百分之百地肯定到底应当使用算术平均值还是几何平均值。也许，均值回归这一证据已经足以说明应当选择几何平均值，但是目前对此问题仍存有争议。因此，市场上的买家与卖家、监管部门以及被监管机构仍对这个问题有不同的看法。在估值过程中至少使用多个贴现率无疑是更符合现实情况的做法。当然，这样的做法能使我们得到多个估值结果。同样地，这种结果也是符合实际情况的。

24.5 国际风险溢价

在评估海外投资项目时，是否应当加入国别风险溢价，这对于分析师来说是一个很头疼的问题。这个问题的答案取决于判断国别风险属于系统性风险还是非系统性风险。如果判定国别风险属于非系统性风险，那么按照资本资产定价模型，国别风险不应该被包含在权益资本成本内。

对于主要在发达的欧洲国家或美国进行生产经营活动的企业来说，有人认为其选择在欠发达国家进行海外投资所形成的分散化投资好处要大于在其他发达国家进行海外投资。这是因为欠发达国家的实体经济与发达工业国家的实体经济的关联度不是那么密切。不过，对于设立在欠发达国家的海外投资项目来说，其系统性风险不太可能远远低于所有海外投资项目的平均风险，这是因为不管怎么说，这些欠发达国家仍然属于整个世界经济体的一个组成部分。按照这种观点，设立在欠发达国家的投资项目的系统性风险仅仅是略低于设立在发达工业国家的投资项目的系统性风险。赞比亚的铜矿投资项目可能就属于这种设立在欠发达国家的投资项目，但是其系统性风险与设立在发达工业国家的类似项目非常接近，因为全球市场上铜的需求量和市场价格主要取决于发达工业国家实体经济的发展状况。

我们再把目光转移到股票市场。如果股票市场要受到企业在国内和海外生产经营状况的影响，那么按照资本资产定价模型，顺其自然得出的结论是海外投资项目应当基于系统性风险水平来确定必要收益率。很多学者试图检验这一假说。赛文（Severn）[8] 发现，企业进行的海外投资项目所占比重越高，则企业的每股盈利与标准普尔指数每股盈利之间的**协方差**（covariance）就会越小。但是跨国企业的规模要比绝大多数国内企业大得多，因此赛文发现的收益波动率下降的现象有可能是由跨国企业的较大规模或者产品多样化这两个特征导致的，并不是由于跨国企业进行了海外投资。海格勒（Haegele）[9] 认同这一观点，他指出虽然跨国企业的系统性风险要低于国内企业的系统性风险，但是一旦剔除企业规模所造成的影响，这种差别就会消失。在该研究领域，艾格蒙和莱萨德（Agmon and Lessard）[10]研究了美国跨国企业的股价波动情况。他们认为如果投资者认为跨国分散化投资确实能带来额外的好处，那么跨国企业股票价格的波动应当与国际市场的变化关系更密切，与美国国内市场的变化关联度反而不太强。而且，海外投资的比重越高，这种效应应当越明显。但是，艾格蒙和莱萨德挑选海外销售比例逐年递增的美国跨国企业构建了一个样本，并进行了回归分析，回归结果在统计上并不显著，并不能支持前面这个假说。同样地，阿格瓦（Aggarwal）[11]也没能确定跨国企业的海外分散投资与权益资本成本之间到底存在哪种统计关系。

也许，投资者们并没有意识到跨国企业的海外投资举措能够带来分散化投资的好处。也许，跨国企业的海外分散化投资行为对系统性风险并没有太大的影响。但是，休斯、罗格和思维尼（Hughes，Logue and Sweeney）[12]构建了两个组合样本，一个样本由单纯只在国内进行生产经营活动的企业构成，而另一个样本则由跨国企业构成，然后根据这两个样本设计指数。检验结果证明，跨国企业的经营绩效显然要比单纯在国内进行生产经营活动的企业高得多。

当然，索尔尼克（Solnik）[13]与杰克奎莱特和索尔尼克（Jacquillat and Solnik）[14]在组合分散化投资领域所取得的成就令人瞩目。他们比较了一下跨国组合投资与跨国企业进行海外分散投资分别带来的降低方差的作用，结论是虽然跨国企业海外投资的行为确实能给投资者带来分散化投资的效应，但是从降低方差的角度来看——方差变小意味着风险降低——跨国分散化组合投资所带来的好处显然要远远大于前者。而且，如果跨国组合投资不存在任何限制，投资者自己就可以进行这种分散化投资。组合内各种证券收益率彼此之间的协同程度越低，分散化投资的效果就越好，具体内容可以参考巴克利[15]的相关文献。这一研究领域已有大量研究文献，均证明跨国分散化投资可以在不扩大收益标准差的前提下提高投资收益率。

事实上，我们到底是否应当对海外投资项目与国内投资项目使用不同的必要收益率——均使用母国货币作为计价货币——各种实证检验的结果似乎相互矛盾。实证检验并没有给出确切的答案。

如果国别风险是非系统性风险，那么按照资本资产定价模型，它就不应当被包括在权益资本成本内。罗尔（Roll）[16]在套利定价理论（APT）框架下证明，很多新兴国家股票市场的系统性国别风险非常显著，这与发达工业国家存在着明显差别。

伦敦金融城和华尔街的银行家们没有选择调整β值，而是直接将投资收益率加上一个风险溢价。风险溢价的大小取决于期限、其他特征均相似的新兴国家国债与英国国债以及美国国债的利差。我们将在第 24.8 节给出新兴市场的例子。在处理国别风险这个问题时，一种更明确的方法是，要在计算现值时对分子加以调整，即调整海外投资项目的现金流预测值。显然，若是同时使用这两种方法进行调整，有可能会造成重复计算的问题。

24.6 跨国分散化投资的好处

投资者可以采用跨国分散化投资的方式来投资股票市场，这种做法能够在降低风险的同时提高投资收益。狄木森、玛什和施汤顿（Dimson，Marsh and Staunton）[17]以及其他很多学者的研究成果已经证明了这一点。狄木森、玛什和施汤顿研究了股票投资组合的数据，他们发现，如果只投资于某一个国家的股票市场，则收益率的标准差为 29.1%；如果以相同的权重同时投资于 16 个国家的股票市场，则收益率的标准差下降至 17.3%——这说明风险的降低幅度很大。如果在分散化投资时，各个国家的投资比率并不相等，而是按照市场价值所占的比例设定权重，则会使得收益率的标准差由原来的 20.2%下降为 17.0%。

现如今，随着全球股票市场的一体化程度越来越高，这种风险降低效应也许不再像狄木森、玛什和施汤顿所研究的年代——1900—2000 年——那么明显了。

24.7 国际资本资产定价模型

现在我们从另外一个角度来研究全球范围内股票投资的超额收益率。首先我们要申明一点，接下来我们要向大家介绍的研究成果并不是结论性的，充其量是具有一定的指导意义。这些研究成果提供了一些有关国际资本资产定价模型的证据。从本质上看，接下来我们要研究的问题事关国际资本市场的本质。对于这个问题，学者们的观点明显呈两极化态势：

- 国际资本市场已经实现了一体化，风险资产按照其全球范围内的不可分散风险水平来定价，这也就是所谓的国际资本资产定价模型所阐述的观点。相应的风险指标则是相对于全球股票市场组合的β值。
- 国际资本市场仍然处于相对分割状态，风险资产的估值仅是相对于国内资产而言的——也就是说，国内的系统性风险是资产估值的基础。相应的风险指标则是相对于国内股票市场组合的β值。

迄今为止，我们没有发现哪一个国家的资本市场是始终完全与全球股票市场相分割，或者始终与全球市场一体化。目前，绝大多数发达工业国家的资本市场的一体化程度要远远高于 10 年前的水平。中等发达国家的资本市场也开始慢慢与发达工业国家的资本市场相融合。

资本市场的分割化是金融市场缺陷的体现，可能是由政府故意制约或监管法规造成的，也可能是两者共同导致的。最为重要的市场缺陷表现为信息障碍（包括会计制度、信息披露质量)、交易成本、外汇管制、公司控制权市场的性质、小国偏见(通常是由于缺乏流动性而造成的)、政治风险、监管障碍(包括对资金汇出本国的限制和其他各种各样的管制政策)、相关部门对股票市场的控制与监管以及缺乏透明度。

就资本市场的分割化程度而言，如果是完全分割市场，则其影响要比其他市场更大。对于资本市场的一体化和分割化这个问题，众多学者已经进行了各种各样的实证研究，具体可参考巴克利[18]的相关论文。不过，这些研究成果证明哪一种假说都不能完全站住脚。但是一部分实证检验结果对国际资本资产定价模型(ICAPM)提供了一定程度的支持。

目前我们还没有找到充足的证据来证明全球资本市场的一体化程度在不断提高。因此，本节接下来的内容以股票市场的一体化为假设前提，这在本质上与国际资本市场定价模型是保持一致的。

虽然有支持的证据，也有反对的声音，但是如果大家普遍认为全球几个主要的股票市场之间具有一定的联动性，那么我们可以研究一下某个特定市场——比方说英国股票市场——的每月超额收益与全球股票市场指数的每月超额收益之间的关联性。我们可以用数学的形式将这种相关性表示为：

$$(R_C-R_F)=\alpha_C+\beta_C(R_W-R_F)$$

式中，R_F 代表的是C国股票市场的每月收益率，将美元作为计价货币；R_F 代表的是每月的无风险收益率，为了确保计价货币一致，同样也是将美元作为计价货币，可以使用美国短期国库券的收益率作为该指标的替代值；α_C 代表的是C国的每月风险溢价；β_C 代表的是C国的 β 值；R_W 代表的是全球股票市场指数的美元收益率，同样将美元作为计价货币。

24.8 新兴市场

评估新兴市场投资项目的价值时到底使用多高的贴现率，这个问题十分难解。学术界对此的观点呈两极化态势，莱萨德[19]、戈弗雷和埃斯皮诺萨(Godfrey and Espinosa)[20]对此进行了总结。那么这两种互相矛盾的观点分别是什么呢?

在其他条件均相同的情况下，人们普遍赞同新兴市场的投资项目的风险水平要比国内和发达国家的相似投资项目更高一些。考虑到风险水平更高以及投资环境更加陌生，很多企业在评估新兴市场的海外投资项目时，都要在贴现率的基础上叠加一个风险溢价。但是一般来说，这种调整的理论基础是套利理论。因此，这往往会导致新兴国家投资项目的现金流被过度贴现，因此算出来的现值偏低。

莱萨德认为，考虑到新兴市场的风险水平，在贴现率的基础上额外叠加一个风险溢价是适当的做法。他认为，其他资产具有信息优势，而且能够管理好这些风险。虽然新兴市场投资项目本身收益的波动性较大，但是通常来说与国内投资项目相比——显然国内投资项目给跨国企业带来的分散化投资效应要小得多——新兴市场投资项目对企业现金流的波动性和企业股东投资组合收益的波动性并没有太大的影响。此外，政治风险——例如资产被没收、政策发生变化和货币不可兑换等风险——也使得投资者有理由要求获得更高的风险溢价，从而反映出新兴市场国债的违约风险。这主要表现为新兴市场国债收益率高于相同期限美国国债的收益率。因此，莱萨德认为，在评估此类海外投资项目可汇回母国的现金流的价值时，应当在正常的收益率基础上再加上风险溢价。最后，莱萨德指出，海外新兴市场的陌生环境不应当成为提高贴现率的理由。这是因为陌生环境所带来的影响会随着时间的推移慢慢减弱，因此不应当提高贴现率。

我们要向读者解释一下，对于新兴市场的投资项目，我们还可以使用国家β值这一风险测量指标。不过，这马上又引发了新的问题。戈弗雷和埃斯皮诺萨在计算各国的权益资本成本时发现，所有发达国家的β值均大于0.5。但是，与之不同的是，在计算新兴市场的国家β值时（一些国家的研究周期起始点为1989年，还有一些国家的研究周期起始点为1991年或1993年，终止年份均为1996年），在全球26个新兴市场中，有15个新兴市场的国家β值低于0.5，还有4个国家的β值为负数。那么，按照资本资产定价模型，这意味着贴现率低于无风险利率。新兴市场国家的β值偏低主要是因为这些国家的股票市场收益率与全球股票市场收益率的关联性较弱。事实上，从平均值来看（未加权），发达国家的股票市场收益率与全球股票市场收益率之间的相关系数为0.6，而新兴市场的股票市场收益率与全球股票市场收益率的相关系数只有0.2。较低的关联系数说明新兴市场并未与发达国家的资本市场实现一体化，因此这说明国际资本资产定价模型并不是完全适用的。

与戈弗雷和埃斯皮诺萨一样，莱萨德也发现两者之间的相关系数较小，甚至为负值。这促使他另辟蹊径，绕开国家β值，提出了一种新方法。说到风险溢价，莱萨德同意债券的风险溢价能够反映出市场对未来由于债券重组或违约而造成的潜在损失的评估。然而，债券面临的风险或信用事件与那些对海外投资项目现金流的产生造成威胁的风险事件并不相同。例如，阿根廷在20世纪80年代就曾爆发过主权债务危机，虽然经过多次协商，但是阿根廷政府仍然无力偿还债务利息，以至于阿根廷的国债在二级市场上的成交价跌至其**面值**（face value）的15%。然而，海外投资项目向母公司支付的股息是可以完全自由兑换的。

另一方面，有些因素会对海外直接投资造成不利影响，但是这与国债的重组或违约毫无关系。虽然如此，债券的风险溢价仍然可以被视为一个客观的评价标准，那些进行海外直接投资的跨国企业可以用这个指标来估计未来获得现金流的困难程度。因此，新兴市场国债的收益率相对于美国国债收益率的价差是对国别风险所造成影响的一个合理的估计值。

戈弗雷和埃斯皮诺萨赞同应当加上更高的风险溢价。如前所述，首先他们提出要在美国无风险利率水平上加上一个风险溢价以反映国别风险。不过，在完成这个步骤以后，他们继续提出还可以再加一个风险溢价——针对商业波动性的风险溢价。他们的分析过程如下所示。

资产系统性风险的测量指标β值可采用下列公式计算：

$$\beta=\frac{\mathrm{cov}(r_i,r_m)}{\sigma_m^2}=\rho_{i,m}(\sigma_i/\sigma_m)$$

式中，σ_i和σ_m分别代表的是资产的波动率和市场的波动率；$\mathrm{cov}(r_i,\ r_m)$代表的是资产与市场组合的协方差；$\rho_{i,m}$代表的是资产与市场组合的相关系数。因此，β值等于资产与市场组合的相关系数乘以资产波动率与市场波动率的比值，资产波动率与市场波动率的比值能够反映资产相对于市场的风险水平。如果该比值大于1，则资产的波动性大于市场的波动性。如果该比值小于1，则资产的波动性比市场的波动性小。相关系数ρ能够说明资产与市场之间协同波动的程度。因此，β值调整的是资产个体的风险（即波动率），只反映不可分散风险（对应的是相关系数）。

戈弗雷和埃斯皮诺萨认为其他学者对新兴市场国家β值的实证检验结果不太可靠，他们以此为基础进一步展开分析。在计算商业波动性的风险溢价时，他们使用的是调整β值，等于某国的股票市场波动率与美国股票市场波动率的比值。从本质上看，对照前面给出的β值的计算公式，这相当于假设相关系数等于1。简言之，调整β值等于：

$$\sigma_i/\sigma_{US}$$

为了计算商业风险溢价，他们用调整β值乘以美国股票市场的风险溢价。这种计算新兴市场贴现率的方法关注的是总体风险水平，而非像资本资产定价模型那样只关注系统性风险。戈弗雷和埃斯皮诺萨也承认，同时考虑国别风险与当地股票市场的波动性，有可能会导致重复计算。确实如此，但是到底重复计算了多少？对于发达国家而言，重复计算的部分可能是微乎其微的。然而，对于新兴市场国家来说，由于信用风险利差和商业波动风险利差都要大一些，因此无疑重复计算的风险也会更高一些。他们引用了厄尔布、哈维和威斯康特（Erb，Harvey and Viskanta）[21]的研究成果，厄尔布、哈维和威斯康特发现，股票价格波动率的变化有40%可以用信用质量的变化来解释。戈弗雷和埃斯皮诺萨认为，这意味着对于新兴市场国家而言，其商业波动风险溢价应当不太可能超过40%。于是，他们建议将第二种风险溢价下调40%。

将调整β值缩小40%，意味着在使用传统β值的同时将相关系数设定为0.60。不过，正如戈弗雷和埃斯皮诺萨指出的那样，发达国家的平均相关系数大致为60%。由于新兴市场的相关系数要比发达国家小得多，因此其带来的协方差变小的效应应当更加明显。基于这个假设条件，戈弗雷和埃斯皮诺萨估算了多个新兴市场的权益资本成本。与美国的权益资本成本11.5%相比，阿根廷、土耳其、巴西、波兰和匈牙利的权益资本成本为27%～29%，捷克共和国和墨西哥的权益资本成本大致为23%，菲律宾、印度、泰国、印度尼西亚、韩国、马来西亚和南非的权益资本成本为14%～19%。对此感兴趣的读者可以查看一下原始文献。

这种方法并不太好，原因如下。首先在计算商业风险波动溢价时，大家应该还记得风险溢价主要取决于β值的大小：

$$\beta=\rho_{i,m}\times(\sigma_i/\sigma_m)$$

从本质上看，将相关系数$\rho_{i,m}$设定为0.6就意味着假设新兴市场与全球股票市场之间一体化的程度相对较高。然而按照我们前面的叙述，事实并非如此。事实上，在戈弗雷和埃斯皮诺萨的论文中，他们估计新兴市场与全球股票市场的相关系数平均约为0.2。这说明新兴市场与全球股票市场的一体化程度非常低。鉴于此，作者对这种做法表示怀疑。不过，戈弗雷和埃斯皮诺萨得到的计算结果倒是与投资银行经常使用的数据大致相等。例如，胡克（Hooke）[22]认为新兴市场的权益资本成本应当大致等于国内类似投资项目的收益率再加上5%～15%的外国投资风险溢价。因此，他认为，对于风险较低的新兴市场，例如波兰、捷克共和国、智利，目标收益率等于18%～20%。对于中等风险的新兴市场，例如巴西、印度、印度尼西亚、墨西哥、泰国和土耳其，目标收益率为20%～25%。对于高风险国家，他认为权益资本成本为25%～30%，他将中国、秘鲁和俄罗斯划归为高风险国家。

还有一种类似的方法也被广泛使用，即在成熟股票市场的股权风险溢价的基础上再加上适度的风险溢价，从而计算出新兴市场的股权风险溢价。“适度的风险溢价”由下式计算出来：

$$某国的风险溢价=某国的违约风险价差\times\frac{该国股票市场的\sigma}{该国政府债券的\sigma}$$

现在我们假设 A 国的国家信用等级为标准普尔公司设定的 B 级。然后假设与投资项目期限相等的 A 国政府债券相对于期限相同的美国国债的违约风险价差为 3%。再进一步假设 A 国股票市场年收益率的标准差为 32%，A 国政府债券收益率的标准差为 15%。则 A 国的国家风险溢价就应该等于：

$$A国的风险溢价=3\%\times\frac{32\%}{15\%}=6.4\%$$

假设美国股票市场的风险溢价为 5%（几何平均值），则这就意味着 A 国投资项目的股权风险溢价应该等于 11.4%（计价货币为美元）。在本节结束之前，我们要强调一点，虽然各国的资本市场的分割化与一体化程度差异较大——请读者参考图 24—1，该图源于雅克和哈瓦维尼（Jacque and Hawawini）[23]的研究文献——但是资产市场（这才是资本预算最关注的市场）可能并非如此。

高度分割化的金融市场	存在一定分割程度（或者中度一体化）的金融市场	高度一体化的金融市场
发展中国家（地区）刚刚设立的资本市场	新工业化国家（地区）的新兴资本市场	拥有极其复杂的外汇、债券和股票市场的发达工业国家（地区）
例子：印度、印度尼西亚、菲律宾、委内瑞拉、尼日利亚、中国、泰国	例子：土耳其、墨西哥、巴西、马来西亚、阿根廷、韩国、中国台湾	例子：美国、英国、日本、荷兰、德国、法国

图 24—1　资本市场的分割化/一体化图谱

资料来源：改编自 Jacque，L. and Hawawini，G.，“Myths and realities of the global market：lessons for managers”，*Journal of Applied Corporate Finance*，6（3），81－90，1993.

小结

- 我们可以使用资本资产定价模型来估算权益资本成本，其计算公式是用无风险收益率加上 β 值与超额收益的乘积。超额收益等于股票市场组合的预期收益率与无风险收益率的差。
- 本章我们试图让读者掌握如何估算全球各地股票市场的超额收益。
- 我们更倾向于使用收益率的几何平均值。
- 众多学者详细分析了各国权益资本成本的数值，由此引出了国际资本资产定价模型。
- 本章向大家介绍了如何估算新兴市场的权益资本成本。

章末习题

24.1　解释一下跨国企业的特征会对资本成本造成怎样的影响。

24.2　从投资者的角度看，过去小公司的盈利状况是否普遍优于大公司？

注释

1. Copeland，T.，Koller，J. and Murrin，J.，*Valuation*，3rd edition，Wiley，New York，2000.

2. Fisher，L. and Lorie，J. H.，“Rates of return on investments in common stock：the year by year record，1926－65”，*Journal of Business*，41（35），291－316，1968.

3. Ritter，L. S. and Urich，T.，*The Role of Gold in Consumer Investment Portfolios*，*Monograph Se-*

ries in Finance and Economics, Salomon Brothers Center for the Study of Financial Institutions, Graduate School of Business, New York University, New York, 1984.

4. Dimson, E., Marsh. P., and Staunton, M., *Triumph of the Optimists*, Princeton University Press, Princeton, NJ, 2002.

5. Buckley, A., *Multinational Finance*, 5th edition, FT Prentice Hall, 2004.

6. Thaler, R., "Giving markets a human dimension", in *Mastering Finance*, FT Publishing, London, 1998.

7. Fuller, R. J., Huberts, L. C. and Levinson, M. J., "Returns to E/P strategies higgledy-piggledy growth, analysts' forecast errors and omitted risk factor", *Journal of Portfolio Management*, 19 (2), 13-24, 1993.

8. Severn, A. K., "Investor evaluation of foreign and domestic risk", *Journal of Finance*, 29, 545-550, 1974.

9. Haegele, M. J., *Exchange Rate Expectations and Security Returns*, PhD Dissertation, University of Pennsylvania, PA, 1974.

10. Agmon, T. and Lessard, D. R., "Investor recognition of corporate international diversification", *Journal of Finance*, 32, 1049-1056, 1977.

11. Aggarwal, R., "Multinationality and stock market valuation", *Financial Review*, Summer, 45-46, 1977.

12. Hughes, J. S., Logue, D. E. and Sweeney, R. J., "Corporate international diversification and market assigned measures of risk and diversification", *Journal of Finance and Quantitative Analysis*, 10 (4), 627-637, 1975.

13. Solnik, B., "Why not diversify internationally rather than domestically?", *Financial Analysts Journal*, 30 (4), 48-54, 1974.

14. Jacquillat, B. and Solnik, B., "Multinationals are poor tools for international diversification", *Journal of Portfolio Management*, 4 (2), 8-12, 1978.

15. Buckley, A, *Multinational Finance*, 5th edition, FT Prentice Hall, 2004.

16. Roll, R., *Work in Progress Progress Paper*, Whittemore Conference on the International Capital Acquisition Process, May, Amos Tuck School, Dartmouth, 1993.

17. Dimson, E., Marsh, P. and Staunton, M., *Triumph of the Optimists*, Princeton University Press, Princeton, NJ, 2002.

18. Buckley, A., *Multinational Finance*, 5th edition, Prentice Hall, 2004.

19. Lessard, D. R., "Incorporating country risk in the valuation of offshore projects", *Journal of Applied Corporate Finance*, 9 (3), 52-63, 1996.

20. Godfrey, S. and Espinosa, R., "A practical approach to calculating costs of equity for investment in emerging markets", *Journal of Applied Corporate Finance*, 9 (3), 80-89, 1996.

21. Erb, C. B., Harvey, C. R. and Viskanta, T. E., "Country risk and global equity selection", *Journal of Portfolio Management*, 21 (2), 74-83, 1995.

22. Hooke, J. C., *Security Analysis on Wall Street*, John Wiley, New York, NY, 1998.

23. Jacque, L. and Hawawini, G., "Myths and realities of the global capital market: lessons for financial managers", *Journal of Applied Corporate Finance*, 6 (3), 81-90, 1993.

第 25 章　国别风险分析与政治风险

跨国企业肯定要对海外投资项目所处的东道国商业环境以及拟打算投资项目的海外商业环境进行评估。同理，投资者们也要判断一下哪个国家能够为投资项目提供最好的环境。这就是**国别风险**（country risk）分析的目的所在——评估在一国国内进行投资以及开展生产经营活动的潜在风险和回报。从本质上看，我们关心的是东道国政府是否能够推行合理的经济政策，因为这关系到能否给企业创造良好的商业环境。但是，政治因素可能会促使东道国政府推行那些对企业经营和本国实体经济发展不利的经济政策。因此，国别风险分析不能只关注经济因素，还必须研究可能会影响经济政策的政治因素。

国际经济环境取决于各国政府所执行的政策。考虑到跨国企业和投资者面临的一国的经济政策、外汇风险、通货膨胀风险和利率风险，跨国企业必须对上述各个方面加以研究并做出预测。我们必须研究一国的经济政策与政治政策以及这些政策对该国未来的经济发展前景会造成怎样的影响，以此来评估这个国家的国别风险。一旦弄清楚经济因素会对该国的各项政策造成多大的影响，则对未来汇率水平、通货膨胀率和利率水平的预测也会变得更加准确一些。

25.1　国别风险分析

金融界最早于 20 世纪 60 年代和 70 年代开始研究国别风险，这是因为当时银行业想要测量跨国贷款的风险敞口到底有多大。当时，国际贷款业务比较少见，国别风险一般被称为转移风险——东道国政府可能会对汇入海外其他国家用于偿还债务的资金加以限制，因此这种风险叫做转移风险。后来，政府自己开始成为获得银行贷款的借款人，于是，**主权风险**（sovereign risk）这个新的名词出现了。主权风险的含义要比转移风险更广。它指的是即使一国政府愿意偿还外债，但是由于经济发展的限制而无法获得足够多的外汇，政府也没有能力偿还外债。国别风险同时包含转移风险与主权风险。

慢慢地，企业开始使用政治风险这个词来描述可能会影响企业生产经营活动的东道国宏观经济、社会、政治或战略等方面的不利因素。

金融市场的全球化趋势以及组合投资的不断增长进一步加大了市场对国别风险分析的需求，这是因为按照资本资产定价模型，国别风险的大部分被视为非系统性风险，因此可以通过分散化投资来消除。现在，国别风险这个词与跨境风险或国际经营风险是同义词，使用范围越来越广。上述三个术语均被广泛使用，而且可以互相替代使用。

25.2 国别风险的来源

国别风险有各种各样的来源。这些来源涵盖了一国的经济、财政、社会和政治等方方面面的因素，还包括一国的地理位置和战略上的重要地位等。纳吉（Nagy）[1] 全面总结了国别风险的主要来源，具体包括：

- 战争。
- 外国势力占据本国。
- 内战、革命、暴乱、骚动。
- 被极端主义政府接管。
- 政治因素推动下出现的债务违约、重新谈判或债务重组。
- 单方面改变债务偿还的条款。
- 国家收购企业。
- 本土化（强迫企业的外国所有者让渡企业的控制权）。
- 自然灾害。
- 经济不振或严重的经济衰退。
- 经济管理不善。
- 信贷渠道冻结。
- 国内生产总值的增长率长期下滑。
- 罢工。
- 生产成本快速上升。
- 出口利润下降。
- 食品和/或能源的进口量突然增加。
- 外债超过一定水平。
- 本币贬值。

按照纳吉的说法，上述列出的所有标题中每一个标题下面都包含多个小标题，有时还会进一步拓展到包含二十几个事件。在分析国别风险时，我们首先应当按照纳吉提供的列表分析一国目前所处的状况，然后再判断该国有可能受到上述国别风险来源影响的可能性，最后按照五分制（或者七分制）给该国打分。

25.3 测量国别风险

在测量国别风险时，我们可以使用比率分析法来进行定量分析。按照公司理财理论，在判断一个企业的财务风险水平时，财务杠杆发挥着重要作用。财务杠杆能够反映一个企业的资产有多大比例是使用债务来提供资金的。在损益表上，这主要体现为利息费用，会导致净利润的波动率大于主要受经营风险影响的经营性收入的波动率。

在分析宏观经济风险时，也会产生类似的效应。但是我们没有办法拿到宏观经济资产负债表，因此必须找到其他的替代品。在标准的经济风险评估过程中，分析师们会将多个变量结合起来使用，从而得到各种各样的比率指标。这些比率指标是反映目前经济发展现状和未来发展前景的重要指标。其中一系列指标的主要用途是评估国内生产总值或国民生产总值的未来长期发展前景。这些指标包括：

- 国内固定投资总额/GDP（或 GNP）。
- 国内储蓄总额/GDP（或 GNP）。
- 边际资本/产出（每增加一美元的产出对应的投资增加额）。
- 资本进口净额/国内固定投资总额。
- 国内储蓄总额/国内固定投资总额。

国内固定投资总额与 GDP 的比率能够反映实体经济的投资倾向。一般来说，投资的比率提高，产出就会增加，GDP 的增长速度就会加快。至于这种影响到底有多大，主要取决于边际资本产出率。边际资本产出率反映的是资本的边际生产效率。常见的计算方法是用一个周期内的国内固定资产投资总额除以随后一个或两个周期以后 GDP 的增长额。这个比率的计算值越低，意味着资本的生产效率越高。而资本的生产效率越高，GDP 的增长前景就越好。资本进口净额除以国内固定投资总额能够反映出 GDP 的增长对进口商品或资本的依赖程度。这个比率指标的值越大，说明实体经济对海外进口产品的依赖程度越高。国内储蓄总额与国内固定投资总额的比率能够帮助我们了解实体经济对海外资金的依赖程度。这个比率指标的计算结果越小，说明实体经济对海外资金的依赖程度越高。一般来说，在评估经济风险时，对海外资金的依赖通常被看作是减分项。然而，这种说法是否符合现实情况，目前仍存在争议。例如，某国拥有很多收益前景良好的投资机会，而且外国投资者也愿意向该国提供资金，那么在这种情况下，资金缺口可能确实比较大。但是显然，这种情况并不会对一国的经济发展造成不利影响。反过来，假设一国没有太好的投资机会，而且该国居民拥有比较强烈的消费偏好，那么这也会导致资金缺口比较大。在这种情况下，这明显是一个减分项，因为它意味着现在的消费所需的资金来源于海外借款，而且国内投资的收益率低于海外资金的成本。

还有一些比率指标可被用于评估价格的稳定性，具体包括：

- 政府的财政预算赤字/GDP（或 GNP）。
- 货币供给量增加的百分比。

较高的通货膨胀率通常被视为一个不利因素。如果政府的财政预算赤字和货币供给量的增长速度相对较低，则未来价格的稳定性和实体经济的发展前景应当会比较乐观。

可用于评估一国国际收支状况未来潜在变化的主要指标包括：

● 出口额的百分比变化/世界 GDP 的百分比变化，或者出口额的百分比变化/主要消费国家 GDP 的百分比变化（这就是所谓的出口需求的收入弹性）。

● 进口额的百分比变化/GDP 的百分比变化（当然，这就是进口需求的收入弹性）。

● 进口/GDP。

● 商品出口/总出口。

● 官方储备/进口。

较高的出口需求收入弹性（第一点）与较低的进口需求收入弹性（第二点）通常被视为有利于一国保持国际收支平衡。如果进口与 GDP 的比率相对较高，一般就意味着情况不太妙。因为商品价格时常会发生变化，因此商品出口与总出口的比率较高通常被视为一个不利因素，而官方储备与进口的比率较高则被视为加分项。

一国的财务风险指的是该国获得足够多的外汇以偿还外币负债的利息和本金（利息和本金的偿还统称为偿债义务）的能力。20 世纪 80 年代，很多发展中国家爆发的债务危机就是一国财务风险的著名案例之一。因为过度负债，同时又未能有效率地使用借入的资金，这些危机国家无法按照约定向贷款银行偿还债务，这使得贷款银行蒙受了巨额损失，同时也使得违约国家的实体经济备受打击。

在分析一国的财务风险时，我们要将该国的外债与该国目前和未来实体经济的发展状况加以比较。在分析跨境财务风险时，我们要用到的变量包括前面列出的各个比率指标，此外还要加上与一国外债有关的比率指标，例如：

● 外债总额（EDT），可以被细分为：

—未偿还的长期公共债务和公共担保债务（DOD）。

—未偿还的长期私人非担保债务。

—短期债务。

—IMF 贷款的使用额。

● 债务偿还总额（TDS），可以细分为：

—利息支付额（INT）。

—本金偿还额。

了解了一国的外债信息，再加上实体经济和国际收支方面的数据，我们可以计算出多个重要比率指标的值，从而揭示该国目前和未来财务状况的变化。最常见的比率指标包括：

● 外部债务总额/出口（EDT/X）。

● 外部债务总额/GNP（EDT/GNP）。

● 官方储备/外部债务总额（RES/EDT）。

● 官方储备/进口（RES/M）。

● 未偿还的长期公共债务和公共担保债务/出口（DOD/X）。

● 未偿还的长期公共债务和公共担保债务/GNP（DOD/GNP）。

● 债务偿还总额/出口（TDS/X）。

● 债务偿还总额/GNP（TDS/GNP）。

● 利息支付额/出口（INT/X）。

● 利息支付额/GNP（INT/GNP）。

● 官方储备/未偿还的长期公共债务和公共担保债务（RES/DOD）。

如前所述，在分析企业的财务风险时，财务杠杆发挥着重要作用。在评估一国的财务风险状况时，财务杠杆也是至关重要的。在这里，一国的财务杠杆主要表现为利息费用。利息支付额的变化会影响到 GDP 与利息支付额的差以及出口额与债务偿还额的差这两个变量的波动率。在这种情况下，分析师一般会将 EDT/X、EDT/GNP、DOD/X 和 DOD/GNP 看作是类似于企业财务杠杆的比率指标。这些比率指标的计算值越小，一国的财务状况就越好。与企业的财务比率指标一样，在使用这些反映一国财务状况的比率指标时要格外小心——其计算结果有可能小于 100%，尤其是发展中国家。

企业财务风险分析用到的其他比率指标——例如利息保障倍数和现金流偿债能力指标——可以被用于评估本期的负债可以在多大程度上由本期收入来偿还。利息保障倍数等于息税前利润除以利息支付额；而现金流偿债能力比率等于息税前利润除以债务的偿还总额，债务的偿还总额包括利息的支付额和本金的偿还额。因此，INT/X 与 INT/GNP 类似于利息保障倍数。TDS/X 与 TDS/GNP 类似于现金流偿债能力比率。同样地，在其他条件均相同的情况下，这几个比率指标的值越小，意味着财务状况越好。

大家可能已经注意到了，上面给出的比率指标还用到了出口和 GNP，但是这两个变量没有剔除成本，因此并不是净值，不能像利润或者净出口额（X－M）那样直接被国家用于偿还外部负债。

最后，RES/M 这个比率指标类似于企业在分析财务风险时使用的流动比率指标。流动比率指标能够反映一个企业偿还即将到期的短期负债的能力。而 RES/M 指标能够测量一国使用黄金储备和外汇储备保持一定进口水平的能力。

显然，就像分析师可以使用各种比率指标来评估一个企业的财务实力一样，在分析一国的财务状况时，我们也可以使用这些比率指标对一国的经济实力进行量化分析。对于经验丰富的分析师来说，这两种类型的比率指标都十分好用。但是不管是哪一种类型的比率指标，都不是一个简单的只显示答案的黑盒子。与指标本身相比，如何分析或解读这些比率指标的计算结果，才是更重要的。

25.4 政治风险

在绝大多数国家，政府会对本国的经济发展进行干预。这使得跨国企业面临的政治风险有所增加。政治风险的表现形式多种多样，例如税收制度的变化、外汇管制、政府对当地生产状况的控制、财产的征用和没收、对外国控制企业施加商业歧视以及对本土借款市场的准入进行限制。政治风险可以被定义为海外投资项目的价值或者投资项目产生的现金流因受到政府行为的影响而产生的风险敞口。从跨国企业的角度来看，政府政策的变化可能会带来积极影响，也有可能会带来负面影响。

虽然政治风险给跨国企业带来了严重的威胁，或者为其创造了盈利的机会，但是研究者们发现跨国企业并没有采取正式的规划或系统性分析来应对政治风险。这种做法十分幼稚。对跨国企业来说，对政治风险进行评估对于决策过程来说至关重要，因此本章的主要目的是向各位读者详细介绍政治风险的评估框架。

政治风险的评估通常包含下列三个关键步骤：

1. 承认存在政治风险及其可能导致的后果：这一步骤的主要目的是测量政治风险的

大小。

2. 研究应对政治风险的策略：这一步骤的主要目的是管理政治风险。

3. 一旦东道国政府执行征用或没收资产的政策，则跨国企业应当设计相应的赔偿最大化的应对方案：这一步骤的主要目的是在资产被征用或没收之后，跨国企业应设计相应的以获得最高赔偿为目的的应对措施。

25.5 政治风险的测量

我们可以使用两种方法来测量政治风险。第一种方法叫做国家层面的分析方法（也可以称为宏观分析法），第二种方法叫做企业层面的分析方法（通常也可称为微观分析法）。

很多咨询公司可以向客户提供预测政治风险的服务。这些咨询公司一般会建立模型，通过模型来计算出多种国别风险指数，这些指数可以对每个国家的政治风险进行量化分析。这些指数通常能够反映东道国当地政治环境的稳定性。在量化分析过程中，要充分考虑到政府的更换、一国国内发生暴乱的程度或可能、内部和外部冲突等等诸多因素。这种国别风险指数还能用于评估目前执政的政府在未来是否可以继续执政，以及目前的政治格局有多大可能可以继续保持下去。

汉纳（Haner）[2] 发明的评估方法很值得一提，因为这是一种系统性的评估方法，其基本原理与其他很多分析方法非常类似。汉纳使用七分评分制对导致国内政治局势紧张的诸多因素进行评分。这些影响因素包括：

- 政治势力的分裂以及分裂后重新形成的新政治集团的实力。
- 基于语言、种族或宗教形成的政治集团发生分裂以及分裂后形成的新集团的政治实力。
- 政府为了保持实力而采取的限制性措施。
- 对外国人的仇视心理、民族主义以及接纳外国人的倾向。
- 社会环境，包括人口密度和财富分布的极端情况。
- 极端左翼政府的组织机构和实力。

将上述各项的得分加上外部因素的评分。外部因素包括：

- 对敌对大国的依赖程度或重要性。
- 地区政治势力的负面影响、边境战争爆发的可能以及此类冲突让国内局势陷入不稳定状态的可能性。

最后，还要对两个项目进行评分，然后求出所有项目的得分总和。这两个项目为：

- 社会冲突。
- 政治的不稳定性。

将上述各项的得分相加，并且随着全球政治环境的不断变化，定期更新得分。然后根据总分情况将各个国家分成以下四类：

- 风险最低——得分为 0～19 分。
- 风险水平可以接受——得分为 20～34 分。
- 高风险——得分为 35～44 分。
- 风险水平超高——得分≥45 分。

一份财经月刊《欧洲货币》(*Euromoney*)提出了另外一种与上述方法较为相似的国别风险评估方法。这种评分方法使用的权重如表 25—1 所示。《欧洲货币》在多个部门的专家学者中展开调查。这些专家被要求针对表 25—1 中的一个或多个因素对每一个国家评分或发表观点。表中各评分因素共分为三大类：分析指标(40%)、信用指标(20%)和市场指标(40%)。如表 25—1 所示，这三大类分析指标又被进一步细分为多个小指标。

分析指标包括经济指标、政治风险评估和经济风险评估。经济指标能够反映一国的偿债能力，根据目前可获得的数据来计算外债与 GNP 的比率、国际收支平衡差额与 GNP 的比率以及偿债总额与出口额的比率，具体请参考前面的第 25.3 节。经济风险评估则是邀请多位经济学家，请他们对被评估国家的发展前景做出预测。类似地，政治风险评估也是邀请一些专家学者通过投票或打分的形式来评估一国的政治风险。

表 25—1　　《欧洲货币》使用的国别风险评估系统

	权重(%)
分析指标	
经济指标	15
偿债额与出口额的比	
国际收支平衡差额与 GNP 的比	
外债与 GNP 的比	
政治风险	15
经济风险	10
信用指标	
偿债记录	15
债务重组的难易程度	5
市场指标	
进入债券市场的能力	15
短期证券的出售情况	10
福费廷业务的开展水平	15
	100

信用指标关注的是一国进行债务重组的难易程度，以及过去该国的偿债情况。正如表 25—1 所示，偿债记录的权重要高于债务重组能力。

市场指标重点评估的是金融市场对该国的债券、短期证券和该国向出口商提供的不可追索的贷款叠加了多大的风险影响。如果风险影响较大，则意味着市场普遍认为该国的国别风险较大。当然，市场的这种反应肯定是全面考虑了《欧洲货币》评估系统中属于其他类别的评估因素，因此有可能存在重复计算的问题。

另外一种财经月刊《机构投资者》(*Institutional Investor*)也公布了自己发明的一套国别风险评级系统，以银行的信用评分为基础。目前市场上有很多类似的评估系统可供读者选择。但是，这些评估方法大同小异，绝大多数都是将客观数据与主观预期相结合。一般来说，它们使用的数据有所不同——例如，通货膨胀率、国际收支赤字与盈余以及其他的宏观经济数据。目的都一样，评估因政府的干预而发生不利变化的风险高不高。近年来，政治风险评估模型变得越来越复杂，一些政治风险评估模型甚至能够评估政治环境发生变化的时间点，这种能力非常重要。但是，该领域的研究尚处在初级阶段，因此还无法得出确定性的结论。一般来说，信用评级机构使用的评估模型并不算太成功。值得一提的是，绝大多数评估模型并没有使用判别分析技术，可是这种技术是评估国家政治风险最为科学的方法。

摩根（Morgan）[3] 近来获得的研究成果是一个例外——它使用判别分析方法来评估多个变量对一国债务重组可能性的影响。摩根发现进行债务重组的国家大多具有下列特征：

- 债务总额与出口额的比率相对较高。
- 浮动利率贷款与贷款总额的比率相对较高。
- GDP 的增长速度较低。

使用统计数据来预测政治风险的做法刚刚问世不久，尚处在初级阶段，但是发展速度非常快。

我们需要强调的是，就同一个事件而言，有些企业会因此而受益，有些企业会因此而受到伤害。比方说，东道国政府执行了贸易限制政策，则依赖进口的企业将受到不利影响，但是在进口产品领域与其他企业展开竞争的某企业会因这项政策而受益。

政治风险对不同的企业带来的影响也不同。我们在使用一般性的政治风险指标时要格外小心，必须全面分析政治风险对某家特定企业的综合影响。东道国政府很少会不加选择地没收外国投资资产。海外投资项目给东道国带来的好处越多，本土机构取代此类投资项目的成本越高，则该企业面临的政治风险就越小。政府不会单纯出于政治考虑来选择资产征用目标。

企业一般会通过下列方式将政治风险的影响与投资决策结合起来：

- 缩短最小投资还本期。
- 提高投资项目的必要收益率（即贴现率）。
- 根据降低风险所导致的成本来调整现金流，例如为海外政治风险保险支付保费。
- 调整现金流以反映特定风险的影响。
- 使用确定性等价来代替预期现金流。

在上述几种方法中，最后一种方法是招致学术界反对意见最少的，然而在现实生活中，它也是最不太可能被使用的方法。

25.6 管理政治风险

企业应当采取措施来控制企业的政治风险敞口。在分析了一国的政治环境并评估其对企业的生产经营会带来怎样的影响之后，企业要做出是否在该东道国进行投资的决定。如果企业决定投资，那么就必须事先做好安排，以实现政治风险的最小化。我们要重申一遍，政治风险的影响主要取决于企业的行为。企业的海外投资策略决定了该企业是否容易受到政治风险的影响。在投资之前或投资过程中，企业可以通过各种方式控制政治风险。在投资之前，企业可以采用四种方式来实现政治风险的最小化。这四种方式分别为规避、保险、协商和构建适合的环境。

管理政治风险最简单的方式就是尽量地规避这种风险。很多企业就是简单直接地决定不在政治不稳定的国家进行投资。如果跨国企业最终仍然决定投资，那么关键问题就在于企业能够忍受多高水平的政治风险，海外投资项目是否能给企业带来足够多的回报来补偿这种风险。一些跨国企业规避了那些政治局势不稳定的国家，也意味着它们放弃了在该国投资可能获得的高收益。做生意就是要冒风险，但是要确保自己能够获得足够多的收益来补偿这种高风险。

在投资之前，管理政治风险的第二种方式就是购买保险。通过为政治局势不稳定地区的资产购买规避没收风险的保险，跨国企业可以将精力集中于项目管理，而不是整天担心政治风险会给自己造成多大的损失。绝大多数发展中国家都设立了特定的政府机构，可以向本国企业提供帮助海外资产防范政治风险的保险产品。在英国，出口信用担保局只为海外的新投资项目提供没收保险。伦敦的劳埃德集团也可以向企业提供各种规避政治风险的保险产品，其中包括防范没收风险的产品。不管是新的投资项目还是已建成的投资项目，都可以购买这种综合性的、非选择性的保险产品。事实上，劳埃德集团是唯一一个出售没收保险的私人保险公司。保费会因东道国和被保险风险的种类而发生变化，最高保额一般不超过被保险股权资本的 90%。

除了保险以外，很多企业还尝试在投资之前与东道国政府签订协议。这种“特许协议”明确规定了双方的权利和义务。从本质上看，该协议详细说明了跨国企业在东道国本地开展生产经营活动应当遵循哪些规则。投资于欠发达国家的跨国企业通常会与东道国政府签订类似的协议。一般来说，这些协议都是与较为弱势的东道国政府签订的。但是，一旦政府更替或政权交接，新政府往往会拒绝承认这种协议的有效性。因此，特许协议不能确保跨国企业百分之百地规避政治风险。随着时间的推移，特许协议开始慢慢淡出第三世界国家；不过，目前我们仍然能在发达国家看到它的身影。

在决定投资于某国以后，跨国企业必须好好设计生产经营计划和财务管理政策以实现政治风险的最小化，确保跨国企业对未来可能发生的事件拥有足够的掌控力。比方说，让海外子公司依赖集团公司提供市场或者提供原材料的策略就能达到这样的效果。由于跨国企业同时在多个国家进行一体化生产，因此某一东道国政府没收当地海外投资资产的做法便失去了意义，这是因为它仍然需要继续依赖跨国企业母公司来提供原材料。这是跨国汽车企业经常使用的方法之一。

对于那些严重依赖研发部门和专利技术的企业来说，将研发部门或技术部门集中设立在母国能够帮助企业降低资产被没收的概率。同样地，在全球范围内注册独一无二的商标也能从法律上防止别人假冒自己的产品。同时从多家工厂获得资源供给，在这种情况下，即使东道国政府征用或没收了其中一家工厂，也不太可能会对跨国企业造成太大的损失。此外，积极地吸纳当地的投资者成为海外投资项目的外部股东也是一种能够有效降低政治风险的策略。这意味着海外投资项目要从东道国政府、跨国金融机构和客户那里获得资金来源，而不是从母公司那里获得资金或担保。但是，这也许不是成本最低廉的融资方式。

获得东道国政府的无条件担保是另外一种可以实现政治风险最小化的策略。一旦东道国政府拒绝承认先前签订的许可协议并拒绝履行义务，这样的担保就可以让债权人在国外法庭上提起诉讼，反对东道国政府与任意第三方进行的商业交易。这样的担保协议可以让跨国企业不依靠母国政府的支持就对外国政府进行制裁。

生产经营策略也可被用于规避政治风险。具体做法包括有计划地转让投资、短期利润最大化、为东道国政府创造收益或好处、积极吸纳当地股东以及适应当地环境。接下来我们简要地介绍一下上述每一种方法。

顾名思义，有计划地转让投资是跨国企业实现政治风险最小化的常用策略。而短期利润最大化常见的做法是在短期内尽可能地从当地投资项目中抽取足够多的现金流。将再投资金额降至最低，推迟维修保养方面的支出，缩减市场营销费用，停止培训项目，等等，这些做法的共同效果都是在短期内尽可能地实现现金流最大化。如果企业清楚地知道自己即将面临资产被没收的威胁，这意味着东道国本地的投资项目命不久矣，那么跨国企业往往会采用上述这些做法。不过，这样的行为很有可能会加快资产被没收的进程。跨国企业还可以通过改变自身与东道国之间的收益/成本分担方式来管理政治风险。如果当地政府非常关注投资项目给其带来的经济效益和成本，那么跨国企业应当竭尽全力降低投资项目国有化或被征用所带来的潜在好处。跨国企业应当制定相应的政策，确保投资项目所产生的收益或好处能够被留在东道国当地。具体做法包括培训当地的工人和管理者，帮助东道国政府开拓出口市场，在当地生产多种产品以替代进口产品。另外一种常见的策略是，与当地的利益相关人搞好关系，所谓的利益相关人包括客户、供应商、雇员、银行、银行家等。具体的做法包括跨国企业与东道国当地企业共同出资建立合资企业。另外一种政治风险管理策略是，面对潜在的资产没收风险，尽可能地去适应它，并且制定相应的政策以确保自身即使在资产被征用后也仍能获得利润。很多石油公司设在海外的投资资产大多被国有化或征用，但是在此之后这些石油公司可以从东道国政府那里获得管理合同，依照合同继续在东道国当地开展石油勘探、炼油以及营销活动。这样的跨国企业意识到它们不需要拥有或控制资产，同样也能给自己创造利润或现金流。

可实现政治风险最小化目标的财务工具多种多样。由于投资资产有可能会被没收，外币有可能会变成不可兑换货币，因此跨国企业的海外投资面临着诸多威胁。如果外币不可兑换，那么跨国企业最好尽可能地在东道国当地融资，这样总好过资金被永久性地冻结在海外市场。跨国企业可通过下列财务手段尽可能地降低政治风险：在东道国本地融资，并使得本地债务在资金来源中所占的比例极高，将集团内部的资金来源最小化，并且不让母公司或集团公司提供担保。跨国企业海外投资项目还可以通过项目公司支付专利权使用费、转移定价等财务工具尽可能多地将利润汇回母国，而不是将其滞留在政治风险较高的东道国。毕竟，在海外积累起高额的被冻结资金，对跨国企业来说一点好处也没有。

25.7　资产被没收以后的策略

征用不会突然发生。一般来说，在东道国政府强行征用资产之前，总是会有各种各样的迹象与信号。一旦发现蛛丝马迹，跨国企业就应当抓住机会与东道国政府进行会谈。如果预见东道国政府要执行资产征用政策，则跨国企业一般采取的应对措施包括理性协商、向外界求援、申请法律援助，直至最终宣布“投降”让步。在这种情况下，首先跨国企业要努力说服东道国政府这样做很愚蠢。跨国企业通常会向东道国政府反复强调投资项目未来可以产生的经济效益，但是东道国政府很有可能已经充分考虑了这一点，并且在采取行动之前已经对有可能造成的潜在经济损失进行了评估。如果东道国政府只是用没收资产作为讨价还价的工具，以此来迫使跨国企业做出让步，那么这种方法有可能会获得成功，努力劝说很有可能会起到成效。如果跨国企业认为东道国政府只不过是在炫耀武力，那么可以采用战略性撤退的策略，以确保海外投资项目能够继续经营下去。

跨国企业可以与东道国政府协商，努力劝说其再好好考虑一下。跨国企业可以向东道国政府建议双方互退一步，从而确保投资项目可以继续经营下去。类似的让步主要包括：

- 雇用东道国本地的经理人。
- 提高东道国本地企业向集团其他子公司或事业部门支付的转移价格。
- 吸纳当地合伙人。
- 改变对外派雇员的管理方式。
- 加大投资力度。
- 为政治竞选提供资金赞助。
- 同意东道国政府解除许可协议。
- 支持政府开发的项目。
- 暂停向母公司支付股息。
- 出让控股权。
- 撤换所有来自母国的雇员。
- 承诺给当地企业带来更大的好处。

在上述各种让步举措中，前四项对跨国企业最有吸引力。一般来说，第五项至第八项次之，最后四项的吸引力最小。

如果上述让步举措不起作用，那么跨国企业就会开始使用消极制裁措施。表现形式为支持反对政党或者请求母国政府帮企业撑腰说话。但是这样的政治手段很难奏效。与之相反，到了这个地步，跨国企业很有可能同意让出投资项目的所有权，以期获得一定赔偿，这种做法可以帮助东道国政府和跨国企业自身节省大量的谈判时间。

如果协商与求助外部势力均没有效果，那么接下来企业可以申请法律救济。按照法律原则，跨国企业必须首先向东道国的法庭申请法律救济。如果这条道路走不通，则跨国企业可以向本国法庭或国际法庭申请法律救济。如果东道国本地的法庭是公正无偏的，那么寻求当地的法律救济很有可能会起到一定效果。如果当地的司法机构屈从于政府，那么向当地法庭申请法律救济几乎毫无作用。在这种情况下，跨国企业向母国法庭或第三国法庭发起目的为夺回被东道国所征用资产的诉讼才是最迅速解决问题的方法。

不过，主权豁免和国家行为原则的存在可能会让跨国企业的诉讼遭遇挫折。所谓主权豁免指的是除非主权国家同意，否则不能在其他国家的法庭对主权国家进行宣判。国家行为原则的含义是主权国家在自己领土范围内采取的行为不应当被其他国家的法庭所质疑，即使这些行为违反了国际法。不过，当问题涉及外国企业的商业交易时，主权豁免原则通常是无效的。

另一办法是在母国大力游说，力求使母国政府限制对东道国原材料和产品的进口。申请投资争议裁决也是一种办法；自从 1966 年世界银行建立了国际投资争议解决中心以来，目前这种解决方法效果还不错。该中心成立的目的是为解决国际投资争端提供法庭，以此来鼓励各国对外直接投资。该中心可以提供有约束力的裁决结果，然而在实际操作过程中，裁决的影响较小。

如果协商、求助外部势力以及寻求法律救济都不起作用，那么跨国企业只能屈服，并努力挽回一部分损失。一般来说，这涉及申请保险赔付以及获得其他的赔偿。

25.8 跨国企业资本预算过程中的政治风险分析

投资于海外项目的企业必然要认真分析政治风险的影响，而政治风险与东道国政府的行为有密切关系。夏皮罗[4] 详细介绍了多个可用于量化分析政治风险是否处于可接受水平的模型。其中一种评估方法是对特定政府的行为进行盈亏平衡概率分析。在本章我们要对这种评估方法加以介绍。从本质上看，这个模型的目的是构建一个在投资评估过程中可用于评价政治风险水平的普适公式。分析师可以使用这个模型来评估各种政治风险因素的影响。

基本的推导思路是，研究各种各样的政治风险事件对投资项目收益的影响。因此，我们按照顺序分析资产被征用、资金被冻结和税负增加所造成的影响。然后再综上所述推导出一般化模型。

首先，我们分析资产被征用的情况。海外投资项目在基准情况下的净现值应当等于：

$$-I+\sum_{i=1}^{n}\frac{X_i}{(1+k)^i}$$

式中，I 代表的是初始资本投资额的限制，X_i 代表的是投资项目在第 i 年可汇回母国的净现金流的值，k 代表的是贴现率。现在我们假设资产征用发生在第 h 年，则投资项目的净现值将会下跌至：

$$-I+\sum_{i=1}^{h-1}\frac{X_i}{(1+k)^i}+\frac{G_h}{(1+k)^h}$$

式中，G 不仅仅包含东道国政府向跨国企业直接支付的赔偿、政治风险保险的赔偿金，还包括税负抵扣效应所带来的成本节约值和资产被征用后跨国企业回收的资本额。我们假设，G 是在第 h 年被支付的。在现实世界里，情况可能并非如此，因为一旦资产被征用，支付或赔偿是立即进行的，但是考虑到 G 代表的是支付或赔偿总额，因此在构建公式时要考虑到其发生的时间点。

接下来我们假设在第 h 年资产被征用的概率为 p_h，而在其他年份发生资产被征用的可能性均等于零，于是投资项目的净现值就变成：

$$-I+\sum_{i=1}^{h-1}\frac{X_i}{(1+k)^i}+p_h\frac{G_h}{(1+k)^h}+(1-p_h)\sum_{i=h}^{n}\frac{X_i}{(1+k)^i}$$

如果当投资项目资产被征用时，该投资项目刚刚实现盈亏平衡，则其净现值应当等于零。所以，我们将上述等式设定为等于零就可以求出 p_h 的盈亏平衡值。改写上述公式，可以得到：

$$p_h\left[\sum_{i=h}^{n}\frac{X_i}{(1+k)^i}-\frac{G_h}{(1+k)^h}\right]=-I+\sum_{i=1}^{n}\frac{X_i}{(1+k)^i}$$

进一步改写上述等式，可以求出 p_h 的盈亏平衡值：

$$p_h=\frac{\sum_{i=1}^{n}\frac{X_i}{(1+k)^i}-I}{\sum_{i=h}^{n}\frac{X_i}{(1+k)^i}-\frac{G_h}{(1+k)^h}}$$

对于某一特定的资产征用案例，如果我们求出 p 的盈亏平衡值等于 0.25，那么我们就没有必要花费时间去担心资产被征用的可能性是 0.10 还是 0.15，因为我们确切地知道概率肯定低于 0.25，因此这个投资项目的风险水平是可以接受的。按照同样的逻辑，如果资产被征用的概率为 0.40～0.50，那么显然该投资项目的风险水平过高，不可接受。

接下来我们用一个具体的例子来说明如何使用上述公式。假设某个投资项目的初始资本投资额为 1 000 000 英镑，该项目的有效期限为 5 年，每年的净可汇回现金流为 500 000 英镑，贴现率为 20%。于是该项目的净现值等于 495 305 英镑。我们再假设到第二年年末，该投资项目很有可能会被东道国政府实现国有化，东道国政府支付的赔偿金估计为 200 000 英镑。使用前面介绍的盈亏平衡公式，我们可以算出 p 的盈亏平衡值等于：

$$\frac{495\ 305}{731\ 416-138\ 889}=0.84$$

顺便说一句，如果东道国政府不支付任何赔偿，则 p 的盈亏平衡值等于：

$$\frac{495\ 305}{731\ 416}=0.68$$

我们还可以使用同一种推导方式来计算资金被冻结的情况下 p 的盈亏平衡值是多少。首先，我们仍要从基准情况下的投资项目净现值入手：

$$-I+\sum_{i=1}^{n}\frac{X_i}{(1+k)^i}$$

接下来，我们假设自第 j 年开始资金被冻结在东道国，于是该投资项目的净现值变为：

$$-I+\sum_{i=1}^{j-1}\frac{X_i}{(1+k)^i}+\sum_{j}^{n}\frac{X_i\ (1+r)^{n-i}}{(1+k)^n}$$

上式假设被冻结资金在被冻结区域的再投资收益率为 r，而且所有被冻结的资金最终将于第 n 年被汇回母国；其他的符号含义如前所述。

如果在第 j 年资金被冻结的概率为 q_j，而在其他年份资金被冻结的概率为零，则投资项目的净现值会变成：

$$-I+\sum_{i=1}^{j-1}\frac{X_i}{(1+k)^i}+q_j\sum_{i=j}^{n}\frac{X_i\ (1+r)^{n-i}}{(1+k)^n}+(1-q_j)\sum_{i=j}^{n}\frac{X_i}{(1+k)^i}$$

我们将上式的计算结果设定为零，就可以求出 q 的盈亏平衡值。在这种情况下，公式被改写为：

$$q_j\left[\sum_{i=j}^{n}\frac{X_i}{(1+k)^i}+\sum_{i=j}^{n}\frac{X_i\ (1+r)^{n-i}}{(1+k)^n}\right]=\sum_{i=1}^{n}\frac{X_i}{(1+k)^i}-I$$

将公式进一步变形，从而求出 q 的盈亏平衡值等于：

$$q_j=\frac{\displaystyle\sum_{i=1}^{n}\frac{X_i}{(1+k)^i}-I}{\displaystyle\sum_{i=j}^{n}\frac{X_i}{(1+k)^i}+\sum_{i=j}^{n}\frac{X_i\ (1+r)^{n-i}}{(1+k)^n}}$$

同样地，我们用一个简单的例子加以说明。假设某投资项目的初始资本投资额为 1 000 000英镑，该项目的有效期限为 5 年，每年可汇回的税后净现金流为 375 000 英镑。贴现率为 20%，则该项目的净现值等于 121 625 英镑。现在我们假设一年后该项目产生的利润就会被东道国政府冻结，而且这部分被冻结资金的再投资收益率为 5%。则使用上述公式，q 的盈亏平衡值应当等于：

$$\frac{121\ 625}{808\ 975-649\ 555}=0.76$$

接下来我们分析一下税负增加所导致的政治风险，公式的推导方法与前面所讲的类似，同样是求出达到盈亏平衡状态时税负增加的概率。如前所述，首先是求出基准情况下项目的净现值：

$$-I+\sum_{i=1}^{n}\frac{X_i}{(1+k)^i}$$

现在我们假设在第 m 年税负增加，π 代表的是应税利润，Δt 代表的是税率的变化，则投资项目的净现值下跌至：

$$-I+\sum_{i=1}^{m-1}\frac{X_i}{(1+k)^i}+\sum_{i=m}^{n}\frac{X_i-\pi_i\Delta t}{(1+k)^i}$$

如果在第 m 年税负增加的概率为 p_m，而在其他年份税负增加的概率均为零，则该投资项目的净现值等于：

$$-I+\sum_{i=1}^{m-1}\frac{X_i}{(1+k)^i}+p_m\sum_{i=m}^{n}\frac{X_i-\pi_i\Delta t}{(1+k)^i}+(1-p_m)\sum_{i=m}^{n}\frac{X_i}{(1+k)^i}$$

使用我们前面介绍过的分析方法，假设投资项目的净现值等于零时，对应的就是 p_m 盈亏平衡值：

$$0=-I+\sum_{i=1}^{n}\frac{X_i}{(1+k)^i}+p_m\sum_{i=m}^{n}\frac{X_i-\pi_i\Delta t}{(1+k)^i}+(1-p_m)\sum_{i=m}^{n}\frac{X_i}{(1+k)^i}$$

将公式简化为：

$$0=-I+\sum_{i=1}^{n}\frac{X_i}{(1+k)^i}-p_m\sum_{i=m}^{n}\frac{\pi_i\Delta t}{(1+k)^i}$$

进一步变形，我们可以求出 p_m 的盈亏平衡值等于：

$$p_m=\frac{\sum_{i=1}^{n}\frac{X_i}{(1+k)^i}-I}{\sum_{i=m}^{n}\frac{\pi_i\Delta t}{(1+k)^i}}$$

同样地，我们举一个计算的例子。基本的已知条件和前面一样。初始投资成本为 1 000 000英镑，项目周期为 5 年，每年产生的可汇回税后净现金流为 375 000 英镑，贴现率为 20%。同样地，基准情况下该项目的净现值等于 121 625 英镑。如果我们假设在第二年以后，税率立即由原来的 25%上升至 50%，则 p_m 的盈亏平衡值等于：

$$p_m=\frac{121\ 625}{\sum_{i=3}^{5}\frac{500\ 000\times 25\%}{(1.20)^i}}=\frac{121\ 625}{182\ 695}=0.67$$

到现在为止，我们已经建立了三个模型，跨国企业在进行资本投资评估时可使用这三个模型分析政治风险。这三个模型按照顺序分别分析的是资产被征用、资金被冻结以及税负增加这三种情况。不过，我们可以推导出一个具有普适性的一般性模型。在这三种情况下，基准净现值均等于：

$$-I+\sum_{i=1}^{n}\frac{X_i}{(1+k)^i}$$

加入政治风险因素，则基准净现值会有所减少，减少的金额等于政治风险事件发生的概率乘以因政治风险事件发生而损失的现金流的现值。因此，净现值便为：

$$-I+\sum_{i=1}^{n}\frac{X_i}{(1+k)^i}-p(\text{损失现金流的现值})$$

式中，p 代表的是政治风险事件发生的盈亏平衡概率。将上式进一步变形，我们可以得到一个一般性的公式，如下所示：

$$p=\frac{-I+\sum_{i=1}^{n}\frac{X_i}{(1+k)^i}}{\text{损失现金流的现值}}$$

或者，该公式还可以写成另外一种形式，盈亏平衡概率永远等于：

$$\frac{\text{基准情况下投资项目的净现值}}{\text{因受到政治风险因素影响而损失的现金流的现值}}$$

我们相信，对于跨国企业的资本预算来说，这个公式是分析政治风险的最有力工具。这里我们介绍的这种方法与其他更为复杂先进的评估方法本质上十分相似。更复杂的政治风险评估方法是用任意年份的现金流乘以投资项目能够继续的概率，然后再除以贴现率与资产没收概率之和。对于项目投资期的每一年都进行类似的计算，然后对获得的计算结果求和，再加上初始资本投入，从而求出投资项目的净现值，读者可参考利瓦伊（Levi）[5] 的相关论文。

小结

● 政治风险可以被定义为海外投资项目的价值因受到东道国政府行为的影响而发生变化的风险。

● 政府会对本国的经济发展进行干预，这种做法会提高跨国企业面临的政治风险。政治风险的表现形式包括税收制度的变化、外汇管制政策的影响、对投资项目设置的各种限制以及在东道国当地使用其本币来融资等。

● 跨国企业希望能够测量并管理政治风险。政治风险可用多种方式来测量，绝大多数测量方法本质上都是主观的。

● 至于管理政治风险，一种方法是尽量地规避政治风险，即不在政局不稳定的国家进行投资。

● 另外一种管理方法就是购买相应的保险产品。跨国企业可以为设立在政治风险较高地区的资产购买相应的保险，以防范被征用风险以及其他类型的政治风险。保费取决于资产所在的国家和被保险的风险类别，最高保额通常不超过被保险股权资本的 90%。

● 跨国企业还可以在投资之前与东道国政府签订协议，但是后来上台的新政府可能会拒绝承认这种特许协议。

● 始终确保海外子公司要依赖集团总公司提供生产原料或者产品市场——这是一种一体化的生产经营模式——是一种有效管理政治风险的方式。

● 还有一种策略，即大量地使用东道国当地的债务向海外子公司提供资金。如果资产被征用，则东道国政府要接收当地子公司的资产和负债。而子公司的负债包含着大量的当地债务。

● 在跨国企业进行资本预算时，我们可以在投资之前，利用盈亏平衡概率分析法来评估政治风险。这种分析方法是假设当某种特定的政治风险事件发生时，投资项目的现值由正变为零，在这一背景下测算特定政治风险事件发生的概率。盈亏平衡概率的一般性公式如下所示：

$$\frac{\text{基准情况下投资项目的净现值}}{\text{因受到政治风险因素影响而损失的现金流的现值}}$$

● 本章提供了一些简单的数值计算案例，可供读者练习。

章末习题

25.1 解释一下跨国企业为保持较低的国别风险水平而采取的跨国投资项目分散化的策略。

25.2 一旦某一投资项目被跨国企业认可，那么就没有必要再对打算投资的东道国进行国别风险分析，假设在该东道国没有其他的投资项目等待评估。你赞同这种说法吗？为什么？

25.3　你认为全面的国别风险分析是否能够取代海外投资项目的资本预算分析？为什么？

注释

1. Nagy，P.，*Country Risk*，Euromoney Publications，London，1984.

2. Haner，F. T.，"Rating investment risks abroad"，*Business Horizons*，22 (2)，18 – 23，1979.

3. Morgan，J. E.，"A new look at debt rescheduling indicators and models"，*Journal of International Business Studies*，Summer，35 – 54，1986.

4. Shapiro，A. C.，*Multinational Financial Management*，7th edition，John Wiley，New York，2003.

5. Levi，M. D.，*International Finance：The Markets and Financial Management of Multinational Business*，2nd edition，McGraw-Hill，New York，1990.

第 26 章　跨国企业资本预算：实践

我们已经在第 22 章和第 23 章向大家介绍了跨国企业资本预算的基本理论，现在我们要将这些理论与知识应用于实践。

本章我们向大家提供一个直接明了的跨国企业资本预算案例。通过分析该案例，学生可以好好消化吸收一下到目前为止学到的资本预算的相关知识。本案例的设计目的是详细阐述在实际操作过程中，跨国企业可以使用哪些方法来评估海外投资项目。该案例的基本背景是假设东道国政府执行外汇管制政策，因此限制海外投资项目的现金流以各种方式流出本国或被转移到世界其他地区。在这种情况下，跨国企业可以采用各种手段比如财务手段来促使现金流加快流回母国。我们发现，在跨国投资领域，各种财务手段对于母公司可以获得的净现值具有重大影响；尤其是当东道国政府执行外汇管制政策，对现金流的流出加以限制时，其重要性会变得更加突出。换言之，在这种环境下，财务手段的创新能够影响到投资项目的现值，而且影响很大。本章整个案例的分析过程能够充分体现这一点。

26.1　净现值法与调整现值法

在计算投资项目的现值时，我们可以使用净现值法，也可以使用调整现值法。这两种计算方法都以较为完善的理论作为依据。净现值法根源于传统的财务理论，所罗门（Solomon）[1] 对此进行了详细解释。调整现值法以莫迪利亚尼和米勒[2] 提出的资本成本计算法为基础，迈尔斯[3] 对其进行了发展完善。随便翻开一本财务管理的教科书，你都能找到有关这两种计算方法的基本原理和具体细节的详细描述。

我们已经在第 23 章向大家总结了这两种方法如何应用于实践。如果使用得当，这两种方法得到的计算结果应当非常接近。对此，读者可以参考罗斯、斯特菲尔德和杰斐（Ross，Westerfield and Jaffe）[4] 的相关论文。

接下来我们就向大家介绍这一案例。这个案例假设海外投资项目产生的现金流因受到东道国政府的制约而不能随便汇出东道国。

26.2 海外投资项目评估：阿尔法公司

阿尔法公司是一家总部位于欧元区的跨国企业。该公司主要生产和销售电动机，其产品广泛应用于世界各国的商业和工业领域。到目前为止，阿尔法公司尚未在A国出售其生产的产品。近来，A国刚刚发现了丰富的矿产资源，准备在未来两三年间逐步开发，因此A国正处在经济起飞阶段。对阿尔法公司来说，这是A国的主要吸引力之一。A国目前当政的是右翼政府，该政府已经执政20年（不过，该政府是通过所谓的民主选举上台的），A国居民的幸福感体验较好，因为A国的社会文化崇尚成功与上进心。目前，A国正在努力进行工业化改革，同时也在积极吸引跨国企业进入该国投资，并承诺5年之后可以实现投资项目的私有化。A国政府明确说明，基于税后利润的历史数据，盈利乘数大致为4倍。所有新的外来投资都要缴纳25%的关税（这笔关税不能进行税收抵扣），不过A国政府要对其他的进口产品征收50%的关税。阿尔法公司的项目分析团队得出的结论是直接投资看上去是进入A国市场的更好方式。为了实现这一目的，位于A国的阿尔法全资子公司得以成立。我们将该子公司简称为OAL。

基本情况

与该投资项目有关的主要财务数据如下所示：

● A国当地货币代码为OLD。目前，A国的通货膨胀率大致为年均15%，而且据预测未来还将持续下去。当前的汇率水平（第0年）为5 OLD兑换1欧元。未来5年间，欧元区的通货膨胀率为年均3%。

● 该投资项目的资本成本为2亿OLD，再加上5 000万OLD的进口关税。按照A国政府的相关规定，海外投资者必须采用股权投资的方式向位于A国的子公司注入这笔资本金。

● A国政府目前正在执行较为严格的外汇管制政策，但是看上去这项制度相对透明和诚实（也许有的读者会说，既然是外汇管制政策，又何来“透明”与“诚实”？这原本就是自相矛盾的，就好比我们说汉尼拔是一个优雅的杀手一样）。每年10%的税后利润可以被汇回母国。一旦达到这一利润水平，初始投资成本（不包括关税）就可以被当作历史成本来折旧，在5年时间内采用直线折旧法——也就是说，每年折旧20%。不过，在第5年年末实现的利润——即投资项目所产生的收益减去初始资本投入（不包括关税）——要按照50%的税率纳税。而且，这些利润或收益要等到投资的第8年才能被汇回母国。在第5年至第8年这段期间，这些资金必须被存放在A国政府许可的银行内，而且利率水平为0。资金被汇回时，适用的汇率水平（A国政府对这一汇率水平提供担保）为12.074 4 OLD兑换1欧元。这一汇率水平基于A国与欧元区的相对通货膨胀情况：A国的通货膨胀率为年均15%，欧元区的通货膨胀率为年均3%。当资金被汇回母国时，不管当时实际的市场汇率是多高，跨国企业都可以使用这一担保汇率将自己持有的A国货币兑换为欧元。虽然实施了外汇管制政策，但是OLD本质上是自由浮动货币。事实上，近些年来，OLD的币值基本符合购买力平价理论。

● 按照外汇管制政策的要求，非A国本土企业存放在A国银行的存款不得获得任何利息收益。

● 在第5年年末，OAL公司的留存收益可以被汇回跨国企业母公司，而且不需要在A国当地再缴纳任何税。不过，按照我们前面所讲的，留存收益的实际汇回要推迟到第8年再进行。

● 按照A国目前执行的外汇管制政策，符合要求的资金汇出情况包括：

—A国的公司利润税税率为20%，对于在A国投资的跨国企业来说，这一税率将在投资后5年内保持不变。

—跨国企业将股息和项目的终值由A国汇出流入欧元区的母国，不需要缴纳任何预扣税。

—汇回母国的利润被视为已经在A国当地缴纳了20%的税，因此在阿尔法公司的欧元区母国，这笔外国税可以用来进行税收抵扣。这条规定同样适用于跨国企业在投资的第8年将留存收益和项目的终值汇回母国。

—我们假设阿尔法公司的母国公司税税率为41%。这意味着我们要用汇回母国的净现金流加上在A国当地支付的税率为20%的税，所得到的总额为母国计算税负的税基，适用的税率为41%，但是要扣除20%的外国税收抵免。因此，如果汇回母国的净利润为500万欧元，则母国征收的税应当等于：

汇回的净利润	500万欧元
应税税基（乘以100再除以80）	625万欧元
总税负（41%）	256万欧元
减去A国的税收抵免（＝625－500）	125万欧元
母国的应收税款	131万欧元

请大家注意，我们还可以用另外一种更为直接的方法来计算母国的税负，这就是直接用母国的税率（41%）减去外国的税率（20%），将得到的差额（21%）乘以前面算出的应税税基。

● 为了吸引投资，A国政府向阿尔法公司保证在未来5年内由阿尔法公司垄断A国国内市场，这是A国政府常用的手段。

● 阿尔法公司的分析师可以根据已知数据计算出最高的投资收益，具体可见表26—1。

● 阿尔法公司用8%的实际收益率来评估投资项目。考虑到A国的国别风险溢价以及A国政府债券的风险溢价，还要在此基础上加上3%的风险溢价（没有列出计算过程）。大家应该还记得，我们估计A国的通货膨胀率为年均15%，而欧元区的通货膨胀率为年均3%。阿尔法公司的集团总部位于欧元区，因此阿尔法公司的母国预期通货膨胀率也为年均3%。

虽然从项目的角度进行评估并不是最佳方式（这是因为在进行国际资本预算时，最佳的分析角度应当是从母公司的视角出发，分析母公司可以获得的现金流及其资本投入），但是我们还可以从项目自身的角度来计算投资的净现值。计算过程如表26—2所示。请大家注意，将风险溢价相乘求出的28%的贴现率要比直接将风险溢价相加求出来的26%的贴现率更为准确。尤其是对于那些通货膨胀率非常高的东道国，前一种做法更为保险。

表 26—1　　根据 A 国 15%的通货膨胀率预期计算 OAL 子公司投资项目的最高现金流入

年份	销售量（千）	销售价格（OLD）	销售收入（百万 OLD）	可变成本相当于销售收入的 50%（百万 OLD）	固定成本（百万 OLD）	折旧（百万 OLD）	经营利润（百万 OLD）	按照 20%的税率在 A 国缴纳的税负（百万 OLD）	税后利润（百万 OLD）	额外的营运资本*（百万 OLD）	自由现金流+（百万 OLD）
1	160	2 000	320	160	40	40	80	16	64	(48)	56
2	200	2 300	460	230	46	40	144	29	115	(21)	134
3	250	2 645	661	330	53	40	238	38	190	(30)	200
4	300	3 042	913	456	61	40	356	71	285	(38)	287
5	360	3 498	1 259	629	70	40	520	104	416	(52)	404
6	根据 4 倍的盈利倍数计算的项目终值										1 664

* 营运资本等于销售收入的 15%。

＋自由现金流＝税后利润＋折旧－额外的营运资本。假设没有新的资本投入。初始投资的有效期为 12 年，但是在计算折旧时假定有效期只有 5 年，目的是为了与 A 国的税法保持一致。

正如表 26—2 所示，从项目自身角度来看，其净现值非常高，等于 6.8 亿 OLD，即 1.36 亿欧元（＝6.8 亿 OLD÷5）。但是我们关注的是母公司可以获得多少投资收益，因此还要在此基础上进一步分析。由于 A 国政府对资金流出实施管制政策，因此对于欧元区的投资者来说，该投资项目的净现值可能并不算太高。

表 26—2　　从项目自身角度计算 OAL 子公司投资项目的净现值

步骤 1　近似贴现率等于：

实际必要收益率＋通货膨胀率＋A 国的风险溢价

8%＋15%＋3%＝26%

步骤 2　更为准确的贴现率：

(1＋实际必要收益率)×(1＋通货膨胀率)×(1＋A 国的风险溢价)－1

1.08×1.15×1.03－1＝0.279

≈28%

步骤 3　从项目自身角度计算其净现值：

各年份的自由现金流	0	1	2	3	4	5
现金流——请参考表 26—1（百万 OLD）	(250)	56	134	200	287	404
——项目终值*（百万 OLD）						1 664
按照 28%的贴现率计算现值（百万 OLD）	(250)	44	82	95	107	602
净现值（百万 OLD）	680					

* 该表没有计算项目的终值应缴纳的税负。按照前面列出的已知条件，项目终值被汇回母国时是要纳税的。表 26—2 是从项目自身角度分析现金流的，因此没有考虑资金汇回母国这个问题。

接下来我们要从母公司的角度来计算一下 A 国投资项目的净现值，具体过程如下所示：

● 我们必须估计一下可汇回欧元区国家的利润额是多少。为了达到这一目的，我们要先查看一下表 26—1 得到的税后利润的计算结果，然后再考虑只有 10%的税后利润可以被当作股息被汇回母国。

● 为了将这些汇回母国的资金兑换为欧元，我们还必须估计一下未来的汇率水平。为了达到这一目的，我们假设汇率水平的波动符合购买力平价理论。当然，事实上汇率水平的变化很少会始终遵循购买力平价理论。但是，历史数据证明，OLD 与欧元之间的汇率波动确实基本符合购买力平价理论。在任何情况下，我们都需要尽可能多地构建出多个虚拟情境，然后逐一分析，这样有助于做出更明智的管理判断。

● 我们还要估算投资项目的终值，前提条件是盈利倍数为 4 倍；投资项目在 A 国获得的资本利润要按照 50%的税率纳税。此外，OAL 公司的留存收益也可以被汇回母国。这两笔最终收益都必须推迟到第 8 年才能被汇回母国。其中，资本利润要按照母国 41%的税率水平缴纳资本利得税，而留存收益则被视为普通利润来纳税。

● 我们要使用合适的欧元贴现率将汇回母国的资金贴现。

表 26—3 至表 26—7 详细说明了上述计算过程。这几个表的主要作用为：

● 表 26—3——使用购买力平价理论预测未来 OLD 与欧元的兑换比率。

● 表 26—4——由 A 国汇往母国的股息及其到达母国后应缴纳的税负。

表 26—3　　根据购买力平价理论预测未来 OLD 与欧元的兑换比率

● 我们要使用购买力平价理论的计算公式（请参考图 3—1）。我们用 E 代表欧元，用 O 代表 A 国货币 OLD，因此等式可以写成：

$$\frac{p_E - p_O}{1+p_O}=\frac{s_t - s_O}{1+s_O}$$

其他符号的含义均与图 3—1 相同。在使用该公式计算汇率水平时，我们应当使用欧元区的直接标价法——同样地，请参考图 3—1。

● 按照购买力平价理论计算。

年份	起始时的汇率水平	欧元区的通货膨胀率	A 国的通货膨胀率	未来的汇率水平
0	€0.2			
1		3%	15%	€0.179 13（OLD5.582 5）
2		3%	15%	€0.160 44（OLD6.232 9）
3		3%	15%	€0.143 70（OLD6.958 9）
4		3%	15%	€0.128 70（OLD7.770 0）
5		3%	15%	€0.115 27（OLD8.675 3）
6		3%	15%	€0.103 24（OLD9.686 2）
7		3%	15%	€0.092 47（OLD10.814 3）
8		3%	15%	€0.082 82（OLD12.074 4）

表 26—4　　由 A 国汇往母国的股息额

年份	表 26—1 算出的税后利润（百万 OLD）	股息额相当于税后利润的 10%（百万 OLD）	汇率水平（请参考表 26—3）（1 欧元可兑换多少 OLD）	股息额（百万欧元）	股息额加上在 A 国缴纳的税负（百万欧元）	汇入母国后要按照 21%的税率额外缴纳的税负（百万欧元）	母公司获得的税后净股息额（百万欧元）
1	64	6.4	5.582 5	1.15	1.44	(0.30)	0.85
2	115	11.5	6.232 9	1.85	2.31	(0.48)	1.37
3	190	19.0	6.958 9	2.73	3.41	(0.72)	2.01
4	285	28.5	7.770 0	3.67	4.59	(0.96)	2.71
5	416	41.6	8.675 3	4.80	6.00	(1.26)	3.54

表 26—5　项目终值（盈利倍数等于 4 倍）与留存收益的净汇回额

● 按照 4 倍的盈利倍数计算项目终值

第 5 年的税后利润	4.16 亿 OLD
税后利润×4	16.64 亿 OLD
投资成本（不包括进口关税）	2 亿 OLD
应税税基	14.64 亿 OLD
按照 50%的税率在 A 国缴纳的税负	7.32 亿 OLD
净汇回额	9.32 亿 OLD（等于 16.64 亿 OLD 减去税负 7.32 亿 OLD）

● 留存收益等于税后利润总额（请参考表 26—1）10.70 亿 OLD 减去股息 1.07 亿 OLD，等于 9.63 亿 OLD。

● 这两笔资金要推迟到第 8 年才能被汇回母国。

	基于 4 倍的盈利倍数计算的可汇回额（百万 OLD）	留存收益的汇回额（百万 OLD）	第 8 年的汇率水平（按照合同）	可汇回资金兑换为欧元的金额（百万欧元）	可汇回利润与在 A 国支付税款的和（百万欧元）	母国征收的资本利得税*（百万欧元）	母国按照 21%的税率征收的税款（百万欧元）	净现金流（百万欧元）
现金流（1）	932		12.074 4	77.19		(11.15)		66.04
（2）		963	12.074 4	79.76	99.70		(20.94)	58.82

* 等于可汇回额减去 5 000 万欧元再乘以 41%，假设没有进行资本利得税指数化处理。

● 表 26—5——在第 8 年由 A 国汇往母国的项目终值以及留存收益，同时列出了在 A 国和母国缴纳的税负。

● 表 26—6——总结了在母国境内适用的贴现率水平，可被用于计算来自 A 国的现金流的现值。

● 表 26—7——这是一个总表，总结了表 26—3 至表 26—6 的数据，列出了可汇回母国的多笔现金流，并将其贴现为现值。

实际上，正如表 26—7 所示，用母国货币表示的可汇回母公司的现金流的净现值为负数，等于－276 万欧元。

有效的财务手段

我们是否有可能使用一些财务手段来增加可汇回母国的现金流？我们可以从三个方面着手研究这一问题。第一种方法是想办法避开“外国企业存放在 A 国银行里的存款不能获得利息收益”这一项管制政策。比方说，OAL 子公司是否可以将多余的资金存放在设立在 A 国的某家欧洲银行，同时双方约定银行不向 OAL 公司支付利息，但是向位于母国的阿尔法母公司支付利息？显然，这需要双方谈判协商。不过，如果这个方法可行，那么 OAL 公司因这笔存款可以获得的欧元收益率应当等于：

实际利率＋通货膨胀率

计算结果大致等于 6%——但是在现实生活中，这相当于银行为阿尔法公司提供了便利，因此收益率会略低一些。A 国执行的外汇管制政策使得 OAL 子公司损失的收益率接近 22%（使用 OLD 作为计价货币），计算过程如下所示：

(1＋实际利率)×(1＋通货膨胀率)×(1＋风险溢价)－1

1.03×1.15×1.03－1

表 26—6　　用于计算可汇回母国的现金流现值的适当贴现率

- 近似贴现率等于：

  实际必要收益率＋母国的通货膨胀率＋A 国投资项目的风险溢价

  8%＋3%＋3%＝14%

- 更为准确的计算方法：

  (1＋实际必要收益率)×(1＋通货膨胀率)×(1＋风险溢价)－1

  1.08×1.03×1.03－1＝14.58%

  ≈15%

表 26—7　　A 国投资项目汇回母国的现金流的净现值

年份	资金流出（百万欧元）	向母国汇出的股息（百万欧元）（请参考表 26—4）	第 8 年最后一笔汇回母国的金额（百万欧元）（请参考表 26—5）	汇回母公司的净现金流（百万欧元）	按照 15% 的贴现率计算汇回母国的现金流的现值（百万欧元）
0	(50)			(50)	(50)
1		0.85		0.85	0.74
2		1.37		1.37	1.04
3		2.01		2.01	1.32
4		2.71		2.71	1.55
5		3.54		3.54	1.76
8			124.86	124.86	40.83
净现值					(2.76)

第二种方法可能是将要等到第 8 年才能汇回母国的项目终值提前到第 5 年汇回。跨国企业是否可以通过对销贸易之类的手段来达到这一目的？想要了解更多细节，请参考第 21.3 节。

还有第三种方法，就是与商业银行达成协议。这种方法可以帮助跨国企业将第 8 年的最终汇回额提前到第 5 年汇回。具体怎么做呢？

如果按照计划，在第 5 年，阿尔法公司预期将会收到 156.95 百万欧元（＝77.19＋79.76，见表 26—5），同时在第 8 年，阿尔法母公司还要为这笔汇回母国的资金在母国缴纳 32.09 百万欧元（＝11.15＋20.94，见表 26—5）的税款。阿尔法母公司可以与自己的开户行协商，通过采用证券化手段将第 8 年收到的 156.95 百万欧元提前到第 5 年。如果银行决定向阿尔法总公司收取 2%的信用风险利差，则这笔交易的成本大致等于 8%（即实际收益率 3%加上欧元区的通货膨胀率 3%再加上信用风险利差 2%）。因此，在第 5 年年末，银行向阿尔法母公司提前支付的金额等于：

$$\frac{156.95\text{ 百万欧元}}{(1.08)^3}=124.62\text{ 百万欧元}$$

等到第 8 年，阿尔法母公司要从自 A 国汇回的资金中拿出 156.95 百万欧元偿还给银行。这种做法将会改变表 26—7 列出的可汇回母国的净现金流的值，使其转变为如表 26—8所示对母公司更有利的现金流模式。如表 26—8 所示，在这种新模式下，可汇回母国的现金流的净现值变为 785 万欧元。请注意，这一回净现值是正数。事实上，这一净现值计算结果略有低估，因为“证券化”对现金流打了一个折扣，折扣额为 32.33 百万欧元

(=156.95-124.62)，而这笔折扣肯定会被视为应付利息用于抵扣税负。

表 26—8　　对项目终值进行证券化处理后重新计算 A 国投资项目汇回母国的净现金流

年份	汇回母国的净现金流（参考表 26—7）（百万欧元）	证券化的影响（百万欧元）	证券化后汇回母国的净现金流（百万欧元）	按照 15%的贴现率计算汇回母国的现金流的现值（百万欧元）
0	(50)		(50)	(50)
1	0.85		0.85	0.74
2	1.37		1.37	1.04
3	2.01		2.01	1.32
4	2.71		2.71	1.55
5	3.54	124.62	128.16	63.69
8	124.86	(156.95)	(32.09)	(10.49)
净现值				7.85

因此，之前我们的计算结果显示，从项目角度来看，净现值为正，而从可汇回母公司的现金流角度来看，净现值为负，现在这种情况发生了改变。通过采用一定的财务处理手段，A 国投资项目可汇回母国现金流的净现值也变成了正数。在现实生活中，这种情况经常发生。

当然，请大家注意，我们这里分析的是 A 国投资项目的基本情况。在实际操作中，分析师应当建立多种虚拟情境，然后根据这些虚拟情境对投资项目进行敏感性分析。此外，分析师还要对投资项目的假设条件进行检验，这是一个十分关键的步骤。事实上，某个投资项目绝不可能只拥有一个评估值。相反地，我们可能会获得多个评估值，这有助于帮助管理层更好地判断是否应投资于该项目。

以上我们分析的这一案例的假设条件是东道国政府对资金的汇出进行管制。如果东道国政府没有执行任何外汇管制政策，那么投资项目生成的自由现金流一般情况下都可以被汇回母国。所以说，在不存在外汇管制的条件下，问题的复杂程度远比前面这个案例低得多。总之，我们关注的是方法论。

26.3　基于母国政府对汇回资金不征税的假设前提评估 A 国投资项目

在本节，我们假设阿尔法公司总部所在的母国对汇回的股息不征收任何税，但是要对海外汇回的投资项目终值征收资本利得税。事实上，目前越来越多的国家开始采用这种税收策略，其目的是吸引（并留住）跨国企业出于节税目的来本国或本地区发展业务。

在这种背景下，显然投资项目的收益率要比第 26.2 节所描述的情况高一些。这是因为母国政府征收的税减少了。如前所述，现在越来越多的国家开始采用这种税收制度。很多跨国企业出于节税的目的将公司总部或主要的生产经营活动迁移到这些国家或地区，从而使得实施这种税收制度的国家或地区变得吸引力越来越大。

接下来我们要向大家演示这样的税收制度对阿尔法公司投资项目净现值的影响。我们假设其他所有数据与前面的案例完全相同。只不过，这一回我们假设投资项目向母国汇回的股息额不再需要纳税。

首先，表 26—4 提供的由 A 国汇往母国的股息额发生了变化。修改后的数据如表 26—9 所示。

表 26—9　　基于母国政府对汇回资金不征税的假设条件计算 A 国汇回母国的股息额

年份	税后利润（如表 26—1 所示）（百万 OLD）	股息额相当于税后利润的 10%（百万 OLD）	汇率水平（请参考表 26—3）（1 欧元可兑换多少 OLD）	股息额（百万欧元）	母国按照 21%的税率额外征收的税（百万欧元）	汇回母国的税后净股息额（百万欧元）
1	64	6.4	5.582 5	1.15	无	1.15
2	115	11.5	6.232 9	1.85	无	1.85
3	190	19.0	6.958 9	2.73	无	2.73
4	285	28.5	7.770 0	3.67	无	3.67
5	416	41.6	8.675 3	4.80	无	4.80

此外，由于推迟到第 8 年的可汇回金额适用的税率水平有所降低，因此还有一项需要修改。不过，我们假设投资项目最终出售实现的终值仍然要在母国缴纳资本利得税。我们对表 26—5 中的数据进行修正，得到的新表为表 26—10。

显然，当税率水平降低时，投资项目可以创造的净现金流超过了 600 万欧元，具体参见表 26—11。当然，如果我们再加入财务处理手段的影响，那么可以获得更高的投资项目净现值。

表 26—10　　项目终值（盈利倍数等于 4 倍）与留存收益的净汇回额

- 按照 4 倍的盈利倍数计算项目终值

第 5 年的税后利润	4.16 亿 OLD
税后利润×4	16.64 亿 OLD
投资成本（不包括进口关税）	2 亿 OLD
应税税基	14.64 亿 OLD
按照 50%的税率在 A 国缴纳的税负	7.32 亿 OLD
净汇回额	9.32 亿 OLD（等于 16.64 亿 OLD 减去税负 7.32 亿 OLD）

- 留存收益等于税后利润总额（请参考表 26—1）10.70 亿 OLD 减去股息 1.07 亿 OLD，等于 9.63 亿 OLD。
- 这两笔资金要推迟到第 8 年才能被汇回母国。

	基于 4 倍的盈利倍数计算的可汇回额（百万 OLD）	留存收益的汇回额（百万 OLD）	第 8 年的汇率水平（按照合同）	可汇回资金兑换为欧元的金额（百万欧元）	可汇回利润与在 A 国支付税款的和（百万欧元）	母国征收的资本利得税*（百万欧元）	母国按照 21%的税率征收的税款（百万欧元）	净现金流（百万欧元）
现金流（1）	932		12.074 4	77.19		(11.15)		66.04
（2）		963	12.074 4	79.76			无	79.76

* 等于可汇回额减去 5 000 万欧元再乘以 41%，假设没有进行资本利得税指数化处理。

表 26—11　　基于母国政府不再对汇回的股息额征税的假设条件计算 A 国投资项目可汇回母公司的净现金流

年份	资金流出（百万欧元）	向母国汇出的股息（百万欧元）（请参考表 26—9）	第 8 年最后一笔汇回母国的金额（百万欧元）（请参考表 26—10）	汇回母公司的净现金流（百万欧元）	按照 15% 的贴现率计算汇回母国的现金流的现值（百万欧元）
0	(50)			(50)	(50)
1		1.15		1.15	1.00
2		1.85		1.85	1.40
3		2.73		2.73	1.80
4		3.67		3.67	2.10
5		4.80		4.80	2.39
8			145.80	145.80	47.68
净现值					6.37

显然，跨国企业的财务管理人员更愿意将企业的总部迁移到此类提供税收优惠待遇的区域，这样有助于提高投资项目的净现值。

新闻剪报 26.1、新闻剪报 26.2 以及新闻剪报 26.3 讨论的是同一个有争议的话题，即使用海外资金支付并购款项到底能带来哪些好处。

新闻剪报 26.1　辛迪思公司确认已与强生公司开展谈判

海格·西蒙尼恩（Haig Simonian）于苏黎世

本周一，辛迪思公司正式确认其正在与美国强生公司就收购事项进行谈判。受该消息的刺激，辛迪思公司——一家总部位于瑞士、主要生产手术器械和提供医疗服务的企业——的股价开始迅速上升。

报道称："为了回应市场的投机行为，辛迪思公司承认其正在与强生公司就潜在的商业合并交易进行谈判。但是，这笔交易是否能够成功、何时完成合并以及合并的条件尚不确定。"

辛迪思公司主要在美国境外的其他国家或地区进行生产经营活动。上周晚些时候，该公司回应说它正在与强生公司接洽，考虑将公司出售给强生公司。目前，辛迪思公司的市场估值高达 200 亿美元。

辛迪思公司的高管拒绝做出评论。

辛迪思公司的股价一度上涨了 12%，但是到了苏黎世时间下午的时候，上涨幅度有所回调，最后收于每股 147.90 瑞士法郎，上涨了 6.6%。

辛迪思公司的股票只在瑞士股票市场上市交易，但是该公司的注册地在美国。

辛迪思公司的业务主要分布于美国宾夕法尼亚州以及瑞士，四分之一的雇员以及差不多一半的产量来源于瑞士国内。

辛迪思公司创立于 20 世纪 50 年代末，当时瑞士国内的整形外科开发出了多项治疗骨裂和骨折的新技术，要用到高科技的螺丝和金属板，辛迪思公司正是这种需求催生出的产物。

生产最初外包给两家瑞士精密仪器生产企业。到了 20 世纪 70 年代，第三家企业——

美国辛迪思也开始介入生产领域。

在过去10年间，辛迪思集团与汉斯约格-维斯公司一直在执行合并战略，汉斯约格-维斯公司是站在美国辛迪思公司背后的一家瑞士医疗器械制造商，在医疗器械行业居于主导地位。

随着人们对外科先进技术的接受程度越来越高——总部位于达沃斯的AO基金会（骨合成研究协会）发挥了巨大作用——辛迪思集团开始迅速扩张。

今年早些时候，强生公司曾经有意收购史密斯-内菲公司——一家英国企业，主要生产人工髋关节和膝关节等产品，据说估值大致为110亿美元——但是没有成功。

米勒塔巴克公司的基金经理与医疗行业分析师莱斯·范特雷德（Les Funtleyder）说："一直以来强生公司的主要策略就是通过并购来扩张。

"但是我想知道，在进行此类并购交易之前，强生公司是否已经理顺了自己的多条产品线。"

资料来源： *Financial Times*，19 April 2011.

并购交易受到医生们的欢迎

艾伦·拉贝波特（Alan Rappeport）于纽约

在强生公司经历了长达一年之久的产品召回和行贿指控之后，成功地收购辛迪思公司——瑞士医疗器械制造商——可谓一剂及时的良药。

医疗行业分析师乐观地认为，如果辛迪思公司与强生公司成功达成交易，那么强生公司将成为快速增长的外伤医疗器械市场的领头羊。

这将巩固强生公司在整形外科器械领域的主导地位，并且提高其与医院谈判的实力。

里瑞克斯旺公司的分析师瑞克·怀斯（Rick Wise）说："对强生公司来说，过去几年一直充满了挑战"，瑞克注意到强生公司一系列产品召回事件以及经济衰退对其造成的负面影响。

"还有什么比现在实施这个重要的战略举措更好的时机呢？"

去年，强生公司生产的DePuy ASR人工置换髋关节——该产品已被召回——所引发的诉讼以及与其他产品相关的诉讼使得强生公司支付了税后高达9.22亿美元的赔偿。

最近这个季度，产品召回使得强生公司的业绩下滑，销售额下降了30%左右。

本月早些时候，强生公司向美国监管部门承认自己曾经向希腊、波兰和罗马尼亚等国负责销售医疗器械的雇员"支付了不恰当的款项"，而且曾向伊拉克前首相萨达姆·侯赛因（Saddam Hussein）支付过回扣。强生公司同意为此行为支付7 000万美元的罚金。

辛迪思公司主要生产用于修复颅骨和脊椎骨的金属板、螺丝、骨锯以及钻孔机等手术器械。

富国银行的分析师估计，如果强生公司成功并购辛迪思公司，那么其在整形外科器械市场所占的份额将会增加至28%，而其在医疗器械市场的销售额占市场总销量的比例将会由原来的40%上升到46%。

辛迪思公司控制着外伤医疗器械市场大约50%的市场份额。

与强生公司一样，辛迪思公司近来也遇到了一些麻烦。

去年10月，美国监管部门指控辛迪思及其子公司诺瑞安错误地将骨结合剂用于受试人并以此进行尝试性实验，误导了美国食品药品管理局。辛迪思公司同意为此支付2 400

万美元的罚金。

但是，事实证明辛迪思公司的盈利水平很高，去年，集团公司的销售额上涨了8.6%，达到了36.9亿美元，净利润上涨了将近25%，达到了9.08亿美元。

在过去5年间，总额高达60亿美元的外伤医疗器械产品市场始终保持着年均10%的增长速度，很多制药企业纷纷打算投资生产医疗器械，以此来弥补未来专利到期后所造成的潜在损失。

在上个月召开的医疗会议上，强生公司负责医疗器械和诊断工具产品的总裁迈克尔·马霍尼（Michael Mahoney）强调了医疗器械事业部门的重要性。

他说，医保改革法案会促使该行业进一步发展，因为更多的被保险患者需要得到治疗。

不过，他也提到，医疗器械的价格还面临一定的压力，而且未来有可能实施的医疗器械税也会给企业带来挑战。

大西洋证券公司的分析师本·杨（Ben Yeoh）说："这么一笔重大的并购交易使用现金来完成能够使经营收入与费用支出产生协同效应。"

富国公司的医疗行业分析师拉里·比格尔森（Larry Biegelsen）则认为，这样的并购案将会掀起新一轮医疗器械行业的并购浪潮，规模较小的企业将会成为并购目标。

拉里估计，2012—2014年期间，总价值高达200亿美元的并购案将会使得强生公司的利润率上升5个百分点。

强生公司将使用自己持有的280亿美元的现金来收购辛迪思公司，强生公司的投资者对此表示满意。

怀斯先生说："强生公司手握大量现金，这些钱主要是在美国以外的其他国家赚到的，存放在境外账户中。"

"使用这些收益率很低的现金来收购辛迪思公司，并将其投入高利润行业，这种做法肯定能够提高强生公司的销售额、利润率和投资收益率。"

整形外科器械市场份额（2010年）

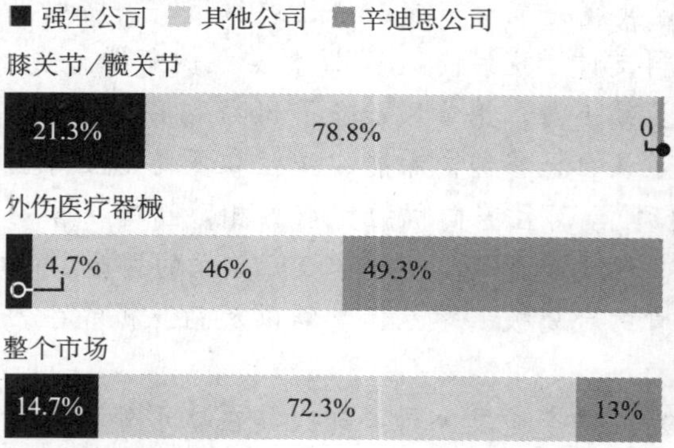

资料来源：*Financial Times*, 19 April 2011.

主要的财务数据（2010年）

强生公司		辛迪思公司
166.8	市场价值（十亿美元）	19.5
61.6	销售额（十亿美元）	3.7
26.8	经营利润（%）	34.8
13.3	净收入（十亿美元）	0.9
14.0	自由现金流（十亿美元）	0.8
114 000	员工人数	11 426

资料来源：Wells Fargo；Bloomberg.

不愿意显露真容的指路明灯

海格·西蒙尼恩

如果强生公司成功收购辛迪思公司，那么辛迪思公司就可以彻底摆脱多年以来汉斯约格-维斯公司——辛迪思集团不愿意显露真容的指路明灯——的投机计划。

维斯（Wyss）先生今年75岁，3年前才辞去管理职位，目前仍是辛迪思公司的大股东，他本人直接持有40%的股份，还有8%的股份是通过家族基金持有的。

辛迪思公司主要生产的是整形外科器械，而维斯先生是学工程出身的。他在一位当外科医生的好朋友的帮助下开始进入医疗行业，这个好朋友后来进入辛迪思公司的前身专门做产品研发。

维斯先生成功地创立了自己的商业帝国，后来通过几笔大额并购迅速扩张整个集团。

但是，一直不清楚他的继任者是谁。已离异多年的维斯先生只有一个现年38岁、未参与企业经营管理的独生女。现如今，维斯先生要么待在波士顿附近的家中，要么在加利福尼亚州的葡萄园或者瑞士的度假山庄享受悠闲时光。

近些年来，维斯先生正在逐步减少自己持有的股票。他做过的慈善事业包括向哈佛商学院捐赠2 500万美元，以及向拜耳乐基金会与各种各样的环保项目提供资金支持。

辛迪思公司

股价（瑞士法郎）

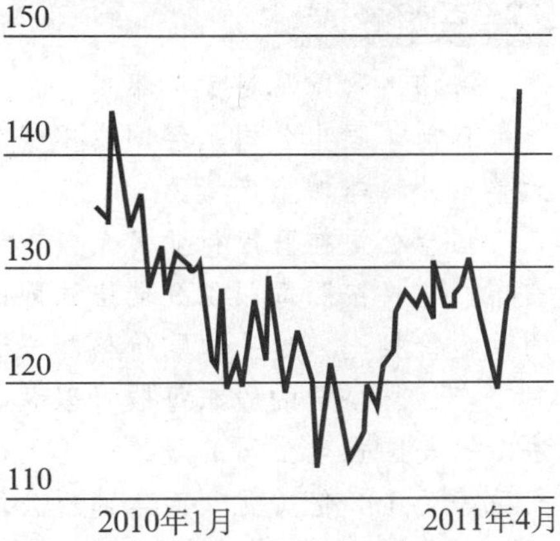

资料来源：Thomson Reuters Datastream.

资料来源：*Financial Times*，19 April 2011.

新闻剪报 26.2　强生公司/辛迪思公司

在全球范围内，不管是什么类型的骨折，辛迪思公司都能提供材料将其治好。强生公司开价200亿美元收购辛迪思这家医疗器械制造商，可谓是一桩大手笔的并购交易，但是所带来的效果尚未可知。去年，由于多种产品被召回，强生公司的销售额共计下降了10亿美元；与此同时，强生公司试图收购英国医疗器械商史密斯-内菲公司，但是结果并未成功。

收购辛迪思公司可以给强生公司受伤严重的产品线增加助力。强生公司在整形外科器械市场的多个子市场居于领先地位。同样地，在辛迪思公司占据主导地位的外伤医疗器械市场，强生公司也占据着一定的市场份额。最近几十年来，随着人口老龄化的趋势越来越明显，骨折的案例越来越多，这意味着需要商家提供更多的人工髋关节与膝关节（强生公司在该领域已占据了一定的市场份额）。在这个子市场上，辛迪思公司控制着大概一半的市场份额，总价值超过50亿美元，相当于整个整形外科器械市场销售额的五分之一左右。辛迪思公司生产的脊柱修护产品能够帮助强生公司迎头赶上市场领导者美敦力公司。

瑞银集团的分析师认为，如果强生公司主要使用现金来支付并购款项，那么目前市场流传的收购价格将会对强生公司的每股盈利造成轻微影响。而且，作为一家在美国注册但在瑞士上市交易的公司，辛迪思公司允许强生公司使用其拥有的总额高达280亿美元的现金储备来支付并购款项——目前这笔巨款被存放在海外账户中，一旦被汇回美国，就要按照美国的税法纳税。反托拉斯法可能会对这起并购有一定影响，但是估计问题不大。在外伤医疗器械市场上，强生公司所占的份额并不高，因此若是它的主要竞争对手也打算收购辛迪思公司，那么面临的困难更大，所以强生公司不太可能会遇到竞争性报价。

强生公司基于某种原因目前仍然对此交易保持沉默。辛迪思公司已经公开承认双方在进行谈判，这种举动可能会导致辛迪思公司的股价迅速上涨。辛迪思公司看上去是非常热衷于登台表演的演员，让我们衷心地祝福它们“演出成功”！

资料来源：*Financial Times* Lex Column，19 April 2011.

新闻剪报 26.3　强生公司出价 213 亿美元收购辛迪思公司

海格·西蒙尼恩于苏黎世

日前，强生公司已经同意出资 213 亿美元收购瑞士的辛迪思公司，从而成为全球领先的整形外科器械生产集团。

强生公司在医疗行业多个子市场均有涉猎，包括医药与医疗器械。本周三，强生公司宣布，它将按照每股 159 瑞士法郎的价格收购辛迪思公司的股权。与辛迪思公司股票周二的收盘价相比，这一收购价格相当于提供了 8.5%的溢价。

辛迪思公司的股东每股可以获得 55.65 瑞士法郎的现金以及价值相当于 103.35 瑞士法郎的美国强生公司的股票——大概相当于 1.7 股至 2 股。因此，强生公司的收购净成本大致等于 193 亿美元，而辛迪思公司目前持有大约 20 亿美元的现金。

辛迪思公司的股票注册地在美国，但是在瑞士国内上市交易。最近几周内，随着双方并购交易消息的传出，辛迪思公司的股价大幅度上涨。本月早些时候，辛迪思公司对外承认它正在与强生公司进行谈判，但是并不确定谈判的结果如何。

这笔交易是强生公司成立以来金额最高的一笔收购案。近些年来，强生公司通过不断地收购其他企业实现了快速扩张。这两家公司的合并将会创造出一个庞大的整形外科器械制造企业，可以把强生公司目前所拥有的市场优势与辛迪思公司在外伤医疗器械领域所拥有的主导地位结合起来。

这笔交易也意味着汉斯约格-维斯公司的正式退出。汉斯约格-维斯公司是一家瑞士企业，同时也是辛迪思公司的创立者，近年来通过不断并购在逐步扩张规模。

去年，由于辛迪思公司生产的高科技的精密螺丝与金属板被广泛应用于全球各地的急救手术，因此需求量大涨，销售额达到了 37 亿美元。

由于人类的平均寿命延长，所以分析师们普遍估计，年销售量预计为 370 亿美元的整形外科器械市场的市场需求将会迅速增加。

现年 75 岁的维斯先生拥有辛迪思公司 40%的股权，同时他还通过家族基金间接持有辛迪思公司 8%的股权。目前，维斯先生仍然被视为辛迪思公司的象征，他刚刚于 3 年前从一线退休。

本月，强生公司收购辛迪思公司的消息一经传出，市场各方均表示惊讶。这是因为事前瑞士国内普遍预期维斯先生将会保持辛迪思公司的独立性，有可能是通过长期信托的方式来实现——采用与其他瑞士公司相似的信托方法，比如旅游集团瑞士旅业就是这样做的。

与维斯先生关系密切的消息人士称，维斯先生已经仔细考虑过所有的选择，并在数年间多次与全球领先的制药企业和医疗设备企业展开过多次协商。

一刀两断的做法看上去是最佳的解决方案，而且可以为集团的其他股东争取到最高的卖价。

辛迪思公司与强生公司的最近一次谈判于 9 月底进行，强生公司看上去越来越像是最合适的买家：有足够强大的资金实力支付得起收购款项，而且目前在外伤医疗器械领域所占的市场份额较小，因此不太可能面临反托拉斯法的制约。另外，强生公司一直以来的传统做法是长时间地持有子公司，而不是在收购后较短时间内就将其轻易卖掉。

瑞士信贷集团是辛迪思公司雇用的咨询公司。高盛则是强生公司雇用的咨询公司。

资料来源：*Financial Times*，28 April 2011.

小结

● 跨国企业资本预算与国内企业资本预算具有不同的特征。

● 我们希望，在本章提供的案例研究的帮助下，读者能够弄清楚国际投资项目评估过程中包含的种种复杂问题。

● 财务分析师在评估海外投资项目时要比评估国内投资项目时更加认真仔细。

● 本章我们多次提醒读者在分析跨国投资项目时要避开诸多陷阱。毫无疑问，在现实世界里这样的陷阱有很多。请大家留意。

章末习题

26.1 在进行资本预算分析时，使用汇率的点估计值有哪些局限性？

26.2 解释一下模拟法如何应用于跨国企业的资本预算。

注释

1. Solomon，E.，*The Theory of Financial Management*，Columbian University Press，New York，1963.

2. Modigliani，F. and Miller，M. H.，"The cost of capital，corporation finance and the theory of investment"，*American Economic Review*，48，261－297，1958. Modigliani，F. and Miller，M. H.，"Taxes and the cost of capital：a correction"，*American Economic Review*，53，433－443，1963.

3. Myers，S. C.，"Interactions of corporate financing and investment decisions—implications for capital budgeting"，*Journal of Finance*，29，1－25，1974.

4. Ross，S. A.，Westerfield，R. W. and Jaffe，J.，*Corporate Finance*，5th edition，Irwin/McGraw-Hill，New York，NY，1999.

题库 4

练习题

1. Inter-Continental 公司正在考虑投资一家位于瑞士韦尔比耶地区的牧人小屋酒店。所需的初始投资额为 200 万美元，按照当前的即期汇率 1 美元＝2 瑞士法郎，可折算为 400 万瑞士法郎。头一个 10 年所获得的利润将会被再投资，随后 Inter-Continental 公司可能会考虑卖出这项投资。Inter-Continental 公司认为，六年以后它持有的酒店股权的价值能够达到 650 万瑞士法郎。

(a) 列出评估这一投资项目时要充分考虑的因素。

(b) 瑞士法郎的币值会对这笔投资造成怎样的影响?

(c) 说明我们可以采用哪些方法预期十年后美元与瑞士法郎的汇率水平。

2. 对比分析跨国投资与国内投资决策的异同点。

3. Global 公司位于英国的一个事业部打算在印度尼西亚新建一个加工厂，因为这能让企业在全球经济发展速度最快的其中一个新兴市场上获得立足之地，而且可以在很大程度上阻碍主要的竞争对手进入这个市场。整个投资额约为 6 000 万英镑，其中加工厂的投资额为 4 000 万英镑。

对这个投资项目进行调研评估要付出巨大的努力，作为公司的财务管理人员，你被要求撰写一份备忘录，列出除了纯粹的商业因素——例如产品成本、市场与价格以及竞争环境等——以外你认为对于这项投资决策最重要的其他影响因素。

4. 你是 Development Properties 公司的财务管理人员，目前正在考虑向一个投资项目提供资金，该项目预计在未来六个月以后完工。六个月后，客户会向公司支付所有的建设成本以及一定的利润。不过，总共200万英镑的款项要在一个月内分期付款。

该投资项目的资金投入与 Development Properties 公司的其他投资项目相互独立，使用了特殊的贷款工具，贷款成本为LIBOR+0.5%。目前，首先要立即提供400万英镑的投资额，随后在未来三个月内再进一步提供500万英镑的投资额。

利率水平如下表所示：

LIBOR	%
一个月	14—13⅞
2个月	13⅞—13¾
3个月	13⅞—13⅝
6个月	13½—13¼

远期利率协议的报价如下所示：

1∶3　13.70—13.50

3∶6　12.70—12.50

(a) 确定哪一种融资方式是在未来六个月内为该投资项目提供资金成本最低廉的方法。

(b) 如果你相信下个月内市场利率水平将会下降0.25%，那么你要充分考虑哪些因素？

(c) 如果你相信在接下来几个星期里市场利率水平将会迅速攀升，那么你会采用其他哪些方法管理利率风险？

5. 根据新闻剪报26.1、新闻剪报26.2以及新闻剪报26.3，你估计强生公司在收购辛迪思公司的过程中节省了多少成本？对你的回答加以解释。

选择题

每道题目只有一个正确答案。

1. 一家美国跨国企业正在法国建立子公司，该子公司只在法国境内进行生产经营活动，与法国本土其他企业展开竞争。子公司创造的现金流将会定期被汇回母公司。在其他条件均不变的情况下，从母公司的角度来看，最理想的情况是：

(a) 子公司建成后欧元币值保持稳定；

(b) 子公司建成后欧元汇率走低；

(c) 法国政府决定退出欧元区，因为这才符合美国人一贯鼓吹的自由市场经济原则；

(d) 子公司建成后欧元汇率上升。

2. 一家总部位于日本的跨国企业在德国设立了子公司，每年将2 000万德国马克汇回日本。如果德国马克相对于日元（　　），则被汇回资金的日元金额将会（　　）。

(a) 升值；减少；

(b) 贬值；不受影响；

(c) 升值；不受影响；

(d) 贬值；减少。

3. 在亚洲国家进行生产经营活动的欧洲企业所面临的政治风险：

(a) 可以使用政治风险指数来客观描述；

(b) 取决于企业能够提供多高的收益；

(c) 取决于企业的组织结构以及在亚洲市场上的融资结构；

(d) 取决于亚洲投资项目的净现值除以与政治风险因素有关的现金流的现值。

4. 一家比利时跨国企业预测设立在 A 国的投资项目在头三年每年产生的现金流分别为 1 000 万欧元、1 200 万欧元和 1 600 万欧元。初始投资额为 7 900 万欧元。企业估计从第四年开始一直到以后，投资项目每年产生的现金流将会稳定在 2 000 万欧元。如果该投资项目的必要收益率为 17%，那么若想实现该投资项目的盈亏平衡，即净现值等于零，则第五年的被征用概率有多大？假设一旦被征用，则第五年投资项目产生的现金流为3 600 万欧元。

(a) 22%；

(b) 31%；

(c) 40%；

(d) 47%；

(e) 79%。

5. 当决定是否对跨国投资项目进行投资时，下列哪些因素是不相关的？

(a) 未来的通货膨胀；

(b) 汇率管制措施所造成的阻碍；

(c) 资金汇回的相关规定；

(d) 销售同类相食效应；

(e) 母国与东道国的税收；

(f) 在东道国已产生的费用。

6. 一家总部位于瑞士的跨国企业正考虑在马来西亚建立一个为期两年的投资项目，初始投资额等于 3 000 万瑞士法郎。企业的加权平均资本成本为 10%，投资项目的必要收益率为 12%。预计在第一年年末，该投资项目能产生 1 200 万马来西亚元，在第二年年末能产生 3 000 万马来西亚元，不包括残值。假设没有税收成本，在未来两年间马来西亚元与瑞士法郎的兑换比率始终保持稳定，即 1 瑞士法郎可兑换 1.35 马来西亚元。再进一步假设投资项目产生的所有现金流均被汇回母国。能实现盈亏平衡的项目残值大概是多少？请注意，马来西亚元代表的就是马来西亚林吉特。

(a) 139 万马来西亚元；

(b) 188 万马来西亚元；

(c) 545 万马来西亚元；

(d) 736 马来西亚元。

7. 对于某个位于澳大利亚的投资项目，评估其可汇回母国的现金流时使用母国货币作为计价货币，那么在理论上，该投资项目的资本成本应当：

(a) 等于母公司的加权平均资本成本；

(b) 等于能够诱使投资者购买或持有跨国企业股份的最低必要收益率；

(c) 等于澳大利亚投资者在计算企业现金流的贴现值时使用的平均贴现率；

(d) 取决于项目本身的风险水平。

8. 从外国子公司的角度来看，投资项目的必要名义收益率（即计算净现值时使用的贴现率）：

（a）通常低于项目所在国的通货膨胀率；

（b）应当等于母国同类投资项目的必要名义收益率；

（c）应当等于 $(1+p)(1+r)$，其中 p 代表的是外国的预期通货膨胀率，而 r 代表的是母国同类投资项目的必要名义收益率；

（d）应当等于东道国当地同类投资项目的必要名义收益率；

（e）考虑到风险水平更高，因此应当始终高于母国的必要名义收益率；

（f）上述答案均不正确。

9. 一家跨国企业准备在远东地区设厂，泰国承诺向其提供价值为 2 500 万美元的直接投资奖励，马来西亚承诺向其提供价值为 1 500 万美元的投资奖励，但是新加坡并未承诺向其提供奖励。按照以上信息：

（a）在泰国建厂的成本肯定要比在马来西亚建厂的成本低 1 000 万美元；

（b）在马来西亚建厂的成本肯定要比在新加坡建厂的成本低 1 500 万美元；

（c）投资奖励可被用于抵消泰国与马来西亚较高的生产成本；

（d）上述答案均正确。

10. 没有执行外汇管制政策的东道国政府向跨国企业提供一笔本金为 5 000 万美元、利率水平为 12%的 10 年期贷款，用于在当地建立加工厂。贷款本金将在第六年一次性偿还。市场上同类贷款的利率水平为 18%。假设边际税率为 33⅓%，对于跨国企业来说，这笔贷款的价值是多少美元？假设跨国企业要为当年的盈利纳税。

（a）350 万美元；

（b）411 万美元；

（c）822 万美元；

（d）1 049 万美元；

（e）以上答案均不正确。

第七部分

跨国融资

不管企业是在国内还是在其他国家进行生产经营活动，都既可以在国内资本市场上融资，也可以进入国际资本市场融资。跨国融资能够帮助企业降低平均融资成本，因此，对于大型跨国企业以及那些总部位于拥有影子资本市场的国家的企业来说，跨国融资是其总体融资计划中非常重要的一个组成部分。我们将在本书的第七部分主要讨论跨国融资以及国际贸易融资问题。

第 27 章　跨国企业及其海外子公司的融资

除了普通企业在融资过程中经常遇到的一般性问题以外，还有一些特殊因素会对跨国企业及其海外子公司的融资造成影响。在企业制定融资计划时，管理者需要准确分析被融资的资产是什么，应当怎样通过提高资产使用效率的方式来解决融资问题（例如，更好地管理营运资本能够降低企业的资金需求），债务的可承受水平，短期资金与长期资金的混合使用，不同资金来源的期限结构及其相对真实成本的评估。但是从跨国融资的角度来看，除了上述问题以外，还有其他一些更为重要的因素需要考虑。在本章，我们重点分析海外子公司融资所独有的特点。读者若想了解有关国内企业融资的相关问题，很多标准的财务管理教材均提供了相关内容。

对于跨国融资问题，本章首先要讨论的是企业在决定跨国融资时可以通过哪些方式实现税负的最小化、管理外汇风险和政治风险，并充分利用金融市场的缺陷。随后，我们分析一下海外子公司融资的一些特性。在这一部分，我们会谈及影响海外子公司融资的相关因素，例如，政治风险、外汇管制风险、外汇风险、海外子公司的亏损、集团内部信用、税收效应、股息政策、利润转移的其他方式、母公司的担保以及母公司部分持股的子公司所面临的一些特殊问题。我们的观点是，只有通过认真分析上述提到的所有海外融资的特殊性并且认真评估其对海外融资的企业会带来哪些影响，才能对海外子公司的融资策略提出合乎情理的建议。但是，首先我们要构建出跨国融资的多条指导原则。对于这个问题，我们要感谢莱萨德和夏皮罗向世人贡献的精彩文章。[1]

27.1　跨国融资选择

对于跨国融资选择来说，至少有三个因素发挥着重要作用——全球税负的最小化、管理外汇风险与政治风险，以及尽可能地利用金融市场的缺陷来实现融资利率低于正常市场利率的目标。

长久以来，财务理论研究领域一直在讨论是否存在一个最优的资本结构能够实现企业价值的最大化。由于受到税收因素的影响，企业自然有动力去追求这种所谓的“最优的资本结构”。

如前所述，我们相信针对外汇风险及其他风险进行套期保值交易确实是有好处的。我们也赞同资本资产定价模型的观点——降低企业投资组合层面的可分散风险应当不会给股东带来任何直接好处。但是我们也承认，如果对这些可分散风险置之不理，那么可能会对企业未来的利润和现金流的预期分布造成严重影响。超额利润的波动率会影响到很多方面，从而间接地对股东权益造成不利影响。例如：

● 超额利润波动剧烈有可能会降低企业的信用等级，从而导致其债务利息成本上升。它还有可能会影响企业获得银行贷款的可能性，从而使得企业无法充分利用债务利息所带来的节税效应。

● 利润的波动性较大意味着企业的财务风险水平有所上升，这可能会使得供应商、客户和雇员不太愿意与企业形成长期合作关系。

● 超额利润波动剧烈可能会妨碍企业的管理者用更为长远的眼光看问题，而这恰恰是最符合投资者利益的做法。

因此，我们的观点是，企业的目标函数可以用下列等式来表示：

$$\text{最大化}\ V_F = \sum V_i - P(\sigma)$$

式中，V 代表的是企业各个部门、战略事业部或投资项目的现值；$P(\sigma)$ 代表的是惩罚因子，它能够反映企业的总体风险水平对预期税后现金流的影响。按照这一等式，预期现金流的波动性加大会对企业价值造成不利影响。这一目标函数最初由阿德勒和杜马斯（Adler and Dumas）[2] 提出，后经莱萨德和夏皮罗[3] 进一步发展。

上述公式引入了惩罚性成本，这说明企业愿意针对这些非系统性风险进行套期保值交易，因为这些非系统性风险会对企业未来的利润和现金流的预期波动率造成严重影响。当然，这样的套期保值交易自身的现值等于 0。不过，我们认为企业进行此类套期保值交易是合情合理的，因为它们能够有效地降低上述目标函数中惩罚因子的值。接下来，我们要讨论的是前面提及的三个重要问题：税收、风险套期保值与金融市场的缺陷。

27.2 全球税负的最小化

融资方式不同，其融资成本的税收处理方式也有可能不同，这将导致税前成本相同但税后成本不同的情况发生。一些在海外东道国设立子公司或投资项目的跨国企业担心东道国政府对其支付给海外投资者的股息或利息征收预扣税，因此，它们纷纷采用各种各样的融资手段来规避这种税收风险。常见的可实现企业税负最小化的融资决策如下所示：

● 选择一种可实现税负最小化的货币、区域或者发行工具。

● 选择一种可实现税负最小化的外汇/利润内部转移方式。

债务的利息偿还额可以抵扣税负，但是股息支付额不能用于抵税。因此，在其他条件均相同的情况下，企业拥有提高杠杆率的明显动机。同样地，由于集团之间支付的股息及税收处理方法也与债务利息及本金偿还额的方式不同，因此，母公司通常使用债权融资而非股权融资的方式向其子公司提供资金，目的是充分利用债务资本的节税效应。

而且，如果东道国政府对外汇盈利或损失的税收处理方法不同，或者利息成本与股息支付额所适用的税收处理方法不同，那么即使预期税前成本相等，融资的预期税后成本也不一样。显然，企业希望自己设计的跨国融资计划能够实现全球税负最小化的目标。因此，海外子公司倾向于在某些东道国或地区使用非常高的财务杠杆，但是这种做法存在问题。很多对资本弱化现象表示担忧的国家纷纷出台了相关的监管规定，对企业用债务资本代替权益资本的比例做出了限制。这些监管法令规定了企业财务杠杆的上限。一旦超过该上限，税务当局直接将债务资本视为权益资本。这意味着超过上限的债务利息支付额不能被用于抵扣税负，同样要缴纳股息预扣税。美国就是一个最明显的例子。虽然美国国税局没有出台正式的法令法规，但是一个常用的经验法则是债务权益比率应当保持在 2.5∶1 至 4∶1 之间，这才是可接受的范围。

套利交易也有助于降低跨国企业的总体税负。其基本做法是将收入/费用从一个税收区域转移至另一个税收区域，其目的是降低跨国企业的全球税负。当然，在评估企业管理层的管理绩效时，必须剔除这种资金流动所带来的扭曲效应。

27.3 管理风险

在融资过程中，管理外汇风险的基本方法是将经营现金流的计价货币与债务的计价货币设定为同一种货币，以此来对冲货币汇率水平意外波动所造成的影响。企业很难实现完美的套期保值，这是因为管理者无法准确预料未来汇率水平的波动对企业的经营现金流到底会造成多大的影响。因此，出口额较高的企业通常会将其部分债务的计价货币设定为出口收入的计价货币——或者是竞争对手所在国的货币，或者是购买出口产品的国家的本币。于是，一旦汇率发生变化，企业经营现金流的减少将会被偿债之初现金流的相应减少所抵消。

在使用套期保值交易对冲外汇风险时，企业所选择的融资方式要确保能够实现货币风险的平衡。在企业使用融资策略降低政治风险时，基本出发点是当政治风险水平上升时，融资方式能够降低整体的潜在不利影响。例如，企业可以通过安排子公司之间互相提供资金的方式来降低货币不可兑换所带来的风险。母公司可以通过债务投资而非股权投资的方式向子公司提供资金。海外子公司还可以使用背对背贷款和平行贷款等方式。此外，海外子公司还可以尽可能多地使用东道国当地的资金来源。

管理政治风险的另一种方式是求助于各种项目融资手段。母公司不是直接向子公司提供资金或担保，而是从东道国或其他政府、国际开发机构、海外银行甚至客户那里筹集项目资金并提供给海外投资项目。这些债务的偿还与投资项目的收益状况紧密相关。对于母公司来说，这种项目融资方式能够帮助母公司建立一个由银行、政府机构和客户构成的国际网络，东道国政府是否能够切实履行其与跨国企业签订的投资合同，与上述多个利益相关者的利益息息相关。一旦东道国政府发出资产征用的威胁，这种举动就很有可能会破坏东道国政府与客户、银行以及其他国家政府之间的关系。肯尼科特矿产开发公司在投资智利的铜矿开采项目时所采用的融资策略充分说明了企业与项目投资关系网中的银行立场一致会给企业带来多大的好处，具体细节请参考莫兰[4]的相关文献。虽然后来阿连德政府的势力不断高涨——阿连德曾经宣称要征用智利境内所有的外国资产，并且不支付一分钱赔偿金——但阿连德还是不得不履行对肯尼科特公司的承诺。巴克利的相关文献介绍了更多有关项目融资的内容。[5]

27.4 金融市场的缺陷

全球融资策略的一个重要方面就是获得更多的融资渠道，从而避免过度依赖某一种单一融资渠道。与此同时，跨国企业还要争取实现融资成本最小化的目标，假设前提是跨国融资的成本低于单纯国内融资的成本。在评估国际资本市场时，企业的财务管理人员必须充分利用金融市场的缺陷、扭曲或失灵，从而使得这一假设前提变成事实。贴息融资是常见的可节省成本的融资方式。

政府信贷与资本管制政策往往会导致资本市场偏离均衡状态。一般来说，政府干预国内的金融市场是为了实现其非经济目标。政府限制企业借款可能是为了保持低利率水平，从而使财政部可以获得低成本的资金来源来弥补政府的财政赤字。如果政府确实限制企业进入当地的贷款市场，那么当地的贷款利率通常要比正常的风险均衡调整利率低一些。如果该国货币存在离岸市场，那么这种准入管制政策将会导致国内市场利率与离岸市场利率不一致，进而创造套利机会。企业可以在国内市场上借款，然后把钱拿到离岸市场上再贷放出去。事实上，在其他条件不变的情况下，企业应当尽可能多地在贴息市场上借款。

金融市场还存在着其他形式的扭曲或缺陷，这是因为很多政府向跨国企业提供了各种各样优惠的条件，目的是影响跨国企业的生产和出口决策。比如贴息政策，贷款的期限非常长，为贷款提供担保，保证投资利润可汇回母国，对投资项目直接拨款，优惠的土地购买价格以及厂房建造的优惠条件，更不用说优惠的税收待遇了。上述种种均有可能导致融资成本低于公平市场利率。

发达国家政府也纷纷建立了出口信贷机构，其目的是通过提供期限非常长、利率水平低、成本低廉的政治风险保险与经济风险保险来增加本国的出口量。一般来说，跨国企业会充分利用这些出口信贷机构，具体的利用方法取决于企业是出口还是进口商品或服务。需要大量进口的企业可以通过使用相应的出口信贷机构来获得优惠贷款，以此来支付购买商品或服务的货款。除此以外，最基本的方式——货比三家——也不容忽视。比较各种各样的出口信贷机构，能帮助企业找到最佳的融资策略。比如，在修建通往西欧的天然气输送管道时，俄罗斯政府成功地挑起了欧洲与日本的供应商及其各自的出口信贷机构之间的争斗，从而成功地争取到了极其优惠的贷款条件。

27.5 跨国企业的资本结构

跨国企业在制定融资策略时是否要确保其债务结构遵守母公司的标准？或者说分布在世界各地的海外子公司是否要遵守统一的债务—权益比率标准？还是说海外子公司的资本结构应当有所不同，以便充分抓住机会以实现税负最小化、对冲风险以及利用资本市场缺陷的目的？学习跨国企业财务管理课程的学生通常会提出上述问题。这些问题的答案在于当管理者决定全资子公司的融资策略时，任何单独从子公司的角度孤立地评价其资本结构的看法都是有失偏颇的，除非母公司允许子公司对债务违约。只要跨国企业集团拥有法律义务或道德义务去阻止子公司违约，那么各个子公司根本就不拥有独立的资本结构。其实际的债务—权益比率就等于企业集团的债务—权益比率。

两份调查研究能够证明母公司愿意为子公司的债务提供担保：其中一份来源于斯托巴(Stobaugh)[6]，另一份来源于商业国际（Business International)[7]。在斯托巴的调查报告中，二十家大中型跨国企业没有一家承认它们会允许自己的子公司对债务违约，即使这笔债务没有得到母公司的担保。在调查小型跨国企业时，十七家受访公司中仅有一家承认它会允许子公司对债务违约。商业国际调查了八家总部位于美国的跨国企业，结论与斯托巴类似。绝大多数受访企业承认，一旦子公司对未担保债务违约，则母公司愿意负责赔偿。这些调查结果显示，绝大多数跨国企业认为子公司的财务结构并没有太大影响力。也许，上面提到的第三种观点——即调整子公司的财务结构以便充分利用东道国当地的融资资源——才是企业的最佳选择。

虽然有些学者认为子公司的资本机构只会影响到母公司的全球合并债务比率，但是一些跨国企业仍然遵循这样一种策略——除了初始投资以外，母公司不会直接向子公司提供资金或担保。为什么会这样？这种策略背后隐藏的道理与代理理论具有密切关系。促使海外子公司自力更生意味着母公司承认其对海外子公司或分支机构的监督与控制能力是有限的。事实上，母公司是将其拥有的一部分监管职责转移给了东道国当地的金融机构。与此同时，子公司的管理者要努力提高子公司的生产经营状况，从而产生足够多的内部现金流，使得子公司根本不需要母公司提供资金。代理成本的存在也会影响到关于母公司担保的公司政策。如果母公司向子公司提供贷款担保，那么发放贷款的银行就失去了监督与控制贷款使用情况的动机——这是因为不管银行是否对贷款的使用情况进行监督，这笔贷款最终都能被偿还——这意味着企业失去了银行这个风险分担者。反过来，如果母公司不提供贷款担保，那么银行肯定会设计更为严格的贷款合同并对贷款的使用情况进行密切监督。

27.6 政治风险

本书第 25 章主要讨论了国别风险与政治风险。由于本章研究的主题是海外子公司的融资策略，因此本节我们主要讨论资产没收风险、商业政治风险和金融政治风险。

很多设立在发达工业化国家的海外子公司以为自己不会受到资产没收风险的影响。但是，即使是发达工业国家如英国与加拿大，也曾经没收过石油勘探行业的美国跨国企业拥有的资产。显然，发达工业国家的资产没收风险要比尼加拉瓜和伊朗这样的国家小得多，但是它仍然存在。母公司可以通过海外子公司的融资策略来部分规避这种风险。母公司还可以求助于资产没收保险。很多政府扶持的机构例如英国的出口信用担保局可以向新设立的海外投资项目提供资产没收保险，劳埃德集团可以向已有投资项目及新投资项目提供非选择性的综合保险。此外，跨国企业还可以使用一些财务手段来实现资产没收风险的最小化，例如使用较高的财务杠杆（尤其是大量使用当地的债务），最大限度地使用当地资金来源，包括债务资金和股权资金（如果母公司部分持股的海外子公司允许），尽可能地减少海外子公司使用集团内部资金和母公司的担保。这些财务处理手段背后的基本原理是，一旦海外子公司被东道国政府没收，则东道国政府除了要接收海外子公司的资产以外，还要接收负债。

第二种类型的政治风险叫做商业政治风险，我们用例子来加以说明。假设海外某个国家新上台的左翼政府推行较高的最低工资政策，并且冻结了市场价格，使得海外子公司的经营利润下降。这种做法会影响到该国所有企业的经营，也许东道国政府制定这些政策的目的是专门用其攻击外国公司。这种对外国企业的歧视往往披着各种各样的伪装外衣，例如不把政府的采购合同提供给外国企业，向本土企业提供更多的优惠政策和补贴，对于一些主要原材料的进口限制颁发进口许可证，拒绝向非本土员工颁发工作许可证，等等。通过引入本地股东，跨国企业的海外子公司可以在一定程度上规避一部分商业政治风险。

金融政治风险的表现形式主要为限制外国企业进入本国的资本市场，限制海外子公司将资本与股息汇回母国，要求海外子公司提供高额无收益进口保证金，等等。然而，可用于绕开这些限制的财务处理手段一般不太容易获得。如果问题仅在于无法进入当地的资本市场来获取资金，那么跨国企业应当好好评估一下从海外获得资金与从当地融资两种方式的相对利弊。如果跨国企业想要绕开股息汇回的相关限制规定，那么子公司可以从母公司或东道国以外的其他国家借入债务。不管是什么情况，利息与本金的偿还额都是可以汇出东道国的。如果东道国政府严格限制股息的汇回，那么按照我们在第 23 章提供的母国现金流分析方法，得出的结论可能是海外投资项目缺乏经济可行性。

27.7　外汇管制风险

一般来说，外汇管制政策会对跨国企业造成影响，这是因为海外子公司肯定会在东道国逐渐累积多余的资金，而受到外汇管制政策影响，这些资金又无法被汇往海外其他地区或国家。这些多余的资金可能来源于投资项目创造的利润，或者是从海外其他国家进口商品应支付的货款。我们举个例子来加以说明：法国曾经推出过一项监管制度，要求跨国企业设立在法国的子公司与关联企业之间因贸易产生的债务如果在商品进口一年之内未能及时支付，那么就会被冻结在法国境内，只能被再投资于法国子公司的生产经营活动。

将商品出口到某些国家，尤其是尼日利亚和印度，由于东道国的货币是完全不可兑换的，因此使用当地货币作为出口贸易的计价货币就意味着资金将会被冻结。因此，不管是将商品出口到子公司还是第三方，跨国企业遵循的一条基本法则都是在没有获得审批机构提供的可绕开资本管制政策的结算承诺之前，不要将商品运往目的地。

如果被冻结资金不断累积，那么跨国企业应采取的应对措施是尽可能多地使用当地债务向海外子公司提供资金，来源于未汇回利润的被冻结资金随后可被用于偿还这些债务。

27.8　外汇风险

集团公司应当从整体上管理外汇风险。当然，从子公司层面管理外汇风险也是一个不错的选择，即使这仍然需要集团总部的财务部门来安排相应的套期保值交易。对于那些想规避外汇风险的企业来说，最佳选择是确保整个企业集团和子公司两个层面上的资产与负债所使用的计价货币是同一种货币。对于设立在海外的子公司，还可以辅以尽可能多地介入东道国本币债务的方式。如果海外子公司因为外国产权的关系而无法在东道国本地融资，那么集团财务部门可以在离岸市场上为海外子公司借入相应货币的贷款。如果是由于东道国实施外汇管制政策使得海外子公司无法获得东道国本币贷款，那么可以由母公司出面来申请此类贷款。

如果海外子公司只能获得硬通货贷款——例如美元、瑞士法郎——那么如果条件许可，海外子公司应当为债务本金和利息额偿还安排远期抛补交易。在评估多种硬通货贷款资源时，企业的财务管理人员要当心不要掉入利率陷阱。我们用“便宜”的瑞士法郎贷款与“更昂贵的”美元贷款举例说明。假设瑞士法郎贷款利率水平为每年 3%，而美元贷款的利率水平为每年 6%，市场预期在贷款期间美元相对于瑞士法郎贬值，那么美元的贬值效应将会消除瑞士法郎贷款与美元贷款之间的利差，这就是所谓的国际费雪效应。但是请大家注意，这里我们讨论的基础是税前。如果再把税收因素考虑进去，我们还需要具体分析税收制度对实际融资成本的影响。根据目前世界上绝大多数国家所使用的税收体制，债务利息的偿还总额（包括由于子公司所在地的货币相对于借款货币的汇率贬值而导致的外汇损失）是可以抵免税负的。但是在某些国家，债务本金偿还额所产生的外汇损失不能用于税负抵扣。因此我们的结论是，在这种情况下，在其他条件均相同时，宁可选择利率水平更高的硬通货贷款，这种做法成本更低、更安全，总好过未来偿还债务本金时有可能遭受无法抵扣税负的巨额损失。

27.9 海外子公司的亏损

尽管从整个企业集团来看，可能不存在外汇风险敞口，但是东道国当地的外汇管制政策可能意味着海外子公司持有外汇风险敞口。一旦汇率朝不利方向波动，就有可能使得海外子公司丧失偿付能力。这将导致交易无法进行下去。

母公司可以通过继续向子公司提供资金或者向子公司发放新贷款，随后再将其转售给其他债权人的方式来解决这一问题（一般来说，母公司可以用这种方法可来解决子公司因经营亏损而引发的常见问题）。此外，母公司还可以将已有的集团内部债券转售给其他债权人，或者为海外子公司的所有债务提供担保，不过前提条件是上述这些做法均满足东道国当地的法律规定。然而，上述这些做法会使得海外子公司的经营亏损无法被用于税负抵免。

如果海外子公司有较高的概率会出现亏损，那么跨国企业最好选择分支机构这一组织形式——这是因为如果海外实体是以母公司的分支机构这一名义存在的，那么其产生的经营亏损可以被用来抵免母公司在母国的税负。此外，位于母国的出口子公司——该子公司要独立纳税——与海外分支机构——该分支机构是进口方——可以签订一份协议。在这份协议中，出口子公司同意，一旦海外分支机构的支出大于收入，它愿意每年为其提供担保，以弥补收支差额。事实上，这种资金援助必须是正当合理的。也就是说，从法律的角度来看，这些费用支出确实发生在母国境内。如果大量商品从位于母国的子公司运往位于海外的分支机构，那么这种资金援助就是合理的。当然，如果不存在这种集团内部交易，那么就无法采用这种援助方式。

27.10 集团内部信用

到目前为止，读者可能已经相信，母公司非常低的初始投入再加上大量的东道国当地借款就是解决海外子公司融资问题的最佳方案。但是，一旦海外子公司遭遇意料之外的挫折，那么这种融资方案可能会带来潜在问题。虽然东道国当地提供的紧急贷款可以解决海外子公司因利润或现金流暂时减少而引发的短期资金不足问题，但是一旦糟糕的情况持续下去，这些资源将会很快干涸。于是，海外子公司还是要仰仗集团总公司来提供资金支持。

虽然母公司直接提供股权资金或者从其他地区借入资金都能解决这个问题，但是考虑到海外子公司只是遇到了短期财务困难，因此我们建议使用另一种解决方案——这种方案尤其适合于短期，因为实施起来快速便捷，便于实现。这种短期解决方案就是使用各种类型的集团内部信用。这意味着在前面描述的这种情况下，海外子公司可以按照比原先所约定的更缓慢的速度向集团内部债权人偿还借款，而集团内部其他机构欠海外子公司的应收账款则要加快支付给子公司。这种做法有点类似于提前/推迟支付货款，但是选择这种策略的原因是经营利润突然大幅度减少，而不是为了应对即将发生的汇率波动。当然，使用这种策略必须满足东道国政府推出的外汇管制政策中有关支付条件的规定。

27.11 税收效应

国际税收是一个复杂的问题。显然，不同的国家拥有不同的税收制度，利润税的税率也不尽相同。因此，对于跨国企业来说，若想实现税负最小化的目标，要充分考虑到各方面的情况。至于融资决策，若想实现税负最小化，也是如此。

请大家牢牢记住一点，发生在某个国家的持续亏损不能起到节税的作用，这几乎是一个不变的真理。因此，在安排集团企业的生产经营活动时，要尽可能地避免损失只出现在某个国家的情况。如果这些损失是由人为操作所导致的，例如制定过高的转移定价，那么单纯从税务筹划的角度来看，最好能够停止这种不合常理的举动。

27.12 股息政策

作为外汇管制政策的一个组成部分，很多发展中国家均对设在本地的跨国企业子公司向海外投资者支付的股息加以限制。虽然这种做法可以减少发展中国家的资金流出额，但是会挫伤跨国企业直接投资的积极性——直接投资能够加快先进技术的扩散，帮助发展中国家加快经济发展，并提供更多就业岗位。发展中国家的政府认为它们更愿意将工业发展的大部分蛋糕保留在当地投资者手里；而跨国企业则认为，这种做法只会使得蛋糕变得越来越小。

对跨国企业来说，在评估海外投资项目时，最关键的问题是投资项目产生的现金流或利润有多少可以汇回母公司。当然，其出发点显然不是利他主义。如果海外投资项目不能满足这一评价标准，那么跨国企业应当不考虑投资这样的项目。

27.13 利润转移的其他方式

由于过去的种种做法，跨国企业给世人留下了这样的印象：使用各种各样的工具或手段，例如通过操纵转移定价以及使用管理费、服务费、专利权使用费和非商业交易性质的利息支付等方式逃税或者在全球各地绕开各国的外汇管制政策转移资金。在过去的二十年中，各国的税务当局越来越擅长打击此类操纵手法。在东道国政府未完成调查之前，即使是集体内部各子公司之间正常的跨境支付也会变得非常困难。简言之，现在的趋势正朝着有利于税收当局的方向变化，以至于跨国企业非常担心自己是否能够避免在诸多发展中国家承担过高的税负。现如今，对于绝大多数明智的跨国企业来说，使用正常合理的转移定价工具已经成为优选，而人为操纵利润转移并将其作为集团内部资金转移工具的做法已经被普遍认为是不光彩的做法，尽管仍然有一些跨国企业在使用这种策略。

27.14 母公司的担保

前面我们曾经向大家建议，为了规避政治风险，海外子公司可以大量使用债务资金，尤其是当地的资金。如果母公司向海外子公司的债权人提供债务担保，那么使用大量当地债务所带来的好处就会随之消失。很多跨国企业都制定了不向海外子公司提供担保的政策，但是在某些情况下，母公司不得不提供担保——例如，合同招标严格要求母公司必须提供担保。但是，一些财务管理人员认为，如果跨国企业对子公司的债务违约行为置之不理，那么不管是在哪个国家，债权人都不会善罢甘休，因此严格不提供债务担保的做法没有什么好处。

当然，**安慰信**（letter of comfort）又是另一回事。这指的是跨国企业母公司寄送给债权人的信件——债权人通常是一家银行——承认借款人是自己的子公司，目前母公司了解这笔债务的基本情况，而且控股母公司将会继续持有子公司。安慰信本身没有任何法律效用，但是它们提供了一种道德上的承诺。因为这样的安慰信并不是担保，因此，在进行财务处理时，不能将其视为担保，也不能将其视为契约或合同。不过，在某些规定情况下，安慰信被明确视为担保的替代品，那么情况又有所不同。关键问题就在于这样的安慰信是否可以被视为一种担保。所以，在签发类似的信件之前，最好先咨询一下法律顾问，有时，安慰信也可被称为**“知会函”**（letter of awareness）或者“支持函”。

目前，这个问题仍存在争议。但是，我们相信作为一种能够降低政治风险影响的工具，尤其是规避资产没收风险，对跨国企业来说，母公司不提供担保的做法仍然具有明显的优势。

27.15 部分持股的子公司

对于跨国企业来说，建立全资海外子公司还是部分持股的子公司，这一决策十分关键，而且对海外子公司的融资方案也有着意义深远的影响。反对引入外部股东的观点给出的主要理由是企业的管理者很难做到既实现多数股东的目标，又不与少数股东的利益相冲突。少数股东的存在要求子公司的管理者必须非常谨慎地使用正常交易原则。任何其他做法都只会导致企业管理者与外部股东持续不断地产生摩擦，这是因为外部股东可能会猜疑子公司的利润和现金流全部被多数股东拿走了。当某位股东为子公司提供当地资源并索取酬金时，这一问题往往会变得更加突出。最糟糕的情况是，没有执行正常交易原则将会导致当地管理者的积极性严重受挫，尤其是当这些来自东道国本地的经理人本身也是子公司的少数股东时。外部股东的存在意味着这两类投资者在公司的股息政策方面拥有截然不同的目标。对于少数股东而言，股息是他们唯一可以获得的有形回报，而且他们对股息收入所缴纳的税负要低于多数股东。另外最重要的是，少数股东可能不愿意按照自己的出资比例承担子公司未来的融资需求或者对子公司的债务承担偿还责任。于是，这个问题将会使得子公司无法获得新的股权投资或者担保贷款。毕竟，对于多数股东来说，要求他们超过投资比例承担过多的责任也是不公平的。因此，我们要从事情的正反两个方面来评估少数股东存在的利弊。

海外子公司之所以会引入当地的少数股东，是因为在很多国家这是法律规定的，而在其他一些国家这纯粹是政治上的需要。人们普遍认为，在某些国家，有影响力的当地股东能够帮助海外子公司打开与客户、关联人和政府机构的沟通大门，他们能够保护海外子公司避免受到政治歧视和商业歧视的不利影响。而且，海外子公司引入当地股东在很大程度上也是出于商业上的考量。

如果子公司存在外部股东，那么公司的发展目标可能会与全资子公司有所区别。我们已经给出了几个明显的例子，这里我们再列举几个例子。例如，就外汇风险而言，当地少数股东对集团总公司的外汇风险敞口根本不感兴趣；他们只考虑海外子公司到底有多大的风险敞口。如果当地的少数股东本身也是子公司的管理者，那么如何看待额外的补贴和其他的管理陷阱一直是争论的焦点。

一般来说，拥有少数股东的海外子公司通常杠杆率非常低，而且在留存收益、增加额外的资本投资或者从股东那里获得更多的资金投入和担保等问题上，多数股东很难与少数股东达成一致意见。尤其是当子公司的少数股票由社会公众持有时，担保是肯定行不通的。事实上，如果母公司部分持股的海外子公司在东道国当地的股票交易所上市，那么上面这些问题将会被进一步放大。公众投资者不可能为这样的公司提供担保，而且从这样的股东那里获得资金不仅成本高，而且要耗费大量时间。有些国家的法律规定了当地股东持股的最低比例，因此母公司甚至不能选择自己直接向海外子公司提供新资本金。为了克服上述种种困难，母公司可以考虑加大初始资本的投入量，并制定较高比例的利润留存政策。

海外子公司到底是否应当引入外部股东，这个问题并没有一个唯一的最终答案。本节我们的目的只是指出每一种做法的利弊。在实际操作中，关于这个问题的决策要求跨国企业认真分析并做出合理的商业判断，但是有一点不要忘记，那就是母公司对海外子公司的投资必须能够满足跨国企业资本预算在分析可汇回母国的现金流时所设定的标准。

27.16　跨国融资的优势

很多企业所在的国家的国内资本市场规模相对较小，资源很容易干涸。如果母公司设立在这样的国家，而企业为了在全球市场上获得成功需要源源不断的资金供给，那么不成熟的国内金融市场将会阻碍企业的成长以及竞争能力的提高，除非企业能够进入国际资本市场来获取资金。总部位于丹麦的诺和诺德制药集团（请参考斯通希尔和杜鲁门（Stonehill and Dullum）的相关著作[8]）于 1978 第一次发行美元可转换欧洲债券时就遇到过类似的问题。制药行业的规模经济效应，较高的附加值，高额的研发投入，较高的资本密集程度，以及对源源不断的创新的需求，这些都决定了制药企业若想在全球市场上获得成功，必须有能力进入资金充沛的资本市场，这是一个必要的前提条件。诺和诺德公司意识到，企业的发展战略必须依赖于能够源源不断地获得大量的资金支持。该公司认为丹麦国内的资本市场规模较小，而且流动性较差，这意味着如果企业想要实现自己的战略计划，就必须跳出国内资本市场去进入资源更加丰富的国际资本市场。

对于那些总部位于英国或美国的跨国企业来说，它们几乎没有为这个问题花费过太多精力。但是对于很多其他国家的企业来说，这个问题迫在眉睫。事实上，一些国家的资本市场规模小且缺乏流动性可能是绝大多数大型跨国企业将总部设立在拥有丰富资金资源的国家的历史原因之一。作者相信，正是因为受制于规模较小的国内资本市场，很多欧洲小国以及全球其他国家的企业的成长受到了阻碍。

除了能够进入资源更丰富的金融市场以外，进军海外资本市场还能使得跨国企业充分利用市场缺陷来为自己谋利——正是这些市场缺陷使得短期内费雪效应无法成立。大家应该还记得，按照我们在第 3 章讲过的四边形等价模型，实际利率（=名义利率—预期通货膨胀率）应当趋向均衡。但是鉴于我们使用的模型很少处于均衡状态，因此进军国际金融市场的企业应当可以降低其借款成本。如图 27—1 所示，我们可以给出这样的关系曲线。不过值得注意的是，当企业第一次使用国际金融资源时一般会发现与市场上原有的借款人相比，自己支付的借款利率和承销费用要更高一些。

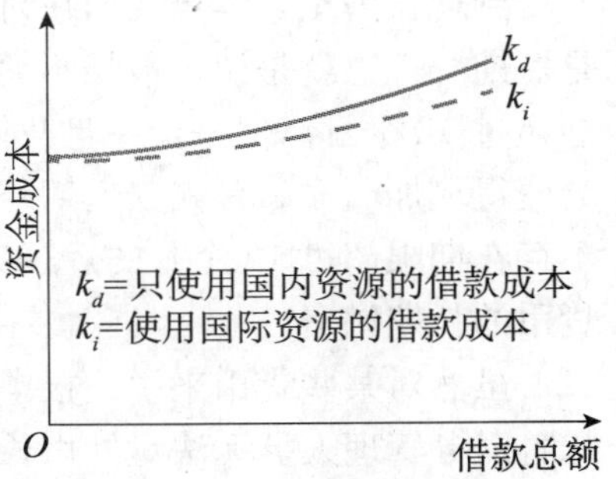

图 27—1　国际借款成本

27.17　跨国融资的风险

跨国融资可以被笼统地划分为以下三种类型：

1. 融资所使用的币种与预期未来的现金流入币种相一致。

2. 融资所使用的币种与预期未来的现金流入币种不同，但是已经使用远期市场、互换市场或者其他方式对冲了风险敞口。

3. 融资所使用的币种与预期未来的现金流入币种不同，但是没有使用市场、互换市场或其他方式对冲风险敞口。

前面两种方式可以规避外汇风险。但是如果采用第三种方式融资，则需要承担外汇风险。

如果国际费雪效应永远是成立的，且外汇市场永远是均衡的，那么对于那些使用名义利率更低的硬通货贷款的企业来说，未来硬通货相对于其他货币的预期升值会刚好抵消低利率所带来的好处。换言之，如果国际费雪效应是成立的，那么融资的税前真实成本就应当等于用母国货币表示的名义利率，而且不管跨国企业在何处融资，借款的真实利率都是相同的。正如我们在第 6 章讨论的那样，在现实世界里，短期内国际费雪效应是不成立的，至于在长期内国际费雪效应是否成立，目前仍存在争议。如果我们怀疑国际费雪效应在长期内不一定始终成立，如果外汇市场与利率市场也不总是处于均衡状态，那么跨国企业的财务管理人员可以使用前面讨论过的几种方法来规避融资风险，或者凭借自己对未来的预期或判断在该领域内谋求收益。因此，财务管理人员应当使用被高估货币的长期贷款，同理，避免使用被低估货币的贷款。

国际费雪效应的失衡能够为精明的企业财务管理人员提供更好的融资机会，源于不同税收体制的缺陷也能创造同样的机遇。各个国家对外汇收益或损失的税收处理方式有所不同。值得一提的是，即使两种或多种国际融资策略从表面上看税前资金成本率是相等的，但是考虑到利息成本、货币的潜在升值或贬值，税后的融资净成本也往往是不同的。这种现象可能源于各国规定的公司税税率有所不同，也可能源于各国对企业偿还国际债务时所产生的资本利得收益或资本损失规定了不同的税收处理方式，有的国家允许企业使用此类资本损失来抵扣税负，而获得的此类资本利得收益则要交税，其他一些国家的做法则与此不同。

到现在为止，本章我们在讨论与跨国融资策略有关的外汇融资风险问题时，着眼点都是短期——也就是说，最长不超过一年。然而在现实生活中，绝大多数融资决策的期限都会超过 12 个月。但是，一旦我们延长观察的期限，影响跨国融资策略的两个关键问题就会变得更加凸显。首先，远期外汇市场变得越来越狭窄：对于很多货币来说，可能根本就不存在期限超过 12 个月的远期市场。其次，在全球许多发展中国家，企业更难获得该国货币的长期融资。

虽然对某些货币来说，根本不存在期限超过 12 个月的远期外汇市场，但是这并不意味着财务管理人员无法对外币长期借款进行远期抛补。精明的财务管理人员可以使用我们在第 11 章讨论过的即期/远期交易方式来达到同样的目的。假设总部位于英国的跨国企业刚刚借入了 B 国价值为 5 000 万 BD 的贷款（在这里我们用 BD 代表 B 国的本币，下同），这笔贷款的期限为 3 年。如果不存在期限超过 12 月的远期外汇市场，则财务管理人员可以使用即期/远期互换交易来对这笔 3 年期贷款进行套期保值。具体的做法如表 27—1 表示。

表 27—1　　3 年期 B 国借款的即期/远期互换套期保值交易

年末		
0	买入 5 000BD，卖出英镑	12 个月的远期交易
1	卖出 5 000 万 BD，买入英镑 买入 5 000 万 BD，卖出英镑	即期交易 12 个月的远期交易

续前表

年末		
2	卖出 5 000 万 BD，买入英镑 买入 5 000 万 BD，卖出英镑	即期交易 12 个月的远期交易
3	在第 2 年年末使用购买的远期 BD 来偿还借款	

大家应该还记得，即期汇率与 12 个月远期汇率的差别主要受到利率差的影响。这意味着，使用表 27—1 总结的交易步骤，企业的财务管理人员可以为借款构建为期 3 年的套期保值交易，使得汇率水平等于第 0 年年末的 12 个月远期汇率+/一第 1 年年末的 12 个月利率差+/一第 2 年年末的 12 个月利率差。大家要牢牢记住，财务管理人员要在第 0 年年末开始进行交易，因此他或她事先根本不知道第 1 年年末和第 2 年年末的 12 个月利率差到底是多少。因此，这种做法可以实现风险的最小化，但是不能彻底消除风险。

当然，如今飞速发展的互换市场可以为上述风险敞口提供更为理想的套期保值方案。对于期限超过 10 年的合约来说，互换市场的流动性远远好于相应的远期市场。这使得互换套期保值交易的成本低于使用长期远期合约进行套期保值的成本。

如果财务管理人员决定不对长期外币借款进行套期保值，那么情况会怎样？企业应当如何评估多种借款方案的相对利弊？简单地说，财务管理人员应当如何评价跨国融资的成本？

27.18 外币融资决策

如果是单纯的国内融资，那么融资的实际成本只需进行简单的现金流贴现就可以算出来。借入的金额——企业的现金流入——与每年利息和本金的偿还额——企业的现金流出——相对，当然要首先计算出各笔现金流的贴现值。在算出贴现值之后，能够使得现金流入总额的现值等于现金流出总额的现值的利率就是借款的实际成本率。常见的公式如下所示：

$$\text{借款金额}=\frac{\text{支付的利息额}_1+\text{偿还的本金额}_1}{(1+r)}+\frac{\text{支付的利息额}_2+\text{偿还的本金额}_2}{(1+r)^2}+\cdots+\frac{\text{支付的利息额}_n+\text{偿还的本金额}_n}{(1+r)^n}$$

式中，r 代表的是贷款的实际成本。该公式源于增量现金流分析——可用于分析融资决策所带来的增量现金流入与增量现金流出。我们可以从税前或税后两个角度来计算借款的实际成本。显然，如果计算税后成本，那么增量现金流也必须使用税后净额的表达方式。

由于跨国融资要面临外汇风险，因此计算贷款的成本会变得更加复杂。但是整个计算过程仍然遵循相同的基本原理。首先列出借款带来的增量现金流，然后再计算成本。但是在这种情况下，我们要注意到，用母国货币表示的增量现金流包括初始的借款额、要支付的利息和要偿还的本金，而且所有这些现金流都要经过适当的调整以反映未来预期或实际已发生的（如果是事后分析）外汇收益或损失。一般公式如下所示（使用母国货币作为计价货币）：

$$\text{借入资金额}=\frac{\text{支付的利息额}_1+\text{偿还的本金额}_1\text{(包括已实现的外汇收益或损失}_1\text{)}}{(1+r)}+\frac{\text{支付的利息额}_2+\text{偿还的本金额}_2\text{(包括已实现的外汇收益或损失}_2\text{)}}{(1+r)^2}+\cdots+\frac{\text{支付的利息额}_n+\text{偿还的本金额}_n\text{(包括已实现的外汇收益或损失}_n\text{)}}{(1+r)^n}$$

按照上述等式解出 r 的值，就能算出借款的实际有效成本。显然，如果企业需要在贷款之前预先计算外币借款的成本，那么就必须对未来的汇率波动做出估计。要想达到这一目的，跨国企业的财务管理人员可以使用前面几章讲过的分析工具。如果企业在获得贷款时，被借入的货币正处于被高估或低估的状态，那么财务管理人员需要事先预测一下汇率何时会重返均衡价位以及朝均衡汇率水平波动的幅度。这是一个很关键的问题。

同理，我们也可以分别从税前或税后角度来计算跨国融资的实际有效成本。税后成本的计算更为复杂，这是因为我们不仅要考虑税后利息净成本，而且要考虑外汇收益与损失，以及出于纳税的目的，这些外汇收益或损失是否应当被确认。分析师在计算借款成本时还要格外注意这笔贷款是分期偿还贷款还是一次性偿还贷款。所谓一次性偿还贷款指的是贷款到期时一次性还清的贷款。因此，分期偿还贷款与一次性偿还贷款相比，即使汇率波动幅度相同，也会导致不同的实际有效借款成本。在计算借款的实际有效成本时，货币升值或贬值的时间也非常重要。借入货币升值得越快，则借款的实际有效成本上升的幅度就越大。借入货币贬值得越快，则借款的实际有效成本下降的幅度就越大。

我们举例来说明。假设一家英国企业获得了一笔美元贷款。该公司在第 0 年获得了总额为 100 万美元的五年期贷款，年利率为 10%。假设在发放贷款时美元的汇率水平由原来的 1 英镑兑换 1.30 美元升值至 1 英镑兑换 1.17 美元。表 27—2 列出了这笔贷款的税前实际成本。该表分别提供了当美元的升值行为分别发生在第一年、第二年、第三年、第四年和第五年时美元贷款的实际成本是多少。该表给出的税前实际有效成本基于如下多个假设条件：首先，该贷款采用的是等额分期偿还的方式；其次，假设该贷款每年的分期偿还额为 100 000 美元，随后在第五年年末，再一次性偿还 500 000 美元；最后，在第五年年末未偿还的贷款余额将会被一次性还清。

表 27—2　　借款的年均实际有效成本（%）

美元升值发生的时间点（年）	还款方式		
	每年的等额还款	50%的贷款由每年等额分期还款来偿付，另外50%的贷款在期末一次性偿还	一次性还款额
1	14.5	13.7	12.8
2	13.3	13.0	12.6
3	12.3	12.2	12.3
4	11.3	11.7	12.1
5	10.6	11.3	12.0

该表提供的数据能够说明财务管理人员不能只是单纯考虑贷款的名义利率。在这个例子中，与历史数据相比，英镑相对于美元的贬值幅度并不是太大。但是，如果贷款采用的

是等额分期偿还的方式，则英镑贬值的影响会被放大。而美元只升值10%左右的变化如果来得更早一些而不是更晚一些，就会使得贷款的利息成本由原来的年均10%左右上升至年均15%左右。如果企业的财务管理人员在洽谈这笔美元贷款时以为其税前成本只有10%左右，那么企业的管理者肯定要批评他的失误。

20世纪70年代早期，瑞士法郎与联邦德国马克相对于英镑的升值以及20世纪80年代早期美元的走强都能证明很多企业财务管理人员为企业借入低利率货币的行为是多么幼稚。我们希望这些财务管理人员及其所在的企业已经从这些成本高昂的惨痛经历中吸取了教训。

当企业计算资本的加权平均成本时，必须将未来预期的汇率波动纳入债务的成本计算中。财务管理人员和企业规划人员经常会忽视这一点。然而在很多情况下，未来汇率的预期波动对企业债务成本的影响非常明显。

目前在国际资本市场上，贷款人越来越倾向于提供浮动利率贷款——利率水平与其他常见的市场利率指标绑定，这给跨国企业财务人员带来了新的麻烦。有观点认为，如果长期内国际费雪效应是成立的，那么财务管理人员根本不用担心从谁那里获得贷款。按照国际费雪效应，外汇的升值或贬值将与浮动利率差互相抵消。从贷款发放一直到最终还清贷款，在此期间只有当汇率水平的波动完全与购买力平价理论和费雪效应相吻合时，这个结论才是正确的。而且，在贷款刚刚开始发放时，利率市场和外汇市场必须处于均衡状态。只有这样，得出“不管从哪里获得贷款资源都是一样的”的结论才是合情合理的。然而，这些条件很难达到，事实上，除了教科书以外，现实世界里从来没有出现过这种情况。然而对于那些使用浮动利率的跨国企业财务管理人员来说，这对他们的借款行为具有一定的影响。假设一家英国企业正在考虑借入美元浮动利率贷款，此时，相对于美元的历史实际汇率数据，美元正处于被低估的状态。即使该美元贷款使用的是浮动利率，一旦美元/英镑的汇率水平发生变化，而且按照购买力平价理论开始由非均衡状态趋向均衡状态，并且随后利率水平的持续波动始终符合国际费雪效应，这笔美元贷款的实际成本也会相对较高。所以说，即使是使用浮动利率贷款，企业的财务管理人员也必须做到非常小心谨慎。浮动利率并不能绕开潜在的汇率波动所带来的问题。

在使用相应的外币贷款时，没有相应地设置远期抛补交易的做法是十分错误的。这种走捷径的想法欠考虑。企业的财务管理人员必须认真分析汇率波动、利率与通货膨胀率三者之间的相互关系。如果想要合理地估计未来贷款期间汇率水平的波动情况，企业的财务管理人员需要对一些数据进行估计。这一工作是顺利完成事先核算跨国融资成本的必要前提。最后，我们衷心地希望本书所提供的分析框架能够给跨国企业借款人带来一些帮助。

小结

- 海外子公司的融资问题与独立企业的融资问题存在着较大差别。第一个问题便为海外子公司是否为全资子公司。
- 如果母公司对海外子公司只是部分持股，那么母公司应当尽量大方地提供初始资本，并确保海外子公司使用较低的杠杆率。这么做的理由是多数股东与少数股东在诸如利润留存、从股东那里获得新增资本或担保之类的问题上很难达成一致意见。事实上，如果社会公众就是子公司的少数股东，那么担保根本是行不通的。为了克服上述所有困难，母公司应当慷慨大方地提供更多的初始资本，使得海外子公司保持一个较低的债务—权益比率。

● 如果海外子公司是全资子公司，那么母公司可以使用大量的债务资本为其提供资金，这种做法有助于降低政治风险。我们在前一章已经讨论过该问题。

● 与跨国企业的其他经营活动一样，跨国企业可以抓住融资机会实现全球税负最小化，并且抓住金融市场的缺陷来达到融资成本最小化的目标。而且跨国融资可以帮助企业进入资源更为丰富、天地更为广阔的资本市场，从而减轻对某个单一资金来源的依赖程度。寻找资本市场的缺陷，抓住机会以低成本获得融资，以及确保即使某些资金市场的资源出现了暂时性的断流，企业的资金来源也不会因此受到影响，这种灵活性对企业来说是一个重要的利好。

● 只要跨国企业有法律义务或道德义务去阻止海外子公司的违约行为，海外子公司本身就并不拥有独立的资本结构。其真实的债务—权益比率就等于整个企业集团的债务—权益比率。

● 跨国融资可以帮助企业降低其平均融资成本，具体请参考表 27—1。

● 对于那些总部所在的国家资本市场规模较小的企业和大型跨国企业来说，跨国融资非常重要。

● 所有的企业都必须认真计算不同融资来源的实际成本。我们可以使用传统的现金流贴现法来分别计算第 0 年借入资金的现金流入以及按照贷款偿还时间表随后各年偿还的税后净利息额和本金偿还额的现金流出。

● 对于国内融资来说，实际成本的计算相对简单一些。我们可以使用常见的计算方法来计算贷款的内部收益率。如果贷款的币种与未来预期的现金流入的币种不一致，而且没有使用远期市场、互换市场或其他工具进行套期保值，那么企业应当使用未来预期的汇率波动来估计这一外币贷款的实际成本。不过，在整理搜集有关融资成本的数据时，财务管理人员对这些估计值要格外小心。

章末习题

27.1 当企业评估两种不同融资方案的成本时为什么必须计算现值？

27.2 为什么总部设在美国的跨国企业要发行计价货币为欧元的货币债券？

注释

1. Lessard，D. R. and Shapiro，A. C.，"Guidelines for global financing choices"，*Midland Corporate Finance Journal*，1 (4)，1983；in J. M. Stern and D. H. Chew Jr. (eds)，*New Developments in International Finance*，Basil Blackwell，New York and Oxford，1998.

2. Adler，M. and Dumas，B.，"The microeconomics of the firm in an open economy"，*American Economic Review*，67 (1)，180 - 189，1997. Adler，M. and Dumas，B.，"Default risk and the demand for forward exchangee"；in H. Levy and M. Sarnat(eds)，*Financial Decision Making under Uncertainty*，Academic Press，London，1997.

3. Lessard，D. R. and Shapiro，A. C.，"Guidelines for global financing choices"，*Midland Corporate Finance Journal*，1 (4)，1983；in J. M. Stern and D. H. Chew Jr. (eds)，*New Developments in International Finance*，Basil Blackwell，New York and Oxford，1998.

4. Moran，T. *The Politics of Dependence*：*Copper in Chile*，Princeton University Press，Princeton，NJ，1974.

5. Buckley，A.，*Multinational Finance*，5th edition，FT Prentice Hall，2004.

6. Stobaugh，R.，"Financing foreign subsidiaries"，*Journal of International Business Studies*，Summer，1970.

7. Business International，"Policies or MNCs on debt/equity mix"，*Money Report*，21 September，319 - 320，1979.

8. Stonehill，A. I. and Dullum，K. B.，*Internationalising the Cost of Capital*，Wiley，Chichester，1982.

第 28 章　国际贸易融资与信用风险最小化

在国际贸易融资领域，两个重要问题分别与外汇风险和信用风险有关。外汇风险这个话题涉及的范围比较广，本书前面的很多章节均已经详细讨论过这个问题。因此，本章主要研究信用风险。所谓信用风险被定义为供应商在出售了商品或服务之后并没有得到相应的货款。在国际贸易领域，信用风险会变得更复杂一些，这是因为一旦供应商将商品或服务运出本国，即使没有收到对方的货款，此时也很难将货物追回或再次占有。

在运输货物之前，进口商与出口商会先谈妥交易的各项细节，包括成交价格、保险、货运、装船时间等。银行体系能够提供多种方式帮助国际贸易领域的付款或收款行为顺利进行。国际贸易付款方式通常包括随订单付现、赊销、汇票、跟单信用证以及其他政府提供帮助的付款方式。上述几种付款方式彼此之间互不排斥。例如，汇票和信用证可以与政府担保同时使用。本章我们要详细介绍上述每一种国际贸易融资手段。请大家牢牢记住，国际贸易融资这个话题涵盖的范围非常广，因此本章的讨论只能是浮光掠影，一带而过。如表 28—1 所示，我们列出了国际贸易融资的主要方式。该表中国际贸易融资手段是按照风险水平的高低依次排列的——对出口商风险水平最高（即对进口商风险水平最低）一直到对出口商风险水平最低（即对进口商风险水平最高）。本章末提供的附录对国际贸易融资术语进行了解释。如果读者在商务实践中遇到了有关国际贸易融资和信用风险最小化的实践问题，最好从银行或其他专业人士那里获得参考意见。

表 28—1　　国际贸易融资手段：对出口商风险水平最高（即对进口商风险水平最低）至对出口商风险水平最低（即对进口商风险水平最高）

术语	描述
延期支付	进口商在收到商品后可以先使用一段时间，通常为三年至十年，随后再向出口商支付货款。货物运至进口商处，进口商要开出多张本票，一般来说每张本票的支付周期为六个月或一年。
赊销，光票	出口商将货物交给承运人运输并等待进口商付款。出口商会把进口商需要的所有单证直接寄给进口商，或者通过银行转交给进口商，同时开出汇票。
定期汇票，承兑交单	出口商负责将货物交给承运人运输，然后将汇票和单证交给银行，并叮嘱银行一旦汇票得到进口商的承兑（这指的是进口商承认这笔债务并承诺在未来某一时间支付货款），银行可以将上述所有单证交给进口商。
寄售，所有权保留	出口商将货物交给承运人运输，进口商收到货物并将其卖出后，会将货款支付给出口商。销售合同和/或其他法律文件能够赋予出口商重新收回所有未售商品的权利。
即期汇票，凭单付款/付款交货	出口商将货物交给承运人运输，然后将相关单证委托给银行，并叮嘱银行只有在进口商支付了汇票以后才能将相关单证移交给进口商。
见货付款，将货物送入保税仓库	与传统的货到付款的方式刚好相反，这种做法指的是出口商将货物运送至进口商所在国的保税仓库，该仓库为出口商所有。随后，出口商的当地代理人负责将货物多批次一点一点地从仓库里提取出来移交给进口商。
不可撤销信用证	这指的是进口商开户行签发的单证，只要出口商按照信用证的要求向签发行提交相关书面材料，签发行便可以付款。可以采用见票即付方式或者结合其他的银行担保融资方式。
保兑不可撤销信用证	和上一种融资手段一样，只不过进口商的开户行要求咨询银行提供保兑承诺。只要出口商按照要求将相关书面材料提交给保兑行，则保兑行就会立即向其付款。可以采用见票即付方式或者结合其他的银行担保融资方式。
现金预付	在出口商运送货物之前，进口商提前支付货款。

28.1 随订单付现

从出口商的角度来看，这是他们最喜欢的付款方式，但是在国际贸易领域，这种付款方式是最少使用的，因为一般来说出口商会给予进口商一段赊销期。如果出口商选择随订单付现（CWO）这种付款方式，则意味着出口商可以在一段时间内同时占有资金并拥有货物的所有权。对买家来说，随订单付现的付款方式没有什么吸引力，因为买家要承担货物运输期间的所有融资成本。在这段时间内，买家失去了货款的使用权，只能被迫采用其他方式为营运资金融资，并且损失了资金的利息收益。

随订单付现的付款方式往往与不好的名声有关联——也就是说买家不太值得信任。如果使用这种付款方式，则买家会彻底失去控制力。买家只能希望卖家大发慈悲，能够遵守诚信立刻将货物运出。买家还要事先确认一下，卖家所在的国家不会基于各种原因禁止货物的出口。显然，随订单付现的付款方式给买家带来了巨大风险。

在国际贸易领域，只有当进口商信用水平较低，而出口商拥有绝对实力的时候才会使用随订单付现这种付款方式。在出口贸易中，这种付款方式极其少见，因为该付款方式显然是由海外进口商向出口商提供信用——然而，在外贸领域，常见的基本做法刚好是反过来，即出口商向进口商提供信用。货到付现（COD）是随订单付现付款方式的另一种变形。一些价值较低的商品往往通过邮局的邮包寄送，买家只有在支付了发票金额再加上COD费用以后，才能获得商品的所有权。

28.2 赊销

当使用赊销方式时，出口商与进口商均同意双方可以在未来某个事先确定的时间进行交易结算。与此同时，商品和货运单证会被寄给买家，因此，等买家收到货物后便可以按照自己的需求来使用这些货品。对出口商而言，赊销的付款方式具有一定的风险，因为出口商手上不持有任何能够证明其所有权或进口商所欠债务的书面证据。各国不同的法律规定以及海关要求使得出口商的权益难以得到保护，因为在使用赊销的付款方式时，出口商失去了对货物的控制权。如果进口商没有按照约定付款，则出口商明显处于弱势地位。

使用赊销的付款方式同样意味着出口商要承担融资成本。出口商将不得不提高营运资金的水平，还会损失资金的利息收益。在国际贸易领域，只有当交易双方之间已经建立起互相信任的商业合作关系，出口商对进口商的诚信毫无疑问的时候，才会使用赊销这种付款手段。

采用赊销方式时，进口商可以采用的付款方式包括电子资金转账、电汇、信汇、支票或者银行汇票。电子资金转账指的是向银行下达交易指令，通过电子转账系统将资金从一个银行账户转入另一个银行账户。与支票相比，电子资金转账速度更快、效率更高、成本更低。电汇则是由进口商的开户行提示出口商的开户行，会有一笔资金从进口商的账户转出，转入出口商的账户。而进口商要向自己的开户行存入一笔本币存款，其金额相当于发票金额。发票的计价货币可以是出口商所在国货币或进口商所在国货币，也可以是其他任意一个国家的货币。信汇方式与电汇方式步骤基本类似，只不过进口商的付款凭证是通过信件由进口商的开户行寄给出口商的开户行的，因此速度较慢。而使用支票支付则非常简单，进口商只需要将支票寄给出口商就可以了。最后，使用银行汇票的付款方式则是指进口商从自己的开户行那里拿到银行汇票，然后将其寄给出口商的开户行。值得注意的是，在使用电汇和信汇这两种付款方式时，资金已经被结算，可以立即转交给出口商。如果使用支票和银行汇票付款，则还需要经过托收和清算程序，因此所需时间要更久一些。

因此，随订单付现和货到付现这两种方式可以给出口商提供最安全的保护，而赊销则是另一个极端，对出口商而言风险最大。在欧盟内部，赊销的付款方式越来越流行，因为这种付款方式简单直接。在欧盟内部，英国的绝大部分出口贸易使用的是赊销的付款方式。这种做法成本低，可以省去许多程序上的麻烦，但是显然对出口商而言风险会更大一些。只有当出口商信任海外买家的商业诚信和实力的时候，才会使用这种付款方式——在欧盟内部，许多企业通过长期的贸易往来已经结成了互相信任的合作关系。

寄售是赊销方式的另一种变形，指的是出口商向海外买家供货时，一次性的供货数量非常大，因此可以满足海外买家在一段时间内的持续需求。出口商会一直保留对货物的所有权，直到货物被出售为止，或者出口商在一段时间内保留对货物的所有权，直到买家按照约定价格向出口商付款为止。

不过，很多出口贸易无法采用预先付款或赊销的方式进行，尤其是那些欧盟区域以外的出口贸易。因此国际贸易领域又开发出了其他多种付款方式，它们的共同特征是要利用国际银行体系转交出口商品的相关单证——目的是加快出口贸易的结算速度，同时实现出口商与海外买家的风险最小化。

28.3 国际贸易的单证

在国际贸易领域，最重要的单证可分为三类。第一类单证叫做汇票，指的是支付命令；第二类单证叫做提货单，这个单证与承运人将实际货物运走的行为有关；第三类单证叫做**信用证**（letter of credit），是第三方对进口商信用程度的担保。

在外贸领域，各种单证存在的理由是确保出口商可以收到货款，同时进口商可以拿到货物。此外这些单证还可被用于消除交易不能完成的风险、降低外汇风险并且为外贸交易提供融资服务。

对外贸易与国内的普通贸易相比，不能完成的风险要更大一些。因此，出口商希望自己能够一直保持对货物的所有权，直到收到进口商支付的货款，而进口商则希望等到自己收到货物再付款。绝大多数国内的货物销售交易都采用的是赊销的方式。当使用赊销的付款方式时，买家不需要签署正式的债务凭证，这是因为卖家是在对买家的资信情况进行评估后才决定采用赊销方式的。国际贸易与国内贸易相比，买家与卖家在地理上相距更远，文化背景也存在较大差异。因此，买家不太确定海外客户的资信情况到底如何。买家也会发现自己很难搞清楚海外供应商的名声和诚信情况。通过使用汇票、提货单和信用证，交易不能完成的风险被大部分消除了。

当然，如果出口贸易使用的结算货币是外汇，而且货款要在未来某个时间点支付，则肯定要涉及外汇交易风险。本书前面介绍过的远期协议、互换、货币期权等衍生产品可被用于降低外贸领域的外汇风险。

因为所有的国际贸易都有时滞，在货物运输期间，货款是被冻结的。交易双方若签订了详细的贸易合同并使用远期协议来对冲外汇风险，那么这样的对外贸易便不会受到交易不能完成风险和外汇风险的影响。因此，银行可以向尚在运输途中的货物甚至在货物被运输之前提供货款的融资服务。金融机构可以同时为进口商与出口商提供各种各样的融资产品，帮助进口商或出口商降低或消除风险。

汇票

汇票是出口商签发的、要求进口商在未来某一特定时间支付一笔特定金额的命令。在使用汇票时，出口商可以让自己的开户行充当货款的托收代理人。银行会将出口商签发的汇票转交给进口商——可以采用直接或间接（通过分支行或往来银行转交汇票）的转交方式——在收到货款后再将其转交给出口商。

汇票涉及三方当事人——开票人、付款人和收款人。开票人指的是开出汇票的个人或企业，通常是出售并负责将货物运出的出口商。付款人指的是汇票的签发对象，一般是必须在到期时支付汇票的出口商，可以是个人或企业。收款人则是付款人在汇票到期时支付货款的对象。如果汇票不可转让，那么会明确注明收款人的姓名或收款银行的名称。汇票的收款人可以是开票人，也可以是第三方，比如开票人的开户行。不过绝大多数汇票都是

可转让票据（negotiable instruments）。如果满足以下条件，汇票便可以转让：

- 由开票人（出口商）书写并签名。
- 代表着支付确切金额的无条件承诺或命令。
- 见票即付或在未来某一特定时间支付。
- 向特定收款人付款或向持票人付款。

如果汇票要求向特定收款人付款，那么付款人必须向指定对象付款。如果汇票要求向持票人付款，则付款人必须向持有该汇票的持票人支付汇票金额。

当汇票被提交给付款人时，付款人或其开户行要对汇票进行承兑。所谓**承兑**（acceptance）指的是付款人承诺会在特定时间按照汇票票面标明的金额付款。如果汇票被银行承兑，就叫做银行承兑汇票。很多银行承兑汇票的流动性非常好。这意味着出口商可以将银行承兑汇票在二级市场上转售，或者到开户行办理票据贴现。不管是转售还是贴现，出口商都要在汇票的背面背书。一旦到期时进口商没能按时付款，则汇票的持票人可以向上一个背书人追索汇票的全部票面金额，并且可以按照顺序依次向前追溯。

在国际贸易领域，相互竞争的各国企业基于诸多原因愿意使用汇票这种付款方式。首先，汇票以一种全面且相对标准的模式提供了债务的书面证据。其次，汇票能够降低进口商与出口商的融资成本，并且在两者之间平均地分摊成本。最后，汇票大多可转让，而且是无条件的支付命令。这意味着汇票本身是不容争辩的。

汇票可以分为两种类型，一种叫做即期汇票，另一种叫做定期汇票。**即期汇票**（sight draft）要求见票即付。也就是说，持票人向付款人提交汇票后，付款人必须立即付款或拒付。而定期汇票则是指持票人将汇票提交给付款人后，双方约定一段时间以后付款人才会付款。定期汇票被提交给付款人以后，付款人或其开户行可以通过书面文字或者在票据表面盖上承兑标识章的方式来承兑汇票。如果汇票被银行承兑，那么就变成了银行承兑汇票。

汇票还可以分为跟单汇票和光票两种类型。跟单汇票要求持票人同时提交货运单证，例如提货单、保险证书和商业发票。绝大多数汇票都是跟单汇票，这是因为只有拿到所有的货运单证，进口商才能获得货物的所有权。如果是即期汇票，则进口商可以在付款后获得跟单汇票所附的所有单证；如果是定期汇票，则在汇票被承兑后，进口商便可拿到相关的货运单证。如果进口商要在付款后才能拿到货运单证，则这样的汇票被称为D/P（付款交单）汇票。如果汇票被承兑后，进口商可以获得货运单证，则这种汇票被称为D/A（承兑交单）汇票。

如果定期汇票被进口商承兑，则被称为商业承兑汇票或光票。在国际贸易领域，交易双方约定使用光票时，出口商通常会将所有的货运单据直接寄给进口商，只把汇票寄给托收银行。显然，光票的风险水平较高。因此，只有当出口商与进口商之间互相信任或者是母公司向海外子公司运送货物时才会使用光票。

提货单

接下来我们要讲一讲提货单。所谓提货单指的是负责运输货物的承运人提交给出口商或其开户行的货运单证。提货单相当于收据、合同和所有权凭证。作为收据，提货单能够证明承运人确实收到了指定货物。作为合同，提货单能够证明承运人必须将货物运送给进口商，并且收取一定的费用。作为所有权凭证，提货单能够证明货物的所有权。因此，提货单通常被用于确保商品在被运送之后买家能够按时付款。进口商只有在从承运人那里拿到提货单以后，才能获得货物的所有权。

提货单可以分为记名提货单和提示提货单两种类型。记名提货单要求承运人将货物运送给指定的当事人，通常是进口商。这种做法常用于货物已经被预先付款的情况。提示提货单则要求承运人按照特定当事人——通常是出口商——的指示将货物运送至指定地点。在这种情况下，出口企业一直保留对货物的所有权，直到其收到货款为止。一旦收到货款，出口企业就会签署空白的提示提货单或者将提示提货单转交给自己的开户行。这种单证可以成为融资的保障。

提货单还可以分为已装船提货单和收货待运提货单两种类型。已装船提货单说明货物已经被装上船。收货待运提货单则只是承认承运人收到了准备运输的货物，但是并不保证货物已经被装上船。只要在票面上盖章注明船只的名称、日期和船长的签名，收货待运提货单就会变成已装船提货单。

此外，提货单还可以被分为清洁提货单与不清洁提货单两种类型。清洁提货单意味着承运人收到的货物处于良好的状态，与之相反，不清洁提货单指的是当承运人收到货物时，货物已经出现了一定程度的损害。一般来说，不清洁提货单无法与信用证结合使用。信用证要求出口商必须拿到清洁提货单。

信用证

接下来我们要讲一讲信用证。信用证是银行应进口商的要求签发的单证。签发信用证的银行同意，如果自己收到付款人为进口商的汇票和指定的货运单证例如提货单等，则会立即支付汇票。一般来说，进口商都会要求自己当地的开户行签发信用证。为了换取银行的支付承诺，进口商承诺按照交易金额向银行付款，此外还另外支付一笔费用。

信用证大大促进了对外贸易，而且对出口商与进口商均有好处。对出口商而言，信用证能带来多种优势。首先，这意味着出口商向海外出售商品时，能够获得银行而非商业企业的付款承诺。因为通常银行的信用风险水平要远远低于绝大多数商业企业，因此一旦满足特定条件，出口商几乎是肯定能够拿到货款。其次，只要出口商拿到了必要的单证，例如信用证和提货单，就能立即收到货款。货物被运出后，出口商要准备好汇票和信用证，并将其提交给本地的开户行。若银行发现所有必需的单证已经齐全，就会按照面额减去利息费用后的差额向出口商付款。对进口商而言，信用证也能带来很多好处。信用证能够确保出口商只有在拿到了所有必要单证以后才能收到货款，而且银行肯定会认真检查这些单证。如果出口商不能或不愿采用合理的方式将货物运出，则从银行那里把钱收回要比从海外出口商那里收回货款容易得多。此外，信用证还能使进口商消除与出口商有关的商业风险。而且，使用信用证进行贸易融资的成本要比直接借款低一些。

信用证可以分为不可撤销信用证和可撤销信用证两种类型。非关联机构之间使用的信用证绝大多数都是不可撤销信用证。在没有得到所有当事人的同意之前，进口商的银行不得撤销或修改不可撤销信用证。而可撤销信用证则允许进口商的开户行在付款前的任意时点撤销或修改信用证。银行并不喜欢使用可撤销信用证。事实上，一些银行拒绝签发可撤销信用证，因为这有可能会引发诉讼事项。

信用证还可以分为保兑信用证和非保兑信用证两种类型。保兑信用证指的是由另外一家银行保兑的信用证，而且保兑行并不是信用证的签发行。为什么这种做法很有必要？出口商可能希望本地银行对外国银行签发的信用证进行保兑，原因是出口商对外国银行的支付能力有所怀疑。在这种情况下，信用证的签发行及保兑行均有义务履行与信用证相一致的汇票的付款义务。非保兑信用证则只代表签发行的付款担保。显然，保兑不可撤销信用证是保证程度最高的信用证。这种信用证不能被签发行撤销，而且它要求签发行与保兑行同时对基于出口贸易而签发的汇票的付款义务提供担保。

最后，信用证还可以分为**循环**（revolving）信用证和非循环信用证两种类型。所谓循环信用证指的是每隔一段时间可以循环使用的信用证，比如每周或每个月循环使用。举例来说，一张面额为 50 000 英镑的循环信用证允许出口商每周签发面额不超过 50 000 英镑的汇票，直到信用证到期为止。如果进口商的进口贸易比较频繁，而且购买数量和货款金额事先已知，则可以使用循环信用证。绝大多数信用证都是非循环信用证。也就是说，大多数信用证通常只是针对一笔交易而签发的，也仅对这一笔交易有效。

其他单证

国际贸易还需要交易双方提交其他一些单证。除了汇票、提货单和信用证以外，国际贸易中经常用到的其他单证包括商业发票、保险证书和领事发票。进口商若想拿到货物，必须提交上述单证。而且货物在进口港和出发港报关时也必须提交上述单证。

商业发票是由出口商签发的。商业发票对货物进行了详细描述，说明了其单价、品级、总金额、交易的融资条件和运输方式等。商业发票还能提供其他一些信息，例如出口商与进口商的名称及地址、包装数量、运输与保险费用、船只名称、出发港与目的地的名称、出口许可证或进口许可证的编号等。

国际贸易的货物运输全部购买了保险。现如今绝大多数保险合同自动为出口商的所有货物运输提供保险。运输风险的范围包括货物损坏乃至全部损失。绝大多数的海上承运人在实际运输期间对货物的损失不承担任何责任，除非承运人的疏忽是导致货物发生损坏的直接原因。因此，某些形式的海上保险能够同时保护进口商与出口商的权益。这种保险的承保范围包括由碰撞、火灾和沉船导致的货物有限损害以及对所有风险的全面承保。

对某些国家出口商品时要求进口国的领事馆出具领事发票。具体而言，清关时必须提交领事发票。领事发票可以向海关官员提供计算进口关税的必要信息。领事发票并不代表对货物的所有权，而且不可以转让。

进口商在进口港或出发港清关时还必须提交其他各种各样的书面材料或单证。其中包括原产地证明、重量单、装箱单和检验证书。原产地证明能够证实产品于哪一个国家生产或种植。重量单则能说明每件货物的重量。装箱单能够说明每个包装的内容物是什么。检验证书则是由独立的检验公司出具的证书，能够证明运输货物的内容物和质量等级。

28.4 汇票

在本章开头我们曾经提到国际贸易可以使用汇票作为支付工具。按照英国法律的规定，汇票是一人向另一人签发的无条件支付命令，出票人要求付款人见票即付或者在未来某个预先确定好的时间将一定金额支付给持票人或按照出票人的指示支付给某个特定收款人。

出口商可以将标明货物价值的汇票通过银行体系转交给海外的买家。一般来说，出口商签发的汇票以海外进口商或出口合同中事先约定好的第三方作为付款人，汇票的票面金额等于双方事先约定好的交易结算金额。汇票本质上与支票非常类似；事实上，按照《1882 年票据法》，支票被定义为付款人为银行、见票即付的汇票。图 28—1 给出了一个汇票的例子。

如果是见票即付，则这样的汇票被称为即期汇票。如果是在未来某个时间进行支付，则这样的汇票被称为定期汇票，这是因为买家可以享有一定的付款宽限期。买家要在汇票的正面写上承兑字样以保证自己会在到期时支付汇票金额。

通过在银行体系内使用汇票和其他的货运单证，出口商对货物的掌控力会变得更强一些，这是因为只有在海外进口商支付了货款或承兑了汇票以后，货物才会被转交到进口商手上。同样地，在出口商发货之前，进口商不需要付款或承诺付款。

英国出口商可以将汇票交给英国本土的某家银行。然后，英国银行再将汇票转交给位于海外买家所在国的海外分行或往来行。收到汇票的银行叫做托收行。如果是即期汇票，则托收行会立即将汇票提交给付款人要求其付款；如果是定期汇票，托收行会将汇票提交给付款人要求其承兑。由于不需要提交货运单证，因此这一操作流程被称为“光票”托收。近些年来，“光票”托收变得越来越流行。与赊销方式相比，如果卖家对买家的财务状况有所怀疑，那么这种托收方式能给卖家提供更多的保障。

不过，跟单汇票托收更为常见。在这种情况下，出口商会通过银行体系将汇票和相关的货运单证——包括货物所有权的相关文件以及原始的提货单——转交给进口商。只有在海外进口商支付了货款或承兑汇票后，银行才会把相关单证转交给海外进口商。本章的前一节已经详细介绍过这一点。

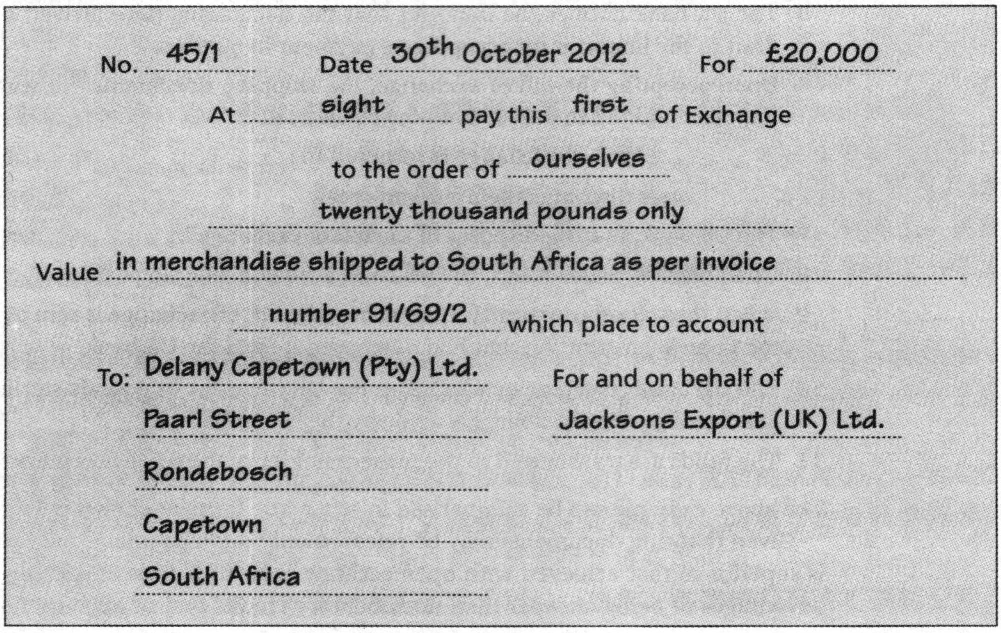
No. 45/1 Date 30th October 2012 For £20,000

At sight pay this first of Exchange

to the order of ourselves

twenty thousand pounds only

Value in merchandise shipped to South Africa as per invoice

number 91/69/2 which place to account

To: Delany Capetown (Pty) Ltd.

Paarl Street

Rondebosch

Capetown

South Africa

For and on behalf of

Jacksons Export (UK) Ltd.

图 28—1 汇票案例（日期变化）

出口商甚至还可以通过银行体系选择凭单据付款（CAD）的方式。当使用这种方式时，出口商只需向银行提交货运单证，只有在海外进口商支付了货款以后，出口商才会指示银行将之前提交的货运单证转交给进口商。一些欧洲国家在使用这种付款方式，这是因为如果出口商坚持使用跟单托收的方式来进行出口贸易结算，则相对于即期汇票而言，企业更倾向于使用凭单据付款方式。

除了使用汇票以外，交易双方还可以使用**本票**（promissory note）作为支付工具。本票是表明买家承诺将在一段特定时期内向出口商支付一定金额的票据。对于英国出口商来说，可以选择将汇票与相关的单证直接寄给海外买家的开户行，从而不需要英国本土银行介入。目前美国各家银行普遍可以接受这种直接托收方式。

为了弄清楚出口商希望采用哪一种特定的托收方式，以及一旦海外进口商没有按照合同履行付款义务则应当采取哪些行动，绝大多数英国银行会要求出口商填写一份银行托收表格。这是一份清单，目的是确保详细记录出口商的所有要求与指令，从而实现资金的成功托收。

接下来我们举个例子来向大家说明国际贸易领域如何使用汇票来付款，假设美国一家出口商与英国一家进口商签订了出口合同，使用的是60天即期汇票。

1. 美国出口商将货物运往英国进口商那里，同时以出口商的名义开出汇票。

2. 出口商将汇票和货运单证寄给美国银行，随后银行会将汇票和货运单证转交给英国银行。

3. 英国银行通知进口商已经收到了相关的单证，并将汇票提交给进口商要求其承兑，承诺在60天后付款。

4. 在汇票被承兑后，英国银行会将货运单证交给进口商，进口商可以提货。

5. 英国银行将承兑后的汇票返回给美国银行。

6. 出口商将汇票贴现，从而收到垫付款。

7. 接下来，美国银行将承兑汇票在二级市场上转售。

8. 将承兑汇票卖出后收回了资金，于是美国银行轧平了头寸。

9. 60天付款期限结束时，从美国银行手上购买了承兑汇票的金融机构会将汇票提交给英国银行。

10. 英国银行从英国进口商那里获得其支付的英镑货款，然后负责将英镑兑换为美元。

11. 英国银行将兑换后的美元资金转交给承兑汇票目前的持有者。

我们还可以用图示的方式总结一下上述整个交易流程，具体请参考图28—2。

在使用汇票时，出口商只有在收到货款后才会将所有的单证转交给进口商，因此与赊销方式相比，汇票能够给出口商带来更高的安全感。与跟单信用证相比，汇票还具有的另一个优势是成本低廉。汇票可以被贴现，这意味着银行可以从客户手中购买尚在途中的托收款项（这就是商品出口应获得的外币货款）。这相当于向出口商提供短期资金。银行还可以为尚在托收途中的汇票提供垫付款。

资信等级比较高的出口商还可以使用商人银行承兑服务。在使用这种服务时，出口商签发的以海外买家为付款人的跟单汇票成为贷款的担保，商人银行可以提供跟单服务。这些与交易有关的单证相当于是出口商提供给商人银行的质押品。出口商会开出一张以银行为付款人的汇票，该汇票经过银行承兑后，便成为了众所周知的融通汇票。随后，出口商可以将该汇票拿到贴现行去贴现，从而提前收回资金。

与随订单付现和信用证这两种付款方式相比，对出口商而言使用汇票的安全程度更低一些。汇票可以向进口商提供一段付款的宽限期，从而使得进口商可以在付款之前先确认收到的货物是否为自己订购的货物。使用汇票来进行国际贸易，降低了不支付货款的风险。虽然其成本高于随订单付现以及赊销这两种方式，但是与信用证相比汇票的成本要更便宜一些。

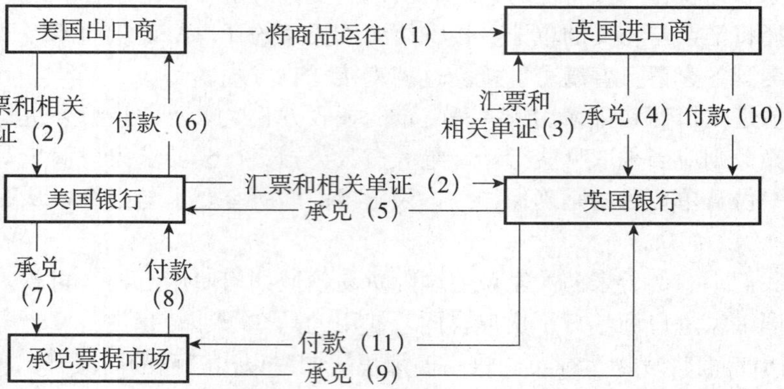

图 28—2 使用 60 天即期汇票的国际贸易融资案例

28.5 跟单信用证

如前所述，跟单信用证允许受益人在提交了各种可以证明货运情况的单证以后便可收到货款。在使用跟单信用证时，只要货物发出，出口商就可以立即在本国收到货款。与此同时，买家也能清楚地知道，除非信用证的各项条款已被满足，否则货款不会被支付给出口商。以跟单信用证作为担保，出口商可以预先清楚地知道自己将很快收到货款。与此同时，进口商也能确保在自己需要的时候能够收到货物。

出口贸易的第一步是交易双方签订销售合同。如果在合同签订过程中，双方经过协商一致同意使用跟单信用证作为货款的支付手段，那么买家就要与自己的开户行协商要求开户行签发信用证。进口商应承担签发信用证的义务，因此进口商需要向自己的开户行详细交代商品的性能、品级、价格、整个交易的总金额、所需要的各种单证、相关货运单证提交的期限以及买卖双方达成一致的特殊条款。这些详细的规定与条款会被记录在跟单信用证的说明文件上，然后被转交给出口商——从技术层面上讲，也就是受益人。跟单信用证与销售合同是分离开来的。这样受益人就可以检查一下跟单信用证的各项要求与销售合同是否一致。如果存在差异，则受益人会联系进口商并要求其指示开户行修改信用证。

银行可以通过三种方式之一向受益人提供信用证的托收服务。第一种方式是，直接向受益人提供信用证托收服务，这意味着位于受益人所在国的银行直接帮助受益人拿到货款。第二种方式是，受益人所在国的银行可以将信用证与相关单证寄给国外的分支行或往来银行，由其负责资金的托收。第三种方式是，银行将信用证和货运单证转交给位于受益人所在国的分支行或往来银行，并要求分支行或往来银行必须通知受益人。

信用证有多种类型，最常见的分类是分为可撤销信用证、不可撤销信用证和保兑不可撤销信用证。可撤销信用证与不可撤销信用证之间的区别非常重要，在本章前面我们已经讨论过这个问题。

重申一遍，可撤销信用证可以在不预先通知受益人的情况下被修改或取消。但是，如果该信用证已被转交且可被用于付款、承兑或议付，或者已遵照信用证的相关条款进行了支付、承兑或议付，或者分支行或其他银行在收到信用证已被修改或撤销的通知之前，已经进行了付款、承兑或议付，则签发许可证的银行必须向分支行或其他银行提供补偿。

不可撤销信用证代表的是开证行不可推卸的责任，前提条件是信用证的规定与条款必须满足以下条件：

● 如果信用证规定了付款义务，不管是否要求附带汇票，则都应当付款或者将要付款。

● 如果信用证规定可以进行承兑，则可以对汇票进行承兑，如果信用证具有这项说明，则可以对付款人为信用证申请人的汇票或信用证上具体指明的其他付款人为付款人的汇票进行承兑。

● 如果信用证允许购买/议付，则对于受益人以信用证申请人或信用证上具体指明的其他付款人为付款人的即期汇票或定期汇票，可以允许其他银行购买或议付，不得对开票人和/或善意持票人进行追索。

可撤销信用证并不是银行与受益人之间具有强烈法律约束力的契约，这是因为开证行可以在不预先通知受益人的前提下修改或取消信用证，但是在接到信用证被修改或取消的通知之前所进行的支付仍然是有效的。因此这并不是肯定保证付款的信用证，不可撤销信用证必须得到所有当事人的同意才能够被修改或取消。

信用证的受益人可能并不了解开证行的资信情况。如果受益人的开户行议付信用证之后，信用证的开证行就破产了，而且受益人的开户行没有从开证行那里获得赔偿，则受益人的开户行可以对受益人进行追索。因此，为了预防这个问题，受益人可以要求其开户行对信用证提供保兑服务，前提条件是受益人的开户行对开证行的信用状况表示满意。保兑后，保兑行在信用证议付后不再拥有对受益人的追索权。于是，信用证就变成了保兑不可撤销跟单信用证。

受益人在收到跟单信用证以后，便可以将货物安排发出，接下来由专门的代理人负责整理各种单证。代理人会收到一份信用证的复印件，以确保自己整理的各种单证符合信用证的要求。货物被运出后，受益人将信用证和所有的货运单证转交给自己的开户行。开户行会将这些单证与信用证的要求相对比。如果出口商提供的单证满足信用证的要求，则银行便会向受益人付款。

如果出口商与进口商在合同中同意使用保兑不可撤销信用证，那么货款的支付基本上就没有任何风险了。

不管信用证是否为保兑信用证，出口商在收到信用证后应当立即检查信用证的相关条款，以确保这些条款与买卖双方签订的销售合同相一致。如果交易双方使用的是跟单信用证，那么银行只会检查跟单信用证上列出的各种单证，与交易的商品或服务无关。跟单信用证可以要求见票即付，或者由位于出口商所在国的开证行或位于英国的往来银行对定期汇票进行承兑。跟单信用证的常见操作流程如图 28—3 所示。

在使用信用证进行交易时，融资的义务应当由买家来承担。进口商使用信用证可以获得的主要好处是确保卖家可以在某个确定日期之前便将货物装船。也就是说，进口商可以预期货物将被立即运走。此外，在使用信用证时，买家还可以获得较低的价格，这是因为对出口商而言，他们已经获得了全面的保护，因此愿意在价格上有所让步。在信用证到期之前，所有的预订单或者一段较长时间之内的多笔订单都会得到信用证的保护。当然保护的最高额取决于信用证的上限金额。提供信用证的进口商一般能够获得非常诱人的价格折扣。

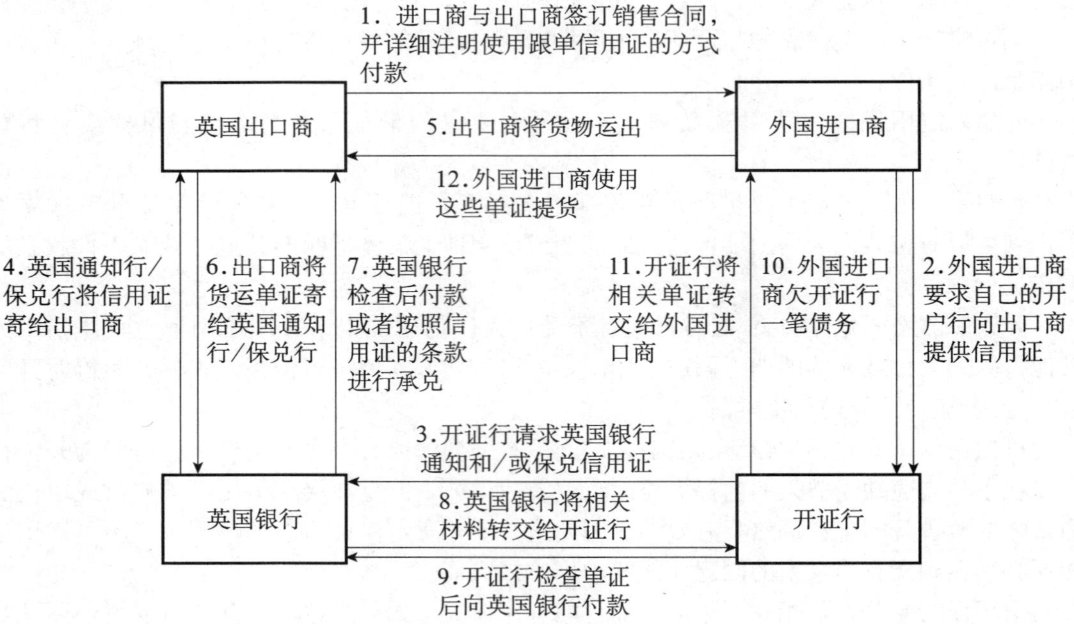

图 28—3　跟单信用证交易流程

如果交易双方互不了解，或者其中某一方所在的国家不支付货款的政治风险水平较高，则信用证的使用能够提供很多便利。近些年来，国际贸易的增长主要得益于跨国企业与其子公司、分支机构之间的贸易往来或者实力雄厚的贸易伙伴之间的贸易往来。在这种情况下，由于交易双方彼此互相了解，因此违约风险被大大降低了，于是赊销的交易方式开始逐渐流行起来。

信用证也确实存在一些缺陷，因此交易双方也可以使用其他的替代品。例如，如果小型进口商要求自己的开户行签发信用证，则银行往往要求其按照进口合同交易金额的一部分——甚至全额——提供保证金。这给进口商的流动资金带来巨大压力，会迫使进口商不得不寻求其他付款方式。比方说，进口商可以与保兑商行或国际信贷协会协商安排延期付款协定。出口商一般非常乐意与保兑商行打交道，这是因为保兑商行可以代表进口商向出口商付款，而且还不需要用信用证做担保。出口商还可以将自己的应收账款出售给保付代理商行，以此来增加自己的现金流入。保付代理商行拿到出口商的供货发票以后可以向其提供信用保险，并向出口商支付现金——也许是立即支付，也许是约定在未来某一时间支付——金额最高不超过发票金额的四分之三再减去额外的费用。

在使用跟单信用证进行国际贸易之前，读者必须注意，出口商第一次按照信用证的要求向银行提交相关单证时，超过50%左右的出口商被银行拒绝，这是因为他们提交的单证不完整或不正确，显然，在这种情况下，付款延迟或被拒绝不可避免。导致这种情况的主要原因如下所示：

- 信用证已经过期。
- 出口商在信用证规定期限结束后才提交相关单证。

- 货运时间推迟。

28.6 政府支持机构

很多国家通过设立专门的机构向进出口商提供信用保险，比如英国设立的**出口信用担保局**（Export Credit Guarantee Department，ECGD），目前该机构已经实现了部分私人化。每个国家类似的出口信用保险机构所提供的服务类型均有所差异，若想了解细节，必须查看这些机构提供的服务手册。在本章的余下部分，我们主要讨论英国出口信用担保局在出口信贷领域可以提供哪些服务。

英国出口信用担保局提供的保险可以帮助出口商防范无法获得支付的风险，不管这种风险是由进口商违约导致的还是由其他原因导致的。出口信用担保局还可以向银行提供无条件的百分之百还款担保，因此银行才愿意向出口商提供优惠利率贷款。出口信用担保局还可以向海外新投资项目提供担保，用于防范战争、资产征用和资金汇回限制等诸多方面的风险。出口信用担保局提供的保险产品还可被用于防范大型合同在较长生产周期内英镑生产成本的上升风险。对于大型合同来说，出口信用担保局还可以签发履约保证书，并且对于英联邦成员国，出口信用担保局还可以为其担保因另一英联邦成员的违约行为而产生的损失。

英国出口信用担保局将出口贸易分为两种类型。第一种类型是反复进行的出口贸易，主要涉及的是标准化商品或近乎标准化的商品。出口信用担保局以综合保险的方式向此类交易提供信用风险保险。出口商必须申请出口信用担保局至少在一年内对其所有或大部分出口业务提供担保。第二种类型是单一一笔大型项目或交易，往往是非重复性质的交易，合同金额较高，贷款周期较长。这样的出口合同不能使用综合保险产品，因此出口商必须就每一份合同与出口信用担保局单独协商。这种类型的保险往往表现为两种形式。如果是卖方信用，则意味着生产商允许买家延迟付款，在货物运走直到收到货款这段期间内，生产商可以从英国银行那里获得贷款来维持生产的正常运行。出口信用担保局可以为出口商提供保险，同时一般还会向发放贷款的银行提供担保。如果是买方信用，则出口商在货物运出后可以立即获得买方的付款，而买方则是从英国银行那里获得贷款来支付这笔货款。贷款要分期偿还，出口信用担保局则为海外客户的贷款偿还向银行提供担保。

对于卖方信用，英国出口信用担保局提供的短期综合保险最长期限不超过 6 个月。承保的风险种类如下所示：

- 买方丧失付款能力。
- 买方在收到货物 6 个月以后未能按时付款。
- 买方没能收到已发出的货物（前提条件是这种局面不是由保单持有人的行为导致的，而且出口信用担保局认为对买方提起法律诉讼不能得到令人满意的结果）。
- 买方所在国政府或付款行为发生的第三国做出的裁决使得付款延迟或暂停。
- 卖方所在国政府的其他行为阻碍了销售合同全部条款或部分条款的正常履行。
- 发生在英国境外的政治事件、经济危机、法律规定或管理措施阻碍或延迟了买方按照合同规定按时付款。
- 合法的外币债务清偿行为（也许按照合同法并不是合法的债务清偿行为）可能会导

致在转账日付款金额存在一定缺口。

● 战争或者其他事件使得合同未能正常履行，前提条件是该事件一般不属于商业保险的范围。

● 英国出口许可证被撤销或无法更新，或者其他国家按照法律规定禁止或限制英国的出口商品进入本国。

对前两种风险，出口信用担保局可以承保 90%的损失。对于第三种风险，出口商自己首先承担相当于交易金额 20%的损失，余下损失的 90%则由出口信用担保局来承担。对于上面列出的其他风险，出口信用担保局负责承担 95%的损失。如果损失发生在货物被运往国外之前，则出口信用担保局负责承担 90%的损失。

在使用综合保险产品时，出口商在未来一段时间内的多笔出口贸易都可以获得保险。但是如果是一些大型项目或金额较高的出口贸易合同，则需要出口商与出口信用担保局对每一份合同单独进行协商。因此，双方可以对保障的细节进行调整，例如是从合同签订日开始提供保险，还是从货运日开始提供保险。在使用这种特殊定制的保险产品时，涵盖的风险类别与综合保险基本类似，只不过最高保额相当于损失额的 90%。

出口信用担保局还可以为卖方信用提供担保。在这种情况下信用周期必须小于两年，起始日可以被确定为产品的出口日期或者完整提供服务的日期，同时买方需要提供本票或承兑汇票。出口信用担保局可以向出口商的开户行提供无条件担保，承诺三个月后到期时将支付百分之百的货款。出口信用担保局会根据自己的经验和出口商的财务状况来设定担保限额。在操作流程上，出口商在将货物运走以后，应将本票或承兑汇票连同其他必要的单证以及出口信用担保局签发的标准担保书统一提交给自己的开户行。

英国银行同意为这样的出口贸易提供百分之百的贷款，利率水平略微高于基准利率。出口商要签署**追索**（recourse）协议，一旦银行要求获得的赔偿额大于标准保险合同的最高赔偿额，则出口信用担保局有权向出口商进行追索。英国境内所有的出口商均有资格申请这样的担保。

如果出口贸易选择的是付款交单或者 6 个月信用证的结算方式，则出口信用担保局可以为银行基于这笔出口贸易向出口商发放的直接贷款提供担保，而且担保金额等于百分之百的银行贷款。

在买方信用领域，出口信用担保局也能为潜在的信用风险提供担保。对于某些金额较高、可能需要提供卖方信用保险的贸易合同，出口商可能更愿意与买方协商具体的付款条件，并且向买方提供贷款，贷款的偿还条件与信用证上所列的条件比较类似。对于发放此类贷款的银行来说——贷款对应的出口贸易合同总金额不低于 100 万英镑——出口信用担保局可以提供买方信用担保。

买方信用担保通常要求海外买方使用自有资金先向卖方支付相当于合同总金额 15%～20%的货款，其中包括一笔比例较大的定金。随后，余下的货款则由买方利用自己获得的贷款来支付，或者由买方所在国的银行利用英国银行发放并得到英国出口信用担保局担保的贷款来支付。出口信用担保局可以为此类贷款本金与利息的偿还提供百分之百的担保，从而彻底消除由于各种原因而导致的不支付货款的风险。出口贸易合同可能包含某些外国商品或服务，但是贷款的金额肯定低于出口商供应的英国商品或服务的总价值。

28.7 出口信贷资源

购买信用风险保险的成本比较高。因此，没有必要购买双重保护——比方说一方面获得了出口信用担保局的担保，另一方面又申请了不可撤销信用证。在某些情况下，这种双重保险是不可避免的，例如出口信用担保局在为某个买家提供信用担保时将获得保兑不可撤销信用证作为前提条件。通常，只有当买家的风险水平非常高，而且没有资格申请出口信用担保局的担保时才会出现这种情况。

表 28—2 总结了多种类型的短期出口信贷。其中一个标题非常重要，值得我们详细展开讨论，这就是“追索”这个术语。**无追索权**（non-recourse）的贷款意味着即使海外买家没能履行付款义务，贷款机构也无权追究出口商的责任。不过值得一提的是在下列两种情况下，出口信用担保局能够保留对出口商的追索权。第一种情况是向银行提供了额外比例的担保。如果买家未能按时付款，则银行的垫付款获得了出口信用担保局百分之百的赔偿，但是事实上出口商的最高保额仅为 90%或 95%。因此，出口信用担保局可以要求出口商退回 10%或 5%的差额。还有一种情况，即如果出口信用担保局认为违约行为源于综合保险中未涉及的因素，那么它会向银行支付百分之百的赔偿。事实上，这里面牵扯到对出口商是否履约的争议。当然不管违约行为是由商业因素——比方说买家自身的财务问题——还是政治因素导致的，出口商都仍然能够获得单纯违约风险 90%或 95%的保障额度。

表 28—2　　出口信贷资源

贷款资源	性质	买家是否知道？	垫付100%的资金吗？	出口商是否可以取消：应收账款分类账？	信用风险？	追索？
透支	借款	否	是	否	否	否
承兑	借款	否	是	否	否	否
票据贴现	借款	否	否	否	否	否
票据议付	票据转售	否	否	否	否	否
保付代理	出售应收账款	是	否	是	是	是
发票贴现	出售发票	否	否	否	否	否
出口商	出售货物	是	是	是	是	是
保兑商行						
传统模式	出售货物	是	是	是	是	是
现代模式	出售应收账款	是	是	是	是	
政府支持机构提供的综合性银行担保						
票据贴现	票据转售	否	是	否	90%/95%	是
赊账	借款	否	是	否	90%/95%	否
福费廷业务	票据转售	是	是	是	是	是

无追索权的贷款对财务报表的影响很有趣。如果贷款是有追索权的，则会被列在出口

商的资产负债表上，被视为应收账款对应的债务融资。但是如果是不拥有追索权的贷款，则被视为将应收账款直接出售给银行。因此，在资产负债表上不会出现对应的债务。在表28—2列出的出口信贷中，有六种最后一列的回答都是“否”——这六种类型的出口信贷都拥有对出口商的追索权——则资产负债表上的应收账款与负债的金额将会比使用无追索权贷款的情况更高一些。

对于表28—2提供的数据，有几个注意事项需要读者了解。首先看一下“垫付100%的资金吗?”这一列，如果出口信贷的贷款比率低于100%，通常也会高于发票金额的80%。不进行发票贴现的保付代理业务从本质上看类似于信用保险，而且其成本较高。现在，保付代理商开始越来越多地持有自己购买的出口信用担保局的保险。很多保付代理商在海外拥有众多合作机构，它们通常只对合作机构审批通过的客户提供保付代理服务。出口商与保兑商行的传统做法是购买商品从而成为法定所有者，而现代保付代理商行并不需要拥有货物的所有权，保兑商行可以将出口商无法通过正常渠道应对的风险承接过来。从本质上看，保兑就相当于获得了出口信用担保局的担保，而且规避了这种担保所引发的高额管理成本。值得注意的是，**福费廷**（forfaiting）业务与保付代理（factoring）业务的主要区别在于福费廷主要适用于中期贷款，而且要求当地银行提供担保或保证，这变相地提高了贷款的成本。在某些情况下，买家被要求必须获得当地银行的担保。福费廷与保付代理都是成本相对较高的出口信贷形式。

表28—2列出的各种贷款形式均较为复杂，如果读者想要了解现实世界里如何使用上述贷款形式，那么可以查阅大量的相关文献。对这些贷款形式的深入研究与分析超出了本书范围。不过，由于福费廷与对销贸易已经成为国际贸易领域越来越常见的交易形式，因此接下来我们依次简单地加以介绍。

28.8 福费廷

福费廷是国际贸易领域的一种中期贷款形式。具体操作是，银行（即包买商）购买一系列本票，通常这些本票的到期日相隔6个月，总体期限长达3～5年，是进口商签发的、以出口商作为受益人的本票。这些本票一般要得到出口商开户行的担保。随后，出口商将这些本票以折扣价格出售给福费廷银行。银行直接向出口商付款，使得出口商能够及时拿到资金继续安排出口商品的生产，而进口商则会在一段时间后向银行付款。本票到期时，包买商会负责托收这些本票，而且对原始受益人——出口商——不拥有任何追索权。不具有追索权是本票福费廷业务与汇票贴现业务的明显区别，因为汇票贴现后一旦付款人没有按时付款，则作为初始受益人的出口商将会面临被追索的局面。因此，所谓福费廷业务指的就是不具有追索权的、出口商向进口商提供的中期贷款。

图28—4描述了整个福费廷业务的操作流程。假设英国机械制造商将自己生产的机器出售给一家俄罗斯企业。灰色箭头代表所使用的是出口贸易完成时的汇率水平；而白色箭头则表示随后的结算过程所使用的汇率水平。

福费廷业务的贴现率取决于本票的期限、本票的计价货币、进口商与担保银行的信用等级以及进口商所在国的国别风险。福费廷贴现率与欧洲货币存款利率之间的利差——福费廷贴现率一般会随着欧洲货币存款利率的波动而发生变化——一般等于1.5乘以欧洲货币存贷利差。较高的利差能够反映不具有追索权所带来的风险和利率风险。福费廷交易的期限一般长达五年，这意味着包买商很难使用期限短得多的欧洲货币存款和期货合约来实现贷款期限的匹配。一些福费廷本票使用的是浮动利率，但是市场上占据主导地位的仍然是固定利率的本票。

处于市场领先地位的福费廷银行具有很强的灵活性，一旦它们知道了进口商或担保银行的名称，就可以通过电话来报价。包买商会为类似的服务收取服务费。因此，出口商会先计算一下销售额扣除福费廷成本以后的净价值，然后根据计算结果来报价。由于这样的本票不具有追索权，因此它不会作为一项特有负债出现在出口商的财务报表上。福费廷业务的另一优势表现在不需要购买信用保险，对于进口商而言，福费廷的优势在于如果它们无法通过其他方式获得贷款或者其他贷款的条件没有福费廷优惠，那么完全可以求助于福费廷银行。

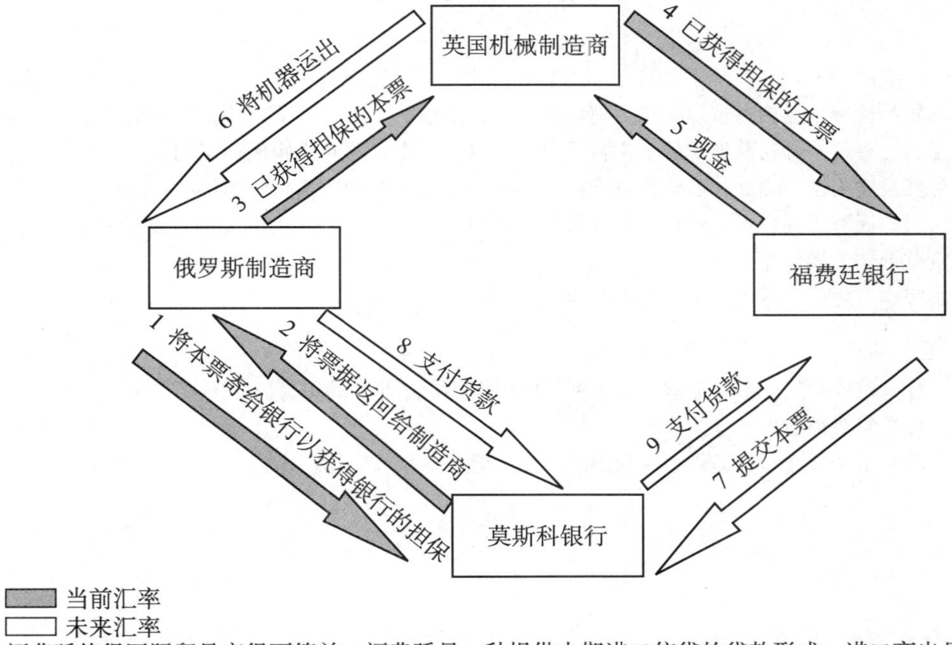

福费廷使得国际贸易变得更简单：福费廷是一种提供中期进口信贷的贷款形式。进口商出具本票，然后交给银行担保。随后本票被寄给出口商，出口商再将本票出售给福费廷银行以换取现金。福费廷银行可以将这些本票卖掉。本票的购买者对出口商不具有追索权。信用风险完全由本票的持有者独立承担。

图 28—4　福费廷业务的操作步骤

与欧洲美元市场的诞生一样，福费廷业务的产生最初是源于东西方贸易所面临的种种困难。但是，随后福费廷业务的不断发展壮大却是受到其他因素的影响。福费廷业务可以追溯到 20 世纪 60 年代，当时东欧集团经济互助委员会需要进口资本设备和粮食，大部分订单是与联邦德国企业签订的，但是作为出口商，联邦德国企业自身无力提供贷款，也没有能力与银行或官方贷款机构协商向进口企业提供贷款。也就是说，出口商自身无力提供卖方信贷，也没有办法通过贷款机构安排买方信贷。后来出口商发现一些银行愿意以较高的折扣购买进口商开具的本票。最初的福费廷业务就与美国向联邦德国出口粮食的国际贸易有关，后来，联邦德国又将这些粮食转售给东欧各国。福费廷业务允许美国出口商立即收到货款，同时又向东欧各国的进口商提供了中期贷款。

后来，福费廷业务开始慢慢流行起来。从发源地瑞士和联邦德国逐渐扩散到伦敦，进而到欧洲其他国家，最终扩散到美国。虽然作为国际贸易的支付工具，福费廷的重要性依然比不上汇票或者官方出口信贷机构提供的信用产品，但它仍然是一种重要的融资资源，尤其是能够提供中期贷款的融资资源。

28.9 对销贸易

对销贸易是双方交易商品或服务的互惠协定。交易双方可以是企业或政府，而互惠协定可以采取多种形式，例如易货交易、互购贸易、补偿贸易、回购贸易和转手贸易。我们已经在第 21 章对这几种互相贸易形式进行了简要介绍。

小结

● 国际贸易领域常见的付款形式包括随订单付现、赊销、汇票、跟单信用证或者政府提供的信用保险。请确保自己对每一种付款形式的基本特征有所了解。请注意政府机构例如英国的出口信用担保局通常将最高保额设定为出口商面临的信用风险损失的 90%，而出口商要为这种担保支付费用。

● 政府机构还可以提供卖方信贷和买方信贷，这些贷款资源可以促使出口贸易更顺利地进行。请注意这两类贷款形式的操作流程。

● 在读完本章之后，尽可能记住信用证的不同类型。

章末习题

28.1 什么是福费廷业务？请举出某一种可以使用福费廷业务的贸易商品。

28.2 什么叫对销贸易？

28.3 政府出于什么动机提供担保和保险产品以促进国际贸易的发展？

第 29 章　套期保值的实践问题

首先，我们举个例子。一家德国航空公司购买由美国公司生产的飞机，计价货币为美元，当时美元的汇率水平正处于上升通道。由于使用的计价货币是美元，因此航空公司担心未来美元将会继续升值，从而提高每架飞机的欧元等价成本。于是，航空公司的管理者签订了多份远期美元协议，购买了可用于支付飞机货款的远期美元。可是，和他们的预料相反，美元相对于欧元的汇率有所下跌。远期协议使得航空公司多付出了 3 亿美元的购买成本，还不如什么都不做，直接在即期外汇市场上购入美元。当然，在航空公司的管理者做出套期保值决策时，谁也不知道未来到底会怎样。上面这个例子能够说明期权所具有的优势。这家航空公司本应当购买看涨期权，将来执行期权时可以按照一定的价格买入美元并卖出欧元。这样的套期保值策略甚至有可能给航空公司带来一些利润，利润的多少取决于汇率水平。

当然，很多企业使用远期协议对应收账款和应付账款进行套期保值（假设它们最开始就已经决定要进行套期保值交易）。也许很多企业认为抓住利率波动的机会来获利并不是企业的核心业务。假设你所在的企业是一家英国出口企业，已经购买了外币远期协议以防范英镑利率水平的波动对本公司进口产品和/或服务价格造成影响，但是竞争对手没有这样做。

- 如果英镑汇率下跌，那么本公司将会获得优势，因为你的竞争对手没有进行套期保值。
- 如果英镑汇率升值，那么本公司原定的价格仍然保持不变，本公司的利润率取决于依据远期汇率所制定的报价。但是你的竞争对手没有进行远期交易，因此英镑相对于其他外币的升值能给其带来更大的利润空间。它们可能会采取更积极的降价策略，并从你的手中抢走市场份额。

企业要参考竞争对手的策略以及对未来汇率波动情况的预期来决定套期保值策略。一般来说，企业经常会在行业协会讨论自己采用的套期保值策略。但是，对于一个实力相对强大的企业来说，这个话题最好不要谈得太多太细。

当商业合同的一方当事人要求使用其本国货币作为结算货币时，外汇风险发生了转移。而风险分担则是另外一种情况。这通常意味着交易双方都要承担一部分风险。这是一种合作的问题解决方式，而不是将风险转嫁给另一方。

29.1 或有风险敞口

或有事项指的就是有可能发生也有可能不发生的事件。企业未来可能要面临某个交易事件，但是这个事件并不是百分之百会发生。因此，是否会进行交易目前尚不可知。

接下来我们举个例子，假设某家公司参与了一份海外合同的招标，合约价格使用外币作为计价货币。如果该公司中标，则要面临外汇风险。汇率水平的波动将会对投标人和招标人的权益造成影响。如果该企业真的中标了，则肯定希望对所有未来可能产生的外汇应收账款全部进行套期保值。于是，该公司可能打算使用远期协议来进行套期保值。这样，问题就出现了。如果在参与投标时，企业便使用了远期外汇协议来进行套期保值，那么远期协议本身就会带来外汇风险敞口。如果中标，则买入的远期协议可以起到套期保值的作用。但是如果没有中标，则远期协议本身便成了外汇风险的来源。那么，如果投标人在中标后再进行套期保值交易，情况会变成什么样呢？请看下面一个例子。一家英国企业布里特公司邀请多位投标人参与一份总价值为 3 亿英镑、未来三个月后开始动工的合同招标。合同生效后，中标人可以收到相应的款项。一家美国企业扬克公司参与了这次合同招标。

英镑与美元的三个月远期汇率为 1.40。

现在我们假设三个月后，英镑与美元的汇率水平有两种可能：

- 美元升值，汇率水平变成 GBP/USD1.25。
- 美元贬值，汇率水平变成 GBP/USD1.60。

如果扬克公司在参与投标的同时对未来可能产生的外汇风险敞口使用远期外汇协议进行了百分之百的套期保值，那么未来可能出现的局面如下表所述：

	中标	没有中标
美元升值	使用远期协议作为套期保值工具	实际外汇盈利被记入损益表
美元贬值	使用远期协议作为套期保值工具	实际外汇损失被记入损益表

如果扬克公司没有中标，而美元实际升值，则扬克公司获得的外汇交易利润（不考虑货币的时间价值）应当等于：

执行远期协议购买的美元金额（GBP3 亿×1.40）	4.20 亿美元
购买三亿英镑应支付的美元金额（GBP3 亿×1.25）	3.75 亿美元
利润	5 500 万美元

如果美元贬值，且扬克公司没有中标，则外汇交易损失应当等于：

执行远期协议购买的美元金额（GBP3 亿×1.40）	4.20 亿美元
购买三亿英镑应支付的美元金额（GBP3 亿×1.25）	3.75 亿美元
损失	6 000 万美元

显然，扬克公司面临的问题是是否应当对外汇风险进行套期保值。当然，扬克公司可以在参与投标时就安排好套期保值交易。但是，前面的计算结果告诉我们，这样的做法风险很高。

即使扬克公司一直等到自己中标再安排套期保值交易，也仍然要面临一定的风险，这是因为在中标结果公布日，汇率水平可能已经相对于投标日发生了变化。在这种情况下，如果扬克公司中标，而英镑又有所升值，那么扬克公司会获得的利润要高于预期。如果英镑实际贬值，则扬克公司会获得的利润要少于预期。请注意，在这个案例里扬克公司的盈利或损失刚好与前面提到的远期交易案例相反。

使用远期协议使得扬克公司持有了一项英镑负债——三个月远期协议。因此，如果英镑贬值（即美元相对升值），而扬克公司又没有中标，则它可以按照更低的价格购买英镑，从而获得外汇交易利润。

扬克公司也可以等自己真正中标时直接在即期外汇市场上购买英镑，也就是说，扬克公司不会在未来三个月内持有英镑债务。如果将来英镑升值，这种做法与使用远期协议进行套期保值的做法相比，能够产生更多的收益。

当然，这种合同招标的情况会带来或有风险敞口，有些人认为货币期权是最理想的套期保值方式，毕竟货币期权本身就是一种充分反映了或有特性的衍生产品。但是，货币期权也不便宜。

还有一种可能，即招标公司自身可以提供货币期权，将期权卖给中标的投标人。这种做法当然可以。但是，这种做法也会遇到一些问题。在上面布里特公司与扬克公司的例子中，如果布里特公司自己提供期权——英镑对美元——而且所有的潜在投标人都使用美元来计算成本，或者均是在美国注册，那么这种做法确实有效。但是，如果一半左右的投标人来自欧元区，而另一半来自美国，它们分别使用自己的本地货币来计算成本，那么这种做法还有效吗？显然，问题出现了。

如果扬克公司使用美元投标，而欧元区的竞争对手使用欧元投标，那么就解决了这个问题，但是外汇风险发生了转移。此时最有可能出现的情况是布里特公司拒绝了所有的投标。还有一种可能是扬克公司在投标时提出了一个负债条件，即只有当合同判授时英镑的汇率水平等于1英镑1.30美元或者更高，扬克公司的投标才生效（这意味着如果合同判授时英镑的汇率水平为1英镑兑换1.25美元，则扬克公司的投标将会作废）。扬克公司可以根据预期的美元成本以及依照门槛汇率水平合同款项可以兑换为多少美元来确定这一门槛汇率水平。

扬克公司的财务管理人员可以考虑购买一个期限为三个月的期权，该期权所代表的权利为用3亿英镑兑换美元。不管扬克公司是否中标，在期权临近到期时，如果处于实值状态，则扬克公司可以执行期权获得一定的利润来弥补一定的期权费；如果处于虚值状态，则扬克公司可以将期权卖掉，实现其时间价值。如果投标合同期为三个月，而实际付款将在六个月以后，那么若合同判授时确定扬克公司中标，则该公司可以将自己持有的期权卖掉，转而使用远期协议进行套期保值。

请注意在新闻剪报20.1中我们曾经介绍过交易或有远期协议，事实上这是一种期权合约，其目的主要是满足企业在处理收购案时对外汇风险敞口进行套期保值的需求。

29.2 价目表问题

本节我们对价目表问题进行简单讨论。当与外国厂商进行竞争时，企业有可能遇到这个问题。企业在一段时间内进行产品宣传时经常会为产品确定一个固定价格，不管汇率水平如何变化，该价格都不会改变。企业这样做是合情合理的。如果每一次经济环境发生变化时，企业都去修改产品的定价，那么这种做法的成本是很高的。如果企业在市场上面临着来自不同国家的厂商的竞争，那么价目表的问题将会变得更加复杂。一种解决方式是每当汇率水平发生变化时，企业随即修改自己的价目表，或者是调整折扣政策和奖励政策。人们普遍认为调整折扣政策和奖励政策要比频繁变动价目表更容易一些。不过，现如今企业都是在网站上提供价目表，所以这个问题逐渐淡出了人们的视野。

29.3 外国竞争对手引发的问题

外国竞争对手所在国的货币相对贬值所导致的产品价格变化也会让本国企业面临风险。假设美元贬值，则在欧洲市场上，英国企业将要面临一定的竞争压力，这是因为对那些来自美国的竞争对手来说，汇率水平的波动给它们带来了一定的成本优势。这个问题和价目表问题都属于经济风险敞口的子问题。接下来我们要重点分析一下如何对经济风险敞口进行量化分析。

29.4 量化分析经济风险敞口

本节我们要向大家介绍如何判断和测量汇率变化对企业价值所造成的影响。此外，我们还要研究如何使用商业策略或财务管理策略来管理经济风险敞口。为了达到这一目的，我们首先要分析下面几种类型的企业现金流。

- 与企业的生产经营活动有关的现金流。
- 与企业的投资行为有关的现金流（包括资本支出）。
- 与企业的融资行为有关的现金流（包括借款所产生的影响）。

为了分析货币升值或贬值对母公司市场价值会造成哪些影响，我们需要分两个步骤来研究。这两个步骤是：

- 估计货币的升值或贬值对上述三种现金流会造成什么影响，计价货币使用东道国本币。
- 将计算结果转换为母国货币。

为了更好地说明，我们向大家提供一个数值计算的例子。假设一家英国企业拥有一个海外子公司，我们的任务就是分析这一家海外子公司所面临的敞口。如表 29—1 所示，我们从货币贬值前的现金流分析入手，然后再考虑各个项目的敏感性（即 delta 值），计算出货币贬值后的现金流。

计算完成后，表 29—1 应当能够反映当地货币贬值前后的现金流状况。计算过程并不简单。当本地货币贬值或升值时，当地企业的现金流肯定要受到汇率水平波动的影响。为了估算汇率水平变化对企业的收入和成本会造成怎样的影响，我们必须先弄清楚哪些经济因素会对海外子公司的贸易绩效带来冲击。汇率水平的变化会导致收入和成本增加还是减少？首先，我们要计算当地货币的敏感性（即 delta 值），然后再将计算结果转换为母国货币。

表 29—1 提供的数据计算过程极其复杂。例如：

● 销售额。对于销售额而言，价格与数量是两个重要指标。这两个指标之间的主要关系可表现为：

—价格弹性：这反映了价格变化对产品需求的影响。

—供给弹性：这反映了价格变化后供给数量会相应地做出怎样的调整。

弹性的大小主要取决于企业所提供的产品是否与其他竞争者的产品具有明显的差异。比方说红酒，不同品质的红酒表现出来的产品差异性有很大的不同。年份香槟与品质极好的红酒的价格弹性都很低。但是其他一些品质较差的红酒的价格弹性要高得多。

当东道国本币贬值时，位于东道国的海外子公司发现自己很难调高产品价格。尤其是当产品的价格弹性较大时，情况更是如此。一般来说，面临这种局面，海外子公司的销售收入在兑换成母国货币以后实际金额是有所下降的。

表 29—1　　使用东道国本币表示的经营风险敞口

	货币贬值前的现金流	delta 值	货币贬值后的现金流
销售额	*	→	+
销售成本	*	→	+
一般性费用（管理费、市场营销费等）	*	→	+
净利润	*	→	+
税负	*	→	+
加上折旧	*	→	+
营运资本净额	*	→	+
净经营现金流	*	→	+

● 成本（销售成本和一般性费用）。这一项主要分析的是企业投入的成本。如果企业的投入主要来源于东道国当地，那么投入品的成本用当地货币计算的价值应当不会发生太大变化。如果是使用母国货币来计价，那么一旦东道国本币贬值，则投入品的成本就会变得相对便宜。在这种情况下，表中企业的投入成本数值应当变小。但是，东道国本币贬值后，当地的工资成本有可能上升。

● 净利润。如前所述，企业的净利润变化主要取决于以下各个因素：

—海外子公司主要在东道国当地的哪一个经济部门从事生产经营活动（如果海外子公司隶属于出口部门，则其利润水平有可能上升）。

—销售额使用的计价货币与投入成本使用的计价货币是否匹配。

—产品的需求弹性：需求弹性越低，净利润越高。

—潜在竞争对手的供给弹性：供给弹性越低，企业的净利润状况越好。

—东道国本币贬值后，子公司的一部分成本——例如劳动力成本——随之上涨的幅度。

—东道国当地整体经济状况的变化（货币贬值可能会促进当地经济繁荣，这是因为需求的收入弹性会带来更高的销售额）。

—海外子公司对产出或投入设定的其他贸易安排。例如，很多商品比方说石油都是使用美元来报价的。因此，即使是在当地购买石油这种投入品，且使用当地货币来标价，其实际价格也仍然是国际市场的统一价格，这种现象很常见。

接下来我们举个例子。XYZ 公司将英镑作为其财务报表的计价货币。该公司的总部位于英国，旗下的一家子公司在海外市场负责生产并销售产品。这家子公司已经成立了一段时间，目前处于一个相对稳定的状态。现在我们假设海外子公司所在的东道国本币相对于美元被高估了 10%，因此我们估计东道国本币很快就要贬值，从而重新回到购买力平价理论的均衡水平。表 29—2 的第一列给出了货币贬值前的数据。我们的任务是分析在一个财政年度内，东道国本币相对于英镑发生 10%的贬值会给经营绩效带来哪些影响。

为了简化问题，我们假设初始时 1 单位东道国本币可以兑换 1 英镑。不过，在接下来的一个财政年度内，东道国本币相对于英镑贬值 10%。按照表 29—2：

● 第一列给出的是东道国本币贬值前的初始现金流数据。因为我们假设初始汇率水平为 1∶1，因此使用东道国本币或英镑计价的金额是相等的。

● 第二列给出的是东道国本币的 delta 值，这能反映东道国本币贬值对子公司现金流的影响。如果本地销售额中包含 50%的进口商品，那么东道国本币贬值 10%将会导致本地成本上涨 5%。

● 第三列给出的是用东道国本币表示的贬值后的现金流数据。

● 第四列则反映的是用财务报表计价货币表示的影响。在本例中，财务报表的计价货币为英镑。

表 29—2　XYZ 海外子公司的年现金流：东道国本地货币（LC）贬值 10%对现金流所造成的影响，并将计算结果转换为财务报表计价货币（RC）——基准情况　单位：百万

	货币贬值前 (LC/RC)	东道国本币的 delta 值	贬值后 LC	贬值后 RC
销售额	150.00	0	150.0	135.00
销售成本	(80.00)	+5%	(84.00)	(75.60)
一般性费用（管理费、市场营销费等）	(25.00)	+2.5%	(25.63)	(23.07)
未扣除折旧的净利润	45.00		40.37	36.33
折旧	(10.00)	0	(10.00)	(9.00)
净利润	35.00		30.37	27.33
纳税额（税率为 30%）	(10.50)		(9.11)	(8.20)
加上折旧	10.00	0	10.00	9.00
营运资本净额	(3.00)	+2.5%	(3.08)	(2.77)
业务经营活动净现金流	31.50		28.18	25.36
非流动资产支出	(10.00)	+5%	(10.50)	(9.45)
资产出售额	1.00	0	1.00	0.90
自有现金流净值	22.50		18.68	16.81

为了简便起见，我们将应税利润视同为会计利润，并假设一个财政年度内所有的现金流都是在同一天发生的。

当然，我们在计算 XYZ 海外子公司的现值时，必然要用到符合购买力平价理论的未来汇率水平，于是，计算结果应当等于 1 681 万英镑，而不是按照东道国本币被高估的汇率水平折算出的 2 250 万英镑。此外，如果 XYZ 公司或者其海外子公司拥有外币债务，则这笔债务的价值也应当缩水 10%。

显然，这种计算方式有一个假设前提，那就是要严重依赖各种弹性。然而事实上，过于强调弹性的计算方法在实际操作中非常少见。而且，计算结果只是近似值而已。更何况经济学家们指出弹性不可能保持不变。显然，这会使得问题变得更加复杂。

我们再来看一看表 29—2 给出的假设条件，现在我们要对这些假设条件进行调整。之前我们假设海外子公司没有获得任何出口销售收入。现在我们调整一下，假设 XYZ 公司的海外子公司采用的是出口导向型政策。随着汇率水平逐渐回归到符合购买力平价理论的均衡位置，子公司的销售额也应当相应上涨 10%。表 29—3 充分考虑了这一变化带来的影响。在这个案例中，我们假设 XYZ 海外子公司的销售情况不会对 XYZ 集团位于全球其他地区的事业部门的销售情况造成任何影响。

按照这个虚拟情境，如表 29—3 所示，海外子公司的自由现金流净值由原来的每年 2 250万英镑变为每年 2 626 万英镑。不过，我们还必须将外币债务兑换成英镑后所产生的价值变化考虑进去。同样地，还是这个问题——弹性是否保持不变？我们再次提醒大家，这些估计值可靠性并不高。这两个例子能够充分说明经济风险敞口的分析非常复杂。我们要强调的是，我们提供的几个案例都是非常简化的案例，与现实世界里的真实案例有着明显差异。

表 29—3　XYZ 海外子公司的年现金流：东道国本地货币（LC）贬值 10%对现金流所造成的影响，并将计算结果转换为财务报表计价货币（RC）——出口导向　单位：百万

	货币贬值前 (LC/RC)	东道国本币的 delta 值	贬值后 LC	贬值后 RC
销售额	150.00	+10%	165.00	148.50
销售成本	(80.00)	+5%	(84.00)	(75.60)
一般性费用（管理费、市场营销费等）	(25.00)	+2.5%	(25.63)	(23.07)
未扣除折旧的净利润	45.00		55.37	49.83
折旧	(10.00)	0	(10.00)	(9.00)
净利润	35.00		45.37	40.83
纳税额（税率为 30%）	(10.50)		(13.61)	(12.25)
加上折旧	10.00	0	10.00	9.00
营运资本净额	(3.00)	+2.5%	(3.08)	(2.77)
业务经营活动净现金流	31.50		38.68	34.81
非流动资产支出	(10.00)	+5%	(10.50)	(9.45)
资产出售额	1.00	0	1.00	0.90
自有现金流净值	22.50		29.18	26.26

29.5 对企业的债务或净价值进行套期保值

在第 8 章，我们曾经讲过，对现金流风险敞口进行套期保值是有好处的——不过在刚刚结束的一节里，大家已经知道对风险敞口进行套期保值难度很大。在第 8 章，我们曾经指出，如果企业受到银行贷款合同的约束或者汇率水平的波动能够轻易地对单纯会计风险敞口造成冲击，那么对单纯的会计风险敞口进行套期保值还是有一定好处的。但是，这种做法也有可能会引发问题。

对资产负债表的杠杆比率进行套期保值，同时有可能对企业净价值（已发行股本＋未分配利润＋其他会计资本储备）造成影响。反之亦然——对企业的净价值进行套期保值必然会对企业的杠杆率造成影响。我们用一个简单的计算例子来加以说明。但是，在此之前，我们要先告诉大家，企业既可以对杠杆率进行套期保值，也可以对企业净价值进行套期保值，但是不可能同时对两项进行套期保值。案例可见表 29—4。现在我们假设，一家英国企业的资产负债表包含总价值为 1.80 亿英镑的英国资产以及总价值为 9 000 万美元的美国资产——按照初始汇率水平 GBP1＝USD2，这些资产的价值相当于 4 500 万英镑。因此，该企业的初始净价值为 1.5 亿英镑，债务总额等于 7 500 万英镑——一部分是英镑债务，另一部分是美元债务。这些数据被列在表 29—4 的第一列。

为了对企业的净价值进行套期保值，企业可以采取以下方式：使得美元债务与美元资产相等。于是，该企业的债务被分成两块，一部分是价值相当于 9 000 万美元的美元债务，按初始汇率水平 GBP1＝USD2，这笔美元债务的价值相当于 4 500 万英镑；另一部分是价值 3 000 万英镑的英镑债务。如果汇率水平发生变化，比如说变为 GBP1＝USD1.5，那么按照表 29—4 第二列的数据，企业的净价值仍然保持 1.5 亿英镑不变。不管汇率水平发生怎样的变化，结果均是如此。但是，请大家注意，汇率水平发生变化后，债务与净价值的比率进一步恶化，由原来的 50％上升到 60％。

若企业想对杠杆率（债务与净价值的比）进行套期保值，则可以将债务的分割比例与初始资产的分割比例保持一致——即 20％的债务为美元债务，另外 80％的债务为英镑债务。使用这种做法以后，如表 29—5 所示，当汇率水平变为 GBP1＝USD1.5 时，企业的财务杠杆率仍然保持为 50％。但是请大家注意，此时企业的净价值变为 1.6 亿英镑。

表 29—4　　对企业的净价值进行套期保值的案例

	初始汇率水平 GBP1＝USD2（百万英镑）	汇率水平变化为 GBP1＝USD1.5（百万英镑）
资产（9 000 万美元）	45	60
资产（1.8 亿英镑）	180	180
总资产	225	240
债务（9 000 万美元）	45	60
债务（3 000 万英镑）	30	30
债务总额	75	90
净价值	150	150
	225	240
净价值保持不变	150	150
杠杆率保持变化	50％	60％

显然，企业若对杠杆率进行套期保值，必然会导致企业净价值发生变化；反之亦然。所以说，企业在处理这个问题时要格外小心。

表 29—5　　对杠杆率进行套期保值的案例

	初始汇率水平 GBP1＝USD2 （百万英镑）	汇率水平变化为 GBP1＝USD1.5 （百万英镑）
资产（9 000 万美元）	45	60
资产（1.8 亿英镑）	180	180
总资产	225	240
债务（9 000 万美元）	15	20
债务（3 000 万英镑）	60	60
债务总额	75	80
净价值	150	160
	225	240
杠杆率保持不变	50%	50%
净价值发生变化	150	160

29.6　外汇折算风险敞口的管理

外汇折算风险敞口的管理政策能够反映财务管理人员的风险偏好。例如：

● 消极的外汇折算风险管理政策一般指的是促使企业的资产与负债实现自然对冲。那么，一旦当地货币贬值，资产价值的下跌就可以部分被负债价值的缩水所抵消。从这个角度来看，尽可能地使用东道国本币负债为海外子公司提供资金是一种合情合理的做法。不过，即使这样，也仍然存在一些问题，比如，外国子公司的现值与其账面价值并不相等。如果海外子公司的现值接近于零，那么使用东道国本币债务对子公司的账面价值（比方说 1 亿美元）进行套期保值是毫无意义的。就像融资领域的其他问题一样，在设计融资策略时，一定要充分考虑到各种极端情况。

● 积极的外汇风险管理策略指的是企业努力使用强势货币——币值趋向于升值或较为稳定的货币——表示的资产和负债与用弱势货币——贬值的风险较大——表示的资产和负债尽量保持均衡。这要求财务管理人员对未来外币相对于东道国本币的汇率变化情况做出预判。

积极的风险管理政策可能要涉及对资产、负债的现金流的币种结构进行调整，目的是缩小软货币的资产敞口，并缩小硬货币的负债敞口。常见的例子如下所示：

● 投资于硬货币证券。

● 用软货币债务取代硬货币债务。

● 节约使用营运资本。

● 使用硬货币来标示出口产品的价格，使用软货币来标示进口产品的价格。

● 调整母公司与海外子公司之间的转移定价以降低外汇风险。

● 加快股息、利息、专利权使用费、其他费用的支付速度，甚至调整其支付额以充分利用未来汇率的潜在变化。

● 面对即将到来的货币贬值，提前或推迟向子公司付款，或者是子公司提前或推迟向母公司付款。

同样地，在使用上述这些财务处理手段时，管理人员一定要小心谨慎，以确保能够获得预期的税后效果，并且与政府的相关法律法规相一致。我们要强调的是，一些考虑不周的财务管理人员用现金流的套期保值方法（例如远期协议）对非现金敞口进行套期保值的做法是非常危险的。

在进行套期保值交易之前，财务管理人员必须让高管充分了解套期保值交易的根本目的。假设一家化学品公司的财务管理人员使用期货市场对石油的成本进行套期保值。如果石油的市场价格下跌，那么该企业实际支付的石油价格会低于预期成本。但是，期货合约平仓时会给企业造成损失。如果在进行套期保值交易之前，财务管理人员没有向企业高管解释清楚这笔套期保值交易的根本目的，即为了提前锁定下一个报表周期内的石油购买成本，那么董事会成员将会沮丧地发现这笔套期保值交易并没有带来降低成本的实际效果。

外汇风险敞口还会影响到企业的竞争策略。比如进口商就要受到汇率波动的影响。一般来说，面对不断增加的成本，它们只能通过不断地削减利润来加以应对。尤其是当进口企业面临提供同类产品的本地供应商的激烈竞争时，情况更是如此。慢慢地，这些进口企业可以尝试一点一点地调整产品出售价格，以此来应对汇率变化对企业利润带来的冲击。

汇率变化对企业竞争战略的影响还表现在另外一个方面。例如，日元相对于美元的大幅度升值可能会迫使日本汽车制造商不得不提高其生产的汽车在美国市场上的美元标价。此时，美国的汽车企业仍然可以保持价格不变，从而抓住机会提高市场份额。

同样地，汇率的波动可以让企业抓住机会改变产品线。货币升值是企业向市场推广新产品的恰当时机，因为货币的变化可以暂时抵挡住竞争对手所带来的压力。此外，本地货币的升值将会导致本土出口企业不得不寻求开拓海外市场。它们可能决定去开发高端市场，重新塑造产品形象，从而使得自己的产品更具有差异性特征。

从多地采购产品零部件也是应对货币长期升值趋势的有效措施。这可以让企业享受到使用软通货和廉价劳动力所带来的好处。拥有多个可以选择的零部件供应商，使得跨国企业可以任意选择从多个地点和/或供应商那里采购零部件。近些年来，汽车行业以及相关的零部件采购行为就是对欧元升值趋势的回应。而且，在全球范围内，寻找价格更低的采购来源意味着很多企业要进入印度和中国市场——企业想要降低劳动力成本的目的昭然若揭。

同样地，跨国企业可以在多个国家设立生产基地。有时，这样的做法是为了分散汇率风险。事实上，这种做法类似于实物期权。通过建立企业自己的海外生产基地或者从海外供应商那里采购，跨国企业相当于为自己购买了一份期权，这份期权允许跨国企业从目前最具有优势的货币区或劳动力市场获得进口商品或服务。但是，如前所述，改变生产基地的选址，其背后的主要动因通常是为了寻求降低长期劳动力成本和其他成本——当然，同时也要确保产品的质量。

虽然说起来有点自相矛盾，但是汇率的波动确实也可以给企业带来经济利益。汇率的变化有可能驱动企业进一步提高生产效率。比方说，关闭原有生产基地或者另选其他地点建立生产基地，进入离岸市场，重新协商劳动力雇佣合同，降低成本，提高产品质量，或者裁减过多的产品线。过去几十年间，全球的汽车行业一直面临着这样的压力。

29.7 货币管理风险政策

企业不可能提出一个包治百病的货币风险管理政策。但是，不管是对负责决策的企业高管来说，还是对负责执行的基层员工来说，都必须建立一个系统化的货币风险管理制度。

从宽泛的角度来看，董事会应当就以下问题建立一个一览表：

- 企业是否应当采用激进的态度来管理外汇头寸？企业是否应当进行外汇投机交易？
- 企业是否应当关注汇率的波动？对外汇风险头寸的干预是否有可能增加或减少企业的价值？股东拥有怎样的风险偏好？与股东相比——股东可以通过同时投资于多家企业的方式来分散风险——企业的管理者是否表现得更加厌恶风险？其他的利益相关人，例如贷款机构，有可能做出怎样的回应？是否存在违背债务合约的危险？
- 对于交易风险敞口、交易前风险敞口、经济风险敞口和外汇折算风险敞口，正确的风险管理态度应当是怎样的？
- 企业应当使用商业策略还是依赖金融市场来管理货币风险？
- 对于一些非经营性质的现金流，例如投资、股息支付或者公司内部的转移定价，是否应当安排对应的套期保值？其他的特殊情况是否需要特殊对待？如果确实存在特殊情况，这些情况具体指什么？
- 如果企业决定对风险敞口进行套期保值，那么套期保值的期限长度应该是多久？套期保值的策略是应始终保持不变，还是按照协议，可以随时调整套期保值策略以便充分利用短期内市场的不均衡来获利？例如，外汇应收账款的套期保值期限通常为一年。但是，如果市场普遍认为外汇目前的升值预期非常强烈，那么延长套期保值的期限是否可行？（这种行为是不是投机？）
- 企业是否应当对未来汇率水平可能发生的变化进行预判？企业管理者是否应当采用消极的方式来管理货币风险？管理层主要关心的是熨平汇率波动带来的影响，还是考虑利用汇率波动为企业带来谋利？企业管理者是否有能力或者资源来做出明智的决策并恰当地采取行动？
- 可供企业使用的套期保值工具有哪些？企业应当使用哪些工具？负责套期保值交易的管理者是否有足够的能力正确地使用这些工具？企业怎样看待货币期权？
- 其他问题。

即使在一些规模较大的企业，常见的财务部门的员工数量通常也不会超过六个人。一些企业的财务部门雇用咨询顾问来提供咨询意见或拟定管理政策。在这种情况下，企业需要建立简洁完善的规章制度。当然，这样的规章制度要取决于企业的经营性质和规模。因此，不同企业实施的外汇管理政策区别比较大。不过，很多企业在制定基本的管理规则时，均体现了企业管理者的基本理念。

小结

- 一些或有风险敞口会让企业面临外汇风险的挑战。本章我们分析了这一问题的理论解决方案和实践解决方案。不过，我们要提醒大家的是，判断会影响最终的行动决策。

● 对经济风险敞口进行量化分析是很复杂的。在预测汇率波动所造成的各种弹性值时，我们需要观察汇率波动对各种现金流的影响。然后再估算汇率发生变化以后，企业的净现值等于多少。

● 对于企业的财务管理人员来说，对企业的杠杆率或净价值进行套期保值是他们在实践中需要完成的任务。财务管理人员可以分别实现这两个目标，但是无法同时实现这两个目标。请大家注意为什么会出现这样的问题。

章末习题

29.1 一些专家认为，在跨国融资领域，经济风险敞口的套期保值是最为复杂的理论问题和实践问题。为什么？

29.2 哪些因素可能导致企业的财务管理人员决定无论如何都要进行套期保值？哪些因素可能导致企业的财务管理人员决定对企业的净价值进行套期保值？

金融学译丛·国际金融 金融学译丛·国际金融 金融学译丛·国际金融 金融学译丛·国际金融

第八部分

其他问题

第 30 章 跨国企业融资的其他问题

本章我们要研究多个问题，它们都是跨国企业财务管理领域非常重要的研究课题，但是每个问题都无法单独地支撑一章的篇幅。尤其值得一提的是，我们将本章的大部分篇幅用于讨论如何评价子公司的绩效、财务管理的集权化与分权化、利润中心或成本中心的财务管理问题以及转移定价问题。

30.1 海外子公司的业绩评价

海外子公司业绩评价体系的建立应当包含以下四个鲜明的步骤：

1. 明确评价体系的设立目标。
2. 确定需要获得哪些信息。
3. 设计信息搜集系统。
4. 从成本/收益的角度评价体系。

第一步是明确评价体系要实现的目标。那么，紧随其后的问题便是：集团总部的高管更关心子公司的管理业绩还是汇回母公司总部的现金流？不管总部更关心的是哪一个问题，我们如何确保对子公司管理绩效的评估不会受到超出其控制范围的因素影响，例如汇率水平的波动，当地的通货膨胀等？我们将在本章的后面部分回答这些问题。

首先，我们要回答的问题是业绩评价体系的主要目标是什么。这些目标包括：

- 为全球范围内的资源配置提供有效帮助。
- 建立早期预警系统以及时警示有可能出现的问题。
- 确保企业的生产经营活动能够创造足够多的利润/现金流，并且能够准确地计算利润/现金流的金额。

● 设立一整套标准，可以对管理者进行激励。

● 为管理者个体的业绩评价提供基础标准。

这些目标看上去简单明了。那么问题是什么呢?

30.2 海外子公司业绩评价所面临的问题

汇率波动会给海外子公司的业绩评价制造一些困难。第一个难题就是在考核时到底应当使用母国本币还是东道国的货币。如果业绩评价使用的是母国货币，那么在编制预算时，就必须对未来的汇率水平做出估计或假设。但是，在实际的业绩真正产生时，汇率水平可能与当初估计值有所不同。因此，汇率水平的变化肯定会导致预算与实际绩效并不一致。如果海外子公司的主营业务是出口或进口，则实际汇率与预期汇率的不一致会对使用东道国本币表示的利润值造成影响。而且，如果用母国货币来计算子公司的绩效，那么不仅仅是前面提到的经济风险敞口，外汇折算风险敞口也会使得预算与实际绩效不一致。

莱萨德和罗伦基（Lessard and Lorange）[1]只研究了外汇折算风险对海外子公司绩效的影响，他们指出在编制预算时可以使用三种汇率水平。同样地，这三种汇率水平也可以被用于监控（或追踪）子公司的绩效状况。这三种汇率水平分别是初始汇率、预期汇率和最终汇率。莱萨德和罗伦基将这三种汇率排列成 3×3 矩阵，从而得到预算汇率与实际汇率的 9 种组合。如图 30—1 所示，莱萨德和罗伦基认为，由于前提条件是监控指标与预算指标必须拥有相同的基础，因此符合要求的只有以下三种组合：

● 基于初始汇率的预算，基于初始汇率的监控。

● 基于预期汇率的预算，基于预期汇率的监控。

● 基于最终汇率的预算，基于最终汇率的监控。

莱萨德和罗伦基更倾向于使用第二种组合。他们认为，第二种组合能够满足管理控制体系所必须达到的两大基本标准。他们声称，"第二种组合具有明显的目标一致性，因为整个企业集团的观点可以体现在决策过程中，而汇率水平的变化可能会对决策造成一定程度的影响。"而且他们认为，这种做法可以让子公司的管理者得到公平待遇，因为一旦意料之外的汇率变化导致子公司的经营绩效随之发生波动，则子公司的管理者不会因此被责怪或嘉奖。

预算过程中使用的汇率 \ 用于追踪子公司实际绩效的汇率	初始汇率	预期汇率	最终汇率
初始汇率	预算——初始汇率 追踪绩效——初始汇率	预算——初始汇率 追踪绩效——预期汇率	预算——初始汇率 追踪绩效——最终汇率
预期汇率	预算——预期汇率 追踪绩效——初始汇率	预算——预期汇率 追踪绩效——预期汇率	预算——预期汇率 追踪绩效——最终汇率
最终汇率	预算——最终汇率 追踪绩效——初始汇率	预算——最终汇率 追踪绩效——预期汇率	预算——最终汇率 追踪绩效——最终汇率

图 30—1　汇率水平的组合与控制

资料来源：Lessard，D. R. and Lorange，P.，"Currency changes and mangement control：resolving the centralization/decentralization dilemma"，*Accounting Review*，July，628 - 637，1997.

斯图尔特（Stewart）[2]建议使用规范化的汇率水平来评估子公司的管理绩效。所谓规范化的汇率水平指的是市场在短期内能够迅速调整以满足购买力平价理论所达到的均衡汇率水平。这种观点认为实际利率要围绕着真实利率上下波动；有的时候市场汇率水平被高估，有的时候市场利率水平被低估。从长期的角度来看，汇率以及东道国当地子公司的盈利水平都将回归符合购买力平价理论的均衡位置。因此，如果使用规范化的汇率水平或汇率的真实价值来评估海外子公司的管理绩效，那么可以规避汇率的过度波动所带来的起起伏伏。斯图尔特坚称，如果使用符合购买力平价理论的规范化汇率水平来评估资产价值和经营利润——使用母国货币作为计价货币——那么投资收益率就能有效地反映海外子公司的经营绩效。这种评估方式假设汇率在基期处于均衡水平。斯图尔特提出的评估方法的主要缺陷在于没有考虑到经济风险敞口所产生的影响，只关注了外汇折算风险敞口。换言之，它没有考虑到汇率变化对市场竞争所带来的影响。因此，这个重大缺陷使得该观点看上去不太符合现实世界的真实情况。

莱萨德和夏普（Lessard and sharp）[3]勇敢地迎接挑战，他们提出了一种海外子公司的业绩评估方法。这种评估方法既考虑到了海外子公司将外币生产利润兑换成母国货币时要遇到的外汇折算风险，同时还能反映汇率波动对海外子公司盈利状况的影响。他们提出的新方法可以被称为“或有预算”（contingent budgeting）。他们建议，可以采取下列三个步骤来进行业绩评估：

1. 根据“最有可能发生的”情形编制预算。这就是传统的预算编制过程。编制预算表时自然要使用东道国本地货币单位。

2. 分析未来汇率水平相对于目前汇率水平的偏移会对产品价格、生产成本和经营现金流带来哪些影响。这一步骤的目的是提前预测一下汇率、企业管理者的最大努力和经营现金流三者之间的关系。

3. 到年末时，实际汇率水平已知，则对实际绩效与一系列绩效标准进行对比。然后，评估者再将实际绩效与初始时分析得到的各种或有绩效结果相对比，以此来评价海外子公司管理层的管理绩效。

莱萨德和夏普提出的新方法在理论上是可以接受的，不过这种方法是否成本有效并具有实际操作性，就是另外一个问题了。我们必须承认，整个预算过程充满了主观色彩——莱萨德和夏普推荐的评估方法看上去不是那么客观。

卡斯伯格（Carsberg）[4]提出，将海外子公司的实际绩效与预算相比较时，应当使用东道国的本币作为计价货币。他的观点是，不应当使用母国货币来评价海外子公司的经营绩效，“海外子公司的管理绩效应当使用海外东道国的货币来加以评估，而且评估结果应当与东道国的绩效标准加以比较”。卡斯伯格承认：

> 不过，为了进行资本分配，母国的财务管理人员必须估算出汇率波动对跨国投资项目长期盈利性能的影响；然后对实际的经营利润与事先的估计值进行对比，当然这两个值都应当使用母国货币作为计价货币。

卡斯伯格颇具务实风格的解决方案可以用他自己的话做出这样的总结：

> 评估海外投资项目是否满足投资标准的最佳方式是计算该投资项目产生的净现金流，然后将其转换为母国货币，再使用资本成本率计算净现金流的贴现值，从而得出投资项目的净现值。

但是海外子公司的业绩评估需要将跨国企业总部层面上的操作所带来的影响剔除——这是因为集团总部所采取的一些行为或措施从集团整体角度来看是有益的，但是有可能会对海外子公司带来一些不公平的待遇，例如转移定价、现金流的调整（比如提前或推迟付款）以及整个企业集团进行的套期保值交易等。

转移定价对海外子公司的经营绩效具有严重的影响。如果转移定价对报告利润所造成的影响要由海外子公司的经理人来负责，那么经理人所采取的应对措施可能会对整个企业集团带来不利的影响。转移定价在本质上是由跨国企业总部做出的集权化决策。其目的可能是实现税负最小化或者抬高成本——有时产品定价采用的是价格加成方式。对海外子公司的业绩进行评估时，必须将这些非正常的定价模式所带来的扭曲效应彻底剔除。当然，对管理绩效的评估也应当去除掉转移定价所带来的影响。具体做法是可以要求购买者支付市场价格，或者将价格确定为边际生产和运输成本加上一定幅度的利润。一些海外子公司只负责生产产品，然后将产品销售给其他子公司，那么在对管理此类海外子公司的经理人进行业绩评估时，只能依据其生产成本而非利润来进行评估。毕竟，这些子公司在本质上只不过是成本中心，对收入毫无控制力，因为产品的出售价格是由集团总部出于税后净利润最大化的目标而制定的。

用前面介绍的这种方式来剔除转移定价所带来的扭曲作用有时可能会引发新的问题。跨国制药企业的转移定价行为始终被市场密切关注着。我们发现，即使是从整个制药企业的角度来看，转移定价和真实成本的影响也并不一定是有利的。

业绩评估需要剔除的第二项就是现金流的调整效应，尤其是提前或推迟付款所带来的影响。有可能是集团总部的财务管理部门为了实现集团利润的最大化而向海外子公司下达了提前或推迟付款的命令。因此，在这种命令的作用下，海外子公司实际获得的经营利润不可能反映海外子公司在东道国的实际经营绩效——这是当然了，因为提前或推迟付款的行为是在执行总部下达的命令。提前或推迟付款有可能会使得海外子公司的营运资本金额及比率被扭曲。海外子公司向另一家跨国企业要求获得期限更长的信用时，需要持有更多的营运资本来满足生产经营的需求，这会导致其债务与销售的比率上升。此外，其利息支出也将有所增加。既然提前或推迟付款的行为来源于集体总部的命令，则在评估海外子公司的管理绩效时，其影响应当被剔除。具体的剔除方法是抹去海外子公司持有集团内部债务的成本，将这些成本转嫁给其他持有集团内部债务的子公司。而且，每一家子公司的投资情况都应当只反映为了维持企业正常的生产经营活动所必须投资的资产。

另一个问题是套期保值交易。海外子公司的管理层可能希望对交易风险敞口进行套期保值。在这种情况下，绩效评估应当包含套期保值交易所带来的影响，即使所有的套期保值交易都是在集团层面上进行的。一般来说，集团总部要求下辖各子公司不要使用外部金融机构来对冲外汇风险敞口，不过所有的套期保值交易都必须通过下列三种方式之一来进行。

- 子公司与集团财务管理部门直接进行交易，对所有的外汇交易风险敞口进行套期保值。
- 子公司只对一部分它们认为有必要对冲风险的外汇风险敞口进行套期保值，套期保值交易是在子公司与集团财务管理部门之间进行的。
- 子公司不会对任何外汇交易风险敞口进行套期保值，而是定期向集团财务管理部门报告风险敞口的情况，将套期保值的职能全部交给集团总部的财务管理部门。

不管采用哪一种方式，子公司都必须将所有的外汇交易风险敞口报告给集团总部的财务管理部门。如果是由集团财务管理部门负责这些套期保值，那么它必须告知子公司在外汇市场上进行远期抛补交易的费率。

为了便于财务报表的编制，我们认为第二种处理方式最合适。这种方式允许子公司只它们认为有必要对冲风险的敞口进行套期保值交易。在使用第二种处理方式时，海外子公司的财务报表只会反映经营绩效以及海外子公司自主进行套期保值交易的结果。值得注意的是，即使是使用第二种方式，子公司所进行的所有套期保值交易也均是由集团财务部门作为其交易对手，而且不管是否进行套期保值交易，集团总部的财务管理部门都要求获得所有外汇交易的风险敞口，这种做法可以让集团总部的财务管理部门清楚地了解集团的整体风险敞口并采取相应的措施。

不管是第一种还是第三种处理方式，都不能给予子公司的管理层套期保值交易的自由裁量权，而且自由裁量权的缺失可能会打击经理人的积极性。由于我们希望设计出来的管理体系不仅能够发挥功能性作用，还要起到激励作用，因此，更好的解决方案是，各子公司向集团总部报告所有的交易风险敞口，然后自行判断哪些风险敞口需要进行套期保值，随后与集团总部的财务管理部门进行套期保值交易。如果子公司存在少数股东，则这种方式也更加适合。显然，对于少数股东而言，由母公司部分持股的子公司自行决定对哪些风险敞口进行套期保值的做法能带来更多的好处。如果我们设计的套期保值方案与少数股东的利益不相冲突——“对所有的风险敞口均进行套期保值”和“根本不进行任何套期保值交易”这两种做法显然都无法达到目的——那么就必须谨慎行事以确保海外子公司拥有一定程度的自由裁量权，不要受集团总部指令的影响，这是因为有些套期保值决定从整个集团层面来看是最优的选择，但是对于海外子公司来说并非如此。

目前，学术界对海外子公司经营绩效评估的实证研究成果并不多。崔和切霍维奇（Choi and Czechowicz）[5]对 64 家美国跨国企业和 24 家其他国家的跨国企业进行了调查，他们发现将预算与实际绩效相对比是最为重要的绩效评估标准；排名第二位的评估标准是投资收益率。有趣的是，在调研过程中，他们发现美国跨国企业认为可汇回母公司的现金流要比海外子公司创造的现金流更加重要，而非美国的跨国企业与美国跨国企业的观点刚好相反。帕森和莱斯格（Persen and Lesig）[6]也发现将实际绩效与预算绩效相对比是最重要的业绩评估标准。

对于跨国企业的财务管理应采用集权化还是分权化的组织结构，麦斯特（Meister）[7]对多家跨国企业展开了调查，85%的受访企业承认，有关资金汇回的决策均是由母公司做出的，而且，如果海外合资企业拥有少数股东，他们对利润汇回决策的控制力非常小。对于子公司之间的融资往来，绝大多数跨国企业的做法是由母公司的财务总监或者其他财务管理人员在税务筹划分析师的帮助下对集团内部的资金流动做出决策。至于外部融资问题，85%的受访企业承认，所有的中期贷款和长期贷款都要得到公司总部的批准，不过很多企业也承认，它们允许下属子公司更加灵活地获得短期融资。

斯托巴（Stobaugh）[8]所进行的一项有趣的研究显示，小型跨国企业（年均海外销售额达到 5 000 万美元）、中型跨国企业（年均海外销售额达到 2 亿美元）和大型跨国企业（年均海外销售额达到 10 亿美元）对集权化管理模式的态度有着明显的区别。小型跨国企业通常在财务管理领域赋予子公司更大的自由权，这也许是因为跨国企业总部的财务管理人员缺乏相关领域的专业技能，也许是出于成本/收益的考量。中型跨国企业对下辖子公司的控制力要强得多，它们使用的财务报告体系的目标是实现整个集团经营绩效和现金流的最优化。但是大型跨国企业不太喜欢采用集权化管理模式，它们的做法是设计一整套正式的规则框架要求子公司遵守，只要不超出这个框架，子公司可以自由发挥。大型跨国企业之所以会采取这种做法，可能是因为集团总部已经意识到自己没有能力在如此复杂的全球金融市场上实现最优化结果。

30.3 敞口管理的集权化模式

反对集权化管理模式的观点非常简单。集权化体制成本高昂，对问题的反应速度很慢，而且缺乏灵活性，尤其是从一线经理的角度来看，这种缺陷更加突出。但是有些决策不能被轻易地授权给其他部门，很多财务决策都属于这种类型。外汇风险敞口的管理应采用集权化模式的主要论据如下所示：

- 这可以确保整个企业集团遵循上下一致的政策。
- 这有助于实现风险敞口的匹配。如果不设计一个集权化的管理体制，则很有可能一家子公司买入某种外汇的同时，另一家子公司正在出售这种外汇。
- 这种体制还有助于获得市场上的最优价格。银行在与分支机构进行小额外汇交易时，买卖的利率价差通常较高。如果企业集团直接与银行的外汇交易部门进行大额外汇交易，那么就能够拿到最优惠的成交价。与银行的本地支行进行交易通常会导致成交价过高，从而造成交易损失。
- 这种模式还能够确保将有限的专家资源集中到一起。如果采用集权化的管理模式，则可以由一个专门管理风险敞口的团队来负责管理风险敞口，而不是交给其他并不精于此道的财务部门或会计人员来管理。通过这种方式将专业人才集中起来使用可以确保企业更好地了解风险敞口的现状并提高套期保值交易的成效。
- 集权化管理模式还有助于将人才和系统投资集中起来。企业可以建立直线型的计算机网络，用于数据管理和各部门之间的沟通。
- 这种模式有助于现金管理的整合。

与之相反，还有很多学者支持对风险缺口管理设立分权化管理模式。他们的主要论据是：

- 建立集权化外汇管理机构要预先花费大量的有关人员招聘、办公场地和相关设备的成本。
- 外汇风险管理既有趣又刺激。一线经理人不太愿意将这一权限转交给集团总部。

还有一种反对集权化管理的说法带有一定的欺骗性，该观点认为将外汇风险管理的权限和控制职能由子公司转移到集团总部的做法可能会打击子公司经理人的积极性。然而事实上，集权化管理模式不会带来这种影响。本书所推荐的管理模式要求子公司将集团总部的财务管理部门视为银行，子公司会在总部设立一个账户。子公司可以与集团总部的财务部门进行风险敞口的套期保值交易，也可以不这样做；这能确保其享受一定程度的自治权。当然，子公司要将所有风险敞口的相关信息报告给集团总部。还有另外一种更为真实可靠的观点也反对用集权化模式来管理外汇风险敞口——总部财务管理人员可能并不了解海外子公司面临的外汇风险状况，也不具备处理这些外汇风险的能力。显然，在防范外汇风险这个领域，跨国企业需要对一线经理好好进行培训。

影响集权化/分权化管理模式讨论的相关因素有很多。例如，企业对自治权的看法。如果母公司对海外子公司或分支机构是部分参股，也就是说存在大量的少数股东，那么最好采用分权化管理模式。毕竟，少数股东希望自己的投资能够实现最优化，而不是在整个集团层面实现最优化。

在决定是否采用集权化管理模式时，风险敞口的规模或比例显然是一个重要的相关因素。如果汇率的波动不会对海外子公司的经营绩效造成明显影响，那么子公司无须太过担忧外汇风险。不过，如果整个企业的利润和资产负债表都会受到汇率波动的严重影响，则结论正好相反。

大型跨国集团在不同国家设立了多家子公司，这些子公司均拥有非常复杂的外汇风险敞口。除非采用集权化管理模式，否则各家子公司采用的外汇风险敞口管理方法肯定是千差万别的。

就单纯的分权化管理模式而言，各子公司只关注自己持有的风险敞口，无须在意集团内部其他子公司的风险敞口。子公司可以自行决定在什么时间进行套期保值交易，并在必要时使用外部渠道完成套期保值交易。对母公司的报告甚至无须说明相关的外汇资金。

而另一种极端模式是彻底的集权化管理体系。在这种模式下，集团总部的财务管理人员负责从集团内部各子公司或分支机构处收集并协调有关外汇现金流的数据并做出预期，从而计算出整个企业集团的净敞口，然后再进行适当的套期保值交易对整个企业集团的净敞口进行风险对冲。在这种情况下，子公司没有权力对集团总部的套期保值策略发表意见。

除了这两种极端情况以外，还存在着很多中间情况。比方说，集团总部的财务管理人员可以只履行咨询职能，指导子公司应当在何时并通过何种方式来对冲风险敞口；如果跨国企业拥有数量众多且相对较为独立的海外子公司，则这种模式比较适合。采用集权化管理模式的总部财务管理部门可以帮助子公司来完成套期保值交易。子公司可以自行判断是只对一部分风险敞口进行套期保值，还是只对规模非常大的外汇风险敞口进行套期保值。很多跨国企业采用的管理模式是要求子公司必须将所有的外汇风险敞口上报给集团总部，必须与集体总部进行套期保值交易，但是子公司有权选择是否进行套期保值交易以及何时进行套期保值交易；而集团总部则负责对整个企业集团的外汇风险净敞口进行套期保值，而子公司对自身的经营管理和绩效拥有绝对的控制权。如果从成本/收益的角度来考量，最后这种方式是最有效率的。

埃蒙斯、福克斯和吉灵（Evans，Folks and Jilling）[9]注意到，越来越多的美国跨国企业开始使用集权化管理模式。奥克斯黑姆（Oxelheim）[10]发现瑞典的跨国集团也出现了类似的趋势，他认为这是因为跨国企业在全球范围内进行税务筹划的能力有所提高，并且意识到将知识技能和其他财务管理要素集中起来可以带来规模经济效应。

在结束我们对集权化/分权化管理模式的讨论之前，我们必须强调一下，不管采用哪一种模式，都要对相关的成本/收益进行评估，并且要定期核查以确保企业选择的管理模式能够持续发挥正面效应。显然，这需要进行事后审计。

30.4 财务管理部门充当利润中心的角色

外汇风险敞口的集权化管理模式可以使得财务管理部门充当利润中心的角色。在使用这种模式时，利润首先来自汇率向有利方向的波动，其次来自精心设计的套期保值策略，最后来自外汇投机所产生的收益。至于财务管理部门介入外汇市场的程度，应当由董事会做出判断，在决策时要充分考虑股东的最佳利益。

为了保护股东的利益，交易任何外汇头寸都必须得到非常了解外汇市场的财务高管或咨询顾问的许可。这条标准的潜台词就是要求跨国企业的财务管理部门尽可能少地进行外汇投机交易。不管是充当利润中心还是成本中心的角色，企业都必须评估财务管理部门的绩效。如果交易记录显示，实际收益与风险水平并不对称，那么应当将财务部门持有的所有外汇头寸平仓。若是一定的风险水平未能带来相应收益，这会导致人们怀疑财务管理人员是否胜任这项工作。

作者发现，一些跨国企业指示其财务管理部门通过在外汇市场上进行交易将一部分资金转出东道国，这种做法与银行类似。

30.5 转移定价

跨国企业将海外子公司生成的利润从东道国转回母国是一个政治上很敏感的问题。如果东道国政府限制将子公司生成的利润汇出，那么跨国企业母公司可以使用转移定价的应对策略。集团总部或其他未实施外汇管制政策的海外子公司向受管制的海外子公司提供产品或服务时，可以制定一个较高的转移定价。另外一种做法是海外子公司将产品出售给集团总部或其他子公司时，故意制定一个较低的转移定价。

转移定价还可被用于降低整个企业集团的税负。跨国企业可以采取种种办法使得位于高税率国家的子公司利润额较低，而位于低税率国家的子公司则获得相对较高的利润。一些国家的政府及相关机构不允许跨国企业使用转移定价的方式来调整利润；如果这些国家的政府机构认为企业的转移定价行为扭曲了子公司的真实利润，它们可能会采取重新确认子公司真实利润的应对措施。

转移定价还可被用于降低进口**关税**（tariffs）以及避免进口配额制的限制。如果海关依照交易金额来确定进口关税，则集团下辖各子公司之间买卖商品时可以人为压低转移价格，这种做法可以使得跨国企业获得胜过当地企业的优势。此外，如果配额制度对贸易金额有所限制，则跨国企业也可以通过压低单价的方式来保持一定的出口规模。同样地，这也能给跨国企业带来胜过国内竞争对手的优势。不过，海关通常会用自己的方法来计算进口商品的“关税价值”，从而避免跨国企业使用转移定价手段来降低关税额。

跨国企业在分配资源时，必须准确计算各子公司或分支机构的盈利状况。不同子公司的盈利记录对跨国企业的资本资源分配具有明显的影响。为了计算子公司的真实盈利，集团必须确保子公司之间的转移定价与合理的正常市场成交价格相符。但是，由于跨国企业的高管不希望除了集团核心管理人员以外的其他人也了解集团的真实利润数据，因此，这种做法可能是行不通的。

30.6 金融市场衍生品的会计处理方法

衍生品的飞速发展要求建立起用于确认和报告衍生品使用情况的会计标准。学术界、政界和商界对于各种各样的适用于金融市场交易的会计标准存在着较大的争议，而且直到目前尚未得出结论。

总的来说，会计界已经对如下内容达成了共识：

● 衍生品应当被视为必须在财务报表上披露的资产或负责，不应当隐瞒有关衍生品的会计信息。

● 报告衍生品的价值时应使用其**公平（市场）价值**（fair（market） value）。

● 衍生品应当在资产负债表上被列入资产项目或负债项目，而衍生品交易带来的收入或支出应当被记入损益表。

● 应当使用特殊的会计法则处理符合要求的套期保值衍生交易。

衍生品应当按照其公平市场价值被记入资产负债表，而衍生品交易的盈利或损失应当被立即记入企业的收入账户。如果满足某些条件，衍生工具可被用于对冲其他资产、负债或潜在交易所造成的风险敞口。财务管理人员要对套期保值的有效性进行检验，以判断其是否适用套期保值会计处理原则。套期保值会计处理原则允许套期保值工具无须遵守FAS 133和IAS 39 规定的逐日盯市规则。如果满足条件，则套期保值工具会按照其公平市场价值被记入资产负债表，而套期保值工具带来的盈利或损失则被记入储备账户，而不是记入损益表。

套期保值交易分为两种类型：现金流套期保值和公平价值套期保值。现金流套期保值交易指的是将投资产生的现金流与套期保值工具的预期现金流相匹配。公平价值套期保值则是将标的资产公平价值的变化与套期保值工具公平价值的变化相匹配。

若要使用套期保值会计处理原则，则套期保值有效性要达到 80%～125%。我们要对标的资产和套期保值交易的效果进行分析来计算套期保值的有效性。

这要求财务管理人员和会计人员必须付出更多的努力来遵守相应的会计法则，尤其是在判断套期保值交易是否符合要求的时候。为了有资格使用相应的套期保值会计处理原则，一笔套期保值交易必须能被明确定义，效果可以被测量，并且确实有效。这要求财务管理人员必须汇报其进行套期保值交易或修改套期保值交易的原因。报告书面材料的准备非常复杂，而且要耗费大量时间。如果存在明显可以确定的风险敞口，并且可以用明显可确定的套期保值交易来对冲该敞口的风险，那么这样的交易可以使用套期保值交易会计准则。对于外汇风险敞口的套期保值交易来说，这一点不难证明。比如，企业使用期限为 30 天的远期协议，对一笔 30 天后到期的外汇应收账款进行套期保值。再举一个例子，企业用一系列短期远期协议对长期交易风险敞口进行套期保值，这是典型的滚动式套期保值交易。如果不存在可以明确界定的标的风险敞口，那么很难被定义为是符合要求的套期保值交易。一些经营性敞口就属于这种情况。

非套期保值目的的衍生品交易的盈利或损失应当被立即记入企业的收入账户，同时还要与标的风险敞口的损失或盈利相抵消。如果是对未来预期的外汇交易进行套期保值，那么按照会计准则的要求，套期保值交易的盈利或损失应被记入资产负债表的储备账户，直到标的风险敞口被确认并从资产负债表上消失，这笔盈利或损失才会被记入企业的收入账户。这种做法可以使得被套期保值的风险敞口与套期保值头寸同时被确认。

在作者写作本书时，金融机构与银行的会计部门爆出了大新闻。2005年国际会计准则委员会推出了一种全新的已发生损失的会计处理方式，即不良贷款所造成的损失不会被马上记入损益表，而是要等到贷款真正被确认违约后，才将其损失记入损益表。这导致很多银行虚报利润，向员工发放大笔奖金，同时未能拨备充足的资本金来缓冲坏账所带来的损失。结论便是不恰当的会计准则会导致风险的大量堆积。这同时也是2007—2008年导致金融危机爆发的原因之一。

当然，在会计领域还存在着许多困难，比如诺布斯和帕克（Nobes and Parker）所举的约翰·弗劳尔（John Flower）的例子。[11]

30.7 回购

回购（repo）市场于20世纪70年代开始发展。证券公司经常向银行和保守的投资者推销收益较低的政府债券。然后，它们再将出售国债所获得的资金投资于收益率较高的证券。这些证券公司同意将来按照略高于其最初出售国债时的价格再将已售出的国债买回来，通常，回购的时间距离当初卖出国债的时间间隔比较短，通常只相隔一天。这种回购交易本质上就是贷款，华尔街企业可以利用这种交易形式方便快捷地获得廉价资金。从本质上看，这种回购交易就相当于抵押贷款：证券公司可以按照抵押品的全额提供贷款，当然要扣除小额的成本。和商业票据一样，回购也可以不断更新，或者称为**展期**（rolled over）。正因为此，回购和商业票据这两种融资方式都被定义为**热钱**（hot money）。因为贷款机构可以迅速进入并迅速撤出此类投资，目的是获得更高的投资收益。回购市场也被视为具有一定的风险，因为有时会突然发生违约事件。

1982年，两家规模较大的证券公司德拉斯代尔公司与伦巴蒂-华尔公司对它们签订的回购协议违约，没有履行还款义务，从而给贷款机构造成了巨额损失。结果，美联储不得不充当最后贷款人来挽救整个回购市场。美联储放松了向证券公司出借国债的要求，这使得美联储的国债借出业务增长了10倍。在这次违约事件爆发后，绝大多数回购交易者开始转而采用三方回购模式，即聘请一家大型的商业银行充当借款人与贷款人的中间人，商业银行的责任是保管贷款的抵押品和资金，将其存入托管账户。这种做法如果放到2007—2008年次贷危机爆发期间，也可能会导致严重的后果，这是因为在危机期间，银行彼此之间互相怀疑对方的资信状况。但是在20世纪80年代时，三方回购的交易模式确实起到了稳定回购市场的作用。

30.8 辛迪加贷款

在辛迪加贷款的交易过程中，共有三种类型的银行在发挥作用，分别是牵头行、经理行与参与行。如果贷款金额非常高，那么会成立一个独立的管理团队，名为副承销商团队。这个团队主要由参与行构成，每个参与行都要负责提供一定数量的贷款资金。绝大多数辛迪加贷款都是由一家或两家大银行负责牵头，它们出面与借款人进行协商，并获得借款人的贷款授权。在与借款人经过初步协商以后，牵头行开始组建承销团队，并且承诺在必要的时候牵头行自己将会提供贷款的全部金额。承销团队成立后会将贷款按照份额分配给多家参与行。

在与借款人最初进行协商的阶段，牵头行组建承销团队。成立承销团队的目的是向借款人担保肯定能够凑齐贷款的全部金额。在牵头行获得借款人的贷款授权之前，或者牵头行刚刚获得借款人的授权，便可以着手成立贷款的承销团队。在这一阶段，如果牵头行无法按照其与借款人当初拟定的借款条件来组建承销团队，那么牵头行可以与借款人重新协商贷款的条件和要求。但是，除了采用重新协商这种方式以外，很多牵头行更愿意由自己承担高于当初计划比例的贷款份额。一般来说，牵头行承担的贷款份额至少不会低于其他参与行。一旦牵头行组建了经理行团队，接下来它就会命令经理行团队按照特定的贷款要求和条件为借款人融资。

承销团队已建立并且牵头行已经获得了借款人的融资授权，接下来牵头行会拟定一份私募说明书，向有兴趣参与银团贷款的其他银行进行推销。这些感兴趣的银行通常被称为参与行，私募说明书介绍了整个融资交易的具体细节以及有关借款人财务状况的信息。私募说明书中相关的财务统计信息一般是由借款人提供的。

牵头行会强调，私募说明书不能代替参与行对借款人所进行的独立信用状况审查，参与行一般会签署一份说明以证明它们已经对借款人的资信状况进行了独立分析。不过，小型银行仍然倾向于过度依赖来牵头行和经理行的判断。

牵头行承担着推销贷款的主要责任，而承销团队的其他成员要提供相应的帮助。牵头行主要使用三种方式来参加辛迪加贷款。借款人可能会具体指定必须让某一家银行参与这一笔辛迪加贷款，因为借款人希望与这家银行建立合作关系。通常，很多银行会主动联系借款人，向其表达自己愿意参与辛迪加贷款并提供一定贷款份额的意愿。但是绝大多数的参与行都是受到牵头行的邀请来参与辛迪加贷款的。每一家大银行手上都掌握着其他银行参与辛迪加贷款业务的相关信息。这些信息或材料包括一份长长的列表，上面注明了各家银行曾经参与过哪些辛迪加贷款项目。这些信息能够使得牵头行的银团贷款管理者有能力事先估计哪些银行会对什么类型的借款人感兴趣。一旦牵头行拟定出一份潜在参与行的名单，接下来牵头行便会开始在伦敦或其他地方与这些潜在的参与行进行接触或协商，目的是确定哪些银行有意加入这一笔银团贷款项目以及它们对贷款条件的要求，哪些银行不愿意对来自特定国家的借款人提供贷款。最后，牵头行会得到一份最终的参与行名单。

如果某家银行接到牵头行参与某笔辛迪加贷款项目的邀请，则牵头行会以传真的形式将贷款的金额、条件和要求发给被邀请的银行。这种做法缩短了谈判协商所耗费的时间，加快了贷款的进程。

牵头行在邀请各家银行参与贷款项目时，发出的邀请份额通常要高于既定的贷款总额。这是因为一些受到邀请的银行不一定会参与这个辛迪加贷款项目。一些经验丰富的牵头行会根据实际情况来调整自己发出的邀请数量。如果贷款项目非常有吸引力，那么牵头行的邀请数量会设定得少一些。如果贷款项目不太好做（基于贷款的条件与要求），则牵头行会发出大量邀请。如果最终结果证明各家银行认购的数额超过了贷款总额，那么通常借款人会同意按照同样的贷款条件在原先协商的基础上增加贷款金额。如果借款人不愿意增加贷款金额，则分配给各家银行的贷款金额会按比例减少。

对于一个成功的辛迪加贷款项目来说，一旦牵头行与经理行完成了向参与行的推销任务，牵头行与经理行自己所保留的贷款份额通常就相当于最初承销份额的50%～75%。牵头行通常会承担相当于贷款总额10%左右的贷款份额。但是，这条经验法则不适用于金额巨大的辛迪加贷款项目，这是因为对一位借款人承担相当于贷款总额10%的贷款份额会使得牵头行被迫承担过高的资本风险敞口，尤其是当牵头行之前已经向这位借款人提供过贷款的时候。对于牵头行来说，自身不承担任何贷款份额的做法是不容接受的。辛迪加贷款的整个交易过程可以持续两周至三个月，一般为六周左右——贷款机构对借款人越熟悉，贷款条件的商定和私募说明书的准备越迅速，整个贷款项目所需的时间就越短。

辛迪加贷款最常见的类型叫**定期贷款**（term loan），这意味着借款人将在贷款合同签订后一段特定的时期内提取贷款——这就是所谓的“贷款提取期”。随后，贷款的偿还通常采用分期偿还的方式。有时，借款人刚刚将全部贷款提取完，马上就要开始分期偿还贷款。还有一些贷款要求在借款人提取贷款后五年或六年左右才开始分期偿还贷款。有时候，定期贷款在整个贷款期间没有采用分期偿还的方式，而是要求借款人在贷款到期时一次性偿还——这种贷款被定义为“一次性偿还贷款”。还有的贷款要求借款人在贷款期间分期偿还贷款，然后在贷款最终到期时再将未偿还的贷款余额一次性付清，这种贷款被称为“气球贷款”。从贷款全部被提走一直到借款人开始偿还贷款，这中间的时间间隔被定义为“宽限期”。宽限期的长度一般是借款人与牵头行协商的重点。通常来说，借款人愿意支付更高的利差以换取更长的宽限期。

采用循环信贷形式的辛迪加贷款也比较常见。这种贷款形式赋予借款人一个最高贷款限额，借款人可以在不突破这一贷款限额的条件下贷款然后再还款，从而达到反复使用贷款的目的。对于未提取的贷款部分，借款人要支付一笔费用。

除了贷款的利息成本以外，借款人还要支付**前端费用**（front-end fees）、承诺费，有时每年还要支付一笔代理费。前端费用是借贷双方预先协商好的一次性费用，通常要求借款人在签订贷款合同时支付这笔费用。前端费用通常相当于贷款金额的0.5%～1%。如果某一借款人坚持要求获得的贷款利率低于依据市场状况及其自身资信状况确定的贷款利率，则银行会故意将前端费用设定得高一些。

贷款利率与贷款费用之间的关系难以进行量化分析，这是因为我们往往无法获得所有贷款费用的相关信息。但是一些证据证明，如果借款人愿意支付较高的贷款手续费，则银行可以接受更低的贷款利率，因为银行关心的是贷款的整体收益率。一些借款人更喜欢支付较高的贷款手续费，因为费用数据是不公开的，因此表面上看起来借款人的贷款利率是比较低的。慢慢地，市场的供求条件会决定贷款的利率水平和费用。当市场的资金供给较为宽松时，借款人可以获得较低的贷款利率和费用。如果市场的资金较为紧张，银行不愿意轻易放贷，则较高的贷款利率和手续费就会变成常见现象。

前端费用包括参与费和管理费。一般来说，这两种费用大致相当于贷款总额的0.25%～0.5%。参与费将会按照每家银行所承担的贷款份额在所有参与贷款的银行间直接进行分配。管理费则由经理行和牵头行分享。牵头行通常要在管理费中拿走一部分作为其酬金，余下的管理费则在各经理行之间按照其承担的贷款份额进行分配。

除了前端费用以外，借款人还要支付承诺费。承诺费一般相当于贷款未提取部分的一定百分比，这是因为即使这部分贷款尚未被借款人提走，也没有给银行带来任何利息收益，由于银行承诺要将这一部分资金锁定以备借款人不时之需，因此借款人要为此支付费用。每年借款人支付的承诺费大致相当于贷款总额的0.375%～0.5%，定期贷款与循环贷款都会收取这笔费用。

代理费通常每年收取一次，但也有可能会在贷款之初一次性收取。代理费的金额较低，年均大概只有10 000美元。这笔费用主要是用来支付与辛迪加贷款项目有关的管理费以及其他杂费。不过，在某些情况下，这笔费用也有可能被设定得较高，要借贷双方进行协商。

为了保障自己的投资收益，银行通常要求借款人偿还的本金或利息必须预先扣除相关的税负。如果这些税负不能被用于抵扣银行所在母国的税款，则借款人必须调整自己的还款金额，以确保银行收到的净偿还额与合同中规定的金额相等。至于到底是由借款人还是贷款人负责缴纳贷款合同签约国的相关税负，这要由借贷双方进行协商。此外，贷款合同中通常还会加入准备金条款，该条款约定一旦贷款机构所在国要求银行执行存款准备金制度或者提高了存款准备金的额度，从而导致资金成本上升，那么贷款利率或其他条款也要相应地进行调整。

一般来说，提前还款不会受到惩罚。我们可以用下列两个公式总结辛迪加贷款的成本：

每年的还款额＝(LIBOR×利差）×已提取的贷款额＋承诺费×未提取的贷款额＋每年的代理费（如果有的话）＋税负调整额（如果有的话）＋准备金要求调整额（如果有的话）

前端费用＝牵头行的酬金×贷款总额＋参与费×贷款面额＋管理费×贷款面额＋初始的代理费（如果有的话）

30.9 离岸货币市场的利率水平及其与国内利率的关系

每一个离岸货币市场——不管是离岸美元市场、离岸英镑市场还是其他离岸市场——都能通过套利交易与对应的国内资金市场相关联。因此，离岸货币市场的利率水平要受到国内利率水平的深刻影响。由于在离岸市场没有监管机构可以设定利率水平，也没有哪一家银行会去执行官方利率，因此离岸货币市场的利率水平主要由市场竞争来决定。

而且，国内市场与国外市场一直在争夺资金，为了分析国内市场利率与离岸市场利率之间的关系，我们先要搞清楚离岸货币市场的基本组织形式。我们用美国以及美元来举例，离岸美元市场（即外部市场）与国内市场（即内部市场）是总体美元贷款市场上两个存在竞争关系的子市场。不管是在内部市场上还是在外部市场上，金融机构都在发挥着中介职能，内部市场对应的是国内银行，外部市场对应的是**欧洲银行**（Eurobanks）。离岸美元市场在存款和贷款两项业务上与国内美元贷款市场进场竞争。在这个竞争领域，离岸货币市场具有一些独一无二的特征：

- 欧洲银行不需要持有存款准备金。
- 欧洲银行较少受到监管。
- 欧洲银行不会受到利率上限规定的约束，不管这一利率上限规定是由政府还是行业联盟制定的。
- 欧洲银行可以更有效地利用低税率的避税港。

● 激烈的竞争以及允许各种借款人毫无障碍地进入市场，这些因素使得欧洲银行不得不尽可能地降低存贷利差以及运营成本。

● 与国内银行相比，欧洲银行不太可能在受到压力的情况下被迫将资金提供给对社会公益有利但没有盈利的投资项目。

● 与国内银行相比，欧洲银行的经营风险水平更高（请看本节的后面部分）。

由于离岸美元市场与国内美元市场交易的是同一种货币，因此资金会根据两个市场之间的利率差在两个市场之间自由流动，因此这两个市场的利率结构紧密相连并不是巧合。在没有阻碍和障碍（例如外汇管制）的情况下，在国内美元市场与离岸美元市场之间进行的套利交易行为会使得这两个市场的利率水平密切关联，这主要反映在两个市场利率水平发生变化的时间和幅度高度一致上。很多实证检验均已证明两个市场之间确实存在利率的高度相关性；但是如果存在外汇管制或者类似的制约措施，则国内市场与外部市场利率水平的关联程度就要弱得多。事实上，资本管制政策将会导致两个市场的利 率水平发生偏离。资本管制政策越严格，两个市场利率水平的偏离程度就越大，反之亦然。

我们前面在讨论四边形等价模型时发现，离岸货币市场的利率水平、未来货币汇率的预期和远期汇率三者之间存在着如下所示的关系：

● 离岸货币市场的利率差＝远期升贴水（这就是所谓的利率平价关系）。

● 远期升贴水＝预期的未来利率变化（预期理论）。

● 预期的未来汇率变化＝离岸货币市场的利率差（国际费雪效应）。

● 离岸货币市场的利率差＝预期通货膨胀率之差（费雪效应）。

大家应该记得，在使用四边形等价模型时，我们必须依照离岸货币市场利率来计算利率差。大家应该还记得，实证检验已经证明，利率平价关系只在短期内成立。

离岸货币市场的利率水平之所以与国内货币市场的利率水平不完全一致，主要是因为受到了监管因素的影响，例如，一个市场要执行存款准备金制度，而另一个市场不需要，我们可以用一个简单的计算例子向大家说明存款准备金制度对利率水平的影响。（事实上，美国并未执行存款准备金制度，而且其实际利率水平也没有这道例题假设的那么高。）假设英国银行收到了价值为 1 000 万美元的国内存款，存款准备金率（商业银行要将这笔存款准备金存放在中央银行的相应账户里，而且无法获得任何利息收益）为 5%。因此，实际获得的可使用资金只有 950 万美元——也就是存款额的 95%。我们进一步假设银行要为这总额为 1 000 万美元的存款每年支付 10%的利息。因此，这笔国内存款的实际资金成本等于：

$$\begin{aligned}\text{国内存款的实际成本} &= \frac{\text{支付的利率水平}}{1-\text{存款准备金率}}\\ &= \frac{15\%}{1-0.05}\\ &= 15.79\%\end{aligned}$$

因此，存款准备金制度带来的额外成本等于 79 个基点。也就是说，离岸美元存款可以规避这 79 个基点的额外成本，因此其实际成本低于国内存款。

国内市场与国外市场之间存在利率差的另一个主要原因是两个市场之间的风险水平不同，我们可以用一个例子来说明这一点。在离岸美元市场上，一位美国存款人拥有某地——例如伦敦——的债券但是最终是在美国收到还款，这位存款人有可能在债权到期时在英国政府或美国政府的干预下无法收回自己的资金。而对于国内存款来说，只有一个政府的行为会对贷款的收回造成影响。

当然，也有一种观点认为，离岸市场能够有效地降低风险水平。比方说某些国家刚刚开始对居民存款实施资本管制政策，那么该国居民会认为将资金存放在外部市场要比存放在国内市场风险更小一些。虽然存款人会担心政府的监管措施对外国市场造成间接影响，但是它们更担心的是政府监管部门的直接干预。欧洲银行进行经营活动的所在国的政府可能会没收银行的资产，限制其偿还债务，或者是采取一些政治行动，限制欧洲银行的政治业务活动。我们举个例子。比方说受到民族主义的影响或者为了减轻外汇压力，一国政府——欧洲银行在该国经营离岸货币存款与贷款业务——可能会对本国内外国银行分支机构的经营活动进行干预。这就是所谓的"主权风险"。按照定义，离岸货币业务总是要面临主权风险。欧洲银行要从非居民那里吸收资金，然后向其他非居民发放贷款。如果欧洲银行只有一小部分资产直接属于东道国政府司法管辖权的范围，那么只有当东道国政府有能力限制本国的借款人不接受欧洲银行的母行所提供的有竞争力的报价时，离岸业务才会遭遇一定的风险。另外一种担心是，虽然目前人们普遍认为各国的中央银行随时准备为陷入困境的银行提供资金援助，但是它们不会采用同样的方式救助离岸分支行。那么，当海外分支机构发放的贷款陷入麻烦时，谁来充当最后贷款人的角色？

简言之，外部美元存款与贷款的风险水平通常要比国内美元存款与贷款的风险水平高一些。这主要源于政府有可能不只对一个甚至两个或多个国家进行干预，而且中央银行有可能不为欧洲银行提供最后贷款。

除了国内市场与国外市场的利率水平之间存在关联性以外，在离岸市场上不同期限的美元贷款利率所形成的期限结构与国内利率体系非常相似。在两个市场上，同一期限贷款的利率水平紧密相随。一般来说，长期利率的波动幅度小于短期利率。这是因为短期利率对短期内信贷市场环境的前景非常敏感，而长期利率则主要是受到长期通货膨胀预期的影响。

图 30—2 给出了国内货币信贷市场与离岸货币信贷市场之间的关系。

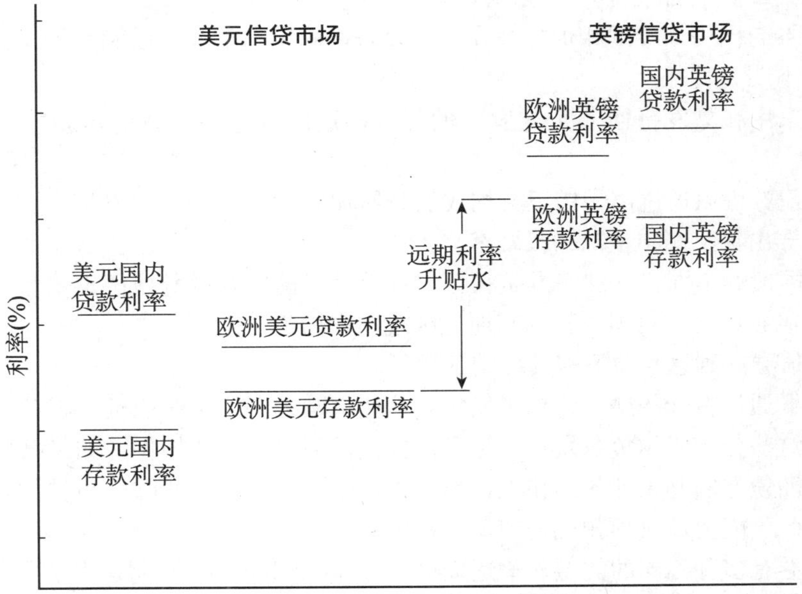

图 30—2　国内货币信贷市场与离岸货币信贷市场的利率关系

30.10 国际债券市场

很多跨国企业可以通过发行债券和银行贷款的方式实现跨国融资。企业可以在国内市场上发行债券，也可以在国际市场上发行债券。这两种做法的区别主要表现为，在国际市场上，借款人获得融资的货币可能与借款人平时使用的货币不同。国际债券市场的主要特征是，债券总是在借款人所在国以外的其他地区发行。债券分为三种类型，其中两种类型属于国际债券。国内债券指的是由一国居民在国内发行的债券。**外国债券**（foreign bond）指的是外国借款人在某一国国内发行的债券。欧洲债券指的是在多个国家同时**承销**（underwrite）的债券。

外国债券可以被定义为外国借款人发行的、使用本国货币作为计价货币的国际债券。这种债券由贷款国本地的承销辛迪加负责承销。因此，一家美国企业可以在伦敦资本市场上发行债券，由英国辛迪加负责承销，债券的面值用英镑来标价。这种外国债券可以被卖给英国资本市场上的投资者，并在英国资本市场上进行交易。这样的债券叫做**猛犬债券**（Bulldog bond）。在美国国内发行的类似外国债券叫做**扬基债券**（Yankee bond）。而在日本发行的此类外国债券被称为**武士债券**（Samurai bond）。加拿大企业是美国国内外国债券的发行主力。

欧洲债券可以被定义为由国际辛迪加负责承销、在标价货币发行国以外的其他国家出售的国际债券。我们举个例子，假设一家英国企业通过由英国商人银行、一家大型的德国银行和美国投资银行的海外分支机构组成的承销团队在多地发行用美元计价的债券，这就是一笔典型的欧洲债券交易。

欧洲债券大多由企业发行，政府要为其提供担保，长期债券一般通过地理位置较为分散的银行承销团队发售给世界各地的投资者。

欧洲债券与国内债券的相似之处在于可以采用固定利率或浮动利率形式，但是，欧洲债券具有以下明显特征：

- 一般采用私募发行而非正式发行的形式；这能规避一国政府对新债券的发行进行管制。
- 欧洲债券可以通过由承销银行构成的辛迪加同时在多个国家发售，这些承销银行负责将欧洲债券出售给遍布全球的投资客户。
- 与外国债券不同，欧洲债券是在标价货币发行国以外的其他国家出售；因此以美元标价的欧洲债券只会在美国以外的其他地区或国家出售。
- 欧洲债券的利息收益不需要缴纳预扣税。

债券一般通过特殊的融资机构来发售，这些机构大多位于避税港，因此可以规避预扣税的成本。这些分支机构负责发行不记名债券并得到母公司的担保，如果某些国家的政府威胁要对欧洲债券的利息征收预扣税，那么承销团队只需要改变欧洲债券的发售区域，来确保规避那些可能要征收预扣税的国家或地区。

欧洲债券有多种不同的类型。**普通债券**（straight bond）指的是具有明确的息票利率和特定到期日的债券。普通债券可以采用浮动利率的形式。这种债券可以事先约定每隔六个月就按照 LIBOR 的世界水平调整一次债券利率，通常是在 LIBOR 的基础上再加上一定的利差。因此，对于欧洲美元债券来说，其利率水平通常要与欧洲美元存款的 LIBOR 相绑定。对于那些用欧元标价的欧洲债券来说，其利率水平与 EURIBOR 紧密相关。在欧洲债券市场上，浮动利率债券在新发行中所占的比例越来越高。这种债券要求借款人每隔三个月支付一次利息。而且，这种浮动利率债券通常会设定担保最低利率。如果浮动利率债券的利率水平被设定为 LIBOR＋1％，同时将最低利率设定为 6％，那么若 LIBOR 跌至低于 5％，则浮动利率债券的利率水平仍然保持为 6％。

可转换欧洲债券（convertible Eurobond）具有明确的息票利率和到期日，但是这种债券还包含着一项选择权，即允许债券持有人在未来某个特定时间按照一定的转换价格将债券转换为发债企业的普通股。

欧洲债券的发行通常由国际银行组建的承销团队来负责。整个发售过程与我们前面详细介绍过的辛迪加贷款项目非常相似。借款人有可能是大企业或一国政府。借款人通常会雇用一家大型跨国银行来处理整个债券出售事宜。而债券发行辛迪加至少包含四个或五个牵头行，再加上一家来自借款人所在国的银行。欧洲债券通常采用私募形式，而非公开发售，由各承销行负责将其推销给遍布全球的投资客户。过去，欧洲债券的承销费和其他手续费成本相当于发行金额的 2％～2.5％，主要分为以下几个部分：

管理费　0.375％～0.5％

承销费　0.375％～0.5％

销售特许佣金　1.250％～1.5％

总费用　2.000％～2.5％

随后，牵头行会在金融报刊上刊登交易公告，也就是所谓的“墓碑”广告。出现在墓碑广告上的银行均同意认购新债券。接下来，牵头行要负责组建规模更为庞大的承销辛迪加。承销团队的参与行要负责在全球范围内组建承销商集团，主要由银行和券商构成。在邀请多家承销商参与发行项目以后，承销辛迪加会给借款人报个实价，随后借款人可以立即获得贷款。接下来，由众多各地承销商组成的销售团队负责将新发行的债券经由银行、经纪商和交易商出售给广大投资者。

欧洲债券可以以多种货币或者复合货币的形式发行。常用的计价货币包括美元、英镑、欧元（以及欧元诞生前对应的货币）、瑞士法郎、特别提款权等。

此外，美国国内也有债券市场。美国国内债券市场的规模相当于英国国内债券市场的 6 倍，是世界上规模最大的债券市场之一。从技术层面上看，美国国内债券市场是最复杂的资金市场。这意味着只有那些规模最大的外国企业才能在这个市场上融资，才具有足够强的资金实力承受这个市场所带来的各种融资成本。美国证券交易委员会负责为所有新债券的发行说明书制定标准并审核其内容。证券交易委员会还规定了企业例行报告的标准。如果外国企业准备在美国股票市场上挂牌上市或者公开发行债券，必须遵守相应的规定。正因为此，在美国市场上融资需要准备的书面材料要比其他市场多得多。虽然美国监管部门制定的强制性信息披露标准要求较高，但是事实上与绝大多数英国企业自愿披露的水平相差并不太多。

对于首次进入美国国内债券市场的借款人来说，还有一件新鲜事，即借款人必须获得两家信用评级机构的评级。最高信用等级为 AAA。穆迪公司写做 Aaa，而标准普尔公司写做 AAA。AAA 级最高，AA 级次之，接下来是 A 级，具体分为三个子级别：A＋、A 与 A－。再接下来是 BBB，这是美国国内债券市场上可以接受的最低信用等级。外国借款人如果想在美国债券市场上融资，至少要达到A的信用等级。如果外国借款人首次进入美国债券市场，则有可能需要达到A+的信用等级。信用评级在很大程度上决定债券的息票利率。值得注意的是，信用评级机构是对待发行的债券而非发行企业进行评级；企业发行的多种债券通常拥有相同的信用等级，但也可能有不同的信用等级。这是因为债券本身的品质或质量有所不同。在发行之前，每一种债券都要先获得信用评级机构的评级。随后在债券的整个有效期内，信用评级机构会密切关注债券的表现并适时调整其评级。这通常意味着信用评级机构每年会对债券进行评估，并有可能调整评级结果。

每一家信用评级机构的代表处均要求有意向的借款人提供全面的报表或信息。如果借款人之前曾经在美国债券市场上发行过债券并获得了信用评级，那么所需提供的数据会大大减少。需要提供的报表和书面材料不仅包括财务报表，还包括企业对商业经营策略的说明。此外，信用评级机构还会与借款企业的多名高管面谈。如果是新进入美国债券市场的借款人，信用评级机构肯定要与其首席执行官和财务总监面谈，在这一过程中，借款人需要获得其投资银行的支持。信用评级机构的官员非常聪明，在讨论的过程中言辞犀利，他们都是相关行业的专家。由于他们能够接触到借款企业大量的机密信息，因此可以充分了解企业的经营策略、组织结构和市场份额。信用评级机构会私下里告知借款人的评级结果，一旦评级结果非常低，则有意向的借款企业可以取消债券发行。如果是这样，借款人可以再努力尝试扭转局面，但是由于整个信用评级的过程深入而复杂，因此信用评级机构改变评级结果的可能性很小。两家信用评级机构的评级结果很有可能不同，分割评级并不少见。不过，只有当两家信用评级机构的评级结果只差一个级别时，它们将各自保留并坚持自己的评级结果。如果两家的评级结果相差较大，那么必须折中一下，要求一家或两家信用评级机构对其评级结果做相应调整。一旦信用评级机构达成一致意见，就会对外公开宣布评级结果。该信用评级会一直保持下去，直到信用评级机构认为有必要调整为止。表30—1对几家信用评级机构的信用等级进行了总结和比较。

表30—1　　债券信用等级的含义*

	穆迪公司	标准普尔公司	惠誉公司
信用质量最高，发行人有足够强的实力履行还款义务	Aaa	AAA	AAA
信用质量非常高，违约风险很低	Aa1	AA+	AA
	Aa2	AA	
	Aa3	AA−	
信用质量较高，但是容易受到经济环境或商业环境变化的影响	A1	A+	A
	A2	A	
	A3	A−	
到目前为止，信用质量不错，但是一旦环境恶化，借款人的实力就很有可能被削弱	Baa1	BBB+	BBB
	Baa2	BBB	
	Baa3	BBB−	
低于投资级别，但是发行人仍有较大的概率能够履行还款义务	Ba1	BB+	BB
	Ba2	BB	
	Ba3	BB−	
信用风险较高，但是目前看来发行人有能力偿还贷款	B1	B+	B
	B2	B	
	B3	B−	

续前表

	穆迪公司	标准普尔公司	惠誉公司
违约风险很高	Caa1	CCC+	CCC
	Caa2	CCC	CC
	Caa3	CCC−	C
发行人不能按照约定支付贷款利息或偿还贷款本金	C	D	DDD
			DD
			D

* 各家信用评级机构对不同信用等级的描述有所差别。

美国国内债券市场的庞大规模极大地吸引着大型企业，但是要想在美国债券市场上发行债券，需要承销集团付出相当大的努力，对于首次发债企业来说更是如此。承销商会安排借款人与众多投资者见面，采用路演的形式访问各大金融中心；此类推介会的效果如何是决定债券发行是否能够获得成功的重要因素。

还有一点大家要记住，美国是一个特别喜欢诉讼的国家。在美国，提起诉讼后，即使输了官司，成本也不高，这是因为即使被告赢了官司，也占不到太多便宜。这意味着在美国总是能够找到律师为你绞尽脑汁以某个缘由为借口打官司，看看是否能够借机敲一笔竹杠。如果律师打赢了官司，他可以将一定比例的赔偿金据为己有。不过，不管官司是赢还是输，律师都不会收取基本费用。打算进军美国金融市场的企业千万不要忘了这一点。这意味着任意一个投资者只要认为自己被企业的招股说明书误导，就可以据此提起诉讼，要求赔偿，这使得进入美国市场的外国企业面临非常大的风险。因此，负责证券发行事务的经理人、律师和高管人员必须认真研究有关证券发行的相关书面材料，以确保其准确无误。

在结束本节对美国国内资金市场的简单介绍之前，我们还必须提一提美国的商业票据市场。“商业票据”这个术语指的就是无担保的本票，其本质上就是借据（IOU），通常由企业发行，期限从 1 天到 270 天不等。外国企业也可以进入美国的商业票据市场，而且欧洲大陆企业和英国企业可以在这个市场上获得非常优惠的借款利率。世界上其他国家也有类似的商业票据市场。例如，英国的商业票据市场就与美国的商业票据市场非常相似（但不完全一样）。

30.11 欧洲债券市场给借款人带来的好处

对借款人来说，欧洲债券市场拥有多个优势，具体如下所示：

- 欧洲债券市场的庞大规模和市场深度使其有能力承受大规模或者频繁的证券发行。
- 与国内市场相比，欧洲债券市场拥有更大的自由度与灵活度。借款人可以采取种种发行模式以规避监管，比方说绕开官方审批程序，不需要排队等候，不需要正式披露信息，不需要遵守交易所上市规则，等等，而这些要求往往是在国内市场上发行证券的国内企业和外国企业所必须遵守的规定。所有参与欧洲债券发行的金融机构都至少隶属于一个国家司法管辖区。一国政府有时会施展它们的影响力，尤其是当欧洲债券使用该国货币作为计价货币的时候。
- 欧洲债券的发行成本一般来说低于发行面值的 2.5%，相对来说这个比例较低。

● 美元欧洲债券的利息成本与纽约债券市场的利息成本相比很有竞争力。一般来说，美国跨国企业在欧洲债券市场上的融资成本要略低于在美国国内市场上的融资成本。

● 欧洲债券市场的发行期限更适合长期融资安排。债券的融资期限可以长达 30 年，不过 15 年期的欧洲债券更为常见。一些中期欧洲债券，比方说期限为 5～10 年的欧洲债券，与中期欧洲美元贷款展开了竞争。但是，较长期限的债券能够确保借款人在一段相当长的时间内以已知利率长期使用债务资金。

● 欧洲债券的一个主要特征是建立了证券承销、分销和私募的完善制度框架。

30.12 欧洲债券市场给投资者带来的好处

欧洲债券市场的诸多特点使得其对投资者拥有独特的吸引力。具体包括：

● 欧洲债券的发行模式决定了其支付给投资者的利息收益不需要缴纳借款人所在国的所得税或预扣税。此外，这些债券都是不记名债券，通常被托管在投资者所在国以外的其他国家或地区，这种做法可以帮助投资者避开本国的所得税。但是一些国家的外汇管制政策在一定程度上阻碍了投资者购买欧洲债券。

● 从总体上看，欧洲债券的发行人均拥有非常好的信用记录与声望，绝大多数借款人——政府、跨国组织或大型跨国企业——都拥有第一流的信用等级。因此，这个市场是一个非常注重声誉的市场。

● 可转换欧洲债券给借款人和投资者带来了额外的好处。可转换债券的持有人可以选择在一段特定时期将其持有的债券按照固定价格转换为发债子公司隶属的母公司的普通股。债券附有的权证赋予债券持有人按照既定价格购买一定数量普通股的权利。标的股票的市场价格上涨幅度越大，权证的价值也会越高。由于这些权证通常是可以拆分的，因此债券持有人可以继续持有债券，将权证出售给他人。

● 欧洲债券市场的一级市场与二级市场都很活跃。20 世纪 60 年代晚期至 70 年代早期，欧洲债券市场的二级市场进一步扩张。金融机构在当地市场和国际市场上交易欧洲债券，它们时刻准备着使用自己的账户或代表客户来买卖欧洲债券。欧洲债券是在场外市场上进行交易的。就像电子通信技术的发展促使外汇市场实现一体化一样，技术的发展也促使欧洲债券的二级市场实现了一体化。自从 1968 年位于布鲁塞尔的名为 Euroclear 的结算所成立以来，全球范围内欧洲债券的交易变得更加方便。Euroclear 的每一个会员都可以采用记账的方式完成交易，无须对证券实物进行交割。这彻底消除了二级市场交易的重要障碍——无法按时交割债券。欧洲债券的二级市场目前还存在其他形式的结算安排。

30.13 现金管理

现金管理关注的是如何规划、监控以及管理流动资产。一般来说，现金管理的主要目标如下所示：

● 确保组织拥有足够多的资金以便能在债务到期时及时偿还。

● 确保企业可以在适当的时间、适当的地点以适当的币种和可以接受的成本获得资金。

- 降低借款要求和利息成本。
- 实现闲置资金的最小化。
- 实现盈余资金税后收益的最大化。
- 降低银行收取的费用。
- 提高各部门、分支机构和子公司可汇回母公司的资金额。
- 降低税负。

近些年来，多种创新对现金管理造成了巨大影响。这包括银行之间建立的国内与国际的现金转账系统的发展及电子银行的快速发展使得企业的财务管理人员可以安排和监控全球范围内企业持有的现金头寸。通过个人电脑或终端下达交易指令已经成为普遍的做法。其他一些相关的技术革新有现金总库、企业之间的净值结算、再开票和保付代理业务等。更详细的总结请参考巴克利的相关文献。[12]

30.14 项目融资

在国际金融市场上，**项目融资**（project finance）并不是一个新鲜事物。事实上，1856年苏伊士运河的建造就采用了类似方法进行融资。但是直到大约60年前，早期的项目融资技术才被应用于美国为油田的开发提供资金。得克萨斯州与俄克拉何马州的小型石油开采企业没有足够多的资金来开采油田，凭借其自身的信用等级也无法通过发行债券的方式获得资金。于是，银行采用了一种生产支付融资的模式，即不再用企业的资产负债表作为贷款的担保，而是直接依赖于企业出售石油所获得的直接收入，将其作为贷款偿还的资金保证。

随后，在此基础上，慢慢演变出其他的做法，但是直到北海油田开始大规模开发，项目融资的模式才开始跳出生产支付融资的框架，慢慢呈现出现代融资项目所具有的一些特征。后来，跨国银行首先采用项目融资方式为大型的矿产开采提供资金，随后又用于基础设施建设的融资和制造行业的融资。收费公路、隧道工程、主题公园、公用事业部门的生产设备建设、船运与飞机制造业等均使用项目融资获得过资金，只不过随着时间的推移，一些行业逐渐兴盛，而另一些行业逐渐衰弱。

单纯从定义上看，"项目融资"这个词容易产生误导，因为每一个项目融资个案使用的融资技术都不尽相同。也就是说，每一个融资方案都是量身定做的，以反映项目本身及项目主办人的需求。从本质上看，项目融资就是指为大型项目提供的高额、高杠杆的融资服务，融资的可信程度和经济前景主要取决于建设项目的预期现金流及资产担保，决定项目是否可以持续稳定发展的主要因素是项目本身的经济发展前景，而非其主办人（通常也是项目的股东）的财务实力。通过这种方式，项目主办人将项目与自己拥有的其他生意分割开来。项目主办人可以通过仔细设计合同将一部分风险转嫁给项目客户、开发商以及其他项目参与人，从而减轻自己所承担的财务追索风险。

这种风险分担机制并不是没有成本的。项目融资的成本一般要高于普通的公司债务，而且项目参与各方之间要签订许多份合同，这些合同会详细说明时间和费用。但是，最终的结果对于项目主办方来说是令人满意的。与直接融资相比，项目融资通常被视为表外业务，这能更好地反映出项目融资不具有追索权这一法律特征。

贷款机构也有可能对项目融资感兴趣，除了可以收取更高的费用，贷款机构还可以确保项目产生的现金流会被继续留在项目内，而不是被转移走以补贴其他的生产经营活动。贷款机构对这些现金流拥有第一要求权。贷款机构与项目主办人以及其他参与方签订了多份合同，这些合同可以保护贷款机构的权益。通过与多个项目参与人签订合同共同分担项目风险，贷款机构降低了自身对项目主办人信用等级的依赖程度。一般来说，大型的融资项目需要组建由多个金融机构构成的辛迪加，因此项目融资的风险可以由多个贷款机构共同分担。如果设计得当，则项目融资的风险水平不一定会高于普通的企业贷款。

如前所述，在项目融资过程中，人们关注的焦点是被融资的项目。贷款机构将项目视为偿还贷款的资金来源。项目创造的现金流及其资产可被用于偿还项目贷款。显然，直到项目开始运营并且在一段较长时间内能够持续稳定地运营，才会开始偿还贷款，因此，贷款机构要准确分析融资项目的还款时间。如果项目的主体部分失败，则贷款机构很有可能会遭受损失。项目提供的产品有限，其资产也是高度专业化的，除了供该项目本身使用以外，机器设备的相对价值也较低，而且有时这些机器设备往往位于偏远地区。因此，项目的资产几乎很难找到第二条出路，银行家们不太可能像对待普通贷款那样通过出售资产收回贷款。正因为如此，银行将项目融资视为高风险/高收益的投资项目——当然认真设计合同可以有效地降低风险。问题的另一面便是融资项目所创造的现金流可以被用来偿还债务。

项目主办人所承担的风险通常局限于要提供权益资本或必要的担保来确保项目正常运行。除此以外，如果项目主办人还扮演了其他角色——比方说承包人或运营商——那么项目主办人还要承担与这些角色相对应的风险水平。与自己承担的风险水平相对称，项目主办人通常要等到债务还清后才能从融资项目那里获得投资收益——只有收益前景最强劲的融资项目才会允许项目主办人提前支取投资收益。一旦融资项目偿还了全部债务，那么接下来的收益就全部归项目主办人所有。

项目融资的一些独有特征使其不同于普通的企业贷款。当然，某一个特定的项目融资案不一定会全部展现出项目融资的所有特点。

- 项目主办人通常会将项目设立为一个独立实体。
- 项目极度依赖于债务融资，借款一般相当于资本总投入额的70%～75%，余下部分则是来源于项目主办人的融资或次级贷款，有些项目甚至可以使得90%的资金投入均来自债务资金。
- 项目贷款直接与项目资产和未来潜在的现金流相关联。
- 项目主办人向贷款机构提供的担保通常不会涵盖所有的风险，而且只在项目完工前（即将投产）有效。
- 获得第三方例如供应商、项目产出品的购买者、政府部门以及项目主办人的担保或承诺，这能够为项目融资提供强有力的支撑。
- 项目的债务通常与主办人企业的直接债务是完全分隔开的（至少从编制资产负债表的角度来看确实如此）。
- 除了项目产生的现金流以外，贷款机构能够获得的唯一担保就是项目自身的资产。
- 项目融资的期限一般长于普通的银行贷款。

项目融资主要应用于资本密集型项目，此类项目预期未来能够产生足够多的现金流，能够有资金实力偿还高额债务。一些石油开采公司没有足够强的资金实力去开发大油田，常常使用项目融资的方式去开发新油田，同时再用已投产油田获得的生产支付贷款为新油田的进一步开发提供资金。这就类似于房地产开发商将已有物业抵押，用所获得的贷款为新的开发项目提供资金。这种类型的生产支付贷款拥有的追索权十分有限——也就是说，如果油田不能创造足够多的收益，则贷款机构对石油开采公司就没有任何追索权，除非在某些特殊情况下，例如石油开采公司没有合理地经营油田。这种方式使得石油开采公司分散了一部分风险，同时还能保留新开发油田的长期收益。

项目融资的其他特征如下所示：

● 在安排项目融资时，贷款机构一般要承担项目自身一定的信用风险。

● 在决定是否为项目提供融资时，贷款机构必须考虑该项目的技术可行性及其经济发展前景。这意味着必须全面评估项目的商业风险、法律风险、政治风险和技术风险。

● 在分析了项目的风险水平以后，贷款机构要努力研究出一种可以以最有效的方式涵盖上述风险的融资方式。因此，项目融资结构要有足够的创新性，以确保被融资的项目能够获得成功。

● 从贷款机构的角度来看，贷款应具备有效的担保。贷款机构通常十分关注成本的超支问题，它们一般要求项目主办人提供完工担保和履约保证书。

● 项目融资的贷款机构非常关心项目建设是否能够获得所有原材料和潜在客户，试图确保项目具有偿债能力。

● 贷款机构通常要求项目主办人对项目未来可能产生的收入提供担保。短期、中期乃至长期贷款要求项目主办人提供相应的销售合同。其中有关价格调整的条款十分重要。

读者要想了解更多细节，请参考巴克利的相关文献。[13]

小结

● 在实践中，母公司在评估子公司的绩效时，可以将实际绩效与用外币计算的预算绩效相比较，这可能是最合理、最成本有效的评估方式。如果与此同时，母公司还能重点分析用母国货币计价的现金流产生额，并将其贴现，通过计算现值来评估子公司的绩效，那么这种分析方式会变得更加合理。基于会计数据评估子公司绩效时，母公司要剔除转移定价、现金流调整（例如提前或推迟付款）以及套期保值交易所造成的影响。

● 缺口管理可以采取集权化或分权化模式。支持集权化模式的观点提出的论据如下所示：这能够确保企业上下遵循一个统一的政策；便于风险敞口的匹配；能确保企业获得市场上最优惠的利率；能确保企业将有限的人才、技能和系统投资集中起来使用；有助于与现金管理结合起来。而反对使用集权化模式的观点给出的理由是：建立集权化的外汇风险敞口管理机构需要预先支付大量的人员招募、办公场地和设备投资成本；外汇风险管理是子公司经理人十分感兴趣并具有挑战性的工作任务；取消子公司管理外汇风险敞口的权限可能会打击经理人的积极性。集权化管理模式也许不会造成这样的影响。本书推荐的方式是子公司应当将母公司的财务管理部门视为银行，并在总公司开立一个账户。各子公司可以与母公司的财务管理部门进行外汇风险敞口的套期保值交易。这意味着子公司仍将保持一定程度的自治权。当然，子公司要向集团总部报告所有风险敞口的相关信息。另外一种反对集权化管理模式的观点认为，如果不允许子公司的管理者自主决定如何处理外汇风险敞口，那么将来他们将会失去处理外汇风险的能力或无力察觉外汇风险。

● 对于数量众多的母公司部分持股的子公司来说，采用分权化管理模式更为合适。少数股东只希望自己的投资实现最优化，他们并不关心整个集团是否实现了最优化。

● 在决定是否采用集权化管理模式时，风险敞口的规模或价值显然是一个重要的相关因素。如果汇率水平的波动不会对子公司的绩效造成明显影响，那么显然根本不用担心外汇风险。当企业使用单纯的分权化管理体系时，每一个事业部门都只负责管理自己的风险敞口，对集团内部的其他风险敞口视而不见。而另外一种截然相反的极端做法是彻彻底底的集权化管理体系，即集团总部的财务管理人员负责从集团的所有事业部门或子公司那里获取相关数据，然后计算出净敞口并设计适当的套期保值策略。子公司对于母公司制定的套期保值策略没有任何发言权。当然，还有很多种模式介于这两种极端模式之间。我们必须强调的是，不管跨国企业采用哪一种模式，都要确保其成本—收益配比是合适的，而且要定期检查以保证该管理体系能够持续地发挥积极作用，因此跨国企业需要进行事后审计。

● 财务管理部门应当扮演利润中心还是成本中心的角色，人们经常讨论这个问题，如果企业采用集权化模式管理外汇风险敞口，那么财务管理部门有机会扮演利润中心的角色。在这种情况下，利率水平向有利方向的波动、有选择性的套期保值交易以及外汇投机交易所产生的利润会逐渐累积下来，当然，在建立外汇头寸时，必须得到拥有这方面专业技能的财务高管或咨询顾问的许可。这意味着只能进行一点点投机交易。值得注意的是，有些经常遇到利率不匹配问题的非银行金融机构将财务管理部门视为利润中心，但是信用评级机构给它们的打分都不高。这是因为，将财务管理部门视为利润中心的做法可能会导致财务管理部门为了追求利润而不惜损害各事业部门的利益。

● 跨国企业可以使用转移定价的方式将资金从海外子公司转出。跨国企业的总部或其他没有受到管制的子公司向东道国执行外汇管制政策的子公司出售产品或服务时，可以故意将转移价格定得较高。当海外子公司向总部或其他子公司出售产品或服务时，可以将转移价格故意定得较低。企业还可以使用转移定价降低总体税负。跨国企业可以将利润尽量集中于低税负的国家，使得高税负国家的利润额相对较低。转移定价还可被用于减少进口关税以及规避配额制度。跨国企业在配置资源时，必须剔除转移定价所带来的影响，准确评估各部门或子公司的盈利能力。为了达到这一目的，企业集团应当确保下属各事业部门或子公司之间的转移定价必须是市场上的正常成交价格。不过，这样做还要面临一个问题，即除了少数几个核心高管以外，企业管理者不希望真实的利润数据被其他人所知。

● 离岸货币市场是规模最大的国际货币市场。欧洲银行在离岸市场上吸收存款并发放贷款，存贷款的币种是银行所在国以外其他国家的货币。

章末习题

30.1 请解释一下跨国企业如何使用转移定价来降低自己的整体税负。

30.2 简要介绍一下跨国企业进行税务筹划的作用。其主要功能是什么？

30.3 分析一下集权化管理与下属子公司的管理层之间的利益冲突。

30.4 什么叫做辛迪加贷款？为什么银行有时候更喜欢使用这种贷款形式？

30.5 欧洲债券与外国债券有什么区别？

30.6 现金管理的主要目标是什么？

30.7 现金管理主要关注哪些方面？

30.8 项目融资很难定义，其基本特征是什么？

30.9 在决定是否向某个项目提供项目贷款时，潜在的贷款机构主要关注被投资项目的哪些基本特征？

注释

1. Lessard，D. R. and Lorange，P.，“Currency changes and mangement control：resolving the centralization/decentralization dilemma”，*Accounting Review*，July，628 - 637，1997.

2. Stewart，G. B.，“A proposal for measuring international performance”，*Midland Corporate Finance Journal*，Summer，56 - 71，1983；in J. M. Stern and D. H. Chew Jr. (eds)，*New Developments in International Finance*，Basil Blackwell，Oxford，1988.

3. Lessard，D. R. and Sharp，D.，“Measuring the performance of operations subject to fluctuating ex-

change rates", *Midland Corporate Finance Journal*, Fall, 18 - 30, 1994; in J. M. stern and D. H. Chew Jr. (eds), *New Developments in International Finance*, Basil Blackwell, New York and Oxford, 1988.

4. Carsberg, B., "FASB 52: Measuring the performance of foreign operations", *Midland Corporate Finance Journal*, 1 (2), 1993; in J. M. stern and D. H. Chew Jr. (eds), *New Developments in International Finance*, Basil Blackwell, New York and Oxford, 1988.

5. Choi, F. and Czechowicz, J., "Assessing foreign subsidiary performance: a multinational comparison", *Management International Review*, 4, 14 - 25, 1983.

6. Person, W. and Lesig, V., *Evaluating the Performance of Overseas Operating*, Financial Executives Research Foundation, New York, 1980.

7. Meister, I. W., *Managing the International Financial Function*, The Conference Board, New York, 1970.

8. Stobaugh, R. B., "Financial foreign subsidiaries of US-controlled multinational enterprise", *Journal of International Business Studies*, Summer, 43 - 64, 1979.

9. Evans, T. C., Folks, W. R. Jr. and Jilling, M., *The Impact of Statement of Financial Accounting Standard No. 8 on the Foreign Exchange Management Practice of American Multinationals: An Economic Impact Study*, FASB, Stanford, CN, 1978.

10. Oxelheim, L., *Foreign Exchange Risk Management in the Modern Company: A Total Perspective*, Scandinavian Institute for Foreign Exchange Research, Stockholm, 1984.

11. Nobes, C. and Parker, R., *Comparative International Accounting*, 11th edition, FT Prentice Hall, 2010.

12. Buckley, A., *Multinational Finance*, 5th edition, FT Prentice Hall, 2004.

13. Buckley, A., *Multinational Finance*, 5th edition, FT Prentice Hall, 2004.

题库 5

练习题

1. 环球公司（请参考下列资产负债表）很相信货币中性说。董事会更愿意彻底消除汇率波动可能会对股东权益的英镑价值造成损失的风险，不愿意利用这样的机会去谋利。集团的美元资产要比美元负债高出 6 000 万美元。对此风险敞口，集团已决定要采取一定的行动加以纠正。不过，当时是 1980 年，即期汇率水平为 2.30 美元兑换 1 英镑。你认为时间不是很恰当。1984 年汇率水平变为 1.20 美元兑换 1 英镑。你认为该到采取行动的时候了，但是你也意识到要对资产负债表的结构重新进行调整显然需要更长的时间。例如，公司有少量的英镑短期债务需要马上偿还，同时不希望这样会导致财务杠杆的上升。

对于这 6 000 万美元的风险敞口，你打算立即采取怎样的管理措施？为了获得长期的解决方案，你可以在哪些方案中进行选择？

	百万英镑		百万英镑
固定资产	460	资本公积	590
存货与应收账款	850	少数股东权益	50
应付账款	(380)	贷款资本	300
税金与股息	(50)	现金与存款	(270)
其他短期负债、准备与应计项目	(210)		
	670		670

2. 你是一家大型化工企业的财务管理人员，该企业暂停了在英国某未开发地区建立大型加工厂的投资计划，因为短时间内要投入大笔投资，而企业的资源相对有限。一家投

资银行代表工厂供应商提出建议：该化工企业可以建立一个特殊目的子公司来推进这一投资项目，以有限追索的形式对项目进行投资。投资成本为1亿英镑（见下表）：

单位：百万英镑

权益	
化工企业	18（其中6百万英镑为优先股）
工厂供应商	8
工厂建造商	4
	30
负债	
银行贷款	70
	100

要达到的目的是银行可以依靠项目所产生的现金流来偿还贷款。化工企业可以按照自己的想法管理整个建造过程，然后购买最终的“制成品”，即建好的工厂，而且不存在对化工企业一般性责任的追索威胁。银行贷款还清后，化工企业可以选择从其他股东手中赎回股份，赎回价格等于投资成本再加上相当于当前利率水平的收益率。财务经理向你提出下列问题：

（a）为了让银行愿意提供贷款，你所在的企业要提供怎样的担保或承诺？

（b）对于如何管理这样的担保或承诺所引发的风险，你有什么建议？

（c）常见的未开发地区投资项目的最低必要收益率是否适用于这一投资项目？税后贴现率为23%，这是建立在企业的目标杠杆率的基础上的——65%的权益资本：35%的负债。

3. 你是一家大型食品加工和销售跨国企业的财务管理人员。企业的水果产品部门正考虑在南美某国郊区未开发地区新建一个加工厂，用当地生产的原材料——当地的通货膨胀率非常高，为60%——生产罐装橘子汁。跨国企业可以从美国或欧洲采购生产设备。产量的25%用于供应当地市场，余下的部分出口到欧洲各国。集团打算组建一个新的子公司作为加工厂的所有者（当地的法律要求加工厂必须具有一个独立的法人身份），你对这个新公司的融资结构及其对整个集团的影响有何看法？

在提供建议时，你主要考虑了哪些因素？

选择题

每道题目只有一个正确答案。

1. 一家跨国企业在某国设立了一家子公司，东道国的税率水平为45%，同时在另一国也设立了一家子公司，当地的税率水平为30%。为了提高跨国企业税后净利润的总体水平，总部应当：

（a）降低低税率子公司向高税率子公司提供的产品的价格；

（b）将各项成本支出由高税率子公司转移至低税率子公司；

（c）要求低税率子公司向高税率子公司出售原材料时降低出售价格；

（d）以上回答均不正确。

2. 一家企业生产的产品存在着众多替代品。该企业所在国的货币贬值将会：

(a) 降低当地的销售额，因为外国企业在母国市场的竞争力被削弱；

(b) 降低企业的出口收入额（用企业所在国的货币作为计价货币）；

(c) 降低该企业在外国银行存款的收益率；

(d) 降低进口商品的支付额（用外币作为计价货币）；

(e) 以上回答均不正确。

3. 下列哪一种做法能够帮助一家英国企业对应付美元账款进行完美套期保值？

(a) 买入英镑看跌期权；

(b) 出售远期英镑，买入远期美元；

(c) 卖出英镑期货合约；

(d) 以上回答均正确；

(e) 以上回答均不正确。

4. 一家美国跨国企业将在 90 天后到收到一笔 800 万瑞士法郎的款项。当前瑞士法郎的即期汇率水平为 1 瑞士法郎兑换 0.62 美元，90 天远期汇率为 1 瑞士法郎兑换 0.635 美元。该跨国企业的管理者列出了 90 天后瑞士法郎兑美元即期汇率的多个估计值，如下所示：

	概率
＄0.61	10％
＄0.63	20％
＄0.64	40％
＄0.65	30％

远期套期保值交易使得美国跨国企业实际收到的美元金额高于不进行套期保值交易所收到的美元金额的概率为：

(a) 10％；

(b) 20％；

(c) 30％；

(d) 50％；

(e) 70％。

5. 一家总部位于美国的跨国企业预计将在 180 天后收到一笔 1 000 万瑞士法郎的款项。当前瑞士法郎兑美元的即期汇率为 1 瑞士法郎兑换 0.50 美元，180 天远期汇率为 1 瑞士法郎兑换 0.51 美元。执行价格为 0.52 美元、期限为 180 天的瑞士法郎看涨期权的期权费为 2 美分。执行价格为 0.51 美元、期限为 180 天的瑞士法郎看跌期权的期权费为 2 美分。企业的管理者猜测 180 天后瑞士法郎兑美元的即期汇率水平有可能为：

	概率
＄0.48	10％
＄0.49	60％
＄0.55	30％

在计算时考虑到期权费成本，远期套期保值交易使得企业收到的美元金额高于期权套期保值交易使企业收到的美元金额的概率有多高？

(a) 10％；

(b) 30％；

(c) 40％；

(d) 70%；

(e) 以上回答均不正确。

6. 在其他条件均不变的情况下，如果（ ），则地理分散化投资能给企业带来好处：

(a) 两国经济的相关性较高；

(b) 两国经济的相关性较低；

(c) 两国经济具有正相关性；

(d) 上述有两个答案是正确的。

7. 金融理论告诉我们，当其他条件均相同时，下列哪一种做法有可能会增加股东价值?

(a) 利用资本市场的扭曲来获取收益；

(b) 降低经营现金流的风险水平；

(c) 保持债务与资本比率相对稳定；

(d) 以上答案均正确；

(e) 以上答案均不正确。

8. 某银行的资金来源主要为短期固定利率借款，而资产构成主要为中长期固定利率贷款。之所以采用这样的资产负债搭配，是因为银行认为利率期限结构曲线是向右上方倾斜的。如果所有期限的利率水平均上升 150 个基点（即 1.5%），那么这会对银行产生怎样的影响?

(a) 银行的经营利润会超过之前的预计值；

(b) 银行的经营利润会低于之前的预计值；

(c) 没有什么影响，因为利率上升对银行的短期负债与中长期资产的影响完全相同；

(d) 银行应当越来越转向"金融脱媒化"趋势，大力发展资产负债表外业务；

(e) 上述答案均不正确。

9. 转移定价：

(a) 包括不同国家之间关联企业的产品、服务和技术交易的定价；

(b) 跨国企业可用转移定价达到多种目的；

(c) 要受到税务当局相关规定的约束；

(d) 可能会影响管理层的奖金与绩效

(e) 上述回答均正确。

10. 执行价格为 1.60 美元、期限为 90 天的英镑看涨期权的期权费为每单位 3 美分。执行价格为 1.60 美元、期限为 90 天的英镑看跌期权的期权费为每单位 2 美分。一家美国跨国企业计划用期权来对冲 90 天后一笔价值为 700 万英镑的应收账款的风险。上述提及的期权均为欧式期权。预计 90 天后英镑兑美元的即期汇率水平为 1 英镑兑换 1.57 美元。在此基础上，扣除期权费成本以后，跨国企业能收回多少美元?

(a) 1 169 万美元；

(b) 1 099 万美元；

(c) 1 106 万美元；

(d) 1 143 万美元；

(e) 1 134 万美元。

章末习题参考答案

第2章

2.1 在固定汇率制度下，政府试图将汇率水平保持在距离目标汇率值上下波动幅度不超过1%的区间内。政府可以通过干预外汇市场来达到这一目的。因此，偶尔会有货币的贬值或升值。然而，在浮动汇率制度下，政府不再对外汇市场进行干预，而且由市场供求决定均衡汇率水平。在管理浮动汇率制度下，政府允许汇率水平受市场供求因素影响而波动，但是会在必要时加以干预。

2.2 中央银行可以使用货币准备金在外汇市场上买入某种外币，从而给该种外币造成升值压力。中央银行还可以通过在外汇市场上卖出某种外币从而增加其市场供应量的方式对该种外币造成贬值压力。

2.3 简单地说，完全自由浮动汇率制度有助于改善贸易不均衡的状态，因为货币的币值应当随着市场供求关系的变化而相应做出调整。经常项目较大的顺差应当会促使本币升值，而这反过来会对该国的出口造成一定的抑制作用，与此同时增加该国的进口。结果便是经常项目的顺差慢慢变小。自由浮动汇率制度的缺陷在于企业必须密切关注并管理自己的外汇风险敞口。

第3章

3.1 英镑的需求量应当增加，而英镑的供给量应当减少，因此英镑应当升值。

3.2 当其他条件均不变时，一国相对于另一国的实际利率水平越高，则该国货币的升值幅度就越大。

3.3 拉美国家的通货膨胀率非常高，这给它们的货币造成了巨大的贬值压力。拉美国家应当采取有效的抗通胀策略以避免货币进一步贬值。首先它们可以采取措施降低通货膨胀率，随后通过调整货币供给量来控制通货膨胀局面。

第4章

4.1 是的！投资者可以从Y银行那里按照0.400美元的价格买入瑞士法郎，然后再按照0.401美元的价格将瑞士法郎卖给X银行。假设投资者手上持有100万美元，则可以在Y银行那里买入250万瑞士法郎，然后再将这些瑞士法郎卖给X银行，可以换回1 002 500美元，从而获得2 500美元的净利润。

4.2 对Y银行瑞士法郎的大量需求会迫使该银行提高对瑞士法郎的卖出价。对X银行大量出售瑞士法郎的行为会迫使其调低对瑞士法郎的买入价。一旦Y银行的瑞士法郎卖出价不再高于X银行的瑞士法郎买入价，则地区套利策略将无法继续给投资者带来收益。

4.3 是的。交叉汇率应当等于：BTD1＝ULC3。然而，BTD与ULC的实际汇率要高于理论汇率水平。投资者可以使用美元购买BTD，然后卖出BTD，同时买入ULC，最后卖出ULC，同时买入美元。假设刚开始时投资者持有1 000 000美元，则上述交易策略最终能够换回1 006 667美元，这意味着投资者可以获得6 667美元的收益。

$1 000 000/$0.90

＝BTD1 000 000×3.02

＝ULC3 355 556×0.30

＝$1 006 667

第5章

5.1 在其他条件均相同的情况下，较高的通货膨胀率会增加进口，同时抑制出口，从而使得经常账户的逆差额变大。

5.2 本币的贬值会使得本国购买的进口商品的价格上涨，同时降低外国企业购买的本国商品的价格。这会导致本国对进口商品的需求量下降，而外国对本国出口商品的需求量增加，从而起到改善经常项目余额的作用。

5.3 经常账户逆差说明本币相对于外币处在净卖出的状况。这会对本币的币值造成向下的压力。如果本币贬值，这将降低本国对外国商品的需求量（因为外国商品的价格会随之上涨），同时增加本国的商品出口数量（因为对外国而言，本国的出口商品价格相对下降了）。有时候，即使经常账户存在逆差，本币仍然保持强势并未贬值，这是因为除了经常账户以外，经常项目对本币币值的影响力受到了其他因素的干扰。

第6章

6.1 购买力平价理论认为不管是在国外还是国内购买商品，消费者的购买力是相同的。如果外国的通货膨胀率与国内的通货膨胀率不同，那么两国货币之间的汇率水平会相应地做出调整以确保两种货币拥有相同的购买力。因此，在其他条件均相同的情况下，较高的通货膨胀率会导致高通胀国的货币贬值。

按照购买力平价理论，高通胀国家的货币将会贬值，这会使得本国货币的购买力与外币的购买力趋于一致。

6.2 第一种方法是跟踪观察两国货币币值的长期变化轨迹，比较不同时期两国的相对通货膨胀率。然后判断汇率水平的实际波动与购买力平价理论的估计是否一致。

第二种方法是选择多个国家，然后比较给定期间每个国家与本国通货膨胀率之间的差。接下来，你便能判断出每种外币相对于本币的实际汇率波动是否与购买力平价理论基于通货膨胀率之差所做出的预测相一致。

6.3 (a) 美国国民生产总值的飞速上涨将会导致美元升值，这将使得外汇市场对美元的需求量随之增加。

(b) 美元的币值应当按照购买力平价理论估计的那样下跌。

(c) 按照购买力平价理论，汇率水平应当保持不变。

(d) 美元的币值应当上涨，这是因为更高的实际利率会吸引日本国内的资金涌入美国，而这些日元资金都要在市场上兑换成美元。

(e) 美元的币值应当下跌，这是因为外国投资者发现持有美元资产的吸引力下降，因此市场对美元的需求量有所减少。

(f) 美国国内工资水平的上升以及生产效率的相对下降使得美国实体经济的发展速度变缓，这会降低其对投资者的吸引力。假设经济不振会导致货币贬值，那么在这种局面下，美元的币值应当下跌。从另外一个不同的角度来看，当一国的生产率增长滞后于主要竞争对手时，这就意味着对手的竞争力相对提升。货币贬值使市场重新回到均衡状态。落后的国家也能重新实现平衡，不过要接受本国产品的市场价格必然有所下降这一结果。事实上，货币贬值是降低落后国工资水平的市场化方式。从另一个角度来看，美国的通货膨胀率高于日本，按照购买力平价理论，美元应当贬值。

第7章

7.1 企业在进行国际贸易时会形成交易风险敞口，这会对企业的现金流造成影响。经济风险敞口会影响到未来现金流的现值。这两种风险敞口比较相像，这是因为它们都是现金流敞口。但是也存在一定的差异——因为经济风险敞口会影响到未来所有的现金流，但是交易风险敞口只影响未来特定窗口期内的现金流。交易风险敞口很容易被套期保值。然而，经济风险敞口很难被完全套期保值。

7.2 如果企业与同一个市场上的外国企业展开竞争，那么一旦本币升值，消费者将会转而选择市场上的外国商品，反之亦然。

7.3 绝大多数企业会使用战略性的策略，例如产品多样化、市场营销与融资策略等。多样化策略的最大缺陷在于无法实现规模经济，而它的最大优势在于通过质量控制能够降低成本。

第 8 章

8.1 (a) 它会影响合并财务报表，而股东通常会使用合并财务报表来评价跨国企业的经营业绩。

(b) 单纯的外汇折算风险敞口不会影响企业的现金流。它只能反映出汇率波动对合并财务报表而非现金流的影响。

8.2 对于这个问题，常见的第一反应是认为沃尔特·迪士尼公司的全球风险敞口必然有所增加，这是因为欧洲迪士尼公司的收入是用法国法郎计价的（后来计价货币变成了欧元），将来再兑换为美元。如果法国法郎（欧元）相对于美元贬值，那么法国法郎收入兑换成美元的金额就会相应变少，反之亦然，这将加大经济风险敞口。

但是，在欧洲迪士尼公司成立之前，迪士尼公司便已受到法国法郎以及其他主要货币汇率波动的影响。当其他主要货币相对于美元贬值时，来美国旅游的外国游客数量减少，这导致迪士尼公司在美国市场上的收入相应减少。通过在欧洲大陆建立主题公园，迪士尼公司可以在美元走强时对冲美国市场销售额下降的风险，因为更多的欧洲游客可能会选择去位于法国的欧洲迪士尼乐园游玩。所以，欧洲迪士尼公司的成立可以帮助迪士尼公司更好地规避汇率波动的风险。

第 9 章

9.1 如果用同一种货币计价的一部分现金流入与一部分现金流出互相抵消，那么就不用分析所有的现金流了。当我们分析交易风险敞口时，只有不同货币之间的现金流净敞口才是我们研究的焦点。

9.2 下面我们给出了每种货币的净敞口及其对应的美元价值（见下表）：

外币	外币现金流入的净值	当前的汇率水平	敞口价值
RUD	200 万 RUD	\$0.15	30 万美元
英镑	100 万英镑	\$1.50	150 万美元
BTD	－100 万 BTD	\$0.30	－30 万美元

因为 RUD 与 BTD 这两种货币对美元的汇率水平高度相关，因此相应的两个净敞口就互相抵消了。只要这两种货币对美元的汇率水平持续保持高度相关，那么这两种货币的净敞口便会相互抵消。企业应主要关注英镑现金净流入所形成的风险敞口。

9.3 否！过去的相关关系并不一定是对未来相关关系的最佳估计。不过，如果预期相关关系能够在长期内保持相对稳定，那么历史数据仍然具有一定的用处。

第 10 章

10.1 净额结算法对子公司之间的潜在跨境现金流采用中央制表法。这有助于降低子公司之间相互支付时的货币兑换成本与处理成本。这种结算方法只计算一个净支付额，因此子公司之间无须对每一笔支付额进行单独结算，交易成本大大降低。

10.2 需要资金的子公司可以比预期更快地从另一家子公司那里获得现金流入。这种提前付款方式为子公司提供了必要的资金。如果需要资金的子公司对外支付，那么它可以请求跨国企业集团的合作伙伴或其他子公司允许它推迟付款。尤其是当市场普遍预测货币将要贬值时，这种做法更为合适。在这种情况下，企业肯定希望增加贬值货币的负债，同时减少贬值货币的资产。

第 11 章

11.1 企业可以借入一定金额的瑞士法郎，那么 90 天后企业收到 100 000 瑞士法郎的款项时，就可以用收到的这笔钱来偿还贷款。这意味着企业现在可以借入 98 039 瑞士法郎（＝100 000/1.02），然后立即将其兑换为美元——49 020 美元，将其存入美国银行 90 天。于是，瑞士法郎借款与未来收到的瑞士法郎相互抵消，交易风险敞口为零。

11.2 如果这家美国公司向银行账户内存入186 916BLW（=200 000/1.07），存款利率水平为7%，期限为六个月。那么六个月后，存款账户余额将会增值为200 000 BLW。然后，企业可以用这笔款项安排支付。为了获得初始186 916 BLW的资金，该美国公司需要18 692美元（=186 916×0.10）。如果有必要，公司可以借入这笔钱。货币市场套期保值交易能够彻底消除交易风险敞口。

11.3 从收益率的角度来看，这两种做法旗鼓相当。如果利率平价关系成立，远期汇率包含的远期升水能够反映两国的利率差。用远期买入的方式对未来的应付账款进行套期保值，其效果与在国内借款（适用国内利率）然后把这笔钱拿到国外投资（适用国外利率）的套期保值效果没什么差别。

第12章

12.1 利率互换通常指的是交易双方用固定利率与浮动利率相互交换，结算货币为同一种货币。而货币互换一般是将一种货币的名义本金额和利息额与另一种货币的名义本金额和利息额相互交换。

货币互换的信用风险水平要比利率互换大一些。首先，利率互换的信用风险仅限于利息支付额，而货币互换的信用风险同时包含本金与利息支付额。其次，因为货币互换的有效期通常较长，而在此期间汇率的波动幅度可能较大，所以货币互换的信用风险也会相应较大。

12.2 在某些情况下，国内企业在国内资本市场上的借款成本要比外国企业更低一些。请注意，我们强调的前提是"在某些情况下"。例如，一家美国企业可以在美国资金市场上获得一个更优惠的借款利率（相对于外国企业），但是在欧洲市场上就享受不到这样的待遇。与此同时，一家欧洲企业在国内市场上可以借到优惠的欧元贷款，但是无法以同样优惠的利率水平在美国市场上借到美元贷款。因此，这种利率差使得每家企业都可以挖掘自己在国内市场上的比较优势，然后通过分享比较优势来降低融资成本。事实上，如果企业可以以低于市场利率水平的借款利率借到任何一种货币，那么就可以使用互换将这种货币互换为自己想要的币种。例如，一家美国企业要用日本生产的机器设备来修建一个新工厂。于是，该美国企业通过日本进出口银行借到了低于市场利率水平的日元贷款。它可以通过互换交易将这笔日元资金互换为美元资金借款，因为企业的绝大多数现金流都是用美元作为计价货币的。于是，企业的实际美元借款利率低于美元市场利率。

12.3 你更愿意支付长期固定利率，收到对方支付的短期浮动利率。你收到的第一笔短期利率就是今天的即期利率。不过，如果你的预测是正确的，短期利率的上升幅度将会大于市场的预期，那么未来你就能收到更高的浮动利率。因为你的支付额是固定不变的，因此这能给你带来收益。

第13章

13.1 美国公司同意卖出英镑期货合约，这意味着将来在特定时间，美国公司同意按照特定价格出售英镑。这锁定了美国公司将来出售英镑的价格。

13.2 基差指的是现货价格（通常这就是风险的来源，可以用期货头寸对冲其风险）与期货价格的差。期货套期保值交易的效果取决于套期保值期间基差的值是否发生了变化，或者是当安排套期保值交易时，这种变化是否事先可以预测或被充分评估。除非能够事先预测，否则在套期保值交易期间，基差的变化意味着现货头寸价值的变化幅度与期货头寸的变化幅度不一致，这会导致意料之外的损失或收益。基差风险就是指基差变化所导致的风险，这将直接影响套期保值策略的效果。

当被套期保值的现货头寸的特征与套期保值工具——期货合约——的特征不相同时，基差更有可能发生变化。理想的状况是投资者使用的期货合约的标的头寸就是要被套期保值的现货头寸。这能确保在套期保值期间基差的变化最小化，从而实现最有效率的套期保值交易。不过，如果期货合约的标的资产与被套期保值的现货资产并不相同，那么内在的基差风险就会更大。在这种情况下，就是所谓的交叉套期保值策略，因为套期保值交易跨越了两个不同的市场。期货合约的标的物与现货标的物越是相似，长期内它们价格的波动轨迹就越是接近，则基差风险就会越小。如果投资者使用的期货合约的标的物与现货标的物非常不相似，那么基差风险要比使用相似程度更高的期货合约更大一些。

期货合约与被套期保值的现货头寸的期限不匹配也会导致基差风险上升。假设我们使用 90 天的国库券期货合约对 180 天的国库券进行套期保值。虽然现货头寸与期货合约的标的物都是短期国库券，但是它们的期限不同，不是同一种金融工具。期货合约的价值要受到未来 90 天远期利率水平的影响，而现货资产的价值要受到 180 天利率水平波动的影响。这两种利率指标的变化幅度不可能完全相同。与此同时，当利率变化幅度相同时，90 天国库券价值的变化幅度与 180 天国库券价值的变化幅度也不相同。即使利率变化幅度一致，两种债券的价格变化幅度也不相同，基差仍会发生变化。

13.3 (a) 12 月到期的期货价格应当会下降，因为它反映的是市场对结算日那一天即期汇率的估计值。如果目前的即期汇率为 1.51 美元，那么 12 月到期的期货合约在结算日那一天的预期即期汇率水平可能接近 1.51 美元。

(b) 应当按照现在的期货价格 1.59 美元卖出期货合约。这就相当于是"按照 1.59 美元的价格卖出英镑"。然后，随着英镑即期汇率水平的下跌，期货价格也相应下跌，可以用更低的价格买回一份期货合约从而平仓。再或者，可以一直等到期货合约的结算日，在即期外汇市场上买入英镑，然后按照期货合约的条款履约，将英镑卖给交易对手。

第 14 章

14.1 期权费等于期权的内在价值与时间价值之和。期权的内在价值与时间价值都要受到期权标的资产价格波动性的影响。对于货币期权，期权的内在价值等于当前标的货币的市场汇率与期权执行价格之差。时间价值反映的是期权购买者寄希望于未来期权的价格能够进一步上涨而愿意支付的价格。

14.2 即使期权处于虚值状态，也拥有正价值。投资者们之所以愿意出钱购买虚值期权，是因为他们预测未来这些虚值期权有可能会给他们带来收益。同理，投资者愿意出更高的价格购买实值期权，因为他们希望将来在到期之前这些实值期权能给他们带来更高的收益。

14.3 立即执行能给持有者带来毛利润的期权叫做实值期权。这里所谓的毛利润指的是执行期权获得的收益减去刚开始购买期权所支付的期权费。这意味着当标的证券的市场价格高于执行价格时，看涨期权处于实值状态。当标的证券的市场价格低于执行价格时，看跌期权处于实值状态。

第 15 章

15.1 企业可以使用看涨期权对企业未来的外币应付账款进行套期保值。它能帮助企业锁定未来外币的最高汇率水平。

15.2 企业可以使用看跌期权对企业未来的外币应收账款进行套期保值。它能帮助企业锁定未来外币的最低汇率水平。

15.3 货币期权不仅能用于套期保值，还能给使用者提供较大的灵活性，因为期权持有者无须承诺将来一定要买入或卖出一定数量的货币(而远期协议要求交易双方将来一定要按照协议履约)。

货币期权的缺陷在于预先支付的期权费是购买期权本身的价格。而使用远期协议进行套期保值交易的企业只需要在协议到期时按照约定支付外汇买卖款项即可。

第 16 章

16.1 (a) 利率水平上升，而企业使用的是浮动利率借款，那么这会导致现金流入与现金流出不相匹配。显然，这种不匹配还会影响到使用浮动利率借款融资的固定收益资产。

(b) 发放更多的特定期限的浮动利率贷款，使得贷款发放金额高于同一期限浮动利率存款的总金额。

16.2 使用利率互换市场，或者是当企业处在 16.1 (a) 的环境下时，它可以使用固定利率借款。

16.3 确保在一定期限内，固定利率存款与固定利率贷款的金额是相等的，并确保在一定期限内，浮动利率存款与浮动利率贷款的金额也是相等的。若存在不均衡，可以使用互换或期货合约加以调整。

第 17 章

17.1 这实际上是把多种金融产品连接到一起，就像乐高积木一样。于是，期权、远期或者具有不同期限的看涨期权、看跌期权被组合到一起，形成一种全新的金融工具。这种创新工具的定价遵循其各个组成部分的定价规律，与各个组成部分的理论价格相一致。

17.2 因为财务管理人员没能认真分析各个组成部分的具体特征及其理论价格。

17.3 这些人要有识别公司财务管理过程中使用金融工具需求的能力（至少这一点对于销售人员来说是成立的）；然后，他们需要具有一定的逻辑及数学思维能力，可以将多种金融产品像搭积木一样组合起来，创造一种全新的产品，做到既能为银行带来收益，又能满足客户的需求。

第 18 章

18.1 信用违约互换看上去很像信用保险，然而事实上两者之间存在一定的差异。我们在第 18.1 节介绍了这方面的内容。主要差异如下所示：

信用违约互换的交易双方均不需要持有标的证券。不管是信用违约互换的买方还是卖方，都不会因违约事件的发生而遭受损失（假设双方均未持有信用违约互换）。然而，信用保险却不同，被保险人必须持有可保险权益，一旦违约事件发生，被保险人要能证明自己遭受了损失才能获得赔偿。

信用保险的被保险人要遵守最大诚信原则，即要求被保险人必须披露所有的重要事实。一旦被保险人没有做到这一点，保险立即失效。但是信用违约互换并没有这样的要求。

18.2 有人认为通过卖出信用违约互换或信用担保，债务组合的持有者将彻底消除遭受损失的风险。而且，李祥林在发表的论文中对相关性模棱两可的推导过程更让人们感觉此类证券的信用评级过高。

18.3 看上去似乎厚尾分布能更好地描述金融市场的波动情况。证据很明显，正文中已做了介绍。这是否与这样一个事实有关——危机爆发时，很多因素彼此之间都是相互关联的？有可能。但是，用正态分布曲线来描述现实金融市场的价格波动行为是否并没有被实证检验结果所证实？同样地，有可能。

第 19 章

19.1 影响金融危机的因素有很多，具体包括：

全球各主要国家的政府人为地营造出低利率、宽松信贷以及放松监管的整体氛围：这促使社会公众产生了“消费、消费、再消费”的心态，一方面不断增加个人及家庭的消费额，另一方面不断追求资产价格的持续上涨，以至于买入那些自己根本无力承担的资产。与此同时，政府部门对金融机构的监管松懈使得其经营风险越来越高，金融机构的高管们给自己发放的薪酬或奖金也越来越高。

从风险的角度来看，银行正在不断加大杠杆系数——这意味着财务风险越来越大——与此同时它们的经营模式的风险程度也开始上升（这意味着经营风险也在加大）。

中国对美国贸易盈余的回流使得美国可以一直保持较低的利率水平。与此同时，中国有意将人民币汇率控制在较低水平以保证中国制成品在全球各地的出口量。

金融机构发放的次级抵押贷款数量越来越多，这进一步促进了抵押贷款市场的繁荣。金融机构的这种行为正是受到了政府的影响——政府一直在花言巧语地说服金融机构向穷人发放住房抵押贷款。

贷款打包后被证券化，生成的新证券名叫抵押贷款担保证券或担保债务证券。这些新证券得到了房利美或房地美提供的信用担保或者通过购买信用违约互换而得到了信用保险，这使得银行可以轻易地放出贷款，然后再将贷款的管理职责转嫁给他人。

因为银行正在通过证券化操作逐渐将贷款卖出，所以它们降低了贷款信用审查的标准，甚至彻底放弃了这些审查标准。

信用评级机构也调低了标准，也许是为了能够更容易或更多地收取评级费，它们竟然可以把一些质量很差的资产评为 AAA 级。与此同时，将债务分为不同类别或等级也是评级机构的常用手法。

银行的奖金文化意味着金融机构总是在不断追求更高的收益（收益越高，奖金也就越高），即使高收益伴随着更高的风险水平（高风险并不会导致奖金额的减少）。房利美、房地美和美国国际集团就是这样做的。

次级抵押贷款机构采取了一些欺诈性的做法或手段，例如销售人员鼓励客户对贷款申请材料造假。

金融监管部门看上去似乎对此毫无知觉。也许对这一切不管不顾会让它们显得很讨人喜欢。

当然，除此之外还存在一些其他的影响因素，不过需要进一步加以总结。

19.2 发放贷款后一直持有的贷款模式指的是贷款机构一直持有贷款，将其作为一项资产列在资产负债表上。发放贷款后转售的贷款模式指的是贷款机构发放贷款后将其证券化，然后转售给其他机构。金融机构这样做的原因之一在于这可以帮助它们将贷款资产从资产负债表上划去。这种做法带来的主要后果是银行的贷款评估审查标准大大降低，因为银行根本不会长期持有这些贷款资产。

19.3 欧元区成员国基于本币与欧元之间的购买力平价开始使用欧元这种单一货币。不过，希腊的经济数据在一定程度上被调整过。在危机爆发之前希腊国内经济过热，通货膨胀率比欧元区内经济实力最强的成员国还要高。与此同时，希腊国内银行开始向购房者和房地产建造商（爱尔兰与西班牙商人）发放贷款。这样做的后果是当经济增速放缓甚至陷入衰退时，希腊政府发现很多银行濒临破产，政府不得不对其施以援手，提供紧急援助资金。而这导致希腊政府的财政状况陷入困境，因为它们不得不从外国借入资金来援救国内的银行业。因此，希腊债务危机本质上就是由这两个因素所导致的。当然，在欧元区内，某些成员国的通货膨胀率要比其他成员国更高一些，这是因为各成员国政府对本国的财政政策（与货币政策不同）拥有完全的自主权，而货币政策则是由欧洲中央银行统一制定。

第 20 章

20.1 King公司也许能获得一定的好处，因为它所有的生产活动都集中在一个地区。在其他条件均相同的情况下，如果President公司将生产基地散布在各地，那么这会导致其每单位产量的固定成本上升。但是，有可能President公司是在寻找生产成本较低的国家，准备进行对外直接投资。这将有助于降低单位生产成本（在确保产品质量的前提下）。但是这并不是规模经济效应。

20.2 外国政府有时希望对外直接投资能够为本国提供更多的就业岗位或先进技术，或者加大本国的出口或减少出口。基于上述原因，它们愿意提供一些优惠政策鼓励外国企业来直接投资。

20.3 比较优势理论认为，各国都应当专门生产那些本国生产效率最高的产品，然后从他国进口其他所需的产品。很多国家生产某些产品的效率比其他国家高，这是因为每个国家的资源禀赋不同。每个国家都应当专门生产能够最大限度地利用国内有限资源的产品。其余所需的产品全部进口。

第 21 章

21.1 在货币贬值前后，它们可能希望控制企业与个人的资金流转。换言之，它们打算控制金融资产的自由交易，从而实现国际收支平衡的目标或其他目标。

21.2 总的来说会起到抑制作用，因为这些措施本质上就是要限制资金汇回母国。不过，跨国企业可能还是会投资，因为它们寄希望于将来政策也许会变化，到那时它们将已经建立起能产生大量现金流的经营模式。

第 22 章

22.1 当母公司向项目提供资金时，应当从项目自身角度出发评估其可行性。也许从子公司角度看，项目是可行的；但是从母公司的现金流角度来看，该项目不具有可行性（资金汇回限制、外国预扣税或者汇率波动会影响资金汇回母国）。

22.2 更明显的因素包括：

(a) 汇率。

(b) 是否存在资金汇回限制。

(c) 东道国政府接管项目的可能性。

(d) 外国对产品的需求。

(e) 外国对企业的态度。

(f) 税负影响。

第 23 章

23.1 债务—股权互换允许贷款人（或者是贷款的所有者）用债权交换股权，对债务人持有的资产进行权益投资。跨国企业可以考虑在二级市场上买入发展中国家的债权，然后将这些债权互换为对发展中国家所持资产的权益性投资。通过这种方式，债务—股权互换能够提高贷款二级市场的流动性。事实上，这已经成为致力于解决发展中国家债务危机问题的方法之一。

23.2　评估海外投资项目时值得考虑的其他因素包括：东道国政府对外国企业的态度、汇率、货币控制、外国市场对产品的需求、项目被征用的可能性等。

第 24 章

24.1　跨国企业下列特征会对资本成本造成影响：

● 规模：跨国企业可能是声名显赫、发展较为成熟的企业，因此可以从贷款人那里获得优惠待遇。

● 进入国际资本市场的能力。跨国企业要比国内企业拥有更多的资金资源。金融市场处于一定程度的分割状态，跨国企业可以以更低的成本从多个渠道获得资金。

● 国际分散化投资。如果跨国企业的海外投资项目可以获得税负减免，那么这将有助于提高税后现金流。

● 国别风险。跨国企业设立在政治局面不稳定的国家的子公司在较长时间内无法提供较为稳定的现金流，因此很容易出现财务问题。这会加大资本成本。

● 东道国的利率水平。在进行海外投资时，跨国企业在东道国当地也许能获得一些贷款。这能降低跨国企业的整体资本成本率。

24.2　是的。但是要注意，收益的标准差也会更大。因此，虽然收益率更高一些，但是风险水平也更高一些。

第 25 章

25.1　如果跨国企业能够在多国开展海外投资项目，同时确保在相当长一段时间内，这些国家的国别风险的相关性并不高，那么就能有效降低所有这些投资区域同时具有高水平国别风险的可能性。

25.2　不同意！即使跨国企业已经进入了 X 国，还是应该问问自己是不是应当在 X 国继续投资？跨国企业需要持续不断地评估国别风险。如果国别风险很高，员工的安全都受到了威胁，那么预期投资收益可能不足以证明该投资项目具有持续运营的可行性。

25.3　不能。国别风险分析并不是要估计投资项目的所有现金流，然后计算这些现金流的净现值。国别风险分析的目的是确定国别风险的表现形式及其潜在影响。对于资本预算来说，这一过程十分重要，但是它不能取代旨在从母公司角度分析现金流净值的跨国投资项目评估。

第 26 章

26.1　汇率的点估计值对应的是投资项目净现值的点估计值。净现值的计算结果有多个，分析人员要事先了解这一点。

这意味着分析人员要进行敏感性或虚拟情境分析。

26.2　将每一个变量的输入值（例如价格、出售数量、汇率等）多变化几次，从而得到多个计算结果。然后再对得到的计算结果区间使用模拟模型，于是最终我们可以得到净现值的分布曲线。

第 27 章

27.1　如果把所有期间都加在一起，那么两种方案可能得到相似的现金流出估计值。不过，其中一种方案现金流出的发生时间较晚一些，考虑到货币的时间价值，这种方案会更好一些。这种方案最终得到的净现值可能会相对高一些。

27.2　如果企业拥有欧元现金流入，那么可能会抵消一部分汇率波动风险。这些欧元收入可被用于支付息票利息。

第 28 章

28.1　所谓福费廷交易指的是进口商签发一张本票，承诺在 3～7 年内为进口商品支付货款。出口商拿到这种本票后，可以将其贴现出售给福费廷银行。福费廷交易主要用于资本性货物的国际贸易。

28.2　对销贸易的形式包括将商品出售给某个国家，然后以此从该国换回其他商品。

28.3　政府可以通过制定政策以保护出口商规避多种风险或者鼓励贷款机构积极向进口商提供贷款等方式来刺激出口。

第 29 章

29.1　显然，对经济风险敞口进行套期保值的理论并不那么复杂。其核心思想便是确保企业的净现值不会受到汇率波动的影响。当然，在这一理念贯彻实施的实际过程中，可能会出现很多问题，很多企业也都意识到了这一点。弹性值可能会发生变化，而且竞争对手的反应也无法事先预料，这引发了很多问题。

29.2 从本质上看，这两个问题的答案都在于企业在贷款或类似债务方面所受到的约束。哪一种约束力更大，对企业的潜在影响更大，就会更加引起企业财务管理人员的注意。

第30章

30.1 跨国企业可以将定价策略设定为（要在政府许可的范围或框架内）对转移给位于高税率地区、具有经营利润的子公司的商品或资金设定一个较高的价格或利息成本。

30.2 税务筹划包括：（1）了解每个国家的税收法律；（2）使用各国的税收法律去分析不同策略的可行性；（3）实现跨国企业总体税负的最小化。

30.3 如果集权化管理体系从全局出发制定了对跨国企业整体有益的决策，那么这一决策可能会给某些子公司带来损失（转移定价就是一个例子）。会受到负面影响的子公司可能会对跨国企业的整体决策表示反对，从而引发利益冲突。

30.4 辛迪加贷款指的是银行团队（叫做辛迪）向客户发放巨额贷款。有时候如果由一家银行独自向客户发放巨额贷款，那么一旦客户违约，这家银行将会损失惨重。使用辛迪加模式，则每家参与行的潜在损失就是有一定限度的。

30.5 欧洲债券指的是由银行组成的跨国辛迪加负责承销、在除债券计价货币发行国以外的多个国家同时发行的债券。外国债券指的是外国借款人在某国发行的债券，由该国银行组成的辛迪加负责承销。外国债券使用发行地所在国的货币作为计价货币。

30.6 现金管理包括规划、监控与管理流动性资产。

30.7 现金管理的目的是确保企业在适当的时间、适当的地点以适当的币种和可以接受的成本获得资金。现金管理还要确保当债务到期时企业拥有足够多的资金来偿还债务。现金管理要关注贷款情况、利息成本、银行收取的相关费用、闲置资金余额以及盈余资金的投资情况。现金管理还有一个重要目标，即实现可汇回母国现金流的最优化，并降低税负。现金管理还要关注企业与银行的关系、电子银行、现金托收与支付以及短期投资项目。

30.8 项目融资具有多种融资结构。一般来说，项目融资指的是项目建设获得的债务融资将来要依靠项目自身所产生的收益来偿还。不同项目的追索程度以及资金支持的形式可能存在较大差别。对于项目融资来说，贷款人一般要承担项目本身一定的信用风险。

30.9 在决定是否对项目提供贷款时，贷款机构要考虑投资项目的技术可行性及其经济发展前景。这意味着贷款机构要全面评估项目的经济风险、法律风险、政治风险和技术风险。在分析了项目的风险以后，贷款机构要设计相应的贷款方案，以确保该方案能够以最有效的方式消除这些风险。值得一提的是，项目融资的财务结构必须有一定的创造性以确保项目最终能够获得成功。从贷款机构的角度来看，必须为贷款设计有效的担保机制。贷款机构通常会仔细考虑项目建设成本超支的可能性，一般它们会要求项目主办人提供完工担保或履约保证书。项目贷款机构非常关心项目建设的原材料和客户的可获得性，努力确保项目建成后有能力偿还贷款。通常贷款机构要求项目主办人提供对未来项目收益的担保。也许，它们会要求项目主办人提交短期、中期甚至长期的销售合同。有关价格调整的条款十分重要。

题库参考答案（部分）

练习题参考答案（部分）

题库 1

外汇

1.（a）纽约市场：

USD0.55=CHF1

苏黎世市场的价格应当是一样的。

苏黎世市场：

USD0.55=CHF1

苏黎世市场（直接报价）：

CHF1.818 1=USD1

（b）纽约市场：

USD0.55=CHF1

即

CHF1.818 1=USD1

苏黎世市场的价格应是

CHF1.818 1=USD1

苏黎世市场的实际价格为

CHF1.850 0=USD1

套利交易策略为：

买入瑞士法郎	在苏黎世市场卖出美元，然后
卖出瑞士法郎	在纽约市场买入美元

2.（a）纽约市场：

USD0.55＝CHF1

USD1.60＝GBP1

英镑与瑞士法郎的交叉汇率等于：

$$\begin{aligned}GBP1 &= USD1.60\\ &= CHF1.60\times\frac{1}{0.55}\\ &= CHF2.909\,1\end{aligned}$$

（b）纽约市场：

CHF2.909 1＝GBP1

苏黎世市场的报价为：

CHF2.80＝GBP1

套利交易策略为：

买入瑞士法郎	在纽约市场卖出英镑
卖出瑞士法郎	在苏黎世市场买入英镑

3.（a）美元投资：

未来三个月后可获得的资金为：

$$\$1\,000\,000\times1.02=\$1\,020\,000$$

英镑投资：

按照即期汇率水平用 100 万美元购买英镑 $\Rightarrow \$1\,000\,000\div1.8=£555\,556$

投资 90 天后：

$$£555\,556\times1.025=£569\,445$$

在第 0 天卖出 90 天后的远期英镑：

$$£569\,445\times1.78=\$1\,013\,612$$

扣除利息成本，用美元购买英镑然后投资的策略能够给投资者带来 6 388 美元的无风险利润。

（使用公式）

远期贴水：

$$\frac{f_0-s_0}{s_0}=\frac{1.78-1.80}{1.80}=-1.111\%$$

利率差：

$$\frac{i_\$-i_£}{1+i_£}=\frac{0.02-0.025}{1.025}=-0.488\%$$

利率平价关系并不成立。投资者可以进行抛补利率套利交易。

远期贴水保持不变。利率差需要变得更小一些。

$i_£\uparrow \qquad i_\$\downarrow$

（b）美元投资金额：参见问题 3（a）：\$1 020 000。

投资资金：参见问题 3（a）：£569 445。

均衡远期汇率：

$$\frac{1\,020\,000}{569\,445}=1.791\,2$$

（使用公式）

利率差（三个月）：

$$\frac{0.02-0.025}{1.025}=-0.004\,878$$

远期贴水（三个月）：

$$\frac{f-1.80}{1.80}$$

达到均衡时，利率差等于远期贴水：

$$\frac{f-1.80}{1.80}=-0.004\,878$$

解出：$f=1.791\,2$。

(c) 远期贴水：

$$\frac{1.78-1.80}{1.80}=-1.111\%$$

利率差：

$$\frac{0.02-0.035}{1.035}=-1.449\%$$

利率平价关系不成立。投资者可以进行抛补利率套利交易。

远期贴水保持不变。利率差需要变得更小一些。

$i_{£}$ 太高，$i_{\$}$ 太低。借入美元，投资英镑。

(d) 三个月远期贴水

$$\frac{1.78-1.80}{1.80}=-1.111\%$$

利率差（三个月）：

$$\frac{0.02-x}{1+x}$$

在均衡状态下：

$$\frac{0.02-x}{1+x}=0.011\,1$$

解出：$x=0.031\,4$。

三个月英镑利率水平为 3.14%，即年利率为 12.56%。

6. (a) 我们打算卖出瑞士法郎，买入澳大利亚元，买入瑞士法郎，再卖出澳大利亚元。

为了计算卖出瑞士法郎并买入澳大利亚元的汇率水平，我们要：

卖出瑞士法郎　买入美元　CHF 1.549 5

卖出美元　买入澳大利亚元　AUD 1.793 5

于是　卖出 1.549 5 瑞士法郎＝1 美元

卖出 1 美元　＝1.793 5 澳大利亚元

1 瑞士法郎＝1.574 70 澳大利亚元

反向计算一遍，我们可以求出卖出价为 1.158 863。因此，答案为：

CHF1＝AUD1.574 70—1.158 863

或者是　AUD1＝CHF0.862 9—0.864 0

(b) 我们打算卖出英镑并买入澳大利亚元，再买入英镑卖出澳大利亚元。于是：

卖出英镑买入美元　1.632 5

卖出美元买入澳大利亚元　1.793 5

卖出 1 英镑　＝1.632 5 美元

卖出 1.632 5 美元＝2.927 889 澳大利亚元

反向计算一遍，我们可以求出卖出价为 2.931 316 澳大利亚元。因此，答案为：

GBP1＝AUD2.927 9—2.931 3

AUD1＝GBP0.341 1—0.341 5

汇率

汇率矩阵表：

英镑相对于	美元	澳大利亚元	日元
即期汇率	1.632 5—1.633 5	2.30—2.30¾	263.15—263.25
一个月远期汇率	1.625 0—1.626 2	2.29⅜—2.30¼	263.00—263.35
两个月远期汇率	1.619 0—1.620 3	2.28⅞—2.29¾	262.98—263.33
三个月远期汇率	1.612 2—1.613 5	2.28⅜—2.29¼	262.96—263.31

汇率：

1. 1.633 5。

2. 262.96。

3. 1.626 2。

4. 263.15。

5. 2.30。

6. 263.33。

7. 1.619 0。

8. 2.28⅞。

9. 2.29¼。

10. 263.35。

11. 1.613 5。

12. 263.31。

13. 1.613 5。

14. 263.00。

15. 2.30¼。

16. 2.28⅜。

17. $\frac{1.625\,0-1.632\,5}{1.632\,5}\times\frac{12}{1}\times 100\%=5.51\%/年$

美元升水：$i_{£}>i_{US\$}$

18. $\frac{1.6135-1.6335}{1.6335}\times\frac{12}{3}\times 100\%=4.90\%/年$

美元升水：$i_{£}>i_{US\$}$

19. 与第18题相同。

20. $\frac{263.135-263.20}{263.20}\times\frac{12}{3}\times 100\%=0.10\%/年$

日元升水：$i_{£}>i_{Yen}$

21. $\frac{262.96-263.15}{263.15}\times\frac{12}{3}\times 100\%=0.29\%/年$

日元升水：$i_{£}>i_{Yen}$

22. $\frac{2.297\,5-2.307\,5}{2.307\,5}\times\frac{12}{2}\times 100\%=2.60\%/年$

澳大利亚元升水：$i_{£}>i_{AUD}$

题库 2

2. (a) 交易风险敞口与产品出口使用外币作为计价货币有关。经济风险敞口与日元和欧元的汇率波动有关。这是因为英国企业的成本用英镑计价，而竞争对手的成本则是用欧元以及日元计价。(请注意这只不过是一种假设，例如也有可能所有的竞争者都使用美元来计算主要投入成本。) 如果各个主要竞争对手都使用本国货币来计算成本，那么一旦英镑的实际汇率水平相对于欧元或日元上升，英国企业将会在竞争中败北。如果英镑的实际汇率水平走低，则英国企业将会获得竞争优势。

(b) 经济风险敞口的测量方式是观察当实际汇率水平发生变化时现金流净值的变化幅度。实际操作并不像听上去那么简单，分析人员要花费大量的时间和精力估计现金流的生成金额、可能的利润额等指标，以及当汇率水平发生变化时这些指标会随之发生怎样的变化（也许要进行回归分析或演绎推理）。此外，分析人员可能还需要分析各种弹性指标，但最核心的要点是计算净现值的变化情况。

(c) 构建与竞争对手相同的成本结构能够帮助企业缩小经济风险敞口。因此，重新安排加工厂的选址以便用日元或欧元来计算成本，同时保持与竞争对手相似的生产规模，能够有效地缩小企业的经济风险敞口。

3. 完整的报价形式如下表所示：

	美元	挪威克朗
即期汇率	1.277 5—1.278 5	11.250 0—11.260 0
一个月远期汇率	1.271 9—1.273 2	11.247 5—11.263 75
两个月远期汇率	1.267 2—1.268 6	11.255 0—11.272 5
三个月远期汇率	1.262 5—1.264 0	11.258 75—11.277 5

答案：

(a) 11.277 5。

(b) 如果是在第 30 天至第 90 天内进行交易，则汇率水平为 11.247 5。

如果是在第 60 天至第 90 天内进行交易，则汇率水平为 11.255 0。

(c) 1.262 5。

(d) 1.268 6。

(e) 11.263 75。

(f) 11.247 5。

4. (a) 13.873 5。

(b) 1.390 0。

(c) 1.387 0。

(d) 1.391 5。

(e) 13.873 5。

(f) 13.857 5。

5. 对这个问题的回答要求我们编制一个与下表类似的跨国企业净值结算矩阵表（单位：1 000ax）：

	收款子公司				总支付额	净值	抵消额
	A 国子公司	B 国子公司	G 国子公司	D 国子公司			
A 国子公司	—	125		200	325	—	325
B 国子公司	250	—	100	300	650	275	375
G 国子公司	—	150	—	250	400	175	225
D 国子公司	200	100	125	—	425	—	425
总收款额	450	375	225	750			
净值	125	—	—	325			
抵消额	325	375	225	425			

最终的净值计算结果是 B 国子公司与 G 国子公司分别净支付 275 000ax 与 175 000ax；与此同时，A 国子公司与 D 国子公司收到的净支付额分别为 125 000ax 与 325 000ax。抵消掉的结算额为 1 350 000ax，交易成本大大节约。

题库 3

1. 评估外币借款的合理性应包括以下步骤（见下表）：

	事前	事后
将风险敞口	与外币现金流的估计值相对比	与外币现金流的实际值相对比
将外汇折算风险敞口	与外币净资产的估计值相对比	与外币净资产的实际值相对比
将竞争性风险敞口	与较为中立的预期海外竞争状况相对比	与较为中立的实际海外竞争状况相对比
进入外汇市场借款并将其转变为自己想要的币种的能力	项目概念对资金的吸引力	项目概念对资金的吸引力
购买力平价不成立	借入币种被高估	实际融资情况

3. (a) 进行套期保值可以采取的策略（见下表）：

	数额/期限	评价
期权：	1 200 万美元，11 个月	成本过高，但是有盈利机会
	1 000 万美元，11 个月	可能会留下 200 万美元未被套期保值的风险敞口
	1 200 万美元，8 个月＋互换	成本过高，而且第 8 个月至第 11 个月要面临利率风险
远期：	1 000 万美元，8 个月＋互换	成本过高，而且第 8 个月至第 11 个月要面临利率风险
	1 200 万美元，11 个月	可能会创造出 200 万美元的风险敞口
	1 000 万美元，11 个月	可能会留下 200 万美元未被套期保值的风险敞口
组合：	1 000 万美元，11 个月远期＋200 万美元，11 个月期权	风险敞口被全部套期保值，但是期权的成本可能是不必要的
	1 000 万美元，11 个月远期＋200 万美元，8 个月期权＋互换（必要时）	风险敞口被全部套期保值，期权费有所降低互换的利率风险依然存在

(b) 影响决策的因素：

成本：随着期限的延长，期权的期权费成本会增加。

预测：如果企业对未来的利率走势有着非常准确的预测，那么 1 200 万美元、期限为 8 个月的期权再加上互换可能是合理的选择。如果企业对自己的预测不太有信心，那么上面的表中列出的组合策略可能更加合适。

年末效应：套期保值策略很有可能要跨越年末。那么套期保值头寸的估值会对会计以及税收处理带来哪些影响？

税负：收入与套期保值头寸的税负结构是否对称？

4. (a) 4S 公司的收入用英镑计价，而成本是用美元、欧元、摩洛哥第纳尔和其他货币计价。只有很小一部分成本是用英镑计价的。成本/收入不匹配，再加上净利润率相对较低，只有 5%，这一切意味着只要汇率小小地波动一下，就有可能极大地提高利润率或者让企业陷入亏损境地。记住，燃料成本是用美元计价的。因此，乍一看，对几乎所有风险敞口进行套期保值是有充分理由的。

(b) 一旦最大的竞争对手决定不对任何风险敞口进行套期保值，那么它有可能获得远远超过 4S 公司的利润额，或者受到风险的影响而导致其利润下降甚至为负，这会相应地提高或削弱该竞争对手的实力。这也许是一个非常重要的影响因素，主要取决于市场的集中程度。比如，如果市场上只有两家企业，即 4S 公司与竞争对手，那么这会对市场的竞争态势造成严重的影响。

如果利率朝着有利方向波动，那么竞争对手可以提供更优惠的假日旅游价格或者重新发布价目表来获取市场份额。如果竞争对手占据了较大的市场份额，那么这会影响到4S公司是否有能力吸引到足够多的顾客填满预订的航班座位和酒店房间。显然，这肯定会对4S公司的盈利情况造成更加严重的影响。

有利的汇率波动会导致价格下调，但不利的汇率波动却很难通过额外收费的方式来弥补，这会导致竞争态势出现逆转。

因此，当前年度的盈利状况面临着很多风险，4S公司与其主要竞争对手未来的实力对比也存在着很多不确定性。

即使最大的竞争对手没有对燃料的美元风险敞口进行套期保值，4S公司显然也应当安排套期保值策略。

(c) 风险管理要解决两大问题：数量与价格。分析人员必须进行预测以说明需求量和预期量。然后，企业可以利用期权工具预订假日酒店和航班座位——不要直接签订预订合同——以此来对冲一部分数量风险。

至于价格风险，远期协议可被用于确保最低的预期销售额，不过企业要牢牢记住现金流的预期收支状况，即估计什么时候收到现金，什么时候对外支付。企业不太适合用期权对大部分成本进行套期保值，这是因为期权费成本较高，而企业的净利润率相对较低。

除了上述方法以外，企业还可以考虑在销售合同中注明额外收费条款。不过，这样做可能会导致客户的反对，并对数量风险造成进一步的影响。

将来公司可以考虑在美国市场上推销旅游产品，从而获得美元收入现金流，或者在欧洲大陆推销产品以获得欧元收入现金流。同时，企业还可以考虑用英镑或欧元支付酒店的预订款，不过这样做会引发一个新问题，即一旦汇率波动对酒店不利同时酒店并没有对此预先进行套期保值，那么这可能导致酒店提供服务的质量下降。反之，如果公司要求酒店来承担汇率波动风险，那么酒店的开价可能会相应提高。行业协会的存在会让风险敞口和管理方式信息在整个行业内共享，最终有可能实现标准化。

5. 管理已买入的看涨期权头寸

标的证券的市场价格上涨

期权市场价格的波动性要远远高于其标的资产。因此，当期权累积了高额利润或高额损失时，持有者必须立即采取行动，这一点很重要，因为高额利润很有可能会迅速消失殆尽。而且，即使标的资产的市场价格并未下降，随着到期日的临近，期权的外在价值也会慢慢减少，这意味着持有者的收益也在慢慢减少。

投资者手上持有的期权头寸正处于盈利状况，此时投资者要采取一定的行动。具体怎么做主要取决于投资者对期权标的资产市场价格或隐含波动率未来变化的判断。可选的方案包括：

(1) 卖出看涨期权，期权头寸平仓，盈利被实现。如果投资者认为标的证券的市场价格已经达到了最高点，那么可以选择这种方案。

(2) 卖掉期权，然后将所得的一部分资金投资于执行价格更高、期限更长的期权产品。投资者有可能找到一种执行价格/期限组合最合适的期权产品，使得初始投资额与盈利得以实现，同时还有能力建立新头寸。

显然，只有投资者坚定地认为期权标的证券市场价格的未来走势肯定是大幅度上涨，才能选择这样较为激进的方案。

(3) 第三种方案是持有期权至到期。这样做是有一定风险的，因为期权标的证券的市场价格有可能下降。此外，随着到期日的临近，期权费中所包含的外在价值将会逐渐衰减。

(4) 第四种方案是卖出一份与已买入看涨期权具有相同到期日的虚值看涨期权，从而将简单的看涨期权头寸转换为牛市套利头寸。只有当投资者预期期权标的证券的市场价格将来会略高于已卖出看涨期权的执行价格的时候，选择这种方案才是明智的。尤其值得一提的是，按照投资者的预期，期权标的证券的市场价格肯定不会高于执行价格加上期权费，而且当期权到期时，标的证券的市场价格不应当低于执行价格。

标的证券的市场价格下跌

如果资产价格下跌，投资者会相应地改变自己对证券未来价格的判断或预期，最适当的做法是通过卖出期权的方式将期权头寸平仓。大家必须记住，当投资者买入期权时，期权费当中包含期权的外在价值，而外在价值会随着时间慢慢衰减。如果预期已经改变，那么继续持有期权头寸就意味着白白浪费了期权余下的外在价值。如果预期没有发生改变，那么可供选择的方案包括：

（1）将期权头寸向后延展。不过，这可能需要投资者支付额外的期权费成本，因为要卖出虚值期权，同时买入实值期权或平值期权。一定要考虑清楚，这样做会不会"赔了夫人又折兵"。

（2）将期权头寸向前延展。即卖出当前持有的期权，同时买入另一种到期日晚一些的期权产品。同样地，这种做法也需要投资者支付额外的期权费，所以事先要进行仔细评估。

隐含波动率发生变化时该怎么做

如果标的资产的隐含波动率上升，那么一般来说，投资者必须记住一点，即波动率反映的就是"均值回归"。因此，期权持有者可能希望卖掉现在自己持有的期权，转而买入另一种标的资产波动率较低的期权产品。不过，在这样做之前，投资者还要充分考虑标的资产未来的价格变化趋势和变化发生的时间点，然后再与标的资产隐含波动率较低的期权的执行价格和到期期限相对比。

如果隐含波动率下降，但是期权持有者仍然认为标的资产未来的价格肯定会上涨，那么就应当继续持有该期权头寸。不过，如果投资者估计自己买入的看涨期权其标的资产的隐含波动率将会上升，然而事实上却是有所下降，那么投资者应当重新评估一下自己对标的资产隐含波动率未来走势的判断。

管理已买入的看跌期权

如果看跌期权头寸有盈利，那么持有者可以采取以下任意一种处理方案：

（1）卖出看跌期权，实现盈利。

（2）继续持有看跌期权。不过，和看涨期权一样，这样做是有一定风险的。此外，如果到期日即将来临，那么投资者不应当继续持有看跌期权直至到期日，除非持有者打算卖出期权的标的资产。这是因为执行期权的交易成本（即卖出期权标的资产）要比了结期权头寸高得多。

（3）将期权头寸向后延展。卖掉实值期权，同时买入平值期权或虚值期权。这可能会创造出易受标的资产市场价格下跌影响的风险敞口，从而蚕食掉一部分已经实现的盈利。

（4）卖出以目前持有期权为标的资产的虚值看跌期权。这种做法可以将简单的期权头寸转变为熊市垂直套利组合头寸。

（5）买入平值看涨期权，用来保护看跌期权所产生的收益。购买看涨期权的成本就相当于防范标的资产价格上涨的保险费。如果期权标的资产的市场价格进一步下跌，那么购买看涨期权的费用将会抵消看跌期权所产生的一部分收益；只有当标的资产的市场价格上涨幅度大于看涨期权期权费的外在价值时，这种做法才能起到保护作用。

如果看跌期权的持有者面临损失，那么可选择的方案包括：

（1）卖掉看跌期权，接受损失。

（2）将期权头寸向后延展。不过，这种做法要求投资者卖出自己持有的虚值看跌期权，同时买入平值期权或实值期权，这意味着投资者要支付额外的期权费成本。投资者要仔细考虑一下这样做会不会"赔了夫人又折兵"。

（3）将期权头寸向前延展，即卖掉当前持有的期权，同时买入另一种到期日更晚一些的期权产品。同样地，这种做法也要求投资者支付额外的期权费成本，因此事先要仔细评估。

前面我们讨论了隐含波动率的变化对看涨期权多头头寸的影响，结论同样适用于看跌期权多头头寸。

6.（a）银行可以签订一份五年期的互换协议，支付浮动利率，同时收到对方支付的固定利率。互换的名义本金额为 5 000 万 Rassendyll，从而将债务的利息现金流由原来的 10%固定利率转变为 STIBOR+2%的浮动利率（因为双方是用 8%的固定利率与 STIBOR 进行互换）。如果银行关注的是市场价值，那么将互换协议的名义本金额确定为 5 399 万 Rassendyll——这是目前债务的市场价值——会更好一些。

（b）A=1 亿 Rassendyll

L=5 615 万 Rassendyll

V=4 606 万 Rassendyll（如果签订了名义本金额为 5 399 万 Rassendyll 的互换协议）

7. 不相同。就贷款来说，银行会损失所有的利息收益（8+m）%，再加上 100%的本金。而在互换交易中，银行只会损失利息差额（固定利率减去浮动利率），不会损失本金。而且，如果浮动利率逐渐上升以至于超过了固定利率，那么银行将要向交易对手净支付，所以此时交易对手的违约不会让事态变得更加糟糕。互换交易的信用等级价差 μ 应当比贷款的信用等级价差 m 小得多。

8. 第四个因素是无风险利率。未来随着无风险利率水平的上升，价格也将上涨。投资者可以选择风险水平相同的分散化股票投资组合，或者直接投资于股指期货的等价头寸，然后将余下资金再投资于无风险资产。投资于股票资产组合的收益包括股票价格的上涨收益再加上股息收益；而期货组合的投资收益则包括期货价格的上涨收益再加上无风险收益率。由于期货交易实施逐日盯市制度，因此期货的市场价格应当等于未来期货合约到期时市场对股票现货价格的预期。市场力量（套利活动）会使得股指期货合约的市场价格等于当前股票价格的终值，持有成本为贴现率。持有成本等于无风险利率减去股票投资组合的股息收益率。

如果随后无风险利率上升，那么买入期货/国库券组合的收益率要高于直接投资于股票，因为国库券的收益率提高了。因此，期货合约的价格应当进一步上涨，直到等于当前股票价格的终值为止。因此，无风险利率与期货价值之间具有直接的正比关系。

请注意，本题与波动率无关。如果分析的是期权而非期货，才需要考虑波动率的影响。

9. (a) 发行债券获得的 1 000 万美元发行收入可以按照即期汇率兑换为 1 500 万瑞士法郎。因此，我们应当基于 1 500 万瑞士法郎的名义本金额来计算互换交易中浮动利率支付方的支付金额。

年份	债券现金流	互换现金流	
1	−＄650 000	+＄650 000	−(LIBOR−i)×1 500 万瑞士法郎
2	−＄650 000	+＄650 000	−(LIBOR−i)×1 500 万瑞士法郎
3	−＄650 000	+＄650 000	−(LIBOR−i)×1 500 万瑞士法郎
4	−＄650 000	+＄650 000	−(LIBOR−i)×1 500 万瑞士法郎
5	−＄10 650 000	+＄10 650 000	−(LIBOR−i)×1 500 万瑞士法郎
		−1 500 万瑞士法郎	

互换交易中美元现金流（6.8%）的净现值为 9 876 333。按照即期汇率，这相当于14 814 499瑞士法郎。如果 $i=0$，则互换交易中的瑞士法郎现金流的净现值应当等于15 000 000瑞士法郎。为了使得互换交易双方现金流的净现值相等，在五年内，每六个月的支付额（i×1 500 000×1/2×365/360）的净现值必须等于（15 000 000−14 814 499）=185 501。

年利率为 4.5%，则对应的半年期利率为 2.225%（$\sqrt{1.045}=1.022\ 25$）。然后，使用惠普财务计算器的 TVM 函数：

N=10，1%YR=2.225，PV=185 501，FV=0

由此得到

PMT=20 895

于是，这意味着 i×15 000 000×1/2×365/360=20 895，从而求出 i=0.27%。所以瑞士法郎支付方的支付利率为（LIBOR−27 个基点）。

(b) Eclat 公司可能会选择签订互换协议，因为：

—它已经按照低于市场价格的价格发债获得了美元资金（进出口银行的贷款），不过现金流入的计价货币为瑞士法郎，而且公司希望能为瑞士法郎资产安排套期保值。

—公司想赌一把——预测未来瑞士法郎很有可能会贬值。如果事实果真如此，Eclat 公司可以通过互换交易将债务互换为美元债务。

—公司的外币资产与外币负债应保持均衡。

—公司之所以会借入美元债务，也许当初是为了给美元资产对冲风险，但是现在这些美元资产已经被出售。

—其他原因。

(c) 哪些环节有可能出错?

—交易对手违约（选择 A1 级别的交易对手）。

—美元债务违约（建立一个优秀的财务管理团队能够避免这一问题）。

(d) 如果瑞士法郎资产将于两年后被出售，那么应当做如下处理：

—两年后进行反向互换（获得反向现金流，或者根据资产出售时企业的预期资产负债表将瑞士法郎债务互换为自己想要的币种债务）。

—现在签订一份互换期权协议。

—如果资产的处置时间不确定或者是有条件的，那么第一种方案是比较完美的。如果处置时间事先确定，那么第二种方案会更好一些——或者说在这种情况下，远期互换会更好一些。

题库 4

1. (a) 相关因素包括：

—支持预测的假设条件。

—瑞士国内的通货膨胀率。

—瑞士国内的必要收益率。

—美元与瑞士法郎未来汇率水平的变化。

—美国国内的通货膨胀率。

—美国国内的必要收益率。

从本质上看，企业要比较的是：

$$\text{现在的 200 万美元与}\frac{6.5e}{(1+r)^6}\text{百万美元}$$

式中，e 代表的是六个月以后的汇率水平，r 代表的是美元必要收益率，或者统一表示为瑞士法郎：

现在的 400 万瑞士法郎与 10 年后的 650 万瑞士法郎

(b) 重要的是瑞士法郎实际汇率的波动情况；瑞士法郎名义价值的波动已经全部被美国国内更高的通货膨胀率所抵消，因此不会对投资产生实质性影响。如果瑞士法郎的实际汇率水平上升，那么 Inter-Continental 公司售出的酒店服务的实际美元价格也应当上涨。如果这种酒店服务的需求是有弹性的——这意味着瑞士国内的酒店行业严重依赖于外国游客——实际的美元收入就会减少。如果需求缺乏弹性，则实际的美元收入就会增加。酒店的人工与服务的美元实际成本也会上涨。总的来说，整体效应是如果购买力平价关系成立，那么名义汇率水平的波动应该不会对 Inter-Continental 公司韦尔比耶地区的投资造成影响。如果购买力平价关系不成立，那么实际汇率水平的上升有可能会导致投资项目真实价值的缩水。

(c) —适用于国际费雪效应，使用美国与瑞士 10 年期债券的利率差。

—预测美国与瑞士两国国内的相对价格，然后使用购买力平价关系来预测未来汇率。

—如果市场上存在 10 年期互换产品，那么可以使用远期利率。

在长期内，购买力平价关系是成立的，从而使得实际汇率水平保持相对稳定。但是在 Inter-Continental 公司最初投资的那一天汇率水平是否处于均衡状态，对于我们预测未来汇率水平的波动具有重要影响。

4. 投资项目的每月现金流如下表所示：

月份（月末）	0	1	2	3	4	5	6
现金流（百万英镑）	−4	+2	—	−5	—	—	(+7+π)

π 代表的是预期利润。

(a) 在解答该题时，学生们一般会先尝试一下在其他条件均相同的情况下，使用 LIBOR 借款或将借款利率锁定为远期利率协议的协定利率是不是会更好一些。根据 LIBOR 的报价，1∶3 以及 3∶6 的隐含利率计算过程如下表所示：

借款	贷款
1∶3 隐含利率：	
$\frac{1+(0.138\,75\times 3/12)}{1+(0.14\times 1/12)}$	$\frac{1+(0.136\,25\times 3/12)}{1+(0.138\,75\times 1/12)}$
$=\frac{1.034\,687\,5}{1.011\,666\,7}$	$=\frac{1.034\,062\,5}{1.011\,562\,5}$
$=1.022\,755\,3$	$=1.022\,242\,8$
1∶3 隐含利率＝2.275 53%×6 p. a. ＝13.653 18%p. a.	1∶3 隐含利率＝2.224 28×6 p. a. ＝13.345 68%p. a.
3∶6 隐含利率：	
$\frac{1+(0.135\times 1/2)}{1+(0.138\,75\times 1/4)}$	$\frac{1+(0.132\,5\times 1/2)}{1+(0.136\,25\times 1/4)}$
$=\frac{1.067\,500\,0}{1.034\,687\,5}$	$=\frac{1.066\,25}{1.034\,062\,5}$
$=1.031\,712\,5$	$=1.031\,127\,2$
3∶6 隐含利率＝3.171 25%×4 p. a. ＝12.685%p. a.	3∶6 隐含利率＝3.112 72%×4 p. a. ＝12.450 88%p. a.

根据以上计算过程，隐含利率等于：

1∶3　13.65—13.35

3∶6　12.68—12.45

可见，上述利率水平要比期限相同的远期利率协议的协定利率更低一些。在其他条件均相同的情况下，借款要比使用远期利率协议更好一些。

根据本题提供的现金流信息，成本最低的借款方式可能为：

0—6	借款	200 万英镑
0—1	借款	200 万英镑
3∶6	买入远期利率协议	500 万英镑

利息成本的计算过程如下。记住，借款利率等于 LIBOR 再加上 0.5%的溢价。

	英镑
0—6　每年（13.5＋0.5）%，本金为 200 万英镑	140 000
0—1　每年（14＋0.5）%，本金为 200 万英镑	24 167
第 1 个月至第 6 个月的利息成本应当被计入终值	1 359
买入 3∶6 远期利率协议　每年（12.70＋0.5）%，本金为 500 万英镑	165 000
	330 526

此外，还有其他的借款方式。下面列出了一部分借款方式的利息成本。下列数值均为终值。第一种借款方案是：

0—1	借款	400 万英镑
0—3	买入远期利率协议	200 万英镑
3—6	买入远期利率协议	700 万英镑

这种方案的利息成本等于：

	英镑
0—1　每年（14＋0.5）%，本金为 400 万英镑	48 333
第 1 个月至第 6 个月的利息成本应当被计入终值	2 719
买入 1∶3 远期利率协议　每年（13.70＋0.5）%，本金为 200 万英镑	47 333

第 3 个月至第 6 个月的利息成本应当被计入终值	1 597
买入 3：6 远期利率协议 每年（12.70＋0.5）%，本金为 700 万英镑	231 000
	330 982

另一种借款方案是：

0—6	借款	400 万英镑
1—3	卖出远期利率协议	200 万英镑
3：6	买入远期利率协议	300 万英镑

这种方案的利息成本等于：

	英镑
0—6 每年（13.5＋0.5）%，本金为 400 万英镑	280 000
卖出 1：3 远期利率协议 每年 13.5%，本金为 200 万英镑	(45 000)
第 3 个月至第 6 个月的利息成本应当被计入终值	(1 491)
买入 3：6 远期利率协议 每年（12.70＋0.5）%，本金为 300 万英镑	99 000
	332 509

上述计算进一步证明前面建议的借款方案是最佳方案。

（b）如果预期利率会在第一个月内下降，我们可以选择第一种方案，借入 400 万英镑，期限为一个月，但是不要签订任何远期利率协议。这样做显然是有风险的，因为最重要的因素是我们是否坚信利率很快就会下降。利率预期可以被加入第一种借款方案的计算公式。

（c）如果预期利率水平会在接下来几个星期内上升，我们仍然会选择第一种借款方案，但是必须增加利率上限或者其他利率期权产品。

题库 5

1. 可能的解决方案包括：

（a）如果只是单纯的外汇折算风险敞口，那么根本不用担心。不过要注意一点，如果看债务—权益比率，总的杠杆率为 51%；如果看净值，则净杠杆率仅为 5%。也许已经签订了协议，要求总的债务—权益比率保持在 50%左右（这种做法并不少见）。如果是这样，那么我们要认真思考一下如何对风险敞口进行套期保值。

（b）获得美元贷款以替换英镑贷款。这样做的理由是对冲美元经济风险敞口。需要企业产生足够多的美元现金流入来偿还债务。

（c）提取美元贷款，将其兑换为英镑。为美国子公司向控股母公司支付股息。

（d）提取美元贷款。向控股母公司提供价值为 6 000 万美元的英镑贷款。偿还英镑债务。

2. 对于（a）与（b），最关键的是确定并搞清楚企业和银行面临哪些类型的风险。我们要提出的问题是公司是否与这个投资项目牢牢地捆绑在一起，以至于在实际操作中，企业无法充分利用有限追索权的相关条款一走了之。整件事是否隐藏着什么谜团？如果不是，那么下列任务或风险管理因素可能与问题有关：

● 完工风险。银行需要以下担保：

（1）工厂能够按照既定价格建成（要求供应商和建造商锁定一个价格）。

（2）如果工厂不能按时完工或者无法按照原定计划正常运转，那么借款人要立即偿还贷款（从供应商/建造商那里获得约定好的违约赔偿金；质疑；对信用头寸进行保险；拿到债券）。

（3）如果工厂受到损害（保险），则收回贷款。

如果余下的风险要由大股东承担，那么追索权应当被限定为一定金额。

● 销售风险。化工企业应当有义务购买产品，但是它应当避免承诺按照事先约定的固定价格买入产品。如果竞争对手可以获得成本下降所带来的好处，那么这种采购价格固定的承诺会让企业面临一定的风险。因此，企业可以承诺按照市场价格采购产品。

● 运营风险。如果确认了整个流程，银行应当准备好承担意料之外的运营成本所带来的风险，但是同时银行希望借款人能够承诺会提供专业的管理服务。

● 利率风险：

(1) 在建设期间，企业最好能够锁定一个利率（可以使用远期利率协议或互换产品来达到这一目的）或利率上限来确保总成本被控制在企业的财力范围内。

(2) 在运营期间，固定利率会让银行对销售价与市场价格绑定的做法更有安全感。

(c) 无追索权项目的最低必要收益率。显然，该投资项目的风险水平有所降低，这意味着企业的最低必要收益率肯定要低于常见的这种投资项目的最低必要收益率。因此，在评估息前现金流时，用正常的最低必要报酬率作为贴现率的做法是不合适的。正确的做法是计算企业的权益资金投入、用于发放股息的现金额以及终值（如果有的话）。而且，企业还应计算各种项目融资方案的净现值，以及企业在不借助外界融资的情况下独立投资该项目的净现值。

3. 这个问题不止一个答案。要想回答得完整，应从以下几个方面入手：

—资金来源。

—财务杠杆相关问题。

—外汇问题和风险敞口问题。

—其他更广泛的问题。

资金来源：

— 本币权益投资。

— 通过债务—股权互换获得的权益投资。

— 本币债务。

— 国际债务市场。

— 本地的海外信贷机构。

— 母公司的资金投入。

财务杠杆相关问题：

● 支持使用债务资金的观点：

(1) 当地税负较高？事实真的如此吗？

(2) 当地收缴的预扣税。

(3) 外汇风险折算损失最小化。

(4) 如果使用本币债务资金，可以实现政治风险的最小化。

● 支持使用权益资金的观点：

(1) 风险较小，而且项目产生的利润可被用于本项目的再投资。

(2) 集团可以为子公司的债务提供担保。

(3) 小资本原则。

外汇相关问题：

—充分考虑通货膨胀、利率、汇率波动的综合影响。

—本币债务的实际成本可能比较便宜。

—汇率调整机制——自动调整还是严重滞后？

—企业是否能够获得用强势货币计价的收入现金流以便偿还债务？

—敞口效应：损益表、资产负债表和现金流量表的交易敞口、外汇折算风险敞口以及经济风险敞口。

—核心问题在于如何保护投资项目的经济价值。

—再从销售模式、原材料成本、劳动力成本、工厂折旧、利息成本和管理费用的角度来分析风险敞口。

其他更广泛的问题。主要包括：

—如果本地销售量与出口销售量的比例为 25/75，这对偿还债务会带来哪些影响？

—用硬通货支付购买机器设备的款项。

—如果本地税率较高，建议使用债务资金。
—如果东道国政府要收取预扣税，建议使用债务资金。
—出口信贷?
—在本地借债还是到国际市场借债。
—外汇风险敞口。
—通货膨胀/货币贬值/本地利率水平之间的相互作用。
—外汇管制。
—小资本原则。

选择题参考答案（部分）

答案

问题	题库				
	1	2	3	4	5
1	b	e*	b	d	d
2	c	c	a	d	e
3	d	e	e*	c	d
4	c	c	d	d*	c
5	a	e*	a	f	d
6	c	c	d	d*	b
7	a	b	b	d	a
8	d	a	e	d	b
9	c	b	a	c	e
10	c	a	c	c*	c

* 代表答案较为复杂，请看下面的解释。

题库 2

1. $\$500\ 000 \times 1.70 = \text{CHF } 850\ 000$
按照10%的收益率投资，得到CHF 935 000。
兑换为12个月远期美元，得到935 000÷1.76＝$531 250。
收益率＝31 250÷500 000＝6.25%

5. $\frac{(1+0.05)^5}{(1+0.08)^5}-1=-13\%$

$\$0.20 \times [1+(-0.130)] = \$0.174$

或者，使用$\frac{i_{\$}-i_{kr}}{1+i_{kr}}=\frac{s_t-s_0}{s_0}$，我们可以求出第一年DKK/US$的汇率水平为0.194 175。
一直重复上述计算步骤，直到求出第五年DKK/US$的汇率水平为0.174（近似值）。

题库 3

3. 每单位的收益＝$0.61－$0.58－$0.02
＝$0.01

题库 4

4. 现金流（项目没有被征用）

	年份					
	0	1	2	3	4	5
现金流	−79	+10	+12	+16	+20	+20→无穷大
贴现率为 17%的现值	−79	+8.6	+8.8	+10.0	+10.7	+(117.6×0.533 6) =62.8
净现值（项目没有被征用）$=-40.9+62.8(1-p)$						
p=被征用的概率						

现金流（项目被征用）

	年份					
	0	1	2	3	4	5
现金流	−79	+10	+12	+16	+20	+36
贴现率为 17%的现值	−79	+8.6	+8.8	+10.0	+10.7	+16.4
净现值（项目被征用）$=-40.9+16.4p$						

把这两种情况合并到一起，预期净现值等于：

$$-40.9+62.8(1-p)+16.4p$$

要求出盈亏平衡点，我们令上面这个表达式等于零，然后解出 p 的值：

$$-40.9+62.8-62.8p+16.4p=0$$

$$p=47.2\%$$

6. 现金流

	年份		
	0	1	2
现金流入（百万美元）		12	$30+x$
汇率		1.35	1.35
12%的贴现率		0.892 9	0.797 3
净现值（百万瑞士法郎）	−30	+7.94	$17.72+0.590\,6x$

盈亏平衡时：

$$-30+7.94+17.72+0.590\,6x=0$$

$$4.34=0.590\,6x$$

$$x=7.35$$

10. 收益＝每年 300 万美元

税后净收益＝每年 200 万美元

净现值＝200 万美元×(对应6年的 12%的年金现值因子)

＝200 万美元×4.111 4

＝820 万美元

附录 1　1 美元的现值

年份	1%	2%	4%	6%	8%	10%	12%	14%	15%	16%	18%
1	0.990	0.980	0.962	0.943	0.926	0.909	0.893	0.877	0.870	0.862	0.847
2	0.980	0.961	0.925	0.890	0.857	0.826	0.797	0.769	0.756	0.743	0.718
3	0.971	0.942	0.889	0.840	0.794	0.751	0.712	0.675	0.658	0.641	0.609
4	0.961	0.924	0.855	0.792	0.735	0.683	0.636	0.592	0.572	0.552	0.516
5	0.951	0.906	0.822	0.747	0.681	0.621	0.567	0.519	0.497	0.476	0.437
6	0.942	0.888	0.790	0.705	0.630	0.564	0.507	0.456	0.432	0.410	0.370
7	0.933	0.871	0.760	0.665	0.583	0.513	0.452	0.400	0.376	0.354	0.314
8	0.923	0.853	0.731	0.627	0.540	0.467	0.404	0.351	0.327	0.305	0.266
9	0.914	0.837	0.703	0.592	0.500	0.424	0.361	0.308	0.284	0.263	0.225
10	0.905	0.820	0.676	0.558	0.463	0.386	0.322	0.270	0.247	0.227	0.191
11	0.896	0.804	0.650	0.527	0.429	0.350	0.287	0.237	0.215	0.195	0.162
12	0.887	0.788	0.625	0.497	0.397	0.319	0.257	0.208	0.187	0.168	0.137
13	0.879	0.773	0.601	0.469	0.368	0.290	0.229	0.182	0.163	0.145	0.116
14	0.870	0.758	0.577	0.442	0.340	0.263	0.205	0.160	0.141	0.125	0.099
15	0.861	0.743	0.555	0.417	0.315	0.239	0.183	0.140	0.123	0.108	0.084
16	0.853	0.728	0.534	0.394	0.292	0.218	0.163	0.123	0.107	0.093	0.071
17	0.844	0.714	0.513	0.371	0.270	0.198	0.146	0.108	0.093	0.080	0.060
18	0.836	0.700	0.494	0.350	0.250	0.180	0.130	0.095	0.081	0.069	0.051
19	0.828	0.686	0.475	0.331	0.232	0.164	0.116	0.083	0.070	0.060	0.043
20	0.820	0.673	0.456	0.312	0.215	0.149	0.104	0.073	0.061	0.051	0.037
21	0.811	0.660	0.439	0.294	0.199	0.135	0.093	0.064	0.053	0.044	0.031
22	0.803	0.647	0.422	0.278	0.184	0.123	0.083	0.056	0.046	0.038	0.026
23	0.795	0.634	0.406	0.262	0.170	0.112	0.074	0.049	0.040	0.033	0.022
24	0.788	0.622	0.390	0.247	0.158	0.102	0.066	0.043	0.035	0.028	0.019
25	0.780	0.610	0.375	0.233	0.146	0.092	0.059	0.038	0.030	0.024	0.016
26	0.772	0.598	0.361	0.220	0.135	0.084	0.053	0.033	0.026	0.021	0.014
27	0.764	0.586	0.347	0.207	0.125	0.076	0.047	0.029	0.023	0.018	0.011
28	0.757	0.574	0.333	0.196	0.116	0.069	0.042	0.026	0.020	0.016	0.010
29	0.749	0.563	0.321	0.185	0.107	0.063	0.037	0.022	0.017	0.014	0.008
30	0.742	0.552	0.308	0.174	0.099	0.057	0.033	0.020	0.015	0.012	0.007
40	0.672	0.453	0.208	0.097	0.046	0.022	0.011	0.005	0.004	0.003	0.001
50	0.608	0.372	0.141	0.054	0.021	0.009	0.003	0.001	0.001	0.001	

年份	20%	22%	24%	25%	26%	28%	30%	35%	40%	45%	50%
1	0.833	0.820	0.806	0.800	0.794	0.781	0.769	0.741	0.714	0.690	0.667
2	0.694	0.672	0.650	0.640	0.630	0.610	0.592	0.549	0.510	0.476	0.444
3	0.579	0.551	0.524	0.512	0.500	0.477	0.455	0.406	0.364	0.328	0.296
4	0.482	0.451	0.423	0.410	0.397	0.373	0.350	0.301	0.260	0.226	0.198
5	0.402	0.370	0.341	0.328	0.315	0.291	0.269	0.223	0.186	0.156	0.132
6	0.335	0.303	0.275	0.262	0.250	0.227	0.207	0.165	0.133	0.108	0.088
7	0.279	0.249	0.222	0.210	0.198	0.178	0.159	0.122	0.095	0.074	0.059
8	0.233	0.204	0.179	0.168	0.157	0.139	0.123	0.091	0.068	0.051	0.039
9	0.194	0.167	0.144	0.134	0.125	0.108	0.094	0.067	0.048	0.035	0.026
10	0.162	0.137	0.116	0.107	0.099	0.085	0.073	0.050	0.035	0.024	0.017
11	0.135	0.112	0.094	0.086	0.079	0.066	0.056	0.037	0.025	0.017	0.012
12	0.112	0.092	0.076	0.069	0.062	0.052	0.043	0.027	0.018	0.012	0.008
13	0.093	0.075	0.061	0.055	0.050	0.040	0.033	0.020	0.013	0.008	0.005
14	0.078	0.062	0.049	0.044	0.039	0.032	0.025	0.015	0.009	0.006	0.003
15	0.065	0.051	0.040	0.035	0.031	0.025	0.020	0.011	0.006	0.004	0.002
16	0.054	0.042	0.032	0.028	0.025	0.019	0.015	0.008	0.005	0.003	0.002
17	0.045	0.034	0.026	0.023	0.020	0.015	0.012	0.006	0.003	0.002	0.001
18	0.038	0.028	0.021	0.018	0.016	0.012	0.009	0.005	0.002	0.001	0.001
19	0.031	0.023	0.017	0.014	0.012	0.009	0.007	0.003	0.002	0.001	
20	0.026	0.019	0.014	0.012	0.010	0.009	0.005	0.002	0.001	0.001	
21	0.022	0.015	0.011	0.009	0.008	0.006	0.004	0.002	0.001		
22	0.018	0.013	0.009	0.007	0.006	0.004	0.003	0.001	0.001		
23	0.015	0.010	0.007	0.006	0.005	0.003	0.002	0.001			
24	0.013	0.008	0.006	0.005	0.004	0.003	0.002	0.001			
25	0.010	0.007	0.005	0.004	0.003	0.002	0.001	0.001			
26	0.009	0.006	0.004	0.003	0.002	0.002	0.001				
27	0.007	0.005	0.003	0.002	0.002	0.001	0.001				
28	0.006	0.004	0.002	0.002	0.002	0.001	0.001				
29	0.005	0.003	0.002	0.002	0.001	0.001	0.001				
30	0.004	0.003	0.002	0.001	0.001	0.001					
40	0.001										
50											

附录 2　每年收到 1 美元，持续 n 年的年金现值

年份(n)	1%	2%	4%	6%	8%	10%	12%	14%	15%	16%	18%
1	0.990	0.980	0.962	0.943	0.926	0.909	0.893	0.877	0.870	0.862	0.847
2	1.970	1.942	1.886	1.833	1.783	1.736	1.690	1.647	1.626	1.605	1.566
3	2.941	2.884	2.775	2.673	2.577	2.487	2.402	2.322	2.283	2.246	2.174
4	3.902	3.808	3.630	3.465	3.312	3.170	3.037	2.914	2.855	2.798	2.690
5	4.853	4.713	4.452	4.212	3.993	3.791	3.605	3.433	3.352	3.274	3.127
6	5.795	5.601	5.242	4.917	4.623	4.355	4.111	3.889	3.784	3.685	3.498
7	6.728	6.472	6.002	5.582	5.206	4.868	4.564	4.288	4.160	4.039	3.812
8	7.652	7.325	6.733	6.210	5.747	5.335	4.968	4.639	4.487	4.344	4.078
9	8.566	8.162	7.435	6.082	6.247	5.759	5.328	4.946	4.772	4.607	4.303
10	9.471	8.983	8.111	7.360	6.710	6.145	5.650	5.216	5.019	4.833	4.494
11	10.368	9.787	8.760	7.887	7.139	6.495	5.937	5.453	5.234	5.029	4.656
12	11.255	10.575	9.385	8.384	7.536	6.814	6.194	5.660	5.421	5.197	4.793
13	12.134	11.343	9.986	8.853	7.904	7.103	6.424	5.842	5.583	5.342	4.910
14	13.004	12.106	10.563	9.295	8.244	7.367	6.628	6.002	5.724	5.468	5.008
15	13.865	12.849	11.118	9.712	8.559	7.606	6.811	6.142	5.847	5.575	5.092
16	14.718	13.578	11.652	10.106	8.851	7.824	6.974	6.265	5.954	5.669	5.162
17	15.562	14.292	12.166	10.477	9.122	8.022	7.120	6.373	6.047	5.749	5.222
18	16.398	14.992	12.659	10.828	9.372	8.201	7.250	6.467	6.128	5.818	5.273
19	17.226	15.678	13.134	11.158	9.604	8.365	7.366	6.550	6.198	5.877	5.316
20	18.046	16.351	13.590	11.470	9.818	8.514	7.469	6.623	6.259	5.929	5.353
21	18.857	17.011	14.029	11.764	10.017	8.649	7.562	6.687	6.312	5.973	5.384
22	19.660	17.658	14.451	12.042	10.201	8.772	7.645	6.743	6.359	6.011	5.410
23	20.456	18.292	14.857	12.303	10.371	8.883	7.718	6.792	6.399	6.044	5.432
24	21.243	18.914	15.247	12.550	10.529	8.985	7.784	6.835	6.434	6.073	5.451
25	22.023	19.523	15.622	12.783	10.675	9.077	7.843	6.873	6.464	6.097	5.467
26	22.795	20.121	15.983	13.003	10.810	9.161	7.896	6.906	6.791	6.118	5.480
27	23.560	20.707	16.330	13.211	10.935	9.237	7.943	6.935	6.514	6.136	5.492
28	24.316	21.281	16.663	13.406	11.051	9.037	7.984	6.961	6.534	6.152	5.502
29	25.066	21.844	16.984	13.591	11.158	9.370	8.022	6.983	6.551	6.166	5.510
30	25.808	22.396	17.292	13.765	11.258	9.427	8.055	7.003	6.566	6.177	5.517
40	32.835	27.355	19.793	15.046	11.925	9.779	8.244	7.105	6.642	6.234	5.548
50	39.196	31.424	21.482	15.762	12.234	9.915	8.304	7.133	6.661	6.246	5.554

年份(n)	20%	22%	24%	25%	26%	28%	30%	35%	40%	45%	50%
1	0.833	0.820	0.806	0.800	0.794	0.781	0.769	0.741	0.714	0.690	0.667
2	1.528	1.492	1.457	1.440	1.424	1.392	1.361	1.289	1.224	1.165	1.111
3	2.106	2.042	1.981	1.952	1.923	1.868	1.816	1.696	1.598	1.493	1.407
4	2.589	2.494	2.404	2.362	2.320	2.241	2.166	1.997	1.849	1.720	1.605
5	2.991	2.864	2.745	2.689	2.635	2.535	2.436	2.220	2.035	1.876	1.737
6	3.326	3.167	3.020	2.951	2.885	2.759	2.643	2.385	2.168	1.983	1.824
7	3.605	3.416	3.242	3.161	3.083	2.937	2.802	2.508	2.263	2.057	1.883
8	3.837	3.619	3.421	3.329	3.241	3.076	2.925	2.598	2.331	2.108	1.922
9	4.031	3.786	3.566	3.463	3.366	3.184	3.019	2.665	2.379	2.144	1.948
10	4.192	3.923	3.682	3.571	3.465	3.269	3.092	2.715	2.414	2.168	1.965
11	4.327	4.035	3.776	3.656	3.544	3.335	3.147	2.752	2.438	2.185	1.977
12	4.439	4.127	3.851	3.725	3.606	3.387	3.190	2.779	2.456	2.196	1.985
13	4.533	4.203	3.912	3.780	3.656	3.427	3.223	2.799	2.468	2.204	1.990
14	4.611	4.265	3.962	3.824	3.695	3.459	3.249	2.814	2.477	2.210	1.993
15	4.675	4.315	4.001	3.859	3.726	3.483	3.268	2.825	2.484	2.214	1.995
16	4.730	4.357	4.033	3.887	3.751	3.503	3.283	2.834	2.489	2.216	1.997
17	4.775	4.391	4.059	3.910	3.771	3.518	3.295	2.840	2.492	2.218	1.998
18	4.812	4.419	4.080	3.928	3.786	3.529	3.304	2.844	2.494	2.219	1.999
19	4.844	4.442	4.097	3.942	3.799	3.539	3.311	2.848	2.496	2.220	1.999
20	4.870	4.460	4.110	3.954	3.808	3.546	3.316	2.850	2.497	2.221	1.999
21	4.891	4.476	4.121	3.963	3.816	3.551	3.320	2.852	2.498	2.221	2.000
22	4.909	4.488	4.130	3.970	3.822	3.556	3.323	2.853	2.498	2.222	2.000
23	4.925	4.499	4.137	3.976	3.827	3.559	3.325	2.854	2.499	2.222	2.000
24	4.937	4.507	4.143	3.981	3.831	3.562	3.327	2.855	2.499	2.222	2.000
25	4.948	4.514	4.147	3.985	3.834	3.564	3.329	2.856	2.499	2.222	2.000
26	4.956	4.520	4.151	3.988	3.837	3.566	3.330	2.856	2.500	2.222	2.000
27	4.964	4.524	4.154	3.990	3.839	3.567	3.331	2.856	2.500	2.222	2.000
28	4.970	4.528	4.157	3.992	3.840	3.568	3.331	2.857	2.500	2.222	2.000
29	4.975	4.531	4.159	3.994	3.841	3.569	3.332	2.857	2.500	2.222	2.000
30	4.979	4.534	4.160	3.995	3.842	3.569	3.332	2.857	2.500	2.222	2.000
40	4.997	4.544	4.166	3.999	3.846	3.571	3.333	2.857	2.500	2.222	2.000
50	4.999	4.545	4.167	4.000	3.846	3.571	3.333	2.857	2.500	2.222	2.000

附录 3　正态分布表

z	0.00	0.01	0.02	0.03	0.04	0.05	0.06	0.07	0.08	0.09
0.0	0.0000	0.0040	0.0080	0.0120	0.0160	0.0199	0.0239	0.0279	0.0319	0.0359
0.1	0.0398	0.0438	0.0478	0.0517	0.0557	0.0596	0.0636	0.0675	0.0714	0.0753
0.2	0.0793	0.0832	0.0871	0.0910	0.0948	0.0987	0.1026	0.1064	0.1103	0.1141
0.3	0.1179	0.1217	0.1255	0.1293	0.1331	0.1368	0.1406	0.1443	0.1480	0.1517
0.4	0.1554	0.1591	0.1628	0.1664	0.1700	0.1736	0.1772	0.1808	0.1844	0.1879
0.5	0.1915	0.1950	0.1985	0.2019	0.2054	0.2088	0.2123	0.2157	0.2190	0.2224
0.6	0.2257	0.2291	0.2324	0.2357	0.2389	0.2422	0.2454	0.2486	0.2517	0.2549
0.7	0.2580	0.2611	0.2642	0.2673	0.2704	0.2734	0.2764	0.2794	0.2823	0.2852
0.8	0.2881	0.2910	0.2939	0.2967	0.2995	0.3023	0.3051	0.3078	0.3106	0.3133
0.9	0.3159	0.3186	0.3212	0.3238	0.3264	0.3289	0.3315	0.3340	0.3365	0.3389
1.0	0.3413	0.3438	0.3461	0.3485	0.3508	0.3531	0.3554	0.3577	0.3599	0.3621
1.1	0.3643	0.3665	0.3686	0.3708	0.3729	0.3749	0.3770	0.3790	0.3810	0.3830
1.2	0.3849	0.3869	0.3888	0.3907	0.3925	0.3944	0.3962	0.3980	0.3997	0.4015
1.3	0.4032	0.4049	0.4066	0.4082	0.4099	0.4115	0.4131	0.4147	0.4162	0.4177
1.4	0.4192	0.4207	0.4222	0.4236	0.4251	0.4265	0.4279	0.4292	0.4306	0.4319
1.5	0.4332	0.4345	0.4357	0.4370	0.4382	0.4394	0.4406	0.4418	0.4429	0.4441
1.6	0.4452	0.4463	0.4474	0.4484	0.4495	0.4505	0.4515	0.4525	0.4535	0.4545
1.7	0.4554	0.4564	0.4573	0.4582	0.4591	0.4599	0.4608	0.4616	0.4625	0.4633
1.8	0.4641	0.4649	0.4656	0.4664	0.4671	0.4678	0.4686	0.4693	0.4699	0.4706
1.9	0.4713	0.4719	0.4726	0.4732	0.4738	0.4744	0.4750	0.4756	0.4761	0.4767
2.0	0.4772	0.4778	0.4783	0.4788	0.4793	0.4798	0.4803	0.4808	0.4812	0.4817
2.1	0.4821	0.4826	0.4830	0.4834	0.4838	0.4842	0.4846	0.4850	0.4854	0.4857
2.2	0.4861	0.4864	0.4868	0.4871	0.4875	0.4878	0.4881	0.4884	0.4887	0.4890
2.3	0.4893	0.4896	0.4898	0.4901	0.4904	0.4906	0.4909	0.4911	0.4913	0.4916
2.4	0.4918	0.4920	0.4922	0.4925	0.4927	0.4929	0.4931	0.4932	0.4934	0.4936
2.5	0.4938	0.4940	0.4941	0.4943	0.4945	0.4946	0.4948	0.4949	0.4951	0.4952
2.6	0.4953	0.4955	0.4956	0.4957	0.4959	0.4960	0.4961	0.4962	0.4963	0.4964
2.7	0.4965	0.4966	0.4967	0.4968	0.4969	0.4970	0.4971	0.4972	0.4973	0.4974
2.8	0.4974	0.4975	0.4976	0.4977	0.4977	0.4978	0.4979	0.4979	0.4980	0.4981
2.9	0.4981	0.4982	0.4982	0.4983	0.4984	0.4984	0.4985	0.4985	0.4986	0.4986
3.0	0.4987	0.4987	0.4987	0.4988	0.4988	0.4989	0.4989	0.4989	0.4990	0.4990

附录 4 看涨期权的布莱克-斯科尔斯估值，表示为股价的百分比

累积方差的平方根为 $\sigma\sqrt{t}$

	股价除以执行价格的现值，即 $S/PV(E)$														
	0.30	0.35	0.40	0.45	0.50	0.55	0.60	0.65	0.70	0.75	0.80	0.82	0.84	0.86	0.88
0.05	0.0	0.0	0.0	0.0	0.0	0.0	0.0	0.0	0.0	0.0	0.0	0.0	0.0	0.0	0.0
0.10	0.0	0.0	0.0	0.0	0.0	0.0	0.0	0.0	0.0	0.0	0.0	0.1	0.2	0.3	0.5
0.15	0.0	0.0	0.0	0.0	0.0	0.0	0.0	0.0	0.1	0.2	0.5	0.7	1.0	1.3	1.7
0.20	0.0	0.0	0.0	0.0	0.0	0.0	0.0	0.1	0.4	0.8	1.5	1.9	2.3	2.8	3.4
0.25	0.0	0.0	0.0	0.0	0.0	0.1	0.2	0.5	1.0	0.8	2.8	3.3	3.9	4.5	5.2
0.30	0.0	0.0	0.0	0.1	0.1	0.3	0.7	1.2	2.0	3.1	4.4	5.0	5.7	6.3	7.0
0.35	0.0	0.0	0.1	0.2	0.4	0.8	1.4	2.3	3.3	4.6	6.2	6.8	7.5	8.2	9.0
0.40	0.0	0.1	0.2	0.5	0.9	1.6	2.4	3.5	4.8	6.3	8.0	8.7	9.4	10.2	11.0
0.45	0.1	0.2	0.5	1.0	1.7	2.6	3.7	5.0	6.5	8.1	9.9	10.6	11.4	12.2	12.9
0.50	0.2	0.5	1.0	1.7	2.6	3.7	5.1	6.6	8.2	10.0	11.8	12.6	13.4	14.2	14.9
0.55	0.5	1.0	1.7	2.6	3.8	5.1	6.6	8.3	10.0	11.9	13.8	14.6	15.4	16.1	16.9
0.60	0.9	1.6	2.5	3.7	5.1	6.6	8.3	10.1	11.9	13.8	15.8	16.6	17.4	18.1	18.9
0.65	1.4	2.4	3.6	4.9	6.5	8.2	10.0	11.9	13.8	15.8	17.8	18.6	19.3	20.1	20.9
0.70	2.1	3.3	4.7	6.3	8.1	9.9	11.9	13.8	15.8	17.8	19.8	20.6	21.3	22.1	22.9
0.75	3.0	4.4	6.1	7.9	9.8	11.7	13.7	15.8	17.8	19.8	21.8	22.5	23.3	24.1	24.8
0.80	4.0	5.7	7.5	9.5	11.5	13.6	15.7	17.7	19.8	21.8	23.7	24.5	25.3	26.0	26.8
0.85	5.1	7.1	9.1	11.2	13.3	15.5	17.6	19.7	21.8	23.8	25.7	26.5	27.2	28.0	28.7
0.90	6.4	8.5	10.7	13.0	15.2	17.4	19.6	21.7	23.8	25.8	27.2	28.4	29.2	29.9	30.6
0.95	7.8	10.1	12.5	14.8	17.1	19.4	21.6	23.7	25.7	27.7	29.6	30.4	31.1	31.8	32.5
1.00	9.3	11.8	14.3	16.7	19.1	21.4	23.6	25.7	27.7	29.7	31.6	32.3	33.0	33.7	34.4
1.05	10.9	13.6	16.1	18.6	21.0	23.3	25.6	27.7	29.7	31.6	33.5	34.2	34.9	35.6	36.2
1.10	12.6	15.4	18.0	20.6	23.0	25.3	27.5	29.6	31.6	33.5	35.4	36.1	36.7	37.4	38.1
1.15	14.4	17.2	20.0	22.5	25.0	27.3	29.5	31.6	33.6	35.4	37.2	37.9	38.6	39.2	39.9
1.20	16.2	19.1	21.9	24.5	27.0	29.3	31.5	33.6	35.5	37.3	39.1	39.7	40.4	41.0	41.7

	股价除以执行价格的现值，即 $S/PV(E)$														
	0.30	0.35	0.40	0.45	0.50	0.55	0.60	0.65	0.70	0.75	0.80	0.82	0.84	0.86	0.88
1.25	18.1	21.1	23.9	26.5	29.0	31.3	33.5	35.5	37.4	39.2	40.9	41.5	42.2	42.8	43.4
1.30	20.0	23.0	25.9	28.5	31.0	33.3	35.4	37.4	39.3	41.0	42.7	43.3	43.9	44.5	45.1
1.35	21.9	25.0	27.9	30.5	33.0	35.2	37.3	39.3	41.1	42.8	44.4	45.1	45.7	46.3	46.8
1.40	23.9	27.0	29.9	32.5	34.9	37.1	39.2	41.1	42.9	44.6	46.2	46.8	47.4	47.9	48.5
1.45	25.8	29.0	31.9	34.5	36.9	39.1	41.1	43.0	44.7	46.4	47.9	48.5	49.0	49.6	50.1
1.50	27.8	31.0	33.8	36.4	38.8	40.9	42.9	44.8	46.5	48.1	49.6	50.1	50.7	51.2	51.8
1.55	29.8	33.0	35.8	38.4	40.7	42.8	44.8	46.6	48.2	49.8	51.2	51.8	52.3	52.8	53.3
1.60	31.8	35.0	37.8	40.3	42.6	44.6	46.5	48.3	49.9	51.4	52.8	53.4	53.9	54.4	54.9
1.65	33.8	36.9	39.7	42.2	44.4	46.4	48.3	50.0	51.6	53.1	54.4	54.9	55.4	55.9	56.4
1.70	35.8	38.9	41.6	44.0	46.2	48.2	50.0	51.7	53.2	54.7	56.0	56.5	57.0	57.5	57.9
1.75	37.7	40.8	43.5	45.9	48.0	50.0	51.7	53.4	54.8	56.2	57.5	58.0	58.5	58.9	59.4
2.00	47.3	50.1	52.5	54.6	56.5	58.2	59.7	61.1	62.4	63.6	64.6	65.0	65.4	65.8	66.2
2.25	56.1	58.6	60.7	62.5	64.1	65.6	66.8	68.0	69.1	70.0	70.9	71.5	71.6	71.9	72.2
2.50	64.0	66.1	67.9	69.4	70.8	72.0	73.1	74.0	74.9	75.7	76.4	76.7	77.0	77.2	77.5
2.75	70.9	72.7	74.2	75.4	76.6	77.5	78.4	79.2	79.9	80.5	81.1	81.4	81.6	81.8	82.0
3.00	76.9	78.3	79.5	80.5	81.4	82.2	82.9	83.5	84.1	84.6	85.1	85.3	85.4	85.6	85.8
3.50	86.0	86.9	87.6	88.3	88.8	89.3	89.7	90.1	90.5	90.8	91.1	91.2	91.3	91.4	91.5
4.00	92.0	92.5	92.9	93.3	93.6	93.9	94.2	94.4	94.6	94.8	94.9	95.0	95.0	05.1	95.2
4.50	95.7	96.0	96.2	96.4	96.6	96.7	96.9	97.0	97.1	97.2	97.3	97.3	97.3	97.4	97.4
5.00	97.8	97.9	98.1	98.2	98.3	98.3	98.4	98.5	98.5	98.6	98.6	98.6	98.6	98.7	98.7
6.00	99.5	99.5	99.6	99.6	99.6	99.6	99.7	99.7	99.7	99.7	99.7	99.7	99.7	99.7	99.7
	0.90	0.92	0.94	0.96	0.98	1.00	1.02	1.04	1.06	1.08	1.10	1.12	1.14	1.16	1.18
0.05	0.0	0.1	0.3	0.6	1.2	2.0	3.1	4.5	6.0	7.5	9.1	10.7	12.3	13.8	15.3
0.10	0.8	1.2	1.7	2.3	3.1	4.0	5.0	6.1	7.3	8.6	10.0	11.3	12.7	14.1	15.4
0.15	2.2	2.8	3.5	4.2	5.1	6.0	7.0	8.0	9.1	10.2	11.4	12.6	13.8	15.0	16.2
0.20	4.0	0.7	5.4	6.2	7.1	8.0	8.9	9.9	10.9	11.9	13.0	14.1	15.2	16.3	17.4
0.25	5.9	6.6	7.4	8.2	9.1	9.9	10.9	11.8	12.8	13.7	14.7	15.7	16.7	17.7	18.7
0.30	7.8	8.6	9.4	10.2	11.1	11.9	12.8	13.7	14.6	15.6	16.5	17.4	18.4	19.3	20.3
0.35	9.8	10.6	11.4	12.2	13.0	13.9	14.8	15.6	16.5	17.4	18.3	19.2	20.1	21.0	21.9
0.40	11.7	12.5	13.4	14.2	15.0	15.9	16.7	17.5	18.4	19.2	20.1	20.9	21.8	22.6	23.5
0.45	13.7	14.5	15.3	16.2	17.0	17.8	18.6	19.4	20.3	21.1	21.9	22.7	23.5	24.3	25.1
0.50	15.7	16.5	17.3	18.1	18.9	19.7	20.5	21.3	22.1	22.9	23.7	24.5	25.3	26.1	26.8
0.55	17.7	18.5	19.3	20.1	20.9	21.7	22.4	23.2	24.0	24.8	25.5	26.3	27.0	27.8	28.5
0.60	19.7	20.5	21.3	22.0	22.8	23.6	24.3	25.1	25.8	26.6	27.3	28.1	28.8	29.5	30.2
0.65	21.7	22.5	23.2	24.0	24.7	25.5	26.2	27.0	27.7	28.4	29.1	27.8	30.5	31.2	31.9
0.70	23.6	24.4	25.2	25.9	26.6	27.4	28.1	28.8	29.5	30.2	30.9	31.6	32.6	32.9	33.6
0.75	25.6	26.3	27.1	27.8	28.5	29.2	29.9	30.6	31.3	32.0	32.7	33.3	34.0	34.6	35.3
0.80	27.5	28.3	29.0	29.7	30.4	31.1	31.8	32.4	33.1	33.8	34.4	35.1	35.7	36.3	36.9
0.85	29.4	30.2	30.9	31.6	32.2	32.9	33.6	34.2	34.9	35.5	36.2	36.8	37.4	38.0	38.6
0.90	31.3	32.0	32.7	33.4	34.1	34.7	35.4	36.0	36.6	37.3	37.9	38.5	39.1	39.6	40.2
0.95	33.2	33.9	34.6	35.2	35.9	36.5	37.2	37.8	38.4	39.0	39.6	40.1	40.7	41.3	41.8
1.00	35.1	35.7	36.4	37.0	37.7	38.3	38.9	39.5	40.1	40.7	41.2	41.8	42.4	42.9	43.4
1.05	36.9	37.6	38.2	38.8	39.4	40.0	40.6	41.2	41.8	42.4	42.9	43.5	44.0	44.5	45.0

续前表

	股价除以执行价格的现值，即 $S/PV(E)$														
	0.90	0.92	0.94	0.96	0.98	1.00	1.02	1.04	1.06	1.08	1.10	1.12	1.14	1.16	1.18
1.10	38.7	39.3	40.0	40.6	41.2	41.8	42.3	42.9	43.5	44.0	44.5	45.1	45.6	46.1	46.6
1.15	40.5	41.1	41.7	42.3	42.9	43.5	44.0	44.6	45.1	45.6	46.2	46.7	47.2	47.7	48.2
1.20	42.3	42.9	43.5	44.0	44.6	45.1	45.7	46.2	46.7	47.3	47.8	48.3	48.7	49.2	49.7
1.25	44.0	44.6	45.2	45.7	46.3	46.8	47.3	47.8	48.4	48.8	49.3	49.8	50.3	50.7	51.2
1.30	45.7	46.3	46.8	47.4	47.9	48.4	48.9	49.4	49.9	50.4	50.9	51.3	51.8	52.2	52.7
1.35	47.4	47.9	48.5	49.0	49.5	50.0	50.5	51.0	51.5	52.0	52.4	52.9	53.3	53.7	54.1
1.40	49.0	49.6	50.1	50.6	51.1	51.6	52.1	52.6	53.0	53.5	53.9	54.3	54.8	55.2	55.6
1.45	50.7	51.2	51.7	52.2	52.7	53.2	53.6	54.1	54.5	55.0	55.4	55.8	56.2	56.6	57.0
1.50	52.3	52.8	53.5	53.7	54.2	54.7	55.1	55.6	56.0	56.4	56.8	57.2	57.6	58.0	58.4
1.55	53.8	54.3	54.8	55.3	55.7	56.2	56.6	57.0	57.4	57.8	58.2	58.6	59.0	59.4	59.7
1.60	55.4	55.9	56.3	56.8	57.2	57.6	58.0	58.5	58.9	59.2	59.6	60.0	60.4	60.7	61.1
1.65	56.9	57.3	57.8	58.2	58.6	59.1	59.5	59.9	60.2	60.6	61.0	61.4	61.7	62.1	62.4
1.70	58.4	58.8	59.2	59.7	60.1	60.5	60.9	61.2	61.6	62.0	62.3	62.7	63.0	63.4	63.7
1.75	59.8	60.7	60.7	61.1	61.5	61.8	62.2	62.6	62.9	63.3	63.6	64.0	64.3	64.6	64.9
2.00	66.6	66.9	67.3	67.6	67.9	68.3	68.6	68.9	69.2	69.5	69.8	70.0	70.3	70.6	70.8
2.25	72.5	72.8	73.1	73.4	73.7	73.9	74.2	74.4	74.7	74.9	75.2	75.4	75.6	75.8	76.0
2.50	77.7	78.0	78.2	78.4	78.7	78.9	79.1	79.3	79.5	79.7	79.9	80.0	80.2	80.4	80.6
2.75	82.2	82.4	82.6	82.7	82.9	83.1	83.3	83.4	83.6	83.7	83.9	84.0	84.2	84.3	84.4
3.00	85.9	86.1	86.2	86.4	86.5	86.6	86.8	86.9	87.0	87.1	87.3	87.4	87.5	87.6	87.7
3.50	91.6	91.6	91.7	91.8	91.9	92.0	92.1	92.1	92.2	92.3	92.4	92.4	92.5	92.6	92.6
4.00	95.2	95.3	95.3	95.4	95.4	95.4	95.5	95.5	95.6	95.6	95.7	95.7	95.7	95.8	95.8
4.50	97.4	97.5	97.5	97.5	97.5	97.6	97.6	97.6	97.6	97.6	97.7	97.7	97.7	97.7	97.8
5.00	98.7	98.7	09.7	98.7	98.7	98.8	98.8	98.8	98.8	98.8	98.8	98.8	98.8	98.8	98.8
6.00	99.7	99.7	99.7	99.7	99.7	99.7	99.7	99.7	99.7	99.7	99.7	99.7	99.7	99.7	99.8

	1.20	1.25	1.30	1.35	1.40	1.45	1.50	1.75	2.00	2.50
0.05	16.7	20.0	23.1	25.9	28.6	31.0	33.3	42.9	50.0	60.0
0.10	16.8	20.0	23.1	25.9	28.6	31.0	33.3	42.9	50.0	60.0
0.15	17.4	20.4	23.3	26.0	28.6	31.0	33.3	42.9	50.0	60.0
0.20	18.5	21.2	23.9	26.4	28.9	31.2	33.5	42.9	50.0	60.0
0.25	19.8	22.3	24.7	27.1	29.4	31.7	33.8	42.9	50.0	60.0
0.30	21.2	23.5	25.8	28.1	30.2	32.3	34.3	43.1	50.1	60.0
0.35	22.7	24.9	27.1	29.2	31.2	33.2	35.1	43.5	50.2	60.0
0.40	24.3	26.4	28.4	30.4	32.3	34.2	36.0	44.0	50.5	60.1
0.45	25.9	27.9	29.8	31.7	33.5	35.3	37.0	44.6	50.8	60.2
0.50	27.6	29.5	31.3	33.1	34.8	36.4	38.1	45.3	51.3	50.4
0.55	29.2	31.0	32.8	34.5	36.1	37.7	39.2	46.1	51.9	60.7
0.60	30.9	32.6	34.3	35.9	37.5	39.0	40.4	47.0	52.5	61.0
0.65	32.6	34.2	35.8	37.4	38.9	40.3	41.7	48.0	53.3	61.4
0.70	34.2	35.8	37.3	38.8	40.3	41.6	43.0	49.0	54.0	61.9
0.75	35.9	37.4	38.9	40.3	41.7	43.0	44.3	50.0	54.9	62.4
0.80	37.5	39.0	40.4	41.8	43.1	44.4	45.6	51.1	55.8	63.0
0.85	39.2	40.6	41.9	43.3	44.5	45.8	46.9	52.2	56.7	63.6
0.90	40.8	42.1	43.5	44.7	46.0	47.1	48.3	53.3	57.6	64.3

续前表

	股价除以执行价格的现值，即 $S/PV(E)$									
	1.20	1.25	1.30	1.35	1.40	1.45	1.50	1.75	2.00	2.50
0.95	42.4	43.7	43.5	44.7	46.0	48.5	49.6	54.5	58.6	65.0
1.00	44.0	45.2	46.5	47.6	48.8	49.9	50.9	55.6	59.5	65.7
1.05	45.5	46.8	48.0	49.1	50.2	51.2	52.2	56.7	60.5	66.5
1.10	47.1	48.3	49.4	50.5	51.6	52.6	53.5	57.9	61.5	67.2
1.15	48.6	49.8	50.9	51.9	52.9	53.9	54.9	59.0	62.5	68.0
1.20	50.1	51.3	52.3	53.4	54.3	55.2	56.1	60.2	63.5	68.8
1.25	51.6	52.7	53.7	54.7	55.7	56.6	57.4	61.3	64.5	69.6
1.30	53.1	54.1	55.1	56.1	57.0	57.9	58.7	62.4	65.5	70.4
1.35	54.6	55.6	56.5	57.4	58.3	59.1	59.9	63.5	66.5	71.1
1.40	56.0	56.9	57.9	58.7	59.6	60.4	61.2	64.6	67.5	71.9
1.45	57.4	58.3	59.2	6.00	60.9	61.6	62.4	65.7	68.4	72.7
1.50	58.8	59.7	60.5	61.3	62.1	62.9	63.6	66.8	69.4	73.5
1.55	60.1	61.0	61.8	62.6	63.3	64.1	64.7	67.8	70.3	74.3
1.60	61.4	62.3	63.1	63.8	64.5	65.2	65.9	68.8	71.3	75.1
1.65	62.7	63.5	64.3	65.0	65.7	66.4	67.0	69.9	72.2	72.9
1.70	64.0	64.8	65.5	66.2	66.9	67.5	68.2	70.9	73.1	76.6
1.75	65.3	66.0	66.7	67.4	68.0	68.7	69.2	71.9	74.0	77.4
2.00	71.1	71.7	72.3	72.9	73.4	73.9	74.4	76.5	78.3	81.0
2.25	76.3	76.8	77.2	77.7	78.1	78.5	78.9	80.6	82.1	84.3
2.50	80.7	81.1	81.5	81.9	82.2	82.6	82.9	84.3	85.4	87.2
2.75	84.6	84.9	85.2	85.5	85.8	86.0	86.3	87.4	88.3	89.7
3.00	87.8	88.1	88.3	88.5	88.8	89.0	89.2	90.0	90.7	91.8
3.50	92.7	92.8	93.0	93.1	93.3	93.4	93.5	94.0	94.4	95.1
4.00	95.8	95.9	96.0	96.1	96.2	96.2	96.3	96.6	96.8	97.2
4.50	97.8	97.8	97.9	97.9	97.9	98.0	98.0	98.2	98.3	98.5
5.00	98.9	98.9	98.9	98.9	98.0	99.0	99.0	99.1	99.1	99.2
6.00	99.8	99.8	99.8	99.8	99.8	99.8	99.8	99.8	99.8	99.8

附录5 当连续贴现率为 r、时间长度为 T 期时1美元的现值，即 e^{-rt} 的值

期限 (T)	连续贴现率 (r)							
	1%	2%	3%	4%	5%	6%	7%	8%
1	0.9900	0.9802	0.9704	0.9608	0.9512	0.9418	0.9324	0.9231
2	0.9802	0.9608	0.9418	0.9231	0.9048	0.8869	0.8694	0.8521
3	0.9704	0.9418	0.9139	0.8869	0.8607	0.8353	0.8106	0.7866
4	0.9608	0.9231	0.8869	0.8521	0.8187	0.7866	0.7558	0.7261
5	0.9512	0.9048	0.8607	0.8187	0.7788	0.7408	0.7047	0.6703
6	0.9418	0.8869	0.8353	0.7866	0.7408	0.6977	0.6570	0.6188
7	0.9324	0.8694	0.8106	0.7558	0.7047	0.6570	0.6126	0.5712
8	0.9231	0.8521	0.7866	0.7261	0.6703	0.6188	0.5712	0.5273
9	0.9139	0.8353	0.7634	0.6977	0.6376	0.5827	0.5326	0.4868
10	0.9048	0.8187	0.7408	0.6703	0.6065	0.5488	0.4966	0.4493
11	0.8958	0.8025	0.7189	0.6440	0.5769	0.5169	0.4630	0.4148
12	0.8869	0.7866	0.6977	0.6188	0.5488	0.4868	0.4317	0.3829
13	0.8781	0.7711	0.6771	0.5945	0.5220	0.4584	0.4025	0.3535
14	0.8694	0.7558	0.6570	0.5712	0.4966	0.4317	0.3753	0.3263
15	0.8607	0.7408	0.6376	0.5488	0.4724	0.4066	0.3499	0.3012
16	0.8521	0.7261	0.6188	0.5273	0.4493	0.3829	0.3263	0.2780
17	0.8437	0.7118	0.6005	0.5066	0.4274	0.3606	0.3042	0.2567
18	0.8353	0.6977	0.5827	0.4868	0.4066	0.3396	0.2837	0.2369
19	0.8270	0.6839	0.5655	0.4677	0.3867	0.3198	0.2645	0.2187
20	0.8187	0.6703	0.5488	0.4493	0.3679	0.3012	0.2466	0.2019
21	0.8106	0.6570	0.5326	0.4317	0.3499	0.2837	0.2299	0.1864
22	0.8025	0.6440	0.5169	0.4148	0.3329	0.2671	0.2144	0.1720
23	0.7945	0.6313	0.5016	0.3985	0.3166	0.2516	0.1999	0.1588
24	0.7866	0.6188	0.4868	0.3829	0.3012	0.2369	0.1864	0.1466
25	0.7788	0.6065	0.4724	0.3679	0.2865	0.2231	0.1738	0.1353
30	0.7408	0.5488	0.4066	0.3012	0.2231	0.1653	0.1225	0.0907
35	0.7047	0.4966	0.3499	0.2466	0.1738	0.1225	0.0863	0.0608
40	0.6703	0.4493	0.3012	0.2019	0.1353	0.0907	0.0608	0.0408
45	0.6376	0.4066	0.2592	0.1653	0.1054	0.0672	0.0429	0.0273
50	0.6065	0.3679	0.2231	0.1353	0.0821	0.0498	0.0302	0.0183
55	0.5769	0.3329	0.1920	0.1108	0.0639	0.0369	0.0213	0.0123
60	0.5488	0.3012	0.1653	0.0907	0.0498	0.0273	0.0150	0.0082

期限	连续贴现率（*r*）								
（*T*）	9%	10%	11%	12%	13%	14%	15%	16%	17%
1	0.9139	0.9048	0.8958	0.8869	0.8781	0.8694	0.8607	0.8521	0.8437
2	0.8353	0.8187	0.8025	0.7866	0.7711	0.7558	0.7408	0.7261	0.7118
3	0.7634	0.7408	0.7189	0.6977	0.6771	0.6570	0.6376	0.6188	0.6005
4	0.6977	0.6703	0.6440	0.6188	0.5945	0.5712	0.5488	0.5273	0.5066
5	0.6376	0.6065	0.5769	0.5488	0.5220	0.4966	0.4724	0.4493	0.4274
6	0.5827	0.5488	0.5169	0.4868	0.4584	0.4317	0.4066	0.3829	0.3606
7	0.5326	0.4966	0.4630	0.4317	0.4025	0.3753	0.3499	0.3263	0.3042
8	0.4868	0.4493	0.4148	0.3829	0.3535	0.3263	0.3012	0.2780	0.2576
9	0.4449	0.4066	0.3716	0.3396	0.3104	0.2837	0.2592	0.2369	0.2165
10	0.4066	0.3679	0.3329	0.3012	0.2725	0.2466	0.2231	0.2019	0.1827
11	0.3716	0.3329	0.2982	0.2671	0.2393	0.2144	0.1920	0.1720	0.1541
12	0.3396	0.3012	0.2671	0.2369	0.2101	0.1864	0.1653	0.1466	0.1300
13	0.3104	0.2725	0.2393	0.2101	0.1845	0.1620	0.1423	0.1249	0.1097
14	0.2837	0.2466	0.2144	0.1864	0.1620	0.1409	0.1225	0.1065	0.0926
15	0.2592	0.2231	0.1920	0.1653	0.1423	0.1225	0.1054	0.0907	0.0781
16	0.2369	0.2019	0.1720	0.1466	0.1249	0.1065	0.0907	0.0773	0.0659
17	0.2165	0.1827	0.1541	0.1300	0.1097	0.0926	0.0781	0.0659	0.0556
18	0.1979	0.1653	0.1381	0.1153	0.0963	0.0805	0.0672	0.0561	0.0469
19	0.1809	0.1496	0.1237	0.1023	0.0846	0.0699	0.0578	0.0478	0.0396
20	0.1653	0.1353	0.1108	0.0907	0.0743	0.0608	0.0498	0.0408	0.0334
21	0.1511	0.1225	0.0993	0.0805	0.0652	0.0529	0.0429	0.0347	0.0282
22	0.1381	0.1108	0.0889	0.0714	0.0573	0.0460	0.0369	0.0296	0.0238
23	0.1262	0.1003	0.0797	0.0633	0.0503	0.0400	0.0317	0.0252	0.0200
24	0.1153	0.0907	0.0714	0.0561	0.0442	0.0347	0.0273	0.0215	0.0169
25	0.1054	0.0821	0.0639	0.0498	0.0388	0.0302	0.0235	0.0183	0.0143
30	0.0672	0.0498	0.0369	0.0273	0.0202	0.0150	0.0111	0.0082	0.0061
35	0.0429	0.0302	0.0213	0.0150	0.0106	0.0074	0.0052	0.0037	0.0026
40	0.0273	0.0183	0.0123	0.0082	0.0055	0.0037	0.0025	0.0017	0.0011
45	0.0174	0.0111	0.0071	0.0045	0.0029	0.0018	0.0012	0.0007	0.0005
50	0.0111	0.0067	0.0041	0.0025	0.0015	0.0009	0.0006	0.0003	0.0002
55	0.0071	0.0041	0.0024	0.0014	0.0008	0.0005	0.0003	0.0002	0.0001
60	0.0045	0.0025	0.0014	0.0007	0.0004	0.0002	0.0001	0.0001	0.0000
	18%	19%	20%	21%	22%	23%	24%	25%	26%
1	0.8353	0.8270	0.8187	0.8106	0.8025	0.7945	0.7866	0.7788	0.7711
2	0.6977	0.6839	0.6703	0.6570	0.6440	0.6313	0.6188	0.6065	0.5945
3	0.5827	0.5655	0.5488	0.5326	0.5169	0.5016	0.4868	0.4724	0.4584
4	0.4868	0.4677	0.4493	0.4317	0.4148	0.3985	0.3829	0.3679	0.3535
5	0.4066	0.3867	0.3679	0.3499	0.3329	0.3166	0.3012	0.2865	0.2725
6	0.3396	0.3198	0.3012	0.2837	0.2971	0.2516	0.2369	0.2231	0.2101
7	0.2837	0.2645	0.2466	0.2299	0.2144	0.1999	0.1864	0.1738	0.1620
8	0.2369	0.2187	0.2019	0.1864	0.1720	0.1588	0.1466	0.1353	0.1249
9	0.1979	0.1809	0.1653	0.1511	0.1381	0.1262	0.1153	0.1054	0.0963
10	0.1653	0.1496	0.1353	0.1225	0.1108	0.1003	0.0907	0.0821	0.0743
11	0.1381	0.1237	0.1108	0.0993	0.0889	0.0797	0.0714	0.0639	0.0573
12	0.1154	0.1023	0.0907	0.0805	0.0714	0.0633	0.0561	0.0498	0.0442
13	0.0963	0.0846	0.0743	0.0653	0.0573	0.0503	0.0442	0.0388	0.0340
14	0.0805	0.0699	0.0608	0.0529	0.0460	0.0400	0.0347	0.0302	0.0263
15	0.0672	0.0578	0.0498	0.0429	0.0369	0.0317	0.0273	0.0235	0.0202
16	0.0561	0.0478	0.0408	0.0347	0.0296	0.0252	0.0215	0.0183	0.0156
17	0.0469	0.0396	0.0334	0.0282	0.0238	0.0200	0.0169	0.0143	0.0120
18	0.0392	0.0327	0.0273	0.0228	0.0191	0.0159	0.0133	0.0111	0.0093
19	0.0327	0.0271	0.0224	0.0185	0.0153	0.0127	0.0105	0.0087	0.0072
20	0.0273	0.0224	0.0183	0.0150	0.0123	0.0101	0.0082	0.0067	0.0055

续前表

期限 (T)	连续贴现率 (r)								
	18%	19%	20%	21%	22%	23%	24%	25%	26%
21	0.0228	0.0185	0.0150	0.0122	0.0099	0.0080	0.0065	0.0052	0.0043
22	0.0191	0.0153	0.0123	0.0099	0.0079	0.0063	0.0051	0.0041	0.0033
23	0.0159	0.0127	0.0101	0.0080	0.0063	0.0050	0.0040	0.0032	0.0025
24	0.0133	0.0105	0.0082	0.0065	0.0051	0.0040	0.0032	0.0025	0.0019
25	0.0111	0.0087	0.0067	0.0052	0.0041	0.0032	0.0025	0.0019	0.0015
30	0.0045	0.0033	0.0025	0.0018	0.0014	0.0010	0.0007	0.0006	0.0004
35	0.0018	0.0013	0.0009	0.0006	0.0005	0.0003	0.0002	0.0002	0.0001
40	0.0007	0.0005	0.0003	0.0002	0.0002	0.0001	0.0001	0.0000	0.0000
45	0.0003	0.0002	0.0001	0.0001	0.0001	0.0000	0.0000	0.0000	0.0000
50	0.0001	0.0001	0.0000	0.0000	0.0000	0.0000	0.0000	0.0000	0.0000
55	0.0001	0.0000	0.0000	0.0000	0.0000	0.0000	0.0000	0.0000	0.0000
60	0.0000	0.0000	0.0000	0.0000	0.0000	0.0000	0.0000	0.0000	0.0000
	27%	28%	29%	30%	31%	32%	33%	34%	35%
1	0.7634	0.7558	0.7483	0.7408	0.7334	0.7261	0.7189	0.7188	0.7047
2	0.5827	0.5712	0.5599	0.5488	0.5379	0.5273	0.5169	0.5066	0.4966
3	0.4449	0.4317	0.4190	0.4066	0.3946	0.3829	0.3716	0.3606	0.3499
4	0.3396	0.3263	0.3135	0.3012	0.2894	0.2780	0.2671	0.2567	0.2466
5	0.2592	0.2466	0.2346	0.2231	0.2122	0.2019	0.1920	0.1827	0.1738
6	0.1979	0.1864	0.1755	0.1653	0.1557	0.1466	0.1381	0.1300	0.1225
7	0.1511	0.1409	0.1313	0.1225	0.1142	0.1065	0.0993	0.0926	0.0863
8	0.1153	0.1065	0.0983	0.0907	0.0837	0.0773	0.0714	0.0659	0.0608
9	0.0880	0.0805	0.0735	0.0672	0.0614	0.0561	0.0513	0.0469	0.0429
10	0.0672	0.0608	0.0550	0.0498	0.0450	0.0408	0.0369	0.0334	0.0302
11	0.0513	0.0460	0.0412	0.0369	0.0330	0.0296	0.0265	0.0238	0.0213
12	0.0392	0.0347	0.0308	0.0273	0.0242	0.0215	0.0191	0.0169	0.0150
13	0.0299	0.0263	0.0231	0.0202	0.0178	0.0156	0.0137	0.0120	0.0106
14	0.0228	0.0198	0.0172	0.0150	0.0130	0.0113	0.0099	0.0086	0.0074
15	0.0174	0.0150	0.0129	0.0111	0.0096	0.0082	0.0071	0.0061	0.0052
16	0.0133	0.0113	0.0097	0.0082	0.0070	0.0060	0.0051	0.0043	0.0037
17	0.0102	0.0086	0.0072	0.0061	0.0051	0.0043	0.0037	0.0031	0.0026
18	0.0078	0.0065	0.0054	0.0045	0.0038	0.0032	0.0026	0.0022	0.0018
19	0.0059	0.0049	0.0040	0.0033	0.0028	0.0023	0.0019	0.0016	0.0013
20	0.0045	0.0037	0.0030	0.0025	0.0020	0.0017	0.0014	0.0011	0.0009
21	0.0034	0.0028	0.0023	0.0018	0.0015	0.0012	0.0010	0.0008	0.0006
22	0.0026	0.0021	0.0017	0.0014	0.0011	0.0009	0.0007	0.0006	0.0005
23	0.0020	0.0016	0.0013	0.0010	0.0008	0.0006	0.0005	0.0004	0.0003
24	0.0015	0.0012	0.0009	0.0007	0.0006	0.0005	0.0004	0.0003	0.0002
25	0.0012	0.0009	0.0007	0.0006	0.0004	0.0003	0.0003	0.0002	0.0002
30	0.0003	0.0002	0.0002	0.0001	0.0001	0.0001	0.0001	0.0000	0.0000
35	0.0001	0.0001	0.0000	0.0000	0.0000	0.0000	0.0000	0.0000	0.0000
40	0.0000	0.0000	0.0000	0.0000	0.0000	0.0000	0.0000	0.0000	0.0000
45	0.0000	0.0000	0.0000	0.0000	0.0000	0.0000	0.0000	0.0000	0.0000
50	0.0000	0.0000	0.0000	0.0000	0.0000	0.0000	0.0000	0.0000	0.0000
55	0.0000	0.0000	0.0000	0.0000	0.0000	0.0000	0.0000	0.0000	0.0000
60	0.0000	0.0000	0.0000	0.0000	0.0000	0.0000	0.0000	0.0000	0.0000

附录 6　国际标准化组织（ISO）4217 货币代码表（即 SWIFT 代码）节选

国家/地区	代码	货币名称	代码
阿富汗	AF	阿富汗尼	AFA
阿尔巴尼亚	AL	列克	ALL
阿尔及利亚	DZ	阿尔及利亚第纳尔	DZD
安道尔	AD	欧元	EUR
安哥拉	AO	宽扎	AOA
安圭拉	AI	东加勒比元	XCD
安提瓜和巴布达	AG	东加勒比元	XCD
阿根廷	AR	阿根廷比索	ARS
亚美尼亚	AM	亚美尼亚德拉姆	AMD
阿鲁巴岛	AW	阿鲁巴岛盾	AWG
澳大利亚	AU	澳大利亚元	AUD
奥地利	AT	欧元	EUR
阿塞拜疆	AZ	阿塞拜疆马纳特	AZM
巴哈马群岛	BS	巴哈马元	BSD
巴林岛	BH	巴林第纳尔	BHD
孟加拉国	BD	塔卡	BDT
巴巴多斯	BB	巴巴多斯元	BBD
白俄罗斯	BY	白俄罗斯卢布	BYR
比利时	BE	欧元	EUR
伯利兹	BZ	伯利兹元	BZD
贝宁	BJ	西非法郎	XOF
百慕大群岛	BM	百慕大元	BMD
不丹	BT	努扎姆 & 印度卢比	BTN INR
玻利维亚	BO	玻利维亚诺	BOB
波斯尼亚和黑塞哥维那	BA	可兑换马克	BAM
博茨瓦纳	BW	普拉	BWP
巴西	BR	巴西雷亚尔	BRL
文莱	BN	文莱元	BND
保加利亚	BG	利瓦	BGN
布基纳法索	BF	西非法郎	XOF
布隆迪	BI	布隆迪法郎	BIF

续前表

国家/地区	代码	货币名称	代码
柬埔寨	KH	新里尔	KHR
喀麦隆	CM	中非法郎	XAF
加拿大	CA	加拿大元	CAD
佛得角	CV	佛得角埃斯库多	CVE
开曼群岛	KY	开曼群岛元	KYD
中非共和国	CF	中非法郎	XAF
乍得	TD	中非法郎	XAF
智利	CL	智利比索	CLP
中国大陆	CN	人民币	CNY
哥伦比亚	CO	哥伦比亚比索	COP
刚果共和国	CG	中非法郎	XAF
刚果民主共和国	CD	刚果法郎	CDF
哥斯达黎加	CR	哥斯达黎加科郎	CRC
科特迪瓦	CI	西非法郎	XOF
克罗地亚	HR	库纳	HRK
古巴	CU	古巴比索	CUP
塞浦路斯	CY	欧元	EUR
捷克共和国	CZ	捷克克朗	CZK
丹麦	DK	丹麦克朗	DKK
吉布提	DJ	吉布提法郎	DJF
多米尼克	DM	东加勒比元	XCD
多米尼加共和国	DO	多米尼加比索	DOP
厄瓜多尔	EC	美元	USD
埃及	EG	埃及镑	EGP
萨尔瓦多	SV	科郎 & 美元	SVC USD
赤道几内亚	GQ	中非法郎	XAF
厄立特里亚	ER	纳克法	ERN
爱沙尼亚	EE	欧元	EUR
埃塞俄比亚	ET	埃塞俄比亚比尔	ETB
法罗群岛	FO	丹麦克朗	DKK
福克兰群岛	FK	福克兰群岛克朗	FKP
斐济	FJ	斐济元	FJD
芬兰	FI	欧元	EUR
法国	FR	欧元	EUR
法属波利尼西亚	PF	太平洋法郎	XPF
加蓬	GA	中非法郎	XAF
冈比亚	GM	达拉西	GMD
格鲁吉亚	GE	拉里	GEL
德国	DE	欧元	EUR
加纳	GH	塞地	GHS
直布罗陀	GI	直布罗陀镑	GIP
希腊	GR	欧元	EUR
格陵兰	GL	丹麦克朗	DKK
格林纳达	GD	东加勒比元	XCD
危地马拉	GT	格查尔	GTQ
几内亚	GN	几内亚法郎	GNF
几内亚比绍	GW	西非法郎	XOF
圭亚那	GY	圭亚那元	GYD
海地	HT	古德	HTG

续前表

国家/地区	代码	货币名称	代码
洪都拉斯	HN	伦皮拉	HNL
中国香港	HK	港元	HKD
匈牙利	HU	福林	HUF
冰岛	IS	冰岛克朗	ISK
印度	IN	印度卢比	INR
印度尼西亚	ID	印度尼西亚盾	IDR
伊朗	IR	伊朗里亚尔	IRR
伊拉克	IQ	伊拉克第纳尔	IQD
爱尔兰共和国	IE	欧元	EUR
以色列	IL	以色列新谢克尔	ILS
意大利	IT	欧元	EUR
牙买加	JM	牙买加元	JMD
日本	JP	日元	JPY
约旦	JO	约旦第纳尔	JOD
哈萨克斯坦	KZ	坚戈	KZT
肯尼亚	KE	肯尼亚先令	KES
基里巴斯	KI	澳大利亚元	AUD
朝鲜	KP	朝鲜圆	KPW
韩国	KR	韩元	KRW
科威特	KW	科威特第纳尔	KWD
吉尔吉斯斯坦	KG	索姆	KGS
老挝	LA	基普	LAK
拉脱维亚	LV	拉脱维亚拉特	LVL
黎巴嫩	LB	黎巴嫩镑	LBP
莱索托	LS	洛蒂 & 南非兰特	LSL ZAR
利比里亚	LR	利比里亚元	LRD
利比亚	LY	利比亚第纳尔	LYD
列支敦士登	LI	瑞士法郎	CHF
立陶宛	LT	立特	LTL
卢森堡	LU	欧元	EUR
澳门	MO	澳门元	MOP
马其顿共和国	MK	代纳尔	MKD
马拉维	MW	克瓦查	MWK
马来西亚	MY	马拉西亚令吉	MYR
马尔代夫	MV	拉菲亚	MVR
马里	ML	西非法郎	XOF
马耳他	MT	欧元	EUR
马绍尔群岛	MH	美元	USD
毛里塔尼亚	MR	乌吉亚	MRO
毛里求斯	MU	毛里求斯卢比	MUR
墨西哥	MX	墨西哥比索	MXN
摩尔多瓦	MD	摩尔多瓦列伊	MDL
摩纳哥	MC	欧元	EUR
蒙古国	MN	图格里克	MNT
蒙特塞拉特	MS	东加勒比元	XCD
摩洛哥	MA	摩洛哥迪尔汗	MAD
莫桑比克	MZ	梅蒂卡尔	MZM
缅甸	MM	缅甸元	MMK
纳米比亚	NA	纳米比亚元 & 南非兰特	NAD ZAR

续前表

国家/地区	代码	货币名称	代码
瑙鲁	NR	澳大利亚元	AUD
尼泊尔	NP	尼泊尔卢比	NPR
荷兰	NL	欧元	EUR
荷属安的列斯	AN	荷兰盾	ANG
新喀里多尼亚	NC	太平洋法郎	XPF
新西兰	NZ	新西兰元	NZD
尼加拉瓜	NI	尼加拉瓜柯多巴	NIO
尼日尔	NE	西非法郎	XOF
尼日利亚	NG	奈拉	NGN
纽埃	NU	新西兰元	NZD
诺福克岛	NF	澳大利亚元	AUD
挪威	NO	挪威克朗	NOK
阿曼	OM	阿曼里亚尔	OMR
巴基斯坦	PK	巴基斯坦卢比	PKR
巴勒斯坦	PS	以色列新谢克尔 & 约旦第纳尔	ILS JOD
巴拿马	PA	巴波亚 & 美元	PAB USD
巴布亚新几内亚	PG	基纳	PGK
巴拉圭	PY	瓜拉尼	PYG
秘鲁	PE	新索尔	PEN
菲律宾	PH	菲律宾比索	PHP
皮特凯恩	PN	新西兰元	NZD
波兰	PL	兹罗提	PLN
葡萄牙	PT	欧元	EUR
卡塔尔	QA	卡塔尔里亚尔	QAR
罗马尼亚	RO	新列伊	RON
俄罗斯	RU	新卢布	RUB
卢旺达	RW	卢旺达法郎	RWF
萨摩亚	WS	塔拉	WST
圣马力诺	SM	欧元	EUR
圣多美和普林西比	ST	多布拉	STD
沙特阿拉伯	SA	沙特阿拉伯里亚尔	SAR
塞内加尔	SN	西非法郎	XOF
塞舌尔	SC	塞舌尔卢比	SCR
塞拉利昂	SL	利昂	SLL
新加坡	SG	新加坡元	SGD
斯洛伐克	SK	欧元	EUR
斯洛文尼亚	SI	欧元	EUR
所罗门群岛	SB	所罗门群岛元	SBD
索马里	SO	索马里先令	SOS
南非	ZA	兰特	ZAR
西班牙	ES	欧元	EUR
斯里兰卡	LK	斯里兰卡卢比	LKR
圣基茨和尼维斯	KN	东加勒比元	XCD
圣卢西亚	LC	东加勒比元	XCD
圣文森特和格林纳丁斯	VC	东加勒比元	XCD
苏丹	SD	苏丹元	SDD
苏里南	SR	苏里南盾	SRG
斯威士兰	SZ	里兰吉尼	SZL
瑞典	SE	瑞典克朗	SEK

续前表

国家/地区	代码	货币名称	代码
瑞士	CH	瑞士法郎	CHF
叙利亚	SY	叙利亚镑	SYP
中国台湾	TW	新台币	TWD
塔吉克斯坦	TJ	索莫尼	TJS
坦桑尼亚	TZ	坦桑尼亚先令	TZS
泰国	TH	泰铢	THB
多哥	TG	西非法郎	XOF
汤加	TO	潘加	TOP
特立尼达和多巴哥	TT	特立尼达和多巴哥元	TTD
突尼斯	TN	突尼斯第纳尔	TND
土耳其	TR	土耳其里拉	TRY
土库曼斯坦	TM	马纳特	TMM
特克斯和凯科斯群岛	TC	美元	USD
图瓦卢	TV	澳大利亚元	AUD
乌干达	UG	乌干达先令	UGX
乌克兰	UA	格里夫纳	UAH
阿拉伯联合酋长国	AE	阿拉伯联合酋长国迪拉姆	AED
英国	GB	英镑	GBP
美国	US	美元	USD
乌拉圭	UY	乌拉圭比索	UYU
乌兹别克斯坦	UZ	乌兹别克斯坦索姆	UZS
瓦努阿图	VU	瓦图	VUV
梵蒂冈城	VA	欧元	EUR
委内瑞拉	VE	玻利瓦尔	VEB
越南	VN	越南盾	VND
英属维尔京群岛	VG	美元	USD
美属维尔京群岛	VI	美元	USD
瓦利斯和富图纳群岛	WF	太平洋法郎	XPF
西撒哈拉	EH	摩洛哥迪尔汗	MAD
也门	YE	也门里亚尔	YER
赞比亚	ZM	克瓦查	ZMK
津巴布韦元	ZW	津巴布韦元 & 博茨瓦那普拉 & 英镑 & 欧元 & 南非兰特 & 美元	ZWD BWP GBP EUR ZAR USD

资料来源：国家/地区及其货币代码摘自 *BS ISO* 4217：*2008 Codes for the representation of currencies and funds*，copyright © british Standards Institution（BSI-www.bsigroup.com）。摘录获得许可。

词汇表

绝对购买力平价理论（absolute purchasing power parity）：这种购买力平价理论认为在完全自由浮动汇率制度下，本国价格水平与外国价格水平之比等于本币与外币的均衡汇率。

加速条款（acceleration）：这与贷款相关，指的是一旦借款人违约，贷款人就要求借款人提前偿还贷款。

承兑（acceptance）：在汇票上盖章签字，承诺票据到期时付款。

承兑票据（acceptance credit）：这是英国货币市场常用的术语之一，指的是客户开出一张汇票，然后由银行承兑并贴现这张票据，将资金支付给客户。

会计风险敞口（accounting exposure）：也称会计风险，指的是将外币资产和负债项目纳入集团总部用本币编制的合并财务报表时形成的风险敞口。有时候也叫做外汇折算风险敞口。

可调整利率抵押贷款（adjustable rate mortgage，ARM）：指的是抵押贷款的利率水平可以定期按照当前的市场利率加以调整。

准优级抵押贷款（alt-A mortgage）：这是一种向房屋购买者提供的贷款，借款人可能是值得信任的，但是不满足标准抵押贷款的贷款条件。例如，借款人可能无法提供必要的书面材料。

资产让渡（alienation of assets）：借款人有可能会把充当贷款机构抵押品的部分或全部资产出售的风险。

全部现行汇率折算法（all-current rate method）：这是一种外币折算方法。所有外币项目都要按照当前的即期汇率折算为本币。有时候我们也将其称为收盘汇率折算法（closing rate method）或现行汇率折算法（current rate method）。但是，注意不要与现行汇率/非现行汇率折算法（current/non-current method）相混淆。

美国存托凭证（American depository receipt，ADR）：指的是美国银行向投资者提供的所有权投资凭证，用来代替处于托管状态的标的公司股票。

美式期权（American option）：这种期权可以在有效期内的任意时刻被执行。

分期偿还贷款（amortisation）：贷款的本金在多期内慢慢偿还。

升值（appreciation）：指的是货币价值的上涨。

套利（arbitrage）：在一个市场上买入外汇、证券或商品，与此同时在另一个市场上卖出同一种外汇、证券或商品，目的是试图抓住两个市场的价格不一致来获取无风险利润。套利交易者的行为能够促使同一种商品在不同市场的价格变得相同。

公平价格（arm's-length price）：有交易意愿的买家与毫无关系的有交易意愿的卖家自由地达成交易的价格。

卖出价（ask price）：指的是外汇报价中较高的那个价格。有时也称为 offer price。

资产担保商业票据（asset-backed commercial paper，ABCP）：这与商业票据有些类似，但是发行人是那些持有贷款、结构性信用证券或其他信用资产的机构或结构性载体。参见商业票据（commercial paper）条目。

资产担保证券（asset-backed security，ABS）：由一揽子资产——例如抵押贷款、信用卡贷款、公司贷款或汽车贷款——提供担保的债券。

基于资产的互换交易（asset-based swap）：交易者签订了利率互换或者交叉货币利率互换，目的是将某一资产的利息收益转变为另一种利率形式或另一种货币收益率。

信息不对称（asymmetry of information）：交易双方所掌握的交易信息的数量和/或质量有所不同。

平值（at-the-money）：当期权标的资产的市场价格等于期权的执行价格时，这种期权就叫做平值期权。

平均期限（average life）：指的是债券的有效期限，即借款人使用债务资金的平均时间，权重为每个周期内借款人能够使用的债务资金金额。

背靠背贷款（back-to-back loan）：一方向位于他国的另一方提供了两笔初始期限相同的贷款。这两笔贷款的计价货币不同，但是到期日是同一天。这往往是外币借款或解除冻结资金的方式之一。

国际收支平衡表（balance of payments）：一国编制的财务报表，总结了一段特定时期内本国居民与外国居民之间商品、服务和资金的流动情况。

贸易余额（balance of trade）：国际收支平衡表报告的商品进出口净额。

资产负债表风险敞口（balance sheet exposure）：也称资产负债表风险，企业将用外币作为计价货币编制的资产负债表与集团用本币作为计价货币编制的资产负债表相合并时产生的风险敞口。

气球贷款（balloon）：这种贷款到期时本金的偿还额要明显高于每年的分期偿还额。例如某笔气球贷款分六期偿还，每次本金的偿还额为贷款本金额的 10%，到期时再一次偿还 40%的贷款本金。

《巴塞尔资本协议》（Basel Accords）：这是巴塞尔银行监管委员会颁布的银行监管协议，可以为银行的资本及资产管理提供指导。

基差（basis）：指的是现货价格与期货价格的差。也可以指不同金融工具的收益率之差。

基点（basis point）：1%的 1%。常用于利率的表达。

基差风险（basis risk）：对于期货合约来说，基差指的是现货商品的价格与对应的期货合约价格的差。随着现货价格与期货价格的波动，基差有可能会变大或变小。基差风险指的是在合约有效期内，基差发生变化的可能性会对交易者带来意料之外的亏损或收益。基差是套期保值交易关注的核心问题：如果在头寸持有期内，基差是稳定不变的，那么可以实现完美的套期保值（损失刚好等于收益）。如果期货合约的标的资产与被套期保值的资产不相同，那么就会产生基差风险。

基差利率互换（basis swap）：指的是在利率互换或交叉货币互换交易中，交易双方的支付额均按照某种浮动利率指数来计算。例如，美元 LIBOR/英镑 LIBOR 互换就是基差利率互换；LIBOR/CD 互换，交易双方支付的都是美元，也属于基差利率互换。

一篮子货币（basket）：这是根据真实货币人为创造出来的货币单位。例如欧洲货币单位就是根据一篮子欧盟各成员国货币创造出来的虚拟货币单位。

不记名债券（bearer bond 或 bearer security）：按照法律规定，这种债券的所有权归持有者所有，可以转让。从转让之日起，不记名债券的所有权发生更迭。

不记名转让证券（bearer instrument）：这种可以转手的证券只需交割后便可实现所有权的转让，无须背书后登记。

附加的特征或卖点（bells and whistles）：证券为了吸引投资者或降低发行成本而额外附加的特征或卖点。

基准证券（benchmark security）：所选择的某种证券，被作为某一类证券收益率的评价标准，从而可以为其他类似证券的发行提供参考信息。

β值（beta）：该指标用于测量资产价格相对于市场组合的变化敏感性。β值等于0.5意味着短期内市场平均变化1个百分点，则资产的价值会相应地变化0.5个百分点。参见系统性风险（systematic risk）条目。

买卖价差（bid-ask spread或bid-offer spread）：指的是交易商报出的证券买入价与卖出价之差。

买入价（bid price）：外汇交易报价中较低的那个价格。

巨无霸汉堡包指数（Big Mac index）：这是基于全球各地巨无霸汉堡包的售价而编制的一种外汇指数。由《经济学家》（*Economist*）杂志发布并定期更新。此外，我们还可以看到iPod指数。参见购买力平价理论（purchasing power parity）条目。

十亿（billion）：1 000百万。

汇票（bill of exchange）：这是一种可转让工具，主要用于国际贸易。它的含义是要求某个人——即付款人——见票即付或在未来某个特定时间将一定金额支付给指定人即收款人。如果付款人或汇票的承兑人是银行，则称为银行承兑票据；如果承兑人是商业企业，则称为商业承兑票据；如果承兑人是英国政府或美国政府，那就变成了国债。这样的票据期限大多为90天，它们的市场流动性主要取决于付款人或承兑人的信用等级、标的交易的性质以及这种票据是否有资格向中央银行申请再贴现。

布莱克-斯科尔斯模型（Black and Scholes model）：该模型可被用于评估期权合约的价值。该模型要使用标的资产、执行价格、波动性、到期时间、无风险利率等信息来评估期权价值。最早由费希尔·布莱克和迈伦·斯科尔斯于1973年提出。

被冻结货币（blocked currency）：由于受到外汇管制政策的限制，这种货币不能自由地兑换为其他货币。

蓝筹股（blue chip）：被视为质量最高的股票。

债券（bond）：偿还借款的承诺。这个术语通常用于表示上市企业或私营企业以及政府的偿债承诺。也可以用这个术语指代初始期限不少于一年的金融证券。

债券计息法（bond basis）：我们可以用这种方法计算某些债券或短期市场工具的累积利息。在欧洲债券市场上，基于债券计算法计算的累积利息等于息票利率乘以债券已过去的天数，再除以360（假设一年有360天）。参见货币市场利率基础（money-market basis）条目。

发行红股（bonus issue）：按照持股比例向现有股东发行新股，股东无须为此付款。这将使得企业的已发行股本额有所增加，一般通过资本储备的方式进行。有时也称为临时股票（script）或资本化发行（capitalisation issue）。

布雷迪债券（Brady bonds）：20世纪80年代拉美国家爆发债务危机后发行的美元债券。这种债券可以帮助欧美商业银行将自己持有的拉美国家债务转变为可交易的债券。

布雷顿森林会议（Bretton Woods conference）：1944年非共产主义国家的代表在美国新罕布什尔州的布雷顿森林召开会议，各方一致同意建立一个全新的国际货币体系，本质上就是固定汇率体系。该体系一直维持到1971年。

过桥贷款（bridge financing）：这种类型的贷款通常采用浮动利率的形式，可以循环使用或贴现。它可以向借款人源源不断地提供资金支持，直到借款人找到了中长期资金来代替这种贷款。

猛犬债券（bulldog bond）：指的是由外国借款人（非英国居民）在英国市场上发行的英镑计价债券。

一次性偿还贷款（bullet）：这种贷款要求借款人在贷款到期时一次性偿还贷款。

买方信贷（buyer credit）：这是英国政府为本国企业和大型海外工程建造类项目提供资金支持的两种方式之一。在买方信贷模式下，客户与供应商直接用现金结算，资金则由银行直接提供给客户，以便用于付款。这种贷款能得到出口信用担保局的担保。

可赎回债券（callable bond）：这种债券附有可赎回条款，赋予发行人在债券到期之前按照事先约定的条款赎回债券的权利。

看涨期权（call option）：这代表着在一段特定时期内按照特定价格买入一定数量外汇的权利而非义务。

同类相食效应（cannibalisation effect）：新产品或新项目可能会对企业已有的产品或投资项目产生影响。这可能会表现为对企业的营业额、利润或现金流产生影响。

利率上限（cap）：息票利率或其他利率指标的上限。

资本账户（capital account）：也称资本项目，指的是国际收支平衡表上记录金融资产与金融负债变化情况的账户。资本账户可被分为长期资金流动与短期资金流动两个项目。

资本充足性（capital adequacy）：银行、非银行金融中介机构和其他市场参与者必须持有的、与其风险水平成比例的最低资本额。

资本资产定价模型（capital and asset pricing model，CAPM）：这个模型为如何对投资者持有的证券进行风险定价奠定了基础。其核心思想是收益率与一个共性因素直接相关，即该收益率是不可分散风险的市场组合的收益率。

资本流动性（capital mobility）：私人资本海外投资的自由度。资本的自由流动要以高度发达的外汇市场与金融市场、政府对海外投资毫不干涉以及投资者相信将来政府的政策不会阻拦投资资金回流到母国等为基础。

资本要求（capital requirements）：指的是银行相对于平均资产额应持有的资本额，用于偿还债务以及吸收意料之外的损失。

资本结构（capital structure）：指的是企业资本的构成，债券、信用债券、优先股、普通股、盈余公积和留存收益各自所占的比重。

具有利率上限的浮动利率票据（capped FRN）：这种票据规定了利率上限。在投资这种票据时，即使市场利率高于上限利率，投资者也放弃了实际收益率高出利率上限的那部分收益。

现金流风险敞口（cash flow exposure）：也称现金流风险，这反映的是汇率波动会对未来企业的国内业务和海外业务所产生现金流的现值造成多大的影响。有时候也叫做经济风险敞口。

现货市场（cash market）：成交后立即结算，立即交割，或者在几天内迅速完成结算与交割；不像期货交易或远期交易，结算与交割总是推迟进行的。

中央银行（central bank）：中央银行的主要职责是控制一国货币供给量的增长。中央银行对商业银行及其他金融机构负有监管职责。通常中央银行会为政府代理国库。

大额存单（certificate of deposit，CD）：这种工具意味着投资者同意将一笔存款在一段时间内存放在银行。存款人可以拿到一张存单，这种存单可以转让。交易大额存单的银行为这种产品创造了二级市场，未到期的大额存单可以在这个市场上买卖。一般来说，投资者能够接受 CD 的利率水平要比同等期限的定期存款略低一点，因为 CD 的二级市场向投资者提供了流动性。

票据交换所自动付款系统（CHAPS）：参见票据交换所自动付款系统（clearing house automated payments system）条目。

第 11 条款破产保护（Chapter 11 bankruptcy protection）：美国《破产法》的第 11 条款允许负债企业在重组时从债权人那里获得一定程度的破产保护。

图表分析法（chartism）：反映的是外汇市场（或其他市场）的市场交易情况，并根据历史价格和成交数量等相关数据预测近期市场的波动状况。有时也叫做技术分析法或势头分析法。

票据交换所银行间支付系统（CHIPS）：参见票据交换所银行间支付系统（clearing house interbank payments system）。

清洁浮动（clean float）：这种汇率体系的特征是政府不干预市场。有时也叫做自由浮动。

净余额（cleared balance）：客户银行账户的实际余额，这决定了客户可以从银行那里获得多少贷款。

清算所（clearing house）：专门负责欧洲债券、期货合约和其他金融工具（例如支票）的结算工作的机构。

票据交换所自动付款系统（clearing house automated payment systems，CHAPS）：这是由英国结算银行负责管理的电脑网络系统，能够实现大额资金的快速转账结算。

票据交换所银行间支付系统（clearing house interbank payments system，CHIPS）：该自动结算系统于1970年建立，由纽约票据交换所协会负责管理。该系统专门为其会员——包括100多家美国金融机构，主要是美国的大银行以及外国银行的分支行——处理跨国资金转账结算。

结算系统（clearing system）：为了实现高效率的结算而建立的交易或存托系统。

平仓（close out）：对于期货合约来说，这意味着再建立一个方向相反的头寸，目的是规避交割义务。

收盘汇率（closing exchange rate）：指的是财务报表日的汇率水平。

收盘价（closing price）：指的是特定市场收市前的成交价。

收盘汇率折算法（closing rate method）：参见全部现行汇率折算法（all-current rate method）条目。

利率上下限（collar）：这种产品将利率上限与利率下限结合在一起，因此可以限定一个最高利率，同时确保一个最低利率。例如，利率上限的买家放弃一部分利率下降所带来的好处，向利率上限的卖家出售一份利率下限，从而使得自己的净成本等于利率上限的成本减去利率下限的出售价格。或者利率下限的买家放弃一部分利率上涨所带来的好处，向利率下限的卖家出售一份利率上限，从而降低利率下限的购买成本。这种由利率上限与利率下限构成的利率上下限产品使用起来与普通的上限或下限产品一样，一旦实际利率水平上涨至超过利率上限，或者下跌至低于利率下限，利率上下限就会被触及，从而发挥作用。这种产品有时也被称为 floor/ceiling arrangement。

抵押品（collateral）：指的是借款人向贷款人提供的偿债抵押品。如果借款人按时偿还了债务，则贷款人会将抵押品返还给借款人。

担保债务凭证（collateralised debt obligation，CDO）：这是一种资产担保证券，抵押品是多种证券，例如贷款和信用违约互换，担保债务凭证从这些抵押品处获得现金流。担保债务凭证可被划分为多个等级，每个等级可享有的权利并不相同，例如如何获得利息以及债券的赎回等。

安慰信（comfort letter）：通常是由母公司寄给贷款人的正式信件，目的是说明它愿意为子公司或关联企业的债务承担一定的还款义务，但是这并不构成还款的法律义务。这样的信件口气态度有很大差别。一种最极端的情况是知会函，只表示承认自己知道有这么一笔债务；而另一种极端则是表明提供债务担保，但是这种担保无法强制执行。对于后者，写信人会说明一旦借款人没能按时偿还债务，它将会承担起偿债义务，但是收信人不能用这封信强迫写信人必须这样做。因此，问题的核心在于这样的信件本质上只是一种道德承诺，它们并不构成法律义务。基于这个原因，在美国这样的信件被称为道德意图信件（letters of moral intent，LOMIs）。这样的信件不能被视为或有债务，对母公司的资产负债表没有任何影响。

商业银行（commercial bank）：指的是吸收客户存款同时向客户发放贷款的金融机构。

商业票据（commercial paper）：这是一种无担保的本票，通常期限为60天甚至更短。

承诺费（commitment fee）：贷款人按照一定百分比，对借款人每天未提取的贷款额收取一定的费用。

《社区再投资法案》（Community Reinvestment Act）：这是一部美国联邦法案，目的是鼓励商业银行和储蓄协会满足社区包括低收入地区各种人群的贷款需求。

补偿余额（compensating balance）：作为定期贷款的条件之一，借款人要将一部分贷款资金留在银行账户里并不使用。从理论上看，这能提高银行的安全程度，降低账户被过度透支的风险。然而，对借款人来说，账户里存放着不计利息的存款，这相当于降低了借款人的实际借款金额：因为借款人要按照贷款总额支付利息，因此实际贷款利率要比名义贷款利率高一些。直到20世纪70年代末，这种做法在美国都很普遍，但是现在已经很少见了，也许是因为财务管理人员的专业素养普遍提高了。

确认书（confirmation）：以书面形式确认交易商与交易商之间、交易商与客户之间通过电话达成的口头外汇交易合同。

保兑不可撤销信用证（confirmed irrevocable letter of credit）：这种类型的信用证由进口商的开户行签发，然后由出口商所在国的某家银行进行保兑。进口商的开户行承诺自己一定会支付出口商签发的汇票，信用证是不可撤销的，而保兑行（出口商银行）承诺只要信用证上注明的条件全部满足，它也可以履行支付出口商签发的汇票的义务。

委员（conservatorship）：美国用这个词指代由法庭任命的可以代替企业或金融机构做出法律决定的实体或个人。

可兑换性（convertibility）：可将一种货币兑换为另一种货币，并且不需要从货币当局那里得到特殊允许。

可转换债券（convertible bond）：这种固定利率债券可以在规定条件下转变为普通股。

可转换欧洲债券（convertible Eurobond）：在特定条件下可转变为普通股的欧洲债券。

可转换浮动利率票据（convertible FRN）：这种浮动利率票据可以转变为固定利率票据，或者可转变为期限不同或计价货币不同的另一种浮动利率票据。

联结函数（copula）：指的是将多个变量的分布联结在一起的方式——多变量分布函数。

相关性（correlation）：这是反映两个变量之间依存度的标准化统计指标。其定义式为两个变量的协方差除以标准差。

往来行（correspondent bank）：为外国银行代理业务的银行。

资本成本（cost of capital）：向企业提供贷款的机构的预期收益率。

成本加成法贷款定价（cost-plus loan pricing）：贷款的利率水平表示为一些公开发布的资金成本指标（例如 LIBOR）的函数。

交易对手风险（counterparty risk）：指的是交易中一方要面临的另一方不履行合约义务的风险。

对销贸易（countertrade）：这是一个多种互惠贸易形式的统称。具体包括易货交易、互购贸易、回购贸易转手贸易。这些贸易形式的共同特征是向特定市场的出口要以接受该市场出口的商品为条件。近来，这些贸易形式已经成为促进发达国家与发展中国家之间贸易往来的手段之一，而且允许进口国用本国生产的农产品抵消货款可以避免或减轻主权债务所引发的各种问题。很多专业中介机构已经发展得比较成熟，能够用现金/外汇兑换出口商拿到的制成品/农产品，然后再将这些制成品/农产品销售给最终使用者并收取一定的佣金（俗称贴水），或者是将制成品的价格打个折扣。

国别风险（country risk）：这类风险的内涵较为广泛，既包括政治风险，又包括经济风险。跨国企业与东道国追求的目标很有可能不一致；国别风险的本质是政府的某些行为妨碍投资合同顺利完成的可能性。

息票（coupon）：债券或类似证券定期向投资者支付的利息。

息票利率（coupon 或 coupon rate）：贷款的固定利率。

协方差（covariance）：指的是测量随机变量一起发生变化的程度的统计指标。

贷款契约（covenant）：指的是书面的贷款协议，贷款合同、不动产契约、抵押贷款以及其他类型的金融工具均属于此类契约。

抛补利率套利（covered interest arbitrage）：指的是借入某种货币，然后将其兑换为另一种货币，再卖掉第二种货币的远期协议，同时买入第一种货币的远期协议。这样的交易策略能够利用两种货币的利率差和两种货币远期价格的升贴水来获取无风险收益。

被套期保值的头寸（covered position）：这种头寸因为与另一种证券的反向头寸相对冲而彻底消除了风险。

抛补（covering）：企业为了保护未来国际贸易涉及的款项的价值不受汇率波动的影响，在远期市场上买入或卖出资金。虽然有时候可以与“套期保值”（hedging）这个术语交换使用，但是实际上严格来说，抛补（covering）指的是规避未来现金流的风险，而套期保值指的是保护外币资产或负债免受单纯的外汇折算风险的影响。

爬行盯住汇率制度（crawling peg system）：在这种汇率制度下，汇率每年会小心地调整多次，以反映当前国内的通货膨胀水平。

信贷紧缩（credit crunch）：银行陷入恐慌，于是停止发放贷款，这造成了信贷紧缩。2007—2008年的金融危机爆发时，银行之间互相怀疑对方的资信状况，因此导致了银行间同业拆借市场的停滞。

信用违约互换（credit default swap，CDS）：一旦标的债券或其他类型的债务出现了违约，则购买了信用违约互换的保护购买方便可以得到保护出售方支付的赔偿。为了确保互换合约有效，保护的购买方每年要向保护的出售方支付一笔费用。这种产品与保险有些类似，但两者也有一些差别。信用违约互换的交易双方均可以在二级市场上出售自己的权利或义务。信用违约互换具有一定的期限。从技术层面上看，对这种产品绝对正确的定义应当是：信用违约互换可以赋予持有者当债券发行人违约时按照债券面值将其出售给互换卖出方的权利。

信用评级机构（credit rating agency）：这类机构分析各家企业和各国发行的债券或债务的资信状况并给出信用评级。国际著名的信用评级机构包括穆迪公司、惠誉公司和标准普尔公司。

信用风险（credit risk）：借款人没能按照约定偿还贷款本金或支付贷款利息的可能性。

信用评分（credit score）：对潜在借款人资信状况的量化评估（参见FICO）。

信贷息差（credit spread）：安全、流动性好的债券（例如美国国债、英国国债或德国国债）的市场利率与相同期限但风险程度较高的债券的高收益率之间的差。公司债券就是一种风险较高的债券产品，能够提供较高的信贷息差。

交叉违约条款（cross default provision）：贷款协议中的交叉违约条款规定，一旦借款人对任意一笔债务违约，则贷款人有权要求借款人立即偿还贷款以及停止延长贷款期限。

交叉汇率（cross-rate）：A货币与B货币之间的汇率水平要根据A货币与C货币的汇率以及B货币与C货币的汇率计算。

一篮子货币（currency basket）：用多种货币的加权平均值来反映金融资产或货币的价值。权重一般被定义为该货币的一定数量，因此叫做“一篮子货币”。

货币期权（currency option）：该产品赋予持有人按照特定价格在特定日期或特定日期到来前买入或卖出一定数量某种货币的权利而非义务。

货币互换（currency swap）：交易双方同意按照即期汇率用一种货币兑换另一种货币，然后将来再按照事先约定好的汇率水平反向交易。

经常账户（current account）：也称经常项目，是国际收支平衡表的组成部分之一，专门记录国与国之间商品与服务贸易以及转移支付的情况。

现行汇率/非现行汇率折算法（current/non-current method）：这是一种外汇折算方法。资产负债表上的短期外币项目按照现行汇率折算，长期项目按照历史汇率折算。

现行汇率折算法（current rate method）：参见全部现行汇率折算法（all-current rate method）条目。

交易商（dealer）：被授权可以从事外汇交易的银行或企业。

信用债券（debenture）：在英国，这指的是固定利率担保贷款，期限可以固定或不可赎回。主要有两种类型：抵押贷款债券，发行人提供特定的资产作为债券的担保品；浮动利率债券，由发行人的全部资产作为偿债担保。

借债能力（debt capacity）：企业能够借到的债务金额上限。

债务—股权互换（debt-equity swaps）：在债务的二级市场上，各家贷款银行可以通过债务—股权互换的方式来交易主权债务。意识到第三世界国家的巨额债务很难在短时间内还清，因此银行开始寻找其他解决方案，通过互换与出售债务等方式在彼此之间或向其他在第三世界国家进行项目投资的企业转让债权。企业帮助发展中国家还债，发展中国家向这些企业支付本币，于是发展中国家借助这种方式还清了债务。

债务保付代理（debt factoring）：指的是购买企业的应收账款——一般对应收账款的出售者拥有追索

权——从而为企业提供连续不断的短期资金。英国的小企业经常使用这种融资方式。

偿债比率（debt service ratio）：可用该比率评价一国的资信状况。它等于一国的偿债金额与出口额的比值。

深度贴现债券（deep discount bond）：贴现发行的低利率或零息票债券。

深度市场（deep market）：在流动性非常好的深度市场上，交易者可以一次性进行巨额交易而不会对市场造成严重影响。

违约（default）：指的是违反贷款合同或保证的行为。

交割风险（delivery risk）：在支付日，每一方都有付款的义务，如果其中一方履行了付款义务，而另一方没有这样做，则产生的风险就叫做交割风险。在互换交易中，交易双方只进行净额结算，因此规避了这一风险。在货币互换交易中，因为无法进行净额结算——交易双方的实际支付额所使用的币种不同——所以无法规避交割风险。此外，如果交易双方处在不同的时区，那么从理论上讲，他们甚至无法做到同时向对方付款，因此这将带来额外的风险。在货币互换的到期日，除了利息以外，交易双方还要相互交换名义本金额，这进一步加大了风险。

delta 值（delta）：期权标的证券的市场价格发生变化时期权价值的相应变化。delta 值的倒数等于套期保值比率。

delta 套期保值（delta hedge）：这是期权卖方经常采用的一种风险敞口套期保值策略，包括买入或卖出与 delta 值成正比的期权标的证券。例如，如果看涨期权的卖方卖出的期权 delta 值为 0.5，那么卖方可以通过买入数量等于期权标的证券交割量一半的标的证券现货的方式来对冲风险。

通知存款（demand deposit）：存放在活期账户里的资金可以不经事先通知而随时被提取。通知存款有可能付息，也有可能不付息。

住房与城市发展部（Department of Housing and Urban Development，HUD）：这是美国的政府内阁机构，其主要职责是增加普通民众的房屋持有量、支持社区发展以及帮助民众通过各种方式购买符合自身经济实力的住房。

贬值（depreciation）：参见贬值（devaluation）条目。

放松监管（deregulation）：监管机构解除或放松之前对证券交易和金融机构业务经营等方面的限制或要求。

衍生产品（derivative products）：这个通用术语指代的是多种基于原生证券、货币以及商品交易而形成的创新性金融工具。

贬值（devaluation）：指的是汇率水平大幅度下降，通常是受政府颁布法令的影响而一下子大幅度贬值。

直接投资（direct investment）：购买外国金融资产，并且较大程度地参与外国资产的管理活动。在实践中，只要拥有外国资产 10%以上的所有权，就可以被称为直接投资。也可以叫做对外直接投资（foreign direct investment）。

直接标价法（direct quote）：这是一种汇率报价方式，表示为一单位外币可以兑换 x 单位本币。

肮脏浮动（dirty float）：参见管理浮动（managed float）条目。

贴现行（discount house）：指的是英国国内在英格兰银行与商业银行之间充当中间人角色的机构。贴现行能够参加金边债券的拍卖，能够享受英格兰银行提供的最后贷款人和票据贴现服务。

贴现（discounting）：指的是汇票持有人将汇票转让给金融机构，金融机构会立即向其支付现金，不过金额低于汇票的面值，差额即为贴现利息。

贴现市场（discount market）：英国机构与交易商交易汇票的市场。

金融脱媒化（disintermediation）：指的是金融交易绕开金融中介机构的趋势。

双重征税（double taxation）：纳税人要支付两次税款，一次是在海外获得收入时要纳税，另一次是在英国国内要纳税——如果是英国企业。税法的一条原则是应当避免重复征税。如果英国企业已经在海外缴纳了税款，那么在英国国内只需要缴纳差额部分的税金，以确保自己的总纳税税率等于英国国内的税率。

贷款提取（drawdown）：指的就是借款人提取了一部分贷款。

保息债券（drop-lock bond）：这种债券有些类似于浮动利率债券，其利率水平是浮动的，但是一旦指定的市场利率指标下降至低于既定水平，那么债券的息票利率就会变成事先确定好的固定利率。

双币种债券（dual currency bond）：这种证券用一种货币标明面值，但是用另一种货币按照一定的汇率水平偿还本金或支付利息，抑或用另一种货币同时支付利息与本金。

久期（duration）：这是一个反映证券“期限”长短的指标，它充分考虑了息票利息对债券期限的影响。这是证券所有支付现金流——包括息票利息与本金的偿还额——的加权平均值，权重等于每笔支付现金流的现值。因此，除了零息债券以外——零息债券的久期等于其票面期限——其他所有债券的久期都比票面期限更短一些。

欧洲中央银行（ECB）：参见欧洲中央银行（European Central Bank）条目。

出口信用担保局（ECGD）：参见出口信用担保局（Export Credit Guarantee Department）条目。

经济与货币联盟（Economic and Monetary Union）：计划创造出一个统一的使用单一货币的欧洲市场，单一货币的名称叫做“欧元”。有关单一货币的详细计划最初成形于 1989 年的《德洛尔报告》。后来的《马斯特里赫特条约》——该条约于 1993 年 11 月 1 日正式生效——进一步改进了这个计划。

经济风险敞口（economic exposure）：也称经济风险，企业的价值受到汇率波动的影响而发生变化的程度。这是因为外汇汇率的波动会对企业未来生产经营活动所创造的预期现金流的本币现值造成影响。

欧洲货币单位（ECU）：参见欧洲货币单位（European currency unit）条目。

有效汇率（effective exchange rate）：这是衡量一段时间内外汇市场上货币名义价值的指标，即双边汇率的加权平均值，每种货币的权重要能反映该国与母国贸易往来的重要程度。

有效市场（efficient market）：在有效市场上，存在着大量的买家和卖家，彻底消除了套利交易的可能性，而且收益与风险的权衡完全反映在产品的价格中。

销售点电子资金转账系统（electronic funds transfer at point of sale，EFTPOS）：该系统允许资金自动由买家的账户转到卖家的账户，在交易达成的同时完成资金转账。

欧洲货币体系（EMS）：参见欧洲货币体系（European Monetary System）条目。

经济与货币联盟（EMU）：参见经济与货币联盟（Economic and Monetary Union）条目。

股票风险溢价（equity risk premium）：指的是股票的必要收益率与无风险证券的必要收益率之差。

欧洲汇率机制（ERM）：参见欧洲汇率机制（exchange rate mechanism）条目。

托管账户（escrow account）：资金被存放在一个独立的特定账户里，用于偿还债务或未来有可能出现的债务，不能用于其他目的。

欧洲银行间同业拆出利率（European interbank-offered rate，EURIBOR）：该利率由欧洲银行业联合会、国际外汇同业协会以及欧洲储蓄与合作组织联合发布，是整个欧元区的市场参考利率指标。EURIBOR 是根据欧元区内若干家大银行的报价计算得出的。

欧元（Euro）：16 个欧盟成员国使用的统一货币，参见欧元区（Eurozone）条目。

欧洲银行（Eurobanks）：在货币发行国以外的其他地区吸收该货币定期存款并发放贷款的金融中介机构。

欧洲债券（Eurobond）：这种债券由国际银行辛迪加负责承销，在全球范围内除计价货币发行国以外的其他地区公开发售。因此，这种债券不会受到计价货币发行国的监管。

欧洲银行票据交换所（Euroclear）：这是欧洲债券市场的两大结算系统之一。摩根担保公司为 100 多家银行提供这一票据结算服务，地点位于布鲁塞尔。

欧洲商业票据（Eurocommercial paper）：指的是没有经过承销直接发行的欧洲期票。

欧洲信贷（Eurocredit）：欧洲信贷市场是向高等级客户提供中期（1～15 年）银行贷款的市场。贷款可以用一种或多种欧洲货币计价，利息与本金的偿还也可以使用一种或多种欧洲货币。利率水平一般是在 LIBOR 的基础上加上一定程度的溢价。

欧洲货币（Eurocurrency）：指的是存放在货币发行国境外的银行账户内的定期存款。也可以叫做离岸货币。

欧洲美元（Eurodollar）：存放在美国境外银行账户内的美元定期存款。存放欧洲美元的银行可以是外国银行或美国银行的海外分支行。可以参考国际银行业设施（international bank facilities）条目。也可以叫做离岸美元。

欧元区（Euroland）：这指的是由 11 个加入欧洲经济与货币联盟的国家构成的区域。

欧元伦敦银行同业拆出利率（Euro LIBOR）：指的是适用于欧元的伦敦银行同业拆出利率。

欧洲市场（Euromarkets）：被用来泛指国际银行从事的离岸货币和资本市场业务。具体包括欧洲货币、欧洲信贷和欧洲债券市场。除了欧洲英镑以外——欧洲英镑的交易中心位于巴黎——欧洲市场的中心位于伦敦。

欧洲期票（Euronote）：在欧洲期票市场上，借款人可以通过发行短期票据的方式来融资，期限一般为 3～6 个月，与大额定期存单一样可以转让。一旦某一期欧洲期票到期，借款人就可以继续发行下一批期票。因此，虽然期票的持有人随着时间的推移在不断变化，但是在相当长的一段时间内，借款人发行在外的期票总额是比较稳定的。如果短期投资者的投资偏好发生变化，对这样的期票不太感兴趣，那么借款人可以获取多家商业银行的承诺——一旦欧洲期票的市场销量不佳，就由银行买入这些期票。

欧洲期票设施（Euronote facility）：这种设施或机制指的是借款人获得银行提供的中期票据发行承诺，可以在一段时间内多次发行短期票据，每次发行均能获得银行提供的承销服务。

欧洲中央银行（European Central Bank，ECB）：自 1999 年 1 月 1 日开始，欧洲中央银行负责制定欧洲经济与货币联盟所有成员国的货币政策。

欧洲货币单位（European currency unit，ECU）：欧洲货币体系的成员国各自的本币按照一定的权重组合而成的一个一篮子货币单位。欧洲货币联盟成立后，欧元按照一比一的比例替代了欧洲货币单位。

欧洲货币体系（European Monetary System，EMS）：欧盟各成员国签署协议，为各成员国货币之间的外汇交易市场制定游戏规则。这些协议要求各成员国密切关注并管理其本国货币相对于其他成员国货币的汇率水平。

欧式期权（European option）：这种期权只能在到期日那一天被执行。

欧元区（Eurozone）：欧元区包含 16 个欧盟成员国，即奥地利、比利时、西班牙、芬兰、法国、德国、希腊、爱尔兰、意大利、卢森堡、马耳他、荷兰、葡萄牙、斯洛伐克、斯洛文尼亚和塞浦路斯。它们均使用欧元这一单一货币。

外汇管制（exchange controls）：中央银行或其他政府机构对本国货币的可兑换性或资金转移设置了一定的管制政策。

汇率（exchange rate）：一单位货币的价值用若干单位其他货币的价值来表示。

欧洲汇率机制（exchange rate mechanism，ERM）：欧盟设计的欧洲汇率机制要求各成员国对外汇市场施加干预，以确保各国货币与原先的欧洲货币单位的汇率水平保持在一个狭窄的区间内。

执行（exercise）：指的是执行交易，常用于期权市场。

执行价格（exercise price）：指的是外汇期权被执行时的成交价格。

到期日（expiry 或 expiration date）：期权或权证失效的日子。

爆发式可调整利率抵押贷款（exploding ARM）：这是一种商业银行向次级贷款借款人广泛提供的一种可调整利率抵押贷款。在初始的两三年内贷款利率是可调整利率，随后会一下子提高到一个较高的固定利率水平。

进出口银行（Export-Import Bank，即 Exim Bank）：指的是建立于 1934 年的一家美国政府机构，目的是促进美国的对外贸易。进出口银行可以向那些提供出口贷款或直接融资、向出口商或购买美国产品的外国进口商提供贷款担保与保险的商业银行提供支持。它与英国的出口信用担保局比较类似。

出口信用担保局（Export Credit Guaranteed Department，ECGD）：指的是一家英国政府机构，其主要职能是通过提供补贴性的出口贷款以及向英国出口商提供出口信贷保险来促进英国的出口。

面值（face value）：指的是发行人发行证券时在其票面上标明的价值。不要与市场价值相混淆。利息与股息通常相当于面值（也叫名义价值）的一定百分比。

保付代理（factoring）：这是一种融资方式，借款人将自己的应收账款委托或出售给保付代理行，由其负责应收账款的托收。

公平市场价值（fair market value，FMV）：是对出售资产能收回多少现金的估计值。

公平价值会计（fair value accounting，FVA）：用市场价值来反映资产负债表上某些资产与负债项目的价值。

房利美（Fannie Mae）：参见联邦国民抵押贷款协会（Federal National Mortgage Association，FN-MA）。

财务会计标准委员会第 8 号规定（FASB 8）：这是 1976—1981 年间生效的一条美国会计准则，要求企业按照临时法对海外子公司或分支机构的外币财务报表进行折算。外币折算收益或损失被视为普通收入，记入损益表。

财务会计标准委员会第 52 号规定（FASB 52）：参见第 52 号财务会计准则公告（SFAS 52）条目。

厚尾分布（fat tail distribution）：这种分布曲线尾部事件发生的概率要高于正态分布曲线。

联邦基金（federal funds）：指的是存放在联邦储备银行的资金。在需要时，商业银行可以动用这些资金。在美国国内货币市场上购买美国国库券或绝大多数货币市场工具只能使用联邦基金。

联邦住房贷款抵押公司（Federal Home Loan Mortgage Corporation，即 Freddie Mac）：房地美是美国的一家公开上市公司，其主要职能是为住房贷款市场提供流动性、稳定性与可承受性。该机构于 1968 年建立并私营化，目的是与房利美展开竞争。

联邦国民抵押贷款协会（Federal National Mortgage Association，即 Fannie Mae）：房利美是一家美国政府机构，于 1938 年成立，并于 1968 年完成私营化，其职能与房地美一样。

联邦储备体系（federal reserve system，Fed）：作为美国的中央银行，美联储（Fed）负责执行国家的货币政策，对已成为美联储成员的州立银行以及所有的银行控股公司进行监管，维持金融体系的稳定性以及提供金融服务。

筛选规则（filter rule）：这是一个买卖证券的交易规则，其假设前提是一旦货币汇率的一次波动幅度超过了一定百分比，那么这意味着接下来汇率会沿着同一方向继续变化。

金融载体（financial vehicle）：指的是为了发行债券或者向母公司或子公司提供贷款而专门设立的离岸子公司。一般来说，母公司会为债券的发行提供担保。

财务会计标准委员会（financial accounting standards board，FASB）：这一组织负责制定美国企业编制财务报表的会计标准。

金融泡沫（financial bubble）：股票、房地产或其他资产的价格在相当长的一段时间内持续上涨，而这种价格上涨现象被认为是不稳定的，因为无法得到基本因素或基础分析的支持。

费雪效应（Fisher effect）：该假说认为两国名义利率的差应当等于两国的预期通货膨胀率之差。也叫做费雪封闭假说。

费雪封闭假说（Fisher's closed hypothesis）：参见费雪效应（Fisher effect）条目。

费雪开放假说（Fisher's open hypothesis）：参见国际费雪效应（International Fisher effect）条目。

固定汇率制度（fixed exchange rate system）：在这种汇率制度下，一国货币的价值与某种国际主要货币（例如美元、黄金或特别提款权）保持固定比率。一般来说，在固定汇率制度下，两国货币的兑换汇率要保持在中心汇率上下各 1%～2%的波动区间内。

固定利率利息（fixed rate interest）：指的是证券的利息相当于本金的固定百分比，而且在到期之前，证券发行人会在特定时间向证券持有人支付利息。

固定利率支付方（fixed rate payer）：指的是互换交易中按照固定利率计算支付额的交易方。

浮动汇率制度（floating exchange rate system）：在这种汇率制度下，一种货币相对于其他货币的价值由外汇市场的供求关系决定。严格来说，这意味着政府不应当干预外汇市场。

浮动利率利息（floating or variable rate interest）：在证券有效期内，其利率水平并不固定，而是按照事先确定好的公式定期调整。通常，这种利率会在某一特定的货币市场参考利率——例如 LIBOR——的基础上再加上一定的溢价或价差。

浮动利率票据（floating rate note，FRN）：指的是短期浮动利率证券。其利率水平与 LIBOR 挂钩，每半年调整一次。当利率上升时，这样的证券很受投资者的欢迎——因为利率上升，意味着固定利率债券的市场价格下跌。

浮动利率支付方（floating rate payer）：指的是互换交易中按照浮动利率计算支付额的交易方。

利率下限（floor）：最低利率。

回流（flowback）：向海外投资者出售的股份重新回到国内市场。

外国债券（foreign bond）：由外国借款人在本国资本市场上发行的长期债券。一般是由来自某国的辛迪加负责在该国资本市场上承销，债券使用的计价货币即为发行地的当地货币。

外国信贷保险公司（Foreign Credit Insurance Corporation）：这是美国几家最大的保险公司建立的私人机构，隶属于进出口银行，能够向出口商提供短期或长期信贷担保，使得出口商能够获得更好的信贷条件。

外币债券（foreign currency bond）：指的是发行人支付利息使用的币种与债券本金的计价货币不相同的债券。

对外直接投资（foreign direct investment）：参见直接投资（direct investment）条目。

外汇（foreign exchange）：除了本国货币以外的其他货币。

外汇交易商（foreign exchange trader）：在外汇市场上买入或卖出外汇、自担风险与成本并希望能够获得盈利的交易者。

外国税收抵免（foreign tax credit）：由于纳税人已经在国外为自己在当地获得的收入纳税，因此在母国国内纳税时，可以享受一定程度的税收抵免。

外汇（FOREX）：参见外汇（foreign exchange）条目。

福费廷（forfaiting）：将定期汇票按照固定利率贴现，对开票人不具有追索权。

远期协议（forward contract）：交易双方约定在未来某个特定时间，按照特定的协议价格（远期汇率）买卖一定数量外汇的协议。

远期外汇市场（forward exchange market）：这个市场主要交易远期外汇协议。常见的外汇远期交易的期限大多为一个月、两个月、三个月、六个月和十二个月，不过交易双方也可以通过协商确定其他的期限。

远期/远期互换（forward/forward swap）：这是指两笔远期外汇交易，一笔是远期买入，另一笔是远期卖出。这两笔交易同时签订，但是期限不同。有时也叫做远期互换。

远期价差（forward margin）：指的是远期汇率与即期汇率之差。

可选择交割日的远期外汇协议（forward option contract）：参见可选择交割日的远期外汇协议（optional date forward contract）条目。

远期升水（forward premium）**或远期贴水**（forward discount）：指的是远期汇率与即时汇率之差，表示为即期汇率水平的年化百分比或者多少分或芬尼。当远期汇率水平高于即期汇率水平时，远期升值的货币就是远期升水；反之远期贬值的货币就是远期贴水。

远期汇率（forward rate）：指的是现在约定的、在未来某一时刻用一种货币购买一定数量的另一种货币的汇率价格。

远期互换（forward swap）：参见远期/远期互换（forward/forward swap）条目。

远期利率协议（forward rate agreement 或 future rate agreement，FRA）：本质上就是一种场外交易的短期利率期货合约。

免税收入（franked income）：指的是已经缴纳了公司税的收入。

房地美（Freddie Mac）：参见联邦住房贷款抵押公司（Federal Home Mortgage Corporation，FHMC）

条目。

自由现金流（free cash flow）：指的是用投资项目或生产经营所产生的现金流扣除投资成本或生产投入后的净值。自由现金流不考虑任何与融资有关的现金流。

浮动利率票据（FRN）：参见浮动利率票据（floating rate note）条目。

前端费用（front-end fee）：指的是在金融交易协议刚刚签订时应缴纳的佣金。

英国富时 100 指数（FT-SE100）：指的是在伦敦国际股票交易所上市的市值排前 100 名的英国企业的股价指数的实时算术加权平均值。

职能货币（functional currency）：指的是跨国企业所在的主要经济体所使用的货币。一般来说，跨国企业的成本和收益都要使用这种货币计价。

基础分析（fundamental analysis）：这是一种证券分析方法，根据估计的企业未来盈利和现金流的生成状况来评估企业的价值。

期货合约（futures contract）：这是一种标准化的外汇或利率合约，标的资产为一定数量的外汇或利率指数，在未来某个固定的时间进行交割。所有的交易者都要与交易所的清算中心进行期货交易。由于期货合约是标准化合约，因此其二级市场的流动性非常好。

外汇（FX）：参见外汇（foreign exchange）条目。

七国集团（G7）：参见七国集团（Group of Seven）条目。

十国集团（G10）：参见十国集团（Group of Ten）条目。

通用会计准则（GAAP）：参见通用会计准则（generally accepted accounting principles）条目。

Gamma 值（gamma）：指的是当期权标的资产的市场价格发生单位变化时期权的 delta 值的变化百分比。

通用会计准则（generally accepted accounting principles）：美国的通用会计准则是美国企业在编制财务报表时必须遵守的会计准则。

金边债券（gilt or gilt-edged）：指的是英国政府发行的固定利率英镑债券。之所以得名“金边债券”，是因为最初发行这种债券时，实物凭证是有一条金边的，后来实物凭证整体颜色为绿色。

吉利美（Ginnie Mae）：参见政府国民抵押贷款协会（government national mortgage association）条目。

《格拉斯-斯蒂格尔法案》（Glass-Steagall Act）：该法案于 1933 年颁布，于 1999 年被废止，禁止商业银行从事投资银行业务，并制定了其他相应的规则。

全球化（globalisation）：通信技术的进步使得全球各大金融市场的联系变得更加紧密的趋势。

金本位制（gold standard）：在金本位制度下，各国均规定了本币的含金量，黄金可以被用于国际支付。

商誉（goodwill）：指的是企业总体价值超过其有形净资产价值的无形资产的价值。

政府国民抵押贷款协会（Government National Mortgage Association，Ginnie Mae）：吉利美是一家美国政府支持企业，向投资者担保已获得联邦政府保证的证券或担保贷款能够按时支付利息与偿还本金。

政府支持企业（government sponsored enterprises，GSEs）：指的是股份制企业，例如房利美与房地美，或者是政府机构，例如吉利美，由美国国会颁发特许执照，其目的是促进市场的稳定性、流动性与可承受性。

《格拉姆-里奇-布莱利法案》（Gramm-Leach-Bliley Act）：这部美国法案于 1999 年替代了《格拉斯-斯蒂格尔法案》。

七国集团（group of seven）：7 个主要的工业国家的财政部长定期召开会议，讨论各种经济与政治议题并取得共识。七国集团包括德国、法国、意大利、英国、加拿大、日本与美国。

十国集团（group of ten）：10 个主要的工业国家——德国、法国、比利时、荷兰、意大利、英国、瑞典、加拿大、日本与美国——于 1962 年同意，随时准备按照一般借款协定向国际货币基金组织贷放其本国货币。在随后的国际货币基金组织的改革进程中，十国集团发挥了领导作用。

折扣（haircut）：通过回购协议贷放的资金额与回购标的证券的市场价值之差。这事实上是对贷款人的一种保护措施。例如折扣率为10%意味着一旦回购标的证券并没有被赎回，那么只要证券的市场价值下跌幅度不超过10%，贷款人就是安全的，不会遭受损失。

坚挺（hard）：如果市场价格趋于上涨，则称该市场是坚挺的。

硬货币（hard currency）：指的是可自由兑换的强势货币。市场预期这种强势货币在可预见的未来不会贬值。

头肩形（head and shoulders）：这是一种技术图形的名称，看上去形状类似于人体的头部与肩部，预示着未来股票价格有可能会下跌。

对冲基金（hedge fund）：这种投资基金对于富翁以及养老金这样的机构投资者——这些投资者希望可以将投资收益（例如资本利得收益）进行再投资——很有吸引力，主要投资于高风险的投资品种。对冲基金要向投资者收取一定的费用，使用较高的财务杠杆，并采用高超的市场交易策略或手段、数学模型、风险套利策略以及其他技术手段来实现高收益目标。现如今，这种基金与"套期保值"几乎没什么关系了，但是这个名字来源于一种套利技术：寻找两种几乎一模一样的投资产品，买入其中价格较为低廉的产品，同时卖出另一种价格相对较高的产品，从而获得收益。

套期保值（hedging）：为了规避资产负债表上净敞口的风险，企业可以在远期外汇市场或货币市场上建立相应的头寸。套期保值的目的是确保在给定时刻某种货币的净敞口等于零。资产负债表上哪些会计项目要被算作风险敞口，这要取决于会计准则的相关规定。参见抛补（Covering）条目。

历史汇率（historical exchange rate）：指的是取得外币资产或外币负债时的汇率水平。

历史成本核算（historic cost accounting）：按照这种会计核算原则，资产的价值等于其原始购买价格减去折旧或价值的永久性损失。

控股公司（holding company）：控股公司自身可能并不从事任何生产经营活动，但是旗下控制着多家子公司。

热钱（hot money）：在整个国际资金市场上不断游走的投机性资金，想抓住一切利率与汇率波动的机会获得收益。

傲慢（hubris）：在希腊悲剧中，野心过大或过于傲慢最终必将导致毁灭。

国际会计准则理事会（IASB）：参见国际会计准则理事会（International Accounting Standards Board）条目。

国际银行业设施（IBFs）：参见国际银行业设施（international banking facilities）条目。

国际商品交易清算所（ICCH）：参见国际商品交易清算所（International Commodities Clearing House）条目。

国际财务报告准则（IFRS）：参见国际财务报告准则（International Financial Reporting Standards）条目。

缺乏流动性（illiquid）：指的是证券或市场流动性不足的状况。

国际货币基金组织（IMF）：参见国际货币基金组织（International Monetary Fund）条目。

国际货币市场（IMM）：参见国际货币市场（International Monetary Market）条目。

损益表敞口（income statement exposure）：企业将外币损益表项目与母公司的本币损益表合并时由于存在外汇折算问题而产生的风险敞口。

不可兑换货币（inconvertible currency）：由于存在外汇管制，某国货币不能自由兑换为另一种货币。

指数化（indexing）：在某些国家，债券发行人定期按照某种通货膨胀指数对债券的面值或利息进行调整，以确保债券价值所代表的购买力保持不变。在巴西，工资、企业账户以及债券都可使用指数化手段。

间接报价法（indirect quote）：一单位本币可兑换 x 单位外币的汇率报价方法。

初始保证金（initial margin）：在期货市场上，建立头寸时需要缴纳的保证金。

金融工具（instrument）：泛指所有的金融证券，包括各种债务工具、可转让存款产品以及债券。

可保险权益（insurable interest）：在投保时，一项必要条件是被保险人必须拥有可保险权益。这意味着一旦被保险事件发生，被保险人将会遭受损失。

银行同业拆借利率（interbank rate）：指的是银行彼此之间拆入或拆出资金的利率水平。

子公司之间的贸易往来（intercompany trade）：指的是隶属于同一个企业集团的子公司之间的贸易往来。

利率套利（interest arbitrage）：将资金转移到国外外汇交易中心，或者把资金存放在国外外汇交易中心，目的是在该中心赚取更高的短期投资收益率。参见抛补利率套利（covered interest arbitrage）与无抛补利率套利（uncovered interest arbitrage）条目。

利率差（interest rate differential）：在某一给定时刻，两个货币中心的短期利率之差。有时也叫做 interest rate spread。

利率风险敞口（interest rate exposure）：利率发生变动可能造成损失的风险。

利率期货（interest rate futures）：其价值与利率水平直接相关的期货合约。

利率担保（interest rate guarantee，IRG）：指的是银行或其他金融机构出售的一种担保协议，一旦将来利率水平的变化给购买者造成了损失，则银行或其他金融机构将会提供赔偿。

利率平价（interest rate parity）：指的是两国的利率差应当等于两国货币远期汇率与即期汇率之差。

利率差（interest rate spread）：参见利率差（interest rate differential）条目。

利率互换（interest rate swap）：交易双方签订互换协议，同意按照相同的名义本金额计算一定时间内的利息额并相互支付，不过双方计算利息时使用的利率水平不同。

中介公司（intermediary company）：同一个集团下属的多家子公司或附属机构可以通过这种中介公司彼此之间转移资金。

中介（intermediation）：银行或其他类似的金融机构在交易双方之间充当交易中介。在交易过程中，银行或其他金融机构要承担一定程度的信用风险或其他商业风险。

内部风险管理措施（internal exposure management technique）：指的是跨国企业不使用第三方合约，致力于缩小风险敞口的规模或防止风险敞口生成抑或抓住未来利率的可能波动谋利的手段或策略。

国际会计准则理事会（International Accounting Standards Board，IASB）：这是一个独立的会计准则制定委员会，其主要目标是为全球所有的企业建立一整套高质量、易于理解的财务报表编制标准。

《1978 年国际银行法案》（International Banking Act 1978）：这项美国法案旨在彻底消除外国银行相对于美国本土银行所具有的竞争优势。因此，如今联邦储备银行被授权监督外国银行存款准备金制度的执行情况，并对外国银行在美国全国范围内吸收存款的能力加以限制。

国际银行业设施（international banking facilities，IBFs）：在美国国内由银行的某个部门、外国银行位于美国国内的分支行或代理处设立的自由货币交易区。国际银行业设施吸收的外币存款可以不遵守存款准备金以及利率水平限制的相关规定，可以向外国借款人发放贷款。国际银行业设施的存在使得美国国内的一部分美元定期存款本质上变成了欧洲美元存款。

国际商品交易清算所（International Commodities Clearing House，ICCH）：专门负责对伦敦国际金融期货交易所交易的衍生品合约进行清算的中央担保机构。

国际财务报告准则（International Financial Reporting Standards，IFRS）：这一整套有关财务报告的相关会计准则目前已被 100 多个国家采纳和使用。

国际费雪效应（international Fisher effect）：这一假说认为两国的利率差应当能够反映两国货币即期汇率未来的变化趋势。也叫做费雪开放假说。

国际货币基金组织（International Monetary Fund，IMF）：这是 1944 年通过《布雷顿森林协议》成立的国际组织，其主要宗旨是促进汇率稳定。基金组织的目标包括监督各成员国的外汇市场干预行为、向成员国提供贷款以解决短期国际收支不平衡问题，以及鼓励各成员国之间开展金融合作与国际贸易。

国际货币市场（International Monetary Market，IMM）：这是一个位于芝加哥的集中市场，主要交易金融期货合约。

实值（in-the-money）：当看涨期权的执行价格低于标的证券的市场价格时，或者当看跌期权的执行价格高于标的证券的市场价格时，这样的期权就叫做处于实值状态。

内在价值（intrinsic value）：期权的执行价格与标的证券当前的市场价格之差。

投资银行（investment bank）：这一类金融机构为企业或其他机构提供证券承销服务、进行并购或投资转让、提供投资建议或使用自己的账户交易证券。

投资级别（investment grade）：按照穆迪公司的评级体系，这指的是级别等于或高于 BAA 级的债券；按照标准普尔公司的评级体系，这指的是级别等于或高于 BBB 级的债券。

发行价（issuing price）：指的是证券发行时的价格。

开证行（issuing bank）：指的是签发信用证的银行，通常是买家的开户行。

证券发行公司（issuing house）：指的是负责安排证券发行相关工作的机构。

J 曲线（J curve）：这个模型描述了货币贬值对国际贸易余额的滞后影响。本币贬值使得出口商品的外币价格下降（或保持不变），而进口商品的本币价格上涨。但是，由于国际贸易协议或合同的签订需要一段时间，因而本币贬值后要等待一段时间才能看到出口数量增加，进口数量减少。因此，贸易余额的变化形态是一开始时有所恶化（J 曲线向下倾斜的部分），随后越来越好（J 曲线向上倾斜的部分）。

垃圾债券（junk bond）：这种债券的信用等级低于投资级别，但是收益率较高，是企业并购与管理收购最喜欢使用的融资工具之一。

推迟付款（lag）：子公司所在的东道国货币汇率水平不断上升，于是母公司建议子公司推迟付款，目的是充分利用东道国货币的升值预期或子公司母国货币的贬值预期。

比较优势法则（law of comparative advantage）：根据这一假说，一国应当专门生产并出口那些与其他国家相比本国生产成本更低的产品。对于那些国内生产成本相对较高的产品，一国应当从其他国家进口。

提前付款（lead）：子公司所在的东道国货币汇率水平不断下降，于是母公司建议子公司提前付款，以避免东道国货币汇率水平的下降对子公司的现金流造成不利影响。

牵头行（lead manager）：指的是新证券发行的主要组织者，例如某家银行或证券经纪公司，它们负责整个发行工作的组织协调、市场分销以及书面材料的准备工作。牵头行可能还要负责指定副承销商，确定发行的初始条款与最终条款，以及挑选并组建承销与销售团队。

最后贷款人（lender of last resort）：指的是一部分特定的金融机构可以从中央银行那里获得的服务或帮助，即中央银行承诺一旦这些金融机构陷入困境，中央银行将会向其提供援助资金。

知会函（letter of awareness）：指的是由母公司寄给贷款人的一封正式信件，承认母公司与另一企业的关联关系，表示知道贷款人向该企业提供了一笔贷款。这是效力最弱的一种安慰信形式。这样的信件并不构成债务的担保，只是表明写信人的一种道德承诺。

安慰信（letter of comfort）：这种信件的目的是表明一方将努力确保另一方遵守金融交易合同的相关条款，但是并不构成对违约行为的担保。

信用证（letter of credit）：一般来说，应进口商的要求，信用证由银行签发，承诺一旦出口商能够按照要求提交相关单证，则信用证的签发行将会履行汇票的付款义务。

杠杆（leverage）：个人、家庭或企业的借款。杠杆率表示的是企业的债务与债务和权益总额的比率。财务杠杆的计算公式是用债务额除以债务与权益的总和。

骗子贷款（liar loan）：在抵押贷款放贷过程中，借款人或抵押贷款经纪人提供的贷款信息被人为造假或存在一些错漏之处，这样的贷款就叫做骗子贷款。一般来说，这样的贷款往往存在于次级贷款领域。

伦敦银行同业拆出利率（LIBOR）：参见伦敦银行同业拆出利率（London interbank offered rate）条目。

伦敦国际金融期货交易所（LIFFE）：参见伦敦国际金融期货交易所（London International Financial Futures Exchange）条目。

流动性（liquidity）：指的是企业在债务到期时偿还债务的能力。

流动性偏好（liquidity preference）：更愿意持有高流动资产的选择，代价是收益率较低。

流动性溢价（liquidity premium）：一般来说，由于固定收益证券的流动性相对较差，因此其利率水平较高，相应地市场价格有所降低。

流动性风险（liquidity risk）：证券或其他资产不能轻易变现从而使得市场很难获得有意义的市场交易价格数据的风险。

上市证券（listed security）：指的是在大型股票交易所上市交易的证券。

贷款价值比率（loan-to-value ratio，LTV）：指的是抵押贷款的金额与作为抵押贷款担保品的房屋价值之比。

信用证担保（LOC backed）：很多汇票由银行签发的信用证作为担保，本质上就是银行提供的担保。

保险箱体系（lock box system）：在美国，一些银行代表企业客户统一托收从海外汇回美国的资金，这样做的目的是减少州与州之间资金转账的等待时间。

伦巴德利率（lombard rate）：这是一个德语术语，指的是有担保本票贷款的利率水平。这是德国央行的基准利率之一，一般要比其贴现利率高出 0.5 个百分点。

伦敦银行同业拆入利率（London interbank bid rate，LIBID）：指的是伦敦银行同业彼此之间吸收存款的利率水平，存款期限一般为隔夜至 5 年。

伦敦银行同业平均利率（London interbank mean rate，LIMEAN）：指的是伦敦银行同业拆出利率与伦敦银行同业拆入利率的平均值。

伦敦银行同业拆出利率（London interbank offered rate，LIBOR）：指的是伦敦多家大银行将资金存入他行的利率水平。这一利率指标经常被作为欧洲美元和其他欧洲货币贷款的定价基准。贷款人与借款人同意在 LIBOR 的基础上再加上一定的利差。于是，LIBOR 加上一定利差的和就等于这笔贷款的实际利率。

伦敦国际金融期货交易所（London International Financial Futures Exchange，LIFFE）：这是一个位于伦敦的集中交易场所，主要交易货币期货、货币期权以及其他金融期货产品。

长期债券（long）：在英国政府债券市场上，期限在 15 年或以上的债券被称为长期债券；在美国政府债券市场上，期限在 30 年或以上的债券被称为长期债券。

多头头寸（long position）：某种货币的资金流入额大于资金流出额，或者某种货币的资产金额大于负债金额。

长期（long term）：在债券市场上，债券的原始期限大于 7 年可被视为“长期”。在企业的资产负债表上，期限大于 1 年的债务被称为“长期”负债。

维持保证金（maintenance margin）：一旦保证金账户的余额低于维持保证金，则投资者要立即补充保证金，使得保证金账户的余额达到初始保证金的水平。

管理浮动（managed float）：管理浮动汇率政策指的是政府会视情况对外汇市场进行干预。也叫做肮脏浮动。

边际税率（marginal tax rate）：指的是应税收入再多增加一美元适用的税率水平。

追加保证金的通知（margin call）：在进行期货交易时，交易所在必要时会通知投资者补充保证金。

市场利率（market rate）：一般指的是贷款合同中规定的市场基准利率指标。通常可变利率贷款的实际利率水平就是在这一基准利率的基础上再加上一定的利差。

逐日盯市（mark to market）：按照公平价值会计准则，按当前的市场价格每日重新评估证券、互换、商品、期货合约以及其他衍生产品的价值。

按模型计价（mark to model）：根据金融模型而非当前的市场价格来评估资产的价值。

匹配（matching）：指的是企业将自己持有的某种货币的多头头寸（资产、收入或现金流入）与同一种货币的空头头寸（负债、支出或现金流出）相互抵消。余下未被抵消的净头寸就是该种货币的净敞口。

重大不利变化（material adverse change）：贷款协议或类似合同中大多规定了重大不利变化条款。按照这一条款，一旦借款人的信用等级严重恶化，则贷款机构就要求借款人立即偿还贷款。如果银行无法在贷款合同中加入其他对自己更有利的条款，例如借款限制条款或比率保证条款，那么往往选择加入这样的重大不利变化条款来保护自己的权益。此类条款面对的最大难题是重大不利变化事项的定义。常见的贷款合同并没有明确说明如何解释这一条款。如果要对重大不利变化事项进行详细定义，那么就相当于将这一条款在事实上转变成了比率保证条款。

期限或最终期限（maturity or final maturity）：指的是影响贷款人或债券持有人偿还本金或名义价值的最后时间。

到期日（maturity or settlement date）：指的是合约到期结算的日子。

期限结构（maturity structure）：这是一个常被用来描述借款人偿债行为的术语。我们可以用它来形容某一笔特定贷款的偿还行为，或者企业总体的债务偿还行为。

中期（medium term）：在债券市场上，原始期限在三年至七年之间的债券被称为中期债券。在货币市场上，期限在一年以上的债券被称为中期债券。

商人银行（merchant bank）：过去英国人用这个词来形容投资银行。

平均价格（middle price）：指的是买入价与卖出价的平均值。

不匹配（mismatch）：同一种货币的资产与负债的金额或期限不相匹配。

技术分析（momentum analysis）：参见图表分析（chartism）条目。

货币/非货币折算法（monetary/non-monetary method）：这是一种外汇折算方法。非货币资产与负债按照其历史汇率水平进行折算，而货币项目则按照当前的汇率水平进行折算。

货币政策（monetary policy）：政府为了影响经济体的货币或信贷的提供数量、可获得性和成本而实施的利率调整以及期限控制等政策。

货币市场（money market）：指的是金融机构及交易商进行短期资金交易的市场。

货币市场计息法（money market basis）：我们可以用这种方法来计算 CD 与 FRN 的累积利息。我们要用利率乘以证券自发行以来的天数，然后再除以会计年度的总天数。

道德风险（moral hazard）：指的是当个人或机构彻底消除了风险造成损失的可能性时，他们便有可能失去了预防风险的动机，这就引发了道德风险。

延期偿付（moratorium）：贷款机构授权借款人可以延期偿付贷款。

抵押贷款担保证券（mortgage-backed securities，MBS）：由抵押贷款组合所产生的现金流作为担保的证券。

抵押权人（mortgagee）：指的是抵押贷款机构。抵押权人有权控制被抵押的资产以作为抵押贷款的担保。

抵押人（mortgagor）：即抵押贷款借款人。抵押人要提供抵押资产，作为偿还贷款的担保。

多边净额结算法（multilateral netting）：指的是跨国企业内部的子公司将自己的债权债务与集团内部其他子公司或部门的债权债务进行抵消，从而求出每一期的净结算额，用这种方式完成债权债务关系的结算。

共同基金（mutual fund）：投资经理负责运营的集合式投资工具，从储蓄者那里获得资金来源，然后将其投资于各种证券，例如股票、债券或货币市场工具。

全美证券交易商自动报价系统（National Association of Securities Dealers Automated Quotations，NASDAQ）：这是美国为场外证券交易商提供价格数据搜集及传播服务的报价系统。

国有化（nationalization）：指的是一国政府将一个企业的全部股份都买下或者排除企业的所有股东。

负摊销贷款（negative amortization loan）：这种贷款的每月还款额并不包含利息。未偿还的贷款利息被计入贷款的本金。

负资产抵押（negative equity）：当未偿还的抵押贷款或其他贷款的金额高于贷款抵押资产的当前市场价值时，这笔贷款就变成了负资产抵押贷款。

向右下方倾斜的收益率曲线（negatively sloping yield curve）：指的是在收益率曲线上，短期利率高于长期利率的现象。当市场预期未来利率水平将要下降时，会出现这种形状的收益率曲线。

消极担保（negative pledge）：在贷款协议中，消极担保条款规定，借款人在贷款期间不得借入无担保贷款，或者是确保本贷款能够与其他新借入的贷款享受相同的担保程度。

可转让票据（negotiable instrument）：一些金融工具，例如汇票、本票、支票、银行票据、大额定期存单、认股权证、不记名股票或不记名债券等，可以无须事先通知票据的付款人而直接转让给他人，而受让人是善意取得并且付出了成本，因此其对可转让票据的所有权不得被剥夺。

复仇者（nemesis）：在希腊的神话传说中，这指的是复仇女神。如果字母没有大写，则可以指代任何复仇或报复的主体。

净头寸（net position）：指的是多头头寸与空头头寸相互抵消后余下的净敞口。

净值结算（netting）：指的是同一个跨国企业集团内的多家子公司计算彼此之间贸易往来或现金流的净值，然后只对净值进行结算。

邻避情结（NIMBY）：别在我家后院，强烈反对在自己住所附近设立任何危险事物。

三无贷款（NINJA loan）：指的是无收入、无工作、无资产的借款人的抵押贷款。

名义汇率（nominal exchange rate）：指的是市场上的实际汇率水平。

不可提前赎回（non-callable）：指的是证券的发行人不得在证券到期之前提前赎回证券。

不良贷款（non-performing loan）：指的是借款人停止支付利息，因此处于违约状态的贷款。

无追索权的贷款（non-recourse loan）：指的是借款人对贷款未偿还的余额不承担个人责任的贷款。因此，一旦贷款违约，借款人的损失就仅限于相关资产（例如房屋）的权益价值部分。

正态分布曲线（normal distribution curve）：指的是第一个标准差包含68.2%的区域，头两个标准差包含95.4%的区域，整体呈钟形的曲线，也叫做钟形曲线。

本票（note）：参见本票（promissory note）条目。

名义金额（notional amount）：多种金融工具（例如利率互换、远期利率协议、利率上限或利率下限）用来计算定期支付额的数据。

经济合作与发展组织（OECD）：参见经济合作与发展组织（Organization for Economic Co-operation and Development）条目。

表外融资（off-balance sheet finance）：指的是不会导致企业资产负债表上债务项目相应增加的融资方式。显然，按照复式记账原则，这种负债所对应的资产也不会出现在资产负债表上。这种融资方式的影响表现为使得企业的财务杠杆看上去比实际情况低一些。当然，贷款机构很少会被这么明显的融资方式所蒙骗。

卖出价（offer price）：参见卖出价（ask price）条目。

官方储备（official reserves）：指的是一国的货币当局持有的黄金或外汇。

离岸货币（offshore currency）：参见欧洲货币（Eurocurrency）条目。

离岸美元（offshore dollars）：参见欧洲美元（Eurodollars）条目。

离岸财务子公司（offshore finance subsidiary）：指的是设立在海外的子公司——通常设在避税港——其主要职能是在海外发行证券，所筹得的资金用于母公司的国内业务或海外投资项目。

未平仓合约（open contract）：已买入或卖出的期货合约没有被对冲或进行实际交割，即按照合约价格买入或卖出一定数量的标的资产。

未平仓合约（open interest）：指的是没有被反向的期货合约交易所抵消或进行实际交割的合约。

公开市场操作（open market operations）：中央银行从其他机构那里买入或卖出政府债券的行为，其目的是影响货币供给量。

公开喊价制（open outcry）：这是期货市场曾经使用的一种拍卖方式：所有的买入价和卖出价都当众大声地喊出来，然后手动做好价格标记。

未套期保值的头寸（open position）：这指的是外币应收账款与同一种货币的应付账款之间的差额。如果两者不相等，就会形成未套期保值的头寸。如果外币应收账款的金额大于应付账款的金额，则叫做多头头寸；反之，如果应收账款的金额小于应付账款的金额，则叫做空头头寸。

机会成本（opportunity cost）：指的是如果资金被投资于某一特定项目或证券，则损失的最佳可替代投资策略所能获得的收益率或者是最高投资收益率。

期权（option）：期权合约赋予持有人在某一时点或某一段时间内按照特定价格买入或卖出一定数量某种证券的权利而非义务。

可选择交割日的远期外汇协议（optional date forward contract）：这是一种远期外汇协议，成交的汇率水平固定，但是具体的交割日期不确定，交易双方可以协商在一段时间内完成交割。有时也叫做 forward option contract 或 option forward contract。

可选择交割日的远期外汇协议（option forward contract）：参见可选择交割日的远期外汇协议（optional date forward contract）条目。

期权费（option premium）：指的是外汇期权的卖方因为出售权利而获得的报酬。

期权互换（option swap）：代表的是在某一特定日期或该日期之前签订互换协议的权利。也叫做互换期权（swaption）。

经济合作与发展组织（Organization for Economic Co-operation and Development，OECD）：该国际组织拥有多个成员国，召集各国政府讨论协商各种经济、社会政策问题。该组织还负责搜集并发布相关信息，并对各成员国的短期经济发展前景做出预测。

发放贷款后转售（originate-to-distribute）：指的是贷款机构发放了贷款或抵押贷款以后，很快将其转售给第三方的模式。也称为 originate to sell。

发放贷款后一直持有（originate-to-hold）：指的是贷款机构发放了贷款或抵押贷款以后，一直将其持有至到期的模式。

虚值（out-of-the-money）：当看涨期权的执行价格高于标的证券当前的市场价格，或者当看跌期权的执行价格低于标的证券当前的市场价格时，我们就说这样的期权处于虚值状态。换言之，这样的期权不具有任何内在价值。

单纯远期汇率（outright forward rate）：指的是基于一美元或一单位货币报出的远期汇率值。

过调（overshooting）：与高估（overvalue）一词意思相近，但是只用于描述某种货币的汇率水平的高低。

平价（par value）：在布雷顿森林固定汇率制度下，一种货币的平价用含金量或可兑换的美元金额来表示，其他货币与黄金或美元的兑换比率保持不变。

母国（parent country）：指的是跨国集团的母公司所在的国家。

母公司所在国货币（parent currency）：指的是跨国集团的母公司所在国的本币。

同等优先偿还条款（pari passu clause）：指的是贷款合同中的条款之一，借款人承诺本贷款将会与其他债务享受同等的偿还待遇。

平价（parity）：指的是两种货币之间的官方汇率水平。

平价网（parity grid）：欧洲货币体系内各成员国货币的双边平价矩阵图。平价网确定了各成员国应当将本币与其他每一个成员国货币之间的汇率水平保持在哪一个区间内，并在必要时出手干预市场。

点（pip）：指的是货币报价时小数的最后一位。

普通证券（plain vanilla）：指的是不具有特殊特征的证券。

点数图（point and figure chart）：这是一种技术分析图形，用×和 O 两种符号绘制，能够反映价格的连续变化情况，但不能反映时间因素。

庞氏骗局（Ponzi scheme）：这指的是一种欺诈性的投资骗局，用新进入投资者提供的资金向早前进入的老投资者支付投资收益。这种骗术的名字来源于美国一个著名的骗子卡洛·庞齐（Carlo Ponzi）。

资金汇集（pooling）：指的是跨国企业将各分支机构多余的现金流转移至中央账户——资金池。这一中央账户通常设立在低税率国家，由专门的财务管理人员负责管理。

组合投资（portfolio investment）：购买多种外国金融资产，目的是在不干预外国企业生产经营的前提下获得海外投资收益。

斜率为正的收益率曲线（positively sloping yield curve）：指的是短期利率低于长期利率的收益率曲线。这是收益率曲线的正常形状。

购买力平价理论（PPP）：参见购买力平价理论（purchasing power parity）条目。

升水（premium）：指的是货币的远期汇率高于其即期汇率。

优惠利率（prime rate）：美国银行业向资信等级最高的客户提供贷款时使用的利率水平。

私募（private placement）：这是一种证券发行方式，即由牵头行负责将新发行的证券出售给数量有限的投资者——这些投资者往往是牵头行的客户——而不是面向社会大众公开发行。

项目融资（project finance）：这是一种融资安排，通常只具有有限追索权，指的是银行向某一特定项目提供贷款，贷款的保证是该项目未来产生的现金流。

本票（promissory note）：这种票据代表的是一方做出的见票即付或在某一特定日期将一笔款项支付给持票人或收款人的无条件承诺。只有在票据被提交给收款人或持票人后才具有法律约束力。

招股说明书（prospectus）：该文件详细说明了即将面向社会公众发行的新证券的性质、价格和发行时间。一般来说，招股说明书由发行人的顾问或发起人负责撰写，包含发行企业的历史经营数据，并且要对未来的发展前景做出预测。

购买力平价理论（purchasing power parity，PPP）：该假说认为在长期内，两国之间通货膨胀率的差等于两国货币汇率水平的变化百分比。

看跌期权（put option）：代表的是在一段特定时期内按照特定价格出售一定数量外币的权利而非义务。

可卖回（puttable）：指的是证券附带的一种条款，允许贷款人自行决定在证券未到期之前将其赎回。

随机游走（random walk）：这个术语的含义是数据变化的轨迹无法识别。最后一步，甚至是之前每一步，都不能被用于预测下一步的变化方向或大小。

比率保证条款（ratio covenant）：贷款协议中的一种条款，借款人承诺要在一定的财务指标范围内进行生产经营活动，不超过财务指标比率的既定范围。

理性预期（rational expectations）：指的是市场对未来情况的预期与未来的实际情况相符。因此，市场价格代表的是所有投资者预期的平均值。

实际有效汇率（real effective exchange rate）：指的是用本国的名义有效汇率除以外国平均价格与本国平均价格的比率这一指标。如果购买力平价关系成立，则实际有效汇率应当保持不变。

实际汇率（real exchange rate）：指的是用实际购买力表示的货币的真实价值。计算方法是比较两个不同国家一篮子商品的市场价格，按照当前的汇率水平将价格转变为同一种货币。这一指标可用来衡量本国产品在国际市场上的价格竞争力。

实际收益率（real return）：指的是扣除通货膨胀率以后的资产收益率。

破产管理（receivership）：这是一种企业的破产类型，即由法庭或债权人指定一个第三方或接管人负责经营管理企业，或者是代表债权人重组企业。

衰退（recession）：指的是实际国内生产总值连续两个季度下降。

追索（recourse）：比方说，在票据到期时没有获得偿还额，那么持票人可以执行追索权。持票人有权对票据的其他经手人进行追索，除非事先明确说明持票人不具有追索权。

赎回（redemption）：将已发行证券从持有人手中买回来的操作。

已注册证券（registered security）：指的是证券的所有权关系——所有人或名义人——已被登记注册。只有得到了已注册持有人的许可，该证券才能被转让。

Q条例（regulation Q）：这是以前美国美联储推出的一项规定，但目前已经被废止。该条例为定期存款的利率水平设定了上限。银行被禁止向期限少于30天的存款支付利息。因此说监管部门在促进欧洲货币市场的产生中居功甚伟。

再开票中介（reinvoicing vehicle）：这种中介公司负责执行整个集团的风险敞口或流动性管理职能。从关联公司进口的商品、向关联公司出口的商品被直接运送给第三方或关联公司，但是开票职能却是由再开票中介负责的。商品的所有权和相应的款项均由该中介经手。

回购协议（repurchase agreement，repo）：这是一种短期借款形式，借款人向投资者出售证券，然后约定在将来某个时刻——通常是第二天——再按照预先约定的价格将这些证券买回来。两次交易的价差基本上能够反映当前的市场利率。

债务重组（rescheduling）：就现有债务的相关条款重新展开磋商，通常发生在主权债务领域。

存款准备金要求或准备金率（reserve requirements or reserve asset ratio）：会员银行必须将一定比例的存款或合格资产存放在中央银行。

阻力价位（resistance level）：这是一个技术分析术语，指的是从历史价格走势来看，到了这一价位，市场价格无力继续攀升或在原地盘整。

升值（revaluation）：指的是货币即期汇率水平的上涨（这是英国的一种说法）。另一种含义是货币即期汇率水平的变化——既可以指上升，也可以指下降（这是美国的说法）。

循环信贷（revolver）：参见循环信贷便利（revolving credit facility）条目。

循环信贷便利（revolving credit facility）：这种贷款形式允许借款人按照自己的意愿在一段时间内反复提取贷款，有时也叫做 revolver。

风险溢价（risk premium）：风险较高的投资相对于安全投资应获得的额外收益率。

风险加权资产（risk-weighted assets，RWA）：对银行的资产根据其各自的信用风险水平计算得到的加权值。比如，公司贷款的信用风险水平就要比政府债券的信用风险水平高一些。

展期（roll over）：当远期外汇协议快要到期时，交易双方可以再签订一份新的远期外汇协议，从而使得原始期限延长。

来回交易（round tripping）：如果银行客户可以从银行那里获得贷款，然后将这笔钱存放在某个货币中心，而且存款的收益高于贷款成本，那么这就形成了套利机会。

同日资金（same-day funds）：在交易日结束时到账的资金在同一天被下达了资金转账的指令。

武士债券（Samurai bond）：这是外国发行人（非日本人）在日本市场上发行的、以日元计价的债券。

2002 年《萨班斯-奥克斯利法案》（Sarbanes-Oxley Act of 2002）：这是美国政府在安然和世通案件爆发后通过的一项法案。该法案提高了公司治理的标准，例如内部控制和财务报表的披露等。

储蓄贷款协会（Saving and Loan Association，S&L）：这是一类存款机构，也叫做 thrift，其主要业务范围包括吸收存款、发放抵押贷款和房地产贷款。

特别提款权（SDR）：参见特别提款权（special drawing rights）条目。

第二修正案（Second Amendment）：这是《国际货币基金组织协定》的修正案，于 1978 年正式通过，允许各成员国使用相对于布雷顿森林体系更为灵活的手段调控汇率。该修正案还增加了国际货币基金组织的监管职责，提升了特别提款权作为储备资产的吸引力。

二级市场（secondary market）：已发行的证券在这个市场上进行交易。也叫做“售后市场”（after-market）。

证券化（securitisation）：通过证券化操作可以将多种资产和负债打包整理，然后统一在市场上出售或交易。这使得最初发放贷款的银行——抵押贷款、汽车贷款等——可以将这些资产出售给其他投资者，从而释放资金，用于其他投资用途。证券化可以将资产或负债从银行的资产负债表上抹去。参见发放贷款后转售（originate-to-hold）与发放贷款后一直持有（originate-to-distribute）两个条目。

美国证券交易委员会 10－K 文件（SEC 10-K）：指的是美国证券交易委员会要求那些在美国境内发行证券的企业必须提交的年报。

自我融资贷款或自偿性贷款（self-financing loan or self-liquidating loan）：这种贷款被用于购买资产，而资产创造的收益足以用来支付利息以及偿还贷款本金。

结算日（settlement date）：在这一天，投资者要完成付款，然后证券被交割。

第 52 号财务会计准则公告（SFAS 52）：这是美国的一项会计标准，自 1981 年 12 月开始生效，其内容与外币财务报表的折算有关。外国子公司的经营状况必须使用子公司所在地的货币来测算，除非当地的通货膨胀率很高。外币报表的折算使用全部现行汇率折算法，交易损失记入集团总公司的损益表，折算损失则记入集团总公司的资产负债表。

折扣较低的债券（shallow discount bond）：这是英国国内从纳税角度出发的一种叫法，指的是一级市场上价格高于面值 90%的债券。

短期债券（short）：英国政府发行的期限在 5 年以下的债券。

短期（short dates）：这是一个交易术语，意味着交易期限不超过一周，但是有时也指交易期限不超过一个月。

空头头寸（short position）：在一段时间内，预期的某种货币的现金流出大于现金流入，那么就形成了空头头寸。此外，这个术语也可以指代净债务、净支出或某种货币的现金净流出额。

短期（short term）：在债券市场上，债券的原始期限小于两年的债券可被视为“短期”。在企业的资产负债表上，距离到期日不足一年的债务被称为“短期”债务。

活期存款（sight deposits）：包括活期账户、隔夜存款与通知存款。期限更长的存款属于定期存款。

即期汇票（sight draft）：指的是见票即付的汇票。

偿债基金（sinking fund）：借款人定期准备一些现金或证券，用来偿还全部或一部分自己已发行的债券。

结构性投资工具（SIV）：参见结构性投资工具（structured investment vehicle）条目。

《史密森协议》（Smithsonian Agreement）：在布雷顿森林体系崩溃后，《史密森协议》开启了首轮多边汇率的重新协调机制。

欧洲汇率体系（Snake）：欧洲汇率体系于 1972 年建立，1979 年被欧洲货币体系取代。

环球银行金融电信协会（Society for Worldwide Inter-bank Financial Transfers，SWIFT）：这是一个标准化的电子信息传递服务组织，目的是针对主要工业国家的国际支付以及跨境资金转账等问题发布各项指导。

软市场（soft market）：如果一个市场的价格水平持续下跌，则这个市场被称为软市场。如果一种货币的市场供给大于需求，因此人们预期该货币将会相对于其他货币贬值，那么这种货币也可以被形容为软货币。

主权债务（sovereign debt）：指的是各国拖欠未还的债务，通常是各国政府协商的债务。

主权风险（sovereign risk）：(a) 指的是政府对自己借入的贷款或提供担保的贷款违约；(b) 货币发行国可能会实施外汇管制政策，这将降低债务的市场价值。

特别提款权（special drawing rights，SDRs）：这是一种由国际货币基金组织于 1969 年创造并使用的国际储备资产。特别提款权的价值取决于五种国际货币的加权平均值。

特殊目的实体（special purpose entity，SPE）：这是一个独立的法人与会计实体，发起人大多为银行或企业。一般来说，发起人是为了达到特定的投资目的而建立特殊目的实体的。不过，特殊目的实体不会出现在银行或企业的资产负债表上。

特殊目的载体（special purpose vehicle，SPV）：这是一个合法实体，其功能是便于银行或金融机构将资产从资产负债表上抹去，转让给这种特殊目的载体，然后再将资产转售给第三方。资产被转让给特殊目的载体后，这项资产便会从金融机构的资产负债表上消失。金融机构经常用这种方式来粉饰资产负债表，尤其是在金融危机爆发前或爆发时，很多投资银行都是这样做的。同理，安然公司当年也采取了同样的做法。

特殊风险（specific risk）：非系统性风险的另一种叫法。

即期/远期互换（spot/forward swaps）：指的是买入或卖出即期外汇的同时在远期市场上做方向相反的交易。

即期市场（spot market）：立即进行交割的外汇市场。不过在即期外汇市场上，交易双方通常在交易达成后两个工作日后完成交割。

即期汇率（spot rate）：指的是即期外汇交易成交的汇率水平。在实际操作中，即期外汇交易会在成交后两个工作日后完成交割。

买卖价差（spread）：指的是买入价与卖出价的差。也可以用来指代利率水平——表示为百分比或基点——超过借款人借入短期贷款或可变利率贷款的利率的差额部分。

标准差（standard deviation）：即方差的正平方根。这是评价样本数据分布情况的标准统计指标。

止损指令（stop loss）：当金融工具的市场价格下跌至某一价位时发出的卖出该金融工具的交易指令。

普通债券（straight bond）：在一级市场上发行的债券，不具有任何权益或其他可吸引投资者兴趣的特征，唯一的收益是每年或每半年支付一次的利息。

执行价格（strike price）：期权持有人执行期权的价格。

结构性融资（structured finance）：通过使用复杂的技术、产品结构或独立实体来转移风险的做法。包括对抵押贷款和信用卡债务的证券化。

结构性投资工具（structured investment vehicle，SIV）：这是一种表外工具，一般银行会在避税港使用这种工具持有并/或转手资产担保证券或抵押贷款担保证券。从技术层面上看，这种投资工具所产生的损失并不由银行承担。不过在实际操作中，尤其是当金融危机爆发时，损失还是要由银行买单。

次级证券（subordinated security）：指的是清盘时偿还顺序排在其他债务后面的证券。

次级抵押贷款（subprime mortgage）：这种抵押贷款的借款人不满足标准抵押贷款的要求，因此无法申请到标准抵押贷款，而次级抵押贷款的利率水平相对更高一些。

证券分包商（sub-underwriter）：指的是发行辛迪加的成员之一，同意一旦新发行证券没有全部发行出去，则可以按照一定的价格从经理行手中购买一定比例的新发行证券。分包商可以获得承销费，如果负责认购一定数量的新发行证券，那么还可以享受证券面值的一定折扣。

卖方信贷（supplier credit）：英国出口信用担保局用来支持英国企业实现海外项目融资的两种方式之一，要求信贷条款成为供应商与客户签订的商业合同的一个组成部分。按照这样的协议，供应商面临的一部分风险可以被客户提供的本票以及出口信用担保局的无条件担保所抵消。

支撑线（support level）：这是图表分析过程中常用的术语，指的是证券或商品的价格总是在触及某一价位后便下跌，随后再缓慢涨上来。

互换（swap）：同时买入或卖出同一种货币，只不过两笔交易的期限不同。这个术语一般还被用于抛补利率互换和货币互换。

掉期率（swap rate）：即期汇率与远期汇率之差，用点数（基点）表示。

辛迪加贷款（syndicated loan）：辛迪加贷款大多采用浮动利率，在短期利率基础上再加上一定的利差溢价。

合成头寸（synthetic position）：由期权或期货构成的与另一头寸具有相同的风险—收益特征的头寸。

系统风险（systemic risk）：多家相互关联的金融机构或某种特定的金融产品——例如信用违约互换——爆发危机，给整个金融体系带来的风险。

系统性风险（systematic risk）：指的是与整个市场的收益率的变化相关的股票或组合收益率的波动性。也叫做市场风险，根源于不可分散风险因素，例如战争、通货膨胀、衰退和高利率等。这些因素会对所有企业同时造成影响；因此，这种类型的风险不能通过分散化投资来消除。

欧洲自动实时全额结算转账系统（Trans-European Automated Real-time Gross settlement Express Transfer system，TARGET）：这是连接欧洲经济与货币联盟内每一个成员国的实时全额结算系统，能够确保整个欧元区内的实时全额跨境结算。TARGET 的开放时间为每个营业日内欧洲中部时间早上七点到下午六点。

关税（tariffs）：指的是一国对进口商品征收的税负。

税负减免（tax break）：这个术语泛指所有可以给纳税人带来减税或免税好处的特殊安排或工具。

避税港（tax haven）：这样的国家对发生在自己国内的交易所产生的利润尤其是利息和股息收入征收

很低的税负甚至不征税。

税收饶让（tax sparing）：这是欧洲共同市场用过的一个术语，意思是预扣税的双重免税，目的是促使贷款人仅在参考利率的基础上加上一点点利差。

诱惑利率（teaser rates）：贷款的初始利率水平很低，但是只持续较短的时间，大概为两年，随后迅速上升。

技术分析（technical analysis）：这是市场分析的一个流派，根据对过去价格波动轨迹的研究来预测未来价格的变化方向与趋势。

时态折算法（temporal method）：这是一种外币账目折算方法。折算汇率与原始财务报表上资产或负债的估值会计准则相一致。因此，按照历史成本入账的项目就应按照历史汇率折算；按照重置成本、市场价值或预期未来价值入账的项目就应按照现行汇率折算。

拍卖（tender）：这是一种证券发行方式，投标价格较高的投标人可以中标。

定期拍卖工具（term auction facility，TAF）：这指的是美联储面向存款机构进行的定期资金拍卖活动，目的是缓解短期资金市场的紧张态势。

定期存款（term deposit）：包括存单以及期限比活期存款长的其他存款产品。参见活期存款（sight deposit）条目。

定期贷款（term loan or credit）：银行发放的具有一定期限的贷款。

期限结构（term structure）：反映的是不同现金流的货币市场利率水平与期限或持有期的关系。

浅薄市场（thin）：指的是成交量较小、流动性差的市场。

核心资本充足率（Tier 1 Capital Ratio）：按照《巴塞尔资本协议》框架计算的资本充足率指标之一。这一比率等于银行的核心资本与风险加权资产额的比值。

时间价值（time value）：期权的期权费与期权内在价值之差，是期权价值的组成部分之一。随着期权到期日的临近，时间价值会慢慢衰减。

墓碑广告（tombstone）：银行在发行欧洲债券后在报纸上刊登的广告，说明新债券的发行及管理情况。

有毒资产（toxic asset）：这个术语最好用信用违约互换这种产品来举例说明。如果没有发生违约行为或者违约的概率比较低，那么信用违约互换的价值可能为正，比方说 100，其价值主要来源于类似于保费的收入现金流。但是，一旦违约率开始上升，信用违约互换的价值便也开始发生变化，由于赔偿金额高于收入现金流（保费）的概率越来越高，因此信用违约互换的价值有可能会变成负值。在这个例子中，刚开始时信用违约互换的价值为正 100，那么此时可能已经变成了负 500。所以，有毒资产或有毒债务的叫法的确是名符其实。

可交易期权（traded option）：指的是可以在证券市场上进行交易的期权产品。

等级（tranche）：证券的风险/收益特征不同，对应的层次也不同，等级这一术语指的是具有某种风险/收益特征的证券所对应的层次。

交易日（transaction date）：在外汇市场上，这指的是交易双方签订外汇交易合同的那一天。

交易风险敞口（transaction exposure）：也称交易风险，这反映了汇率波动对外币交易的价值会造成多大的影响。

转移价格（transfer price）：同属于一个跨国企业集团的某家子公司向另一家子公司出售商品或服务的价格。

折算风险敞口（translation exposure）：，也称折算风险，参见会计风险敞口（accounting exposure）条目。

国库券（treasury bill or T-bill）：美国或英国政府发行的短期贴现债券。

中期国债（treasury note）：美国政府发行的原始期限大于 1 年且小于 10 年的附息票债券。

三角套汇（triangulation）：在欧洲经济与货币联盟内部，将一个成员国的货币兑换为另一个成员国的货币，中间必须使用欧元作为兑换的中介。这就是所谓的三角套汇。

万亿（trillion）：1 000十亿。

价差（turn）：指的是个体做市商提供的买入价与卖出价之差。

无抛补利率套利（uncovered interest arbitrage）：描述的是这样一个过程，即借入某种货币，然后将其兑换成另一种货币并投资。套利交易者旨在利用一种货币的利息成本与另一种货币的利息收益之差来获取套利收益。与抛补利率套利交易不同的是，对于投资的币种，投资者并没有相应地卖出远期货币。相反，套利交易者一直等到投资期满，才在即期外汇市场上卖掉第二种货币，同时换回第一种货币。当然，与抛补利率套利不同，这种无抛补套利模式的风险比较大。

无限期的（undated）：指的是没有确定的到期日但是发行人可以要求赎回的证券。

标的资产（underlying asset）：指的是期权或权证对应的基础资产。

标的证券（underlying security）：指的是期权或期货合约对应的基础证券。

低估（undervalued）：指的是证券的市场价格低于根据基础分析得到的证券理论价值。

缩水抵押贷款（underwater mortgage）：指的是未偿还的抵押贷款余额高于贷款抵押品的市场价值。

承销（underwrite）：承销商承诺自己在特定日期将未出售的证券按照一定的价格买入，向发行人保证后者一定能够拿到全部的发行收入。

承销协议（underwriting agreement）：该协议明确规定了分包商与牵头承销商应履行的义务。

承销团队（underwriting group）：指的是承销新证券的发行从而获得佣金收入的各成员银行。

无担保（unsecured）：指的是一旦违约，无法向持有人提供任何可追索资产的债券。

非系统性风险（unsystematic risk）：这部分风险与随机事件有关，而这些随机事件不会对整个市场造成影响。也可以叫做特定风险，比方说罢工、成功或不成功的市场推广项目、火灾以及其他只发生在特定企业身上的特殊事件。这样的非系统性风险可以通过分散化投资来消除。

在险价值（value at risk，VAR）：这个模型可以算出一旦企业持有的某种金融工具的价格波动性（例如固定利率债券或未对冲的外币应收账款/应付账款）发生变化，则这种变化会给企业带来多大的潜在损失，模型得出的结论就是一个数值。说得更确切一些，该模型基于一定的假设条件，能够计算出潜在损失不超过一定值的概率。

交割日（value date）：在这一天，交易的某一方要完成支付义务，从而了结交易。如果是在星期三进行的即期外汇交易，那么交割日就是星期五。

在险价值（VAR）：参见在险价值（value at risk）条目。

概率分布的方差（variance of the probability distribution）：指的是变量偏离预期收益的预期平方值。

追加保证金（variation margin）：一般来说，这指的是投资者向保证金账户内追加的保证金，从而使得保证金账户余额提升至初始保证金的额度。主要用于期货市场的保证金交易。

卖主私募（vendor placing）：指的是一家公司被另一家公司收购时，收购公司用自己的股票向目标公司支付收购款项，然后目标公司将收到的股票转卖给投资者以获得现金。

波动性（volatility）：指的是证券价格波动的变化性。

暂时未对冲互换（warehousing）：签订一份互换协议，同时没有签订另一份方向相反的互换协议，但是打算使用互换或互换组合来对冲风险。

权证（warrant）：这是一种可转让证券，赋予持有人按照预定价格认购新发行股票的权利。

窗口期（window）：指的是特殊的市场环境可能会导致某些交易发生的时期。例如，发行人可以通过调动投资者情绪的方式来发行某些类型的证券，不过投资者的情绪一般不会持续很长时间。

粉饰资产负债表（window dressing）：这是一种会计处理方法，能够让财务指标看上去更好看一些。例如，假设一家企业的资产价值为100，负债价值为60，股东权益价值为40。因此，债务—权益比率等于60：40，即1.5。如果就在年底之前，该企业暂时使用某些资产偿还了一部分债务，但是转过头到了下一年年初，马上又做了反向交易，那么就能让年末资产负债表日的债务—权益比率变小一些。我们假设企业用价值为30的资产偿还了价值为30的负债，那么年末的数据就变成资产价值为70，负债价值为30，股东权益价值为40。于是，债务—权益比率变成30：40，即0.75，与原先相比下降了一半。显然，这看上去好多了，不过本质上只是水中月、镜中花而已。

预扣所得税（withholding tax）：指的是对某种收入来源征税的税种，这种收入来源于某个个体的支付额，在收款方收到这笔收入之前，付款方已经预先将这笔税金从付款额里扣除。例如，向外国人支付的利息额就要缴纳预扣所得税，这意味着向贷款人支付的利息额要减去一部分税金，由借款人代表税务当局先扣掉这笔税负。

世界贸易组织（World Trade Organization，WTO）：这是一个国际组织，负责制定并执行国际商品或服务贸易领域的相关规则。

扬基债券（Yankee bond）：指的是外国借款人在美国市场上发行的、以美元标明面值的债券。

收益率（yield）：利息支付额相当于贷款额的百分比。

收益率曲线（yield curve）：指的是反映一系列证券利率水平的曲线，这些证券除了期限不同以外，其他特征均相同。收益率曲线有可能向右上方倾斜，有可能向右下方倾斜，也有可能是水平的。

到期收益率（yield to maturity）：指的是未来收入现金流的现值和本金偿还额的现值之和与证券市场价值相等的贴现率。

零息债券（zero-coupon bond）：有效期内不支付利息的债券，不过这种债券是贴现出售的，即出售价格低于面值，而在到期时，发行人按照债券的面值进行偿还，因此差额部分就相当于债券的利息。

零息互换（zero-coupon swap）：在互换交易中，固定利率支付方只在到期时支付一次，而另一方要定期支付。

零和博弈（zero-sum game）：一场游戏或一个市场，成功者赚到的钱刚好等于失败者输掉的钱。

译后记

金融全球化对促进世界经济的发展和资源在世界范围内的优化配置有着非常重要的作用，并促使国际分工迅速发展，加速产业、资本和技术等生产要素的国际流动。一方面，这使得发展中国家可以通过国际金融市场弥补本国资本和技术的不足，提升产业结构、促进技术进步和制度创新，从而加快经济发展步伐。另一方面，这也让发达国家获得了廉价劳动力、原材料市场和广阔的消费市场，延长了产品价值生命线，谋求了本国经济的新增长点。金融全球化的前提条件是贸易自由化和生产国际化，而金融市场的一体化和金融信息的国际化是金融全球化的必要保障，金融产品的国际化、金融机构的跨国趋势以及跨国公司的全球化战略是金融全球化的发展动力。

自从 2008 年全球金融危机爆发以来，国际金融市场在世界经济风云急速变化中出现大起大落，市场心态也随之变化，反复无常。这不仅对世界经济产生了巨大的冲击，而且造成了比预期更加悲观的恐慌状态。

国际金融危机正在催生国际经济新的版图，一方面，欧、美、日这些发达国家的经济复苏比较乏力；另一方面，新兴经济体的发展逐步平稳，成为引领全球经济增长的新动力。作为经济增长的新动力，新兴经济体要求在国际事务和国际规则的制定中拥有更多的话语权，新老势力围绕分享全球经济治理权力的博弈正在展开。与此同时，国际金融危机打破了原有的经济平衡，发达国家致力于改变借贷消费的模式，吸引制造业的回归，扩大实体经济；新兴经济体致力于扩大国内需求，加快产业的转型升级，努力实现创新驱动发展。全球范围内的一场技术大变革正处在孕育期，很有可能引发新一轮的产业革命，这将带来二三产业关系的重塑乃至世界利益分配格局的重塑。而在这个重塑的过程中，跨国公司扮演着非常重要的角色，在某些领域，甚至起着关键性的作用。

不断加强的跨国经营趋势使得跨国公司财务管理活动变得越来越重要，在全球范围内进行成本最优、效益最高的投融资活动是取得成功的关键因素。因此，学界关于这方面的研究成果也层出不穷。阿德里安·巴克利的《国际金融》正是在这一大的时代背景下完成的。本书除了介绍国际金融市场各类交易产品外，还重点考察了跨国公司的国际资本预算与国际融资这两部分内容，并且结合2008年全球金融危机带来的影响，有针对性地为跨国公司的财务活动提出了很多务实的策略。

全书主要由浙江大学城市学院郭宁、汪涛翻译，其中郭宁负责翻译第1～4章、第12～17章，汪涛负责翻译第5～7章、第20～26章，韩瑾负责翻译第8～10章，安然负责翻译第11章，张晓露、楼宇嘉、马超、林海、岑晨负责翻译第18章，韦宇轩、吴明育、朱燕婷、全敏智、沈璐瑶负责翻译第19章，邢洋洋、张李闻、许一翔、周东、吴晓庆负责翻译第27章，袁红娜、张霖、彭梨暖、张帆、程嫣负责翻译第28章，陈舒、马克南、余梦宜、方宸、胡海伦负责翻译第29章，王秋丽、方子鸣、张英英、李欣曈负责翻译第30章。在本书的翻译过程中，杨莺、徐浩楠、程倩、李勇、杨思勤等帮忙搜集了相关资料，叶琳、莘飞扬、沈嘉诚、朱碧韵、毕晓然承担了部分校对任务，在此一并表示感谢。我们还要特别感谢中国人民大学出版社经济分社副社长崔惠玲编辑，她在翻译过程中提供了大量的帮助，并为编辑本书做出了大量细致、具体的工作。全书最后由郭宁通读定稿。

国际金融市场的发展日新月异，跨国公司的经营管理活动也在不断创新，我们在翻译的过程中尽可能兼顾翻译的学术性与通俗性，书中如有不当之处，请广大读者指正。

郭宁　汪涛

经济科学译丛

序号	书名	作者	Author	单价	出版年份	ISBN
1	国际金融(第十版)	保罗・R・克鲁格曼等	Paul R. Krugman	55.00	2016	978-7-300-22089-5
2	国际贸易(第十版)	保罗・R・克鲁格曼等	Paul R. Krugman	42.00	2016	978-7-300-22088-8
3	经济学精要(第3版)	斯坦利・L・布鲁伊等	Stanley L. Brue	58.00	2016	978-7-300-22301-8
4	经济分析史(第七版)	英格里德・H・里马	Ingrid H. Rima	72.00	2016	978-7-300-22294-3
5	投资学精要(第九版)	兹维・博迪等	Zvi Bodie	108.00	2016	978-7-300-22236-3
6	环境经济学(第二版)	查尔斯・D・科尔斯塔德	Charles D. Kolstad	68.00	2016	978-7-300-22255-4
7	MWG《微观经济理论》习题解答	原千晶等	Chiaki Hara	75.00	2016	978-7-300-22306-3
8	现代战略分析(第七版)	罗伯特・M・格兰特	Robert M. Grant	68.00	2016	978-7-300-17123-4
9	横截面与面板数据的计量经济分析(第二版)	杰弗里・M・伍德里奇	Jeffrey M. Wooldridge	128.00	2016	978-7-300-21938-7
10	宏观经济学(第十二版)	罗伯特・J・戈登	Robert J. Gordon	75.00	2016	978-7-300-21978-3
11	经济学(微观部分)	达龙・阿西莫格鲁等	Daron Acemoglu	59.00	2016	978-7-300-21786-4
12	经济学(宏观部分)	达龙・阿西莫格鲁等	Daron Acemoglu	45.00	2016	978-7-300-21886-1
13	动态最优化基础	蒋中一	Alpha C. Chiang	42.00	2015	978-7-300-22068-0
14	城市经济学	布伦丹・奥弗莱厄蒂	Brendan O'Flaherty	69.80	2015	978-7-300-22067-3
15	管理经济学:理论、应用与案例(第八版)	布鲁斯・艾伦等	Bruce Allen	79.80	2015	978-7-300-21991-2
16	经济政策:理论与实践	阿格尼丝・贝纳西-奎里等	Agnès Bénassy-Quéré	79.80	2015	978-7-300-21921-9
17	微观经济分析(第三版)	哈尔・R・范里安	Hal R. Varian	68.00	2015	978-7-300-21536-5
18	财政学(第十版)	哈维・S・罗森等	Harvey S. Rosen	68.00	2015	978-7-300-21754-3
19	经济数学(第三版)	迈克尔・霍伊等	Michael Hoy	88.00	2015	978-7-300-21674-4
20	发展经济学(第九版)	A.P.瑟尔沃	A. P. Thirlwall	69.80	2015	978-7-300-21193-0
21	宏观经济学(第五版)	斯蒂芬・D・威廉森	Stephen D. Williamson	69.00	2015	978-7-300-21169-5
22	资源经济学(第三版)	约翰・C・伯格斯特罗姆等	John C. Bergstrom	58.00	2015	978-7-300-20742-1
23	应用中级宏观经济学	凯文・D・胡佛	Kevin D. Hoover	78.00	2015	978-7-300-21000-1
24	计量经济学导论:现代观点(第五版)	杰弗里・M・伍德里奇	Jeffrey M. Wooldridge	99.00	2015	978-7-300-20815-2
25	现代时间序列分析导论(第二版)	约根・沃特斯等	Jürgen Wolters	39.80	2015	978-7-300-20625-7
26	空间计量经济学——从横截面数据到空间面板	J・保罗・埃尔霍斯特	J. Paul Elhorst	32.00	2015	978-7-300-21024-7
27	国际经济学原理	肯尼思・A・赖纳特	Kenneth A. Reinert	58.00	2015	978-7-300-20830-5
28	经济写作(第二版)	迪尔德丽・N・麦克洛斯基	Deirdre N. McCloskey	39.80	2015	978-7-300-20914-2
29	计量经济学方法与应用(第五版)	巴蒂・H・巴尔塔基	Badi H. Baltagi	58.00	2015	978-7-300-20584-7
30	战略经济学(第五版)	戴维・贝赞可等	David Besanko	78.00	2015	978-7-300-20679-0
31	博弈论导论	史蒂文・泰迪里斯	Steven Tadelis	58.00	2015	978-7-300-19993-1
32	社会问题经济学(第二十版)	安塞尔・M・夏普等	Ansel M. Sharp	49.00	2015	978-7-300-20279-2
33	博弈论:矛盾冲突分析	罗杰・B・迈尔森	Roger B. Myerson	58.00	2015	978-7-300-20212-9
34	时间序列分析	詹姆斯・D・汉密尔顿	James D. Hamilton	118.00	2015	978-7-300-20213-6
35	经济问题与政策(第五版)	杰奎琳・默里・布鲁克斯	Jacqueline Murray Brux	58.00	2014	978-7-300-17799-1
36	微观经济理论	安德鲁・马斯-克莱尔等	Andreu Mas-Collel	148.00	2014	978-7-300-19986-3
37	产业组织:理论与实践(第四版)	唐・E・瓦尔德曼等	Don E. Waldman	75.00	2014	978-7-300-19722-7
38	公司金融理论	让・梯若尔	Jean Tirole	128.00	2014	978-7-300-20178-8
39	经济学精要(第三版)	R・格伦・哈伯德等	R. Glenn Hubbard	85.00	2014	978-7-300-19362-5
40	公共部门经济学	理查德・W・特里西	Richard W. Tresch	49.00	2014	978-7-300-18442-5
41	计量经济学原理(第六版)	彼得・肯尼迪	Peter Kennedy	69.80	2014	978-7-300-19342-7
42	统计学:在经济中的应用	玛格丽特・刘易斯	Margaret Lewis	45.00	2014	978-7-300-19082-2
43	产业组织:现代理论与实践(第四版)	林恩・佩波尔等	Lynne Pepall	88.00	2014	978-7-300-19166-9
44	计量经济学导论(第三版)	詹姆斯・H・斯托克等	James H. Stock	69.00	2014	978-7-300-18467-8
45	发展经济学导论(第四版)	秋山裕	秋山裕	39.80	2014	978-7-300-19127-0
46	中级微观经济学(第六版)	杰弗里・M・佩罗夫	Jeffrey M. Perloff	89.00	2014	978-7-300-18441-8
47	平狄克《微观经济学》(第八版)学习指导	乔纳森・汉密尔顿等	Jonathan Hamilton	32.00	2014	978-7-300-18970-3
48	微观银行经济学(第二版)	哈维尔・弗雷克斯等	Xavier Freixas	48.00	2014	978-7-300-18940-6
49	施米托夫论出口贸易——国际贸易法律与实务(第11版)	克利夫・M・施米托夫等	Clive M. Schmitthoff	168.00	2014	978-7-300-18425-8

经济科学译丛						
序号	书名	作者	Author	单价	出版年份	ISBN
50	曼昆版《宏观经济学》习题集	南希·A·加纳科波罗斯等	Nancy A. Jianakoplos	32.00	2013	978-7-300-18245-2
51	微观经济学思维	玛莎·L·奥尔尼	Martha L. Olney	29.80	2013	978-7-300-17280-4
52	宏观经济学思维	玛莎·L·奥尔尼	Martha L. Olney	39.80	2013	978-7-300-17279-8
53	计量经济学原理与实践	达摩达尔·N·古扎拉蒂	Damodar N. Gujarati	49.80	2013	978-7-300-18169-1
54	现代战略分析案例集	罗伯特·M·格兰特	Robert M. Grant	48.00	2013	978-7-300-16038-2
55	高级国际贸易:理论与实证	罗伯特·C·芬斯特拉	Robert C. Feenstra	59.00	2013	978-7-300-17157-9
56	经济学简史——处理沉闷科学的巧妙方法(第二版)	E·雷·坎特伯里	E. Ray Canterbery	58.00	2013	978-7-300-17571-3
57	微观经济学(第八版)	罗伯特·S·平狄克等	Robert S. Pindyck	79.00	2013	978-7-300-17133-3
58	克鲁格曼《微观经济学(第二版)》学习手册	伊丽莎白·索耶·凯利	Elizabeth Sawyer Kelly	58.00	2013	978-7-300-17002-2
59	克鲁格曼《宏观经济学(第二版)》学习手册	伊丽莎白·索耶·凯利	Elizabeth Sawyer Kelly	36.00	2013	978-7-300-17024-4
60	管理经济学(第四版)	方博亮等	Ivan Png	80.00	2013	978-7-300-17000-8
61	微观经济学原理(第五版)	巴德,帕金	Bade,Parkin	65.00	2013	978-7-300-16930-9
62	宏观经济学原理(第五版)	巴德,帕金	Bade,Parkin	63.00	2013	978-7-300-16929-3
63	环境经济学	彼得·伯克等	Peter Berck	55.00	2013	978-7-300-16538-7
64	高级微观经济理论	杰弗里·杰里	Geoffrey A. Jehle	69.00	2012	978-7-300-16613-1
65	多恩布什《宏观经济学(第十版)》学习指导	鲁迪格·多恩布什等	Rudiger Dornbusch	29.00	2012	978-7-300-16030-6
66	高级宏观经济学导论:增长与经济周期(第二版)	彼得·伯奇·索伦森等	Peter Birch Sørensen	95.00	2012	978-7-300-15871-6
67	宏观经济学:政策与实践	弗雷德里克·S·米什金	Frederic S. Mishkin	69.00	2012	978-7-300-16443-4
68	宏观经济学(第二版)	保罗·克鲁格曼	Paul Krugman	45.00	2012	978-7-300-15029-1
69	微观经济学(第二版)	保罗·克鲁格曼	Paul Krugman	69.80	2012	978-7-300-14835-9
70	微观经济学(第十一版)	埃德温·曼斯费尔德	Edwin Mansfield	88.00	2012	978-7-300-15050-5
71	《计量经济学基础》(第五版)学生习题解答手册	达摩达尔·N·古扎拉蒂等	Damodar N. Gujarati	23.00	2012	978-7-300-15091-8
72	国际宏观经济学	罗伯特·C·芬斯特拉等	Feenstra,Taylor	64.00	2011	978-7-300-14795-6
73	卫生经济学(第六版)	舍曼·富兰德等	Sherman Folland	79.00	2011	978-7-300-14645-4
74	宏观经济学(第七版)	安德鲁·B·亚伯等	Andrew B. Abel	78.00	2011	978-7-300-14223-4
75	现代劳动经济学:理论与公共政策(第十版)	罗纳德·G·伊兰伯格等	Ronald G. Ehrenberg	69.00	2011	978-7-300-14482-5
76	宏观经济学(第七版)	N·格里高利·曼昆	N. Gregory Mankiw	65.00	2011	978-7-300-14018-6
77	环境与自然资源经济学(第八版)	汤姆·蒂坦伯格等	Tom Tietenberg	69.00	2011	978-7-300-14810-0
78	宏观经济学:理论与政策(第九版)	理查德·T·弗罗恩	Richard T. Froyen	55.00	2011	978-7-300-14108-4
79	经济学原理(第四版)	威廉·博伊斯等	William Boyes	59.00	2011	978-7-300-13518-2
80	计量经济学基础(第五版)(上下册)	达摩达尔·N·古扎拉蒂	Damodar N. Gujarati	99.00	2011	978-7-300-13693-6
81	计量经济分析(第六版)(上下册)	威廉·H·格林	William H. Greene	128.00	2011	978-7-300-12779-8
82	国际经济学:理论与政策(第八版)(上册国际贸易部分)	保罗·R·克鲁格曼等	Paul R. Krugman	36.00	2011	978-7-300-13102-3
83	国际经济学:理论与政策(第八版)(下册国际金融部分)	保罗·R·克鲁格曼等	Paul R. Krugman	49.00	2011	978-7-300-13101-6
84	国际贸易	罗伯特·C·芬斯特拉等	Robert C. Feenstra	49.00	2011	978-7-300-13704-9
85	经济增长(第二版)	戴维·N·韦尔	David N. Weil	63.00	2011	978-7-300-12778-1
86	投资科学	戴维·G·卢恩伯格	David G. Luenberger	58.00	2011	978-7-300-14747-5
87	宏观经济学(第十版)	鲁迪格·多恩布什等	Rudiger Dornbusch	60.00	2010	978-7-300-11528-3
88	宏观经济学(第三版)	斯蒂芬·D·威廉森	Stephen D. Williamson	65.00	2010	978-7-300-11133-9
89	计量经济学导论(第四版)	杰弗里·M·伍德里奇	Jeffrey M. Wooldridge	95.00	2010	978-7-300-12319-6
90	货币金融学(第九版)	弗雷德里克·S·米什金等	Frederic S. Mishkin	79.00	2010	978-7-300-12926-6
91	金融学(第二版)	兹维·博迪等	Zvi Bodie	59.00	2010	978-7-300-11134-6
92	国际经济学(第三版)	W·查尔斯·索耶等	W. Charles Sawyer	58.00	2010	978-7-300-12150-5
93	博弈论	朱·弗登博格等	Drew Fudenberg	68.00	2010	978-7-300-11785-0
94	投资学精要(第七版)(上下册)	兹维·博迪等	Zvi Bodie	99.00	2010	978-7-300-12417-9
95	财政学(第八版)	哈维·S·罗森等	Harvey S. Rosen	63.00	2009	978-7-300-11092-9

经济科学译库

序号	书名	作者	Author	单价	出版年份	ISBN
1	克鲁格曼经济学原理(第二版)	保罗·克鲁格曼等	Paul Krugman	65.00	2013	978-7-300-17409-9
2	国际经济学(第13版)	罗伯特·J·凯伯等	Robert J. Carbaugh	68.00	2013	978-7-300-16931-6
3	货币政策:目标、机构、策略和工具	彼得·博芬格	Peter Bofinger	55.00	2013	978-7-300-17166-1
4	MBA微观经济学(第二版)	理查德·B·麦肯齐等	Richard B. McKenzie	55.00	2013	978-7-300-17003-9
5	激励理论:动机与信息经济学	唐纳德·E·坎贝尔	Donald E. Campbell	69.80	2013	978-7-300-17025-1
6	微观经济学:价格理论观点(第八版)	斯蒂文·E·兰德斯博格	Steven E. Landsburg	78.00	2013	978-7-300-15885-3
7	经济数学与金融数学	迈克尔·哈里森等	Michael Harrison	65.00	2012	978-7-300-16689-6
8	策略博弈(第三版)	阿维纳什·迪克西特等	Avinash Dixit	72.00	2012	978-7-300-16033-7
9	高级宏观经济学基础	本·J·海德拉等	Ben J. Heijdra	78.00	2012	978-7-300-14836-6
10	行为经济学	尼克·威尔金森	Nick Wilkinson	58.00	2012	978-7-300-16150-1
11	金融风险管理师考试手册(第六版)	菲利普·乔瑞	Philippe Jorion	168.00	2012	978-7-300-14837-3
12	服务经济学	简·欧文·詹森	Jan Owen Jansson	42.00	2012	978-7-300-15886-0
13	统计学:在经济和管理中的应用(第八版)	杰拉德·凯勒	Gerald Keller	98.00	2012	978-7-300-16609-4
14	面板数据分析(第二版)	萧政	Cheng Hsiao	45.00	2012	978-7-300-16708-4
15	中级微观经济学:理论与应用(第10版)	沃尔特·尼科尔森等	Walter Nicholson	85.00	2012	978-7-300-16400-7
16	经济学中的数学	卡尔·P·西蒙等	Carl P. Simon	65.00	2012	978-7-300-16449-6
17	社会网络分析:方法与应用	斯坦利·沃瑟曼等	Stanley Wasserman	78.00	2012	978-7-300-15030-7
18	用Stata学计量经济学	克里斯托弗·F·鲍姆	Christopher F. Baum	65.00	2012	978-7-300-16293-5
19	美国经济史(第10版)	加里·沃尔顿等	Gary M. Walton	78.00	2011	978-7-300-14529-7
20	增长经济学	菲利普·阿格因	Philippe Aghion	58.00	2011	978-7-300-14208-1
21	经济地理学:区域和国家一体化	皮埃尔-菲利普·库姆斯等	Pierre-Philippe Combes	42.00	2011	978-7-300-13702-5
22	社会与经济网络	马修·O·杰克逊	Matthew O. Jackson	58.00	2011	978-7-300-13707-0
23	环境经济学	查尔斯·D·科尔斯塔德	Charles D. Kolstad	53.00	2011	978-7-300-13173-3
24	空间经济学——城市、区域与国际贸易	保罗·克鲁格曼等	Paul Krugman	42.00	2011	978-7-300-13037-8
25	国际贸易理论:对偶和一般均衡方法	阿维纳什·迪克西特等	Avinash Dixit	45.00	2011	978-7-300-13098-9
26	契约经济学:理论和应用	埃里克·布鲁索等	Eric Brousseau	68.00	2011	978-7-300-13223-5
27	反垄断与管制经济学(第四版)	W·基普·维斯库斯等	W. Kip Viscusi	89.00	2010	978-7-300-12615-9
28	拍卖理论	维佳·克里斯纳等	Vijay Krishna	42.00	2010	978-7-300-12664-7
29	计量经济学指南(第五版)	皮特·肯尼迪	Peter Kennedy	65.00	2010	978-7-300-12333-2
30	管理者宏观经济学	迈克尔·K·伊万斯等	Michael K. Evans	68.00	2010	978-7-300-12262-5
31	利息与价格——货币政策理论基础	迈克尔·伍德福德	Michael Woodford	68.00	2010	978-7-300-11661-7
32	理解资本主义:竞争、统制与变革(第三版)	塞缪尔·鲍尔斯等	Samuel Bowles	66.00	2010	978-7-300-11596-2
33	递归宏观经济理论(第二版)	萨金特等	Thomas J. Sargent	79.00	2010	978-7-300-11595-5
34	剑桥美国经济史(第一卷):殖民地时期	斯坦利·L·恩格尔曼等	Stanley L. Engerman	48.00	2008	978-7-300-08254-7
35	剑桥美国经济史(第二卷):漫长的19世纪	斯坦利·L·恩格尔曼等	Stanley L. Engerman	88.00	2008	978-7-300-09394-9
36	剑桥美国经济史(第三卷):20世纪	斯坦利·L·恩格尔曼等	Stanley L. Engerman	98.00	2008	978-7-300-09395-6
37	横截面与面板数据的经济计量分析	J.M.伍德里奇	Jeffrey M. Wooldridge	68.00	2007	978-7-300-08090-1

金融学译丛

序号	书名	作者	Author	单价	出版年份	ISBN
1	国际金融	阿德里安·巴克利	Adrian Buckley	88.00	2016	978-7-300-22668-2
2	个人理财(第六版)	阿瑟·J·基翁	Arthur J. Keown	85.00	2016	978-7-300-22711-5
3	投资学基础(第三版)	戈登·J·亚历山大等	Gordon J. Alexander	79.00	2015	978-7-300-20274-7
4	金融风险管理(第二版)	彼德·F·克里斯托弗森	Peter F. Christoffersen	46.00	2015	978-7-300-21210-4
5	风险管理与保险管理(第十二版)	乔治·E·瑞达等	George E. Rejda	95.00	2015	978-7-300-21486-3
6	个人理财(第五版)	杰夫·马杜拉	Jeff Madura	69.00	2015	978-7-300-20583-0
7	企业价值评估	罗伯特·A·G·蒙克斯等	Robert A. G. Monks	58.00	2015	978-7-300-20582-3
8	基于Excel的金融学原理(第二版)	西蒙·本尼卡	Simon Benninga	79.00	2014	978-7-300-18899-7

金融学译丛

序号	书名	作者	Author	单价	出版年份	ISBN
9	金融工程学原理(第二版)	萨利赫·N·内夫特奇	Salih N. Neftci	88.00	2014	978-7-300-19348-9
10	投资学导论(第十版)	赫伯特·B·梅奥	Herbert B. Mayo	69.00	2014	978-7-300-18971-0
11	国际金融市场导论(第六版)	斯蒂芬·瓦尔德斯等	Stephen Valdez	59.80	2014	978-7-300-18896-6
12	金融数学:金融工程引论(第二版)	马雷克·凯宾斯基等	Marek Capinski	42.00	2014	978-7-300-17650-5
13	财务管理(第二版)	雷蒙德·布鲁克斯	Raymond Brooks	69.00	2014	978-7-300-19085-3
14	期货与期权市场导论(第七版)	约翰·C·赫尔	John C. Hull	69.00	2014	978-7-300-18994-2
15	固定收益证券手册(第七版)	弗兰克·J·法博齐	Frank J. Fabozzi	188.00	2014	978-7-300-17001-5
16	国际金融:理论与实务	皮特·塞尔居	Piet Sercu	88.00	2014	978-7-300-18413-5
17	金融市场与金融机构(第7版)	弗雷德里克·S·米什金 斯坦利·G·埃金斯	Frederic S. Mishkin Stanley G. Eakins	79.00	2013	978-7-300-18129-5
18	货币、银行和金融体系	R·格伦·哈伯德等	R. Glenn Hubbard	75.00	2013	978-7-300-17856-1
19	并购创造价值(第二版)	萨德·苏达斯纳	Sudi Sudarsanam	89.00	2013	978-7-300-17473-0
20	个人理财——理财技能培养方法(第三版)	杰克·R·卡普尔等	Jack R. Kapoor	66.00	2013	978-7-300-16687-2
21	国际财务管理	吉尔特·贝克特	Geert Bekaert	95.00	2012	978-7-300-16031-3
22	金融理论与公司政策(第四版)	托马斯·科普兰等	Thomas Copeland	69.00	2012	978-7-300-15822-8
23	应用公司财务(第三版)	阿斯沃思·达摩达兰	Aswath Damodaran	88.00	2012	978-7-300-16034-4
24	资本市场:机构与工具(第四版)	弗兰克·J·法博齐	Frank J. Fabozzi	85.00	2011	978-7-300-13828-2
25	衍生品市场(第二版)	罗伯特·L·麦克唐纳	Robert L. McDonald	98.00	2011	978-7-300-13130-6
26	债券市场:分析与策略(第七版)	弗兰克·J·法博齐	Frank J. Fabozzi	89.00	2011	978-7-300-13081-1
27	跨国金融原理(第三版)	迈克尔·H·莫菲特等	Michael H. Moffett	78.00	2011	978-7-300-12781-1
28	风险管理与保险原理(第十版)	乔治·E·瑞达	George E. Rejda	95.00	2010	978-7-300-12739-2
29	兼并、收购和公司重组(第四版)	帕特里克·A·高根	Patrick A. Gaughan	69.00	2010	978-7-300-12465-0
30	个人理财(第四版)	阿瑟·J·基翁	Athur J. Keown	79.00	2010	978-7-300-11787-4
31	统计与金融	戴维·鲁珀特	David Ruppert	48.00	2010	978-7-300-11547-4
32	国际投资(第六版)	布鲁诺·索尔尼克等	Bruno Solnik	62.00	2010	978-7-300-11289-3
33	财务报表分析(第三版)	马丁·弗里德森	Martin Fridson	35.00	2010	978-7-300-11290-9

图书在版编目（CIP）数据

国际金融 /（　）巴克利著；郭宁，汪涛译．—北京：中国人民大学出版社，2016.4
（金融学译丛）
书名原文：International Finance：A Practical Perspective
ISBN 978-7-300-22668-2

Ⅰ.①国…　Ⅱ.①巴…②郭…③汪…　Ⅲ.①国际金融　Ⅳ.①F831

中国版本图书馆 CIP 数据核字（2016）第 053384 号

金融学译丛
国际金融
阿德里安·巴克利　著
郭　宁　汪　涛　译
Guoji Jinrong

出版发行	中国人民大学出版社		
社　　址	北京中关村大街 31 号	邮政编码	100080
电　　话	010－62511242（总编室）		010－62511770（质管部）
	010－82501766（邮购部）		010－62514148（门市部）
	010－62515195（发行公司）		010－62515275（盗版举报）
网　　址	http://www.crup.com.cn		
	http://www.ttrnet.com(人大教研网)		
经　　销	新华书店		
印　　刷	涿州市星河印刷有限公司		
规　　格	185 mm×260 mm　16 开本	版　　次	2016 年 4 月第 1 版
印　　张	40.5 插页 1	印　　次	2016 年 4 月第 1 次印刷
字　　数	1 101 000	定　　价	88.00 元

Pearson

尊敬的老师：

您好！

为了确保您及时有效地申请培生整体教学资源，请您务必完整填写如下表格，加盖学院的公章后传真给我们，我们将会在2～3个工作日内为您处理。

请填写所需教辅的开课信息：

采用教材			□ 中文版 □ 英文版 □ 双语版
作　者		出版社	
版　次		ISBN	
课程时间	始于　　年　月　日	学生人数	
	止于　　年　月　日	学生年级	□ 专科　□ 本科 1/2 年级 □ 研究生　□ 本科 3/4 年级

请填写您的个人信息：

学　校			
院系/专业			
姓　名		职　称	□ 助教 □ 讲师 □ 副教授 □ 教授
通信地址/邮编			
手　机		电　话	
传　真			
official email（必填） （eg：×××@ruc.edu.cn）		email （eg：×××@163.com）	
是否愿意接受我们定期的新书讯息通知：　□ 是　□ 否			

系/院主任：________________（签字）

（系 / 院办公室章）

____年____月____日

资源介绍：

——教材、常规教辅（PPT、教师手册、题库等）资源：请访问 www.pearsonhighered.com/educator。（免费）

——MyLabs/Mastering 系列在线平台：适合老师和学生共同使用；访问需要 Access Code。（付费）

100013　北京市东城区北三环东路 36 号环球贸易中心 D 座 1208 室

电话：(8610) 57355003　传真：(8610) 58257961

Please send this form to：